3D Grafikprogrammierung

Marius Apetri

3D Grafikprogrammierung

Meinen Eltern

mitp

Die Deutsche Bibliothek –
CIP-Einheitsaufnahme

Ein Titeldatensatz für diese Publikation ist
bei Der Deutschen Bibliothek erhältlich.

ISBN 3-8266-0891-7
1. Auflage 2003

Alle Rechte, auch die der Übersetzung, vorbehalten. Kein Teil des Werkes darf in irgendeiner Form (Druck, Fotokopie, Mikrofilm oder einem anderen Verfahren) ohne schriftliche Genehmigung des Verlages reproduziert oder unter Verwendung elektronischer Systeme verarbeitet, vervielfältigt oder verbreitet werden. Der Verlag übernimmt keine Gewähr für die Funktion einzelner Programme oder von Teilen derselben. Insbesondere übernimmt er keinerlei Haftung für eventuelle aus dem Gebrauch resultierende Folgeschäden.

Die Wiedergabe von Gebrauchsnamen, Handelsnamen, Warenbezeichnungen usw. in diesem Werk berechtigt auch ohne besondere Kennzeichnung nicht zu der Annahme, dass solche Namen im Sinne der Warenzeichen- und Markenschutz-Gesetzgebung als frei zu betrachten wären und daher von jedermann benutzt werden dürften.

Printed in Germany
© Copyright 2003 by mitp-Verlag/Bonn,
ein Geschäftsbereich der verlag moderne industrie Buch AG & Co. KG/Landsberg

Satz und Layout: G&U e.Publishing Services GmbH, Flensburg
Druck: Media-Print, Paderborn

Inhaltsverzeichnis

	Vorwort	13
1	**Mathematische Grundlagen**	19
1.1	Punkte im dreidimensionalen Raum	19
1.2	Vektoren	21
1.2.1	Die Länge eines Vektors	23
1.2.2	Operationen mit Vektoren	25
1.2.3	Der Ortsvektor eines Punktes	31
1.3	Geraden	32
1.4	Ebenen	35
1.4.1	Die Punktrichtungsgleichung der Ebene	36
1.4.2	Die Normalenform der Ebene	39
1.4.3	Die Parameterform der Ebene	40
1.5	Trigonometrische Funktionen	41
1.5.1	Inverse trigonometrische Funktionen	43
1.6	Zuordnungen	44
1.6.1	Proportionale Zuordnungen	44
1.6.2	Antiproportionale Zuordnungen	46
1.6.3	Beliebige lineare Zuordnungen	47
1.6.4	Sinus- und Kosinuswerte am beliebigen rechtwinkligen Dreieck	50
1.6.5	Die Einteilung in Bogenmaß	53
1.7	Rotation im dreidimensionalen Raum	55
2	**Einführung in die Grafikprogrammierung**	59
2.1	Grundarchitektur der Grafikkarte	60
2.1.1	Auflösung und Farbtiefe	60
2.1.2	Speicherplatzanspruch eines Pixels	61
2.2	Der Videospeicher	62
2.3	Die Position eines Pixels	63
2.3.1	Der Anfangsoffset einer Pixelzeile	65
2.3.2	Der Offset eines beliebigen Pixels	67
2.4	Die 8 Bit Palette	68
2.5	Praktische Darstellung der Farbpalette	69
2.6	Aufbau eigener Algorithmen	72
2.7	Zufallszahlen	73

2.7.1	Die Obergrenze von Zufallszahlen	74
2.7.2	Praktischer Einsatz von Zufallszahlen	74
2.7.3	Die Untergrenze von Zufallszahlen	77
2.7.4	Praktische Einstellung der Untergrenze von Zufallszahlen	78
2.8	Passive Wiederholungsanweisungen	83
2.8.1	Praktischer Einsatz passiver Wiederholungsanweisungen	84
2.9	Horizontale und vertikale Geraden	86
2.9.1	Darstellung horizontaler Geraden	86
2.9.2	Darstellung vertikaler Geraden	88
2.9.3	Gemeinsame Visualisierung horizontal und vertikal verlaufender Geraden	89
2.9.4	Praktische Darstellung horizontal und vertikal verlaufender Linien	92
2.10	Initialisierung des Zufallszahlengenerators	95
2.11	Bresenhams Algorithmus zur Darstellung beliebig verlaufender Geraden	96
2.11.1	Langsam steigende Geraden	97
2.11.2	Automatische Darstellung langsam steigender Geraden	100
2.11.3	Schnell steigende Geraden	105
2.11.4	Praktische Implementierung von Bresenhams Linienalgorithmus	106
2.11.5	Ausnahmebehandlung	108
2.11.6	Praktische Darstellung beliebig verlaufender Linien	109
3	**Einführung in die 3D-Programmierung**	**113**
3.1	Zweidimensionale Figuren	113
3.1.1	Definition zweidimensionaler Figuren	114
3.1.2	Verwaltung zweidimensionaler Figuren	117
3.1.3	Praktische Darstellung zweidimensionaler Figuren	119
3.2	Die Projektion	123
3.2.1	Die Inversion der y-Koordinaten	126
3.2.2	Verlagerung des Ursprungs in die Mitte des Bildschirms	127
3.2.3	Der Viewport	128
3.2.4	Verwaltung dreidimensionaler Polygone	130
3.2.5	Praktische Darstellung von Polygonen mit dreidimensionalen Koordinaten	134
3.2.6	Die Variation der Projektionskonstanten	138
3.3	Matrizen	140
3.3.1	Transformation	141
3.3.2	Die Rotationsmatrix	144
3.3.3	Die Skaliermatrix	147
3.3.4	Matrizenmultiplikation	150
3.3.5	Verwaltung von Matrizen	154
3.3.6	Praktischer Einsatz von Matrizen	163

3.3.7	Fehlerbehandlung	168
3.4	Double Buffering	170
3.4.1	Das Problem der direkten Beschriftung des Videospeichers	174
3.4.2	Flimmerfreie Animation	178
3.4.3	Das Problem der hohen Unterscheidbarkeit aufeinanderfolgender Frames	182
3.5	Die Rotation	184
3.5.1	Rotation um die Koordinatenachsen der dreidimensionalen Welt	187
3.5.2	Die eigenen Achsen eines Gegenstands	192
3.5.3	Rotation eines Gegenstands um seine eigenen Achsen	194
3.5.4	Rotation um einen beliebigen Punkt	201
3.6	Der Einsatz variabler Matrizen	207
3.6.1	Aufbau variabler Matrizen	213
3.6.2	Praktischer Einsatz variabler Matrizen	214
3.6.3	Vor- und Nachteile beider Matrixtypen	217
3.7	Skalierung	219
3.7.1	Die Versetzung in Richtung des Ursprungs	223
3.7.2	Praktische Unterbindung der skalierungsbedingten Translation	224
3.7.3	Ungleichmäßige Skalierung	226
3.7.4	Iteration Counting	227
3.7.5	Praktische Umsetzung der ungleichmäßigen Skalierung	228
3.7.6	Fehlerbehandlung	232
3.7.7	Die Illusion der Tiefenverschiebung	233
3.7.8	Praktische Erzeugung der Illusion der Tiefenverschiebung	235
4	**Polygonbasierende dreidimensionale Figuren**	**241**
4.1	Rasterization	244
4.1.1	Die Kategorie einer Polygonseite	245
4.1.2	Anfang und Ende der Rasterzeilen	248
4.1.3	Lineare Interpolation – Der Zuordnungsansatz	249
4.1.4	Geschwindigkeit vs. Genauigkeit der Darstellung	251
4.1.5	Möglichkeiten der linearen Interpolation	252
4.1.6	Praktische Ermittlung der Endpunkte der Rasterzeilen	253
4.1.7	Bestimmung der Kategorie einer Polygonseite	254
4.1.8	Der Rasterizationsalgorithmus	255
4.1.9	Ausnahmebehandlung	259
4.1.10	Darstellung konkaver Polygone	260
4.1.11	Praktische Darstellung gefüllter Polygone	262
4.1.12	Das Problem der Nummerierung entgegen dem Urzeigersinn	267
4.1.13	Darstellung entgegen dem Uhrzeigersinn nummerierter Polygone	269
4.1.14	Praktische Visualisierung beliebig nummerierter, konvexer Polygone	272

4.2	Polygonbasierende dreidimensionale Figuren	275
4.2.1	Definition dreidimensionaler Figuren	275
4.2.2	Benutzerdefinierte Definition von Polygonen	276
4.2.3	Der Mittelpunkt eines Polyeders	277
4.2.4	Speicherung dreidimensionaler Figuren	278
4.2.5	Verwaltung dreidimensionaler Figuren	280
4.2.6	Der Einsatz von Polygonen als Bestandteil von Polyeder	285
4.2.7	Das ASCII-Format	288
4.2.8	Praktische Darstellung von Polyeder	291
4.3	Visual Surface Determination	299
4.3.1	Die Vorder- und Rückseite von Polygonen	300
4.3.2	Automatische Erkennung nicht sichtbarer Polygone	302
4.3.3	Fehlerbehandlung	304
4.4	Das Z-Buffer Algorithmus	305
4.4.1	Komplexe dreidimensionale Figuren	305
4.4.2	Grundidee des Z–Buffer-Algorithmus	308
4.4.3	Speichergarstellung der dreidimensionalen z-Koordinaten	309
4.4.4	Funktionsweise des Z-Buffer-Algorithmus	311
4.4.5	Mathematische Grundlage des Z-Buffer-Algorithmus	313
4.4.6	Der Einsatz des Z-Buffers während der Rasterization	317
4.4.7	Bestimmung der z-Koordinaten entlang der Rasterzeilen	321
4.4.8	Das Löschen des Z-Buffers	324
4.4.9	Praktische Implementierung des Z-Buffer-Algorithmus	325
4.4.10	Darstellung offener Körper	333
4.4.11	Z-Buffer vs. Visual-Surface-Determination-Algorithmus	335
4.4.12	Grundidee des Clear-Reduction-Algorithmus	337
4.4.13	Funktionsweise des Clear-Reduction-Algorithmus	338
4.4.14	Einordnung des Clear-Reduction-Algorithmus innerhalb des Visualisierungsprozesses	339
4.4.15	Clear-Reduction-Algorithmus und das Zurücksetzen des Z-Buffers	342
4.4.16	Praktischer Einsatz des Clear-Reduction-Algorithmus	344
4.5	Polygon-Clipping	348
4.5.1	Grundlagen des Polygon-Clippings	350
4.5.2	Mathematische Grundlagen des Pre-Projection-Clippings	351
4.5.3	Mathematische Grundlagen des Post-Projection-Clipping	355
4.5.4	Der Sutherland-and-Hodgman-Polygon-Clipping-Algorithmus	360
4.5.5	Praktische Darstellung beliebiger, mathematisch definierter Polygone	373
4.5.6	Benutzerdefinierte Rotationsebene für die Drehung um einen beliebigen Punkt	384

5	**Unterstützung von Eingabegeräten**	395
5.1	Verwaltung der Tastatur	395
5.1.1	Steuerung von Anwendungen in Multitasking-Betriebssystemen	395
5.1.2	Indirekte Verarbeitung von Benutzereingaben	399
5.1.3	Zusammenhang zwischen Auflösung und Projektionskonstante	404
5.1.4	Das Problem der flachen Objektkopien	406
5.1.5	Vor- und Nachteile der Verwendung eventbasierender Benutzereingaben	408
5.1.6	Direkte Verarbeitung von Benutzereingaben	409
5.2	Verwaltung der Maus	414
5.2.1	Die Position des Mauszeigers	415
5.2.2	Abfrage der Cursorposition	416
5.2.3	Abfrage des Zustands der Maustasten	418
5.2.4	Praktische Verwaltung der Maus	420
5.2.5	Praktische Verarbeitung von Mauseingaben	424
6	**Einfache Polygonschattierung**	429
6.1	Mathematische Ansätze zur Simulation natürlicher Farbwahrnehmung	430
6.1.1	Das RGB-Farbmodell	430
6.1.2	Das CMY-Farbmodell	438
6.1.3	Das HSV-Farbmodell	440
6.1.4	Beleuchtungsmodelle	444
6.2	Flat Shading	448
6.2.1	Intensität der Polygonfarbe	449
6.2.2	Mathematische Grundlagen des Flat-Shading-Algorithmus	451
6.2.3	Das Umgebungslicht	456
6.2.4	Implementierung des Flat-Shading-Algorithmus	458
6.3	Gouraud Shading	479
6.3.1	Der Normalenvektor eines Punkts	480
6.3.2	Farbinterpolation	485
6.3.3	Polygon Clipping unter Berücksichtigung von Farbinformationen	491
6.3.4	Rotation der Vektornormalen dreidimensionaler Vertices	494
6.3.5	Praktischer Einsatz des Gouraud-Shading-Algorithmus	495
6.3.6	Unterstützung mehrerer Primärfarben	510
6.3.7	Möglichkeiten des Einsatzes mehrerer Farbpaletten	524
6.4	Phong Shading	526
6.4.1	Die Vektornormale eines Pixels	528
6.4.2	Anpassung der Vektornormalen im Laufe des Polygon Clipping	534
6.4.3	Praktischer Einsatz des Phong-Shading-Algorithmus	537
6.5	Metal Shading	539
6.5.1	Exponentialinterpolation	540

6.5.2	Praktischer Einsatz des Metal-Shading-Algorithmus	549
6.5.3	Implementierung in die Hardware	550
6.5.4	Metal Shading unter Verwendung einer alternativen Farbgebung	554
6.6	Farbverläufe n-ten Grades	555
6.6.1	Anwendungsgebiete für Farbverläufe höheren Grades	556
6.6.2	Praktischer Einsatz von Farbverläufen n-ten Grades	557
6.7	32-Bit-Farbmodi	562
6.7.1	Verwaltung von Pixel in den 32-Bit-Farbmodi	565
6.7.2	32-Bit-Darstellung von Drahtgittermodellen	566
6.7.3	32-Bit-Gouraud-Shading	573
6.8	16-Bit-Farbmodi	584
6.8.1	16-Bit-Metal-Shading	587
6.8.2	8-Bit- vs. 16-Bit-Farbmodus	590
7	**Bitmaps**	**593**
7.1	Verwaltung von Bitmaps	594
7.1.1	Der Umgang mit 8-Bit-Bitmaps	595
7.2	Das 8-Bit-BMP-Dateiformat	598
7.2.1	Das Binärformat	598
7.2.2	Die Struktur von 8-Bit-BMP-Dateien	601
7.2.3	Praktische Darstellung von 8-Bit-Bitmaps	608
7.3	Externe Manipulation von Bitmaps	613
7.3.1	Grundlagen der externen Manipulation von Bitmaps	614
7.3.2	Praktische Darstellung von Linien innerhalb von Bitmaps	616
7.3.3	Background Buffering	621
7.3.4	Elementare Bitmaprotation	623
7.4	Verwaltung von 32-Bit-Bitmaps	629
7.4.1	Die Struktur von 24-Bit-BMP-Dateien	630
7.4.2	Praktische Darstellung von 32-Bit-Bitmaps	632
7.5	Partielle Darstellung von Bitmaps	633
7.5.1	Visualisierung rechteckiger Teilbereiche von Bitmaps	634
7.5.2	Einfache Transparenzeffekte	640
7.5.3	Zweidimensionale Umgebungen	643
7.5.4	Bitmap Clipping	646
7.5.5	Verwaltung zweidimensionaler Gegenstände	654
7.5.6	Praktische Visualisierung zweidimensionaler Gegenstände	657
7.6	Semitransparenzeffekte	666
7.6.1	Grundidee der Generierung semitransparenter Darstellungen	666
7.6.2	Mathematische Grundlagen der Generierung semitransparenter Darstellungen	668
7.6.3	Praktische Generierung semitransparenter Darstellungen	669

8	**Texture Mapping**	675
8.1	Linear Texture Mapping	676
8.1.1	Mathematische Grundlage des Linear-Texture-Mapping-Algorithmus	679
8.1.2	Implementierung des Linear-Texture-Mapping-Algorithmus	682
8.1.3	Praktischer Einsatz des Texture-Mapping-Algorithmus	697
8.1.4	Texturauswahl	700
8.1.5	Fehlerbehebung nach dem High-Level-, Low-Level-Prinzip	704
8.2	Perspective Texture Mapping	708
8.2.1	Grundlagen des Perspective-Texture-Mapping-Algorithmus	709
8.2.2	Das Problem der inversen z-Koordinaten	710
8.2.3	Praktischer Einsatz des Perspective-Texture-Mapping-Algorithmus	714
8.3	Höhere Genauigkeit durch den Einsatz des inversen Z-Buffer-Algorithmus	717
8.3.1	Simple Depth Shading	717
8.3.2	Praktischer Einsatz des Depth-Shading-Algorithmus	719
8.3.3	Z-Buffer-Algorithmus unter Verwendung inverser z-Koordinaten	721
8.4	Multitextureffekte	729
8.4.1	Statische Multitextureffekte	730
8.4.2	Dynamische Multitextureffekte	737
8.4.3	MIP Mapping	739
8.4.4	Der Einsatz polymorpher Texturkoordinaten	741
8.4.5	Implementierung des Pixel-Based-MIP-Mapping-Algorithmus	744
8.4.6	Effiziente Verwaltung von Texturen	750
8.5	Erweiterte Polygonschattierung	756
8.5.1	Textured Flat Shading	756
8.5.2	Textured Gouraud Shading	777
8.5.3	Textured Phong / Metal Shading	782
8.5.4	Textured Depth Shading	784
8.5.5	Der Einsatz benutzerdefinierter Sekundärintensitäten	787
8.5.6	Bitmap Morphing	792
9	**Landscape Generation**	793
9.1	Grundlagen der Landscape Generation	794
9.1.1	Grundidee der Generierung dreidimensionaler Landschaften	794
9.1.2	Aufbau dreidimensionaler Umgebungen	796
9.1.3	Verwaltung dreidimensionaler Landschaften	806
9.1.4	Drahtgittermodell einer dreidimensionalen Landschaft	811
9.1.5	Polygonbasierende dreidimensionale Umgebungen	813
9.2	Navigation innerhalb einer dreidimensionalen Welt	819
9.2.1	Praktischer Aufbau eines einfachen Bewegungsmodells	823

9.3	Der Visible-Terrain-Visualisation-Algorithmus	825
9.3.1	Grundlagen des Visible-Terrain-Visualisation-Algorithmus	826
9.3.2	Implementierung des VTV-Algorithmus	830
9.3.3	Erweiterte Vektorrotation	849
9.3.4	Der Einsatz komplexer lokaler Koordinatensysteme	855
9.4	Erweiterte Visualisierungsalgorithmen	870
9.4.1	Texturauswahl bei der Generierung dreidimensionaler Landschaften	871
9.4.2	Uneingeschränkte Bewegung innerhalb dreidimensionaler Umgebungen	882
9.4.3	Der Einsatz mehrerer Darstellungskameras	890
A	**Grundlagen der Programmierung von Multitasking-Betriebssystemen**	893
A.1	Erstellung eines Programmfensters	893
A.2	Kommunikation zwischen Programm und Betriebssystem	898
A.3	Grundlagen der Verwendung von High-Level-APIs	900
A.3.1	Einstellung der Auflösung	901
A.3.2	Die Anfangsadresse des Videospeichers	902
A.3.3	Die Einstellung der 8-Bit-Palette	904
A.4	Praktische Verwaltung von Programmfenstern	907
A.5	Abbruch der Programmausführung	907
	Stichwortverzeichnis	909

Vorwort

Die Aufgabe des Buches besteht in der Übermittlung der Grundlagen, welche für die Erstellung anspruchsvoller Grafikeffekte unentbehrlich sind. Im Mittelpunkt steht hierbei die anschauliche Erläuterung der mathematischen Methoden, welche die Basis weit verbreiteter Algorithmen darstellen. In diesem Zusammenhang werden aber auch die Techniken für den Entwurf und der Formulierung eigener, lauffähiger Algorithmen vorgestellt.

Das Buch ist für ein Alleinstudium konzipiert; es kann jedoch problemlos auch als Begleitmaterial oder Nachschlagewerk für Fächer wie beispielsweise *Computer Graphics* eingesetzt werden. Eine Besonderheit des Buches besteht darin, dass die theoretischen Ausführungen in Form zahlreicher Programme in die Praxis umgesetzt werden; auf diese Weise lassen sich die erworbenen Kenntnisse individuell vertiefen bzw. erweitern. Dank des vielschichtigen Aufbaus erhält der Leser zahlreiche Anreize, eigene Effekte zu programmieren, welche im Text nicht explizit spezifiziert werden.

Die Übersetzung sämtlicher Programme erfolgt unter Verwendung des Freeware – Compilersystems CYGWIN, welches auf der CD des Buches mitgeliefert wird. Die Installationsanleitung sowie die Beschreibung des Compileraufrufes befinden sich im Anhang 2. Der Einsatz dieses Compilers ist jedoch keine Notwendigkeit: da in den Quelltexten auf übersetzerspezifische Strukturen verzichtet wurde, können die lauffähigen Programme auch mit jedem anderen WINDOWS – Compilersystem erstellt werden.

Die Basis der vorgestellten Programme wird durch Routinen des DIRECTX Development Environment gebildet. Der Grund für diese Vorgehensweise ist, dass der Umgang mit DIRECTX eine sehr hardwarenahe und mathematisch orientierte Programmierung ermöglicht, welche von Anfänger leichter nachvollzogen werden kann. OPENGL besitzt dagegen ein erweitertes, abstraktes Programmierkonzept, welches für einige Lesergruppen eine zusätzliche Schwierigkeit darstellen würde.

Erforderliche Vorkenntnisse

Die theoretische Vorstellung neuer Vorgehensweisen und der praktische Einsatz dieser Algorithmen in Form lauffähiger Programme sind in den folgenden Kapiteln deutlich voneinander getrennt. Für das Verständnis der Theorie sind Programmierkenntnisse nicht erforderlich.

Da die Programme in C++ geschrieben sind, ist die Beherrschung dieser Programmiersprache von Vorteil. Der sichere Umgang mit Funktionen, Zeigern und Klassen ist hierbei von großer Bedeutung. Kenntnisse der WINDOWS- oder DIRECTX – Programmierung werden jedoch nicht vorausgesetzt. Die praktische Implementierung mathematischer Algorithmen ist von der eingesetzten Sprache unabhängig. Alternativ zu C++ können aus diesem Grund auch Sprachen wie C, JAVA oder PASCAL in Verbindung mit ASSEMBLER eingesetzt werden.

Die zweite Voraussetzung ist die Beherrschung elementarster mathematischer Grundlagen. Das erste Kapitel widmet sich der Auffrischung bzw. Ergänzung dieser Grundlagen. Dieses Kapitel ist so angelegt dass selbst jemand, der sich seit längerer Zeit nicht mehr mit der Mathematik beschäftigt hat, sich schnell zurechtfindet. Weiterführende mathematische Kenntnisse wie Vektoren oder Ebenen, die nicht zu den Grundlagen gehören, zum Verständnis des Buches aber sehr wichtig sind, werden ausführlich erläutert.

Aufbau des Buches

Das Buch gliedert sich in 9 Kapitel. Das erste beschäftigt sich mit den mathematischen Grundlagen, welche für die Darstellung komplexer Grafiken notwendig sind. Die Aufgabe dieses Kapitels ist es, alle Leser auf dem gleichen Wissensstand zu bringen. Themen, die nicht zu diesen Grundlagen gehören, wie beispielsweise Zuordnungen oder trigonometrische Funktionen werden bevorzugt behandelt.

Das zweite Kapitel vermittelt die technischen Grundlagen der Grafikprogrammierung. Hierbei beschäftigt man sich mit der elementaren Programmierung der Grafikkarte im Rahmen der Möglichkeiten von DIRECTX. Hauptthemen sind das Setzen von Pixel auf dem Bildschirm, der Umgang mit Zufallszahlen und Bresenhams Algorithmus zur Darstellung beliebig verlaufender Geraden. Das erste Ziel des Kapitels ist es, ein Gefühl für den Umgang mit der Grafikhardware zu vermitteln; weitaus wichtiger ist jedoch die Tatsache, dass die in diesem Zusammenhang intuitiv erworbenen Fähigkeiten direkt auf die später vorgestellte externe Manipulation von Bitmaps übertragen werden können.

Im dritten Kapitel werden bedeutende Themen wie Matrizenalgebra oder der Umgang mit Polygonen behandelt. Hierbei kommen die mathematischen Zusammenhänge zum Vorschein, die für Bewegung im dreidimensionalen Raum verantwortlich sind. Dem Leser werden vielfältige Möglichkeiten geboten, auf sehr einfache und anschauliche Weise mit diesen Gleichungen zu experimentieren, um diese sehr wichtigen Sachverhalte zu verinnerlichen. Die genaue Kenntnis dieser Grundlagen ermöglicht eine weitaus effizientere Nutzung der Möglichkeiten, welche in der High Level Programmierung von OPENGL oder DIRECTX geboten werden.

Das vierte Kapitel beschäftigt sich mit Grundalgorithmen des Polygon Renderings wie beispielsweise Grafiken aus gefüllten Polygonen, einfache und erweiterte Sichtbarkeitsprüfungen sowie *Polygon Clipping*. Von herausragender Wichtigkeit ist die in diesem Zusammenhang notwendige Interpolation von Werten. Dieses mathematische Denkmodell bildet die Grundlage für die große Mehrheit der Grafikeffekte, einschließlich *Texture Mapping*, erweiterte Schattieralgorithmen oder Semitransparenzdarstellungen. Die anfangs anhand einfacher Beispiele durchgeführte Interpolation wird im Laufe der nachfolgenden Kapitel in immer komplexeren Zusammenhängen auftauchen.

Das fünfte Kapitel gibt einen kurzen Einblick in die wichtigsten Prozesse, welche bei der Verwaltung von Eingabegeräten in Multitasking – Betriebssystemen beteiligt sind. Auf diese Weise werden dem Leser erweiterte Möglichkeiten zur Manipulation virtueller Gegenstände zur Verfügung gestellt, welche besonders im Hinblick auf das nächste Kapitel benötigt werden.

Das Hauptthema des sechsten Kapitels stellen Algorithmen für die Beleuchtung einfarbiger Polygone dar. Anhand dieses Beispiels erhält der Leser einen Einblick in dem Umgang mit den theoretischen Modellen, auf deren Grundlage Farben und Farbverläufe in der Mathematik definiert werden. Dieselben Denkmodelle werden später als Teil komplexerer Zusammenhänge eingesetzt. Das sechste Kapitel besitzt eine weitere Besonderheit: Im Zusammenhang mit einem bestimmten Schattieralgorithmus wird erklärt, wie die Veränderung des Graphenverlaufes einer einfachen zweidimensionalen Funktion sich stark auf das Aussehen eines Polyeders auswirken kann.

Bitmaps sind das Thema des siebten Kapitels. Hier werden elementare und ereiterte Bitmapoperationen wie einfache Rotation, partielle Darstellung oder *Bitmap Clipping* vorgestellt. Diese Techniken der Bitmapmanipulation spielen eine große Rolle beim Einsatz multipler Darstellungsfenster oder der Erzeugung zweidimensionaler Umgebungen.

Das achte Kapitel beschreibt die mathematischen Grundlagen, welche bei der Projektion von Bitmaps auf die Oberfläche von Polygonen eingesetzt werden. Ein weiterer Schwerpunkt sind die erweiterten Aspekte des *Texture Mapping*, wie beispielsweise der generelle Unterschied zwischen *Linear* und *Perspective Texture Mapping*, der Einsatz unterschiedlicher Texturen bei der Visualisierung desselben Polygons oder *MIP Mapping*. Der Einsatz des inversen *Z – Buffer* Algorithmus ist ein weiteres wichtiges Thema, dass aufgrund der mathematischen Verwandtschaft in diesem Kapitel besprochen wird.

In den ersten acht Kapiteln werden an zahlreichen Stellen Techniken zur Formulierung eigener Algorithmen beschrieben. Das Ziel des neunten Kapitels besteht darin, dieses Wissen zu erweitern und zu vertiefen. Das Konzept sieht hierbei die Generierung einer beliebig großen, realistisch aussehenden dreidimensionalen

Landschaft vor, in welcher man sich in Echtzeit frei bewegen kann. Um dieses Ziel erreichen zu können, muss stark auf die Erkennung von Problemstellungen und ihrer Lösung unter Verwendung einer entsprechenden mathematischen Gleichung eingegangen werden.

Besonders interessant ist der im Zusammenhang mit dem *VTV* – Algorithmus notwendige Aufbau eines neuen Bewegungsmodells. Die Lösung der hierbei auftretenden Probleme kann auf eine Vielzahl von Gebieten eingesetzt werden, wie beispielsweise der Rotation eines Gegenstandes um eine beliebig verlaufende Gerade oder dem Einsatz unterschiedlicher Darstellungskameras.

Art der Wissensübermittlung

Die Eroberung neuer Wissensgebiete setzt Einiges an Motivation voraus. Die einzelnen Abschnitte sind nach dem gleichen Schema aufgebaut. Zuerst werden neue Informationen, z.B. das Setzen eines Pixels auf dem Bildschirm behandelt, anschließend wird dieses sofort als C++- Programm in die Praxis umgesetzt. Wird das Buch von Anfang an gelesen, sind die vom Leser mitzubringenden Vorkenntnisse äußerst gering.

Beim Selbststudium treten zwangsläufig Fragen und Probleme zu bestimmten Themen auf. Die kritischen Stellen sind dem Autor bekannt, es wird in den entsprechenden Abschnitten Hilfestellung geleistet.

Um den Leser zu motivieren, wurde beim Aufbau des Textes an vielen Stellen auf den AHA – Effekt hingearbeitet; an anderen Stellen wird dem Leser das Gefühl vermittelt, echten Erkenntnisgewinn erzielt haben. Dadurch, dass neu Erlerntes gleich in die Praxis umgesetzt wird, verschwindet die Angst vor der Theorie, Spaß am Weiterlesen ist die Belohnung.

Das Buch "so logisch wie möglich" aufgebaut, Sachverhalte werden Schritt für Schritt erläutert, neues Wissen basiert in erster Linie auf bereits übermitteltem. Dabei wird der rote Faden, der von den Grundlagen bis zu hoch komplexen Sachverhalten reicht, niemals aus den Augen verloren. Um beispielsweise ein Polygon zeichnen zu können, muss man wissen, wie ein Pixel auf dem Bildschirm gesetzt wird. Dies lässt sich nicht über Techniken wie Polygonschattierung diskutieren, wenn einem der Rasterizationsprozeß unbekannt ist. Weil das menschliche Denken sich an Bildern und Symbolen orientiert, helfen zahlreiche Abbildungen.

Geeignete Lesergruppen

Aufgrund der mathematischen Orientierung, des didaktischen Konzepts und der geringen Menge an erforderlichem Vorwissen richtet sich dieses Buch an durchaus verschiedene Lesergruppen:

1. Leser, die selbst komplexe Grafikeffekte darstellen möchten bzw. herausfinden wollen, wie diese funktionieren.
2. Personen, die sich schnell und effizient mit dem Thema vertraut machen müssen, z.B. Informatikstudenten während des Hauptstudiums.
3. Lehrkräfte, die geeignetes Unterrichtsmaterial für Fächer wie *Computer Graphics* o.ä. benötigen.
4. Leser, die effizient sämtliche Möglichkeiten nutzen möchten, die DIRECTX bzw. OPENGL bieten, da sie mit den zugrundeliegenden mathematischen Algorithmen im Rahmen des Buches vertraut gemacht worden sind.
5. Personen, die sich bereits durch Eigenstudium mit dem Thema vertraut gemacht haben, und ihr Wissen vertiefen möchten oder noch offene Fragen haben.
6. Ambitionierte Hobbyprogrammierer, die ihre Fähigkeiten auf einem neuen Gebiet erweitern möchten.
7. Schüler, die sich mit Computerspielen beschäftigt haben und wissen möchten, wie diese programmiert werden.
8. Erfahrene Grafikprogrammierer, die ein Nachschlagewerk für die mathematische Herleitung bestimmter Grafikeffekte benötigen, um diese weiterentwickeln zu können.

Kapitel 1

Mathematische Grundlagen

Eine mathematische Gleichung ist nichts anderes als eine eindeutige, sehr allgemeine Beschreibung eines bestimmten Zusammenhanges. Diese Art von Zusammenhängen bilden die Grundlage sämtlicher Grafikeffekte. Daraus folgt, dass sowohl die Entwicklung eigener Grafikeffekte als auch die Erweiterung vorhandener Techniken ein sehr genaues Verständnis der Vereinbarungen erfordern, welche bei der Beschreibung dieser Zusammenhänge eingesetzt werden.

Zu den wichtigsten Vereinbarungen zählen die Denkmodelle, welche sich hinter Punkten, Vektoren, Ebenen, trigonometrischen Funktionen und Matrizen verbergen. Im Folgenden werden wir uns näher mit der Theorie beschäftigen, welche die Basis dieser Denkmodelle darstellt.

Hierbei sollte man sich nicht durch die Tatsache entmutigen lassen, dass diese Ausführungen meist theoretischer Natur sind. Im Laufe der nächsten Kapitel werden wir diese theoretischen Vereinbarungen anhand zahlreicher Programme in die Praxis umsetzen; hierbei handelt es sich um die effizienteste Möglichkeit, ein sehr genaues Verständnis dieser Denkmodelle erhalten zu können. Schließlich wird man zur Überzeugung gelangen, dass interessante Grafikeffekte ohne diese theoretischen Ausführungen nicht generiert werden können.

1.1 Punkte im dreidimensionalen Raum

Besonders in der Grafikprogrammierung ist es von großer Wichtigkeit, die Position eines Gegenstandes eindeutig, das heißt ohne dass Verwechslungssituationen auftreten, beschreiben zu können. Innerhalb des dreidimensionalen Raumes werden Positionen mit Hilfe einer x-, y- und z-Koordinate festgelegt; wie man anhand Abbildung 1.1 feststellen kann, beziehen sich diese drei Angaben auf den Ursprung der betreffenden dreidimensionalen Welt.

Wird ein dreidimensionales Koordinatensystem auf dem Papier gezeichnet, ist es relativ schwierig, sich die Lage eines Punktes bloß anhand seiner Koordinaten räumlich vorzustellen. Die Strecken, welche man vom Ursprung aus in Richtung der Koordinatenachsen zurücklegen muss, um einen bestimmten Punkt zu erreichen, werden aus diesem Grund in vielen Fällen explizit hervorgehoben. Wichtig ist, dass diese Achsen nicht immer in dieselben Richtungen verweisen.

Kapitel 1
Mathematische Grundlagen

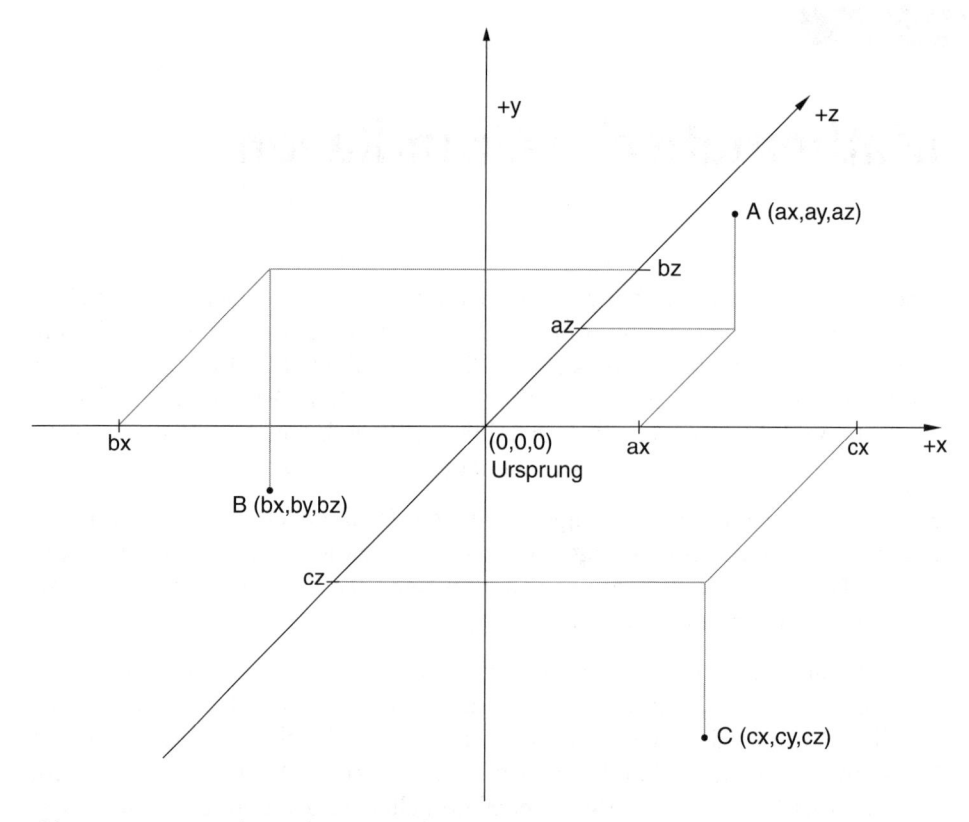

Abb. 1.1: Die Lage der Punkte **A**, **B** und **C** innerhalb einer dreidimensionalen Umgebung

In Abbildung 1.1 wird beispielsweise ein *linkshändiges* Koordinatensystem verwendet; diese Bezeichnung kommt daher, dass die Richtungen der einzelnen Achsen mit Hilfe der Finger der linken Hand wiedergegeben werden können. Hierzu müssen der linke Daumen nach rechts, der Zeigefinger nach oben und der Mittelfinger nach vorne gestreckt werden. Daneben gibt es noch eine *rechtshändige* Anordnung der Koordinatenachsen: Werden Daumen und Zeigefinger der rechten Hand nach rechts bzw. nach oben gerichtet, kann der rechte Mittelfinger aufgrund anatomischer Gegebenheiten nur nach hinten gerichtet werden. Diese beiden Arten von Koordinatensystemen sind in Abbildung 1.2 dargestellt.

Bemerkenswert ist, dass die Achsen dieser beiden Arten von Koordinatensystemen für die Beschreibung unterschiedlicher Richtungen verwendet werden. Die y-Achse der linkshändigen Anordnung weist nach oben, während die z-Achse die räumliche Tiefe eines Punktes angibt. In der Praxis trifft man in den meisten Fällen auf das rechtshändige Koordinatensystem, das auf der rechten Seite der Abbildung 1.2 zu sehen ist. Hierbei wird die Tiefe von der y-Achse angegeben, während die z-Achse für die Beschreibung der Höhe eingesetzt wird.

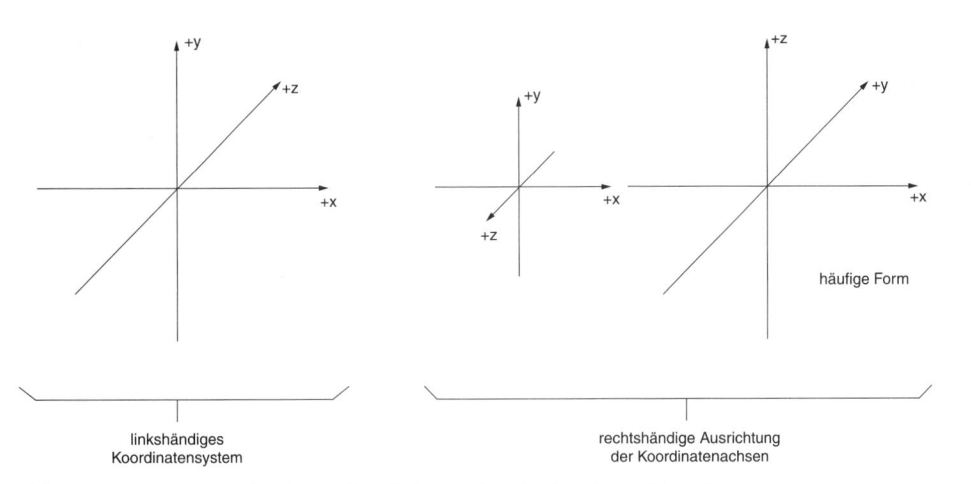

Abb. 1.2: Der Unterschied zwischen links- und rechtshändigen Koordinatensystemen

Es spielt keine Rolle, ob Punkte in den eigenen Programmen auf der Grundlage rechts- oder linkshändiger Koordinatensysteme definiert werden. Wichtig ist nur, dass in einem Programm nur auf eine einzige Anordnung der Koordinatenachsen zurückgegriffen werden darf; ansonsten können Verwechslungssituationen auftreten, welche zu schwer auffindbaren Fehler führen. Im weiteren Verlauf werden sämtliche Sachverhalte zwar anhand linkshändiger Koordinatensysteme vorgestellt, die Erklärungen können aber auch auf die rechtshändige Anordnung übertragen werden.

1.2 Vektoren

Neben den Punkten sind die *Vektoren* ein weiteres Denkmodell, welches für die Beschreibung einer dreidimensionalen Welt unbedingt erforderlich ist. Vektoren werden in erster Linie dazu verwendet, um Richtungen anzugeben; sie werden aber auch eingesetzt, um wesentlich komplexere Sachverhalte als die Ausrichtung von Ebenen zu beschreiben. Mit diesen erweiterten Anwendungsgebieten werden wir uns zu einem späteren Zeitpunkt auseinandersetzen.

Zunächst wird die Notwendigkeit der Verwendung von Vektoren an einem praktischen Beispiel demonstriert. Das Problem besteht darin, einen bekannten Punkt mit der Bezeichnung **P**(3, 4, 5) nach *rechts* zu verschieben. Diese Problemstellung, welche lediglich eine richtige Lösung besitzt, ist in Abbildung 1.3 grafisch dargestellt.

Versucht man dieses Problem intuitiv zu lösen, können keine eindeutigen Ergebnisse erzielt werden: Die Beschreibung »Verschiebung nach rechts« passt auf jede der drei verschiedenen Richtungen, in welche **P** auf der linken Seite der Abbildung

Kapitel 1
Mathematische Grundlagen

1.3 versetzt wird. Aus diesem Grund kann nicht festgestellt werden, ob es sich bei P_1, P_2, oder P_3 um den gesuchten Zielpunkt handelt.

| intuitive Verschiebung des Punktes **P** nach rechts | Verschiebung von **P** unter Verwendung des Vektor $\vec{v}$ |

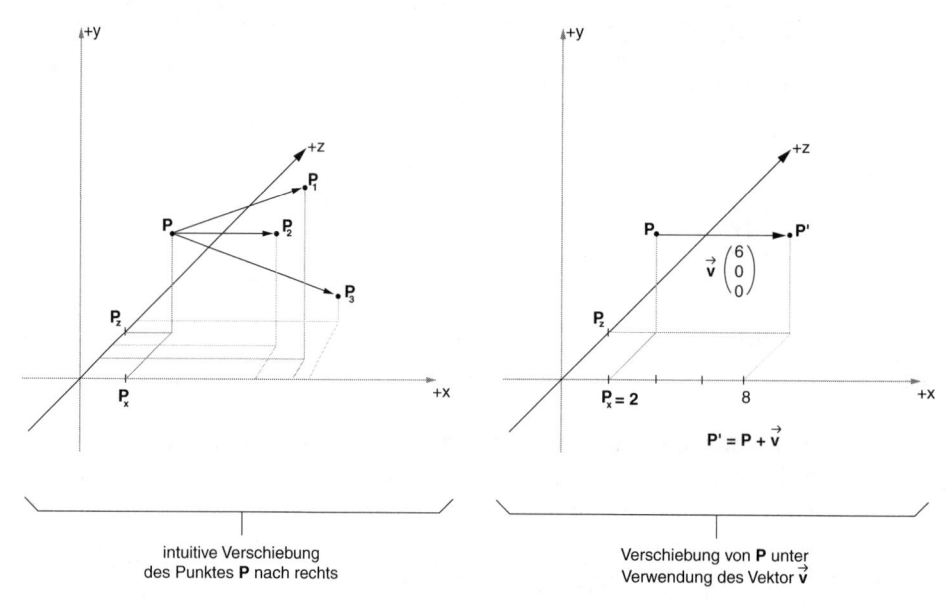

Abb. 1.3: Die Richtung, in welcher ein Punkt verschoben werden soll, kann nur mit Hilfe eines Vektors eindeutig definiert werden

Vektoren werden folgendermaßen definiert: Ein Vektor ist die Einheit, welche einem Punkt hinzuaddiert werden muss, um den Punkt in eine bestimmte Richtung zu verschieben. Aufgrund dessen, dass Punkte über drei Koordinaten verfügen, müssen Vektoren ebenfalls über eine x-, y- und z-Komponente verfügen. Um die eigentliche Verschiebung durchzuführen, müssen den drei Koordinaten lediglich die entsprechenden hinzuaddiert werden.

Das Problem der unterschiedlichen Lösungen lässt sich vermeiden, indem Richtungen wie auf der rechten Seite der Abbildung 1.3 in Form von Vektoren angegeben werden. In diesem Fall können die Koordinaten des verschobenen Punktes **P'** leicht ermittelt werden:

$$P \quad + \quad \vec{v} \quad = \quad P' \quad \Rightarrow$$

$$(4, 3, 5) + \begin{pmatrix} 0 \\ 2 \\ 0 \end{pmatrix} = (4, 5, 5)$$

Es ist festgelegt, dass über dem Namen eines Vektors ein waagerechter Pfeil dargestellt wird. Weiterhin müssen die Komponenten von Vektoren untereinander geschrieben werden; der einzige Zweck dieser beiden Vereinbarungen besteht darin, Vektoren und Punkte leichter voneinander unterscheiden zu können.

Die allgemeine Formel für die Verschiebung eines Punktes **P(px, py, pz)** mit Hilfe eines Vektors $\vec{v}\begin{pmatrix} vx \\ vy \\ vz \end{pmatrix}$ besitzt demnach folgenden Aufbau:

$$(px, py, pz) + \begin{pmatrix} vx \\ vy \\ vz \end{pmatrix} = [\,(px+vx),\,(py+vy),\,(pz+vz)\,]$$

Beispiel:

$$(1, 2, 3) + \begin{pmatrix} 4 \\ -5 \\ 6 \end{pmatrix} = (5, -3, 9)$$

Diese Operation lässt sich auch umkehren: Subtrahiert man den Punkt **P'** aus Abbildung 1.3 von **P**, ist das Ergebnis der Vektor $\vec{v}$. Der Grund hierfür besteht darin, dass durch die Addition von $\vec{v}$ und **P(x1, y1, z1)** die Position von **P'(x2, y2, z2)** ermittelt wird:

$$P' \quad - \quad P \quad = \quad \vec{v} \quad \Rightarrow$$

$$(x2, y2, z2) \quad - \quad (x1, y1, z1) \quad = \quad \begin{pmatrix} vx \\ vy \\ vz \end{pmatrix}$$

1.2.1 Die Länge eines Vektors

Beim Umgang mit Vektoren ist die Verschiebungsrichtung nicht die einzige Information, welche berücksichtigt werden muss. Von großer Wichtigkeit ist auch, *wie weit* ein Punkt mit Hilfe eines bestimmten Vektors verschoben werden kann. Diese Information lässt sich anhand der *Länge* bzw. des *Betrages* eines Vektors ablesen. Es lässt sich leicht feststellen, dass ein beliebiger Punkt nach der Versetzung mit Hilfe von $\vec{u}\begin{pmatrix} 0 \\ 4 \\ 0 \end{pmatrix}$ weiter von seiner Ursprungsposition entfernt liegt, als wenn die Verschiebung unter Verwendung von $\vec{v}\begin{pmatrix} 0 \\ 2 \\ 0 \end{pmatrix}$ durchgeführt worden wäre; der Grund

Kapitel 1
Mathematische Grundlagen

hierfür besteht darin, dass die y-Komponente, und somit auch der Betrag von $\vec{v}$, kleiner ist als die Länge des Vektors $\vec{u}$.

Der Betrag eines Vektors kann jedoch nicht mehr so leicht ermittelt werden, wenn die übrigen Komponenten ungleich 0 sind. In diesem Fall muss auf die allgemeine Formel für die Berechnung der Länge eines Vektors zurückgegriffen werden. Die hierfür eingesetzte Vorgehensweise ist identisch mit der Berechnung der Raumdiagonalen eines Quaders.

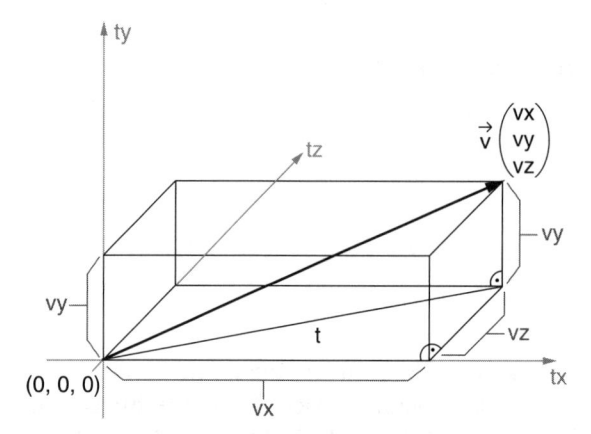

Abb. 1.4: Grafischer Ansatz zur Berechung der Länge eines beliebigen Vektors

Die Länge des in Abbildung 1.4 dargestellten Vektors $\vec{v}$, deren mathematische Notation $|\vec{v}|$ lautet, kann mit Hilfe des Satzes von Pythagoras ermittelt werden. Hierzu gilt:

$|\vec{v}|^2 = vy^2 + t^2$

Bei der Konstanten **t** handelt es sich um die Diagonale auf dem Boden des Quaders aus Abbildung 1.4. Wie man anhand der Abbildung feststellen kann, lässt sich diese Konstante auch mit Hilfe der Komponenten **vx** und **vz** beschreiben:

$t^2 = vx^2 + vz^2$

Setzt man diese Beziehung in die obere Gleichung ein, ergibt sich:

$|\vec{v}|^2 = vy^2 + (vx^2 + vz^2)$

Daraus folgt schließlich:

$|\vec{v}| = \sqrt{vx^2 + vy^2 + vz^2}$

Hierzu ein Beispiel: Die Länge des Vektors $\vec{u}\begin{pmatrix} 5 \\ -9 \\ 3 \end{pmatrix}$ beträgt:

$$|\vec{u}| = \sqrt{5^2 + (-9)^2 + 3^2}$$
$$= \sqrt{115}$$
$$\approx 10.72$$

1.2.2 Operationen mit Vektoren

In den letzten Abschnitten haben wir einen grundlegenden Einblick in die Regeln erhalten, welche beim Umgang mit Vektoren berücksichtigt werden müssen. In einigen Fällen ist dieses Wissen vollkommen ausreichend; es gibt jedoch auch Problemstellungen, welche nur mit Hilfe erweiterter Kenntnisse der Vektorarithmetik gelöst werden können.

Manchmal ist es erforderlich die Länge, aber nicht die Richtung eines Vektors zu verändern. Es kann auch sein, dass mehrere Vektoren zu einem einzigen zusammengefasst werden müssen, oder dass der Winkel zwischen zwei Vektoren bekannt sein muss. In den nächsten Abschnitten wird näher auf diese Situationen eingegangen.

Skalarmultiplikation

In einem Flugsimulator wird die Position eines Flugzeuges mit Hilfe eines Punktes dargestellt. Verändert man die Koordinaten dieses Punktes, verändert sich auch die räumliche Position des Fluggerätes. In jeder Sekunde muss das Flugzeug in die Richtung bewegt werden, welche durch den Vektor $\vec{v}$ (x, y, z) angegeben ist. Weil die Komponenten dieses Vektors bekannt sind, kann dieses Vorhaben leicht durch eine wiederholte Verschiebung des beschriebenen Punktes unter Verwendung von $\vec{v}$ realisiert werden.

Daraus folgt, dass die Strecke, welche der Helikopter in einer Sekunde zurücklegt, dem Betrag des Vektors entspricht. In der realen Welt lässt sich die Geschwindigkeit eines Hubschraubers gemäß den Vorgaben des Piloten regulieren, ohne die Flugrichtung zu verändern. Um im Fall unseres virtuellen Helikopters den gleichen Effekt erzeugen zu können, müssen wir eine Möglichkeit finden den Betrag, aber nicht die Richtung von $\vec{v}$ zu verändern.

In der Mathematik wird diese Problemstellung durch eine Operation gelöst, welche die Bezeichnung *Skalarmultiplikation* trägt. Hierbei müssen alle Komponenten des zu verändernden Vektors mit einer reelen Zahl namens *Skalar* wie folgt multipliziert werden:

$$\vec{v} * t = \vec{v}'$$

$$\begin{pmatrix} x \\ y \\ z \end{pmatrix} * t = \begin{pmatrix} x * t \\ y * t \\ z * t \end{pmatrix} \qquad t \in \mathbb{R}$$

Mit Hilfe von Abbildung 1.5 kann festgestellt werden, dass die Größe des Skalars im direkten Zusammenhang mit dem Betrag des zu verändernden Vektors steht. Eine Multiplikation mit dem Wert 2 verdoppelt beispielsweise den Betrag des Vektors. Wenn der Skalar den Wert **0.1** besitzt, wird der Vektor auf ein Zehntel seiner ursprünglichen Länge verkürzt. Allgemein gilt, dass die Richtung eines Vektors nicht verändert wird, wenn der Skalar größer **0.0** ist.

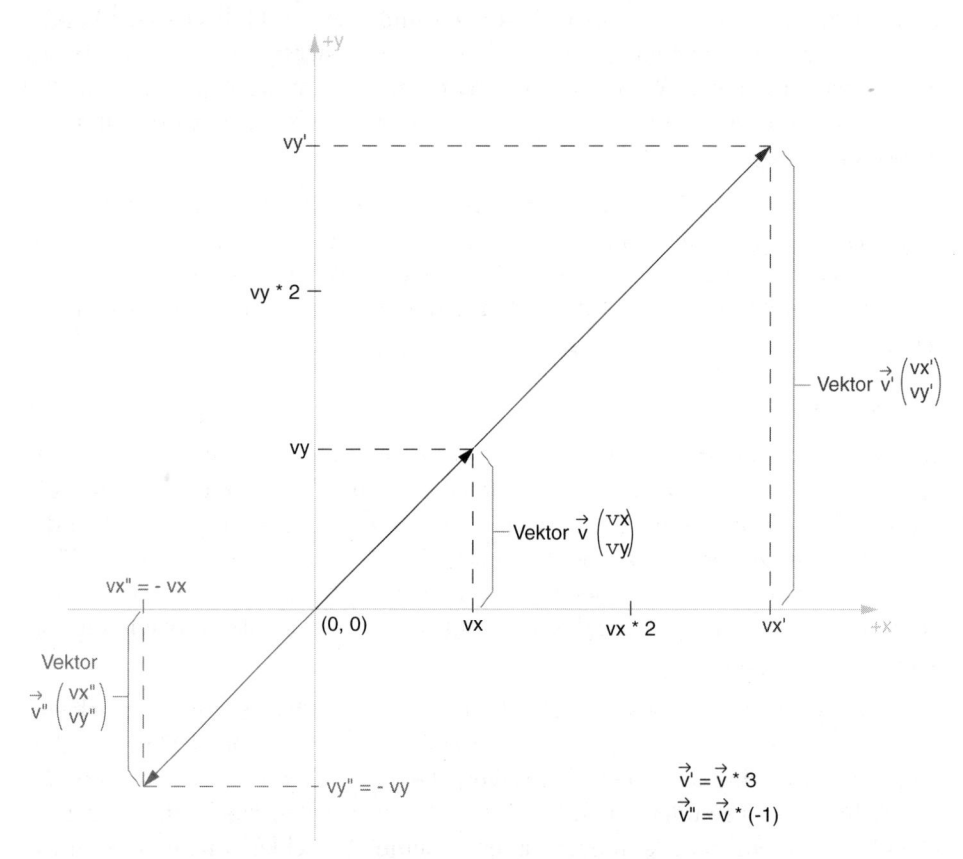

Abb. 1.5: Grafische Darstellung der Skalarmultiplikation eines Vektors $\vec{v}$ einer Konstanten, deren Wert 2 beträgt

Aufgrund dessen, dass es sich bei Skalaren um reele Zahlen handelt, können diese auch Werte kleiner **0.0** annehmen. Was den Betrag des zu verändernden Vektors anbetrifft, spielt das Vorzeichen des Skalars keine Rolle: Egal, ob der Skalar den Wert **3** oder **(-3)** besitzt, die ursprüngliche Länge des zu verändernden Vektors wird verdreifacht. Anhand Abbildung 1.5 lässt sich jedoch erkennen, dass negative Skalare die Richtung des Vektors umkehren. Nach der Multiplikation mit dem Wert **(-1)** hat sich der Betrag von $\vec{v}$ zwar nicht verändert, der Vektor $\vec{v}''$ zeigt jedoch in die genau entgegengesetzte Richtung.

Vektoren

Im Zusammenhang mit der Skalarmultiplikation gibt es aber auch Fälle, in denen der Wert des Skalars unbekannt ist und explizit ausgerechnet werden muss. Hierzu ein Beispiel:

Unser Hubschrauber soll über eine Funktion verfügen, welche dem Piloten erlaubt, die Geschwindigkeit des Fluggerätes frei einzustellen. Mathematisch gesehen, wird dieses Problem folgendermaßen ausgedrückt: Die Komponenten, und damit auch der Betrag des Vektors $\vec{v}$, welche Richtung und aktuelle Geschwindigkeit des Helikopters angeben, sind bekannt. Die zu erreichende Geschwindigkeit **n** ist ebenfalls gegeben. Das Problem besteht darin, den Wert des Skalars **t** zu ermitteln, für den gilt: Nach der Multiplikation von $\vec{v}$ mit t beträgt die Länge des neuen Vektors **n** Einheiten:

$$\vec{v} * t = \vec{v}' \quad \text{sodass} \quad |\vec{v}'| = n$$

für alle t, n $\in$ **R**

Wie wir wissen, gilt für die Komponenten des Vektors $\vec{v}' \begin{pmatrix} u \\ v \\ w \end{pmatrix}$:

$u = x * t$

$v = y * t$

$w = z * t$

Der Betrag von $\vec{v}'$ ist definiert als:

$$|\vec{v}'| = \sqrt{u^2 + v^2 + w^2}$$

Der Betrag von $\vec{v}'$ muss den Wert **n** besitzen; setzt man noch die drei vorherigen Beziehungen in diese Gleichung ein, bekommt man:

$$\sqrt{(x*t)^2 + (y*t)^2 + (z*t)^2} = n$$

Hierbei handelt es sich um ein Gleichungssystem mit einer einzigen Unbekannten. Dieses System kann folgendermaßen nach **t** gelöst werden:

$\sqrt{(x*t)^2 + (y*t)^2 + (z*t)^2} = n \quad \Leftrightarrow$

$(x*t)^2 + (y*t)^2 + (z*t)^2 = n^2 \quad \Leftrightarrow$

$x^2 * t^2 + y^2 * t^2 + z^2 * t^2 = n^2 \quad \Leftrightarrow$

$t^2 * (x^2 + y^2 + z^2) = n^2 \quad \Leftrightarrow$

$t^2 = \dfrac{n^2}{(x^2 + y^2 + z^2)} \quad \Leftrightarrow$

$t = \sqrt{\dfrac{n^2}{x^2 + y^2 + z^2}}$

$$= \frac{\sqrt{n^2}}{\sqrt{x^2 + y^2 + z^2}}$$

Schließlich gilt für **t**:

$$t = \frac{n}{\sqrt{x^2 + y^2 + z^2}}$$

Bei einer näheren Betrachtung des Ausdrucks im Nenner fällt auf, dass es sich hierbei um die Formel zur Berechnung des Betrages des ursprünglichen Vektors $\vec{v}$ handelt. Aus diesem Grund kann diese Beziehung noch allgemeiner formuliert werden:

Um einem beliebigen Vektor $\vec{v}$ durch Skalarmultiplikation den Betrag **n** zuzuweisen, muss der hierzu notwendige Skalar **t** folgendermaßen ausgerechnet werden:

$$t = \frac{n}{|\vec{v}|} \quad \textit{für alle } t, n \in \mathbf{R}$$

Addition von Vektoren

Es gibt auch Situationen, in denen Vektoren miteinander in Wechselwirkung treten müssen. Ein gutes Beispiel hierfür ist ein Flugzeug, welches sich in Richtung des bekannten Vektors $\vec{r}$ fortbewegt. Ein Seitenwind, welcher das Flugzeug beispielsweise von links trifft, verändert die Flugbahn der Maschine. Das Problem besteht darin, die neue Flugrichtung zu ermitteln; hierzu stehen uns neben $\vec{r}\begin{pmatrix} rx \\ ry \\ rz \end{pmatrix}$ noch die Komponenten des Vektors $\vec{s}\begin{pmatrix} sx \\ sy \\ sz \end{pmatrix}$ zur Verfügung, welche die Richtung des Seitenwindes kennzeichnen. Die Lösung dieses Problems besteht darin, die beiden gegebenen Vektoren zu addieren. Hierfür müssen lediglich die einzelnen Komponenten miteinander addiert werden:

$$\vec{r} + \vec{s} = \vec{r}\,'$$

$$\begin{pmatrix} rx \\ ry \\ rz \end{pmatrix} + \begin{pmatrix} sx \\ sy \\ sz \end{pmatrix} = \begin{pmatrix} rx + sx \\ ry + sy \\ rz + sz \end{pmatrix}$$

Die neue Richtung, in welcher das Flugzeug aufgrund der Einwirkung des Windes fliegt, wird somit in Form des Vektors $\vec{r}\,'$ angegeben. Abbildung 1.6 enthält die grafische Darstellung einer Vektoraddition, welche unter Verwendung konstanter Zahlen durchgeführt wird. Die Auswirkungen dieser einfachen Operation sind besonders auf der linken Seite deutlich: Wenn man einen Punkt gleichzeitig in zwei unterschiedlichen Richtungen verschiebt, muss die Bewegung des Punktes unter Verwendung eines Vektors angegeben werden, welcher ein »Kompromiss« zwischen den beiden Verschiebungsrichtungen darstellt.

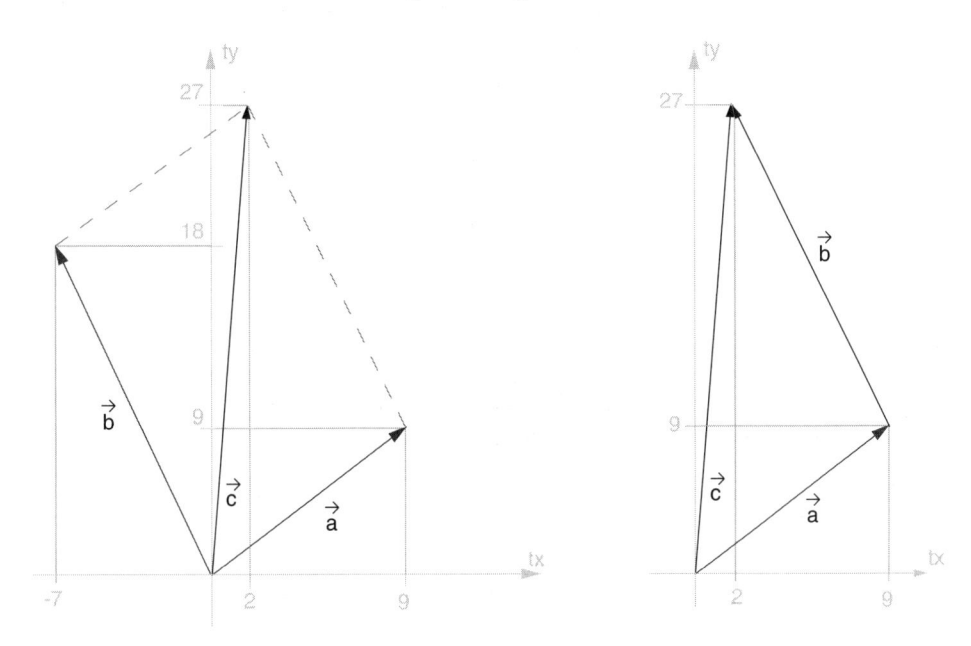

Abb. 1.6: Grafische Darstellung der Vektoraddition, links im Kräfteparallelogramm

Der Winkel zwischen zwei Vektoren

In einigen Fällen ist es erforderlich, die Größe des Winkels zwischen zwei beliebig verlaufenden Vektoren zu ermitteln. Ein Beispiel aus dieser Gruppe von Problemstellungen ist die Polygonschattierung. In diesem Fall beschreibt der erste gegebene Vektor die Richtung, aus welcher das einfallende Licht kommt, der zweite gibt die Ausrichtung eines beliebigen Polygons an. Am Wert des Winkels zwischen diesen beiden Vektoren kann die Ausrichtung des Vielecks in Bezug zur Lichtquelle ermittelt werden; je nachdem, wie stark das Polygon der Lichtquelle zugewandt ist, wird diesem ein hellerer oder dunklerer Farbton zugewiesen.

Kapitel 1
Mathematische Grundlagen

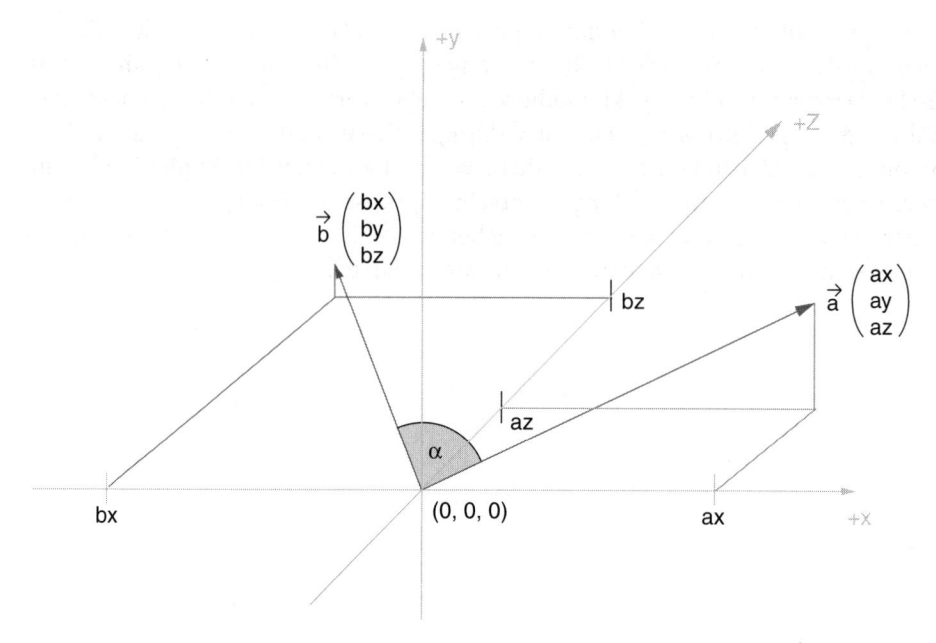

Abb. 1.7: Grafische Darstellung des Winkels zwischen den Vektoren $\vec{a}$ und $\vec{b}$

Der Winkel α, welcher zwischen zwei beliebig verlaufenden Vektoren $\vec{a}\begin{pmatrix} ax \\ ay \\ az \end{pmatrix}$ und $\vec{b}\begin{pmatrix} bx \\ by \\ bz \end{pmatrix}$ eingeschlossen wird, lässt sich mit Hilfe einer Operation ermitteln, welche als *Dot Product* bezeichnet wird. Bei dem *Dot Product* zweier Vektoren handelt es sich um eine reele Zahl. Hierbei gelten folgende Aussagen:

1. $Dot\_Product(\vec{a}, \vec{b}) = ax * bx + ay * by + az * bz$
2. $Dot\_Product(\vec{a}, \vec{b}) = |\vec{a}| * |\vec{b}| * \cos(α)$

Zusammengefasst, ergibt sich:

$$ax * bx + ay * by + az * bz = |\vec{a}| * |\vec{b}| * \cos(α)$$

Für den Kosinuswert des Winkels α gilt demnach folgende Beziehung:

$$\cos(α) = \frac{ax * bx + ay * by + az * bz}{|\vec{a}| * |\vec{b}|}$$

Um den Wert eines Winkels anhand seines Kosinuswertes ermitteln zu können, ist ein Aufruf der inversen Kosinusfunktion erforderlich. Weitere Informationen im Zusammenhang mit dieser Funktion können dem Abschnitt über trigonometrische Funktionen entnommen werden:

$$\alpha = arcus\_cosinus(\frac{ax * bx + ay * by + az * bz}{|\vec{a}| * |\vec{b}|})$$

Hierzu ein Rechenbeispiel: Der Winkel zwischen den Vektoren $\vec{a}\begin{pmatrix} 1 \\ -2 \\ 3 \end{pmatrix}$ und $\vec{b}\begin{pmatrix} -4 \\ 5 \\ 6 \end{pmatrix}$ wird folgendermaßen ermittelt:

$$\alpha = arcus\_cosinus(\frac{1*(-4)+(-2)*5+3*6}{|\vec{a}|*|\vec{b}|})$$

Schließlich muss im Zusammenhang mit dem *Dot Produkt* eine sehr wichtige Gesetzmäßigkeit beachtet werden:

Der Dot Product zwischen zwei Vektoren $\vec{a}$ und $\vec{b}$ besitzt den Wert 0, wenn der Winkel zwischen $\vec{a}$ und $\vec{b}$ gleich 90° ist.

Die Grundlage hierfür bildet die Tatsache, dass der Kosinus des Winkels 90 den Wert 0 besitzt:

$ax * bx + ay * by + az * bz = |\vec{a}| * |\vec{b}| * 0$ ⇔

$ax * bx + ay * by + az * bz = 0$

1.2.3 Der Ortsvektor eines Punktes

In den vorherigen Abschnitten wird davon ausgegangen, dass Punkte und Vektoren miteinander addiert werden können: Um den Punkt **P** beispielsweise unter Verwendung des Vektors $\vec{v}$ zu verschieben, müssen einander entsprechende Koordinaten und Komponenten miteinander addiert werden:

$P \quad + \quad \vec{v} \quad = \quad P'$ ⇒

$(x, y, z) + \begin{pmatrix} vx \\ vy \\ vz \end{pmatrix} = [\,(x+vx),\,(y+vy),\,(z+vz)\,]$

Streng mathematisch gesehen, ist diese Operation jedoch unzulässig. Der Grund hierfür besteht darin, dass in der Mathematik nur Einheiten gleichen Typs auf die beschriebene Weise miteinander verrechnet werden können; aufgrund dessen, dass Punkte und Vektoren vollkommen unterschiedliche Einheiten sind, dürfen diese nicht miteinander addiert werden.

Um die Verschiebung eines Punktes mit Hilfe eines Vektors dennoch durchführen zu können, wurde ein neues Gedankenmodell entwickelt: die Theorie des *Ortsvektors* eines Punktes. Jeder Punkt besitzt einen Ortsvektor; die Komponenten des Ortsvektors besitzen hierbei die gleichen Werte wie die Koordinaten des dazugehörigen Punktes. Der Ortsvektor des Punktes $P(3, -4, 5)$ muss demnach

$$\vec{p} \begin{pmatrix} 3 \\ -4 \\ 5 \end{pmatrix}$$

lauten. Wenn man einen Punkt mit Hilfe eines Vektors $\vec{v}$ verschieben möchte, müssen $\vec{v}$ und der *Ortsvektor* des Punktes nach den Gesetzen der Vektoraddition miteinander addiert werden. Das Ergebnis ist ebenfalls ein Vektor: der Ortsvektor des verschobenen Punktes. Die mathematisch richtige Version der am Anfang des Abschnittes durchgeführten Berechnung besitzt demnach folgendes Aussehen:

$$\vec{p} + \vec{v} = \vec{p}' \quad \Rightarrow$$

$$\begin{pmatrix} x \\ y \\ z \end{pmatrix} + \begin{pmatrix} vx \\ vy \\ vz \end{pmatrix} = \begin{pmatrix} x + vx \\ y + vy \\ z + vz \end{pmatrix}$$

Rechnerisch gesehen sind beide Additionstypen miteinander identisch. In der Mathematik wird ausschließlich das Modell der Ortsvektoren verwendet, da man bestimmte Phänomene auf diese Weise viel besser erklären kann. In der Praxis bedeutet die direkte Addition von Punkten und Vektoren jedoch eine Arbeitserleichterung; ohne den Umweg über den Ortsvektor kann der Quelltext viel übersichtlicher gehalten werden. Aus diesem Grund wird man häufig auf Überladungen des Additionsoperators treffen, welche die mathematisch ungültige Addition durchführen.

Es spricht nichts dagegen, diesen Additionstyp auch in den eigenen Programmen zu übernehmen, solange man nicht vergisst, dass in dem jeweiligen Quelltextabschnitt eigentlich ein *Ortsvektor*, und kein Punkt an der Addition beteiligt ist.

1.3 Geraden

In den vorherigen Abschnitten haben wir Punkte, Vektoren und die damit verbundenen Operationen lediglich anhand einfacher Problemstellungen kennen gelernt. Die beschriebenen Gedankenmodelle sind jedoch weitaus leistungsfähiger; wenn

Geraden

man diese kombiniert, lassen sich auch weitaus komplexere Gegenstände wie Geraden oder Ebenen eindeutig beschreiben.

Eine Gerade ist definiert als eine Menge von Punkten, welche linear angeordnet sind. Für die eindeutige Definition einer Geraden müssen lediglich die Koordinaten eines Punktes **P** und die Komponenten eines Vektors $\vec{v}$ bekannt sein; Voraussetzung ist, dass **P** sich hierbei auf der Geraden befindet, und $\vec{v}$ in die Richtung verweist, in welcher die Gerade verläuft.

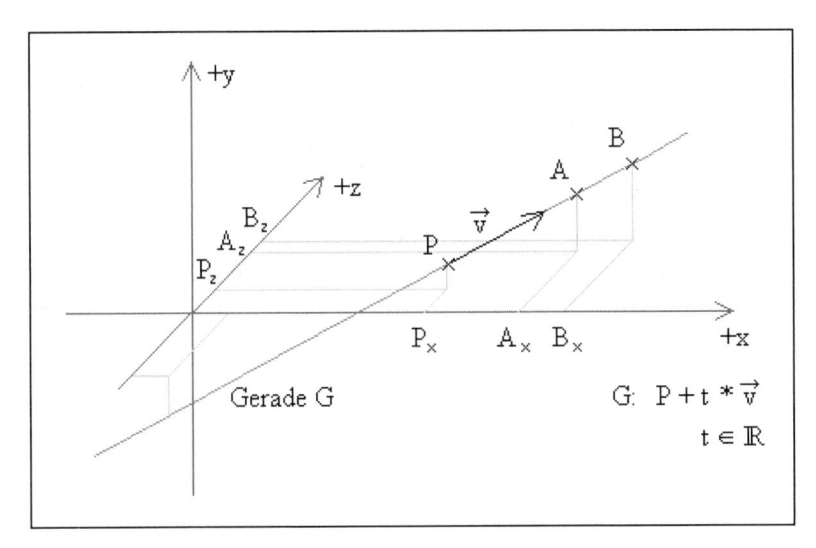

Abb. 1.8: Für die eindeutige Definition der Geraden **G** müssen die Werte von **P** und $\vec{v}$ bekannt sein

Wie wir wissen, kann ein Punkt durch die Addition eines Vektors problemlos in eine bestimmte Richtung verschoben werden. Diese Verschiebung kann jedoch nur *linear*, mit anderen Worten in derselben Richtung erfolgen. Wie weit der Punkt von seiner ursprünglichen Position aus verschoben wird, lässt sich am Betrag des Vektors ablesen. Wir haben festgestellt, dass die Länge eines Vektors unter Verwendung der Skalarmultiplikation beliebig eingestellt werden kann.

Mit Hilfe dieser Tatsachen kann schließlich der Verlauf einer beliebigen Geraden **G** eindeutig beschrieben werden. Die hierzu notwendige Beziehung lautet:

$G: P + t * \vec{v}$

Anders als im Fall des zweidimensionalen Raumes, werden dreidimensionale Geraden nicht mit Hilfe einer Formel wie:

$f(x)$

definiert. Hierbei schreibt man zunächst den Namen der Geraden, in unserem Fall **G**, gefolgt von einem Doppelpunkt und einem Ausdruck. Mit Hilfe dieses Ausdrucks kann festgestellt werden, ob ein beliebiger Punkt namens **Q** sich auf der beschriebenen Geraden befindet. Der Punkt **P** liegt auf der Geraden; wenn ein beliebiger Punkt **Q** ebenfalls Teil der Geraden ist, kann **P** mit Hilfe einer veränderten Version von $\vec{v}$ an die Position von **Q** verschoben werden. Bei dieser Veränderung handelt es sich um eine Skalarmultiplikation unter Verwendung eines Skalars **t**.

Wie man anhand der Abbildung 1.8 feststellen kann, sind die Punkte **A** und **B** Teil der Geraden **G**. Aus diesem Grund gilt für diese Punkte:

$A = P + 1.5 * \vec{v}$

$B = P + 2 * \vec{v}$

Wenn **Q** ein Punkt ist, welcher zwar auf der Geraden liegt, aber in der dem Vektor $\vec{v}$ entgegengesetzten Richtung zu finden ist, muss **t** einen Wert kleiner **0** annehmen; wie wir wissen, wird die Richtung, in welche ein Vektor verweist, nach der Skalarmultiplimation mit einem Wert kleiner **0** umgedreht.

Um festzustellen, ob ein beliebiger Punkt **Q(qx, qy, qz)** auf der Geraden liegt, muss die oben vorgestellte Gleichung ausführlich, unter Betrachtung der einzelnen Koordinaten aufgestellt werden. Der Punkt **P** wird hierbei durch die Koordinaten **(px, py, pz)** definiert, während $\vec{v}$ in die Richtung $\vec{v}\begin{pmatrix} vx \\ vy \\ vz \end{pmatrix}$ verweist:

$px + t * vx = qx$

$py + t * vy = qy$

$pz + t * vz = qz$

Anschließend muss der Wert der Variablen **t** in jeder der drei Gleichungen explizit ausgerechnet werden. Punkt **Q** ist nur dann Bestandteil der Geraden, wenn der auf diese Weise ermittelte Wert in allen drei Fällen identisch ist.

Hierzu ein Beispiel: Um herauszufinden, ob **Q(4, 10, 16)** auf der Geraden liegt, welche durch **P(2, 4, 6)** und $\vec{v}\begin{pmatrix} 1 \\ 3 \\ 5 \end{pmatrix}$ definiert ist, gilt Folgendes:

$2 + t * 1 = 4 \quad \Rightarrow \quad t = 2$

$4 + t * 3 = 10 \quad \Rightarrow \quad t = 2$

$6 + t * 5 = 16 \quad \Rightarrow \quad t = 2$

Aufgrund der Tatsache, dass in allen drei Gleichungen derselbe Skalar ermittelt wird, liegt **Q** auf der Geraden. Im Fall des Punktes **R(2 / 16 / 16)** tritt dagegen folgende Situation auf:

$2 + t * 1 = 2 \quad \Rightarrow \quad t = 0$

$4 + t * 3 = 16 \quad \Rightarrow \quad t = 4$

$6 + t * 5 = 16 \quad \Rightarrow \quad t = 2$

Anhand der unterschiedlichen Werte von **t** kann festgestellt werden, dass **R** sich nicht auf der unter Verwendung von **P** und $\vec{v}$ definierten Geraden befindet.

1.4   Ebenen

Eine Ebene ist ein zweidimensionaler Gegenstand, welcher über eine Länge und eine Breite, nicht jedoch über eine Höhe verfügt. Eine Ebene erstreckt sich über eine unendlich große Fläche; räumlich betrachtet, können Ebenen beliebig ausgerichtet sein. Ein unendlich dünnes, beliebig großes Blatt Papier ist ein hilfreiches Modell, anhand dessen man sich den Aufbau einer Ebene sehr gut vorstellen kann.

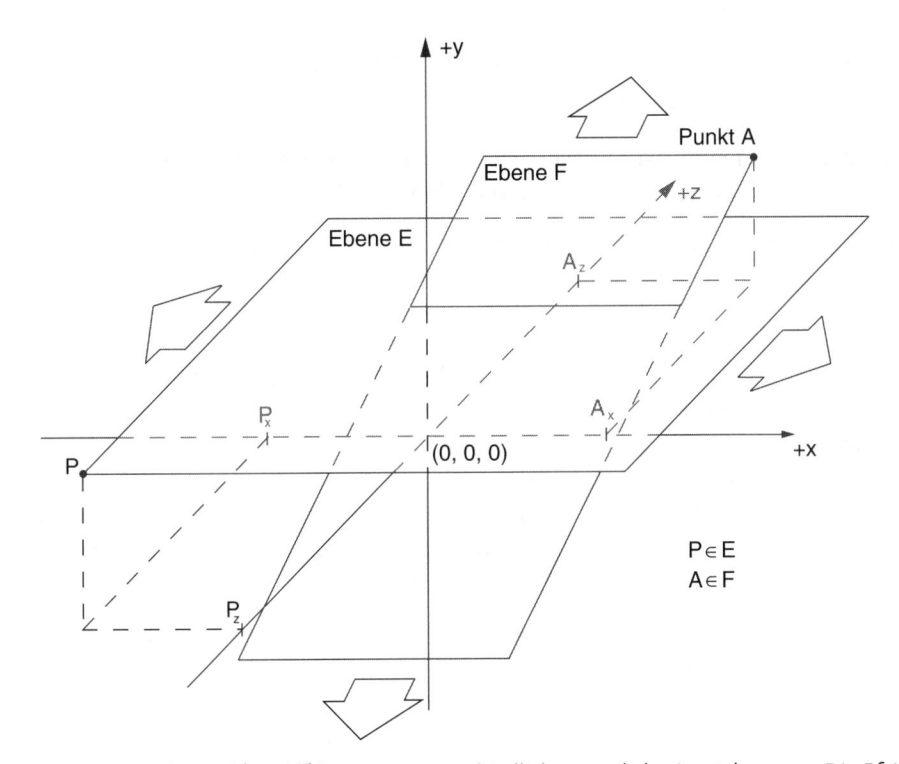

Abb. 1.9:   Ebenen **E** und **F** besitzen unterschiedliche räumliche Ausrichtungen. Die Pfeile symbolisieren die unendliche Ausdehnung der Ebenen

Wie wir noch sehen werden sind viele Sachverhalte, welche für Ebenen zutreffend sind, auch auf *Polygone* übertragbar. In der 3D-Grafikprogrammierung zählen Ebenen somit zu den wichtigsten Fachgebieten.

1.4.1 Die Punktrichtungsgleichung der Ebene

Insgesamt gibt es drei unterschiedliche Denkmodelle, um Ebenen eindeutig definieren zu können. Das erste Modell, *Punktrichtungsgleichung* genannt, besitzt sehr große Ähnlichkeit mit der Definition von Geraden.

Für die Beschreibung einer Ebene mit Hilfe der Punktrichtungsgleichung sind hierfür neben den Koordinaten eines Punktes **P** noch die Komponenten zweier Vektoren $\vec{u}$ und $\vec{v}$ erforderlich. **P** muss hierbei einen Teil der Ebene darstellen; die beiden Vektoren müssen folgende Voraussetzungen erfüllen:

- $\vec{u}$ und $\vec{v}$ dürfen nicht kollinear sein.
- Die beiden Vektoren müssen innerhalb der Ebene verlaufen.

Wenn zwei Vektoren $\vec{a}$ und $\vec{b}$ einander kollinear sind, zeigen diese in dieselbe Richtung. In diesem Fall existiert ein Skalar **t**, für den gilt:

$\vec{a} * t = \vec{b}$ $\quad\quad t \in \mathbf{R}$

Wenn ein Vektor $\vec{m}$ innerhalb einer Ebenen **G** verläuft, gilt:

$C + \vec{m} = C'$ $\quad\quad$ wobei $C, C' \in G$

Verschiebt man einen Punkt **C**, welcher Teil von **G** ist, unter Verwendung des Vektors $\vec{m}$, liegt der versetzte Punkt **C'** ebenfalls in **G**.

Die Addition von Vektoren bildet die Basis der Punktrichtungsgleichung der Ebenen. Für die Ebene **E** gilt hierbei:

$E: P + r * \vec{u} + s * \vec{v}$

Der Punkt **P** liegt innerhalb **E**; wenn ein beliebiger Punkt **Q** ebenfalls Teil der Ebenen **E** ist, kann **P** unter Verwendung des Vektors $(r * \vec{u} + s * \vec{v})$ an die Position von **Q** verschoben werden. Wie bereits beschrieben, entsteht dieser neue Vektor durch die Addition veränderter Versionen von $\vec{u}$ und $\vec{v}$. Diese Veränderung erfolgt nach den gleichen Gesetzmäßigkeiten, welche auch bei der Definition von Geraden von Bedeutung sind: Die Länge der Vektoren wird mit Hilfe der reellen Zahlen **r** und **s** nach den Vorgaben der Skalarmultiplikation angepasst.

Die in diesem Zusammenhang durchgeführte Verschiebung des Punktes **P** an die Position von **Q** funktioniert, weil das bei der Vektoraddition entstehende Kräfteparallelogramm die gleiche unendlich flache Struktur wie die Ebene besitzt. Dadurch, dass die Skalare **r** und **s** beliebige Werte annehmen können, lassen sich auf diese Weise sämtliche Punkte erreichen, welche Teil der Ebene sind. Der Punkt **P** kann unter Verwendung des Vektors $(r * \vec{u} + s * \vec{v})$ allerdings an keine Position verschieben, welche nicht innerhalb der Ebene liegt.

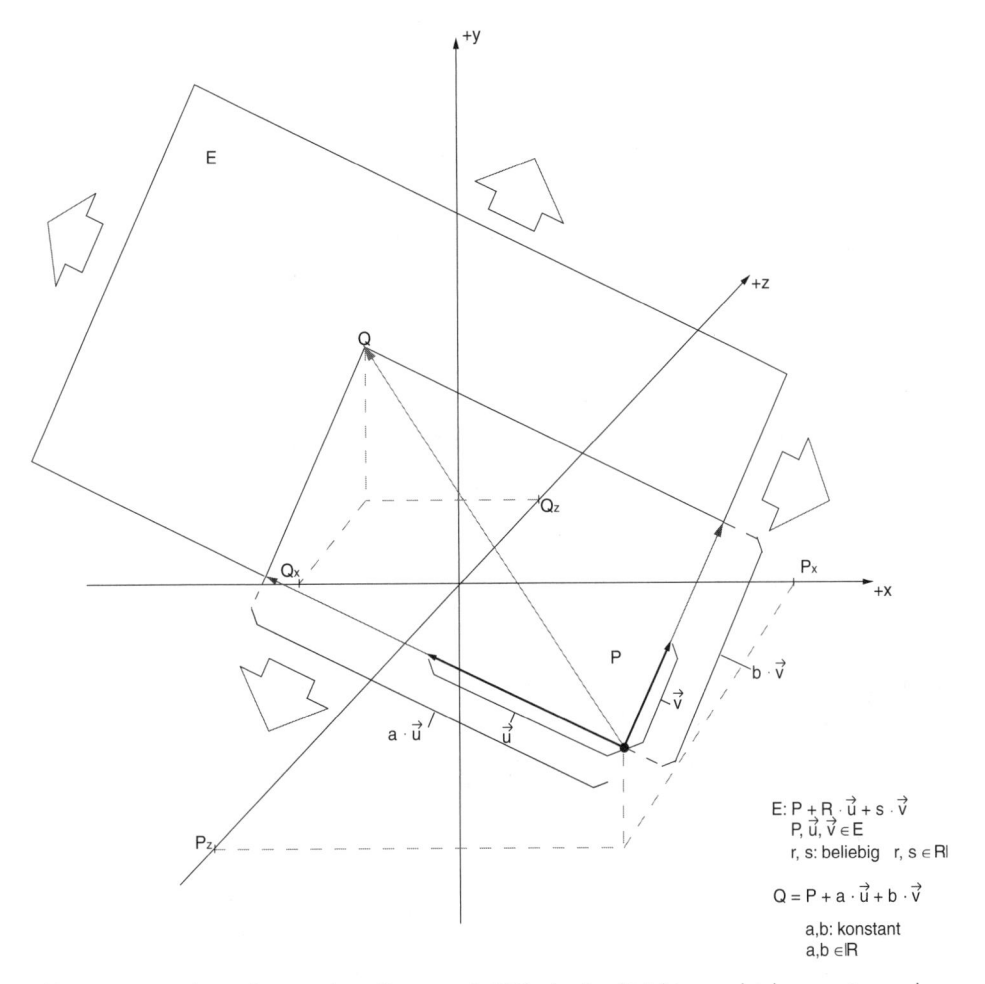

Abb. 1.10: Für die Definition einer Ebenen mit Hilfe der Punktrichtungsgleichung müssen der Punkt **P** sowie die Vektoren $\vec{u}$ und $\vec{v}$ bekannt sein

Um herauszufinden, ob ein Punkt **Q(qx, qy, qz)** Teil von **E** ist, verwendet man dieselbe Vorgehensweise wie im Fall der Geraden: Zunächst werden die drei Teilgleichungen der Punktrichtungsgleichung aufgestellt:

$px + r * ux + s * vx = qx$

$py + r * uy + s * vy = qy$

$pz + r * uz + s * zx = qz$

Anschließend erfolgt die Ermittlung der Skalare **r** und **s** anhand zweier dieser Beziehungen. Werden **r** und **s** in die dritte Teilgleichung eingesetzt, ohne dass ein Widerspruch zustande kommt, liegt **Q** innerhalb von **E**.

Kapitel 1
Mathematische Grundlagen

Möchte man beispielsweise bestimmen, ob **Q(8 / 20 / 19)** innerhalb der Ebene liegt, welche durch **P(1 / 2 / 3)**, $\vec{u}\begin{pmatrix}2\\3\\5\end{pmatrix}$ und $\vec{v}\begin{pmatrix}1\\4\\2\end{pmatrix}$ definiert ist, gelten folgende Beziehungen:

1 + 2 * r + 1 * s = 8

2 + 3 * r + 4 * s = 20

3 + 5 * r + 2 * s = 19

Die ersten beiden Beziehungen bilden ein zweielementiges Gleichungssystem mit zwei Unbekannten. Dieses System kann folgendermaßen gelöst werden:

| 1 + 2 * r + 1 * s = 8 | | -1 | ⇔ |
| 2 + 3 * r + 4 * s = 20 | | -2 | |

| 2 * r + 1 * s = 7 | | * 3 | ⇔ |
| 3 * r + 4 * s = 18 | | * (-2) | |

| 6 * r + 3 * s = 21 | | Teilgleichungen miteinander | ⇔ |
| -6 * r - 8 * s = -36 | | addieren | |

| 6 * r + 3 * s = 21 | | | ⇔ |
| -5 * s = -15 | | nach 's' umformen | |

| 6 * r + 3 * s = 21 | | nach 'r' umformen | ⇔ |
| s = 3 | | | |

----

r = 2

s = 3

Werden diese beiden Variablen in die dritte Teilgleichung eingesetzt, ist das Ergebnis eine wahre Aussage; daraus folgt, dass **Q** in **E** liegt:

3 + 5 * 2 + 2 * 3 = 19   ⇔

19 = 19

Werden die gleichen Operationen mit dem Punkt C durchgeführt, ist das Ergebnis:

$r = 2.4$

$s = -0.8$

Wenn diese beiden Werte in die dritte Teilgleichung eingesetzt werden, kommt eine falsche Aussage zustande; **C** liegt somit nicht in **E**:

$3 + 5 * 2.4 + 2 * (-0.8) = 19$ $\Leftrightarrow$

$13.4 = 19$ *Widerspruch*

1.4.2 Die Normalenform der Ebene

Wie wir bereits im Abschnitt Abbildung 1.4: Abbildung 1.6 festgestellt haben, besitzt das *Dot Product* zweier Vektoren den Wert 0, wenn der Winkel zwischen den beiden 90 beträgt. Diese Tatsache bildet die Grundlage für die zweite Art der Definition von Ebenen, der *Normalenform*. Hierfür werden ein Punkt **P** und ein Vektor $\vec{n}$ benötigt. **P** muss sich innerhalb der Ebene befinden; $\vec{n}$, dessen Bezeichnung *Normalenvektor* lautet, muss im rechten Winkel auf der Ebene stehen. Abbildung 1.11 enthält eine grafische Darstellung der Beziehung zwischen **P** und $\vec{n}$.

Wie wir bereits wissen, ist das Ergebnis der Subtraktion zweier Punkte ein Vektor. Wenn zwei beliebige Punkte **P** und **U** innerhalb derselben Ebene zu finden sind, verläuft der Vektor, welcher bei ihrer Subtraktion entsteht, ebenfalls innerhalb der Ebene. Das *Dot Product* zwischen diesem Vektor und dem Normalenvektor muss demnach den Wert 0 annehmen. Wenn der Punkt **V** allerdings kein Bestandteil der Ebene darstellt, ist der Winkel zwischen $\overrightarrow{(V - P)}$ und dem Normalenvektor ungleich 90; das *Dot Product* dieser beiden Vektoren ist somit ungleich 0.

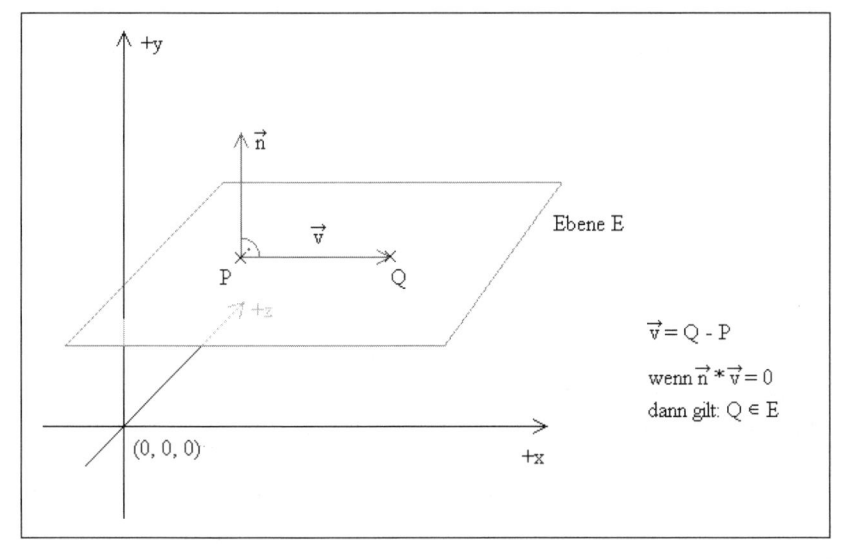

Abb. 1.11: Die Verwendung der Normalenform erlaubt die Definition einer Ebene **E** unter Verwendung des Punktes **P** und des Vektors $\vec{n}$

Die mathematische Definition der Normalenform der Ebene muss demnach folgendermaßen aufgebaut sein:

$$E: \overrightarrow{(Q-P)} * \vec{n} = 0$$

Q(qx, qy, qz) stellt hierbei den zu untersuchenden Punkt dar; nur, wenn dieser Punkt innerhalb von **E** liegt, besitzt das Ergebnis des *Dot Product* den Wert 0. Die ausführliche Schreibweise dieser Formel nach dem Gesetz des *Dot Product* lautet:

$$E: (qx - px) * nx + (qy - py) * ny + (qz - pz) * nz = 0$$

Hierbei müssen die Koordinaten beider Punkte und die Komponenten des Normalenvektors bekannt sein.

1.4.3 Die Parameterform der Ebene

Die *Parameterform* der Ebene stellt die dritte Möglichkeit dar, Ebenen eindeutig beschreiben zu können. Der Grundgedanke besteht hierbei darin, dass die Definition der Normalenform der Ebene vereinfacht werden kann. Angenommen, es muss festgestellt werden, ob ein beliebiger Punkt **Q(x, y, z)** sich innerhalb der Ebene **E** befindet, welche durch **P(1, 2, 3)** und dem Normalenvektor $\vec{n}\begin{pmatrix}3\\4\\5\end{pmatrix}$ definiert wird:

Hierzu ist es notwendig, die Normalenform aufzustellen und zu vereinfachen.

$$E: \overrightarrow{(Q-P)} * \vec{n} = 0 \quad \Rightarrow$$

$$[(x, y, z) - (1, 2, 3)] * \begin{pmatrix}3\\4\\5\end{pmatrix} = 0 \quad \Leftrightarrow$$

$$\begin{pmatrix}x-1\\y-2\\z-3\end{pmatrix} * \begin{pmatrix}3\\4\\5\end{pmatrix} = 0 \quad \Leftrightarrow$$

$$(x-1) * 3 + (y-2) * 4 + (z-3) * 5 = 0 \quad \Leftrightarrow$$

$$3*x - 3 + 4*y - 8 + 5*z - 15 = 0 \quad \Leftrightarrow$$

$$3*x + 4*y + 5*z - 26 = 0$$

Bei der Parameterform der Ebene handelt es sich schließlich um die allgemeine Formulierung der letzten Gleichung:

$$E: \quad a*x + b*y + c*z + d = 0$$

Wie man anhand der Umformung sehen kann, handelt es sich bei den Variablen **a**, **b** und **c** um die Komponenten des Normalenvektors von **E**, während es sich bei **d** um das negative *Dot Product* zwischen dem Normalenvektor und dem *Ortsvektor* des Punktes **P** handelt. Die Parameterform der Ebene stellt die schnellste Möglichkeit dar, um festzustellen, ob ein beliebiger Punkt Element einer gegebenen Ebene ist.

1.5 Trigonometrische Funktionen

Mit Hilfe der Kenntnisse, welche wir im Laufe der letzten Abschnitte erworben haben, können bereits sehr komplexe dreidimensionale Welten aufgebaut werden. Um diese Umgebungen möglichst realistisch gestalten zu können, muss dem Benutzer das Gefühl vermittelt werden, sich innerhalb dieser Welten frei bewegen und in jede Richtung drehen zu können.

Trigonometrische Funktionen wie *Sinus*, *Kosinus*, *Tangens* und Antagonisten sind unbedingt erforderlich, um jede beliebige Rotation realisieren zu können. Aufgrund der Tatsache, dass unterschiedliche Einheiten wie Winkel sowie die Längen von Kreisbögen und Sekanten mit Hilfe dieser Funktionen zusammengefasst werden, können diese Routinen weitaus universeller eingesetzt werden. Wie wir noch sehen werden, spielen diese Funktionen auch beim Aufbau geometrischer Figuren eine herausragende Rolle.

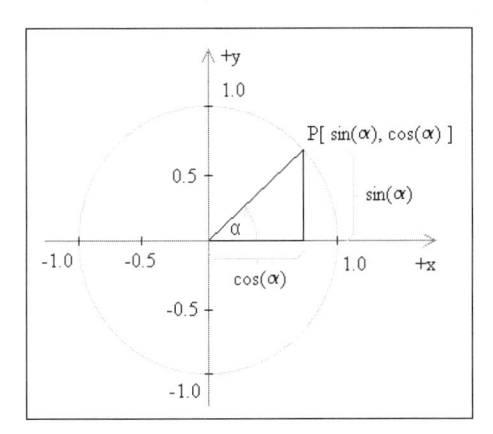

Abb. 1.12: Grafische Herleitung des Sinus- und Kosinuswertes eines beliebigen Winkels α anhand des Einheitskreises

Die Definition der trigonometrischen Funktionen erfolgt anhand des Einheitskreises, einem Kreis, dessen Radius eine Einheit beträgt. Im Mittelpunkt dieses Kreises befindet sich der Ursprung eines zweidimensionalen Koordinatensystems. Um den Sinuswert eines beliebigen Winkels α ermitteln zu können, muss ein Strahl aufgebaut werden, welcher vom Ursprung dieses Koordinatensystems ausgeht, und den Kreisbogen im Punkt **P** trifft; α entspricht hierbei dem Winkel zwischen diesem Strahl und der x-Achse. Es ist festgelegt, dass die y-Koordinate dieses Punktes mit dem Sinuswert von α identisch ist. Die x-Koordinate des Punktes **P** entspricht dem Kosinuswert des Winkels α. Mit Hilfe des Einheitskreises kann ebenfalls festgestellt werden, dass sowohl Sinus- als auch Kosinuswerte stets im Intervall [-1 .. 1] zu finden sind.

Aufgrund der Symmetrie des Einheitskreises kann in einigen Fällen ein interessantes Phänomen auftreten: Unterschiedliche Winkel können über identische Sinus- und Kosinuswerte verfügen. Die grafische Erklärung dieses Phänomens ist in Abbildung 1.13 dargestellt. Gleiche Sinuswerte besitzen in diesem Fall α und β, während die Kosinuswerte von β und γ identisch sind.

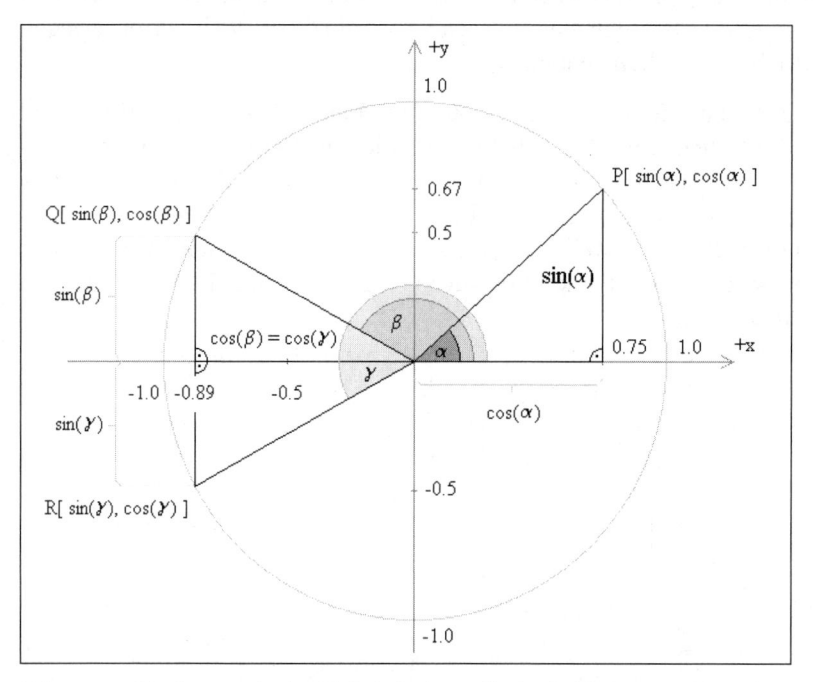

Abb. 1.13: Die Symmetrie des Einheitskreises erlaubt das Auftreten identischer Sinus- und Kosinuswerte im Zusammenhang mit unterschiedlichen Winkeln

Dieses Phänomen tritt jedoch nicht zufällig auf. Bei einer genauen Betrachtung der Abbildung 1.13 können folgende Beziehungen formuliert werden:

$\beta = 180° - \alpha$

und

$\gamma = 360° - \beta$

Neben Sinus und Kosinus gehört die *Tangensfunktion* zu den wichtigsten trigonometrischen Funktionen. Diese stellt die direkte Beziehung zwischen dem Sinus- und Kosinuswert eines beliebigen Winkels α dar. Hierbei gilt:

$$tangens(\alpha) = \frac{sin(\alpha)}{cos(\alpha)}$$

Diese Beziehung ist von großer Wichtigkeit bei der Umformung von Gleichungen. Sämtliche Sinus- Kosinus- und Tangenswerte sind Konstanten, welche mit Hilfe eines Taschenrechners oder entsprechender Funktionen des verwendeten Compilersystems ausgerechnet werden können.

1.5.1 Inverse trigonometrische Funktionen

Es gibt auch Problemstellungen, in welchen die Größe eines Winkels anhand seines Sinus- oder Kosinuswertes ermittelt werden muss. Eine dieser Situationen haben wir bereits im Abschnitt Abbildung 1.4: Abbildung 1.6 kennen gelernt: Unter Verwendung des *Dot Products* kann der Kosinuswert c des Winkels α berechnet werden, welcher von zwei Vektoren eingeschlossen wird.

Der Wert von α kann unter Verwendung der inversen Kosinusfunktion berechnet werden. Zu beachten ist allerdings, dass der richtige Winkel nicht in allen Fällen unter Verwendung eines Ausdrucks wie:

$\alpha = arcus\_cosinus(c)$

ermittelt werden kann. Den Grund hierfür haben wir im letzten Abschnitt kennen gelernt: Es gibt immer zwei Winkel, welche über denselben Kosinuswert verfügen. Aus diesem Grund ist Folgendes festgelegt: Bei dem Rückgabewert der inversen Kosinusfunktion handelt es sich immer um den Winkel mit dem kleinsten Betrag. Übergibt man der Funktion *arcus_cosinus()* den Kosinuswert der Winkel β und γ aus Abbildung 1.13, berechnet diese den Wert des Winkels β; von den beiden Winkeln besitzt dieser den kleineren Betrag.

Hieraus geht hervor, dass die Größe eines Winkels nicht eindeutig bestimmt werden kann, wenn der Kosinuswert die einzige vorliegende Information darstellt. Für eine genaue Berechnung der gesuchten Größe ist mindestens eine weitere Angabe in Form eines Sinus- oder Tangenswertes erforderlich. Wie man anhand Abbildung 1.13 feststellen kann, besitzen die Sinuswerte der beiden Winkel β und χ unterschiedliche Vorzeichen.

Unter Verwendung der Funktionen *arcus_sinus()* und *arcus_tangens()* kann der Wert eines Winkels anhand seines Sinus- oder Tangenswertes festgestellt werden. Die Ausführungen im Zusammenhang mit der inversen Kosinusfunktion müssen auch in diesen Fällen beachtet werden.

1.6 Zuordnungen

Zuordnungen gehören zu den wichtigsten mathematischen Konzepten, welche in der Grafikprogrammierung eingesetzt werden. Hierbei haben wir es in den meisten Fällen mit zwei unterschiedlichen Größen, welche voneinander abhängig sind, zu tun. Beim Umgang mit Zuordnungen ist es zunächst erforderlich, die Beziehung zwischen den beiden Größen in Form einer Gleichung aufzustellen. Wenn anschließend ein beliebiges Element der ersten Größe angegeben wird, kann unter Verwendung der Rechenvorschrift der Wert des ihm zugeordneten Elementes der zweiten Größe ermittelt werden.

Im Folgenden werden wir drei Arten von Zuordnungen kennen lernen: *proportionale*, *antiproportionale* und *beliebige lineare* Zuordnungen. Die größte Bedeutung muss hierbei der proportionalen Zuordnung beigemessen werden, weil die in diesem Zusammenhang auftretende Beziehung *Interpolation* die Grundlage der Interpolation bildet. Hierbei handelt es sich um einen Denkansatz, welcher bei der Lösung einer überwältigenden Anzahl an Problemstellungen auftritt. Beispiele hierfür sind: Polygondarstellung, *Z-Buffering*, Semitransparenzeffekte, Beleuchtungsmodelle, *Texture Mapping*, u.a.

1.6.1 Proportionale Zuordnungen

Für proportionale Zuordnungen gilt: Die Vergrößerung der ersten Größe ist mit einer Vergrößerung der zweiten Größe verbunden. Ein Beispiel für eine proportionale Zuordnung ist die Beförderung von Gütern. Angenommen, eine Fabrik möchte ihre in Kisten verpackten Erzeugnisse zum nächsten Handelszentrum mit Hilfe einer Anzahl an Lastwagen transportieren.

Es kann leicht nachvollzogen werden, dass, je mehr Lastwagen eingesetzt, umso mehr Kisten auch befördert werden können. Aus der Praxis ergibt sich folgende Übersicht:

Eingesetzte Lastwagen	Anzahl der transportierten Kisten
7	847
12	1452
14	1694
18	2178

Aus dieser Übersicht geht hervor, dass mit Hilfe von 7 Lastwagen 847 Kisten befördert werden können. Wenn man die Zahl der Lastwagen verdoppelt, muss sich auch die Anzahl an transportierten Kisten verdoppeln. In diesem Zusammenhang ergibt sich folgende Fragestellung: Wie viele Kisten können befördert werden, wenn **t** Lastwagen zur Verfügung stehen? **t** ist hierbei eine beliebige natürliche Zahl.

Proportionale Zuordnungen sind quotientengleich. Teilt man ein Element der ersten Größe durch das ihm zugeordnete Element der zweiten Größe, ist das Ergebnis konstant. Im Fall unserer Zuordnung gilt demnach:

$$\frac{847}{7} = \frac{1452}{12} = \frac{1694}{14} = \frac{2178}{18}$$

Schlussfolgerung: Multipliziert man die Anzahl der zur Verfügung stehenden Lastwagen mit dem Wert dieser Brüche, ergibt sich die Anzahl der transportierten Kisten. Die Rechenvorschrift dieser Zuordnung lautet somit:

$$k = \frac{847}{7} * t \qquad k, t \in \mathbf{N}$$

Die Variable **k** gibt hierbei die Anzahl der Kisten an, welche mit Hilfe von **t** Lastwagen befördert werden können. Wie man anhand dieser Gleichung erkennen kann, sind lediglich zwei einander zugeordnete Werte erforderlich, um die Rechenvorschrift der jeweiligen Zuordnung aufstellen zu können. Im Fall einer beliebigen Zuordnung wie:

1. Größe	2. Größe
x_0	$f(x_0)$
x	$f(x)$

handelt es sich bei den Werten x_0 und **f(x_0)** bzw. **x** und **f(x)** um beliebige reele Zahlen, welche einander zugeordnet sind. Der Wert des Elements **f(x)** ist nicht bekannt; aufgrund der Tatsache, dass es sich hierbei um eine proportionale Zuordnung handelt, darf zunächst folgende Beziehung aufgestellt werden:

$$\frac{f(x_0)}{x_0} = \frac{f(x)}{x}$$

Hieraus lässt sich die allgemeine Rechenvorschrift beliebiger proportionaler Zuordnungen ableiten:

$$f(x) = \frac{f(x_0)}{x_0} * x$$

Der Gedanke, welcher sich hinter dieser Formel befindet, ist bereits während der Formulierung des Lastwagenproblems eindeutig gewesen. Der Ausdruck:

$$\frac{f(x_0)}{x_0}$$

gibt in diesem Fall die Zahl der Kisten an, welche von *einem* Lastwagen transportiert werden können. Um das Problem zu lösen, braucht dieser Wert lediglich mit der Anzahl der zur Verfügung stehenden Lastwagen multipliziert zu werden.

Die Berechnung der Gesamtzahl zu befördernder Kisten mag im Zusammenhang mit der Grafikprogrammierung etwas ungewöhnlich erscheinen. Der große Vorteil an diesem Beispiel besteht darin, dass dieses sehr anschaulich ist, und dadurch einen sehr guten Einblick in die Behandlung proportionaler Zuordnungen ermöglicht. In den folgenden Kapiteln werden wir zahlreichen proportionalen Zuordnungen begegnen, welche etwas abstrakter sind; ihre Behandlung erfolgt jedoch mit Hilfe derselben Gesetzmäßigkeiten, welche in diesem Zusammenhang erläutert worden sind.

1.6.2 Antiproportionale Zuordnungen

Nicht alle Zuordnungen können mit Hilfe der Rechenvorschrift behandelt werden, welche wir im Zusammenhang mit den proportionalen Zuordnungen kennen gelernt haben. Hierzu ein Beispiel: Ein 75-MHz-Prozessor benötigt 180 Sekunden, um eine bestimmte Aufgabe lösen zu können. Ein doppelt so schneller Prozessor braucht nur die Hälfte dieser Zeit, um dieselbe Aufgabe zu berechnen. Eine 500-MHz-CPU schafft die Aufgabe schließlich in nur 27 Sekunden. Die tabellarische Anordnung dieser Größen sieht folgendermaßen aus:

Taktfrequenz in MHz	Benötigte Zeit
75	180
150	90
500	27

Hierbei fällt folgende Regelmäßigkeit auf: Die Vergrößerung der einen Größe ist mit der *Verkleinerung* der zweiten Größe verbunden. In unserem Fall gilt, dass, je schneller der eingesetzte Prozessor ist, umso weniger Zeit von einer bestimmten Berechnung in Anspruch genommen wird. Diese Art von Zuordnungen wird als *antiproportional* bezeichnet.

In diesem Zusammenhang tritt die Frage auf, wie viel Zeit für dieselbe Berechnung benötigt wird, wenn ein Prozessor mit **t** MHz zum Einsatz kommt. Hierbei ist **t** eine beliebige reele Zahl.

Antiproportionale Zuordnungen sind produktgleich. Multipliziert man die Werte der einander zugeordneten Elemente, tritt stets das gleiche Ergebnis auf:

75*180 = 150*90 = 500*27

Der Wert eines gesuchten Elements kann demnach ermittelt werden, indem dieses Produkt durch den Wert des gegebenen Elements geteilt wird.

$$s = \frac{75 * 180}{t} \qquad s, t \in \mathbf{R}$$

Die Konstante **s** gibt hierbei die Zeit in Sekunden an, welche eine CPU mit **t** MHz für die Berechnung benötigt. Genau wie es bei den proportionalen Zuordnungen der Fall ist, werden für die Berechnung dieses Produkts lediglich zwei zusammengehörende Werte einer Zuordnung benötigt. Aus einer beliebigen antiproportionalen Zuordnung wie:

1. Größe	2. Größe
x_0	$f(x_0)$
x	$f(x)$

kann demnach unter Verwendung der Beziehung:

$$x_0 * f(x_0) = x * f(x)$$

die allgemeine Rechenvorschrift antiproportionaler Zuordnungen abgeleitet werden:

$$f(x) = \frac{x_0 * f(x_0)}{x}$$

1.6.3 Beliebige lineare Zuordnungen

Es gibt auch regelmäßige Zuordnungen, welche auf den ersten Blick die geeigneten Kriterien erfüllen, um in die Kategorie der proportionalen bzw. antiproportionalen Zuordnungen eingeteilt zu werden. Hierzu ein Beispiel:

1. Größe	2. Größe
15	49
17	52
19	55
21	58

Zuordnung 1

Im Fall der Zuordnung 1 ist die Vergrößerung der ersten Größe zwar mit der Vergrößerung der zweiten verbunden; die Vorgabe der Quotientengleichheit wird jedoch nicht erfüllt:

Kapitel 1
Mathematische Grundlagen

$$\frac{49}{15} \neq \frac{52}{17} \neq \frac{55}{19} \neq \frac{58}{21}$$

Dadurch, dass die Vergrößerung der ersten Größe der Zuordnung 2 mit einer Verkleinerung der zweiten Größe verbunden ist, könnte es sich hierbei um eine antiproportionale Zuordnung handeln:

1. Größe	2. Größe
-7	99
-3	98
1	97
5	96

Zuordnung 2

Aufgrund der nicht vorhandenen Produktgleichheit muss diese These jedoch verworfen werden:

$(-7)*99 \neq (-3)*98 \neq 1*97 \neq 5*96$

Bei einem genauen Blick auf die beiden Zuordnungen fällt jedoch auf, dass bei der Veränderung beider Größen eine Regelmäßigkeit zu finden ist. In der ersten Zuordnung steigen die beiden Größen von oben nach unten um die Werte 2 bzw. 3 an. Die erste Größe der zweiten Zuordnung steigt um den Wert 4 an, während das Wachstum der zweiten Größe (−1) beträgt. Aufgrund der Tatsache, dass diese Konstanten den jeweiligen Größen *hinzuaddiert* werden, bezeichnet man diese Art von Zuordnungen als *beliebig linear*.

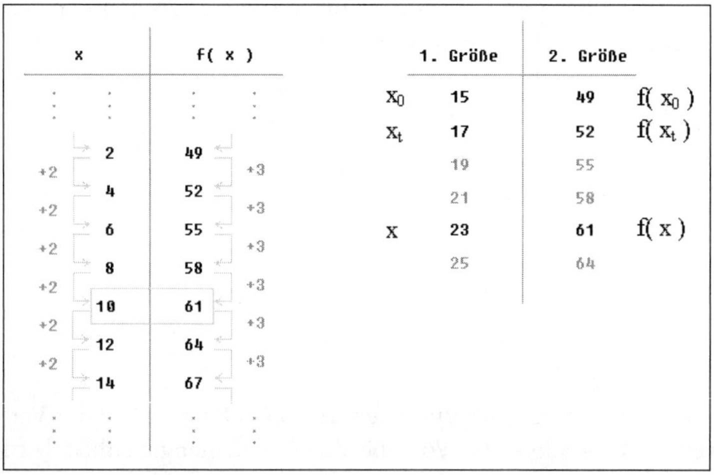

Abb. 1.14: Das konstante Wachstum der beiden Größen einer beliebigen linearen Zuordnung

Die beschriebene Regelmäßigkeit bildet die Grundlage für die Aufstellung der Rechenvorschrift beliebiger linearer Zuordnungen. Die Erweiterung der ersten Zuordnung ist in Abbildung 1.14 zu sehen. Angenommen, wir kennen die einander zugeordneten Werte 15 und 49 bzw. 17 und 52. Das Problem besteht darin, auf der Grundlage dieser Informationen den Wert zu ermitteln, welcher dem Element 23 zugeordnet werden muss.

Die Abstände zwischen den gegebenen und den gesuchten Größen sind hierbei von herausragender Bedeutung. Wie man anhand Abbildung 1.14 sehen kann, besteht der Abstand zwischen den Elementen 15 und 23 aus 4 Zeilen. Daraus folgt, dass die Entfernung zwischen dem gegebenen Element 49 und dem gesuchten Element 61 ebenfalls 4 Zeilen betragen muss. In jeder Zeile wächst die zweite Größe um den Wert 3, welcher die Differenz zwischen den gegebenen Elementen der zweiten Größe darstellt:

$g2\_add = 52 - 49$

Aufgrund der Tatsache, dass der Abstand zwischen den Elementen 15 und 23 vier Zeilen beträgt, und die zweite Größe in jeder Zeile um den Wert **g2_add** ansteigt, muss dem gegebenen Wert 49 vier mal die Konstante **g2_add** hinzuaddiert werden, um das gesuchte Element 61 zu erhalten:

$61 = g2\_add * 4 + 49$

Die Information, dass der Abstand zwischen den Elementen 15 und 23 vier Zeilen beträgt, konnten wir mit Hilfe von Abbildung 1.14 gewinnen. In der Praxis muss diese Information unter Verwendung der gegebenen Werte ermittelt werden. Die Veränderung der ersten Größe kann anhand der gegebenen Elemente 15 und 17 ermittelt werden:

$g1\_add = 17 - 15$

Wir wissen, dass die Elemente 15 und 23 durch eine gewisse Anzahl an Zeilen getrennt werden. Angefangen mit 15, wird den Elementen der ersten Größe in jeder Zeile der Wert **g1_add** hinzuaddiert. Wie oft muss dem Element 15 die Konstante **g1_add** hinzuaddiert werden, bis das Element 23 erreicht ist? Die Antwort ist:

$$4 = \frac{23 - 15}{g1\_add}$$

Zu diesem Zeitpunkt sind wir in der Lage, die vollständige Formel zur Berechnung des gesuchten Elements 61 aufstellen zu können. Aufgrund der Tatsache, dass **g1_add** und **g2_add** zwei Konstanten sind, können diese zu einer einzigen Konstanten zusammengefasst werden, um die Teilung nur einmal durchführen zu müssen:

$$61 = \frac{g2\_add}{g1\_add} * (23-15) + 49$$

Nach genau denselben Gesetzmäßigkeiten kann auch die allgemeine Rechenvorschrift aufgestellt werden, mit deren Hilfe die Werte der Elemente beliebiger regelmäßiger Zuordnungen wie:

1. Größe	2. Größe
x_o	$f(x_o)$
x_t	$f(x_t)$
x	$f(x)$

berechnet werden können. Anders als bei den proportionalen und antiproportionalen Zuordnungen müssen für die Aufstellung dieser Formel *zwei* Paare einander zugeordneter Elemente gegeben sein:

$$f(xt) = \frac{f(x_t) - f(x_0)}{x_t - x_0} * (x - x_o) + f(x_o)$$

Bemerkenswert an dieser Formel ist, dass das Element x_t nicht unbedingt der direkte Nachfolger von x_o sein muss; diese beiden Elemente können sich an beliebigen Stellen innerhalb der Zuordnung befinden, wobei die Position von **x** vor, hinter oder sogar zwischen ihnen liegen kann.

1.6.4 Sinus- und Kosinuswerte am beliebigen rechtwinkligen Dreieck

In der Praxis kommt es häufig vor, dass die Längen der Seiten eines rechtwinkligen Dreiecks ausgerechnet werden müssen, wobei lediglich die Größe eines Winkels und die Länge einer Seite gegeben sind. Dieses Problem kann mit Hilfe der Beziehungen gelöst werden, welche wir im Abschnitt Abbildung 1.11: Abbildung 1.11 kennen gelernt haben.

Bisher haben wir die Ermittlung der Sinus- und Kosinuswerte eines bestimmten Winkels anhand eines Dreieckes kennen gelernt, dessen längste Seite eine Länge von einer Einheit aufweist. Die einzige Schwierigkeit besteht darin, dass diese Dreiecke in der Praxis sehr selten anzutreffen sind; aus diesem Grund müssen wir einen Weg finden, die gewünschten Sinus- und Kosinuswerte anhand von beliebigen rechtwinkligen Dreiecken zu ermitteln.

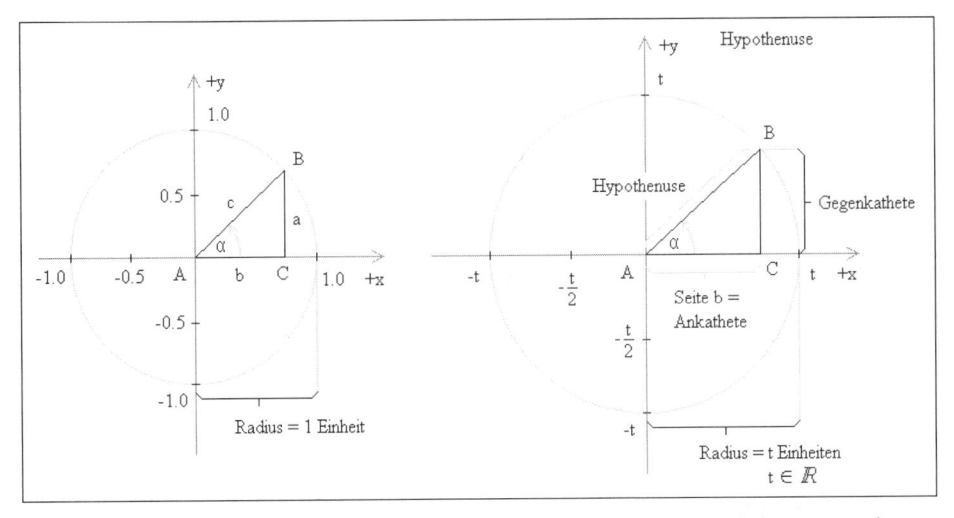

Abb. 1.15: Die Bestimmung der Sinus- und Kosinuswerte von Winkeln beliebiger Dreiecke erfolgt unter Verwendung von Zuordnungen

Diese Möglichkeit bieten uns die Zuordnungen. Auf der linken Seite der Abbildung 1.15 ist ein Dreieck innerhalb des Einheitskreises eingetragen. Wenn die Seite **c** die Länge 1.0 besitzt, entspricht Seite **b** dem Kosinuswert des Winkels α. Würde man diesen Kreis vergrößern, sodass die Länge seines Radius t Einheiten beträgt, würde man die Konstruktion auf der rechten Seite der Abbildung erhalten. Aufgrund der Vergrößerung ist die Seite **b** des rechten Dreiecks allerdings länger als **cos(α)**.

Es kann jedoch logisch nachvollzogen werden, dass, je größer der Radius des vergrößerten Kreises ist, umso länger auch die Seite **b** des Dreiecks sein muss. Hieraus folgt, dass wir es mit einer proportionalen Zuordnung zu tun haben. Diese kann verwendet werden, um den Kosinuswert von α unter Verwendung eines beliebigen Radius auszurechnen:

Radius	Länge der Seite 'b'
1.0	cos(α)
t	greater_b

Aufgrund der Quotientengleichheit proportionaler Zuordnungen gilt:

$$\frac{cos(\alpha)}{1} = \frac{greater\_b}{t}$$

Die Seiten rechtwinkliger Dreiecke tragen besondere Bezeichnungen, welche in Abhängigkeit von der Lage des zu untersuchenden Winkels stehen. Die Seite, welche dem Winkel gegenüberliegt, wird als *Gegenkathete*, die längste Seite des Dreiecks wird als *Hypotenuse* bezeichnet. Die dritte Seite, welche bei der Bildung des Winkels mitwirkt, trägt schließlich die Bezeichnung *Ankathete*. Werden die Namen der Variablen der oberen Gleichung durch diese Universalbezeichnungen ersetzt, ergibt sich:

$$cos(\alpha) = \frac{Ankathete}{Hypotenuse}$$

Unter Verwendung dieser Vorgehensweise können auch die Sinus- und Tangensfunktion auf beliebige rechtwinklige Dreiecke übertragen werden:

$$sin(\alpha) = \frac{Gegenkathete}{Hypotenuse}$$

$$tan(\alpha) = \frac{sin(\alpha)}{cos(\alpha)}$$

Diese Beziehungen können schließlich eingesetzt werden, um die Seitenlängen von Dreiecken zu ermitteln. Ein Beispiel für eine dieser Aufgabenstellungen ist die Konstruktion eines Tetraeders, eines Körpers, welcher aus vier gleichseitigen Dreiecken aufgebaut ist. Hierbei sind die Koordinaten des Mittelpunktes **M** sowie die Seitenlänge **s** eines der vier Dreiecke gegeben, gesucht sind die Koordinaten der vier Punkte **A**, **B**, **C** und **D**.

perspektivische Darstellung des Tetraeders   Blick von oben auf das Polygon ABC

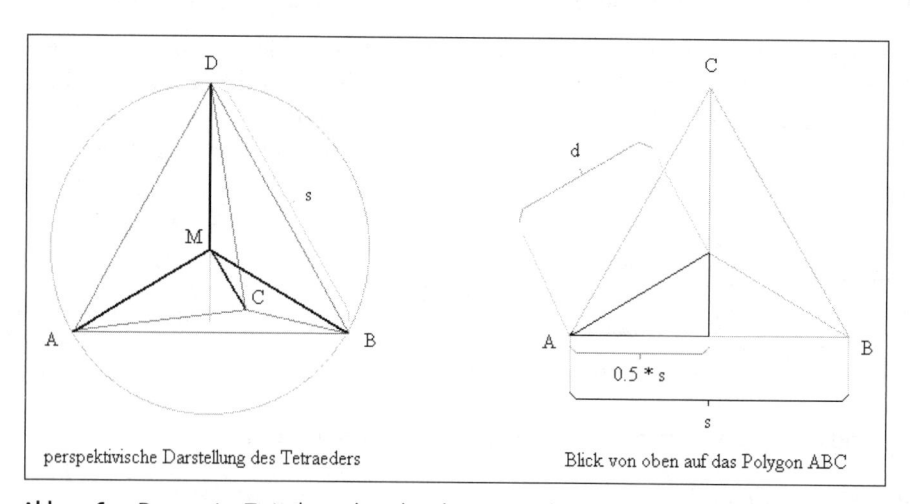

Abb. 1.16: Der zweite Zwischenschritt bei der Konstruktion des Tetraeders **ABCD**

Die Lösung dieser Aufgabe umfasst mehrere Schritte. In einem dieser Schritte muss die Länge der Seite **d** ausgerechnet werden. Aufgrund der Tatsache, dass diese Seite Teil eines gleichseitigen Dreiecks ist, muss der Winkel zwischen **d** und der unteren Seite des Dreiecks 30 betragen. s, die Länge der unteren Seite, ist bekannt; aus diesem Grund gilt:

$$cos(30°) = \frac{0.5 * s}{d} \quad \Leftrightarrow$$

$$d = \frac{0.5 * s}{cos(30°)}$$

1.6.5 Die Einteilung in Bogenmaß

In den vorherigen Abschnitten wurde bei der Beschreibung von Winkeln stets auf die Einteilung in Grad zurückgegriffen. Neben diesem System gibt es noch die Möglichkeit, auf die Einteilung in *Bogenmaß* zurückzugreifen, wenn die Größe eines Winkels in Form einer numerischer Konstanten angegeben werden muss. Der gewaltige Vorteil an diesem neuen System ist die Möglichkeit, die Länge von Kreisbögen auf sehr einfache Weise ermitteln zu können. Ein weiterer Grund, welcher für das neue System spricht, besteht darin, dass alle trigonometrischen Funktionen des C++ Libraries ausschließlich mit Winkeln arbeiten, die in Bogenmaß angegeben werden müssen.

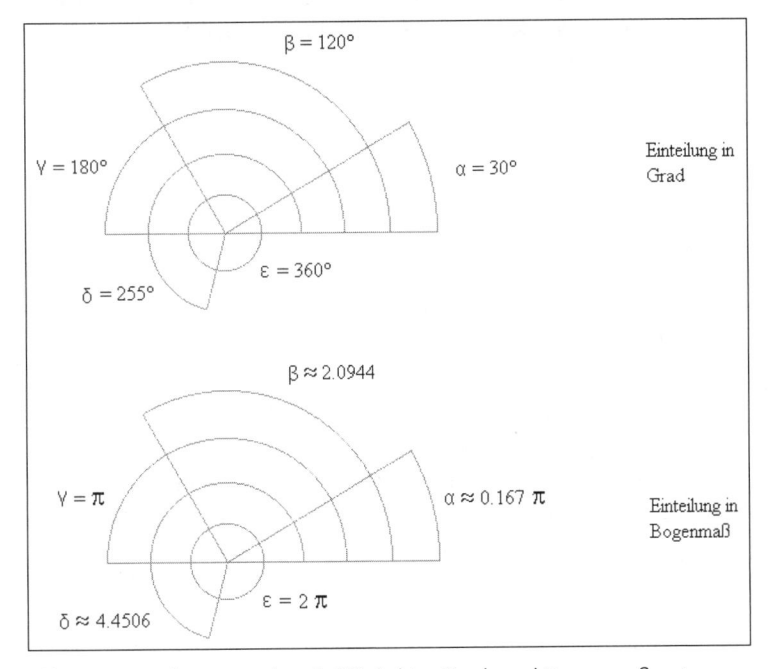

Abb. 1.17: Sich entsprechende Winkel im Grad- und Bogenmaßsystem

Die Einteilung in Bogenmaß geht davon aus, dass ein Winkel, welcher im Gradsystem 360 umfasst, $(2 * \pi)$ Einheiten Bogenmaß, bzw. ≈ 6.28318 entspricht. Ein halb so großer Winkel umfasst π Einheiten, ein 90 - Winkel wird mit (0.5 * π) Einheiten Bogenmaß eindeutig beschrieben. Eine grafische Gegenüberstellung identischer Winkel, welche in Grad und Bogenmaß angegeben sind, ist auf der linken Seite der Abbildung 1.17 dargestellt.

Wie man anhand dieser Ausführungen erkennen kann, sind das Grad- und das Bogenmaßsystem einander sehr ähnlich, weil die Winkel in beiden Fällen in Form von einfachen Zahlenwerten beschrieben werden. Bei einer Einheit Bogenmaß handelt es sich um eine sehr kleine, reele Zahl; genau wie bei der Einteilung in Grad gilt, dass, je größer ein Winkel ist, umso größer seine dazugehörige Beschreibung in Bogenmaß sein muss. Hierbei muss es sich demnach um eine proportionale Zuordnung handeln:

Größe eines Winkels in Grad	Größe eines Winkels in Bogenmaß
360	(2 * π)
t	x

Angenommen, der Wert eines beliebigen Winkels α beträgt t Grad, und man sucht den Wert der Variablen x, welche die Größe von α in Bogenmaß angibt. Um diese Aufgabe zu lösen, muss lediglich die Rechenvorschrift der gegebenen proportionalen Zuordnung nach x umgeformt werden:

$$\frac{2 * \pi}{360} = \frac{x}{t}$$

Die allgemeine Formel, mit deren Hilfe eine Angabe in Grad in die dazugehörige Größe in Bogenmaß umgeformt werden kann, lautet somit:

$$(Winkel\ in\ Bogenmaß) = \frac{\pi}{180} * (Winkel\ in\ Grad)$$

Wie bereits am Anfang des Abschnittes beschrieben, lässt sich die Länge eines Kreisbogens mit Hilfe des Bogenmaßsystems auf sehr einfache Weise ermitteln. Hierzu muss zunächst die Länge des entsprechenden Bogens mit Hilfe eines Winkels angegeben werden. Der in Abbildung 1.18 angezeigte Winkel beträgt beispielsweise (0.75 * π) Einheiten Bogenmaß bzw. 135 . Um die Länge des dazugehörigen Kreisbogens ermitteln zu können, muss die Angabe in Bogenmaß einfach mit dem Radius des Kreises multipliziert werden:

$b = (0.75 * \pi) * r$

Wenn der Radius **r** beispielsweise in *cm* angegeben wird, handelt es sich auch bei **b** um eine Angabe in *cm*. Wenn der Winkel α aus Abbildung 1.18 die Größe (2 * π) bzw. 360 gehabt hätte, gilt für die Länge des dazugehörigen Kreisbogens:

$b = (2 * \pi) * r$

Wie man unschwer erkennen kann, handelt es sich hierbei um die Formel zur Berechnung des Umfanges eines Kreises, dessen Radius **r** Einheiten beträgt.

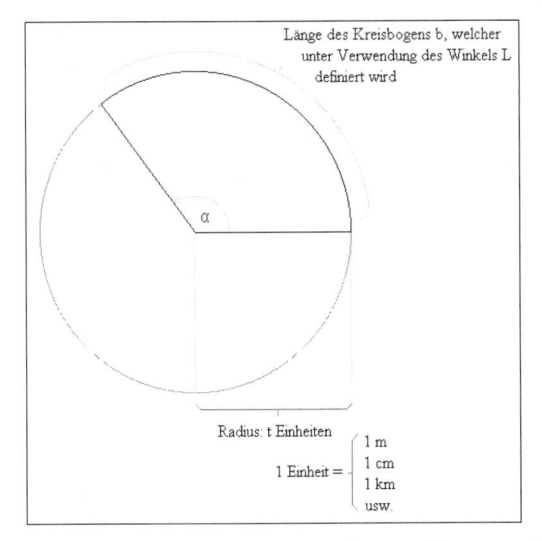

Abb. 1.18: Kreisbögen lassen sich mit Hilfe von Winkeln eindeutig definieren

1.7 Rotation im dreidimensionalen Raum

Im dreidimensionalen Raum gibt es drei unterschiedliche Möglichkeiten, um Gegenstände zu drehen. Die Rotation kann hierbei um jede der drei Koordinatenachsen erfolgen. Durch die Kombination dieser Grundrotationsarten lässt sich jede beliebige Drehung generieren. Im Folgenden werden wir zunächst ein Gleichungssystem aufbauen, das uns die Rotation eines beliebigen Punktes um die z-Achse ermöglicht; die hierbei gewonnenen Erkenntnisse werden anschließend auf die anderen zwei Achsen übertragen.

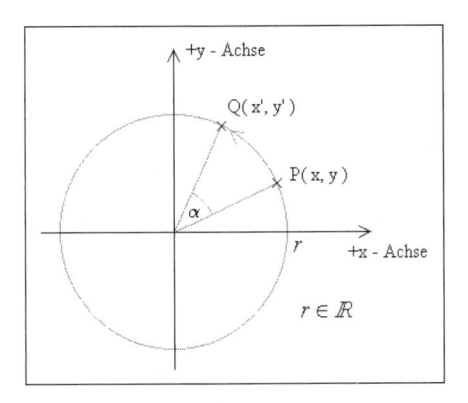

Abb. 1.19: Rotation eines beliebigen Punktes **P** um die z-Achse, unter Verwendung des Winkels α

Abbildung 1.19 enthält die schematische Darstellung der Rotation eines Punktes um die z-Achse: Ausgehend vom Punkt **P(x, y, z)** und dem Winkel α müssen die Koordinaten des rotierten Punktes **P'(x', y', z')** ermittelt werden. Um dieses Problem lösen zu können, müssen zuerst Beziehungen zwischen den gegebenen Größen formuliert werden. Auf der Grundlage dieser Zusammenhänge kann anschließend ein Gleichungssystem aufgestellt werden, mit dessen Hilfe sich die Koordinaten des Punktes **P'** ausrechnen können. Hierzu ist es zunächst erforderlich, Hilfslinien in der grafischen Darstellung aus Abbildung 1.19 einzutragen.

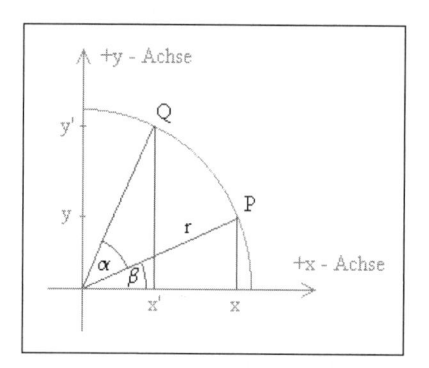

Abb. 1.20: Grafischer Ansatz zur Formulierung des Gleichungssystems für die Rotation um die z - Achse

Mit Hilfe der Abbildung 1.20 können folgende Beziehungen formuliert werden:

$cos(\alpha + \beta) = x' / r$

$sin(\alpha + \beta) = y' / r$

Daraus folgt:

$x' = r * cos(\alpha + \beta)$

$y' = r * sin(\alpha + \beta)$

Ausdrücke dieser Form können unter Verwendung der Additionstheoreme erweitert werden. Diese Theoreme besagen:

$sin(\alpha + \beta) = sin(\alpha) * cos(\beta) + cos(\alpha) * sin(\beta)$

$cos(\alpha + \beta) = cos(\alpha) * cos(\beta) - sin(\alpha) * sin(\beta)$

Setzt man diese Beziehungen in die beiden oberen Gleichungen ein, ergibt sich:

$x' = r * [cos(\alpha) * cos(\beta) - sin(\alpha) * sin(\beta)]$

$y' = r * [sin(\alpha) * cos(\beta) + cos(\alpha) * sin(\beta)]$

Bei einer genauen Betrachtung der Abbildung 1.20 ergeben sich zwei weitere Zusammenhänge:

$cos(\beta) = x/r$

$sin(\beta) = y/r$

Setzt man diese neuen Beziehungen in die vorherige Gleichung ein, gilt:

$x' = r * [cos(\alpha) * (\frac{x}{r}) - sin(\alpha) * (\frac{y}{r})]$ ⇔

$y' = r * [sin(\alpha) * (\frac{x}{r}) + cos(\alpha) * (\frac{y}{r})]$

$x' = r * cos(\alpha) * (\frac{x}{r}) - r * sin(\alpha) * (\frac{y}{r})$

$y' = r * sin(\alpha) * (\frac{x}{r}) + r * cos(\alpha) * (\frac{y}{r})$

Durch das Zusammenfassen der Ausdrücke mit der Form $(r * \frac{t}{r})$ kann schließlich das Gleichungssystem für die Rotation eines beliebigen Punktes um die z-Achse formuliert werden. Aufgrund der Tatsache, dass die z-Koordinaten des gedrehten Punktes bei der Rotation um die z-Achse unverändert bleiben, besitzen die z-Koordinaten von **P** und **P'** identische Werte:

$x' = x * cos(\alpha) - y * sin(\alpha)$ [Rotation um die z-Achse]

$y' = x * sin(\alpha) + y * cos(\alpha)$

$z' = z$

Dieselbe Vorgehensweise kann theoretisch eingesetzt werden, um die Gleichungen für die Rotation um die x- und um die y-Achse ermitteln zu können. Dieses Vorhaben kann aber auch weitaus einfacher realisiert werden, indem die gesuchten Gleichungssysteme von den oberen drei Teilgleichungen abgeleitet werden.

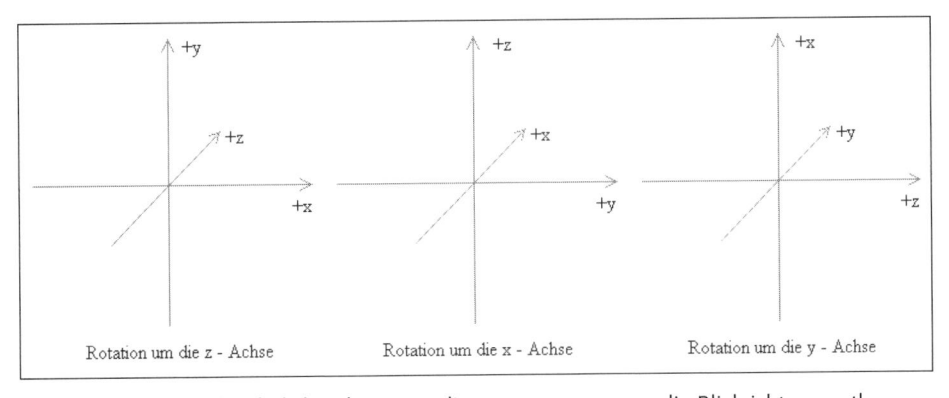

Abb. 1.21: Ausrichtung linkshändiger Koordinatensysteme, wenn die Blickrichtung entlang jeder der drei Koordinatenachsen verlaufen soll

Kapitel 1
Mathematische Grundlagen

Wenn man die Rotationsgleichungen für die Drehung um die x-Achse aufstellen möchte, muss unser linkshändiges Koordinatensystem zunächst gedreht werden, sodass die x-Achse nach vorne zeigt, während die beiden anderen nach rechts bzw. nach oben weisen. Ein auf diese Weise ausgerichtetes Koordinatensystem ist in der Mitte der Abbildung 1.21 dargestellt. Hieraus wird deutlich, dass die x- und die y-Achse des ursprünglichen Koordinatensystems der y- und z-Achse des gedrehten Systems entsprechen. Daraus folgt, dass die gesuchten Gleichungen aus den bereits aufgestellten gebildet werden können, indem die Ausdrücke '**x**' und '**y**' durch '**y**' und '**z**' ersetzt werden:

$y' = y * cos(\alpha) - z * sin(\alpha)$ *[Rotation um die x-Achse]*

$z' = y * sin(\alpha) + z * cos(\alpha)$

$x' = x$

Mit Hilfe der gleichen Vorgehensweise lassen sich auch die Rotationsgleichungen für die Drehung eines beliebigen Punktes um die y-Achse aufstellen:

$z' = z * cos(\alpha) - x * sin(\alpha)$ *[Rotation um die y-Achse]*

$x' = z * sin(\alpha) + x * cos(\alpha)$

$y' = y$

Kapitel 2

Einführung in die Grafikprogrammierung

Anspruchsvolle Grafikeffekte können entweder durch die Entwicklung neuer Algorithmen oder die Erweiterung bereits vorhandener Vorgehensweisen generiert werden. Dieses Ziel lässt sich jedoch nicht ohne ein solides Grundwissen erreichen, ohne ausreichende theoretische und praktische Erfahrung auf dem Gebiet der Grafikprogrammierung.

Das Ziel der nächsten Abschnitte und Kapitel besteht darin, einen tiefen Einblick in die Analyse von Problemstellungen und die Formulierung geeigneter Lösungsansätze zu vermitteln. Die Fähigkeit zu verstehen, warum eine bestimmte Formel so und nicht anders aufgebaut sein muss, wird in diesem Zusammenhang ebenfalls gefördert. Nur mit Hilfe dieses Wissens können mathematische Formeln optimiert, ergänzt oder bei Bedarf neu hergeleitet werden, ohne auf geeignete Unterlagen zurückgreifen zu müssen.

Diese Fähigkeiten werden wir uns anhand zahlreicher Beispiele, Programme und bekannter Algorithmen aneignen, wie beispielsweise *Z-Buffering*, *Texture Mapping* oder einfache und erweiterte Polygonschattierung. Um diese relativ komplexen Algorithmen verstehen zu können, ist es zunächst erforderlich, uns eingehend mit ihrem Hintergrund, den elementarsten Grundlagen der Grafikprogrammierung zu beschäftigen.

Das Setzen von Pixeln auf dem Bildschirm ist beispielsweise nicht durchführbar, wenn man keine Kenntnisse über den Aufbau der Grafikhardware hat; in diesem Kontext liegt der Schwerpunkt auf der linearen Struktur des *Videospeichers*. Die Vorgehensweisen, welche wir im Zusammenhang mit der Verwendung der 8 Bit Palette kennen gelernt haben, sind auch bei der Arbeit mit den 16 und 32 Bit Farbtiefen von großer Bedeutung.

Wenn man gelernt hat, nach welchen Gesetzmäßigkeiten Pixel auf dem Bildschirm gesetzt werden, lässt sich die Darstellung von Linien weitaus besser nachvollziehen. Die nächsten Stationen sind die Visualisierung von Polygonen, Polyedern und gekrümmten Oberflächen, gefolgt von Fraktalen, Transparenz- und Spiegelungseffekten. An dem zur Zeit nicht absehbaren Ende dieser Entwicklung könnten dreidimensionale holographische Projektionen und andere Effekte stehen, welche zur Zeit zwar noch Fiktion sind, in zehn Jahren jedoch durchaus Realität sein können.

Hierzu ein Beispiel: Die Lasershow, welche in den meisten Kinos am Anfang eines Films zu sehen ist, war noch vor einigen Jahren nahezu unbekannt. Die Generierung dieses Effekts ist eindeutig auf dem Gebiet der Grafikprogrammierung anzusiedeln. An dieser rasanten technischen Entwicklung kann man sich jedoch nur dann aktiv beteiligen, wenn man sich zuvor eingehend mit den grundlegendsten Aspekten der Computergrafik beschäftigt hat.

2.1 Grundarchitektur der Grafikkarte

Nach dem Öffnen eines Fensters unter Verwendung der Funktion `open_window()` ist der gesamte Bildschirm in kleine, quadratische Bildpunkte eingeteilt, welche in Zeilen und Spalten angeordnet sind. Ein Bildpunkt wird als *Pixel* bezeichnet; jeder Pixel besitzt eine bestimmte Position auf dem Bildschirm und eine eigene Farbe. Die einzelnen Bildpunkte können unabhängig voneinander angesprochen werden; weist man einem bestimmten Pixel einen anderen Farbwert zu, bleiben die Bildpunkte aus seiner Nachbarschaft unverändert.

2.1.1 Auflösung und Farbtiefe

Grafikkarten unterstützen mehrere Grafikmodi, welche sich hinsichtlich der Größe der Pixel und der Gesamtzahl der darstellbaren Farben voneinander unterscheiden. Allgemein gilt: Je kleiner die Pixel sind, umso mehr Bildpunkte sind auf dem Bildschirm sichtbar, und umso schärfer ist das Bild. Die Gesamtzahl der auf dem Bildschirm darstellbaren Pixel eines Grafikmodus bezeichnet man als Auflösung. Bei einer Auflösung von **320** Pixel horizontal und **200** Pixel vertikal besteht der sichtbare Bereich somit aus:

$320 * 200 = 64000$

Pixel. Unter der Bezeichnung *Farbtiefe* verbirgt sich die Anzahl an gleichzeitig darstellbaren Farben. Neben der Auflösung ist dieser Wert in der Grafikprogrammierung von herausragender Bedeutung. Eine hohe Farbtiefe ist beispielsweise bei der Darstellung von Fotografien erforderlich. Ein Bild, in dem ein Sonnenuntergang zu sehen ist, enthält eine große Anzahl an Farbverläufen z.B. von blau über orange zu rot. Je mehr Farben gleichzeitig dargestellt werden können, umso weicher erscheinen diese Verläufe, umso realistischer erscheint das Gesamtbild.

Mit Hilfe einer hohen Anzahl an darstellbaren Farben lassen sich einerseits sehr beeindruckende Ausgaben generieren; hohe Farbtiefen wirken sich andererseits negativ auf die Darstellungsgeschwindigkeit des Programms aus. Im Fall einer Anwendung, welche eine schnelle Bildfolge ausweisen muss, empfiehlt sich der Einsatz geringerer Farbtiefen.

2.1.2 Speicherplatzanspruch eines Pixels

Die Farbe jedes Pixels wird in Form eines Zahlenwertes festgehalten. Wird einem Pixel ein Byte zugeordnet, kann dieses eine von insgesamt 256 Farben annehmen; der Grund hierfür hängt mit der Struktur des Arbeitsspeichers zusammen. Aufgrund der Tatsache, dass ein Byte aus 8 Bit besteht, muss die kleinste, positive achtstellige binäre Zahl folgenden Aufbau besitzen:

0000 0000

Der dezimale Wert dieser Konfiguration beträgt 0. Die größte binäre Zahl, welche ein Byte annehmen kann, wird mit:

1111 1111

ausgedrückt, und besitzt den dezimalen Wert 255. Unter Verwendung von 8 Bit lassen sich demnach 256 Zahlen ausdrücken: 255 Werte, welche ungleich Null sind, und die Zahl 0. Möchte man größere Werte darstellen, ist eine höhere Anzahl an Bit erforderlich; wenn die Farbe eines Pixels unter Verwendung von 8 Bit definiert wird, sind daher höchstens 256 Farben gleichzeitig auf dem Bildschirm sichtbar.

Für den Fall, dass in einem Programm eine höhere Farbtiefe erforderlich ist, lassen sich auch mehrere Byte für die Beschreibung eines Pixels einsetzen. Wird die Farbe eines Pixels unter Verwendung von 2 Byte festgelegt, lassen sich bis zu 65536 unterschiedliche Farben gleichzeitig darstellen. Der Grund hierfür besteht darin, dass mit Hilfe von 16 Zahlen von:

0000 0000 0000 0000

bis

1111 1111 1111 1111

dargestellt werden können; die Dezimalwerte dieser Begrenzungen lauten 0 und 65535. Die höchste Farbtiefe sieht vor, dass die Farbe jedes sichtbaren Pixels unter Verwendung von 32 Bit definiert werden muss. Weil von diesen vier Bytes nur drei verwendet werden, ergibt sich eine Gesamtzahl von 16 777 216 unterschiedlichen Farben. Das künftige Auftreten höherer Farbtiefen ist unwahrscheinlich, weil das menschliche Auge nur wenige Millionen Farben wahrnehmen kann.

Für den Anfang ist es sehr empfehlenswert, sich ausschließlich auf die Verwendung des 8 Bit Farbmodus zu konzentrieren. Der Grund hierfür besteht darin dass die Techniken, welche in diesem Zusammenhang mit der Manipulation der Farbpalette entwickelt werden, auch bei der Programmierung der höheren Farbtiefen von großer Bedeutung sind. Ab dem 6. Kapitel werden wir ausführlicher auf die Verwendung der 16 und 32 Bit Farbtiefen eingehen.

2.2 Der Videospeicher

Die Bytes, welche die Farbwerte der auf dem Bildschirm sichtbaren Pixel enthalten, befinden sich in einem bestimmten Bereich des Arbeitsspeichers, welcher als *Videospeicher* bezeichnet wird. Bei einer Auflösung von 320x200 Pixel und einer Farbtiefe von 8 Bit besitzt der Videospeicher eine Länge von 64000 Byte. Ein gutes Modell, anhand dessen man sich den Aufbau des Videospeichers vorstellen kann, ist eine lange Reihe von 8 Bit Werten bzw. ein Array aus 64000 Bytes. Eindimensionale Arrays besitzen eine lineare Struktur; aus diesem Grund wird die Struktur des Videospeichers ebenfalls als linear bezeichnet.

Das erste Byte des Videospeichers beschreibt das Aussehen des Pixels, welcher in der oberen linken Ecke des Bildschirms oder in der ersten Zeile und ersten Spalte zu finden ist. Das zweite Byte ist für den Pixel zuständig, welcher sich links daneben, bzw. in der ersten Zeile und zweiten Spalte des Bildschirms befindet. Das nächste Byte des Videospeichers enthält die Farbe des dritten Pixels von links. Das Aussehen der übrigen Pixel der ersten Zeile wird nach dem gleichen Schema festgelegt.

In jeder Zeile befinden sich 320 Pixel; der Bildpunkt, welcher sich in der oberen rechten Ecke des Bildschirms befindet, markiert das Ende der ersten Pixelzeile. Die Farbe dieses Pixels wird durch das 320. Byte einer Reihe von 64000 Bytes definiert. Die Bytes, welche am Ende jeder Zeile übrig bleiben, legen das Aussehen der Pixel fest, welche sich in den nachfolgenden Zeilen befinden. Das 321. Byte des Videospeichers beschreibt demnach das Aussehen des Pixels, welcher in der *zweiten* Zeile und ersten Spalte des Bildschirms anzutreffen ist. Räumlich betrachtet, befindet sich dieser Pixel direkt unter dem ersten Pixel der ersten Zeile. Die Farbe des zweiten Bytes der zweiten Zeile ist innerhalb des 322. Byte des Videospeichers enthalten.

Nach diesem Muster wird jedem Pixel des Bildschirms ein Byte des Videospeichers zugeordnet. Das letzte Byte, welches an der 64000. Position des Videospeichers zu finden ist, beschreibt schließlich das Aussehen des Pixels in der unteren rechten Ecke des Bildschirms. Dieser Zusammenhang zwischen Videospeicher und Bildschirm ist auch in der Abbildung 2.1 schematisch dargestellt. Hierbei darf nicht vergessen werden, dass die auf dem Bildschirm sichtbaren Farben im Videospeicher in Form von Zahlenwerten definiert werden.

Auf der Rückseite des Monitors ist eine phosphoreszierende Schicht aufgetragen; wird diese von einem Elektronenstrahl getroffen, wird der entsprechende Punkt zum Leuchten angeregt. Dieses Leuchten ist jedoch sehr kurzfristig; um zu gewährleisten, dass ein Pixel für längere Zeit die ihm zugeschriebene Farbe annimmt, muss der Videospeicher von der Hardware ständig abgetastet und sein Inhalt auf dem Bildschirm angezeigt werden. Aus diesem Grund ist eine Veränderung des Videospeichers für den Betrachter sofort sichtbar.

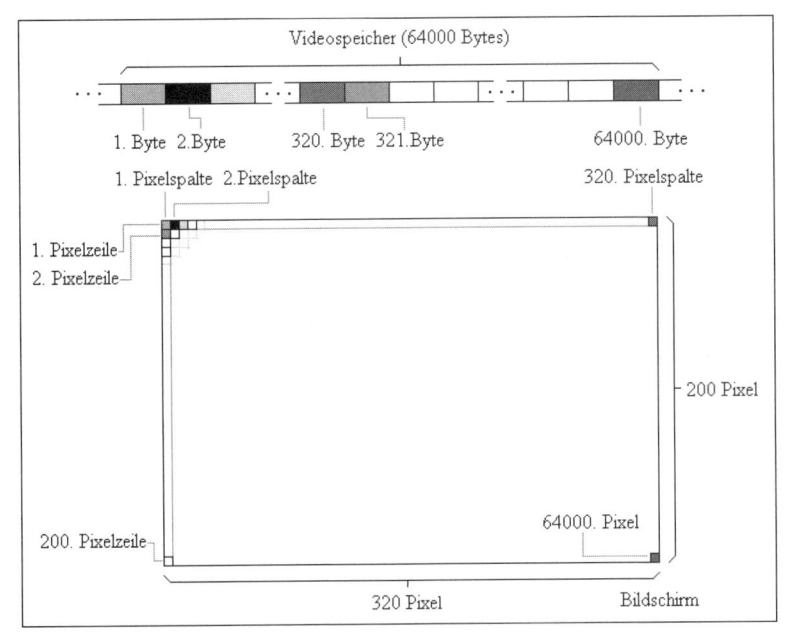

Abb. 2.1: Die Farbe jedes auf dem Bildschirm sichtbaren Pixels wird durch Zahlenwerte definiert, welche sich innerhalb des Videospeichers befinden

2.3 Die Position eines Pixels

Wie wir im vorherigen Abschnitt festgestellt haben ist der Videospeicher nichts anderes als ein Array, welches aus 64000 Bytes besteht. Verändert man den Wert eines dieser Bytes, verändert sich auch die Farbe eines Pixels auf dem Bildschirm. In C++ werden Bytes unter Verwendung des Datentyps *unsigned char* verwaltet; um die Elemente des Videospeichers manipulieren zu können, brauchen wir demnach eine Zeigervariable, welche auf den Anfang eines Arrays aus Bytes verweist:

```
unsigned char *screen;
```

Die Kommunikation zwischen unseren Programmen und dem Betriebssystem WIN-DOWS übernimmt die Variable `surface`; hierbei handelt es sich um die einzige Instanz der Klasse `directx_surface`. Aufgrund der Tatsache, dass wir uns auf die mathematischen Aspekte der Grafikprogrammierung konzentrieren, ist ein genaues Verständnis der Definition dieser Klasse nicht unbedingt erforderlich. Die Besprechung sowie der genaue Aufbau dieses Datentyps befinden sich im Anhang A.

Eine wichtige Voraussetzung bei der Erstellung der folgenden Programme ist die Plattformunabhängigkeit. Aus diesem Grund handelt es sich bei der Klasse `directx_surface` um die einzige Stelle, an welcher spezifische Funktionen des

Betriebssystems WINDOWS aufgerufen werden. Um die Programme auf andere Betriebssysteme wie LINUX portieren zu können, ist lediglich die Veränderung dieses Datentyps erforderlich.

Um die Anfangsadresse des Videospeichers zu erhalten, ist ein Aufruf der Funktion directx_surface::get_screen_pointer() erforderlich:

```
screen = (unsigned char *) surface.get_screen_pointer();
```

Wenn man in C++ den Elementen eines Arrays benutzerdefinierte Werte zuweisen möchte, muss beachtet werden, dass das erste Element des Arrays sich an der Position 0 befindet. Das 2. hält sich an der Position 1 auf, während die Position des n-ten Elements durch den Ausdruck:

$(n - 1)$

definiert wird. Das erste Byte des Videospeichers beschreibt das Aussehen des Pixels, welcher sich in der oberen linken Ecke des Bildschirms befindet. Um die Farbe dieses Pixels zu verändern, benötigt man lediglich eine Anweisung wie:

```
screen[ 0 ] = color_value;
```

color_value ist hierbei eine Variable vom Typ *unsigned char*, welche den gewünschten Farbwert enthält. Wir verwenden die Auflösung 320x200; um dem 2. bzw. letzten Pixel der ersten Zeile dieselbe Farbe zuzuweisen, müssen folgende Anweisungen eingesetzt werden:

```
screen[ 1 ] = color_value;
screen[ 319 ] = color_value;
```

Der Farbwert eines beliebigen Pixels, dessen Definition sich innerhalb des Videospeichers an der Position offset befindet, lässt sich unter Verwendung des Ausdrucks:

```
screen[ offset ] = color;
```

verändern. Unter einer Auflösung von **x_res** Pixel horizontal und **y_res** Pixel vertikal muss der Wert der Variablen Offset folgende Voraussetzung erfüllen:

$offset \geq 0$ und $\quad offset < (x\_res * y\_res) \quad\quad offset, x\_res, y\_res \in \mathbf{N}$

2.3.1 Der Anfangsoffset einer Pixelzeile

Wie man anhand dieser Anweisungen erkennen kann, ist es relativ schwierig, die Verbindung zwischen einem Offset und der räumlichen Position des dazugehörigen Pixels auf dem Bildschirm gedanklich herzustellen. An welcher Position befindet sich beispielsweise der Pixel, dessen Offset innerhalb des Videospeichers den Wert 24152 besitzt? Im Folgenden werden wir häufiger den Ausdruck *Offset eines Pixels* verwenden; hierbei ist die Position des Bytes innerhalb des Videospeichers gemeint, welcher den Farbwert des Pixels enthält.

Das Setzen von Pixeln lässt sich erheblich vereinfachen, wenn die dazugehörigen Positionen innerhalb des Videospeichers unter Verwendung von x- und y-Koordinaten ausgerechnet werden. Bei der Beschreibung von Pixeln haben wir bisher die Ausdrücke *Zeile* und *Spalte* verwendet. Es ist festgelegt, dass sämtliche Pixel innerhalb derselben Zeile identische y-Koordinaten besitzen, während die Pixel derselben Spalte über die gleiche x-Koordinate verfügen.

Der Ursprung dieses Koordinatensystems befindet sich in der oberen linken Ecke des Bildschirms; der Pixel, dessen Farbe im ersten Element des Videospeichers enthalten ist, verfügt somit über die Koordinaten (0, 0). Je weiter man sich innerhalb derselben Zeile von links nach rechts bewegt, umso größer werden die Positionen der dazugehörigen Bytes innerhalb des Videospeichers. Die +x-Achse des Koordinatensystems muss somit von links nach rechts verlaufen.

Anhand der Abbildung 2.2 kann nachvollzogen werden, dass, je weiter man sich innerhalb derselben Spalte von oben nach unten bewegt, umso größer die Offsets der dazugehörigen Pixel werden. Im Gegensatz zu den Koordinatensystemen, mit denen wir uns bisher beschäftigt haben, muss die +y-Achse des Koordinatensystems des Bildschirms *von oben nach unten* verlaufen. Der Grund hierfür ist der lineare Aufbau des Videospeichers, und somit die Art, wie sich die Anordnung der einzelnen Bytes auf dem Bildschirm manifestiert: Je größer die Entfernung zwischen einem Byte und dem Anfang des Videospeichers ist, umso weiter unten ist der entsprechende Pixel auf dem Bildschirm sichtbar.

Wie wir bereits festgestellt haben, besitzt der Offset des Bildpunktes, welcher am Anfang der ersten Pixelzeile zu finden ist, den Wert 0. Hierbei handelt es sich um den Pixel aus der oberen linken Ecke des Bildschirms. Weiterhin wissen wir, dass der Offset am Anfang der zweiten Zeile 320 lautet. Mit Hilfe der Abbildung 2.2 kann festgestellt werden, dass der Offset des Pixels am Anfang der dritten Zeile den Wert 960 besitzt. Wie man anhand dieser drei Beispiele nachvollziehen kann, beträgt die Entfernung zwischen den Anfangsoffsets nebeneinander liegender Zeilen stets 320 Pixel.

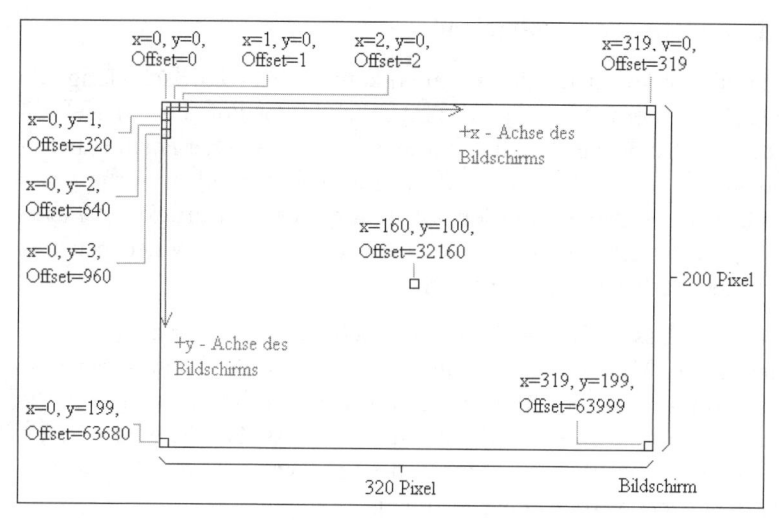

Kapitel 2
Einführung in die Grafikprogrammierung

Abb. 2.2: Die Abhängigkeit des Offsets eines Pixels von seinen x - und y - Koordinaten

Bei der Zahl 320 handelt es sich um die horizontale Auflösung des Bildschirms; demnach gilt: Kennt man den Anfangsoffset **a1** einer beliebigen Pixelzeile, lässt sich der Anfangsoffset **a2** der nächsten Zeile leicht ermitteln, indem die horizontale Auflösung dem bekannten Wert hinzuaddiert wird:

$a_2 = a_1 + 320$

Auf der Grundlage dieser Gleichung liegt die Tatsache, dass die horizontale Auflösung die Anzahl an Pixel angibt, welche innerhalb einer Zeile zu finden sind. Wie man anhand Abbildung 2.2 leicht nachvollziehen kann, befindet sich genau diese Anzahl an Pixeln zwischen den Anfangsoffsets nebeneinander liegender Zeilen. Mit Hilfe dieser Ausführungen können wir eine allgemeine Beziehung aufstellen, mit deren Hilfe der Anfangsoffset **a_offset** einer beliebigen Pixelzeile ausgerechnet werden kann. Die einzigen bekannten Werte sind hierbei die y-Koordinate **y** der Zeile sowie die horizontale Auflösung.

Wie wir wissen, besitzt die y-Koordinate der ersten Pixelzeile den Wert **0**, während die y-Koordinaten der zweiten und dritten Zeile **1** und **2** lauten. Diese Feststellung kann beliebig fortgesetzt werden. Die y-Koordinate einer Pixelzeile gibt die Entfernung an, welche zwischen der Zeile und dem oberen Rand des Bildschirms vorliegt. Der Anfangsoffset der ersten Pixelzeile besitzt den Wert **0**; anhand der y-Koordinate kann demnach festgestellt werden, wie oft die horizontale Auflösung diesem Wert hinzuaddiert werden muss, um den Anfangsoffset der aktuellen Zeile zu erhalten. Die gesuchte Beziehung muss aus diesem Grund folgendermaßen lauten:

$a\_offset = y * 320$

Die Funktionsfähigkeit dieser Gleichung kann anhand des Anfangsoffsets der letzten Pixelzeile überprüft werden. Der Wert **63680** aus Abbildung 2.2 ergibt sich, wenn **y** die Bildschirmkoordinate **199** zugewiesen wird.

2.3.2 Der Offset eines beliebigen Pixels

Die Mehrheit der Pixel, welche auf dem Bildschirm zu sehen sind, befinden sich nicht am Anfang einer Zeile. Um den Offset dieser Punkte ausrechnen zu können, ist neben der y-Koordinate auch die Angabe einer x-Koordinate erforderlich. Die x-Koordinate eines Bildpunktes gibt die Entfernung zwischen dem Pixel und dem linken Rand des Bildschirms an. Die x-Koordinate der ersten Spalte lautet **0**, diejenige der zweiten Spalte besitzt den Wert **1**, usw. Hieraus folgt, dass die allgemeine Formel zur Berechnung des Offsets eines Pixels, dessen Bildschirmkoordinaten **(x, y)** lautet, folgenden Aufbau besitzt:

$$\mathit{offset} = \mathit{a\_offset} + x$$

Die Variable **a_offset** gibt den Anfangsoffset der Zeile an, in welcher der Pixel zu finden ist. Ersetzt man diese Variable durch den vorherigen Ausdruck, ergibt sich:

$$\mathit{offset} = y * x\_res + x \qquad x, y, x\_res, \mathit{offset} \in \mathbf{N}$$

x_res gibt hierbei die horizontale Auflösung des Bildschirms an. Bei einer Auflösung von **800x600** bzw. **1024x768** Pixel lautet die Formel somit:

$$\mathit{offset} = y * 800 + x \qquad \text{bzw.}$$

$$\mathit{offset} = y * 1024 + x$$

Das genaue Verständnis dieser Beziehung ist von großer Wichtigkeit, da es sich hierbei um eine der wichtigsten Formeln der Grafikprogrammierung handelt. *Bitmaps* und *Landscape Programming* sind beispielsweise zwei der Fachgebiete, in denen diese Formel in einem anderen Zusammenhang zum Einsatz kommt.

Um dem Pixel P(x, y) die Farbe **color** zuzuweisen, ist lediglich eine Anweisung wie:

```
screen[ y * x_res + x ] = color;
```

erforderlich. Von großer Wichtigkeit ist, dass die Koordinaten **(x, y)** keine Position angeben, welche sich außerhalb der Begrenzungen des Bildschirms befindet. Bei Verwendung der Auflösung **800x600** würde **Q(400, 300)** beispielsweise in der Mitte des Bildschirms liegen; unter der Auflösung **320x200** befindet sich dieser Punkt jedoch zu weit rechts, um auf dem Bildschirm gesehen werden zu können. Bildschirmkoordinaten müssen daher folgende Voraussetzung erfüllen:

$$x \geq 0 \qquad \text{und} \qquad x < x\_res \qquad \text{und} \qquad y \geq 0 \qquad \text{und} \qquad y < y\_res$$

$$x, y, x\_res, y\_res \in \mathbf{N}$$

2.4 Die 8 Bit Palette

Jede beliebige Farbe lässt sich mit Hilfe einer roten, grünen und blauen Farbkomponenten zusammensetzen. Die drei Farbanteile werden zunächst in Form von Zahlenwerten ausgedrückt; die eigentlichen Farben, welche von einem menschlichen Betrachter auf dem Bildschirm wahrgenommen werden können, werden von der Grafikhardware auf der Grundlage dieser Zahlen aufgebaut.

Im Fall der 8 Bit Farbtiefe ist vorgesehen, dass jede Farbkomponente unter Verwendung von 6 dargestellt werden muss. Jeder Farbanteil kann somit einen Wert annehmen, welcher zwischen 0 und 63 liegt. Hierbei gilt, dass, je größer der Wert einer Farbkomponenten ist, umso heller die Farbe erscheint. Wenn alle drei Anteile einer Farbe die geringste Intensität besitzen, entsteht die Farbe **Schwarz (0, 0, 0)**. Nehmen die drei Komponenten einer Farbe ihren größtmöglichen Wert an, ist die Farbe **Weiß (63, 63, 63)** das Ergebnis. Diese Gesetzmäßigkeit lässt sich auch auf die einzelnen Anteile übertragen: mit Hilfe von **(0, 0, 63)** wird die Farbe Hellblau definiert, während es sich bei **(0, 0, 30)** um einen dunklen Blauton handelt.

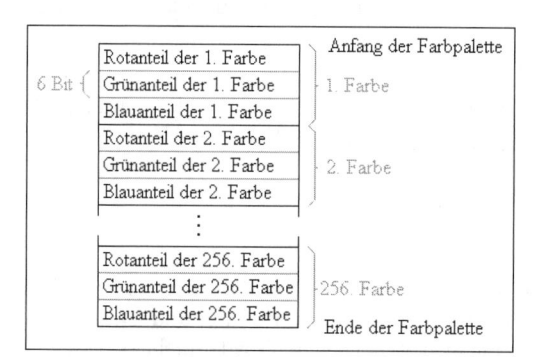

Abb. 2.3: Aufbau der Farbpalette, welche bei der Verwendung der 8 Bit Farbtiefe die Definition der 256 eingesetzten Farben enthält

Wie wir wissen, können im 8 Bit Farbmodus höchstens 256 unterschiedliche Farben gleichzeitig auf dem Bildschirm dargestellt werden. Die drei Komponenten dieser Farben befinden sich in einem speziellen Speicherbereich der Grafikhardware, welcher als *Palette* bezeichnet wird. Die ersten drei 6 Bit Werte dieses Speicherbereiches enthalten den roten, grünen und blauen Anteil der ersten Farbe. Das Aussehen der zweiten Farbe wird in Form der nächsten dreielementigen Gruppe von 6 Bit Werten definiert. Die Beschreibung der 254 verbleibenden Farben erfolgt nach derselben Gesetzmäßigkeit.

Unter Verwendung einer Anweisung wie:

```
screen[ offset ] = color;
```

kann einem bestimmten Pixel eine benutzerdefinierte Farbe zugewiesen werden. color ist hierbei eine Variable vom Typ *unsigned char*, welche einen Wert zwischen 0 und 255 enthält. Bei diesem Wert handelt es sich um einen Verweis auf eine Farbe, welche in Form ihrer drei Komponenten innerhalb der Farbpalette definiert ist. Wenn color beispielsweise den Wert 0 besitzt, nimmt der Pixel die Farbe an, welche durch die ersten drei 6 Bit Werte der Farbpalette definiert ist. Hierzu ein Beispiel: Bei Verwendung der Auflösung 320x200 wird mit Hilfe von:

```
long x=160, y=100;
screen[ y * 320 + x ] = 15;
```

dem Pixel, welcher sich in der Mitte des Bildschirms befindet, die Farbe **Weiß** zugewiesen. Der Grund hierfür besteht darin, dass die drei Komponenten 16. Farbe der DIRECTX - Palette standardmäßig die Werte (63, 63, 63) besitzen.

2.5 Praktische Darstellung der Farbpalette

Bevor wir uns eingehender mit der Programmierung des 8 Bit Farbmodus beschäftigen können, müssen wir herausfinden, welche Farben standardmäßig innerhalb der 8-Bit-Palette enthalten sind. Mit Hilfe unseres bisherigen Wissens sind wir in der Lage ein Programm zu schreiben, das die Farben der unveränderten Palette auf dem Bildschirm darstellt.

Eine einfache Möglichkeit um diese Aufgabe zu lösen, besteht darin, den ersten 256 Spalten des Bildschirms die Farben der Standardpalette zuzuweisen. Die Pixel, welche Teil der ersten Spalte sind, besitzen die x-Koordinate 0; diese Spalte befindet sich somit am linken Rand des Bildschirms. Diese Pixel erhalten die erste Farbe der 8-Bit-Palette. Die x-Koordinate der zweiten Spalte besitzt den Wert 1; den dazugehörigen Pixel muss demnach die zweite Standardfarbe zugewiesen werden. Dieselbe Gesetzmäßigkeit gilt auch für die restlichen Spalten des Bildschirms:

```
/////////////////////////          a2_1.cpp          /////////////////////////
//                                                                          //
//   Darstellung der Farben, welche standardmäßig innerhalb                 //
//   der 8 Bit Palette enthalten sind                                       //
//   Auflösung: 320x200, Farbtiefe: 8 Bit                                   //
//                                                                          //
//////////////////////////////////////////////////////////////////////////////

#include <windows.h>

#include "s2_1.h"
```

Kapitel 2
Einführung in die Grafikprogrammierung

```cpp
uchar handle_input( MSG *msg );

int WINAPI WinMain( HINSTANCE hInstance, HINSTANCE hPrevInstance, LPSTR
lpCmdLine, int iCmdShow )
{
  surface.open_window( hInstance, 320, 200, 8 );

  uchar *screen = (uchar *) surface.get_screen_pointer();

  for( long x=0 ; x<256 ; x++ )
    for( long y=0 ; y<200 ; y++ )
      screen[ y * 320 + x ] = x;

  surface.release_screen_pointer();

  MSG message;
  while( !handle_input( &message ) ) ;

  return message.wParam;
}

uchar handle_input( MSG *msg )
{
  if( PeekMessage( msg, NULL, 0, 0, PM_REMOVE ) )
  {
    if( msg->message == WM_QUIT || msg->message == WM_KEYDOWN ) return 1;

    TranslateMessage( msg );
    DispatchMessage( msg );
  }

  return 0;
}
```

////////////////////////// Ende a2_1.cpp //////////////////////////

Der Ablauf unseres ersten Programms gestaltet sich folgendermaßen: Im ersten Schritt muss ein neues Fenster mittels `surface.open_window()` generiert werden, welches die Ausgabe des Programms aufnehmen kann. In unserem Fall nimmt das Fenster den gesamten Bildschirm in Anspruch. Um auf dem Bildschirm Pixel setzen zu können, benötigen wir die Anfangsadresse des Videospeichers; hierzu definieren wir eine Variable namens `screen[]`, und initialisieren diese mit dem Rückgabewert von `surface.get_screen_pointer()`.

Für die Darstellung einer vertikalen Linie mit einer Länge von 200 Pixel empfiehlt sich der Einsatz einer Schleife wie:

```
for( long y=0 ; y<200 ; y++ )
   screen[ y * 320 + x ] = color;
```

Die Variablen `x` und `color` geben hierbei die x-Koordinate bzw. den Farbwert der Pixel an, welche sich auf der Linie befinden. Die Laufvariable der Schleife gibt zugleich auch die y-Koordinate jedes Pixels an; die Berechnung der Offsets erfolgt mittels der bekannten Formel.

Die Aufgabe des Programms besteht darin, 256 Linien auf dem Bildschirm darzustellen; hierzu muss die obere Anweisung unter Verwendung einer weiteren Schleife wiederholt aufgerufen werden:

```
for( long x=0 ; x<256 ; x++ )
   for( long y=0 ; y<200 ; y++ )
      screen[ y * 320 + x ] = x;
```

Die Aufgabe der Laufvariablen der äußeren Schleife besteht darin, sowohl die x-Koordinaten als auch die Farben der zu zeichnenden Geraden anzugeben. Die Tatsache, dass die Beschriftung des Videospeichers abgeschlossen ist, muss dem Betriebssystem durch den Aufruf von `surface.release_screen_pointer()` mitgeteilt werden:

```
surface.release_screen_pointer();
```

Nachdem die Farbpalette auf dem Bildschirm dargestellt worden ist, muss diese solange zu sehen sein, bis der Benutzer eine beliebige Taste zum Beenden des Programms drückt. Hierzu wird die weitere Ausführung des Programms mit Hilfe einer Schleife ohne Anweisungsblock solange aufgehalten, bis der Rückgabewert von `handle_input()` einen Wert ungleich 0 annimmt:

```
MSG message;
while( !handle_input( &message ) ) ;
```

Am Ende jeder WINDOWS-Anwendung muss eine Anweisung wie:

```
return message.wParam;
```

dem Betriebssystem das reguläre Ende des Programms mitteilen. Die Variable `message` muss hierbei das *Event* enthalten, welches das Ende des Programms herbeiführt. In unserem ersten Programm werden für die Berechnung jedes Offsets eine Multiplikation und eine Addition eingesetzt. Diese Vorgehensweise wird auch dann eingehalten, wenn zwei Pixel nebeneinander auf derselben Geraden liegen. Gibt es eine Möglichkeit das Programm zu optimieren, sodass dieselbe Ausgabe unter Verwendung eines geringeren Rechenaufwandes erzeugt werden kann?

Abb. 2.4: Ausgabe des Programms *a2_1*

Wie bereits erwähnt, werden wir in den folgenden Programmen ausschließlich die Auflösung 320x200 verwenden. Für die Verwendung höherer Auflösungen genügt es nicht, die Funktion `surface.open_window()` mit dem entsprechenden Parameter aufzurufen. In den Programmen, deren Spezifikation die Angabe:

Auflösung: 320x200

enthält, wird bei der Berechnung von Pixeloffsets stets auf die numerische Konstante 320 zurückgegriffen; bei der Veränderung der horizontalen Auflösung verlieren die auf diese Weise berechneten Offsets ihre Gültigkeit. Diese Einschränkung wird ab dem 5. Kapitel aufgehoben.

2.6 Aufbau eigener Algorithmen

Die Entwicklung und die praktische Implementierung von Grafikeffekten sind zwei unterschiedliche Vorgänge, welche in vielen Fällen jedoch gleichzeitig stattfinden. Hierzu müssen zunächst der Aufgabenbereich und die Anforderungen, welche ein neuer Algorithmus erfüllen muss, eindeutig formuliert werden. Auf dieser Grundlage erfolgt im zweiten Schritt die Aufstellung der mathematischen Beziehungen zwischen den gegebenen und den gesuchten Größen.

Wenn diese Zusammenhänge zum ersten Mal in Form eines Programms implementiert werden, können Sonderfälle auftreten, welche in der Theorie nicht berücksichtigt und von den Algorithmen auch nicht verarbeitet werden. Es kann aber auch sein, dass die vorhandenen Gleichungssysteme in dieser Form die gegebenen Anforderungen nicht erfüllen können. Jede dieser beiden Situationen führt dazu, dass die Gleichungen überarbeitet und neu umgesetzt werden.

Die meisten Algorithmen entstehen aus dem Zusammenspiel von theoretischen Überlegungen und praktischen Erfahrungen. Hierbei fällt folgendes auf: Die Lösungsansätze, welche im Zusammenhang mit der Aufstellung eines bestimmten Algorithmus formuliert werden, können auch auf vollkommen andere Problemstellungen übertragen werden. Auf diese Weise wird die Bildung neuer Algorithmen ermöglicht.

Bisher haben wir uns lediglich mit theoretischen mathematischen Zusammenhängen beschäftigt. Bevor wir auf die wichtigsten Algorithmen der Grafikprogrammierung eingehen können, müssen wir uns demnach näher mit den Gegebenheiten auseinandersetzen, welche bei der Programmierung von Bedeutung sind. Das Themengebiet, welches sich hierbei am stärksten auf die Gleichungssysteme auswirkt, ist der innere Aufbau der Grafikkarte.

2.7 Zufallszahlen

Die Aufgabe unseres nächsten Programms besteht darin, einzelne Pixel mit zufälligen Koordinaten auf dem Bildschirm zu setzen. Für die Erzeugung von Zufallszahlen kommt gewöhnlich die Funktion rand() zum Einsatz, welche Bestandteil des Lieferumfangs von C++ - Compilersystemen ist, und in der Datei <stdlib.h> folgendermaßen deklariert ist:

```
int rand( void );
```

Der Rückgabewert dieser Funktion ist eine Zufallszahl, welche größer gleich 0 und kleiner gleich einer Konstanten namens RAND_MAX ist. Die Definition dieser Konstanten befindet sich ebenfalls in <stdlib.h>, ihr Wert kann jedoch von Compilersystem zu Compilersystem variieren:

```
#define RAND_MAX 2147483647
```

Bei wiederholtem Aufruf liefert diese Funktion Zahlenwerte, welche scheinbar zufällig sind, da zwischen ihnen kein Zusammenhang zu bestehen scheint. In Wirklichkeit werden aber auch die Werte dieser Zahlen auf der Grundlage mathematischer Gleichungssysteme berechnet.

2.7.1 Die Obergrenze von Zufallszahlen

In den meisten Fällen sind die Werte, welche von der Funktion `rand()` berechnet werden, für unsere Zwecke viel zu groß; bei einer Auflösung von 320x200 dürfen die x-Koordinaten der Pixel den Wert 319 nicht übersteigen, während die Obergrenze der y-Koordinaten 199 lautet.

Bei der Lösung dieses Problems werden wir auf einen sehr verbreiteten Trick zurückgreifen. Die Grundlage hierfür bietet ein Phänomen, welches bei der Integerdivision auftritt. Nehmen wir an, wir besitzen zwei natürliche Zahlen z und t, wobei z größer t ist. Bei der Integerdivision der größeren Zahl durch die kleinere entsteht der Divisionsrest r. Wie man leicht nachvollziehen kann, gilt für r folgende Beziehung:

$$r \geq 0 \quad \text{und} \quad r < t \qquad r, t \in \mathbb{N}$$

Wenn t ganzzahlig durch z geteilt werden kann, entsteht bei der Division kein Rest, r besitzt somit den Wert 0. Wie man leicht nachvollziehen kann, wird der Divisionsrest r *immer* einen kleineren Wert als t annehmen, wenn t kein Teiler von z ist. Diese Beziehung ist besonders hilfreich, wenn die Obergrenze von Zufallszahlen festgelegt werden muss. Um eine Zufallszahl r zu erhalten, welche größer gleich 0 und kleiner als t ist, muss lediglich der Divisionsrest zwischen dem Rückgabewert von `rand()` und der Zahl t gebildet werden. Divisionsreste berechnet man in C++ mit Hilfe des *Modulo*-Operators:

$$r = rand() \quad \% \quad t \qquad r, t \in \mathbb{N}$$

Mit Hilfe dieser Formel können beispielsweise zufällige Koordinaten von Pixel berechnet werden, welche gültige Werte besitzen:

```
long x, y;
x = rand() % 320;
y = rand() % 200;
screen[ y * 320 + x ] = rand() % 256;
```

Die letzte Anweisung weist dem Pixel, dessen Koordinaten zufällig ermittelt worden sind, einen zufälligen Farbwert zu.

2.7.2 Praktischer Einsatz von Zufallszahlen

Die Theorie, welche im Zusammenhang mit den Zufallszahlen vorgestellt worden ist, wird in Form des nächsten Programms in die Praxis umgesetzt. Solange der Benutzer keine Taste drückt, werden zufällige Farben an Positionen gesetzt, welche unter Verwendung der Funktion `rand()` ermittelt werden:

```cpp
//////////////////////////        a2_2.cpp        //////////////////////////
//                                                                        //
//   Farbige Darstellung des Schneeeffekts unter Verwendung                //
//   der Funktion rand()                                                  //
//   Auflösung: 320x200, Farbtiefe: 8 Bit                                  //
//                                                                        //
////////////////////////////////////////////////////////////////////////////

#include <windows.h>
#include <stdlib.h>

#include "s2_1.h"

uchar handle_input( MSG *msg );

int WINAPI WinMain( HINSTANCE hInstance, HINSTANCE hPrevInstance, LPSTR
lpCmdLine, int iCmdShow )
{
  surface.open_window( hInstance, 320, 200, 8 );

  MSG message;
  while( 1 )
  {
    if( handle_input( &message ) ) break;

    long x = rand() % 320;
    long y = rand() % 200;

    uchar *screen = (uchar *) surface.get_screen_pointer();
    screen[ y * 320 + x ] = rand() % 256;
    surface.release_screen_pointer();
  }

  return message.wParam;
}

uchar handle_input( MSG *msg )
{
  if( PeekMessage( msg, NULL, 0, 0, PM_REMOVE ) )
  {
    if( msg->message == WM_QUIT || msg-
>message == WM_KEYDOWN ) return 1;
```

```
      TranslateMessage( msg );
      DispatchMessage( msg );
   }

   return 0;
}
```

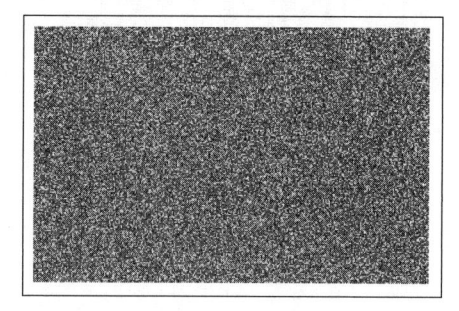

////////////////////////////   Ende a2_2.cpp   ////////////////////////////

Abb. 2.5:   Ausgabe des Programms *a2_2*

Auffallend an der Definition des Programm *a2_2* ist die Tatsache, dass die beiden Funktionen:

```
surface.get_screen_pointer()
```

und

```
surface.release_screen_pointer()
```

in jedem Durchgang der *while()*-Schleife aufgerufen werden. Insbesondere bei komplexeren Programmen wäre eine Anweisungsfolge wie:

```
uchar *screen = (uchar *) surface.get_screen_pointer();
MSG message;

while( 1 )
{
  if( handle_input( &message ) ) break;

  long x = rand() % 320;
  long y = rand() % 200;
  screen[ y * 320 + x ] = rand() % 256;
```

```
}
surface.release_screen_pointer();
```

wesentlich vorteilhafter. Die Initialisierung der Variablen screen[] und die Freigabe des Videospeichers finden hierbei außerhalb der Hauptschleife statt. Diese Vorgehensweise besitzt zwei wesentliche Vorteile. Der erste Vorteil besteht in der erhöhten Übersicht über die Anweisungen, welche bei jeder Durchgang der Schleife ausgeführt werden müssen. Weitaus wichtiger ist jedoch die Tatsache, dass die Ausführung dieser beiden Funktionen sehr viel Zeit in Anspruch nimmt. Werden diese außerhalb der *while()*-Schleife aufgerufen, ist vor allem bei komplexeren Programmen eine deutliche Beschleunigung der Ausführungsgeschwindigkeit zu verzeichnen.

Damit unser Programm Pixel auf dem Bildschirm setzen kann, muss der Videospeicher zunächst unter Verwendung der Funktion Lock() gesperrt werden. Diese Funktion wird während der Ausführung von surface.get_screen_pointer() aufgerufen; ihre Aufgabe besteht darin, andere Anwendungen auf den Videospeicher zu blockieren. Das Problem hierbei ist, dass ein bestimmter Speicherbereich nur für eine sehr kurze Zeit blockiert werden darf. Wird der Zugriff auf den Videospeicher über eine längere Zeitperiode nicht mit Hilfe von surface.get_ screen_pointer() wieder freigegeben, kann es bei manchen Konfigurationen vereinzelt zu Programmabstürzen kommen. Diese Abstürze werden durch alte 16-Bit-WINDOWS-Routinen ausgelöst, welche auch in neueren Versionen des Betriebssystems enthalten sind.

2.7.3 Die Untergrenze von Zufallszahlen

Im einigen Fällen kann es vorkommen, dass für die Generierung eines bestimmten Grafikeffekts nur die Farben verwendet werden dürfen, welche sich in einem begrenzten Bereich der Farbpalette befinden. Nehmen wir an, wir müssen eine Schwarzweißdarstellung des Schneeeffekts aus dem vorherigen Programm erzeugen. Hierzu dürfen lediglich die Farben eines Verlaufes von Schwarz nach Weiß verwendet werden, welcher sich innerhalb der DIRECTX-Palette beispielsweise zwischen den Farben 64 und 256 befindet.

Um den neuen Schneeeffekt darstellen zu können, müssen zunächst wie gehabt die Koordinaten eines Pixels unter Verwendung der Funktion rand() ausgerechnet werden. Bei dem Farbwert, welcher diesem Pixel zugewiesen wird, muss es sich ebenfalls um eine Zufallszahl handeln. Diese muss jedoch folgende Voraussetzung erfüllen:

Farbwert ≥ 64 und   *Farbwert* < 256

Die Einstellung einer Obergrenze, welche von den Zufallszahlen nicht überschritten werden darf, stellt kein großes Hindernis dar. Bei der Untergrenze der im letzten Programm berechneten Zufallszahlen handelt es sich um den Wert o; dort gibt es keine Zufallszahlen, welche kleiner als dieser Wert sind. Neu ist jedoch, dass die zu ermittelnden Zufallszahlen stets größer als eine bekannte Untergrenze sein müssen, welche *größer* o ist.

Für die Lösung dieses Problems sind drei Schritte erforderlich. Der erste Schritt sieht vor, sowohl von der Unter- als auch von der Obergrenze den Wert der Untergrenze zu subtrahieren. Im Fall unseres Beispiels suchen wir somit eine Zufallsfarbe, für die gilt:

Farbwert' $\geq$ (64 – 64)   und   Farbwert' < (256 – 64) $\Leftrightarrow$

Farbwert' $\geq$ 0   und   Farbwert' < 192

Wie wir anhand des letzten Programms festgestellt haben, kann der Variablen **Farbwert'** unter Verwendung des Ausdrucks:

Farbwert' = rand() % 192

im zweiten Schritt eine Zufallszahl in den gegebenen Grenzen zugewiesen werden. Diese Zufallszahl befindet sich jedoch im Intervall [0 .. 192], und nicht zwischen 64 und 255, wie wir es oben formuliert haben. Diese Voraussetzung wird erfüllt, indem der Variablen **Farbwert'** im dritten Schritt der Wert der ersten Untergrenze hinzuaddiert wird. Die endgültige Gleichung für die Berechnung von **Farbwert** lautet somit:

Farbwert = (rand() % 192) + 64

Auf der Grundlage dieser Vorgehensweise liegt die Tatsache, dass die Entfernung zwischen der Ober- und Untergrenze unverändert bleibt, wenn beide Zahlen um den gleichen Wert verringert werden. Der Bereich, in dem sich die Zufallszahlen befinden müssen, wird im ersten und im dritten Schritt zunächst nach unten, dann wider nach oben, auf seine alte Position verschoben. Diese Versetzung ist notwendig, weil die Untergrenze der Funktion rand() den Wert 0 besitzt.

Die allgemeine Formel, mit deren Hilfe eine Zufallszahl z ermittelt werden kann, deren Wert zwischen den Grenzwerten o und u liegt, lautet somit:

r = [rand()   %   (o – u)] + u

Hierbei gilt:

r $\geq$ u   und   r < o   r, o, u $\in$ **N**

2.7.4 Praktische Einstellung der Untergrenze von Zufallszahlen

Um eine Schwarzweißdarstellung des Schneeeffekts generieren zu können, ist es zunächst erforderlich, einen Farbverlauf von Schwarz nach Weiß innerhalb der DIRECTX-Palette einzutragen. Wie wir wissen, wird jede der 256 Farben der 8 Bit

Palette durch eine rote, grüne und blaue Komponente aufgebaut. Um eine beliebige Farbe unter Verwendung dieser drei Farbanteile beschreiben zu können, haben wir im ersten Teil dieses Kapitels den Datentyp `pixel_8` definiert:

```
struct pixel_8
{
  uchar red, green, blue;

  pixel_8( void ) : red( 0 ), green( 0 ), blue( 0 ) { }
  pixel_8( uchar r, uchar g, uchar b ) :
      red( r ), green( g ), blue( b ) { }
};
```

Die Aufgabe des nächsten Programms besteht darin, die Einstellung von Ober- und Untergrenzen von Zufallszahlen unter realistischen Bedingungen zu demonstrieren. In der Praxis sind in den meisten Fällen mehrere Farbverläufe innerhalb der Palette gespeichert. Um diesen Umstand simulieren zu können, werden wir zunächst eine Funktion namens `change_palette()` definieren, welche vier einfache Farbverläufe innerhalb der 8 Bit Palette speichert. Diese Übergänge enthalten dieselbe Anzahl an Farbabstufungen, und nehmen sämtliche 256 Farben in Anspruch. Hieraus folgt, dass jedem Verlauf 64 Farben zur Verfügung stehen.

Die Anfangsfarbe der vier Übergänge ist Schwarz (0, 0, 0)$_{RGB}$. Die Endfarbe des ersten Verlaufes ist Rot, dargestellt durch (255, 0, 0)$_{RGB}$. Um einen gleichmäßigen Übergang von Schwarz nach Rot herzustellen, muss die Rotkomponente der einzelnen Farbabstufungen über einen Bereich von 64 Farben gleichmäßig erhöht werden. Die Rotkomponente der ersten Farbe besitzt den Wert 0; welche Konstante muss diesem Wert 64 mal hinzuaddiert werden, um den Endwert 255 zu erhalten?

$255 / 64 \approx 3.98$

Aufgrund der Tatsache, dass Farbkomponenten natürliche Zahlen sind, muss dieser Wert auf 4 aufgerundet werden. Hieraus folgt, dass die zweite Farbe dieses Verlaufes durch die Komponenten (4, 0, 0)$_{RGB}$ definiert wird, die dritte durch (8, 0, 0), usw. Gleiches gilt auch für die Bildung der letzten beiden Verläufe, deren Zielfarben Grün (0, 255, 0)$_{RGB}$ und Blau (0, 0, 255)$_{RGB}$ sind.

Wenn die drei Komponenten einer Farbe den gleichen Wert besitzen, handelt es sich bei der Farbe um einen Grauton. Der von uns gesuchte Farbverlauf von Schwarz nach Weiß wird von `change_palette()` zwischen den Farben 64 und 127 eingefügt. Seine Bildung erfolgt wie beschrieben; der einzige Unterschied besteht darin, dass alle drei Farbkomponenten um den Wert 4 erhöht werden. Die Funktion `change_palette()` besitzt folgenden Aufbau:

Kapitel 2
Einführung in die Grafikprogrammierung

```cpp
void change_palette( void )
{
  pixel_8 palette[ 256 ];

  ushort x, c;
  for( x=0, c=0 ; x<64 ; x++, c+=4 )
  {
    palette[ x     ] = pixel_8( c, 0, 0 );
    palette[ x+64  ] = pixel_8( c, c, c );
    palette[ x+128 ] = pixel_8( 0, c, 0 );
    palette[ x+192 ] = pixel_8( 0, 0, c );
  }

  surface.set_palette( palette );
}
```

Hierbei wird zunächst ein Array aus 256 Elementen vom Typ `pixel_8` definiert, dessen Komponenten während der Ausführung der nachfolgenden Schleife mit den Farbwerten der vier Übergänge initialisiert werden. Diese Farben dieser benutzerdefinierten Palette werden der DIRECTX-Palette unter Verwendung der Funktion `surface.set_palette()` zugewiesen, welche am Anfang des Kapitels definiert worden ist.

Das Programm *a2_3*, welches die Schwarzweißdarstellung des Schneeeffekts generiert, kann folgendermaßen aufgebaut werden:

```cpp
////////////////////////       a2_3.cpp       ////////////////////////
//                                                                  //
// Schwarzweißdarstellung des Schneeeffekts unter                   //
// Verwendung der Funktion rand()                                   //
// Auflösung: 320x200, Farbtiefe: 8 Bit                             //
//                                                                  //
//////////////////////////////////////////////////////////////////////

#include <windows.h>
#include <stdlib.h>

#include "s2_1.h"

uchar handle_input( MSG *msg );
void change_palette( void );
```

Zufallszahlen

```
int WINAPI WinMain( HINSTANCE hInstance, HINSTANCE hPrevInstance, LPSTR
lpCmdLine, int iCmdShow )
{
  surface.open_window( hInstance, 320, 200, 8 );
  change_palette();

  uchar *screen;
  MSG message;

  while( 1 )
  {
    if( handle_input( &message ) ) break;

    long offset = rand() % 64000;
    uchar color = uchar( (rand() % 64) + 64 );

    screen = (uchar *) surface.get_screen_pointer();
    screen[ offset ] = color;
    surface.release_screen_pointer();
  }

  return message.wParam;
}

uchar handle_input( MSG *msg )
{
  if( PeekMessage( msg, NULL, 0, 0, PM_REMOVE ) )
  {
    if( msg->message == WM_QUIT || msg-
>message == WM_KEYDOWN ) return 1;

    TranslateMessage( msg );
    DispatchMessage( msg );
  }

  return 0;
}

void change_palette( void )
{
  pixel_8 palette[ 256 ];
```

Kapitel 2
Einführung in die Grafikprogrammierung

```
ushort x, c;
for( x=0, c=0 ; x<64 ; x++, c+=4 )
{
  palette[ x     ] = pixel_8( c, 0, 0 );
  palette[ x+64  ] = pixel_8( c, c, c );
  palette[ x+128 ] = pixel_8( 0, c, 0 );
  palette[ x+192 ] = pixel_8( 0, 0, c );
}

surface.set_palette( palette );
}
```

////////////////////////// Ende a2_3.cpp //////////////////////////

Besonders interessant an diesem Programm ist die Art, wie der Offset eines zufälligen Pixels ermittelt wird. Während der Ausführung des Vorgängers wurden für diesen Zweck zunächst eine x- und eine y-Koordinate unter Verwendung von rand() ausgewählt. Die Berechnung der Position des dazugehörigen Pixels innerhalb des Videospeichers erfolgte anschließend unter Verwendung der Formel:

offset = y * 320 + x

Aufgrund der linearen Struktur des Videospeichers besitzt die Variable offset stets einen Wert zwischen **0** und **63999**; der gleiche Wert kann aus diesem Grund auch unter Verwendung des weniger rechenintensiven Ausdrucks:

offset = rand() % 64000

bestimmt werden. Diese Vorgehensweise funktioniert jedoch nur dann, wenn die Ausgabe des Programms den gesamten Bildschirm in Anspruch nehmen darf. Wenn der Schneeeffekt lediglich über einen bestimmten Bereich des Bildschirms dargestellt werden darf, muss bei der Offsetberechnung auf x- und y-Koordinaten zurückgegriffen werden.

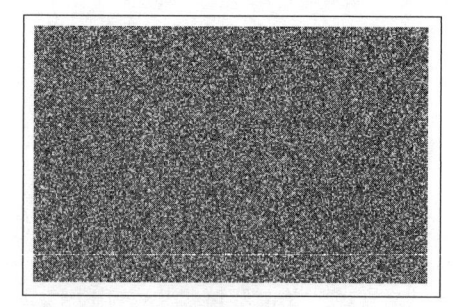

Abb. 2.6: Ausgabe des Programms *a2_3*: Die Schwarzweißversion der Ausgabe seines Vorgängers

2.8 Passive Wiederholungsanweisungen

In der Grafikprogrammierung ist die schnelle Ausführungsgeschwindigkeit von Programmen von herausragender Bedeutung. Bestimmte Effekte lassen sich jedoch nur dann generieren, wenn die Ausführung des jeweiligen Programms gezielt verlangsamt wird. Auf diesem Gebiet kommen *passive Wiederholungsanweisungen* zum Einsatz. Hierbei handelt es sich um Schleifen ohne Anweisungsblock, welche grundsätzlich folgenden Aufbau besitzen:

```
for( long wait=0 ; wait<9999999 ; wait++ ) ;
```

Die 32 Bit Variable `wait` wird hierbei solange vom Mikroprozessor inkrementiert, bis diese den Wert **9999999** erreicht. Aufgrund der gewaltigen Größe dieses Endwertes dauert es jedoch eine gewisse Zeit, bis der Rechner die Verarbeitung dieser Schleife beendet. Praktisch gesehen wird die Ausführung des Programms für eine gewisse Zeit an dieser Stelle angehalten; aufgrund dessen, dass diese Schleife keinen Anweisungsblock enthält, werden keine Operationen durchgeführt, welche für den weiteren Verlauf relevant sind. Die Größe der Laufvariablen ist ebenfalls von Bedeutung: eine 16 Bit Variable wird beispielsweise schneller inkrementiert als eine 32 Bit Variable.

Es gibt auch Fälle, in denen die Dauer der Unterbrechung der Programmausführung von externen Faktoren abhängig ist. In diesen Situationen werden passive Wiederholungsanweisungen der Form:

```
while( still_waiting() ) ;
```

eingesetzt. `still_waiting()` ist hierbei eine Funktion, deren Prototyp folgendermaßen aufgebaut ist:

```
unsigned char still_waiting( void );
```

Solange die weitere Programmausführung angehalten werden soll, besitzt diese Funktion den Rückgabewert 1. Wenn die notwendigen Voraussetzungen für die weitere Ausführung des Programms erfüllt sind, übergibt diese der aufrufenden Instanz den Wert 0, wodurch die Schleife beendet wird. Die Definition dieser Funktion kann sehr variabel gestaltet werden, und gezielt an die jeweilige Situation angepasst werden. Diese Art von passiven Wiederholungsanweisungen wird als *dynamisch* bezeichnet.

Die Tatsache, dass während der Ausführung einer passiven Wiederholungsanweisung praktisch keine Operationen ausgeführt werden, kann sich auch als nachteilig erweisen. Wenn der Benutzer während der Ausführung einer »Warteschleife« eine

Taste drückt, kann diese Eingabe erst nach einiger Zeit ausgewertet werden. Dieses Phänomen ist besonders dann ärgerlich, wenn die Wiederholungsanweisung selbst Teil einer größeren Schleife ist, in welcher keine Überprüfung der Tastatur stattfindet. Die Lösung dieses Problems sieht die Auswertung der Benutzereingaben im Rumpf der betreffenden »Warteschleife« vor:

```
MSG msg;
for( long wait=0 ; wait<9999999 ; wait++ )
   if( handle_input( &msg ) ) break;
```

Diese *erweiterte passive Wiederholungsanweisung* kann selbstverständlich weiter ausgebaut werden. In Abhängigkeit vom Rückgabewert der Funktion handle_input() können mit Hilfe einer *switch()*-Anweisung unterschiedliche Operationen durchgeführt werden, wie beispielsweise die Veränderung von Variablen.

2.8.1 Praktischer Einsatz passiver Wiederholungsanweisungen

Die Aufgabe unseres nächsten Programms besteht darin, das Setzen einzelner Pixel auf dem Bildschirm für den Betrachter übersichtlicher zu gestalten. Hierfür muss das Programm *a2_2* lediglich um eine passive Wiederholungsanweisung erweitert werden:

```
/////////////////////////          a2_4.cpp          /////////////////////////
//                                                                         //
// Das Programm setzt Pixel an beliebigen Positionen auf                   //
// dem Bildschirm. Ein Auftritt des Schneeeffekts wird                     //
// durch den Einsatz einer passiven Wiederholungsanweisung                 //
// unterbunden                                                             //
// Auflösung: 320x200, Farbtiefe: 8 Bit                                    //
//                                                                         //
/////////////////////////////////////////////////////////////////////////////

#include <windows.h>
#include <stdlib.h>

#include "s2_1.h"
#include "ln2_5.h"

uchar handle_input( MSG *msg );

int WINAPI WinMain( HINSTANCE hInstance, HINSTANCE hPrevInstance, LPSTR
lpCmdLine, int iCmdShow )
```

```
{
  surface.open_window( hInstance, 320, 200, 8 );

  MSG message;
  while( 1 )
  {
    if( handle_input( &message ) ) break;

    long x = rand() % 320;
    long y = rand() % 200;

    uchar *screen = (uchar *) surface.get_screen_pointer();
    screen[ y * 320 + x ] = rand() % 256;
    surface.release_screen_pointer();

    for( long wait=0 ; wait<9999999 ; wait++ ) ;
  }

  return message.wParam;
}

uchar handle_input( MSG *msg )
{
  if( PeekMessage( msg, NULL, 0, 0, PM_REMOVE ) )
  {
    if( msg->message == WM_QUIT || msg-
>message == WM_KEYDOWN ) return 1;

    TranslateMessage( msg );
    DispatchMessage( msg );
  }

  return 0;
}
```

//////////////////////// Ende a2_4.cpp ////////////////////////

In diesem Fall ist die passive Wiederholungsanweisung Teil einer Funktion, welche Benutzereingaben auswertet; aus diesem Grund brauchen keine weiteren Anweisungen im Rumpf der »Warteschleife« eingefügt werden. Es ist erstaunlich, wie stark diese auf den ersten Blick unbedeutende Veränderung sich auf das gesamte Erscheinungsbild des Programms auswirkt.

Kapitel 2
Einführung in die Grafikprogrammierung

Abb. 2.7: Ausgabe des Programms a2_4

2.9 Horizontale und vertikale Geraden

In den letzten Abschnitten konnten wir einen sehr guten Einblick in die Struktur des Videospeichers und dessen praktische Verwendung erhalten. Die Manipulation des Videospeichers hat sich bisher auf das Setzen von Pixel auf dem Bildschirm beschränkt. Die nächste Anforderung besteht in der Darstellung horizontal und vertikal verlaufender Geraden.

2.9.1 Darstellung horizontaler Geraden

Die Darstellung von Geraden ist ein Vorgang, welcher uns bereits im ersten Programm dieses Kapitels begegnet ist. Seine Aufgabe bestand darin, 256 vertikale Linien auf dem Bildschirm zu zeichnen, um auf diese Weise die Farben der Standardpalette vorzustellen. Für die Berechnung des Offsets von Pixel, welche sich nebeneinander auf derselben Geraden befinden, wurde jedoch eine Multiplikation und eine Addition eingesetzt.

Die Darstellung horizontal und vertikal verlaufender Linien kann jedoch unter Verwendung eines weitaus geringeren Rechenaufwandes erfolgen. Die Grundlage für diese Optimierung hängt mit der linearen Struktur des Videospeichers zusammen: Wie man anhand Abbildung 2.8 feststellen kann, lassen sich die Offsets nebeneinander liegender Pixel lediglich mit Hilfe einer einfachen Addition bzw. Subtraktion berechnen.

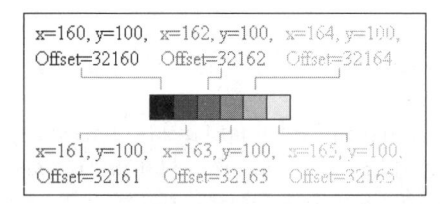

Abb. 2.8: Die Offsets der Pixel, welche auf einer horizontalen Geraden liegen, sind nach einer einfachen Gesetzmäßigkeit angeordnet. Jedes Kästchen stellt ein Pixel dar

Um die in Abbildung 2.8 dargestellte Linie zeichnen zu können, müssen die Koordinaten ihres Anfangspunktes **A** bekannt sein. Unter Verwendung dieser beiden Werte muss zunächst der Offset dieses Pixels unter Verwendung der bekannten Formel ausgerechnet werden. Hierzu sind nach wie vor eine Multiplikation und eine Addition erforderlich. Nehmen wir an, Punkt **A** besitzt die Koordinaten (160, 100); um den Offset des Pixels, welcher sich links daneben befindet ermitteln zu können, muss dem Wert 32160 lediglich die Konstante 1 hinzuaddiert werden. Die Position des dritten Pixels erhält durch die Inkrementierung des Offsets des zweiten Pixels, usw.

Mit Hilfe einer einfachen Schleife kann dieser Vorgang automatisch für den Rest der darzustellenden Linie durchgeführt werden. Hierfür muss jedoch die Länge der Strecke, und somit auch die Anzahl der Schleifendurchgänge bekannt sein. Da wir es hierbei mit eine horizontal verlaufenden Linie zu tun haben, lässt sich diese Information unter Verwendung der x-Koordinaten des Anfangspunktes **A** und des Endpunktes **E** ermitteln:

Länge = | Endkoordinate – Anfangskoordinate | + 1

In unserem Fall besitzen die beiden Koordinaten die Werte 160 und 165. Subtrahiert man den kleineren Wert von dem größeren, besitzt das Ergebnis den Wert 5; mit Hilfe der Abbildung 2.8 kann jedoch festgestellt werden, dass die Linie um eine Einheit größer ist, und somit aus 6 Pixel aufgebaut ist. Um die richtige Länge zu erhalten, muss am Ende der Formel die Konstante 1 hinzuaddiert werden.

Es kann durchaus sein, dass die Linie aus Abbildung 2.8 von rechts nach links verläuft, und der Anfangspunkt somit durch die Koordinaten (165, 100) definiert ist. Die Länge einer Linie muss stets ein positiver Wert sein; damit diese Voraussetzung in jedem Fall erfüllt wird, müssen die weiteren Berechnungen auf der Grundlage des *Betrages* der Differenz durchgeführt werden.

Bei der Darstellung horizontal verlaufender Linien muss darauf geachtet werden, dass sowohl der Anfangs- als auch der Endpunkt der Strecke gültige Koordinaten besitzen, und nicht außerhalb des Bildschirms liegen. Versucht man beispielsweise eine von links nach rechts verlaufende Strecke zu zeichnen, deren Endpunkt über eine viel zu große x-Koordinate verfügt, erhält man eine fehlerhafte Ausgabe: Die Linie hört am rechten Rand des Bildschirms auf, und fängt wieder am linken Bildschirmrand an, jedoch um eine Pixelzeile weiter nach unten versetzt. Dieses Phänomen kann leicht unter Berücksichtigung der linearen Struktur des Videospeichers erklärt werden.

In der Praxis kann es durchaus vorkommen, dass Anfangs- oder Endpunkte von Linien außerhalb des Bildschirms liegen können. In diesen Fällen muss eine *Clipping*-Operation durchgeführt werden; hierbei werden vor der Darstellung die Bereiche der Strecke entfernt, welche außerhalb des Bildschirms liegen. Im Laufe des 4. Kapitels werden wir näher auf dieses Thema eingehen.

2.9.2 Darstellung vertikaler Geraden

Die Visualisierung senkrecht verlaufender Geraden verläuft grundsätzlich nach dem gleichen Prinzip wie die Darstellung waagerechter Linien. Nehmen wir an, wir kennen die Koordinaten **(ax, ay)** und somit auch den Offset **a_offset** des Anfangspunktes **A** einer von oben nach unten verlaufenden Geraden. Um den Offset des Pixels **P** zu erhalten, welcher auf dem Bildschirm direkt unter **A** zu sehen ist, muss dem Wert **a_offset** der Wert 320 hinzuaddiert werden.

Diese Tatsache haben wir bereits bei der Besprechung der linearen Struktur des Videospeichers kennen gelernt. Der Bildschirm besitzt beispielsweise die Auflösung 320x200, und an der Position **(160, 100)**, deren Offset 32160 lautet, ist ein weißer Pixel gesetzt. Wenn wir diesem Offset den Wert 320 hinzuaddieren, und den Pixel mit dem Offset 32480 die Farbe Blau zuweisen, fällt auf, dass sich der blaue Pixel direkt unter dem weißen befindet.

Diese Beziehung kann auch mathematisch bewiesen werden. Wenn wir ein Pixel **P** besitzen, dessen Koordinaten **(x, y)** lauten, muss der Pixel **Q**, welcher sich direkt unterhalb befindet, durch [x, (y+1)] definiert werden. Wenn der Offset des Bildpunktes **Q** durch die Addition der horizontalen Auflösung **x_res** zum Offset des Pixels **P** ermittelt werden kann, muss Folgendes gelten:

$$P\_offset + x\_res = Q\_offset \Rightarrow$$
$$(y * x\_res + x) + x\_res = (y+1) * x\_res + x$$

Wie man leicht erkennen kann, lässt sich die Variable x_res auf der linken Seite der Gleichung ausklammern, was zu einer wahren Aussage führt:

$$x\_res * (y+1) + x = (y+1) * x\_res + x\_$$

Diese Beziehung kann auch umgekehrt formuliert werden: Subtrahiert man von dem Offset eines beliebigen Pixels **P** den Wert der horizontalen Auflösung, erhält man den Offset des Pixels, welcher auf dem Bildschirm direkt *über* **P** zu sehen ist.

Diese beiden Beziehungen sind bei der Darstellung vertikal verlaufender Linien von großer Wichtigkeit. Wie bereits erwähnt, ist dieser Vorgang mit der Visualisierung horizontaler Strecken nahezu identisch. Auf der Grundlage der y-Koordinaten des Anfangs- und Endpunktes muss zunächst festgestellt werden, aus wie vielen Pixel die Linie aufgebaut ist. Hierzu wird die gleiche Formel eingesetzt, welche im vorherigen Abschnitt im selben Zusammenhang vorgestellt worden ist.

Wenn die Strecke von oben nach unten verläuft, erhält man den Offset des nächsten Bildpunktes iterativ, durch die Addition der horizontalen Auflösung zum Offset des aktuellen Pixels. Wenn die y-Koordinate des Endpunktes kleiner ist als die y-Koordinate des Anfangspunktes, muss der Wert der horizontalen Auflösung entsprechend *subtrahiert* werden.

Auch in diesem Zusammenhang muss darauf geachtet werden, dass weder der Anfangs- noch der Endpunkt der darzustellenden Linie außerhalb des Bildschirms liegen. Wenn dieser Fall auftritt, wird das Programm automatisch vom Betriebssystem beendet. Der Grund hierfür besteht darin, dass Anwendungen nur den Inhalt des zuvor reservierten Arbeitsspeichers verändern dürfen. Diese Reservierung kann beispielsweise durch den Operator *new*, Funktionen wie `malloc()` oder `surface.get_screen_pointer()` erfolgen.

Letztere Funktion gibt lediglich den Inhalt des Videospeichers für Lese- und Schreibzugriffe frei. Wenn die Anwendung versucht, über Grenzen dieses Speicherbereiches hinaus Werte zu verändern, beispielsweise durch die Darstellung einer Linie, kann die Stabilität des Computersystems beeinträchtigt werden. Das automatische Beenden des Programms dient somit dem Vorbeugen von Systemabstürzen und Neustarts des Rechners.

2.9.3 Gemeinsame Visualisierung horizontal und vertikal verlaufender Geraden

Wie wir in den letzten beiden Abschnitten festgestellt haben, ist die Darstellung waagerechter Linien nahezu identisch mit der Visualisierung senkrecht verlaufender Strecken. Aus diesem Grund ist es empfehlenswert, beide Vorgänge unter Verwendung derselben Funktion durchzuführen. Nachdem man sich einige Zeit mit dieser Problemstellung beschäftigt hat, wird man feststellen, dass dieses Vorhaben mit Hilfe der folgenden Schritte verwirklicht werden kann:

1. Zunächst muss untersucht werden, ob eine horizontal oder eine vertikal verlaufende Linie vorliegt. Hierzu wird eine ganzzahlige Variable namens `step` definiert; wenn es sich um eine waagerechte Strecke handelt, muss diese Variable mit dem Wert 1 ansonsten mit 320, der horizontalen Auflösung, initialisiert werden.
2. Die Richtung der Linie ist ebenfalls von Bedeutung: Wenn die Anfangskoordinaten größer als die Endkoordinaten sind, verläuft die Strecke von rechts nach links bzw. von oben nach unten. In diesem Fall muss `step` ein negatives Vorzeichen erhalten.
3. Berechnung der Länge der Strecke in Pixel
4. Die Visualisierung beider Linientypen muss unter Verwendung derselben Schleife erfolgen. Angefangen mit dem Offset des Anfangspunktes, werden die Offsets aller anderen Pixel der darzustellenden Strecke durch die wiederholte Addition der Variablen `step` ermittelt.

Die praktische Implementierung dieser vier Schritte erfolgt in Form der Funktion `hv_line()`. Diese Funktion nimmt als Parameter die x- und y-Koordinaten des Anfangs- und Endpunktes (x1, y1) und (x2, y2) entgegen und zeichnet die dazugehörige Verbindungslinie unter Verwendung der Farbe `color` innerhalb des Arrays `screen[]`. Voraussetzung ist, dass beide Punkte auf einer horizontal bzw. vertikal verlaufenden Geraden liegen:

Kapitel 2
Einführung in die Grafikprogrammierung

```
void hv_line( long x1, long y1, long x2, long y2,
              uchar color, uchar *screen )
{
  long delta_x, delta_y, step, length, offset;

  delta_x = x2 - x1;  delta_y = y2 - y1;

  if( delta_x && delta_x ) return;

  step = 1;

  if( delta_x == 0 )
  {
    step = 320;
    delta_x = delta_y;
  }

  if( delta_x < 0 )
    { delta_x = - delta_x;  step = -step; }

  length = delta_x + 1;
  offset = y1 * 320 + x1;

  while( length-- > 0 )
  {
    screen[ offset ] = color;
    offset += step;
  }
}
```

Es folgt eine Übersicht über die Aufgabengebiete der einzelnen Variablen der Funktion hv_line():

Variable: **Aufgabe:**

delta_x: Enthält die Entfernung zwischen den x - Koordinaten des End - und Anfangspunktes

delta_y: Gibt den Abstand zwischen den y - Koordinaten des End - und Anfangspunktes der Linie

step: Die Entfernung zum Offset des nächsten Pixels der Geraden; bei waagerechten Strecken besitzt diese Variable den Wert 1 oder (−1), bei senkrechten Linien dementsprechend 320 bzw. (−320) length: Die Länge der Strecke, bei horizontalen Linien **(delta_x + 1)**, bei vertikalen **(delta_y + 1)**

offset: Offset des aktuellen Pixels innerhalb des Arrays `screen[]`, bei dem es sich gewöhnlich um den Videospeicher handelt

Am Anfang der Funktion hv_line() werden die Differenzen zwischen den x- und y- Koordinaten ermittelt und innerhalb der entsprechenden Variablen gespeichert.

```
delta_x = x2 - x1;    delta_y = y2 - y1;
```

Die Funktion kann lediglich vertikal oder horizontal verlaufende Geraden darstellen. Im ersten Fall besitzt delta_x, im zweiten delta_y den Wert 0. Wenn der Ausdruck der *if()*-Anweisung:

```
if( delta_x && delta_y ) return;
```

den Wert *TRUE* aufweist, besitzt keine der beiden Variablen den Wert 0; daraus folgt, dass die darzustellende Linie weder waagerecht noch senkrecht verläuft, und die weitere Ausführung der Funktion somit abgebrochen werden muss.

hv_line() geht grundsätzlich davon aus, dass die darzustellende Linie waagerecht und von links nach rechts verläuft. Aus diesem Grund wird die Variable step mit dem Wert 1 initialisiert:

```
step = 1;
```

Es kann aber auch sein, dass wir es mit einer senkrechten Strecke zu tun haben. In diesem Fall muss step den Wert 320 besitzen. Die Berechnung der Länge der Linie erfolgt stets unter Verwendung der Variablen delta_x; damit diese Berechnung auch im Fall einer vertikalen Linie gültig ist, muss delta_x der Wert von delta_y zugewiesen werden:

```
if( delta_x == 0 )
{
  step = 320;
  delta_x = delta_y;
}
```

Anschließend muss überprüft werden, ob delta_x ein negatives Vorzeichen besitzt; wenn dem so ist, haben wir es mit einer von rechts nach links oder von unten nach oben verlaufenden Geraden zu tun. Der negative Wert kann dadurch entstehen, dass x2 größer als x1 ist. Es kann aber auch sein, dass delta_y kleiner

Null ist, und der Wert dieser Variablen infolge der letzten *if()* - Anweisung nach delta_x übertragen wurde.

Wie wir in den letzten beiden Abschnitten festgestellt haben, muss step in beiden Fällen einen negativen Wert enthalten. Für die Berechnung der Länge der Geraden muss delta_x positiv sein; bei Bedarf werden diese beiden Voraussetzungen von folgender Anweisung erfüllt:

```
if( delta_x < 0 )
  { delta_x = -delta_x;  step = -step; }
```

Am Ende von hv_line() findet schließlich die Darstellung der Linie statt. Hierbei spielt es keine Rolle, ob die Strecke horizontal oder vertikal verläuft: wenn die Variablen step und delta_x die richtigen Werte enthalten, können beide Typen unter Verwendung derselben Schleife dargestellt werden:

```
length = delta_x + 1;
offset = y1 * 320 + x1;

for( long x=0 ; x<length ; x++ )
{
  s[ offset ] = color;
  offset += step;
}
```

In jedem Durchgang der *for()*-Schleife wird jeweils ein Pixel gesetzt; der Offset des nächsten Bildpunktes erfolgt durch Addition der Variablen step. Alle möglichen Sonderfälle, wie senkrechte Linien oder umgekehrter Streckenverlauf, sind bei Bedarf durch die vorherige Ausführung der *if()*-Anweisungen berücksichtigt worden.

2.9.4 Praktische Darstellung horizontal und vertikal verlaufender Linien

Der praktische Einsatz der Funktion hv_line() findet im Rahmen unseres nächsten Programms statt. Die Koordinaten der Anfangs- und Endpunkte der darzustellenden horizontalen und vertikalen Strecken werden unter Verwendung der Funktion rand() ermittelt. Der zu visualisierende Linientyp wird ebenfalls zufällig bestimmt:

```
////////////////////////         a2_5.cpp        ////////////////////////
//                                                                     //
// Darstellung beliebiger horizontal und vertikal                       //
```

```
//    verlaufender Linien auf dem Bildschirm unter              //
//    Verwendung der Funktion hv_line()                         //
//    Auflösung: 320x200, Farbtiefe: 8 Bit                      //
//                                                              //
//////////////////////////////////////////////////////////////////

A#include <windows.h>
#include <stdlib.h>

#include "s2_1.h"
#include "ln2_5.h"

uchar handle_input( MSG *msg );

int WINAPI WinMain( HINSTANCE hInstance, HINSTANCE hPrevInstance, LPSTR
lpCmdLine, int iCmdShow )
{
  surface.open_window( hInstance, 320, 200, 8 );

  long x1, y1, x2, y2;
  uchar *screen;
  MSG message;

  while( 1 )
  {
    if( handle_input( &message ) ) break;

    x1 = rand() % 320;   y1 = rand() % 200;
    x2 = rand() % 320;   y2 = rand() % 200;

    screen = (uchar *) surface.get_screen_pointer();

    if( rand() % 2 == 1 ) hv_line( x1, y1, x2, y1, rand() % 255, screen
);
    else hv_line( x1, y1, x1, y2, rand() % 255, screen );

    surface.release_screen_pointer();

    for( long wait=0 ; wait<10099999 ; wait++ ) ;
  }

  return message.wParam;
```

Kapitel 2
Einführung in die Grafikprogrammierung

```
}

uchar handle_input( MSG *msg )
{
  if( PeekMessage( msg, NULL, 0, 0, PM_REMOVE ) )
  {
    if( msg->message == WM_QUIT || msg-
>message == WM_KEYDOWN ) return 1;

    TranslateMessage( msg );
    DispatchMessage( msg );
  }

  return 0;
}

//////////////////////     Ende a2_5.cpp     //////////////////////
```

Zwecks besserer Übersicht ist die Definition der Funktion hv_line() innerhalb der externen Datei "ln2_5.h" gespeichert. Der Ablauf des Programms *a2_5* ist folgendermaßen gestaltet: Am Anfang der Hauptschleife werden zunächst die Koordinaten zweier Punkte (x1, y1) und (x2, y2) unter Verwendung von rand() ermittelt. Anschließend muss entschieden werden, ob die darzustellende Linie horizontal oder vertikal verlaufen muss. Die praktische Umsetzung dieser Entscheidung in Form der beiden Anweisungen ist besonders interessant:

```
if( user_rand( 2 ) )
  hv_line( x1, y1, x2, y1, 40, screen );

else hv_line( x1, y1, x1, y2, 104, screen );
```

Hierbei wird zunächst eine Zufallszahl ausgerechnet; wenn diese positiv, und somit ganzzahlig durch 2 teilbar ist, muss eine waagerecht, ansonsten eine senkrecht verlaufende Strecke visualisiert werden. Beim Aufruf von hv_line() wird je nach Geradentyp die x- oder y-Koordinate des zweiten Punktes ignoriert. Die Farbwerte 1 und 4 geben die Positionen an, wo innerhalb der unveränderten DIRECTX-Palette ein Rot- bzw. Blauton anzutreffen sind. Es ist empfehlenswert, die Ausführungsgeschwindigkeit des Programms unter Verwendung einer passiven Wiederholungsanweisung zu verlangsamen, um dem Benutzer die Darstellung der einzelnen Linien besser verständlich machen zu können.

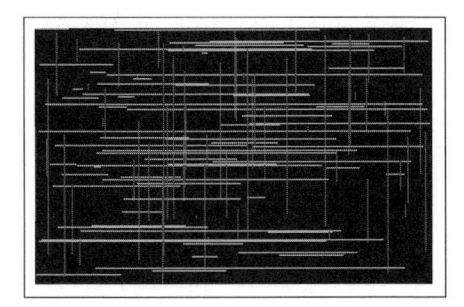

Abb. 2.9: Erscheinungsbild des Programms a2_5

2.10 Initialisierung des Zufallszahlengenerators

Bei der wiederholten Ausführung des Programms *a2_5* tritt ein merkwürdiges Phänomen zutage: Obwohl die Position der darzustellenden Geraden zufällig zu sein scheint, sind Reihenfolge und Anordnung der gezeichneten Linien bei jedem Programmaufruf identisch.

Der Grund für dieses Phänomen ist bereits bei der Vorstellung der Funktion `rand()` beschrieben worden. Die Zahlenwerte, welche mit Hilfe dieser Funktion ermittelt werden, mögen auf den ersten Blick zufällig erscheinen; diese Zahlen werden jedoch unter Verwendung spezieller Berechnungen ermittelt. Auf der Grundlage dieses Gleichungssystems befindet sich eine statische Variable, welche bei jedem Aufruf der Funktion `rand()` von Neuem verändert wird.

Bei der ersten Ausführung dieser Funktion wird diese Variable mit einem konstanten Wert initialisiert. Wenn bei der Berechnung mathematischer Gleichungen stets vom gleichen Wert ausgegangen wird, können die auf diese Weise entstandenen Ergebnisse nur identische Werte annehmen. In der Praxis drückt sich diese Tatsache durch das wiederholte Auftreten der gleichen (Zufalls)zahlen aus.

Die Lösung dieses Problems sieht vor, den Zufallszahlengenerator bei jeder Ausführung des Programms mit einem neuen Wert zu initialisieren. Diese Initialisierung kann unter Verwendung der Funktion `srand()` erfolgen, welche in der Datei <stdlib.h> folgendermaßen deklariert ist:

```
void srand( unsigned int _seed );
```

Der Parameter `_seed` stellt hierbei den benutzerdefinierten Initialisierungswert dar. In diesem Zusammenhang tritt eine neue Schwierigkeit auf: Dieser Anfangswert muss sich von Programmaufruf zu Programmaufruf unterscheiden, wenn das bereits Formulierte nicht erneut auftreten soll.

Diese Vorgabe kann mit Hilfe der Funktion `time()` eingehalten werden. Der Prototyp dieser Funktion befindet sich in der Datei *<time.h>*, und besitzt folgenden Aufbau:

```
time_t time( time_t *timer );
```

Bei dem Ausdruck `time_t` handelt es sich um eine andere Bezeichnung für Ganzzahlen, welche implizit nach *unsigned int* konvertiert werden können. Übergibt man dieser Funktion den Wert *NULL*, berechnet diese unter Verwendung des inneren Zeitgebers des Rechners die Anzahl an Sekunden, welche seit dem 1.1.1970 vergangen sind. Der Vorteil hierbei ist, dass dieser Wert im Laufe der Zeit kontinuierlich wächst, und sich demnach laufend verändert. Durch die Initialisierung des Zufallszahlengenerators mit Hilfe eines Ausdrucks wie:

```
srand( time( NULL ) );
```

werden bei jedem Programmaufruf unterschiedliche Zufallszahlen berechnet.

2.11 Bresenhams Algorithmus zur Darstellung beliebig verlaufender Geraden

Eine Funktion, welche lediglich horizontale und vertikale Linien visualisieren kann, ist für unsere Zwecke ungeeignet. In dem folgenden Kapitel werden wir mehrmals der Aufgabe begegnen, *Drahtgittermodelle* zwei- und dreidimensionaler Figuren darstellen zu müssen. Hierfür müssen wir eine Funktion definieren, mit deren Hilfe beliebig verlaufende Geraden gezeichnet werden können.

Für diesen Zweck ist *Bresenhams Linienalgorithmus* am besten geeignet. Der erste Vorteil an diesem Algorithmus besteht darin, dass die dargestellten Strecken durchgängig sind und keine Lücken enthalten; gleichzeitig wird aber auch das unnötige Setzen von Pixeln vermieden. Diese beiden Phänomene, welche bei der Visualisierung von Linien auftreten können, werden auf der linken und rechten Seite der Abbildung 2.10 dargestellt.

Weitaus bedeutender ist jedoch die geringe Zeit, welche von Bresenhams Algorithmus für die Visualisierung einer Linie in Anspruch genommen wird. Diese Tatsache lässt sich darauf zurückführen, dass jede beliebig verlaufende Gerade in eine von insgesamt zwei Kategorien eingeteilt werden kann. Auf diese Weise können sämtliche Offsetberechnungen in Form von Additionen erfolgen; die Ausführung der aus mathematischer Sicht erforderlichen, jedoch sehr zeitaufwendigen Divisionsoperationen wird geschickt umgangen.

Bresenhams Algorithmus zur Darstellung beliebig verlaufender Geraden

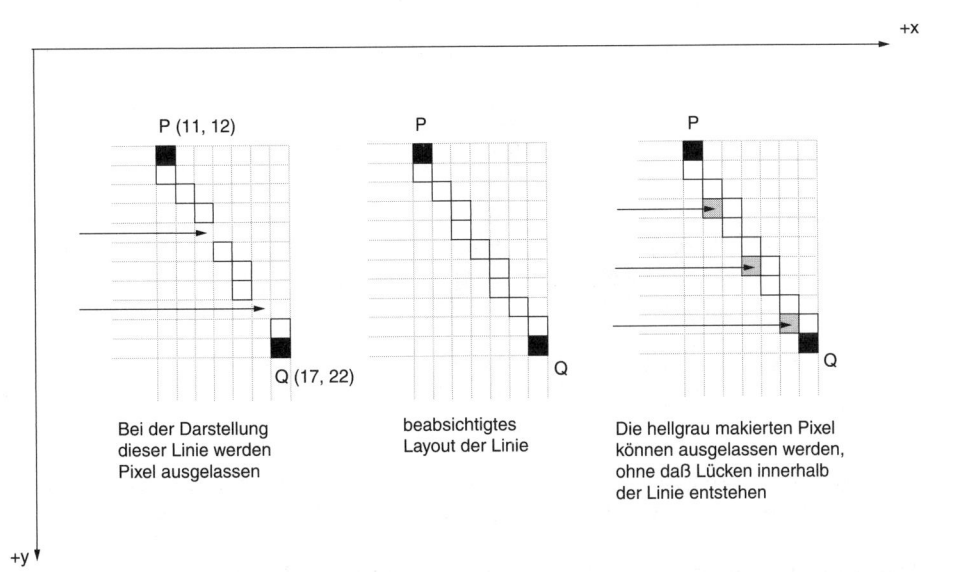

Abb. 2.10: Darstellungsfehler, welche bei der Visualisierung der mittleren Linie auftreten können

Genau wie im Fall der horizontal und vertikal verlaufenden Linien, unterscheidet sich die Darstellung *langsam steigender Geraden* nur unwesentlich von der Visualisierung *schnell steigender Geraden*. Im Folgenden werden wir zunächst getrennt auf die beiden Kategorien von Linien eingehen; anschließend werden wir eine Möglichkeit finden, diese unter Verwendung einer einzigen Funktion darzustellen.

2.11.1 Langsam steigende Geraden

Abbildung 2.11 zeigt zwei typische Vertreter der Kategorien schnell und langsam steigender Geraden. In einem Koordinatensystem, dessen +y-Achse nach oben verweist, würde man diese beiden Linien als *fallend* klassifizieren. Aufgrund der Beschaffenheit des Videospeichers muss die y-Achse des Koordinatensystem des Bildschirm nach unten zeigen, wodurch den Strecken $\overline{PQ}$ und $\overline{P'Q'}$ die Beschreibung *steigend* zufällt.

Wir dürfen nicht vergessen, dass der Bildschirm aus einer rasterförmigen Anordnung von Pixel aufgebaut ist. Aus diesem Grund lässt sich der Verlauf einer Linie nur durch das Setzen der Pixel andeuten, welche von der Strecke durchlaufen werden. Aufgrund dieser Vorgehensweise tritt ein »Treppenstufeneffekt« auf, welcher in Abbildung 2.11 besonders deutlich zu sehen ist. Je höher die verwendete Auflösung ist, umso schwächer ist dieser Effekt ausgeprägt.

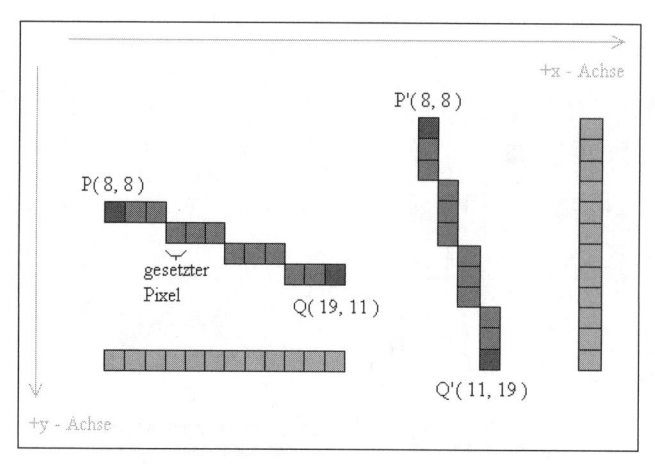

Kapitel 2
Einführung in die Grafikprogrammierung

Abb. 2.11: Die beiden typischen Vertreter der langsam- und schnell steigenden Geraden sind dunkler dargestellt und ihre Endpunkte werden explizit hervorgehoben

Abbildung 2.11 verdeutlicht den Unterschied zwischen den schnell und langsam steigenden Geraden. Wie man anhand der beiden hellgrauen Balken feststellen kann, sind die langsam steigenden Geraden in ihrem Aufbau waagerechten Linien sehr ähnlich. Bei der Darstellung der Strecke $\overline{PQ}$ auf dem Bildschirm wird grundsätzlich genauso vorgegangen wie bei der Visualisierung einer horizontalen Linie. Nach der Berechnung des Anfangsoffsets muss demnach die Ausführung einer Schleife mit 12 Durchgängen stattfinden; der Offset des nächsten Pixels wird auch in diesem Fall durch die Addition der Konstanten 1 zum Offset des aktuellen Bildpunktes ermittelt.

Der einzige Unterschied gegenüber der Darstellung waagerechter Linien besteht darin, dass nach dem Setzen einer bestimmten Anzahl an Pixel dem Offset des aktuellen Bildpunktes die horizontale Auflösung hinzuaddiert werden muss. Durch diese Operation wird der Verlauf der Linie um eine Zeile nach unten verschoben. Diese Anzahl an Pixel ist von Gerade zu Gerade unterschiedlich; für die Darstellung beliebiger, langsam steigender Geraden ist die Ermittlung dieser Information erforderlich.

Wie man leicht nachvollziehen kann, ist diese Anzahl an Pixel direkt von der *Steigung* der darzustellenden Linie abhängig. Im zweidimensionalen Raum ist der Verlauf einer beliebig verlaufenden Gerade durch folgende Formel definiert:

$y = m * x + n$

Hierbei handelt es sich um die Beziehung zwischen der x- und y-Koordinate eines beliebigen Punktes, welcher auf der entsprechenden Geraden zu finden ist. In diesem Zusammenhang ist der Wert der Konstanten **m** von größter Wichtigkeit. Um die *Steigung* einer Geraden ermitteln zu können, sind die Koordinaten zweier Punkte **(x1, y1)** und **(x2, y2)** erforderlich, welche sich an beliebigen Stellen auf der Geraden befinden. Hierbei gilt:

$$m = \frac{\Delta y}{\Delta x} = \frac{y2 - y1}{x2 - x1} \qquad m, x1, y1, x2, y2 \in \mathbb{R}$$

Für jede langsam steigende Gerade gilt:

$m < 1.0$

Im Fall unserer Strecke $\overline{PQ}$ kann die Steigung unter Verwendung der Koordinaten des Anfangs- und Endpunktes berechnet werden. Setzt man die gegebenen Werte in die obere Gleichung ein, ergibt sich:

$$m = \frac{11 - 8}{19 - 11} = \frac{3}{11} \approx 0.27$$

Der mathematisch definierte Verlauf der Strecke $\overline{PQ}$ ist in Abbildung 2.12 schwarz dargestellt. An diesem Verlauf wird folgendes deutlich: Wenn man sich vom Anfangspunkt aus in Richtung des Punktes **Q** bewegt, legt man sowohl in x- als auch in y-Richtung eine gewisse Strecke zurück. Die Konstante **m** besitzt folgende Besonderheit: Bewegt man sich um eine Einheit in +x-Richtung, gibt **m** die Strecke an, welche man gleichzeitig in +y-Richtung zurücklegt.

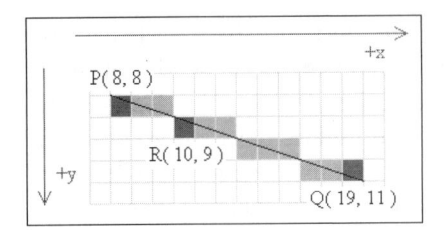

Abb. 2.12: In einem Pixelraster wird der Verlauf einer mathematisch definierten Strecke durch das Setzen der durchlaufenen Bildpunkte angedeutet

Aufgrund der Tatsache, dass eine mathematisch definierte Linie unendlich dünn ist, kann ihr Verlauf nur durch das Setzen der Pixel angedeutet werden, die sie durchläuft. Hierbei treten jedoch unweigerlich Rundungen auf. Hierzu ein Beispiel: Anhand der Abbildung 2.12 wird deutlich, dass bereits die y-Koordinate des Anfangspunktes **P** größer als **8.0** ist. Ihr Wert beträgt:

$8 + m \approx 8.27$

Pixel; aufgrund der Ungenauigkeit des Pixelrasters muss dieser Wert jedoch auf **8.0** abgerundet werden. Wenn man sich auf der Strecke $\overline{PQ}$ um eine Einheit weiter nach rechts bewegt, trifft man den Pixel an, welcher durch die Koordinaten **(9, 8)** definiert ist. Anhand der mathematischen Definition dieser Linie kann jedoch festgestellt werden, dass die y-Koordinate dieses Pixels eigentlich:

$8.27 + m \approx 8.55$

lautet; aufgrund derselben Ungenauigkeit ist es auch in diesem Fall erforderlich, diesen Wert auf **8.0** abzurunden. Gleiches gilt auch für den Pixel mit den Koordinaten **(10, 8)**, dessen eigentliche y-Koordinate den Wert ≈ 8.82 aufweist. Hieran wird deutlich, warum die Bewegung nach rechts zunächst keinen sichtbaren Einfluss auf die y-Koordinate des entsprechenden Bildpunktes besitzt.

Bewegt man sich ein Pixel weiter nach rechts, tritt zum ersten Mal ein interessantes Phänomen auf: Die Addition der Steigung **m** zur mathematisch richtigen y-Koordinate des Pixels **(10, 8)**, ergibt die Summe ≈ 9.09. Im Fall des Pixels **R** hat die Addition der bis dahin scheinbar nicht existenten Nachkommastellen zum ersten Mal eine Vorkommastelle verändert. Diese Veränderung besitzt einen sichtbaren Einfluss auf das Aussehen der Geraden: Wie man anhand Abbildung 2.12 feststellen kann, befindet sich **R** eine Zeile tiefer als die drei vorhergehenden Pixel.

Der Grund hierfür besteht darin, dass die beschriebenen Rundungsoperationen lediglich auf die Nachkommastellen beschränkt sind; Die veränderte Lage des Punktes **R** ist darauf zurückzuführen, dass seine y-Koordinate nunmehr auf den Wert **9.0** abgerundet wird.

2.11.2 Automatische Darstellung langsam steigender Geraden

Wie wir am Anfang des vorherigen Abschnittes festgestellt haben, lässt sich eine langsam steigende Linie mit Hilfe einer Schleife darstellen. Ausgehend vom Offset des Anfangspunktes, muss in jeder Iteration der Offset des aktuellen Pixels inkrementiert werden, um den Offset des nächsten Bildpunktes der Linie zu erhalten. Nach einer gewissen Anzahl an Schleifendurchgängen muss dem Offset des aktuellen Pixels zusätzlich noch die horizontale Auflösung hinzuaddiert werden. Der Zeitpunkt, an dem diese zusätzliche Addition durchzuführen ist, war noch unbekannt.

Wie man anhand der vorherigen Ausführungen erkennen kann, lässt sich dieser Zeitpunkt unter Verwendung der Steigung der darzustellenden Strecke eindeutig bestimmen. Die genauen Werte der am Ende des vorherigen Abschnittes berechneten y-Koordinaten sind für diesen Zweck nicht unbedingt erforderlich. Ignoriert man diese Werte, lassen sich folgende Aussagen formulieren: Bewegt man sich auf der Strecke $\overline{PQ}$ vom mathematisch definierten Anfangspunkt aus um ein Pixel in Richtung der +x-Achse, bewegt man sich gleichzeitig auch um ≈ 0.27 Pixel in +y-Richtung. Bei der Bewegung um zwei bzw. drei Pixel in der gleichen Richtung legt man gleichzeitig auch eine Strecke von ≈ 0.55 bzw. ≈ 0.82 Pixel entlang der +y-Achse zurück. Es ist festgelegt, dass diese Entfernung stets in Bezug zur Pixelzeile angegeben werden muss, in welcher der jeweilige Bildpunkt zu finden ist. Im Fall der drei beschriebenen Pixel handelt es sich hierbei um die Zeile mit der y-Koordinate **8**.

Diese Vorgabe ist ab dem vierten Pixel der Strecke $\overline{PQ}$ wichtig, welcher die Bezeichnung **R** trägt. Wie wir im vorherigen Abschnitt festgestellt haben, befindet

up ...

... up ... update

Nutzen Sie den UPDATE-SERVICE des mitp-Teams bei vmi-Buch. Registrieren Sie sich JETZT!

Unsere Bücher sind mit großer Sorgfalt erstellt. Wir sind stets darauf bedacht, Sie mit den aktuellsten Inhalten zu versorgen, weil wir wissen, dass Sie gerade darauf großen Wert legen. Unsere Bücher geben den topaktuellen Wissens- und Praxisstand wieder.

Um Sie auch über das vorliegende Buch hinaus regelmäßig über die relevanten Entwicklungen am IT-Markt zu informieren, haben wir einen besonderen Leser-Service eingeführt.

Lassen Sie sich professionell, zuverlässig und fundiert auf den neuesten Stand bringen. **Registrieren Sie sich jetzt auf www.mitp.de** oder **www.vmi-buch.de** und Sie erhalten zukünftig einen E-Mail-Newsletter mit Hinweisen auf Aktivitäten des Verlages wie zum Beispiel unsere aktuellen, kostenlosen Downloads.

Ihr Team von mitp

sich **R** in der Pixelzeile mit der y-Koordinate **9**. Die Entfernung dieses Pixels relativ zur Pixelzeile mit der y-Koordinate **8** besitzt den Wert ≈ **1.09**; aufgrund dessen, dass die y-Koordinate dieser Pixelzeile um **1** Einheit kleiner ist als die Zeile des Pixels **R**, besitzt die Entfernung von **R** in Bezug zu seiner Pixelzeile den Wert ≈ **0.09**:

$1.09 - 1 = 0.09$

Die Entfernungen der übrigen Pixel relativ zur Pixelzeile, in welche diese zu finden sind, lassen sich nach dem gleichen Prinzip bestimmen: Im Fall des fünften Pixels der Strecke $\overline{PQ}$ besitzt diese Entfernung beispielsweise den Wert ≈ **0.36**, usw.

$0.09 + 0.27 = 0.36$

Zu diesem Zeitpunkt sind wir in der Lage, den bereits in den Grundzügen formulierten Algorithmus zur Visualisierung beliebiger langsam steigender Geraden zu vervollständigen. Hierfür definieren wir eine Variable namens **e** vom Typ *float* bzw. *double*, welche die mathematisch definierte Entfernung des aktuellen Pixels relativ zu der Rasterzeile enthält, in welcher dieser sich befindet. Bei dem Initialisierungswert dieser Variablen handelt es sich um die Steigung der darzustellenden Linie; die Grundlage hierfür bietet die Tatsache, dass die y-Koordinate des Anfangspunktes **P** aus dem vorherigen Abschnitt den Wert ≈ **8.27** besitzt, mit anderen Worten **(8.0 + m)**.

In jedem Durchgang der Schleife, welche für die eigentliche Visualisierung der Linie zuständig ist, muss der Variablen **e** die Steigung **m** hinzuaddiert werden; Wenn der Wert von **e** größer oder gleich **1.0** ist, muss dem Offset des zu setzenden Bildpunktes die horizontale Auflösung hinzuaddiert werden, um den Verlauf der Strecke um eine Pixelzeile in +y-Richtung zu verschieben. Anschließend muss der Wert **1.0** von **e** subtrahiert werden.

Bei der praktischen Umsetzung dieser prinzipiell richtigen Vorgehensweise treten allerdings zwei Probleme auf. Für die Berechnung der Steigung **m** ist eine Division erforderlich, deren Durchführung relativ viel Zeit in Anspruch nimmt. Die zweite Schwierigkeit besteht darin, dass **m** eine reelle Zahl ist, welche häufig nur ungenau unter Verwendung von Fließkommazahlen gespeichert werden kann. Diese Ungenauigkeit kann Darstellungsfehler zur Folge haben.

Diese beiden Probleme werden bei der Durchführung von Bresenhams Linienalgorithmus dadurch gelöst, dass **m** als *Bruch* mit Zähler und Nenner, und nicht als reelle Zahl behandelt wird. Angenommen, wir besitzen zwei Pixel **U(ux, uy)** und **V(vx, vy)**, welche die Anfangs- und Endpunkte einer Strecke darstellen. Wie wir mittlerweile wissen, gilt für die Steigung **m** dieser Linie:

$$m = \frac{vy - uy}{vx - ux} \qquad ux, uy, vx, vy \in \mathbb{N}$$

Aufgrund der Tatsache, dass es sich bei den Koordinaten von Pixel stets um natürliche Zahlen handelt, welche keine Nachkommerstellen besitzen, dürfen sowohl der Zähler **(vy − uy)** als auch der Nenner **(vx − ux)** dieses Bruches innerhalb von Variablen ganzzahligen Typs gespeichert werden, ohne dass Genauigkeitsverluste auftreten. Zu beachten ist allerdings, dass diese beiden Werte durchaus negativ sein können.

Bresenhams Linienalgorithmus führt die gleichen Berechnungen aus, welche im Zusammenhang mit der Fließkommazahl **m** und der mathematisch definierten Entfernung zwischen Bildpunkt und Pixelzeile beschrieben worden sind. Das Besondere hierbei ist jedoch, dass die Berechnung des genauen Wertes der Steigung **m** gezielt umgangen wird; stattdessen werden Zähler und Nenner getrennt behandelt, unter Berücksichtigung der Regel der Bruchrechnung. In diesem veränderten Zusammenhang handelt es sich bei **e** um einen Integer.

Bei der Visualisierung einer beliebigen, langsam steigenden Strecke $\overline{PQ}$ muss folgendermaßen vorgegangen werden: Zunächst erfolgt die Berechnung des Offsets des Anfangspunktes der Linie. Bei dem Initialisierungswert der Variablen **e** handelt es sich um den Zähler **(vy − uy)**. In der darauffolgenden Schleife müssen folgende voneinander unabhängigen Vorgänge durchgeführt werden:

1. Darstellung des aktuellen Pixels
2. Ermittlung des Offsets des nächsten Bildpunktes der Geraden durch die Inkrementierung des aktuellen Offsets
3. Der Variablen **e** muss der Wert des Zählers **(vy − uy)** hinzuaddiert werden. Wenn **e** größer oder gleich dem Wert des Nenners **(vx − ux)** ist, befindet sich der nächste Bildpunkt eine Pixelzeile tiefer. Aus diesem Grund muss:
   - Dem Offset, welcher im 2. Schritt inkrementiert worden ist, die horizontale Auflösung hinzuaddiert und
   - Der Variablen **e** der Wert **(vx − ux)** subtrahiert werden

Bei der Durchführung des zuerst beschriebenen Algorithmus, in dem noch Fließkommazahlen vorkommen, wird **e** mit dem Wert von **m** initialisiert; dieser Wert wird **e** in jedem Durchgang der anschließenden Schleife hinzuaddiert. Genau das gleiche findet auch bei der Ausführung von Bresenhams Algorithmus statt: In diesem Fall wird **e** jedoch mit dem Wert des Zählers initialisiert. Während der neuen Schleife muss **e** der Wert **(vy − uy)** hinzuaddiert werden; der Grund hierfür besteht darin, dass bei der Addition zweier Brüche der Wert des Nenners konstant bleibt:

$$\frac{vy-uy}{vx-ux} + \frac{vy-uy}{vx-ux} = \frac{(vy-uy)+(vy-uy)}{vx-ux} = \frac{e}{vx-ux}$$

Wenn die Fließkommazahl **e** größer als 1.0 ist, muss diese Konstante von **e** subtrahiert werden. Genauso ist es auch bei Bresenhams Algorithmus: Besitzt der Zähler **e** einen größeren Wert als der Nenner **(vx − ux)**, nimmt der gesamte Bruch einen Wert an, welcher ebenfalls größer 1.0 ist. Die in diesem Fall durchzuführende Subtraktion:

$e' = e - (vx - ux)$

muss im folgenden Zusammenhang betrachtet werden:

$e' = e - 1.0$ \qquad [*Fließkommazahlen-Algorithmus*] $\quad \hat{=}$

$\dfrac{e'}{vx - ux} = \dfrac{e}{vx - ux} - \dfrac{vx - ux}{vx - ux}$ \qquad [*Bresenham-Algorithmus*]

$= \dfrac{e}{vx - ux} - 1$

Wie man anhand dieser Ausführungen feststellen kann, handelt es sich bei dem Integer **e** um den Zähler eines Bruches; der Wert des dazugehörigen Nenners bleibt während der gesamten Durchführung des Algorithmus konstant, und darf somit ignoriert werden. Im Fall des Fließkommazahlen-Algorithmus besitzt die reelle Zahl **e** den genauen, explizit ausgerechneten Wert dieses Bruches.

2.11.3 Schnell steigende Geraden

Die Vorgehensweise, welche in den beiden vorherigen Abschnitten für die Darstellung langsam steigender Geraden entwickelt worden ist, kann nahezu unverändert auch bei der Visualisierung *schnell steigender Geraden* eingesetzt werden. Die Grundlage hierfür bietet die große Ähnlichkeit zwischen diesen beiden Kategorien, welche auch in Abbildung 2.11 auf Seite Abbildung 2.11 dargestellt ist.

Im Gegensatz zu den langsam steigenden, sind schnell steigende Geraden eng mit vertikal verlaufenden Linien verwandt; in jeder Iteration der Schleife, mit deren Hilfe diese dargestellt werden, muss zum Offset des aktuellen Pixels standardmäßig die horizontale Auflösung hinzuaddiert werden. Erst nach einer bestimmten Anzahl an Durchgängen ist die Inkrementierung der aktuellen Offsets erforderlich, um den Linienverlauf um eine Spalte nach rechts zu verschieben.

Die Bestimmung des Zeitpunktes, in dem diese Inkrementierung erfolgen muss, erfolgt wie gehabt. Bei Verwendung reeller Zahlen muss zunächst eine Fließkommazahl **e** definiert und mit einem Wert **vm** initialisiert werden. In jedem Schleifendurchgang wird **e** der Wert von **vm** hinzuaddiert; die Inkrementierung des Offsets erfolgt erst dann, wenn folgender Beziehung erfüllt ist:

$e \geq 1.0$

In diesem Fall muss **e** durch die Subtraktion der Konstanten **1.0** zurückgesetzt werden. Anders als im Fall der langsam steigenden, verläuft die bevorzugte Laufrichtung der schnell steigenden Geraden entlang der y-Achse. Aus diesem Grund muss die Konstante **vm** mit Hilfe der neuen Beziehung:

Kapitel 2
Einführung in die Grafikprogrammierung

$$vm = \frac{vx - ux}{vy - uy} \qquad vm \in \mathbb{R} \qquad ux, uy, vx, vy \in \mathbb{N}$$

berechnet werden. Bei **(ux, uy)** und **(vx, vy)** handelt es sich um die Koordinaten des Anfangs- und Endpunktes einer schnell steigenden Geraden. Anhand der Abbildung 2.11 kann man auch logisch nachvollziehen, dass nur die auf diese Weise durchgeführte Initialisierung von **vm** die gewünschten Ergebnisse bringt. Die Darstellung schnell steigender Geraden lässt sich ebenfalls optimieren, indem der Wert von **vm** indirekt, unter Verwendung eines Zählers und Nenners ganzzahligen Typs, ausgedrückt wird.

Mit Hilfe der Abbildung 2.11 kann schließlich ein Weg gefunden werden, eine beliebig verlaufende Linie in eine der beiden Kategorien einzuordnen. Hierfür werden die Koordinaten des jeweiligen Anfangs- und Endpunktes **(x1, y1)** und **(x2, y2)** benötigt; es ist offensichtlich, dass im Fall einer langsam steigenden Linie der Abstand zwischen den x-Koordinaten:

$$delta\_x = |\,x2 - x1\,| \qquad delta\_x, x1, x2 \in \mathbb{N}$$

größer ist als die Entfernung zwischen den y-Koordinaten. Für den letzten Wert gilt:

$$delta\_y = |\,y2 - y1\,| \qquad delta\_y, y1, y2 \in \mathbb{N}$$

Im Fall einer schnell steigenden Geraden ist genau das Gegenteil der Fall:

$$delta\_x < delta\_y \qquad [\,schnell\ steigende\ Gerade\,]$$

2.11.4 Praktische Implementierung von Bresenhams Linienalgorithmus

Die Funktion line(), mit deren Hilfe beliebig verlaufende Geraden visualisiert werden können, ist lediglich eine erweiterte Version der bereits bekannten Funktion hv_line():

```
void line( long x1, long y1, long x2, long y2,
           uchar color, uchar *sbuffer )
{
  long delta_x, delta_y, e, xstep, ystep, length;
  long offset = y1 * 320 + x1;

  delta_x = x2 - x1;   delta_y = y2 - y1;
  xstep = 1;   ystep = 320;
```

```
  if( delta_x < 0 )
    { delta_x = -delta_x;   xstep = -xstep; }
```

```
  if( delta_y < 0 )
    { delta_y = -delta_y;  ystep = -ystep; }

  if( delta_y > delta_x )
  {
    long t = delta_x;  delta_x = delta_y;  delta_y = t;
    t = xstep;  xstep = ystep;  ystep = t;
  }

  length = delta_x+1;  e = delta_y;

  for( long x=0 ; x<length ; x++ )
  {
    sbuffer[ offset ] = color;

    offset += xstep;

    e += delta_y;
    if( e >= delta_x )
    {
      e -= delta_x;  offset += ystep;
    }
  }
}
```

line() geht stets davon aus, dass die darzustellende Linie in die Kategorie der langsam steigenden eingeteilt werden muss. Aus diesem Grund werden die Variablen xstep und ystep mit den Werten 1 bzw. 320, der horizontalen Auflösung, initialisiert. xstep wird in jedem Schleifendurchlauf standardmäßig dem Offset des darzustellenden Pixels hinzuaddiert. Die Addition der Variablen ystep muss dagegen gemäß der vorangegangenen Theorie unter Verwendung des Integers e gesteuert werden.

Es kann aber durchaus sein, dass es sich bei der Strecke zwischen den Punkten (x1, y1) und (x2, y2) um eine schnell steigende Linie handelt. In diesem Fall werden die Werte von delta_x und delta_y bzw. xstep und ystep nach dem Vorbild von hv_line() einfach ausgetauscht:

```
if( delta_y > delta_x )
{
  long t = delta_x;  delta_x = delta_y;  delta_y = t;
  t = xstep;  xstep = ystep;  ystep = t;
}
```

Auch im Fall einer langsam verlaufenden Linie kann das Problem auftauchen, dass die x-Koordinate des Anfangspunktes größer ist als die x-Koordinate des Endpunktes, und die Linie somit von rechts nach links verläuft. Gleiches gilt auch für die y-Koordinaten. Genau wie bei der Definition von hv_line(), müssen in diesem Fall die Vorzeichen von xstep und ystep den vorliegenden Gegebenheiten angepasst werden:

```
if( delta_x < 0 )
    { delta_x = -delta_x;  xstep = -xstep; }
if( delta_y < 0 )
    { delta_y = -delta_y;  ystep = -ystep; }
```

2.11.5 Ausnahmebehandlung

Bis zu diesem Zeitpunkt haben wir vorausgesetzt, dass jede beliebige Linie eindeutig in eine der beiden gegebenen Kategorien eingeteilt werden kann. Genaugenommen gibt es jedoch drei Sonderfälle, welche bei einer genauen Untersuchung weder den langsam noch den schnell steigenden Geraden anzugehören scheinen. Bei diesen Sonderfällen handelt es sich um horizontal und vertikal verkaufenden Linien sowie um Strecken, deren Steigung den Wert 1.0 besitzt:

$$\text{Steigung}(\,P,\,Q'\,) = \frac{22-11}{21-10} = 1.0$$

Die Besonderheit an Bresenhams Linienalgorithmus besteht darin, dass die Funktion line() für die Darstellung dieser Sonderfälle nicht verändert zu werden braucht. Ruft man diese mit den Koordinaten der Anfangs- und Endpunkte der Strecke $\overline{PQ}$ auf, nimmt die Variable delta_x den Wert 0 an, während delta_y mit 11 initialisiert wird. Dieser Größenunterschied bewirkt, dass diese Linie wie eine schnell steigende behandelt wird: Die Werte von delta_x und delta_y bzw. xstep und ystep werden vertauscht. Der Integer e wird mit 0, dem neuen Wert von delta_y initialisiert; dieser Wert wird auch e auch während der Ausführung der Schleife wiederholt hinzuaddiert. Aufgrund der Tatsache, dass e während der gesamten Ausführung der Funktion den Wert 0 enthält, besitzt die Bedingung der *if()*-Anweisung innerhalb der *for()*-Schleife stets den Wert *FALSE*, wodurch die Variable offset niemals inkrementiert wird.

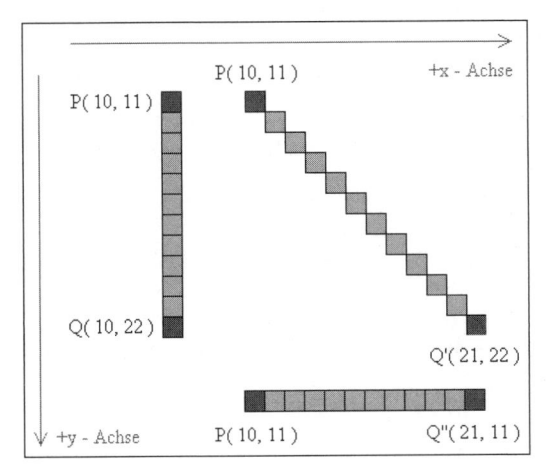

Abb. 2.13: Die drei Geradentypen, welche nicht eindeutig klassifiziert werden können

Genau die gleichen Vorgänge werden auch bei der Visualisierung der horizontal verlaufenden Strecke ausgeführt. Der Unterschied hierbei besteht darin, dass $\overline{PQ''}$ wie eine langsam steigende Linie behandelt wird, sodass `delta_x` den Wert 1 besitzt. Interessant ist auch die Darstellung der Strecke zwischen den Punkten **P** und **P''**. Aufgrund der Gleichheit von `delta_x` und `delta_y` wird diese ebenfalls wie eine langsam steigende Linie verarbeitet; aufgrund der Tatsache, dass in diesem Fall die Bedingung der *if()*-Anweisung der *for()*-Schleife stets erfüllt ist, wird die Variable `offset` in jedem Durchgang zunächst inkrementiert, anschließend wird ihr die horizontale Auflösung hinzuaddiert.

2.11.6 Praktische Darstellung beliebig verlaufender Linien

Die Aufgabe unseres nächsten Programms besteht darin, beliebig verlaufende Linien auf dem Bildschirm darzustellen. Sowohl die Koordinaten der Anfangs- und Endpunkte als auch die einzusetzenden Farben müssen zufällig ausgewählt werden. Die zweite Voraussetzung ist, dass die Endkoordinaten der aktuell dargestellten Linie mit den Anfangskoordinaten der nächsten Strecke identisch sein müssen. Die dazugehörige Programmdefinition kann folgendermaßen gestaltet werden:

```
/////////////////////////      a2_6.cpp      /////////////////////////
//                                                                 //
//   Darstellung beliebig verlaufender Linien unter                //
//   Verwendung von Bresenhams Algorithmus                         //
//   Auflösung: 320x200, Farbtiefe: 8 Bit                          //
//                                                                 //
/////////////////////////////////////////////////////////////////////
```

Kapitel 2
Einführung in die Grafikprogrammierung

```c
#include <windows.h>
#include <stdlib.h>          // rand(), srand()
#include <time.h>            // time()

#include "s2_1.h"            // surface
#include "ln2_6.h"           // line()

uchar handle_input( MSG *msg );

int WINAPI WinMain( HINSTANCE hInstance, HINSTANCE hPrevInstance, LPSTR
lpCmdLine, int iCmdShow )
{
  surface.open_window( hInstance, 320, 200, 8 );

  long x1, y1, x2, y2;
  uchar color;
  uchar *screen;
  MSG message;

  srand( time( NULL ) );
  x1 = rand() % 320;   y1 = rand() % 200;

  while( 1 )
  {
    if( handle_input( &message ) ) break;

    x2 = rand() % 320;   y2 = rand() % 200;

    screen = (uchar *) surface.get_screen_pointer();
    line( x1, y1, x2, y2, rand() % 256, screen );
    surface.release_screen_pointer();

    x1 = x2;   y1 = y2;

    for( long wait=0 ; wait<40000000 ; wait++ ) ;
  }

  return message.wParam;
}

uchar handle_input( MSG *msg )
{
```

```
  if( PeekMessage( msg, NULL, 0, 0, PM_REMOVE ) )
  {
    if( msg->message == WM_QUIT || msg-
>message == WM_KEYDOWN ) return 1;

    TranslateMessage( msg );
    DispatchMessage( msg );
  }

  return 0;
}
```

///////////////////////   Ende a2_6.cpp   ///////////////////////

Die einzige Schwierigkeit bei der Definition von *a2_6* besteht in der Erfüllung der zweiten Voraussetzung. Dieses Problem kann dadurch gelöst werden, dass die Anfangskoordinaten der ersten Linie bereits vor der *while()*-Schleife ermittelt werden. Während der Ausführung dieser Schleife werden lediglich die Koordinaten des Endpunktes (x2, y2) der aktuellen Strecke berechnet; damit dieser Punkt gleichzeitig auch den Anfangspunkt der nächsten Linie darstellt, müssen diese Koordinaten unter Verwendung einer Anweisung wie:

```
x1 = x2;    y1 = y2;
```

den Variablen (x1, y1) zugewiesen werden.

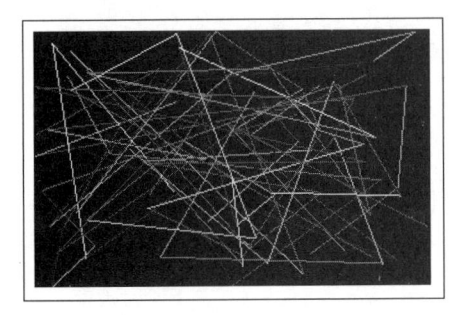

Abb. 2.14:   Erscheinungsbild des Programms *a2_6*

Kapitel 3

Einführung in die 3D-Programmierung

Im Laufe dieses Kapitels werden wir die grundlegendsten Denkansätze der 3D-Grafikprogrammierung anhand einfacher Polygone kennen lernen. Ein Hauptthema ist die perspektivisch korrekte Darstellung dreidimensionaler Objekte auf der zweidimensionalen Ebene des Bildschirms. Der eigentliche Schwerpunkt wird jedoch auf dem Umgang mit Matrizen gesetzt; wir werden feststellen, was Matrizen sind und wie diese auf der Grundlage vorgegebener Gleichungssysteme aufgebaut werden können.

Das letzte Hauptthema sind die drei Bewegungsarten, welche im dreidimensionalen Raum durchgeführt werden können. Hierbei handelt es sich um *Rotation*, *Translation* und *Skalierung*. In diesem Zusammenhang werden die Vor- und Nachteile des Einsatzes von Matrizen erläutert und es wird ausführlich auf die Besonderheiten eingegangen, welche hierbei beachtet werden müssen.

Die Theorie, welche anhand einfacher Polygone vorgestellt wird, kann unverändert auf komplexe Polyeder übertragen werden, deren Visualisierung unter Verwendung komplexer Darstellungsalgorithmen erfolgt. Dieses Wissen ist besonders im Zusammenhang mit der Verwendung von High-Level-APIs wie OPENGL oder DIRECTX von herausragender Bedeutung.

3.1 Zweidimensionale Figuren

Eine zweidimensionale Figur oder ein *Polygon* (griechisch: Vieleck) ist ein Gegenstand, welches sowohl über eine Länge und eine Breite, nicht jedoch über eine Tiefe verfügt; seine räumliche Ausdehnung beträgt demnach 0 Einheiten. Alle Polygone lassen sich in zwei Kategorien unterteilen, in *konvexen* und *konkaven* Figuren. Abbildung 3.1 verdeutlicht den Unterschied zwischen diesen beiden Arten von Figuren.

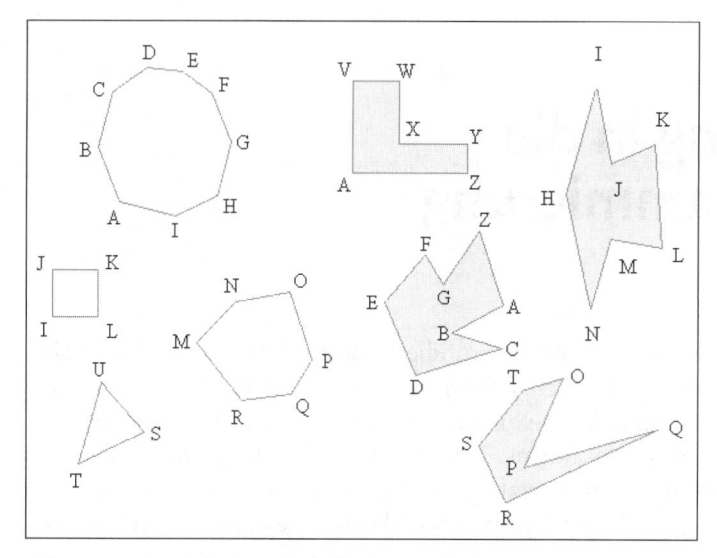

Abb. 3.1: Die Polygone, die links dargestellt werden sind konvex, diejenigen auf der rechten Seite sind konkav

Wenn man eindeutig bestimmen möchte, ob ein Vieleck konvex oder konkav ist, muss zunächst festgestellt werden, ob es eine gedachte Linie zwischen zwei Eckpunkten das Polygons gibt, welche die Figur verlässt. Wenn es mindestens eine Linie gibt, welche diese Voraussetzung erfüllt, ist das entsprechende Polygon konkav. Es ist festgelegt, dass Linien, welche gleichzeitig auch eine der Polygonseiten markieren, wie beispielsweise die Seite **TU** des Dreiecks, die Figur *nicht* verlassen.

Bei Vielecken auf der linken Seite der Abbildung 3.1 existiert keine Linie, welche zwei Eckpunkte enthält und das Polygon verlässt. Anders verhält es sich mit den hellgrauen Polygonen: Im Fall von **VWXYZA** trifft diese Voraussetzung auf die Linie zwischen den Punkten **W** und **Y**. Das weiter rechts dargestellte Polygon besitzt zwei Linien, welche die Fläche des Polygons verlassen: $\overline{IK}$ und $\overline{LN}$.

Es spielt keine Rolle, ob die Eckpunkte der Vielecke in den eigenen Programmen im oder entgegen dem Uhrzeigersinn angeordnet sind; wichtig ist nur, dass man stets auf dieselbe Anordnung zurückgreift. Sämtliche Polygone der nächsten Programme sind im Uhrzeigersinn angeordnet.

3.1.1 Definition zweidimensionaler Figuren

Die Definition zweidimensionaler Figuren ist in zwei Ebenen aufgeteilt: Auf der untersten Stufe stehen die Eckpunkte, welche das Polygon definieren, auf der nächsthöheren befinden sich die Geraden, welche diese Eckpunkte verbinden. Beachtet man diese Reihenfolge, können Vielecke auf sehr einfache Weise verwaltet werden. Der erste Schritt hierbei ist die Definition eines Datentyps, welcher die Koordinaten von Eckpunkten speichern kann:

```
struct svertex
{
   long sx, sy;
};
```

In der Grafikprogrammierung werden diese Eckpunkte als *Vertices*, sing. *Vertex* bezeichnet. Die beiden Elemente der Struktur `svertex` werden eingesetzt, um die Bildschirmkoordinaten von Pixel zu speichern; die auf diese Weise definierten Pixel können gleichzeitig auch Eckpunkte beliebiger Polygone darstellen.

Im vorhergehenden Kapitel haben wir zwar festgestellt, dass Pixelkoordinaten nicht negativ sein dürfen; die Variablen `sx` und `sy` besitzen dennoch den Datentyp *signed long*. Wie wir noch sehen werden, können die Koordinaten von Pixel durchaus negative Werte annehmen, wodurch die entsprechenden Bildpunkte außerhalb der Begrenzungen des Bildschirms angesiedelt sind. In diesem Fall muss eine besondere Operation namens *Polygon Clipping* durchgeführt werden; hierbei werden die Bereiche des Polygons entfernt, welche außerhalb des Bildschirms liegen. Mit diesem Sonderfall werden wir uns im nächsten Kapitel eingehender beschäftigen.

Die Eckpunkte eines Polygons lassen sich in einem Array aus Elementen vom Typ `svertex` speichern, welcher beispielsweise folgendermaßen definiert werden kann:

`svertex *spoint;`

Bei der Anordnung der Eckpunkte des zu definierenden Polygons innerhalb des Arrays `spoint[]` kann jedoch auf drei Möglichkeiten zurückgegriffen werden, welche in Abbildung 3.2 dargestellt sind. Die ersten zwei Varianten zeigen hierbei die Nummerierung der Eckpunkte *im* bzw. *entgegen dem Uhrzeigersinn*. In diesen Fällen liegen die Koordinaten des Anfangs bzw. Endpunkts der jeweiligen Polygonseiten direkt nebeneinander. Der gewaltige Vorteil gegenüber der zufälligen Anordnung besteht darin, dass das Verbinden der Eckpunkte mittels einer Funktion wie `line()` stark erleichtert wird.

Kapitel 3
Einführung in die 3D-Programmierung

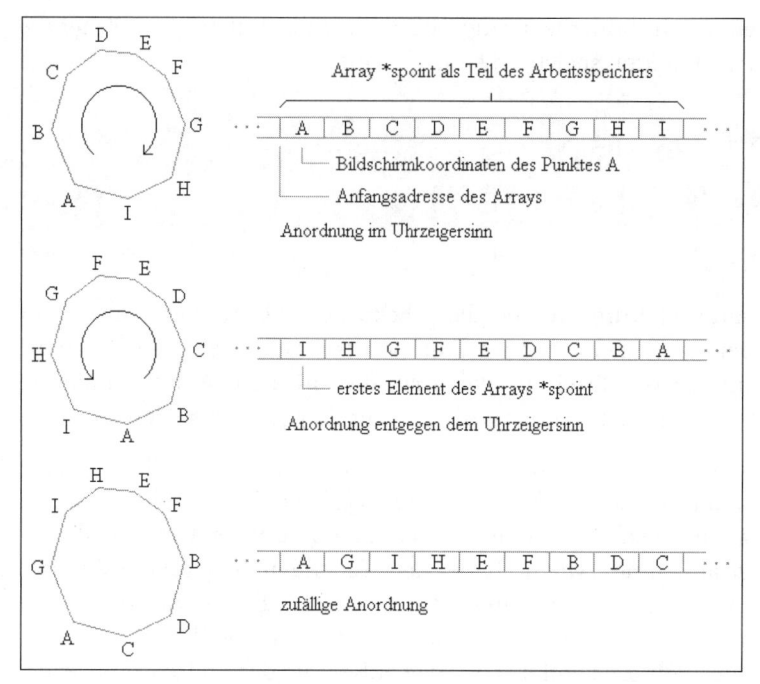

Abb. 3.2: Die Nummerierung der Eckpunkte eines Polygons bezüglich ihrer Anordnung innerhalb des Arbeitsspeichers. Die Koordinaten des jeweiligen Punkts werden rechts durch den entsprechenden Großbuchstaben angedeutet; eigentlich enthalten diese Speicherstellen jedoch Zahlenwerte.

Eine einfache Methode für die Darstellung zweidimensionaler Figuren ist folgendermaßen aufgebaut: Bei der Visualisierung des Polygons aus Abbildung 3.2 wird eine Schleife eingesetzt, deren Laufvariable x Werte von 0 bis 7 annehmen kann. In jeder Iteration dieser Schleife ist es erforderlich, die Funktion line() mit den Koordinaten nebeneinander liegender Punkte aufzurufen:

```
for( short x=0 ; x<8 ; x++ )
    line( spoint[ x ].sx, spoint[ x ].sy,
          spoint[ x+1 ].sx, spoint[ x+1 ].sy,
          color, screen );
```

Mithilfe dieser Anweisung werden die ersten 8 Seiten des Polygons gezeichnet. Die Darstellung der letzten Seite muss jedoch unter Verwendung eines separaten Aufrufs von line() erfolgen:

```
line( spoint[ 7 ].sx, spoint[ 7 ].sy,
      spoint[ 8 ].sx, spoint[ 8 ].sy,
      color, screen );
```

3.1.2 Verwaltung zweidimensionaler Figuren

Für den effizienten Umgang mit Polygonen ist die Definition eines eigenen Datentyps erforderlich. Für den Anfang sollte diese Klasse folgende Voraussetzungen erfüllen:

1. Die Darstellung von Polygonen mit beliebig vielen Eckpunkten muss möglich sein.
2. Jedes Vieleck muss über eine eigene Farbe verfügen.

Eine mögliche Definition der Klasse polygon ist folgendermaßen aufgebaut:

```
class polygon
{
  private:
    ushort point_count;
    uchar color;

    svertex *spoint;

  public:
    void display( uchar *sbuffer );

    polygon( ushort p, uchar c, svertex *s );
    ~polygon( void ) {  if( spoint ) delete [] spoint;  }
};
```

Es folgt eine Übersicht über die Variablen und Funktionen dieser Klasse:

Variable	Aufgabe
point_count:	enthält die Anzahl der Eckpunkte, welche bei der Definition des Polygons beteiligt sind
color:	die 8 Bit Farbe des Vielecks
spoint[]:	Zeiger auf den Anfang eines Arrays aus Elementen vom Typ svertex, welche die Bildschirmkoordinaten der Eckpunkte enthalten

Funktion	Aufgabe / Definition
polygon():	Initialisierung der Elemente unter Verwendung benutzerdefinierter Werte:

```
polygon::polygon( ushort p, uchar c, svertex *s )
{
```

Kapitel 3
Einführung in die 3D-Programmierung

```
    point_count = p;  color = c;

    if( (spoint = new svertex[ point_count ]) == NULL )
      exit( "polygon::polygon(): Fehler bei der \
            Reservierung von Arbeitsspeicher.\n" );

    for( ushort x=0 ; x<point_count ; x++ )
      spoint[ x ] = s[ x ];
}
```

display():Darstellung des Polygons auf dem Bildschirm unter Verwendung von Bresenhams Linienalgorithmus:

```
void polygon::display( uchar *sbuffer )
{
  ushort x, y;

  for( x=pcount-1, y=0 ; y<pcount ; x=y, y++ )
    line( spoint[ x ].sx, spoint[ x ].sy,
          spoint[ y ].sx, spoint[ y ].sy,
          color, sbuffer );
}
```

Die Koordinaten der Eckpunkte des Polygons sind innerhalb eines separaten Arrays gespeichert, dessen Anfangsadresse der Parameters s[] des Konstruktors übergeben werden muss. Die Verwaltung dieses Feldes liegt nicht im Aufgabenbereich unserer Klasse. Bei der eigentlichen Polygondefinition, welche in Form des Arrays polygon::spoint[] erfolgt, handelt es sich lediglich um eine Kopie des externen Feldes s[]. Diese Vorgehensweise erlaubt es, unterschiedliche Vielecke mit denselben Anfangskoordinaten und unterschiedlichen Farben zu initialisieren, um diese anschließend im Laufe des Programms mittels Drehung, Skalierung und Verschiebung unterschiedlich gestalten zu können.

Bei der Funktion display(), welche auf der Grundlage der im vorhergehenden Kapitel entwickelten Funktion line() arbeitet, handelt es sich um eine erweiterte Möglichkeit, den Umriss eines Polygons auf dem Bildschirm zu zeichnen. Hierbei werden zur Indizierung des Arrays spoint[] zwei Variablen verwendet, welche miteinander im Zusammenhang stehen.

x, die erste Variable, indiziert die Stelle innerhalb des Arrays, an der sich die Anfangskoordinaten der aktuell zu zeichnenden Polygonseite befinden; y enthält das Index der Koordinaten des Endpunkts. Bei der ersten darzustellenden Linie handelt es sich um die Verbindung zwischen dem letzten Eckpunkt, ausgedrückt durch:

`spoint[ point_count-1 ]`

und dem ersten:

`spoint[ 0 ]`

Nachdem eine Linie gezeichnet worden ist, wird der Wert von y nach x übertragen. Dadurch wird sichergestellt, dass das Ende der vorigen Polygonseite den Anfang der nächsten darstellt. Durch die Inkrementierung von y nimmt dieser die Position an, an welcher das Ende der neuen Polygonseite innerhalb `polygon::spoint[]` zu finden ist.

Der Vorteil an diesem System besteht darin, dass eine beliebige Figur unter Verwendung einer einzigen Schleife vollständig gezeichnet werden kann. Die Grundlage hierbei bildet die Tatsache, dass die Anzahl der Eckpunkte eines Polygons identisch ist mit der Anzahl seiner Seiten. Aus diesem Grund darf `polygon::point_count` auch in der Abbruchbedingung der *for()*-Schleife eingesetzt werden.

`polygon::display()` ist in der Lage, sowohl konvexe als auch konkave Figuren darzustellen; die einzige Voraussetzung besteht darin, dass die Eckpunkte entweder im oder entgegen dem Uhrzeigersinn innerhalb des Arrays `polygon::spoint[]` angeordnet sind.

3.1.3 Praktische Darstellung zweidimensionaler Figuren

Die Aufgabe des folgenden Programms besteht in der Darstellung eines regelmäßigen Achtecks auf dem Bildschirm. Hierbei handelt es sich um eine geometrische Figur mit gleich großen Seiten und Winkel. Die Koordinaten der Eckpunkte, welche bei der Definition von Polygonen eingesetzt werden, sind zunächst noch innerhalb von Arrays wie `eight_sides_def[]` gespeichert; später werden wir zu diesem Zweck externe Dateien einsetzen:

```
///////////////////////                a3_1.cpp         ///////////////////////
//                                                                           //
// Darstellung eines regelmäßigen Achtecks, dessen Punkte                    //
// unter Verwendung zweidimensionaler Koordinaten                            //
// definiert sind                                                            //
// Auflösung: 320x200, Farbtiefe: 8 Bit                                      //
//                                                                           //
///////////////////////////////////////////////////////////////////////////////

#include <windows.h>
```

```
#include "sf3_1.h"
#include "v3_1.h"
#include "p3_1.h"

svertex eight_sides_def[ 8 ] = {
                                { 172, 130 },
                                { 190, 112 },
                                { 190,  88 },
                                { 172,  70 },
                                { 148,  70 },
                                { 130,  88 },
                                { 130, 112 },
                                { 148, 130 }
                              };

uchar handle_input( MSG *msg );

int WINAPI WinMain( HINSTANCE hInstance, HINSTANCE hPrevInstance, LPSTR
lpCmdLine, int iCmdShow )
{
  surface.open_window( hInstance, 320, 200, 8 );

  polygon eight_sides( 8, 32, eight_sides_def );

  uchar *screen = (uchar *) surface.get_screen_pointer();
  eight_sides.display( screen );
  surface.release_screen_pointer();

  MSG message;
  while( !handle_input( &message ) ) ;

  surface.close_window();

  return message.wParam;
}

uchar handle_input( MSG *msg )
{
  if( PeekMessage( msg, NULL, 0, 0, PM_REMOVE ) )
  {
```

```
   if( msg->message == WM_QUIT || msg-
>message == WM_KEYDOWN ) return 1;

   TranslateMessage( msg );
   DispatchMessage( msg );
  }

  return 0;
}
```

`//////////////////`   Ende a3_1.cpp   `//////////////////`

Die Arbeitsweise des neuen Programms hat sich seit seinen Vorgängern aus dem vergangenen Kapitel kaum verändert. In `WinMain()` erfolgt zunächst die Definition der Variablen `eight_sides` vom Typ `polygon`, welche mit **8**, der Anzahl der Eckpunkte, und **32**, dem Farbwert einer hellblauen Farbe. Die Initialisierung der Koordinaten der Eckpunkte durch die Übergabe des Arrays `eight_sides_def[]` beim Aufruf des Konstruktors `polygon::polygon()`.

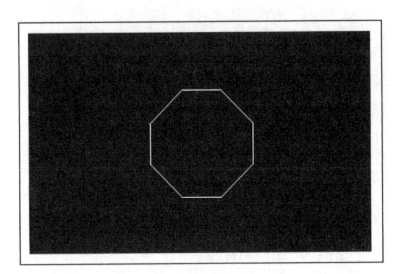

Abb. 3.3:   Ausgabe des Programms a3_1

Die vollständige Definition der Klasse `polygon` befindet sich in der Datei "p3_1.h", deren Inhalt im Folgenden wiedergegeben wird:

`//////////////////`   Anfang p3_1.h   `//////////////////`

```
#ifndef POLYGON_H
#define POLYGON_H

#include "ln3_1.h"

class polygon
{
  private:
    ushort point_count;
```

```cpp
    uchar color;

    svertex *spoint;

  public:
    void display( uchar *sbuffer );

    polygon( ushort p, uchar c, svertex *s );
    ~polygon( void ) {  if( spoint ) delete [] spoint;  }
};

void polygon::display( uchar *sbuffer )
{
  ushort x, y;

  for( x=point_count-1, y=0 ; y<point_count ; x=y, y++ )
    line( spoint[ x ].sx, spoint[ x ].sy,
          spoint[ y ].sx, spoint[ y ].sy, color, sbuffer );
}

polygon::polygon( ushort p, uchar c, svertex *s )
{
  point_count = p;   color = c;

  if( (spoint = new svertex[ point_count ]) == NULL )
    exit( "polygon::polygon(): Nicht genug Arbeitsspeicher.\n" );

  for( ushort x=0 ; x<point_count ; x++ ) spoint[ x ] = s[ x ];
}

#endif
```

/////////////////////// Ende p3_1.h ///////////////////////

In einigen Fällen kann es vorkommen, dass das Programms *a3_1* anstelle eines regelmäßigen Achtecks eine in die Länge oder Breite gedehnte Figur darstellt, wie diejenigen aus Abbildung 3.4. Für diese unerwartete Ausgabe ist nicht das Programm verantwortlich. Der Grund hierfür ist vielmehr im Zusammenhang mit Monitoreinstellungen zu suchen, welche die Anzeige leicht nach außen dehnen bzw. zusammendrücken. Diese Einstellungen dienen meist dem Verbergen der schwarzen Bildschirmränder, welche bei Einstellung der verschiedenen Auflösungen unterschiedlich ausgeprägt sind. Je größer die dargestellte Figur ist, desto stärker tritt dieser Verzerrungseffekt in Erscheinung.

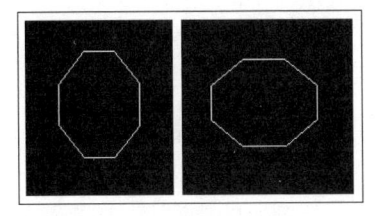

Abb. 3.4: Mögliche, bildschirmabhängige Erscheinungsformen der Ausgabe des Programms *a3_1*

3.2 Die Projektion

Der Computerbildschirm wird in der Grafikprogrammierung als ein Fenster angesehen, durch welches der Betrachter in die virtuelle dreidimensionale Welt blicken kann, welche sich hinter dem Bildschirm erstreckt. Diese Welt besteht aus Vertices, welche durch Linien verbunden sind, die wiederum die Grundlage für Polygone darstellen. Im nächsten Kapitel werden wir Körper kennen lernen, welche aus mehreren Polygonen aufgebaut sind.

Bei der mathematischen Beschreibung der Gegenstände dieser Welt ist der Einsatz eines dreidimensionalen Koordinatensystems erforderlich. Hierbei ist festgelegt, dass der Betrachter sich stets im Ursprung dieses Systems befindet, während die +x und +y-Achse nach rechts bzw. nach oben verlaufen. Die +z-Achse steht orthogonal, d.h. im rechten Winkel zum Bildschirm, und durchläuft seinen Mittelpunkt. Die Blickrichtung des Zuschauers verläuft entlang der +z-Achse. Wie man anhand Abbildung 3.5 feststellen kann, sind die Bildschirmebene und die x-z-Ebene miteinander parallel.

Das Problem an dieser Anordnung besteht darin, dass die dreidimensionale Welt dreidimensional, während der Bildschirm des Rechners zweidimensional ist. Um eine perspektivisch richtige Darstellung der Gegenstände, welche in der dritten Dimension angesiedelt sind, gewährleisten zu können, müssen die dreidimensionalen Weltkoordinaten ihrer Vertices zunächst in zweidimensionale Bildschirmkoordinaten umgewandelt werden. Dieser Vorgang wird als *Projektion* bezeichnet.

Die mathematischen Beziehungen auf der Grundlage dieses Vorgangs lassen sich weitaus leichter nachvollziehen, wenn die gegebene Problemstellung vereinfacht wird. Hierbei gehen wir zunächst davon aus, dass der Ursprung des zweidimensionalen Koordinatensystems des Bildschirms sich in dessen Mitte befindet, während die dazugehörige +y-Achse nach oben verweist. Diese Konfiguration mag gegen die Gesetzmäßigkeiten verstoßen, welche wir im letzten Kapitel kennen gelernt haben. Später werden wir jedoch einen Weg finden, die unter diesen Voraussetzungen ermittelten Koordinaten in gültige Bildschirmkoordinaten umzuwandeln.

Kapitel 3
Einführung in die 3D-Programmierung

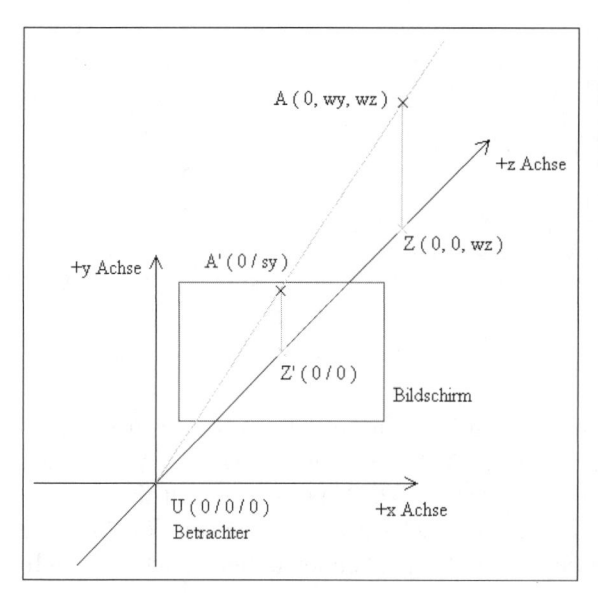

Abb. 3.5: Anschauliche Darstellung der Projektion der y-Koordinaten eines beliebigen Punkts A mit den Koordinaten (0 / wy / wz). In dieser Abbildung befindet sich der Punkt (0 / 0) in die Mitte des Bildschirms und nicht, wie bisher gehabt, in der oberen linken Ecke; die zweidimensionale +y-Achse verläuft nach oben.

Abbildung 3.5 enthält die grafische Darstellung folgender Problemstellung: In unserer dreidimensionalen Welt befindet sich eine Linie, welche die Punkte A und Z miteinander verbindet. Um diese Strecke auf dem Bildschirm zeichnen zu können, müssen zunächst die Koordinaten der zweidimensionalen Punkte A' und Z' berechnet werden, welche beide in der Bildschirmebene zu finden sind. Liegt diese Information vor, kann die Strecke wie gehabt unter Verwendung der Funktion line() gezeichnet werden.

Wie man anhand der Abbildung erkennen kann, liegt der Punkt **Z** auf der z-Achse; aufgrund der Tatsache, dass diese Achse durch die Mitte des Bildschirms verläuft müssen die Koordinaten des Punkts **Z'** die Werte **(0, 0)** besitzen. Die Strecke $\overline{A'Z'}$ verläuft senkrecht und ist zwangsweise kürzer als $\overline{AZ}$, denn je größer die Entfernung zwischen Betrachter und einem beliebigen Gegenstand ist, umso kleiner wirkt dieser. Die x-Koordinate von **A'** besitzt den Wert **0**; das Problem besteht in der Berechnung der zweidimensionalen y-Koordinaten dieses Punkts.

Wenn man die gegebenen Punkte **U, A', Z', A** und **Z** unter Verwendung von Hilfslinien miteinander verbindet, sind zwei Dreiecke das Ergebnis. Wie man anhand der Abbildung 3.5 feststellen kann, sind sich **UA'Z'** und **UAZ** einander *ähnlich*, da sie über identische Winkel verfügen. Die Seiten ähnlicher Dreiecke stehen miteinander in demselben Verhältnis. Es ist logisch nachvollziehbar, dass je länger die Seite **UZ** des großen Dreiecks ist, umso länger muss auch die senkrechte Seite **AZ** sein, um die Ähnlichkeit der beiden Dreiecke aufrechtzuerhalten. Hierbei haben wir es demnach mit einer proportionalen Zuordnung zu tun; die gesuchte Länge der Seite **A'Z'** lässt sich somit berechnen, indem die uns bekannten Größen einander zugeordnet werden:

Waagerechte Seite	Senkrechte Seite
UZ	AZ
UZ'	A'Z'

Aufgrund der Quotientengleichheit proportionaler Zuordnungen kann folgende Beziehung formuliert werden:

$$\overline{A'Z'} / \overline{UZ'} = \overline{AZ} / \overline{UZ} \qquad \Leftrightarrow$$

$$\overline{A'Z'} = [\, \overline{AZ} / \overline{UZ}\,] * \overline{UZ'}$$

Aus Abbildung 3.5 geht hervor, dass **sy**, die gesuchte y-Koordinate, von **A'** berechnet werden kann, indem man der y-Koordinaten des Punkts **Z'** die Länge der Strecke $\overline{A'Z'}$ hinzuaddiert. Die y-Koordinate sämtlicher Punkte, welche auf der z-Achse zu finden sind, besitzt den Wert 0. Aus diesem Grund müssen **ay** und $\overline{A'Z'}$ über denselben Wert verfügen:

$$sy = 0 + \overline{A'Z'} \qquad\qquad sy \in \mathbf{R}$$

Entsprechendes gilt auch für **wy**, der dreidimensionalen y-Koordinate des Punkts **A**. Setzt man diese Beziehungen in die obere Gleichung ein, ergibt sich:

$$sy = \frac{wy}{wz} * \overline{UZ'} \qquad\qquad sy, wy, wz \in \mathbf{R}$$

wz stellt hierbei die dreidimensionale z-Koordinate des Punkts **A** dar. Anhand dieser Formel kann Folgendes festgestellt werden: Um die dreidimensionale y-Koordinate eines beliebigen Punkts in eine zweidimensionale umzuwandeln, muss diese lediglich durch die dazugehörige z-Koordinate geteilt und das Ergebnis mit der Konstanten $\overline{UZ'}$ multipliziert werden.

Nach genau demselben Schema kann auch die Gleichung für die Projektion von x-Koordinaten hergeleitet werden. Wenn man die zweidimensionale x-Koordinate sx eines Punkts B(wx, wy, wz) ermitteln möchte, muss demnach die dreidimensionale x-Koordinate wx zunächst durch wz geteilt und das Ergebnis anschließend mit $\overline{UZ'}$ multipliziert werden:

$$sx = \frac{wx}{wz} * \overline{UZ'} \qquad\qquad sx, wx, wz \in \mathbf{R}$$

Mithilfe von Abbildung 3.5 kann festgestellt werden, dass die Konstante $\overline{UZ'}$ nichts anderes darstellt als die räumliche Entfernung zwischen dem Benutzer, welcher sich im Ursprung des dreidimensionalen Koordinatensystems befindet, und dem Computerbildschirm. Bei einer Auflösung von 320 x 200 Pixel wird für diese Entfernung traditionsgemäß der Wert 100 eingesetzt. Aufgrund der Tatsache, dass die Bildschirmebene und die x-y-Ebene parallel zueinander verlaufen, handelt es sich bei dieser Konstanten gleichzeitig auch um die z-Koordinate sämtlicher Pixel, welche sich auf dem Bildschirm befinden.

3.2.1 Die Inversion der y-Koordinaten

Die Projektionsgleichungen, welche in dem vorherigen Abschnitt entwickelt worden sind, gehen davon aus, dass die zweidimensionale +y-Achse des Bildschirms nach oben, d.h. in die gleiche Richtung wie die dreidimensionale +y-Achse der Welt verweist. Aufgrund der linearen Struktur des Videospeichers ist es jedoch erforderlich, die Position eines Pixels auf dem Bildschirm unter Verwendung einer +y-Achse zu berechnen, welche in die entgegengesetzte Richtung verläuft.

Der Verlauf der +y-Achse, auf welcher sich die projizierte Koordinate **sy** bezieht, kann auf einfache Weise umgedreht werden, indem **sy** am Ende mit der Konstanten **(−1)** multipliziert wird:

$$sy = \frac{wy}{wz} * projection\_const * (-1)$$

Bei der Konstanten *projection_const* handelt es um die Entfernung zwischen Benutzer und Bildschirm, deren Wert gewöhnlich 100 beträgt. Von großer Wichtigkeit ist, dass diese Konstante stets größer 0 ist. Da **(−1)** ebenfalls ein konstanter Wert ist, können diese beiden zu einer einzigen Konstanten zusammengefasst werden:

$$sy = \frac{wy}{wz} * (-projection\_const)$$

Sowohl im zweidimensionalen Raum des Bildschirms als auch in der dreidimensionalen Umgebung der mathematisch definierten Welt verlaufen die x-Achsen der Koordinatensysteme in dieselbe Richtung, nach rechts. Aus diesem Grund ist eine Veränderung der Projektionsformel der x-Koordinaten nicht erforderlich. Das vorläufige Gleichungssystem für die Umwandlung des dreidimensionalen Punkts C(wx / wy / wz) in den zweidimensionalen Punkt C' (sx / sy) lautet somit:

$$sx = \frac{wx}{wz} * projection\_const$$

$$sy = \frac{wy}{wz} * (-projection\_const)$$

für alle $\quad wx, wy, wz, sx, sy \in \mathbf{R}$

$$projection\_const \in \mathbf{R^+}$$

3.2.2 Verlagerung des Ursprungs in die Mitte des Bildschirms

Die Arbeit mit einem zweidimensionalen Koordinatensystem, dessen Ursprung in die obere linke Ecke des Bildschirms angesiedelt ist, kann sich als besonders umständlich erweisen. Beim Aufbau einer dreidimensionalen Umgebung wird davon ausgegangen, dass der Benutzer sich im Ursprung des Koordinatensystems befindet und in Richtung der +z-Achse blickt, welche durch die Mitte des Bildschirms verläuft. Bei dieser Definition ist eigentlich zu erwarten, dass der Ursprung des zweidimensionalen Koordinatensystems sich ebenfalls in der Mitte des Bildschirms befinden muss.

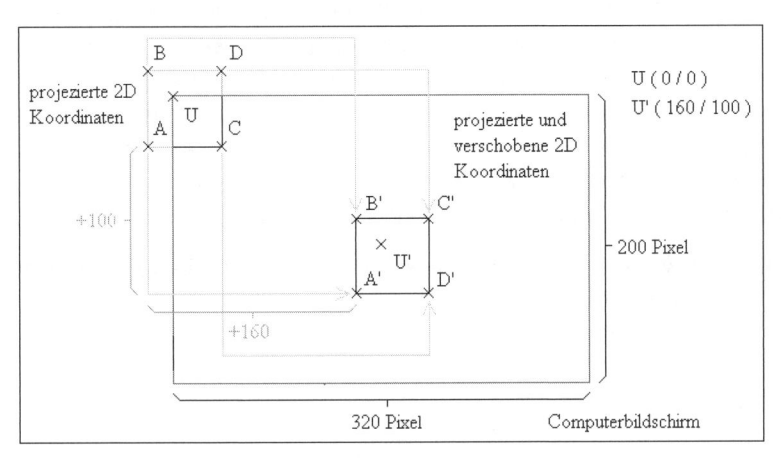

Abb. 3.6: Die am Ende der Projektion durchgeführte Addition der Hälfte der horizontalen bzw. vertikalen Auflösung verschiebt den zweidimensionalen Ursprung in die Mitte des Bildschirms

Die hardwarebedingte Position des zweidimensionalen Ursprungs ist in der oberen linken Ecke des Bildschirms zu finden, deren Koordinaten (0, 0) lauten. Bei einer Auflösung von 320 x 200 Pixel wird der Pixel in die Mitte des Bildschirms durch die Koordinaten (160, 100) definiert. Wie man anhand Abbildung 3.6 feststellen kann, lässt sich ein projizierter Punkt **U(0, 0)** mithilfe des Vektors $\binom{160}{100}$ in die Mitte des Bildschirms versetzen. Wenn am Ende der Projektion *sämtliche* Punkte unter Verwendung desselben Vektors verschoben werden, bleiben die Verhältnisse, welche zwischen diesen Vertices bestehen, unverändert. Aufgrund ihrer veränderten räumlichen Lage wird jedoch das Gefühl vermittelt, der zweidimensionale Ursprung läge in die Mitte des Bildschirms. Das vollständige Gleichungssystem, mit dessen Hilfe die dreidimensionalen Koordinaten **(wx, wy, wz)** eines beliebigen Punkts in gültige Bildschirmkoordinaten **(sx, sy)** umgewandelt werden können, besitzt folgenden Aufbau:

$$sx = round\left(\frac{wx}{wz} * projection\_const + \frac{x\_res}{2}\right)$$

Kapitel 3
Einführung in die 3D-Programmierung

$$sy = round(\ \frac{wy}{wz}\ * (-projection\_const) \qquad + \frac{y\_res}{2}\ )$$

für alle $\qquad wx, wy, wz \in \mathbf{R}$

$\qquad projection\_const \in \mathbf{R}^+$

$\qquad sx, sy \in \mathbf{Z}$

$\qquad x\_res, y\_res \in \mathbf{N}$

Bei den Konstanten **x_res** und **y_res** handelt es sich hierbei um die horizontale und vertikale Auflösung des Bildschirms bzw. um die Breite und Länge des eingesetzten Darstellungsfensters, in Pixel ausgedrückt. Pixelkoordinaten müssen stets ganzzahlig sein; aus diesem Grund wird die Funktion **round()** eingesetzt, welche eine reelle Zahl entgegennimmt, und einen entsprechend auf- bzw. abgerundeten Integer zurückgibt. Das Vorzeichen der reellen Zahl wird durch diese Operation jedoch nicht verändert; bevor der Pixel an der Position **(sx, sy)** dargestellt werden kann, müssen diese Koordinaten explizit auf Gültigkeit überprüft werden.

Mithilfe der auf diese Weise berechneten Bildschirmkoordinaten kann der Offset des jeweiligen Punkts unter Verwendung der bekannten Formel

*offset = sy * x_res + sx*

ermittelt und schließlich dargestellt werden.

3.2.3 Der Viewport

Durch ein reales Fenster kann lediglich ein geringer Teil der Welt gesehen werden, welche sich dahinter erstreckt. Entsprechendes gilt auch für unsere virtuelle, dreidimensionale Umgebung: Das Blickfeld wird durch die Begrenzungen des Bildschirms eingeschränkt, sodass Gegenstände, welche über eine zu große x- oder y-Koordinate verfügen, dem Betrachter verborgen bleiben.

Der Teil der Welt, welcher auf dem Bildschirm sichtbar ist, wird als *Viewport* oder *Field of View* bezeichnet. Wie man leicht nachvollziehen kann, besitzt dieser die Form einer Pyramide, deren Kanten von vier Strahlen gebildet werden. Jede dieser Strahlen geht vom Ursprung des dreidimensionalen Koordinatensystems aus und durchläuft eine der vier Ecken des Bildschirms. Die theoretisch unendliche Länge dieser Strahlen ist in Abbildung 3.7 in Form von Pfeilen angedeutet. Der Zuschauer befindet sich an der Spitze dieser Pyramide, deren Boden sich mathematisch gesehen unendlich weit entfernt befindet.

In Abbildung 3.7 ist der *Viewport* von oben dargestellt, die Blickrichtung verläuft daher von der +y-Achse in Richtung der x-z-Ebenen unseres dreidimensionalen Koordinatensystems. Der Bildschirm wird in Form einer dicken schwarzen Linie angezeigt, welche orthogonal zur z-Achse verläuft. Die Projektionsgleichungen, deren endgültige Version im vorherigen Abschnitt entwickelt worden ist, berücksichtigen den pyramidenförmigen Aufbau des *Viewports*.

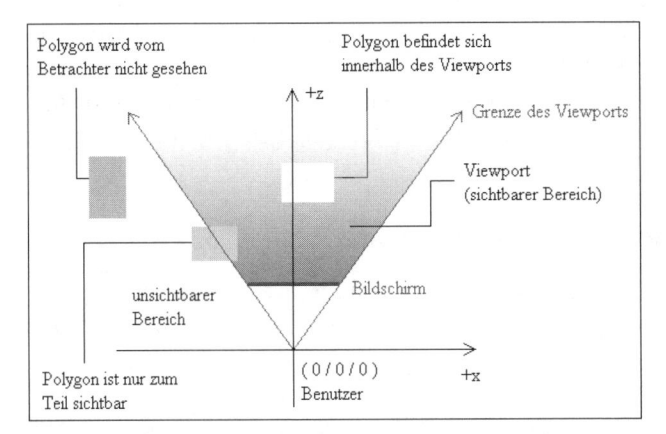

Abb. 3.7: Die Lage des Viewports innerhalb der dreidimensionalen Umgebung

Mithilfe von Abbildung 3.7 kann leicht nachvollzogen werden, dass ein virtueller Gegenstand nur dann auf dem Bildschirm sichtbar ist, wenn dieser sich innerhalb des *Viewports* befindet. Sämtliche Polygone, welche Teil einer dreidimensionalen Welt sind, lassen sich in drei Kategorien einteilen. Hierbei handelt es sich um

1. Vielecke, welche sich vollständig,
2. teilweise außerhalb und
3. vollständig außerhalb des *Viewports* befinden.

Ein Vertreter aus jeder dieser drei Kategorien ist in Abbildung 3.7 weiß, hellgrau bzw. dunkelgrau dargestellt. Die Vielecke der ersten Kategorie lassen sich uneingeschränkt visualisieren, da ihren Eckpunkten während der Projektion nur gültige zweidimensionale Koordinaten zugeordnet werden können.

Im zweiten Fall dürfen nur die Vertices projiziert werden, welche sich innerhalb des *Viewports* befinden. Bei der Projektion der linken Seite des hellgrauen Polygons würden beispielsweise zweidimensionale x-Koordinaten berechnet werden, welche kleiner 0 sind und eine fehlerhafte Darstellung zur Folge haben würden. Im nächsten Kapitel werden wir uns im Zusammenhang mit dem *Sutherland-and-Hodgman-Algorithmus* eingehender mit der Darstellung dieser Kategorie von Vielecken beschäftigen.

Wenn ein Polygon innerhalb der dritten Kategorie einzuteilen ist, muss dieser während der Visualisierung der Gegenstände der dreidimensionalen Welt ignoriert werden. Der Versuch, das dunkelgraue Vieleck dennoch darzustellen, kann zu einem automatischen Abbruch des Programms führen, welcher auf die ungültigen Werte projizierter Koordinaten zurückzuführen ist.

Wie wir anhand zahlreicher Beispiele feststellen werden, kann sich die Position eines Gegenstands innerhalb einer dreidimensionalen Umgebung jederzeit verändern. Es ist durchaus möglich, dass Polygone der ersten Kategorie in einem sehr kurzen Zeitabstand den sichtbaren Bereich vollständig verlassen; umgekehrt können auch unsichtbare Vielecke plötzlich in den *Viewport* eintreten. Um die richtige Darstellung der dreidimensionalen Welt gewährleisten zu können, muss aus diesem Grund bei jeder Darstellung eines Polygons die dazugehörige Kategorie von Neuem festgestellt werden.

3.2.4 Verwaltung dreidimensionaler Polygone

Dreidimensionale Umgebungen enthalten Gegenstände, welche aus einer gewissen Anzahl an Vertices aufgebaut sind. Für die Darstellung der Koordinaten dieser Punkte ist die Definition eines neuen Datentyps erforderlich:

```
struct vertex
{
  double wx, wy, wz;
};
```

Mathematisch gesehen werden dreidimensionale Koordinaten unter Verwendung reeller Zahlen definiert, welche in der Praxis in Form von Fließkommazahlen gespeichert werden. Die Erweiterung der Definition unseres Datentyps `polygon` ist ebenfalls erforderlich; das Ziel besteht in der Verwaltung von Polygonen, welche sich an einer beliebigen Position innerhalb des dreidimensionalen Raums aufhalten können. Hierfür müssen folgende Voraussetzungen erfüllt werden:

1. Die Klasse muss über ein Array aus Elementen vom Typ `vertex` verfügen, welche die dreidimensionalen Koordinaten der Eckpunkte enthalten.
2. Die Initialisierung dieses Feldes erfolgt wie gehabt, unter Verwendung eines externen Arrays. Eine entsprechende Veränderung von `polygon::polygon()` ist aus diesem Grund erforderlich.
3. Die Klasse muss um eine neue Funktion namens `project()` erweitert werden, welche die dreidimensionalen Weltkoordinaten der Eckpunkte in zweidimensionale Bildschirmkoordinaten umwandelt. Diese Funktion muss an einer geeigneten Stelle während des Visualisierungsprozesses des Polygons aufgerufen werden.

Eine mögliche Lösung dieser Aufgabe sieht folgendermaßen aus:

```
class polygon
{
  private:
    ushort point_count;
```

```
    uchar color;

    vertex *wpoint;

    void project( void );

  public:
    void display( uchar *sbuffer );

    polygon( ushort p, uchar c, vertex *s );
    ~polygon( void ) { if( wpoint ) delete [] wpoint; }
};
```

Es folgt die Definition der zwei neu hinzugekommenen und die Erklärung der veränderten Komponenten:

Variable   **Aufgabe**

wpoint[]: enthält die dreidimensionalen Koordinaten der Eckpunkte des Polygons

Funktion   **Aufgabe / Definition**

project(): Umwandlung der dreidimensionalen Koordinaten in zweidimensionale, welche direkt zur Offsetberechnung verwendet werden können:

```
void polygon::project( void )
{
  for( ushort x=0 ; x<point_count ; x++ )
  {
    if( wpoint[ x ].wz <= 0.0 )
      exit( "Polygon befindet sich außerhalb \
             des Viewports.\n" );

    spoint[ x ].sx = long( wpoint[ x ].wx /
                           wpoint[ x ].wz *
                           100.0 + 160.0 );
    spoint[ x ].sy = long( wpoint[ x ].wy /
                           wpoint[ x ].wz *
                           -100.0 + 100.0 );

    if( spoint[ x ].sx < 0 || spoint[ x ].sx > 319 ||
        spoint[ x ].sy < 0 || spoint[ x ].sy > 199 )
```

```
            exit( "Polygon befindet sich außerhalb des \
                  Viewports.\n" );
    }
}
```

Zu diesem Zeitpunkt sind wir noch nicht in der Lage, mit Polygonen umzugehen, welche sich ganz oder teilweise außerhalb des Bildschirms befinden. Aus diesem Grund ist das Beenden des Programms mittels der Funktion `exit()` erforderlich, sollten wir einem Vertreter dieser Kategorien antreffen.

Der Aufruf dieser Funktion ist lediglich ein Provisorium mit dem Ziel, Systemabstürze, die beim Experimentieren mit den Programmen auftreten können, zu verhindern. Im weiteren Verlauf dieses Buchs werden wir auf die Verwendung dieser Funktion zugunsten einer eleganteren Möglichkeit zur Behandlung dieser Sonderfälle verzichten.

`polygon()`: Initialisierung der Klassenelemente auf der Grundlage benutzerdefinierter Werte:

```
polygon::polygon( ushort p, uchar c, vertex *v )
{
  point_count = p;   color = c;

  if( (wpoint = new vertex[ point_count ]) == NULL )
    exit( "polygon::polygon(): Fehler bei der \
           Reservierung von Arbeitsspeicher.\n" );

  for( ushort x=0 ; x<point_count ; x++ )
    wpoint[ x ] = v[ x ];
}
```

`display()`: Zeichnet den Umriss des Polygons auf dem Bildschirm:

```
void polygon::display( uchar *sbuffer )
{
  ushort x, y;

  project();

  for( x=point_count-1, y=0 ; y<point_count ; x=y, y++ )
    line( spoint[ x ].sx, spoint[ x ].sy,
          spoint[ y ].sx, spoint[ y ].sy,
          color, sbuffer );
}
```

Trotz Erweiterung der Klassendefinition ist die ursprüngliche Arbeitsweise des Datentyps `polygon` unverändert geblieben. Das Bemerkenswerte an der neuen Version ist der Umgang mit dem Array `spoint[]`: Vorher handelte es sich hierbei um ein Klassenelement, dessen Aufgabe in der Verwaltung zweidimensionale Bildschirmkoordinaten bestand. Diese Aufgabe ist unverändert geblieben; `spoint[]` ist nunmehr ein globales Array, welches, von sämtlichen Variablen vom Typ `polygon` für die temporäre Darstellung projizierter Koordinaten verwendet werden kann:

```
svertex spoint[ 100 ];
```

In der Praxis wirkt `spoint[]` als Zwischenspeicher: Bei der Visualisierung jedes Polygons mittels `polygon::display()` wird zunächst die dazugehörige `polygon::project()`-Funktion aufgerufen, welche ihre zweidimensionalen Koordinaten innerhalb von `spoint[]` einträgt. Gleich danach wird der Umriss des Vielecks gezeichnet; der Funktion `line()` werden hierbei die Elemente des Arrays `spoint[]` als Parameter übergeben, welche zuvor durch `polygon::project()` gültige Werte erhalten haben.

Nach der Darstellung des Polygons werden die Koordinaten aus `spoint[]` nicht länger benötigt. Muss der Umriss eines weiteren Vielecks gezeichnet werden, können diese Werte problemlos durch andere Koordinaten überschrieben werden, welche infolge eines erneuten Aufrufs von `polygon::project()` ausgerechnet werden.

Diese Vorgehensweise funktioniert nur, wenn die Anzahl der Elemente des Arrays `spoint[]` gleich oder größer als die Anzahl der Eckpunkte desjenigen Polygons mit den meisten Vertices ist. Wenn in einem Programm beispielsweise ein Dreieck und ein Fünfeck gezeichnet werden sollen, muss `spoint[]` mindestens fünf Elemente enthalten. Für das Dreieck spielt es keine Rolle, wenn `spoint[]` über mehr als drei Elemente verfügt: In diesem Fall besitzt die Variable `polygon::point_count` den Wert 3; daraus folgt, dass auch die Schleifen von `polygon::project()` und `polygon::display()` nur drei Durchgänge besitzen, wobei die letzten zwei Elemente des Arrays `spoint[]` ignoriert werden. Falls dem Fünfeck jedoch weniger als fünf Elemente zur Verfügung stehen, kann für die Stabilität des Programms keine Garantie übernommen werden.

In den folgenden Programmen ist `spoint[]` standardmäßig aus 100 Elementen aufgebaut. Diese vergleichsweise große Zahl ist sinnvoll, damit bei der Darstellung unserer Polygone keine Schwierigkeiten bezüglich der Größe des Zwischenspeichers auftreten können. Es gibt aber auch Fälle, in denen die darzustellenden Gegenstände unerwartet über eine sehr hohe Anzahl an Eckpunkten verfügen können. Beispiele hierfür sind Programme, welche vom Benutzer den Wert eines Detaillevels entgegennehmen, und auf der Grundlage dieser Information die Koordinaten symmetrischer Objekte wie Donuts oder Sphären automatisch berechnen.

In Fällen wie diesen kommt es häufiger vor, dass bereits ein niedriger Detaillevel zu einer sehr hohen Anzahl an Vertices führt. Die Tatsache, dass dem Array `spoint[]` zu wenige Elemente zur Verfügung stehen, ist ein sehr schwer zu findender Fehler, der häufig Programmabstürze zur Folge hat.

Bei der Verwendung von Arrays wie `spoint[]` muss eine weitere Tatsache berücksichtigt werden. Diese externen Felder dürfen nur dann für die Zwischenspeicherung von Werten eingesetzt werden, wenn zum Zeitpunkt des Abrufs der dort enthaltenen Informationen diese für das jeweilige Vieleck Gültigkeit besitzen. In unseren Programmen werden zwischen der Ausführung von `polygon::project()` und der Darstellung der Polygonseiten *keine* weiteren Funktionen aufgerufen, welche möglicherweise den Inhalt von `spoint[]` verändern könnten. Wenn der Einsatz dieser Art von Funktionen dennoch erforderlich ist, sollte die Klasse `polygon` über ein eigenes, als *privat* deklariertes Array für die Zwischenspeicherung zweidimensionaler Koordinaten verfügen.

3.2.5 Praktische Darstellung von Polygonen mit dreidimensionalen Koordinaten

Unser nächstes Programm demonstriert den großen Einfluss, den die z-Koordinaten der Vertices auf das gesamte Erscheinungsbild eines Polygons ausüben. *a3_2* stellt zwei Achtecke auf dem Bildschirm dar, deren Punkte über identische x- und y-Koordinaten verfügen. Die z-Koordinaten des ersten Vielecks sind kleiner als diejenigen des zweiten Polygons; aufgrund der geringeren Entfernung wirkt dieses somit größer. Anhand dieses Programms können auch die interessanten Auswirkungen festgestellt werden, welche die Veränderung der z-Koordinaten eines einzigen Punkts auf das Aussehen des Vielecks haben:

```
//////////////////////////      a3_2.cpp       //////////////////////////
//                                                                    //
//   Darstellung zwei regelmäßiger Achtecke, deren Punkte              //
//   unter Verwendung dreidimensionaler Koordinaten                    //
//   definiert sind                                                    //
//   Auflösung: 320x200, Farbtiefe: 8 Bit                              //
//                                                                    //
////////////////////////////////////////////////////////////////////////

#include <windows.h>

#include "sf3_1.h"
#include "v3_2.h"
#include "p3_2.h"
```

```
vertex eight_sides_near[ 8 ] = {
                                { 12, 30, 50 },
                                { 30, 12, 50 },
                                { 30, -12, 50 },
                                { 12, -30, 50 },
                                { -12, -30, 50 },
                                { -30, -12, 50 },
                                { -30, 12, 50 },
                                { -12, 30, 50 }
                              };

vertex eight_sides_far[ 8 ] = {
                                { 12, 30, 90 },
                                { 30, 12, 90 },
                                { 30, -12, 90 },
                                { 12, -30, 90 },
                                { -12, -30, 90 },
                                { -30, -12, 90 },
                                { -30, 12, 90 },
                                { -12, 30, 90 }
                              };

uchar handle_input( MSG *msg );

int WINAPI WinMain( HINSTANCE hInstance, HINSTANCE hPrevInstance, LPSTR
lpCmdLine, int iCmdShow )
{
  surface.open_window( hInstance, 320, 200, 8 );

  polygon eight_sides_n( 8, 32, eight_sides_near );
  polygon eight_sides_f( 8, 45, eight_sides_far );

  uchar *screen = (uchar *) surface.get_screen_pointer();

  eight_sides_n.display( screen );
  eight_sides_f.display( screen );

  surface.release_screen_pointer();

  MSG message;
  while( !handle_input( &message ) ) ;
```

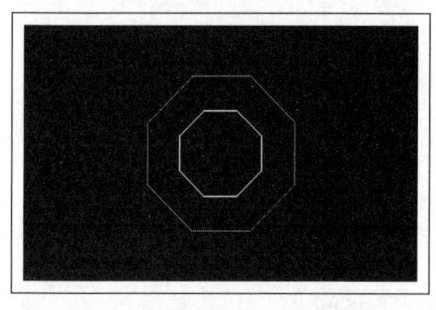

```
  surface.close_window();

  return message.wParam;
}

uchar handle_input( MSG *msg )
{
  if( PeekMessage( msg, NULL, 0, 0, PM_REMOVE ) )
  {
    if( msg->message == WM_QUIT || msg-
>message == WM_KEYDOWN ) return 1;

    TranslateMessage( msg );
    DispatchMessage( msg );
  }

  return 0;
}
```

`//////////////////////`   Ende a3_2.cpp   `//////////////////////`

Abb. 3.8: Ausgabe den Programms *a3_2*: Je größer die Entfernung zwischen einem Polygon und dem Ursprung des Weltkoordinatensystems ist, umso kleiner wird dieser dargestellt

Die erweiterte Version der Klasse `polygon` ist innerhalb der Datei "p3_2.h" gespeichert. Der Inhalt der übrigen Dateien hat sich seit dem letzten Programm nicht verändert.

`//////////////////////`   Anfang p3_2.h   `//////////////////////`

```
#ifndef POLYGON_H
#define POLYGON_H
```

```
#include "ln3_1.h"

class polygon
{
  private:
    ushort point_count;
    uchar color;

    vertex *wpoint;

    void project( void );

  public:
    void display( uchar *sbuffer );

    polygon( ushort p, uchar c, vertex *s );
    ~polygon( void ) { if( wpoint ) delete [] wpoint;  }
};

void polygon::project( void )
{
  for( ushort x=0 ; x<point_count ; x++ )
  {
    if( wpoint[ x ].wz <= 0.0 ) exit( "Polygon befindet sich ausserhalb des Viewports.\n" );

    spoint[ x ].sx = long( wpoint[ x ].wx / wpoint[ x ].wz *  100.0 + 160.0 );
    spoint[ x ].sy = long( wpoint[ x ].wy / wpoint[ x ].wz * -100.0 + 100.0 );

    if( spoint[ x ].sx < 0 || spoint[ x ].sx > 319 || spoint[ x ].sy < 0 || spoint[ x ].sy > 199 )
       exit( "Polygon befindet sich ausserhalb des Viewports.\n" );
  }
}

void polygon::display( uchar *sbuffer )
{
  ushort x, y;

  project();
```

```
  for( x=point_count-1, y=0 ; y<point_count ; x=y, y++ )
    line( spoint[ x ].sx, spoint[ x ].sy, spoint[ y ].sx, spoint[ y ].sy, color, sbuffer );
}

polygon::polygon( ushort p, uchar c, vertex *v )
{
  point_count = p;  color = c;

  if( (wpoint = new vertex[ point_count ]) == NULL )
    exit( "polygon::polygon(): Fehler bei der Reservierung von Arbeitspeicher.\n" );

  for( ushort x=0 ; x<point_count ; x++ ) wpoint[ x ] = v[ x ];
}

#endif
```

/////////////////////// Ende p3_2.h ///////////////////////

3.2.6 Die Variation der Projektionskonstanten

In den beiden vorherigen Abschnitten wurde davon ausgegangen, dass die Projektionskonstante stets den Wert **100** annehmen muss. Bei der Erstellung eigener Programme kann es von Vorteil sein, diese Konstante zu verändern, denn auf diese Weise lassen sich sehr interessante Grafikeffekte generieren.

Wie man anhand der Projektionsgleichungen erkennen kann, wirkt sich die Veränderung von **projection_const** lediglich auf die zweidimensionalen Bildschirmkoordinaten der Pixel aus; die dreidimensionalen Koordinaten der Gegenstände unserer virtuellen dreidimensionalen Welt bleiben durch diesen Vorgang unverändert. Mathematisch betrachtet, vergrößert sich der Betrag projizierter Koordinaten proportional zur Erhöhung von **projection_const**. Das führt dazu, dass die Abstände zwischen den zweidimensionalen Punkten sich ebenfalls vergrößern, wodurch der Eindruck einer Flächen- bzw. Volumenzunahme dargestellter Gegenstände hervorgerufen wird. Abbildung 3.9 enthält eine grafische Darstellung dieses Phänomens: Obwohl die beiden Quader über identische Koordinaten verfügen, führt die Veränderung der Projektionskonstanten zu unterschiedlichen Erscheinungsbildern.

Neben dem Größenunterschied ist die Veränderung der Projektionskonstanten mit einem weiteren interessanten Effekt verbunden: Der linke Quader aus Abbildung 3.9 sieht beispielsweise aus, als ob er, verglichen mit dem rechten, leicht nach links um die y-Achse gedreht worden wäre. Dieser Effekt ist dadurch zu erklären, dass bei der Veränderung der Länge von Polygonseiten auch die Winkel, welche von diesen gebildet werden, unterschiedliche Werte annehmen.

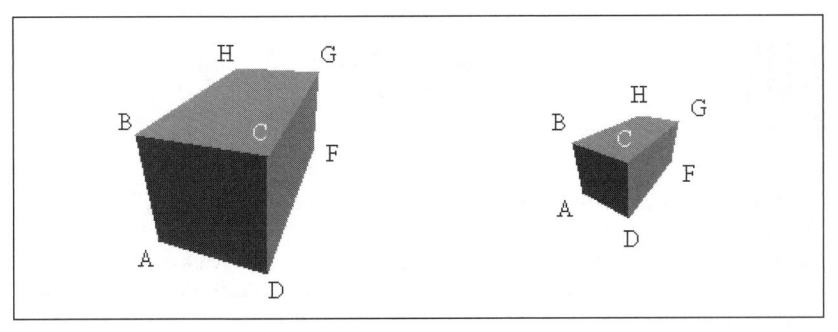

Abb. 3.9: Unterschiedliche Auswirkungen der Veränderung der Projektionskonstanten bei der Visualisierung einer dreidimensionalen Figur. Die Darstellung erfolgt links unter Verwendung des Werts 100, rechts ist der Wert 50 eingesetzt.
Auflösung: 320 x 200

In diesem Zusammenhang gilt: Je kleiner die Projektionskonstante ist, um so stärker werden die Seiten, welche sich in der Nähe des Betrachters befinden, vergrößert und die von ihnen gebildeten Winkel verkleinert. Umgekehrt werden Polygonseiten, deren Endpunkte größere z-Koordinaten haben, kleiner dargestellt und ihre Winkel vergrößert. Am stärksten ist dieser Effekt dann ausgeprägt, wenn ein Gegenstand während einer Animation rotiert oder in -z-Richtung versetzt wird. Der Grund dieses Phänomens steht im Zusammenhang mit der Division, welche während der Projektion durchzuführen ist:

$$(2D\text{-}Koordinate) = \frac{3D - Koordinate}{räumliche\ Tiefe} * Projektionskonstante$$

Das Ergebnis der im ersten Schritt durchzuführenden Teilung ist umso kleiner, je größer die Entfernung zwischen dem zu projizierenden Punkt und dem Betrachter ist, in der Formel durch die Variable **(räumliche Tiefe)** dargestellt. Eine anschließende Multiplikation mit einer großen Projektionskonstanten kann die Auswirkungen dieser Division kompensieren, und der Größenunterschied zwischen nahe und fern gelegenen Polygonseiten ist nicht sehr stark ausgeprägt. Wie man anhand Abbildung 3.10 feststellen kann, lässt sich dieser Unterschied umso schlechter kompensieren, je kleiner der Wert der Projektionskonstanten ist. Der Wert der zu projizierenden **3D-Koordinaten** bleibt während dieser Überlegungen konstant.

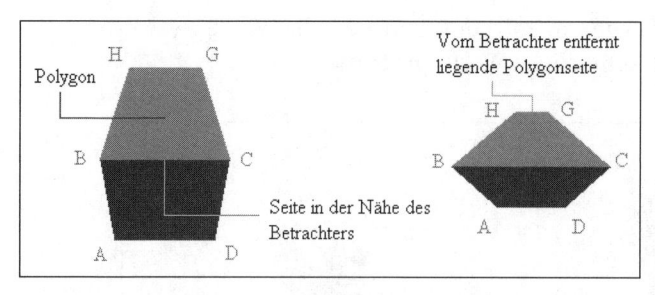

Abb. 3.10: Darstellung des gleichen Körpers, links unter Verwendung der Projektionskonstanten 100, rechts wurde für die Bestimmung der Bildschirmkoordinaten die Konstante 50 verwendet. Um den Verkleinerungseffekt besser verdeutlichen zu können, ist der rechte Körper in Richtung des Betrachters versetzt worden

Die Veränderung der Projektionskonstanten stellt eine sehr einfache Möglichkeit dar, um das *Erscheinungsbild* einer dreidimensionalen Umgebung zu verändern. Die Definition, d.h. die Koordinaten der Vertices der virtuellen Welt, bleiben hiervon jedoch unverändert. Die Variation der Projektionskonstanten im Laufe eines Programms ist ein beliebtes Mittel, um besondere Eindrücke, wie beispielsweise Unterwassereffekte, zu generieren.

3.3 Matrizen

Jeder Gegenstand, welcher innerhalb einer künstlich generierten, dreidimensionalen Welt zu finden ist, wird durch eine Menge von Punkten definiert. Angenommen, wir möchten einen beliebigen Gegenstand **G** zunächst um die z-Achse rotieren, und anschließend in die Richtung des Vektors $\vec{v}$ verschieben. Hierzu müssen sämtliche Punkte, welche bei der Definition von **G** beteiligt sind, im ersten Schritt gedreht und anschließend unter Verwendung der Komponenten von $\vec{v}$ verschoben werden.

Hierbei taucht jedoch ein Problem auf, welches auf den ersten Blick nicht zu erkennen ist. Komplexe Gegenstände können aus ca. **10.000** Punkten aufgebaut sein; die mithilfe dieser Vorgehensweise durchgeführte Bewegung dieser Objekte würde einen viel zu hohen rechnerischen Aufwand bedeuten. Der Grund hierfür besteht darin, dass Rotation und Verschiebung zwei voneinander unterschiedliche Operationen darstellen, welche nacheinander durchzuführen sind.

In der Grafikprogrammierung ist man stets bestrebt, den Rechenumfang eines Programms auf das Notwendigste zu reduzieren; auf diese Weise können hohe Ausführungsgeschwindigkeiten erreicht werden. Der gewaltige Vorteil an der Verwendung von Matrizen besteht in der Möglichkeit, unterschiedliche Operationen gleichzeitig durchführen zu können. Würde man den beschriebenen Gegenstand mithilfe einer Matrix bewegen, würden Rotation und Verschiebung zur gleichen Zeit als Bestandteil *einer einzigen* Operation stattfinden.

Matrizen können besonders häufig in der 3D-Grafikprogrammierung angetroffen werden; der Grund hierfür besteht in der Verkleinerung des hohen Rechenumfangs, welcher auf diesem Gebiet bewältigt werden muss. Die *Ausgabe*, das Erscheinungsbild der Anwendungen auf dem Bildschirm, bleibt hingegen durch den Einsatz von Matrizen unverändert. Wenn die Ausführungsgeschwindigkeit eines Programms unwichtig ist, kann auf den Einsatz von Matrizen vollständig verzichtet werden.

Wie bereits erwähnt, kann ein beliebiger Gegenstand nur durch die synchrone Veränderung der Position seiner Punkte bewegt werden. Dieser Vorgang erfolgt mittels der drei Grundbewegungsarten, welche uns bereits im ersten Kapitel begegnet sind. Hierbei handelt es sich um die

- *Translation,*
- *Rotation* und
- *Skalierung.*

Im Folgenden werden wir näher auf diese Grundbewegungsarten eingehen; später werden wir feststellen, nach welchen Gesetzmäßigkeiten diese unter Verwendung von Matrizen zusammengefasst werden können. Die *Translation* bzw. *Verschiebung* stellt die einfachste dieser drei Operationen dar; in diesem Zusammenhang wird der Grundaufbau einer Matrix sowie eine Vorgehensweise mit der Bezeichnung *Transformation* vorgestellt, mit deren Hilfe ein Punkt auf der Grundlage einer Matrix bewegt wird.

3.3.1 Transformation

Angenommen, wir kennen die Koordinaten eines beliebigen Punkts **P(x, y, z)** und möchten diesen mithilfe des Vektors $\vec{v} \begin{pmatrix} xt \\ yt \\ zt \end{pmatrix}$ verschieben. Wie wir bereits im 1. Kapitel festgestellt haben, gelten für die Koordinaten der neuen Position **P'(x', y', z')** folgende Beziehungen:

$x' = x + xt$ *[Verschiebung unter Verwendung eines Vektors]*

$y' = y + yt$

$z' = z + zt$ $xt, yt, zt \in \mathbf{R}$

Alternativ zur Verschiebung unter Verwendung kann ein Punkt auch mithilfe einer *Matrix* versetzt werden. Bei einer Matrix handelt es sich um eine Menge von Zahlen, welche in Zeilen und Spalten angeordnet sind. Die Translationsmatrix **TM**, welche für die Verschiebung des Punkts **P** eingesetzt wird, ist beispielsweise folgendermaßen aufgebaut:

$$TM = \begin{pmatrix} 1 & 0 & 0 & 0 \\ 0 & 1 & 0 & 0 \\ 0 & 0 & 1 & 0 \\ xt & yt & zt & 1 \end{pmatrix} \qquad [Translation]$$

Bei der Beschreibung einer Matrix wird in den meisten Fällen zunächst die Anzahl der Zeilen, anschließend die Anzahl der Spalten angegeben. In diesem Fall haben wir es demnach mit einer mit einer **4 x 4**-Matrix zu tun. Die Werte, auf deren Grundlage der Punkt **P** versetzt werden muss, befinden sich in der ersten drei Spalten der letzten Zeile.

Die eigentliche Verschiebung des Punkts **P** erfolgt auf der Grundlage einer Operation, welche als *Transformation* bezeichnet wird. Vereinfacht ausgedrückt, wird **P** hierbei mit der Matrix **TM** multipliziert, das Ergebnis ist der versetzte Punkt **P'**. In diesem Zusammenhang tritt das Problem auf, dass Punkte und Matrizen unterschiedliche Einheiten sind; aus diesem Grund dürfen diese aus mathematischer Sicht nicht miteinander multipliziert werden.

Um die Operation dennoch durchführen zu können, muss **P(x, y, z)** zunächst in eine Matrix **PM** umgewandelt werden, welche folgendermaßen aufgebaut ist:

$$PM = \begin{pmatrix} x & y & z & 1 \end{pmatrix}$$

Hierbei handelt es sich um eine **1 x 4**-Matrix. In den ersten drei Spalten müssen die Koordinaten von **P** eingetragen werden; die 4. Spalte enthält aus syntaktischen Gründen stets die numerische Konstante **1**.

Bei der Multiplikation zwei beliebiger Matrizen **AM** und **BM**, welche genau wie **PM** und **TM** aufgebaut sind, müssen folgende Gesetzmäßigkeiten eingehalten werden:

$$AM * BM = CM \qquad \Rightarrow$$

$$\begin{pmatrix} a11 & a12 & a13 & a14 \end{pmatrix} * \begin{pmatrix} b11 & b12 & b13 & b14 \\ b21 & b22 & b23 & b24 \\ b31 & b32 & b33 & b34 \\ b41 & b42 & b43 & b44 \end{pmatrix} = \begin{pmatrix} c11 & c12 & c13 & c14 \end{pmatrix}$$

Anhand der Bezeichnung der Variablen, welche in dieser Formel vorkommen, können die Zugehörigkeit und Position jedes beliebigen Elements eindeutig festgelegt werden. Die Variable **b32** befindet sich beispielsweise in der 3. Zeile und 2. Spalte der Matrix **BM**. Die Matrizenmultiplikation verläuft nach folgender Grundregel:

*Zeile * Spalte*

Die ausführliche Form der Gesetzmäßigkeit lautet: Das Element **cuv**, das sich in Zeile **u**, Spalte **v** der Matrix **CM** befindet, wird durch die Multiplikation der Zeile **u** der Matrix **AM** mit der Spalte **v** der Matrix **BM** ausgerechnet. **u** und **v** sind hierbei natürliche Zahlen zwischen 1 und 4. Für die Berechnung des Elements c_{12} muss somit folgende Operation durchgeführt werden:

$$c_{12} = \begin{pmatrix} a_{11} & a_{12} & a_{13} & a_{14} \end{pmatrix} * \begin{pmatrix} b_{12} \\ b_{22} \\ b_{32} \\ b_{42} \end{pmatrix}$$

Die Multiplikation der Zeilen und Spalten von Matrizen erfolgt nach den uns bekannten Regeln des *Dot Product*. Für c_{12} gilt somit:

$c_{12} = a_{11} * b_{12} + a_{12} * b_{22} + a_{13} * b_{32} + a_{14} * b_{42}$

Die Werte der übrigen Elemente der Matrix CM werden auf dieselbe Weise ausgerechnet:

$c_{11} = a_{11} * b_{11} + a_{12} * b_{21} + a_{13} * b_{31} + a_{14} * b_{41}$

$c_{13} = a_{11} * b_{13} + a_{12} * b_{23} + a_{13} * b_{33} + a_{14} * b_{43}$

$c_{14} = a_{11} * b_{14} + a_{12} * b_{24} + a_{13} * b_{34} + a_{14} * b_{44}$

Zu diesem Zeitpunkt sind wir in der Lage, die am Anfang des Abschnitts aufgebauten Matrizen **PM** und **TM** miteinander zu multiplizieren:

$PM * TM = PM' \quad\Rightarrow$

$$\begin{pmatrix} x & y & z & 1 \end{pmatrix} * \begin{pmatrix} 1 & 0 & 0 & 0 \\ 0 & 1 & 0 & 0 \\ 0 & 0 & 1 & 0 \\ xt & yt & zt & 1 \end{pmatrix} = \begin{pmatrix} x' & y' & z' & 1 \end{pmatrix}$$

Unter Beachtung der Gesetzmäßigkeiten des *Dot Product* ergibt sich schließlich:

$x' = x * 1 + y * 0 + z * 0 + 1 * xt$

$y' = x * 0 + y * 1 + z * 0 + 1 * yt$

$z' = x * 0 + y * 0 + z * 1 + 1 * zt \qquad\qquad\Leftrightarrow$

$x' = x + xt$ \qquad\qquad [Verschiebung unter Verwendung einer Matrix]

$y' = y + yt$

$z' = z + zt$

Anhand dieses Gleichungssystems kann eine sehr wichtige Aussage formuliert werden: Die Versetzung eines Punkts mithilfe einer Matrix ist *identisch* mit dem Vorgang, bei dem der Punkt unter Verwendung eines Vektors verschoben wird. Diese Aussage ist auch auf die anderen Grundbewegungsarten übertragbar. Im 1. Kapitel haben wir ein Gleichungssystem entwickelt, mit dessen Hilfe ein Punkt um die x-Achse des dreidimensionalen Koordinatensystems gedreht werden kann. Diese Rotation kann ebenfalls mithilfe einer Matrix realisiert werden.

3.3.2 Die Rotationsmatrix

Wie wir bereits im ersten Kapitel festgestellt haben, verbergen sich hinter dem Begriff *Rotation* drei unterschiedliche Bewegungen, welche unter Verwendung separater Gleichungssysteme durchgeführt werden müssen. Hierbei handelt es sich um die Drehung um die

- x-Achse,
- y-Achse und
- z-Achse

des dreidimensionalen Koordinatensystems. Der Grund für die Trennung besteht darin, dass die einzelnen Gleichungssysteme viel zu kompliziert sind, um zusammengefasst werden zu können. Die separate Behandlung stellt aufgrund der erhöhten Übersichtlichkeit eine zusätzliche Arbeitserleichterung dar.

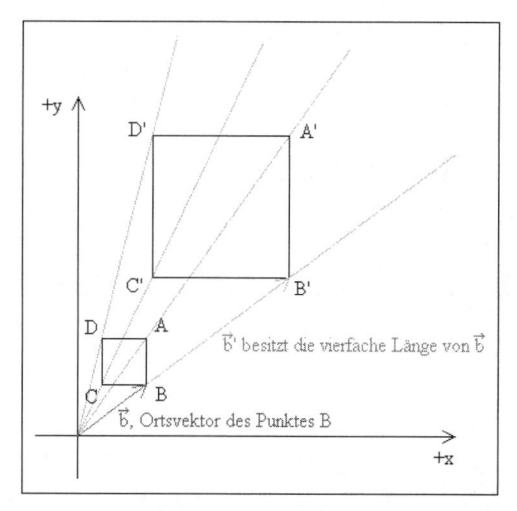

Abb. 3.11: Schematische Darstellung der Rotation eines Polygons um die Achsen des dreidimensionalen Koordinatensystems

Nehmen wir an, wir kennen die Koordinaten eines Punkts **P(x, y, z)** und möchten diesen um α Einheiten Bogenmaß um die x-Achse rotieren. Für das Ergebnis **P'(x', y', z')** gilt bekanntermaßen:

$x' = x$

$y' = y * cos(\alpha) - z * sin(\alpha)$

$z' = y * sin(\alpha) + z * cos(\alpha)$ $\qquad\qquad \alpha \in \mathbb{R}$

Auf der Grundlage dieser Beziehungen müssen wir die Matrix aufbauen, mit deren Hilfe ein Punkt um die x-Achse gedreht werden kann. Aufgrund der Tatsache, dass die Koordinaten von **P** gegeben sind, lässt sich dieser in die Matrix **PM** umwandeln. Multipliziert man **PM** mit der gesuchten Matrix **PXM**, erhält man die Koordinaten des Punkts **P'**; diese sind jedoch Teil der Matrix **PM'**:

$PM * RXM = PM'$ $\qquad\qquad\qquad\qquad\qquad\qquad\qquad\qquad \Rightarrow$

$$\begin{pmatrix} x & y & z & 1 \end{pmatrix} * \begin{pmatrix} r11 & r12 & r13 & r14 \\ r21 & r22 & r23 & r24 \\ r31 & r32 & r33 & r34 \\ r41 & r42 & r43 & r44 \end{pmatrix} = \begin{pmatrix} x' & y' & z' & 1 \end{pmatrix}$$

Da wir die Elemente der Matrix **RXM** noch nicht kennen, werden sind diese in Form von Variablen angegeben, welche unter Beachtung ihrer Position benannt sind. Bei der Lösung dieser Gleichung mit **16** Unbekannten stehen uns folgende Hinweise zur Verfügung:

- Die Beziehungen, auf deren Grundlage die Koordinaten **(x', y', z')** berechnet werden, sind in Form der Rotationsformel gegeben.
- Die Gesetze der Matrizenmultiplikation sind uns bekannt.

Welche Werte müssen demnach die Komponenten von **RXM** besitzen, sodass man bei der Auswertung der Matrizenmultiplikation die Rotationsformel erhält, welche seit dem ersten Kapitel bekannt sind?

Wie wir wissen, erhält man den Wert der Koordinaten **y'** durch die Multiplikation der Matrix **PM** mit der ersten Zeile von **RXM**:

$$y' = \begin{pmatrix} x & y & z & 1 \end{pmatrix} * \begin{pmatrix} r12 \\ r22 \\ r32 \\ r42 \end{pmatrix} \qquad\qquad \Rightarrow$$

$y' = x * r12 + y * r22 + z * r32 + 1 * r42$ $\qquad$ *[Gleichung 1]*

Kapitel 3
Einführung in die 3D-Programmierung

Die seit längerem bekannte Rotationsformel formuliert für **y'** folgende Beziehung:

$y' = y * cos(\alpha) - z * sin(\alpha)$ *[Gleichung 2]*

Welche Werte müssen die Variablen der *Gleichung 1* annehmen, um *Gleichung 2* zu erhalten? Wie man leicht nachvollziehen kann, muss folgende Beziehung erfüllt sein, damit die beiden Gleichungen identisch sind:

$$\begin{pmatrix} r12 \\ r22 \\ r32 \\ r42 \end{pmatrix} = \begin{pmatrix} 0 \\ cos(\alpha) \\ -sin(\alpha) \\ 0 \end{pmatrix}$$

Um diese Beziehung zu beweisen, müssen die Variablen der *Gleichung 1* durch diese Zahlenwerte ersetzt werden; wenn diese Werte gültig sind, erfüllen sie die Bedingungen der *Gleichung 2*:

[Rechte Seite der Gleichung 1] = *[Rechte Seite der Gleichung 2]*

$x * 0 + y * cos(\alpha) + z * [-sin(\alpha)] + 1 * 0 = y * cos(\alpha) - z * sin(\alpha)$ v

Mithilfe der gleichen Vorgehensweise lassen sich auch die Werte der übrigen Elemente der gesuchten Matrix **RXM** bestimmen:

$$RXM = \begin{pmatrix} 1 & 0 & 0 & 0 \\ 0 & cos(\alpha) & sin(\alpha) & 0 \\ 0 & -sin(\alpha) & cos(\alpha) & 0 \\ 0 & 0 & 0 & 1 \end{pmatrix} \quad \text{[Rotation um die x-Achse]l}$$

Die Gleichungen, auf deren Grundlage sich ein Punkt P(x, y, z) um die y-Achse gedreht werden kann, sind bei einem Rotationswinkel von α Einheiten Bogenmaß folgendermaßen aufgebaut:

$x' = x * cos(\alpha) + z * sin(\alpha)$

$y' = y$

$z' = -x * sin(\alpha) + z * cos(\alpha)$ $\quad\quad\quad\quad \alpha \in \mathbb{R}$

Die Matrix **RYM**, welche die gleichen Beziehungen enthält, ist unten dargestellt:

$$RYM = \begin{pmatrix} cos(\alpha) & 0 & -sin(\alpha) & 0 \\ 0 & 1 & 0 & 0 \\ sin(\alpha) & 0 & cos(\alpha) & 0 \\ 0 & 0 & 0 & 1 \end{pmatrix} \quad \text{[Rotation um die y-Achse]}$$

Die Gleichungen für die Rotation eines Punkts mit den Koordinaten (x, y, z) um die z-Achse unter Verwendung eines beliebigen Winkels α besitzen folgenden Aufbau:

$x' = x * cos(α) - y * sin(α)$

$y' = x * sin(α) + y * cos(α)$

$z' = z$ $\hspace{4cm} α \in \mathbf{R}$

Werden diese Informationen in einer Matrix **RZM** gespeichert, ist das Ergebnis:

$$RZM = \begin{pmatrix} cos(α) & sin(α) & 0 & 0 \\ -sin(α) & cos(α) & 0 & 0 \\ 0 & 0 & 1 & 0 \\ 0 & 0 & 0 & 1 \end{pmatrix} \hspace{1cm} \textit{[Rotation um die z-Achse]}$$

3.3.3 Die Skaliermatrix

Unter dem Begriff *Skalierung* verbirgt sich die Vergrößerung oder Verkleinerung der Fläche bei zweidimensionalen bzw. des Volumens bei dreidimensionalen Figuren. Die Skalierung einer Figur erfolgt durch die Multiplikation der Ortsvektoren ihrer Punkte mit einer Konstanten, welche als Skalar bezeichnet wird. Der Ortsvektor eines Punkts ist der Vektor, dessen Komponenten die gleichen Werte wie die Koordinaten des Punkts besitzen.

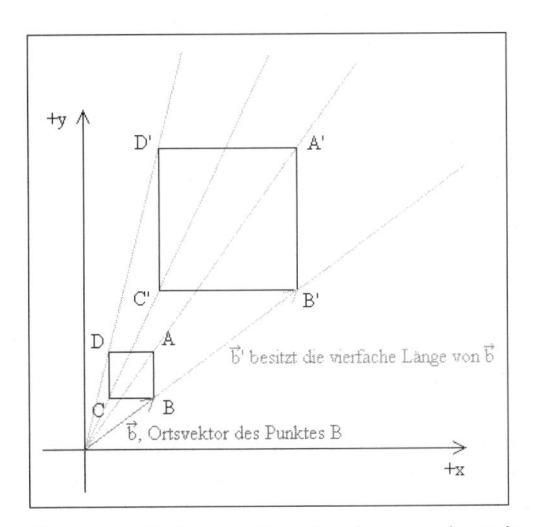

Abb. 3.12: Skalierung eines Quadrats um den Faktor 3

Die Gleichungen zur Skalierung des Ortsvektors $\vec{p}\begin{pmatrix} x \\ y \\ z \end{pmatrix}$ eines beliebigen Punkts

P(x, y, z) unter Verwendung des Skalars sf sind folgendermaßen definiert:

$x' = x * sf$

$y' = y * sf$

$z' = z * sf \qquad\qquad sf \in R$

$\begin{pmatrix} x' \\ y' \\ z' \end{pmatrix}$ sind hierbei die Komponenten des Ortsvektors des Punkts **P'**, welcher die skalierte Version des Punkts **P** darstellt. Auf der Grundlage dieses Gleichungssystems kann folgende Matrix aufgebaut werden:

$$\begin{pmatrix} sf & 0 & 0 & 0 \\ 0 & sf & 0 & 0 \\ 0 & 0 & sf & 0 \\ 0 & 0 & 0 & 1 \end{pmatrix} \qquad \textit{[Gleichmäßige Skalierung]}$$

Die Werte, welche der Skalar **sf** annehmen kann, lassen sich in mehreren Kategorien einteilen. Die Skalierung mit Werten innerhalb derselben Kategorie bewirkt ähnliche Ergebnisse:

1. Besitzt der Skalar einen Wert, der zwischen 0.0 und 1.0 liegt, wird der Betrag des Ortsvektors proportional zur Größe des Skalars verkleinert. Die Richtung des Vektors bleibt erhalten.
2. Falls der Wert des Skalars größer 1.0 ist, wird der Betrag des Ortsvektors vergrößert, die Richtung des Vektors bleibt weiterhin unverändert.
3. Bei der Skalierung mit einem Wert, der kleiner 0.0 ist, gelten dieselben Gesetzmäßigkeiten, welche in den Punkten 1. und 2. beschrieben sind; der Unterschied ist, dass hier der Ortsvektor nach der Operation in die entgegengesetzte Richtung zeigt.
4. Eine Skalierung mit dem Wert 1.0 ändert den Vektor nicht. Die Skalierung mit dem Wert −1.0 hat zur Folge, dass der Ortsvektor in die entgegengesetzte Richtung zeigt, sein Betrag aber unverändert bleibt.

Diese Gesetzmäßigkeiten lassen sich auch auf den gesamten zu skalierenden Gegenstand übertragen: Eine Skalierung sämtlicher Vertices, die eine Figur definieren, mit einem Wert zwischen 0.0 und 1.0, verkleinert diese, bei einer Multiplikation mit einem Skalar größer 1.0 wird das Objekt vergrößert.

Die z-Koordinaten einer Figur, welche sich innerhalb des *Viewports* befindet, besitzen positive Werte. Bei einer Skalierung mit einem Wert kleiner 0.0 wird die Figur nach der vorhergehenden Definition ebenfalls verkleinert bzw. vergrößert, gleichzeitig bekommen diese Koordinaten jedoch ein negatives Vorzeichen. Damit wird die Figur zusätzlich zur Veränderung ihrer Größe hinter dem Betrachter, welcher sich an der Position (0, 0, 0) befindet, versetzt.

Diese Gesetzmäßigkeiten haben eine Gemeinsamkeit: Bei der skalierten Figur handelt es sich stets um eine vergrößerte bzw. verkleinerte Version des ursprünglichen Gegenstands. Mathematisch ausgedrückt, handelt es sich hierbei um eine *affine* Abbildung, anders ausgedrückt ist die skalierte Figur der ursprünglichen *ähnlich*. Die Winkel, welche von den Polygonseiten gebildet werden, und die Verhältnisse der Seiten zueinander bleiben unverändert.

Ungleichmäßige Skalierung

Es ist durchaus möglich, in dem weiter oben aufgestellten Gleichungssystem zur Skalierung eines beliebigen Punkts die unterschiedlichen Komponenten des ursprünglichen Ortsvektors $\vec{p}\begin{pmatrix}x\\y\\z\end{pmatrix}$ mit unterschiedlichen Skalierfaktoren zu multiplizieren:

$x' = x * xs$

$y' = y * ys$

$z' = z * zs \qquad\qquad xs, ys, zs \in \mathbb{R}$

Für die einzelnen Teilgleichungen gelten dieselben Gesetzmäßigkeiten, welche im vorhergehenden Abschnitt besprochen worden sind. Die dazugehörige Matrix ist folgendermaßen aufgebaut:

$$\begin{pmatrix} xs & 0 & 0 & 0 \\ 0 & ys & 0 & 0 \\ 0 & 0 & zs & 0 \\ 0 & 0 & 0 & 1 \end{pmatrix} \qquad \text{[Ungleichmäßige Skalierung]}$$

Das Ergebnis der Skalierung unter Verwendung dieses Gleichungssystems ist ein Gegenstand, welcher dem ursprünglichen nicht ähnlich ist; der Grund hierfür besteht darin, dass die ungleichmäßige Skalierung die Längen der Polygonseiten auf unterschiedliche Weise verändert, sodass die ursprünglichen Verhältnisse zwischen den Polygonseiten verloren gehen.

Skaliert man einen Würfel mit den Werten [1, 2, 1], bleiben die Werte der x- und z-Koordinaten unverändert. Durch die Multiplikation der y-Koordinaten mit dem Wert 2 verdoppeln sich ihre Werte, die vertikalen Seiten des Würfels nehmen somit die zweifache Länge an. Das Ergebnis ist ein Quader, welcher der ursprünglichen Figur unähnlich ist; das Verhältnis der horizontalen zu den vertikalen Würfelseiten war 1:1, beim Quader beträgt dieses nunmehr 1:2.

Die Skalierung mit den Werten xs = 1.5, ys = 1 und zs = 1 bewirkt eine Dehnung der betreffenden Figur in die Breite: Aus einem Quadrat entsteht z.B. ein horizontal liegendes Rechteck, ein Würfel wird zu einem Quader gedehnt. Die Werte [0.5, 1.5, 1] verringern die Breite einer beliebigen Figur, vergrößern aber gleichzeitig auch ihre Höhe. Bei der Skalierung eines Quadrats unter Verwendung dieser Werte entsteht ein senkrecht stehendes Rechteck.

Zu diesem Zeitpunkt kennen wir sämtliche Matrizen, auf deren Grundlage die drei Grundbewegungen *Rotation*, *Translation* und *Skalierung* durchgeführt werden können. Interessant am Layout dieser Matrizen ist, dass die vierte Zeile stets die konstanten Werte:

$$\begin{pmatrix} 0 & 0 & 0 & 1 \end{pmatrix}$$

enthält. Die einzige Ausnahme bildet die Translationsmatrix: in ihrer vierten Zeile sind die Versetzungswerte zu finden. Der Grund für diese Anordnung besteht darin, dass bei der Durchführung einer Verschiebung diese Werte den Koordinaten des entsprechenden Punkts lediglich *hinzuaddiert* werden müssen; mit diesen Koordinaten werden keine benutzerdefinierten Werte multipliziert, so wie es bei der Rotation oder Skalierung der Fall ist.

Hieraus folgt, dass die Durchführung von Translationsanweisungen der einzige Grund darstellt, warum wir in unseren Programmen auf 4 x 4-Matrizen zugreifen müssen. Wenn in einem Programm lediglich Rotations- oder Skalieroperationen durchzuführen sind, können auch 3 x 3-Matrizen eingesetzt werden.

3.3.4 Matrizenmultiplikation

Wie wir bisher an mehreren Beispielen festgestellt haben, ist die Bewegung eines Punkts unter Verwendung einer Matrix relativ umständlich und auf den ersten Blick unnötig, denn eine Matrix stellt nichts anderes dar als eine andere Schreibweise für ein vorgegebenes Gleichungssystem. Die Vorteile von Matrizen kommen erst dann zutage, wenn mehrere verschiedene Bewegungsanweisungen durchgeführt werden müssen.

Wenn ein Punkt **P** beispielsweise rotiert und versetzt werden muss, lassen sich diese unterschiedlichen Bewegungsanweisungen in derselben Matrix eintragen. Wenn man **P** anschließend mit dieser Matrix multipliziert, wird dieser *gleichzeitig* unter Verwendung der benutzerdefinierten Werte gedreht und verschoben. In unseren Programmen werden Bewegungsanweisungen von einer einzigen **4 x 4**-Matrix gesteuert, welche als *Hauptmatrix* bezeichnet wird.

Ein einfaches Denkmodell, mit dessen Hilfe die Arbeit mit Matrizen besonders gut nachvollzogen werden kann, sieht folgendermaßen aus: Die Matrix ist eine Blackbox, in welcher Bewegungsanweisungen eingetragen werden können. Wenn ein Polygon gedreht, skaliert und verschoben werden muss, werden zunächst alle benötigten Drehungs-, Versetzungs- und Skalierwerte in die Hauptmatrix eingetragen. Anschließend werden alle Vertices des zu verändernden Polygons *transformiert*, d.h. mit der Hauptmatrix multipliziert. Das Ergebnis ist ein gedrehtes, skaliertes und verschobenes Polygon. Abbildung 3.12 enthält die grafische Darstellung dieser Vorgehensweise.

Alle Matrizen, die wir bisher auf der Grundlage vorgegebener Gleichungssysteme aufgebaut haben, sind *konstant*. Dieser Terminus bezieht sich auf die Tatsache, dass die einzelnen Felder der betreffenden Matrix immer dieselbe Information enthalten. In der Rotationsmatrix für die Drehung um die z-Achse befindet sich beispielsweise in der ersten Zeile und der ersten Spalte stets der Kosinus des Rotationswinkels. Dieser Winkel und damit auch sein Kosinuswert dürfen jedoch unterschiedliche Werte annehmen.

Konstante Matrizen werden eingesetzt, um die benutzerdefinierten Bewegungsanweisungen in die Hauptmatrix zu speichern. Für die Verschiebung eines Punkts **P** mit dem Vektor $\vec{v}\begin{pmatrix}1\\3\\2\end{pmatrix}$ muss zunächst die Versetzungsmatrix definiert, deren Variablen **xt**, **yt** und **zt** mit den Komponenten 1, 2 und 3 initialisiert werden. Anschließend muss diese Matrix mit der Hauptmatrix **HM** multipliziert werden, um auf diese Weise die drei Versetzungswerte nach **HM** zu übertragen. Wenn **P** nach der Translation noch um den Winkel (0.5 * π) um die y-Achse gedreht werden muss, geht man genauso vor: Den entsprechenden Elementen der bekannten Rotationsmatrix **RYM** werden der Sinus- und Kosinuswert dieses Winkels zugewiesen, anschließend wird **RYM** mit **HM** multipliziert. An diesem Zeitpunkt enthält **HM** neben der Versetzungs- auch eine Rotationsanweisung.

Bei der in diesem Zusammenhang durchzuführenden Multiplikation von **4x4**-Matrizen wird genauso vorgegangen wie bei der Multiplikation einer **1x4**-Matrix mit einer **4x4**-Matrix. Wie wir wissen, lautet die Grundregel hierbei:

*Zeile * Spalte*

Angenommen, wir wollen zwei Matrizen **M1** und **M2** miteinander multiplizieren, wobei **M3** das Ergebnis darstellt. Das Element **uv**, das sich in Zeile **u**, Spalte **v** der Matrix **M3** befindet, wird durch die Multiplikation der Zeile **u** der Matrix **M1** mit der

Spalte **v** der Matrix **M2** ausgerechnet. **u** und **v** sind hierbei natürliche Zahlen zwischen 1 und 4. Für **M3** gilt somit:

$M1 * M2 = M3$ $\Rightarrow$

$$\begin{pmatrix} 1 & 8 & 1 & 7 \\ 0 & 4 & 5 & 9 \\ 2 & 2 & 1 & 9 \\ 3 & 8 & 0 & 0 \end{pmatrix} * \begin{pmatrix} 9 & 1 & 5 & 2 \\ 6 & 0 & 1 & 0 \\ 2 & 1 & 4 & 4 \\ 7 & 3 & 8 & 9 \end{pmatrix} = \begin{pmatrix} 108 & 23 & 73 & 69 \\ 97 & 32 & 96 & 101 \\ 95 & 30 & 88 & 89 \\ 75 & 3 & 23 & 6 \end{pmatrix}$$

Stellvertretend für alle Elemente der dritten Matrix wird das Ergebnis der zweiten Zeile der ersten Matrix mit der dritten Spalte der zweiten nach den Regel des *Dot Product* folgendermaßen gebildet:

$0 * 5 + 4 * 1 + 5 * 4 + 9 * 8 = 96$

Die Matrizenmultiplikation ist nicht kommutativ. Bei der Multiplikation der Hauptmatrix mit einer konstanten Matrix *muss* die Hauptmatrix an erster Stelle stehen, links vom Multiplikationsoperator. Bei der Transformation befindet sich die Hauptmatrix an zweiter Stellt, rechts vom Multiplikationsoperator. Werden diese Vorgaben nicht eingehalten, ist die Rechnung ungültig.

Wie wir noch sehen werden, ist die Reihenfolge, in welcher die Bewegungsanweisungen durchgeführt werden, sehr wichtig. Für die Ausrichtung eines Gegenstands spielt es eine herausragende Rolle, ob seine Vertices zuerst versetzt oder rotiert werden. Bemerkenswert ist, dass bei der Verwendung der Hauptmatrix die Reihenfolge, in welcher die Bewegungsinformationen eingetragen werden, erhalten bleibt.

Im Zusammenhang mit der Matrizenmultiplikation existiert eine besondere Matrix, welche als *Einheitsmatrix* bezeichnet wird. Die Elemente, welche auf einer Diagonalen von links oben nach rechts unten angeordnet sind, besitzen den Wert 1, die restlichen Elemente weisen den Wert 0 auf.

$$EM = \begin{pmatrix} 1 & 0 & 0 & 0 \\ 0 & 1 & 0 & 0 \\ 0 & 0 & 1 & 0 \\ 0 & 0 & 0 & 1 \end{pmatrix} \qquad [Einheitsmatrix]$$

Diese Matrix besitzt den Wert 1; interessant ist, dass die Multiplikation einer beliebigen 4 x 4- bzw. 1 x 4-Matrix **MX** mit der Einheitsmatrix die Werte der Elemente von **MX** nicht verändert:

$MX * EM = MX$

In der Praxis werden Matrizen in Form von zweidimensionalen Arrays aus Fließkommerzahlen dargestellt. Um ein Polygon mithilfe einer Matrix zu drehen, zu skalieren oder zu verschieben, müssen folgende Schritte befolgt werden:

1. Initialisierung der Hauptmatrix mit der Einheitsmatrix.
2. Definition der benötigten konstanten Matrizen und Initialisierung ihrer Elemente mit den benutzerdefinierten Bewegungsanweisungen.
3. Zuweisung der Bewegungsinformationen an die Hauptmatrix. Um dies zu erreichen, werden die einzelnen Matrizen, welche im vorherigen Schritt aufgebaut worden sind, nacheinander mit der Hauptmatrix multipliziert.
4. Um einen beliebigen Gegenstand gemäß der Rotations-, Translations- und Skalierinformationen verändern zu können, müssen sämtliche bei seiner Definition vorkommenden Vertices mit der Hauptmatrix multipliziert werden.

In den meisten Fällen wird bei der Multiplikation von Matrizen die bekannte Grundregel

*Zeile * Spalte*

eingehalten. Manchmal begegnet man in der Literatur jedoch auch Matrizen, welche unter Verwendung der umgekehrten Regel *Spalte * Zeile* miteinander multipliziert werden. Die Reihenfolge, in welcher die beiden Matrizen während der Transformation miteinander multipliziert werden, kann ebenfalls variieren.

Es ist leicht nachvollziehbar, dass die konstanten Matrizen, welche in diesem veränderten Hintergrund entwickelt werden, sich von den bisher vorgestellten unterscheiden. Theoretisch gesehen spielt es daher keine Rolle, welche der Formel in den eigenen Programmen eingesetzt wird, um einen bestimmten Effekt zu erzeugen. Es ist dennoch vorteilhafter den Vorgehensweisen, welche in den vergangenen Abschnitten entwickelt worden sind, den Vorzug zu geben.

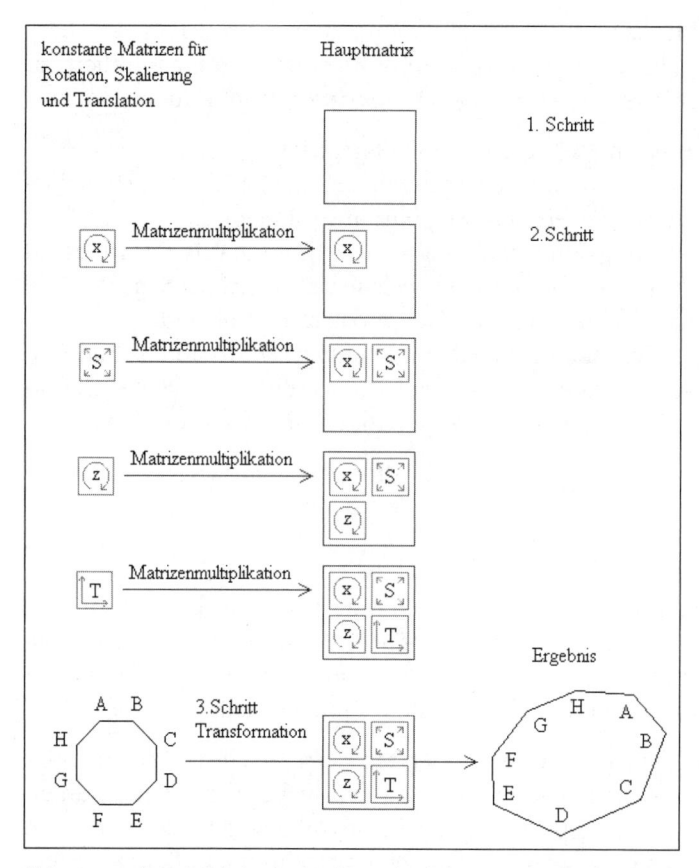

Abb. 3.13: Anschauliche Darstellung der Arbeit mit Matrizen

3.3.5 Verwaltung von Matrizen

Im Laufe der folgenden Programme werden wir sämtliche Bewegungsanweisungen unter Verwendung von Matrizen durchführen. Die Definition eines Datentyps, mit dessen Hilfe der Umgang mit der Hauptmatrix automatisiert wird, stellt daher eine bedeutende Arbeitserleichterung dar. Die Klasse Matrix muss folgende Voraussetzungen erfüllen:

1. Sie muss ein zweidimensionales, **4 x 4**-elementiges Array enthalten, welches die Werte der Elemente der Hauptmatrix aufnimmt. Um die Kompatibilität mit den folgenden Quelltexten zu gewährleisten, sollten die Elemente nach folgendem Muster angeordnet werden:
2. main_matrix[Zeilenanzahl][Spaltenanzahl]
3. Eine Funktion, welche der Hauptmatrix die Werte der Einheitsmatrix zuweist, muss vorhanden sein.
4. Die Klasse muss eine Funktion enthalten, welche als Parameter eine Matrix in Form eines zweidimensionalen, 4 x 4 – elementigen Arrays entgegennimmt,

und diese mit der Hauptmatrix gemäß den im letzten Abschnitt beschriebenen Regeln multipliziert. Das Ergebnis wird der Hauptmatrix zugewiesen.
5. Drei Funktionen sollten vorhanden sein, welche für das Drehen, Skalieren und Verschieben zuständig sind. Diese Funktionen sollten Rotationswinkel, Skalierfaktoren und Translationswerte als Parameter entgegennehmen und diese Informationen in die Hauptmatrix speichern.
6. Schließlich muss die Klasse über eine Transformationsfunktion verfügen; einer Routine, welche ein Punkt mit der Hauptmatrix multipliziert und diesen gemäß der dort gespeicherten Rotations-, Translations- und Skalierungswerte verändert. Der Punkt sollte der Funktion in Form eines Zeigers oder einer Referenz auf ein Objekt vom Typ vertex übergeben werden.

Eine mögliche Lösung dieser Aufgabe ist folgendermaßen aufgebaut:

```
class matrix
{
  private:
    double main_matrix[ 4 ][ 4 ];

    void multiplicate( double n_m[ 4 ][ 4 ] );

  public:
    void rotate( double xa, double ya, double za );
    void translate( double xt, double yt, double zt );
    void scale( double xs, double ys, double zs );

    void transform( vertex *v );
    void clear( void );

    matrix( void ) { clear(); }
};
```

Die Arbeit mit dieser Klasse gestaltet sich folgendermaßen: Wenn der Benutzer eine Figur beispielsweise drehen und versetzen möchte, definiert er eine Variable vom Typ matrix und ruft zunächst die Funktionen matrix::rotate() und matrix::translate() auf, um die gewünschten Translations- und Rotationsinformationen in die Hauptmatrix einzutragen. Anschließend werden sämtliche Vertices des zu bewegenden Gegenstands der Funktion matrix::transform() übergeben, um diese gemäß den in der Matrix gespeicherten Informationen zu drehen und zu versetzen.

Es folgt eine Übersicht über die Komponenten der Klasse `matrix`:

Variable: Aufgabe:

`main_matrix[ 4 ][ 4 ]`: Dieses zweidimensionale Array stellt die Hauptmatrix dar, in welcher Informationen wie Rotationswinkel oder Translationswerte gespeichert werden. Um größere Genauigkeit bei der Speicherung der Werte zu gewährleisten wird der Datentyp `double` verwendet. Die erste Dimension stellt die Zeilenanzahl dar, die zweite die Spaltenanzahl.

Funktion: Aufgabe/Definition:

`multiplicate()`: Zunächst Multiplikation der Hauptmatrix mit einer als Parameter übergebenen konstanten Matrix, im Anschluss Zuweisung der Ergebnisse an die Hauptmatrix.

```
void matrix::multiplicate( double n_m[ 4 ][ 4 ] )
{
  char row, column;
  double tm[ 4 ][ 4 ];

  for( row=0 ; row < 4 ; row++ )
    for( column=0 ; column < 4 ; column++ )
      tm[ row ][ column ] = main_matrix[ row ][ 0 ] *
                            n_m[ 0 ][ column ] +
                            main_matrix[ row ][ 1 ] *
                            n_m[ 1 ][ column ] +
                            main_matrix[ row ][ 2 ] *
                            n_m[ 2 ][ column ] +
                            main_matrix[ row ][ 3 ] *
                            n_m[ 3 ][ column ];

  for( row=0 ; row < 4 ; row++ )
    for( column=0 ; column < 4 ; column++ )
      main_matrix[ row ][ column ] =
        tm[ row ][ column ];
}
```

Mithilfe der Funktion `multiplicate()` lässt sich eine beliebige Drehungs-, Versetzungs- oder Skalierungsmatrix, welche in Form des Arrays `n_m[][]` als Parameter übergeben wird, mit der Hauptmatrix multiplizieren. Dabei werden die jeweiligen Bewegungsinformationen in die Hauptmatrix übertragen. Die Funktion läuft in zwei Schritten ab: Im ersten werden die zwei Matrizen miteinander multipliziert und das Ergebnis wird in eine temporäre Matrix gespeichert. Im zweiten Schritt werden die Werte aus der temporären Matrix in die Hauptmatrix übertragen.

Wie wir wissen, verläuft die Multiplikation nach der Regel *Zeile * Spalte* ab. Sämtliche Werte, welche sich innerhalb des temporären Arrays `tm[][]` befinden, wurden nach dem Gesetz des *Dot Products* gebildet. Dabei werden die Elemente aus den Zeilen der Hauptmatrix mit Werten aus den Spalten der konstanten Matrix multipliziert, die Ergebnisse werden addiert.

Die äußere `for()` – Schleife des ersten Schritts läuft viermal ab, einmal für jede der vier Zeilen unserer Matrix. Die innere Schleife läuft einmal für jede der vier Spalten ab, die innerhalb der Zeile liegen, welche durch die äußere Schleife vorgegebenen ist. Die Laufvariable `row` indiziert die zurzeit bearbeitete Zeile. Dementsprechend verhält es sich mit der Variablen `column`, welche die Position der aktuellen Spalte innerhalb der Zeile angibt:

```
tm[ row ][ column ] = main_matrix[ row ][ 0 ] *
                      n_m[ 0 ][ column ] +

                      main_matrix[ row ][ 1 ] *
                      n_m[ 1 ][ column ] +

                      main_matrix[ row ][ 2 ] *
                      n_m[ 2 ][ column ] +

                      main_matrix[ row ][ 3 ] *
                      n_m[ 3 ][ column ];
```

Die Laufvariablen indizieren dabei sowohl das Array `tm[][]` als auch die Haupt- und die konstante Matrix, hier `n_m[][]`, ganz im Sinne der bekannten Definition des *Dot Product*.

Das *Dot Product* verlangt, dass das *erste* Element der aktuellen Zeile mit dem *ersten* Element der aktuellen Spalte multipliziert wird, das *zweite* Element der Zeile mit dem *zweiten* der Spalte usw. Diese Vorgabe wurde erfüllt, indem sowohl die zweite Dimension der Hauptmatrix als auch die erste Dimension des Arrays n_m[][] mit konstanten Werten indiziert werden. Die Reihenfolge der Matrizen wurde ebenfalls berücksichtigt: Die Hauptmatrix befindet sich an erster Stelle, links vom Multiplikationsoperator, die Matrix n_m[][] folgt an zweiter.

Man darf die neu ausgerechneten Zahlen nicht direkt in die Hauptmatrix eintragen, da diese sonst die alten Werte der Hauptmatrix, die für weitere Multiplikationen benötigt werden, überschreiben würden. Nehmen wir an, wir würden die neu ausgerechneten Zahlen direkt in die Hauptmatrix eintragen. Der erste Wert der Hauptmatrix, der verändert werden würde, ist derjenige, der sich in der ersten Spalte der ersten Zeile befindet. Der alte Wert, der an dieser Stelle gespeichert war, würde verloren gehen. Bei der Berechnung des zweiten Elements der ersten Zeile müsste die erste Zeile der *unveränderten* Hauptmatrix mit der zweiten Spalte der Matrix n_m[][] multipliziert werden. Da aber das erste Element der Hauptmatrix verändert werden würde, würde die Rechnung zu einem falschen Ergebnis führen.

Wenn man ein temporäres Array verwendet, dessen Werte in einem letzten Schritt der Hauptmatrix zugewiesen werden, kann diese verändert werden, ohne dass der soeben beschriebene Fehler auftaucht.

rotate(): Aufgabe/Definition:

Übertragung der als Parameter entgegengenommenen Rotationswerte in die Hauptmatrix:

```
void matrix::rotate( double xa, double ya, double za )
{
  double rm[ 4 ][ 4 ];

// Rotation um die x - Achse:
  rm[ 0 ][ 0 ] = 1;         rm[ 0 ][ 1 ] = 0;
  rm[ 0 ][ 2 ] = 0;         rm[ 0 ][ 3 ] = 0;

  rm[ 1 ][ 0 ] = 0;         rm[ 1 ][ 1 ] = cos( xa );
  rm[ 1 ][ 2 ] = sin( xa ); rm[ 1 ][ 3 ] = 0;
```

```
  rm[ 2 ][ 0 ] = 0;          rm[ 2 ][ 1 ] =-sin( xa );
  rm[ 2 ][ 2 ] = cos( xa );  rm[ 2 ][ 3 ] = 0;

  rm[ 3 ][ 0 ] = 0;          rm[ 3 ][ 1 ] = 0;
  rm[ 3 ][ 2 ] = 0;          rm[ 3 ][ 3 ] = 1;
  multiplicate( rm );

// Rotation um die y - Achse:
  rm[ 0 ][ 0 ] = cos( ya );  rm[ 0 ][ 1 ] = 0;
  rm[ 0 ][ 2 ] =-sin( ya );  rm[ 0 ][ 3 ] = 0;

  rm[ 1 ][ 0 ] = 0;          rm[ 1 ][ 1 ] = 1;
  rm[ 1 ][ 2 ] = 0;          rm[ 1 ][ 3 ] = 0;

  rm[ 2 ][ 0 ] = sin( ya );  rm[ 2 ][ 1 ] = 0;
  rm[ 2 ][ 2 ] = cos( ya );  rm[ 2 ][ 3 ] = 0;

  rm[ 3 ][ 0 ] = 0;          rm[ 3 ][ 1 ] = 0;
  rm[ 3 ][ 2 ] = 0;          rm[ 3 ][ 3 ] = 1;
  multiplicate( rm );

// Rotation um die z - Achse:
  rm[ 0 ][ 0 ] = cos( za );  rm[ 0 ][ 1 ] = sin( za );
  rm[ 0 ][ 2 ] = 0;          rm[ 0 ][ 3 ] = 0;

  rm[ 1 ][ 0 ] =-sin( za );  rm[ 1 ][ 1 ] = cos( za );
  rm[ 1 ][ 2 ] = 0;          rm[ 1 ][ 3 ] = 0;

  rm[ 2 ][ 0 ] = 0;          rm[ 2 ][ 1 ] = 0;
  rm[ 2 ][ 2 ] = 1;          rm[ 2 ][ 3 ] = 0;

  rm[ 3 ][ 0 ] = 0;          rm[ 3 ][ 1 ] = 0;
  rm[ 3 ][ 2 ] = 0;  rm[ 3 ][ 3 ] = 1;
  multiplicate( rm );
}
```

Die Funktion rotate() definiert ein zweidimensionales Array namens rm[][], welches in der Lage ist, die Elemente beliebiger Matrizen zu speichern. Die Funktion läuft in drei Schritten ab, jeder Schritt ist für die Rotation um eine Koordinatenachse zuständig. Im ersten Schritt findet eine Rotation um die x-Achse statt. Dazu werden

Kapitel 3
Einführung in die 3D-Programmierung

dem Array die Werte der konstanten Rotationsmatrix für die Drehung um die x-Achse zugewiesen, als Winkel wird der Parameter `xa` eingesetzt. Die Rotationsinformation wird anschließend mittels der Funktion `multiplicate()` in die Hauptmatrix eingetragen. Nach dem Aufruf dieser Funktion wird der Inhalt des Arrays nicht länger benötigt und kann für die Speicherung anderer Werte verwendet werden.

Die übrigen zwei Schritte, wo Informationen zur Drehung um die y- und um die z-Achse in die Hauptmatrix eintragen werden, laufen nach dem gleichen Vorbild ab.

Es ist von großer Wichtigkeit, dass die Rotationswinkel in Radiant angegeben werden und nicht in Grad. Die Sinus- und Kosinusfunktionen, welche standardmäßig im Lieferumfang des C++-Compilers enthalten sind, interpretieren die ihnen als Parameter übergebenen Winkelgrößen als Werte in Bogenmaß, die Angabe eines Winkels in Grad würde zu unbeabsichtigten Ergebnissen führen.

`translate()`:   Aufgabe/Definition:

Speicherung der Versetzungswerte, welche die Funktion als Parameter entgegennimmt, in die Hauptmatrix:

```
void matrix::translate(double xt, double yt, double zt)
{
  double tm[ 4 ][ 4 ];

  tm[ 0 ][ 0 ] = 1;    tm[ 0 ][ 1 ] = 0;
  tm[ 0 ][ 2 ] = 0;    tm[ 0 ][ 3 ] = 0;

  tm[ 1 ][ 0 ] = 0;    tm[ 1 ][ 1 ] = 1;
  tm[ 1 ][ 2 ] = 0;    tm[ 1 ][ 3 ] = 0;

  tm[ 2 ][ 0 ] = 0;    tm[ 2 ][ 1 ] = 0;
  tm[ 2 ][ 2 ] = 1;    tm[ 2 ][ 3 ] = 0;

  tm[ 3 ][ 0 ] = xt;   tm[ 3 ][ 1 ] = yt;
  tm[ 3 ][ 2 ] = zt;   tm[ 3 ][ 3 ] = 1;

  multiplicate( tm );
}
```

Diese Funktion läuft nach genau demselben Vorbild wie `matrix::rotate()` ab. Zunächst wird ein zweidimensionales Array aus Fließkommazahlen definiert, welcher die Verschiebungsmatrix darstellt. Dieser wird nach den Vorgaben der konstanten Verschiebungsmatrix mit Werten versehen, die Versetzungsinformationen werden durch `matrix::multiplicate()` in die Hauptmatrix gespeichert.

scale(): Aufgabe/Definition:

Speicherung der Skalierfaktoren, welche die Funktion als Parameter entgegennimmt, in die Hauptmatrix:

```
void matrix::scale( double xs, double ys, double zs )
{
  double sm[ 4 ][ 4 ];

  sm[ 0 ][ 0 ] = xs; sm[ 0 ][ 1 ] = 0;
  sm[ 0 ][ 2 ] = 0;  sm[ 0 ][ 3 ] = 0;

  sm[ 1 ][ 0 ] = 0;  sm[ 1 ][ 1 ] = ys;
  sm[ 1 ][ 2 ] = 0;  sm[ 1 ][ 3 ] = 0;

  sm[ 2 ][ 0 ] = 0;  sm[ 2 ][ 1 ] = 0;
  sm[ 2 ][ 2 ] = zs; sm[ 2 ][ 3 ] = 0;

  sm[ 3 ][ 0 ] = 0;  sm[ 3 ][ 1 ] = 0;
  sm[ 3 ][ 2 ] = 0;  sm[ 3 ][ 3 ] = 1;

  multiplicate( sm );
}
```

transform(): Aufgabe/Definition:

Multiplikation einer als Parameter übergebenen Variablen vom Typ `vertex` mit der Hauptmatrix, unter Beachtung der Multiplikationsregeln aus dem vorherigen Abschnitt:

```
void matrix::transform( vertex *v )
{
  double bx = v->wx;
  double by = v->wy;
```

```
        double bz = v->wz;

        v->wx = bx * main_matrix[ 0 ][ 0 ] +
                by * main_matrix[ 1 ][ 0 ] +
                bz * main_matrix[ 2 ][ 0 ] +
                main_matrix[ 3 ][ 0 ];

        v->wy = bx * main_matrix[ 0 ][ 1 ] +
                by * main_matrix[ 1 ][ 1 ] +
                bz * main_matrix[ 2 ][ 1 ] +
                main_matrix[ 3 ][ 1 ];

        v->wz = bx * main_matrix[ 0 ][ 2 ] +
                by * main_matrix[ 1 ][ 2 ] +
                bz * main_matrix[ 2 ][ 2 ] +
                main_matrix[ 3 ][ 2 ];
}
```

Sämtliche Rotations-, Verschiebungs- und Skalieroperationen der Punkte unserer Figuren werden auf der Grundlage einer Variablen vom Typ `matrix` durchgeführt. Dabei werden vom Benutzer die Funktionen `matrix::rotate()`, `matrix::translate()` und `matrix::scale()` aufgerufen, um die entsprechenden Bewegungsinformationen in der Hauptmatrix einzutragen. Zunächst hat der Aufruf dieser Funktionen keinen Einfluss auf die Koordinaten irgendwelcher Punkte. Um die Punkte und damit auch die Figuren, welche von ihnen definiert werden, zu drehen, zu verschieben oder zu skalieren, müssen die Koordinaten der Punkte mit der Hauptmatrix multipliziert werden. Die Funktion `transform()` übernimmt diese Aufgabe.

Als Parameter nimmt diese Funktion die Adresse eines Objekts vom Typ `vertex` entgegen und verändert diesen gemäß den Bewegungsinformationen, welche in der Hauptmatrix gespeichert sind. Für die Berechnung der neuen Koordinaten wird die im Abschnitt Abbildung 3.10: Abbildung 3.10 besprochene Vorgehensweise eingesetzt. In dieser Funktion werden wir mit demselben Problem konfrontiert, das schon im Laufe der Funktion `matrix::multiplicate()` aufgetaucht ist: Für die Berechnung der neuen Koordinaten dürfen lediglich die Werte der alten Koordinaten verwendet werden. Eine Veränderung des alten Wertes der Komponenten `vertex::wx` würde die Berechnung des neuen Werts der y-Koordinaten verfälschen. Dieses Problem löst man, indem die alten Koordinaten des zu verändernden Punkts am Anfang der Funktion temporären Variablen zugewiesen werden. Die anschließenden Berechnungen erfolgen ausschließlich unter Verwendung dieser temporären Variablen.

clear(): Aufgabe/Definition:

Zuweisung der Werte der Einheitsmatrix an die Hauptmatrix:

```
void matrix::clear( void )
{
  main_matrix[ 0 ][ 0 ] = 1;   main_matrix[ 0 ][ 1 ] = 0;
  main_matrix[ 0 ][ 2 ] = 0;   main_matrix[ 0 ][ 3 ] = 0;

  main_matrix[ 1 ][ 0 ] = 0;   main_matrix[ 1 ][ 1 ] = 1;
  main_matrix[ 1 ][ 2 ] = 0;   main_matrix[ 1 ][ 3 ] = 0;

  main_matrix[ 2 ][ 0 ] = 0;   main_matrix[ 2 ][ 1 ] = 0;
  main_matrix[ 2 ][ 2 ] = 1;   main_matrix[ 2 ][ 3 ] = 0;

  main_matrix[ 3 ][ 0 ] = 0;   main_matrix[ 3 ][ 1 ] = 0;
  main_matrix[ 3 ][ 2 ] = 0;   main_matrix[ 3 ][ 3 ] = 1;
}
```

In der Praxis werden häufig unterschiedliche Bewegungsanweisungen unter Verwendung derselben Variablen vom Typ matrix hintereinander durchgeführt. Bevor eine neue Bewegungsoperation eingeleitet wird, müssen der Hauptmatrix dieser Variablen mithilfe von clear() die Werte der Einheitsmatrix zugewiesen werden, damit die Bewegungsinformationen früherer Bewegungsvorgänge das Ergebnis nicht verfälschen.

Die Funktion wird ebenfalls standardmäßig vom Konstruktor der Klasse aufgerufen, damit die zufälligen Werte, die sich eventuell in der Hauptmatrix nach der Definition einer Variablen vom Typ matrix befinden, die nachfolgenden Operationen nicht verfälschen.

3.3.6 Praktischer Einsatz von Matrizen

Das Programm a3_3 gibt einen ersten Einblick in die Möglichkeiten der Klasse matrix. Es demonstriert das Zusammenspiel und den Wirkungsgrad der Rotation, Translation und Skalierung anhand zweier Achtecke, welche mit identischen Koordinaten initialisiert werden.

Kapitel 3
Einführung in die 3D-Programmierung

Zuvor muss die Klasse polygon jedoch um eine Funktion erweitert werden, welche die Koordinaten der Vertices unter Verwendung einer Matrix verändert:

```
void polygon::update_pos( matrix m )
{
  for( ushort x=0 ; x<pcount ; x++ )
    m.transform( &wpoint[ x ] );
}
```

polygon::update_pos nimmt als Parameter eine Variable vom Typ matrix entgegen und übergibt der Funktion matrix::transform() die Adresse sämtlicher Vertices des Polygons. Dadurch wird die Position der Figur gemäß den Informationen verändert, welche innerhalb der Matrix gespeichert sind.

Es folgt die vollständige Definition des Programms *a3_3*:

```
///////////////////////       a3_3.cpp        ///////////////////////
//                                                                //
//  Erster praktischer Einsatz der Klasse 'matrix': Zwei          //
//  Achtecke werden mit identischen Koordinaten                   //
//  initialisiert und auf unterschiedliche Weise bewegt           //
//  Auflösung: 320x200, Farbtiefe: 8 Bit                          //
//                                                                //
////////////////////////////////////////////////////////////////////

#include <windows.h>

#include "sf3_1.h"
#include "v3_2.h"
#include "p3_3.h"
#include "m3_3.h"

vertex eight_sides_def[ 8 ] = {
                               {  12,  30, 0 },
                               {  30,  12, 0 },
                               {  30, -12, 0 },
                               {  12, -30, 0 },
                               { -12, -30, 0 },
                               { -30, -12, 0 },
                               { -30,  12, 0 },
                               { -12,  30, 0 }
                              };
```

```
uchar handle_input( MSG *msg );

int WINAPI WinMain( HINSTANCE hInstance, HINSTANCE hPrevInstance
, LPSTR lpCmdLine, int iCmdShow )
{
  surface.open_window( hInstance, 320, 200, 8 );

  polygon eight_sides_1( 8, 32, eight_sides_def );
  polygon eight_sides_2( 8, 40, eight_sides_def );
  matrix m;

  m.rotate( 0, -0.7854, 0 );
  m.scale( 1.5, 1.5, 1 );
  m.translate( 60, 0, 90 );

  uchar *screen = (uchar *) surface.get_screen_pointer();

  eight_sides_1.update_pos( m );
  eight_sides_1.display( screen );

  m.clear();

  m.translate( -60, 0, 90 );

  eight_sides_2.update_pos( m );
  eight_sides_2.display( screen );

  surface.release_screen_pointer();

  MSG message;
  while( !handle_input( &message ) ) ;

  surface.close_window();

  return message.wParam;
}

uchar handle_input( MSG *msg )
{
  if( PeekMessage( msg, NULL, 0, 0, PM_REMOVE ) )
  {
```

Kapitel 3
Einführung in die 3D-Programmierung

```
      if( msg->message == WM_QUIT || msg-
>message == WM_KEYDOWN ) return 1;

    TranslateMessage( msg );
    DispatchMessage( msg );
  }

  return 0;
}
```

//////////////////// Ende a3_3.cpp ////////////////////

Die vollständige Definition der Klasse matrix befindet sich in der Datei "m3_3.h":

//////////////////// Anfang m3_3.h ////////////////////

```cpp
#ifndef POLYGON_H
#define POLYGON_H

#include "ln3_1.h"
#include "m3_3.h"

class polygon
{
  private:
    ushort point_count;
    uchar color;

    vertex *wpoint;

    void project( void );

  public:
    void update_pos( matrix m );
    void display( uchar *sbuffer );

    polygon( ushort p, uchar c, vertex *s );
    ~polygon( void ) {  if( wpoint ) delete [] wpoint;  }
};
```

```
void polygon::project( void )
{
  for( ushort x=0 ; x<point_count ; x++ )
  {
    if( wpoint[ x ].wz <= 0.0 ) exit( "Polygon befindet sich aus
serhalb des Viewports.\n" );

    spoint[ x ].sx = long( wpoint[ x ].wx /
 wpoint[ x ].wz *  100.0 + 160.0 );
    spoint[ x ].sy = long( wpoint[ x ].wy / wpoint[ x ].wz * -
100.0 + 100.0 );

    if( spoint[ x ].sx < 0 || spoint[ x ].sx > 319 || spoint[ x
].sy < 0 || spoint[ x ].sy > 199 )
       exit( "Polygon befindet sich ausserhalb des Viewports.\n"
);
  }
}

void polygon::update_pos( matrix m )
{
  for( ushort x=0 ; x<point_count ; x++ ) m.transform( &wpoint[
x ] );
}

void polygon::display( uchar *sbuffer )
{
  ushort x, y;

  project();

  for( x=point_count-1, y=0 ; y<point_count ; x=y, y++ )
      line( spoint[ x ].sx, spoint[ x ].sy, spoint[ y ].sx, spoin
t[ y ].sy, color, sbuffer );
}

polygon::polygon( ushort p, uchar c, vertex *v )
{
  point_count = p;   color = c;
```

```
    if( (wpoint = new vertex[ point_count ]) == NULL )
      exit( "polygon::polygon(): Nicht genug Arbeitsspeicher.\n" );


    for( ushort x=0 ; x<point_count ; x++ ) wpoint[ x ] = v[ x ];
}

#endif
```

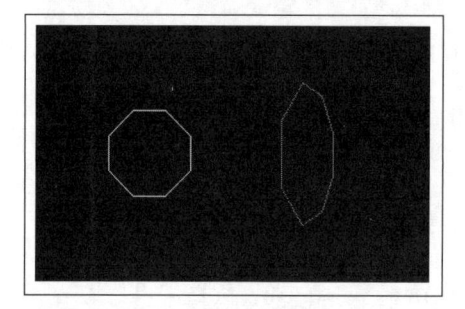

//////////////////// Ende m3_3.h   ////////////////////

Abb. 3.14: Ausgabe des Programms a3_3

3.3.7 Fehlerbehandlung

Das erste vom Programm *a3_3* dargestellte Achteck wird zunächst um ca. 45 bzw. (0.25 * π) Einheiten Bogenmaß um die eigene y-Achse gedreht, um den Faktor 1.5 in x- und y-Richtung skaliert und schließlich um 60 Einheiten nach links und um 90 nach hinten versetzt:

```
m.rotate( 0, -0.7854, 0 );
m.scale( 1.5, 1.5, 1 );
m.translate( 60, 0, 90 );

eight_sides_1.update_pos( m );
eight_sides_1.display( screen );
```

Wie wir noch sehen werden, spielt die Reihenfolge des Aufrufs der Funktionen `matrix::rotate()`, `matrix::scale()` und `matrix::translate()` eine große Rolle. In diesem Programm erfolgt die Ausführung der Translationsfunktion erst *nach* dem Aufruf der beiden anderen. Beim Vertauschen dieser Reihenfolge kann das Polygon den *Viewport* verlassen, wodurch das Programm mit der entsprechenden Fehlermeldung beendet werden würde. Mehr Informationen zu diesem Thema liefert der Abschnitt 3.5.4 *Rotation um die eigenen Achsen*.

Im Gegensatz zum ersten Achteck wird das zweite lediglich um 60 Einheiten nach links und 90 nach hinten verlagert:

```
m.clear();

m.translate( -60, 0, 90 );

eight_sides_2.update_pos( m );
eight_sides_2.display( screen );
```

Aufgrund der Tatsache, dass für die Veränderung der Position beider Polygone dieselbe Variable vom Typ `matrix` eingesetzt wird, muss zwischendurch der Aufruf der Funktion `matrix::clear()` erfolgen, welche der Hauptmatrix die Werte der Einheitsmatrix zuweist. Würde man diesen Aufruf unterlassen, würden die Rotations-, Translations- und Skalierungswerte des ersten Polygons in die Matrix verbleiben und zu einer ungewollten Bewegung des zweiten Achtecks führen.

Das zweite Polygon würde nicht wie beabsichtigt um 90 Einheiten nach hinten und um 60 nach links versetzt werden. Vielmehr das Vieleck um 45 um die y-Achse gedreht, in x- und y-Richtung skaliert, und um **90 + 90 = 180** Einheiten in +z-Richtung verschoben werden. Die Figur würde jedoch in die Mitte des Bildschirms verbleiben, da innerhalb der Matrix zunächst eine Versetzung um 60 Einheiten nach rechts und anschließend eine Verschiebung um 60 Einheiten nach links gespeichert wird.

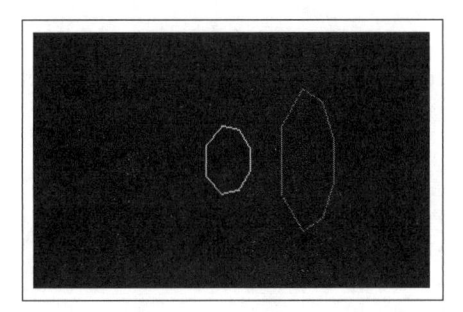

Abb. 3.15: Unbeabsichtigte Ausgabe des Programms a3_3, falls der Aufruf der Funktion `matrix::clear()` unterbleibt

3.4 Double Buffering

Interessante Animationseffekte lassen sich leicht realisieren, indem Gegenstände innerhalb einer Schleife dargestellt werden, in deren Rumpf eine Veränderung ihrer Position durchgeführt wird. Um ein Programm zu schreiben, welches ein Quadrat so lange um die eigene z-Achse dreht, bis der Benutzer eine beliebige Taste drückt, initialisieren wir zunächst eine Variable vom Typ `polygon` mit folgenden Koordinaten:

```
vertex square_def[ 4 ] =
                {
                    { -30,  30, 0 },
                    {  30,  30, 0 },
                    {  30, -30, 0 },
                    { -30, -30, 0 }
                };
```

Die z-Koordinate des Vertices, welche das Quadrat definieren, besitzt den Wert 0; daraus folgt, dass das Polygon sich außerhalb des *Viewports* befinden muss. Es fällt dem Aufgabenbereich des Programmierers zu, die Figur in den sichtbaren Bereich zu verschieben. Anschließend speichern wir den Rotationswinkel für die Drehung um die z-Achse in eine Matrix. Weil die Rotation kontinuierlich innerhalb einer Schleife stattfindet, darf der Winkel nicht zu groß sein, ansonsten wird das Quadrat zu schnell bewegt und der Benutzer nimmt nur ein Flimmern wahr:

```
matrix m;
m.rotate( 0, 0, 0.00001 );
```

Die Hauptschleife des Programms kann schließlich folgendermaßen gestaltet werden:

```
MSG message;
while( !handle_input( &message ) )
{
  square.update_pos( m );

  uchar *screen = (uchar *)surface.get_screen_pointer();
  square.display( screen );
  surface.release_screen_pointer();
}
```

Wenn die Rotationsinformation außerhalb der Schleife innerhalb der Matrix eingetragen wird, ist es nicht notwendig, während der Ausführung der Schleife weitere Matrixoperationen durchzuführen. Die Schleife funktioniert nach folgendem Prinzip: Die Punkte des Quadrats werden in der ersten Iteration um die z-Achse gedreht und die neuen Koordinaten werden im Array `polygon::wpoint[]` der Variablen `square` gespeichert. Im nächsten Schleifendurchgang werden die bereits rotierten Punkte wieder um den konstanten Wert 0.00001 um die z-Achse gedreht; in Bezug zur anfänglichen Ausrichtung findet in diesen zwei Iterationen eine Rotation um 0.00002 Einheiten Bogenmaß statt. Aufgrund dessen, dass der Rotationswert innerhalb der Matrix konstant bleibt und das Polygon in jedem Durchgang der Schleife transformiert wird, entsteht eine gleichmäßige Drehung.

Ein sehr verbreiteter Fehler kommt im folgenden Ausdruck zutage:

```
// Definition von *screen und message

matrix m;

while( !handle_input( &message ) )
{


   //  Rotationsanweisungen werden in jeder Iteration
   //  der Schleife in die Matrix eingetragen


   m.rotate( 0, 0, 0.00001 );


   square.update_pos( m );

   square.display( screen );
}
```

Mit dieser Konstruktion wird die Lösung der gleichen Aufgabe angestrebt, ein Quadrat soll innerhalb einer Schleife gleichmäßig gedreht werden. In diesem Fall wird die Rotationsanweisung in *jedem* Schleifendurchlauf in die Matrix eingetragen; als Ergebnis tritt jedoch ein Flimmern auf.

Schließlich wird versucht, das Flimmern zu unterbinden, indem man einen kleineren Rotationswinkel einstellt; je kleiner der gewählte Winkel ist, umso weniger wird die Figur in einem Schleifendurchgang gedreht und um so langsamer läuft die Animation ab. Obwohl die letzte Überlegung prinzipiell richtig ist, bleibt das Flimmern, egal wie klein der eingestellte Winkel ist. Der Einsatz einer passiven Wiederholungsanweisung ist ebenfalls keine funktionierende Lösung.

Der Grund des Fehlers liegt in der Anweisung

m.rotate(0, 0, 0.00001);

welche sich innerhalb der Schleife befindet und die Rotationsanweisung immer wieder von Neuem in die Hauptmatrix einträgt. Wie wir anhand des vorherigen Programms festgestellt haben, werden entsprechende Bewegungsinformationen *addiert*; die Anweisungen:

```
m.rotate( 0, 0, 0.1 );
m.rotate( 0, 0, 0.1 );
m.rotate( 0, 0, 0.1 );
```

sind nämlich gleichwertig mit:

m.rotate(0, 0, 0.3);

denn

0.1 + 0.1 + 0.1 = 0.3

Entsprechendes gilt auch für die übrigen Bewegungsanweisungen; die Ausdrücke

```
m.translate( 0, 40, 0 );
m.translate( 0, -60, 0 );
```

können auch als

m.translate(0, -20, 0);

zusammengefasst werden. Auch in der beschriebenen Schleife wird der Rotationswinkel innerhalb der Matrix mit der Zeit immer größer. Im ersten Durchlauf beträgt dieser 0.00001, im nächsten 0.00002 usw. Die stetige, unbeabsichtigte Erhöhung des Winkels ist aber nicht die einzige Ursache der fehlerhaften Ausgabe. Der zweite Grund besteht darin, dass die veränderte Position der Vertices des Quadrats aufgrund von

square.update_pos(m);

dauerhaft innerhalb des Arrays polygon::wpoint[] festgehalten werden. Diese beiden Tatsachen führen dazu, dass die ohnehin zu stark gedrehte Figur um einen noch größeren Winkel rotiert wird. Durch die immer schneller ausgeführte Drehung der Figur entsteht der Eindruck eines Flimmerns. Eine umständliche Lösung dieses Problems ist der Aufruf der Funktion `matrix::clear()` in jeder Iteration:

```
// Definition von *screen und message

matrix m;

while( !handle_input( &message ) )
{

  // Die in jeder Iteration gespeicherten
  //Rotationsanweisungen:


  m.rotate( 0, 0, 0.00001 );
  quadrat.update_pos( m );

  // werden durch den Aufruf von 'matrix::clear()'
  // im Anschluss der Drehung gelöscht


  m.clear();

  quadrat.display( screen );
}
```

Diese Konstruktion funktioniert folgendermaßen: Am Anfang der Schleife wird die Rotationsinformation in die Matrix gespeichert, das Quadrat ändert anschließend auf der Grundlage dieser Informationen eine Position. Danach wird diese Rotationsanweisungen aber aus der Matrix entfernt, sodass die Figur im nächsten Schleifendurchgang erneut um den beabsichtigten Rotationswinkel rotiert werden kann.

Diese Schleife läuft aufgrund der Ausführung trigonometrischer Funktionen innerhalb `matrix::rotate()` viel langsamer ab als die zuerst vorgestellte. Ärgerlich ist dabei auch, dass der Aufruf von `matrix::rotate()` und `matrix:clear()` überhaupt nicht notwendig ist, weil die Matrix innerhalb der gesamten Schleife konstant bleibt. Innerhalb der eigenen Programme ist aus diesem Grund eine Konstruktion wie

```
// Definition von *screen und message

m.rotate( 0, 0, 0.00003 );

MSG message;
while( !handle_input( &message ) )
{
  square.update_pos( m );

  uchar *screen = (uchar *)surface.get_screen_pointer();
  square.display( screen );
  surface.release_screen_pointer();
}
```

stets vorzuziehen, wenn die beabsichtigte Ausgabe unter Verwendung einer konstanten Matrix generiert werden kann. Später werden wir aber auch Situationen kennen lernen, welche eine Veränderung der eingesetzten Matrix während der Ausführung der Schleife unbedingt erforderlich machen.

3.4.1 Das Problem der direkten Beschriftung des Videospeichers

Die im vorherigen Abschnitt vorgestellte Theorie wird in Form unseres nächsten Programms in die Praxis umgesetzt. Hierbei wird ein Quadrat so lange um seine eigene z-Achse rotiert, bis der Benutzer eine beliebige Taste drückt. Bis auf die veräderte Definition von WinMain() ist a3_4 mit seinem Vorgänger identisch:

```
/////////////////////////       a3_4.cpp       /////////////////////////
//                                                                    //
//   Rotation eines Quadrats um die eigene z - Achse                  //
//   Auflösung: 320x200, Farbtiefe: 8 Bit                             //
//                                                                    //
////////////////////////////////////////////////////////////////////////


#include <windows.h>

#include "sf3_1.h"
#include "v3_2.h"
#include "p3_3.h"
```

```cpp
#include "m3_3.h"

vertex quadrat_def[ 4 ] = {
                            { -30,  30, 0 },
                            {  30,  30, 0 },
                            {  30, -30, 0 },
                            { -30, -30, 0 }
                          };

uchar handle_input( MSG *msg );

int WINAPI WinMain( HINSTANCE hInstance, HINSTANCE hPrevInstance
, LPSTR lpCmdLine, int iCmdShow )
{
  surface.open_window( hInstance, 320, 200, 8 );

  polygon square( 4, 15, quadrat_def );
  matrix m;

  m.translate( 0, 0, 90 );
  square.update_pos( m );
  m.clear();

  m.rotate( 0, 0, 0.00003 );

  MSG message;
  while( !handle_input( &message ) )
  {
    square.update_pos( m );

    uchar *screen = (uchar *) surface.get_screen_pointer();
    square.display( screen );
    surface.release_screen_pointer();
  }

  surface.close_window();

  return message.wParam;
}
```

Kapitel 3
Einführung in die 3D-Programmierung

```
uchar handle_input( MSG *msg )
{
  if( PeekMessage( msg, NULL, 0, 0, PM_REMOVE ) )
  {
    if( msg->message == WM_QUIT || msg-
>message == WM_KEYDOWN ) return 1;

    TranslateMessage( msg );
    DispatchMessage( msg );
  }

  return 0;
}
```

/////////////////   Ende a3_4.cpp   /////////////////

Aufgrund der Tatsache, dass das Polygon sich anfangs außerhalb des *Viewports* befindet, muss dieser mittels der beiden Anweisungen

```
m.translate( 0, 0, 90 );
square.update_pos( m );
m.clear();
```

in den sichtbaren Bereich versetzt werden. Hierbei werden zunächst die benutzerdefinierten Versetzungsinformationen in die Hauptmatrix eingetragen, anschließend erfolgt die Transformation des Quadrats. Der im Anschluss erfolgende Aufruf von `matrix::clear()` sollte nicht vergessen werden.

Der eingesetzte Rotationswinkel ist im Vergleich zum vorherigen Programm sehr klein. Der Grund hierfür besteht darin, dass das Achteck aus *a3_3* nicht innerhalb einer Schleife gedreht wurde; die Auswirkung der Rotation musste sofort sichtbar werden. Damit im aktuellen Programm eine gleichmäßige Dehnung entsteht, muss die Schleife mehrmals ausgeführt werden, bis ein sichtbarer Effekt erzielt wird.

Das Erscheinungsbild des Programms mag vielleicht etwas überraschend sein:

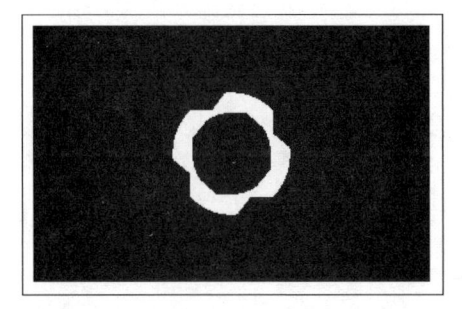

Abb. 3.16: Ausgabe des Programms a3_4

Diese Ausgabe kommt durch die Tatsache zustande, dass die unterschiedlichen Ausgaben der einzelnen *Frames* (sing. *Frame*, eng. Bildaufbau) übereinander gezeichnet werden.

Im ersten Schleifendurchlauf wird das Quadrat wie gehabt im Videospeicher dargestellt. Im zweiten wird das Polygon etwas gedreht und direkt *über* der Ausgabe der Funktion polygon::display() gezeichnet, welche in der vorherigen Operation aufgerufen worden ist. In den weiteren Schleifendurchgängen wird immer wieder die geringfügig veränderte Figur visualisiert, jedoch ohne Berücksichtigung der Tatsache, dass die Ausgabe des jeweils vorhergehenden Schleifendurchlaufs weiterhin auf dem Bildschirm sichtbar ist.

Dieser Sachverhalt lässt sich entweder durch den Einbau einer passiven Wiederholungsanweisung innerhalb der Schleife oder durch Verkleinerung des Rotationswinkels veranschaulichen.

Das Problem besteht darin, einen Weg zu finden, um die Ausgabe des vorherigen *Frames* zu löschen, bevor die um einen größeren Winkel rotierte Figur visualisiert wird. Die einfachste Lösung dieses Problems sieht vor, den Bildschirm vor jedem Aufruf von polygon::display() mittels einer Anweisung wie:

```
for( long x=0 ; x<64000 ; x++ ) screen[ x ] = 0;
```

zu löschen.

Dieser Lösungsweg wird im nächsten Programm implementiert. Es dauert eine Weile, bis der Mikroprozessor die Ausführung dieser Schleife beendet hat, sodass ein Durchgang der gesamten while()-Schleife längere Zeit in Anspruch nimmt. Um die Rotationsgeschwindigkeit des Quadrats bezüglich des letzten Programms konstant zu halten, wird der eingesetzte Winkel vergrößert. Aufgrund der großen Ähnlichkeit der beiden Programme wird lediglich die while()-Schleife von *a3_5* vorgestellt:

```
///////////////    Hauptschleife des Programms3_5    ///////////////
```

```
m.rotate( 0, 0, 0.001 );

MSG message;
while( !handle_input( &message ) )
{
  square.update_pos( m );

  uchar *screen = (uchar *)surface.get_screen_pointer();

  for( long x=0 ; x<64000 ; x++ ) screen[ x ] = 0;
  square.display( screen );

  surface.release_screen_pointer();
}
/////////////// Ende der Hauptschleife des Programms a3_5 ///////////////
```

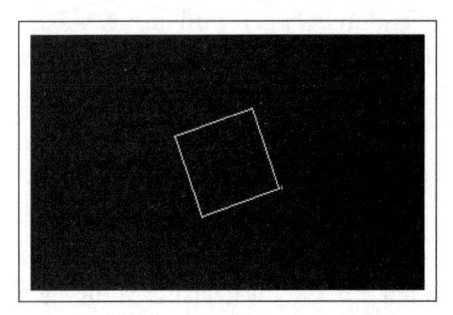

Abb. 3.17: Das Programm a3_5 liefert das gewünschte Ergebnis, ein sich langsam um die z-Achse drehendes Quadrat

3.4.2 Flimmerfreie Animation

Das Programm *a3_5* liefert zwar die gewünschte Ausgabe, in diesem Zusammenhang werden wir jedoch mit einem neuen Problem konfrontiert: das Auftreten eines Flimmereffekts. Der Grund für dieses Phänomen besteht darin, dass der Bildschirm gelöscht und dann wieder beschrieben wird. Zwischen zwei *Frames* gibt es somit eine sehr kurze Zeitspanne, in welcher der Bildschirm völlig schwarz ist. Die Schleife

```
for( long x=0 ; x<64000 ; x++ ) screen[ x ] = 0;
```

kann zwar noch weiter optimiert werden und gibt auch schnellere Möglichkeiten, um den Bildschirm zu löschen. Dennoch würde in jedem Fall eine sehr geringe Zeitperiode existieren, in welcher der Betrachter einen vollständig schwarzen Bildschirm vor sich hat. Es spielt keine Rolle, wir kurz diese Zeitspanne ist, wenn sie existiert, wird sie wahrgenommen und ein Flimmern bleibt bemerkbar.

Eine flimmerfreie Animation kann über einen Umweg erreicht werden. Dieser sieht vor, den nächsten Frame nicht wie bisher im Videospeicher, sondern innerhalb des konventionellen Arbeitsspeichers darzustellen. Der Inhalt dieses Bereichs des Arbeitsspeichers kann anschließend in den Videospeicher übertragen werden.

Hierzu muss zunächst ein zusammenhängender Speicherblock reserviert werden, welcher dieselbe Länge wie der Videospeicher besitzt. Dieses Array trägt die Bezeichnung *Frame Buffer*. Bei einer Auflösung von 320 x 200 Pixel und einer Farbtiefe von 256 Farben ist der Videospeicher und somit auch der *Frame Buffer* 64.000 Bytes lang:

320 * 200 * 1 = 64.000

Bei dieser Vorgehensweise darf der Funktion `polygon::display()` nicht länger die Anfangsadresse des Videospeichers, sondern diejenige des *Frame Buffers* übergeben werden, um das Quadrat auf diese Weise in den Arbeitsspeicher darzustellen. Aufgrund der linearen Struktur des Videospeichers, welche mit derjenigen des konventionellen Arbeitsspeichers identisch ist, spielt es für `polygon::display()` keine Rolle, wo diese den Umriss des Polygons zeichnet; diese Funktion bedarf somit keiner weiteren Veränderung.

Zusammengefasst sind für die Generierung einer flimmerfreien Animation während der äußeren Schleife des Programms folgende Schritte erforderlich:

1. Löschen des *Frame Buffers*.
2. Anstelle des Zeigers `screen[]` muss der Visualisierungsfunktion die Anfangsadresse des *Frame Buffers* übergeben werden.
3. Der Inhalt des Videospeichers muss durch die Farbinformationen des *Frame Buffers* ersetzt werden.

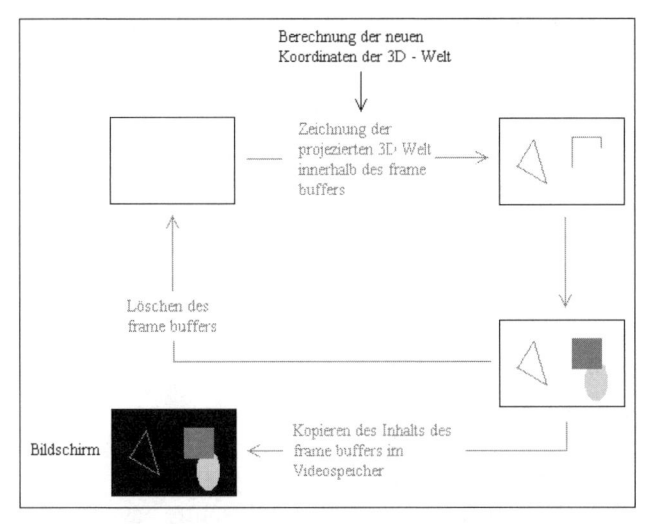

Abb. 3.18: Grafische Darstellung der wichtigsten Vorgänge während der Durchführung des Double-Buffering-Algorithmus

Kapitel 3
Einführung in die 3D-Programmierung

Aufgrund dessen, dass der *Frame Buffer* Teil des konventionellen Arbeitsspeichers ist, hat sein Beschriften und Löschen keine auf dem Bildschirm sichtbaren Folgen. In der Zeit, in welcher das aktuelle Frame berechnet und im *Frame Buffer* gespeichert wird, sieht der Betrachter den vorherigen Zustand der dreidimensionalen Welt, welcher weiterhin auf dem Bildschirm zu sehen ist.

Die Übertragung des Inhalts des *Frame Buffers* in den Videospeicher bleibt dem Benutzer selbst bei genauem Hinsehen verborgen, da aufeinanderfolgende *Frames*, die innerhalb einer Animation entstehen, sich nur geringfügig voneinander unterscheiden. Dieser Vorgehensweise ist zu verdanken, dass es im Videospeicher und somit auch auf dem Bildschirm *zu jeder Zeit* etwas sichtbar ist. Da kein Zeitpunkt existiert, an dem der Bildschirm zwischen zwei *Frames* völlig leer ist, kann auch kein Flimmereffekt entstehen. Diese Technik trägt die Bezeichnung *Double Buffering*.

Praktische Implementierung des Double-Buffering-Algorithmus

Für die Implementierung des *Double Buffering* Algorithmus unter einer Farbtiefe von 8 Bit muss in der Hauptdatei eine Variable namens `sbuffer[]` vom Typ (`unsigned char *`) definiert werden, welche den Anfang des *Frame Buffers* darstellt. Dieser wird am Anfang des Programms die Adresse eines entsprechend großen Arrays zugewiesen:

```
////////////////////        a3_6.cpp         ////////////////////
//                                                             //
//    Flimmerfreie Rotation eines Quadrats um die              //
//    eigene z - Achse                                         //
//    Auflösung: 320x200, Farbtiefe: 8 Bit                     //
//                                                             //
/////////////////////////////////////////////////////////////////

#include <windows.h>

#include "sf3_1.h"
#include "v3_2.h"
#include "p3_3.h"
#include "m3_3.h"

vertex quadrat_def[ 4 ] = {
                           { -30,  30, 0 },
                           {  30,  30, 0 },
                           {  30, -30, 0 },
                           { -30, -30, 0 }
                          };
```

```cpp
uchar handle_input( MSG *msg );

int WINAPI WinMain( HINSTANCE hInstance, HINSTANCE hPrevInstance, LPSTR
lpCmdLine, int iCmdShow )
{
  surface.open_window( hInstance, 320, 200, 8 );

  polygon square( 4, 15, quadrat_def );
  matrix m;

  m.translate( 0, 0, 90 );
  square.update_pos( m );
  m.clear();

  m.rotate( 0, 0, 0.005 );

  uchar *sbuffer;
  if( (sbuffer = new uchar[ 64000 ]) == NULL ) exit( "*sbuffer: Nicht ge
nug Arbeitsspeicher.\n" );

  MSG message;
  while( !handle_input( &message ) )
  {
    square.update_pos( m );

    uchar *screen = (uchar *) surface.get_screen_pointer();

    for( long x=0 ; x<64000 ; x++ ) sbuffer[ x ] = 0;
    square.display( sbuffer );
    for( long x=0 ; x<64000 ; x++ ) screen[ x ] = sbuffer[ x ];

    surface.release_screen_pointer();
  }

  surface.close_window();

  return message.wParam;
}

uchar handle_input( MSG *msg )
{
```

Kapitel 3
Einführung in die 3D-Programmierung

```
   if( PeekMessage( msg, NULL, 0, 0, PM_REMOVE ) )
   {
      if( msg->message == WM_QUIT || msg-
>message == WM_KEYDOWN ) return 1;

      TranslateMessage( msg );
      DispatchMessage( msg );
   }

   return 0;
}


/////////////////     Ende a3_6.cpp     /////////////////
```

Der primäre Zweck der Überprüfung

```
long array_length;

// Initialisierung Variablen 'array_length'

if( (sbuffer = new uchar[ array_length ]) == NULL )
  exit( "Fehler bei der Reservierung von \
         Arbeitsspeicher.\n" );
```

wie sie uns in ähnlicher Form bereits bei der Definition der Klasse `polygon` begegnet ist, besteht nicht darin, den Benutzer darüber zu informieren, dass zu wenig Arbeitsspeicher vorhanden ist. Dieser Fall tritt bei Verwendung eines 32-Bit-Compilersystems nicht auf. Vielmehr dient diese Fehlermeldung dem Aufspüren schwer zu erkennender Fehler, welche beispielsweise bei dem Versuch entstehen, ein Array der Länge 0 oder negativer Länge zu reservieren.

Die in Abbildung 3.17 dargestellte Ausgabe des Programms ist unverändert geblieben. Die Animation, in welcher das Quadrat rotiert wird, erfolgt jetzt jedoch flimmerfrei.

3.4.3 Das Problem der hohen Unterscheidbarkeit aufeinanderfolgender Frames

Wie wir im vorherigen Abschnitt festgestellt haben, bleibt die Übertragung von Daten zwischen *Frame Buffer* und Bildschirm in der Regel für den Benutzer unsichtbar. Dieser Vorgang bleibt immer dann unbemerkt, wenn die Unterschiede zwischen dem Inhalt des *Frame Buffer* und der auf dem Bildschirm sichtbaren Ausgabe minimal sind. Eine entsprechende Situation ist in Abbildung 3.19 zu sehen.

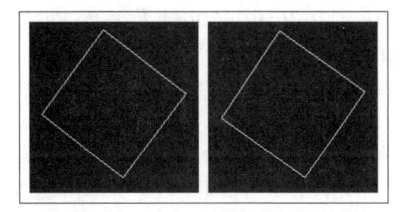

Abb. 3.19: Aufeinanderfolgende Frames, welche sich nur geringfügig voneinander unterscheiden

Im Idealfall ist der Unterschied zwischen aufeinanderfolgenden *Frames* selbst bei genauem Hinsehen nicht erkennbar. Der Betrachter kann zu keinem Zeitpunkt feststellen, ob ein vollständiges *Frame* auf dem Bildschirm sichtbar ist oder ob dem Videospeicher zurzeit neue Daten zugewiesen werden. Dieser Zustand ist in Abbildung 3.20 dargestellt. Zwecks höherer Übersichtlichkeit ist der Inhalt des *Frame Buffers* in diesem Fall dunkelgrau dargestellt, das aktuelle Bild besitzt einen schwarzen Hintergrund.

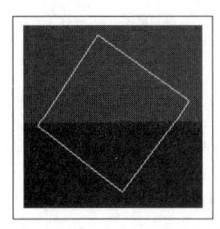

Abb. 3.20: Der Zeitpunkt, in dem das aktuelle *Frame* durch den Inhalt des *Frame Buffers* ersetzt wird, ist für den Betrachter nicht sichtbar

Es gibt auch Situationen, in denen die Unterschiede zwischen aufeinanderfolgenden *Frames* groß genug sind, um von dem Benutzer deutlich wahrgenommen zu werden. Ein Beispiel für das Auftreten dieses Phänomens ist der Versuch, einen Gegenstand während der Ausführung einer Schleife um einen zu großen Winkel zu drehen. In diesem Fall fällt die Übertragung von Werten zwischen *Frame Buffer* in den Videospeicher unangenehm auf.

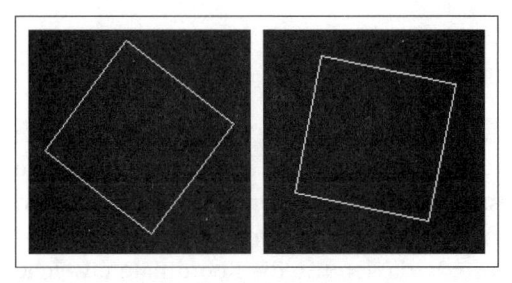

Abb. 3.21: Die Unterschiede zwischen diesen aufeinanderfolgenden *Frames* können deutlich wahrgenommen werden

Das Phänomen der hohen Unterscheidbarkeit aufeinanderfolgender *Frames* kann auch bei einer Versetzungs- oder Skalierungsanimation auftreten, in der mit hohen Werten gearbeitet wird. Das *Double-Buffering*-Algorithmus ist aber für eine flimmerfreie Animation unerlässlich, als Programmierer sollte man diese Fälle möglichst vermeiden. Aufgrund der Tatsache, dass Algorithmen wie *Double Buffering* oder *Page Flipping* auch bei den High-Level-APIs eingesetzt werden, muss auch in der Zeit der hardwarebeschleunigten Visualisierung das Auftreten des in diesem Abschnitt beschriebenen Phänomens berücksichtigt werden.

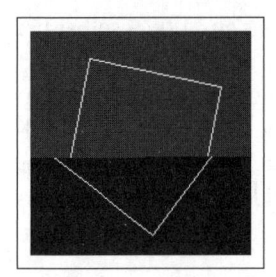

Abb. 3.22: Die Ersetzung des aktuellen *Frames* durch den nächsten kann von außen nicht von einem Darstellungsfehler unterschieden werden.

3.5 Die Rotation

Jedem beliebigen zwei- oder dreidimensionalen Objekt kann ein bestimmter Punkt M zugeordnet werden, welcher als Mittelpunkt des Gegenstands bezeichnet wird. Mithilfe des Mittelpunkts lässt sich eindeutig feststellen, an welcher Position innerhalb der dreidimensionalen Welt das Objekt zu finden ist; diese Information ist für die Lösung einer großen Anzahl an Problemstellungen von großer Wichtigkeit. Für die Koordinaten des Punkts **M**(x, y, z) gelten folgende Beziehungen:

$$x = \frac{xg - xk}{2} + xk$$

$$y = \frac{yg - yk}{2} + yk$$

$$z = \frac{zg - zk}{2} + zk \qquad xk, xg, yk, yg, zk, zg \in R$$

Jeder Gegenstand wird, wie wir wissen, von einer Menge von Vertices definiert. Die sechs Variablen des vorgegebenen Gleichungssystems enthalten die Werte bestimmter Koordinaten dieser Vertices: xg, yg, und zg stellen hierbei die x-, y- und z-Koordinaten des Objektes, welche über die größten Werte verfügen. Dementsprechend handelt es sich bei den übrigen drei Variablen um die Koordinaten, welche die geringsten Werte ausweisen.

Die Rotation

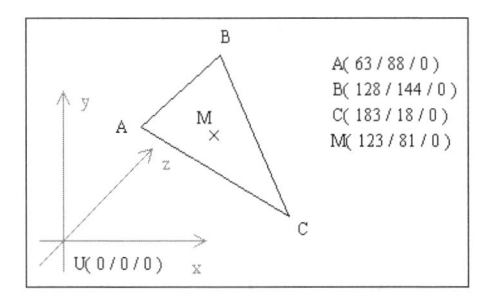

Abb. 3.23: Die Koordinaten des Mittelpunkts M eines beliebigen Polygons

Um die x-Koordinate des Punkts M berechnen zu können, müssen zunächst die Punkte mit der kleinsten und der größten x-Koordinate ermittelt werden. In Abbildung 3.23 trifft diese Voraussetzung auf die Punkte A und C zu. Setzen wir ihre x-Koordinaten in die Gleichung ein, ergibt sich:

$$M.x = \frac{C.x - A.x}{2} + A.x \quad \Leftrightarrow$$

$$= \frac{183 - 63}{2} + 63 \quad \Leftrightarrow$$

$$= 123$$

Der Ausdruck:

$$C.x - A.x$$

liefert uns hierbei die längste, zur x-Achse parallele Strecke, welche von zwei Punkten des Polygons gebildet werden kann. Wie man leicht nachvollziehen kann, muss die x-Koordinate des Mittelpunkts in der Mitte dieser Strecke zu finden sein. Den *Abstand* zwischen dem Punkt A, welcher den Anfang dieser Strecke darstellt, und dem Punkt M ermittelt man durch die Halbierung dieser Strecke:

$$\frac{C.x - A.x}{2}$$

Wenn die x-Koordinate des Punkts A bekannt ist und man den Abstand zwischen den x-Koordinaten von A und M kennt, lässt sich die gesuchte Wert M.x schließlich durch die Addition dieses Abstands zu der gegebenen x-Koordinaten ermitteln; das Ergebnis ist die bereits vorgestellte Beziehung:

$$M.x = \frac{C.x - A.x}{2} + A.x$$

Für die Berechnung der y- und z-Koordinaten des Punkts M wird auf dieselbe Vorgehensweise zurückgegriffen. Bemerkenswert ist, dass derselbe Vertex mehrere Koordinaten enthalten kann, welche für die Gleichungen relevant sind. Im diesem

Beispiel besitzt der Punkt C die größte x- und gleichzeitig auch die kleinste y-Koordinate; daraus folgt, dass dieser Vertex sowohl in die erste als auch in die zweite Teilgleichung eingesetzt werden muss.

Bisher haben wir spezielle Arrays aus Elementen vom Typ `vertex` verwendet, um die Koordinaten neu definierter Objekte vom Typ `polygon` mit gültigen Werten zu initialisieren. Um die Bestimmung der Lage des Mittelpunkts ordnen wir diese Vertices anfangs so an, dass die Koordinaten des Punkts **M** die Werte (0, 0, 0) besitzen. Abbildung 3.24 enthält Figuren, welche diese Voraussetzung erfüllen. Später werden wir eine Möglichkeit entwickeln, die Lage des Mittelpunkts von Gegenständen zu berechnen, welche sich an beliebigen Positionen innerhalb der dreidimensionalen Umgebung befinden.

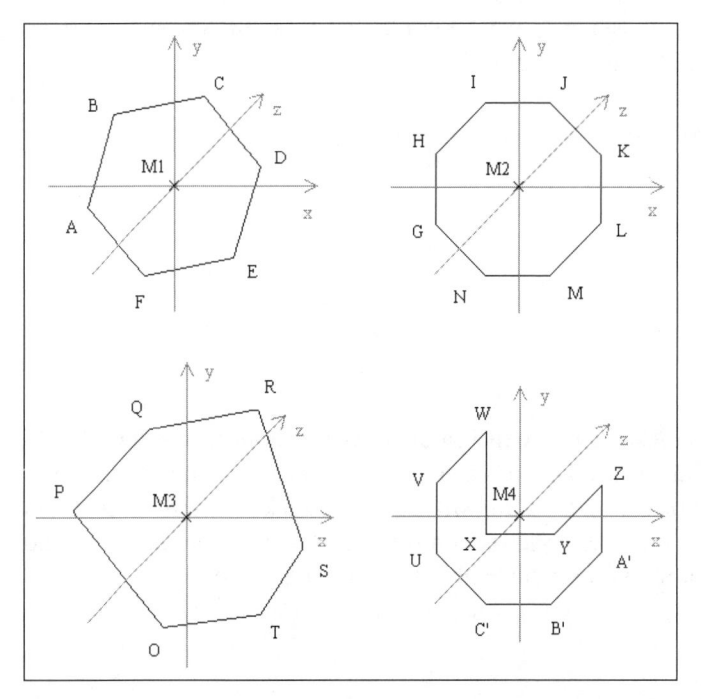

Abb. 3.24: Polygone, deren Mittelpunkt sich im Ursprung der Welt befindet

Anhand der Abbildung 3.24 lassen einige wichtige Besonderheiten feststellen:
1. Der Mittel- und Schwerpunkt regelmäßiger Polygone sind identisch.
2. Bei konkaven Polygonen kann sich der Mittelpunkt auch außerhalb der Figur befinden.
3. Einige Figuren können mehrere Punkte besitzen, welche die kleinste bzw. größte Koordinate enthalten. Beim regelmäßigen Achteck spielt es beispielsweise keine Rolle, ob zur Berechnung des Mittelpunkts die y-Koordinate des

Punkts I oder diejenige des Punkts J verwendet wird, da beide den gleichen Wert besitzen.
4. Befindet sich der Mittelpunkt einer Figur im Ursprung der Welt, dann besitzt die Summe der größten und kleinsten x-, y- oder z-Koordinaten stets den Wert 0.

Die Koordinaten der Vertices, welche die vier Polygone definieren, besitzen folgende Werte:

```
A( -72, -17, 0 )            O( -20, -87, 0 )
B( -50,  56, 0 )            P( -93,   5, 0 )
C(  24,  70, 0 )            Q( -30,  69, 0 )
D(  70,  14, 0 )            R(  57,  84, 0 )
E(  48, -56, 0 )            S(  94, -24, 0 )
F( -24, -70, 0 )            T(  60, -75, 0 )

G( -67, -28, 0 )            U( -67, -28, 0 )
H( -67,  28, 0 )            V( -67,  26, 0 )
I( -28,  66, 0 )            W( -27,  66, 0 )
J(  28,  66, 0 )            X( -27, -14, 0 )
K(  67,  28, 0 )            Y(  28, -13, 0 )
L(  67, -28, 0 )            Z(  66,  24, 0 )
M(  28, -66, 0 )            A'( 66, -27, 0 )
N( -28, -66, 0 )            B'( 25, -69, 0 )
                            C'( -27, -69, 0 )
```

Die Mittelpunkte unserer Polygone werden wir innerhalb einer Variablen namens `polygon::wpoint` speichern, welche den Datentyp `vertex` besitzt. Bei jeder Transformation des Gegenstands unter Verwendung einer Matrix muss auch die Position des Mittelpunkts den neuen Gegebenheiten angepasst werden. Hierbei ist jedoch nicht in jedem Fall der Einsatz der am Anfang des Abschnitts vorgestellten Gleichungen erforderlich; dasselbe Ergebnis kann auch durch Multiplikation der Mittelpunkts mit der Matrix erzielt werden.

Bei der Beschreibung komplexerer Zusammenhänge wird häufiger von der Translation oder des Mittelpunkts eines Objekts die Rede sein. Der Terminus *Mittelpunkt* beschreibt in diesem Zusammenhang den Punkt, dessen Koordinaten zu jedem beliebigen Zeitpunkt mittels der am Anfang des Abschnitts vorgestellten Gleichungen explizit berechnet wird. *Mittelpunkt* ist somit ein pars pro toto, welches sich auf den gesamten Gegenstand bezieht.

3.5.1 Rotation um die Koordinatenachsen der dreidimensionalen Welt

Bei der Definition des $a3\_3$, in dem erstmals die Position eines Polygons mithilfe einer Matrix verändert wird, haben wir zunächst Rotations- und anschließend Versetzungsinformationen in der eingesetzten Matrix eingetragen. In diesem Zusammenhang wurde darauf hingewiesen, dass diese Reihenfolge wichtig sei; ansonsten könnte das Polygon den *Viewport* verlassen.

a3_7 demonstriert die Auswirkungen der Veränderung dieser Reihenfolge. Hierzu nimmt das Programm die Koordinaten des im letzten Abschnitt vorgestellten, regelmäßigen Sechsecks entgegen und weist diese einer Variablen vom Typ polygon zu. Das auf diese Weise aufgebaute Vieleck wird zunächst in x-, y- und z-Richtung versetzt, anschließend wird eine Rotationsmatrix für die Drehung um die z-Achse aufgebaut.

```
matrix m;

m.translate( 90, 90, 240 );
six_sides.update_pos( m );
m.clear();

m.rotate( 0, 0, 0.005 );
```

Während der Ausführung der Hauptschleife wird das versetzte Polygon solange gedreht, bis der Benutzer eine beliebige Taste drückt. Die Definition des Programms kann folgendermaßen gestaltet werden:

```
//////////////////////         a3_7.cpp         //////////////////////
//                                                                  //
//   Rotation eines regelmäßigen Sechsecks um die z - Achse         //
//   der dreidimensionalen Welt                                     //
//   Auflösung: 320x200, Farbtiefe: 8 Bit                           //
//                                                                  //
//////////////////////////////////////////////////////////////////////

#include <windows.h>

#include "sf3_1.h"
#include "v3_2.h"
#include "p3_3.h"
#include "m3_3.h"

vertex six_sides_def[ 6 ] = {
                             { -32,  0, 0 },
                             { -16, 28, 0 },
                             {  16, 28, 0 },
```

```
                        { 32,   0, 0 },
                        { 16, -28, 0 },
                        { -16, -28, 0 }
                     };

uchar handle_input( MSG *msg );

int WINAPI WinMain( HINSTANCE hInstance, HINSTANCE hPrevInstance, LPSTR
lpCmdLine, int iCmdShow )
{
  surface.open_window( hInstance, 320, 200, 8 );

  polygon six_sides( 6, 15, six_sides_def );
  matrix m;

  m.translate( 90, 90, 240 );
  six_sides.update_pos( m );
  m.clear();

  m.rotate( 0, 0, 0.003 );

  uchar *sbuffer;
  if( (sbuffer = new uchar[ 64000 ]) == NULL ) exit( "*sbuffer: Nicht ge
nug Arbeitsspeicher.\n" );

  MSG message;
  while( !handle_input( &message ) )
  {
    six_sides.update_pos( m );

    uchar *screen = (uchar *) surface.get_screen_pointer();

    for( long x=0 ; x<64000 ; x++ ) sbuffer[ x ] = 0;
    six_sides.display( sbuffer );
    for( long x=0 ; x<64000 ; x++ ) screen[ x ] = sbuffer[ x ];

    surface.release_screen_pointer();
  }

  surface.close_window();

  return message.wParam;
```

```
}

uchar handle_input( MSG *msg )
{
  if( PeekMessage( msg, NULL, 0, 0, PM_REMOVE ) )
  {
    if( msg->message == WM_QUIT || msg-
>message == WM_KEYDOWN ) return 1;

    TranslateMessage( msg );
    DispatchMessage( msg );
  }

  return 0;
}

////////////////////////        Ende a3_7.cpp        ////////////////////////
```

Aufgrund der anfangs durchgeführten Verschiebung des Polygons in *x*- und in *y*-Richtung unterscheidet sich die Ausgabe des neuen Programms wesentlich von derjenigen seines Vorgängers, in dem ein Quadrat ebenfalls um die z-Achse gedreht wird. Der Grund hierfür besteht darin, dass die Rotation in *a3_7* in einem gewissen Abstand von der z-Achse der dreidimensionalen Welt durchgeführt wird; diese Achse verläuft orthogonal durch den Mittelpunkt des Bildschirms.

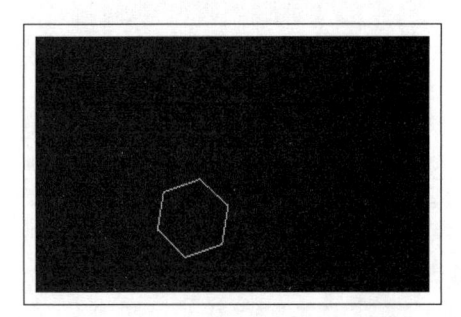

Abb. 3.25: Ausgabe des Programms a3_7

Diese Ausgabe lässt sich auf die Funktionsweise der Rotationsgleichungen zurückführen; diese wurden entwickelt, um Punkte und gegebenenfalls die von ihnen definierten Figuren um die x-, y- oder z-Achse *der Welt* zu drehen. Abbildung 3.26 verdeutlicht noch einmal diesen Sachverhalt.

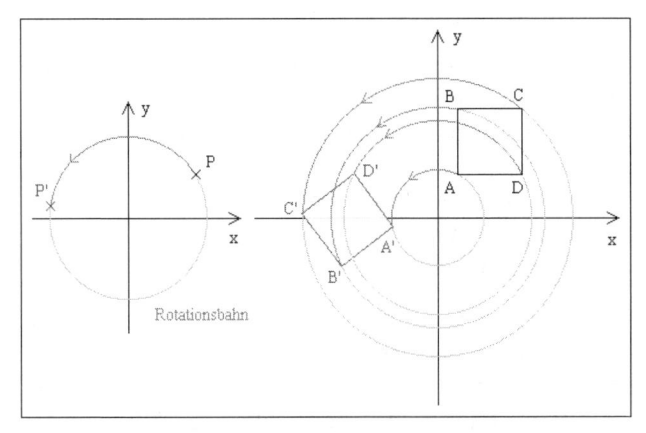

Abb. 3.26: Bei der Rotation eines beliebigen Punkts **P** um die z-Achse unter Verwendung der gegebenen Gleichungen bewegt sich **P** stets auf der seiner grau eingezeichneten Bahn.

Das Quadrat auf der rechten Seite der Abbildung 3.26 wird, ähnlich wie unser Sechseck, vor der Rotation *in x- und y-Richtung* versetzt. Dadurch verschiebt sich sein Mittelpunkt, welcher anfangs Element der z-Achse ist, in einigem Abstand von der z-Koordinatenachse. Der Grund für das unterschiedliche Rotationsverhalten besteht darin, dass im Fall des vorherigen Programms *a3_6* das weiße Quadrat lediglich in +z-Richtung verschoben wird, wodurch sein Mittelpunkt für den Rest der Laufzeit Teil der z-Achse bleibt.

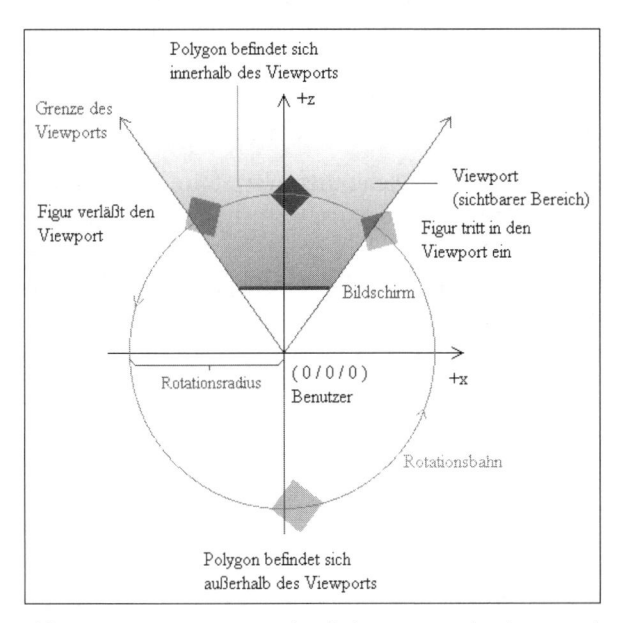

Abb. 3.27: Die vier unterschiedlichen Zustände, die ein Polygon bei einer Rotation um die y-Achse der Welt einnehmen kann

Anhand von Abbildung 3.27 lässt sich leicht feststellen, dass eine im Anschluss der Translation durchgeführte Rotation ein Polygon auch außerhalb des *Viewports* versetzen kann: Aufgrund dessen, dass der Benutzer sich im Ursprung der Welt befindet und die Drehung standardmäßig um die Weltachsen abläuft, verlässt die Rotationsbahn zwangsläufig den *Viewport*. Dasselbe trifft auch für die Rotation um die x-Achse zu. Der Radius der Drehung ist ebenfalls von Bedeutung: Je kleiner der Rotationsradius ist, um so kleiner ist der Winkel, welcher bei einer Drehung den Gegenstand außerhalb des *Viewports* versetzt.

Der Rotationsradius **r** ist nichts anderes als der Abstand des Polygons vom Ursprung der dreidimensionalen Welt. Dieser Abstand ergibt sich aus den Werten, auf deren Grundlage der Gegenstand vor der Rotation verschoben worden ist. Der Abstand lässt sich leicht unter Verwendung der Koordinaten des Mittelpunkts **M(mx, my, mz)** berechnen:

$$r = \sqrt{mx^2 + my^2 + mz^2} \qquad\qquad r \in \mathbb{R}$$

Wie man unschwer erkennen kann, handelt es sich hierbei um die Formel zur Berechnung des Betrags eines Vektors. Den Rotationsradius kann man sich auch als den Betrag des Ortsvektors des Polygonmittelpunkts vorstellen.

3.5.2 Die eigenen Achsen eines Gegenstands

Anhand der letzten beiden Programme haben wir festgestellt, dass ein Gegenstand auf mehrere unterschiedliche Arten rotiert werden kann. Die erste Rotationsform tritt in *a3_7* auf: In diesem Fall wird das Objekt um die z-Achse der dreidimensionalen Welt gedreht, der Mittelpunkt des Gegenstands befindet sich jedoch nicht auf dieser Koordinatenachse. Diese Art der Drehung werden wir als *Rotation um die Achsen der Welt* bzw. *Rotation um die globalen Achsen* bezeichnen.

Daneben gibt es eine weitere Rotationsform, welche uns in *a3_6* im Zusammenhang mit dem *Doble-Buffering*-Algorithmus und im Ansatz auch in *a3_3*, beim ersten praktischen Einsatz von Matrizen. Das Besondere an dieser Art der Drehung ist, dass der Mittelpunkt des jeweiligen Gegenstands Bestandteil der Achse ist, welche der Rotation zugrunde liegt. Diese Rotationsform wird als *Rotation um die eigenen Achsen* bezeichnet.

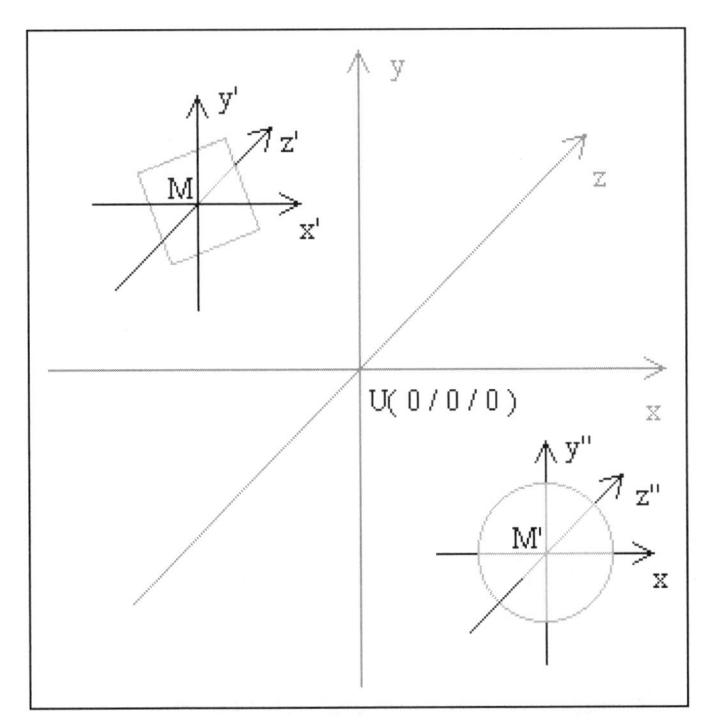

Abb. 3.28: Die Koordinatenachsen der Welt sind grau eingezeichnet und mit x, y und z beschriftet. Die eigenen Koordinatenachsen werden mit x', y' und z' bzw. x'', y'' und z'' markiert, und unterscheiden sich farblich von den Weltachsen.

Der Begriff der *eigenen Achsen* einer Figur kann folgendermaßen definiert werden: Die drei Geraden, die durch den Mittelpunkt einer Figur verlaufen und zu den Koordinatenachsen der Welt parallel sind, bezeichnet man als eigene Achsen der Figur. Im Gegensatz zu den Achsen der dreidimensionalen Welt werden die lokalen Koordinatenachsen nicht zur Definition von Vertices verwendet. Die Koordinaten sämtlicher Punkte, die Teil unserer Welt sind, beziehen sich auf die Weltachsen, welche sich im Punkt U(0, 0, 0) treffen, in dem auch der Betrachter zu finden ist.

Bei der Verwendung eines rechtshändigen Koordinatensystems verweisen die eigenen +z-Achsen der Gegenstände in Richtung der +z-Achse der Welt und verlaufen somit entgegen der Blickrichtung des Zuschauers. Das einzige Anwendungsgebiet der eigenen Achsen besteht in der näheren Beschreibung von Rotationszuständen. Dieser Begriff darf auch nicht mit den *lokalen Achsen* eines Gegenstands verwechselt werden; letztere werden wir im Zusammenhang mit der Verwendung unterschiedlicher Darstellungskameras kennen lernen.

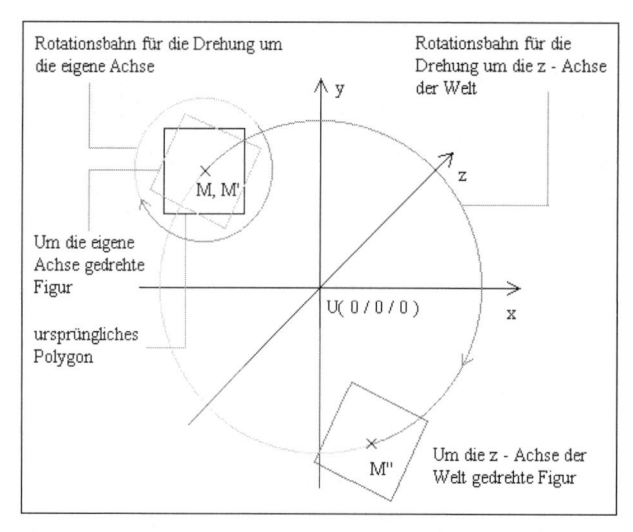

Abb. 3.29: Der Mittelpunkt einer um die eigenen Achsen rotierten Figur besitzt andere Koordinaten als der Mittelpunkt eines Gegenstandes, welcher um die Weltachsen gedreht wird. Bemerkenswert ist, dass die beiden Objekte über das gleiche Aussehen verfügen.

3.5.3 Rotation eines Gegenstands um seine eigenen Achsen

Bei der Drehung eines Objekts um seine eigenen Achsen bleibt die Position seines Mittelpunkts **M** für die gesamte Dauer der Rotation konstant; die Vertices, welche an der Definition des Gegenstands beteiligt sind, werden um die lokalen Achsen gedreht, welche sich in **M** treffen. Die beiden bisher kennen gelernten Rotationsformen werden in Abbildung 3.29 einander gegenübergestellt. Die Abbildung zeigt zwei Quadrate, welche um die eigene bzw. um die globale z-Achse unter Verwendung des Winkels gedreht sind. Beide Figuren besitzen die gleiche Anfangsposition.

Das Problem an unseren Rotationsgleichungen besteht darin, dass mit ihrer Hilfe lediglich Drehungen um die *Weltachsen* realisiert werden können. Aufgrund der Position des Mittelpunkts **M** unterscheiden sich diese jedoch von den lokalen Achsen der meisten Gegenstände.

Eine Rotation um die eigenen Achsen lässt sich nur dann durchzuführen, wenn der Mittelpunkt **M** des betreffenden Objekts über die gleichen Koordinaten verfügt wie der globale Ursprung U(0, 0, 0). In diesem Fall sind die eigenen Koordinatenachsen mit den Weltachsen identisch, eine Rotation der Figur um die Weltachsen wäre *gleichzeitig* auch eine Rotation um die eigenen Achsen.

Aus diesen Ausführungen geht hervor, dass eine Drehung um die eigenen Achsen durch die Versetzung des Gegenstands an die Position **(0, 0, 0)** realisiert werden kann. Nach der Rotation kann der Mittelpunkt des Objekts wieder auf seine vorherige Position verschoben werden. Die folgenden drei Schritte enthalten die ausführliche Beschreibung dieser Vorgehensweise:

1. vor der Drehung die gesamte Figur verschieben, sodass ihr Mittelpunkt **M** die Koordinaten des Weltursprungs (0, 0, 0) annimmt:

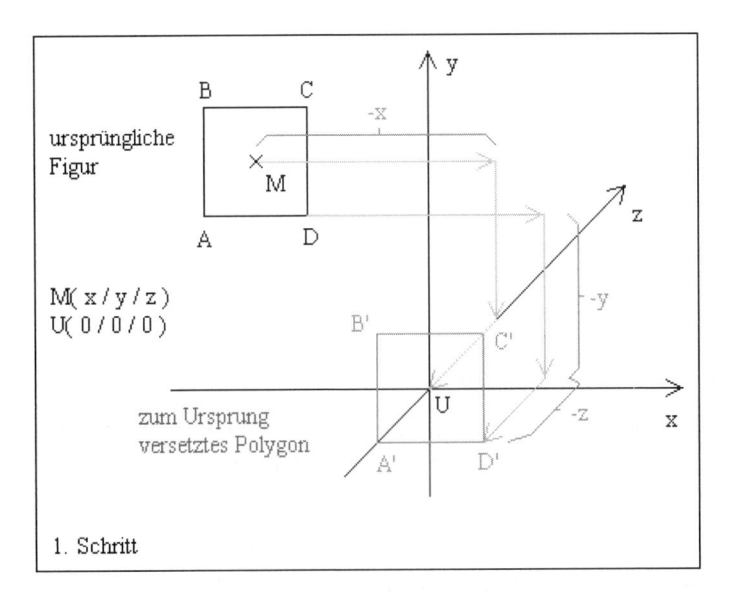

ursprüngliche Figur

M(x / y / z)
U(0 / 0 / 0)

zum Ursprung versetztes Polygon

1. Schritt

2. die Drehung mittels der bekannten Rotationsgleichungen durchführen:

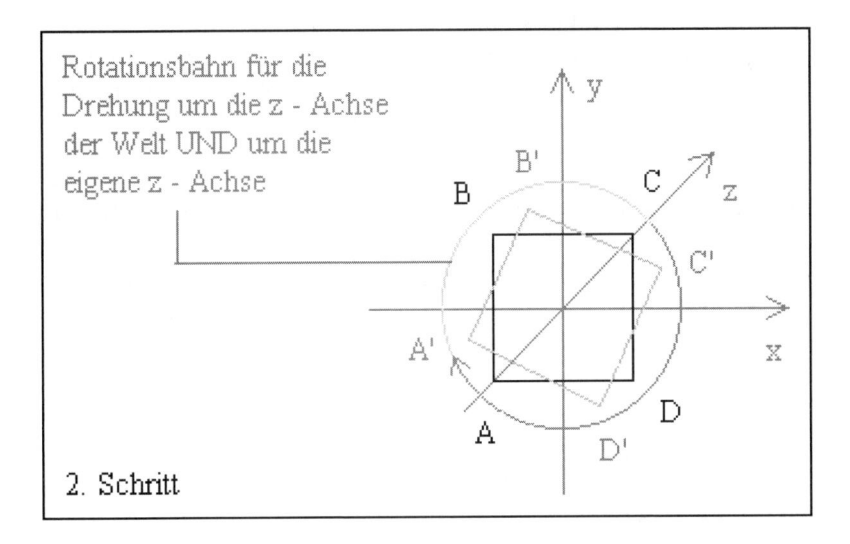

Rotationsbahn für die Drehung um die z - Achse der Welt UND um die eigene z - Achse

2. Schritt

3. die rotierte Figur wieder an die Position versetzen, an welcher diese sich vor der Ausführung des 1. Schritts befand:

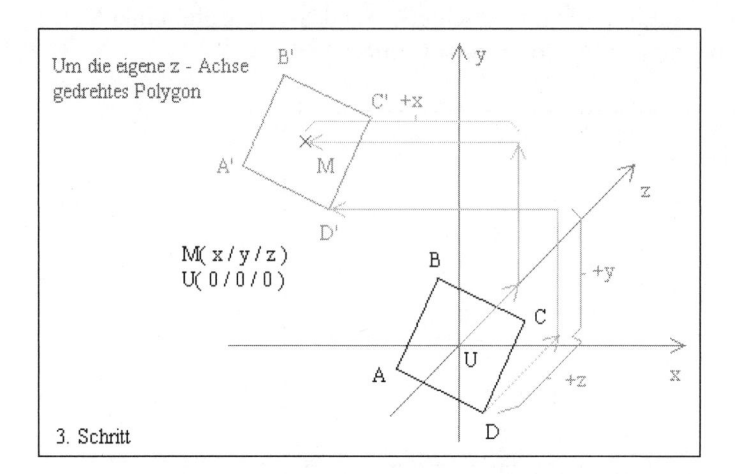

Um ein Gegenstand, dessen Mittelpunkt M(x, y, z) sich an eine beliebige Position innerhalb der dreidimensionalen Welt befindet, zum globalen Ursprung U(0, 0, 0) verschieben zu können, müssen seine sämtlichen Vertices unter Verwendung des Vektors $\overrightarrow{inv\_m}\begin{pmatrix} -x \\ -y \\ -z \end{pmatrix}$ versetzt werden. Wie man leicht nachvollziehen kann, erhält man die Komponenten dieses Vektors durch die Multiplikation der Koordinaten von M mit −1. In der grafischen Darstellung des ersten Schritts wurde der Punkt D, stellvertretend für alle Vertices, explizit verschoben. Die Versetzung der gedrehten Figur an ihrer alten Position erfolgt nach dem gleichen Vorbild.

Die Translations- und Rotationsoperationen, die in den drei Schritten durchgeführt werden, lassen sich in derselben Matrix speichern. Die Variable `figure`, welche den Datentyp `polygon` besitzt, soll innerhalb einer Schleife um die eigenen Achsen gedreht werden. Die Koordinaten ihres Mittelpunkts befinden sich in `wpos`, einer Variablen vom Typ `vertex`. Die dazugehörige Matrix wird auf der Grundlage der oben vorgestellten Theorie aufgebaut:

```
matrix m;

m.translate( -wpos.wx, -wpos.wy, -wpos.wz );
m.rotate( 0.02, 0.01, 0.03 );
m.translate( wpos.wx, wpos.wy, wpos.wz );
```

Die Programmschleife, in welcher die Rotation stattfindet, ist mit der `while()`-Schleife des vorherigen Programms identisch.

Praktische Rotation eines Gegenstands um seine eigenen Achsen

Das Gleichungssystem, welches am Anfang des Abschnitts Abbildung 3.27 für die Berechnung der Koordinaten des Mittelpunkts eines Objekts vorgestellt wird, dient lediglich Anschauungszwecken. Aufgrund des relativ hohen mathematischen Aufwands ist dieser für eine praktische Implementierung nur bedingt geeignet.

Wir haben vereinbart, dass die Koordinaten der in diesem Kapitel eingesetzten Polygone so angeordnet sein müssen, dass der Mittelpunkt die Koordinaten des Welturssprungs besitzen. Aus diesem Grund wird die neue Komponente polygon::wpos mit den Werten (0, 0, 0) initialisiert. Im nächsten Kapitel werden wir eine Möglichkeit finden, diese Beschränkung aufzuheben.

```
class polygon
{
  private:
    ushort point_count;
    uchar color;

    vertex *wpoint;

    void project( void );

  public:
    vertex wpos;

    void update_pos( matrix m );
    void display( uchar *sbuffer );

    polygon( ushort p, uchar c, vertex *s );
    ~polygon( void ) {  if( wpoint ) delete [] wpoint;  }
};
```

Die Definition der Komponenten polygon::wpos erfolgt unter Verwendung des Zugriffsspezifizierers *public,* damit auch klassenfremde Funktionen die räumliche Position eines bestimmten Polygons feststellen können. Die Initialisierung dieser Variablen erfolgt während der Ausführung des Konstruktors:

```
uchar polygon:: polygon( ushort p, uchar c, vertex *v )
{
  point_count = p;   color = c;

  if( (wpoint = new vertex[ point_count ]) == NULL )
```

```
        exit( "polygon::polygon(): Fehler bei der \
              Reservierung von Arbeitsspeicher.\n" );

   for( ushort x=0 ; x<point_count ; x++ )
      wpoint[ x ] = v[ x ];

   wpos.wx = wpos.wy = wpos.wz = 0.0;
}
```

Wenn die Position des Polygons mithilfe einer Matrix verändert wird, ändert sich auch die Position des Mittelpunkts. Aus diesem Grund muss die Funktion polygon::update_pos() um die Multiplikation des Mittelpunkts mit der entsprechenden Matrix erweitert werden:

```
void polygon::update_pos( matrix m )
{
   m.transform( &wpos );

   for( ushort x=0 ; x<pcount ; x++ )
      m.transform( &wpoint[ x ] );
}
```

Die Aufgabe unseres nächsten Programms besteht darin, das regelmäßige Sechseck aus *a3_7* um die eigene x- und y-Achse zu rotieren. Eine mögliche Lösung dieser Aufgabe kann folgendermaßen gestaltet werden:

```
////////////////////       a3_8.cpp         ////////////////////
//                                                            //
//   Rotation eines regelmäßigen Sechsecks um die eigene      //
//   x- und y - Achse                                         //
//   Auflösung: 320x200, Farbtiefe: 8 Bit                     //
//                                                            //
////////////////////////////////////////////////////////////////

#include <windows.h>

#include "sf3_1.h"
#include "v3_2.h"
#include "p3_8.h"
#include "m3_3.h"
```

```
vertex six_sides_def[ 6 ] = {
                            { -32,   0,  0 },
                            { -16,  28,  0 },
                            {  16,  28,  0 },
                            {  32,   0,  0 },
                            {  16, -28,  0 },
                            { -16, -28,  0 }
                          };

uchar handle_input( MSG *msg );

int WINAPI WinMain( HINSTANCE hInstance, HINSTANCE hPrevInstance, LPSTR
lpCmdLine, int iCmdShow )
{
  surface.open_window( hInstance, 320, 200, 8 );

  polygon six_sides( 6, 15, six_sides_def );
  matrix m;

  m.translate( 90, 90, 240 );
  six_sides.update_pos( m );
  m.clear();

  m.translate( -six_sides.wpos.wx, -six_sides.wpos.wy, -
six_sides.wpos.wz );
  m.rotate( 0.005, 0.004, 0.003 );
  m.translate( six_sides.wpos.wx, six_sides.wpos.wy, six_sides.wpos.wz )
;

  uchar *sbuffer;
  if( (sbuffer = new uchar[ 64000 ]) == NULL ) exit( "*sbuffer: Nicht ge
nug Arbeitsspeicher.\n" );

  MSG message;
  while( !handle_input( &message ) )
  {
    six_sides.update_pos( m );

    uchar *screen = (uchar *) surface.get_screen_pointer();

    for( long x=0 ; x<64000 ; x++ ) sbuffer[ x ] = 0;
    six_sides.display( sbuffer );
    for( long x=0 ; x<64000 ; x++ ) screen[ x ] = sbuffer[ x ];
```

```
        surface.release_screen_pointer();
    }

    surface.close_window();

    return message.wParam;
}

uchar handle_input( MSG *msg )
{
    if( PeekMessage( msg, NULL, 0, 0, PM_REMOVE ) )
    {
        if( msg->message == WM_QUIT || msg->message == WM_KEYDOWN ) return 1;

        TranslateMessage( msg );
        DispatchMessage( msg );
    }

    return 0;
}
```

//////////////////   Ende a3_8.cpp   //////////////////

Aufgrund des unterschiedlichen Aufbaus der eingesetzten Rotationsmatrix verändert sich die Position des Mittelpunkts des Sechsecks während der gesamten Rotation nicht. Sie bleibt konstant an der Position (90, 90, 240), an welcher polygon::wpos am Anfang des Programms versetzt wird.

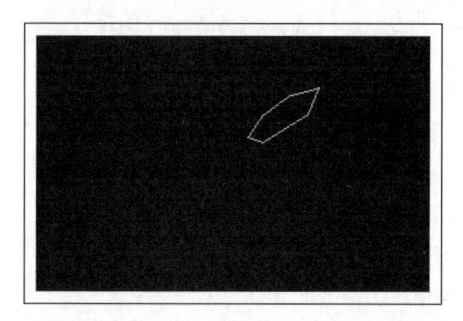

Abb. 3.30: Ausgabe des Programms a3_8

3.5.4 Rotation um einen beliebigen Punkt

In den letzten Abschnitten haben wir festgelegt, dass die eigenen Koordinatenachsen eines Gegenstands durch seinen Mittelpunkt verlaufen müssen. Ebenso gut lassen sich auch Koordinatenachsen definieren, welche zu den Weltachsen parallel sind, sich jedoch in einem beliebigen Punkt unserer dreidimensionalen Welt treffen. Bei diesem Punkt muss es sich nicht unbedingt um den Mittelpunkt irgendeines Objekts handeln. Diese Achsen können, genau wie die eigenen Achsen eines Gegenstands, für Rotationsoperationen eingesetzt werden.

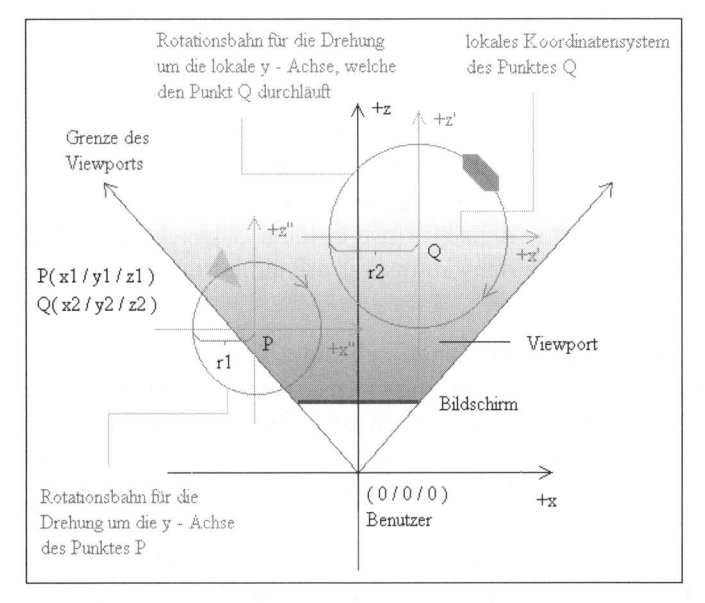

Abb. 3.31: Die beiden Punkte P und Q besitzen eigene Koordinatenachsen, welche die Grundlage für die Rotation eines Drei- und Sechsecks bilden. Die Sicht erfolgt von der +y-Achse auf die x-z-Ebene.

Der Algorithmus für die Rotation um beliebige lokale Koordinatensysteme besitzt große Ähnlichkeit mit den Gleichungssystemen, welche wir für die Drehung um die eigenen Polygonachsen entwickelt haben. Für die Implementierung dieser neuen Rotationsart sind folgende Schritte erforderlich:

1. Definition eines Punkts P(px, py, pz), um den die Rotation erfolgen soll
2. Versetzung der zu rotierenden Figur im gewünschten Abstand zu P
3. Solange die Drehung erfolgen soll, finden folgende Vorgänge statt:

3.1. Translation des Gegenstands um den Vektor $\overrightarrow{inv\_p}\begin{pmatrix}-px\\-py\\-pz\end{pmatrix}$ welcher durch die negierten Koordinaten des Punkts P definiert wird

3.2. Durchführung der Rotation um die gewünschten Achsen

3.3. Versetzung des Gegenstands an seine vorherige Position unter Verwendung des Vektors $\vec{p}\begin{pmatrix}px\\py\\pz\end{pmatrix}$.

Die Rotation um die Achsen eines beliebigen Punkts ist eine Kombination aus der Rotation um die Weltachsen und der Drehung um die eigenen Achsen eines Polygons. Der Grund für die zwei Versetzungsoperationen des 3. Schritts ist derselbe wie bei der Rotation um die eigenen Achsen: Unsere Rotationsgleichungen sind lediglich in der Lage, Punkte um die Achsen unserer dreidimensionalen Welt zu drehen.

Für die Realisierung einer Drehung um einen beliebigen Punkt P müssen wir zunächst sicherstellen, dass P sich im Ursprung unserer Welt befindet. Dazu versetzen wir die gesamte Figur um den umgekehrten Ortsvektor von P, rotieren den Gegenstand und verschieben die Figur zurück. Da nach der ersten Verschiebung mithilfe von $\overrightarrow{inv\_p}$ der Mittelpunkt M unseres Polygons sich nicht im Punkt U(0, 0, 0) befindet, verhält sich die Rotation wie eine beliebige Drehung um die Weltachsen, wie sie in der Abbildung 3.26 dargestellt und im Programm a3_7 realisiert ist. Diese Aussage gilt jedoch nur, wenn M und P unterschiedliche Koordinaten besitzen; ansonsten handelt es sich bei der Rotationsoperation um eine gewöhnliche Drehung um die eigenen Achsen.

Praktisch Rotation eines Polygons um einen beliebigen Punkt

Das folgende Programm enthält die Implementierung des im vorherigen Abschnitts entwickelten Algorithmus. Bei dem zu rotierenden Polygon handelt es sich um einen unregelmäßigen Sechseck, welches durch:

```
vertex points[ 6 ] = {
                      { -20, -87,  0 },
                      { -93,   5,  0 },
                      { -30,  69,  0 },
                      {  57,  84,  0 },
                      {  94, -24,  0 },
                      {  60, -75,  0 }
```

```
                              };

polygon six_sides( 6, 32, points );
```

definiert ist. Für den Punkt P, welcher die Grundlage der Rotationsoperation bildet, gilt:

```
vertex p;
p.wx = 100;   p.wy = 0;   p.wz = 500;
```

Das Polygon wird anschließend auf die Position (100, 0, 200) versetzt, der Rotationsradius, d.h. der Abstand zwischen dem Mittelpunkt des Polygons und dem Punkt P eine Länge von 300 Einheiten besitzt. 300 ist der Betrag des Vektors $\overrightarrow{MP}\begin{pmatrix} 100-100 \\ 0 - 0 \\ 500 - 200 \end{pmatrix}$, welcher aus dem Mittelpunkt des Sechsecks und dem Rotationszentrum gebildet wird.

```
matrix m;

m.translate( 100, 0, 200 );
six_sides.update_pos( m );
m.clear();

m.translate( -p.wx, -p.wy, -p.wz );
m.rotate( 0, 0.02, 0 );
m.translate( p.wx, p.wy, p.wz );
```

Es folgt die vollständige Definition des Programms *a3_9*:

```
/////////////////        a3_9.cpp        /////////////////
//                                                      //
//  Rotation eines unregelmäßigen Sechsecks um einen    //
//  beliebigen Punkt                                    //
//  Auflösung: 320x200, Farbtiefe: 8 Bit                //
//                                                      //
//////////////////////////////////////////////////////////

#include <windows.h>
```

Kapitel 3
Einführung in die 3D-Programmierung

```c
#include "sf3_1.h"
#include "v3_2.h"
#include "p3_8.h"
#include "m3_3.h"

vertex points[ 6 ] = {
                      { -20, -87,  0 },
                      { -93,   5,  0 },
                      { -30,  69,  0 },
                      {  57,  84,  0 },
                      {  94, -24,  0 },
                      {  60, -75,  0 }
                    };

void display_point( vertex wp, uchar *screen );
uchar handle_input( MSG *msg );

int WINAPI WinMain( HINSTANCE hInstance, HINSTANCE hPrevInstance, LPSTR
lpCmdLine, int iCmdShow )
{
  surface.open_window( hInstance, 320, 200, 8 );

  polygon six_sides( 6, 32, points );
  matrix m;

  m.translate( 100, 0, 200 );
  six_sides.update_pos( m );
  m.clear();

  vertex p;  p.wx = 100;  p.wy = 0;  p.wz = 500;

  m.translate( -p.wx, -p.wy, -p.wz );
  m.rotate( 0, 0.004, 0 );
  m.translate( p.wx, p.wy, p.wz );

  uchar *sbuffer;
  if( (sbuffer = new uchar[ 64000 ]) == NULL ) exit( "*sbuffer: Nicht ge
nug Arbeitsspeicher.\n" );

  MSG message;
  while( !handle_input( &message ) )
  {
    six_sides.update_pos( m );
```

```cpp
    uchar *screen = (uchar *) surface.get_screen_pointer();

    for( long x=0 ; x<64000 ; x++ ) sbuffer[ x ] = 0;
    display_point( p, sbuffer );
    six_sides.display( sbuffer );
    for( long x=0 ; x<64000 ; x++ ) screen[ x ] = sbuffer[ x ];

    surface.release_screen_pointer();
  }

  surface.close_window();

  return message.wParam;
}

void display_point( vertex wp, uchar *screen )
{
  svertex sp;

  if( wp.wz > 0.0 )
  {
    sp.sx = long( wp.wx / wp.wz *  100.0 + 160.0 );
    sp.sy = long( wp.wy / wp.wz * -100.0 + 100.0 );

    if( sp.sx > 0 && sp.sx < 319 && sp.sy > 0 && sp.sy < 199 )
      screen[ sp.sy * 320 + sp.sx ] = 15;
  }
}

uchar handle_input( MSG *msg )
{
  if( PeekMessage( msg, NULL, 0, 0, PM_REMOVE ) )
  {
    if( msg->message == WM_QUIT || msg->message == WM_KEYDOWN ) return 1;

    TranslateMessage( msg );
    DispatchMessage( msg );
  }

  return 0;
}
```

//////////////////   Ende a3_9.cpp   //////////////////

Kapitel 3
Einführung in die 3D-Programmierung

Das Programm enthält eine kleine Besonderheit: Eine Funktion zur Darstellung eines einzelnen Objekts vom Typ vertex. Sie wird aufgerufen, um den Rotationsursprung auf dem Bildschirm darzustellen, damit der Betrachter die Drehungsoperation leichter nachvollziehen kann:

```
void display_point( vertex wp, uchar *screen )
{
  svertex sp;

  if( wp.wz > 0.0 )
  {
    sp.sx = long( wp.wx / wp.wz *  100.0 + 160.0 );
    sp.sy = long( wp.wy / wp.wz * -100.0 + 100.0 );

    if( sp.sx > 0 && sp.sx < 319 &&
        sp.sy > 0 && sp.sy < 199 )
      screen[ sp.sy * 320 + sp.sx ] = 15;
  }
}
```

Das Interessante an dieser Funktion ist, ihre Fähigkeit zu unterscheiden, ob ein beliebiger Punkt sichtbar ist oder nicht; das Programm wird nicht abgebrochen, falls Letzteres eintritt. Hierzu sind zwei Schritte notwendig. Im ersten Schritt wird überprüft, ob die z-Koordinate des Punkts wp größer 0 ist. Ist der Wert dieses Ausdrucks *FALSE*, befindet sich der Punkt hinter dem Betrachter, und die Funktion wird beendet, ohne dass eine weitere Operation durchgeführt wird.

Besitzt der Punkt eine positive z-Koordinate, wird dieser projiziert, und seine Bildschirmkoordinaten werden in sp, einem Objekt vom Typ svertex, gespeichert. Im zweiten Schritt wird überprüft, ob der Punkt auf dem Bildschirm sichtbar ist. Wenn dem so ist, nimmt die Bedingung

```
if( sp.sx > 0 && sp.sx < 319 && sp.sy > 0 && sp.sy < 199 )
```

bei der gegebenen Auflösung den Wert *TRUE* an; hierbei haben wir es mit projizierten Koordinaten zu tun haben, die sich auf einen zweidimensionalen Ursprung beziehen, welcher sich in der oberen linken Ecke des Bildschirms befindet.

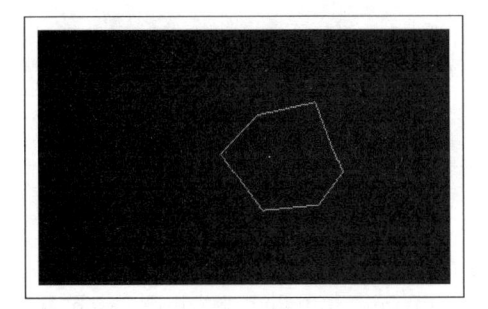

Abb. 3.32: Erscheinungsbild des Programms a3_9

3.6 Der Einsatz variabler Matrizen

Bisher haben wir bei der Bewegung eines Polygons unter Verwendung von Matrizen immer dieselbe Vorgehensweise eingehalten: Zunächst werden die benutzerdefinierten Bewegungsinformationen in die Hauptmatrix gespeichert, schließlich wird die Figur während der Ausführung einer Schleife mithilfe der Matrix bewegt. Die Matrix selbst bleibt während der gesamten Verarbeitung der Schleife unverändert; aus diesem Grund bezeichnet man die Matrix als *konstant*.

Diese Vorgehensweise führt jedoch nicht in jedem Fall zum gewünschten Ergebnis. Unter Verwendung unseres bisherigen Wissens wollen wir jetzt versuchen, Translation und Rotation während einer Animation zu kombinieren. Hierzu folgende Aufgabenstellung:

Ein gegebenes Polygon, welches sich anfangs in einer gewissen Entfernung zum Betrachter befindet, soll langsam in Richtung des globalen Ursprungs bewegt werden. Hat die z-Koordinate seines Mittelpunkts einen bestimmten, vorgegebenen Wert unterschritten, soll die entgegengesetzte Bewegung eingeleitet werden. Wenn sich das Vieleck wiederum zu weit vom Benutzer entfernt hat, muss dieser erneut in Richtung des Ursprungs versetzt werden usw. Zusätzlich zur Verschiebung soll das Polygon ununterbrochen um die eigene y-Achse rotiert werden. Während des gesamten Programms darf der Mittelpunkt der Figur die globale z-Achse nicht verlassen.

Diese Aufgabe kann leichter gelöst werden, wenn man sie in drei kleinere Probleme aufteilt. Die erste Teilaufgabe sieht die Rotation um die eigene y-Achse vor. Hierzu setzen wir wie bisher eine konstante Matrix ein:

```
matrix m;

m.translate( -five_sides.wpos.wx,
             -five_sides.wpos.wy,
             -five_sides.wpos.wz );
```

```
m.rotate( 0, 0.02, 0 );

m.translate( five_sides.wpos.wx,
             five_sides.wpos.wy,
             five_sides.wpos.wz );
```

Bei der Lösung dieser Aufgabe gehen wir von einer Variablen vom Typ `polygon` aus, welche mit benutzerdefinierten Koordinaten initialisiert wurde, sich im Abstand von 320 Einheiten vom Betrachter entfernt befindet und die Bezeichnung `five_sides` trägt.

Das zweite Teilproblem sieht die Versetzung in Richtung des Betrachters vor. Bei der letzten der oberen Anweisungen handelt es sich um eine Translation. Wenn man das Polygon jetzt nicht um 320 Einheiten nach hinten versetzt, sondern um weniger als 320, müsste der Gegenstand nach und nach in Richtung des Betrachters verschoben werden, da wir die Vertices unseres Fünfecks während der Ausführung einer Schleife mit der Matrix multiplizieren. Die Rotations- und Versetzungsmatrix in Richtung des Benutzers hat demnach folgendes Aussehen:

```
matrix m0;

m0.translate( -five_sides.wpos.wx,
              -five_sides.wpos.wy,
              -five_sides.wpos.wz );

m0.rotate( 0, 0.03, 0 );

m0.translate( five_sides.wpos.wx,
              five_sides.wpos.wy,
              five_sides.wpos.wz - 3 );
```

Nach dem gleichen Prinzip lässt sich auch die Rotations- und Translationsmatrix aufbauen, welche die Figur in +z-Richtung verschiebt und somit vom Betrachter entfernt:

```
matrix m1;

m1.translate( -five_sides.wpos.wx,
              -five_sides.wpos.wy,
              -five_sides.wpos.wz );
```

```
m1.rotate( 0, 0.03, 0 );

m1.translate( five_sides.wpos.wx,
              five_sides.wpos.wy,
              five_sides.wpos.wz + 3 );
```

Zum Schluss ist die Definition der beiden Extremwerte erforderlich:

```
double zmax = 320.0;
double zmin = 60.0;
```

Anhand dieser Werte wird festgelegt, welche der beiden Matrizen im aktuellen Schleifendurchlauf für die Bewegung des Gegenstands verwendet werden muss: Solange der Mittelpunkt des Polygons größer zmin ist, muss die Figur in Richtung des Betrachters versetzt werden; daraus folgt, dass die erste Matrix einzusetzen ist. Wird dieser Wert unterschritten, müssen die Koordinaten des Polygons so lange mit der zweiten Matrix multipliziert werden, bis zmax überschritten ist, usw.

Das Programms a3_10 kann somit folgendermaßen aufgebaut werden:

```
///////////////////////          a3_10.cpp          ///////////////////////
//                                                                       //
//    Demonstration einer Aufgabenstellung, welche nicht mit             //
//    Hilfe konstanter Matrizen gelöst werden kann                       //
//    Auflösung: 320x200, Farbtiefe: 8 Bit                               //
//                                                                       //
///////////////////////////////////////////////////////////////////////////

#include <windows.h>

#include "sf3_1.h"
#include "v3_2.h"
#include "p3_8.h"
#include "m3_3.h"

vertex points[ 5 ] = {
                       { -29,   9,  0 },
                       {   0,  30,  0 },
                       {  29,   9,  0 },
                       {  18, -24,  0 },
                       { -18, -24,  0 }
                     };
```

Kapitel 3
Einführung in die 3D-Programmierung

```
uchar handle_input( MSG *msg );

int WINAPI WinMain( HINSTANCE hInstance, HINSTANCE hPrevInstance, LPSTR
lpCmdLine, int iCmdShow )
{
  surface.open_window( hInstance, 320, 200, 8 );

  polygon five_sides( 5, 46, points );

  double zmax = 320.0, zmin = 60.0;

  matrix m[ 2 ];
  m[ 0 ].translate( 0, 0, zmax );
  five_sides.update_pos( m[ 0 ] );
  m[ 0 ].clear();

  m[ 0 ].translate( -five_sides.wpos.wx, -five_sides.wpos.wy, -
five_sides.wpos.wz );
  m[ 0 ].rotate( 0, 0.03, 0 );
  m[ 0 ].translate( five_sides.wpos.wx, five_sides.wpos.wy, five_sides.w
pos.wz - 3 );

  m[ 1 ].translate( -five_sides.wpos.wx, -five_sides.wpos.wy, -
five_sides.wpos.wz );
  m[ 1 ].rotate( 0, 0.03, 0 );
  m[ 1 ].translate( five_sides.wpos.wx, five_sides.wpos.wy, five_sides.w
pos.wz + 3 );

  uchar *sbuffer;
  if( (sbuffer = new uchar[ 64000 ]) == NULL ) exit( "*sbuffer: Nicht ge
nug Arbeitsspeicher.\n" );

  ushort matrix_index = 0;

  MSG message;
  while( !handle_input( &message ) )
  {
    if( five_sides.wpos.wz >= zmax ) matrix_index = 0;
    else if( five_sides.wpos.wz <= zmin ) matrix_index = 1;

    five_sides.update_pos( m[ matrix_index ] );
```

```
      uchar *screen = (uchar *) surface.get_screen_pointer();

      for( ushort x=0 ; x<64000 ; x++ ) sbuffer[ x ] = 0;
      five_sides.display( sbuffer );
      for( ushort x=0 ; x<64000 ; x++ ) screen[ x ] = sbuffer[ x ];

      surface.release_screen_pointer();
  }

  surface.close_window();

  return message.wParam;
}

uchar handle_input( MSG *msg )
{
  if( PeekMessage( msg, NULL, 0, 0, PM_REMOVE ) )
  {
    if( msg->message == WM_QUIT || msg->message == WM_KEYDOWN ) return 1;

    TranslateMessage( msg );
    DispatchMessage( msg );
  }

  return 0;
}
```

/////////////////////// Ende a3_10.cpp ///////////////////////

Um die Übersichtlichkeit des Quelltextes zu erhöhen, werden die beiden Rotations- und Versetzungsmatrizen in m[], einem zweielementigen Array aus Elementen vom Typ matrix gespeichert. Die Indizierung dieses Arrays übernimmt die Variable matrix_index, welche mit dem Wert 0 initialisiert wird. Die Aufgabe der beiden Anweisungen

```
if( five_sides.wpos.wz >= zmax ) matrix_index = 0;
else if( five_sides.wpos.wz <= zmin ) matrix_index = 1;
```

welche sich innerhalb der *while()*-Schleife befinden, besteht darin, den Wert der Variablen matrix_index bei Bedarf zu ändern, um die Verwendung der richtigen

Matrix zu gewährleisten. Die Ausgabe des Programms mag vielleicht überraschend sein:

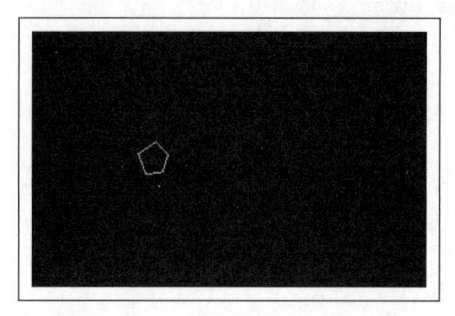

Abb. 3.33: Unerwartetes Erscheinungsbild des Programms 3_10

Anstatt eines Polygons, welches sich um die eigene y-Achse rotiert, und dessen Mittelpunkt die z-Achse der Welt nicht verlässt, zeigt das Programm ein Vieleck an, welches sich um die lokale y-Achse eines bestimmten Punkts dreht. Dieser Punkt befindet sich in einiger Entfernung zum Beobachter, links von der z-Achse.

Um den Grund für diese unbeabsichtige Ausgabe besser verstehen zu können, müssen die einzelnen Vorgänge, welche in der Schleife ablaufen, nacheinander betrachtet werden. Das Polygon, das sich an den Koordinaten (0, 0, 320) befindet, wird im ersten Schleifendurchgang zunächst in Richtung des Ursprungs versetzt, anschließend wird es rotiert.

Nach der Rotation wird es jedoch nicht auf seine alte Position versetzt, sondern auf die Position [0, 0, (320 − 3)], denn man beabsichtigt eine Versetzung in Richtung des Betrachters. In der nächsten Iteration wird das Polygon erneut in Richtung des Ursprungs verschoben. Dadurch, dass die Versetzung mittels *derselben* Matrix stattfindet, nimmt das Polygon nicht die Position (0, 0, 0) ein, sondern (0, 0, −3), denn für die z-Koordinaten gilt:

317 − 320 = −3

Bei der anschließenden Rotation bewegt sich die Figur um die y-Achse der Welt, wobei der Mittelpunkt die globale z-Achse verlässt. Die anschließende Versetzung in +z-Richtung bewegt das Polygon an eine unbeabsichtigte Position.

Der Grund für die unbeabsichtigte Ausgabe von *a3_10* besteht darin, dass die Matrizen die Veränderung der z-Koordinaten des Polygons nicht berücksichtigen. Wenn im Anschluss der ersten Iteration die Position des Mittelpunkts (0, 0, 317) beträgt, sollte am Anfang des nachfolgenden Schleifendurchganges eine Versetzung um −317 Einheiten in −z-Richtung stattfinden; stattdessen beträgt der Verschiebungswert −320 Einheiten, so wie es die konstante Matrix vorschreibt. Eine korrekte Ausgabe ließe sich demnach erreichen, wenn der Aufbau der einzusetzenden Matrix während der Ausführung der Schleife stattfindet.

3.6.1 Aufbau variabler Matrizen

Wenn wir uns an die oben beschriebene Problematik halten, stellt die Erstellung der benötigten variablen Matrix keine große Herausforderung dar. Wir wissen, dass in jeder Iteration die veränderte z-Koordinate in die Matrix eingetragen werden muss. Um dies zu erreichen, bauen wir in jedem Schleifendurchgang unsere Matrix mit den jeweils aktuellen Werten von neuem auf:

```
matrix m;
uchar *screen = (uchar *) surface.get_screen_pointer();

MSG message;
while( !handle_input( &message ) )
{
  m.translate( -five_sides.wpos.wx,
               -five_sides.wpos.wy,
               -five_sides.wpos.wz );

  m.rotate( 0, 0.02, 0 );

  m.translate( five_sides.wpos.wx,
               five_sides.wpos.wy,
               five_sides.wpos.wz - 1 );

  five_sides.update_pos( m );
  m.clear();

  five_sides.display( screen );
}

surface.release_screen_pointer();
```

Für die aktuelle Problematik irrelevante Anweisungen wie diejenigen, welche zur Verwaltung des Frame Buffers verantwortlich sind, werden zwecks besserer Übersicht vernachlässigt. Die hier verwendete variable Matrix ist lediglich in der Lage, das bekannten Fünfeck um die eigene y-Achse zu drehen und in Richtung des Betrachters zu versetzen.

Die Überlegung, dass die Verschiebung des Polygons in Richtung des Betrachters durch eine Anweisung wie

```
m.translate( five_sides.wpos.wx,
             five_sides.wpos.wy,
             five_sides.wpos.wz - 1 );
```

realisiert werden kann, darf weiterhin angewendet werden. Von großer Wichtigkeit ist der Aufruf von `matrix::clear()` nach der Transformation des Polygons unter Verwendung von m. Diese Funktion entfernt die Bewegungsanweisungen, welche am Anfang der Schleife in die Matrix eingetragen wurden. Eine Unterbindung dieses Aufrufs würde die Ausgabe verfälschen; mit dieser Situation haben wir uns bereits im Abschnitt Abbildung 3.14 auseinander gesetzt.

3.6.2 Praktischer Einsatz variabler Matrizen

Nun sind wir in der Lage, die am Anfang des Abschnitts Abbildung 3.32 formulierte Aufgabe zu lösen. Im Gegensatz zu seinem Vorgänger arbeitet unser nächstes Programm mit einer einzigen variablen Matrix, welche in jeder Iteration von neuem aufgebaut wird. Ein weiterer Unterschied ist, dass die Versetzung des Polygons in +z- bzw. –z-Richtung mithilfe der Variablen step vom Typ double erfolgt. Diese Variable nimmt nur die Werte +0.5 oder -0.5 ein, welche ihr in den bereits bekannten Anweisungen

```
if( five_sides.wpos.wz >= z_max ) step = -0.5;
else if( five_sides.wpos.wz <= z_min ) step = 0.5;
```

zugewiesen werden. Hierdurch wird sichergestellt, dass der richtige Verschiebungswert innerhalb der variablen Matrix eingetragen wird:

```
m.translate( -wpos.wx, -wpos.wy, -wpos.wz );
m.rotate( 0, 0.02, 0 );
m.translate( wpos.wx, wpos.wy, wpos.wz + step );
```

Es folgt die vollständige Definition des Programms *a3_11*:

```
/////////////////////////       a3_11.cpp      /////////////////////////
//                                                                    //
// Gleichzeitige Durchführung von Translations- und                   //
// Rotationsbewegungen unter Verwendung einer variaben                //
// Matrix                                                             //
// Auflösung: 320x200, Farbtiefe: 8 Bit                               //
//                                                                    //
////////////////////////////////////////////////////////////////////////

#include <windows.h>

#include "sf3_1.h"
#include "v3_2.h"
#include "p3_8.h"
```

```
#include "m3_3.h"

vertex points[ 5 ] = {
                        { -29,   9,   0 },
                        {   0,  30,   0 },
                        {  29,   9,   0 },
                        {  18, -24,   0 },
                        { -18, -24,   0 }
                    };

uchar handle_input( MSG *msg );

int WINAPI WinMain( HINSTANCE hInstance, HINSTANCE hPrevInstance, LPSTR
lpCmdLine, int iCmdShow )
{
  surface.open_window( hInstance, 320, 200, 8 );

  double zmax = 320, zmin = 60, step = -0.5;

  polygon five_sides( 5, 46, points );

  matrix m;
  m.translate( 0, 0, zmax );
  five_sides.update_pos( m );
  m.clear();

  uchar *sbuffer;
  if( (sbuffer = new uchar[ 64000 ]) == NULL ) exit( "*sbuffer: Nicht ge
nug Arbeitsspeicher.\n" );

  MSG message;
  while( !handle_input( &message ) )
  {
    if( five_sides.wpos.wz >= zmax ) step = -0.5;
    else if( five_sides.wpos.wz <= zmin ) step = 0.5;

    m.translate( -five_sides.wpos.wx, -five_sides.wpos.wy, -
five_sides.wpos.wz );
    m.rotate( -0.007, 0.004, 0.006 );
    m.translate( five_sides.wpos.wx, five_sides.wpos.wy, five_sides.wpos
.wz + step );

    five_sides.update_pos( m );
    m.clear();
```

Kapitel 3
Einführung in die 3D-Programmierung

```
    uchar *screen = (uchar *) surface.get_screen_pointer();

    for( ushort x=0 ; x<64000 ; x++ ) sbuffer[ x ] = 0;
    five_sides.display( sbuffer );
    for( ushort x=0 ; x<64000 ; x++ ) screen[ x ] = sbuffer[ x ];

    surface.release_screen_pointer();
  }

  surface.close_window();

  return message.wParam;
}

uchar handle_input( MSG *msg )
{
  if( PeekMessage( msg, NULL, 0, 0, PM_REMOVE ) )
  {
    if( msg->message == WM_QUIT || msg->message == WM_KEYDOWN ) return 1;

    TranslateMessage( msg );
    DispatchMessage( msg );
  }

  return 0;
}
```

/////////////////////   Ende a3_11.cpp   /////////////////////////

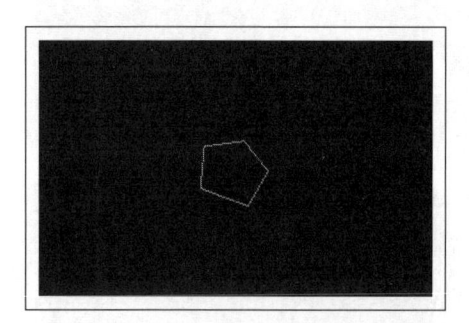

Abb. 3.34: Beabsichtigte Lösung des Problems aus Abschnitt 3.6 in Form des Programms 3_11

Die irrtümliche Verwendung einer konstanten Matrix anstelle einer variablen führt nicht in allen Fällen zu einer Rotation um einen beliebigen Punkt, wie es im Programm *a3_10* der Fall ist. Bemerkenswert ist, dass der Einsatz unterschiedlicher Rotationswerte wie beispielsweise:

```
m.translate( -five_sides.wpos.wx,
             -five_sides.wpos.wy,
             -five_sides.wpos.wz );

m.rotate( -0.03, 0.01, 0.02 );

m.translate( five_sides.wpos.wx,
             five_sides.wpos.wy,
             five_sides.wpos.wz - 1 );
```

vollkommen unterschiedliche Folgen haben kann.

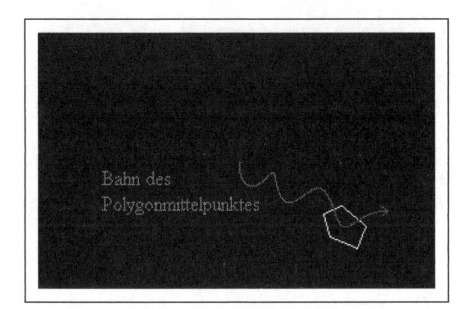

Abb. 3.35: Verwendung einer konstanten Matrix anstelle einer variablen kann zu unvorhersehbaren Ergebnissen führen

3.6.3 Vor- und Nachteile beider Matrixtypen

Bei der Verwendung variabler Matrizen werden während der Ausführung einer Schleife zunächst die benutzerdefinierten Bewegungsinformationen in die Matrix eingetragen, anschließend werden die gewünschten Polygone transformiert. Zum Schluss wird der Matrix die Einheitsmatrix zugewiesen, und die für den nächsten Schleifendurchgang ungültigen Informationen gehen verloren.

Dadurch, dass jede Iteration eigene Werte in die Matrix speichert, welche im nächsten Durchlauf von neuem ermittelt werden müssen, ist die Verwendung variabler Matrizen rechenaufwendig und damit langsam. Das ist vor allem dann der Fall, wenn die Ausführung der langsamen trigonometrischen Funktionen notwendig ist. Auf der anderen Seite lassen sich bestimmte Aufgaben nur mittels variabler Matrizen lösen. Bei der Lösung eines Problems sollte man der Verwendung einer konstanten gegenüber einer variablen Matrix immer den Vorzug geben.

Kapitel 3
Einführung in die 3D-Programmierung

Es gibt aber auch Situationen, in denen die Verwendung konstanter und variabler Matrizen zugunsten einer höheren Ausführungsgeschwindigkeit miteinander kombiniert werden kann. Innerhalb der Hauptschleife unseres letzten Programms wird die variable Matrix folgendermaßen aufgebaut:

```
MSG message;
while( !handle_input( &message ) )
{
  m.translate( -five_sides.wpos.wx,
               -five_sides.wpos.wy,
               -five_sides.wpos.wz );

  m.rotate( -0.03, 0.01, 0.02 );

  m.translate( five_sides.wpos.wx,
               five_sides.wpos.wy,
               five_sides.wpos.wz - 1 );

  // ...
}
```

Aufgrund dessen, dass die Rotationswerte während des gesamten Programms unverändert bleiben, können diese auch innerhalb einer konstanten Matrix eingetragen werden:

```
matrix m_var, m_const;

m_const.rotate( -0.03, 0.01, 0.02 );

MSG message;
while( !handle_input( &message ) )
{
  m_var.translate( -five_sides.wpos.wx,
                   -five_sides.wpos.wy,
                   -five_sides.wpos.wz );

  m_var.multiplicate( m_const );

  m_var.translate( five_sides.wpos.wx,
                   five_sides.wpos.wy,
                   five_sides.wpos.wz - 1 );
```

```
// ...
}
```

Um die Funktionsweise dieser Anweisungen zu gewährleisten, muss eine neue Funktion mit dem Prototypen:

```
void matrix::multiplicate( matrix );
```

definiert werden, welche die Hauptmatrix von m_var mit der Hauptmatrix von m_const multipliziert, um auf diese Weise die in m_const enthaltenen Rotationsinformationen nach m_var zu transferieren. Der Vorteil dieser Folge von Anweisungen ist, dass die langsamen sin() und cos()-Funktionen innerhalb der Schleife nicht mehr aufgerufen werden müssen.

3.7 Skalierung

Während der Ausführung des Programms *a3_3* aus dem Abschnitt Abbildung 3.13 wird die Funktion matrix::scale() für ein Polygon aufgerufen, dessen Mittelpunkt sich im Ursprung der dreidimensionalen Welt befindet. Später kommt der Hinweis, dass auch die Reihenfolge des Aufrufs die Funktionen matrix::scale() und matrix::translate() von großer Wichtigkeit sei.

Um die Richtigkeit dieser Aussage anschaulich zu demonstrieren, erstellen wir ein Programm, welches zwei Polygone definiert und mit denselben Koordinaten initialisiert. Den ersten Polygon verschieben wir um den Vektor $\vec{v}\begin{pmatrix}100\\-50\\150\end{pmatrix}$ nach unten rechts, den zweiten mithilfe von $\vec{v}'\begin{pmatrix}100\\50\\150\end{pmatrix}$ nach oben links. Da beide Vektoren den gleichen Betrag haben, befinden sich die Mittelpunkte beider Figuren im gleichen Abstand zum Weltursprung. Anschließend skalieren wir nur die erste Figur gleichmäßig um den Faktor 3. Beide Figuren werden anschließend auf dem Bildschirm dargestellt:

```
/////////////////////        a3_12.cpp        /////////////////////
//                                                                //
//  Demonstration des Problems der skalierungsbedingten           //
//  Translation anhand von zwei Dreiecken                         //
//  Auflösung: 320x200, Farbtiefe: 8 Bit                          //
```

```
//                                                              //
////////////////////////////////////////////////////////////////

#include <windows.h>

#include "sf3_1.h"
#include "v3_2.h"
#include "p3_8.h"
#include "m3_3.h"

vertex points[ 3 ] = {
                    {   0,  40,  0 },
                    {  35, -20,  0 },
                    { -35, -20,  0 },
                  };

uchar handle_input( MSG *msg );

int WINAPI WinMain( HINSTANCE hInstance, HINSTANCE hPrevInstance, LPSTR
lpCmdLine, int iCmdShow )
{
  surface.open_window( hInstance, 320, 200, 8 );

  polygon triangle_1( 3, 32, points );
  polygon triangle_2( 3, 45, points );

  matrix m;

  m.translate( 100, -50, 150 );
  triangle_1.update_pos( m );
  m.clear();

  m.translate( -100, 50, 150 );
  triangle_2.update_pos( m );
  m.clear();

  m.scale( 3, 3, 3 );
  triangle_1.update_pos( m );

  uchar *screen = (uchar *) surface.get_screen_pointer();

  triangle_1.display( screen );
```

```cpp
  triangle_2.display( screen );

  surface.release_screen_pointer();

  MSG message;
  while( !handle_input( &message ) ) ;

  surface.close_window();

  return message.wParam;
}

uchar handle_input( MSG *msg )
{
  if( PeekMessage( msg, NULL, 0, 0, PM_REMOVE ) )
  {
    if( msg->message == WM_QUIT || msg->message == WM_KEYDOWN ) return 1;

    TranslateMessage( msg );
    DispatchMessage( msg );
  }

  return 0;
}
```

///////////////////   Ende a3_12.cpp   ///////////////////

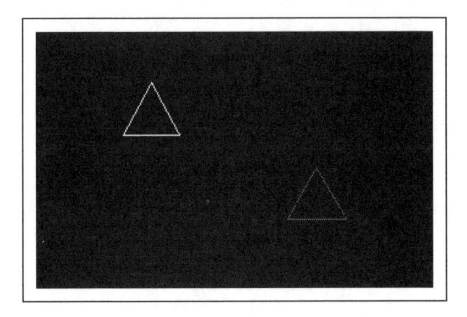

Abb. 3.36: Ausgabe des Programms a3_12

a3_12 erzeugt eine unerwartete Ausgabe: Das rechts dargestellte Dreieck, welches dreimal so groß wie das linke sein müsste, hat seine Größe dem oberen Polygon gegenüber nicht verändert. Es hat somit den Anschein, als seien die Anweisungen:

```
m.scale( 3, 3, 3 );
traingle_1.update_pos( m );
```

überhaupt nicht ausgeführt worden. Hierbei handelt es sich jedoch um einen Trugschluss. Durch die Skalierung mit dem Wert 3 in x- und in y-Richtung erhält man zwar ein Polygon mit der dreifachen Größe; aufgrund der Tatsache, dass die z-Koordinate des Vielecks ebenfalls skaliert wird, verdreifacht sich jedoch auch die Entfernung zwischen dem Gegenstand und dem Betrachter. Je weiter ein Objekt vom Betrachter entfernt liegt, um so kleiner wird dieser dargestellt. In unserem Fall heben sich die größere Entfernung und die größere Polygonfläche optisch gegenseitig auf und es sieht so aus, als ob das Dreieck von der Skalieroperation unverändert geblieben sei.

Die Multiplikation der Koordinaten von Punkten mit einem Skalar verändert die gesamte Figur nach den Gesetzmäßigkeiten, welche im Abschnitt Abbildung 3.11 vorgestellt worden sind. Nach der Durchführung einer Skalieroperation erwartet man jedoch, dass der entsprechende Gegenstand auf seiner alten Position verbleibt bzw. dass der Mittelpunkt der ursprünglichen und der skalierten Figur identisch sind. Wir müssen eine Möglichkeit finden, die bei der Skalierung automatisch auftretende Verschiebung zu neutralisieren.

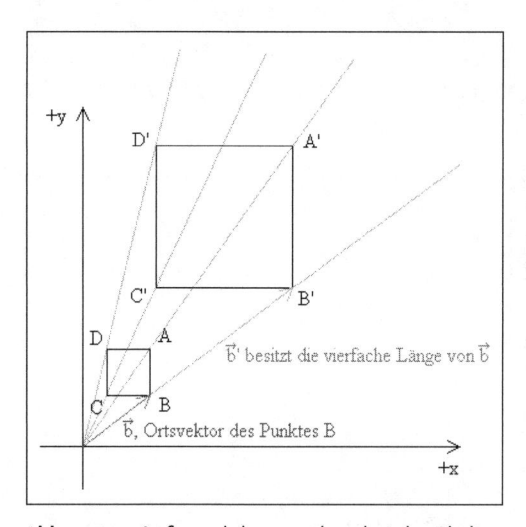

Abb. 3.37: Aufgrund dessen, dass bei der Skalierung die Ortsvektoren der Vertices ihre Richtung nicht ändern, findet neben der Größenveränderung auch eine Verschiebung statt. Die Mittelpunkte der ursprünglichen und der skalierten Figur besitzen unterschiedliche Koordinaten.

3.7.1 Die Versetzung in Richtung des Ursprungs

Das Problem der skalierungsbedingten Translation lässt sich mithilfe desselben Lösungswegs beseitigen, welcher auch bei der Durchführung der Rotation um die eigenen Achsen eingesetzt wird. Demnach sind auch in diesem neuen Zusammenhang drei Schritte erforderlich:

1. vor der Skalierung die gesamte Figur verschieben, sodass der Mittelpunkt die Koordinaten des globalen Ursprungs annimmt
2. die Figur skalieren
3. die skalierte Figur wieder an ihre vorherige die Position zurückversetzen

Der Grund, warum diese Vorgehensweise auch in diesem veränderten Hintergrund die beabsichtigten liefert, ist in dem Gleichungssystem zu finden, mit dessen Hilfe ein beliebiger Punkt **P(x, y, z)** skaliert werden kann:

$x' = x * scale\_factor$

$y' = y * scale\_factor$

$z' = z * scale\_factor scale\_factor \in R$

Die Verschiebung eines zur x-y-Ebenen parallelen Polygons hat zur Folge, dass sämtliche z-Koordinaten seiner Vertices den Wert 0 annehmen. Die anschließende Multiplikation der x- und y-Koordinaten mit der Konstanten *scale_factor* verändert diese, während die z-Koordinaten davon unbeeinträchtigt bleiben, da eine Multiplikation mit dem Wert 0 stets 0 ergibt. Das Ergebnis der im 3. Schritt durchgeführten Versetzung an die vorherige Position ist eine skalierte Figur, welche der ursprünglichen ähnlich ist. Dadurch, dass der Mittelpunkt des Vielecks durch diese Form der Skalierung seine Koordinaten nicht ändert, kann die Operation problemlos vom Betrachter nachvollzogen werden.

Körper und Polygone, welche nicht zur x-y-Ebene parallel sind, werden mithilfe des gleichen Algorithmus skaliert, ihr Mittelpunkt wird somit im ersten Schritt in Richtung des Punkts (0, 0, 0) verschoben. Es ist sehr wahrscheinlich, dass unsere zwei- bzw. dreidimensionale Figur zu diesem Zeitpunkt keine Vertices besitzt, deren z-Koordinaten den Wert 0 annehmen.

Dadurch bekommen auch diese von der Multiplikation mit dem Skalar neue Werte zugewiesen. Trotz der Vergrößerung bzw. Verkleinerung, die mit der Skalierung beabsichtigt wird, bewegt sich die Figur in Bezug zum Raum, den sie einnimmt, nicht. Der oben beschriebene Algorithmus für die Unterbindung der mit der Skalierung verbundenen räumlichen Verschiebung arbeitet demnach auch in diesem Fall wie beabsichtigt.

Kapitel 3
Einführung in die 3D-Programmierung

3.7.2 Praktische Unterbindung der skalierungsbedingten Translation

Im folgenden Programm bauen wir eine Matrix auf, welche in der Lage ist, ein Polygon, dessen Mittelpunkt nicht im Ursprung der Welt liegt, gleichmäßig zu skalieren. Die Skalierung erfolgt ohne eine räumliche Versetzung der Figur.

Die Matrix besitzt folgendes Aussehen:

```
matrix m;

m.translate( -triangle_1.wpos.wx,
             -triangle_1.wpos.wy,
             -triangle_1.wpos.wz );

m.scale( 3, 3, 3 );

m.translate( triangle_1.wpos.wx,
             triangle_1.wpos.wy,
             triangle_1.wpos.wz );
```

Die Definition von `triangle_1` ist seit dem letzten Programm unverändert geblieben. Es folgt die vollständige Definition des Programms *a3_13*:

```
////////////////////        a3_13.cpp        ////////////////////
//                                                             //
//   Unterbindung der skalierungsbedingten Translation          //
//   Auflösung: 320x200, Farbtiefe: 8 Bit                       //
//                                                             //
////////////////////////////////////////////////////////////////

#include <windows.h>

#include "sf3_1.h"
#include "v3_2.h"
#include "p3_8.h"
#include "m3_3.h"

vertex points[ 3 ] = {
                      {   0,  40, 0 },
                      {  35, -20, 0 },
                      { -35, -20, 0 },
                     };

uchar handle_input( MSG *msg );
```

Skalierung

```
int WINAPI WinMain( HINSTANCE hInstance, HINSTANCE hPrevInstance, LPSTR
lpCmdLine, int iCmdShow )
{
  surface.open_window( hInstance, 320, 200, 8 );

  polygon triangle_1( 3, 32, points );
  polygon triangle_2( 3, 45, points );

  matrix m;

  m.translate( 100, -50, 150 );
  triangle_1.update_pos( m );
  m.clear();

  m.translate( -100, 50, 150 );
  triangle_2.update_pos( m );
  m.clear();

  m.translate( -triangle_1.wpos.wx, -triangle_1.wpos.wy, -
triangle_1.wpos.wz );
  m.scale( 3, 3, 3 );
  m.translate( triangle_1.wpos.wx, triangle_1.wpos.wy, triangle_1.wpos.w
z );
  triangle_1.update_pos( m );

  uchar *screen = (uchar *) surface.get_screen_pointer();

  triangle_1.display( screen );
  triangle_2.display( screen );

  surface.release_screen_pointer();

  MSG message;
  while( !handle_input( &message ) ) ;

  surface.close_window();

  return message.wParam;
}

uchar handle_input( MSG *msg )
```

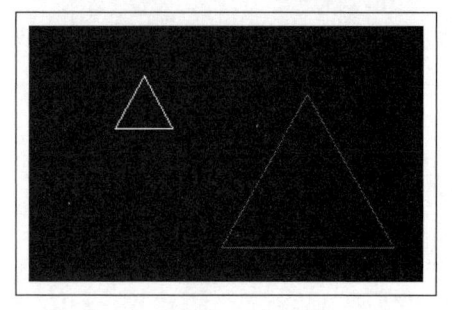

```
{
  if( PeekMessage( msg, NULL, 0, 0, PM_REMOVE ) )
  {
    if( msg->message == WM_QUIT || msg-
>message == WM_KEYDOWN ) return 1;

    TranslateMessage( msg );
    DispatchMessage( msg );
  }

  return 0;
}
```

//////////////////   Ende a3_13.cpp   //////////////////

Abb. 3.38: Ausgabe des Programms a3_13

3.7.3 Ungleichmäßige Skalierung

In den letzten zwei Programmen haben wir den gleichen Skalar für die Veränderung der x-, y- und z-Koordinaten eines gegebenen Gegenstands eingesetzt. Interessante Effekte lassen sich aber auch dann erzeugen, wenn eine ungleichmäßige Skalierung stattfindet, d.h. wenn man unterschiedliche Werte für die Multiplikation mit den x-, y- und z-Koordinaten verwendet werden.

Die Aufgabe des folgenden Programms besteht darin, ein Achteck während einer Animation zunächst in x-, anschließend in y-Richtung mit einem Wert >1 zu skalieren. Im Anschluss soll die Figur in umgekehrter Reihenfolge wieder auf seine ursprüngliche Größe verkleinert werden. Die Werte der z-Koordinaten der Punkte, welche das Polygon definieren, bleiben unverändert. Konstant bleiben auch die Koordinaten des Mittelpunkts der Figur, welcher sich auf der +z-Achse befindet.

Hierbei werden wir mit vier unterschiedlichen Bewegungen konfrontiert, welche mithilfe von Matrizen durchgeführt werden sollen. Zunächst stellt sich jedoch die Frage, ob für die Lösung des Problems variable oder konstante Matrizen einzusetzen sind.

Um diese Frage zu beantworten, gehen wir von einem zur x-y-Ebene parallelen Achteck aus, dessen Mittelpunkt die Koordinaten (0, 0, 90) besitzt. Um diesen Polygon *nur* in x-Richtung zu dehnen, ist lediglich die Matrix

```
matrix m1;
m1.scale( 2, 1, 1 );
```

erforderlich. Die Multiplikation des Polygons mit dieser Matrix verdoppelt den Betrag der x-Koordinaten, während die Werte der y- und z-Koordinaten unverändert bleiben. Weil der Mittelpunkt des Achtecks auf der z-Achse liegt, erfolgt die Dehnung zu gleichen Teilen sowohl in –x- als auch in +x - Richtung, das Problem der ungewollten Translation tritt somit nicht auf. Das ist auch der Grund, warum eine Verschiebung in Richtung des Ursprungs unnötig ist. Innerhalb der Hauptschleife unseres Programms wird die Figur unter Verwendung eines konstanten Werts skaliert; der Einsatz konstanter Matrizen ist für die Lösung des oben gestellten Problems absolut ausreichend.

Die zweite Bewegung ist die Vergrößerung in y-Richtung. Aus den bereits genannten Gründen ist der Aufbau dieser Matrix ebenfalls einfach:

```
matrix m2;
m2.scale( 1, 2, 1 );
```

Um das Polygon auf die ursprüngliche Größe zu verkleinern, sind Matrizen notwendig, deren Skalare Werte kleiner 1 besitzen:

```
matrix m3, m4;
m3.scale( 0.5, 1, 1 );  m4.scale( 1, 0.5, 1 );
```

In der Praxis arbeitet man in solchen Fällen nicht mit einzelnen Matrizen verschiedenen Namens; die Programme können viel einfacher und übersichtlicher gestaltet werden, wenn die Matrizen Teil eines Arrays sind. Die oben vorgestellten Werte der Skalare sind viel zu groß, um für den Einsatz innerhalb einer Schleife geeignet zu sein.

3.7.4 Iteration Counting

In der Praxis kommt es häufiger vor, dass in einem Programm Ereignisse erst nach einer bestimmten Zeit eintreten sollen. In unserem Programm existieren vier Matrizen, welche nacheinander für die Veränderung der Koordinaten eines Achtecks verwendet werden. Das Problem ist die Bestimmung des genauen Zeitpunkts, in dem die innerhalb der Schleife verwendete Matrix durch die nachfolgende ersetzt werden muss.

Kapitel 3
Einführung in die 3D-Programmierung

Dieses Problem besitzt mehrere Lösungsansätze. Der einfachste und schnellste besteht darin, ein Ereignis erst dann stattfinden zu lassen, wenn die äußerste Schleife der Animation eine bestimmte Anzahl von Iterationen durchgeführt hat, bzw. erst nachdem eine feste Anzahl an *Frames* angezeigt worden ist. Diese Vorgehensweise wird *Iteration-* oder *Frame Counting* genannt.

In unserem Programm skalieren wir in jedem *Frame* unsere Figur durch eine der vier Matrizen. Bei jeder Multiplikation des Polygons mit der Matrix wird auch eine Hilfsvariable ganzzahligen Typs inkrementiert, anschließend erfolgt die Überprüfung ihres Werts. Wenn die Variable beispielsweise den Wert 80 erreicht hat, wechseln wir die Matrix und weisen der Hilfsvariablen den Wert 0 zu.

Der Sinn dieser Vorgehensweise besteht darin, die zu verwendende Matrix erst nach einer bestimmten Anzahl von Iterationen zu wechseln. Da ein Schleifendurchlauf eine gewisse Zeit braucht, um vollständig ausgeführt zu werden, tritt das Ereignis des Matrizenwechsels in einem festen zeitlichen Intervall auf.

Die Einfachheit des *Iteration Countings* ist mit einigen Problemen verbunden. Die Zeit, welche für die Berechnung eines *Frames* notwendig ist, hängt stark vom verwendeten Computersystem ab. Ereignisse, die nach einer bestimmten Anzahl an Iterationen stattfinden, treten auf schnellen Rechnern früher ein als auf langsamen.

Dieses Problem lässt sich durch das Testen der Rechnergeschwindigkeit lösen. Dazu wird meist während der Ausführung des Setup-Programms die Zeit gemessen, welche für die Ausführung einer bestimmten Menge an Rechenoperationen notwendig ist. Auf der Grundlage des auf diese Weise ermittelten Werts können alle maschinenabhängigen Konstanten ermittelt werden.

3.7.5 Praktische Umsetzung der ungleichmäßigen Skalierung

Die Definition unseres nächsten Programms, der Skalierung eines Achtecks unter Verwendung vier unterschiedlicher Matrizen, lässt sich folgendermaßen gestalten:

```
/////////////////////        a3_14.cpp        /////////////////////
//                                                               //
// Ungleichmäßige Skalierung eines Achtecks während einer        //
// Animation                                                     //
// Auflösung: 320x200, Farbtiefe: 8 Bit                          //
//                                                               //
/////////////////////////////////////////////////////////////////////

#include <windows.h>

#include "sf3_1.h"
```

```
#include "v3_2.h"
#include "p3_8.h"
#include "m3_3.h"

vertex points[ 8 ] = {
                      {  12,  30,  0 },
                      {  30,  12,  0 },
                      {  30, -12,  0 },
                      {  12, -30,  0 },
                      { -12, -30,  0 },
                      { -30, -12,  0 },
                      { -30,  12,  0 },
                      { -12,  30,  0 }
                    };

inline void inc( ushort *y )
{
  if( *y == 3 ) *y = 0;
  else (*y)++;
}

uchar handle_input( MSG *msg );

int WINAPI WinMain( HINSTANCE hInstance, HINSTANCE hPrevInstance, LPSTR
lpCmdLine, int iCmdShow )
{
  surface.open_window( hInstance, 320, 200, 8 );

  polygon eight_sides( 8, 42, points );

  matrix m[ 4 ];

  m[ 0 ].translate( 0, 0, 90 );
  eight_sides.update_pos( m[ 0 ] );
  m[ 0 ].clear();

  m[ 0 ].scale( 1.01, 1, 1 );
  m[ 1 ].scale( 1, 1.01, 1 );
  m[ 2 ].scale( 0.99, 1, 1 );
  m[ 3 ].scale( 1, 0.99, 1 );

  uchar *sbuffer;
```

```
   if( (sbuffer = new uchar[ 64000 ]) == NULL ) exit( "*sbuffer: Nicht ge
nug Arbeitsspeicher.\n" );

   ushort matrix_index = 0;
   ushort frame_counter = 0;

   MSG message;
   while( !handle_input( &message ) )
   {
      if( ++frame_counter == 80 ) {  frame_counter = 0;  inc( &matrix_inde
x );  }

      eight_sides.update_pos( m[ matrix_index ] );

      uchar *screen = (uchar *) surface.get_screen_pointer();

      for( ushort x=0 ; x<64000 ; x++ ) sbuffer[ x ] = 0;
      eight_sides.display( sbuffer );
      for( ushort x=0 ; x<64000 ; x++ ) screen[ x ] = sbuffer[ x ];

      surface.release_screen_pointer();
   }

   surface.close_window();

   return message.wParam;
}

uchar handle_input( MSG *msg )
{
   if( PeekMessage( msg, NULL, 0, 0, PM_REMOVE ) )
   {
      if( msg->message == WM_QUIT || msg-
>message == WM_KEYDOWN ) return 1;

      TranslateMessage( msg );
      DispatchMessage( msg );
   }

   return 0;
}

//////////////////////     Ende a3_14.cpp      //////////////////////////
```

In diesem Programm werden zunächst die vier Matrizen mit konstanten Werten versehen:

```
matrix m[ 4 ];

m[ 0 ].scale( 1.01, 1, 1 );
m[ 1 ].scale( 1, 1.01, 1 );
m[ 2 ].scale( 0.99, 1, 1 );
m[ 3 ].scale( 1, 0.99, 1 );
```

Dadurch, dass unser Gegenstand unter Verwendung derselben Matrix mehrmals skaliert wird, besitzen die Skalare entsprechend kleine Werte: Der Betrag des Skalierfaktors für die Vergrößerung bzw. Verkleinerung beträgt 0,01 denn:

$$| 1,0 - 1,01 | = | 1,0 - 0,99 | = 0,01$$

Je größer dieser Betrag ist, umso schneller wird die Figur verändert. Die Verwendung eines größeren Skalars kann unter Umständen zu Problemen führen, da in unserem Fall das einzige Kriterium für den Wechsel der Matrix die Anzahl der durchlaufenden *Frames* darstellt. Die Lösung dieses Problems ist die Einbeziehung weiterer Größen in die Bedingung für den Wechsel der Matrix. Zu diesen Größen zählen die Werte einiger Bildschirmkoordinaten.

Unsere Matrizen werden in einem vierelementigen Array gespeichert, dessen Indizierung durch die Variable `matrix_index` erfolgt. Interessant ist der Umgang mit dieser Variablen in Form der Funktion `inc()`:

```
// Aufruf der Funktion 'inc()':


if( ++frame_counter == 80 )
{
  frame_counter = 0;
  inc( &matrix_index );
}



// Definition der Funktion 'inc()':


inline void inc( ushort *y )
```

```
{
  if( *y == 3 ) *y = 0;
  else (*y)++;
}
```

Diese Funktion nimmt die Adresse von `matrix_index` entgegen und inkrementiert den Wert der Variablen. Übersteigt dieser Wert den maximalen Index des Arrays m[], in unserem Fall 3, wird `matrix_index` der Offset des ersten Elements zugewiesen. Dadurch wird gewährleistet, dass nach dem Einsatz der letzten Matrix wieder die erste eingesetzt wird, um die Animation von neuem zu beginnen. Diese Technik wird als *Speicherplatzrotation* bezeichnet.

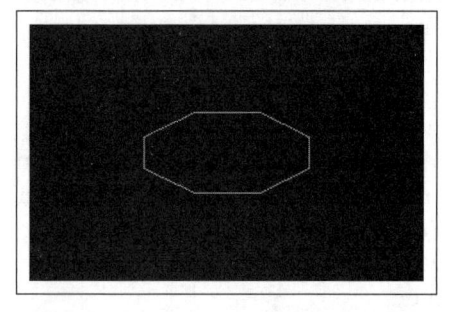

Abb. 3.39: Erscheinungsbild des Programms a3_14

3.7.6 Fehlerbehandlung

Ein unter Anfängern verbreiteter und sehr schwer auffindbarer Fehler, welcher bei der Skalierung von Objekten vorkommen kann, tritt in folgender Anweisung auf:

```
matrix m;
m.scale( 2, 0, 3 );
```

In diesem Fall wir versucht, einer Variablen vom Typ `matrix` Werte für die Skalierung eines Gegenstands in x- und z-Richtung zuzuweisen. Die y-Koordinaten der zu verändernden Figur sollen aber unverändert bleiben. Wenn es sich bei diesem Gegenstand um ein Polygon handelt, stellt das Ergebnis eine Linie dar.

Der Grund für diese fehlerhafte Ausgabe liegt in der irrtümlichen Skalierung der y-Koordinaten mit dem Wert 0 anstelle der Konstanten 1. Da bei der Transformation die Skalare mit den Koordinaten der Vertices multipliziert werden, ist 1 und nicht 0 das neutrale Element der Skalierung.

Ein weiterer Fehler kann bei dem Versuch auftauchen, das im Abschnitt Abbildung 3.37 besprochene Problem der skalierungsbedingten Translation mithilfe der ungleichmäßigen Skalierung zu lösen. Dieses Problem besteht darin, dass beim Versuch, eine Figur unter Verwendung einer Matrix wie

```
matrix m;
m.scale( 4, 4, 4 );
```

zu skalieren, der Gegenstand auch versetzt wird, den Größenunterschied verbergend. Der Versuch, die Verschiebung in +z-Richtung durch eine Anweisung wie

```
matrix m;
m.scale( 4, 4, 1 );
```

zu unterbinden, kann in einigen Fällen zu Problemen führen. Befindet sich der Mittelpunkt der zu skalierenden Figur wie im letzten Programm auf der z-Achse, wird die ungewollte Verschiebung erfolgreich unterbunden. Ist die Figur allerdings vor der Skalierung in x- oder y-Richtung versetzt, tritt auch bei dieser Matrix eine ungewollte Translation auf; die Gründe für das Auftreten dieses Phänomens sind bereits im Abschnitt Abbildung 3.35 erläutert worden. Diese skalierungsbedingte Verschiebung kann jedoch in jedem Fall durch Anweisungen wie

```
matrix m;

m.translate( -figure.wpos.wx,
             -figure.wpos.wy,
             -figure.wpos.wz );

m.scale( 4, 4, 1 );

m.translate( figure.wpos.wx,
             figure.wpos.wy,
             figure.wpos.wz );
```

verhindert werden, wobei `figure` eine beliebige Variable vom Typ `polygon` darstellt.

3.7.7 Die Illusion der Tiefenverschiebung

Mithilfe der gleichmäßigen Skalierung lässt sich auch ein außergewöhnlicher Effekt darstellen, den die wenigsten Benutzer mit der Skalierung in Zusammenhang bringen: die Tiefenverschiebung. Wenn auf dem Bildschirm eine Figur angezeigt wird, welche sich während einer Animation langsam verkleinert, wird beim Betrachter der Eindruck hervorgerufen, der Gegenstand werde in Richtung der +z-Achse verschoben.

Dieser Eindruck kommt durch persönliche Erfahrung zustande. Im täglichen Leben ist man aus physikalischen Gründen nur dann mit Verkleinerungsvorgängen konfrontiert, wenn ein fester Gegenstand, ein PKW beispielsweise, sich vom Standpunkt des Zuschauers entfernt. Dieser Eindruck kann auf dem Rechner durchaus durch Translation in Richtung der +z-Achse wie im Programm a3_11 erreicht werden. In diesem Programm wird ein Polygon um die eigenen Achsen gedreht und gleichzeitig in Richtung des Zuschauers bzw. in entgegengesetzter Richtung versetzt. Bei der Translation in beiden Richtungen wird die Figur auf dem Bildschirm vergrößert bzw. verkleinert dargestellt.

Der Grund dieses Größenunterschieds liegt in den Projektionsgleichungen: Um dreidimensionale x- bzw. y-Koordinaten in eine zweidimensionale umzuwandeln, werden diese durch ihre z-Koordinate geteilt. Bei konstanten Werten der x- und y-Koordinaten führt die Teilung durch eine große z-Koordinate zu einem kleinen Ergebnis. Wenn das Polygon über geringe z-Koordinaten verfügt, und sich demnach in der Nähe des Betrachters befindet, ergibt die Teilung durch die geringen Werte der z-Koordinaten große Bildschirmkoordinaten.

Abb. 3.40: Die Größe des im Programm a3_11 dargestellten Polygons verändert sich antiproportional zu den Werten seiner z-Koordinaten.

Es ist aber auch möglich, die Verkleinerung eines Objekts, das sich vom Betrachter entfernt, mithilfe der gleichmäßigen Skalierung zu simulieren. Aufgrund dessen dass der Mittelpunkt des Gegenstands während des gesamten Vorgangs seine Koordinaten nicht ändert, handelt es sich bei dieser Art von räumlicher Verschiebung um eine Illusion. Um diesen Effekt noch besser vermitteln zu können, muss ein Hintergrund ausgewählt werden, anhand dessen keine Aussagen über die z-Koordinaten der Objekte aus dem Vordergrund abgeleitet werden können.

Die Translation um einen festen Betrag in +z-Richtung ist mit der Verkleinerung des verschobenen Objekts verbunden. Mathematisch betrachtet lässt sich dieselbe Verkleinerung auch durch gleichmäßige Skalierung mit einem Wert t erreichen, dessen Betrag kleiner 1.0 ist. Bei der Ermittlung dieses Werts spielt die skalierungsbedingte Translation eine entscheidende Rolle. Wie wir bereits wissen, ist die Skalierung stets mit einer Verschiebung verbunden. Dieses Phänomen soll jedoch nicht eingesetzt werden, um Versetzungsoperationen durchzuführen; vielmehr dient dieser als Rechenhilfe bei der Ermittlung der Werte von Skalierfaktoren.

Das Problem ist die Ermittlung eines Skalars t, für das gilt: Bei der Skalierung der z-Koordinaten des Mittelpunkts M(mx, my, mz) einer beliebigen Figur wird dieser um v Einheiten in Richtung der +z-Achse versetzt. Die Gleichung, welche für die Skalierung der z-Koordinaten mz verwendet wird, besitzt folgenden Aufbau:

$mz * t = mz + vt, v \in \mathbf{R}$

Die Umformung dieser Gleichung nach t ergibt:

$t = (mz + v) / mz$

Das Ergebnis ist ein Wert >1.0, da auf der rechten Seite der Gleichung eine große Zahl (mz + v) mit v > 0 durch eine kleine Zahl mz geteilt wird. Die Skalierung mit einem Wert >1 vergrößert die Figur. Auf der anderen Seite wirkt eine Figur um so kleiner, je weiter sie sich vom Betrachter entfernt befindet. Wollen wir aber die Illusion einer Verschiebung in +z-Richtung erzeugen, ist ein Skalar <1 notwendig. Um das zu erreichen, muss das Vorzeichen von v umgekehrt werden:

$t = (mz - v) / mz$

Da wir von einer gleichmäßigen Skalierung ausgehen, ist der mittels dieser Gleichung ermittelte Skalar t gleichzeitig auch der Wert, mit dem auch mx und my skaliert werden. Das Ergebnis der gleichmäßigen Skalierung einer Figur unter Verwendung von t ist ein Gegenstand, welcher so aussieht, als sei dieser um v Einheiten in +z-Richtung versetzt worden. Das gilt aber nur, wenn vor der Skalierung das Objekt in Richtung des Ursprungs versetzt worden ist, gemäß Abschnitt Abbildung 3.37.

3.7.8 Praktische Erzeugung der Illusion der Tiefenverschiebung

Im Folgenden wollen wir die Gültigkeit der oben ermittelten Gleichung in Form eines Programms überprüfen. Dieses soll die gleiche Ausgabe wie *a3_11* besitzen, es muss demnach ein Polygon darstellen, das sich um die eigenen Achsen dreht und sich gleichzeitig auch abwechselnd in +z- bzw. –z-Richtung bewegt. Diesmal soll jedoch nur der Eindruck einer Verschiebung vermittelt werden, die Koordinaten des Polygonmittelpunkts müssen während der Laufzeit des Programms konstant bleiben.

Das Programm *a3_15* besitzt große Ähnlichkeit mit *a3_11*. Viele technische Details, welche im Abschnitt Abbildung 3.32 besprochen worden sind, lassen sich auch auf *a3_15* übertragen:

```
/////////////////////        a3_15.cpp         /////////////////////////
//                                                                   //
// Vermittlung der Illusion der Tiefenverschiebung eines              //
// Polygons unter Verwendung der gleichmäßigen Skalierung             //
// Auflösung: 320x200, Farbtiefe: 8 Bit                               //
```

```
//                                                              //
////////////////////////////////////////////////////////////////

#include <windows.h>

#include "sf3_1.h"
#include "v3_2.h"
#include "p3_8.h"
#include "m3_3.h"

vertex points[ 8 ] = {
                      {  12,  30,  0 },
                      {  30,  12,  0 },
                      {  30, -12,  0 },
                      {  12, -30,  0 },
                      { -12, -30,  0 },
                      { -30, -12,  0 },
                      { -30,  12,  0 },
                      { -12,  30,  0 }
                    };

uchar handle_input( MSG *msg );

int WINAPI WinMain( HINSTANCE hInstance, HINSTANCE hPrevInstance, LPSTR
lpCmdLine, int iCmdShow )
{
  surface.open_window( hInstance, 320, 200, 8 );

  double zmax, zmin, seems_z, step, scale_factor;
  zmax = 300;  zmin = 50;
  seems_z = zmax;  step = -1;

  polygon eight_sides( 8, 26, points );

  matrix m;
  m.translate( 0, 0, zmax );
  eight_sides.update_pos( m );
  m.clear();

  uchar *sbuffer;
  if( (sbuffer = new uchar[ 64000 ]) == NULL ) exit( "*sbuffer: Nicht ge
nug Arbeitsspeicher.\n" );
```

Skalierung

```
  MSG message;
  while( !handle_input( &message ) )
  {
    seems_z += step;

    if( seems_z >= zmax ) step = -1;
    else if( seems_z <= zmin ) step = 1;

    scale_factor = (seems_z - step) / seems_z;

    m.translate( -eight_sides.wpos.wx, -eight_sides.wpos.wy, -eight_sides.wpos.wz );
    m.rotate( -0.02, 0.05, -0.04 );
    m.scale( scale_factor, scale_factor, scale_factor );
    m.translate( eight_sides.wpos.wx, eight_sides.wpos.wy, eight_sides.wpos.wz );

    eight_sides.update_pos( m );
    m.clear();

    uchar *screen = (uchar *) surface.get_screen_pointer();

    for( ushort x=0 ; x<64000 ; x++ ) sbuffer[ x ] = 0;
    eight_sides.display( sbuffer );
    for( ushort x=0 ; x<64000 ; x++ ) screen[ x ] = sbuffer[ x ];

    surface.release_screen_pointer();
  }

  surface.close_window();

  return message.wParam;
}

uchar handle_input( MSG *msg )
{
  if( PeekMessage( msg, NULL, 0, 0, PM_REMOVE ) )
  {
    if( msg->message == WM_QUIT || msg->message == WM_KEYDOWN ) return 1;
```

```
    TranslateMessage( msg );
    DispatchMessage( msg );
  }

  return 0;
}
```

///////////////////////// Ende a3_15.cpp /////////////////////////

Im Fall des Programms *a3_11* pendelt die z-Koordinate des Mittelpunkts des Fünfecks zwischen den Werten `zmin` und `zmax`. In jedem Schleifendurchlauf wird hierbei überprüft, ob sich der Mittelpunkt jenseits dieses erlaubten Bereichs befindet; wenn dem so ist, wird das Polygon in Richtung des jeweils anderen Werts verschoben, indem das Vorzeichen der Variablen `step` umgedreht wird.

Diese Vorgehensweise wird im Prinzip auch im Fall von *a3_15* eingehalten. Das Problem hierbei ist jedoch, dass die Koordinaten des Mittelpunkts konstant bleiben, und ein Vergleich mit den Koordinaten der Extrempunkte ist in diesem Zusammenhang nutzlos. Aus diesem Grund brauchen wir eine Möglichkeit, um die scheinbare z-Koordinate des Mittelpunkts zu speichern. Das geschieht mittels der Variablen `seems_z` vom Typ `double`. Vor der Schleife wird diese mit dem Wert von `zmax` initialisiert, dem Wert der z-Koordinaten des Mittelpunkts des Polygons. Während der Ausführung der Schleife wird `seems_z` der Wert der Variablen `step` hinzuaddiert, um die scheinbare Verschiebung auf der z-Achse zu aktualisieren.

In jeden Schleifendurchgang skalieren wir die Figur um einen bestimmten Wert, den wir mittels der im Anschnitt Abbildung 3.39 hergeleiteten Gleichung ermitteln:

```
scale_factor = (seems_z - step) / seems_z;

m.translate( -eight_sides.wpos.wx,
             -eight_sides.wpos.wy,
             -eight_sides.wpos.wz );

m.rotate( -0.02, 0.05, -0.04 );
m.scale( scale_factor, scale_factor, scale_factor );

m.translate( eight_sides.wpos.wx,
             eight_sides.wpos.wy,
             eight_sides.wpos.wz );
```

Dadurch entsteht der Eindruck, dass das Polygon um step Einheiten in +z-Richtung versetzt wird. Wir verwenden eine Variable Matrix, weil der verwendete Skalar in jeder Iteration einen unterschiedlichen Wert annimmt.

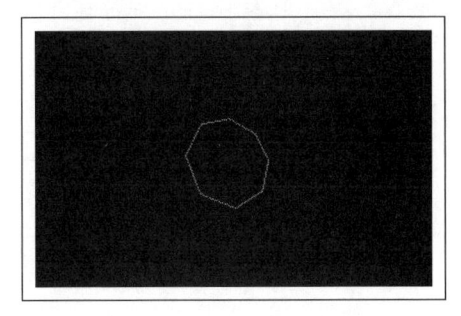

Abb. 3.41: Erscheinungsbild des Programms a3_15

Polygonbasierende dreidimensionale Figuren

Dreidimensionale Figuren, die auch als Körper bezeichnet werden, spielen in der Computergrafik eine herausragende Rolle. Dementsprechend sind auch die Möglichkeiten ihrer Visualisierung vielfältig.

In der Wissenschaft lassen sich komplexe Strukturen, welche mithilfe mathematischer Gleichungen definiert werden, durch Andeuten ihrer Oberfläche darstellen. Hierbei werden lediglich einige ausgewählte Punkte, welche auf der Oberfläche liegen, auf dem Bildschirm gezeichnet. Atomorbitale, deren Form durch die Schrödingergleichung bestimmt ist, werden oft nach dieser Methode dargestellt.

Eine weitere Möglichkeit ist der Einsatz von Drahtgittermodellen. Hierbei werden die Kanten des zu zeichnenden Körpers durch Linien kenntlich gemacht. Da die Darstellung von Linien keine große Herausforderung für die Grafikhardware stellt, kommt diese Technik vor allem dann zum Einsatz, wenn man sich in kurzer Zeit einen Gesamteindruck von der Form eines Gegenstands machen möchte. Das ist vor allem dann vorteilhaft, wenn das Objekt aus sehr vielen Vertices aufgebaut ist, und der Versuch, den Gegenstand mithilfe von Polygonen anzuzeigen, zu lange Zeit in Anspruch nehmen würde. Beispiele für diese Art von Strukturen sind dreidimensionale Landschaften.

Die gebräuchlichste Methode für die Visualisierung dreidimensionaler Figuren ist die Verwendung gefüllter Polygone, da man hierbei von einigen Vorteilen profitieren kann. Polygone bieten einen guten Kompromiss zwischen Darstellungsgeschwindigkeit und Speicherplatzanspruch, vor allem, wenn ihre Visualisierung in die Grafikhardware implementiert ist. Durch Verwendung erweiterter Techniken wie *Texture Mapping* lassen sich sehr detaillierte und realistische Objekte anzeigen.

Jede beliebige dreidimensionale Figur lässt sich aus einer Anzahl *affiner Projektionen* der geometrischen Grundkörper aufbauen. Eine *affine Projektion* ist das Ergebnis der Translation, Rotation oder der gleichmäßigen Skalierung eines beliebigen Gegenstands. Körper sind aus Polygonen aufgebaut, welche wiederum durch eine Anzahl an Vertices definiert sind. Aus diesem Grund können die im vergangenen Kapitel entwickelten Techniken für die Bewegung im dreidimensionalen Raum unverändert auf Körper übertragen werden.

Kapitel 4
Polygonbasierende dreidimensionale Figuren

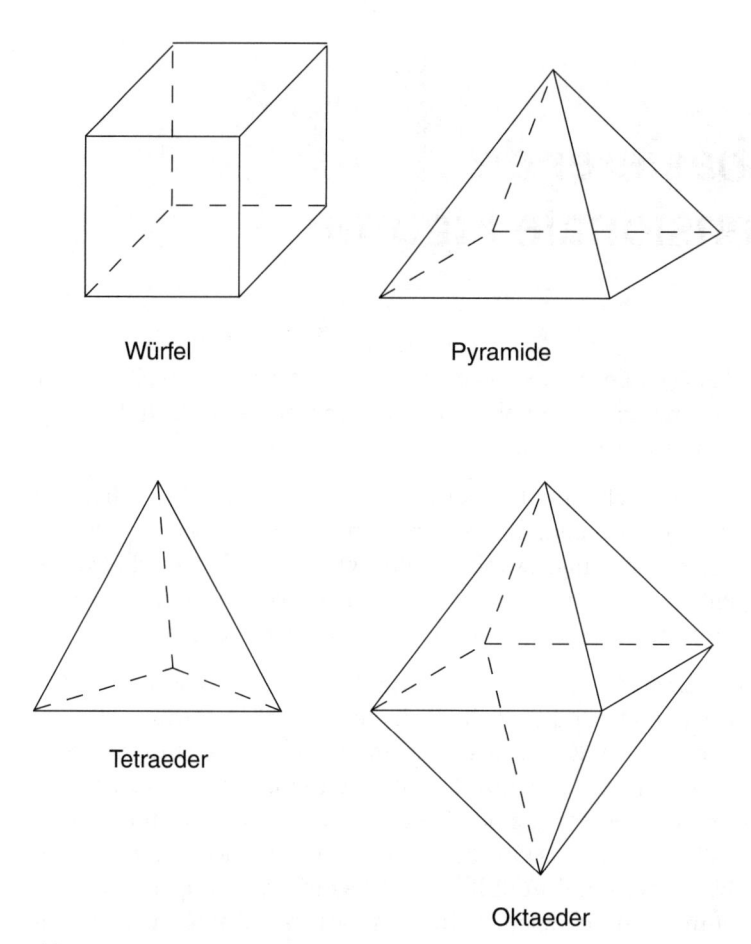

Würfel

Pyramide

Tetraeder

Oktaeder

Abb. 4.1: Geometrische Grundkörper, bestehend aus gefüllten Polygonen

Abbildung 4.1 weist auf ein verbreitetes Problem hin, das bei Verwendung von Polygonen auftreten kann: das Problem gekrümmter Oberflächen. Wie wir bereits wissen, handelt es sich bei einem Polygon um einen begrenzten Teil einer beliebigen Ebene. Weil es sich bei einer Ebene um ein flaches, zweidimensionales Gebilde handelt, verfügen auch die Polygone über eine Länge und eine Breite, jedoch nicht über eine Tiefe.

Das Problem gebogener Oberflächen, das beispielsweise bei der Darstellung von Kugeln auftaucht, besteht darin, dass beim Versuch der Darstellung einer gekrümmten Oberfläche durch eine Anzahl flacher Vielecke die Ränder der Polygone unangenehm auffallen. Ein Lösungsansatz zu diesem Problem besteht in der Vergrößerung der Anzahl der verwendeten Polygone.

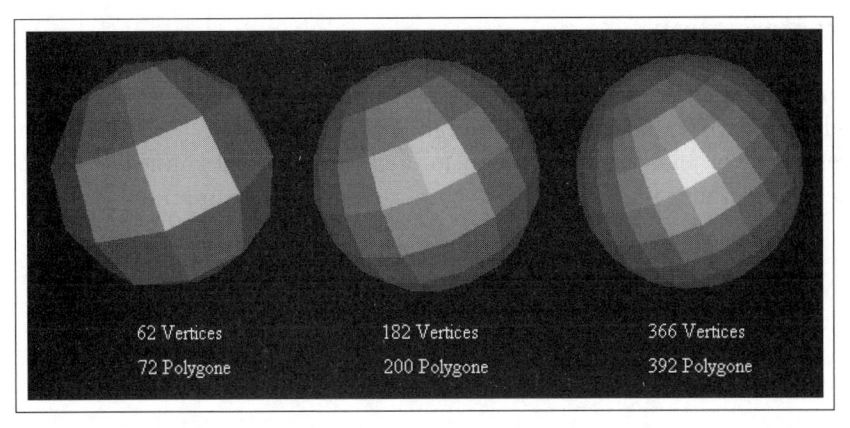

Abb. 4.2: Der Versuch, sich einer gebogenen Oberfläche durch eine steigende Anzahl von Polygonen zu nähern

Das Ergebnis der Annäherung an eine gekrümmte Oberfläche ist umso besser, je größer die Anzahl eingesetzter Polygone ist. Eine steigende Anzahl an Polygonen ist aber auch mit einer drastischen Reduzierung der Darstellungsgeschwindigkeit des gesamten Objekts verbunden. Aus diesem Grund werden die Ränder der Polygone in der Praxis nur selten mit einer erhöhten Anzahl an Eckpunkten verborgen. Vielmehr kommen zur Lösung dieses Problems Schattiertechniken zum Einsatz. Diese geben dem Zuschauer den Eindruck gekrümmter Oberflächen, obwohl der Gegenstand aus relativ wenigen Polygonen aufgebaut ist.

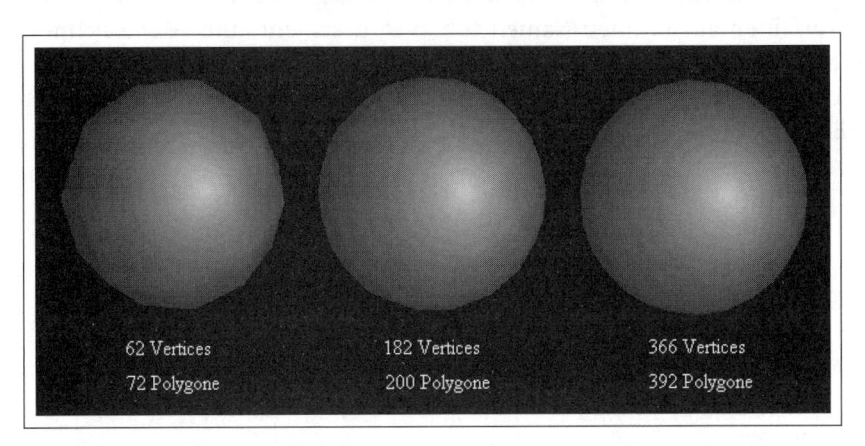

Abb. 4.3: Das Verbergen der Polygongrenzen durch Verwendung geeigneter Schattieralgorithmen

Kapitel 4
Polygonbasierende dreidimensionale Figuren

4.1 Rasterization

In unseren bisherigen Programmen, in denen wir mit Polygonen gearbeitet haben, wurde lediglich der Umriss bzw. das Drahtgittermodel der Figur gezeichnet. Um komplexere und vor allem realistischere Grafiken darstellen zu können, müssen wir zunächst einen Weg finden, um diese Umrisse mit einer bestimmten Farbe zu füllen.

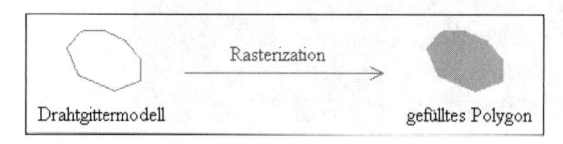

Abb. 4.4: Vereinfachtes Modell der Rasterization

Die Aufgabe besteht darin, die im letzten Kapitel entwickelte Klasse `polygon` um eine Funktion zur Darstellung gefüllter Polygone zu erweitern. Hierzu sind mehrere Schritte erforderlich. Die einzigen Informationen, die wir besitzen, sind die Weltkoordinaten der Vertices, welche das Polygon definieren, die Reihenfolge, in der diese durch Linien verbunden sind, und die Farbe des fertigen Polygons.

Im ersten Schritt werden die dreidimensionalen Koordinaten, die das Polygon definieren, wie gehabt mittels Projektion in gültige Bildschirmkoordinaten umgewandelt. Anschließend müssen die Offsets der Punkte, welche die Ränder des Polygons bilden, berechnet werden. Die eigentliche Visualisierung des Polygons, welcher das gesamte Verfahren auch seinen Namen verdankt, geschieht durch das Zeichnen waagerechter Linien. Die Anfangs- und Endpunkte dieser Geraden bilden die Offsets, die im zweiten Schritt ausgerechnet wurden. Diese Linien werden auch als Rasterzeilen bezeichnet.

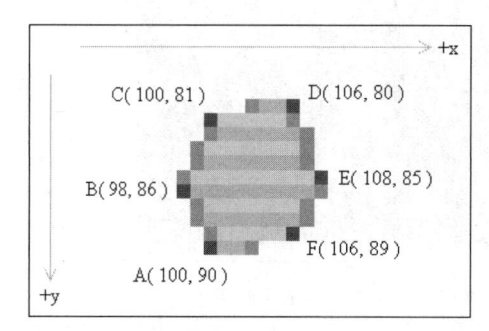

Abb. 4.5: Ein vergrößertes, durch Rasterzeilen gefülltes Polygon. Die einzelnen Kästchen stellen die gesetzten Pixel dar. Die unterschiedlichen Graustufen dienen hier der Veranschaulichung, in der Praxis wird eine einzige Farbe verwendet.

Im Folgenden werden wir uns näher mit den in diesen Schritten ablaufenden Vorgängen befassen. Da wir in diesem Zusammenhang mit projizierten Koordinaten zu tun haben, die in der Bildschirmebene liegen, müssen wir beachten, dass hierbei die y-Achse nach unten zeigt und der Punkt **(0, 0, 0)** sich in der oberen linken Ecke des Bildschirms befindet.

4.1.1 Die Kategorie einer Polygonseite

Das erste Problem, welches uns im Laufe der Rasterization begegnet, ist die Speicherung der Offsets, welche die Seiten des Polygons darstellen. Traditionsgemäß verlaufen die Rasterzeilen von links nach rechts. Daher ist es sinnvoll, die Ränder der zu zeichnenden Figur in zwei Gruppen aufzuteilen. Die erste Gruppe umfasst alle Polygonränder, die auf der linken Seite der Figur liegen. Diese bilden die Anfangspunkte der Rasterzeilen. Die zweite Gruppe enthält die Ränder auf der rechten Seite, wo die Endpunkte der Rasterzeilen zu finden sind.

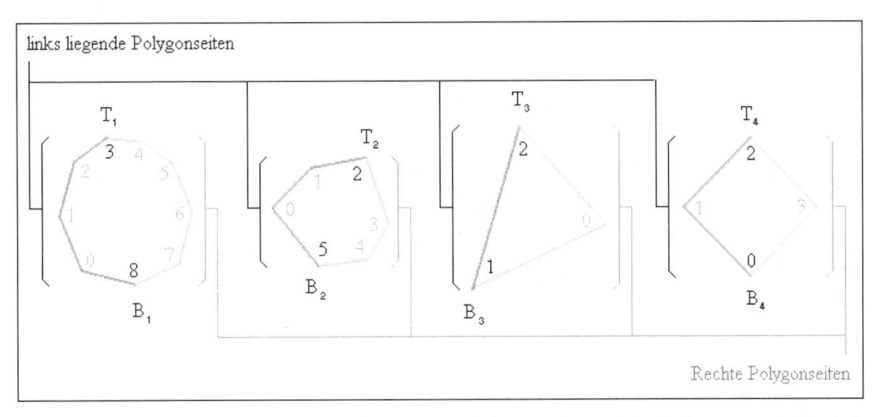

Abb. 4.6: Bei diesen konvexen Polygonen sind die Ränder auf der linken Seite hell-, diejenigen auf der rechten dunkelgrau dargestellt. Die Zahlen stellen die Reihenfolge der einzelnen Vertices innerhalb der Definition des Polygons, daher innerhalb des jeweiligen wpoint[] – Arrays.

Bemerkenswert ist, dass bei allen Polygonen die Ränder der linken Seite von den Rändern auf der rechten immer durch die Punkte **T** und **B** getrennt sind. **T** stellt den Punkt mit der niedrigsten y-Koordinate dar, Punkt **B** besitzt stets die höchste y-Koordinate innerhalb der einzelnen Polygons. Diese beiden Vertices werden auch als *höchster* bzw. *tiefster* Punkt des Polygons bezeichnet.

Diese eindeutige Trennung weist auf eine einfache Möglichkeit hin, wie die Punkte, welche sich auf den Rändern der einzelnen Polygone befinden, gespeichert werden können. Dazu werden zwei Arrays, `left_side[]` und `right_side[]`, definiert, die aus Elementen vom Typ *long* bestehen. Das erste Feld dient der Speicherung derjenigen Offsets, welche die linken Seiten des Polygons bilden und somit die Anfangspunkte der Rasterzeilen festlegen. Das zweite Feld enthält die Endoffsets der Rasterzeilen und wird analog zum ersten verwendet.

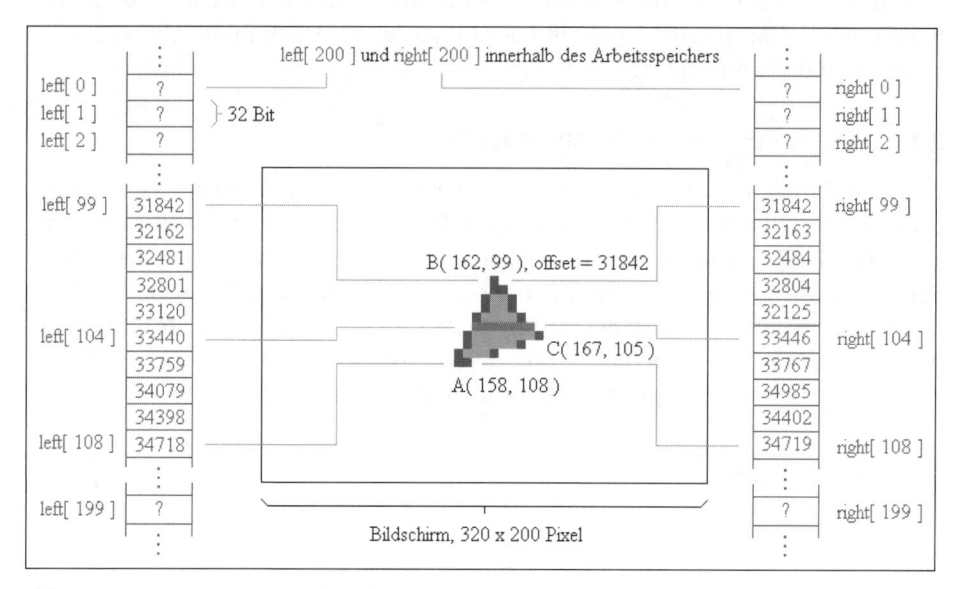

Abb. 4.7: Das Zusammenwirken der Arrays `left_side[]` und `right_side[]` bei der Rasterization eines beliebigen Polygons

Bei der Darstellung eines beliebigen, konvexen Polygons bestimmen die y-Koordinaten der beteiligten Punkte die Positionen innerhalb `left_side[]` und `right_side[]`, an denen die Anfangs- und Endoffsets der Rasterzeilen einzutragen bzw. später abzurufen sind. Wenn das Polygon beispielsweise 10 Pixel hoch ist, müssen lediglich 10 Rasterzeilen gezeichnet werden, ein einzelnes Array enthält demnach nur 10 gültige Anfangs- bzw. Endpunkte. Die anderen Werte, welche ebenfalls in beiden Arrays gespeichert sind, sind für die Darstellung des aktuellen Polygons irrelevant und werden ignoriert. In der Abbildung 4.7 wird dieser Umstand durch Fragezeichen an den entsprechenden Positionen gekennzeichnet.

Das Füllen des Polygons erfolgt auf dem Bildschirm traditionsgemäß von oben nach unten, daher von den Punkten mit niedrigen zweidimensionalen y-Koordinaten zu den Vertices mit hohen y-Koordinaten. Programmiertechnisch erfolgt der letzte Schritt des Darstellungsprozesses folgendermaßen: Für die entsprechende Schleife wird eine Kontrollvariable definiert, welche mit der y-Koordinate des im sichtbaren Bereich höchsten Punkts initialisiert wird, 99 im Fall des Polygons aus Abbildung 4.7.

Innerhalb jeder Iteration gibt sie die Position an, an der innerhalb der beiden Arrays die Endpunkte der aktuellen Rasterzeile enthalten sind. Das Zeichnen der entsprechenden Rasterzeile erfolgt mittels einer weiteren Schleife. Wenn die Kontrollvariable der äußersten Schleife einen Wert erreicht hat, welcher die y-Koordinate des höchsten Punkts überschreitet, ist der Rasterizationsprozess beendet.

Die Länge der Arrays `left_side[]` und `right_side[]`

Die Länge dieser beiden Felder sollte auf eine Weise festgelegt werden, welche die Darstellung beliebiger Polygone ermöglicht. Ein Vieleck kann theoretisch den gesamten Bildschirm ausfüllen; von einer Auflösung von 320 x 200 Punkten ausgehend, würde die vertikale Entfernung zwischen den Vertices mit der größten und der kleinsten y-Koordinate 200 betragen, den obersten Pixel mitgerechnet. Um diese zweidimensionale Figur richtig zeichnen zu können, muss die Breite beider Arrays den Wert 200 besitzen:

```
long left[ 200 ], right[ 200 ];
```

Unter einer beliebigen Auflösung würde die Definition demnach

```
const long y_resolution = get_y_resolution();
long left[ y_resolution ], right[ y_resolution ];
```

lauten, wobei die Funktion

```
long get_y_resolution( void );
```

die Anzahl der Pixel angibt, welche bei der entsprechenden Auflösung in einer Spalte des Bildschirms enthalten sind.

Aus hardwaretechnischen Gründen ist es grundsätzlich nicht möglich, Polygone zu zeichnen, welche größer als der Bildschirm sind. Muss diese Art von Vielecken dennoch gezeichnet werden, wird zunächst ein Vorgang eingeleitet, in dem die Teile des Polygons abgeschnitten werden, die außerhalb des Darstellungsbereichs liegen. Der sichtbare Teil kann anschließend wie beschrieben gezeichnet werden.

Die Arrays `left_side[]` und `right_side[]` wirken, ähnlich wie das Feld `spoint[]`, als Zwischenspeicher: Eine Folge von Anweisungen trägt die entsprechenden Werte ein, im Anschluss werden diese durch eine zweite verarbeitet. Um eine bessere Performance zu erzielen, sollte einer globalen Definition Vorrang gegenüber einer lokalen, dynamischen eingeräumt werden.

Kapitel 4
Polygonbasierende dreidimensionale Figuren

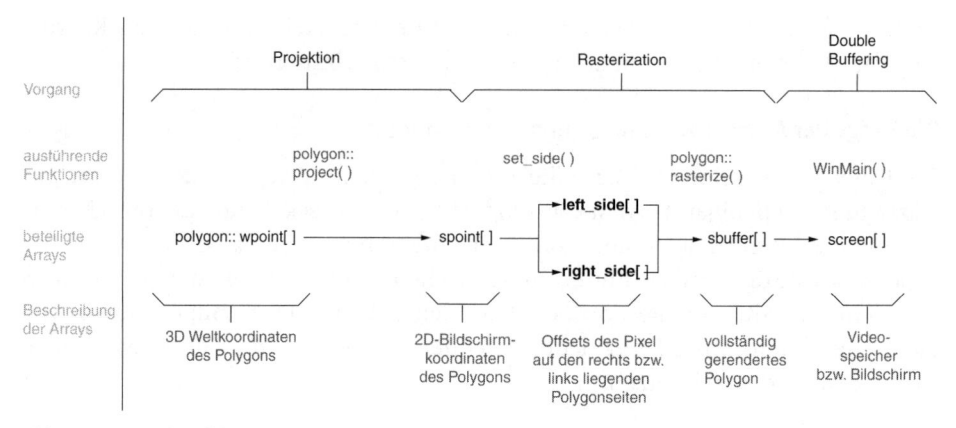

Abb. 4.8: Reihenfolge der Arrays, welche beim Rendering eines Polygons verwendet werden müssen

4.1.2 Anfang und Ende der Rasterzeilen

Im zweiten Schritt der Rasterization müssen gültige Werte für die Anfangs- und Endpunkte der Rasterzeilen ermittelt und in den beiden Arrays eingetragen werden. Hierbei sind die einzigen Informationen, die uns zur Verfügung stehen, die Bildschirmkoordinaten der Vertices und die Reihenfolge, in der diese Punkte verbunden sind. Die folgende Abbildung verdeutlicht dieses Problem.

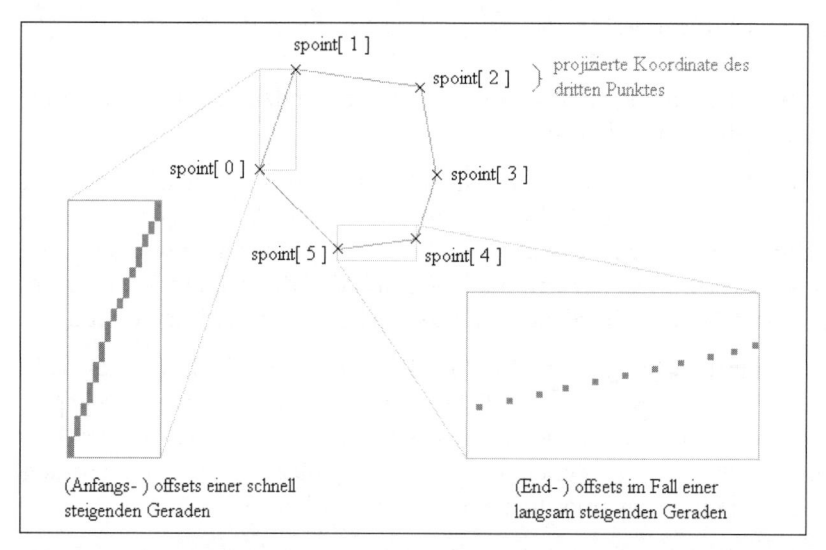

Abb. 4.9: Die Offsets der Vertices, die aus den zweidimensionalen Koordinaten ermittelt werden, sind vor dem zweiten Schritt der Rasterization bekannt. Auf dieser Grundlage sind die Offsets auszurechnen, welche auf den Verbindungslinien zwischen diesen Punkten liegen und zwecks besserer Übersicht grau eingezeichnet sind.

Auch bei der Lösung dieses Problems ist eine Aufspaltung in zwei Teile, die getrennt leichter gelöst werden können, angebracht. Im ersten Teil wird nach einem Weg gesucht, die Anfangs- bzw. Endpunkte der Rasterzeilen zu ermitteln, welche sich auf einer einzelnen Seite eines beliebigen Polygons befinden. Die übrigen Seiten des Vielecks werden hierbei ignoriert.

Die zweite Teilaufgabe beschäftigt sich mit einem Algorithmus zur Einteilung der Polygonseiten in die Kategorie der links bzw. rechts verlaufenden Seiten. Hierbei wird die Reihenfolge erarbeitet, wie das im ersten Teil erworbene Wissen nacheinander auf alle Seiten des zu zeichnenden Vielecks anzuwenden ist, um `left_side[]` und `right_side[]` mit gültigen Werten zu versehen.

4.1.3 Lineare Interpolation – Der Zuordnungsansatz

Eine Technik, um zwei beliebige Bildschirmpunkte mittels einer Geraden zu verbinden, ist uns bereits bekannt: Bresenhams Algorithmus zur Darstellung von Geraden. Wie es aus vorherigen Abbildungen möglicherweise ersichtlich gewesen ist, gibt es bei der Rasterization eine Besonderheit im Zusammenhang mit der Berechnung der Offsets auf den langsam steigenden Geraden.

Anhand der Abbildung 4.9 lässt sich der generelle Unterschied zwischen schnell und langsam steigenden Geraden erkennen. Bei den ersteren sind *sämtliche* Offsets der Geraden gültige Anfangs- bzw. Endpunkte der Rasterzeilen. Bei den langsam steigenden Geraden stellen, je nach Kategorie, lediglich die in einer neuen Pixelzeile extrem links bzw. rechts liegenden Offsets gültige Endpunkte dar.

Die Berücksichtigung dieser Besonderheit erfordert eine relativ komplizierte Veränderung der Funktion `line()`. Es gibt allerdings eine einfachere Möglichkeit zur Berechnung der besagten Offsets, bei der eine Fallunterscheidung nicht erforderlich ist.

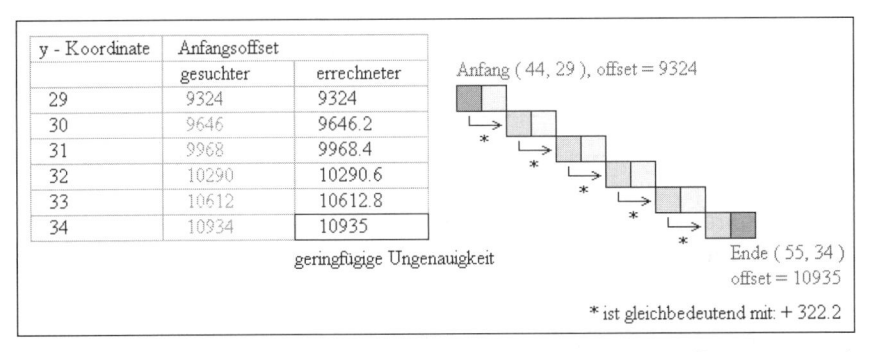

y - Koordinate	Anfangsoffset	
	gesuchter	errechneter
29	9324	9324
30	9646	9646.2
31	9968	9968.4
32	10290	10290.6
33	10612	10612.8
34	10934	10935

geringfügige Ungenauigkeit

Anfang (44, 29), offset = 9324

Ende (55, 34)
offset = 10935

* ist gleichbedeutend mit: + 322.2

Abb. 4.10: Zusammenhang zwischen y-Koordinate und gesuchtem Offset am Beispiel einer links verlaufenden, langsam steigenden Polygonseite. Verwendete Auflösung: 320 x 200 Pixel

Bei der Betrachtung der Geraden aus Abbildung 4.10 fällt auf, dass die Zunahme der y-Koordinaten der einzelnen Pixelzeilen mit einer Zunahme des gesuchten Offsets am Anfang der Rasterzeile verbunden ist. Besonders wichtig ist, dass der Wert der Koordinaten nach unten, in +y-Richtung, stets um den Wert 1 zunimmt. Aus offensichtlichen Gründen ist das sowohl bei langsam als auch bei schnell steigenden Geraden der Fall.

Die Zunahme des Werts betrachteter Offsets bzw. die Steigung der Linie, 322.2 im Fall der Strecke aus Abbildung 4.10, ist ebenfalls konstant. Tatsache ist, dass die Steigungen unterschiedlicher Geraden in der Praxis oft ungleich sind und jedes Mal von neuem ermittelt werden müssen. Die Grundlage stellt hierbei die im ersten Kapitel beschriebene einfache proportionale Zuordnung.

Bei jeder proportionalen Zuordnung haben wir es mit zwei Größen zu tun, wobei die Vergrößerung der einen mit der Zunahme der anderen Größe verbunden ist. In diesem Fall wird die Zunahme der y-Koordinaten im Zusammenhang mit der Vergrößerung des gesuchten Offsets betrachtet. In der letzten Abbildung beträgt der Wert der y-Koordinaten des Anfangspunkts der Geraden 29. Der Endpunkt besitzt die Koordinate 34. Der Anfangsoffset, der aus bekannten Koordinaten errechnet wird, lautet 9324, die Gerade endet am Pixel mit dem Index 10935.

Wenn der Abstand zwischen zwei y-Koordinaten

34 − 29 = 5

Pixel aufweist, beträgt die Differenz zwischen den entsprechenden Offsets:

10935 − 9324 = 1611

Die Frage ist, wie sich der Offset ändert, wenn der Abstand zwischen zwei y-Koordinaten den Wert 1 besitzt. Bei der Lösung dieses Problems werden diese beiden Größen einander zugeordnet.

Abstand zwischen den y-Koordinaten	Entfernung zwischen den Offsets
5	1611
1	x

Proportionale Zuordnungen sind quotientengleich; anders ausgedrückt, besteht zwischen den einander zugeordneten Werten stets das gleiche Verhältnis:

$$\frac{1611}{5} = \frac{x}{1}$$

Nimmt die y-Koordinate eines Punkts der Geraden um den Wert 1 zu, vergrößert sich demnach der entsprechende Offset um den Wert 322,2. Daraus kann die grundsätzliche Formel zur Bestimmung der Steigung **offset_step** der Polygonseite abgeleitet werden:

$$\mathit{offset\_step} = \frac{\mathit{Endoffset} - \mathit{Anfangsoffset}}{(\mathit{zurückgelegte\ Strecke\ in\ positiver\ y-Richtung})}$$

$\mathit{offset\_step} \in \mathbf{R}$

Um die Endpunkte der Rasterzeilen, die auf einer Geraden liegen, mittels dieser Gleichung ermitteln zu können wird von einer Variablen ausgegangen, welche zunächst den Offset des Anfangspunkts enthält. Für die Bestimmung des ersten unbekannten Offsets muss, wie in Abbildung 4.10 angedeutet, der besagten Variablen lediglich die ermittelte Steigung hinzuaddiert werden. Wird diesem neuen Wert erneut dieselbe Steigung hinzuaddiert, erhält man den zweiten gesuchten Anfangspunkt einer Rasterzeile. Führt man diesen Vorgang iterativ für den Rest der Strecke durch, erhält man alle gesuchten Offsets, die in einem der Arrays `left_side[]` oder `right_side[]` eingetragen werden können.

Die Formel für die Ermittlung dieser Steigung mag auf den ersten Blick merkwürdig erscheinen: Dieser Wert wird in der Mathematik gewöhnlich durch eine Formel wie

$$m = \frac{\Delta y}{\Delta x} = \frac{y2 - y1}{x2 - x1} \qquad m, x1, y1, x2, y2 \in \mathbf{R}$$

berechnet, in welcher die Differenz der y-Koordinaten im Nenner zu finden ist. Im Zusammenhang mit dieser Formel steht die Tatsache, dass **m** in einer Formel wie

$$f(x) = m * x + n$$

eingesetzt wird. In diesem Fall nimmt **f()** eine x-Koordinate als Parameter entgegen und berechnet die dazugehörige y-Koordinate. Wie man anhand der Zuordnung erkennen kann, handelt es sich bei den Eingaben der vorherigen Beziehung um y-Koordinaten; auf ihrer Grundlage werden die Werte von Offsets ermittelt. Wie man anhand dieser Ausführungen erkennen kann, laufen in beiden Formeln dieselben Vorgänge ab: Bei der Berechnung der Steigung werden Werte, welche zu den Ausgaben gehören, durch mögliche Eingabewerte geteilt.

4.1.4 Geschwindigkeit vs. Genauigkeit der Darstellung

Manchmal gibt es in der Grafikprogrammierung Fälle, wo eine Entscheidung oder ein Kompromiss zwischen einer genauen Ausgabe und einer hohen Darstellungsgeschwindigkeit notwendig ist. Diese Entscheidung wird auf der Grundlage des Zwecks getroffen, den das fertige Programm erfüllen soll. Bei Anwendungen, die keine Animationen enthalten und wo die Geschwindigkeit der Darstellung lediglich eine untergeordnete Rolle spielt, wird man sich in den meisten Fällen für den erhöhten Rechenaufwand entscheiden. Umgekehrt verhält es sich bei Programmen, die eine hohe Framerate erfordern.

Die in Abbildung 4.10 demonstrierte Ermittlung unbekannter Offsets verfügt über eine geringfügige Abweichung vom erwarteten Ergebnis, die beim Ausrechnen des Anfangspunkts der letzten Rasterzeile auftritt. Die wiederholte Addition der in diesem Fall gültigen Steigung führt dem letzten Offset den Wert 10395 zu, anstatt des erwarteten 10394. Diese kleine Ungenauigkeit ist auf die Tatsache zurückzuführen, dass für die Berechnung der Steigung der Offset des Endpunkts eingesetzt wurde. Eine Betrachtung der vorhergehenden Überlegungen zeigt jedoch, dass dieser Punkt kein gültiger Anfangsoffset für eine Rasterzeile ist. Vielmehr beginnt diese ein Pixel weiter links, am Offset 10394.

Eine genauere Ausgabe ist grundsätzlich mit einem erhöhten Rechenaufwand verbunden. Ein Programm, welches die Implementation eines erweiterten Algorithmus enthält, würde deshalb langsamer ablaufen und eine geringere Framerate erzielen. Aus diesem Grund muss in jedem Fall abgewogen werden, ob das Geschwindigkeitsdefizit von der genaueren Darstellung kompensiert werden kann.

4.1.5 Möglichkeiten der linearen Interpolation

Wenn wir den Variablen aus der Gleichung zur Ermittlung der Steigung einen allgemeineren Namen geben, erhält man den Lösungsansatz für eine weitaus größere Anzahl an Problemstellungen wie beispielsweise Z-Buffering, Polygonschattierung, Texture Mapping, Linseneffekte u.a:

$$step = \frac{Endgröße - Anfangsgröße}{(zurückgelegte\ Strecke)} \qquad step \in \mathbb{R}$$

Diese Gleichung führt uns zum wichtigsten theoretischen Themengebiet der Grafikprogrammierung: der linearen Interpolation. Die Interpolation ist ein mathematischer Vorgang zur Bestimmung des Werts einer dritten Größe, die sich zwischen zwei bekannten befindet. Das Wort linear drückt die Annahme aus, dass alle drei Größen auf einer Geraden liegen.

In unserem Fall haben wir es mit mehreren unbekannten Größen zu tun, den Anfangsoffsets der Rasterzeilen. Diese liegen in regelmäßigen Anständen auf einer Strecke zwischen zwei bekannten Größen, den Offsets des Anfangs- und Endpunkts. Beschrieben werden diese durch die beiden Variablen Endgröße und Anfangsgröße. Der Herleitung dieser Gleichung ist zu entnehmen, dass der Platzhalter (zurückgelegte Strecke) stets für die Anzahl der unbekannten Größen steht, bzw. für die Anzahl an Pixel, die zwischen den bekannten Größen liegen. Durch wiederholtes Hinzuaddieren der Variablen step zum Wert von Anfangsgröße lassen sich sämtliche unbekannten Größen ausrechnen.

Ein genaues Verständnis dieser Tatsachen ist von größter Wichtigkeit, denn diese allgemeine Erklärung beschreibt den Lösungsweg für eine Vielzahl von Problemstellungen. Die Platzhalter Endgröße und Anfangsgröße können genauso gut auch z-Koordinaten, Farbstufen oder Texturkoordinaten darstellen.

4.1.6 Praktische Ermittlung der Endpunkte der Rasterzeilen

Mithilfe der Interpolationsgleichung lässt sich ein einfacher iterativer Algorithmus zur Berechnung der für die Rasterization gesuchten Offsets. Hierbei werden zunächst zwei Variablen vom Typ double mit dem Bezeichnungen a_offset und offset_step definiert. Die Verwendung dieses Datentyps ermöglicht uns die Speicherung von Nachkommerstellen, die bei der Teilung eventuell entstehen. Die erste Variable wird mit dem Offset des ersten Punkts der Geraden initialisiert. offset_step wird der Abstand zwischen zwei benachbarten Offsets zugewiesen. Würde die Gerade aus Abbildung 4.10 behandelt werden, würde offset_step den Wert 322.2 annehmen.

Vorausgesetzt, dass die betrachtete Polygonseite zu der Kategorie der links verlaufenden gehört, wird in jeder Iteration der folgenden Schleife der abgerundete Wert von a_offset an die entsprechende Position des Arrays left_side[] eingefügt. Anschließend wird der aktuelle Offset um den Wert von offset_step erhöht, damit dieser einen für den nächsten Schleifendurchgang gültigen Wert annimmt.

Die Schleife wird durch die Variable act_y vom Typ long gesteuert, welche mit dem Wert der y-Koordinaten des Anfangspunkts initialisiert wird. In jeder Iteration legt diese die Stelle fest, an der innerhalb des Feldes left_side[] der gerundete Wert von a_offset einzutragen ist. Die Schleife läuft solange die Laufvariable einen Wert besitzt, der kleiner oder gleich der y-Koordinate des Endpunkts besitzt.

Dieser Algorithmus ist in Form der Funktion set_side() implementiert:

```
void set_side( svertex begin, svertex end, long *side )
{
  double a_offset = double( begin.sy * 320 + begin.sx );
  double e_offset = double( end.sy * 320 + end.sx );
  long length = end.sy - begin.sy;

  if( length <= 0 ) return;

  double offset_step = ( e_offset - a_offset ) / length;

  for( long act_y = begin.sy ;
       act_y <= end.sy ;
       act_y++, a_offset += offset_step )
```

```
        {
            side[ act_y ] = long( a_offset );
        }
    }
}
```

Die ersten zwei Parameter stellen den Anfangs- und den Endpunkt der Polygonseite dar, der dritte enthält die Anfangsadresse des für die jeweilige Seite zuständigen Arrays. Wenn diese Funktion unter einer anderen Auflösung als 320x200 Pixel eingesetzt werden soll, ist die Konstante 320 aus der Offsetberechnung durch den Wert der betreffenden horizontalen Auflösung zu ersetzen.

4.1.7 Bestimmung der Kategorie einer Polygonseite

Nachdem wir einen Weg für die Berechnung der Anfangs- bzw. Endpunkte der Rasterzeilen gefunden haben, müssen wir ein Algorithmus entwickeln, welcher eindeutig festlegt, ob eine Polygonseite zu der Kategorie der rechts oder links verlaufenden gehört. Die logische Einteilung der Seiten beliebiger Polygone liefert uns einen ersten Hinweis für die Lösung dieses Problems.

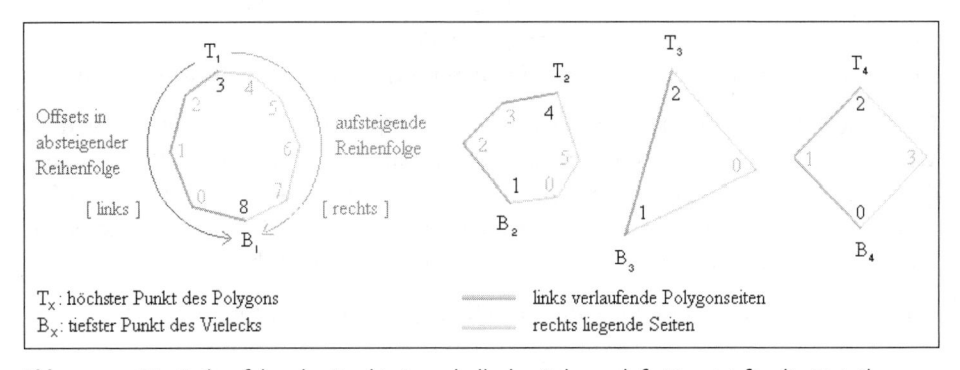

Abb. 4.11: Die Reihenfolge der Punkte innerhalb der Polygondefinition ist für die Einteilung der Seiten in eine der beiden Kategorien entscheidend. Die Zahlen geben den Index des Punkts innerhalb der Polygondefinition bzw. des Arrays `spoint[]`. Sämtliche Vielecke sind im Uhrzeigersinn nummeriert

Bei einer genauen Betrachtung der Abbildung 4.11 fällt eine bestimmte Regelmäßigkeit in der Reihenfolge der Vertices auf. Vom höchsten Punkt des Polygons ausgehend, bewegen wir uns am linken bzw. rechten Rand entlang in Richtung des tiefsten Eckpunkts. Bemerkenswert ist, dass der Index der Punkte, die auf den linken Polygonseiten liegen, von oben nach unten abnimmt. Umgekehrt verhält es sich mit den Punkten auf dem rechten Rand: Ihr Index steigt, bewegt an sich in Richtung den Punkts B.

Die Reihenfolge der Vertices, welche den linken Rand der ersten Figur von links bilden, lautet:

3 2 1 0 8

Dabei wird, vom höchsten Punkt ausgehend, der Index solange erniedrigt, bis **B** der tiefste Vertex, und in diesem Fall `spoint[ 8 ]` erreicht ist. Wenn zwischendurch der Vertex mit dem Index 0 angetroffen wird, welcher den ersten Punkt des Polygons darstellt, ist sein Nachfolger der letzte Punkt des Polygons. Der Grund für diese Vorgehensweise ist in der Polygondefinition zu finden. Diese verlangt, dass der letzte Punkt mit dem ersten verbunden werden muss.

Die Vertices, welche in aufsteigender Reihenfolge für den Aufbau des rechten Polygonrandes zuständig sind, werden nach einer analogen Gesetzmäßigkeit angeordnet:

4, 5, 0, 1

Am Beispiel des zweiten Vielecks von links wird ersichtlich, dass der Nachfolger des letzten Punkts der erste Vertex der Polygondefinition ist.

Genaugenommen handelt es sich bei der besagten Erhöhung bzw. Abnahme der Vertexnummer um eine numerische Rotation. Die Rotation begegnet uns hier nicht zum ersten Mal: Dieselbe Vorgehensweise haben wir auch im Programm a3_14 verwendet, um die nächste Skalierungsmatrix aus einem vierelementigen Array auszuwählen.

Diese Erkenntnisse treffen auf alle konvexen Polygone zu, solange ihre Punkte im Uhrzeigersinn nummeriert sind. Zu diesem Zeitpunkt sind wir in der Lage die Punkte, welche sich auf dem rechten bzw. linken Rand des Vielecks befinden, eindeutig zu benennen. Da eine Polygonseite aus zwei aufeinanderfolgenden Punkten besteht, können damit auch die Seiten in eine der Kategorien eingeteilt werden.

4.1.8 Der Rasterizationsalgorithmus

Die Definition einer Funktion zur Festlegung der Reihenfolge, welche die Punkte des linken Polygonrands einnehmen, kann folgendermaßen aussehen:

```
inline void dec( long x, ushort point_count )
{
  (*x)--;

  if( (*x) < 0 ) *x = point_count - 1;
}
```

Hierbei stellt der erste Parameter die Variable dar, die es zu verändern gilt. Damit die Funktion im Zusammenhang mit Polygonen mit beliebig vielen Eckpunkten eingesetzt werden kann, stellt der zweite Parameter die Anzahl der Vertices dar.

Vor dem Aufruf dieser Funktion wird eine Variable definiert und mit dem Index des Punkts mit der kleinsten y-Koordinate initialisiert. Um den Index sämtlicher Punkte des linken Polygonrands zu ermitteln, wird diese Variable mittels der Funktion `dec()` iterativ verändert, bis diese den Index des Punkts mit der höchsten y-Koordinate erreicht.

Analog dazu kann eine für die rechten Polygonseiten zuständige Funktion aufgebaut werden. Die Arbeitsweise dieser Funktion ist mit derjenigen von `dec()` identisch.

```
inline void inc( long x, ushort point_count )
{
  (*x)++;

  if( (*x) >= point_count ) *x = 0;
}
```

Der gesamte Vorgang, bei dem eine entsprechende Menge von Punkten in Form eines gefüllten Polygons auf dem Bildschirm dargestellt wird, kann folgendermaßen definiert werden:

Ermittlung des höchsten und des niedrigsten Punkts innerhalb des gegebenen Vielecks. Diese beiden Punkte bestimmen die Einteilung aller Polygonseiten in eine der beiden Kategorien:

```
long x, y, top=0, bottom=0;

for( x=1 ; x<point_count ; x++ )
{
  if( spoint[ top ].sy > spoint[ x ].sy )
    top = x;

  if( spoint[ bottom ].sy < spoint[ x ].sy )
    bottom = x;
}
```

Weil diese beiden Punkte die links von den rechts verlaufenden Polygonseiten trennen, ist ihre Bestimmung von großer Wichtigkeit. Anfangs wird hierzu die Variable `top` definiert, die für die Speicherung des Offsets des höchsten Punkts zuständig ist. Zunächst wird vermutet, dass der erste Vertex des Polygons diese Voraussetzung erfüllt. Aus diesem Grund wird diese mit dem Wert 0 initialisiert.

Es ist jedoch durchaus möglich, dass ein anderer Punkt eine niedrigere y-Koordinate besitzt. Deshalb werden in der nachfolgenden Schleife, angefangen mit dem zweiten Punkt, die y-Koordinaten aller anderen Punkte mit **spoint[top]**.sy verglichen. Besitzt eine y-Koordinate einen geringeren Wert, wird **top** der Index des entsprechenden Punkts zugewiesen. Auf diese Weise wird sichergestellt, dass am Ende der Punkt **spoint[top]** der höchste Punkt des Polygons ist. Die Bestimmung des tiefsten Punkts erfolgt analog dazu.

2. Speicherung der Anfangs- und Endpunkte der Rasterzeilen innerhalb der Arrays `left_side[]` und `right_side[]` mittels `set_side()`:

```
x = y = top;
for( dec( &y, point_count ) ;
     x!=bottom ;
     x=y, dec( &y, point_count ) )
{
  set_side( spoint[ x ], spoint[ y ], left_side );
}

x = y = top;
for( inc( &y, point_count ) ;
     x!=bottom ;
     x=y, inc( &y, point_count ) )
{
  set_side( spoint[ x ], spoint[ y ], right_side );
}
```

Gewöhnlich erfolgt die Rasterization auf dem Bildschirm von oben nach unten. Die Speicherung von Werten innerhalb den beiden Arrays wird hierbei getrennt behandelt. Wie wir bereits wissen werden die Punkte, welche die links liegenden Polygonseiten definieren, in absteigender Reihenfolge nummeriert. Um diese zu benennen, wird eine ähnliche Vorgehensweise wie bei der Darstellung des Drahtgittermodels eines Polygons angewandt.

Zunächst werden hierzu zwei Variablen definiert. Die Variable x wird mit dem Index des höchsten Punkts initialisiert und ist für die Beschreibung des Anfangspunkts der aktuellen Polygonseite zuständig. Analog dazu erhält y im Initialisierungsteil der for()-Schleife den Offset des Endpunkts der aktuellen Seite.

Innerhalb der Schleife werden die eigentlichen Anfangspunkte der Rasterzeilen mittels der bekannten Funktion `set_side()` innerhalb des Arrays `left_side[]` eingetragen. Um Offsets der nächsten Polygonseite richtig definieren zu können, wird im Reinitialisierungsteil der Variablen x zunächst der Wert von y zugewiesen. Anschließend wird y in die entsprechende Richtung rotiert. Dadurch wird gewähr-

Kapitel 4
Polygonbasierende dreidimensionale Figuren

leistet, dass der Endpunkt der aktuellen Polygonseite den Anfangspunkt der nächsten darstellt. Nachdem die letzte links liegende Polygonseite berücksichtigt worden ist, nimmt x den Offset des tiefsten Punkts an, und die Schleife wird beendet. Die Bestimmung der Endpunkte der Rasterzeilen erfolgt analog.

Darstellung der Rasterzeilen gemäß Abbildung 4.7:

```
for( y = spoint[ top ].sy ;
     y <= spoint[ bottom ].sy ;
     y++ )
{
  for( x = left_side[y] ; x <= right_side[y] ; x++ )
    sbuffer[ x ] = color;
}
```

Die gültigen Anfangs- und Endpunkte der Rasterzeilen befinden sich zu diesem Zeitpunkt innerhalb der Arrays left_side[] und right_side[]. Um diese zeichnen zu können, sind zwei Schleifen erforderlich. Die äußere gibt die vertikale Position der aktuell darzustellenden Rasterzeile an. Ihre Laufvariable wird mit der y-Koordinate des höchsten Punkts initialisiert. Die Schleife läuft, so lange y die vertikale Bildschirmkoordinate des tiefsten Punkts nicht überschreitet.

Die eigentliche Darstellung der horizontalen Rasterzeilen erfolgt in der inneren Schleife. Ihrer Kontrollvariablen wird zunächst der Anfangsoffset der zu zeichnenden Strecke zugewiesen. Seine Position innerhalb left_side[] wird durch die Variable y bestimmt. Die Iteration wird so lange fortgesetzt, bis der Endpunkt der Rasterzeile erreicht worden ist.

Die vollständige Funktion zur Darstellung gefüllter, im Uhrzeigersinn nummerierter Polygone wird im Folgenden dargestellt:

```
void polygon::rasterize( uchar *sbuffer )
{
  long x, y, top=0, bottom=0;

  for( x=1 ; x<point_count ; x++ )
  {
    if( spoint[ top    ].sy > spoint[ x ].sy )
      top = x;

    if( spoint[ bottom ].sy < spoint[ x ].sy )
      bottom = x;
  }
```

```
x = y = top;
for( dec( &y, point_count ) ;
     x!=bottom ;
     x=y, dec( &y, point_count ) )
{
   set_side( spoint[ x ], spoint[ y ], left_side );
}

x = y = top;
for( inc( &y, point_count ) ;
     x!=bottom ;
     x=y, inc( &y, point_count ) )
{
   set_side( spoint[ x ], spoint[ y ], right_side );
}

for( y=spoint[top].sy ; y<=spoint[bottom].sy ; y++ )
   for( x=left_side[y] ; x<=right_side[y] ; x++ )
      sbuffer[ x ] = color;
}
```

4.1.9 Ausnahmebehandlung

In den vergangenen Beispielen haben wir stets vorausgesetzt, dass die besprochenen Polygone lediglich einen Punkt besitzen, welcher die höchste bzw. tiefste y-Koordinate vorweist. Es gibt aber auch Fälle, wo zwei oder mehr Punkte über gleiche y-Koordinaten verfügen. Vertreter dieser Gruppe werden in Abbildung 4.12 vorgestellt.

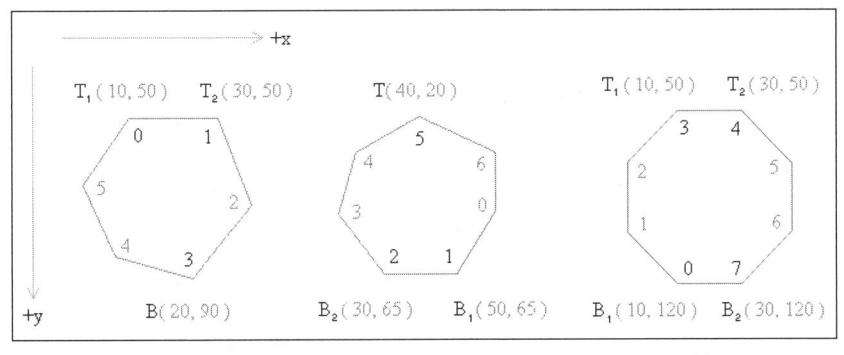

Abb. 4.12: Der höchste bzw. tiefste Punkt kann bei diesen Polygonen nicht eindeutig festgelegt werden

Während der Rasterization werden die Seiten, welche sich innerhalb des Vielecks links befinden, von der Kategorie der rechts verlaufenden durch den höchsten und den tiefsten Punkt voneinander getrennt. Diese Tatsache impliziert eine genaue Festlegung dieser beiden Vertices. Bei den hier betrachteten Polygonen enthalten jedoch mehrere Vertices dieselbe y-Koordinate, welche gleichzeitig die geringste innerhalb des gesamten Polygons ist. Diese Gegebenheit macht eine genaue Festlegung unmöglich.

Unser Algorithmus behandelt stets den ersten Vertex, welcher die kleinste y-Koordinate besitzt, als den höchsten Punkt des Polygons. Innerhalb des linken Vielecks aus Abbildung 4.12 besitzt dieser die Koordinaten (10, 50). Damit zählt die Polygonseite zwischen dem ersten und zweiten Vertex zu den rechts liegenden. Wird hierfür die Funktion `set_side()` ausgerufen, nimmt die Variable `length` aufgrund der identischen y-Koordinaten den Wert 0 an, was aufgrund von

```
if( length <= 0 ) return;
```

zu einem Abbruch der Funktion führt, ohne jegliche Veränderung des Arrays `right_side[]`. Wenn der Punkt mit den Koordinaten (30, 50) an erster Stelle innerhalb der Polygondefinition gewesen wäre, hätte die besagte Seite zu den links verlaufenden gehört. Weil diese ebenfalls im Aufgabenbereich der Funktion `set_side()` liegen, wäre man zum gleichen Ergebnis gekommen.

Allgemein gesagt, spielt für unser Algorithmus die Existenz mehrerer Punkte, welche gleichzeitig die höchste bzw. tiefste vertikale Koordinate besitzen, keine Rolle. Verfügt ein Polygon über diese Art von Vertices, wird die von ihnen gebildete Seite ignoriert, egal, ob sie zum rechten oder linken Teil des Polygons gezählt wird. Die Offsets ihrer Endpunkte werden im Zuge der Verarbeitung benachbarter Seiten innerhalb `left_side[]` und `right_side[]` eingetragen. Im Fall des besprochenen Polygons geschieht dies mittels des Aufrufs von `set_side()` für die Seiten zwischen den Vertices 0 und 5 sowie 1 und 2.

4.1.10 Darstellung konkaver Polygone

In den bisherigen Beispielen haben wir uns lediglich mit der Rasterization konvexer Polygone auseinander gesetzt. Beim Aufbau mancher dreidimensionaler Figuren kann jedoch auf die Verwendung konkaver Vielecke nicht verzichtet werden. Für ihre Darstellung müssen wir jedoch nicht auf einen zusätzlichen Algorithmus zugreifen. Der Grund hierfür ist, dass jedes beliebige konkave Polygon in mehrere konvexe Vielecke aufgespaltet werden kann.

Abbildung 4.13 verdeutlicht, dass konkave Polygone aus konvexen aufgebaut werden können. Wenn letztere getrennt behandelt werden und über dieselbe Farbe verfügen, fällt dem Betrachter die Aufteilung der konkaven Figur nicht auf.

Bei der Aufspaltung konkaver Figuren müssen zwei Dinge beachtet werden: Die konvexen Figuren müssen groß und ihre Anzahl soll möglichst gering sein. Der letzte Punkt ist leicht nachzuvollziehen: Die Darstellung eines einzelnen Polygons nimmt einige Zeit in Anspruch. Je weniger Vielecke eine konkave Figur enthält, umso schneller kann diese gezeichnet werden.

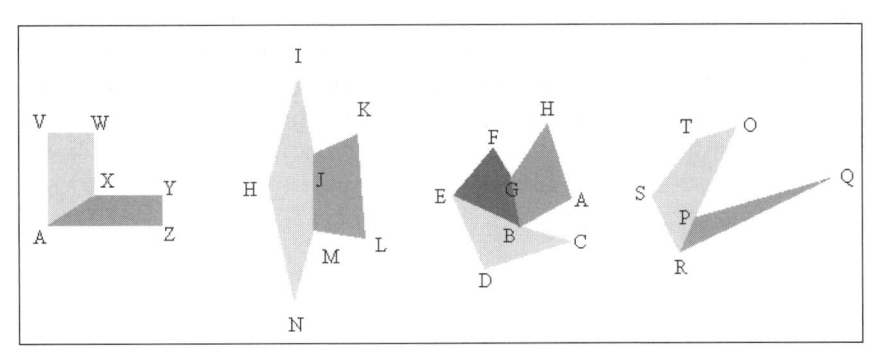

Abb. 4.13: Aufbau konkaver Polygone mittels konvexer Vielecke. Die unterschiedlichen Farben dienen lediglich der Verdeutlichung, in der Praxis wird für die gesamte konkave Figur eine einzige Farbe verwendet

Bei der Darstellung eines mathematisch definierten Polygons auf einem im Vergleich dazu ungenauen Pixelraster treten zwangsläufig geringfügige Fehler auf, die vom verwendeten Rasterizationsalgorithmus unabhängig sind. Je kleiner ein Polygon ist, umso stärker treten diese in Erscheinung. Die Einteilung eines konkaven Polygons in möglichst große Vielecke ist aus diesem Grund der beste Weg, um eine qualitativ hochwertige Darstellung zu erreichen.

Es gibt jedoch auch Algorithmen zur Darstellung von Polygonen, die eine vom Benutzer durchgeführte Aufspaltung konkaver Vielecke nicht erfordern. Viele führen die besagte Aufteilung zur Laufzeit selbstständig durch und zeichnen die konvexen Polygone unter Verwendung einer Technik, die unserer ähnlich ist. Die automatisch durchgeführte Aufspaltung kann aber nicht immer die zwei beschriebenen Vorgaben einhalten, und die Darstellung des gesamten Polygons ist aus diesem Grund nicht sehr genau.

Besonderheiten konkaver Polygone

Ein interessantes Phänomen tritt beim Polygon OPQRST auf, der sich in der Abbildung 4.13 rechts befindet: Bei der Aufteilung der Figur können Punkte, die eigentlich Teil eines konvexen Teilpolygons sind, ignoriert werden.

Würde der hellgraue konvexe Teil der Figur als OPRST definiert werden, würde die Funktion set_side() einmal für die Seite OP und anschließend für PR aufgerufen werden. Weil die Punkte O, P und R jedoch auf derselben Geraden liegen, hätte der

Kapitel 4
Polygonbasierende dreidimensionale Figuren

Aufruf der besagten Funktion für die Polygonseite OR die gleichen Endoffsets innerhalb des Arrays `right_side[]` eingetragen.

Aus diesem Grund kann bei der Definition des hellgrauen konvexen Polygons der Punkt P ignoriert werden, ohne dass sichtbare Veränderungen des konkaven Vielecks auftreten. Die gesamte Figur kann somit in die Polygone ORST und PQR eingeteilt werden. Diese Vorgehensweise kann die Performance eines Programms steigern, denn je weniger Vertices ein Polygon besitzt, umso schneller kann dieser gezeichnet werden. Es gibt konkave Polygone, wo mehr als drei Punkte auf derselben Geraden liegen. Hierbei ist die Anwendung der beschriebenen Technik besonders vorteilhaft.

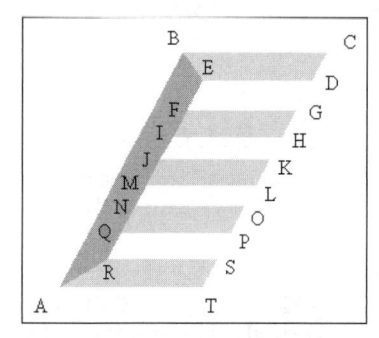

Abb. 4.14: Wenn bei der Definition des Teilpolygons BEAR die Punkte, welche sich auf der von E und R gebildeten Geraden, befinden ignoriert, kann das gesamte konkave Polygon in einer kürzeren Zeit dargestellt werden.

4.1.11 Praktische Darstellung gefüllter Polygone

Im ersten Programm des vierten Kapitels werden wir die bereits entwickelte `polygon`-Klasse um die neue Funktion `polygon::rasterize()` erweitern und sie für die Darstellung eines gefüllten regelmäßigen Achtecks aufrufen.

Die einzige Stelle, die für den Einsatz dieser Funktion geeignet ist, befindet sich innerhalb der Funktion `polygon::display()`. Weil `polygon::rasterize()` mit Bildschirmkoordinaten arbeitet, muss diese nach der Ausführung von `polygon::project()` aufgerufen werden. Diese Reihenfolge entsteht durch die Tatsache, dass die letzte Funktion die dreidimensionalen Koordinaten des Polygons in zweidimensionale umwandelt und die gültigen Bildschirmkoordinaten innerhalb des Arrays `spoint[]` speichert, wo diese von der eigentlichen Visualisierungsfunktion abgefragt werden können:

```
void polygon::display( uchar *sb = sbuffer )
{
  project();
```

```
  rasterize( sb );
}
```

Wenn die Funktion `polygon::rasterize()` aufgerufen wird, besteht keine Notwendigkeit mehr für den Einsatz der for()-Schleife, welche bisher verwendet wurde, um das Drahtgittermodell des Polygons auf dem Bildschirm zu zeichnen. Damit die `polygon`-Klasse auch weiterhin über die besagte Fähigkeit verfügen kann, wird die Schleife in einer eigenen Funktion aufgerufen, deren Aufgabe in der Darstellung des Polygonumrisses besteht:

```
void polygon::shape( uchar *sbuffer )
{
  ushort x, y;

  for( x=point_count-1, y=0 ; y<point_count ; x=y, y++ )
    line( spoint[ x ].sx, spoint[ x ].sy,
          spoint[ y ].sx, spoint[ y ].sy,
          color, sbuffer );
}
```

Nach der Implementierung des Double-Buffering-Algorithmus besteht eigentlich keine Notwendigkeit mehr für die direkte Beschriftung des Videospeichers. Der Vorteil einer flimmerfreien Animation ist aber auch mit dem Nachteil verbunden, dass die Beschriftung des Videospeichers dem Programmierer verborgen bleibt. Wenn in der entsprechenden Funktion ein Fehler enthalten ist, wie beispielsweise eine Endlosschleife oder eine Anweisung, die außerhalb der Grenzen des besagten Arrays Werte verändert, können die Folgen ein unerklärbarer Programmabsturz oder ein auf Dauer schwarz bleibender Bildschirm sein.

Die direkte Beschriftung des Videospeichers liefert in den meisten Fällen wichtige Hinweise auf die Art des Problems und wie man den Fehler beheben kann. Aus diesem Grund sollte die Klasse `poylgon` eine entsprechende Möglichkeit enthalten. Eine mögliche Lösung besteht in der Verwendung von Defaultparametern. Der Aufruf von `polygon::display()` erfolgt in `WinMain()`. Wenn bei der Fehlersuche eine direkte Beschriftung des Videospeichers notwendig ist, muss `polygon::display()` explizit seine Anfangsadresse übergeben werden, ansonsten werden die Polygone innerhalb des Double Buffers gezeichnet. Diese Vorgehensweise impliziert jedoch eine globale Definition oder eine externe Deklaration des Arrays `sbuffer[]`.

Die Klasse `poylgon` sollte als einzige Zugriff auf die neuen Funktionen erhalten. Aus diesem Grund werden beide unter dem Zugriffsspezifizierer private deklariert. Es folgt die neue Definition der um die Funktion `rasterize()` erweiterten Klasse `polygon`:

```
////////////////////////        Anfang p3_1.h        ////////////////////////
#ifndef POLYGON_H
#define POLYGON_H

#include "ln3_1.h"

class polygon
{
  private:
    ushort point_count;
    uchar color;

    svertex *spoint;

  public:
    void display( uchar *sbuffer );

    polygon( ushort p, uchar c, svertex *s );
    ~polygon( void ) {  if( spoint ) delete [] spoint;  }
};

void polygon::display( uchar *sbuffer )
{
  ushort x, y;

  for( x=point_count-1, y=0 ; y<point_count ; x=y, y++ )
     line( spoint[ x ].sx, spoint[ x ].sy,
           spoint[ y ].sx, spoint[ y ].sy, color, sbuffer );
}

polygon::polygon( ushort p, uchar c, svertex *s )
{
  point_count = p;   color = c;

  if( (spoint = new svertex[ point_count ]) == NULL )
    exit( "polygon::polygon(): Nicht genug Arbeitsspeicher.\n" );

  for( ushort x=0 ; x<point_count ; x++ ) spoint[ x ] = s[ x ];
}

#endif


////////////////////////        Ende p3_1.h        ////////////////////////
```

Das Hauptprogramm befindet sich in der Datei a4_1.cpp. Dort werden auch die Arrays left_side[], right_side[] und spoint[] global definiert. Solange die Rückseite des innerhalb des Programms angezeigten Polygons dem Betrachter verborgen bleibt, liefert a4_1 die gewünschte Ausgabe. Der Grund hierfür wird innerhalb des nächsten Abschnitts erläutert. Die Punkte des darzustellenden Vielecks sollten im Uhrzeigersinn nummeriert sein.

```
///////////////////////////       a4_1.cpp        ///////////////////////////
//                                                                         //
//   Darstellung der Vorderseite eines gefüllten, im                       //
//   Uhrzeigersinn nummerierten Polygons                                   //
//   Auflösung: 320x200, Farbtiefe: 8 Bit                                  //
//                                                                         //
/////////////////////////////////////////////////////////////////////////////

#include <windows.h>

#include "sf4_1.h"
#include "v4_1.h"
#include "m4_1.h"

uchar *sbuffer;
svertex spoint[ 100 ];
long left_side[ 200 ], right_side[ 200 ];

vertex points[ 8 ] = {
                      {  12,  30,  0 },
                      {  30,  12,  0 },
                      {  30, -12,  0 },
                      {  12, -30,  0 },
                      { -12, -30,  0 },
                      { -30, -12,  0 },
                      { -30,  12,  0 },
                      { -12,  30,  0 }
                     };

#include "p4_1.h"

uchar handle_input( MSG *msg );

int WINAPI WinMain( HINSTANCE hInstance, HINSTANCE hPrevInstance, LPSTR
lpCmdLine, int iCmdShow )
```

Kapitel 4
Polygonbasierende dreidimensionale Figuren

```
{
  surface.open_window( hInstance, 320, 200, 8 );

  polygon eight_sides( 8, points, 250 );

  matrix m;
  m.translate( 0, 0, 100 );
  eight_sides.update_pos( m );
  m.clear();

  m.translate( -eight_sides.wpos.wx, -eight_sides.wpos.wy, -eight_sides.wpos.wz );
  m.rotate( 0, 0, 0.008 );
  m.translate( eight_sides.wpos.wx, eight_sides.wpos.wy, eight_sides.wpos.wz );

  if( (sbuffer = new uchar[ 64000 ]) == NULL ) exit("*sbuffer: Nicht genug Speicher.\n");

  MSG message;
  while( !handle_input( &message ) )
  {
    eight_sides.update_pos( m );

    for( ushort x=0 ; x<64000 ; x++ ) sbuffer[ x ] = 0;
    eight_sides.display();

    uchar *screen = (uchar *) surface.get_screen_pointer();
    for( ushort x=0 ; x<64000 ; x++ ) screen[ x ] = sbuffer[ x ];
    surface.release_screen_pointer();
  }

  surface.close_window();

  return message.wParam;
}

uchar handle_input( MSG *msg )
{
  if( PeekMessage( msg, NULL, 0, 0, PM_REMOVE ) )
  {
    if( msg->message == WM_QUIT || msg->message == WM_KEYDOWN ) return 1;
```

```
    TranslateMessage( msg );
    DispatchMessage( msg );
  }

  return 0;
}
```

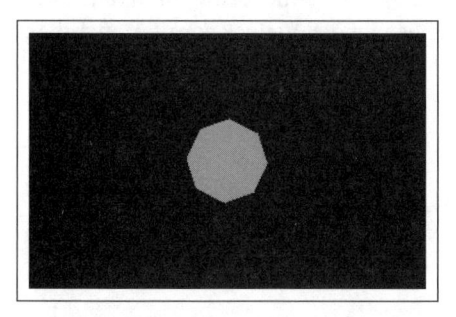

///////////////////////// Ende a4_1.cpp /////////////////////////

Abb. 4.15: Ausgabe des Programms a4_1

4.1.12 Das Problem der Nummerierung entgegen dem Urzeigersinn

Wenn innerhalb des letzten Programms Polygone unter Verwendung von Anweisungen wie

```
matrix m;

m.translate( -eight_sides.wpos.wx,
             -eight_sides.wpos.wy,
             -eight_sides.wpos.wz );

m.rotate( -0.001, 0.005, 0.002 );

m.translate( eight_sides.wpos.wx,
             eight_sides.wpos.wy,
             eight_sides.wpos.wz );
```

um die eigene x- oder y-Achse gedreht werden, wird neben der gewünschten auch eine offenbar unbeabsichtigte Ausgabe wie diejenige aus Abbildung 4.16 angezeigt.

Der Grund für diese Ausgabe liegt im Auftreten eines bisher unbekannten Phänomens: die Umkehrung der Nummerierung bei der Rotation im dreidimensionalen Raum. Abbildung 4.17 veranschaulicht dieses Phänomen. Dort wird ein Polygon nacheinander um die drei eigenen Achsen rotiert, wobei die Reihenfolge der Nummerierung seiner Vertices betrachtet wird.

Links oben befindet sich das Polygon in seinem Grundzustand, die Definition seiner Punkte erfolgt im Uhrzeigersinn. Die Ebene des Vielecks ist mit der Bildschirmebene parallel. Eine Drehung um 45 um die y-Achse nach rechts bzw. im mathematisch negativen Sinn ändert die Art der Nummerierung seiner Vertices nicht. Nach einer weiteren Rotation ist die Polygonebene orthogonal zur Bildschirmebene. Weil eine Ebene unendlich flach ist, ist das Vieleck somit unsichtbar.

Abb. 4.16: Mögliche, ungewollte Ausgabe des Programms a4_1

Das Phänomen der Umkehrung der Reihenfolge der Nummerierung der Vertices tritt erst nach einer weiteren Drehung auf. Wenn wir uns die Reihenfolge der Vertices auf den Polygonrändern von oben nach unten ansehen, stellen wir fest, dass die Punkte, welche die rechts verlaufenden Seiten definieren, in absteigender Reihenfolge verlaufen. Die Nummerierung des Vielecks erfolgt somit entgegen dem Uhrzeigersinn. Bei einer Rotation eines Vielecks aus dem Grundzustand um die x-Achse lässt sich dasselbe Phänomen feststellen.

Um den Grund für das Auftreten dieses Phänomens erklären zu können, ist eine Unterscheidung zwischen Vorder- und Rückseite des Polygons notwendig. Befindet sich das Polygon im Grundzustand, definieren wir die Seite, welche dem Betrachter sichtbar ist, als Vorderseite des Vielecks. Wenn die Punkte auf der Vorderseite im Uhrzeigersinn nummeriert sind, kommt es auf der Rückseite automatisch zu einer spiegelbildlichen Anordnung entgegen dem Uhrzeigersinn. Dreht man das Polygon innerhalb einer Animation um seine x- oder y-Achse, sieht ein stehender Betrachter abwechselnd sowohl die Vorder- als auch die Rückseite des Polygons. Wird einem Zuschauer die Rückseite eines Vielecks zugewandt, wird die Anordnung entgegen dem Uhrzeigersinn sichtbar.

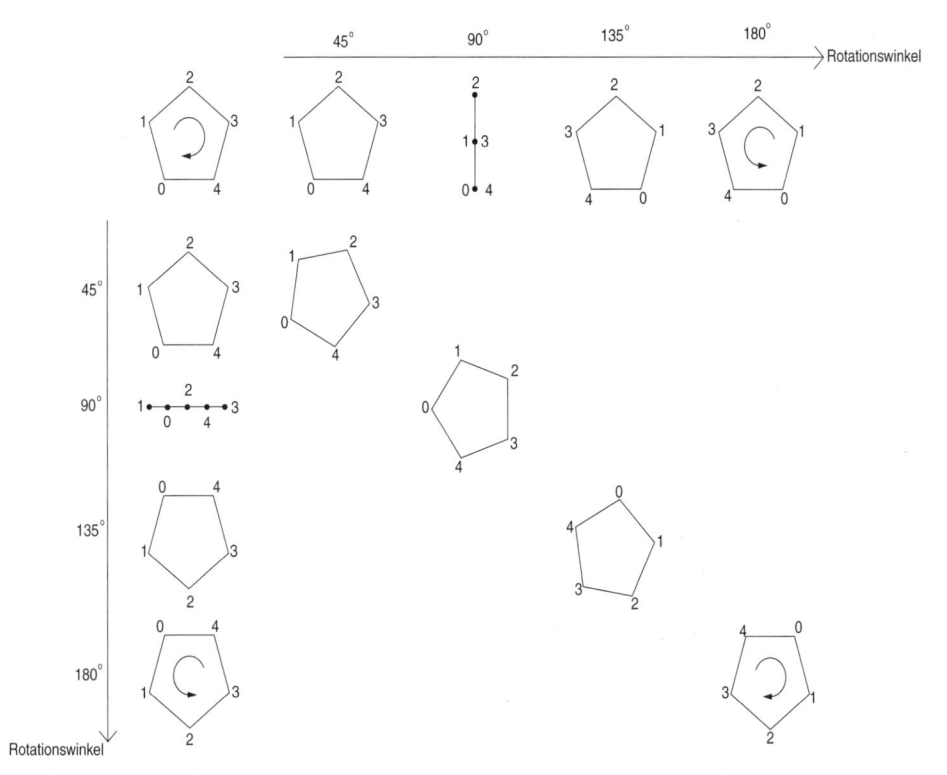

Abb. 4.17: Sowohl bei der Rotation um die x- als auch um die y-Achse ändert sich die Art, wie ein Polygon nummeriert ist. Dreht man das Polygon lediglich um die z-Achse, tritt dieses Phänomen nicht auf.

Im Gegensatz dazu verlässt das Polygon bei einer Drehung um die eigene z-Achse seine ursprüngliche Ebene nicht, dem Betrachter bleibt seine Rückseite verborgen. Aus diesem Grund ändert sich hierbei die Anordnung seiner Vertices nicht.

4.1.13 Darstellung entgegen dem Uhrzeigersinn nummerierter Polygone

Da wir bisher mit Drahtgittermodellen gearbeitet haben, trat das oben beschriebene Phänomen nicht in den Vordergrund, weil die entsprechende Visualisierungsfunktion auch Polygone, deren Punkte entgegen dem Uhrzeigersinn angeordnet sind, zu zeichnen vermag.

Unser Rasterizationsalgorithmus geht stets von der Annahme aus, das darzustellende Polygon sei im Uhrzeigersinn nummeriert. Aus diesem Grund speichert es die Offsets der Polygonseiten, welche durch aufsteigend nummerierte Vertices definiert sind, innerhalb des Arrays right_side[]. Wenn die Vertices jedoch entgegen dem Uhrzeigersinn angeordnet sind, stellen gemäß Abbildung 4.17 die Offsets der besagten Polygonseiten die Anfangspunkte der Rasterzeilen dar und müssen innerhalb left_side[] eingetragen werden. Entsprechendes gilt auch für die Endpunkte der Rasterzeilen.

Der Grund für die in Abbildung 4.16 dargestellte Ausgabe ist in der Abbruchbedingung der Schleife zu finden, welche für das Zeichnen einer Rasterzeile zuständig ist:

```
for( x = left_side[ y ] ; x <= right_side[ y ] ; x++ )
   sbuffer[ x ] = color;
```

Bei einem Polygon, dessen Punkte entgegen dem Uhrzeigersinn angeordnet sind, nimmt die Bedingung aufgrund des <= Operators lediglich im Fall des höchsten und des niedrigsten Punkts den Wert TRUE an, da in diesem Fall die in left_side[] und right_side[] gespeicherten Offsets gleiche Werte besitzen. Es sind diese beiden Punkte, welche in der beschriebenen Abbildung gezeichnet werden.

Um Polygone, deren Punkte entgegen dem Uhrzeigersinn angeordnet sind, darstellen zu können, müssen demnach die Inhalte der Arrays left_side[] und right_side[] ausgetauscht werden. Die Standardmethode für den Austausch des Werts zweier Variablen eignet sich besonders gut als Lösung dieser Aufgabe, da sich somit die Verwendung einer Schleife erübrigt:

```
long *t = left_side;  left_side = right_side;  right_side = t;
```

Zunächst wird ein Zeiger auf ein Array aus Elementen vom Typ long definiert und mit der Anfangsadresse des Arrays left_side[] initialisiert. Danach wird left_side[] die Anfangsadresse von right_side[] zugewiesen. Zum Schluss erhält right_side[] die Adresse des Felds, in dem die Endpunkte der Rasterzeilen eines entgegen dem Uhrzeigersinn nummerierten Polygons gespeichert sind. Diese Adresse ist innerhalb der temporären Variablen gespeichert. Damit dieser Austausch funktionieren kann, dürfen die beiden Arrays nicht mehr in Form konstanter Zeiger definiert werden.

Diese Anweisungen dürfen aber nur dann ausgeführt werden, wenn wir es mit einem entgegen dem Uhrzeigersinn nummerierten Polygon zu tun haben. Die Grundidee einer möglichen Überprüfung dieses Umstands liefert uns die Form der meisten konvexen Polygone: Diese verlaufen nach oben und unten spitz zu, während ihre breiteste Stelle ungefähr in der Mitte zu suchen ist.

Am Anfang der Funktion polygon::rasterize() werden der höchste und der niedrigste Punkt des zu zeichnenden Polygons ermittelt. Im Anschluss werden den Arrays left_side[] und right_side[] die entsprechenden Werte zugewiesen. Durch die Anweisung

```
long m = (spoint[ bottom ].sy + spoint[ top ].sy) / 2;
```

erhält die Variable m die y-Koordinate der Rasterzeile, die sich in der Mitte des Polygons befindet und die nach der obigen Überlegung in vielen Fällen auch die längste ist. Auf der Grundlage dieser Anweisung lautet die gebräuchliche Formel für die Ermittlung des Mittelwerts zweier Zahlen a und b:

$$\text{Mittelwert}(a, b) = \frac{a+b}{2} \qquad a, b \in \mathbf{R}$$

Wenn wir es mit einem Polygon zu tun haben, dessen Punkte entgegen dem Uhrzeigersinn nummeriert sind, befinden sich die Anfangsoffsets der Rasterzeilen innerhalb `right_side[]`, die Endoffsets sind im Array `left_side[]` gespeichert. Aus diesem Grund besitzen die gültigen Elemente des ersten Arrays kleinere Werte als diejenigen des zweiten und die Anweisung

```
if( left_side[ m ] > right_side[ m ] )
```

besitzt den Wert TRUE. Um möglichst genaue Werte zu erhalten, wird für diese Überprüfung die durchschnittlich breiteste Stelle des Polygons herangezogen.

Die vollständige Anweisungsfolge, die es `polygon::rasterize()` ermöglicht, auch Polygone mit entgegen dem Uhrzeigersinn nummerierten Punkten zu zeichnen, ist folgendermaßen definiert:

```
long m = (spoint[ bottom ].sy + spoint[ top ].sy) / 2;
if( left_side[ m ] > right_side[ m ] )
{
  long *t = left_side;
  left_side = right_side;
  right_side = t;
}
```

Die hierdurch erweiterte Funktion besitzt demnach folgenden Aufbau:

```
void polygon::rasterize( uchar *sbuffer )
{
  long x, y, top=0, bottom=0;

  for( x=1 ; x<point_count ; x++ )
  {
    if( spoint[ top    ].sy > spoint[ x ].sy )
      top = x;

    if( spoint[ bottom ].sy < spoint[ x ].sy )
      bottom = x;
  }

  x = y = top;
  for( dec( &y, point_count ) ;
       x!=bottom ;
       x=y, dec( &y, point_count ) )
```

```
        set_side( spoint[ x ], spoint[ y ], left_side );

   x = y = top;
   for( inc( &y, point_count ) ;
        x!=bottom ;
        x=y, inc( &y, point_count ) )
        set_side( spoint[ x ], spoint[ y ], right_side );

   long m = (spoint[ bottom ].sy + spoint[ top ].sy) / 2;
   if( left_side[ m ] > right_side[ m ] )
   {
     long *t = left_side;
     left_side = right_side;
     right_side = t;
   }

   for( y=spoint[top].sy ; y<=spoint[bottom].sy ; y++ )
      for( x=left_side[y] ; x<=right_side[y] ; x++ )
         sbuffer[ x ] = color;
}
```

4.1.14 Praktische Visualisierung beliebig nummerierter, konvexer Polygone

Der praktische Einsatz der neuen Version der Funktion polygon::rasterize() erfolgt in Form unseres nächsten Programms. Im Gegensatz zu seinem Vorgänger ist *a4_2* in der Lage, beliebig nummerierte Polygone darstellen zu können:

```
//////////////////////////           a4_2.cpp         //////////////////////////
//                                                                            //
//    Darstellung beliebig nummerierter, konvexer Polygone                    //
//    Auflösung: 320x200, Farbtiefe: 8 Bit                                    //
//                                                                            //
////////////////////////////////////////////////////////////////////////////////

#include <windows.h>

#include "sf4_1.h"
#include "v4_1.h"
#include "m4_1.h"

uchar *sbuffer;
svertex spoint[ 100 ];
```

```
long *left_side, *right_side;

vertex points[ 8 ] = {
                        {  12,  30,  0 },
                        {  30,  12,  0 },
                        {  30, -12,  0 },
                        {  12, -30,  0 },
                        { -12, -30,  0 },
                        { -30, -12,  0 },
                        { -30,  12,  0 },
                        { -12,  30,  0 }
                    };

#include "p4_2.h"

uchar handle_input( MSG *msg );

int WINAPI WinMain( HINSTANCE hInstance, HINSTANCE hPrevInstance, LPSTR
lpCmdLine, int iCmdShow )
{
  surface.open_window( hInstance, 320, 200, 8 );

  polygon eight_sides( 8, points, 250 );

  matrix m;
  m.translate( 0, 0, 100 );
  eight_sides.update_pos( m );
  m.clear();

  m.translate( -eight_sides.wpos.wx, -eight_sides.wpos.wy, -
eight_sides.wpos.wz );
  m.rotate( -0.001, 0.005, 0.002 );
  m.translate( eight_sides.wpos.wx, eight_sides.wpos.wy, eight_sides.wpo
s.wz );

  if( (sbuffer = new uchar[ 64000 ]) == NULL ||
      (left_side = new long[ 200 ]) == NULL || (right_side = new long[ 2
00 ]) == NULL )
    exit("WinMain(): Nicht genug Speicher.\n");

  MSG message;
  while( !handle_input( &message ) )
  {
```

Kapitel 4
Polygonbasierende dreidimensionale Figuren

```
    eight_sides.update_pos( m );

    for( ushort x=0 ; x<64000 ; x++ ) sbuffer[ x ] = 0;
    eight_sides.display();

    uchar *screen = (uchar *) surface.get_screen_pointer();
    for( ushort x=0 ; x<64000 ; x++ ) screen[ x ] = sbuffer[ x ];
    surface.release_screen_pointer();
  }

  surface.close_window();

  return message.wParam;
}

uchar handle_input( MSG *msg )
{
  if( PeekMessage( msg, NULL, 0, 0, PM_REMOVE ) )
  {
    if( msg->message == WM_QUIT || msg->message == WM_KEYDOWN ) return 1;

    TranslateMessage( msg );
    DispatchMessage( msg );
  }

  return 0;
}

//////////////////////////   Ende a4_2.cpp    //////////////////////////
```

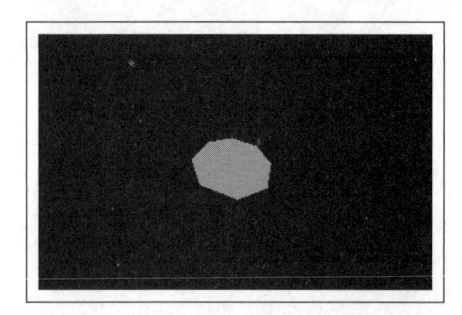

Abb. 4.18:   Ausgabe des Programms a4_2

4.2 Polygonbasierende dreidimensionale Figuren

Der Umgang mit Polygonen gehört zu den wichtigsten Gebieten der 3D-Grafikprogrammierung. Genau wie die im zweiten Kapitel vorkommenden Linien, die später als fester Bestandteil von Polygonen angesehen worden sind, stellen Polygone ihrerseits nichts anderes dar als die Bestandteile, welche für den Aufbau von Körpern notwendig sind. Es gibt mehrere unterschiedliche Methoden, um Körper aufzubauen; besteht eine dreidimensionale Figur aus Polygonen, wird diese auch als *Polyeder* bezeichnet.

4.2.1 Definition dreidimensionaler Figuren

Auf der untersten Ebene der Definition eines Körpers befindet sich eine Menge von Vertices. Auf der nächsthöheren Ebene findet eine Einteilung dieser Punkte in eine Anzahl mehrerer kleinerer Gruppen statt. Die Vertices, welche sich innerhalb einer dieser Gruppen befinden, stellen die Grundlage für die Definition eines Polygons dar. Diese Unterteilung soll am Beispiel der Definition eines Würfels veranschaulicht werden.

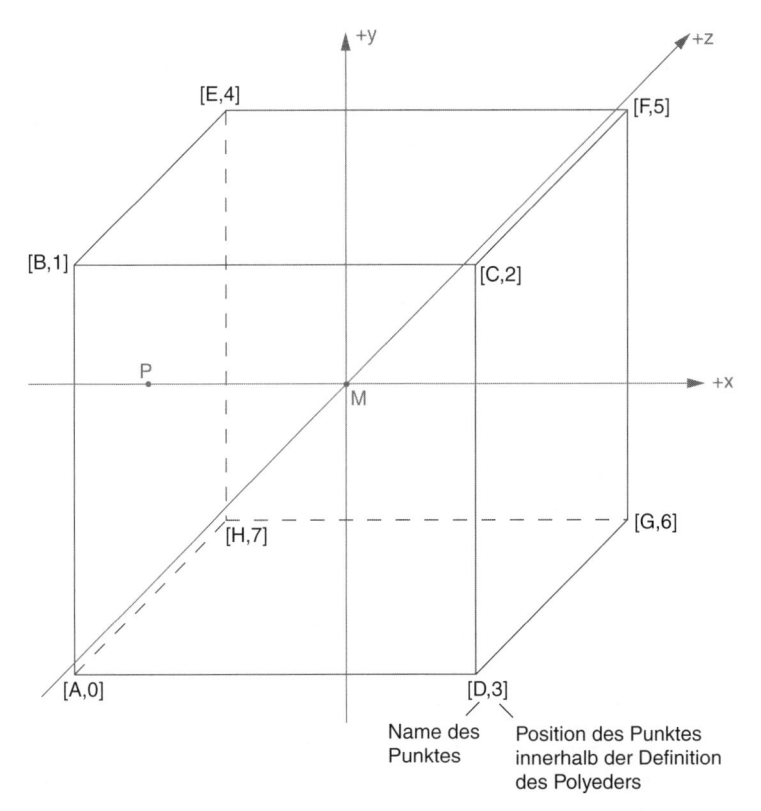

Abb. 4.19: Die bei der Definition eines Würfels vorkommenden Punkte und ihre Beziehungen untereinander

Der in Abbildung 4.19 dargestellte Würfel W besteht aus der Menge der Punkte A bis H. Mathematisch wird dieser Umstand folgendermaßen ausgedrückt:

W = { A, B, C, D, E, F, G, H }

Auf der nächsthöheren Ebene ist der Körper aus sechs Polygonen aufgebaut. Diese Vielecke werden aus ebenso vielen Partitionen der Menge W definiert:

Polygon	Räumliche Position innerhalb des Würfels	Definition
P1	Vorne	{ A, B, C, D }
P2	Hinten	{ H, G, F, E }
P3	Oben	{ B, E, F, C }
P4	Unten	{ A, D, G, H }
P5	Rechts	{ D, C, F, G }
P6	Links	{ A, H, E, B }

Das Ergebnis der Vereinigung aller Teilmengen ist die Grundmenge W, welche alle Vertices unseres Würfels enthält:

$P1 \cup P2 \cup P3 \cup P4 \cup P5 \cup P6 = W$

Obwohl unser Rasterizationsalgorithmus auch Polygone darzustellen vermag, deren Punkte entgegen dem Uhrzeigersinn nummeriert sind, sollten die Polygone stets im Uhrzeigersinn nummeriert werden. Der Grund dieser Vorgehensweise wird im Abschnitt 4.3.7 Visual Surface Determination näher erläutert.

Die Einhaltung dieser Vorgabe erlaubt mehrere gültige Definitionen für denselben Polygon. P5 beispielsweise, welcher die von unserem Standpunkt aus rechts liegende Seite bildet, lässt sich auch als { C, F, G, D }, { F, G, D, C } oder { G, D, C, F } definieren. Eine Formulierung wie { D, G, F, C } ist als Definition unzulässig, weil hierbei die Punkte entgegen dem Uhrzeigersinn angeordnet sind.

4.2.2 Benutzerdefinierte Definition von Polygonen

Bei einer näheren Betrachtung der in der vorherigen Tabelle angegebenen Definitionen fällt die merkwürdige Anordnung der Vertices auf, welche die Polygone P2, P4 und P6 definieren. Vergleicht man diese mit Abbildung 4.19, scheinen die Punkte entgegen dem Uhrzeigersinn angeordnet zu sein.

Der Grund für diese auf dem ersten Blick merkwürdige Einteilung besteht darin, dass die Anordnung im Uhrzeigersinn stets in Bezug zum Standpunkt des Betrachters gebildet werden muss. Von unserem Standpunkt aus können die besagten Polygone nicht gesehen werden, da sie durch andere verdeckt werden. Räumlich gesehen, befindet sich P2 beispielsweise hinter P1, P3 und P5, sein Aussehen bleibt uns verborgen. Ein Betrachter, der sich auf der +z-Achse in ausreichend großer Entfernung zum Würfel befindet und dessen Blickrichtung entlang $\vec{v} \begin{pmatrix} 0 \\ 0 \\ -1 \end{pmatrix}$ verläuft, kann P2 zwar sehen, P1 ist für ihn jedoch unsichtbar.

Es gibt eine anschauliche Methode, wie die Vertices beliebig ausgerichteter Polygone, die Bestandteile einer dreidimensionalen Figur sind, eindeutig im Uhrzeigersinn angeordnet werden können. Diese Vorgehensweise wird am Beispiel der Definition von P6 beschrieben.

Die Grundlage hierfür bietet die Anatomie der menschlichen Hand. Zunächst müssen die ersten drei Finger der rechten Hand ein rechtshändiges Koordinatensystem bilden. Der Daumen zeigt hierfür nach rechts, der Zeigefinger nach oben und der Mittelfinger nach hinten. Die von diesen Fingern gebildeten Winkel betragen 90. Um die Anordnung der Punkte des besagten Polygons zu definieren, sucht man sich einen beliebigen Punkt des Vielecks aus, z.B. H, und zeigt darauf mit der Spitze des Daumens. Der Mittelfinger muss anschließend in Richtung des Vektors $\overrightarrow{MP}$ gerichtet werden. Der Punkt P stellt dabei den Mittelpunkt des Polygons P6 dar, während M der Ursprung des Körpers ist. Wenn sich zu diesem Zeitpunkt die Finger in der Stellung eines rechtshändigen Koordinatensystems befinden, zeigt der Zeigefinger in Richtung des Punkts E, welcher der nächste Punkt einer Polygondefinition im Uhrzeigersinn darstellt.

Die Punkte H und E geben die Richtung eindeutig an, in welche die Anordnung der Vertices verläuft. Eine vollständige Definition des Polygons P6 lautet demnach { H, E, B, A }.

4.2.3 Der Mittelpunkt eines Polyeders

Die Definition des Mittelpunkts M eines Körpers ist identisch mit der aus dem drittel Kapitel bekannten Definition des Mittelpunkts eines Polygons: Seine Koordinaten (Mx, My, Mz) stellen die Mittelpunkte der größten zu den Weltachsen parallelen Linien dar, welche mithilfe der Vertices des Körpers gebildet werden können. In den folgenden Programmen werden wir bei der Berechnung dieser Koordinaten auf eine optimierte Version des Gleichungssystems zurückgreifen, welches wir im letzten Kapitel in demselben Zusammenhang kennen gelernt haben:

$Mx = (Xg + Xk) / 2$

$My = (Yg + Yk) / 2$

$Mz = (Zg + Zk) / 2 \qquad xk, xg, yk, yg, zk, zg \in \mathbb{R}$

Dieses Gleichungssystem ist auf der Grundlage der gewöhnlichen Formel zur Berechnung des Mittelwerts zweier Zahlen aufgebaut. Stellvertretend für alle Variablen stellen hierbei Xg die höchste und Zk die niedrigste z-Koordinate der gesamten dreidimensionalen Figur dar. Das bisher kennen gelernte Gleichungssystem besitzt folgenden Aufbau:

$Mx = (Xg\text{-}Xk) / 2 + Xk$

$My = (Yg\text{-}Yk) / 2 + Yk$

$Mz = (Zg\text{-}Zk) / 2 + Zk \qquad xk, xg, yk, yg, zk, zg \in \mathbb{R}$

Am Beispiel der Umformung der ersten Teilgleichung soll die Äquivalenz beider Gleichungssysteme bewiesen werden. Links steht die neue Definition, rechts die bereits bekannte:

$(Xg + Xk) / 2 = (Xg - Xk) / 2 + Xk \qquad\Leftrightarrow$

$0.5 * Xg + 0.5 * Xk = 0.5 * Xg - 0.5 * Xk + Xk \qquad\Leftrightarrow$

$0.5 * Xg + 0.5 * Xk = 0.5 * Xg + 0.5 * Xk$

Das optimierte Gleichungssystem kann auch für die Bestimmung des Mittelpunkts von Polygonen verwendet werden. Aufgrund des geringeren Rechenaufwands sind die neuen Gleichungen für diese Aufgabe besonders geeignet. Im Folgenden werden wir mit dreidimensionalen Figuren nach genau denselben Gesetzmäßigkeiten umgehen, welche die Grundlage für unsere bisherige Arbeit mit alleinstehenden Polygonen gebildet haben. Aus diesem Grund lassen sich viele Aussagen aus Abschnitt 3.5 unverändert auf Körper übertragen.

4.2.4 Speicherung dreidimensionaler Figuren

Die bisher betrachteten Polygone bestanden aus einer geringen Anzahl von Vertices, welche bequem in einem globalen Array innerhalb der Programmdefinition gespeichert werden konnten. Die Beschreibung dreidimensionaler Figuren erfordert einen wesentlich größeren Informationsumfang, wodurch der Einsatz separater Dateien notwendig wird. Empfehlenswert ist dabei die Speicherung eines Körpers innerhalb einer eigenen Datei.

Es existieren sehr viele Arten, wie Körper innerhalb einer Datei beschrieben werden können. Diese unterscheiden sich oft sehr stark voneinander, und jede Möglichkeit besitzt ihre eigenen Stärken und Schwächen. Weil unser Ziel lediglich im Erwerb von Grundlagenwissen besteht, kann sich die Bevorzugung eines dieser häufig umständlichen Dateitypen als nachteilig erweisen. Aus diesem Grund werden wir im Folgenden auf eine eigene Möglichkeit für die Beschreibung von Körpern zugreifen.

Die einfachste Art der Speicherung dreidimensionaler Figuren erfolgt in Anlehnung an die mathematische Definition. Die dort vorkommenden Großbuchstaben werden hierbei von den Zahlen 0 bis (vertex_count – 1) ersetzt, wobei die Variable vertex_count für die Anzahl der Punkte steht, welche die Grundlage für den entsprechenden Körpers bilden. Es folgt der Inhalt der Datei cube.tg1, wo die Definition des in Abbildung 4.19 dargestellten Würfels enthalten ist:

```
/////////////////        Anfang cube.tg1        /////////////////

    8  -0.5   -0.5   -0.5
       -0.5    0.5   -0.5
        0.5    0.5   -0.5
        0.5   -0.5   -0.5
       -0.5    0.5    0.5
        0.5    0.5    0.5
        0.5   -0.5    0.5
       -0.5   -0.5    0.5

    6   4   0   1   2   3   32
        4   7   6   5   4   26
        4   1   4   5   2   40
        4   0   3   6   7   21
        4   3   2   5   6   45
        4   0   7   4   1    1

/////////////////         Ende cube.tg1         /////////////////
```

Die Datei enthält ausschließlich Zahlenwerte, die Kommentare dienen lediglich der Veranschaulichung. Die einzelnen Werte müssen nur voneinander getrennt werden, oben durchgeführte Formatierungen dienen einer besseren Übersicht, sind aber nicht unbedingt erforderlich. Die Zahlenwerte gliedern sich in zwei große Teile. Im ersten erfolgt die Definition der Vertices, im zweiten Teil werden die beteiligten Polygone beschrieben.

Die erste Zahl der Datei drückt die Anzahl der Punkte aus, welche bei der Definition des Körpers beteiligt sind. Anschließend folgen die Koordinaten der besagten Punkte. Der Vertex, welcher in Abbildung 4.19 die Bezeichnung C trägt, steht beispielsweise in der Datei an dritter Stelle und besitzt die Koordinaten (0.5, 0.5, -0.5).

Der zweite Teil der Datei beginnt mit der Zahl 6, welche die Anzahl der beteiligten Polygone darstellt. Anschließend wird auf die einzelnen Vielecke näher eingegangen. Zuerst kommt die Anzahl der Eckpunkte, anschließend folgen die Verweise auf die im ersten Teil definierten Vertices. Die letzte Zahl in der Beschreibung des Polygons drückt die zu verwendende 8-Bit-Farbe aus. Stellvertretend für alle Vielecke erfolgt an dritter Stelle die eindeutige Definition des Polygons mit der formellen Bezeichnung P3:

```
4  1  4  5  2    40
```

4, die erste Zahl, teilt der lesenden Instanz mit, dass das Polygon vier Eckpunkte besitzt. Die Zahlen 1, 4, 5 und 2 verweisen auf die Punkte mit den Koordinaten: (-0.5, 0.5, -0.5), (-0.5, 0.5, 0.5), (0.5, 0.5, 0.5) und (0.5, 0.5, -0.5) die sich im ersten Teil von cube.tg1 an der zweiten, fünften, sechsten und dritten Stelle befinden. Die Zählung fängt hierbei mit dem Wert 0 an. Die Zahl 40 sagt schließlich aus, dass P3 die Farbe erhalten soll, welche innerhalb der 8-Bit-Palette an 41. Stelle enthalten ist.

Diese einfache Möglichkeit der Definition dreidimensionaler Figuren lässt sich auf alle beliebigen Körper anwenden, die aus Polygonen aufgebaut sind. Ein weiterer Vorteil besteht darin, dass es besonders leicht ist, die Struktur dieser Datei in Bezug auf später kommende Verfahren wie Texture Mapping erweitern zu können.

4.2.5 Verwaltung dreidimensionaler Figuren

Um sich die Arbeit mit Körpern zu vereinfachen, empfiehlt sich der Einsatz eines neuen benutzerdefinierten Datentyps für die Speicherung dreidimensionaler Figuren. Diese Klasse sollte folgende Voraussetzungen erfüllen:

1. Sie muss ein Array aus Elementen vom Typ `vertex` enthalten, welcher für die Speicherung der den Körper definierenden Punkte verwendet wird.
2. Ein Feld aus Objekten vom Typ `polygon` muss ebenfalls Teil der Klasse sein. Seine Elemente dienen der Verwaltung derjenigen Polygone, welche die dreidimensionale Figur auf der nächsten Stufe definieren.
3. Zwei Variablen ganzzahligen Typs sollten für die Speicherung der Längen beider Arrays eingesetzt werden.
4. Genau wie die letzten Versionen des Datentyps `polygon` muss auch diese Klasse über eine Variable `wpos` vom Typ `vertex` sowie zwei Funktionen mit den Namen `update_pos()` und `display()` verfügen, deren Aufgabenbereich gegenüber der Klasse `polygon` unverändert ist.

Eine mögliche Definition der Klasse `thing` gestaltet sich folgendermaßen:

```
class thing
{
  private:
    long vertex_count, polygon_count;
    vertex *v;
    polygon *p;

  public:
    vertex wpos;
```

```
    void update_pos( matrix m );
    void display( uchar *sb = sbuffer );

    thing( char *filename );
   ~thing( void )
    { if( v ) delete [] v;  if( p ) delete [] p; }
};
```

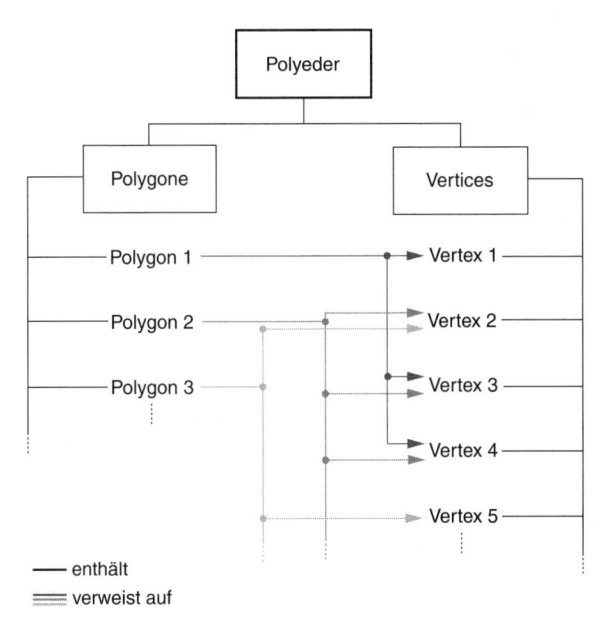

```
                    ┌──────────┐
                    │ Polyeder │
                    └──────────┘
           ┌──────────┐    ┌──────────┐
           │ Polygone │    │ Vertices │
           └──────────┘    └──────────┘
     ── Polygon 1 ──────────► Vertex 1 ──
     ── Polygon 2 ──────────► Vertex 2 ──
     ── Polygon 3 ──────────► Vertex 3 ──
                           ► Vertex 4 ──
                           ► Vertex 5 ──
```

─── enthält
═══ verweist auf

Abb. 4.20: Grafische Darstellung der Definition eines Körpers: Dieser besteht aus einer Menge von Punkten und einer Menge von Polygonen, die zunächst getrennt gespeichert werden. Der Zugriff auf die Vertices erfolgt indirekt bei der Beschreibung jedes Polygons.

Aufgrund dessen, dass Polygone hierbei lediglich Bestandteile einer übergeordneten Instanz sind, muss die Definition der Klasse polygon ebenfalls verändert werden. Die Kenntnis um die Koordinaten des Mittelpunkts eines einzelnen Vielecks ist bei der Verwendung der Klasse thing nicht erforderlich. Die Punkte, auf deren Grundlage ein Polygon aufgebaut ist, sind nicht länger Bestandteil der Klasse polygon. Aus diesem Grund ist auch die Definition der Funktion polygon::update_pos() nicht länger notwendig. Die neue Version der Klasse kann folgendes Aussehen haben:

```
class polygon
{
  private:
```

```
        uchar color;
        long point_count;

        long *points;

        void project( void );
        void shape( uchar *sbuffer );
        void rasterize( uchar *sbuffer );

    public:
        void load( ifstream *thing_def );
        void display( vertex *v, uchar *sbuffer );

        polygon( void ) : point_count( 0 ),
                          points( NULL ) { }
        ~polygon( void )
                { if( points ) delete [] points; }
};
```

Die Klasse `thing` enthält ein Array auf Objekten vom Typ `polygon`, dessen Elemente zur Laufzeit des Programms dynamisch reserviert und mit entsprechenden Werten versehen werden. Aus diesem Grund kann die Initialisierung der Klasse `polygon` nicht mehr innerhalb des Konstruktors stattfinden. Die neue Version der Funktion `polygon::load()` übernimmt vielmehr diese Aufgabe. Das Array `points[]`, welches den zweiten neu hinzugekommenen Teil der Klasse ausmacht, enthält die Positionen innerhalb des Arrays `thing::v[]`, in dem die Eckpunkte des Polygons gespeichert sind.

Es folgt eine Übersicht über die Variablen und Funktionen der Klasse `thing`:

Variable	Aufgabe
`vertex_count:`	speichert die Anzahl der Eckpunkte, welche den Körper definieren
`polgon_count:`	gibt die Anzahl der innerhalb des Arrays `p[]` enthaltenen Elemente an
`v[]:`	zeigt auf den Anfang eines Arrays aus Elementen vom Typ `vertex`, welche die Koordinaten der den Körper definierenden Vertices enthalten
`p[]:`	speichert die Anfangsadresse eines Felds aus Elementen vom Typ `polygon`. Diese verwalten die Polygone, welche die dreidimensionale Figur definieren.

Polygonbasierende dreidimensionale Figuren

wpos:	enthält die Koordinaten des Mittelpunkts des Körpers.
Funktion	**Aufgabe / Definition**
update_pos():	Diese Funktion nimmt eine Variable vom Typ matrix entgegen und verändert die Koordinaten der den Körper definierten Vertices durch den Aufruf von matrix::transform():

```
void thing::update_pos( matrix m )
{
  m.transform( &wpos );

  for( long x=0 ; x<vertex_count ; x++ )
    m.transform( &v[ x ] );
}
```

display():	Darstellung des Körpers innerhalb des als Parameter übergebenen Arrays durch den Aufruf der Funktion polygon::display():

```
void thing::display( uchar *sb = sbuffer )
{
  for( long x=0 ; x<polygon_count ; x++ )
    p[ x ].display( v, sb );
}
```

thing():	Zuweisung benutzerdefinierter Werte an den Elementen der Klasse:

```
thing::thing( char *filename )
{
  ifstream thing_def(
    filename, ios::in | ios::nocreate | ios::binary );

  if( thing_def == NULL )
    exit( "thing::thing(): Fehler beim Öffnen \
          der Datei " );

  thing_def >> vertex_count;
  if( (v = new vertex[ vertex_count ]) == NULL )
    exit( "*v: Nicht genug Speicher.\n" );
  for( long x=0 ; x<vertex_count ; x++ )
```

Kapitel 4
Polygonbasierende dreidimensionale Figuren

```
    thing_def >> v[ x ].wx >> v[ x ].wy >> v[ x ].wz;

  thing_def >> polygon_count;
  if( (p = new polygon[ polygon_count ]) == NULL )
    exit( "*p: Nicht genug Speicher.\n" );

  for( long x=0 ; x<polygon_count ; x++ )
    p[ x ].load( &thing_def );

  double xs, xg, ys, yg, zs, zg;
  xs = xg = v[ 0 ].wx;
  ys = yg = v[ 0 ].wy;
  zs = zg = v[ 0 ].wz;

  for( long x=0 ; x<vertex_count ; x++ )
  {
    if( v[ x ].wx < xs ) xs = v[ x ].wx;
    if( v[ x ].wx > xg ) xg = v[ x ].wx;

    if( v[ x ].wy < ys ) ys = v[ x ].wy;
    if( v[ x ].wy > yg ) yg = v[ x ].wy;

    if( v[ x ].wz < zs ) zs = v[ x ].wz;
    if( v[ x ].wz > zg ) zg = v[ x ].wz;
  }

  wpos.wx = (xs + xg) / 2;
  wpos.wy = (ys + yg) / 2;
  wpos.wz = (zs + zg) / 2;
}
```

Bei der Definition einer Variablen vom Typ `thing` wird dem Konstruktor der Name der Datei übergeben, in welcher die Beschreibung des entsprechenden Körpers enthalten ist. Innerhalb der Funktion wird zunächst `thing_def`, eine Variable mit dem Datentyp `ifstream` definiert, welche die Schnittstelle mit der Datei darstellt. Die Parameter `ios::in`, `ios::nocreate` und `ios::binary` bewirken, dass die Datei mit dem Namen `*filename` zum Lesen im Binärmodus geöffnet werden soll. Wenn die Datei nicht existiert, soll diese nicht neu erstellt werden. Wenn sich ein Fehler beim Öffnen ereignet hat, der beispielsweise darauf zurückzuführen ist, dass die Datei nicht existiert, nimmt die Anweisung

```
if( thing_def == NULL )
```

den Wert TRUE an, und das Programm wird mit einer entsprechenden Fehlermeldung abgebrochen.

Die Initialisierung eines Polyeders lässt sich in drei unterschiedliche Schritte einteilen. Im ersten Schritt werden die Variable `vertex_count` und das Array `thing::v[]` mit gültigen Werten versehen, welche unter Verwendung des überladenen *Right Shift* Operators

```
ifstream &ifstream::operator >> (double &v);
```

aus der Datei in die entsprechenden Variablen eingelesen werden. Die anschließend erfolgende Initialisierung der Elemente, welche das Array `thing::p[]` bilden, erfolgt unter Verwendung der Funktion `polygon::load()`. Diese liest die für das Polygon relevanten Werte aus der Datei und weist diese den entsprechenden Variablen zu.

Nach der Durchführung einer Leseoperation aus einer Datei erfolgt die Verschiebung des Lesezeigers um eine Position in Richtung des Dateiendes. Damit die im Zusammenhang mit der Initialisierung eines Polygons aufgetretene Veränderung dieses Zeigers auch nach dem Aufruf von `polygon::load()` bestehen bleibt, muss die Übergabe des Objekts `thing_def` by value erfolgen, anderenfalls würden alle Polygone mit der Beschreibung des ersten Vielecks initialisiert.

Im letzten Schritt der Funktion `thing::thing()` werden der Variablen `thing::wpos` gültige Werte zugewiesen. Ermittelt werden diese unter Verwendung der im Abschnitt Abbildung 4.2.3 vorgestellten Gleichungen. Hierzu werden sechs Variablen definiert. Der Buchstaben s und g am Ende ihres Namens deuten darauf hin, dass die Aufgabe der einzelnen Variablen in der Speicherung der kleinsten bzw. größten Koordinate besteht. Die eigentliche Bestimmung dieser Koordinaten erfolgt nach dem gleichen Prinzip, nach dem in der Funktion `polygon::rasterize()` der höchste und tiefste Punkt des zu zeichnenden Polygons ermittelt wird.

4.2.6 Der Einsatz von Polygonen als Bestandteil von Polyeder

Die Veränderung, welche die Klasse `polygon` im Zusammenhang mit der Erstellung des Datentyps `thing` durchlaufen hat, wurde im vorherigen Abschnitt kurz erwähnt. Im Folgenden gehen wir ausführlicher auf die veränderten bzw. neu hinzugekommenen Bestandteile der neuen Version von `polygon` ein:

Variable	Aufgabe
`point_count`:	gibt die Anzahl der Eckpunkte des Polygons an
`points[]`:	Dieses Array aus Elementen vom Typ long enthält die Offsets der Vertices, welche das Polygon definieren. Diese Punkte befinden sich innerhalb des Felds `thing::v[]`.

Kapitel 4
Polygonbasierende dreidimensionale Figuren

Funktion	Aufgabe / Definition
load():	Zuweisung benutzerdefinierter Werte an den Elementen der Klasse:

```
void polygon::load( ifstream *thing_def )
{
  (*thing_def) >> point_count;
  if( (point_count < 3) ||
      (point_count > largest_point_count) )
    exit( "polygon::load(): Unzulässiger Wert für \
          point_count.\n" );

  if( (points = new long[ point_count ]) == NULL )
    exit( "*points: Nicht genug Speicher.\n" );

  for( long x=0 ; x<point_count ; x++ )
    (*thing_def) >> points[ x ];

  long x;
  (*thing_def) >> x;   color = (uchar) x;
}
```

Die Arbeitsweise dieser Funktion ist mit derjenigen von thing::thing() identisch, was die Initialisierung der Variablen point_count und das Einlesen der Werte innerhalb des Felds points[] betrifft. polygon::load() enthält aber auch einige Anweisungen, deren Zweck nicht sofort ersichtlich ist. Hierzu zählt die Überprüfung

```
if( (point_count < 3) ||
    (point_count > largest_point_count) )
  exit( "polygon::load(): Unzulässiger Wert für \
        point_count.\n" );
```

welche nach der Initialisierung von point_count durchgeführt wird. Hierbei wird festgestellt, ob der Wert dieser Variablen zwischen 3 und einer Konstanten mit dem Namen largest_point_count liegt. Ist der Wert dieser Anweisung FALSE, erfolgt ein Abbruch des Programms.

Beim Aufbau einer Datei, welche die Beschreibung eines Körpers enthält, muss eine sehr strenge Vorgehensweise eingehalten werden, um eine richtige Darstellung erzielen zu können. Jeder Vertex muss hierbei als Menge dreier Koordinaten angegeben werden, bei der Beschreibung eines Polygons muss die Anzahl der Vertices, ihre Offsets und eine Farbe angegeben werden.

Wird eine größere Datei vom Typ *.TG1* nicht automatisch aufgebaut, ist die Wahrscheinlichkeit des Auftretens von Fehlern verhältnismäßig groß. Es kann sehr gut sein, dass in der Datei mehr oder weniger Offsets angegeben werden, als es der Wert point_count vorschreibt. In vielen Fällen wird die Angabe der Farbe des Polygons vergessen.

Die oben beschriebene Anweisung dient dem Aufspüren dieser Fälle. Jedes Polygon besteht aus mindestens drei Vertices. Wird point_count ein kleinerer Wert zugewiesen, ist irgendwo ein Fehler aufgetreten. Genauso verhält es sich mit der globalen Konstanten largest_point_count: Diese enthält den Wert der Variablen point_count, die bei der Beschreibung des Polygons mit der größten Anzahl an Eckpunkten zum Einsatz kommt, unter Berücksichtigung aller im Programm verwendeten Vielecke.

Umständlich erscheint auch die Vorgehensweise, welche für die Initialisierung der Polygonfarbe eingesetzt wird:

```
long x;
(*thing_def) >> x;   color = (uchar) x;
```

Hierbei wird zunächst eine Variable vom Typ long definiert, die Farbe wird dorthin eingelesen, und erst im Anschluss wird polygon::color mittels einer Typumwandlung initialisiert. Der Grund dieser Vorgehensweise wird innerhalb des nächsten Abschnitts erläutert.

display(): Projektion und Rasterization des Polygons innerhalb des als Parameter übergebenen Arrays sbuffer[]:

```
void polygon::display( vertex *v, uchar *sbuffer )
{
  for( long x=0 ; x<point_count ; x++ )
    wpoint[ x ] = v[ points[ x ] ];

  project();

  rasterize( sbuffer );
}
```

Die Besonderheit dieser Funktion ist der veränderte Umgang mit dem Array wpoint[]. Die Aufgabe dieses Arrays ist die Speicherung der dreidimensionalen Koordinaten aller Vertices, welche das Polygon definieren. Innerhalb polygon::project() werden diese in zweidimensionale Koordinaten umgewandelt und innerhalb des globalen Arrays spoint[] gespeichert.

Kapitel 4
Polygonbasierende dreidimensionale Figuren

Aus bereits bekannten Gründen ist `wpoint[]` nicht länger Teil der Klasse `polygon`. Genau wie im Fall des Arrays `spoint[]`, handelt es sich hierbei um ein global definiertes Feld, das von allen Variablen vom Typ `polygon` angesprochen werden kann und als Zwischenspeicher für dreidimensionale Koordinaten verwendet wird. Um die Funktionalität von `polygon::project()` gewährleisten zu können, müssen vor ihrem Aufruf die besagten Koordinaten unter Verwendung der Offsets aus `polygon::points[]` und des Arrays `thing::v[]` nach `wpoint[]` übertragen werden:

```
for( long x=0 ; x<point_count ; x++ )
    wpoint[ x ] = v[ points[ x ] ];
```

Die Verwendung eines Arrays für die Speicherung von Verweisen auf Elementen eines klassenfremden Felds ist eine leicht verständliche, jedoch nicht die beste Lösung der hier diskutierten Problemstellung. Ein Lösungsansatz, der weitaus eleganter ist und weniger Rechenleistung erfordert, ist die Verwendung eines Arrays aus Zeigern auf Elemente des Felds `thing::v[]`. Diese Lösung beschleunigt den Darstellungsprozess, da sie den Einsatz der oben verwendeten for()-Schleife nicht vorsieht. Auf der anderen Seite würde aber eine geringfügige Veränderung der Funktion `polygon::project()` notwendig sein.

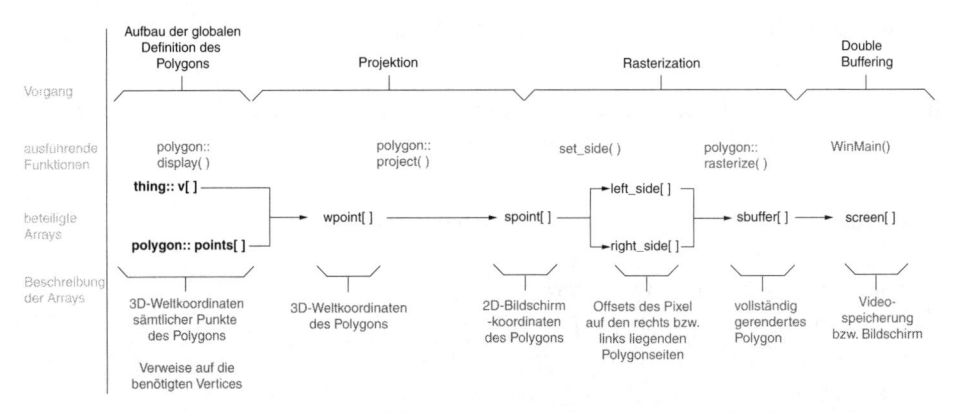

Abb. 4.21: Die Reihenfolge, in der auf die Arrays zugegriffen wird, welche für die Visualisierung einer dreidimensionalen Figur notwendig sind

4.2.7 Das ASCII-Format

Der Umweg über die temporäre Variable, welcher bei der Initialisierung von `polygon::color` innerhalb `polygon::load()` beschritten wird, wird nach einer näheren Betrachtung der Struktur einer Datei vom Typ TGI verständlich.

Ein Programm kann auf zwei unterschiedliche Möglichkeiten für die Speicherung von Informationen innerhalb von Dateien zurückgreifen. Hierbei handelt es sich um das Binär- und das ASCII-Format. Ersteres ist sehr gut geeignet, um maschinenlesbare Informationen zu speichern, die von einem Menschen mittels eines einfachen Texteditors nicht nachvollzogen werden können. Beispiele hierfür sind unter anderen ausführbare EXE-Dateien und Bitmaps. Innerhalb des 7. Kapitels werden wir uns ausführlicher mit dem Binärformat beschäftigen.

Die zweite Möglichkeit der Darstellung von Informationen bietet das ASCII-Format. Weil in dieser Form gespeicherte Daten von einem menschlichen Benutzer direkt verstanden und bearbeitet werden können, greifen wir bei der Erstellung von Dateien mit der Endung TGI auf das ASCII-Format zurück. Informationen werden hierbei als eine Folge von Bytes gespeichert. Die Zahl 8490, im ASCII-Format dargestellt, sieht in einer Datei folgendermaßen aus:

0011 1000   0011 0100   0011 1001   0011 0000

Wird diese Datei mit einem Texteditor geöffnet, liest dieser einzelne, aufeinanderfolgende Gruppen von jeweils 8 Bit aus und zeigt die entsprechenden ASCII-Zeichen an. Auf dem Bildschirm erscheint dann das gewünschte

8490

da es sich bei den binär dargestellten **8**-Bit-Zahlen um die ASCII-Werte der Zeichen '8', '4', '9' und '0', von links nach rechts gelesen, handelt.

Es existieren zwei verschiedene Möglichkeiten, eine Datei zum Lesen oder Schreiben zu öffnen, gleichgültig, ob die dort enthaltenen Informationen im ASCII-oder Binärformat gespeichert sind: der Binärmodus und der ASCII-Modus. Von der Verwendung des letzteren sollte man jedoch Abstand nehmen, da es zu Schwierigkeiten in Bezug auf innerhalb der Datei vorhandene Formatierungen kommen kann.

Bei der Arbeit mit Informationen, die in Dateien gespeichert sind, sollte stets der Binärmodus verwendet werden, egal in welchem Format die Daten vorliegen. Hierbei interpretiert die lesende Instanz in unserem Fall eine Überladung des >> Operators wie beispielsweise

```
ifstream &ifstream::operator >> ( long &variable );
```

die in der Datei enthaltenen Informationen als eine lange Reihe aufeinanderfolgender Bits. Das Lesen eines Werts erfolgt in zwei Schritten. Im ersten Schritt werden alle Bits zwischen der anfänglichen Leseposition und dem nächsten Separator, in Gruppen von jeweils acht unterteilt, in einem String aus Elementen vom Typ char gespeichert. Unter einem Separator versteht man eines der folgenden ASCII - Zeichen: ' ', '\t' oder '\n', wobei es sich um Leerzeichen, Tabulator und Zeilenumbruch handelt. Wird die oben verwendete Beispielszahl ausgelesen, besitzt dieser temporäre String folgendes Aussehen:

"8490"

Kapitel 4
Polygonbasierende dreidimensionale Figuren

Im zweiten Schritt wird dieses Feld in eine Zahl vom Typ des Parameters umgewandelt, welcher der jeweils eingesetzten Überladung des >>Operators entspricht. Von besonderer Wichtigkeit ist, dass bei dieser Umwandlung nicht überprüft wird, ob die innerhalb des Strings enthaltenen Zeichen gültig sind bzw. ob es sich dabei um die Zeichen '0' bis '9', bei Fließkommazahlen auch '.', handelt. Ungültige Zeichen können zu unvorsehbaren Ergebnissen führen.

Nicht alle Überladungen führen diese zwei Schritte durch. Die Ausnahme bilden die Funktionen:

```
ifstream &ifstream::operator >> ( char &dest );
```

und

```
ifstream &ifstream::operator >> ( char &dest );
```

Diese lesen ab der gegebenen Position jeweils nur acht Bit aus und speichern diese innerhalb der Variablen `dest`, egal ob es sich bei dem folgenden Byte um ein Separator handelt oder nicht. Enthält eine Datei die Bytegruppe

129   340

liest eine Anweisung wie

```
unsigned char char_value;

file >> char_value;
```

lediglich das Zeichen '1' aus, den Lesezeiger vor dem ASCII – Zeichen '2' setzend. `file` stellt dabei eine entsprechend initialisierte Variable vom Typ `ifstream` dar. Folgt dem ein Befehl wie

```
short short_value;

file >> short_value;
```

wird der Variablen `short_value`, infolge der oben durchgeführten Positionierung des Lesezeigers, anstelle des erwarteten 340 der Wert 29 zugewiesen.

In einer Datei vom Typ *.TG1* besteht die Farbe des Polygons sehr häufig aus einer zwei- bzw. dreistelligen Zahl, welche demnach mit zwei oder drei Bytes in der Datei gespeichert ist. Der Versuch, diese Information direkt innerhalb der Variablen `polygon::color` vom Typ unsigned char zu übertragen, würde zum oben beschriebenen Fehler führen. Weitaus wichtiger ist jedoch die in dieser Hinsicht falsche Positionierung des Lesezeigers: Dieser würde nicht am Anfang des Werts der nächsten Variablen `polygon::point_count` positioniert werden, sondern vor dem zweiten Byte, das noch zur Beschreibung der Polygonfarbe gehört. Aus diesem Grund kann das weitere Lesen der Datei unvorhersehbare Folgen haben.

Der Umweg über die temporäre Variable vom Typ long, welcher innerhalb der Funktion `polygon::load()` durchgeführt wird, um die Farbe des Polygons aus der Datei zu lesen, dient der Vermeidung dieses Fehlers.

4.2.8 Praktische Darstellung von Polyeder

Die Aufgabe unseres nächsten Programms besteht in der Darstellung des innerhalb der Datei cube.tgi definierten Würfels unter Verwendung der Klasse thing:

```cpp
////////////////////////       a4_3.cpp       ////////////////////////
//                                                                  //
//  Darstellung eines Würfels ohne Verwendung des Backface           //
//  Culling Algorithmus                                              //
//  Auflösung: 320x200, Farbtiefe: 8 Bit                             //
//                                                                  //
//////////////////////////////////////////////////////////////////////

#include <windows.h>

#include "sf4_1.h"
#include "v4_1.h"
#include "m4_1.h"
#include "t4_3.h"

const long largest_point_count = 4;
uchar *sbuffer;
vertex wpoint[ 100 ];
svertex spoint[ 100 ];
long *left_side, *right_side;

uchar handle_input( MSG *msg );

int WINAPI WinMain( HINSTANCE hInstance, HINSTANCE hPrevInstance, LPSTR
lpCmdLine, int iCmdShow )
{
  surface.open_window( hInstance, 320, 200, 8 );
```

Kapitel 4
Polygonbasierende dreidimensionale Figuren

```
  thing cube( "cube.tg1" );

  matrix m;
  m.scale( 5, 5, 5 );
  m.translate( 0, 0, 10 );
  cube.update_pos( m );
  m.clear();

  m.translate( -cube.wpos.wx, -cube.wpos.wy, -cube.wpos.wz );
  m.rotate( 0.002, 0.001, 0.003 );
  m.translate( cube.wpos.wx, cube.wpos.wy, cube.wpos.wz );

  if( (sbuffer = new uchar[ 64000 ]) == NULL ||
      (left_side = new long[ 200 ]) == NULL || (right_side = new long[ 2
00 ]) == NULL )
    exit("WinMain(): Nicht genug Speicher.\n");

  MSG message;
  while( !handle_input( &message ) )
  {
    cube.update_pos( m );

    for( ushort x=0 ; x<64000 ; x++ ) sbuffer[ x ] = 0;
    cube.display();

    uchar *screen = (uchar *) surface.get_screen_pointer();
    for( ushort x=0 ; x<64000 ; x++ ) screen[ x ] = sbuffer[ x ];
    surface.release_screen_pointer();
  }

  surface.close_window();

  return message.wParam;
}

uchar handle_input( MSG *msg )
{
  if( PeekMessage( msg, NULL, 0, 0, PM_REMOVE ) )
  {
    if( msg->message == WM_QUIT || msg-
>message == WM_KEYDOWN ) return 1;
```

```
    TranslateMessage( msg );
    DispatchMessage( msg );
  }

  return 0;
}

///////////////////////        Ende a4_3.cpp        ///////////////////////
```

Dieses Programm arbeitet nach dem gleichen Prinzip wie seine Vorgänger, welche innerhalb einer Schleife ein Polygon um die eigenen Achsen gedreht haben: Zunächst wird das Objekt vergrößert und sein Mittelpunkt auf die Position (0, 0, 10) verschoben. Danach wird die entsprechende Rotationsmatrix aufgebaut, anschließend wird der Würfel innerhalb der Hauptschleife gedreht und auf den Bildschirm dargestellt.

Interessant an diesem Programm ist die externe Deklaration der globalen Variablen am Anfang der Dateien, wo diese verwendet werden. Dadurch ist ein viel übersichtlicherer Aufbau der Hauptdatei möglich: An erster Stelle erscheinen die #include-Dateien, anschließend die Definition der globalen Variablen, zum Schluss der Aufbau der Funktion WinMain().

Es folgt der vollständige Inhalt der Datei t4_3.h:

```
///////////////////////        Anfang t4_3.h        ///////////////////////
#ifndef THING_H
#define THING_H

#include <fstream.h>
#include <string.h>

#include "v4_1.h"
#include "m4_1.h"
#include "p4_3.h"

extern uchar *sbuffer;

class thing
{
  private:
    long vertex_count, polygon_count;
    vertex *v;
    polygon *p;
```

Kapitel 4
Polygonbasierende dreidimensionale Figuren

```cpp
  public:
    vertex wpos;

    void update_pos( matrix m );
    void display( uchar *sb = sbuffer );

    thing( char *filename );
    ~thing( void ) {  if( v ) delete [] v;  if( p ) delete [] p;  }
};

void thing::update_pos( matrix m )
{
  m.transform( &wpos );
  for( long x=0 ; x<vertex_count ; x++ ) m.transform( &v[ x ] );
}

void thing::display( uchar *sb = sbuffer )
{
  for( long x=0 ; x<polygon_count ; x++ ) p[ x ].display( v, sb );
}

thing::thing( char *filename )
{
  ifstream thing_def( filename, ios::in | ios::nocreate | ios::binary );

  if( thing_def == NULL ) exit( "thing::thing(): Fehler beim Öffnen der Datei" );

  thing_def >> vertex_count;
  if( (v = new vertex[ vertex_count ]) == NULL ) exit( "*v: Nicht genug Speicher.\n" );
  for( long x=0 ; x<vertex_count ; x++ ) thing_def >> v[ x ].wx >> v[ x ].wy >> v[ x ].wz;

  thing_def >> polygon_count;
  if( (p = new polygon[ polygon_count ]) == NULL ) exit( "*p: Nicht genug Speicher.\n" );
  for( long x=0 ; x<polygon_count ; x++ ) p[ x ].load( &thing_def );

  double xs, xg, ys, yg, zs, zg;
  xs = xg = v[ 0 ].wx;   ys = yg = v[ 0 ].wy;   zs = zg = v[ 0 ].wz;
```

```
  for( long x=0 ; x<vertex_count ; x++ )
  {
    if( v[ x ].wx < xs ) xs = v[ x ].wx;  if( v[ x ].wx > xg ) xg = v[ x
].wx;
    if( v[ x ].wy < ys ) ys = v[ x ].wy;  if( v[ x ].wy > yg ) yg = v[ x
].wy;
    if( v[ x ].wz < zs ) xs = v[ x ].wz;  if( v[ x ].wz > zg ) zg = v[ x
].wz;
  }

  wpos.wx = (xs + xg) / 2;
  wpos.wy = (ys + yg) / 2;
  wpos.wz = (zs + zg) / 2;
}

#endif
```

///////////////////////   Ende t4_3.h   ///////////////////////

Die Datei p4_3.h, in der alle global definierten Variablen verwendet werden, ist folgendermaßen aufgebaut:

```
///////////////////////    Anfang t4_3.h    ///////////////////////
#ifndef POLYGON_H
#define POLYGON_H

#include <fstream.h>

#include "v4_1.h"
#include "ln4_1.h"

extern const long largest_point_count;
extern uchar *sbuffer;
extern long *left_side, *right_side;
extern vertex wpoint[ 100 ];
extern svertex spoint[ 100 ];

class polygon
{
  private:
    uchar color;
```

Kapitel 4
Polygonbasierende dreidimensionale Figuren

```
    long point_count;

    long *points;

    void project( void );
    void shape( uchar *sbuffer );
    void rasterize( uchar *sbuffer );

  public:
    void load( ifstream *thing_def );
    void display( vertex *v, uchar *sbuffer );

    polygon( void ) : point_count( 0 ), points( NULL ) { }
   ~polygon( void ) { if( points ) delete [] points; }
};

void polygon::project( void )
{
  for( long x=0 ; x<point_count ; x++ )
  {
    if( wpoint[ x ].wz != 0.0 )
    {
      spoint[ x ].sx = long( wpoint[ x ].wx /
wpoint[ x ].wz * 100.0 + 160.0 );
      spoint[ x ].sy = long( wpoint[ x ].wy / wpoint[ x ].wz * -
100.0 + 100.0 );
    }

    if( spoint[ x ].sx < 0 || spoint[ x ].sx > 319 || spoint[ x ].sy < 0
|| spoint[ x ].sy > 199 )
      exit("Polygon befindet sich ausserhalb des Viewports.\n");
  }
}

void polygon::shape( uchar *sbuffer )
{
  ushort x, y;

  for( x=point_count-1, y=0 ; y<point_count ; x=y, y++ )
    line( spoint[ x ].sx, spoint[ x ].sy, spoint[ y ].sx, spoint[ y ].s
y, 254, sbuffer );
}
```

```
void polygon::load( ifstream *thing_def )
{
  (*thing_def) >> point_count;
  if( (point_count < 3) || (point_count > largest_point_count) )
    exit( "polygon::load(): Unzulässiger Wert für point_count.\n" );

  if( (points = new long[ point_count ]) == NULL ) exit( "*points: Nicht
 genug Speicher.\n" );

  for( long x=0 ; x<point_count ; x++ ) (*thing_def) >> points[ x ];

  long x;
  (*thing_def) >> x;   color = (uchar) x;//rand() % 256;
}

void polygon::display( vertex *v, uchar *sbuffer )
{
  for( long x=0 ; x<point_count ; x++ ) wpoint[ x ] = v[ points[ x ] ];

  project();

  rasterize( sbuffer );
}

void set_side( svertex begin, svertex end, long *side )
{
  long length = end.sy - begin.sy;

  if( length <= 0 ) return;

  double a_offset = double( begin.sy * 320 + begin.sx );
  double e_offset = double( end.sy * 320 + end.sx );

  double offset_step = ( e_offset - a_offset ) / length;

  for( long act_y = begin.sy ; act_y <= end.sy ; act_y++, a_offset += of
fset_step )
      side[ act_y ] = long( a_offset );
}

inline void inc( long *x, ushort point_count )
{
```

Kapitel 4
Polygonbasierende dreidimensionale Figuren

```
    if( ++(*x) >= point_count ) *x = 0;
}

inline void dec( long *x, ushort point_count )
{
    if( --(*x) < 0 ) *x = point_count-1;
}

void polygon::rasterize( uchar *sbuffer )
{
    long x, y, top=0, bottom=0;

    for( x=1 ; x<point_count ; x++ )
    {
        if( spoint[ top    ].sy > spoint[ x ].sy ) top = x;
        if( spoint[ bottom ].sy < spoint[ x ].sy ) bottom = x;
    }

    x = y = top;
    for( dec( &y, point_count ) ; x!=bottom ; x=y, dec( &y, point_count )
)
        set_side( spoint[ x ], spoint[ y ], left_side );

    x = y = top;
    for( inc( &y, point_count ) ; x!=bottom ; x=y, inc( &y, point_count )
)
        set_side( spoint[ x ], spoint[ y ], right_side );

    long m = (spoint[ bottom ].sy + spoint[ top ].sy) / 2;
    if( left_side[ m ] > right_side[ m ] )
    {
        long *t = left_side;  left_side = right_side;  right_side = t;
    }

    for( y = spoint[ top ].sy ; y < spoint[ bottom ].sy ; y++ )
        for( x = left_side[ y ] ; x <= right_side[ y ] ; x++ )
            sbuffer[ x ] = color;
}

#endif
```

//////////////////////////// Ende t4_3.h /////////////////////////////

Das Schlüsselwort extern, welches der Deklaration globaler Variablen vorangestellt wird, bedeutet, dass die entsprechende Variable in dieser Datei verwendet wird, jedoch an einer anderen Stelle, in diesem Fall in der Datei a4_3.cpp, definiert ist. Die Überprüfung, ob innerhalb des gesamten Programms Variablendefinition und -deklaration übereinstimmen, übernimmt in diesem speziellen Fall der Linker.

Die Ausgabe des Programms ist auf den ersten Blick vielleicht überraschend, sie kann jedoch leicht erklärt werden:

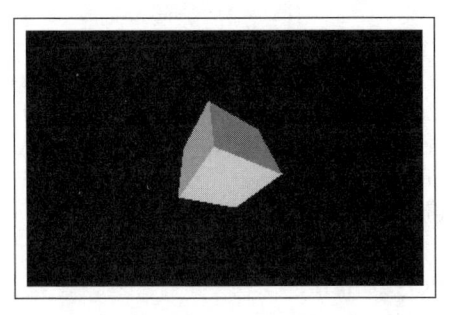

Abb. 4.22: Erscheinungsbild des Programms a4_3

4.3 Visual Surface Determination

Die fehlerhafte Ausgabe des letzten Programms ist auf die Tatsache zurückzuführen, dass die einzelnen Polygone in der Reihenfolge ihrer Definition innerhalb des Arrays thing::p[] dargestellt werden. Die sich am Anfang des Felds befindenden Vielecke werden zuerst auf dem Bildschirm gezeichnet. Diejenigen Polygone, welche die letzten Elemente des Arrays bilden, werden zum Schluss auf dem Bildschirm dargestellt, wobei alle vorherigen Ausgaben, die sich innerhalb ihrer Fläche befinden, überschrieben werden. Das Polygon, das sich in der Abbildung 4.22 oben befindet und hell dargestellt ist, wird in der dreidimensionalen Welt von den zwei unteren vollständig verdeckt. Dieser wird dennoch auf dem Bildschirm gezeichnet, weil seine polygon::display()-Funktion zu einem späteren Zeitpunkt aufgerufen wird.

Um diesen Fehler zu vermeiden, muss vor dem Aufruf von polygon::rasterize() überprüft werden, ob das zu zeichnende Polygon möglicherweise von anderen verdeckt wird. Tatsächlich existiert ein Algorithmus, das dieses Problem auf einfache Weise lösen kann. Die Grundidee hierbei wurde bereits im Abschnitt Abbildung 4.1.12 vorgestellt.

Wir haben festgelegt, dass die Vertices aller Polygone im Uhrzeigersinn nummeriert werden müssen. Wenn ein Polygon, dessen Vorderseite dem Betrachter zugewandt ist, um die x- oder y-Achse unter Verwendung eines ausreichend großen Winkels gedreht wird, kommt seine Rückseite zum Vorschein. Wie wir wissen, erfolgt die Nummerierung der Vertices dieser Rückseite automatisch entgegen dem Uhrzeigersinn. Abbildung 4.17 auf Seite 269 verdeutlicht diese Tatsache.

In einer einfachen dreidimensionalen Figur, einem Würfel beispielsweise, sind die Polygone auf eine Weise angelegt, wodurch die Vorderseiten der Vielecke nach außen und die Rückseiten nach innen gewendet sind. Es spielt keine Rolle, von welcher Seite die Figur betrachtet wird, die Rückseiten der Polygone bleiben dem Betrachter stets verborgen, weil sie durch die Vorderseiten anderer Vielecke verdeckt werden.

Der Unterschied zwischen der Vorder- und Rückseite eines Polygons liegt in der Nummerierung der Vertices: Die Punkte auf den Seiten, die dem Betrachter abgewandt sind, sind immer entgegen dem Uhrzeigersinn angeordnet. Wenn die Darstellung dieser Polygone unterbleibt, werden nur noch diejenigen Polygone gezeichnet, deren Vorderseite dem Benutzer zugewandt ist, und der in Abbildung 4.22 vorgestellte Fehler wird beseitigt.

4.3.1 Die Vorder- und Rückseite von Polygonen

Es gibt viele unterschiedliche Vorgehensweisen, um festzustellen, ob die Rückseite eines Polygons dem Betrachter zugewandt ist. Die im Folgenden vorgestellte basiert auf das im ersten Kapitel vorgestellte Gleichungssystem für die Berechnung des Cross Products. Diese Gleichungen werden eingesetzt, um, ausgehend von zwei bekannten Vektoren $\vec{a}\begin{pmatrix}ax\\ay\\az\end{pmatrix}$ und $\vec{b}\begin{pmatrix}bx\\by\\bz\end{pmatrix}$, die Komponenten des Vektors $\vec{c}\begin{pmatrix}cx\\cy\\cz\end{pmatrix}$ auszurechnen. $\vec{c}$ verläuft dabei orthogonal zu der Ebene, in der $\vec{a}$ und $\vec{b}$ liegen:

$cx = ay * bz - az * by$

$cy = az * bx - ax * bz$

$cz = ax * by - ay * bx$

Für $\vec{c}$ gilt: $\vec{c} \perp \vec{a}$ und $\vec{c} \perp \vec{b}$

Abbildung 4.23 zeigt zwei Versionen desselben Vielecks. Ausgehend vom ersten Punkt, welcher bei beiden identische Koordinaten besitzt, erfolgt links eine Nummerierung im Uhrzeigersinn, rechts sind die Punkte entgegen dem Uhrzeigersinn angeordnet.

Vektor $\vec{a}$ entsteht bei beiden Polygonen aus der Differenz der Ortsvektoren der Punkte 4 und 0. Der Ortsvektor eines Punkts ist der Vektor, dessen Komponenten mit den Koordinaten des Punkts identisch sind. $\vec{b}$ wird aus der Differenz der Ortsvektoren der Punkte 1 und 0 gebildet.

Visual Surface Determination

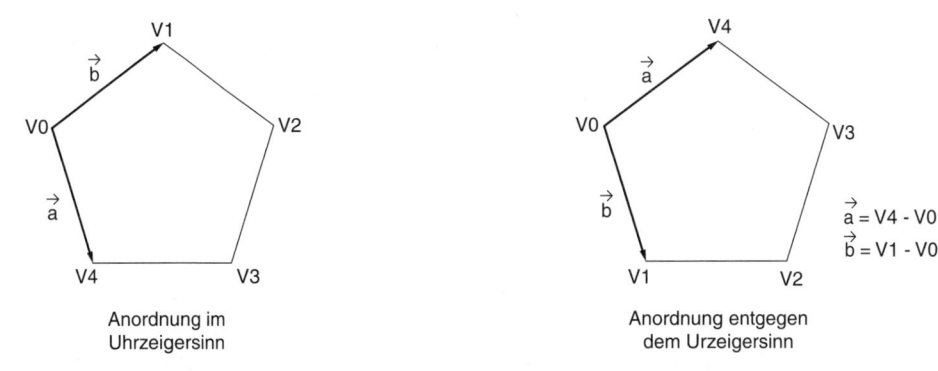

Abb. 4.23: Die unterschiedliche Nummerierung der Punkte führt zu einer Vertauschung der Vektoren $\vec{a}$ und $\vec{b}$

Dadurch, dass die Punkte des rechten Polygons entgegen dem Uhrzeigersinn angeordnet sind, ist der Vektor mit der Bezeichnung $\vec{b}$, welcher dort ausgerechnet wird, identisch mit dem Vektor $\vec{a}$, der aus den Punkten des linken Polygons ermittelt wird. Entsprechendes gilt auch für den Vektor $\vec{a}$ des rechten Polygons.

Von großer Wichtigkeit ist, dass die Berechnung des Cross Products nicht kommutativ ist. Wie die Abbildung 4.24 zeigt, ist das Ergebnis der Operation:

$CrossProduct(\vec{b}, \vec{a}) \neq CrossProduct(\vec{b}, \vec{a})$

Es gibt eine anschauliche Methode, um die Richtung des Ergebnisses des *Cross Product* eindeutig vorauszusagen. Hierzu muss man zunächst mit den ersten drei Fingern der rechten Hand ein rechtshändiges Koordinatensystem aufbauen. Der Daumen muss in Richtung des Vektors zeigen, welcher dem *Cross Product* als ersten Parameter übergeben wird. Wenn der Zeigefinger in Richtung des zweiten Vektors verweist, gibt der Mittelfinger die Richtung des Ergebnisvektors an.

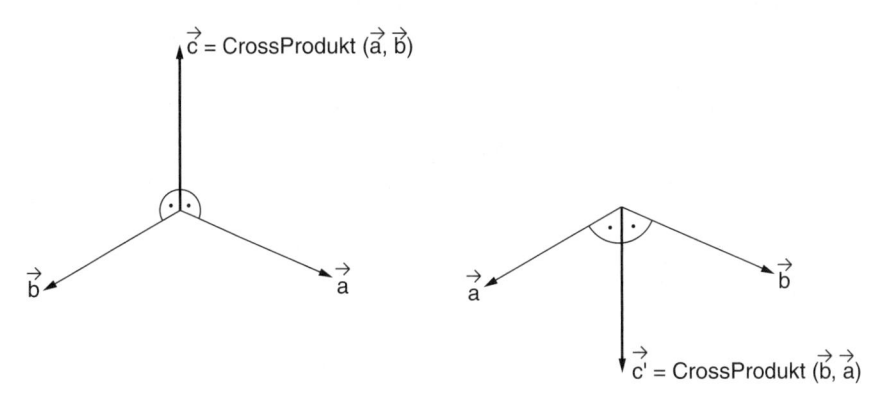

Abb. 4.24: Das Vertauschen der Vektorreihenfolge in der Berechnung des Cross Products ergibt zwei Vektoren, die in entgegengesetzte Richtungen zeigen.

Auf der Grundlage *des Cross Product* kann sehr leicht festgestellt werden, ob die Vorder- oder Rückseite eines Polygons dem Betrachter zugewandt ist. Berechnet man den Cross Product der beiden in Abbildung 4.23 vorgestellten Vektoren $\vec{a}$ und $\vec{b}$, verweisen die Ergebnisse in entgegengesetzte Richtungen. Es gilt demnach:

$$\vec{c} + \vec{c} = \begin{pmatrix} 0 \\ 0 \\ 0 \end{pmatrix}$$

Wie wir wissen, liegen alle projizierten, zweidimensionalen Punkte unserer Polygone in der Bildschirmebene. Dadurch, dass diese parallel zur x-y-Ebene unseres dreidimensionalen Koordinatensystems verläuft, können die Komponenten eines Vektors, der senkrecht zur Bildschirmebene steht, nur die Werte $\begin{pmatrix} 0 \\ 0 \\ t \end{pmatrix}$ besitzen. Der Vektor:

$\vec{c}$ = CrossProduct($\vec{a}$, $\vec{b}$)

zeigt stets in Richtung der Vorderseite des Polygons. Wenn die Vorderseite des Polygons sichtbar ist, besitzt t, die z-Komponente des Vektors $\vec{c}$, ein positives Vorzeichen; ist die Rückseite des Polygons dem Betrachter zugewandt, ist t eine negative Zahl.

4.3.2 Automatische Erkennung nicht sichtbarer Polygone

Auf der Basis der theoretischen Überlegungen des letzten Abschnitts kann die Funktion polygon::visible() folgendermaßen aufgebaut werden:

```
uchar polygon::visible( void )
{
  long t = (spoint[ point_count-1 ].sx - spoint[0].sx) *
           (spoint[ 1 ].sy - spoint[ 0 ].sy) -
           (spoint[ point_count-1 ].sy - spoint[0].sy) *
           (spoint[ 1 ].sx - spoint[ 0 ].sx);

  if( t < 0 ) return 1;
  return 0;
}
```

Diese Funktion liefert der aufrufenden Instanz den Wert 1, wenn die Vorderseite des entsprechenden Polygons dem Benutzer zugewandt ist, ansonsten 0. Die x-

und y-Komponenten des in Abbildung 4.23 vorkommenden Vektors $\vec{a}$ werden durch folgende Beziehungen ausgedrückt:

```
a.x = point[ point_count-1 ].sx - spoint[ 0 ].sx
a.y = point[ point_count-1 ].sy - spoint[ 0 ].sy
```

Dementsprechend gilt für $\vec{b}$:

```
b.x = point[ 1 ].sx - spoint[ 0 ].sx
b.y = point[ 1 ].sy - spoint[ 0 ].sy
```

Da für unsere Zwecke lediglich die z-Komponente des orthogonalen Vektors $\vec{c}$ relevant ist, handelt es sich bei der eingesetzten Formel um die dritte Gleichung für die Ermittlung des Cross Products der Vektoren $\vec{a}$ und $\vec{b}$. Die Funktion polygon::visible() wird während der Ausführung von polygon::display() aufgerufen:

```
void polygon::display( vertex *v, uchar *sbuffer )
{
  for( long x=0 ; x<point_count ; x++ )
    wpoint[ x ] = v[ points[ x ] ];

  project();

  if( visible() ) rasterize( sbuffer );
}
```

Die erweiterte Version der Klasse polygon wird innerhalb der Anwendung a4_4 eingesetzt; der Inhalt der übrigen Dateien ist seit dem letzten Programm unverändert geblieben. Das Programm ist in der Lage, beliebige einfache dreidimensionale Figuren fehlerfrei darzustellen:

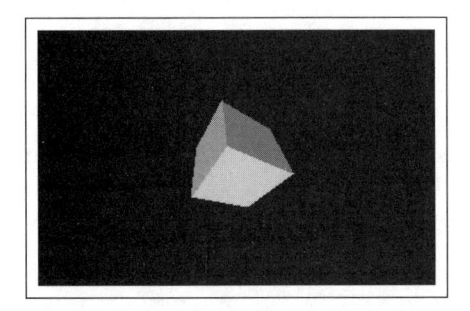

Abb. 4.25: Ausgabe des Programms a4_4

4.3.3 Fehlerbehandlung

Die Funktion `polygon::rasterize()` enthält eine Gruppe von Anweisungen, welche die Darstellung entgegen dem Uhrzeigersinn nummerierter Polygone ermöglicht:

```
long m = (spoint[ bottom ].sy + spoint[ top ].sy) / 2;
if( left_side[ m ] > right_side[ m ] )
{
  long *t = left_side;  left_side = right_side;  right_side = t;
}
```

Vereinfacht betrachtet, würde ihre Entfernung die Darstellung der Polygone, deren Rückseite dem Betrachter zugewandt ist, vermieden werden; der Grund hierfür liegt bei dem <=Operator während der Ausführung der letzten Schleife der Funktion:

```
for( x = left_side[ y ] ; x <= right_side[ y ] ; x++ )
    sbuffer[ x ] = color;
```

Ein Aufruf der Funktion `polygon::visible()` wäre unter diesen Umständen nicht mehr erforderlich. Werden diese Überlegungen in Form eines Programms realisiert, kommt es jedoch bei der Darstellung von Körpern, welche aus einer größeren Anzahl von Polygonen aufgebaut sind, zu einer fehlerhaften Ausgabe:

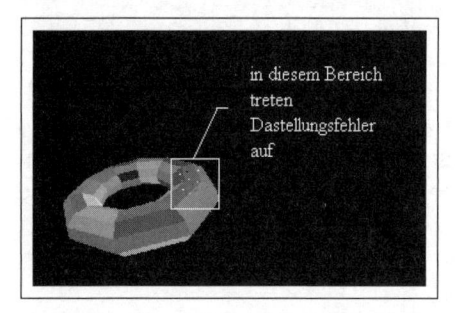

Abb. 4.26: Die Visualisierung dieses Körpers wird durch das fehlerhafte Setzen von Pixel verfälscht

Diese wird durch das Auftauchen unterschiedlich gefärbter Pixel, die an scheinbar zufälligen Orten erscheinen, hervorgerufen. Der hier beschriebene Fehler ist uns bereits in einem anderen Zusammenhang innerhalb des Abschnitts 4.1.12 begegnet.

Abbildung 4.16 auf Seite 268 zeigt, dass die fehlerhafte Ausgabe durch den Umstand hervorgerufen wird, wonach im Fall des höchsten und des tiefsten Punkts die Inhalte der Arrays `left_side[]` und `right_side[]` gleich sind. Die Abbruchbedingung der oben gezeigten Schleife erlaubt das Setzen dieser Punkte auf dem Bildschirm.

Dieser Fehler tritt folgendermaßen auf: Polygone werden in der Reihenfolge ihrer Definition innerhalb des Arrays `thing::p[]` auf dem Bildschirm gezeichnet. Ein Polygon, dessen Vorderseite dem Betrachter zugewandt ist, wird wie gehabt dargestellt. Muss zu einem späteren Zeitpunkt an der gleichen Stelle ein entgegen dem Uhrzeigersinn nummeriertes Polygon gezeichnet werden, wird sein höchster bzw. niedrigster Punkt in Form eines fehlerhaften Pixels auf den Bildschirm gesetzt.

Wird der Operator <= durch < ersetzt, können Lücken zwischen den Polygonen entstehen, weil diese nicht vollständig gezeichnet werden. Der Vorteil, den die Verwendung einer Funktion wie `polygon::visible()` mit sich bringt, besteht darin, dass nicht sichtbare Polygone zu einem relativ frühen Zeitpunkt erkannt und ignoriert werden können. Dadurch, dass die Offsets ohnehin wegen nicht sichtbarer Rasterzeilen nicht berechnet werden, erhöht sich die Ausführungsgeschwindigkeit des gesamten Programms.

4.4 Das Z-Buffer Algorithmus

Die bisher kennen gelernten Verfahren zur Darstellung dreidimensionaler Figuren, welche aus Polygonen aufgebaut werden, erlauben die Visualisierung einer großen Anzahl von Körpern. Für die Darstellung beliebiger Körper reicht dieses Wissen jedoch nicht aus. In diesem Abschnitt wird auf die drei Fälle eingegangen, wo die alleinige Verwendung des VSD-Algorithmus eine fehlerhafte Ausgabe liefert.

4.4.1 Komplexe dreidimensionale Figuren

Genau wie Polygone lassen sich auch Körper in einer Gruppe konvexer und konkaver Figuren einteilen. Für die nähere Beschreibung dieser Gruppen definieren wir eine Menge von Punkten mit dem Namen PX. In dieser Menge befinden sich alle Vertices, welche die Eckpunkte der Polygone darstellen, aus denen der Körper aufgebaut ist. Teile von PX sind aber auch sämtliche Punkte, die sich auf der Oberfläche der besagten Polygone befinden.

Die Definition eines konvexen Polygons lässt sich nahezu unverändert auf Körper übertragen: In einem konvexen Gegenstand existiert keine Gerade, welche zwei Punkte der Menge **PX** verbindet – und den Körper verlässt.

In den vergangenen Abschnitten wurden konvexe Körper als einfache dreidimensionale Figuren bezeichnet. Sichtbare Polygone, deren Punkte im Uhrzeigersinn nummeriert sind, verdecken sich hierbei nicht gegenseitig. Aus diesem Grund sind

Kapitel 4
Polygonbasierende dreidimensionale Figuren

die bereits vorgestellten Algorithmen für ihre fehlerfreie Darstellung vollkommen ausreichend.

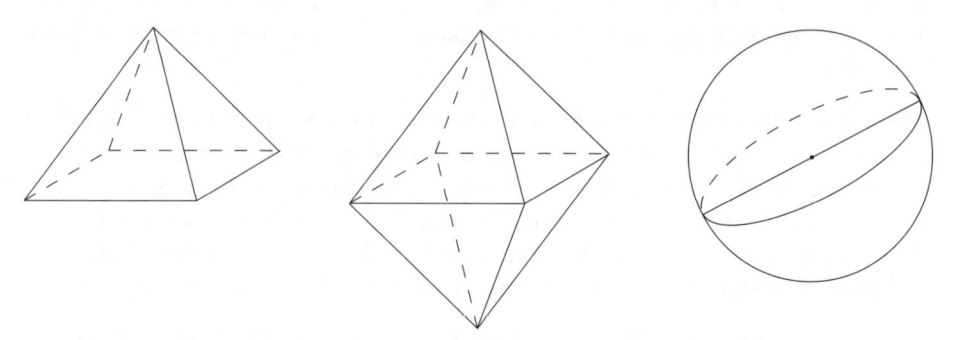

Abb. 4.27: Pyramide, Oktaeder und Kugel gehören zur Gruppe der konvexen dreidimensionalen Figuren

Wenn es mindestens eine Strecke gibt, welche die Verbindung zweier Punkte der Menge PX darstellt und den Körper verlässt, handelt es sich bei der dreidimensionalen Figur um eine konkave:

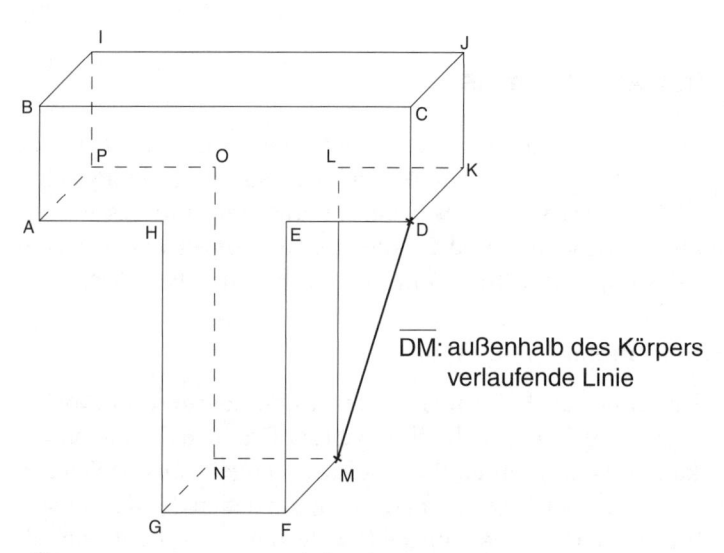

Abb. 4.28: Dieser Körper enthält Polygone, welche sich gegenseitig verdecken, obwohl ihre Punkte im Uhrzeigersinn nummeriert sind.

Im Fall des Gegenstands aus Abbildung 4.28 gilt für **PX**:

$PX = \{ A, B, C, D, E, F, G, H, I, J, K, L, M, N, O, P \}$

Dieser Gegenstand ist konkav, weil die Linie zwischen den Punkten **D** und **M** den Körper verlässt. Der Hauptunterschied zwischen konvexen und konkaven Figuren besteht darin, dass letztere über Polygone verfügen, welche im Uhrzeigersinn nummeriert sind und sich dennoch ganz oder teilweise verdecken können. Das obere Fünftel des Polygons LMFE wird von ABCD verdeckt. Der VSD-Algorithmus würde beide Polygone als sichtbar einstufen. Wird LMFE gezeichnet, nachdem ABCD dargestellt worden ist, würde letzterer fälschlicherweise überschrieben werden.

Offene Körper

Unter der Bezeichnung offener Körper wird eine konvexe oder konkave dreidimensionale Figur beschrieben, bei der Rückseiten von Polygonen sichtbar werden können. Wenn man beispielsweise einem Würfel ein Polygon entfernt, ist das Ergebnis ein offener Körper:

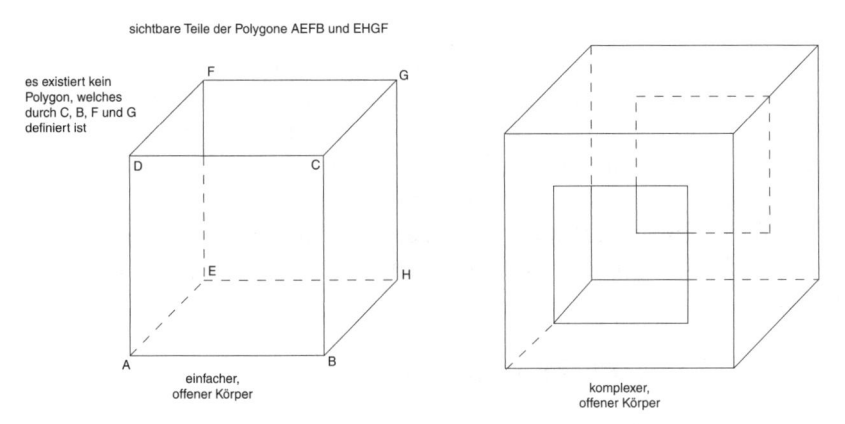

Abb. 4.29: In einem offenen Körper sind die Rückseiten der Polygone sichtbar

Fehlt ein Polygon, werden die sonst verdeckten, entgegen dem Uhrzeigersinn nummerierten Vielecke dem Betrachter sichtbar. Die Funktion `polygon::visible()` ist nicht in der Lage, die sichtbaren Vielecke von den verdeckten Polygonen zu trennen.

Gruppen von Körpern

In den vorherigen Beispielen enthielt die dreidimensionale Welt lediglich ein Polygon oder Körper. Es ist aber durchaus möglich, beliebig viele unterschiedliche Instanzen derselben Klasse zu definieren, die gleichzeitig auf dem Bildschirm dargestellt werden können. Hierbei taucht jedoch das Problem auf, das uns bereits bei der Besprechung konkaver Polygone begegnet ist: Sichtbare Vielecke, die zu unterschiedlichen Körpern gehören, können sich gegenseitig verdecken:

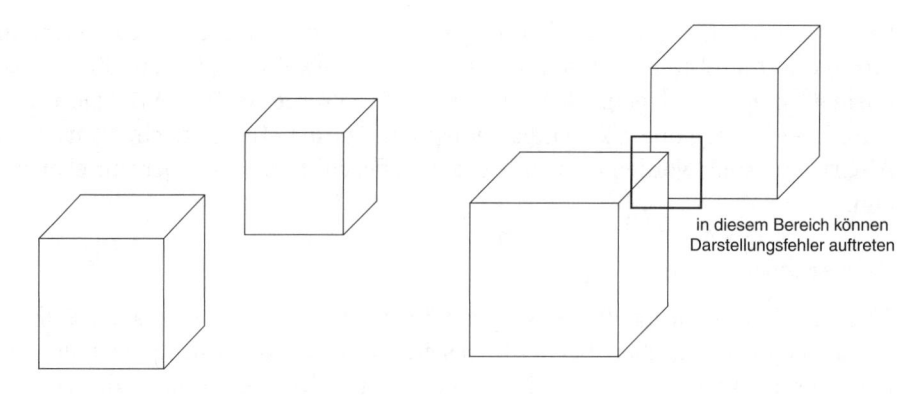

Kapitel 4
Polygonbasierende dreidimensionale Figuren

sich nicht verdeckende Körper

in diesem Bereich können
Darstellungsfehler auftreten

Abb. 4.30: Bei der Darstellung unterschiedlicher Körper kann es zu Problemen kommen.

Das ausführliche Eingehen auf die drei Fälle, wo der VSD-Algorithmus nicht funktioniert, dient einer genauen Einschätzung der Möglichkeiten eines Programms, das ohne Verwendung des Z-Buffer-Algorithmus arbeitet. Wenn innerhalb einer Applikation keiner der drei Fälle auftaucht, ist der rechenaufwendige Einsatz eines Z-Buffers nicht notwendig. Auf diese Weise können sich bessere Ergebnisse erzielen lassen, die darauf zurückzuführen sind, dass die eingesparte Rechenleistung für andere Möglichkeiten genutzt werden kann, erweiterte Polygonschattierung beispielsweise.

4.4.2 Grundidee des Z–Buffer-Algorithmus

Der Z-Buffer-Algorithmus stellt eine erweiterte und sehr leistungsfähige Möglichkeit für die Behebung der grafischen Fehler dar, welche durch den alleinigen Einsatz des VSD-Algorithmus auftreten können.

Der Darstellungsprozess einer dreidimensionalen Welt lässt sich in mehrere Ebenen einteilen. Auf der höchsten Ebene stehen die Körper mit ihren dreidimensionalen Koordinaten, auf der niedrigsten die auf dem Bildschirm sichtbaren Pixel. Der Z-Buffer-Algorithmus operiert auf der untersten Ebene. Dadurch kommen die genauen Ergebnisse zustande, welche durch seine Verwendung erzielt werden.

Die Grundidee des Z-Buffer-Algorithmus besteht darin, dass bei der Visualisierung einer dreidimensionalen Welt nur Gegenstände auf dem Bildschirm sichtbar sind, welche durch Vertices mit dreidimensionalen x-, y- und z-Koordinaten definiert sind. Die Darstellung dieser Gegenstände erfolgt während der Rasterization durch das Setzen der Pixel, deren Offsets auf der Grundlage dreidimensionaler Koordinaten ausgerechnet werden. Mithilfe derselben Gleichungen kann auch die z-Koordinate jedes Pixels ermittelt werden.

Die Funktionsweise des Z-Buffer-Algorithmus ist einfach. Sie gestaltet sich folgendermaßen: Jedes Mal, wenn auf dem Bildschirm ein Pixel an einer beliebigen Position gesetzt wird, wird seine z-Koordinate gespeichert. Wenn anschließend versucht wird, an derselben Position erneut ein Pixel zu setzen, werden die z-Koordinaten des bereits gesetzten und des neuen Pixels verglichen. Der alte Pixel darf nur dann überschrieben werden, wenn er von dem neuen verdeckt wird. Das ist immer dann der Fall, wenn der neue Pixel sich näher beim Betrachter befindet und seine z-Koordinate einen geringeren Wert als diejenige des vorherigen Pixels besitzt.

Ist jedoch die z-Koordinate des neuen Pixels größer als diejenige des bereits gesetzten, findet keine Operation statt, weil der neue Pixel sich hinter dem bereits gesetzten befindet und somit für den Betrachter unsichtbar ist. Diese Beschreibungen beziehen sich auf ein linkshändiges Koordinatensystem.

Innerhalb von Programmen sind häufig auch zweidimensionale Einheiten wie Laufschriften oder Schaltflächen sichtbar, welche beispielsweise einer Kommunikation des Programms mit dem Benutzer dienen. Weil diese aus mathematischer Sicht kein Teil der dreidimensionalen Welt darstellen, erfolgt ihre Visualisierung ohne Verwendung des Z-Buffers.

4.4.3 Speichergarstellung der dreidimensionalen z-Koordinaten

Die Speicherung der z-Koordinaten erfolgt ähnlich wie im Fall des Double-Buffering-Algorithmus, welcher innerhalb des dritten Kapitels entwickelt wird. Wie wir wissen, sind bei einer Auflösung von 320 x 200 Pixel insgesamt 64.000 Pixel auf dem Bildschirm sichtbar. Weil jeder Pixel über eine eigene z-Koordinate verfügt, werden diese innerhalb eines Arrays gespeichert, der ebenso viele Elemente vom Typ float bzw. double enthält. Dieses Feld wird als Z-Buffer bezeichnet.

Wenn ein Pixel mit den Koordinaten (x, y) auf dem Bildschirm angesprochen werden soll, wird seine Position innerhalb des Videospeichers mithilfe der Formel:

offset = $y * 320 + x$

ermittelt. Weil der Z-Buffer ein zusammenhängender Teil des Arbeitsspeichers darstellt, ist seine lineare Struktur mit derjenigen des Videospeichers identisch. Aus diesem Grund kann die gleiche Formel eingesetzt werden, um die Position der z-Koordinaten des betreffenden Pixels innerhalb des Z-Buffers zu ermitteln. Ist *zbuffer der Anfang des betreffenden Arrays aus 64000 Fließkommazahlen, kann die gesuchte z-Koordinate mittels

```
zbuffer[ y * 320 + x ]
```

angesprochen werden. Dementsprechend werden bei der Arbeit unter einer beliebigen Auflösung die z-Koordinaten durch einen Ausdruck wie

```
zbuffer[ y * x_resolution + x ]
```

aufgerufen, wobei die Variable x_resolution den Wert der betreffenden horizontalen Auflösung enthält.

Kapitel 4
Polygonbasierende dreidimensionale Figuren

Die Länge der Z-Buffers ist von der Auflösung abhängig, nicht jedoch von der Farbtiefe. Gleichgültig, ob die Auflösungen **800 x 600 x 8**, **800 x 600 x 16** oder **800 x 600** Pixel mit 32 Bit Farbtiefe verwendet werden, das Array enthält stets 480000 Fließkommazahlen.

Um einen besseren Einblick in die Vorgänge zu erhalten, welche bei der Verwendung des Z-Buffer-Algorithmus ablaufen, empfiehlt sich für den Anfang der Einsatz eines Arrays aus Fließkommazahlen. Später werden wir ein Verfahren entwickeln, um die z-Koordinaten innerhalb eines Felds aus 32 Bit Festpunktzahlen zu speichern.

Bei der Darstellung eines Polygons auf dem Bildschirm erfolgt zunächst die Projektion seiner Vertices. Um während der Rasterization die dreidimensionale z-Koordinate eines jeden Pixels bestimmen zu können, müssen dem Programm die z-Koordinaten der Eckpunkte über die Projektion hinaus bekannt sein. Diese Vorgabe kann durch Erweiterung der Struktur `spoint` erfüllt werden:

```
struct spoint
{
  long sx, sy;

  double sz;
};
```

Wie der Name bereits andeutet, besteht die Aufgabe der neu hinzugekommenen Variablen `sz` in der Speicherung der dreidimensionalen z-Koordinate des betreffenden Punkts. Der Wert der Variablen `wpoint::wz` wird während der Projektion unverändert nach `spoint::sz` übertragen:

```
void polygon::project( void )
{
  for( long x=0 ; x<point_count ; x++ )
  {
    if( wpoint[ x ].wz != 0.0 )
    {
      spoint[ x ].sx = long( wpoint[ x ].wx /
                             wpoint[ x ].wz *
                             100.0 + 160 );
      spoint[ x ].sy = long( wpoint[ x ].wy /
                             wpoint[ x ].wz *
                             -100.0 + 100 );

      spoint[ x ].sz = wpoint[ x ].wz;
    }
```

```
        if( spoint[ x ].sx < 0 || spoint[ x ].sx > 319 ||
            spoint[ x ].sy < 0 || spoint[ x ].sy > 199 )
          exit("Polygon befindet sich ausserhalb des \
              Viewports.\n");
    }
}
```

4.4.4 Funktionsweise des Z-Buffer-Algorithmus

Innerhalb dieses Abschnitts wird der Zusammenhang zwischen dem Inhalt des Z-Buffers und der Darstellung von Polygonen auf dem Bildschirm anschaulich vorgestellt. Gegeben sind drei Polygone, deren Eckpunkte im Uhrzeigersinn angeordnet und demnach für den Betrachter sichtbar sind. Die Ebenen der Vielecke sind mit der Bildschirmebene parallel, innerhalb der einzelnen Polygone besitzen sämtliche Vertices dieselbe z-Koordinate. Diese werden in der folgenden Tabelle wiedergegeben:

Polygon	z-Koordinate der Punkte
ABCDEF	40
GHIJ	80
KLM	20

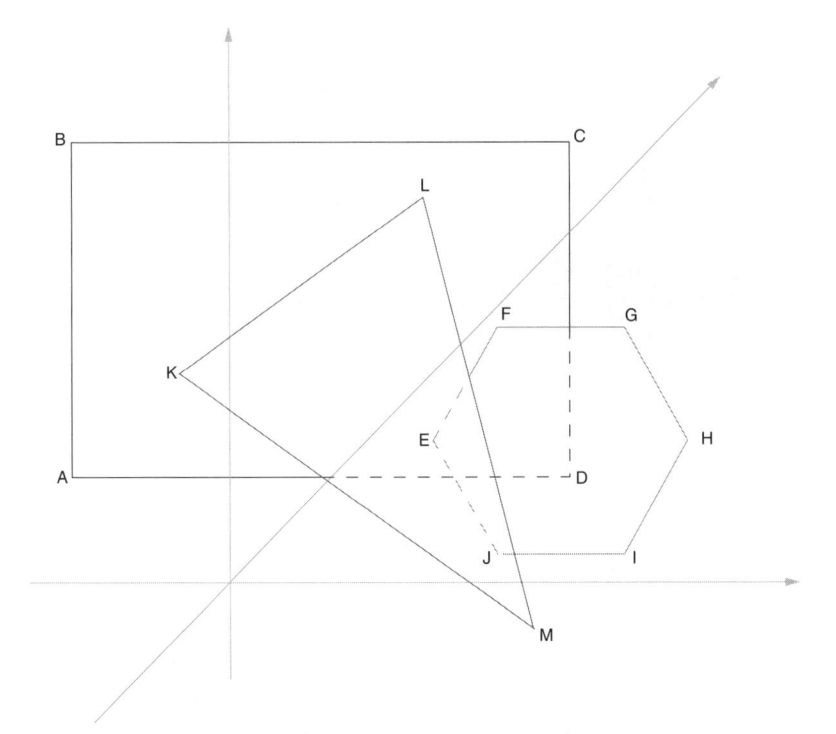

Abb. 4.31:   Mathematische Definition der drei vorgestellten Vielecke

Kapitel 4
Polygonbasierende dreidimensionale Figuren

Bevor diese Polygone auf dem Bildschirm angezeigt werden, müssen die z-Koordinaten der sie darstellenden Pixel ermittelt werden. In diesem speziellen Fall besitzen die z-Koordinaten sämtlicher Pixel eines Polygons denselben Wert.

Zu Beginn eines neuen *Frames*, wenn der Bildschirm noch leer ist, enthalten sämtliche Elemente des Z-Buffers einen Wert, welcher die höchste z-Koordinate des am weitesten hinten liegenden Polygons übersteigt. Dadurch wird gewährleistet, dass anfangs jedes Polygon angezeigt werden kann.

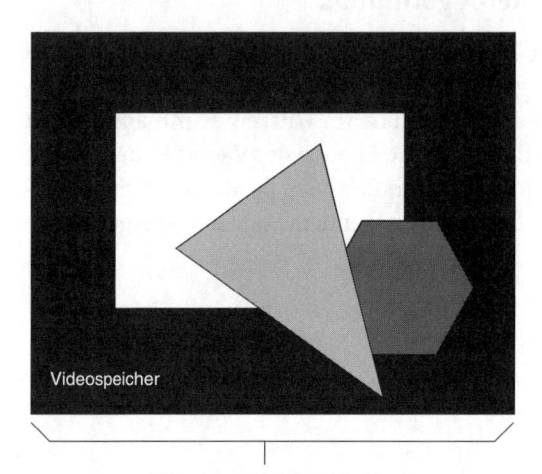

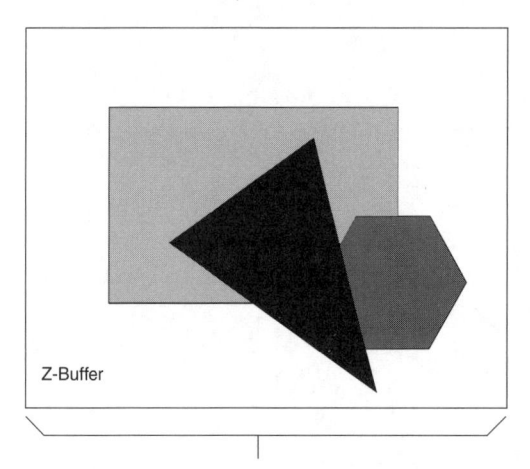

Abb. 4.32: Die perspektivisch korrekte Darstellung sich verdeckender, im Uhrzeigersinn nummerierter Polygone und der Inhalt des Z-Buffers, welcher hierfür die Grundlage bildet

Die Darstellung der drei Vielecke erfolgt in der Reihenfolge ihres Auftretens innerhalb der Definition. Zunächst wird das Sechseck gezeichnet, wobei z-Koordinaten seiner Pixel an den entsprechenden Stellen innerhalb des Z-Buffers eingetragen werden. Anschließend erfolgt die Darstellung des Quadrats. Jedes Mal, wenn ein Pixel gesetzt werden soll, wird dessen dreidimensionale z-Koordinate mit dem Wert verglichen, welcher sich innerhalb des Z-Buffers an der entsprechenden Position befindet. Das Ergebnis dieses Vergleichs nimmt nur dann den Wert TRUE an, wenn die z-Koordinate kleiner ist als der innerhalb des Z-Buffers gespeicherte Wert.

Das Quadrat wird im Bereich des Punkts H vom Sechseck verdeckt. Innerhalb des Z-Buffers ist an diesen Stellen der Wert 40 gespeichert. Die Pixel, welche für die Darstellung des Polygons GHIJ eingesetzt werden, besitzen die z-Koordinate 80. In diesem Bereich beträgt das Ergebnis des Vergleichs den Wert FALSE, und das Sechseck wird nicht überschrieben. Schließlich kann das Dreieck vollständig gezeichnet werden, weil seine Pixel über die kleinsten z-Koordinaten verfügen.

Innerhalb des Z-Buffers werden lediglich Zahlenwerte gespeichert. Innerhalb der Abbildung 4.32 wird dieser Umstand in Form von Graustufen anschaulich vorgestellt. Helle Farben symbolisieren große z-Koordinaten, dunkle geringe Werte.

Sich verdeckende Polygone, deren Ebene nicht parallel zur Bildschirmebene verläuft, und auch Vielecke, die sich überschneiden, können mithilfe des Z-Buffer-Algorithmus ebenfalls perspektivisch korrekt gezeichnet werden.

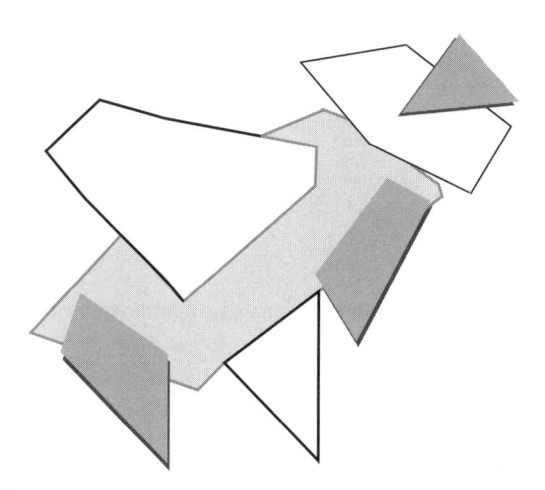

Abb. 4.33:   Unter Verwendung des Z-Buffer-Algorithmus gerenderte Szene

4.4.5 Mathematische Grundlage des Z-Buffer-Algorithmus

Wie bereits erwähnt, werden bei der Visualisierung einer dreidimensionalen Welt nur Gegenstände dargestellt, deren Beschreibung auf der Grundlage dreidimensionaler Koordinaten erfolgt. Hierbei kann es sich um einzelne Punkte handeln, um Linien, welche mithilfe von zwei Vertices definiert sind, und um Polygone mit beliebig vielen Eckpunkten.

Kapitel 4
Polygonbasierende dreidimensionale Figuren

Die Verwendung des Z-Buffer-Algorithmus impliziert die Kenntnis der dreidimensionalen z-Koordinaten eines jeden Pixels, welcher bei der Rasterization eines Polygons gesetzt wird. Das Problem ist, wie auf der Grundlage der zweidimensionalen x- und y-Koordinaten sowie der dreidimensionalen z-Koordinaten der Eckpunkte die z-Koordinate aller Pixel, welche die Oberfläche eines Polygons bilden, ermittelt werden kann.

Dieses Problem kann vereinfacht werden. Wenn wir einen Weg finden, wie die z-Koordinate eines beliebigen Pixels P auf der Oberfläche eines Vielecks ausgerechnet werden kann, lässt sich diese Methode auch auf alle anderen Pixel des Polygons anwenden. Dazu müssen jedoch die zweidimensionalen x- und y-Koordinaten von P bekannt sein. Diese Fragestellung wird in der folgenden Abbildung grafisch dargestellt.

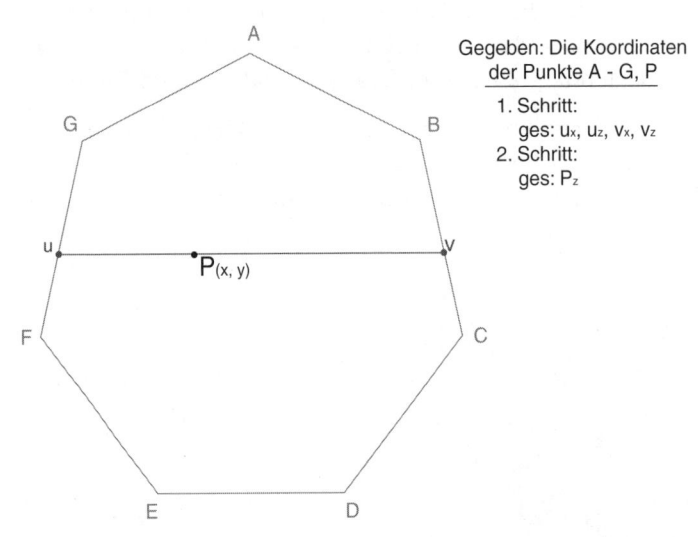

Abb. 4.34: Grafischer Ansatz zur Bestimmung der dreidimensionalen z-Koordinaten eines beliebigen Pixels

Die Darstellung des in Abbildung 4.34 gezeigten Polygons erfolgt unter einer niedrigen Auflösung. Zu beachten ist der Treppenstufeneffekt, welcher beim Zeichnen mathematisch definierter Linien innerhalb eines groben Pixelrasters entsteht. Um die gesuchte z-Koordinate bestimmen zu können, müssen folgende Größen bekannt sein:

1. die zweidimensionalen x- und y-Koordinaten sowie die dreidimensionale z-Koordinate der Punkte A bis G
2. die x- und y-Koordinate des Punkts P

Die Berechnung der gesuchten Koordinate P.z erfolgt in zwei Schritten. Da für die Ermittlung von P.z die x- und z-Koordinaten der beiden Hilfspunkte u und v benötigt werden, müssen diese im ersten Schritt bestimmt werden. Im zweiten kann die gesuchte z-Koordinate schließlich ausgerechnet werden.

Die x- und z-Koordinaten der Hilfspunkte u und v

Weil die Punkte P und v sich auf derselben Rasterzeile befinden, ist die y-Koordinate von v gleich mit der bekannten P.y. Außerdem liegt v auf einer Geraden zwischen den ebenfalls bekannten Punkten C und B. Wenn es uns gelingt, eine Beziehung zwischen den x- und y-Koordinaten der Punkte B, v und C zu formulieren, kann die erste gesuchte Koordinate v.x leicht ermittelt werden.

Es ist durchaus möglich, das Polygon aus der Abbildung 4.34 zu vergrößern, indem man diesen beispielsweise in Richtung des Betrachters versetzt. Dadurch vergrößert sich sowohl der Abstand zwischen den x-Koordinaten der Punkte B und C als auch die Entfernung zwischen den y-Koordinaten der beiden Vertices. Anders ausgedrückt, ist die Vergrößerung der Strecke (C.x – B.x) mit einer Vergrößerung der Strecke (C.y – B.y) verbunden. Hierbei haben wir es demnach mit einer proportionalen Zuordnung zu tun.

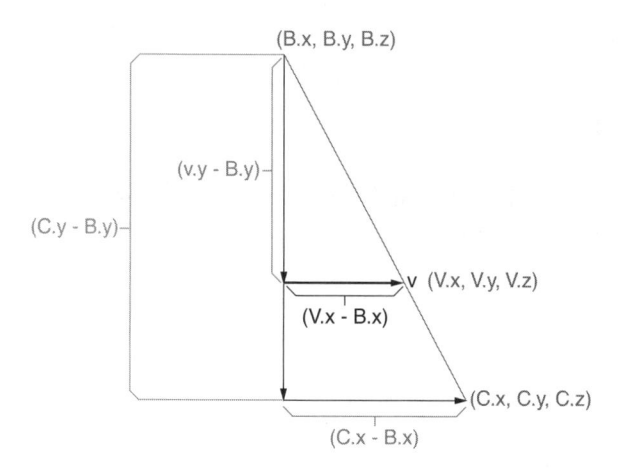

ges: Strecke (V.x - B.x)

Abb. 4.35: Die Seite BC des bereits vorgestellten Polygons und die Verhältnisse ihrer Punkte untereinander

Der Abbildung 4.35 lässt sich entnehmen, dass zwischen den Strecken (C.y – B.y) und (C.x – B.x) sowie (v.y – B.y) und (v.x – B.x) das gleiche Verhältnis besteht. Wenn man diese einander zuordnet, kann die Länge der Strecke (v.x – B.x) leicht ermittelt werden:

Entfernung zwischen den y-Koordinaten	Abstand zwischen den x-Koordinaten
(C.y – B.y)	(C.x – B.x)
(v.y – B.y)	(v.x – B.x)

In der Abbildung 4.35 werden die Strecken in einer für Vektoren typischen Weise gekennzeichnet. Im Fall der Strecke (C.y – B.y) zeigt der Pfeil beispielsweise in Richtung der y-Koordinate des Punkts C, weil B.y von C.y subtrahiert wird. Bei der Aufstellung der Zuordnung ist es von großer Wichtigkeit, dass die Pfeile innerhalb derselben Spalte in die gleiche Richtung weisen. Die Vektoren $\begin{pmatrix} C.x - B.x \\ 0 \end{pmatrix}$ und $\begin{pmatrix} v.x - B.x \\ 0 \end{pmatrix}$, welche die sich beispielsweise in der rechten Spalte befinden, zeigen beide nach rechts.

Proportionale Zuordnungen sind Quotientengleich. Aus diesem Grund gilt:

$$\frac{v.x - B.x}{v.y - B.y} = \frac{C.x - B.x}{C.y - B.y}$$

Nach **(v.x – B.x)** umgeformt, ergibt sich:

$$v.x - B.x = \frac{C.x - B.x}{C.y - B.y} * (v.y - B.y)$$

Der Punkt v liegt auf einer Geraden zwischen B und C. Wenn auf beiden Seiten der Gleichung die Koordinate B.x hinzuaddiert wird, erhält man schließlich die gesuchte Koordinate v.x:

$$v.x = \frac{C.x - B.x}{C.y - B.y} * (v.y - B.y) + B.x$$

Dieselbe Beziehung besteht auch zwischen den y- und z-Koordinaten der Punkte B, v und C:

Entfernung zwischen den y-Koordinaten	Abstand zwischen den z-Koordinaten
(C.y – B.y)	(C.z – B.z)
(v.y – B.y)	(v.z – B.z)

Den gleichen Rechenweg befolgend, ergibt sich für die gesuchte Koordinate v.z:

$$v.z = \frac{C.z - B.z}{C.y - B.y} * (v.y - B.y) + B.z$$

Nachdem die x- und z-Koordinaten des Punkts v ermittelt worden sind, kann die gleiche Vorgehensweise für die Bestimmung der Variablen u.x und u.z eingesetzt werden. Das Ergebnis ist:

$$u.x = \frac{F.x - G.x}{F.y - G.y} * (u.y - G.y) + G.x$$

$$u.z = \frac{F.z - G.z}{F.y - G.y} * (u.y - G.y) + G.z$$

Bestimmung der z-Koordinaten eines beliebigen Pixels

Im zweiten Schritt der Berechnung erfolgt die Bestimmung der ursprünglich gesuchten dreidimensionalen z-Koordinate des Punkts P. Hierfür werden die vier oben ermittelten Werte v.x, v.z, u.x und u.z benötigt.

Weil alle drei Punkte sich auf demselben Polygon befinden, besteht zwischen den x- und z-Koordinaten von u, P und v die gleiche proportionale Beziehung, die oben bereits formuliert worden ist. Daraus kann folgende Zuordnung aufgebaut werden:

Entfernung zwischen den y-Koordinaten	Abstand zwischen den z-Koordinaten
(v.x – u.x)	(v.z – u.z)
(P.x – u.x)	(P.z – u.z)

Unter Verwendung des bereits verwendeten Verfahrens lautet die gesuchte Koordinate P.z:

$$P.z = \frac{v.z - u.z}{v.x - u.x} * (P.x - U.x) + u.z$$

4.4.6 Der Einsatz des Z-Buffers während der Rasterization

Die Vorgehensweise, die im vorherigen Abschnitt für die Berechnung der z-Koordinaten eines einzelnen Pixels vorgestellt wird, dient der Erläuterung der rein mathematischen Definition des Z-Buffer-Algorithmus. Diese geben einen genauen Überblick über die einzelnen Vorgänge, welche innerhalb eines Programms eine genaue Darstellung der dreidimensionalen Welt ermöglichen.

In der Praxis kommen die fünf entwickelten Gleichungen in der vorgegebenen Form jedoch selten vor, weil das Problem der Bestimmung der z-Koordinaten eines isolierten Pixels kaum anzutreffen ist. Für den Einsatz des Z-Buffer-Algorithmus müssen vielmehr die z-Koordinaten aller Pixel ermittelt werden, welche im Laufe der Darstellung eines Polygons gesetzt werden. Dies geschieht in Anlehnung an die mathematische Vorgehensweise.

Ermittlung der z-Koordinaten entlang der Polygonseiten

Die mathematische Definition sieht im ersten Schritt die Ermittlung der x- und z-Koordinaten der Hilfspunkte u und v. Diese liegen auf den Rändern des Polygons.

Die z-Koordinaten der Pixel, die sich auf der linken und rechten Seite des Polygons befinden, werden in der Praxis ebenfalls im ersten Schritt, während der Ausführung von `set_side()`, ausgerechnet. Hierbei tritt folgende Problemsituation auf: Der Funktion werden zwei Objekte vom Typ `svertex` mit den Namen `begin` und `end` übergeben, welche den Anfangs- und Endpunkt der betrachteten Geraden darstellen. Ihre dreidimensionalen z-Koordinaten sowie die zweidimensionalen Bildschirmkoordinaten sind bekannt. Auf dieser Grundlage sollen die z-Koordinaten sämtlicher Punkte ausgerechnet werden, welche sich in regelmäßigen Abständen zwischen `begin` und `end` befinden.

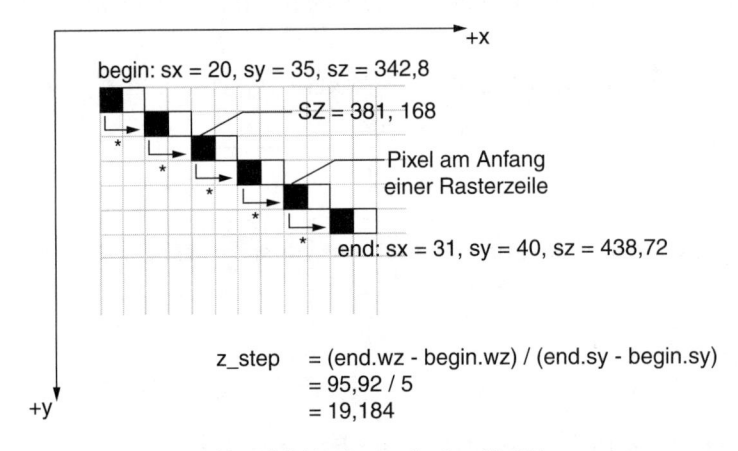

```
begin: sx = 20, sy = 35, sz = 342,8
SZ = 381, 168
Pixel am Anfang einer Rasterzeile
end: sx = 31, sy = 40, sz = 438,72

z_step = (end.wz - begin.wz) / (end.sy - begin.sy)
       = 95,92 / 5
       = 19,184

* ist gleichbedeutend mit: +19,184
```

Abb. 4.36: Bestimmung der dreidimensionalen z-Koordinaten innerhalb der Funktion `set_side()`, am Beispiel einer beliebigen, links liegenden Polygonseite

Mit einer sehr ähnlichen Fragestellung waren wir auch im Abschnitt Abbildung 4.1.3 konfrontiert. Dort galt es, ausgehend von den Offsets des Anfangs- und Endpunkts einer Polygonseite, die Offsets der dazwischenliegenden Pixel zu ermitteln. Das Ziel wurde mithilfe der linearen Interpolation erreicht.

Da wir es bei der Bestimmung der z-Koordinaten mit derselben Problemstellung zu tun haben, kann hierfür die allgemeine Gleichung der linearen Interpolation eingesetzt werden. Entwickelt wurde diese im Abschnitt Abbildung 4.1.5: Abbildung 4.1.5:

$$step = \frac{Endgröße - Anfangsgröße}{(zurückgelegte\ Strecke)} \qquad step \in \mathbb{R}$$

Die Zu- bzw. Abnahme der z-Koordinaten im Verlauf der Geraden ist konstant und erfolgt linear. Die Variable step, deren Wert mithilfe dieser Gleichung ermittelt wird, stellt den Unterschied zwischen den z-Koordinaten zweier benachbarter Punkte dar. Für die Ermittlung der z-Koordinaten aller relevanten, auf der Geraden liegenden Punkte muss diese Variable, wie in Abbildung 4.36 gezeigt, wiederholt zur z-Koordinaten des vorhergehenden Punkts hinzuaddiert werden.

Bei den Variablen Endgröße und Anfangsgröße handelt es sich in diesem Fall um die z-Koordinaten des End- und Anfangspunkts der betrachteten Polygonseite. Der mathematischen Definition kann entnommen werden, dass die Variable (zurückgelegte Strecke) nichts anderes als die Entfernung zwischen den y-Koordinaten der besagten Punkte ist.

Für die Ermittlung der in Abbildung 4.36 gesuchten z-Koordinaten müssen lediglich die gegebenen Werte der Punkte begin und end in die Formel eingesetzt werden:

$z\_step = (end.sz - begin.sz) / (end.s - begin.sy)$ ⇔

$z\_step = (438.72 - 342.8) / (40 - 35)$ ⇔

$z\_step = 19.184$

Die z-Koordinate des Anfangspunkts der zweiten Rasterzeile ist demnach 342.8 + 19.184 = 361.984, diejenige der dritten 361.984 + 19.184 = 381.168 usw.

Das letzte Problem besteht in der Speicherung der auf diese Weise ermittelten z-Koordinaten. Die einzigen Informationen, die wir bisher für die Rasterization eines Polygons benötigt haben, war die Kenntnis um die Offsets der Anfangs- bzw. Endpunkte der Rasterzeilen. Aus diesem Grund wurden diese in left_side[] und right_side[] gespeichert, zwei Arrays, die lediglich aus Elementen vom Typ long bestehen.

Um den Z-Buffer-Algorithmus implementieren zu können, brauchen wir zusätzlich noch die z-Koordinate des Anfangs bzw. Endes einer Rasterzeile. Um diese neue Information speichern zu können, muss ein neuer Datentyp definiert werden:

```
struct screen_side
{
  long offset;
  double sz;
};
```

Die Struktur screen_side enthält, neben dem Anfangs- bzw. Endoffset einer Rasterzeile, die Variable sz, deren Aufgabe in der Speicherung der entsprechenden dreidimensionalen z-Koordinaten besteht. Die neue Definition der beiden Arrays sieht demnach folgendermaßen aus:

```
screen_side left_side[ y_resolution ];
screen_side right_side[ y_resolution ];
```

wobei die Konstante y_resolution die vertikale Auflösung darstellt. Die Variablen offset und sz der Elemente dieser beiden Arrays werden wie besprochen innerhalb der Funktion set_side() mit gültigen Werten versehen:

```
void set_side( svertex begin, svertex end,
               screen_side *side )
{
  long length = end.sy - begin.sy;

  if( length <= 0 ) return;

  double a_offset = double( begin.sy * 320 + begin.sx );
  double e_offset = double( end.sy * 320 + end.sx );

  double offset_step = (e_offset - a_offset) / length;
  double z_step = (end.sz - begin.sz) / length;

  long act_y = begin.sy;
  double act_z = begin.sz;
  for( ; act_y <= end.sy ;
         act_y++, a_offset += offset_step,
         act_z += z_step )
  {
    side[ act_y ].offset = long( a_offset );
    side[ act_y ].sz = act_z;
  }
}
```

Die neu hinzugekommene Variable z_step enthält hierbei die Steigung der z-Koordinaten entlang der entsprechenden Geraden dar. Sie wird auf der Grundlage der bereits vorgestellten Formel initialisiert:

```
double z_step = (end.sz - begin.sz) / length;
```

Die Berechnung der dreidimensionalen z-Koordinaten erfolgt in jedem Schleifendurchgang in Form der Anweisungen

```
side[ act_y ].sz = act_z;
```

und

```
act_z += z_step
```

die im Rumpf bzw. innerhalb des Reinitialisierungsteils der for()-Schleife ausgeführt werden.

4.4.7 Bestimmung der z-Koordinaten entlang der Rasterzeilen

Im zweiten Schritt der mathematischen Definition des Z-Buffer-Algorithmus findet die Berechnung der z-Koordinaten der Pixel auf den Rasterzeilen statt. Die Grundlage hierbei stellen die x- und z-Koordinaten der Punkte dar, welche den Anfang und das Ende der entsprechenden Rasterzeilen bilden.

In der Praxis werden diese, genau wie die z-Koordinaten auf den Seiten des Polygons, mittels der linearen Interpolation ermittelt. Zuerst wird der Abstand zwischen zwei benachbarten z-Koordinaten mittels der bekannten Formel bestimmt:

z_step = (end_z − anfang_z) / (Länge der Rasterzeile)

z_step stellt hierbei die Steigung der z-Koordinaten entlang der Rasterzeile dar, während end_z und anfangs_z für die z-Koordinaten am Ende bzw. Anfang derselben stehen. Die z-Koordinate jedes Pixels wird schließlich durch iterative Addition der Variablen z_step ausgerechnet.

Interessant ist hier die Ermittlung der Länge der Rasterzeile. In der mathematischen Definition wird diese innerhalb der Zuordnung aus den x-Koordinaten der Hilfspunkte u und v ermittelt. Die x-Koordinaten der Pixel, welche die Ränder des Polygons bilden, sind uns jedoch nicht bekannt. Stattdessen werden, wie bisher, innerhalb der Funktion `set_side()` die Anfangs- und Endoffsets der Rasterzeilen bestimmt.

Tatsächlich spielt es keine Rolle, ob die Länge der Rasterzeile aus den x-Koordinaten der besagten Punkte oder deren Offsets ermittelt wird. Diese Aussage wird im Folgenden anhand der bekannten Hilfspunkte u und v, unter der Auflösung 640 x 480 bewiesen:

v.x − u.x = v.offset − u.offset ⇔

*v.x − u.x = v.y * 640 + v.x − (u.y * 640 + u.x)* ⇔

*v.x − u.x = v.y * 640 + v.x − u.y * 640 − u.x*

Weil u und v auf derselben Rasterzeile liegen, besitzen sie dieselbe y-Koordinate, daher gilt:

*v.y * 640 − u.y * 640 = 0*

Kapitel 4
Polygonbasierende dreidimensionale Figuren

Wird dieser Umstand in die letzte Gleichung eingesetzt, ist das Ergebnis eine wahre Aussage:

$v.x - u.x = 0 + v.x - u.x$

Die neue Definition der Funktion *polygon::rasterize()*, welche um die Bestimmung der z-Koordinaten innerhalb der Rasterzeilen sowie um die Verwaltung des Z-Buffers erweitert worden ist, kann folgendes Aussehen haben:

```
void polygon::rasterize( uchar *sbuffer )
{
  long x, y, top=0, bottom=0;

  for( x=1 ; x<point_count ; x++ )
  {
    if( spoint[ top    ].sy > spoint[ x ].sy )
      top = x;

    if( spoint[ bottom ].sy < spoint[ x ].sy )
      bottom = x;
  }

  x = y = top;
  for( dec( &y, point_count ) ;
       x!=bottom ;
       x=y, dec( &y, point_count ) )
    set_side( spoint[ x ], spoint[ y ], left_side );

  x = y = top;
  for( inc( &y, point_count ) ;
       x!=bottom ;
       x=y, inc( &y, point_count ) )
    set_side( spoint[ x ], spoint[ y ], right_side );

  long m = (spoint[ bottom ].sy + spoint[ top ].sy) / 2;
  if( left_side[ m ].offset > right_side[ m ].offset )
  {
    screen_side *t = left_side;
    left_side = right_side;
    right_side = t;
  }

  long length, offset;
```

```
  double act_z, z_step;

  for( y=spoint[top].sy ; y<=spoint[bottom].sy ; y++ )
  {
    length = right_side[ y ].offset -
             left_side[ y ].offset;

    z_step = (right_side[ y ].sz - left_side[ y ].sz) /
             length;
    act_z = left_side[ y ].sz;
    offset = left_side[ y ].offset;

    while( length-- > 0 )
    {
      if( act_z < zbuffer[ offset ] )
      {
        sbuffer[ offset ] = color;
        zbuffer[ offset ] = act_z;
      }

      offset++;
      act_z += z_step;
    }
  }
}
```

Die Bestimmung der z-Koordinaten der Pixel, welche auf den Rasterzeilen liegen, erfolgt genau wie innerhalb der Funktion **set_side()**. Besonders interessant sind dagegen folgende Anweisungen, welche beim Setzen jedes Pixels ausgeführt werden:

```
if( act_z < zbuffer[ offset ] )
{
  sbuffer[ offset ] = color;
  zbuffer[ offset ] = act_z;
}
```

Zunächst wird überprüft ob `act_z`, welche die z-Koordinate des aktuellen Pixels enthält, einen kleineren Wert als die z-Koordinate eines eventuell bereits gesetzten Pixels besitzt. Hierbei wird die Variable `offset` verwendet. Aufgrund der identischen Struktur von Videospeicher und Z-Buffer kann diese direkt eingesetzt werden, um die Position des aktuellen Pixels auf dem Bildschirm bzw. diejenige seiner z-Koordinaten innerhalb des Z-Buffers zu bestimmen. Nur wenn der aktuelle Pixel einen eventuell gezeichneten verdeckt, darf dieser auf dem Bildschirm bzw. innerhalb des Videospeichers gesetzt werden.

Wenn ein Pixel gesetzt wird, muss man die neue z-Koordinate innerhalb des Z-Buffers aufnehmen, damit die Polygone, deren Darstellung im Anschluss der Visualisierung des aktuellen Vielecks stattfindet, perspektivisch korrekt gezeichnet werden können.

4.4.8 Das Löschen des Z-Buffers

In den bisherigen Abschnitten haben wir uns mit der Rolle des Z-Buffers beim Aufbau eines einzigen *Frames* auseinander gesetzt. Eine Animation entsteht jedoch durch die Berechnung mehrerer Szenen, die sich nur geringfügig voneinander unterscheiden und in schneller Abfolge auf dem Bildschirm angezeigt werden.

Um mittels des Z-Buffer-Algorithmus eine fehlerfreie Darstellung innerhalb einer Animation gewährleisten zu können, muss in jedem Frame vor der Verwendung des Z-Buffers ein Vorgang durchgeführt werden, der als Löschen oder Zurücksetzen des Z-Buffers bezeichnet wird. Hierbei wird allen Elementen des Z-Buffers ein konstanter Wert zugewiesen, welcher größer ist als die höchste z-Koordinate des am weitesten hinten liegenden Polygons. Dadurch wird gewährleistet, dass ein Vieleck, gleichgültig, wie weit dieser vom Betrachter entfernt liegt, in jedem Fall gezeichnet werden kann, wenn es von keinem anderen verdeckt wird. Diese Konstante werden wir als z_max bezeichnen.

Für z_max muss ein ausreichend großer Wert gewählt werden, sodass eine Figur, deren Vertices z-Koordinaten besitzen, die größer oder geringfügig kleiner als z_max sind, zu klein ist, um noch gesehen werden zu können. Das Löschen des Z-Buffers kann schließlich mittels folgender Anweisung durchgeführt werden:

```
for( long x=0 ; x<x_resolution * y_resolution ; x++ )
   zbuffer[ x ] = z_max;
```

Die Variablen x_resolution und y_resolution stellen dabei die verwendete horizontale bzw. vertikale Auflösung dar. Ihr Produkt ist gleich der Gesamtzahl der auf dem Bildschirm sichtbaren Pixel und somit auch der Anzahl der Elemente des Arrays zbuffer[].

Folgende hypothetische Situation verdeutlicht die Notwendigkeit dieser Vorgehensweise: Zwei Polygone, ein Quadrat und ein Sechseck, deren Mittelpunkt auf der +z-Achse des dreidimensionalen Weltkoordinatensystems liegt, müssen gezeichnet werden. Vom Ursprung aus gesehen, befindet sich das Quadrat räumlich hinter dem Sechseck und wird vollständig von diesem verdeckt.

Im ersten Frame werden die beiden Figuren auf der Grundlage des Z-Buffer-Algorithmus perspektivisch korrekt gezeichnet, wobei das Quadrat unsichtbar bleibt. Am Anfang des nächsten Frames wird das Sechseck vollständig aus dem *Viewport* verschoben, den Blick auf das hinten liegende Quadrat freigebend. Würde das Zurücksetzen des Z-Buffers nicht erfolgen, würden die geringen z-Koordinaten, welche im ersten Frame bei der Rasterization des Sechsecks innerhalb des Z-Buffers eingetragen worden sind, im zweiten Frame die Darstellung des Quadrats verhindern.

Wenn den Elementen des Z-Buffers vor der Visualisierung der sichtbaren Polygone innerhalb des zweiten *Frames* der Wert `z_max` zugewiesen wird, kann das Quadrat problemlos gezeichnet werden, da sämtliche z-Koordinaten der ihn darstellenden Pixel kleiner als `z_max` sind.

4.4.9 Praktische Implementierung des Z-Buffer-Algorithmus

In unserem nächsten Programm werden wir die erweiterte Version der Klasse `polygon` einsetzen, um eine komplexe dreidimensionale Figur innerhalb einer Animation um die eigenen Achsen zu drehen. Der Z-Buffer-Algorithmus garantiert eine fehlerfreie Darstellung sich verdeckender, im Uhrzeigersinn nummerierter Polygone:

```cpp
////////////////////////       a4_5.cpp       ////////////////////////
//                                                                  //
//   Darstellung eines komplexen dreidimensionalen                  //
//   Gegenstandes unter Verwendung des Z - Buffer                   //
//   Algorithmus                                                    //
//   Auflösung: 320x200, Farbtiefe: 8 Bit                           //
//                                                                  //
//////////////////////////////////////////////////////////////////////

#include <windows.h>

#include "sf4_1.h"
#include "v4_1.h"
#include "m4_1.h"
#include "t4_4.h"

const long largest_point_count = 6;
uchar *sbuffer;
vertex wpoint[ 100 ];
svertex spoint[ 100 ];
long *left_side, *right_side;
```

Kapitel 4
Polygonbasierende dreidimensionale Figuren

```c
uchar handle_input( MSG *msg );

int WINAPI WinMain( HINSTANCE hInstance, HINSTANCE hPrevInstance, LPSTR
lpCmdLine, int iCmdShow )
{
  surface.open_window( hInstance, 320, 200, 8 );

  thing cube( "cube.tg1" );

  matrix m;
  m.scale( 5, 5, 5 );
  m.translate( 0, 0, 10 );
  cube.update_pos( m );
  m.clear();

  m.translate( -cube.wpos.wx, -cube.wpos.wy, -cube.wpos.wz );
  m.rotate( 0.002, 0.001, 0.003 );
  m.translate( cube.wpos.wx, cube.wpos.wy, cube.wpos.wz );

  if( (sbuffer = new uchar[ 64000 ]) == NULL ||
      (left_side = new long[ 200 ]) == NULL || (right_side = new long[ 2
00 ]) == NULL )
     exit("WinMain(): Nicht genug Speicher.\n");

  MSG message;
  while( !handle_input( &message ) )
  {
    cube.update_pos( m );

    for( ushort x=0 ; x<64000 ; x++ ) sbuffer[ x ] = 0;
    cube.display();

    uchar *screen = (uchar *) surface.get_screen_pointer();
    for( ushort x=0 ; x<64000 ; x++ ) screen[ x ] = sbuffer[ x ];
    surface.release_screen_pointer();
  }

  surface.close_window();

  return message.wParam;
}
```

```
uchar handle_input( MSG *msg )
{
  if( PeekMessage( msg, NULL, 0, 0, PM_REMOVE ) )
  {
    if( msg->message == WM_QUIT || msg-
>message == WM_KEYDOWN ) return 1;

    TranslateMessage( msg );
    DispatchMessage( msg );
  }

  return 0;
}
```

////////////////////   Ende a4_5.cpp   ////////////////////

Die einzige Veränderung, welche der Hauptschleife seit dem letzten Programm widerfahren ist, besteht in der Zurücksetzung des Z-Buffers vor dem Zeichnen der Polygone:

```
for( ushort x=0 ; x<64000 ; x++ )
   { sbuffer[ x ] = 0;   zbuffer[ x ] = 10000.0; }
```

Der Wert der im letzten Abschnitt eingeführten Konstanten z_max, die in Form einer namenlosen, numerischen Konstanten auftritt, beträgt 10000 Einheiten.

Die zweite Besonderheit dieses Programms hat nichts mit dem Z-Buffer-Algorithmus zu tun und ist rein kosmetischer Natur: Die globalen Variablen, die langsam zahlreicher werden, sind einer höheren Übersicht wegen in einer eigenen Datei namens *"gv4_5.h"* gespeichert. Ihre Initialisierung bzw. die Freigabe des von ihnen in Anspruch genommenen Speicherplatzes erfolgt in Form der Funktionen initialise_world() und destroy_world():

////////////////////   Anfang gv4_5.h   ////////////////////
```
#ifndef GLOBAL_VARIABLES_H
#define GLOBAL_VARIABLES_H

#include "v4_5.h"

uchar *sbuffer = NULL;
double *zbuffer = NULL;
```

```
vertex wpoint[ 100 ];
svertex spoint[ 100 ];

screen_side *left_side;
screen_side *right_side;
const long largest_point_count = 6;

void initialise_world( HINSTANCE hInstance, long screen_x, long screen_y
, long bit_depth )
{
  if( (sbuffer = new uchar[ screen_x * screen_y ]) == NULL ||
      (zbuffer = new double[ screen_x * screen_y ]) == NULL ||
      (left_side = new screen_side[ screen_y ]) == NULL ||
      (right_side = new screen_side[ screen_y ]) == NULL )

    exit("initialise_world(): Nicht genug Speicher.\n");

  surface.open_window( hInstance, screen_x, screen_y, bit_depth );
}

void destroy_world( void )
{
  if( sbuffer ) delete [] sbuffer;
  if( zbuffer ) delete [] zbuffer;
  if( left_side ) delete [] left_side;
  if( right_side ) delete [] right_side;

  surface.close_window();
}

#endif
```

////////////////////// Ende gv4_5.h //////////////////////

Die um die Implementation des Z-Buffer-Algorithmus erweiterte Version der Klasse polygon wird in der Datei "p4_5.h" gespeichert:

```
////////////////////// Anfang p4_5.h //////////////////////
#ifndef POLYGON_H
#define POLYGON_H
```

Das Z-Buffer Algorithmus

```cpp
#include <fstream.h>

#include "v4_5.h"
#include "ln4_1.h"
#include "gv4_5.h"

class polygon
{
  private:
    uchar color;
    long point_count;

    long *points;

    void project( void );
    uchar visible( void );
    void shape( uchar *sbuffer );
    void rasterize( uchar *sbuffer );

  public:
    void load( ifstream *thing_def );
    void display( vertex *v, uchar *sbuffer );

    polygon( void ) : point_count( 0 ), points( NULL ) { }
    ~polygon( void ) { if( points ) delete [] points; }
};

void polygon::project( void )
{
  for( long x=0 ; x<point_count ; x++ )
  {
    if( wpoint[ x ].wz != 0.0 )
    {
      spoint[ x ].sx = long( wpoint[ x ].wx /
 wpoint[ x ].wz *  100.0 + 160 );
      spoint[ x ].sy = long( wpoint[ x ].wy / wpoint[ x ].wz * -
100.0 + 100 );
      spoint[ x ].wz = wpoint[ x ].wz;
    }

    if( spoint[ x ].sx < 0 || spoint[ x ].sx > 319 || spoint[ x ].sy < 0
 || spoint[ x ].sy > 199 )
```

```
          exit("Polygon befindet sich ausserhalb des Viewports.\n");
    }
}

uchar polygon::visible( void )
{
  long t = (spoint[ point_count-1 ].sx -
 spoint[ 0 ].sx) * (spoint[ 1 ].sy - spoint[ 0 ].sy) -
           (spoint[ point_count-1 ].sy -
 spoint[ 0 ].sy) * (spoint[ 1 ].sx - spoint[ 0 ].sx);

  return( t < 1L ? 1 : 0 );
}

void polygon::shape( uchar *sbuffer )
{
  ushort x, y;

  for( x=point_count-1, y=0 ; y<point_count ; x=y, y++ )
      line( spoint[ x ].sx, spoint[ x ].sy, spoint[ y ].sx, spoint[ y ].sy, 254, sbuffer );
}

void polygon::load( ifstream *thing_def )
{
  (*thing_def) >> point_count;
  if( (point_count < 3) || (point_count > largest_point_count) )
      exit( "polygon::load(): Unzulässiger Wert für point_count.\n" );

  if( (points = new long[ point_count ]) == NULL ) exit( "*points: Nicht genug Speicher.\n" );

  for( long x=0 ; x<point_count ; x++ ) (*thing_def) >> points[ x ];

  long x;
  (*thing_def) >> x;   color = (uchar) x;
}

void polygon::display( vertex *v, uchar *sbuffer )
{
  for( long x=0 ; x<point_count ; x++ ) wpoint[ x ] = v[ points[ x ] ];

  project();
```

Das Z-Buffer Algorithmus

```
  if( visible() ) rasterize( sbuffer );
}

void set_side( svertex begin, svertex end, screen_side *side )
{
  long length = end.sy - begin.sy;

  if( length <= 0 ) return;

  double a_offset = double( begin.sy * 320 + begin.sx );
  double e_offset = double( end.sy * 320 + end.sx );

  double offset_step = (e_offset - a_offset) / length;
  double z_step = (end.wz - begin.wz) / length;

  long act_y = begin.sy;
  double act_z = begin.wz;
  for( ; act_y <= end.sy ; act_y++, a_offset += offset_step, act_z += z_step )
  {
    side[ act_y ].offset = long( a_offset );
    side[ act_y ].wz = act_z;
  }
}

inline void inc( long *x, ushort point_count )
{
  if( ++(*x) >= point_count ) *x = 0;
}

inline void dec( long *x, ushort point_count )
{
  if( --(*x) < 0 ) *x = point_count-1;
}

void polygon::rasterize( uchar *sbuffer )
{
  long x, y, top=0, bottom=0;

  for( x=1 ; x<point_count ; x++ )
  {
```

```
    if( spoint[ top    ].sy > spoint[ x ].sy ) top = x;
    if( spoint[ bottom ].sy < spoint[ x ].sy ) bottom = x;
  }

  x = y = top;
  for( dec( &y, point_count ) ; x!=bottom ; x=y, dec( &y, point_count )
)
    set_side( spoint[ x ], spoint[ y ], left_side );

  x = y = top;
  for( inc( &y, point_count ) ; x!=bottom ; x=y, inc( &y, point_count )
)
    set_side( spoint[ x ], spoint[ y ], right_side );

  long m = (spoint[ bottom ].sy + spoint[ top ].sy) / 2;
  if( left_side[ m ].offset > right_side[ m ].offset )
  {
    screen_side *t = left_side;  left_side = right_side;  right_side = t
;
  }

  long length, offset;
  double act_z, z_step;

  for( y = spoint[ top ].sy ; y <= spoint[ bottom ].sy ; y++ )
  {
    length = right_side[ y ].offset - left_side[ y ].offset;

    z_step = (right_side[ y ].wz - left_side[ y ].wz) / length;
    act_z = left_side[ y ].wz;
    offset = left_side[ y ].offset;

    while( length-- > 0 )
    {
      if( act_z < zbuffer[ offset ] )
      {
        sbuffer[ offset ] = color;
        zbuffer[ offset ] = act_z;
      }

      offset++;
      act_z += z_step;
```

```
            }
        }
    }
    #endif
```

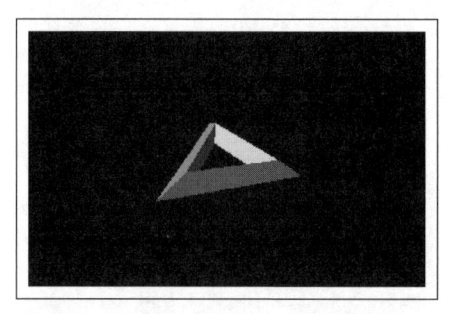

////////////////////// Ende p4_5.h //////////////////////

Abb. 4.37: Ausgabe des Programms a4_5

4.4.10 Darstellung offener Körper

Polygone, deren Punkte entgegen dem Uhrzeigersinn angeordnet sind, können durchaus von einem Betrachter gesehen werden, wenn diese Teil einer offenen Figur sind. Wenn ein Vertreter dieser Körper dargestellt werden soll, müssen demnach sämtliche ihn definierenden Vielecke gezeichnet werden. Diese Vorgabe kann durch die Deaktivierung des VSD-Algorithmus erfolgen, was in unserem Fall die Unterlassung des Aufrufs der Funktion `polygon::visible()` bedeutet. Die Darstellung erfolgt somit lediglich unter Mitwirkung des Z-Buffer-Algorithmus.

Die Beschreibung offener Körper kann ebenfalls in Dateien vom Typ TG1 gespeichert werden. Es folgt die Definition eines Vertreters dieser Gruppe von Figuren:

```
/////////////////////////Anfang open.tg1/////////////////////////
19   -0.65     0,38    -1.13
       0       0.75    -1.13
       0.65    0.38    -1.13
       0.65   -0.38    -1.13
       0      -0.75    -1.13
      -0.65   -0.38    -1.13
      -1.3     0.75    -0.75
       0       1.5     -0.75
       1.3     0.75    -0.75
```

```
         1.3      -0.75    -0.75
         0        -1.5     -0.75
        -1.3      -0.75    -0.75
        -1.3       0.75     0.75
         0         1.5      0.75
         1.3       0.75     0.75
         1.3      -0.75     0.75
         0        -1.5      0.75
        -1.3      -0.75     0.75
         0         0        1.5

18    4      0      6      7      1      26
      4      1      7      8      2      21
      4      2      8      9      3      26
      4      3      9     10      4      21
      4      4     10     11      5      26
      4      5     11      6      6      21
      4      6     12     13      7      32
      4      7     13     14      8     104
      4      8     14     15      9      32
      4      9     15     16     10     104
      4     10     16     17     11      32
      4     11     17     12      6     103
      3     12     18     13            252
      3     13     18     14            253
      3     14     18     15            252
      3     15     18     16            253
      3     16     18     17            252
      3     17     18     12            253

/////////////////////////////Ende open.tg1/////////////////////////////
```

Diese Figur wird innerhalb des nächsten Programms um die eigene y-Achse rotiert. Bis auf die oben erwähnte Veränderung ist die Struktur von mit derjenigen seines Vorgängers identisch.

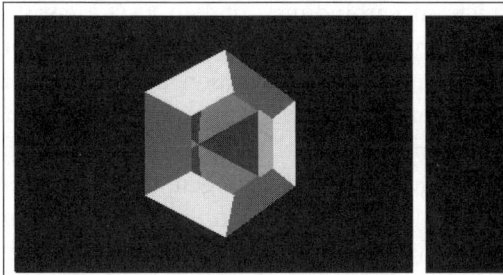

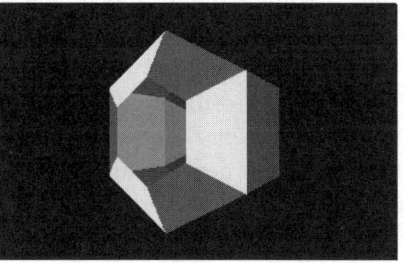

Abb. 4.38: Ausgabe des Programms a4_6

Mit demselben Programm können auch Polygone gezeichnet werden, die sich gegenseitig durchschneiden. Man beachte die hohe Genauigkeit, mit der die Schnittstelle der beiden Polygone gerendert wird:

4.4.11 Z-Buffer vs. Visual-Surface-Determination-Algorithmus

Polygone, deren Vertices entgegen dem Uhrzeigersinn nummeriert sind, bleiben einem Betrachter verborgen, wenn diese zum Aufbau eines geschlossenen Körpers beitragen. Diese werden durch andere Vielecke, deren Vorderseite dem Benutzer zugerichtet ist, stets verdeckt. Die Aufgabe des Clear-Recuction-Algorithmus besteht darin, diese unsichtbaren Polygone zu erkennen, damit ihre Darstellung abgebrochen werden kann.

Auf der anderen Seite wird der Z-Buffer-Algorithmus auf demselben Gebiet eingesetzt: dem Erkennen und Nicht-Rendering verdeckter Polygonteile oder sogar ganzer Vielecke. Auf dem ersten Blick tritt zwischen den beiden Algorithmen eine Konkurrenzsituation auf, die klar zugunsten der Verwendung eines Z-Buffers entschieden wird, weil dieser die fehlerfreie Darstellung ermöglicht, die allein auf der Grundlage von Visual Surface Determination nicht zu erreichen ist.

Dennoch besitzt letzterer einige Vorteile, die eindeutig für seinen Einsatz sprechen. Der Z-Buffer-Algorithmus besitzt zwei große Nachteile: Zunächst ist seine Implementierung neben dem nicht zu unterschätzenden Speicherplatzbedarf mit einem relativ großen Rechenaufwand verbunden. Die z-Koordinaten der Pixel müssen zunächst entlang der Polygonseiten, anschließend innerhalb der Rasterzeilen ausgerechnet werden. Hierzu sind Divisionen notwendig, deren Durchführung relativ lange Zeit in Anspruch nimmt. Der zweite Nachteil drückt sich in der Tatsache aus, dass die Feststellung, ob ein Pixel sichtbar ist, auf der untersten Ebene des Programms stattfindet, innerhalb der innersten Schleife. Wie wir noch sehen werden, können kleinste Veränderungen, die an dieser Stelle durchgeführt werden, sichtbare Auswirkungen auf die Ausführungsgeschwindigkeit des gesamten Programms haben.

Diese beiden Nachteile treten jedoch nicht in Verbindung mit dem VSD-Algorithmus auf. Dieser besteht aus wenigen Rechenoperationen, die noch dazu auf einer relativ hohen Ebene ausgeführt werden, noch vor der Rasterization. Sein Einsatz ist mit einer höheren Performance des gesamten Programms verbunden, weil dieser eine Entlastung für den Z-Buffer-Algorithmus darstellt. Letzterer macht keinen Unterschied zwischen den sichtbaren Polygonen und denjenigen, deren Vorderseite dem Betrachter abgewandt ist: In beiden Fällen werden die z-Koordinaten sämtlicher Pixel ermittelt. Es ist höchst ineffizient, einen derart hohen Rechenaufwand für Polygone durchzuführen, die ohnehin unsichtbar bleiben, ihre frühe Entfernung aus dem Darstellungsprozess ist deshalb von Vorteil.

Darüber hinaus kann die Kombination beider Algorithmen bessere grafische Ergebnisse erzielen. Der Z-Buffer-Algorithmus kann nur dann genaue Ergebnisse erzielen, wenn die Pixel unterschiedlicher Polygone verschiedene z-Koordinaten besitzen. Diese Vorgabe kann aber nicht eingehalten werden, wenn zwei Polygone an derselben Seite aufeinander treffen. Die Pixel beider Vielecke, welche diese Polygonseite bilden, besitzen identische z-Koordinaten, auch dann, wenn eine Seite dem Betrachter abgewandt ist. Weil der Z-Buffer-Algorithmus mit Pixel, und nicht mit Polygonen arbeitet, kann dieser nicht unterscheiden, ob ein Pixel, dessen z-Koordinate gleich derjenigen aus dem Z-Buffer ist, gesetzt werden soll oder nicht. Der Clear-Reduction-Algorithmus

Bei der Erstellung anspruchsvoller Grafiken kann auf den Einsatz des Z-Buffer-Algorithmus nicht verzichtet werden. Der Hauptnachteil, mit dem man hierbei jedoch konfrontiert wird, liegt in der geringen Ausführungsgeschwindigkeit der gesamten Anwendung. Diese fällt beispielsweise bei einem direkten Vergleich der Programme a4_5, wo der Z-Buffer-Algorithmus erstmals implementiert wird, und seinem Vorgänger auf: Obwohl in beiden Fällen die Animation auf der Grundlage gleicher Rotationswinkel durchgeführt wird, ist die Ausführung des ersteren mit einem deutlichen Geschwindigkeitsdefizit verbunden.

Ein Hauptgrund für diese Erniedrigung der Framerate liegt in der Anweisung

```
for( ushort x=0 ; x<64000 ; x++ )
   zbuffer[ x ] = 10000.0;
```

welche innerhalb jedes Durchgangs der Hauptschleife ausgeführt wird, um den Elementen des Z-Buffers die Konstante z_max zuzuweisen. Wie wir wissen, ist das Löschen des Z-Buffers unerlässlich, um eine korrekte Ausgabe erzielen zu können.

Praktisch gesehen, verhält sich diese Schleife jedoch wie eine passive Wiederholungsanweisung, welche die weitere Fortsetzung des gesamten Programms für die

Zeit ihrer Ausführung unterbindet. Hinzu kommt, dass, je höher die verwendete Auflösung ist, umso längere Zeit für die Verarbeitung dieser Schleife benötigt wird.

4.4.12 Grundidee des Clear-Reduction-Algorithmus

Der Zweck des Zurücksetzens der Elemente des Z-Buffers ist es, beim Aufbau eines neuen *Frames* die Werte, welche infolge des Renderings der vorhergehenden Szene innerhalb des Z-Buffers eingetragen worden sind, zu entfernen.

Wenn es uns innerhalb der Polygondarstellung aber gelingen würde, diese »alten« Werte auf eine Weise zu interpretieren, welche diese größer erscheinen lässt als die höchste z-Koordinate des am weitesten hinten liegenden Polygons, wäre ein Zurücksetzen des Z-Buffers innerhalb der WinMain()-Funktion nicht länger erforderlich.

Dieses Ziel kann auf zwei unterschiedliche Arten erreicht werden. In beiden Fällen macht man sich zwei Eigenschaften der betrachteten z-Koordinaten zunutze. Auf dem Bildschirm werden unter Beteiligung des Z – Buffer-Algorithmus lediglich Gegenstände gerendert, die sich innerhalb des *Viewports* befinden. Die erste Voraussetzung, welche diese erfüllen, ist, dass keine z-Koordinate einen Wert besitzt, der kleiner 0 ist. Weiterhin darf keine z-Koordinate größer sein als der Wert der Konstanten z_max, um die Funktionsfähigkeit des Z-Buffers nicht zu beeinträchtigen.

Der erste Lösungsansatz sieht die direkte Manipulation der Werte vor, die sich innerhalb des Z-Buffers befinden. Werden innerhalb einer Anweisung wie

```
for( ushort x=0 ; x<64000 ; x++ )
   zbuffer[ x ] += z_max;
```

sämtliche aus dem vorherigen Frame stammenden z-Koordinaten um einen ausreichend großen Wert erhöht, können diese eine korrekte Darstellung des aktuellen *Frames* nicht beeinträchtigen. Diese Methode besitzt jedoch einen offensichtlichen Nachteil: Sie ersetzt die Schleife zum Löschen des Z-Buffers durch eine andere, deren Verarbeitung mindestens ebenso viel Zeit in Anspruch nimmt.

Der zweite Lösungsansatz sieht die Erniedrigung der z-Koordinaten aller Polygone vor, die innerhalb des aktuellen *Frames* gerendert werden müssen. Die Vorgehensweise, die hierbei befolgt wird, wird am Beispiel der Visualisierung einer Welt vermittelt, welche zwei sich überlagernde Polygone enthält. Die Koordinaten des Mittelpunkts dieser zwei Vielecke bleiben während der gesamten Programmausführung konstant. Wie wir wissen, bezieht sich der Mittelpunkt eines Polygons auf die Vertices innerhalb des jeweiligen Arrays thing::v[].

4.4.13 Funktionsweise des Clear-Reduction-Algorithmus

Dieses hypothetische Programm, dessen grafische Beschreibung in der Abbildung 4.39 angegeben wird, verläuft folgendermaßen: Vor der ersten Darstellung der Polygone wird allen Elementen des Z-Buffers der Wert der Konstanten z_max zugewiesen. Das erste Frame wird anschließend wie gehabt ausgerechnet und auf dem Bildschirm gezeigt. Dabei werden innerhalb des Z-Buffers die z-Koordinaten des Quadrats und des sichtbaren Teils der Raute eingetragen.

Es folgt die Berechnung des zweiten Frames, wobei ein Zurücksetzen des Z-Buffers nicht stattfindet. Das Ziel ist, die dort vorhandenen z-Koordinaten größer erscheinen zu lassen als der Wert des am weitesten in +z-Richtung liegenden Punkts. Das wird erreicht, indem die Vertices sämtlicher sichtbaren Polygone vor der Rasterization in Richtung des Betrachters verschoben werden:

z_Koordinate = Welt_z_Koordinate − z_max

Die niedrigste z-Koordinate, welche theoretisch bei der Rasterization des ersten Frames innerhalb des Z-Buffers hätte eingetragen werden können, besitzt einen Wert, welcher geringfügig größer 0 ist. Die höchste z-Koordinate, welche ein Pixel eines anderen sichtbaren Polygons des zweiten Frames annehmen kann, besitzt einen Wert, der etwas kleiner als z_max ist.

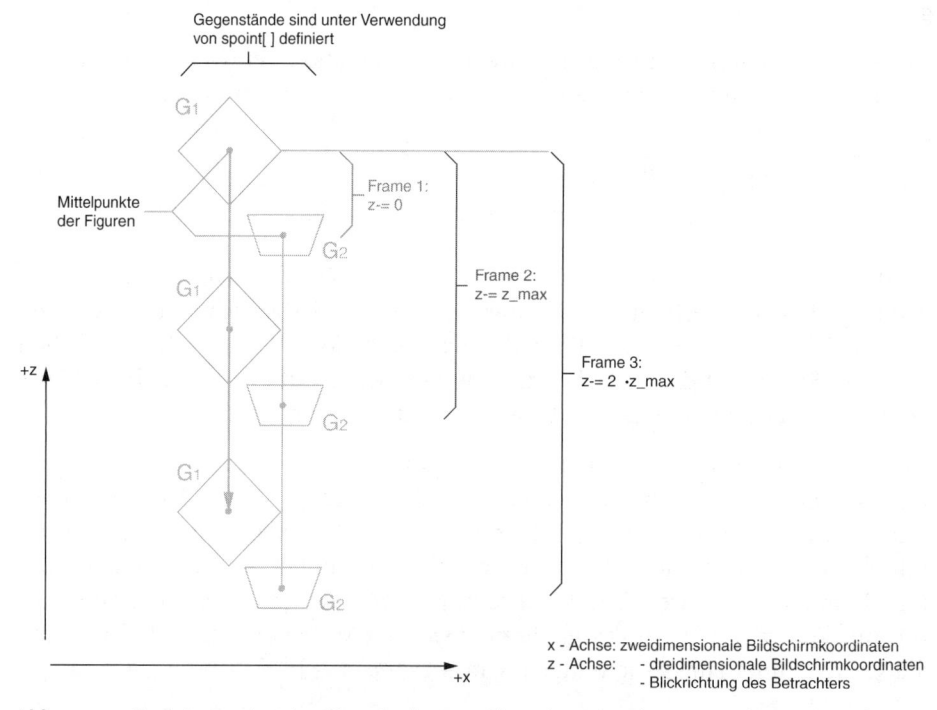

Abb. 4.39: Funktionsweise des Clear-Reduction-Algorithmus in den ersten drei *Frames* der Applikation

Wenn beide Pixel über dieselben Bildschirmkoordinaten verfügen und die Subtraktion nicht stattfindet, würde der aus dem vorherigen Frame stammende geringe Wert die Darstellung des Pixels mit der hohen z-Koordinate verhindern. Durch die Verschiebung der großen z-Koordinate in Richtung des Zuschauers nimmt diese jedoch einen Wert an, der kleiner 0 ist. Aufgrund der neu ausgerechneten z-Koordinate verdeckt der Pixel des zweiten Frames aus der Sicht des Z-Buffer-Algorithmus den »alten« Pixel und kann demnach problemlos gesetzt werden.

An diesem Beispiel wird deutlich, dass keine Koordinate, die im Laufe der Rasterization der vorherigen Szene innerhalb des Z-Buffers eingetragen wurde, die Darstellung eines Pixels des nachfolgenden Frames verhindern kann, gleichgültig wie klein diese sein mag. Damit die Werte, die im Laufe des zweiten Frames innerhalb des Z-Buffers gespeichert wurden, die Darstellung der dritten Szene nicht beeinträchtigen, werden die Vertices des dritten Frames erneut in Richtung des Betrachters verschoben usw. Die vollständige Gleichung, welche die Grundlage für den *Clear-Reduction*-Algorithmus bildet, kann demnach folgendermaßen formuliert werden:

*Bildschirm_z_Koordinate = Welt_z_Koordinate – clear_translation * z_max*

Die Variable clear_translation stellt hierbei die Anzahl der bereits dargestellten Frames. Im ersten Frame besitzt sie den Wert 0, da in diesem Fall eine Versetzung der Vertices nicht notwendig ist. Im Laufe der Berechnung des zweiten Bildaufbaus nimmt clear_translation den Wert 1 ein, damit die Werte des Z-Buffers seine Darstellung nicht beeinträchtigen, im dritten Frame besitzt die Variable den Wert 2 usw.

Innerhalb eines Frames werden sämtliche Polygone mit dem gleichen Wert versetzt. Wie Abbildung 4.39 zeigt, verändern sich dabei die Verhältnisse der Polygone untereinander nicht. Zwischen den Vertices ist stets der gleiche Abstand zu verzeichnen, das Quadrat verdeckt stets den gleichen Teil der Raute. Dadurch können innerhalb eines Frames sichtbaren Polygone perspektivisch korrekt gezeichnet werden.

4.4.14 Einordnung des Clear-Reduction-Algorithmus innerhalb des Visualisierungsprozesses

Der Darstellung unserer dreidimensionalen Welt lässt sich in mehrere Ebenen unterteilen. Auf der höchsten Stufe stehen hierbei die Körper mit ihren dreidimensionalen Vertices. Ihre Aufgabe ist die Definition der Welt; Rotation, Translation und Skalierung können nur auf dieser Ebene stattfinden. Die z-Koordinaten dieser Vertices werden als globale oder Welt-z-Koordinaten bezeichnet.

Um diese mathematisch definierte Welt auf dem Bildschirm sichtbar machen zu können, müssen bekanntermaßen weitere Vorgänge eingeleitet werden. Weil diese von der mathematischen Beschreibung der Welt abgegrenzt sind, findet dort die

Kapitel 4
Polygonbasierende dreidimensionale Figuren

Implementierung des Clear-Reduction-Algorithmus statt. Auf diese Weise kann sichergestellt werden, dass die hierbei durchgeführte Translation keinen Einfluss auf die z-Koordinaten hat, welche bei der Definition der dreidimensionalen Welt eingesetzt werden.

Um ein Polygon auf dem Bildschirm zeichnen zu können, müssen seine dreidimensionalen Eckpunkte innerhalb des temporären Arrays wpoint[] eingetragen werden, um während der Projektion in zweidimensionale Bildschirmkoordinaten umgewandelt werden zu können.

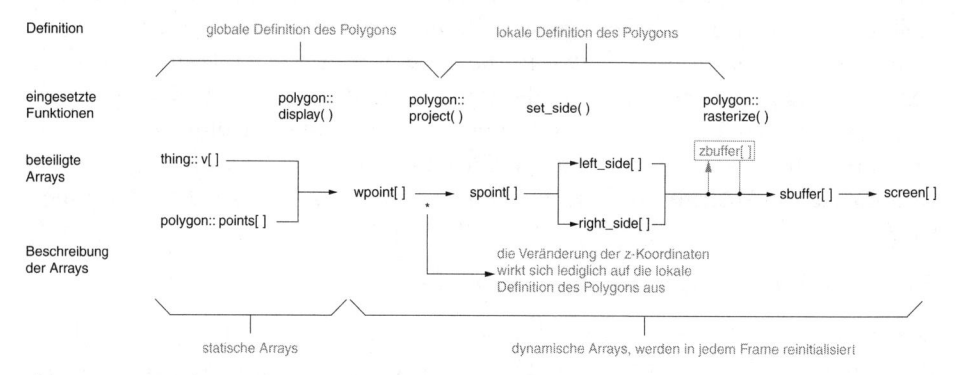

Abb. 4.40: Der Clear-Reduction-Algorithmus innerhalb des Visualisierungsprozesses einer dreidimensionalen Welt

Der Abbildung 4.40 ist zu entnehmen, dass die Subtraktion eines Vielfachen der Konstanten z_max von der dreidimensionalen z-Koordinaten des Vertices während der Projektion stattfindet. Diese Operation wird eingeleitet, nachdem die zweidimensionalen x- und y-Koordinaten unter Verwendung der globalen z-Koordinaten ermittelt werden. Die z-Koordinaten, welche vom Clear-Reduction-Algorithmus berechnet werden, haben, im Gegensatz zu den globalen Koordinaten, nur innerhalb des aktuellen Frames Gültigkeit. Aus diesem Grund tragen diese die Bezeichnung lokale oder Bildschirm-z-Koordinaten.

Der Clear-Reduction-Algorithmus kann auch dann problemlos eingesetzt werden, wenn eine dynamische Szene, unter Beteiligung sich bewegender Figuren, visualisiert werden muss.

Innerhalb der Abbildung 4.41 werden die lokalen z-Koordinaten einer Gruppe aus sieben Polygonen über einen Zeitraum von drei Frames betrachtet. Die Position der einzelnen Vielecke erfährt dabei eine deutliche Veränderung. clear_translation stellt hierbei eine globale Variable dar, mit deren Hilfe die dreidimensionalen Bildschirmkoordinaten in Richtung des Betrachters verschoben werden.

Im ersten Frame ist eine Verschiebung der Bildschirm-z-Koordinaten nicht notwendig, in diesem Fall sind die Welt-z-Koordinaten der Polygone identisch mit ihren lokalen Koordinaten. Bei der Darstellung der darauffolgenden Frames wird die lokale Definition sämtlicher Polygone um den Wert der Variablen `clear_translation`, welcher jeweils ein Vielfaches von `-z_max` Einheiten beträgt, in Richtung des Betrachters verschoben. Hierbei spielen Veränderungen der mathematischen Definition der Welt keine Rolle: Die lokalen z-Koordinaten, die während eines Frames ermittelt werden, befinden sich stets innerhalb eines eindeutig abgegrenzten räumlichen Bereiches, wobei zwischen den unterschiedlichen Räumen keine Überlappung stattfindet. Aus diesem Grund können die z-Koordinaten der Polygone, welche infolge der Rasterization vorheriger Frames innerhalb des Z-Buffers eingetragen werden, das Rendering nachfolgender Frames nicht beeinträchtigen.

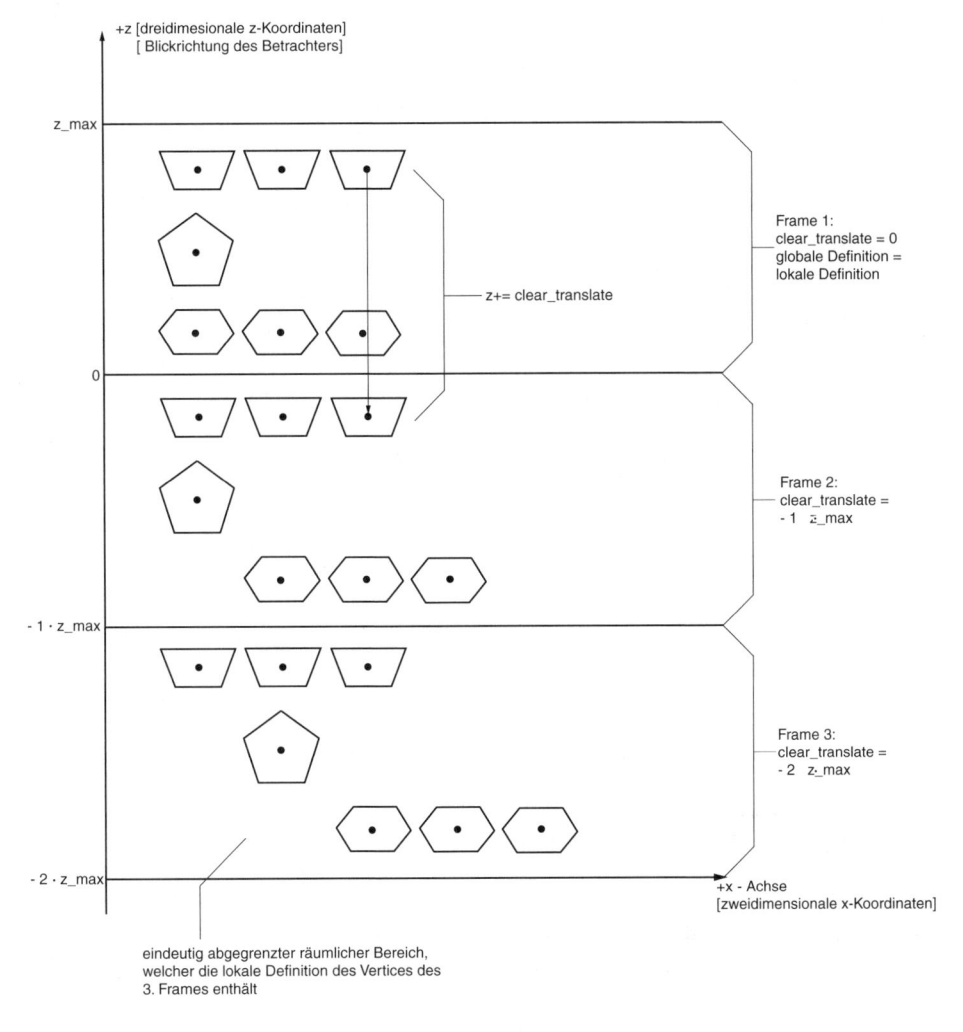

Abb. 4.41: Unterschiedliche Frames und die dazugehörigen Räume, welche von den lokalen z-Koordinaten beansprucht werden

Die erweiterte Definition der Funktion `polygon::project()` besitzt folgendes Aussehen:

```
void polygon::project( void )
{
  for( long x=0 ; x<point_count ; x++ )
  {
    if( wpoint[ x ].wz != 0.0 )
    {
      spoint[ x ].sx = long( wpoint[ x ].wx /
                              wpoint[ x ].wz *
                              100.0 + 160 );
      spoint[ x ].sy = long( wpoint[ x ].wy /
                              wpoint[ x ].wz *
                              -100.0 + 100 );


      // Die Variable clear_translation muss der z -
      // Koordinaten hinzuaddiert werden, da sie einen
      // negativen Wert besitzt



      spoint[x].sz = wpoint[x].wz + clear_translation;
    }

    if( spoint[ x ].sx < 0 || spoint[ x ].sx > 319 ||
        spoint[ x ].sy < 0 || spoint[ x ].sy > 199 )
        exit("Polygon befindet sich ausserhalb des \
             Viewports.\n");
  }
}
```

4.4.15 Clear-Reduction-Algorithmus und das Zurücksetzen des Z-Buffers

Theoretisch ermöglicht uns der Clear-Reduction-Algorithmus die perspektivisch korrekte Visualisierung von Szenarien mithilfe des Z-Buffer Algorithmus, ohne dass ein Zurücksetzen der Elemente des Arrays `zbuffer[]` notwendig ist. Aus praktischer Sicht kann auf diesen zeitaufwendigen Vorgang nicht verzichtet werden.

Die stetige Abnahme um den Betrag der Konstanten z_max, welche der globalen Variablen `clear_translation` in jedem Frame wiederfährt, ergibt irgendwann eine Zahl, die so klein ist, dass sie mit dem Datentyp der Elemente des Z-Buffers nicht länger dargestellt werden kann. Wenn dieser Fall eintritt, müssen sowohl die Elemente des Z-Buffers als auch die Variable `clear_translation` zurückgesetzt werden, damit keine fehlerhafte Ausgabe erzeugt wird. Die Frage ist, wann dieser Zeitpunkt erreicht wird.

Um die dahinterliegenden Vorgänge besser verstehen zu können, wird in diesen Abschnitten ein Z-Buffer aus Fließkommazahlen eingesetzt. In der Praxis ist es jedoch üblich, ein Z-Buffer zu verwenden, dessen Elemente aus 32 Bit Festpunktzahlen vom Datentyp long bestehen. Der kleinste Wert, den eine Zahl vom Typ signed long annehmen kann, beträgt −2147483648. Unter Verwendung des gegebenen Datentyps ist es grundsätzlich nicht möglich, eine noch kleinere Zahl darzustellen. Aus diesem Grund muss vor der Verkleinerung der Variablen `clear_translation` überprüft werden, ob die Subtraktion einen Overflow zur Folge haben würde. Hierbei bedient man sich der Konstanten `max_clear_translation`, welche den geringsten Wert von `clear_translation` enthält:

```
const long max_clear_translation = -2147483648.0 + 2 * z_max;
```

Überraschenderweise wird diese Variable nicht mit dem beschriebenen Wert initialisiert, ihr wird eine um **(2 * z_max)** größere Zahl zugewiesen. Der Grund hierfür liegt darin, dass die kleinste negative Zahl nur in seltenen Fällen ein Teiler von **z_max** ist und aus diesem Grund leicht ein Überlauf auftreten kann, wenn diese nicht entsprechend vergrößert wird.

Die Hauptschleife eines Programms, welche eine Implementierung des Clear-Reduction-Algorithmus enthält, kann schematisch folgendermaßen aufgebaut werden:

```
uchar running = 1;
while( running )
{



  // Drehung, Verschiebung, Skalierung der
  // mathematisch definierten Welt



  if( clear_translation > max_clear_translation )
    clear_translation -= z_max;
```

```
      else
      {
        for( ushort x=0 ; x<64000 ; x++ )
           zbuffer[ x ] = z_max;

        clear_translation = 0.0;
      }


      // Darstellung der Welt auf dem Bildschirm unter
      // Berücksichtigung des Inhalts des Arrays zbuffer[]


}
```

Vor dem Rendering des aktuellen Frames wird überprüft, ob die Variable **clear_translation** ihren kleinsten Wert erreicht hat. Wenn dem nicht so ist, wird diese entsprechend verkleinert und innerhalb der Funktion **polygon::project()** eingesetzt, um sämtliche Polygone in Richtung des Betrachters zu verschieben. Ansonsten werden die entsprechenden Variablen zurückgesetzt, um somit den Clear-Reduction-Algorithmus in den Zustand des ersten Frames zu versetzen.

Der Einsatz des Clear-Reduction-Algorithmus ist nicht unbedingt erforderlich, um eine korrekte Darstellung unter Verwendung des Z-Buffer-Algorithmus zu erzielen. Dadurch, dass ein Löschen des Z-Buffers für eine längere Zeit vermieden werden kann, steigert es spürbar die Performance eines Programms, ohne dass Qualitätsverluste eintreten.

Geht man von den Werten 10000.0 sowie –2147463648.0 für die Konstanten **z_max** und **clear_reduction** aus, müssen die Elemente des Z-Buffers erst nach 214746 Frames zurückgesetzt werden. Ausgehend von einer Bildrate von 24 Frames pro Sekunde, muss die Anwendung etwa 2 Stunden ausgeführt werden, um den Z-Buffer einmal zu löschen.

4.4.16 Praktischer Einsatz des Clear-Reduction-Algorithmus

Die bisherige Theorie wird in Form des Programms a4_7 in die Praxis umgesetzt. Unter den gleichen Voraussetzungen wie sein Vorgänger a4_5 erzielt dieses aufgrund der Implementierung des Clear-Reduction-Algorithmus eine höhere Framerate:

```
/////////////////////////            a4_7.cpp            /////////////////////////
//                                                                             //
// Darstellung eines komplexen dreidimensionalen                               //
// Gegenstandes unter Verwendung des Clear Reduction                           //
```

```
//   Algorithmus                                                       //
//   Auflösung: 320x200, Farbtiefe: 8 Bit                              //
//                                                                     //
/////////////////////////////////////////////////////////////////////////

#include <windows.h>

#include "sf4_1.h"
#include "m4_5.h"
#include "t4_7.h"
#include "gv4_7.h"

uchar handle_input( MSG *msg );

int WINAPI WinMain( HINSTANCE hInstance, HINSTANCE hPrevInstance, LPSTR
lpCmdLine, int iCmdShow )
{
  initialise_world( hInstance, 320, 200, 8 );

  thing cube( "open.tg1" );

  matrix m;
  m.scale( 5, 5, 5 );
  m.translate( 0, 0, 20 );
  cube.update_pos( m );
  m.clear();

  m.translate( -cube.wpos.wx, -cube.wpos.wy, -cube.wpos.wz );
  m.rotate( 0, 0.01, 0 );
  m.translate( cube.wpos.wx, cube.wpos.wy, cube.wpos.wz );

  for( ushort x=0 ; x<64000 ; x++ ) zbuffer[ x ] = z_max;

  MSG message;
  while( !handle_input( &message ) )
  {
    cube.update_pos( m );

    if( clear_translation > max_clear_translation ) clear_translation -
= z_max;
    else
    {
      for( ushort x=0 ; x<64000 ; x++ ) zbuffer[ x ] = z_max;
      clear_translation = 0.0;
```

Kapitel 4
Polygonbasierende dreidimensionale Figuren

```
    }
    for( ushort x=0 ; x<64000 ; x++ ) sbuffer[ x ] = 0;

    cube.display();

    uchar *screen = (uchar *) surface.get_screen_pointer();
    for( ushort x=0 ; x<64000 ; x++ ) screen[ x ] = sbuffer[ x ];
    surface.release_screen_pointer();
  }

  destroy_world();

  return message.wParam;
}

uchar handle_input( MSG *msg )
{
  if( PeekMessage( msg, NULL, 0, 0, PM_REMOVE ) )
  {
    if( msg->message == WM_QUIT || msg->message == WM_KEYDOWN ) return 1;

    TranslateMessage( msg );
    DispatchMessage( msg );
  }

  return 0;
}

////////////////////////        Ende a4_7.cpp          ////////////////////////
```

Es ist von großer Wichtigkeit, die Elemente des Z-Buffers vor der äußersten Schleife explizit mit der Konstanten z_max zu initialisieren, weil diese innerhalb der Hauptschleife erst nach längerer Zeit zurückgesetzt werden.

Gegenüber den letzten Programmen hat auch die Funktion polygon::project() aus der Datei *"p4_7.h"* eine geringfügige Veränderung erfahren. Die zwei Konstanten und die Variable clear_translation, welche innerhalb des Clear-Reduction-Algorithmus verwendet werden, sind in der Datei *"gv4_7.h"* definiert:

```
////////////////////////        Anfang gv4_7.h         ////////////////////////
#ifndef GLOBAL_VARIABLES_H
#define GLOBAL_VARIABLES_H
```

Das Z-Buffer Algorithmus

```cpp
#include "v4_5.h"

uchar *sbuffer = NULL;
double *zbuffer = NULL;

const double z_max = 10000.0;
double clear_translation = 0.0;
const double max_clear_translation = -2147483648.0 + 2 * z_max;

vertex wpoint[ 100 ];
svertex spoint[ 100 ];

screen_side *left_side;
screen_side *right_side;
const long largest_point_count = 6;

void initialise_world( HINSTANCE hInstance, long screen_x, long screen_y
, long bit_depth )
{
  if( (sbuffer = new uchar[ screen_x * screen_y ]) == NULL ||
      (zbuffer = new double[ screen_x * screen_y ]) == NULL ||
      (left_side = new screen_side[ screen_y ]) == NULL ||
      (right_side = new screen_side[ screen_y ]) == NULL )

    exit("initialise_world(): Nicht genug Speicher.\n");

  surface.open_window( hInstance, screen_x, screen_y, bit_depth );
}

void destroy_world( void )
{
  if( sbuffer ) delete [] sbuffer;
  if( zbuffer ) delete [] zbuffer;
  if( left_side ) delete [] left_side;
  if( right_side ) delete [] right_side;

  surface.close_window();
}

#endif
```

//////////////////////// Ende gv4_7.h ////////////////////////

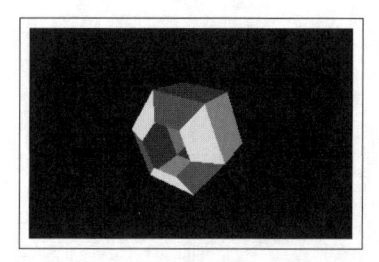

Abb. 4.42: a4_7 erzeugt die gleiche Ausagbe wie sein Vorgänger a4_5 bei Verzeichnung einer höheren Framerate

Es ist theoretisch denkbar, dass innerhalb einer dreidimensionalen Welt Objekte existieren, deren Vertices z-Koordinaten mit Werten besitzen, die z_max übersteigen. Gleichzeitig sind diese Gegenstände jedoch so groß, dass sie selbst aus einer sehr großen Entfernung noch sichtbar sind.

Die Darstellung dieser Szenen erfolgt ebenfalls unter Verwendung des hier vorgestellten Clear-Reduction-Algorithmus, hierbei kommen jedoch einige Tricks zum Einsatz. Das Rendering kann beispielsweise in mehrere Schritte aufgeteilt werden, wobei die großen und die kleinen Gegenstände getrennt visualisiert werden, unter Verwendung mehrerer Z-Buffer. Diese Fälle kommen jedoch äußerst selten vor.

Die hier vorgestellte Version des Clear-Reduction-Algorithmus lässt sich weiter optimieren, um die Elemente des Z-Buffers noch seltener zurücksetzen zu müssen. Hierbei macht man sich die Tatsache zunutze, dass die lokale Definition der sichtbaren Polygone des ersten Frames nicht unbedingt identisch sein muss mit der globalen. Vielmehr können die lokalen z-Koordinaten anfänglich in +z-Richtung versetzt werden, um diese im Laufe der nächsten Frames in Richtung des Betrachters zu verschieben. Dies kann erreicht werden, indem die Variable clear_translation mit der Konstanten (2147483647 − z_max) initialisiert bzw. zurückgesetzt wird, wobei 2147483647 den größen Wert darstellt, den eine Variable vom Typ long annehmen kann.

4.5 Polygon-Clipping

Wie wir wissen, handelt es sich bei dem *Viewport* um einen pyramidenförmigen Raum, dessen Kanten von den vier Geraden gebildet werden, welche vom Weltursprung durch die Ecken des Bildschirms verlaufen. Zwischen dem Betrachter, der sich im Punkt (0, 0, 0) befindet, und dem Bildschirm, welcher die Decke dieses Pyramidenstumpfs bildet, besteht ein gewisser Abstand. Diese Entfernung speichern wir in der Konstanten z_min, deren Wert größer 0 sein muss. Die Ebene, welche durch den Punkt (0 , 0, z_min) verläuft, bezeichnet man als Bildschirmebene oder Near-Z-Plane. Im Folgenden werden wir z_min den Wert 1 zuweisen, diese darf aber auch höhere Werte annehmen.

Der Boden des Pyramidenstumpfes wird von einem begrenzten Teil der Ebene gebildet, welche die Bezeichnung Far-Z-Plane trägt. Diese verläuft, genau wie die Near-Z-Plane, parallel zur x-y-Ebene. Die Entfernung zwischen Betrachter und Far-Z-Plane beträgt z_max Einheiten, die Ebene durchläuft somit den Punkt (0, 0, z_max).

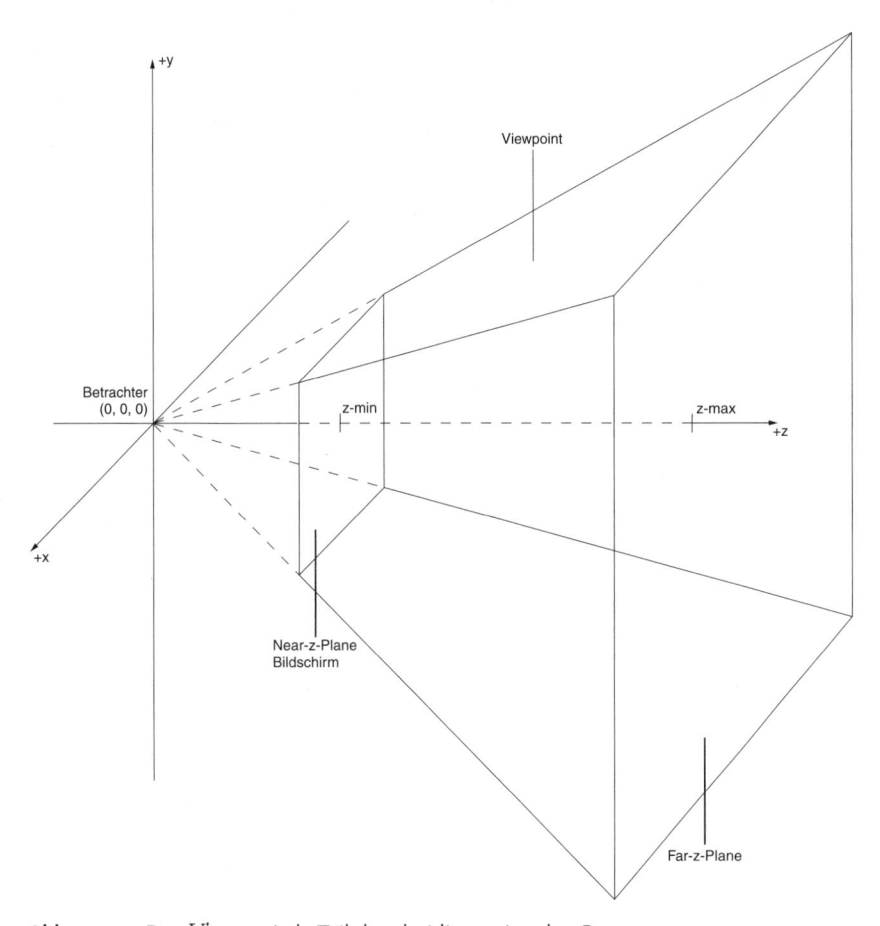

Abb. 4.43: Der *Viewport* als Teil des dreidimensionalen Raums

Während der Wert der Konstanten z_min weitgehend unverändert bleibt, ist die Größe von z_max von der jeweiligen Umgebung abhängig. In einer Anwendung, in der eine hohe Framerate nebensächlich ist, ein CAD-Programm beispielsweise, besitzt diese einen großen Wert. Bei der Erstellung realistischer dreidimensionaler Landschaften, kann z_max bewusst klein gehalten werden, wenn die Sichtweite z.B. durch Nebel eingeschränkt werden soll.

Unser bisheriges Wissen reicht aus, um die Polygone darzustellen, welche sich innerhalb des Viewports befinden. Diese stellen jedoch nur einen Bruchteil der

Kapitel 4
Polygonbasierende dreidimensionale Figuren

Vielecke dar, welche in einer mathematisch definierten Welt existieren können. Durch Translation oder Rotation um die Weltachsen können nicht sichtbare Polygone in den Viewport eintreten, und es ist ebenfalls möglich, dass darstellbare Vielecke auf diese Weise das Sichtfeld verlassen.

4.5.1 Grundlagen des Polygon-Clippings

Es ist grundsätzlich nicht möglich, Vielecke darzustellen, welche sich außerhalb des Viewports befinden. Unser Ziel ist es, eine Methode zu finden, welche eindeutig bestimmen kann, ob ein Polygon sich außerhalb des Viewport befindet, um dessen Rasterization abbrechen zu können. In einer dreidimensionalen Welt kann sich ein Polygon nur in einem von insgesamt drei Zuständen befinden:

Zustand 1: Polygon befindet sich vollständig innerhalb des Viewports
Zustand 2: Polygon befindet sich teilweise außerhalb des Viewports
Zustand 3: Polygon befindet sich vollständig außerhalb des Viewports

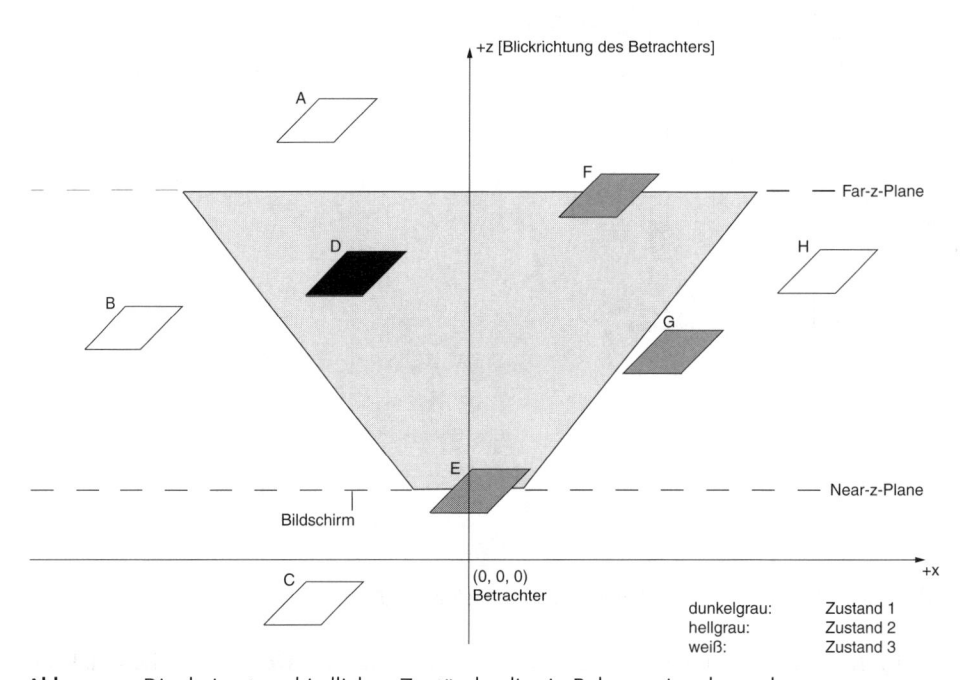

Abb. 4.44: Die drei unterschiedlichen Zustände, die ein Polygon einnehmen kann

Es ist relativ leicht festzustellen, ob ein Polygon den ersten oder den dritten Zustand einnimmt, die Behandlung dieser Fälle stellt ebenfalls keine großen Herausforderungen dar. Wesentlich komplizierter ist es, wenn ein Vieleck sich nur teilweise innerhalb des Viewports befindet. In diesem Fall müssen die Bereiche des Polygons, welche sich nicht auf dem Bildschirm befinden, abgetrennt, nur der sichtbare Teil des Vielecks darf angezeigt werden:

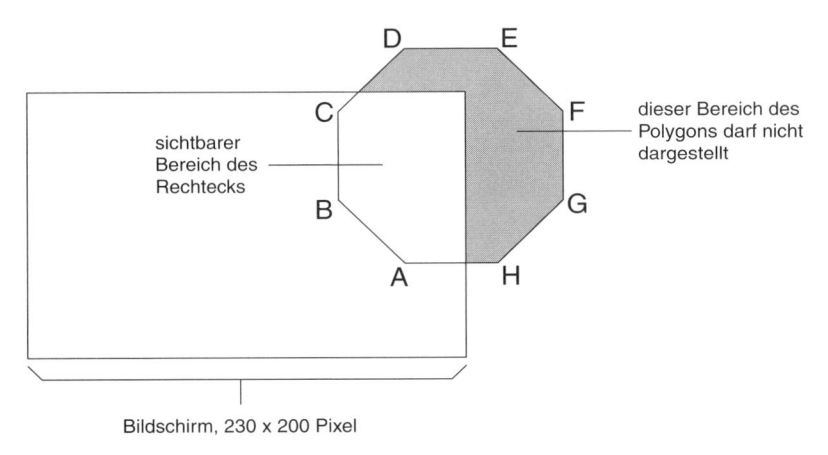

Abb. 4.45: Der sichtbare und der nicht sichtbare Teil eines Achtecks

Mathematisch betrachtet muss ein Polygon, welches sich partiell innerhalb des Viewports befindet, in einem oftmals vollkommen unterschiedlichen Vieleck umgewandelt werden, bevor es möglich ist, diesen auf dem Bildschirm zu zeichnen.

4.5.2 Mathematische Grundlagen des Pre-Projection-Clippings

Um die Teile eines Polygons entfernen zu können, welche sich außerhalb des Bildschirms befinden, darf das Vieleck nicht als eine Einheit betrachtet werden. Vielmehr macht man sich hierbei die Tatsache zunutze, dass ein Polygon lediglich die Summe der Geraden ist, welche seine Eckpunkte verbinden. Werden diese Geraden nacheinander auf eine Weise verkürzt, sodass ihre Anfangs- bzw. Endpunkte den sichtbaren Bereich nicht verlassen, entfernt man somit indirekt die Bereiche des Polygons, welche nicht Teil des Viewports sind.

Die vollständige Entfernung dieser nicht darstellbaren Bereiche vollzieht sich bei Polygonen, deren Definition auf der Grundlage dreidimensionaler Vertices beruht, in drei Schritten, die sich in perspektivischer Hinsicht voneinander unterscheiden. Im ersten Schritt, welcher die Bezeichnung Pre-Projection Clipping trägt, wird überprüft, ob die Seiten des Polygons die Near- bzw. Far-Z-Plane durchschneiden. Wenn dem so ist, wird die betreffende Seite auf das Teilstück reduziert, welches sich innerhalb des Viewports befindet.

Im Folgenden werden wir anhand eines Beispiels feststellen, wie diese Verkürzung durchgeführt wird. Wir gehen hierbei von folgender Situation aus: Die Seite eines Polygons, welche von den Punkten A und B definiert ist, durchschneidet die Near-Z-Plane im Punkt C:

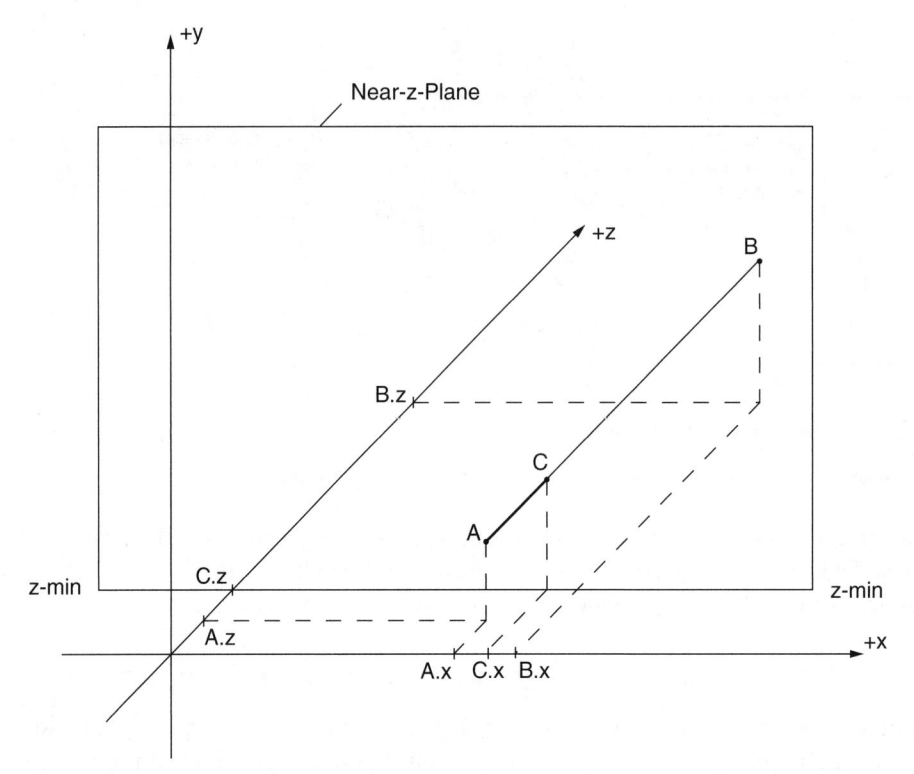

Kapitel 4
Polygonbasierende dreidimensionale Figuren

Abb. 4.46: Clipping einer Polygonseite gegen die Near-Z-Plane

Damit AB auf die kürzere, innerhalb des sichtbaren Bereichs liegende Strecke CB reduziert werden kann, muss man den Punkt C einfach als Anfangspunkt der neuen Polygonseite betrachten. Hierzu ist jedoch die Kenntnis seiner Koordinaten notwendig. Weil der Punkt C innerhalb der Near-Z-Plane liegt, ist seine z-Koordinate gleich z_min. Auf der Grundlage dieser Information können seine x- und y-Koordinaten problemlos ausgerechnet werden.

Das kleine und das große Dreieck, welche in Abbildung 4.47 angezeigt werden, sind einander ähnlich, weil der Winkel im Punkt B bei beiden gleich ist und beide einen rechten Winkel besitzen. Aufgrund dessen, dass die Seiten ähnlicher Dreiecke im selben Verhältnis zueinander stehen, kann die x-Koordinate des Punkts C mithilfe einer proportionalen Zuordnung ausgerechnet werden.

Polygon-Clipping

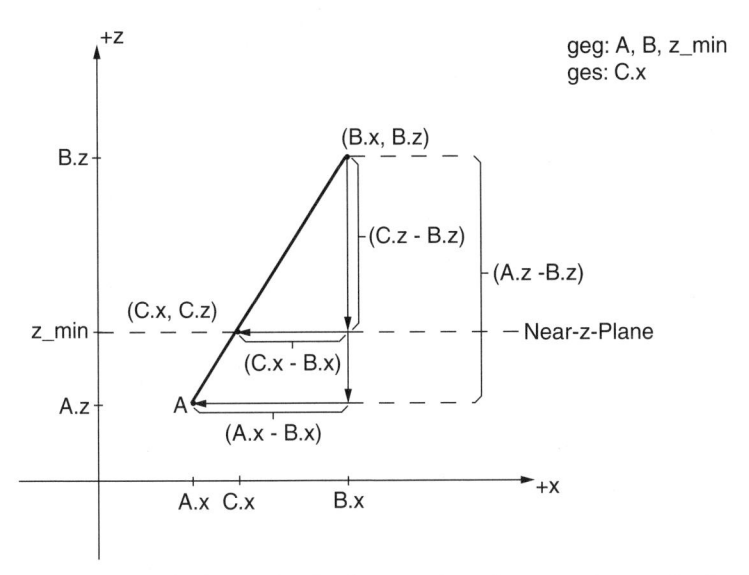

Abb. 4.47: Grafischer Ansatz für die Ermittlung der x-Koordinaten des Punkts C

Ordnet man die Längen der entsprechenden Seiten einander zu, kann unter anderen folgende Beziehung formuliert werden:

Entfernung zwischen den z-Koordinaten	Abstand zwischen den x-Koordinaten
(A.z – B.z)	(A.x – B.x)
(C.z – B.z)	(C.x – B.x)

Daraus folgt:

$$\frac{C.x - B.x}{C.z - B.z} = \frac{A.x - B.x}{A.z - B.z}$$

Um diese Gleichung nach **C.x** zu lösen, bedient man sich derselben Vorgehensweise, welche bereits im Anschnitt Abbildung 4.4.5 vorgestellt wurde:

$$C.x = \frac{A.x - B.x}{A.z - B.z} * (C.z - B.z) + B.x$$

Die y-Koordinate des Punkts C kann grundsätzlich auf dieselbe Art ermittelt werden:

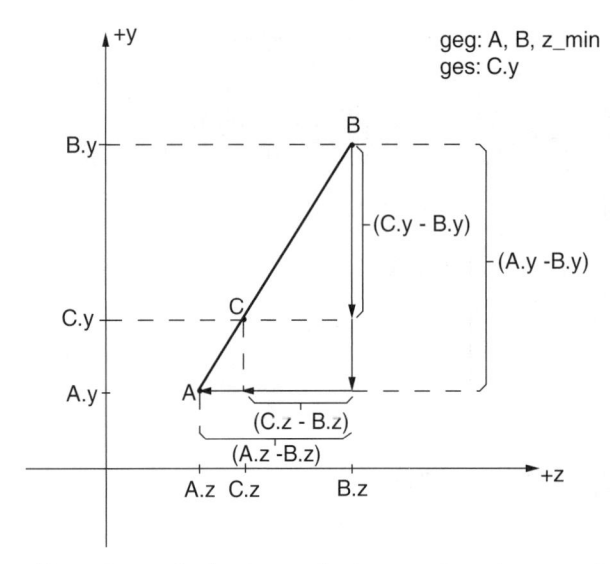

Kapitel 4
Polygonbasierende dreidimensionale Figuren

Abb. 4.48: Grafischer Ansatz für die Ermittlung der y-Koordinaten des Punkts C

Dazugehörige Zuordnung:

Entfernung zwischen den z-Koordinaten	Entfernung zwischen den x-Koordinaten
(A.z – B.z)	(A.y – B.y)
(C.z – B.z)	(C.y – B.y)

Schlussfolgerung:

$$C.y = \frac{A.y - B.y}{A.z - B.z} * (C.z - B.z) + B.y$$

Auf den ersten Blick mag es merkwürdig erscheinen, dass für die Aufstellung der Zuordnung nicht auf das Dreieck zurückgegriffen wird, welches die Punkte A und C enthält. Der Grund hierfür ist, dass auf diese Weise Teile der Formeln für die Bestimmung der x- bzw. y-Koordinaten des Punkts C identisch sind. In einem Programm müssen stets beide Koordinaten ausgerechnet werden. Wenn anstatt der beiden aufgestellten Formeln die äquivalenten, optimierten Versionen:

$C.x = (A.x - B.x) * \quad m + B.x$

$C.y = (A.y - B.y) * \quad m + B.y$

$C.z = z\_min$

wobei $\quad m = (z\_min - B.z) / (A.z - B.z)$

zum Einsatz kommen, kann dank der Verwendung einer temporären Variablen auf eine Division und zwei Subtraktionen verzichtet werden, was der Ausführungsgeschwindigkeit des gesamten Programms zugute kommt.

Um mithilfe dieser Gleichungen die Seite eines Vielecks, welche die Far-Z-Plane durchschneidet, auf den sichtbaren Bereich verkürzen zu können, muss lediglich die Konstante z_min durch z_max ersetzt werden. Eine Funktion, mit deren Hilfe eine beliebige Polygonseite auf den Raum zwischen der Near- und Far-Z-Plane reduziert wird, kann demnach folgendermaßen definiert werden:

```
vertex get_zplane_coords( vertex a, vertex b,
                          double plane_z )
{
  double m = (plane_z - b.wz) / (a.wz - b.wz);
  vertex c;

  c.wx = (a.wx - b.wx) * m + b.wx;
  c.wy = (a.wy - b.wy) * m + b.wy;
  c.wz = plane_z;

  return c;
}
```

Das besondere an diesen Gleichungen ist, dass die richtigen Koordinaten des Punkts C stets ausgerechnet werden, gleichgültig in welcher Reihenfolge die Parameter A und B übergeben werden. Dabei gilt:

get_zplane_coords(A, B, z_min)

ist gleichbedeutend mit:

get_zplane_coords(B, A, z_min)

wobei es sich bei den Parametern A und B um den Anfangs- bzw. Endpunkt der Polygonseite aus Abbildung 4.46 handelt.

4.5.3 Mathematische Grundlagen des Post-Projection-Clipping

Wie der Name bereits andeutet, handelt es sich bei dem Post-Projection-Clipping um einen Vorgang, welcher nach der Projektion ausgeführt wird. Hierbei wird überprüft, ob das darzustellende Vieleck Seiten besitzt, welche die Außenwände des pyramidenförmigen Sichtfelds durchschneiden. Aus der Sicht des Betrachters handelt es sich bei diesen Wänden um die vier Begrenzungslinien des rechteckigen Computerbildschirms.

Wenn eine Polygonseite ein Vertex besitzt, welcher sich außerhalb der senkrechten Begrenzungen des Bildschirms befindet, kann dessen x-Koordinate entweder kleiner 0 sein oder einen Wert besitzen, welcher größer oder gleich der horizontalen Bildschirmauflösung ist. Diejenigen Punkte, deren y-Koordinate kleiner 0 oder größer als die Anzahl der vertikal darstellbaren Pixel ist, befinden sich ebenfalls nicht innerhalb des Viewports. Sie befinden sich über bzw. unter dem horizontalen Rand des Bildschirms.

Um feststellen zu können, ob Teile eines Polygons sich außerhalb der seitlichen Begrenzungen des Sichtfelds befinden, sind demnach die zweidimensionalen Koordinaten der Eckpunkte notwendig. Weil diese dem Programm erst nach der Projektion zur Verfügung stehen, müssen Pre- und Post-Projection-Clipping getrennt durchgeführt werden.

Das Post-Projection-Clipping besteht seinerseits aus zwei Teilschritten. Aus perspektivischen Gründen kann nur getrennt festgestellt werden, ob es Polygonseiten gibt, welche die horizontale bzw. vertikale Begrenzung des Bildschirms verlassen. Im Grunde genommen spielt es keine Rolle, welcher der besagten zwei Schritte zuerst ausgeführt wird. Im Laufe der folgenden Abschnitte werden wir zuerst überprüfen, ob das zu zeichnende Polygon über Seiten verfügt, deren Vertices x-Koordinaten besitzen, welche sich nicht innerhalb des sichtbaren Bereichs befinden.

Das Darstellungsfenster

Die dreidimensionale Ausgabe eines Programms muss nicht immer den gesamten Bildschirm in Anspruch nehmen. Es gibt Anwendungen, welche einer komplexen Kommunikation mit dem Benutzer bedürfen, die in Form einer großen Anzahl von Schaltflächen realisiert wird. Um die Anwendung übersichtlich und benutzerfreundlich zu gestalten, sollten sich die Schnittstelle und die dreidimensionale Ausgabe nicht gegenseitig verdecken, die dreidimensionale Welt muss demnach in einem rechteckigen Fenster angezeigt werden, welches lediglich ein Teil des Bildschirms in Anspruch nimmt.

Um dieses Fenster eindeutig definieren zu können, sind die Bildschirmkoordinaten seiner Begrenzungen erforderlich. Wir werden diese in vier Konstanten speichern, welche die Bezeichnungen x_min, x_max, y_min und y_max tragen. Wenn das Fenster bei einer Auflösung von 800 x 600 Pixel den gesamten Bildschirm in Anspruch nehmen soll, tragen x_min und y_min den Wert 0, während x_max und y_max die Werte 799 bzw. 599 besitzen.

Folgende Abbildung zeigt eine beliebige Polygonseite, welche sich teilweise außerhalb der rechten vertikalen Begrenzung des verwendeten Fensters befindet:

{{figure}}

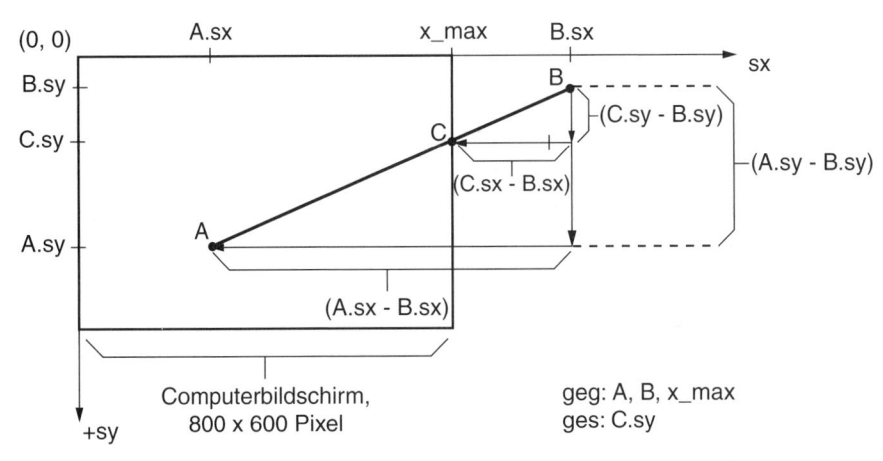

Abb. 4.49: Grafischer Ansatz für das Clipping der y-Koordinaten entlang der rechten Begrenzung eines beliebigen Fensters

Da wir hierbei mit der gleichen Problemstellung wie beim Near- bzw. Far-Plane-Clipping konfrontiert werden, kann ein großer Teil der in diesem Abschnitt vorgestellten Theorie hierauf übertragen werden. Die Abbildung 4.49 erlaubt das Aufstellen der Zuordnung:

Entfernung zwischen den x-Koordinaten	Entfernung zwischen den y-Koordinaten
(A.x − B.x)	(A.y − B.y)
(C.x − B.x)	(C.y − B.y)

welche folgende Beziehung liefert:

$$C.y = \frac{A.y - B.y}{A.x - B.x} * (C.x - B.x) + B.y$$

Obwohl wir uns hierbei in der Bildschirmebene befinden, dürfen die z-Koordinaten der Punkts C, welche für die Ausführung des Z-Buffers bzw. Clear-Reduction-Algorithmus benötigt werden, nicht außer Betracht gelassen werden. Aus bekannten Gründen können diese auf genau dieselbe Weise ermittelt werden:

$$C.z = \frac{A.z - B.z}{A.x - B.x} * (C.x - B.x) + B.z$$

Die Ähnlichkeit dieser beiden Gleichungen, welche dank einer entsprechenden Aufstellung der dazugehörigen Zuordnung zustande kommt, erlaubt auch hier die Optimierung des betrachteten Gleichungssystems:

$C.x = x\_max$

$C.y = (A.y - B.y) * m + B.y$

$C.z = (A.z - B.z) * m + B.z$

wobei $\quad m = (x\_max - B.x) / (A.x - B.x)$

Auch in diesem Fall gelten dieselben Beziehungen auch für das Clipping entlang der linken vertikalen Begrenzung des Darstellungsfensters, wenn die Konstante x_min eingesetzt wird:

```
svertex get_xplane_coords( svertex a, svertex b,
                           long plane_x )
{
  double m = (plane_x - b.sx) / double( a.sx - b.sx );
  svertex c;

  c.sx = plane_x;
  c.sy = long( (a.sy - b.sy) * m + b.sy );
  c.wz = (a.wz - b.wz) * m + b.wz;

  return c;
}
```

Für den Fall, dass bei dem zu zeichnenden Polygon Seiten existieren, welche sich zum Teil außerhalb der horizontalen Begrenzungen des verwendeten Fensters befinden, werden diese im zweiten Schritt des Post-Projection-Clipping auf den sichtbaren Bereich reduziert. Bei dieser letzten Überprüfung werden gegebenenfalls auf der Grundlage der y-Koordinaten die neuen x- und z-Koordinaten ermittelt:

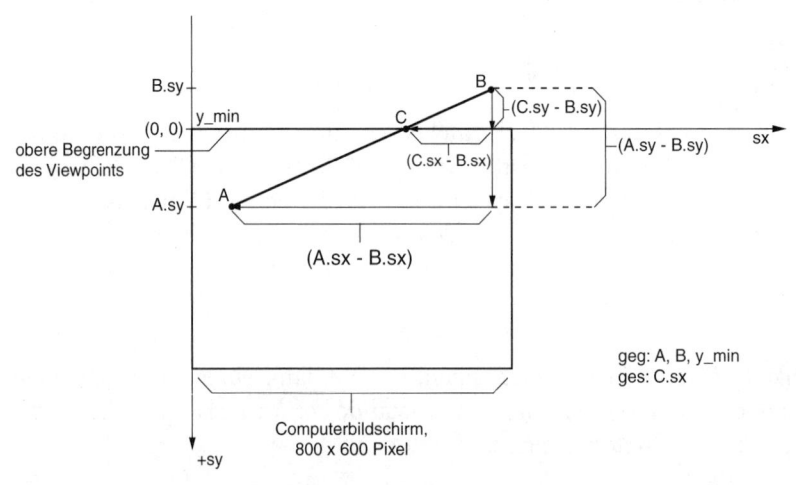

Abb. 4.50: Die Strecke AB wird auf den sichtbaren Bereich verkürzt, indem ihr Endpunkt durch den Punkt C ersetzt wird.

Abbildung 4.50 liefert den grafischen Ansatz für der Aufstellung der Zuordnungen, auf deren Grundlage die hierbei erforderlichen Gleichungen sowie die Funktion get_yplane_coords() aufgestellt werden:

$C.x = (A.x - B.x) * m + B.x$

$C.y = x\_min$

$C.z = (A.z - B.z) * m + B.z$

wobei $\qquad m = (y\_min - B.y) / (A.y - B.y)$

```
svertex get_yplane_coords( svertex a, svertex b,
                           long plane_y )
{
  double m = (plane_y - b.sy) / double( a.sy - b.sy );
  svertex c;

  c.sx = long( (a.sx - b.sx) * m + b.sx );
  c.sy = plane_y;
  c.wz = (a.wz - b.wz) * m + b.wz;

  return c;
}
```

Für die Funktionen get_xplane_coords() und get_yplane_coords() gilt dieselbe Beziehung hinsichtlich der Reihenfolge der übergebenen Parameter, welche uns bereits im Laufe des Z-Plane-Clipping begegnet ist:

get_xplane_coords(A, B, x_min)

liefert hierbei dieselben Koordinaten wie:

get_xplane_coords(B, A, x_min)

und

get_yplane_coords(A, B, y_max)

ist äquivalent mit

get_yplane_coords(B, A, y_max)

wobei es sich bei den Parametern A und B um die Punkte handelt, welche in den Abbildung 4.49 und Abbildung 4.50 die jeweilige Polygonseite definieren.

Wenn es sich bei x_min, x_max sowie y_min und y_max um variable Größen handelt, kann auf diese Weise eine dynamische Veränderung der Fenstergröße realisiert werden. Hierzu muss man jedoch beachten, dass die Position eines Pixels innerhalb eines Fensters nur mit einer veränderten Version der Formel

Offset = y_Koordinate * horizontale_Auflösung + x_Koordinate

ausgerechnet werden kann. Die Verwirklichung dieses Vorhabens beinhaltet auch eine leichte Adaptation der innerhalb der Projektion eingesetzten Konstanten.

4.5.4 Der Sutherland-and-Hodgman-Polygon-Clipping-Algorithmus

Die Bereiche eines Polygons, welche sich außerhalb des Viewports befinden, werden entfernt, indem auf der Grundlage der Koordinaten des Vielecks ein neues Polygon aufgebaut wird, welches sich vollständig innerhalb des sichtbaren Bereichs befindet. Hierzu ist jedoch eine Anzahl von Zwischenschritten notwendig.

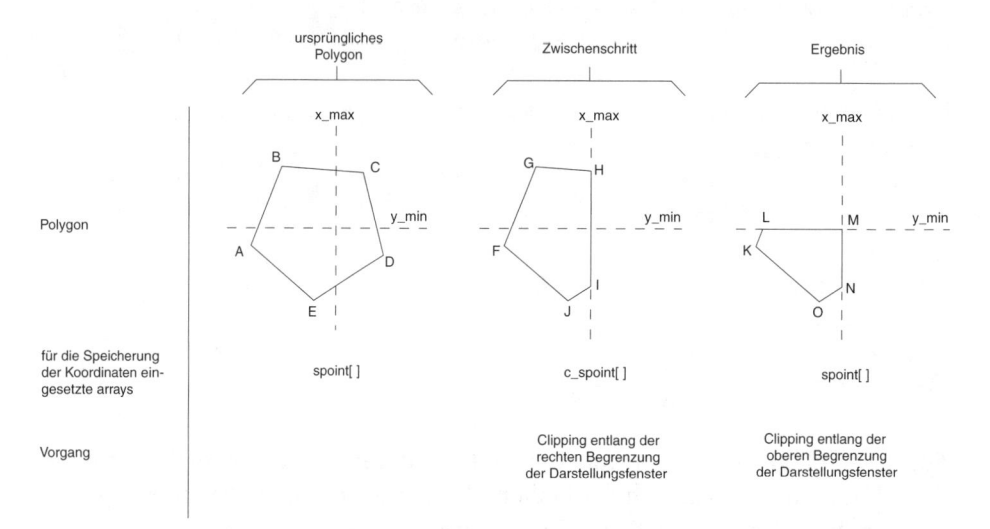

Abb. 4.51: Das Entfernen nicht sichtbarer Bereiche erfolgt unter Verwendung von Zwischenschritten

Da es sich bei jedem Zwischenschritt um ein eigenständiges Polygon handelt, müssen seine Koordinaten in einem separaten Array gespeichert werden. Hierzu definieren wir ein globales Feld aus Elementen vom Typ `svertex` namens `c_spoint[]`, welches von allen Objekten vom Typ `polygon` während des Post-Projection-Clipping verwendet wird:

```
svertex c_spoint[ 100 ];
```

Die Besonderheit des Polygon-Clipping besteht darin, dass sich das ursprüngliche vom Zielpolygon hinsichtlich der Anzahl der Eckpunkte unterscheiden kann.

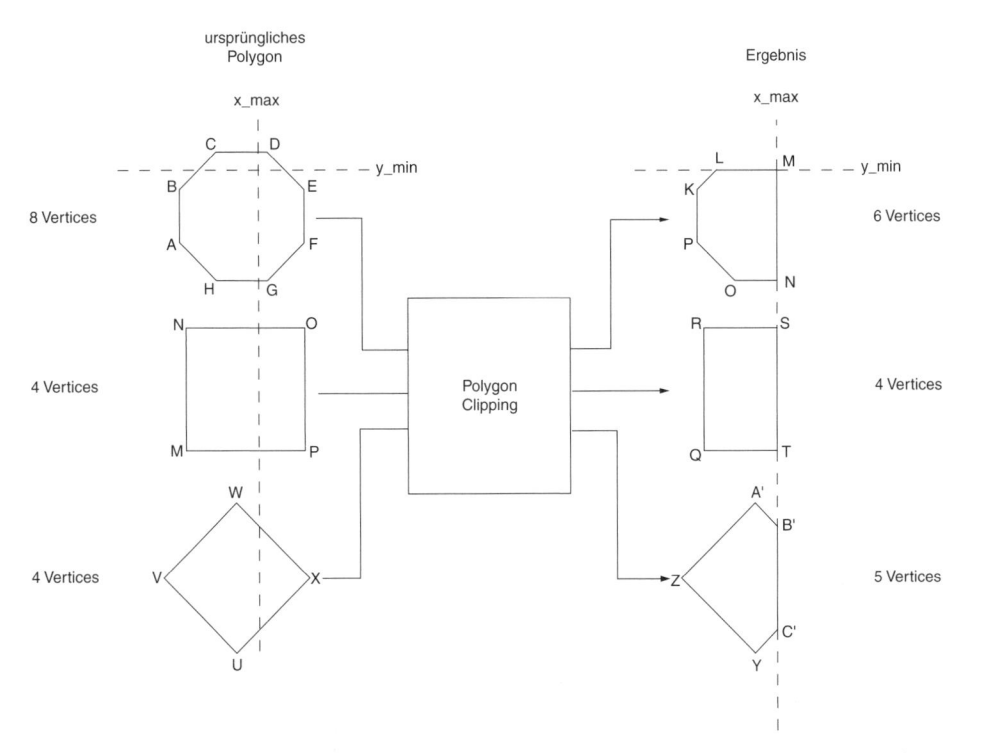

Abb. 4.52: Beim Polygon-Clipping können vorhandene Vertices entfernt oder neue hinzugefügt werden

Das Problem besteht darin, wie eindeutig festgelegt werden kann, wann ein bereits existierender Punkt entfernt bzw. die neue Polygondefinition um einen weiteren Vertex erweitert werden muss.

Grundlagen des Sutherland-and-Hodgman-Polygon-Clipping-Algorithmus

Die Lösung dieses Problems liefert der Sutherland-and-Hodgman-Polygon-Clipping-Algorithmus. Hierbei werden die Seiten des zu betrachtenden Polygons in eine von insgesamt vier unterschiedliche Kategorien eingeteilt:

Kategorie 1: Seite befindet sich vollständig innerhalb des Viewports

Definition: Eine Polygonseite befindet sich nur dann vollständig innerhalb des Viewports, wenn sowohl der Anfangs- als auch der Endpunkt innerhalb des sichtbaren Bereichs liegen.

Kapitel 4
Polygonbasierende dreidimensionale Figuren

Beispiel:

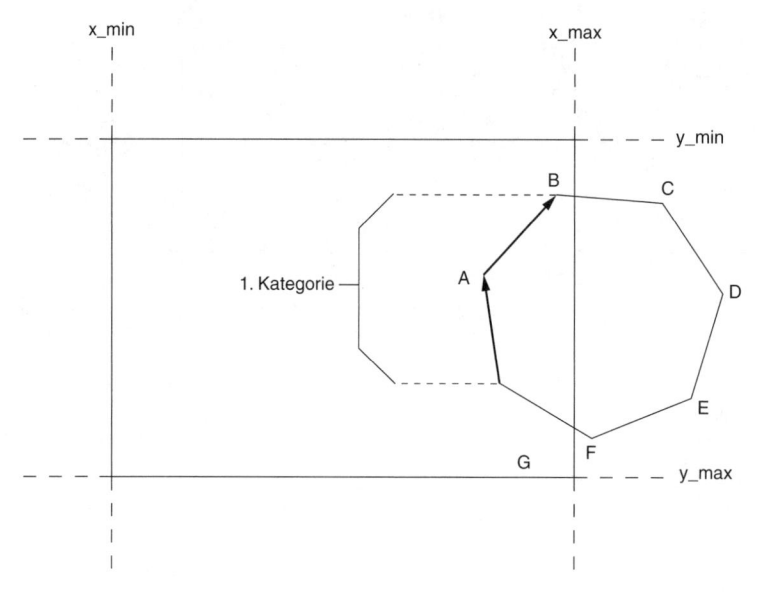

Kategorie 2:   Seite verlässt den Viewport

Definition: Wenn der Anfangspunkt einer Polygonseite innerhalb des sichtbaren Bereichs liegt, während sich der Endpunkt außerhalb des Viewports befindet, muss diese in die zweite Kategorie eingeteilt werden.

Beispiel:

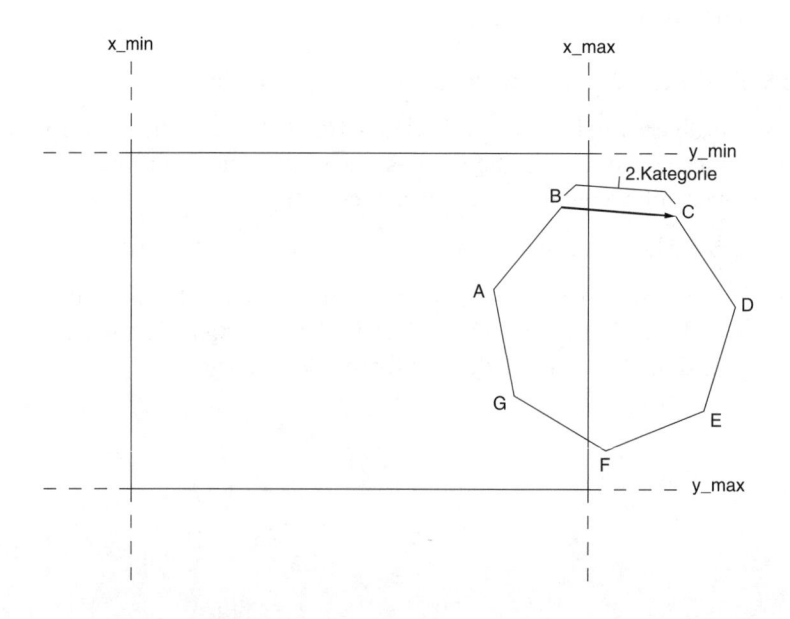

Kategorie 3:   Seite tritt in den Viewport ein

Definition: Eine Polygonseite darf nur dann in die dritte Kategorie eingeteilt werden, wenn der Anfangspunkt sich außerhalb des sichtbaren Bereichs befindet, während der Endpunkt innerhalb des Viewports liegt.

Beispiel:

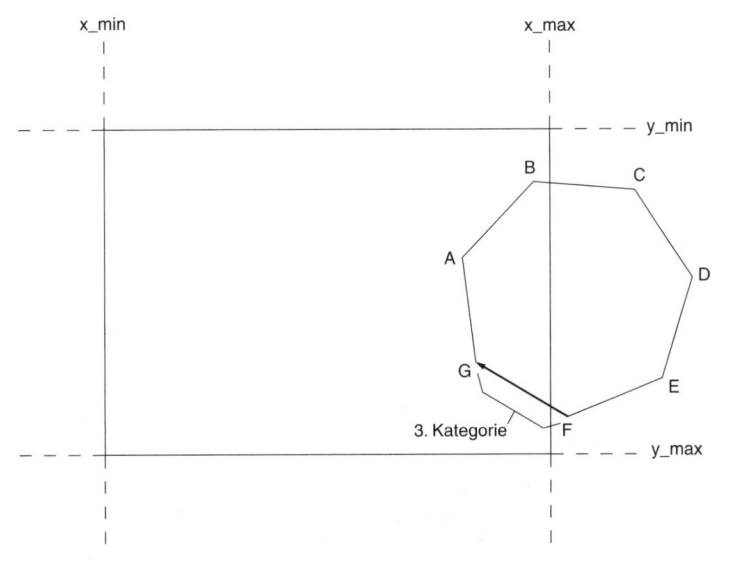

Kategorie 4:   Seite befindet sich vollständig außerhalb des Viewports

Definition: Eine Polygonseite befindet sich nur dann vollständig außerhalb des Viewports, wenn sowohl der Anfangs- als auch der Endpunkt außerhalb des sichtbaren Bereichs liegen.

Beispiel:

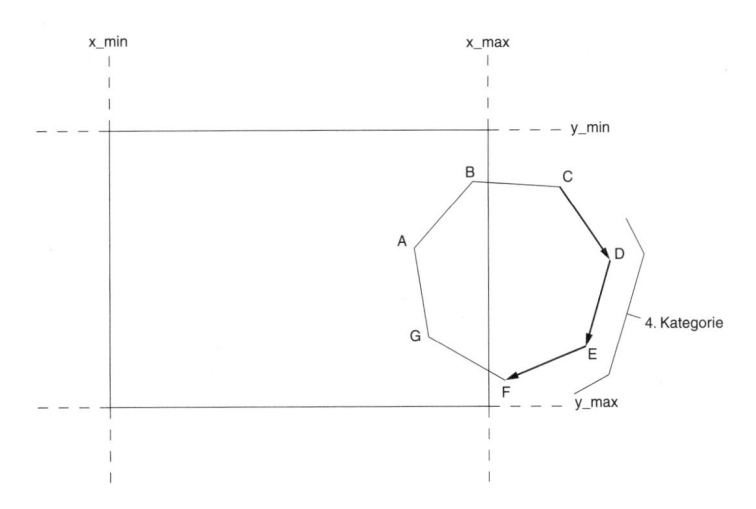

Kapitel 4
Polygonbasierende dreidimensionale Figuren

Die Arbeitsweise des S & H-Algorithmus wird im Folgenden anhand von drei Beispielen erklärt. Hierbei befinden sich die Koordinaten der ursprünglichen Figur stets innerhalb des Arrays c_spoint[], die Koordinaten des neu aufgebauten Polygons wird in spoint[] gespeichert. Im ersten Beispiel wird erläutert, nach welcher Methode der Definition des neuen Vielecks ein neuer Vertex hinzugefügt wird.

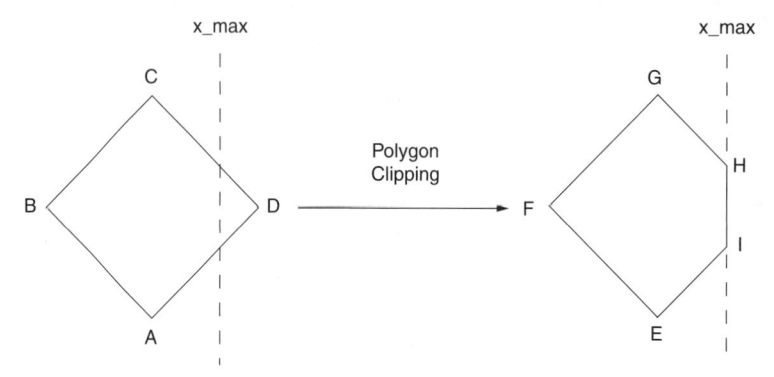

Abb. 4.53: Beim Clipping des Polygons ABCD gegen die rechte vertikale Begrenzung wird dem Ergebnis ein Eckpunkt hinzugefügt

Der S & H-Algorithmus verläuft iterativ. Die Anzahl der eingesetzten Schleifendurchgänge ist dabei gleich der Anzahl der Seiten des betrachteten, ursprünglichen Polygons. In jeder Iteration wird dem Endpunkt der jeweiligen Seite eine besondere Bedeutung beigemessen. Im Fall des Polygons ABCD aus Abbildung 4.50 wird innerhalb des ersten Schleifendurchgangs die Seite DA betrachtet. Weil die x-Koordinaten beider Vertices kleiner x_max ist, wird diese in die erste Kategorie eingeteilt. In diesem Fall wird lediglich A, der Endpunkt der Geraden, innerhalb spoint[0] gespeichert:

```
spoint[ 0 ] = c_spoint[ 0 ];
```

In der zweiten Iteration wird die Seite AB untersucht. Auch diese ist Teil der ersten Kategorie, und auch hier wird der Endpunkt B nach spoint[1], dem zweiten Element des Arrays, übertragen:

```
spoint[ 1 ] = c_spoint[ 1 ];
```

Die Seite BC wird im dritten Schleifendurchlauf betrachtet. Der Wert der x-Koordinaten des Anfangspunkts B ist geringer als x_max und befindet sich deshalb innerhalb des Viewports. Auf der anderen Seite verfügt C, der Endpunkt, über eine größere x-Koordinate und liegt somit außerhalb des sichtbaren Bereichs. Hieraus wird ersichtlich, dass BC der zweiten Kategorie angehört. Wenn eine Polygonseite den Viewport verlässt, müssen die Koordinaten eines neuen Endpunkts ausgerechnet werden. In diesem Beispiel handelt es sich hierbei um den Punkt H, dessen Koordinaten mittels der Funktion `get_xplane_coords()` ausgerechnet und dem Objekt `spoint[ 2 ]` zugewiesen werden:

```
spoint[ 2 ] = get_xplane_coords( c_spoint[ 1 ],
                                 c_spoint[ 2 ],
                                 x_max );
```

Schließlich wird in der letzten Iteration die Seite CD des ursprünglichen Vielecks untersucht, die innerhalb der dritten Kategorie eingeteilt werden muss. Die Seiten, welche in den Viewport eintreten, werden auf eine besondere Weise behandelt, da in Folge der Verarbeitung ihrer Kategorie der zusätzliche Vertex innerhalb der Definition des Zielpolygons eingefügt wird.

Hierzu werden zunächst die Koordinaten des neuen Anfangspunkts I ermittelt, welcher sich zwischen C und D an der Grenze des sichtbaren Bereichs befindet. Obwohl es sich bei I um einen Anfangspunkt handelt, werden seine Koordinaten innerhalb der nächsten verfügbaren Variablen des Arrays `spoint[]` gespeichert. Im Anschluss wird, wie gehabt, der Endpunkt D nach `spoint[]` übertragen.

```
spoint[ 3 ] = get_xplane_coords( c_spoint[ 2 ],
                                 c_spoint[ 3 ],
                                 x_max );

spoint[ 4 ] = c_spoint[ 3 ];
```

Die Grundlage dieser Vorgehensweise besteht darin, dass einzelne Seiten des betrachteten Polygons separat überprüft werden, wobei dem Zielarray nur der Teil der Geraden zugewiesen wird, welcher sich innerhalb des Viewports befindet. Dadurch, dass die Rasterizationsfunktion die Koordinaten des darzustellenden Vielecks dem Feld `spoint[]` entnimmt, wird auf diese Weise der nicht sichtbare Teil des Polygons indirekt entfernt. Punkt C, welcher sich beim ursprünglichen Vieleck außerhalb des Viewports befindet, taucht in der neuen Definition nicht länger auf; stattdessen wird dieser durch die Koordinaten der neu entstandenen Punkte H und I, welche beide Teil des sichtbaren Bereichs sind, ersetzt.

Die Einteilung der Polygonseiten in den vier Kategorien und durch die oben beschriebene Verarbeitung derselben, wird die Art der Anordnung der Vertices erhalten. Sowohl bei der ursprünglichen auch bei der neuen Definition des Vielecks sind die Punkte im Uhrzeigersinn nummeriert.

Das zweite Beispiel befasst sich mit einem Polygon, dessen neue Definition eine geringere Anzahl an Vertices aufweist. Diese Abnahme erfolgt im Zuge der Verarbeitung der vierten Kategorie, welche Seiten enthält, die sich vollständig außerhalb des Viewports befinden:

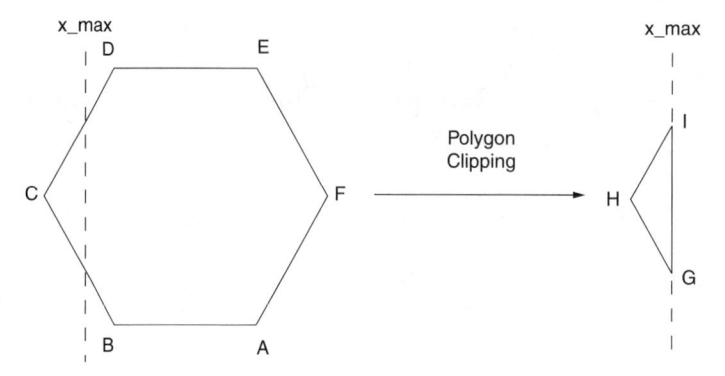

Abb. 4.54: Das Polygon ABCDEF erfährt eine Abnahme der Vertices innerhalb der neuen Definition, welche auf seine Position der rechten vertikalen Begrenzung gegenüber zurückzuführen ist.

Weil das ursprüngliche, links dargestellte Polygon sechs Seiten besitzt, wird die neue Definition in sechs Schleifendurchgängen aufgebaut. Dieses Vieleck besitzt Seiten, welche in bereits behandelte Kategorien einzuteilen sind. Ihre Verarbeitung erfolgt wie besprochen: FA und AB, die Seiten, welche in den ersten beiden Iterationen behandelt werden, gehören der ersten Kategorie an, ihre Endpunkte A und B werden somit den ersten zwei Elementen des Arrays `spoint[]` zugewiesen:

```
spoint[ 0 ] = c_spoint[ 0 ];
spoint[ 1 ] = c_spoint[ 1 ];
```

Weil die Seite BC den Viewport verlässt, wird ein neuer Endpunkt I ermittelt, welcher noch innerhalb des sichtbaren Bereichs liegt. Dieser wird anschließend dem Zielarray hinzugefügt:

```
spoint[ 2 ] = get_xplane_coords( c_spoint[ 1 ],
                                 c_spoint[ 2 ],
                                 x_max );
```

Die vierte Iteration befasst sich mit der Seite CD. Sowohl die x-Koordinate des Anfangspunkts C als auch diejenige des Endpunkts D besitzen Werte, welche größer als die Konstante z_max sind. Damit ist CD in die vierte Kategorie anzusiedeln. Wenn eine Seite vollständig außerhalb des Viewports verläuft, findet keine Operation statt; Anfangs- und Endpunkt werden übergangen, innerhalb des Arrays `spoint[]` werden keine Werte eingetragen. Gleiches gilt auch für die Seite DE.

Schließlich wird EF im Zuge des letzten Schleifendurchgangs untersucht. Diese Seite tritt in den Viewport ein, deshalb müssen die Koordinaten eines neuen Anfangspunkts J bestimmt werden, damit diese dem nächsten verfügbaren Element des Arrays `spoint[]` zugewiesen werden können. Weil in den letzten zwei Iterationen keine Operation stattgefunden hat, handelt es sich hierbei um `spoint[ 3 ]`. Wie bei allen Seiten der dritten Kategorie wird schließlich noch der Endpunkt von EF der neuen Definition des Vielecks hinzugefügt:

```
spoint[ 3 ] = get_xplane_coords( c_spoint[ 4 ],
                                 c_spoint[ 5 ],
                                 x_max );

spoint[ 4 ] = c_spoint[ 5 ];
```

Für jedes Polygon gilt: Wenn eine Seite den Viewport verlässt, existiert stets eine weitere Seite, welche in den sichtbaren Bereich hineinführt. Die Vertices der Seiten, welche vollständig außerhalb des Viewports verlaufen, werden ignoriert und tauchen innerhalb der neuen Definition nicht auf. Diese werden stets durch zwei Punkte ersetzt: den Punkt, welcher im Laufe der Verarbeitung der austretenden Seite ermittelt wird, und den Vertex, dessen Koordinaten im Zuge der Verarbeitung der nächsten, zur dritten Kategorie gehörenden Seite ermittelt werden. Besitzt ein Polygon mehr als eine Seite, welche außerhalb des Viewports verläuft, sind in der neuen Definition weniger Vertices zu verzeichnen.

Wie das letzte Beispiel zeigt, können die ursprüngliche und die neue Definition eines Polygons gleich viele Vertices enthalten:

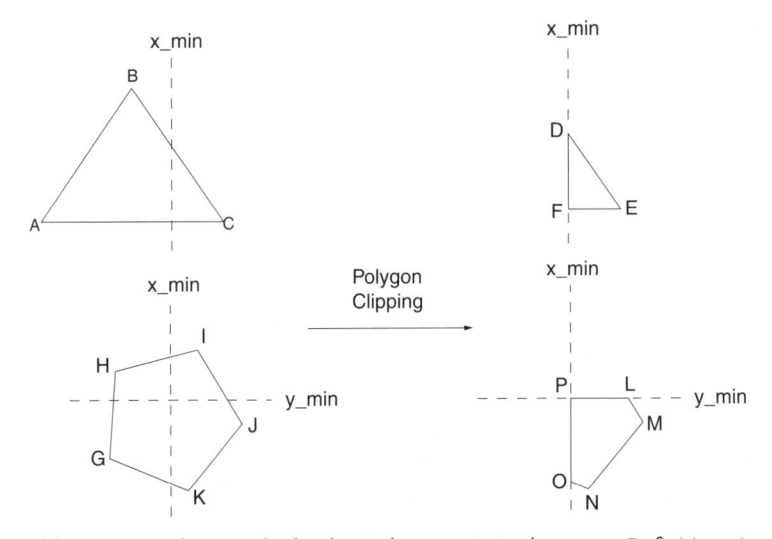

Abb. 4.55: Bei keinem der beiden Polygone tritt in der neuen Definition eine Veränderung bezüglich der Anzahl an Vertices auf

Wenn ein Polygon sich vollständig innerhalb des Viewports befindet, müssen sämtliche Seiten innerhalb der ersten Kategorie eingeteilt werden. Die Anzahl der Iterationen ist gleich der Seitenanzahl, in jedem Schleifendurchgang wird der Endpunkt der untersuchten Seite in die neue Definition eingefügt, das neue Polygon ist auf diese Weise identisch mit dem ursprünglichen.

Wenn sich genau eine Seite des untersuchten Vielecks außerhalb des Viewports befindet, besitzen beide Polygone die gleiche Anzahl an Eckpunkten. Im Fall des Quadrats QRST entzieht die Behandlung der Seite ST der neuen Definition ein Vertex. Dieser Verlust wird durch die Seite TQ ausgeglichen, deren Verarbeitung zwei Punkte innerhalb der neuen Definition überträgt.

Möglichkeiten des Sutherland-and-Hodgman-Polygon-Clipping-Algorithmus

Im vergangenen Abschnitt wird der S & H-Algorithmus lediglich anhand des Clippings von Polygonen entlang der rechten vertikalen Begrenzung des Darstellungsfensters demonstriert. Im dreidimensionalen Modell, welches in Abbildung 4.40 dargestellt ist, handelt es sich hierbei um die rechte Außenwand des pyramidenförmigen Viewports. Daneben existieren jedoch fünf weitere Begrenzungsflächen.

Es kann nur dann sichergestellt werden, dass ein Polygon sich vollständig innerhalb des Viewports befindet, wenn entlang einer jeden dieser sechs Ebenen eine Clipping-Operation durchgeführt wird. Die Vorgänge, welche hierbei ausgeführt werden, sind mit dem ausführlich besprochenen Clipping entlang der rechten Begrenzungsebene fast identisch. Der einzige Unterschied ist, dass in diesem Fall die übrigen Konstanten z_min, z_max, x_min, y_min und y_max sowie die Funktionen `get_zplane_coords()` und `get_yplane_coords()` zum Einsatz kommen.

Wie wir wissen, handelt es sich bei Polygon-Clipping um einen zweistufigen Algorithmus, welcher in Pre- und Post-Projection-Clipping eingeteilt wird. Im ersteren wird zunächst anhand der Near-Z-Plane sichergestellt, dass die z-Koordinaten des darzustellenden Polygons größer oder gleich z_min sind. Um die Koordinaten des hierbei neu aufgebauten Vielecks speichern zu können, definieren wir auch hier einen zusätzlichen Array aus Elementen vom Typ `vertex` mit der Bezeichnung `c_wpoint[]`:

```
vertex c_wpoint[ 100 ];
```

Nach dieser Operation kann es durchaus sein, dass die Elemente dieses Arrays z-Koordinaten besitzen, welche z_max übersteigen. Um diesen Umstand ausschließen zu können, muss eine Clipping-Operation entlang der Far-Z-Plane durchgeführt werden. Die Koordinaten dieses neuen Polygons werden erneut innerhalb `wpoint[]` gespeichert, wobei die alte Definition überschrieben wird. Diese Vorgehensweise ist notwendig, da einerseits die Koordinaten eines womöglich nicht darstellbaren Polygons für den weiteren Visualisierungsprozess nicht länger benötigt werden, die Projektionsfunktion andererseits auf gültige z-Koordinaten angewiesen ist, welche sich in demselben Array befinden müssen.

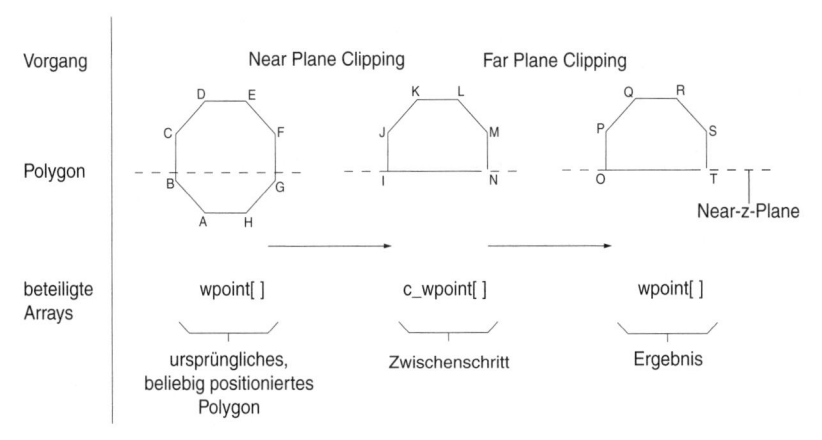

Abb. 4.56: Schematische Anordnung der Arrays, welche im Laufe des Pre-Projection-Clipping die jeweils neue Definition des Vielecks enthalten

Das Post-Projection-Clipping wird nach denselben Vorgaben durchgeführt: Um garantieren zu können, dass die Funktion `polygon::rasterize()` mit gültigen Werten arbeitet, muss eine Clipping-Operation entlang jeder der vier Begrenzungen des Darstellungsfensters stattfinden. Die Koordinaten der neuen Polygone werden hierbei abwechselnd innerhalb der Arrays `spoint[]` und `c_spoint[]` gespeichert, wobei die Koordinaten des letzten Vielecks in Form des Felds `spoint[]` der Rasterizationsfunktion zur Verfügung stehen:

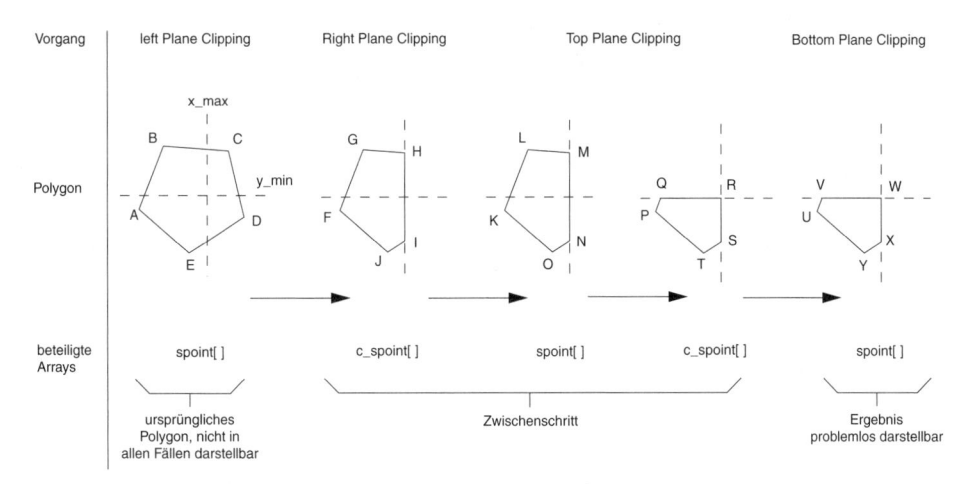

Abb. 4.57: Abfolge der Arrays `spoint[]` und `c_spoint[]` während des Post-Projection-Clipping

Kapitel 4
Polygonbasierende dreidimensionale Figuren

Die Mehrheit der Polygone, welche sich nur teilweise innerhalb des sichtbaren Bereichs befinden, durchschneiden lediglich eine Abgrenzung des Viewports, für ihre Darstellung ist somit lediglich eine Clipping-Operation erforderlich. Werden diese anhand der übrigen Begrenzungen auf Sichtbarkeit überprüft, bleibt ihre Definition unverändert, wie es in der letzten Abbildung bei dem ersten und letzten Clipping-Vorgang der Fall ist.

Implementierung des Sutherland-and-Hodgman-Polygon-Clipping-Algorithmus

Damit unter Verwendung der Klasse `polygon` beliebige, mathematisch definierte Figuren auf dem Bildschirm dargestellt werden können, muss diese erweitert werden:

```
class polygon
{
  private:
    uchar color;
    long point_count, cp_point_count;

    long *points;

    void z_clipping( void );
    void project( void );
    void xy_clipping( void );

    uchar visible( void );
    void shape( uchar *sbuffer );
    void rasterize( uchar *sbuffer );

  public:
    void load( ifstream *thing_def );
    void display( vertex *v, uchar *sbuffer );

    polygon( void ) : point_count( 0 ),
                      cp_point_count( 0 ),
                      points( NULL ) { }
    ~polygon( void )
      { if( points ) delete [] points; }
};
```

Es folgt die nähere Beschreibung der neu hinzugekommenen Elemente:

Variable	Aufgabe
cp_point_count:	Speichert der Anzahl der Eckpunkte des innerhalb des Sichtfelds liegenden Bereichs des Polygons

Funktion	Aufgabe / Definition
z_clipping():	Diese Funktion führt das Pre-Projection-Clipping aus. Sie setzt voraus, dass die ursprüngliche Definition des Polygons sich innerhalb des Arrays wpoint[] befindet. Dort werden auch die Koordinaten der letzten Definition des Vielecks eingetragen. Die Funktion verwendet das global definierte Feld c_wpoint[]:

Die Funktion verläuft, gemäß der vorangegangenen Theorie, in zwei Schritten, welche in Form der zwei for()-Schleifen implementiert werden. Nacheinander wird auf der Grundlage der *Near-* und *Far-Z-Plane* sichergestellt, dass die z-Koordinaten des Polygons gültige Werte besitzen.

Die Auswahl der einzelnen Seiten erfolgt nach derselben Methode wie innerhalb der Funktion polygon::shape(): Zur Indizierung des Arrays, welcher die Vertices des ursprünglichen Polygons enthält, werden die Variablen x und y verwendet. Die erste enthält stets den Index des Anfangspunkts, die zweite denjenigen des Endpunkts der jeweils untersuchten Polygonseite. Innerhalb beider Schleifen wird zunächst die Kategorie der betrachteten Seite festgestellt, anschließend erfolgt die Erweiterung der Definition des neuen Polygons nach den bereits besprochenen Regeln. Weil im Zuge der Verarbeitung der vierten Kategorie keine Operation stattfinden muss, braucht diese nicht programmiertechnisch erfasst zu werden.

Interessant ist der Umgang mit der Variablen cp_point_count, welche die Anzahl der Vertices der darstellbaren Definition des Polygons speichert. Es ist notwendig, zwei Arrays für die Speicherung der alten und neuen Definition eines Polygons zu verwenden. Weil die Anzahl der gültigen Elemente dieser Felder unterschiedlich sein kann, müssen zwei Variablen, in diesem Fall cp_point_count und local_point_count, für die Darstellung dieser Größen eingesetzt werden. Wenn ein neues Polygon aufgebaut wird, fällt der entsprechenden Variablen eine zusätzliche Rolle zu: Sie enthält die Position, an der weitere Werte innerhalb des von ihr indizierten Felds eingefügt werden können.

Funktion	Aufgabe / Definition
project():	Umwandlung dreidimensionaler Koordinaten, welche sich zwischen der *Near-* und *Far-Z-Plane* befinden, in zweidimensionale Koordinaten. Das auf dieser Grundlage entstandene Polygon bedarf einer weiteren Überprüfung auf Sichtbarkeit.

Die wichtigste Veränderung, welche allen Funktionen wiederfahren ist, deren Ausführung nach dem Aufruf von `z_clipping()` stattfindet, besteht in der Ersetzung der Variablen `polygon::point_count` durch `cp_point_count`. Hierbei handelt es sich noch um `visible()` und `rasterize()`. Die Begründung ist, dass die Clipping-Funktion neue Polygone aufbaut, deren Anzahl an Eckpunkten von der globalen Definition stark abweichen kann.

Bei der Division eines Werts durch eine Variable sollte man sich absichern, dass diese nicht den Wert 0 enthält. Der kleinste Wert, den die z-Koordinaten nach einer *Clipping*-Operation einnehmen dürfen, ist in z_min gespeichert und muss größer 0 sein. Die Nachricht, mit der das Programm im Falle eines Fehlers abgebrochen wird, deutet in diesem Fall darauf hin, dass etwas bezüglich der Ausführung des Pre-Projection-Clipping schief gelaufen ist.

`xy_clipping()`: Die Aufgabe dieser Funktion besteht in der Ausführung des Post-Projection-Clipping. Vor ihrem Aufruf muss die zweidimensionale Definition des darzustellenden Vielecks innerhalb des Arrays `spoint[]` gespeichert sein. In demselben Feld befinden sich nach ihrer Ausführung die Koordinaten des sichtbaren Bereichs des ursprünglichen Polygons. Die Funktion macht von dem global definierten Feld `c_spoint[]` Gebrauch.

`polygon::xy_clipping()` führt nacheinander eine Clipping-Operation entlang der linken, rechten, oberen und unteren Begrenzung des Darstellungsfensters aus. Hierzu werden vier for()-Schleifen verwendet. Alle programmiertechnischen Einzelheiten wurden bereits im Zuge der Besprechung von `polygon::z_clipping()` erläutert.

`display()`: Visualisierung eines beliebigen, mathematisch definierten Polygons in dem durch die entsprechenden Konstanten definierten Darstellungsfenster.

Der Aufruf der Prozeduren `z_clipping()` und `xy_clipping()` findet innerhalb dieser Funktion statt. Wichtig ist, dass bei der ersten Übertragung der globalen Definition des Polygons an dem Array `wpoint[]` die Variable `point_count` verwendet wird. Zu diesem Zeitpunkt ist nicht bekannt, ob das Polygon sich innerhalb des Viewports befindet, der Wert der Variablen `cp_point_count` ist somit undefiniert.

Die Wahrscheinlichkeit, dass sich ein mathematisch definiertes Polygon innerhalb des begrenzten sichtbaren Bereichs befindet, ist vergleichsweise klein. Aus diesem Grund beträgt der Anfangswert, welcher dieser Variablen während der Ausführung von `polygon::z_clipping()` zugewiesen wird, 0 Einheiten. Wenn sich dieser

Wert nach der Ausführung der Clipping-Funktionen nicht verändert hat, muss `polygon::display()` mittels der Anweisung:

```
if( cp_point_count == 0 ) return;
```

explizit beendet werden, weil die hier vorgestellte Rasterizationsfunktion ein darstellbares Polygon erwartet.

4.5.5 Praktische Darstellung beliebiger, mathematisch definierter Polygone

Die Aufgabe unseres nächsten Programms besteht darin, die richtige Arbeitsweise unserer *Clipping*-Funktionen anhand eines Gegenstands, welcher abwechselnd in den *Viewport* eintritt und den sichtbaren Bereich wieder verlässt, darzustellen. Bei dem Objekt handelt es sich um eine Annäherung an einer Sphäre mit 266 Vertices und 288 Polygonen, welche in der Datei *sphere.tg1* definiert ist. Das Polyeder dreht sich um die y-Achse eines Punkts, welcher in Form der Koordinaten (0, 0, 800) definiert ist.

Der eingesetzte Rotationsradius mit dem Wert 1000 Einheiten ist groß genug, um den Gegenstand für eine kurze Zeit außerhalb des *Viewports* zu führen. Die auf der Grundlage dieser Drehbewegung liegende Theorie wurde bereits im Abschnitt *3.5.4:* des vorhergehenden Kapitels vorgestellt.

```
///////////////////////         a4_8.cpp          ///////////////////////
//                                                                     //
//    Rotation eines Gegenstandes um einen beliebigen Punkt            //
//    Auflösung: beliebig, Farbtiefe: 8 Bit                            //
//                                                                     //
/////////////////////////////////////////////////////////////////////////

#include <windows.h>

#include "sf4_9.h"
#include "t4_9.h"
#include "gv4_9.h"
#include "ln4_9.h"

uchar handle_input( MSG *msg );

void display_point( vertex wp, uchar *screen )
```

Kapitel 4
Polygonbasierende dreidimensionale Figuren

```c
{
  svertex sp;

  if( wp.wz > 0.0 )
  {
    sp.sx = long( wp.wx / wp.wz *  200.0 + x_res/2 );
    sp.sy = long( wp.wy / wp.wz * -200.0 + y_res/2 );

    if( sp.sx > 0 && sp.sx < x_res && sp.sy > 0 && sp.sy < y_res )
      screen[ sp.sy * x_res + sp.sx ] = 253;
  }
}

int WINAPI WinMain( HINSTANCE hInstance, HINSTANCE hPrevInstance, LPSTR
lpCmdLine, int iCmdShow )
{
  initialise_world( hInstance, 640, 480, 8 );

  const short planet_count = 5;
  vertex sun;  sun.wx = 0;   sun.wy = 0;   sun.wz = 800;

  thing planet( "sphere.tg1" );

  matrix m;
  m.scale( 120, 120, 120 );
  m.translate( sun.wx, sun.wy, sun.wz + 300 );
  planet.update_pos( m );
  m.clear();

  m.translate( -sun.wx, -sun.wy, -sun.wz );
  m.rotate( 0, 0.08, 0 );
  m.translate( sun.wx, sun.wy, sun.wz );

  MSG message;
  while( 1 )
  {
    if( handle_input( &message ) ) break;

    for( long x=0 ; x<x_res*y_res ; x++ ) sbuffer[ x ] = 0;

    planet.update_pos( m );
    planet.display();
```

```
    display_point( sun, sbuffer );

    uchar *screen = (uchar *) surface.get_screen_pointer();
    for( long x=0 ; x<x_res*y_res ; x++ ) screen[ x ] = sbuffer[ x ];
    surface.release_screen_pointer();
  }

  destroy_world();

  return message.wParam;
}

uchar handle_input( MSG *msg )
{
  if( PeekMessage( msg, NULL, 0, 0, PM_REMOVE ) )
  {
    if( msg->message == WM_QUIT || msg-
>message == WM_KEYDOWN ) return 1;

    TranslateMessage( msg );
    DispatchMessage( msg );
  }

  return 0;
}
```

///////////////////////   Ende a4_8.cpp   ///////////////////////

Bei den *Clipping*-Operationen, welche lediglich bei Bedarf durchgeführt werden, handelt es sich um interne Vorgänge der Klassen zur Verwaltung von Polyeder bzw. Polygonen. Aus diesem Grund lässt sich in der Regel anhand des Aufrufs der Darstellungsfunktionen nicht feststellen, ob nicht oder nur teilweise sichtbare Vielecke dargestellt werden können. Die praktische Unterstützung dieser Typen von Polygonen unter Verwendung eines benutzerdefinierten Datentyps kann folgendermaßen gestaltet sein:

///////////////////////   Anfang p4_8.h   ///////////////////////
```
#ifndef POLYGON_H
#define POLYGON_H

#include <fstream.h>
```

Kapitel 4
Polygonbasierende dreidimensionale Figuren

```cpp
#include "v4_9.h"
#include "ln4_9.h"
#include "gv4_9.h"

class polygon
{
  private:
    uchar color;
    long point_count, cp_point_count;

    long *points;

    void z_clipping( void );
    void project( void );
    void xy_clipping( void );

    uchar visible( void );
    void shape( uchar *sbuffer );
    void rasterize( uchar *sbuffer );

  public:
    void load( ifstream *thing_def );
    void display( vertex *v, uchar *sbuffer );

    polygon( const polygon &p );
    polygon( void ) : point_count( 0 ), cp_point_count( 0 ), points( NULL ) { }
    ~polygon( void ) { if( points ) delete [] points; }
};

vertex get_zplane_coords( vertex a, vertex b, double plane_z )
{
  double m = (plane_z - b.wz) / (a.wz - b.wz);
  vertex c;

  c.wx = (a.wx - b.wx) * m + b.wx;
  c.wy = (a.wy - b.wy) * m + b.wy;
  c.wz = plane_z;

  return c;
}
```

```
void polygon::z_clipping( void )
{
  long x, y;
  long local_point_count = 0;

  for( x=point_count-1, y=0 ; y<point_count ; x=y, y++ )
  {
    if( wpoint[ x ].wz >= z_min && wpoint[ y ].wz >= z_min )
                    // inside
      c_wpoint[ local_point_count++ ] = wpoint[ y ];

    else if( wpoint[ x ].wz >= z_min && wpoint[ y ].wz < z_min )
                    // leaving
      c_wpoint[ local_point_count++ ] = get_zplane_coords( wpoint[ x ], wpoint[ y ], z_min );

    else if( wpoint[ x ].wz < z_min && wpoint[ y ].wz >= z_min )
                    // entering
    {
      c_wpoint[ local_point_count++ ] = get_zplane_coords( wpoint[ x ], wpoint[ y ], z_min );
      c_wpoint[ local_point_count++ ] = wpoint[ y ];
    }
  }

  cp_point_count = 0;
  for( x=local_point_count-1, y=0 ; y<local_point_count ; x=y, y++ )
  {
    if( c_wpoint[ x ].wz <= z_max && c_wpoint[ y ].wz <= z_max )
                    // inside
      wpoint[ cp_point_count++ ] = c_wpoint[ y ];

    else if( c_wpoint[ x ].wz <= z_max && c_wpoint[ y ].wz > z_max )
                    // leaving
      c_wpoint[ cp_point_count++ ] = get_zplane_coords( c_wpoint[ x ], c_wpoint[ y ], z_max );

    else if( c_wpoint[ x ].wz > z_max && c_wpoint[ y ].wz <= z_max )
                    // entering
    {
      c_wpoint[ cp_point_count++ ] = get_zplane_coords( c_wpoint[ x ], c_wpoint[ y ], z_max );
      c_wpoint[ cp_point_count++ ] = c_wpoint[ y ];
```

```
      }
   }
}

void polygon::project( void )
{
   double z;

   for( long x=0 ; x<cp_point_count ; x++ )
   {
      if( wpoint[ x ].wz > 0.0 )
      {
         spoint[ x ].sx = long( wpoint[ x ].wx /
 wpoint[ x ].wz *  200.0 + x_res / 2 );
         spoint[ x ].sy = long( wpoint[ x ].wy / wpoint[ x ].wz * -
 200.0 + y_res / 2 );
         spoint[ x ].sz = wpoint[ x ].wz + clear_translation;   //
 '+', because 'clear_translation' is negative
      }

      else exit( "polygon::project(): Ungültige z - Koordinate.\n" );
   }
}

svertex get_xplane_coords( svertex a, svertex b, long plane_x )
{
   double m = (plane_x - b.sx) / double( a.sx - b.sx );
   svertex c;

   c.sx = plane_x;
   c.sy = long( (a.sy - b.sy) * m + b.sy );
   c.sz = (a.sz - b.sz) * m + b.sz;

   return c;
}

svertex get_yplane_coords( svertex a, svertex b, long plane_y )
{
   double m = (plane_y - b.sy) / double( a.sy - b.sy );
   svertex c;

   c.sx = long( (a.sx - b.sx) * m + b.sx );
```

```cpp
    c.sy = plane_y;
    c.sz = (a.sz - b.sz) * m + b.sz;

    return c;
}

void polygon::xy_clipping( void )
{
    long x, y;
    long local_point_count = 0;

    for( x=cp_point_count-1, y=0 ; y<cp_point_count ; x=y, y++ )
    {
        if( spoint[ x ].sx >= x_min && spoint[ y ].sx >= x_min )
                        // inside
            c_spoint[ local_point_count++ ] = spoint[ y ];

        else if( spoint[ x ].sx >= x_min && spoint[ y ].sx < x_min )
                        // leaving
            c_spoint[ local_point_count++ ] = get_xplane_coords( spoint[ x ],
spoint[ y ], x_min );

        else if( spoint[ x ].sx < x_min && spoint[ y ].sx >= x_min )
                        // entering
        {
            c_spoint[ local_point_count++ ] = get_xplane_coords( spoint[ x ],
spoint[ y ], x_min );
            c_spoint[ local_point_count++ ] = spoint[ y ];
        }
    }

    cp_point_count = 0;
    for( x=local_point_count-1, y=0 ; y<local_point_count ; x=y, y++ )
    {
        if( c_spoint[ x ].sx <= x_max && c_spoint[ y ].sx <= x_max )
                        // inside
            spoint[ cp_point_count++ ] = c_spoint[ y ];

        else if( c_spoint[ x ].sx <= x_max && c_spoint[ y ].sx > x_max )
                        // leaving
            spoint[ cp_point_count++ ] = get_xplane_coords( c_spoint[ x ], c_s
point[ y ], x_max );
```

```
       else if( c_spoint[ x ].sx > x_max && c_spoint[ y ].sx <= x_max )
                    // entering
      {
         spoint[ cp_point_count++ ] = get_xplane_coords( c_spoint[ x ], c_s
point[ y ], x_max );
         spoint[ cp_point_count++ ] = c_spoint[ y ];
      }
   }

   local_point_count = 0;
   for( x=cp_point_count-1, y=0 ; y<cp_point_count ; x=y, y++ )
   {
      if( spoint[ x ].sy >= y_min && spoint[ y ].sy >= y_min )
                    // inside
         c_spoint[ local_point_count++ ] = spoint[ y ];

      else if( spoint[ x ].sy >= y_min && spoint[ y ].sy < y_min )
                    // leaving
         c_spoint[ local_point_count++ ] = get_yplane_coords( spoint[ x ],
spoint[ y ], y_min );

      else if( spoint[ x ].sy < y_min && spoint[ y ].sy >= y_min )
                    // entering
      {
         c_spoint[ local_point_count++ ] = get_yplane_coords( spoint[ x ],
spoint[ y ], y_min );
         c_spoint[ local_point_count++ ] = spoint[ y ];
      }
   }

   cp_point_count = 0;
   for( x=local_point_count-1, y=0 ; y<local_point_count ; x=y, y++ )
   {
      if( c_spoint[ x ].sy <= y_max && c_spoint[ y ].sy <= y_max )
                    // inside
         spoint[ cp_point_count++ ] = c_spoint[ y ];

      else if( c_spoint[ x ].sy <= y_max && c_spoint[ y ].sy > y_max )
                    // leaving
         spoint[ cp_point_count++ ] = get_yplane_coords( c_spoint[ x ], c_s
point[ y ], y_max );

      else if( c_spoint[ x ].sy > y_max && c_spoint[ y ].sy <= y_max )
                    // entering
```

```cpp
    {
      spoint[ cp_point_count++ ] = get_yplane_coords( c_spoint[ x ], c_s
point[ y ], y_max );
      spoint[ cp_point_count++ ] = c_spoint[ y ];
    }
  }
}

uchar polygon::visible( void )
{
  long t = (spoint[ cp_point_count-1 ].sx -
 spoint[ 0 ].sx) * (spoint[ 1 ].sy - spoint[ 0 ].sy) -
          (spoint[ cp_point_count-1 ].sy -
 spoint[ 0 ].sy) * (spoint[ 1 ].sx - spoint[ 0 ].sx);

  return( t < 1L ? 1 : 0 );
}

void polygon::shape( uchar *sbuffer )
{
  ushort x, y;

  for( x=cp_point_count-1, y=0 ; y<cp_point_count ; x=y, y++ )
    line( spoint[ x ].sx, spoint[ x ].sy, spoint[ y ].sx, spoint[ y ].s
y, 254, sbuffer );
}

void polygon::load( ifstream *thing_def )
{
  (*thing_def) >> point_count;
  if( (point_count < 3) || (point_count > largest_point_count) )
    exit( "polygon::load(): Unzulässiger Wert für point_count.\n" );

  if( (points = new long[ point_count ]) == NULL ) exit( "*points: Nicht
 genug Speicher.\n" );

  for( long x=0 ; x<point_count ; x++ ) (*thing_def) >> points[ x ];

  long x;
  (*thing_def) >> x;  color = (uchar) x;
}

void polygon::display( vertex *v, uchar *sbuffer )
```

```cpp
    {
      for( long x=0 ; x<point_count ; x++ ) wpoint[ x ] = v[ points[ x ] ];

      z_clipping();
      project();
      xy_clipping(); if( !cp_point_count ) return;

      shape( sbuffer );
    }

    polygon::polygon( const polygon &p )
    {
      color = p.color;
      point_count = p.point_count;

      if( (points = new long[ point_count ]) == NULL )
        exit( "polygon::polygon( const polygon & ): Nicht genug Speicher.\n"
      );

      for( long x=0 ; x<point_count ; x++ ) points[ x ] = p.points[ x ];
    }

    void set_side( svertex begin, svertex end, screen_side *side )
    {
      long length = end.sy - begin.sy;

      if( length <= 0 ) return;

      double a_offset = double( begin.sy * x_res + begin.sx );
      double e_offset = double( end.sy * x_res + end.sx );

      double offset_step = (e_offset - a_offset) / length;
      double z_step = (end.sz - begin.sz) / length;

      long act_y = begin.sy;
      double act_z = begin.sz;
      for( ; act_y <= end.sy ; act_y++, a_offset += offset_step, act_z += z_step )
      {
        side[ act_y ].offset = long( a_offset );
        side[ act_y ].sz = act_z;
      }
```

```
}

inline void inc( long *x, ushort point_count )
{
  if( ++(*x) >= point_count ) *x = 0;
}

inline void dec( long *x, ushort point_count )
{
  if( --(*x) < 0 ) *x = point_count-1;
}

void polygon::rasterize( uchar *sbuffer )
{
  long x, y, top=0, bottom=0;

  for( x=1 ; x<cp_point_count ; x++ )
  {
    if( spoint[ top    ].sy > spoint[ x ].sy ) top = x;
    if( spoint[ bottom ].sy < spoint[ x ].sy ) bottom = x;
  }

  x = y = top;
  for( dec( &y, cp_point_count ) ; x!=bottom ; x=y, dec( &y, cp_point_count ) )
      set_side( spoint[ x ], spoint[ y ], left_side );

  x = y = top;
  for( inc( &y, cp_point_count ) ; x!=bottom ; x=y, inc( &y, cp_point_count ) )
      set_side( spoint[ x ], spoint[ y ], right_side );

  long m = (spoint[ bottom ].sy + spoint[ top ].sy) / 2;
  if( left_side[ m ].offset > right_side[ m ].offset )
  {
    screen_side *t = left_side;  left_side = right_side;  right_side = t;
  }

  long length, offset;
  double act_z, z_step;
```

Kapitel 4
Polygonbasierende dreidimensionale Figuren

```
    for( y = spoint[ top ].sy ; y <= spoint[ bottom ].sy ; y++ )
    {
      length = right_side[ y ].offset - left_side[ y ].offset;

      z_step = (right_side[ y ].sz - left_side[ y ].sz) / length;
      act_z = left_side[ y ].sz;
      offset = left_side[ y ].offset;

      while( length-- > 0 )
      {
        if( act_z < zbuffer[ offset ] )
        {
          sbuffer[ offset ] = color;
          zbuffer[ offset ] = act_z;
        }

        offset++;
        act_z += z_step;
      }
    }
  }

#endif
```

///////////////////////// Ende p4_8.h /////////////////////////

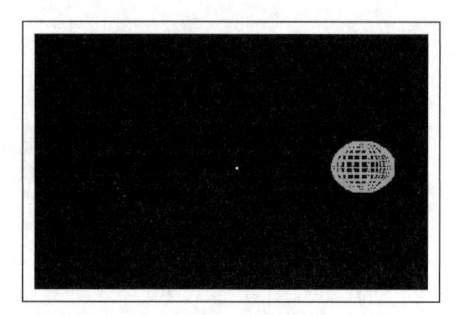

Abb. 4.58: Ausgabe des Programms *a4_8*

4.5.6 Benutzerdefinierte Rotationsebene für die Drehung um einen beliebigen Punkt

In unserem nächsten Programm soll die Bewegung der Planeten eines hypothetischen Sonnensystems simuliert werden. Zwecks besserer Übersicht wird die

Sonne lediglich in Form eines Punkts dargestellt, welcher sich an einer beliebigen Position im dreidimensionalen Raum befinden kann. Um diese Sonne drehen sich fünf Planeten, welche sich voneinander hinsichtlich ihrer

- Größe,
- Entfernung zur Sonne und
- Rotationsgeschwindigkeit

unterscheiden. In der realen Welt liegen die Mittelpunkte sämtlicher Planeten in einer bestimmten Ebene. Die Besonderheit an diesem Programm besteht darin, dass die Sicht auf das Sonnensystem von schräg oben erfolgen muss; die Rotationsebene des Systems muss mit der x-z-Ebene einen 30°-Winkel bilden.

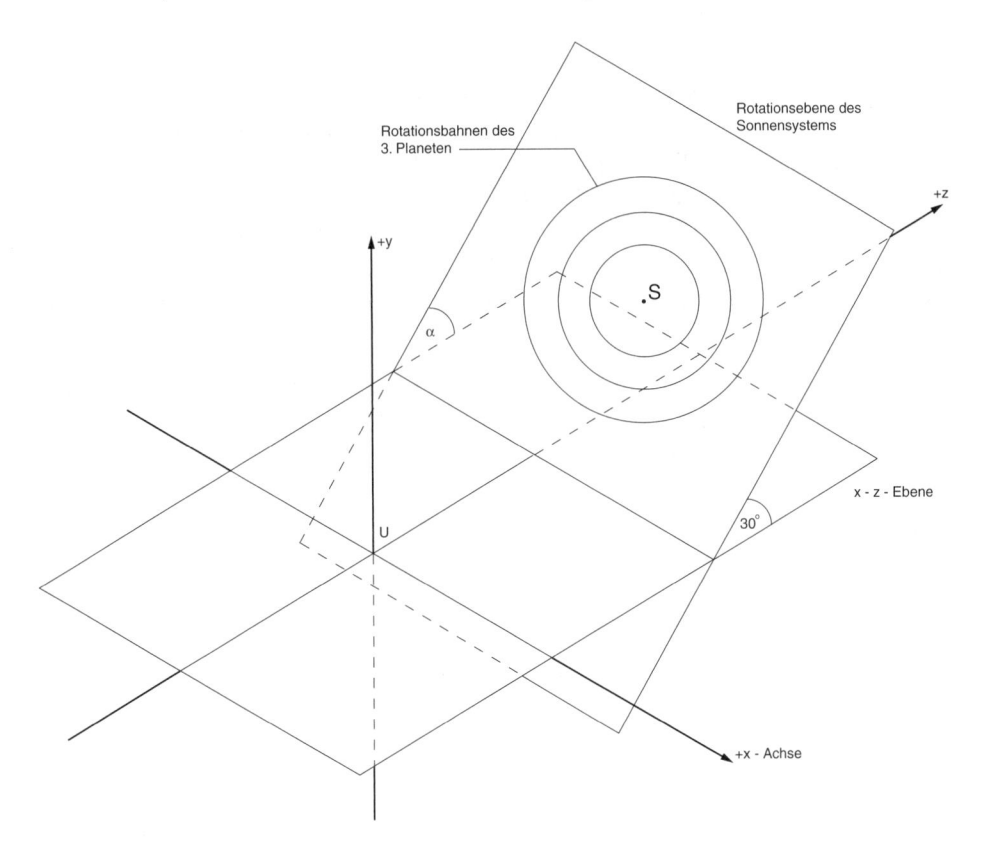

U (0, 0, 0): globaler Ursprung. Position des Betrachters
S (0, sun_y, sun_z): Position der Sonne

Abb. 4.59: Lage der Rotationsebene des Sonnensystems innerhalb des dreidimensionalen Raums

Ein Planet wird unter Verwendung einer entsprechend initialisierten Variablen vom Typ thing verwaltet. Die Drehung erfolgt wie bisher während der Ausführung einer Schleife; da jeder Gegenstand ein unterschiedliches Rotationsverhalten aufweist, muss jeder Planet über eine eigene Matrix verfügen, welche die entsprechenden Bewegungsinformationen enthält.

Es ist vorteilhaft, diese zwei unterschiedlichen Informationen innerhalb eines eigenen Datentyps zu speichern. Die Klasse `planet` verfügt über eine Komponente vom Typ `thing`, welche das Aussehen des Planeten beschreibt; bei dem zweiten Element handelt es sich um eine Matrix. Die Initialisierung der beiden Elemente erfolgt während der Ausführung einer Funktion namens `load()`, deren Prototyp folgendermaßen aufgebaut ist:

```
void planet::load( double dist, double angle,
                   double scale_factor, vertex sun )
```

Der Parameter `sf` gibt den Faktor an, um welchen der Planet skaliert werden muss. Auf diese Weise kann seine Größe benutzerdefiniert festgelegt werden. Bei d handelt es sich um die Entfernung zwischen dem Planet und der Sonne. Die letzten beiden Parameter sind für die Initialisierung der Matrix erforderlich: Der Winkel, um welchen der Planet in jedem Frame um die y-Achse der Sonne rotiert werden muss, wird in Form von `ra` angegeben. Die Rotationsgeschwindigkeit des Planeten lässt sich in Form dieses Winkels festlegen. Der Parameter `sun` gibt schließlich die Koordinaten der Sonne an.

Die Klasse `planet` verfügt schließlich über eine Funktion namens `display()`, welche `thing::update_pos()` und `thing::display()` aufruft, um den Planeten zu bewegen und auf dem Bildschirm darzustellen:

```
class planet
{
  private:
    thing t;
    matrix m;

  public:
    void planet::load(double dist, double angle,
                      double scale_factor, vertex sun);

    void display( uchar sbuffer )
    {
      t.update_pos( m );
      t.display( sbuffer );
    }
};
```

Die eigentliche Herausforderung besteht in der Definition der Funktion planet::load(). Die Aufgabe besteht darin, eine Rotation um einen beliebigen Punkt durchzuführen, dessen Koordinaten bekannt sind. Zusätzlich hierzu muss die Ebene, in welcher die Drehung um die y-Achse der Sonne durchgeführt werden muss, einen Winkel von 30 mit der x-z-Ebene bilden.

Das Problem ist nur, dass mithilfe unserer Rotationsgleichung lediglich Gegenstände rotiert werden können, deren Mittelpunkte Teil der x-z-Ebene ist. Im letzten Kapitel wurde anhand der Rotation eines Polygons um die eigenen Achsen und um einen beliebigen Punkt ausführlich beschrieben, wie diese Einschränkung umgangen werden kann. Auch das aktuelle Problem lässt sich nach dem gleichen Vorbild lösen. Der Grundgedanke hierbei lautet: Wenn die durchzuführende Rotation um die y-Achse innerhalb einer beliebigen Ebene E stattfinden soll, müssen für die Dauer der Drehung folgende Voraussetzungen erfüllt sein:

1. E muss mit der x-z-Ebene deckungsgleich sein.
2. Das Rotationszentrum muss die Koordinaten des Ursprunges besitzen.

Hierfür ist die Durchführung einiger Schritte erforderlich. Wir gehen zunächst davon aus, dass die Sonne an einer beliebigen Position **S** innerhalb unserer Welt zu finden ist. Die einzelnen Planeten sind mit **P1**, **P2** usw. gekennzeichnet.

1. Wie bereits beschrieben, durchläuft die Ebene, in welcher sich die Planeten befinden, den Punkt **S** und bildet einen 30 -Winkel mit der x-z-Ebene. Die *lokale* y-Achse, um welche die Rotation erfolgt, ist mit **y'** gekennzeichnet:

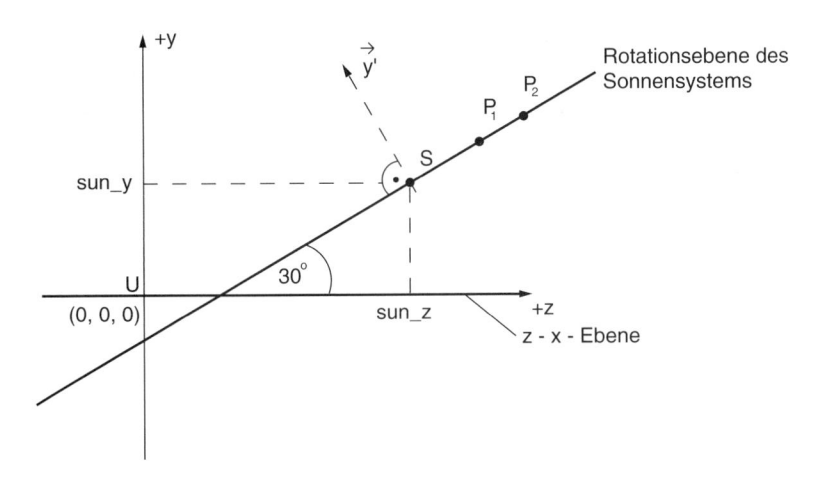

2. Für die Durchführung der Rotation um **y'** muss **S**, das Rotationszentrum, zunächst in Richtung des globalen Ursprunges **(0, 0, 0)** verschoben werden:

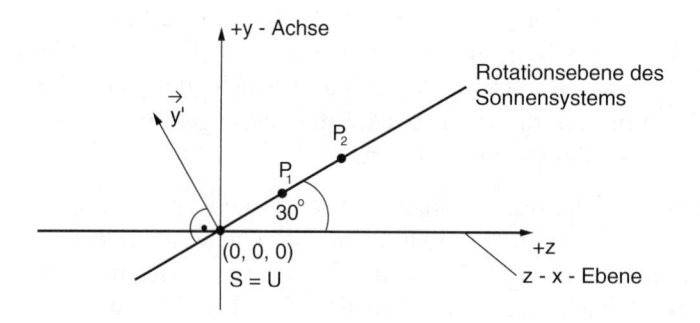

Kapitel 4
Polygonbasierende dreidimensionale Figuren

[Abbildung: Koordinatensystem mit +y-Achse, Rotationsebene des Sonnensystems, Punkten P_1, P_2, Winkel 30°, Ursprung $(0, 0, 0)$, $S = U$, +z-Achse und z-x-Ebene]

3. Anschließend ist eine Rotation der Ebene **E** um die x-Achse erforderlich, um die Deckungsgleichheit mit der x-z-Ebene zu erreichen. Um eine beliebige Ebene **E** drehen zu können, rotiert man sämtliche Punkte, welche sich in **E** befinden:

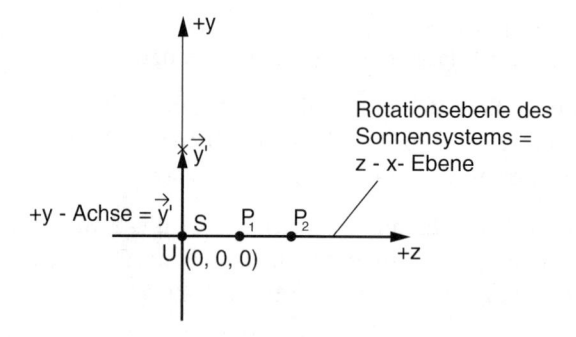

[Abbildung: Koordinatensystem mit +y-Achse = $\vec{y}'$, Rotationsebene des Sonnensystems = z-x-Ebene, Punkten S, P_1, P_2, U $(0, 0, 0)$, +z-Achse]

4. An diesem Zeitpunkt ist die lokale y-Achse y' mit der globalen Achse deckungsgleich; die Rotation kann somit wie gehabt durchgeführt werden. Nach der Rotation jedes Planeten unter Verwendung der entsprechenden Matrix muss das Sonnensystem seine ursprüngliche Position und Ausrichtung annehmen. Wie man leicht nachvollziehen kann, sind hierzu zunächst eine Rotation und anschließend eine Rotation erforderlich:

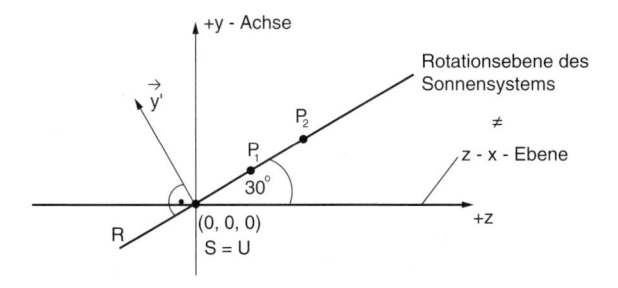

a) Rotation von R um die x - Achse

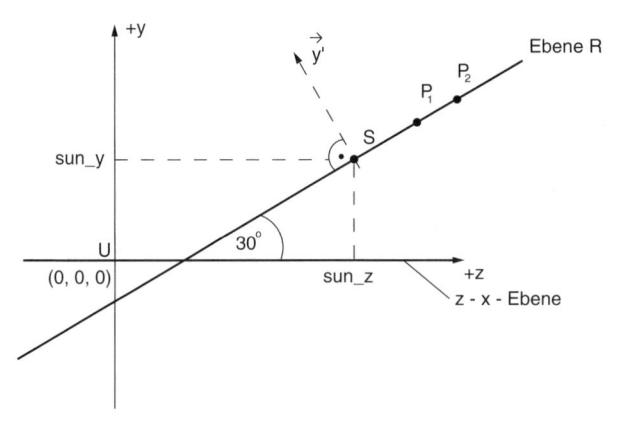

b) Translation von R, sodass S = (0, sun_y, sun_z)

Diese Rotationsform kann unter Verwendung einer konstanten Matrix durchgeführt werden. Ein **30**-Winkel entspricht einem Winkel von:

$system\_angle = (0.5 * \pi) / 3$

bzw.

$system\_angle \approx 0.5236$

Einheiten Bogenmaß. Wenn der Rotationswinkel eines Planeten **angle** Radiant lautet, muss die dazugehörige Matrix folgendermaßen aufgebaut werden:

```
matrix m;

m.translate( -sun.wx, -sun.wy, -sun.wz );
m.rotate( system_angle, 0, 0 );
m.rotate( 0, angle, 0 );
```

```
m.rotate( -system_angle, 0, 0 );
m.translate( sun.wx, sun.wy, sun.wz );
```

Hierbei handelt es sich bei sun um eine Variable vom Typ vertex, welche die Koordinaten des Mittelpunkts der Sonne enthält. Bevor die Planeten jedoch mithilfe einer auf dieser Art aufgebauten Matrix rotiert werden können, müssen diese zunächst auf ihre Grundposition, welche am Anfang des 1. Schritts dargestellt ist, gebracht werden. Zunächst gehen wir davon aus dass die Sonne sich im globalen Ursprung befindet. Nach der Initialisierung einer Variablen vom Typ vertex unter Verwendung der Datei *"sphere.tg1"*

```
thing t;

t.load( "sphere.tg1" );

matrix m;
m.scale( scale_factor, scale_factor, scale_factor );
```

befindet sich der Mittelpunkt vertex::wpos an der Position (0, 0, 0). In der grafischen Darstellung des 3. Schritts liegt zwischen jedem Planeten und der Sonne eine gewissen Entfernung vor; um diese Vorgabe einzuhalten, muss jeder Planet um planet::dist Einheiten vom globalen Ursprung versetzt werden:

```
m.translate( 0, 0, dist );
```

Im 4. Schritt wird die Ebene des Sonnensystems um eine Winkel von −system_angle Radiant um die x-Achse rotiert, und anschließend verschoben. Durch diese Vorgehensweise wird das System in seine Ausgangslage gebracht, welche die Grundlage für die anschließend erfolgende Rotation darstellt:

```
m.rotate( -system_angle, 0, 0 );
m.translate( sun.wx, sun.wy, sun.wz );
```

Die vollständige Definition der Funktion planet::load() kann somit wie folgt aufgebaut werden:

```
void planet::load( double dist, double angle,
                   double scale_factor, vertex sun )
{
  t.load( "sphere.tg1" );

  m.scale( scale_factor, scale_factor, scale_factor );
  m.translate( 0, 0, dist );
```

```
    m.rotate( -system_angle, 0, 0 );
    m.translate( sun.wx, sun.wy, sun.wz );
    t.update_pos( m );
    m.clear();

    m.translate( -sun.wx, -sun.wy, -sun.wz );
    m.rotate( system_angle, 0, 0 );
    m.rotate( 0, angle, 0 );
    m.rotate( -system_angle, 0, 0 );
    m.translate( sun.wx, sun.wy, sun.wz );
}
```

Das Programm *a4_9*, welches die praktische Simulation des Sonnensystems darstellt, kann folgendermaßen definiert sein:

```
/////////////////////////         a4_9.cpp         /////////////////////////
//                                                                        //
// Durchführung einer Drehung um einen beliebigen                         //
// Punkt mit benutzerdefinierter Einstellung der                          //
// Rotationsebene                                                         //
// Auflösung: 320x200, Farbtiefe: 8 Bit                                   //
//                                                                        //
////////////////////////////////////////////////////////////////////////////

#include <windows.h>

#include "sf4_9.h"
#include "t4_9.h"
#include "gv4_9.h"
#include "ln4_9.h"

uchar handle_input( MSG *msg );

void display_point( vertex wp, uchar *screen )
{
  svertex sp;

  if( wp.wz > 0.0 )
  {
    sp.sx = long( wp.wx / wp.wz *  200.0 + x_res/2 );
    sp.sy = long( wp.wy / wp.wz * -200.0 + y_res/2 );
```

```cpp
      if( sp.sx > 0 && sp.sx < x_res && sp.sy > 0 && sp.sy < y_res )
        screen[ sp.sy * x_res + sp.sx ] = 253;
    }
}

double system_angle = 0.5236;

class planet
{
  private:
    thing t;
    matrix m;

  public:
    void load( double dist, double angle, double scale_factor, vertex su
n );
    void display( uchar sbuffer ) {  t.update_pos( m );   t.display( sbuf
fer );  }
};

void planet::load( double dist, double angle, double scale_factor, verte
x sun )
{
  t.load( "sphere.tg1" );

  m.scale( scale_factor, scale_factor, scale_factor );
  m.translate( 0, 0, dist );
  m.rotate( -system_angle, 0, 0 );
  m.translate( sun.wx, sun.wy, sun.wz );
  t.update_pos( m );
  m.clear();

  m.translate( -sun.wx, -sun.wy, -sun.wz );
  m.rotate( system_angle, 0, 0 );
  m.rotate( 0, angle, 0 );
  m.rotate( -system_angle, 0, 0 );
  m.translate( sun.wx, sun.wy, sun.wz );
}

int WINAPI WinMain( HINSTANCE hInstance, HINSTANCE hPrevInstance, LPSTR
lpCmdLine, int iCmdShow )
{
  initialise_world( hInstance, 640, 480, 8 );
```

```cpp
  const short planet_count = 5;
  vertex sun;  sun.wx = 0;  sun.wy = 0;  sun.wz = 1500;

  planet planets[ planet_count ];
  planets[ 0 ].load( 300,  0.1,  50, sun );
  planets[ 1 ].load( 700,  0.08, 80, sun );
  planets[ 2 ].load( 1000, 0.05, 90, sun );
  planets[ 3 ].load( 1400, 0.03, 200, sun );
  planets[ 4 ].load( 1900, 0.02, 30, sun );

  MSG message;
  while( 1 )
  {
    if( handle_input( &message ) ) break;

    for( long x=0 ; x<x_res*y_res ; x++ ) sbuffer[ x ] = 0;

    for( short x=0 ; x<planet_count ; x++ )
      planets[ x ].display();

    display_point( sun, sbuffer );

    uchar *screen = (uchar *) surface.get_screen_pointer();
    for( long x=0 ; x<x_res*y_res ; x++ ) screen[ x ] = sbuffer[ x ];
    surface.release_screen_pointer();
  }

  destroy_world();

  return message.wParam;
}

uchar handle_input( MSG *msg )
{
  if( PeekMessage( msg, NULL, 0, 0, PM_REMOVE ) )
  {
    if( msg->message == WM_QUIT || msg->message == WM_KEYDOWN ) return 1;

    TranslateMessage( msg );
    DispatchMessage( msg );
```

```
    }

    return 0;
}
```

///////////////////////   Ende a4_9.cpp   ///////////////////////

Unser Sonnensystem ist aus fünf Planeten aufgebaut, welche folgendermaßen initialisiert werden:

```
planet planets[ planet_count ];

planets[ 0 ].load( 300,  0.1,  50, sun );
planets[ 1 ].load( 700,  0.08, 80, sun );
planets[ 2 ].load( 1000, 0.05, 90, sun );
planets[ 3 ].load( 1400, 0.03, 200, sun );
planets[ 4 ].load( 1900, 0.02, 30, sun );
```

Auf diese Weise wird gewährleistet, dass die Planeten unterschiedliche Größen, Rotationsgeschwindigkeiten und Entfernungen zur Sonne besitzen. Während der Ausführung der Hauptschleife wird die Position der Sonne in Form eines Punkts angezeigt, wobei die bereits bekannte Funktion display_point() eingesetzt wird.

Der Winkel zwischen der Rotationsebene des Systems und der x-z-Achse, innerhalb der Variablen system_angle gespeichert, ist eine Information, welche für sämtliche Planeten relevant ist. Aus diesem Grund wird dieser in Form einer globalen Variablen dargestellt. Bemerkenswert ist, dass die Veräderung des Werts dieser Angabe direkte Auswirkungen auf die Aufgabe des Programms hat: Weist man system_angle beispielsweise den Wert 0 zu, sind die Rotationsebene und die x-z-Ebene deckungsgleich.

Anhand des Rotationsverhaltens kann in diesem Fall festgestellt werden, dass diese neue Rotationsform lediglich eine erweiterte Version der im 3. Kapitel kennen gelernten Drehung um einen beliebigen Punkt ist.

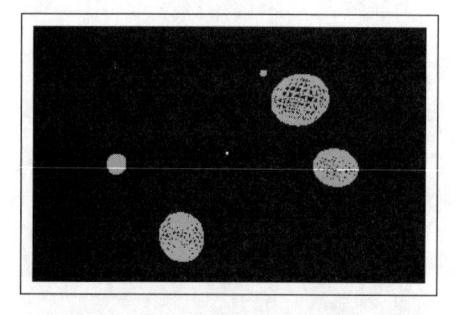

Abb. 4.60: Ausgabe des Programms *a4_9*

Kapitel 5

Unterstützung von Eingabegeräten

5.1 Verwaltung der Tastatur

In unseren bisherigen Programmen wurde die Bewegung der dargestellten Figuren stets auf der Grundlage feststehender Gleichungssysteme gesteuert: Entsprechende Matrizen wurden vor der äußersten Programmschleife aufgebaut und mit benutzerdefinierten Werten versehen, die Anwendung wurde so lange fortgesetzt, bis der Benutzer diese mit einer beliebigen Taste beendet hat. Während der gesamten Laufzeit konnten die Programme lediglich einen statischen Ablauf vorweisen.

Wesentlich komplexere und interessantere Anwendungen lassen sich generieren, wenn dem Benutzer erlaubt wird, das Verhalten des Programms nach eigenen Vorgaben zu gestalten. Hierzu ist es notwendig, der Anwendung Befehle über periphere Geräte wie beispielsweise Tastatur oder Maus zu geben; das Programm seinerseits muss über eine Möglichkeit verfügen, diese zu erkennen und zu verarbeiten.

5.1.1 Steuerung von Anwendungen in Multitasking-Betriebssystemen

Die Verwendung eines Multitasking-Betriebssystems erlaubt die gleichzeitige Ausführung einer Vielzahl von Anwendungen. Wenn mehrere davon auf Benutzereingaben angewiesen sind und nur ein Eingabegerät vorhanden ist, besteht das Problem darin, welcher Anwendung die Eingaben des Benutzers zugeführt werden sollen.

Die Lösung dieses Problems sieht vor, einem einzigen Programm, das vom Benutzer ausgewählt werden muss, Vorrang den anderen gegenüber zu gewähren. Das Fenster, in dem diese ausgeführt wird, wird keinem anderen verdeckt und ist meistens farblich hervorgehoben. Dieses Fenster wird als *fokussiert* bezeichnet. Sämtliche Benutzereingaben werden an diesem Programm geleitet, und es liegt im Ermessen der Anwendung, diese zu ignorieren oder in einer bestimmten Weise zu verarbeiten.

In einem Betriebssystem wie WINDOWS wird die Ausführung sämtlicher Anwendungen durch *Events* gesteuert, welche auf der Ebene des Betriebssystems in Form von Zahlenwerten ausgedrückt werden. Wenn das Programmfenster beispielsweise maximiert, geschlossen oder minimiert werden soll, werden diese Befehle des Benutzers vom Betriebssystem in entsprechende *Events* übersetzt, welche dem

Kapitel 5
Unterstützung von Eingabegeräten

Programm anschließend übermittelt werden, indem man diese in eine Warteschlange stellt. Die explizite Abfrage dieser *Events* und die Art, wie das Programm darauf zu reagieren hat, liegt im Verantwortungsbereich des Programmierers.

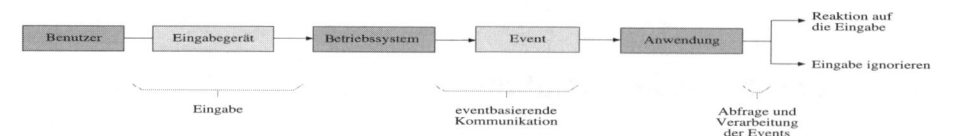

Abb. 5.1: Eventbasierende Verarbeitung einer Benutzereingabe in einem Multitasking-Betriebssystem

Wenn der Benutzer einem Programm mittels der Tastatur Befehle übergibt, werden auch diese der Anwendung in Form von *Events* mitgeteilt. Es gibt mehrere Möglichkeiten, wie das Vorhandensein eines *Events* innerhalb eines Programms festgestellt werden kann. Eine davon bietet die aus dem zweiten Kapitel bekannte Funktion `PeekMessage()`, welche bisher während der Ausführung von `handle_input()` folgendermaßen aufgerufen wurde:

```
MSG msg;
if( PeekMessage( &msg, NULL, 0, 0, PM_REMOVE ) )
{
  if( msg.message == WM_QUIT || msg.message == WM_KEYDOWN )
    return 1;

  TranslateMessage( msg );
  DispatchMessage( msg );
}
```

`msg` und `PM_REMOVE` sind die einzigen Parameter der Funktion `PeekMessage()`, welche für uns von Bedeutung sind. Letztere drückt aus, dass die *Events* aus der Warteschlange entfernt werden sollen, nachdem diese abgefragt worden sind. Die eigentliche Nachricht sowie andere mit dem *Event* zusammenhängende Informationen werden von der Funktion innerhalb *msg eingetragen, einer Variablen vom benutzerdefinierten Datentyp MSG, welche in der Datei <*winuser.h*> folgendermaßen definiert ist:

```
typedef struct tagMSG
{
  HWND hwnd;
  UINT message;
```

```
    WPARAM wParam;
    LPARAM lParam;
    DWORD time;
    POINT pt;
}
MSG;
```

Bei den für uns relevanten Feldern handelt es sich um `message`, `wParam` und `lParam`. Die Erklärung der übrigen Variablen kann dem zweiten Kapitel entnommen werden. Die angekommene Nachricht wird in Form eines Zahlenwerts innerhalb der Variablen `message` eingetragen. Um die Übersichtlichkeit des Quelltextes zu erhöhen, werden diesen Zahlenwerten mittels einer *#define*-Anweisung Namen zugeordnet. Wenn `MSG::message` beispielsweise den Wert `WM_QUIT` besitzt, bedeutet das Eintreffen dieses *Events*, dass der Benutzer die Anwendung zu beenden versucht.

Besitzt `MSG::message` den Wert `WM_KEYDOWN`, wurde der Anwendung eine Tastatureingabe übermittelt. In diesem Fall enthält die Variable `MSG::wParam` die Kennung der betätigten Taste. Die Bezeichnungen, welche vom Betriebssystem WINDOWS für die Beschreibung der einzelnen Tasten eingesetzt werden, sind in der folgenden Tabelle aufgeführt:

Name der Taste	Windows–Kennung
Escape	*VK_ESCAPE*
Funktionstasten F1 bis F24	*VK_F1* bis *VK_F24*
Druck	*VK_SNAPSHOT*
Pause	*VK_PAUSE*
Tastenblock, Tasten 0 bis 9	'0' bis '9'
Backspace	*VK_BACK*
Tabulator	*VK_TAB*
Tasten A bis Z	'A' bis 'Z'
Enter	*VK_RETURN*
Shift	*VK_SHIFT*
Großschreibung (Caps Lock)	*VK_CAPITAL*
Strg	*VK_CONTROL*
Linke Windows-Taste	*VK_LWIN*
Alt	*VK_MENU*
Applications-Taste	*VK_APPS*

Name der Taste	Windows–Kennung
Leerzeichen	VK_SPACE
Pos1	VK_HOME
Ende	VK_END
Bild auf	VK_PRIOR
Bild ab	VK_NEXT
Einfügen	VK_INSERT
Entfernen	VK_DELETE
Pfeiltaste, nach oben gerichtet	VK_UP
Pfeiltaste, nach unten gerichtet	VK_DOWN
Pfeiltaste, nach rechts gerichtet	VK_RIGHT
Pfeiltaste, nach links gerichtet	VK_LEFT
Zahlenblock, Tasten 0 bis 9	VK_NUMPAD0 bis VK_NUMPAD9
Zahlenblock, Addition	VK_ADD
Zahlenblock, Subtraktion	VK_SUBSTRACT
Zahlenblock, Multiplikation	VK_MULTIPLY
Zahlenblock, Division	VK_DIVIDE
Zahlenblock, Dezimaltaste	VK_DECIMAL

Diese Konstanten sind in der Datei <winuser.h> definiert. Zu beachten ist, dass die Tasten des Zahlenblocks nur dann angesprochen werden können, wenn dieser mittels der Taste *Num Lock* aktiviert ist. Ein aktivierter Zahlenblock ist durch die entsprechende LED-Anzeige an der Tastatur gekennzeichnet.

Groß- und Kleinschreibung, sowie die Eingabe zusätzlicher Zeichen, welche sich auf den Tasten '0' bis '9' befinden, kann indirekt über den Zustand der Taste *Caps Lock* festgestellt werden. Wird diese Taste gedrückt, leuchtet eine LED-Anzeige so lange, bis eine der *Shift*-Tasten gedrückt wird. Die Tastatureingaben, welche in dieser Zeit empfangen werden, müssen vom Programm als Großbuchstaben oder sekundäre Zeichen interpretiert werden, wenn die Art der Anwendung diese Unterscheidung notwendig macht.

Die Bezeichnungen der Tasten fangen mit den Buchstaben *VK_* an. Diese Benennung offenbart einen interessanten Aspekt des Betriebssystems WINDOWS: Intern werden Tasten, welche zu verschiedenen Eingabegeräten gehören, grundsätzlich nicht voneinander unterschieden. Es spielt keine Rolle, ob der Benutzer einer Anwendung Befehle mittels der Tastatur oder einer Maustaste erteilt, beide Eingaben werden in einem entsprechenden *Virtual Key* umgewandelt und dem Programm in Form eines *Events* zur Verfügung gestellt.

5.1.2 Indirekte Verarbeitung von Benutzereingaben

Das Wissen um diese Tastenbezeichnungen gibt uns die Möglichkeit, das Verhalten unserer Programme von den Eingaben des Benutzers abhängig zu machen. Unser Ziel ist die Erstellung eines Programms, in dem das Rotationsverhalten eines Körpers mit der Tastatur gesteuert werden kann. Hierbei wird folgenden Tasten eine bestimmte Funktion zugeordnet:

Taste	Funktion
Nach oben weisende Pfeiltaste	Rotation um die x-Achse, mathematisch positiver Sinn
Nach unten weisende Pfeiltaste	Rotation um die x-Achse, negativer Sinn
Nach links weisende Pfeiltaste	Rotation um die y-Achse, positiver Sinn
Nach rechts weisende Pfeiltaste	Rotation um die y-Achse, negativer Sinn
Pos1	Rotation um die z-Achse, positiver Sinn
Ende	Rotation um die z-Achse, negativer Sinn
Escape	Das Programm beenden

Um eine Figur um die eigenen Achsen drehen zu können, muss zunächst eine entsprechende Matrix aufgebaut werden. Da sich die Reihenfolge der Benutzereingaben nicht voraussehen lässt, empfiehlt sich für diese Aufgabe der Einsatz einer variablen Matrix, wobei die jeweiligen Rotationsinformationen auf der Grundlage der gedrückten Tasten während der Laufzeit innerhalb der Matrix eingetragen werden.

Die wichtigsten Vorgänge, welche innerhalb des Programms stattfinden, sind folgende:

1. Zuerst muss festgestellt werden, ob eine Taste gedrückt worden ist.
2. Trifft die unter 1. gestellte Bedingung zu, muss die entsprechende Rotationsinformation in die Matrix eingetragen werden.
3. Die darzustellende Figur mittels der unter 2. aufgebauten Matrix bewegen.
4. Der unter 2. aufgebauten Matrix die Werte der Einheitsmatrix zuweisen, um die nächsten Eingaben richtig verarbeiten zu können.

Hierfür muss zunächst mittels der Funktion `PeekMessage()` festgestellt werden, ob dem Programm eine Nachricht übermittelt worden ist. Wenn es sich hierbei um die Nachricht `WM_QUIT` handelt, muss das Programm wie bisher beendet werden. Wenn es sich bei der Nachricht um eine Tastatureingabe handelt, sollte beispielsweise mittels einer *switch()*-Anweisung festgestellt werden, ob es sich hierbei um eine der festgelegten Tasten handelt. Trifft dieser Fall zu, muss die entsprechende Funktion ausgeführt werden.

Kapitel 5
Unterstützung von Eingabegeräten

Wichtig ist, dass die erhaltene Nachricht mittels der Funktionen `TranslateMessage()` und `DispatchMessage()` dem Betriebssystem zur weiteren Verarbeitung übergeben wird, wenn es sich bei der empfangenen Nachricht nicht um `WM_QUIT` handelt:

```
thing figure;
// Initialisierung und Verschiebung des Körpers innerhalb des
// Viewports

MSG msg;
matrix m;

if( PeekMessage( &msg, NULL, 0, 0, PM_REMOVE ) )
{
  if( msg.message == WM_QUIT ) return 1;
  else if( msg.message == WM_KEYDOWN )
  {
    m.translate( -figure.wpos.wx, -figure.wpos.wy,
                 -figure.wpos.wz );

    switch( msg.wParam )
    {
      case VK_UP     : m.rotate( 0.1, 0, 0 );
                       break;
      case VK_DOWN   : m.rotate( -0.1, 0, 0 );
                       break;
      case VK_LEFT   : m.rotate( 0, 0.1, 0 );
                       break;
      case VK_RIGHT  : m.rotate( 0, -0.1, 0 );
                       break;
      case VK_HOME   : m.rotate( 0, 0, 0.1 );
                       break;
      case VK_END    : m.rotate( 0, 0, -0.1 );
                       break;
      case VK_ESCAPE : return 1;
    }

    m.translate( figure.wpos.wx, figure.wpos.wy,
                 figure.wpos.wz );
    figure.update_pos( m );

    m.clear();
```

```
    }
    TranslateMessage( &msg );
    DispatchMessage( &msg );
}
```

Wie wir wissen, muss eine Figur in Richtung des Viewports verschoben werden, bevor die Rotationsinformationen in die Matrix eingetragen werden, um eine Drehung um die eigenen Achsen durchführen zu können. Die Rotationswinkel spielen hierbei keine Rolle. Um den Quelltext übersichtlicher zu gestalten, werden die Translationsinformationen vor und hinter der *switch()*-Anweisung in die Matrix eingetragen, um sich innerhalb der Überprüfung lediglich um die Rotation kümmern zu müssen.

Praktische Verarbeitung eventbasierender Benutzereingaben

Das bereits formulierte Problem wird in Form der nächsten Anwendung gelöst:

```
//////////////////////       a5_1.cpp        //////////////////////
//                                                                //
//   Benutzerdefinierte Rotation einer dreidimensionalen          //
//   Figur um die eigenen Achsen mit Hilfe der Tastatur           //
//   Die Auswertung der Eingaben erfolgt auf der Grundlage        //
//   des Eventsystems                                             //
//   Auflösung: beliebig, Farbtiefe: 8 Bit                        //
//                                                                //
////////////////////////////////////////////////////////////////////

#include <windows.h>

#include "sf5_1.h"
#include "m5_1.h"
#include "t5_1.h"
#include "gv5_1.h"

uchar handle_input( MSG *msg, thing *t );




////////// USHORT DURCH LONG ERSETZT, Auf diese Problemstellung eingehen
```

Kapitel 5
Unterstützung von Eingabegeräten

```
int WINAPI WinMain( HINSTANCE hInstance, HINSTANCE hPrevInstance, LPSTR
lpCmdLine, int iCmdShow )
{
  initialise_world( hInstance, 640, 480, 8 );

  thing cube( "cube.tg1" );

  matrix m;
  m.scale( 5, 5, 5 );
  m.translate( 0, 0, 10 );
  cube.update_pos( m );
  m.clear();

  for( long x=0 ; x<x_res*y_res ; x++ ) zbuffer[ x ] = z_max;

  MSG message;
  while( 1 )
  {
    if( handle_input( &message, &cube ) ) break;

    if( clear_translation > max_clear_translation ) clear_translation -
= z_max;
    else
    {
      for( long x=0 ; x<x_res*y_res ; x++ ) zbuffer[ x ] = z_max;
      clear_translation = 0.0;
    }
    for( long x=0 ; x<x_res*y_res ; x++ ) sbuffer[ x ] = 0;

    cube.display();

    uchar *screen = (uchar *) surface.get_screen_pointer();
    for( long x=0 ; x<x_res*y_res ; x++ ) screen[ x ] = sbuffer[ x ];
    surface.release_screen_pointer();
  }

  destroy_world();

  return message.wParam;
}
```

```cpp
uchar handle_input( MSG *msg, thing *t )
{
  if( PeekMessage( msg, NULL, 0, 0, PM_REMOVE ) )
  {
    if( msg->message == WM_QUIT ) return 1;
    else if( msg->message == WM_KEYDOWN )
    {
      matrix m;
      m.translate( -t->wpos.wx, -t->wpos.wy, -t->wpos.wz );

      switch( msg->wParam )
      {
        case VK_UP     : m.rotate( 0.1, 0, 0 );
                         break;
        case VK_DOWN   : m.rotate( -0.1, 0, 0 );
                         break;
        case VK_LEFT   : m.rotate( 0, 0.1, 0 );
                         break;
        case VK_RIGHT  : m.rotate( 0, -0.1, 0 );
                         break;
        case VK_HOME   : m.rotate( 0, 0, 0.1 );
                         break;
        case VK_END    : m.rotate( 0, 0, -0.1 );
                         break;
        case VK_ESCAPE : return 1;
      }

      m.translate( t->wpos.wx, t->wpos.wy, t->wpos.wz );
      t->update_pos( m );
    }

    TranslateMessage( msg );
    DispatchMessage( msg );
  }

  return 0;
}
```

////////////////////// Ende a5_1.cpp //////////////////////

Um die äußerste Programmschleife übersichtlicher zu gestalten, wird der Aufruf von PeekMessage() wie bisher innerhalb der Funktion handle_input() verlagert. An dieser Stelle findet auch die erweiterte Auswertung der Benutzereingaben statt. Weil die Darstellung der Figur innerhalb `WinMain()` stattfindet, muss der Funktion die zu bewegende Figur *by reference* übergeben werden.

Abb. 5.2: Ausgabe des Programms a5_1

5.1.3 Zusammenhang zwischen Auflösung und Projektionskonstante

Interessant an dem letzten Programm ist, dass seine Ausgabe nicht länger auf die Auflösung 320 x 200 Pixel begrenzt ist. Wenn der Funktion *open_window()* die Parameter einer beliebigen Standardauflösung übergeben werden, kann die dreidimensionale Welt auf der Grundlage dieser neuen Werte problemlos dargestellt werden.

Der in dieser Hinsicht wichtigste Unterschied seinen Vorläufern gegenüber besteht darin, dass bei der Bestimmung der Position eines Pixels **(sx, sy)** innerhalb des Videospeichers auf die allgemeine Formel

```
offset = sy * x_res + sy
```

zurückgegriffen wird. Das Makro `x_res`, welches seit dem zweiten Kapitel in der Datei *SURFACE_H* definiert ist, liefert die aktuell eingesetzte Auflösung des Bildschirms. Folgende Funktionen sind auf diese Weise verändert worden:

```
set_side()
line()
```

Die Projektionsfunktion muss ebenfalls erweitert werden. Wie wir wissen, werden dreidimensionale Weltkoordinaten in zweidimensionale Bildschirmkoordinaten umgewandelt, indem die x- und y-Koordinaten durch die z-Koordinate geteilt und das Ergebnis mit einer Konstanten multipliziert wird.

Die Einstellung einer unterschiedlichen Auflösung darf nicht mit einer Veränderung des Viewports verbunden sein. Als im dritten Kapitel die Projektionsgleichungen vorgestellt wurden, haben wir auch mit den Auswirkungen unterschiedlicher Projektionskonstanten auf die Darstellung dreidimensionaler Figuren auseinander gesetzt. Die Verkleinerung der Projektionskonstanten hat demnach einen außerordentlichen Einfluss auf die Winkel, welche von den Polygonseiten gebildet werden.

Auflösung und eingesetzte Projektionskonstante stehen in einem festen Verhältnis miteinander. Eine Vergrößerung der Auflösung bei gleich bleibender Projektionskonstanten hat aus diesem Grund die gleichen Auswirkungen wie die Verkleinerung der Projektionskonstanten bei gleich bleibender Auflösung. Um den Viewport nicht zu verändern, muss die Vergrößerung der Auflösung mit einer proportionalen Zunahme der Projektionskonstanten verbunden sein.

Das Problem ist, wie die Konstante in Abhängigkeit von der eingesetzten Auflösung gewählt werden muss: Ein Frame, welches bei einer Auflösung von 320 x 200 auf der Grundlage einer Konstanten mit dem Wert 100 gerendert wird, muss bei einer beliebigen horizontalen Auflösung von t Pixel mit der Konstanten x dargestellt werden, um das Aussehen der dargestellten Figuren nicht zu verändern:

Horizontale Auflösung	Projektionskonstante
320	100
t	x

Diese Zuordnung erlaubt das Aufstellen folgender Beziehung:

x = 100 / 320 * t

Unter einer Auflösung von beispielsweise 640 x 480 Pixel muss demnach die Konstante 200 eingesetzt werden. Aufgrund der Proportionalität kann gesagt werden, dass die Verdoppelung der Auflösung mit einer Verdoppelung der Projektionskonstanten verbunden werden muss, um ähnliche Ausgaben erzeugen zu können.

Wenn bei zwei Auflösungen die Anzahl an horizontal sichtbaren Pixeln sich nur geringfügig unterscheidet, besitzen auch die dazugehörigen Projektionskonstanten annähernd gleiche Werte. In diesem Spezialfall werden unter Verwendung der gleichen Konstanten sehr ähnliche Ausgaben erzeugt. Aus diesem Grund kann sowohl bei der Auflösung 640 x 480 als auch bei 800 x 600 die Projektionskonstante 200 verwendet werden.

Die neue Version von polygon::project() kann demnach folgendermaßen definiert werden:

```
void polygon::project( void )
{
  double z;
```

```
for( long x=0 ; x<cp_point_count ; x++ )
{
  if( wpoint[ x ].wz > 0.0 )
  {
    spoint[ x ].sx = long( wpoint[ x ].wx / wpoint[ x ].wz *
                           200.0 + x_res / 2 );
    spoint[ x ].sy = long( wpoint[ x ].wy / wpoint[ x ].wz *
                           -200.0 + y_res / 2 );
    spoint[ x ].sz = wpoint[ x ].wz + clear_translation;
  }

  else exit( "polygon::project(): Ungültige z - Koordinate\
              .\n" );
}
```

Es darf auch nicht vergessen werden, den zweidimensionalen Koordinaten die Hälfte der verwendeten Auflösung hinzuzuaddieren, um den Ursprung der Bildschirmkoordinaten in die obere linke Ecke zu versetzen.

5.1.4 Das Problem der flachen Objektkopien

Ein häufig anzutreffender Fehler tritt bei dem Versuch auf, ein Objekt vom Typ thing einer Funktion *By Value* zu übergeben. Hierbei wird innerhalb der Funktion eine temporäre Variable vom Typ *thing* aufgebaut, deren Elemente mit den Werten der Komponenten des übergebenen Objekts initialisiert werden. Eine Rotation dieser Kopie hätte auf den Körper, welcher der Funktion als Parameter übergeben wird, keinen Einfluss. Im besten Fall würde beim Betrachter der Eindruck erweckt werden, das Programm ignoriere sämtliche Eingaben bis auf die Taste *Escape*.

Normalerweise ist die Folge einer Übergabe *By Value* jedoch der Absturz des Programms. Der Grund hierfür liegt in der Initialisierung der Komponenten des neu aufgebauten Objekts. Die Klasse thing besitzt zwei Arrays, deren Elemente dynamisch reserviert werden. Weil die Zeigervariablen der temporären Kopie direkt mit den Anfangsadressen der beiden Arrays initialisiert werden, entsteht auf diese Weise eine *flache Objektkopie* der dreidimensionalen Figur.

Der Absturz ist darauf zurückzuführen, dass am Ende der Funktion ein automatischer Aufruf des Destruktors thing::~thing() stattfindet, wobei der von den Feldern thing::v[] und thing::p[] in Anspruch genommene Speicherplatz freigegeben wird. Weil sowohl die Zeigervariablen der Kopie als auch die Zeiger des übergebenen Objekts auf dieselben Bereiche innerhalb des Arbeitsspeichers verweisen, gibt der Destruktor der Kopie indirekt den Speicherplatz frei, welcher für die Arrays des ursprünglichen Objekts benötigt wird. Wenn anschließend versucht wird, auf freigegebenem Arbeitsspeicher zuzugreifen, sind die Folgen nicht absehbar.

Der Absturz, den eine *flache Objektkopie* durch den Destruktoraufruf in den meisten Fällen hervorruft, kann durch die Erweiterung der Klasse `thing` um einen benutzerdefinierten Kopierkonstruktor vermieden werden:

```
thing::thing( const thing &t )
{
  vertex_count = t.vertex_count;
  polygon_count = t.polygon_count;
  wpos = t.wpos;

  if( (v = new vertex[ vertex_count ]) == NULL ||
      (p = new polygon[ polygon_count ]) == NULL )
    exit( "thing::thing( const thing & ): Nicht\
          genug Speicher.\n" );

  for( long x=0 ; x<vertex_count ; x++ ) v[ x ] = t.v[ x ];
  for( long x=0 ; x<polygon_count ; x++ )
    p[ x ] = polygon( t.p[ x ] );
}
```

Dieser reserviert zusätzlichen Speicherplatz für die Arrays `thing::v[]` und `thing::p[]` des neu entstehenden Objekts. Anschließend werden sämtliche Felder mit den Werten der Variablen der in Form des Parameters `t` übergebenen Figur initialisiert, um eine *tiefe Objektkopie* zu erzeugen. Wenn beim Beenden der Funktion `handle_input()` der Destruktor der auf diese Weise entstandenen Kopie aufgerufen wird, wird lediglich der neu reservierte Speicherplatz freigegeben, die Arrays des ursprünglichen Objekts werden nicht beeinträchtigt.

Dieselbe Problemstellung verlangt auch nach einem benutzerdefinierten Kopierkonstruktor für die Klasse `polygon`. Bei der Initialisierung der Elemente innerhalb des Arrays `thing::p[]` muss dieser in einer Anweisung wie:

```
for( long x=0 ; x<polygon_count ; x++ )
  p[ x ] = polygon( t.p[ x ] );
```

explizit aufgerufen werden, weil der Kopierkonstruktor von vielen Compilern bei Verwendung des Zuweisungsoperators nicht implizit aufgerufen wird.

5.1.5 Vor- und Nachteile der Verwendung eventbasierender Benutzereingaben

Bei einer genauen Betrachtung der Arbeitsweise des vorherigen Programms fällt die etwas ungewöhnliche Art auf, wie die Eingaben des Benutzers von der Anwendung verarbeitet werden. Diese tritt vor allem dann hervor, wenn dieselbe Taste für längere Zeit gedrückt gehalten wird. Anfangs ist eine leichte Drehung in die entsprechende Richtung festzustellen. Danach hört die Rotation für eine gewisse Zeit auf, um anschließend wieder aufgenommen zu werden. Wird die Taste losgelassen und wieder gedrückt, tritt das gleiche Phänomen auf. Die Zeitspannen, in denen trotz gedrückter Taste keine Bewegung des Körpers zu verzeichnen ist, sind gleich. Folgende Abbildung zeigt eine grafische Beschreibung dieses Verhaltens:

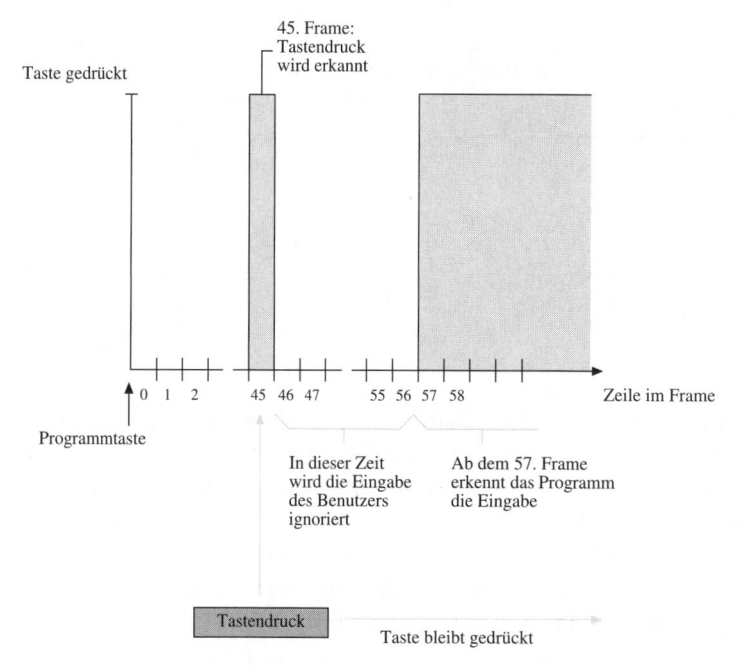

Abb. 5.3: Die Zeitperiode, in der Benutzereingaben bei eventbasierender Verarbeitung ignoriert werden

Diese Zeitspanne ist darauf zurückzuführen, dass Benutzereingaben, welche in dieser Zeit verzeichnet werden, nicht in *Events* umgewandelt und somit ignoriert werden. Diese bewusst eingehaltene Vorgehensweise wird als *verzögerte Eingabe* bezeichnet. Ihre Länge kann unter WINDOWS über den Schiebebalken in *Start -> Einstellungen -> Systemsteuerung -> Tastatur -> Verzögerung* eingestellt werden. Selbst wenn hierfür der Minimalwert eingestellt wird, kann der beschriebene Effekt noch deutlich wahrgenommen werden.

Die verzögerte Eingabe wurde entwickelt, um das Schreiben von Texten zu ermöglichen. Sie löst folgende Problemstellung: Der Benutzer erwartet, dass bei einem kurzen Drücken einer Taste lediglich ein Buchstabe auf dem Bildschirm erscheint. In einem beliebigen Textverarbeitungsprogramm werden in jeder Iteration der äußersten Schleife Tastatureingaben entgegengenommen. Weil diese Programme nur einen geringen Teil der Rechenkapazität in Anspruch nehmen, wird diese Schleife sehr oft ausgeführt und aus diesem Grund kann selbst die sehr kurzzeitige Betätigung einer Taste dazu führen, dass derselbe Buchstabe mehrmals dargestellt wird. Der Benutzer wird somit gezwungen, den eingegebenen Text sehr häufig zu korrigieren. Dadurch, dass mithilfe der verzögerten Eingabe die erste Nachricht eines Tastendrucks verarbeitet, während die Informationen, welche anschließend von derselben Taste kommen, unterdrückt werden, kann die Eingabe von Texten überhaupt zustande kommen.

Es gibt aber auch Fälle, in denen man auf die Erfassung sämtlicher Benutzereingaben angewiesen ist und eine Verzögerung der Eingabe sich als Nachteil herausstellt. Beispiele hierfür sind grafische Anwendungen, welche vom Anwender verlangen, die Position von Gegenständen mithilfe der Tastatur zu verändern. Hierbei kann es sich auf die Dauer als demotivierend erweisen, wenn das Objekt in seiner Bewegung ungewollte Pausen einlegen muss. In diesen Fällen müssen Benutzereingaben direkt erfasst werden.

5.1.6 Direkte Verarbeitung von Benutzereingaben

Um die verzögerte Eingabe implementieren zu können, liest das Betriebssystem WINDOWS die Benutzereingaben von der Tastatur ab und wandelt einige davon anschließend in *Events* um. Die Verarbeitung von *Events* stellt jedoch nicht die einzige Möglichkeit für die Erfassung der Benutzereingaben dar. Die Informationen, welche die Tastatur zur Verfügung stellt, sind vom *Event* – System unabhängig und können von einem Programm auch direkt abgefragt werden. Werden Informationen direkt von der Peripherie entgegengenommen, wird das *Event*-System umgangen und das innerhalb des vorhergehenden Abschnitts beschriebene Problem der verzögerten Eingabe wird auf diese Weise gelöst.

Kapitel 5
Unterstützung von Eingabegeräten

```
                    indirekte Verarbeitung der Userinputs,
                           verzögerte Eingabe
                    ┌─────────────────────────────┐
                                            Schritt 2
                                         ┌──────────┐
                              Schritt 1
   ┌────────┐  Eingabe  ┌──────────┐ ←──────── ┌──────────┐     ┌──────────┐
   │Benutzer│──────────→│Peripherie│           │Eventsystem│───→│  Event   │───→│Programme│
   └────────┘           │[Tastatur]│           └──────────┘     └──────────┘
                        └──────────┘
                         Abfrage der Perpherie mittels GetKeyState()
                    └─────────────────────────────┘
                           direkte Verarbeitung
                           der Benutzereingaben
```

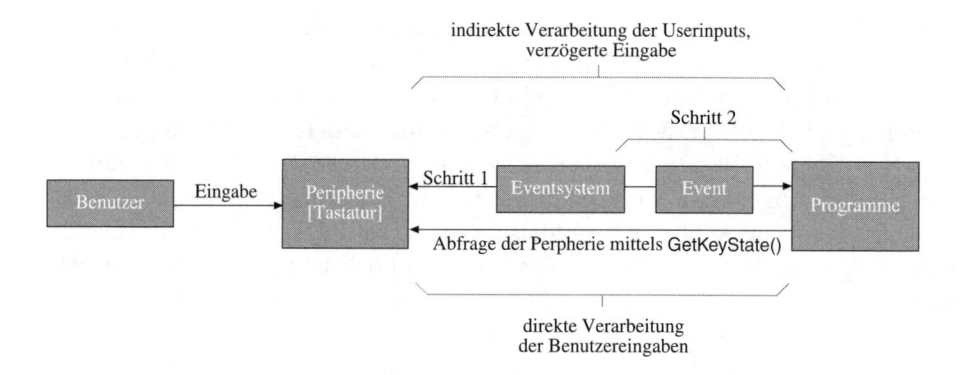

Schritt 1: Abfrage der Benutzereingaben
Schritt 2: Bei Bedarf Bereitstellung eines Events

Abb. 5.4: Unterschiedliche Möglichkeiten der Kommunikation zwischen Programm und Anwender

Unter WINDOWS gibt es verschiedene Möglichkeiten, Informationen von der Tastatur entgegenzunehmen. Eine davon bietet die Funktion `GetKeyState()`, welche innerhalb der Datei *<winuser.h>* als

```
short GetKeyState( int nVirtKey );
```

deklariert ist. Diese Funktion nimmt als Parameter die Kennung einer bestimmten Taste entgegen und teilt der aufrufenden Instanz in Form des Rückgabewerts mit, ob die entsprechende Taste gedrückt worden ist. Die Kennziffern der einzelnen Tasten sind bereits in Form der Tabelle innerhalb des Abschnitts Abbildung vorgestellt worden. Falls die betreffende Taste im gedrückten Zustand vorliegt, ist der Rückgabewert der Funktion kleiner 0. Eine Überprüfung der Taste *Enter* kann beispielsweise folgendermaßen gestaltet werden:

```
uchar enter;

if( GetKeyState( VK_RETURN ) < 0 ) enter = 1;
else enter = 0;
```

Diese Anweisung weist der Variablen `enter` nur dann den Wert 1 zu, wenn die abgefragte Taste zur Zeit des Aufrufs gedrückt ist.

In einigen Programmen können Funktionen nur dann ausgeführt werden, wenn der Benutzer mehrere Tasten gleichzeitig gedrückt hält. Um den Zustand einer Tastenkombination feststellen zu können, muss man lediglich innerhalb der jeweiligen *if()*-Anweisung den Zustand der betreffenden Tasten getrennt feststellen:

```
uchar strg_a;

if( GetKeyState( 'A' ) < 0 && GetKeyState( VK_CONTROL < 0 )
  strg_a = 1;

else strg_a = 0;
```

In diesem Beispiel wird der Variablen `strg_a` nur durch gleichzeitiges Drücken der Tasten *A* und *Strg* der Wert 1 zugewiesen. Auf diese Weise lassen sich Tastenkombinationen abfragen, in denen beliebig viele Tasten beteiligt sind, oder Kombinationen, welche ohne Beteiligung von Tasten wie *Strg*, *Alt* oder *Shift* aufgebaut sind.

Praktische Abfrage der Tastatur

Im folgenden Programm wird auf der Grundlage direkt abgefragter Benutzereingaben eine dreidimensionale Figur animiert. Zusätzlich zu den Tasten, welche die Funktionsweise seines Vorgängers festgelegt haben, sollen weiteren Tasten zusätzliche Funktionen zugewiesen werden:

Taste	Funktion
Zahlenblock, Taste `'4'`	Verschiebung in Richtung der +x-Achse
Zahlenblock, Taste `'6'`	Verschiebung in Richtung der –x-Achse
Zahlenblock, Taste `'8'`	Verschiebung in Richtung der +y-Achse
Zahlenblock, Taste `'9'`	Verschiebung in Richtung der –y-Achse
Bild Auf	Verschiebung in Richtung der +z-Achse
Bild Ab	Verschiebung in Richtung der –z-Achse

Hierfür muss lediglich die Funktion `handle_input()` des vorhergehenden Programms modifiziert werden:

```
////////////////////////     a5_2.cpp      ////////////////////////
//                                                              //
// Benutzerdefinierte Rotation einer dreidimensionalen          //
// Figur um die eigenen Achsen mit Hilfe der Tastatur           //
// Eingaben werden direkt von der Peripherie gelesen            //
// Auflösung: beliebig, Farbtiefe: 8 Bit                        //
//                                                              //
```

Kapitel 5
Unterstützung von Eingabegeräten

//

```c
#include <windows.h>

#include "sf5_1.h"
#include "m5_1.h"
#include "t5_1.h"
#include "gv5_1.h"

uchar handle_input( MSG *msg, thing *t );

int WINAPI WinMain( HINSTANCE hInstance, HINSTANCE hPrevInstance, LPSTR
lpCmdLine, int iCmdShow )
{
  initialise_world( hInstance, 320, 200, 8 );

  thing cube( "cube.tg1" );

  matrix m;
  m.scale( 5, 5, 5 );
  m.translate( 0, 0, 10 );
  cube.update_pos( m );
  m.clear();

  for( ushort x=0 ; x<64000 ; x++ ) zbuffer[ x ] = z_max;

  MSG message;
  while( 1 )
  {
    if( handle_input( &message, &cube ) ) break;

    if( clear_translation > max_clear_translation ) clear_translation -= z_max;
    else
    {
      for( ushort x=0 ; x<64000 ; x++ ) zbuffer[ x ] = z_max;
      clear_translation = 0.0;
    }
    for( ushort x=0 ; x<64000 ; x++ ) sbuffer[ x ] = 0;

    cube.display();
```

```
    uchar *screen = (uchar *) surface.get_screen_pointer();
    for( ushort x=0 ; x<64000 ; x++ ) screen[ x ] = sbuffer[ x ];
    surface.release_screen_pointer();
  }

  destroy_world();

  return message.wParam;
}

uchar handle_input( MSG *msg, thing *t )
{
  if( PeekMessage( msg, NULL, 0, 0, PM_REMOVE ) )
  {
    if( msg->message == WM_QUIT ) return 1;

    TranslateMessage( msg );
    DispatchMessage( msg );
  }

  matrix m;
  m.translate( -t->wpos.wx, -t->wpos.wy, -t->wpos.wz );

  if(      GetKeyState( VK_UP      ) < 0 ) m.rotate(  0.01, 0, 0 );
  else if( GetKeyState( VK_DOWN    ) < 0 ) m.rotate( -0.01, 0, 0 );
  else if( GetKeyState( VK_LEFT    ) < 0 ) m.rotate( 0,  0.01, 0 );
  else if( GetKeyState( VK_RIGHT   ) < 0 ) m.rotate( 0, -0.01, 0 );
  else if( GetKeyState( VK_HOME    ) < 0 ) m.rotate( 0, 0,  0.01 );
  else if( GetKeyState( VK_END     ) < 0 ) m.rotate( 0, 0, -0.01 );
  else if( GetKeyState( VK_NUMPAD6 ) < 0 ) m.translate(  0.01, 0, 0 );
  else if( GetKeyState( VK_NUMPAD4 ) < 0 ) m.translate( -0.01, 0, 0 );
  else if( GetKeyState( VK_NUMPAD8 ) < 0 ) m.translate( 0,  0.01, 0 );
  else if( GetKeyState( VK_NUMPAD2 ) < 0 ) m.translate( 0, -0.01, 0 );
  else if( GetKeyState( VK_PRIOR   ) < 0 ) m.translate( 0, 0,  0.1 );
  else if( GetKeyState( VK_NEXT    ) < 0 ) m.translate( 0, 0, -0.1 );
  else if( GetKeyState( VK_ESCAPE  ) < 0 ) return 1;

  m.translate( t->wpos.wx, t->wpos.wy, t->wpos.wz );
  t->update_pos( m );

  return 0;
}
```

///////////////////// Ende a5_2.cpp /////////////////////

Bei einem direkten Vergleich des aktuellen Programms mit seinem Vorgänger trifft man auf einen weiteren, unerwarteten Unterschied zwischen der direkten und der eventbasierenden Überprüfung der Benutzereingaben. Obwohl in *a5_1* weitaus größere Drehwinkel eingesetzt werden, läuft die dort ausgeführte Rotation langsamer als in *a5_2* ab, unter dem Auftreten eines leichten Flimmerns.

Der Grund hierfür ist, dass bei Verwendung der verzögerten Eingabe ein Programm auf *Events* warten muss, bevor entsprechende Funktionen ausgeführt werden können. Bis das Betriebssystem ein *Event* aufbaut und diesen dem Programm übergibt, vergeht eine bestimmte Zeit. Die schneller durchgeführte Rotation des Programms *a5_2* ist darauf zurückzuführen, dass diese Zeit bei einer direkten Abfrage der Peripherie eingespart wird. Die Verwendung einer Funktion wie `GetKeyState()` stellt somit eine sehr genaue Möglichkeit dar, wie Befehle des Benutzers verarbeitet werden können.

Die direkte und die eventbasierende Abfrage von Benutzereingaben sind voneinander unabhängig und können somit zusammen innerhalb eines Programms eingesetzt werden. Auf diese Weise können die Nachteile der einen Möglichkeit durch die Vorteile der anderen kompensiert werden.

Abb. 5.5: Ausgabe des Programms a5_2

5.2 Verwaltung der Maus

Neben der Tastatur ist die Maus das wichtigste Eingabegerät, mit dem einem Programm Befehle übermittelt werden können. Die Popularität der Maus liegt in der einfachen und intuitiven Art, wie die Eingaben des Benutzers das Verhalten einer Anwendung beeinflussen können.

Um die Ausführung eines Programms mithilfe der Maus gestalten zu können, müssen die Position des Cursors sowie der Status der Maustasten bekannt sein.

5.2.1 Die Position des Mauszeigers

Die Position, an der sich der Mauszeiger auf dem Bildschirm befindet, wird durch eine eigene x- und y-Koordinate definiert. Das hierbei zugrunde liegende Koordinatensystem ist mit der uns vertrauten Einteilung zweidimensionaler Koordinaten identisch: Der Punkt (0, 0) befindet sich in der oberen linken Ecke des Bildschirms, die +y-Achse verläuft nach unten, die +x-Achse nach rechts.

Die Koordinaten des Cursors beziehen sich auf einen bestimmten Pixel, welcher sich innerhalb des grafischen Layouts des Mauszeigers befindet. Diesem Pixel, welcher als *Hot Spot* bezeichnet wird, fällt eine besondere Bedeutung zu: Die Funktion, welche mit einer bestimmten Schaltfläche verbunden ist, kann nur dann ausgeführt werden, wenn der *Hot Spot* sich während des Drückens der entsprechenden Maustaste über die Schaltfläche befindet.

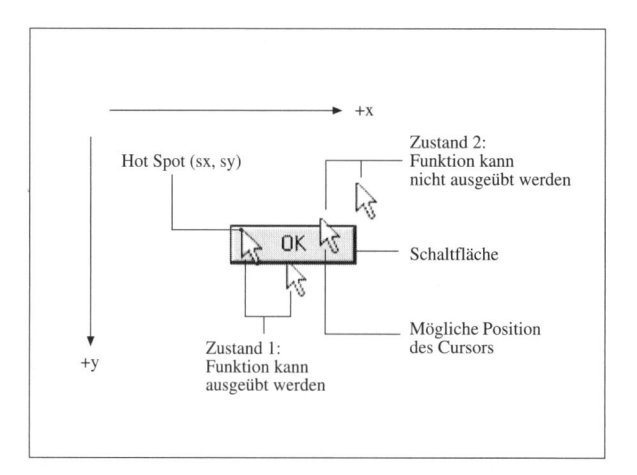

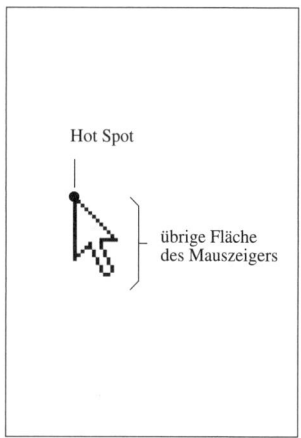

Abb. 5.6: Nur die Position des Hot Spot entscheidet darüber, ob die Funktion einer Schaltfläche ausgelöst werden kann.

Wie Abbildung 5.6 zeigt, ist die Fläche des Mauszeigers unbedeutend, wenn es darum geht, eine bestimmte Funktion auszulösen: Der entsprechende Vorgang kann nur dann eingeleitet werden, wenn (sx, sy), die Koordinaten des *Hot Spots*, folgende Voraussetzung erfüllen:

$sx \geq button\_right$ und $sx \leq button\_left$ und

$sy \geq button\_bottom$ und $sy \leq button\_top$

wobei die Koordinaten (button_left, button_top) und (button_right, button_bottom) die x- und y-Koordinaten der oberen linken bzw. rechten unteren Ecke der Schaltfläche darstellen.

Es ist unerheblich, an welcher Position sich innerhalb des Cursorlayouts der *Hot Spot* befindet. Oftmals hebt sich dieser farblich nicht von den anderen Pixeln ab. In

Kapitel 5
Unterstützung von Eingabegeräten

nahezu allen Fällen kann seine Position jedoch aufgrund des Erscheinungsbilds des Mauszeigers intuitiv bestimmt werden.

Das Betriebssystem ist dafür verantwortlich, dass der *Hot Spot* den Bildschirm nicht verlässt, seine Koordinaten somit innerhalb der gegebenen Grenzen liegen. Die x-Koordinate befindet sich demnach stets zwischen 0 und (x_res 1), die y-Koordinate kann keine Werte annehmen, welche 0 unter- bzw. (y_res 1) überschreiten. Bei den Konstanten x_res und y_res handelt es sich um die horizontale und vertikale Auflösung, welche im betreffenden Programm eingesetzt wird.

Das Betriebssystem ist jedoch nicht für die Visualisierung eines benutzerdefinierten Cursors zuständig. Bei der Darstellung vom Mauszeiger kann es vorkommen, dass bei gültigen Koordinaten des *Hot Spots* Teile des Cursors außerhalb des Bildschirms liegen:

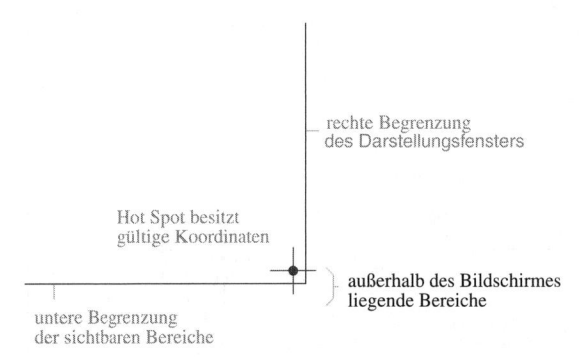

Abb. 5.7: Bei der Darstellung dieses aus zwei Strichen bestehenden Mauszeigers kann es zu Problemen kommen.

Der Versuch, den in Abbildung 5.7 vorgestellten Mauszeiger vollständig zu zeichnen, kann zu Systemabstürzen führen. Eine mögliche Lösung dieses Problems wird im 7. Kapitel vorgestellt.

5.2.2 Abfrage der Cursorposition

Die Position des Cursors kann mithilfe des *Event*-Systems festgestellt werden. Wenn die Maus bewegt wird, übermittelt WINDOWS die Nachricht *WM_MOUSEMOVE* an das laufende Programm. In diesem Fall gibt die Komponente MSG::lParam über die Position des Cursors Auskunft. Das Besondere hierbei ist, dass beide Koordinaten in Form einer einzigen Variablen vom Typ *long* übermittelt werden. Die x-Koordinate wird hierbei in den unteren 16 Bit gespeichert, die y-Koordinate nimmt die oberen 16 Bit in Anspruch.

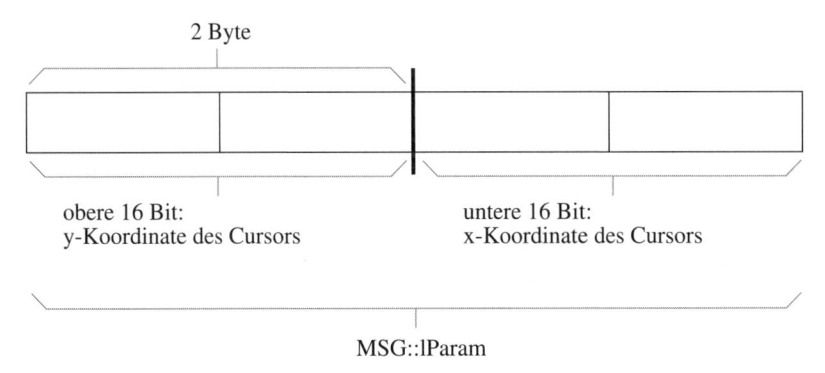

```
        2 Byte
    ┌──────┬──────┬──────┬──────┐
    │      │      │      │      │
    └──────┴──────┴──────┴──────┘
    obere 16 Bit:           untere 16 Bit:
    y-Koordinate des Cursors   x-Koordinate des Cursors

                MSG::lParam
```

Abb. 5.8: Die Position der x- und y-Koordinaten des Cursors innerhalb von MSG::lParam

Der Wert einer Gruppe von Bits, welche sich im unteren Bereich einer Variablen befindet, wird unter Verwendung einer bitweisen *AND*-Verknüpfung der Variablen mit einer entsprechenden Maske ermittelt. Eine Maske ist eine numerische Konstante mit dem gleichen Datentyp wie die zu überprüfende Variable. Die Bitgruppe, deren Zustand überprüft werden soll, ist hierbei gesetzt, die übrigen Bits besitzen den Wert 0. In unserem Fall müssen die unteren 16 Bit einer Variablen vom Typ *long* überprüft werden, um den Wert der x-Koordinaten des Mauszeigers bestimmen zu können. Die entsprechende Maske sieht folgendermaßen aus:

0000 0000 0000 0000   1111 1111 1111 1111

Angenommen, die x-Koordinate des Mauszeigers befindet sich innerhalb einer Variablen, deren Bits folgendermaßen angeordnet sind:

XXXX XXXX XXXX XXXX   0000 0000 1001 0101

Das Zeichen X deutet an, dass es keine Rolle spielt, ob das entsprechende Bit gesetzt ist oder nicht. Unsere Aufgabe besteht darin, die oberen 16 Bit zu löschen, um den Wert der unteren 16 zu erhalten. Das geschieht mithilfe einer *AND* – Verknüpfung mit oben definierten Konstanten, wobei das Ergebnis folgendermaßen aufgebaut ist:

0000 0000 0000 0000   0000 0000 1001 0101

Um die y-Koordinate des Mauszeigers zu ermitteln, müssen die oberen 16 Bit von MSG::lParam von den unteren getrennt und innerhalb einer eigenen Variablen gespeichert werden. Dies geschieht mittels einer Verschiebung um 16 Stellen nach rechts.

Wenn die Komponente `message` einer Variablen vom Typ MSG den Wert *WM_MOUSEMOVE* besitzt, können die Koordinaten des Mauszeigers demnach mithilfe folgender Anweisungen ermittelt werden:

```
short cursor_x, cursor_y;
cursor_x = short( msg.lParam & 0xffff );
cursor_y = short( msg.lParam >> 16 );
```

Bitmasken werden auf der Grundlage des Hexadezimalsystems aufgebaut. Der Grund hierfür besteht darin, dass der Zustand einzelner Bits auf diese Weise sehr viel einfacher und effizienter gestaltet werden kann. Der oben vorgestellte Binärwert, welcher für die Maske zur Bestimmung der x-Koordinaten eingesetzt wird, wird hexadezimal mittels 0xffff ausgedrückt.

5.2.3 Abfrage des Zustands der Maustasten

Wie wir wissen, werden unter WINDOWS sämtliche Tasten der Peripheriegeräte in *Virtual Keys* umgewandelt, welche direkt oder indirekt abgefragt werden können. Den einzelnen Maustasten wird, genau wie es bei den Tasten des Keyboards der Fall ist, innerhalb der Datei <*winuser.h*> eine individuelle Kennung zugewiesen, welche mit der Zeichenkombination *VK_* anfängt:

Lage der Maustaste	WINDOWS-Kennung
Links	VK_LBUTTON
Mitte	VK_MBUTTON
Rechts	VK_RBUTTON

Der Status einer speziellen Maustaste kann mithilfe der bekannten Funktion GetKeyState() ermittelt werden: Übergibt man dieser die Kennung einer bestimmten Taste, wird der aufrufenden Instanz ein Wert übergeben, welcher kleiner 0 ist, wenn die betreffende Taste sich in dem Augenblick im gedrückten Zustand befindet:

```
uchar mouse_left;

if( GetKeyState( VK_LBUTTON ) < 0 ) mouse_left = 1;
else mouse_left = 0;
```

In diesem Beispiel wird der Variablen `mouse_left` nur dann der Wert 1 zugewiesen, wenn der Benutzer während des Aufrufs die linke Maustaste drückt.

Es ist ebenso gut möglich, das Drücken einer Maustaste indirekt festzustellen. Wenn einem Programm die Nachricht *WM_MOUSEMOVE* übergeben wird, kann der Komponenten `MSG::wParam` der Zustand der Maustasten entnommen werden. In diesem Fall können die vorgestellten Kennungen jedoch nicht eingesetzt werden, weil die Benutzereingabe durch das Setzen eines eigenen Bits innerhalb der besagten Variablen gekennzeichnet wird. Das Drücken einer speziellen Maustaste kann festgestellt werden, indem die bitweise *AND*-Verknüpfung mit einer der Masken: *MK_LBUTTON*, *MK_MBUTTON* oder *MK_RBUTTON* den Wert *TRUE* liefert.

Folgende Anweisungen demonstrieren, wie der Zustand der rechten Maustaste indirekt ermittelt werden kann:

```
MSG msg;

// Initialisierung der Variablen msg mittels PeekMessage()

uchar mouse_right = 0;

if( msg.message = WM_MOUSEMOVE )
{
  if( msg.wParam & MK_RBUTTON ) mouse_right = 1;

  // weitere Anweisungen
}
```

Es gibt auch Situationen, in denen der genaue Zeitpunkt des Drückens bzw. Loslassens einer Maustaste festgestellt werden muss. Ein Beispiel hierfür ist die Erstellung komplexer virtueller Tasten, welche folgende Voraussetzungen erfüllen:

- Wenn eine Maustaste gedrückt wird, während der Cursor sich über die Schaltfläche befindet, muss die virtuelle Taste ihr Aussehen verändern.
- Verlässt der Cursor bei gedrückter Maustaste die Oberfläche der Taste, muss diese ihr ursprüngliches Erscheinungsbild erneut annehmen.
- Die Funktion, welche mit der Schaltfläche verbunden ist, darf nur dann ausgelöst werden, wenn sich der *Hot Spot* sowohl beim Drücken als auch beim Loslassen der Maustaste über die Taste befindet.

Das Aussehen der gedrückten Taste im gedrückten bzw. normalen Zustand wird unter Verwendung von Bitmaps festgelegt. Um diese komplexe Schaltfläche generieren zu können, muss Folgendes berücksichtigt werden: Wenn der Benutzer eine Maustaste drückt, wird dem Programm eine der Nachrichten:

WM_LBUTTONDOWN, *WM_MBUTTONDOWN* oder *WM_RBUTTONDOWN* übermittelt. Dementsprechend sendet das Betriebssystem beim Loslassen einer gedrückten Maustaste eine der Nachrichten: *WM_LBUTTONUP*, *WM_MBUTTONUP* oder *WM_RBUTTONUP*.

5.2.4 Praktische Verwaltung der Maus

Wenn der Benutzer einer Anwendung Befehle mithilfe der Maus erteilt, ist das Drücken der Maustasten von der Position des Cursors abhängig. Die Einheit, welche von den Koordinaten des Mauszeigers und dem Status der Tasten gebildet wird, kann durch den Einsatz einer Klasse besonders effizient verwaltet werden. Diese Klasse sollte folgende Voraussetzungen erfüllen:

1. Sie muss eine Möglichkeit zur Speicherung der x- und y-Koordinaten des Mauszeigers enthalten.
2. Der aktuelle Zustand der Maustasten soll festgehalten werden.
3. Die Werte der in den Punkten 1. und 2. beschriebenen Größen müssen in jeder Iteration der Hauptschleife auf der Grundlage einer Variablen vom Typ MSG aktualisiert werden, wenn dem Programm eine entsprechende Nachricht übermittelt wird.

Diese Klasse kann folgendermaßen aufgebaut werden:

```
class _mouse
{
  private:
    uchar left_button, middle_button, right_button;
    short hspot_x, hspot_y;

  public:
    uchar get_left_button( void )   { return left_button;   }
    uchar get_middle_button( void ) { return middle_button; }
    uchar get_right_button( void )  { return right_button;  }
    short get_sx( void ) { return hspot_x; }
    short get_sy( void ) { return hspot_y; }

    void initialise( void );
    void update_mouse ( MSG msg );
    void set_pos( short x, short y );
    void display( uchar *sb = sbuffer );

    _mouse( void ) : left_button( 0 ), right_button( 0 ),
                     middle_button( 0 ), hspot_x( 0 ),
                     hspot_y( 0 ) { }
} mouse;
```

Es folgt die Beschreibung der Komponenten der neuen Klasse _mouse:

Variable	Aufgabe
`left_button`:	enthalten den Zustand der linken, mittleren und rechten Maustaste
`middle_button`:	
`right_button`:	Diesen drei Variablen vom Typ *unsigned char* werden lediglich die Werte 0 oder 1 zugewiesen. Der Wert 1 gibt an, dass im aktuellen Frame die entsprechende Taste im gedrückten Zustand vorliegt.
`hspot_x, hspot_y`:	speichert die x- und die y-Koordinate des Mauszeigers

Funktion	Aufgabe/Definition
`initialise()`:	Zuweisung gültiger Werte an die Variablen und `hspot_x` und `hspot_y`: unter Verwendung der Makros `x_res` und `y_res`:

```
void _mouse::intialise( void )
{
  hspot_x = x_res / 2,
  hspot_y = y_res / 2;
}
```

`update_mouse()`: aktualisiert die Position der Maustasten und des Cursors auf der Grundlage des als Parameter erhaltenen *Events*:

```
void _mouse::update_mouse( MSG msg )
{
  left_button = middle_button = right_button = 0;

  if( msg.message == WM_MOUSEMOVE )
  {
    screen_x = short( msg.lParam & 0xffff );
    screen_y = short( msg.lParam >> 16 );
  }

  if( msg.message == WM_LBUTTONDOWN ) left_button = -1;
  else if( msg.message == WM_LBUTTONUP ) left_button = 1;

  else if( msg.message == WM_MBUTTONDOWN ) middle_button = -1;
  else if( msg.message == WM_MBUTTONUP ) middle_button = 1;

  else if( msg.message == WM_RBUTTONDOWN ) middle_button = -1;
```

```
    else if( msg.message == WM_RBUTTONUP ) middle_button = 1; }
```

Wenn einem Programm Befehle über die Maus übermittelt werden, muss diese Funktion in jeder Iteration der äußersten Schleife aufgerufen werden. Als Parameter erhält sie alle Nachrichten, welche dem Programm zugeführt werden. Die erste *if()*-Anweisung überprüft, ob es sich bei der jeweiligen Nachricht um einen klassenrelevanten *Event* handelt. Wenn dem so ist, wird die Position des Cursors aktualisiert, anderenfalls wird die Nachricht ignoriert.

Die Klasse geht stets davon aus, dass sich zurzeit keine der Maustasten im gedrückten Zustand befindet. Wenn der Benutzer eine Taste drückt, wird diese Eingabe am Ende der Funktion festgestellt, und der betreffenden Variablen wird der Wert −1 zugewiesen. Umgekehrt nimmt diese den Wert 1 an, wenn eine gedrückte Maustaste losgelassen worden ist.

Nach Ausführung der Funktion kann das Programm auf diesen veränderten Wert reagieren. Wird `update_mouse()` im nächsten Frame aufgerufen, muss den Tastenbeschreibungen anfangs mittels

```
left_button = middle_button = right_button = 0;
```

der Wert 0 zugewiesen werden, damit keine Reaktion auftritt, welche auf der Grundlage einer bereits verarbeiteten Eingabe ausgelöst wird.

`set_pos()`: Verschiebung des Cursors an die benutzerdefinierte Position, welche mittels der als Parameter übergebenen Koordinaten festgelegt wird. Dabei wird die Funktion `SetCursorPos()` eingesetzt. Ein häufig anzutreffender und schwer zu findender Fehler besteht darin, dass im Zuge des Aufrufs von `SetCursorPos()` vergessen wird, die Werte von Variablen wie `_mouse::screen_x` und `_mouse::screen_y` zu aktualisieren:

```
void _mouse::set_pos( short x, short y )
{
  SetCursorPos( x, y );
  hspot_x = x;
  hspot_y = y;
}
```

`display()`: Darstellung des punktförmigen Cursors innerhalb des als Parameter übergebenen Arrays:

```
void _mouse::display( uchar *sb = sbuffer )
{
```

```
    sb[ hspot_y * x_res + hspot_x ] = 255;
}
```

Diese Version der Klasse dient dem primären Zweck, das Prinzip der Befehlsübermittlung mittels der Maus zu verdeutlichen. Aus diesem Grund wird auf die Darstellung eines komplexeren Mauszeigers verzichtet. Die Techniken, welche für die Erstellung beliebig aussehender Cursors notwendig sind, werden Sie im 7. Kapitel kennen lernen.

Es ist unüblich, einer Anwendung mit mehr als einer Maus Befehle zu übermitteln. Aus diesem Grund ist eine einzige Instanz der Klasse _mouse in einem Programm vollkommen ausreichend. Diese sollte global definiert werden, um möglichst vielen Funktionen Zugriff auf die Koordinaten oder den Zustand der Maustasten zu ermöglichen.

Wenn innerhalb unserer Programme eine neue Auflösung eingestellt wird, setzt das Betriebssystem den *Hot Spot* des Cursors automatisch in die Mitte des Bildschirms. Die neue Auflösung wird während des Aufrufs der Funktion initialise_world() in WinMain() eingestellt. Das Problem ist jedoch, dass die Definition der globalen Instanz einer Klasse für die Verwaltung der Maus zwangsläufig vor dem Aufruf von initialise_world() erfolgen muss, zu einem Zeitpunkt, in dem die einzustellende Auflösung oft noch nicht feststeht. Aus diesem Grund können die Koordinaten des Punkts, an dem der Mauszeiger bei der Einstellung der Auflösung versetzt werden wird, ebenfalls nicht bekannt sein.

Dieses Problem kann gelöst werden, indem für die Initialisierung der Variablen der Klasse _mouse zwei Funktionen verwendet werden. Der Konstruktor, die erste der beiden Funktionen, kann die Variablen initialisieren, deren Werte von der Auflösung unabhängig sind. Die zweite Prozedur, welche in unserem Fall mit mouse::initialise() bezeichnet wird, muss nach der Einstellung der Auflösung in initialise_world() aufgerufen werden, wenn die Makros x_res und y_res in der Lage sind, gültige Werte zu liefern:

```
void initialise_world( HINSTANCE hInstance, long screen_x,
                       long screen_y, long bit_depth )
{
  x_min = 0;  x_max = screen_x - 1;
  y_min = 0;  y_max = screen_y - 1;

  if( (sbuffer = new uchar[ screen_x * screen_y ]) == NULL ||
      (zbuffer = new double[ screen_x * screen_y ]) == NULL ||
      (left_side = new screen_side[ screen_y ]) == NULL ||
      (right_side = new screen_side[ screen_y ]) == NULL )
```

```
    exit("initialise_world(): Nicht genug Speicher.\n");

 surface.open_window( hInstance, screen_x, screen_y,
                      bit_depth );

 mouse.initialise();
}
```

Um das Entstehen schwer zu findender Fehler zu vermeiden, sollten sämtliche Variablen der Klasse _mouse unter dem Zugriffsspezifizierer *private* definiert werden und nur auf der Grundlage einer Variablen vom Typ MSG oder beim Aufruf von SetCursorPos() verändert werden. Wie es das Prinzip der Verkapselung vorschreibt, müssen sämtliche Lesezugriffe auf der Grundlage von Funktionen erfolgen. Zwecks einer besseren Übersicht werden im Laufe der folgenden Programme diese Funktionen indirekt mithilfe kürzerer Makros aufgerufen:

```
#define mouse_left   mouse.get_left_button()
#define mouse_middle mouse.get_middle_button()
#define mouse_right  mouse.get_right_button()
#define mouse_sx     mouse.get_sx()
#define mouse_sy     mouse.get_sy()
```

5.2.5 Praktische Verarbeitung von Mauseingaben

In unserem nächsten Programm werden wir das Rotationsverhalten einer dreidimensionalen Figur mithilfe der Maus steuern. Durch die Bewegung der Maus in vertikaler bzw. horizontaler Richtung wird der Körper um die eigene x- oder y-Achse gedreht. Die Rotation um die z-Achse wird durch Drücken der äußeren Maustasten bestimmt.

Übermittelt man einer Anwendung Befehle mithilfe der Maus, werden diese grundsätzlich nach denselben Gesetzmäßigkeiten wie Tastaturbefehle verarbeitet: Auf der Grundlage einer entsprechenden Mausbewegung wird eine Matrix nach den oben beschriebenen Vorgaben aufgebaut, mit deren Hilfe die Figur schließlich bewegt werden kann:

```
/////////////////////////          a5_3.cpp         /////////////////////////
//                                                                         //
//   Benutzerdefinierte Rotation einer dreidimensionalen                   //
//   Figur um die eigenen Achsen mit Hilfe der Maus                        //
//   Auflösung: beliebig, Farbtiefe: 8 Bit                                 //
//                                                                         //
/////////////////////////////////////////////////////////////////////////////
```

```
#include <windows.h>

#include "sf5_1.h"
#include "m5_1.h"
#include "t5_1.h"
#include "gv5_1.h"
#include "ms5_3.h"
#include "ln5_1.h"

uchar handle_input( MSG *msg, thing *t );

int WINAPI WinMain( HINSTANCE hInstance, HINSTANCE hPrevInstance, LPSTR
lpCmdLine, int iCmdShow )
{
  initialise_world( hInstance, 640, 480, 8 );

  thing cube( "cube.tg1" );

  matrix m;
  m.scale( 5, 5, 5 );
  m.translate( 0, 0, 12 );
  cube.update_pos( m );
  m.clear();

  for( long x=0 ; x<x_res*y_res ; x++ ) zbuffer[ x ] = z_max;

  MSG message;
  while( 1 )
  {
    if( handle_input( &message, &cube ) ) break;

    if( clear_translation > max_clear_translation ) clear_translation -
= z_max;
    else
    {
      for( long x=0 ; x<x_res*y_res ; x++ ) zbuffer[ x ] = z_max;
      clear_translation = 0.0;
    }
    for( long x=0 ; x<x_res*y_res ; x++ ) sbuffer[ x ] = 0;

    cube.display();

    uchar *screen = (uchar *) surface.get_screen_pointer();
    for( long x=0 ; x<x_res*y_res ; x++ ) screen[ x ] = sbuffer[ x ];
```

```cpp
    surface.release_screen_pointer();
  }

  destroy_world();

  return message.wParam;
}

uchar handle_input( MSG *msg, thing *t )
{
  if( PeekMessage( msg, NULL, 0, 0, PM_REMOVE ) )
  {
    if( msg->message == WM_QUIT || msg-
>message == WM_KEYDOWN ) return 1;

    mouse.update_mouse( *msg );

    TranslateMessage( msg );
    DispatchMessage( msg );
  }

  matrix m;
  m.translate( -t->wpos.wx, -t->wpos.wy, -t->wpos.wz );

  if( mouse_sx < x_res/2 ) m.rotate( 0,  0.05, 0 );
  if( mouse_sx > x_res/2 ) m.rotate( 0, -0.05, 0 );
  if( mouse_sy < y_res/2 ) m.rotate(  0.05, 0, 0 );
  if( mouse_sy > y_res/2 ) m.rotate( -0.05, 0, 0 );
  if( mouse_left ) m.translate( 0, 0, -0.05 );
  if( mouse_right ) m.translate( 0, 0, 0.05 );

  m.translate( t->wpos.wx, t->wpos.wy, t->wpos.wz );
  t->update_pos( m );

  mouse.set_pos( x_res/2, y_res/2 );

  return 0;
}
```

/////////////////////// Ende a5_3.cpp ///////////////////////

Die Variablen des Objekts mouse werden innerhalb der Funktion handle_input() mit aktuellen Werten versehen, falls das Betriebssystem der Anwendung einen relevanten *Event* übergeben hat:

Verwaltung der Maus

```
if( PeekMessage( msg, NULL, 0, 0, PM_REMOVE ) )
{
  if( msg->message == WM_QUIT || msg->message == WM_KEYDOWN )
  return 1;

  mouse.update_mouse( *msg );

  TranslateMessage( msg );
  DispatchMessage( msg );
}
```

Das Programm geht davon aus, dass der Mauscursor sich stets in die Mitte des Bildschirms befindet, an der Position (x_res / 2, y_res / 2). Wenn der Benutzer die Maus bewegt, wird das Vorzeichen der Abweichung von diesen beiden Sollwerten mittels der Anweisungen

```
if( mouse_sx < x_res/2 ) m.rotate( 0,  0.05, 0 );
if( mouse_sx > x_res/2 ) m.rotate( 0, -0.05, 0 );
if( mouse_sy < y_res/2 ) m.rotate( 0.05, 0, 0 );
if( mouse_sy > y_res/2 ) m.rotate( -0.05, 0, 0 );
if( mouse_left ) m.rotate( 0, 0, 0.05 );
if( mouse_right ) m.rotate( 0, 0, -0.05 );
```

erfasst, und ein entsprechender Rotationswert wird in die Matrix eingefügt. Die Makros `mouse_left` und `mouse_right` geben Auskunft über den Status der relevanten Maustasten. Nach der Verarbeitung der Mausbewegung muss sichergestellt werden, dass vor der im nächsten Frame durchgeführten Überprüfung der Mauszeiger sich in der Mitte des Bildschirms befindet, damit die nächsten Eingaben richtig ausgewertet werden können:

```
mouse.set_pos( x_res/2, y_res/2 );
```

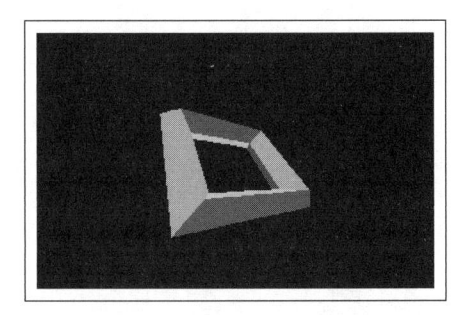

Abb. 5.9: Ausgabe des Programms a5_3

Kapitel 6

Einfache Polygonschattierung

In den vorherigen Kapiteln haben wir uns ausführlich mit den dreidimensionalen Eigenschaften von Objekten auseinander gesetzt. Jedem Polygon wurde dabei eine bestimmte Farbe zugeordnet, welche im weiteren Verlauf der Anwendung unverändert geblieben ist. Diese Darstellungsweise mag für mathematisch orientierte Anwendungen ausreichend sein; um realitätsgetreue Szenarien erstellen zu können, muss die Zuordnung von Farben nach dem Vorbild der Natur erfolgen.

Farben entstehen in der realen Welt dadurch, dass Licht von einer Lichtquelle in Form elektromagnetischer Wellen ausgestrahlt wird, welche sich hinsichtlich ihrer Wellenlänge unterscheiden. Treffen diese auf ein bestimmtes Material, werden einige davon absorbiert, andere werden reflektiert.

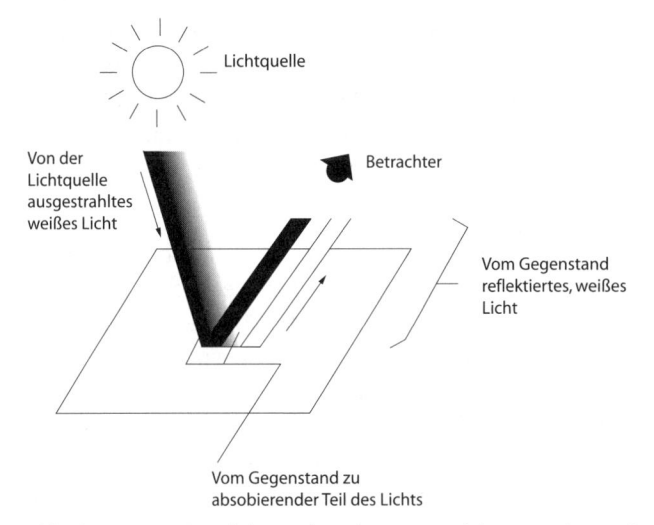

Abb. 6.1: Der Anteil des Farbspektrums, welcher von einem Gegenstand reflektiert wird, wird als Farbe empfunden. Blätter erscheinen uns beispielsweise grün, da sie blaues und rotes Licht absorbieren, den grünen Lichtanteil jedoch reflektieren.

Gegenstände können nur dann wahrgenommen werden, wenn das von ihnen ausgestrahlte Licht auf Netzhaut trifft. Die sich dort befindenden Rezeptoren leiten die ankommenden Reize in Form von Aktionspotenzialen durch den Sehnerv ins Gehirn. Das menschliche Auge besitzt drei unterschiedliche Arten von lichtempfindlichen Sinneszellen, welche bevorzugt blaues, grünes und rotes Licht wahrnehmen. Je nachdem, in welchem Verhältnis die unterschiedlichen Arten von lichtempfindlichen Sinneszellen Informationen senden, wird dem gesehenen Objekt eine bestimmte Farbe zugeordnet.

Farben sind somit keine Materialeigenschaft, sondern ein Eindruck, welcher im Gehirn auf der Grundlage von Lichtabsorption bzw. -reflexion an der Oberfläche des wahrgenommenen Gegenstands. Helle Farben sind darauf zurückzuführen, dass der betreffende Gegenstand mehr Licht reflektiert als er absorbiert. Umgekehrt tendiert ein dunkles Objekt stärker dazu, Licht aufzunehmen als es abzustrahlen.

Die Farbe eines Materials wird jedoch nicht ausschließlich durch seine Beschaffenheit festgelegt. Die Menge des einfallenden Lichts und seine Farbe sind ebenfalls von herausragender Bedeutung. Wenn einem Gegenstand viel Licht zur Verfügung steht, kann viel davon reflektiert werden, die Farbe des Objekts wirkt hell. Wenn der Raum nur geringfügig beleuchtet wird, kann nur wenig Licht abgestrahlt werden, der Gegenstand sieht dunkel aus. Dieses Phänomen kann auch gleichzeitig beobachtet werden: Die Teile eines einheitlich gefärbten Objekts, welche dem Licht zugewandt stehen, wirken heller als die beleuchteten Stellen.

Bei einer Rotation des Objekts wechseln sich die als hell oder dunkel empfundenen Bereiche ab, der einfallenden Lichtmenge entsprechend. Dieser natürliche Effekt ist uns aus persönlicher Erfahrung sehr vertraut, sein Auftreten wird in vielen Fällen sogar erwartet. Je besser dieses Phänomen von einem virtuellen Gegenstand nachgeahmt werden kann, umso realistischer wirkt dieser. Je realistischer ein Objekt wirkt, umso höher ist sein Erkennungswert und umso leichter fällt es einem Betrachter, den virtuellen Gegenstand subjektiv in die reale Welt zu versetzen, wobei häufig positive Gefühle auftreten können.

Auf der anderen Seite wirken Gegenstände unrealistisch und zweidimensional, wenn im Laufe ihrer Visualisierung die natürlich auftretende Wechselwirkung von Licht, Schatten und der Vielzahl von Lichtnuancen und Farbübergängen nicht berücksichtigt wird. Natürlich auftretende Lichteffekte lassen sich durch mathematische Modelle beschreiben, indem Farben unterschiedliche Zahlenwerte zugewiesen werden, auf deren Grundlage Licht, Schatten oder die Überführung der einen Farbe in eine andere ausgedrückt werden kann. Durch den Einsatz dieser Algorithmen im Laufe des Darstellungsprozesses einer dreidimensionalen Figur kann die reale Wahrnehmung von Farben simuliert werden, wodurch der Erkennungswert der Objekte erheblich gesteigert werden kann.

6.1 Mathematische Ansätze zur Simulation natürlicher Farbwahrnehmung

6.1.1 Das RGB-Farbmodell

Das RGB-Farbmodell ist eine von mehreren Möglichkeiten, Farben mithilfe von Zahlenwerten auszudrücken. Die Grundlage hierbei liefert die menschliche Wahrnehmung: Die sichtbaren Farben werden im Gehirn in Abhängigkeit von den Informationen zusammengestellt, welche die rot-, grün- und blauempfindlichen Sinneszellen übermitteln.

Mathematisch gesehen können beliebige Farben ebenfalls mithilfe der besagten drei Grundfarben ausgedrückt werden, indem man jeder dieser Farbkomponenten einen Zahlenwert zuweist. Technisch gesehen entstehen die sichtbaren Farben auf der Grundlage dieser Zahlenwerte mithilfe geeigneter Grafikhardware, welche durch die Zusammenarbeit von Monitor und Grafikkarte beispielsweise gegeben ist.

Um sich den Aufbau einer bestimmten Farbe besser vorstellen zu können und um einen erweiterten Einblick in die Verhältnisse zu bekommen, welche zwischen den verschiedenen Farben bestehen, bedient man sich eines dreidimensionalen Veranschauungsmodells.

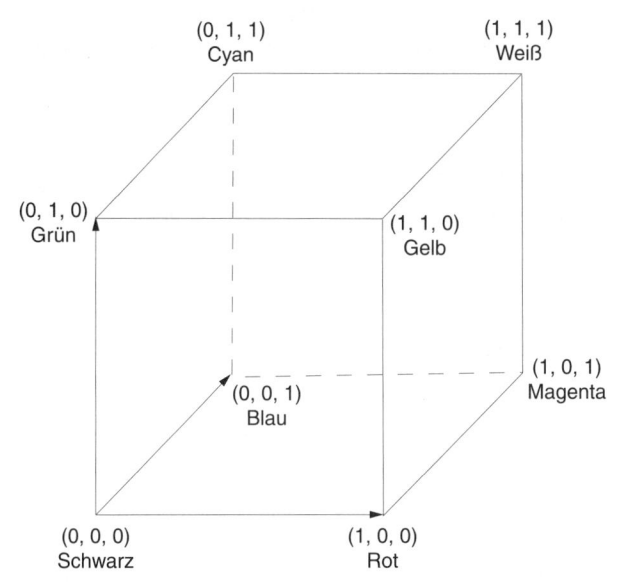

Abb. 6.2: Dreidimensionale Darstellung des RGB-Farbmodells

Das RGB-Farbmodell ist wie ein dreidimensionales Koordinatensystem zu verstehen, dessen Achsen dem roten, grünen und blauen Anteil der darzustellenden Farbe entsprechen. Sämtliche sichtbaren Farben befinden sich hierbei entweder auf der Oberfläche oder im Innern des Würfels. Weil der Würfel gleichzeitig ein Koordinatensystem darstellt, können Farben auch in Form von *Vektoren* beschrieben werden. Die Vektordarstellung einer Farbe ist sehr vorteilhaft, da auf diese Weise sowohl die Addition als auch die Helligkeit verschiedener Farben sehr anschaulich erklärt werden können. Die Farbe Rot wird beispielsweise durch den

Vektor $\begin{pmatrix} 1 \\ 0 \\ 0 \end{pmatrix}$ beschrieben, Cyan durch $\begin{pmatrix} 0 \\ 1 \\ 1 \end{pmatrix}$.

Der Grenzwert der Farbkomponenten

Bemerkenswert ist, dass die Komponenten einer Grundfarbe niemals einen Wert annehmen dürfen, der kleiner 0 ist. Diese Regel lässt sich leicht nachvollziehen: Ein negativer Wert für eine der Komponenten würde eine hypothetische Farbe definieren, welche noch dunkler als Schwarz wirken müsste. Da Schwarz bereits die geringste wahrnehmbare Helligkeit besitzt, würde eine solche imaginäre Farbe nicht von Schwarz unterschieden werden können, ihre Existenz hätte somit keinen praktischen Nutzen.

Der Wert einer Farbkomponente darf 1.0 ebenfalls nicht überschreiten. Bei dieser Konstanten handelt es sich um einen Kompromisswert, welcher die universelle Einsetzbarkeit des RGB-Farbmodells gewährleisten soll.

Die heutigen Rechner sind in der Lage, eine Vielzahl von Farbtiefen zu unterstützen, welche sich hinsichtlich des Speicherplatzes unterscheiden, welcher für die Darstellung der einzelnen Farbkomponenten bereitgestellt wird. Im Fall der gepackten *High-Color*-Farbtiefe werden beispielsweise 5 Bit hierfür bereitgestellt. Eine Komponente kann somit

$2^5 = 32$

unterschiedliche Farbschattierungen darstellen. Im Gegensatz dazu werden von der *True-Color*-Farbtiefe für den gleichen Zweck 8 Bit zur Verfügung gestellt, womit sich:

$2^8 = 256$

mögliche Farbnuancen für eine Grundfarbe ergeben.

Das Problem ist, dass die Definition einer Farbe in *High Color* inkompatibel mit der *True-Color*-Farbdefinition ist. Der Abbildung 6.2 kann entnommen werden, dass die Farbe Weiß durch den Maximalwert aller drei Komponenten ausgedrückt wird. In *High Color* wird Weiß demnach durch $(31, 31, 31)_{RGB}$ definiert; der Wert 32 darf nicht eingesetzt werden, weil die Zählung bei 0 anfängt. Die gleichen Farbkomponenten würden jedoch in *True Color* eine dunkelgraue Farbe darstellen, weil man hierbei auf 256 Schattierungen zurückgreifen muss und Weiß mittels $(255, 255, 255)_{RGB}$ angesprochen werden kann.

Dieses Problem kann gelöst werden, indem man in der mathematischen Definition den symbolischen Wert 1.0 für die maximale Intensität einer Farbkomponente einsetzt. In der Praxis werden die Anteile einer bestimmten Farbe zunächst mit diesem Wert ausgerechnet, anschließend werden diese Komponenten an die aktuelle Farbtiefe angepasst. Dieser Vorgang geschieht mittels einer einfachen Multiplikation:

Screen_r = Math_r * Max_Intensity
Screen_g = Math_g * Max_Intensity

Screen_b = Math_b * Max_Intensity

Hierbei wird die mathematisch ermittelte Farbe durch die Komponenten (**Math_r, Math_g, Math_b**) ausgedrückt, während (**Screen_r, Screen_g, Screen_b**) die von der aktuellen Farbtiefe abhängige Farbe definieren. Die Konstante **Max_Intensity** ist der Maximalwert, welcher bei entsprechender Farbtiefe für eine Grundfarbe eingesetzt werden kann.

Soll beispielsweise die mathematisch definierte Farbe Rot an die Auflösung *High Color* angepasst werden, müssen die Komponenten (1, 0, 0)$_{RGB}$ demnach mit 31 multipliziert werden, was die richtige Farbe (31, 0, 0)$_{RGB}$ ergibt. Wenn die maximale Intensität einer Farbkomponente ausgedrückt werden soll, multipliziert man **Max_Intensity** demnach mit 1.0, wodurch dieser nicht verändert wird. Wenn für die Zielfarbe jedoch nur die Hälfte der maximalen Intensität benötigt wird, beträgt der Wert der mathematischen Komponente 0.5, welcher **Max_Intensity** halbiert. An diesen Beispielen wird deutlich, warum in der mathematischen Definition die Helligkeit in Form einer Konstanten zwischen 0.0 und 1.0 definiert wird: Nur wenn die Helligkeit in diesen Grenzen gehalten wird, kann die Ermittlung farbtiefenabhängiger Komponenten lediglich mit einer Multiplikation durchgeführt werden.

Die Richtigkeit des Gleichungssystems lässt sich mithilfe einer proportionalen Zuordnung beweisen. Die von der Farbtiefe unabhängige mathematische Definition garantiert demnach eine hohe Portabilität der Programme hinsichtlich bereits bestehender und noch kommender Farbtiefen.

Helligkeit einer beliebigen Farbe

Der Ursprung des RGB-Koordinatensystems bildet die Farbe Schwarz, welche durch die Komponenten (0, 0, 0)$_{RGB}$ definiert ist. Wenn man bei der Beschreibung einer beliebigen Farbe auf die Vektorform zurückgreift, kann ihre Helligkeit auf einfache Weise ausgerechnet werden: Die Helligkeit einer beliebigen Farbe $\begin{pmatrix} r \\ g \\ b \end{pmatrix}$ entspricht dem Betrag des dazugehörigen Farbvektors, dessen Wert mittels der folgenden bekannten Formel ermittelt werden kann:

Helligkeit $(r, g, b) = \sqrt{r^2 + g^2 + b^2}$

Schwarz stellt die Farbe mit der geringsten Helligkeit dar, weil der Betrag des Vektors <0, 0, 0> gleich 0 ist. Die Helligkeit der Grundfarben Rot, Grün und Blau beträgt 1. Weiß ist die Farbe mit der größten Helligkeit: Ihr Betrag besitzt den Wert $\sqrt{3}$. Hieraus lässt sich folgende Regel ableiten: Je größer der Betrag eines Farbvektors ist, umso heller erscheint einem Beobachter die dazugehörige Farbe.

Kapitel 6
Einfache Polygonschattierung

Vektoren lassen sich skalieren, indem ihren Komponenten mit einer Konstanten multipliziert werden. Wenn dieser konstante Wert kleiner 1 ist, verkleinert sich der Betrag des Vektors, dementsprechend wird die Vektorlänge durch eine Multiplikation mit einem Wert größer 1 vergrößert. Weil der Betrag eines Farbvektors der Helligkeit der Farbe entspricht, lässt sich die entsprechende Farbe mittels Skalierung heller oder dunkler darstellen.

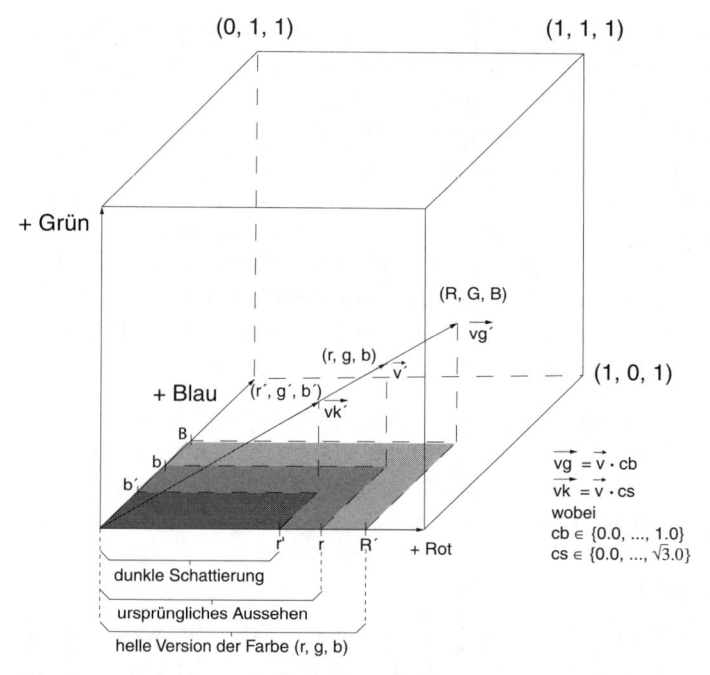

Abb. 6.3: Aufbau einer helleren bzw. dunkleren Schattierung einer beliebigen Farbe mit den Komponenten **(r, g, b)**

Der Aufbau hellerer bzw. dunklerer Nuancen derselben Farbe ist besonders wichtig, um realistische Szenarien aufzubauen, indem Licht- bzw. Schatteneffekte simuliert werden. Angenommen, in unserer Welt befindet sich ein Körper mit einer einheitlichen Farbe **(r, g, b)**, bei dem Teile von einer gerichteten Lichtquelle beleuchtet werden. Einem Betrachter, welcher sowohl die helleren als auch die dunkleren Bereiche des Objekts sehen kann, erscheinen die Bereiche, welche dem Licht zugewandt stehen, heller. Das Problem ist, wie auf der Grundlage der ursprünglichen Farbe diese hellere Farbnuance ermittelt werden kann.

Dieses Problem kann leicht auf der Grundlage der ihr vorangegangenen Theorie gelöst werden. Um einer Farbe einen helleren Farbton zu verleihen, muss der dazugehörige Farbvektor mit einem Skalar größer 1 multipliziert werden, **cb** im Fall der Abbildung 6.3. Ein möglicher Wert für diese Konstante ist **1.5**. Das Ergebnis ist die neue Farbe **(R, G, B)**, deren Ortsvektor **vg** einen größeren Betrag als **v** besitzt. Weil diese Farbe sich näher an **Weiß** mit den Koordinaten (1, 1, 1)$_{RGB}$ befindet als der ursprüngliche Farbwert **(r, g, b)**, wird diese als heller empfunden. Umgekehrt können die dunkleren Bereiche des betrachteten Gegenstands beispielsweise durch das Ergebnis der Skalierung mit dem Wert

cs = 0.5

dargestellt werden.

Um die Skalierung durchführen zu können, müssen die Skalare **cb** und **cs** bekannt sein. Ihre Werte können entweder der Lichtquelle direkt entnommen oder in Abhängigkeit von Lichtquelle und Ausrichtung des Körpers ermittelt werden. Bei der Skalierung eines Farbvektors muss darauf geachtet werden, dass die einzelnen Farbkomponenten die Grenzwerte **0.0** und **1.0** nicht unter- bzw. überschreiten.

Zusammensetzung einer beliebigen Farbe

Die Theorie des RGB-Farbmodells besagt, dass eine beliebige Farbe durch Addition der *Helligkeiten* der drei Grundfarben Rot, Grün und Blau aufgebaut werden kann. Auf der Grundlage von Schwarz (0, 0, 0)$_{RGB}$, der Farbe mit der geringsten Helligkeit, lassen sich neue Farben durch Verschiebung in Richtung des roten, grünen oder blauen Farbvektors generieren. Die Längen der einzelnen Verschiebungsstrecken ist von der Zielfarbe abhängig. Um die Farbe Rot zu generieren, muss man lediglich den Punkt (0, 0, 0)$_{RGB}$ in Richtung des Vektors <1, 0, 0> versetzen, wobei das Ergebnis (1, 0, 0)$_{RGB}$ lautet. Weitere wichtige Farben sind Grün (0, 0, 1)$_{RGB}$ und Blau (0, 0, 1)$_{RGB}$.

Die Farbvektoren, welche diesen Farben zugrunde liegen, können nach bekannten mathematischen Gesetzmäßigkeiten weiter addiert werden. Farbvektoren werden genau wie normale Vektoren durch Addition ihrer Komponenten zusammenaddiert. Die Farbe Cyan $\begin{pmatrix} 0 \\ 1 \\ 1 \end{pmatrix}$ entsteht beispielsweise durch Addition der Ortsvektoren der Farben Grün und Blau:

$$\begin{pmatrix} 0 \\ 1 \\ 0 \end{pmatrix} + \begin{pmatrix} 0 \\ 0 \\ 1 \end{pmatrix} = \begin{pmatrix} 0 \\ 1 \\ 1 \end{pmatrix}$$

Die Farben Magenta (1, 0, 1)$_{RGB}$ und Gelb (1, 1, 0)$_{RGB}$ entstehen ihrerseits durch die additive Komposition von Rot und Blau bzw. Rot und Grün. Zusammen mit Weiß (1, 1, 1)$_{RGB}$ bilden diese an die acht Ecken des RGB-Farbwürfels. Hierbei tritt ein interessanter Zusammenhang auf: Die Addition der Farbvektoren, welche sich an gegenüberliegenden Ecken des Würfels befinden, ergibt stets den Ortsvektor <1, 1,

1>, welcher die Farbe Weiß darstellt: Wenn das Ergebnis der Addition zweier Farbvektoren $\begin{pmatrix} 1 \\ 1 \\ 1 \end{pmatrix}$ beträgt, sind die entsprechenden Farben einander *komplementär*.

Die komplementären Paare sind demnach Rot und Cyan, Grün und Magenta, Blau und Gelb, Schwarz und Weiß. Farben werden auf dem Computerbildschirm auf der Grundlage von Farbpigmenten erzeugt, welche zum Leuchten angeregt werden. Hierbei treten nicht immer die Gesetzmäßigkeiten auf, welche man aufgrund eigener Erfahrung erwarten würde: In der Natur ergibt eine Vermischung der Farben Blau und Gelb den Farbton Grün, auf dem Computerbildschirm handelt es sich hierbei jedoch um Komplementärfarben, deren Addition Weiß ergibt.

Der Komplementärwert **(R, G, B)** einer beliebigen, durch die Komponenten **(r, g, b)** definierten Farbe lässt sich leicht ausrechnen, indem man diese von der Farbe Weiß $(1, 1, 1)_{RGB}$ subtrahiert:

$R = 1 - r$

$G = 1 - g$

$B = 1 - b$

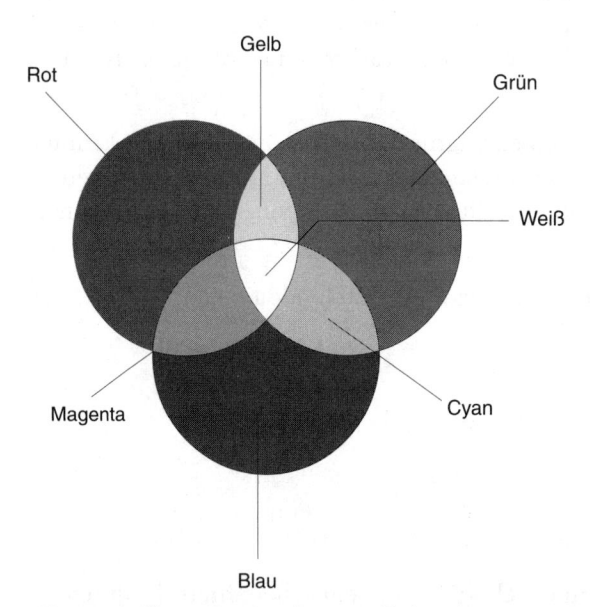

Abb. 6.4: Übersicht über die Grundfarben des RGB-Farbmodells und ihrer qualitativen Mischung

Manchmal ist die Addition von Farben notwendig, welche sich an beliebigen Positionen innerhalb des Farbwürfels befinden. Die Addition findet auch hier nach den beschriebenen Gesetzmäßigkeiten statt, wobei zum Schluss die Farbkomponenten einzeln auf Gültigkeit überprüft werden müssen. Diese Problemstellung tritt beispielsweise dann auf, wenn mehrfarbige Lichtquellen simuliert werden sollen: Wird ein Gegenstand von einer farbigen Lichtquelle beleuchtet, ist der Farbton, den ein Betrachter wahrnimmt, eine Kombination zwischen der Farbe des Objekts und der Farbe der Lichtquelle. Folgende Abbildung verdeutlicht eine Berechnung dieser Zielfarbe:

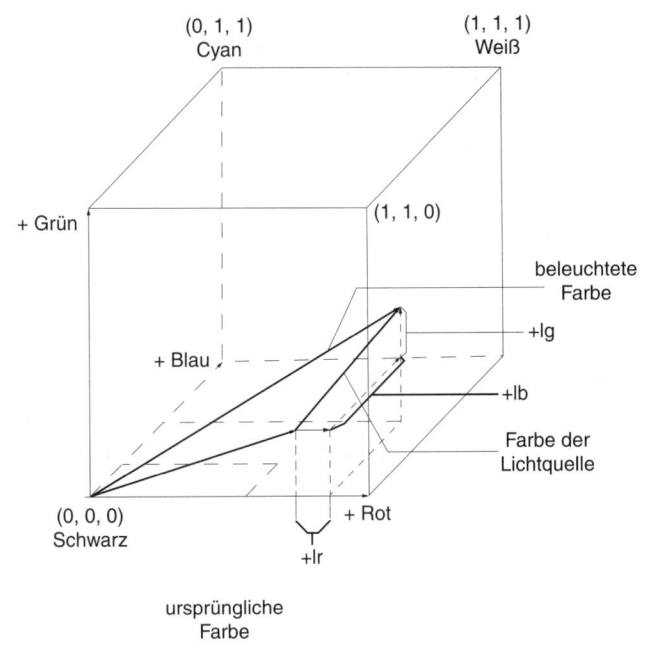

Abb. 6.5: Vereinfachte Bestimmung der Farbe, welche durch Vermischung der Farbe (r, g, b) eines Gegenstands mit der Farbe (lr, lg, lb), welche von einer Lichtquelle kommt

In den meisten Fällen wird der auf diese Weise ermittelte Farbvektor $\begin{pmatrix} R \\ G \\ B \end{pmatrix}$ noch verkleinert, in Abhängigkeit von der Lage, Entfernung und Intensität der Lichtquelle.

Aufgrund dessen, dass unterschiedlichen Farben hierbei durch Addition der Helligkeiten der Farbkomponenten von Helligkeiten aufgebaut werden, wird das RGB – System oft auch als *additives Farbmischverfahren* bezeichnet. Schließlich sei man noch auf drei Gesetzmäßigkeiten hingewiesen, welche im Zusammenhang mit der Erscheinung einer Farbe in Abhängigkeit von ihren Komponenten auftreten:

1. Das Aussehen der Farbe wird in erster Linie durch ihre größten Komponenten bestimmt. Die Farbe **(0.01, 0.03, 0.8)**$_{RGB}$ hat beispielsweise große Ähnlichkeit mit Blau, weil der blaue Farbanteil viel größer als die beiden anderen ist. Nach genau der gleichen Gesetzmäßigkeit beschreibt die Definition **(0.5, 0.03, 0.4)**$_{RGB}$ einen dunklen Magenta-Farbton.

2. Obwohl mathematisch gesehen die Intensität zweier Farben gleich sein kann, kann eine Farbe aufgrund physikalischer und chemischer Prozesse auf der Ebene der Farbpigmente heller aussehen als eine andere. Die Farbe Grün $(0, 1, 0)_{RGB}$ erscheint einem Betrachter in den meisten Fällen heller als Blau $(0, 0, 1)_{RGB}$.

3. Wenn alle Komponenten einer Farbe gleich sind, handelt es sich hierbei um einen Grauton. Die Erklärung dieses Phänomens kann mithilfe des bisher erworbenen Wissens leicht nachvollzogen werden: Sämtliche Graustufen befinden sich auf einer Geraden zwischen Schwarz $(0, 0, 0)_{RGB}$ und Weiß $(1, 1, 1)_{RGB}$ und können mithilfe der Skalierung des Weiß-Farbvektors ausgerechnet werden.

6.1.2 Das CMY-Farbmodell

Um Farben mittels des RGB-Farbmodells generieren zu können, werden die Helligkeiten der roten, grünen und blauen Farbkomponente, von der Farbe Schwarz ausgehend, addiert. Die Addition der Maximalwerte der drei Komponenten ergibt Weiß.

Das CMY-Farbmodell stellt lediglich eine andere Interpretation des RGB-Farbmodells dar. Farben werden hierbei auf der Grundlage von Weiß, der Farbe mit der höchsten Helligkeit, durch *Subtraktion* der Helligkeiten der drei CMY-Grundfarben Cyan, Magenta und Yellow (englisch: Gelb) aufgebaut. Bei diesen Grundfarben handelt es sich lediglich um die im letzten Abschnitt kennen gelernten Komplementärfarben von Rot, Grün und Blau. Das in diesem Fall zugrunde liegende Anschauungsmodell besitzt folgendes Aussehen:

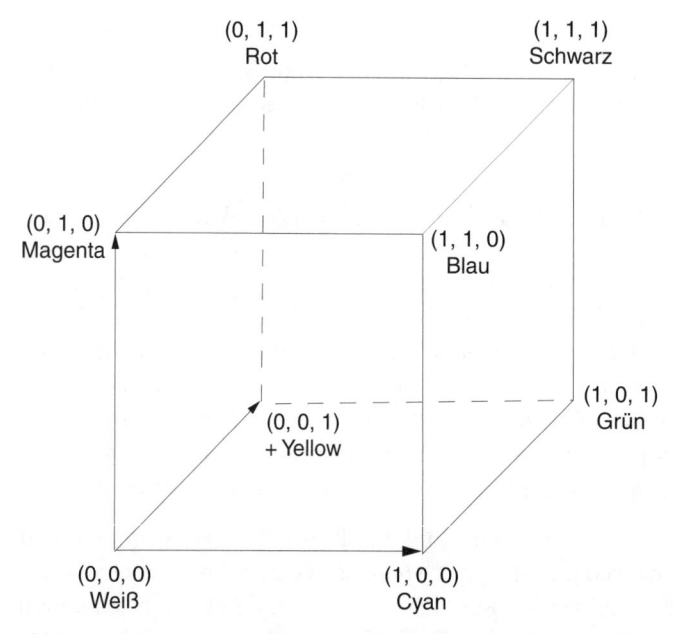

Abb. 6.6: Dreidimensionale Darstellung des CMY-Farbmodells

Weil das CMY-Farbsystem sich vom RGB-Modell unterscheidet, erfordert sein Verständnis eine neue Denkweise. Im Ursprung des Koordinatensystems befindet sich die Farbe Weiß, deren Komponenten die Werte $(0, 0, 0)_{CMY}$ besitzen. Die drei Koordinatenachsen werden von den Ortsvektoren der drei Grundfarben Cyan $(1, 0, 0)_{CMY}$, Magenta $(0, 1, 0)_{CMY}$ und Yellow $(0, 0, 1)_{CMY}$ gebildet. Genau wie beim RGB-Farbmodell können diese Farbvektoren addiert werden, um jede beliebige Farbe zu generieren. Addiert man Cyan und Magenta, ist das Ergebnis die Farbe Blau, deren Komponenten $(1, 1, 0)_{CMY}$ sind. Die Mischung von Cyan und Yellow bzw. Magenta und Yellow ergeben Grün $(1, 0, 1)_{CMY}$ und Rot $(0, 1, 1)_{CMY}$. Schließlich ergibt die Addition aller drei Farben Schwarz $(1, 1, 1)_{CMY}$.

Die einzelnen Farbkomponenten stellen hierbei die Intensitäten dar, welche gedanklich von Weiß subtrahiert werden müssen, um die gesuchte Farbe zu erhalten. Die Komponenten von Weiß sind $(0, 0, 0)_{CMY}$; das bedeutet, dass den Komponenten der Ursprungsfarbe keine Werte subtrahiert werden müssen, um Weiß zu erhalten.

Die Bildung der Farbe Cyan $(1, 0, 0)_{CMY}$ gestaltet sich ein wenig komplizierter: Wie wir wissen, wird Cyan im RGB-Modell durch die Werte $(0, 1, 1)_{RGB}$ beschrieben. Addiert man dem die Helligkeit der Farbe Rot $(1, 0, 0)_{RGB}$, ist das Ergebnis Weiß. Im CMY-System wird für die Bildung von Farben der umgekehrte Weg beschritten: Um Cyan zu erhalten, muss man gedanklich der Farbe Weiß die Helligkeit der Farbe Rot $(1, 0, 0)_{RGB}$ abziehen. Die Komponenten der CMY-Farben beschreiben demnach diejenige RGB-Farbe, welche von Weiß $(1, 1, 1)_{RGB}$ gedanklich abgezogen werden muss, um die Zielfarbe zu erhalten.

Die Farbe Blau erhält man, wenn man Weiß die Helligkeit der Farbe Gelb $(0, 1, 1)_{RGB}$ abzieht. Aus diesem Grund sind die CMY-Komponenten von Blau $(0, 1, 1)_{CMY}$. Diese direkten Verweise auf das RGB-Farbmodell für die Beschreibung des CMY-Systems sind zulässig, da beide Modelle sich auf den gleichen Farbraum beziehen. Ein Vergleich der Abbildung 6.2 mit Abbildung 6.6 zeigt, dass die beiden Systeme sich lediglich durch eine verschiedene Anordnung derselben Farben unterscheiden.

Die Aspekte, welche im Zusammenhang mit dem RGB-Farbmodell beschrieben wurden, unter anderen die Veränderung der Helligkeit einer bestimmten Farbe oder die Addition unterschiedlicher Farbvektoren, lässt sich auch auf das CMY-System übertragen, wenn man bedenkt, dass man hierbei mit anderen Grundfarben arbeiten muss.

Kapitel 6
Einfache Polygonschattierung

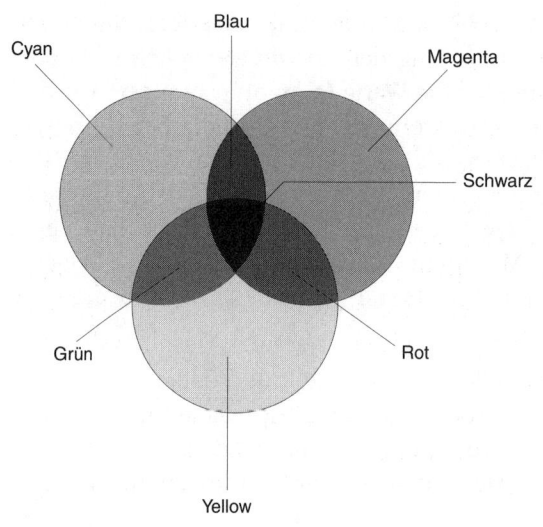

Abb. 6.7: Übersicht über die Grundfarben des CMY-Farbmodells und ihrer qualitativen Mischung

Der Zusammenhang zwischen dem CMY- und dem RGB-Farbmodell

Das CMY-Farbgenerationssystem konnte sich nicht gegen das RGB-Farbmodell durchsetzen, was die Implementierung in die Grafikhardware angeht. Aus diesem Grund wandeln Grafikkarten oder Software, welche das CMY-System unterstützen, die CMY-Farbwerte vor der Darstellung in RGB-Werte um. Diese Umrechnung gestaltet sich als sehr einfach.

Wie bereits erwähnt, werden Farben mittels des CMY-Systems durch Subtraktion von Helligkeiten aufgebaut. Bei den Komponenten dieser Farbvektoren handelt es sich demnach um die Werte, welche von der Farbe Weiß $(1, 1, 1)_{RGB}$ *subtrahiert* werden müssen, um die gesuchte Farbe zu erhalten:

$$[1, 1, 1] - [CMY] = [RGB]$$

Die Größen **[CMY]** und **[RGB]** beschreiben dabei die gleiche Farbe, deren Komponenten mit CMY- bzw. RGB-Grundfarben ausgedrückt werden. Die Farbe *Grün*, welche im CMY-System die Komponenten $(1, 0, 1)_{CMY}$ besitzt, kann beispielsweise mithilfe dieser Gleichung folgendermaßen in eine RGB-Farbe umgewandelt werden:

$$[1, 1, 1] - (1, 0, 1)CMY = (0, 1, 0)RGB$$

Da im CMY – Farbmodell die unterschiedlichen Farben durch Subtraktion von Helligkeiten aufgebaut werden, wird das CMY – System oft auch als *subtraktives Farbmischverfahren* bezeichnet.

6.1.3 Das HSV-Farbmodell

Die zwei bisher betrachteten Farbmodelle sind in erster Linie für den Einsatz als Teil grafischer Computersysteme entwickelt worden, und aus diesem Grund sind diese sehr hardwareorientiert gestaltet. Eine effiziente Arbeitsweise mit Ihnen erfordert daher neben der Kenntnis gewisser theoretischer Grundlagen eine bestimmte Einarbeitungszeit seitens des Benutzers.

Das HSV-Farbmodell wurde entwickelt, um diese Nachteile auf ein Minimum zu reduzieren. Diese dritte Möglichkeit, Farben mithilfe von Zahlenwerten auszudrücken, kommt dem menschlichen Farbverständnis am nächsten, Farbwahrnehmung und –verständnis spielen bei der ihm zugrunde liegenden Theorie eine besondere Rolle. Die Art, wie hierbei eine bestimmte Farbe ausgewählt wird, unterscheidet sich von den bisher kennen gelernten erheblich. Die Definition einer Farbe im HSV-System bezieht sich auf ein dreidimensionales Modell, welches in der folgenden Abbildung vorgestellt wird:

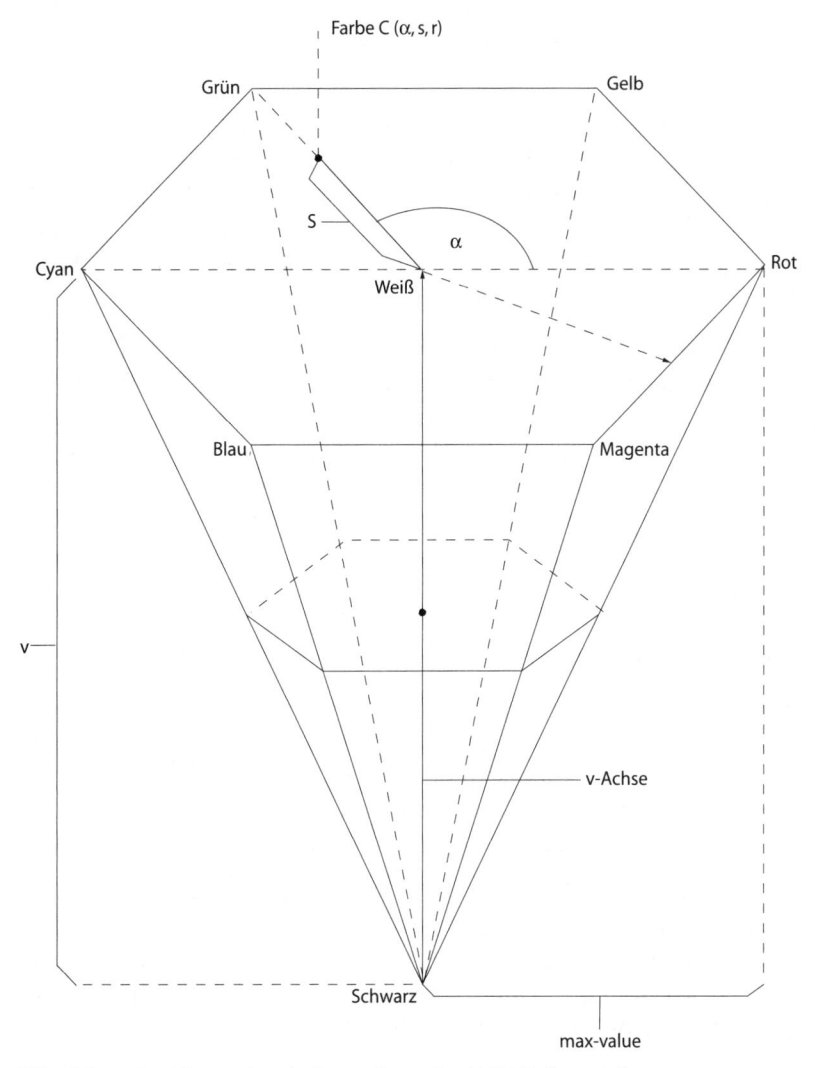

Abb. 6.8: Dreidimensionale Darstellung des HSV-Farbmodells

Die Theorie des HSV-Farbmodells besagt, dass sämtliche sichtbaren Farben sich auf der Oberfläche oder innerhalb des in der vorherigen Abbildung gezeigten Kegels befinden. Die drei Grundfarben Rot, Grün und Blau befinden sich in Abständen von jeweils 120 auf dem Rand der kreisförmigen Basis des Modells, wobei eine Farbe fließend in die andere übergeht. Die Farbe **Weiß** befindet sich in die Mitte der Kreisebene, Schwarz bildet die Spitze des Kegels.

Im dreidimensionalen HSV-Farbmodell wird eine Farbe durch drei Größen definiert. Hierbei handelt es sich um:

Hue: Farbposition innerhalb der Kreisebenen

Saturation: Sättigung bzw. Grauanteil der Farbe

Value: Helligkeit der beschriebenen Farbe. Diese Komponente wird manchmal auch als *Brightness* (englisch: Helligkeit) bezeichnet

Die erste Größe, welche in Form eines Winkels angegeben wird, macht eine Aussage über die Natur der Farbe. Hierbei wird meist auf die Aufteilung des Kreises in 360 zurückgegriffen. Die Zählung beginnt bei der Farbe Rot, welcher 0 zugeordnet werden. Weil die drei Grundfarben ein gleichseitiges Dreieck bilden, entsprechen die Werte 120 und 240 den Farben **Grün** und **Blau**. Weil die einzelnen Farben ineinander übergehen, befinden sich an den Positionen 60, 180 und 300 die Farben Gelb, Cyan und Magenta.

In der Kunst lässt sich eine Ölfarbe durch Beimischung von Deckweiß beliebig aufhellen. Im HSV-Farbmodell werden die Farben nach dem gleichen Prinzip angeordnet: Die Reinfarben, d.h. die Farben, welche zu 0 % aufgehellt sind, befinden sich auf dem kreisförmigen Rand der Kegelbasis. Die Reinfarben von Rot, Grün und Blau sind beispielsweise identisch mit den Farben, welche durch $(1, 0, 0)_{RGB}$, $(0, 1, 0)_{RGB}$ und $(0, 0, 1)_{RGB}$ definiert werden. Je weiter man sich von diesem Rand in Richtung des Kreismittelpunkts bewegt, umso stärker steigt der Weißanteil, welcher der Reinfarbe virtuell hinzugefügt wird, und umso heller erscheint die Farbe an der entsprechenden Position. Der Weißanteil der Farbe im Mittelpunkt des Kreises beträgt 100 %, die Farbe ist somit von Weiß nicht mehr zu unterscheiden.

Die zweite Komponente des HSV-Farbmodells gibt den beschriebenen Reinheitsgrad der Farbe an, d.h. die Entfernung zwischen der beschriebene Farbe und dem V-Achse, welche durch den Mittelpunkt verläuft. Hierbei handelt es sich um eine Zahl, deren Wert zwischen 0 und der Konstanten **max_saturation** liegt. Eine Entfernung von 0 Einheiten bedeutet, dass die Farbe sich auf der V-Achse befindet. Setzt man den Maximalwert ein, wird auf diese Weise eine Reinfarbe definiert.

Eine reale Ölfarbe erscheint einem Betrachter umso dunkler, je weniger Licht in dem sie umgebenen Raum vorhanden ist. Dieses Phänomen tritt auch dann auf, wenn die jeweilige Farbe durch entsprechende Zusätze aufgehellt worden ist. Die letzte Komponente des HSV-Systems ist ein Maß für die Lichtstärke, bei der die definierte Farbe betrachtet wird. Diese numerische Variable darf hierbei Werte zwischen 0 und **max_value** annehmen.

Die Farben des dreidimensionalen HSV-Farbmodells liegen auf mehreren Ebenen, welche parallel zur Basis des Kegels verlaufen. Ihre Position innerhalb des Modells wird durch die V-Koordinate festgelegt. Farben, welche sich auf der gleichen Ebene befinden, steht dieselbe Lichtmenge zur Verfügung. Befindet sich eine Farbe auf der Basisebene des Kegels, wird diese zu 100 % beleuchtet, ihre V-Koordinate besitzt den Maximalwert **max_value**. Je geringer der Abstand zwischen einer Farbenebene und der Spitze des Kegels ist, umso weniger Licht steht den Farben zur Verfügung und umso dunkler erscheinen diese dem Betrachter. Je geringer die Lichtmenge ist, welche sich in einem Raum befindet, umso schwieriger ist es, einzelne Farben voneinander zu unterscheiden. Aus diesem Grund nimmt die Anzahl der Farben mit der Verringerung der Lichtmenge ab, was den kegelförmigen Aufbau des HSV-Farbmodells erklärt. Besitzt die V-Koordinate einer Farbe den Wert 0, wird diese zu 0 % beleuchtet und erscheint einem Betrachter Schwarz.

Die Komponenten *Saturation* und *Value* sind voneinander getrennte Einheiten, welche bei der Erzeugung einer Farbe unterschiedlich behandelt werden. Aus diesem Grund kann eine Größe die Aufgabe der anderen nicht übernehmen. Es ist beispielsweise nicht möglich, einen niedrigen *Value*-Helligkeitswert durch einen höheren Weißanteil mittels der *Saturation*-Komponente zu kompensieren. Wird 100 für die Konstanten **max_value** und **max_saturation** eingesetzt, kann die Farbe Blau (240 , 100, 100)$_{HSV}$, wenn sie durch Halbierung des *Value*-Werts auf (240 , 100, 50)$_{HSV}$ verdunkelt worden ist, nicht durch eine entsprechende Verschiebung in Richtung **Weiß** in den ursprünglichen Zustand versetzt werden. Der hellere Farbton (240 , 50, 50)$_{HSV,}$ welcher hierfür in Frage käme, besitzt ein vollkommen unterschiedliches Aussehen als die ursprüngliche Farbe (240 , 100, 100)$_{HSV}$.

Im Gegensatz zum RGB- bzw. CMY-Farbmodell ist die Farbdefinition im HSV-System polymorph. Die Farbe Weiß kann hierbei durch eine Vielzahl von Definitionen ausgedrückt werden, wenn der Wert der *Saturation*-Komponente 0 beträgt und die Komponente *Value* ihren Maximalwert besitzt: Die Werte von oben übernehmend, sind beispielsweise (0 , 0, 100)$_{HSV,}$ (120 , 0, 100)$_{HSV,}$ (240 , 0, 100)$_{HSV}$ usw. identisch mit (1, 1, 1)$_{RGB}$. Die Farbe Schwarz kann ebenfalls mittels einer großen Anzahl von Definitionen beschrieben werden, wenn die *Value* – Komponente den Wert 0 besitzt. Im Gegensatz dazu sind die RGB- und CMY – Farbsysteme eindeutig, da in diesen Fällen keine unterschiedlichen Komponentenkombinationen existieren, welche dieselbe Farbe definieren.

Vorzüge des HSV-Farbmodells gegenüber dem RGB- bzw. CMY-Einteilungssystems

Ein großer Vorteil des HSV-Farbmodells gegenüber der beiden anderen Systeme besteht darin, dass Farben hierbei aus einer ebenen Kreisfläche ausgewählt werden können, um bei Bedarf verdunkelt bzw. erhellt zu werden. Diese Vorgehensweise besitzt große Ähnlichkeit mit der Art, wie Künstler Farben auf dem Mischbrett zusammenstellen. Die Auswahl einer bestimmten Farbe wird somit erheblich vereinfacht, weil das dreidimensionale Vorstellungsvermögen, welches die Verwendung eines Farbwürfels erfordert, nicht notwendig ist.

Die Unterteilung in Reinfarben und ihre aufgehellten bzw. verdunkelten Farbnuancen, welche im HSV-System durchgeführt wird, kann die Simulation von Licht- und Schatteneffekten bei der Darstellung einer Szenerie besonders vereinfachen. Wie Abbildung 6.9 zeigt, befinden sich die Reinfarben im HSV-Modell auf dem kreisförmigen Rand des Kegels, während dieselben Farben nur auf einige Kanten des RGB-Farbwürfels liegen.

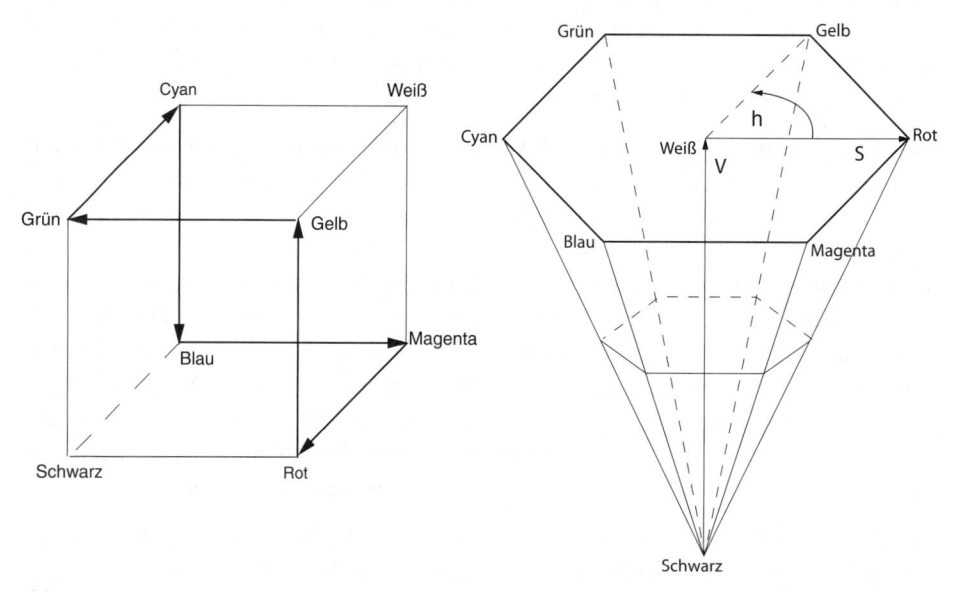

Abb. 6.9: Die Lage sich entsprechender Farben im RGB- und HSV-Farbmodell

Im HSV-Farbmodell kann die Lage von Komplementärfarben sehr leicht ermittelt werden, weil die Entfernung zwischen ihnen stets **180** beträgt. Interessant ist, dass Komplementärfarben stets die gleiche Helligkeit besitzen. Im RGB-System schwankt dieser Wert zwischen **1.0** und $\sqrt{2}$.

Eine weitere Eigenschaft des HSV-Farbmodells besteht darin, dass Farben weder nach additiven noch nach subtraktiven Gesetzmäßigkeiten gebildet werden.

6.1.4 Beleuchtungsmodelle

Während der vorherigen Abschnitte haben wir uns ausführlich mit der computerbasierenden Zusammensetzung und Darstellung einer einzelnen Farbe auseinander gesetzt. Auf der nächsthöheren Ebene der 3D-Grafikprogrammierung werden die Vorgänge eingehender betrachtet, im Laufe derer einem Objekt eine bestimmte Farbe zugewiesen wird. Hierbei müssen die Verhältnisse berücksichtigt werden, welche zwischen mehreren verwendeten Farben bestehen.

Wie wir bereits am Anfang des Kapitels festgestellt haben, müssen unterschiedliche Abstufungen derselben Farbe eingesetzt werden, um eine realistische Abbildung eines mathematisch definierten Gegenstands zu erzeugen. Grundsätzlich werden hierbei diejenigen Bereiche des Objekts, welche der Lichtquelle zugewandt sind, heller als die übrigen dargestellt. Das wichtigste Kriterium für die Bestimmung der genauen Helligkeit ist hierbei die *Art der Lichtquelle*. In der realen Welt gibt es grundsätzlich zwei unterschiedliche Arten, wie Strahlen von einer Lichtquelle emittiert werden können: *parallel* oder *sphärisch*. Diese beiden Arten von Lichtquellen werden im Folgenden eingehender betrachtet.

Paralleles Licht

Die Sonne stellt in der realen Welt die bedeutendste Quelle parallelen Lichts dar. Hierbei sind die einzelnen Lichtstrahlen untereinander identisch; der Winkel, welcher von ihnen gebildet wird, beträgt stets 0 . Aus diesem Grund können diese in Form eines einzelnen Lichtvektors beschrieben werden:

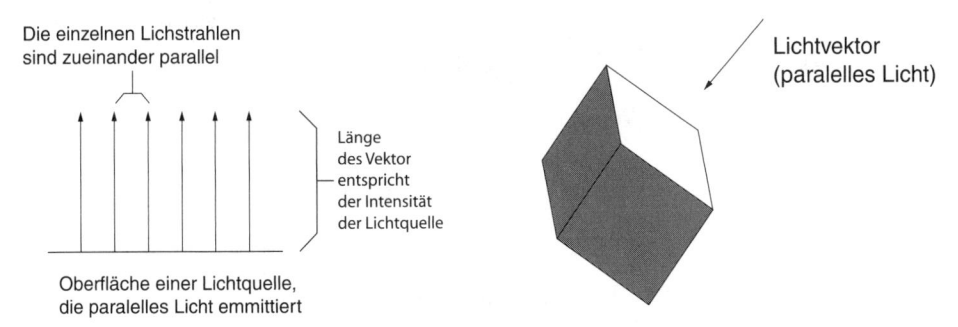

Abb. 6.10: Emmitiertes Licht: Entstehung und Verwendung bei der Schattierung von Polygonen

Bei der Schattierung eines Polygons auf der Grundlage parallelen Lichts wird die Farbe des Vielecks aus der Ausrichtung des Polygons in Bezug zur Lichtquelle ermittelt: Je stärker das Polygon der Lichtquelle zugewandt ist, umso heller wird dieser dargestellt. Hierbei spielt der Abstand zwischen Polygon und Lichtquelle keine Rolle. Aus diesem Grund sagt man, die Lichtquelle befindet sich in unendlicher Entfernung zum Vieleck.

Da es sich bei Polygonen um flache, zweidimensionale Einheiten handelt, und alle Lichtstrahlen identisch sind, wird jeder Pixel des darzustellenden Vielecks von der gleichen Lichtmenge beleuchtet. Auf diese Weise wird jedem Pixel die gleiche Farbe zugeordnet, die Farbe des gesamten Polygone ist somit einheitlich.

Kapitel 6
Einfache Polygonschattierung

Punktförmige Lichtquellen

Die punktförmigen Lichtquellen stellen die zweite große Kategorie dar, in der eine beliebige Lichtquelle eingeteilt werden kann. Wie der Name bereits andeutet, werden hierbei die Lichtstrahlen von einem bestimmten Punkt aus sphärisch gleichförmig in allen Richtungen emittiert. Die Koordinaten dieses Punkts müssen bekannt sein. Im Gegensatz zum parallelen Licht können die Winkel, welche von unterschiedlichen Lichtstrahlen gebildet werden, verschiedene Werte besitzen.

Aus der Abbildung 6.11 wird ersichtlich, dass die Pixel desselben Polygons unterschiedliche Farben annehmen können, wenn dieses mithilfe einer punktförmigen Lichtquelle schattiert wird. Die einheitliche Farbe des Vielecks wird häufig durch hellere, kreisförmige Bereiche unterbrochen. Diese Tatsache ist darauf zurückzuführen, dass die von einer punktförmigen Lichtquelle ausgehenden Strahlen folgende Eigenschaft besitzen: Je weiter ein Lichtstrahl in den Raum vordringt, umso stärker schwächt sich die von ihm transportierte Lichtmenge ab.

$\alpha \neq \beta$, ungleiche Winkel zwischen den unterschiedlichen Lichtquellen

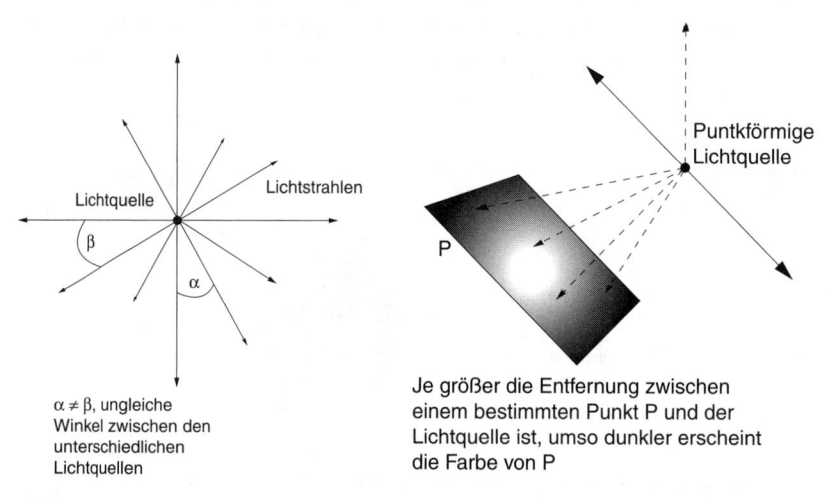

Je größer die Entfernung zwischen einem bestimmten Punkt P und der Lichtquelle ist, umso dunkler erscheint die Farbe von P

Abb. 6.11: Grafische Darstellung und theoretische Verwendung einer punktförmigen Lichtquelle

Die Ermittlung der entsprechenden Pixelfarbe erfolgt hierbei auf der Grundlage des räumlichen Abstands zwischen dem Pixel und der Lichtquelle; je näher sich ein Pixel an der Lichtquelle befindet, umso heller wirkt dieser.

Beispiele für punktförmige Lichtquellen aus der realen Welt sind Glühbirnen oder Kerzen. Bei einem direkten Vergleich wird eine weitere Eigenschaft dieser Kategorie von Lichtquellen deutlich. Punktförmige Lichtquellen unterscheiden sich auch hinsichtlich ihrer Fähigkeit, entfernte Objekte beleuchten zu können. Das Licht, das von einer Glühbirne emittiert wird, besitzt eine höhere Intensität als das Licht einer Kerze und kann somit Gegenstände erhellen, welche sich in einem größeren Abstand befinden.

In der realen Welt kann das Licht, welches von einer punktförmigen Lichtquelle emittiert wird, mithilfe einer Sammellinse in parallelem Licht umgewandelt werden.

Kegelförmige Lichtquellen

Kegelförmige Lichtquellen stellen eine Unterkategorie der punktförmigen Lichtquellen dar. Im Gegensatz zu den punktförmigen Lichtquellen werden die Strahlen hierbei nur in einer bestimmten Richtung emittiert. Reale kegelförmige Lichtquellen, Taschenlampen oder Scheinwerfer beispielsweise, werden meist aus einer punktförmigen Lichtquelle aufgebaut, deren Strahlen mittels eines Hohlspiegels in die gewünschte Richtung geleitet werden, um die Intensität der Lichtquelle zu erhöhen.

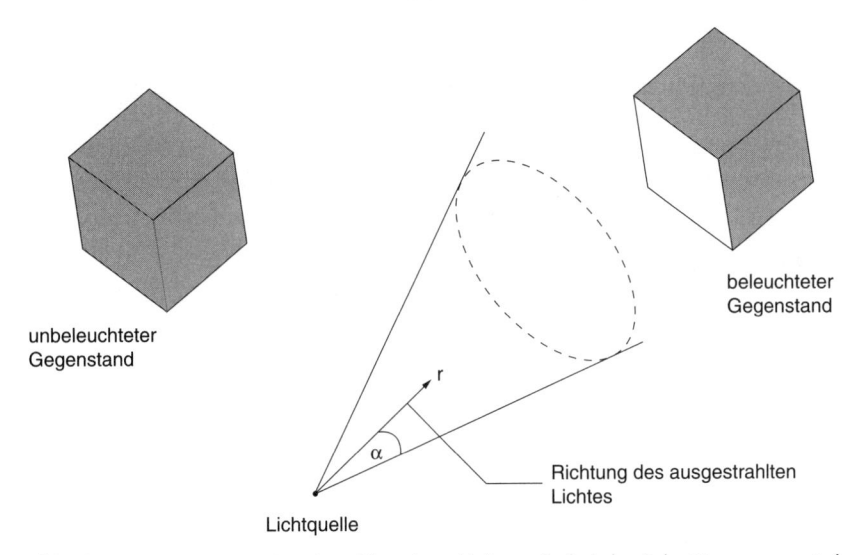

Abb. 6.12: Der Einsatz einer kegelförmigen Lichtquelle bei der Schattierung von Polygonen

Die Definition kegelförmiger Lichtquellen benötigt neben der räumlichen Position noch die Angabe der Richtung, in der das Licht emittiert werden soll. Die Schattierung von Polygonen mithilfe kegelförmiger Lichtquellen unterscheidet sich nur geringfügig von der Farbzuweisung auf der Grundlage punktförmiger Lichtquellen.

6.2 Flat Shading

Der Vorgang, welcher die Bezeichnung *Flat Shading* trägt, stellt die einfachste Art dar, wie die Farbe eines Gegenstands unter Verwendung parallelen Lichts festgelegt werden kann. Wie wir im letzten Abschnitt festgestellt haben, kann ein beliebiger Polyeder schattiert werden, indem man die ihn definierenden Polygone unter Berücksichtigung der entsprechenden Lichtquelle schattiert.

Die Grundidee dieses einfachen Schattieralgorithmus sieht vor, dass jedes Polygon von derselben konstanten Lichtmenge beleuchtet wird. Diese wird in Abbildung 6.13 durch ein von links kommendes Lichtbündel symbolisiert. Wird das Polygon vom Licht getroffen, verteilt sich dieses gleichmäßig über die gesamte Fläche des Vielecks. Je größer die Angriffsfläche ist, welche das Polygon dem einfallenden Licht zur Verfügung stellt, umso stärker kann sich das Licht ausbreiten. Da jedem Polygon jedoch eine konstante Lichtmenge zur Verfügung steht, ist die Farbe des Vielecks umso schwächer, je größer die Verteilungsfläche ist.

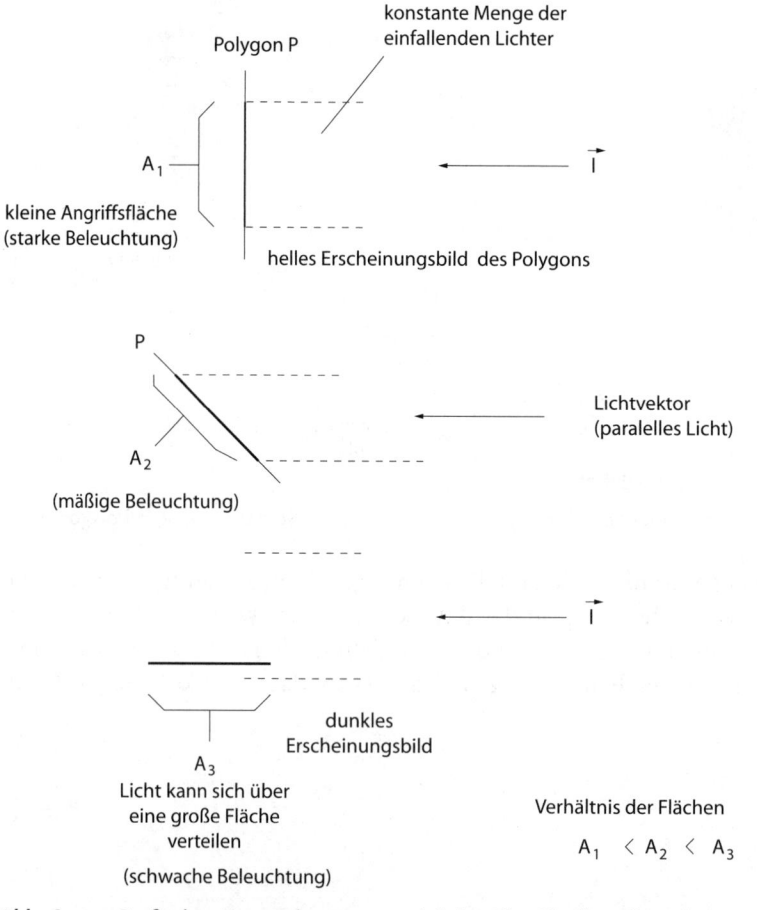

Abb. 6.13: Grafisches Veranschauungsmodell des *Flat-Shading*-Algorithmus

Das in Abbildung 6.13 oben dargestellte Polygon ist am stärksten der Lichtquelle zugewandt, und der Bereich A_1, in dem dieses von den Lichtstrahlen getroffen wird, ist dementsprechend klein. Wenn eine konstante Lichtmenge sich über eine kleine Angriffsfläche verteilt, wird die Energie des Lichts nur geringfügig abgeschwächt, das Polygon erscheint einem Betrachter somit hell.

Die weiter unten dargestellten Polygone werden immer stärker von der Lichtquelle abgewandt, wodurch die Flächen A_2 und A_3 immer weiter vergrößert werden. Je größer die Angriffsfläche ist, welche dem einfallenden Licht dargeboten wird, umso stärker wird dieses abgeschwächt und umso geringer erscheint die Farbintensität des entsprechenden Polygons.

6.2.1 Intensität der Polygonfarbe

Das Aussehen aller Farben, welche Teil der **8-Bit-Palette** sind, wird durch eigene Rot-, Grün- und Blaukomponenten eindeutig definiert. Diese können mittels einer entsprechenden Funktion verändert werden, um beliebige Farben auf den Bildschirm darstellen zu können.

Bietet ein Polygon dem einfallenden Licht die kleinstmögliche Angriffsfläche, ist einem Betrachter die hellste Nuance seiner Farbe sichtbar. Wenn ein Vieleck der Lichtquelle abgewandt ist, nimmt sein Farbton die geringste Intensität ein, welcher bei der Erstellung des Programms der Primärfarbe des Polygons zugewiesen worden ist. Bei dieser dunklen Farbe muss es sich nicht um Schwarz handeln; ihr Aussehen wird in den meisten Fällen von der Stärke des *Umgebungslichts* bestimmt.

In unseren ersten Programmen werden wir die maximale und die minimale Intensität der Polygonfarbe in Form von zwei Integern **min_intensity** und **max_intensity** festlegen, deren Wert zwischen **0** und **255** liegen muss. Hierbei muss **min_intensity** stets kleiner oder gleich **max_intensity** sein. Diese beiden Konstanten geben die Position von Farben innerhalb der **8-Bit-Palette** an.

Angenommen, die Farben der Palette stellen einen Farbverlauf dar, welcher von Schwarz an der Position **0** bis Blau mit dem Farbindex **255** reicht. Wenn der Polyeder, dessen realistische Darstellung erfolgen soll, auf alle Farben zugreifen darf, initialisieren wir **min_intensity** mit dem Wert **1**, der Konstanten **max_intensity** wird **255** zugewiesen. Der Grund, warum man **min_intensity** nicht mit dem Wert **0** initialisiert, wird zu einem späteren Zeitpunkt deutlich.

Kapitel 6
Einfache Polygonschattierung

min_int = 1
Farbe an der Position 1

max_int = 255
Aussehen der Farbe 255

256 Farben der
8 Bit-Palette

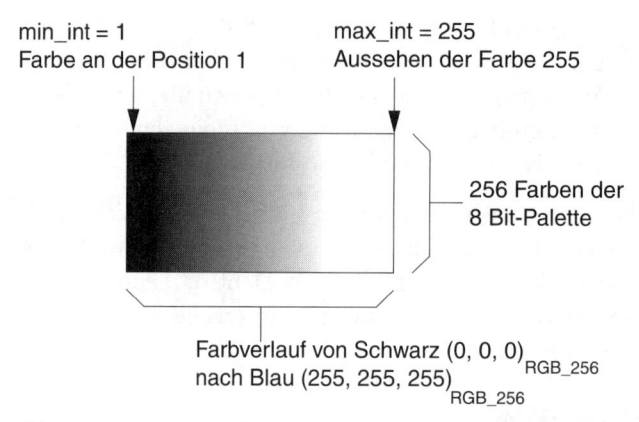

Farbverlauf von Schwarz (0, 0, 0)$_{RGB\_256}$
nach Blau (255, 255, 255)$_{RGB\_256}$

Abb. 6.14: Zusammenhang zwischen den Farben der 8-Bit-Palette und den Konstanten **min_intensity** und **max_intensity**

Die in Abbildung 6.14 gezeigten Schattierungen dienen der Beschreibung derselben Farbe. Bei der Verwendung des *Flat-Shading*-Algorithmus wird ein Polygon stets mit einem einzigen Farbton gefüllt. Wenn das Polygon der Lichtquelle zugewandt und von dieser zu 100 % beleuchtet ist, wird das Vieleck innerhalb der Rasterizationsfunktion mit der Farbe **max_intensity** gefüllt. Umgekehrt wird einem nicht beleuchteten Vieleck die Farbe **min_intensity** zugewiesen. Wenn das darzustellende Polygon nur zu 50 % beleuchtet ist, wird dieses mit der Farbe 128 gefüllt, welche sich zwischen den beiden Extremwerten befindet.

Die Darstellung von Polyeder, deren Polygone unterschiedliche Primärfarben besitzen, ist ebenfalls möglich. Wenn neben der blauen noch eine gelbe dreidimensionale Figur angezeigt werden soll, müssen zunächst die entsprechenden Schattierungen innerhalb der 8-Bit-Palette eingetragen werden. Hierbei müssen die Verläufe der entsprechenden Farben voneinander getrennt innerhalb der Palette gespeichert werden. In Abbildung 6.15 taucht beispielsweise kein blauer Farbton innerhalb des gelben Farbverlaufs auf. Wie wir noch sehen werden, ist es bei der Speicherung von Farbverläufen innerhalb der Palette sehr wichtig, dass die dunklen Farbnuancen niedrigere Offsets als die hellen Farbabstuffungen besitzen.

```
min-int´ = 128
min_int = 1    max_int = 127    Farbe 192    max_int´ = 255
```

Die 256 Farben
der 8 Bit-Palette

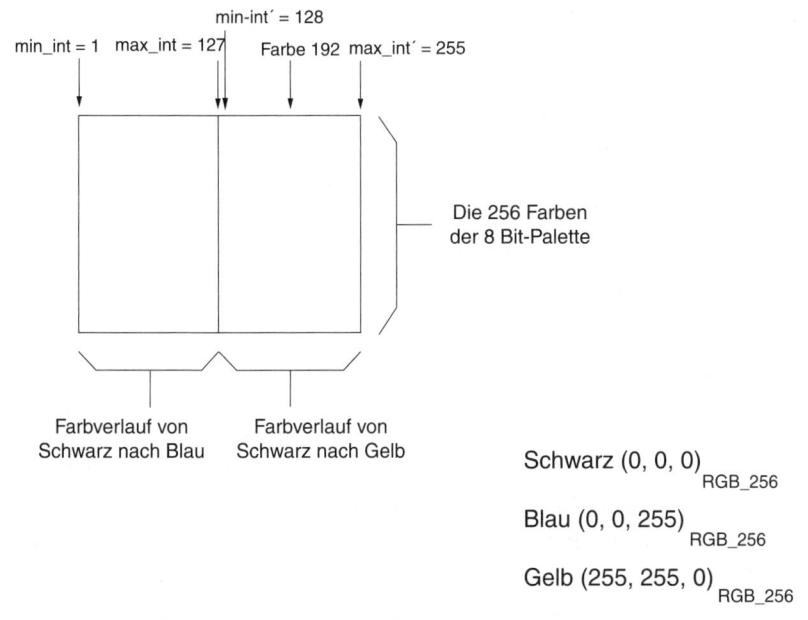

Farbverlauf von   Farbverlauf von
Schwarz nach Blau   Schwarz nach Gelb

Schwarz (0, 0, 0) $_{RGB\_256}$

Blau (0, 0, 255) $_{RGB\_256}$

Gelb (255, 255, 0) $_{RGB\_256}$

Abb. 6.15: Mögliches Aussehen der 8-Bit-Palette bei der Verwendung von zwei unterschiedlichen Primärfarben

Jede Primärfarbe besitzt eigene Werte für die Konstanten **min_int** und **max_int**. Im Fall der Primärfarbe Blau, welche in Abbildung 6.15 in Form des Verlaufs von Dunkelblau nach Hellblau repräsentiert ist, besitzen beide Konstanten die Werte 128 und 255. Ein blaues, zu 50 % beleuchtetes Polygon muss in diesem Fall die Farbe an der Position 192 annehmen.

6.2.2 Mathematische Grundlagen des Flat-Shading-Algorithmus

Innerhalb des vorherigen Abschnitts werden in zwei unterschiedlichen Beispielen die Farboffsets 128 und 192 einem blauen, zu 50 % beleuchteten Polygon zugewiesen. Ihre Bestimmung erfolgt intuitiv; die Grundlage hierzu bildet die Tatsache, dass sie den Mittelwert der entsprechenden Konstanten **min_intensity** und **max_intensity** darstellen.

Unser Ziel ist die Entwicklung eines Algorithmus, mit dessen Hilfe der Farboffset eines beliebig in Bezug zur Lichtquelle ausgerichteten Vielecks ermittelt werden kann. Hierbei stehen uns folgende Informationen zur Verfügung:

1. die dreidimensionalen Koordinaten der Vertices, welche das Polygon definieren
2. die Komponenten des Lichtvektors
3. die minimale und die maximale Intensität der Polygonfarbe in Form der Konstanten **min_intensity** und **max_intensity**

Kapitel 6
Einfache Polygonschattierung

Aus der bereits bekannten Abbildung 6.13 geht deutlich hervor, dass die Intensität der Polygonfarbe vom Winkel abhängig ist, in dem das einfallende Licht auf die Ebene des Vielecks auftrifft. Wenn dieser Winkel 90 beträgt, wird das Polygon zu 100 % beleuchtet, bei einem Einfallswinkel von 45 bzw. 135 beträgt die Beleuchtung 50 %. Vielecke sind unendlich flach; wenn sie von der Seite beleuchtet werden, d.h. der Winkel zwischen ihrer Ebene und dem Lichtvektor 180 beträgt, können sie das einfallende Licht nicht reflektieren, sie werden daher zu 0 % beleuchtet. Wenn das einfallende Licht die Rückseite eines nicht transparenten Polygons trifft, wird die dazugehörige Vorderseite zwangsweise zu 0 % beleuchtet.

Diese Überlegungen sind innerhalb der Abbildung 6.16 grafisch dargestellt. Die Bestimmung des Winkels, welcher von einem Vektor und einer Ebene gebildet wird, ist relativ kompliziert. Die Ermittlung des Winkels, welcher von zwei unterschiedlichen Vektoren eingeschlossen wird, gestaltet sich dagegen als weniger rechenaufwendig. Aus diesem Grund wird in dieser Abbildung der Winkel zwischen dem Lichtvektor und der im vierten Kapitel kennen gelernten *Polygonnormalen* untersucht. Wie wir noch sehen werden, ist die Verwendung von zwei Vektoren bei der Berechnung der Farbintensität mit zusätzlichen Vorteilen verbunden.

In der Abbildung 6.13 wird ein Polygon, welcher anfangs zur y-z-Ebene parallel ist, in Schritten von jeweils 45 um die eigene z-Achse rotiert. Hierbei wird die Helligkeit der Polygonfarbe in jedem Schritt intuitiv festgestellt und in Prozent angegeben. Diese Feststellung erfolgt unter Verwendung eines innerhalb der gesamten Abbildung konstanten Lichtvektors, welcher nach rechts zeigt. In der mittleren Zeile wird zu jeder Helligkeit der Winkel angegeben, welcher von dem Lichtvektor und der jeweiligen Polygonnormalen gebildet wird.

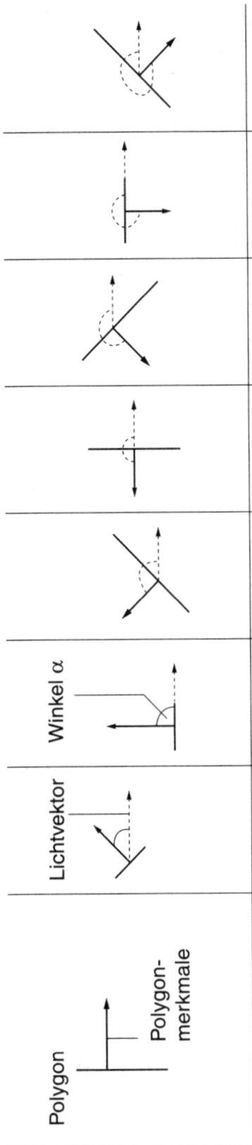

Polygon	Polygon-merkmale								
Beleuchtung des Polygons in Bezug zur Richtung des einfallenden Lichtes ↑ l Lichtvektor			Lichtvektor	Winkel α					
Winkel α in Grad		0°	45°	90°	135°	180°	225°	270°	315°
Beleuchtung des Polygons		0 %	0 %	0 %	50 %	100 %	50 %	0 %	0 %
Winkel α in Bogenmaß		0 π	0,25 π	0,5 π	0,75 π	π	1,25 π	1,5 π	1,75 π
cos (α)		1	≈ 0,71	0	≈ -0,71	-1	≈ -0,71	0	≈ 0,71

beleuchteter Bereich

Abb. 6.16: Die Ausrichtung des Polygons in Bezug zur Lichtquelle wird der von ihm erhaltenen Lichtmenge gegenübergestellt. Die Winkelangaben beziehen sich auf den jeweiligen Winkel zwischen der Polygonnormalen und dem konstanten Lichtvektor.

Kapitel 6
Einfache Polygonschattierung

In der linken Spalte der Tabelle wird die Rückseite des Polygons vom einfallenden Licht getroffen. Seine Vorderseite, welche durch die Polygonnormale gekennzeichnet ist, wird daher zu 0 % beleuchtet. Ab der dritten Spalte, in welcher der Winkel zwischen den Lichtvektor und der Polygonnormalen 90 beträgt, erlaubt die Lage des Vielecks eine Aufhellung der Farbe seitens des eintreffenden Lichts. Aus der Abbildung ist ersichtlich, dass bei einem Winkel von 135 bzw. 225 das Polygon zu 50 % beleuchtet wird. Die Farbe des Vielecks erreicht ihre maximale Helligkeit, wenn der Winkel zwischen der Polygonnormalen und dem Lichtvektor 180 beträgt. Ab einem Winkel von 270 wird erneut die Rückseite des Polygons beleuchtet, was mit einer 0%igen Erhellung seiner Vorderseite verbunden ist.

Aus diesen Beobachtungen geht hervor, dass die Farbe des Polygons nur dann erhöht zu werden braucht, wenn der Winkel zwischen der Polygonnormalen und dem Lichtvektor zwischen 90 und 270 liegt. Der Winkel, welcher von zwei Vektoren eingeschlossen wird, kann mithilfe des aus dem ersten Kapitel bekannten *Dot Product* ermittelt werden. Wenn die beiden Vektoren $\vec{a} \begin{pmatrix} ax \\ ay \\ az \end{pmatrix}$ und $\vec{b} \begin{pmatrix} ax \\ ay \\ az \end{pmatrix}$ den Winkel α bilden, dann gilt folgende Beziehung:

$ax * bx + ay * by + az * bz = |a| * |b| * cos(\alpha)$

Daraus folgt:

$$cos(\alpha) = \frac{ax * bx + ay * by + az * bz}{|a| * |b|}$$

Der genaue Wert von α kann anschließend unter Verwendung der inversen Kosinusfunktion ermittelt werden. In der Praxis wird diese Berechnung aus zwei Gründen nicht durchgeführt. Der erste Grund besteht darin, dass die Ausführung der besagten Funktion sehr lange Zeit in Anspruch nimmt, wodurch die Performance des gesamten Programms beeinträchtigt wird. Der zweite und weitaus wichtigere Grund ist, dass die Berechnung der Farbintensität unter Verwendung des Kosinuswerts sich als einfacher gestaltet als eine Intensitätsberechnung auf der Grundlage des eigentlichen Winkels.

Der Abbildung 6.13 kann entnommen werden, dass zwischen den Winkeln 90 und 180 die Intensität der Polygonfarbe proportional zunimmt. Gleichzeitig nimmt auch der *Betrag* des Kosinuswerts in demselben Intervall ebenfalls zu. Umgekehrt nimmt die Beleuchtungsintensität zwischen den Winkeln 180 und 270 ab, was mit einer Erniedrigung der entsprechenden Kosinusbeträge verbunden ist. Aufgrund dessen, dass die Zu- bzw. Abnahme der Farbintensität mit einer Erhöhung bzw. Erniedrigung des Betrags der Kosinuswerte verbunden ist, darf Folgendes festgestellt werden: Der Betrag des Kosinuswerts des Winkels zwischen der

Polygonnormalen und dem Lichtvektor ist proportional zur Helligkeit der Polygonfarbe.

Mithilfe dieser Erkenntnis kann die Intensität der Primärfarbe des darzustellenden Polygons leicht ermittelt werden. Angenommen, für die Beschreibung dieser Farbe stehen uns 256 Farbnuancen zur Verfügung. Die geringste Farbintensität ist an der Position 0 innerhalb der Farbpalette eingetragen, die höchste besitzt den Farbindex 255.

Kosinuswerte liegen stets zwischen –1.0 und 1.0. Wenn der Kosinuswert größer 0.0 ist, wird die Rückseite des Polygons vom einfallenden Licht getroffen, die Farbe seine Vorderseite befindet sich somit innerhalb der Palette an der Position 0. Ist der Kosinuswert jedoch kleiner 0.0, muss die Farbe des Polygons erhellt werden: Bei einem Kosinuswert von –1.0 besitzt das Vieleck die Farbe 255, ein Kosinuswert von 0.0 entspricht der Farbe 0, jeder Kosinuswert zwischen 0.0 und –1.0 ist demnach mit einer Farbe zwischen 0 und 255 verbunden. Daraus kann leicht folgende Formel zur Berechnung der gesuchten Polygonfarbe act_color auf der Grundlage des negativen Kosinuswerts des Winkels α berechnet werden, welcher sich zwischen der Polygonnormalen und dem Lichtvektor befindet:

$act\_color = cos(\alpha) * (-1) * 255$

Da negative Farboffsets unzulässig sind, muss das negative Vorzeichen des Kosinuswerts durch eine Multiplikation mit (–1) entfernt werden. Voraussetzung für die richtige Funktionsweise dieser Formel ist, dass der dunkelste Farbton den Offset 0 besitzt, während der hellste die Position 255 einnimmt. Die Allgemeinform dieser Formel lautet:

$act\_color = -cos(\alpha) * brightest\_color$

wobei die Variable **brightest_color** die Position des hellsten Farbtons der Primärfarbe innerhalb der **8**-Bit-Palette enthält. Wie die am Ende des vorherigen Abschnitts vorkommende Abbildung 6.15 verdeutlicht, können in einem Programm Polygone schattiert werden, welche unterschiedliche Primärfarben besitzen. In diesem Fall muss bei der Bestimmung der gesuchten Farbabstufung eine erweiterte Version dieser Formel eingesetzt werden, in der die Konstanten **min_intensity** und **max_intensity** der jeweiligen Primärfarbe vorkommen:

$act\_color = -cos(\alpha) * (max\_intensity - min\_intensity) + min\_intensity$

Die Arbeitsweise dieser Funktion gestaltet sich folgendermaßen: Der Ausdruck

$(max\_intensity - min\_intensity)$

stellt fest, wie viele Farbschattierungen für die Beschreibung der jeweiligen Primärfarbe eingesetzt werden. Die Multiplikation dieser Teilformel mit **–cos(α)** gibt die Position des gesuchten Farboffsets relativ zum Anfang des entsprechenden Farbverlaufs.

Dieser Verlauf muss nicht immer an der Position 0 anfangen; die Farbabfolge, welche in Abbildung 6.15 für die Definition der Primärfarbe Blau eingesetzt wird, beginnt beispielsweise an der Position 128. Weil die Anfangsposition des Farbverlaufs in der Konstanten **min_intensity** gespeichert ist, ergibt die Addition ihres Werts am Ende der Formel die Position der gesuchten Farbabstufung relativ zum Anfang der 8-Bit-Palette.

Die Richtigkeit dieser Formel kann mittels einer entsprechenden Zuordnung bestätigt werden. Hierbei muss der Kosinuswert 0.0 der Konstanten **min_intensity** zugewiesen werden, während –1.0 mit **max_intensity** verknüpft wird.

Geringfügige Ungenauigkeit der Intensitätsberechnung

Die im vorherigen Abschnitt entwickelten Formeln zur Berechnung der Intensität der Primärfarbe des Polygons enthalten eine geringfügige Ungenauigkeit, welche bei der Multiplikation eines Kosinuswerts mit der Anzahl der Farbabstufungen auftritt. Folgendes Beispiel verdeutlicht dieses Problem: Die geringste Intensität einer bestimmten Primärfarbe befindet sich an der Position 0, die höchste besitzt den Offset 128 innerhalb der 8-Bit-Palette. Wenn das Polygon zu 50 % beleuchtet wird, müsste die Farbe des Vielecks den Wert 64 besitzen.

Weil der Kosinuswert des entsprechenden Winkels zwischen Lichtvektor und Polygonnormalen jedoch ungefähr –0.71 beträgt, wird mittels der entsprechenden Formeln die Farbposition 90.5 ermittelt. Auf den ersten Blick erscheint die Abweichung von 26 Schattierungen vom Sollwert unzulässig hoch.

Der Grund dieser Ungenauigkeit liegt im nichtlinearen Verlauf der Kosinuskurve im Intervall [90 .. 180]. Der Betrag der Kosinuswerte steigt hierbei zunächst linear, der Kurvenverlauf wird jedoch zum Ende des Intervalls immer flacher. Diese Ungenauigkeit kann durch einen zusätzlichen Aufruf der inversen Kosinusfunktion sowie der Auflösung einer proportionalen Zuordnung beseitigt werden. Die Praxis hat jedoch gezeigt, dass die Ausgaben, welche auf der Grundlage der ungenauen und der korrigierten Gleichung entstanden sind, nur schwer voneinander zu unterscheiden sind.

Aufgrund dessen, dass der drastisch erhöhte rechnerische Aufwand keine deutlichen grafischen Verbesserungen mit sich bringt, greift man bevorzugt auf die ungenaueren, dafür aber schnelleren Gleichungssysteme zurück.

6.2.3 Das Umgebungslicht

In eigenen Programmen kann die Realitätsnähe der virtuellen Objekte erhöht werden, indem bestimmte Regeln bei der Auswahl der Farbschattierungen niedriger Helligkeit befolgt werden. Diese dunklen Farbtöne werden nur dann von Polygonen angenommen, wenn diese nicht oder nur sehr schwach beleuchtet werden.

Die besagten Gesetzmäßigkeiten orientieren sich an einem bestimmten Aspekt der realen Welt: Der in einer Umgebung vorkommenden Lichtmenge, welche keiner bestimmten Lichtquelle zugeordnet werden kann, und auch als *Umgebungslicht* bezeichnet wird. Umgebungslicht entsteht dadurch, dass das weiße, von verschiedenen Lichtquellen emittierte Licht von den Gegenständen reflektiert wird. Die Objekte absorbieren ein Teil des Lichts; dadurch verringert sich die Intensität des reflektierten Lichts. Diese reflektierten Lichtstrahlen können erneut auf andere Gegenstände treffen, wobei Absorption und Reflektion erneut auftreten.

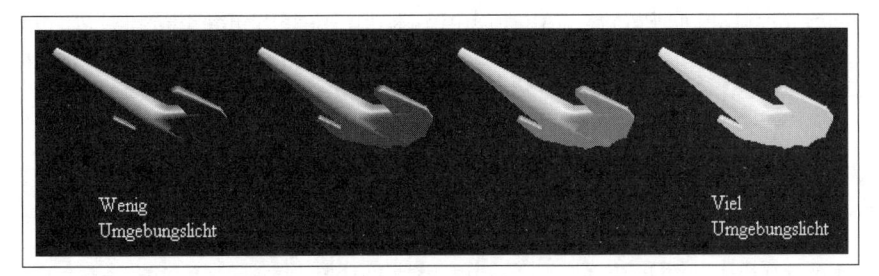

Abb. 6.17: Beim Rendering des linken Objekts ist eine größere Menge an Umgebungslicht vorhanden

Die Atmosphäre einer Welt wird in beträchtlicher Weise von der Menge des Umgebungslichts beeinflusst. Je mehr Umgebungslicht vorhanden ist, umso schwächer sind die Unterschiede zwischen hell und dunkel ausgeprägt. Wenn viele Lichtquellen vorhanden sind, beispielsweise in einem großen Raum, welcher von vielen Glühbirnen beleuchtet wird, bestehen keine großen Helligkeitsunterschiede zwischen den Farben.

Schatten entstehen dadurch, dass die von einer Lichtquelle ankommenden Strahlen bestimmte Bereiche von Gegenständen nicht erreichen können. Der Grund hierfür besteht darin, dass diese Stellen von anderen Objekten verdeckt werden, welche das einfallende Licht reflektieren. Die besagten Bereiche werden lediglich vom Umgebungslicht beleuchtet; je mehr Umgebungslicht vorhanden ist, umso schwächer sind die Schatten ausgeprägt. An einem sonnigen Tag ist nur wenig Umgebungslicht vorhanden; dadurch sind die Unterschiede zwischen den Farben groß, die Schatten sehr deutlich ausgeprägt.

Umgebungslicht besitzt keine Richtung; in der 3D-Programmierung wird dieses in Form einer numerischen Konstanten angegeben. Diese stellt oft den Betrag der RGB-Vektoren dar, welche die dunkelsten Farbnuancen der vorkommenden Primärfarben definieren.

Die Farbe an der Position 0 innerhalb der 8-Bit-Palette

Wenn innerhalb eines unserer Programme das Hauptfenster geöffnet und die Auflösung des Bildschirms entsprechend der Vorgaben des Benutzers eingestellt worden ist, wird man mit einem schwarzen Bildschirm konfrontiert. Die Farbe des Bildschirmhintergrunds wird durch die Komponenten der Farbe festgelegt, welche sich innerhalb der 8-Bit-Palette an der Position 0 befindet.

Die schwarze Farbe des Hintergrunds des Bildschirms nach dem Aufruf von `initialise_world()` ist darauf zurückzuführen, dass die erste Farbe der 8-Bit-Palette die Komponenten $(0, 0, 0)_{RGB}$ besitzt. Wenn diese Farbe innerhalb eines Programms verändert wird, findet eine automatische Anpassung des Bildschirmhintergrunds statt, ohne Zutun des Programmierers.

Der Einsatz des *Double-Buffering*-Algorithmus kann diese Sondereigenschaft der ersten Farbe außer Kraft setzen. Nehmen wir an, die Komponenten der Farbe an der Position 2 besitzen die Werte $(0, 0, 0)_{RGB}$. Wenn innerhalb der Schleife

```
for( long x=0 ; x<x_res*y_res ; x++ )
   sbuffer[ x ] = 2;
```

den Elementen des *Double Buffers* nicht die erste Farbe zugewiesen wird, kann die Veränderung ihrer Komponenten keine sichtbaren Folgen haben. Der Grund hierfür besteht darin, dass die Farbe, welche für das Löschen des *Double Buffers* eingesetzt wird, automatisch die Farbe des Hintergrunds des Bildschirms darstellt; diese kann, muss sich jedoch nicht an ersten Position innerhalb der Palette befinden.

6.2.4 Implementierung des Flat-Shading-Algorithmus

Nachdem die mathematischen Grundlagen des *Flat-Shading*-Algorithmus ausführlich erläutert wurden, wird im Folgenden auf die praktischen Aspekte seiner Implementierung eingegangen. Die entsprechende Erweiterung der in dem letzten Kapitel entwickelten Klassen erfordert einen relativ hohen programmiertechnischen Aufwand.

Flat Shading legt die Farbe eines Polygons auf der Grundlage seiner Ausrichtung in Bezug zur Lichtquelle fest. Um diese Vorgabe erfüllen zu können, muss zunächst ein neuer Datentyp für die Verwaltung von Vektoren entwickelt werden, um Polygonnormale und Lichtvektoren definieren zu können.

Anschließend muss die Darstellungsfunktion der Klasse `polygon` um die Intensitätsberechnung der Polygonfarbe erweitert werden. Polygone können mithilfe einer Matrix gedreht werden. Aus Performancegründen ist es empfehlenswert, die Komponenten der Polygonnormalen nur einmal, innerhalb des Konstruktors, auszurechnen.

Wird das Vieleck rotiert, muss die dazugehörige Polygonnormale ebenfalls gedreht werden, damit diese stets einen rechten Winkel mit der Ebenen des Vielecks bildet. Auf diese Weise wird gewährleistet, dass die Farbberechnung nicht beeinträchtigt wird. Um diese Vorgabe realisieren zu können, muss die Klasse `matrix` um eine Möglichkeit zur Rotation von Vektoren erweitert werden.

Polygone sind lediglich Bestandteile von dreidimensionalen Figuren. Die Veränderung ihrer Vertices erfolgt deshalb im Rumpf der Funktion `thing::update_pos()`. Diese Funktion ist am besten geeignet, um die Normalenvektoren der Polygone zu rotieren.

Schließlich muss eine Möglichkeit entwickelt werden, um Farbverläufe zu generieren und diese innerhalb der 8-Bit-Palette einzutragen. Jede Primärfarbe, welche ein Polygon innerhalb des Programms annehmen kann, muss durch einen entsprechenden Farbverlauf definiert werden.

Farbverläufe

Ein Farbverlauf besteht aus der Menge aller Farben, welche im RGB-Farbwürfel auf einer Geraden liegen, die zwei Farben miteinander verbindet. Farbverläufe werden unter anderem eingesetzt, um das Aussehen von Primärfarben festzulegen; die Reihenfolge der Farbschattierungen ist hierbei von Bedeutung.

Die erste Farbe des Verlaufs definiert das Aussehen der Primärfarbe, wenn diese lediglich vom Umgebungslicht beleuchtet wird. Die letzte Abstufung beschreibt den Farbton, den die Primärfarbe bei 100%iger Beleuchtung annimmt. Bei den restlichen Farben des Verlaufs handelt es sich um Zwischenstufen dieser beiden Farben.

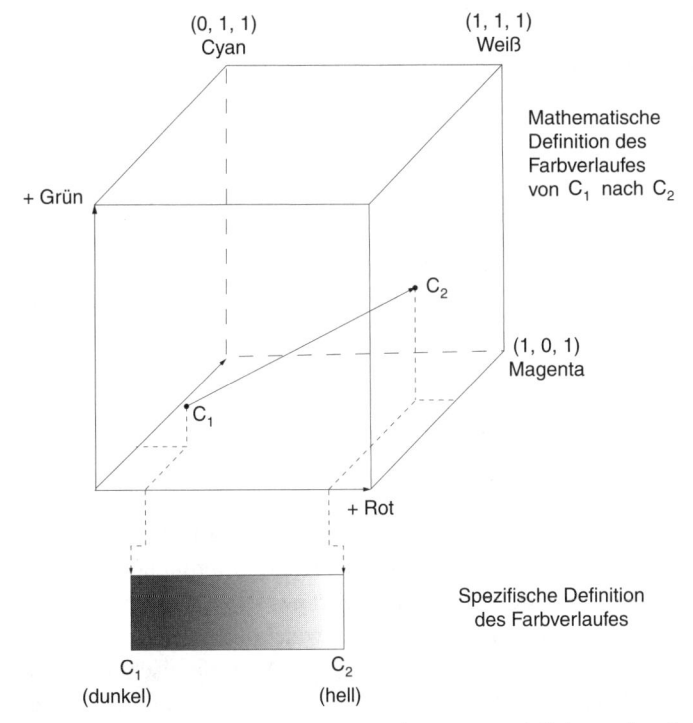

Abb. 6.18: Dreidimensionales Veranschauungsmodell des Farbverlaufs zwischen zwei beliebigen Farben C_1 und C_2 anhand des RGB-Farbwürfels

Mathematisch gesehen, befinden sich innerhalb eines Farbverlaufs unendlich viele Farbabstufungen. In der Praxis kann jedoch nur ein begrenzter Teil hiervon eingesetzt werden, um das Aussehen einer Primärfarbe zu definieren. Allgemein gilt, dass je mehr Schattierungen innerhalb eines Farbverlaufs eingesetzt werden, umso genauer kann die entsprechende Farbe dargestellt werden.

Je genauer die Beschreibung einer Primärfarbe erfolgt, umso langsamer und gleichmäßiger kann der Übergang von hell nach dunkel simuliert werden und umso realistischer wirken die entsprechend gefärbten Polygone.

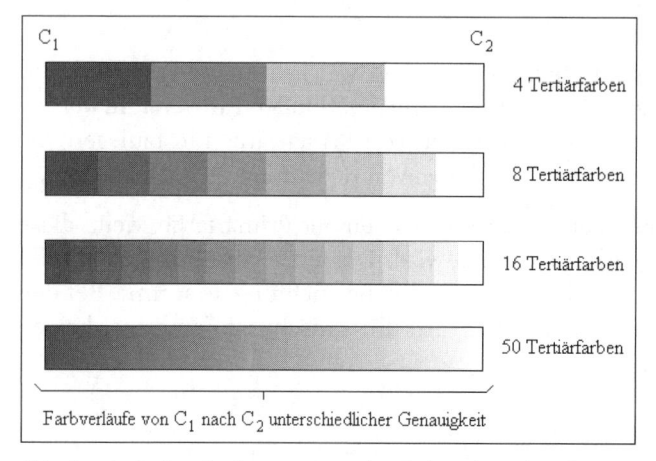

Abb. 6.19: Farbverläufe mit unterschiedlich vielen Abstufungen zwischen den gleichen Farben C_1 und C_2

Die Farbabstufungen, welche sich zwischen der Anfangs- und Endfarbe eines Verlaufs befinden, können mithilfe der linearen Interpolation ermittelt werden. Hierbei wird die gleiche Vorgehensweise wie bei der Ermittlung der z-Koordinaten für den *Z-Buffer*-Algorithmus verwendet; ausgegangen wird hierbei von den Rot-, Grün- und Blaukomponenten der Anfangs- und Endfarbe $(r1, g1, b1)_{RGB}$ und $(r2, g2, b2)_{RGB}$:

red_step   = *(r2 − r1) / (Anzahl der Farben)*

green_step = *(g2 − g1) / (Anzahl der Farben)*

blue_step = *(b2 − b1) / (Anzahl der Farben)*

Der Bezeichner **(Anzahl der Farben)** steht hierbei für die Gesamtanzahl der Farben des Verlaufs, die Anfangs- und Endfarbe mitberechnet. Die mathematische Definition besagt, dass eine Farbkomponente durch einen Wert zwischen 0.0 und 1.0 ausgedrückt werden muss. Die Komponenten der Farben, welche innerhalb der 8-Bit-Palette vorhanden sind, werden jedoch durch ganzzahlige Werte zwischen 0 und 255 definiert. Die Farbe Schwarz besitzt beispielsweise die Komponenten $(0, 0, 0)_{RGB}$, Blau $(0, 0, 255)_{RGB}$ und Weiß $(255, 255, 255)_{RGB}$.

Wenn die Farben eines Verlaufs ermittelt werden sollen, welcher sich beispielsweise von $(152, 56, 216)_{RGB}$ nach $(0, 255, 0)_{RGB}$ erstreckt, und 10 Farben besitzt, müssen zunächst die drei Steigungen ermittelt werden:

red_step   = (0 – 152) / 10
green_step = (255 – 56) / 10
blue_step = (0 – 216) / 10

Die erste Farbe des Verlaufs lautet $(152, 56, 216)_{RGB}$. Um die zweite Farbe zu erhalten, müssen den Komponenten der ersten Farbe die drei Variablen hinzuaddiert werden. Das Ergebnis ist. Die Komponenten der dritten Farbe besitzen demnach die Werte, usw.

Innerhalb von Programmen, welche unter einer 8-Bit-Farbtiefe arbeiten, werden wir die Komponenten von Farbverläufen in Arrays aus Elementen vom Typ `pixel_8` speichern. Der oben beschriebene zehnelementige Verlaufe kann folgendermaßen aufgebaut werden:

```
pixel_8 begin( 152, 56, 216 ), end( 0, 255, 0 );
pixel_8 colors[ 10 ];
ushort range_length = 10;

double r_step, g_step, b_step;
r_step = double( end.red - begin.red ) / range_length;
g_step = double( end.green - begin.green ) / range_length;
b_step = double( end.blue - begin.blue ) / range_length;

double act_r = begin.r, act_g = begin.g, act_b = begin.b;
for( ushort x=0 ; x<range_length ; x++ )
{
  colors[ x ] = pixel_8( uchar( act_r ), uchar( act_g ),
                        uchar( act_b ) );
  act_r += r_step;  act_g += g_step;  act_b += b_step;
}
```

Hierbei werden die Farbkomponenten der Zwischenstufen innerhalb der Variablen `act_r`, `act_g` und `act_b` gespeichert. Während der Schleife werden diese Farbkomponenten den entsprechenden Feldern des Arrays `colors[]` zugewiesen; welcher nach der Ausführung der Schleife den gewünschten Farbverlauf enthält. Damit dieser Verlauf unter einem 256-Farben-Modus auf dem Bildschirm dargestellt werden kann, müssen seine Elemente zunächst in einem 256 Elementigen Array kopiert werden. Dieses Array, welches noch weitere Farbverläufe enthalten kann, muss schließlich als benutzerdefinierte 8-Bit-Palette mittels der Funktion `directx_surface::set_palette()` installiert werden.

Diese Berechnung der Abstufungen, welche sich innerhalb eines Verlaufs zwischen der Anfangsfarbe **C1 (r1, g1, b1)**$_{RGB}$ und der Endfarbe **C2 (r2, g2, b2)**$_{RGB}$ liegen, kann im dreidimensionalen RGB-Farbmodell folgendermaßen erklärt werden: Die Ausdrücke **(r2 – r1)**, **(g2 – g1)** und **(b2 – b1)**, welche in der allgemeinen Formel auftauchen, stellen die Komponenten eines Farbvektors **v** dar, welcher von der Anfangs- bis Endfarbe des Verlaufs reicht. Am Anfang des Kapitels haben wir festgestellt, dass neue Farben durch Addition von Farbvektoren aus bereits vorhandenen Farben aufgebaut werden können.

Wenn man den Vektor **v** zum Ortsvektor der Farbe **C1** macht, ist das Ergebnis der Ortsvektor der Farbe **C2**. Der Übergang von **C1** nach **C2** soll aber nicht schlagartig, in einem Schritt durchgeführt werden. Um ein Verlauf zwischen diesen Farben zu definieren, muss eine Farbe allmählich, schrittweise in die andere Farbe übergehen. Diese Vorgabe erreicht man, indem man den Betrag des Vektors **v** entsprechend verkürzt, seine Richtung jedoch nicht verändert. Die Anzahl der Schritte ist vorgegeben; diese Verkürzung geschieht durch eine Teilung seiner Komponenten. Schließlich können die Farben, welche sich zwischen **C1** und **C2** befinden, durch eine iterativ durchgeführte Verschiebung mit der verkürzten Version von **v** ermittelt werden.

Die Farbe eines Gegenstands ist von der chemischen Zusammensetzung seines Materials abhängig. Manche Stoffe können Licht besser absorbieren oder reflektieren als andere. Dementsprechend sehen in diesem Fall die Abstufungen mit den geringsten Farbbeträgen dunkler als bei anderen Farben aus. Umgekehrt wirkt ein Stoff bei 100%iger Beleuchtung umso heller, je besser dieser das einfallende Licht reflektieren kann.

Aufgrund von unterschiedlichen Oberflächenbeschaffenheiten der simulierten Gegenständen ist es gemäß der oben durchgeführten Überlegungen erlaubt, für die dunkelsten Schattierungen der Primärfarben Farbnuancen unterschiedlicher Helligkeiten auszuwählen.

Darstellung von Vektoren

Wie wir wissen, besteht ein dreidimensionaler Vektor aus einer x-, y- und z-Komponente. Neben der Richtung, in welche der Vektor zeigt, ist sein Betrag von großer Wichtigkeit. Wenn ein Vertex mithilfe eines Vektors verschoben wird, gibt der Betrag des Vektors an, wie weit der Punkt von seiner ursprünglichen Position aus verschoben worden ist.

Die Definition eines benutzerdefinierten Datentyps für die Darstellung von Vektoren kann folgendermaßen aufgebaut werden:

```
struct vector
{
```

```
    double x, y, z, magnitude;

    vector( void ) : x( 0 ), y( 0 ), z( 0 ), magnitude( 0 ) { }
    vector( double vx, double vy, double vz ) :
        x( vx ), y( vy ), z( vz ),
        magnitude( sqrt( vx*vx + vy*vy + vz*vz ) ) { }
};
```

Die Variable `magnitude` enthält hierbei die Länge des Vektors. Diese kann mithilfe des Satzes des Pythagoras unter Verwendung einer Wurzelberechnung aus den Variablen x, y und z ausgerechnet werden. Es ist nicht unbedingt erforderlich, eine eigene Variable für diesen Zweck einzusetzen; ihre Verwendung ist jedoch empfehlenswert, um die Performance des Programms steigern zu können.

Es ist denkbar, dass im Laufe eines Programms der Betrag eines Vektors wiederholt abgefragt wird. Wenn der dazugehörige Datentyp die Vektorlänge nicht explizit abspeichert, erfordert der Zugriff auf diese Information jedes Mal den Aufruf der rechenaufwendigen Funktion `sqrt()`.

Die zweite Überladung des Konstruktors `vector::vector()` erlaubt die Übergabe benutzerdefinierter Werte bei der Definition eines neuen Vektors. Der parameterlose Konstruktor wird immer dann aufgerufen, wenn die Komponenten des zu definierenden Vektors noch keine festen Werte besitzen oder wenn Arrays aus Vektoren aufgebaut werden müssen.

Wir kennen viele mit Vektoren arbeitende Operationen, deren Implementierung die Überladung bestimmter Operatoren erfordert. Es ist sehr empfehlenswert, diese Operationen erst dann im Quelltext einzufügen, wenn diese gebraucht werden. Nehmen wir beispielsweise die Vektorskalierung, welche den Betrag eines Vektors durch die Multiplikation seiner Komponenten mit einer numerischen Konstanten verändern kann.

Die mathematische Definition des *Flat-Shading*-Algorithmus erfordert diese Operation nicht. Wenn man diese dennoch implementiert, um sie in unabsehbarer Zeit zu verwenden, kann es zu Problemen kommen. Oft wird diese Art von Funktionen nicht ausreichend getestet; je mehr Zeit zwischen Erstellung und Einsatz vergeht, umso schwieriger fallen Fehlersuche und Erweiterung der Funktion. Es kann sich auch herausstellen, dass zu dem späteren Zeitpunkt eine veränderte Version der Funktion eingesetzt werden muss, welche mit dem bestehenden Quelltext inkompatibel ist. In diesem Fall war die ursprüngliche Definition Zeitverschwendung.

Veränderung von Vektoren mithilfe von Matrizen

Ein Vorteil, welcher für die Verwendung von Matrizen mit sich bringt, besteht darin, dass die Reihenfolge der gespeicherten Rotationsinformationen erhalten bleibt. Abbildung 6.20 zeigt, wie wichtig diese Voraussetzung ist: Wenn der Benutzer bewusst einen Vektor zunächst um die y- und anschließend um die x-Achse drehen möchte, diese Reihenfolge von der Rotationsfunktion jedoch ignoriert wird, kann die angestrebte Programmausgabe in vielen Fällen nicht erreicht werden.

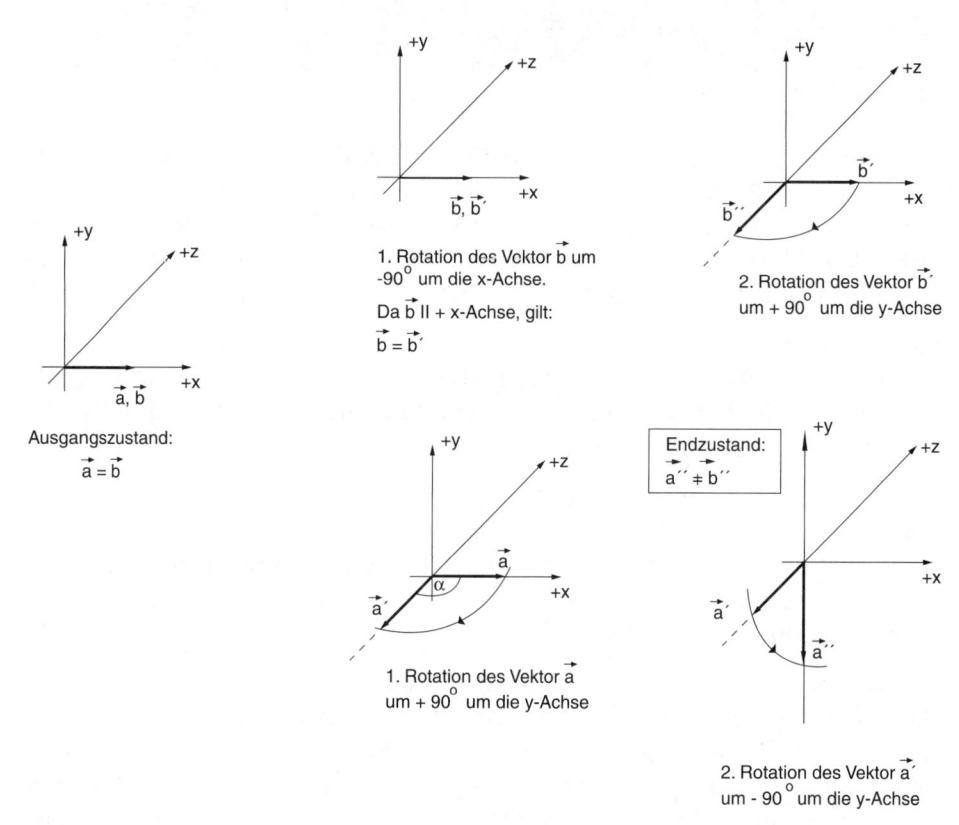

Abb. 6.20: Die Vektoren a und b, deren Komponenten anfangs identische Werte besitzen, werden mit den gleichen Werten rotiert. Wenn die Reihenfolge, in welcher die Rotation um die verschiedenen Achsen stattfinden soll, verändert wird, können sich die Ergebnisse voneinander unterscheiden.

Wie dieses Beispiel zeigt, ist die Rotation von Vektoren mithilfe von Matrizen sehr empfehlenswert, da es sich hierbei um die einfachste Möglichkeit handelt, die Reihenfolge der durchgeführten Drehungen zu berücksichtigen.

Hierbei entsteht jedoch folgendes Problem, welche mit einer weiteren Eigenschaft von Matrizen verbunden ist: Neben der Rotation können noch Verschiebungs- und Skalieroperationen gleichzeitig durchgeführt werden. Wenn ein Polygon mithilfe derselben Matrix gedreht, skaliert und verschoben wird, darf seine Polygonnormale lediglich gedreht werden; ansonsten würde der Betrag oder bei einer ungleichmäßigen Skalierung sogar die Richtung des Vektors verändert werden. Aus diesem

Grund dürfen Vektorkomponenten nicht mithilfe einer Matrix verändert werden, mit der man auch Vertices verändert.

Bei der Rotation eines Polygons werden die entsprechenden Rotationsinformationen lediglich in Form einer Matrix übergeben. Hierbei ist es ziemlich kompliziert, die Rotationsinformationen unter Berücksichtigung der Reihenfolge aus einer Matrix zu extrahieren, in der noch Verschiebungs- und Skalieranweisungen enthalten sind.

Eine einfache Lösung dieses Problems sieht vor, Vertices und Vektoren mithilfe von zwei unterschiedlichen Matrizen zu verändern. Beide müssen Teil des benutzerdefinierten Datentyps matrix sein. Diese Lösung funktioniert folgendermaßen: Die Klasse matrix muss zwei Arrays aus Elementen vom Typ *double* oder *float* enthalten, welche die Bezeichnungen vertex_matrix[] und vector_matrix[] erhalten.

Wie der Name bereits andeutet, wird eine Matrix für die Drehung, Skalierung und Verschiebung von Vertices eingesetzt, während mit der anderen lediglich Vektoren rotiert werden. Wenn einer Matrix Verschiebungs- und Skalieranweisungen erteilt werden, werden diese lediglich innerhalb der Vertexmatrix eingetragen. Rotationsinformationen werden jedoch sowohl in vertex_matrix[] als auch in vector_matrix[] gespeichert. Schließlich erfolgt die Veränderung von Vektoren und Vertices getrennt voneinander, unter Verwendung der entsprechenden Matrix.

Auf diese Weise kann gewährleistet werden, dass bei der Drehung eines Vielecks seine Polygonnormale um die gleichen Werte rotiert wird; gleichzeitig bleibt die Rotationsreihenfolge erhalten, und es besteht keine Gefahr einer ungewollten Veränderung von Vektorkomponenten, welche auf Translations- oder Skalierungswerte zurückzuführen ist.

Die auf der Grundlage dieser Überlegungen erweiterte Definition der Klasse matrix kann folgendermaßen aufgebaut werden:

```
class matrix
{
  private:
    double vertex_matrix[ 4 ][ 4 ];
    double vector_matrix[ 4 ][ 4 ];

    void multiplicate
    (
      double (* dest_matrix)[ 4 ],
      double n_m[ 4 ][ 4 ]
    );
```

```
    public:
      void rotate_x( double xa );
      void rotate_y( double ya );
      void rotate_z( double za );
      void translate( double xt, double yt, double zt );
      void scale( double xs, double ys, double zs );

      void transform( vertex *v );
      void transform( vector *v );
      void clear( void );

      matrix( void ) { clear(); }
};
```

Es folgt die Beschreibung der veränderten bzw. neu definierten Elemente der Klasse `matrix`:

Variable   **Aufgabe**

`vertex_matrix[]`: Dieses Array enthält die Elemente der Matrix, auf deren Grundlage Vertices verändert werden können.

`vector_matrix[]`: Enthält die Informationen, welche für die Rotation von Vektoren benötigt werden.

Funktion   **Aufgabe / Definition**

`multiplicate()`:   Multiplikation einer als Parameter mit dem Namen `n_m[]` übergebenen konstanten Matrix mit einer der beiden Hauptmatrizen, deren Adresse mittels des Ausdrucks

```
double (* dest_matrix)[ 4 ]
```

festgelegt wird. Hierbei handelt es sich um einen Zeiger namens `*dest_matrix`, welcher auf ein Array verweist, der aus vierelementigen Arrays aus Variablen vom Typ *double* bestehen.

```
void matrix::multiplicate
(
  double (* dest_matrix)[ 4 ], double n_m[ 4 ][ 4 ]
)
{
  char row, column;
  double tm[ 4 ][ 4 ];
```

```
    for( row=0 ; row < 4 ; row++ )
      for( column=0 ; column < 4 ; column++ )
        tm[ row ][ column ] = dest_matrix[ row ][ 0 ] *
                              n_m[ 0 ][ column ] +
                              dest_matrix[ row ][ 1 ] *
                              n_m[ 1 ][ column ] +
                              dest_matrix[ row ][ 2 ] *
                              n_m[ 2 ][ column ] +
                              dest_matrix[ row ][ 3 ] *
                              n_m[ 3 ][ column ];

    for( row=0 ; row < 4 ; row++ )
      for( column=0 ; column < 4 ; column++ )
        dest_matrix[ row ][ column ] = tm[ row ][ column ];
}
```

Die Arbeitsweise dieser Funktion hat sich seit der letzten Version der Klasse matrix nicht verändert. Der einzige Unterschied besteht darin, dass die Bezeichnung main_matrix durch dest_matrix ersetzt worden ist, um die Verwaltung zweier unterschiedlicher Hauptmatrizen zu ermöglichen.

rotate_xyz(): Speicherung der als Parameter übergebenen Rotationsinformationen sowohl in die Vertex- als auch in die Vektormatrix. Die ursprüngliche matrix::rotate() wird in drei unterschiedlichen Funktionen aufgespalten, um eine beliebige Reihenfolge der Speicherung von Rotationsinformationen in die Matrizen gewährleisten zu können:

```
void matrix::rotate_x( double xa )
{
  double rm[ 4 ][ 4 ];

  rm[0][0]=1; rm[0][1]= 0;        rm[0][2]=0;       rm[0][3]=0;
  rm[1][0]=0; rm[1][1]= cos(xa);  rm[1][2]=sin(xa); rm[1][3]=0;
  rm[2][0]=0; rm[2][1]=-sin(xa);  rm[2][2]=cos(xa); rm[2][3]=0;
  rm[3][0]=0; rm[3][1]= 0;        rm[3][2]=0;       rm[3][3]=1;
  multiplicate( vertex_matrix, rm );
  multiplicate( vector_matrix, rm );
}

void matrix::rotate_y( double ya )
```

```
{
  double rm[ 4 ][ 4 ];

  rm[0][0]=cos(ya); rm[0][1]=0; rm[0][2]=-sin(ya); rm[0][3]=0;
  rm[1][0]=0;       rm[1][1]=1; rm[1][2]= 0;       rm[1][3]=0;
  rm[2][0]=sin(ya); rm[2][1]=0; rm[2][2]=cos(ya);  rm[2][3]=0;
  rm[3][0]=0;       rm[3][1]=0; rm[ 3 ][ 2 ] = 0;  rm[3][3]=1;
  multiplicate( vertex_matrix, rm );
  multiplicate( vector_matrix, rm );
}

void matrix::rotate_z( double za )
{
  double rm[ 4 ][ 4 ];

  rm[0][0]= cos(za); rm[0][1]=sin(za); rm[0][2]=0; rm[0][3]=0;
  rm[1][0]=-sin(za); rm[1][1]=cos(za); rm[1][2]=0; rm[1][3]=0;
  rm[2][0]= 0;       rm[2][1]=0;       rm[2][2]=1; rm[2][3]=0;
  rm[3][0]= 0;       rm[3][1]=0;       rm[3][2]=0; rm[3][3]=1;
  multiplicate( vertex_matrix, rm );
  multiplicate( vector_matrix, rm );
}
```

Die Speicherung der Rotationsinformationen innerhalb beider Hauptmatrizen wird durch den doppelten Aufruf der Funktion matrix::multiplicate() erreicht. Im Gegensatz dazu wird diese Funktion während der Ausführung von matrix::translate() und matrix::scale() nur einmal aufgerufen, wobei die Adresse des Arrays vertex_matrix übergeben wird.

translate(): Speicherung der Versetzungsinformationen, welche diese Funktion als Parameter übergeben werden, in die Vertexmatrix:

```
void matrix::translate( double xt, double yt, double zt )
{
  double tm[ 4 ][ 4 ];

  tm[0][0]=1;  tm[0][1]=0;  tm[0][2]=0;  tm[0][3]=0;
  tm[1][0]=0;  tm[1][1]=1;  tm[1][2]=0;  tm[1][3]=0;
  tm[2][0]=0;  tm[2][1]=0;  tm[2][2]=1;  tm[2][3]=0;
  tm[3][0]=xt; tm[3][1]=yt; tm[3][2]=zt; tm[3][3]=1;

  multiplicate( vertex_matrix, tm );
}
```

`scale()`: Diese Funktion überträgt die ihr als Paramter übergebenen Skalierungsanweisungen in die Vertexmatrix:

```
void matrix::scale( double xs, double ys, double zs )
{
  double sm[ 4 ][ 4 ];

  sm[0][0]=xs;   sm[0][1]=0;    sm[0][2]=0;    sm[0][3]=0;
  sm[1][0]=0;    sm[1][1]=ys;   sm[1][2]=0;    sm[1][3]=0;
  sm[2][0]=0;    sm[2][1]=0;    sm[2][2]=zs;   sm[2][3]=0;
  sm[3][0]=0;    sm[3][1]=0;    sm[3][2]=0;    sm[3][3]=1;

  multiplicate( vertex_matrix, sm );
}
```

`transform(vector*)`: Rotation eines Vektors gemäß der Informationen, welche innerhalb der Vektormatrix eingetragen worden sind. Da sich in dieser Matrix lediglich Rotationsinformationen befinden, dürfen die Komponenten des Vektors auf die gleiche Weise wie die Koordinaten von Vertices verändert werden:

```
void matrix::transform( vector *v )
{
  double bx = v->x;
  double by = v->y;
  double bz = v->z;

  v->x = bx * vector_matrix[0][0] + by * vector_matrix[1][0] +
         bz * vector_matrix[2][0] + vector_matrix[3][0];
  v->y = bx * vector_matrix[0][1] + by * vector_matrix[1][1] +
         bz * vector_matrix[2][1] + vector_matrix[3][1];
  v->z = bx * vector_matrix[0][2] + by * vector_matrix[1][2] +
         bz * vector_matrix[2][2] + vector_matrix[3][2];
}
```

Bei der Drehung eines Vektors bleibt sein Betrag unverändert ; aus diesem Grund ist hier kein Zugriff auf die Komponente `vector::magnitude` erforderlich. Eine Veränderung, welche der Funktion `matrix::transform( vertex * )` seit der letzten Version der Klasse wiederfahren ist, besteht in der Ersetzung des Bezeichners `main_matrix` durch `vertex_matrix`.

clear(): Weist sowohl der Vertex- als auch der Vektormatrix die Komponenten der Hauptmatrix zu:

```
void matrix::clear( void )
{
  double (* vxm)[ 4 ] = vertex_matrix ;
  vxm[0][0]=1;   vxm[0][1]=0;   vxm[0][2]=0;   vxm[0][3]=0;
  vxm[1][0]=0;   vxm[1][1]=1;   vxm[1][2]=0;   vxm[1][3]=0;
  vxm[2][0]=0;   vxm[2][1]=0;   vxm[2][2]=1;   vxm[2][3]=0;
  vxm[3][0]=0;   vxm[3][1]=0;   vxm[3][2]=0;   vxm[3][3]=1;

  double (* vrm)[ 4 ] = vector_matrix ;
  vrm[0][0]=1;   vrm[0][1]=0;   vrm[0][2]=0;   vrm[0][3]=0;
  vrm[1][0]=0;   vrm[1][1]=1;   vrm[1][2]=0;   vrm[1][3]=0;
  vrm[2][0]=0;   vrm[2][1]=0;   vrm[2][2]=1;   vrm[2][3]=0;
  vrm[3][0]=0;   vrm[3][1]=0;   vrm[3][2]=0;   vrm[3][3]=1;
}
```

Erweiterte Polygon- und Polyederdefinition zur Unterstützung des Flat-Shading-Algorithmus

Im Laufe dieses Abschnitts wird diskutiert, wie die letzte Version der Klasse polygon praktisch erweitert werden muss, um das *Flat-Shading*-Algorithmus unterstützen zu können. Dieser Algorithmus legt die Farbe fest auf der Grundlage des Winkels zwischen dem Lichtvektor und der Polygonnormalen. Die Definition des Lichtvektors sieht folgendermaßen aus:

```
vector light( -1, -1, 1 );
```

Räumlich betrachtet, wird hierdurch eine Lichtquelle simuliert, welche sich hinter dem Betrachter befindet und die Szenarie von rechts oben in paralleles Licht taucht.

Gemäß dem Prinzip der objektorientierten Programmierung muss die Definition der Polygonnormalen innerhalb der Klasse polygon stattfinden:

```
class polygon
{
  private:
    uchar color;
    long point_count, cp_point_count;

    long *points;
    vector normal;

    void z_clipping( void );
```

```
    void project( void );
    void xy_clipping( void );

    uchar visible( void );
    void shape( uchar *sbuffer );
    void rasterize( uchar *sbuffer );

  public:
    void load( ifstream *thing_def, vertex *v );
    void update_pos( matrix m ) { m.transform( &normal ); }
    void display( vertex *v, uchar *sbuffer );

    polygon( const polygon &p );
    polygon( void ) : color( 0 ), point_count( 0 ),
                      cp_point_count( 0 ), points( NULL ) { }
   ~polygon( void ) { if( points ) delete [] points; }
};
```

Gemäß der vorangegangenen Theorie muss die Initialisierung der Komponenten der Polygonnormalen innerhalb der Funktion `polygon::load()` stattfinden. Die hierzu notwendige Vorgehensweise wurde bereits im Abschnitt ausführlich beschrieben. Zusammengefasst stellt die Polygonnormale das Ergebnis des *Cross Products* dar, welcher von zwei nicht-kollinearen Vektoren gebildet wird, die von einem Vertex des Polygons ausgehen. Die Reihenfolge, in der die Vektoren multipliziert werden, ist ebenfalls von Bedeutung.

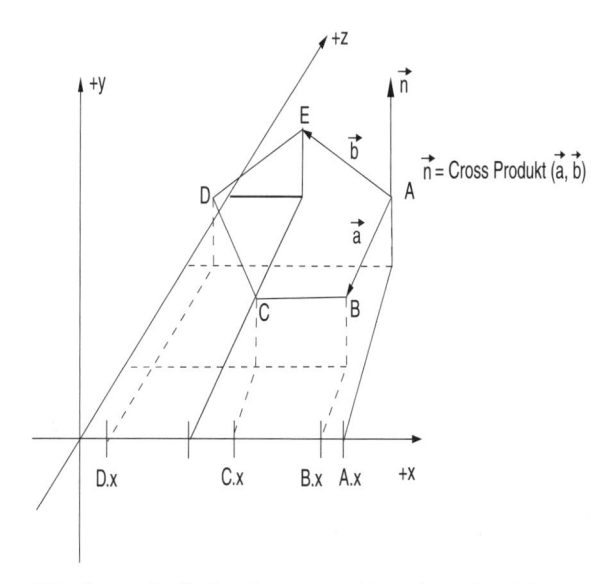

Abb. 6.21: Grafischer Ansatz zur Ermittlung der Polygonnormalen eines beliebigen Vielecks ABCDE

Ausgehend von den Vektoren **a** <ax, ay, az> und **b** <bx, by, bz> aus Abbildung 6.21 gelten für die Komponenten des Vektors **n** <**nx, ny, nz**> folgende Beziehungen:

nx = ay * bz - az * by
ny = az * bx - ax * bz
nz = ax * by - ay * bx

Die Implementierung dieses Gleichungssystems in die Funktion `polygon::load()` kann folgendermaßen aufgebaut sein:

```
void polygon::load( ifstream *thing_def, vertex *v )
{
  (*thing_def) >> point_count;
  if( (point_count < 3) || (point_count > largest_point_count) )
    exit( "polygon::load(): Unzulässiger Wert für \
          point_count.\n" );

  if( (points = new long[ point_count ]) == NULL )
    exit( "*points: Nicht genug Speicher.\n" );

  for( long x=0 ; x<point_count ; x++ )
    (*thing_def) >> points[ x ];

  long c;
  (*thing_def) >> c;

  vector a = v[ points[ 1 ] ] - v[ points[ 0 ] ];
  vector b = v[ points[ point_count-1 ] ] - v[ points[ 0 ] ];

  double x = a.y * b.z - a.z * b.y;
  double y = a.z * b.x - a.x * b.z;
  double z = a.x * b.y - a.y * b.x;

  normal = vector( x, y, z );
}
```

Die Implementierung des *Flat-Shading*-Algorithmus ist relativ aufwendig; zwecks einer besseren Übersicht soll das erste Programm so einfach wie möglich gestaltet werden. Hierzu definieren wir eine einzige Primärfarbe, welche von allen Polygonen angenommen wird. Diese wird durch einen Farbverlauf definiert, welcher sich von der Farbe **1** mit der dunkelsten Schattierung bis zur Farbe **255** der 8-Bit-Palette erstreckt, welche die hellste Farbabstufung beschreibt. Um dem Hintergrund des

Bildschirms die Farbe Schwarz zuzuweisen, besitzen die Komponenten der Farbe o die Werte $(0, 0, 0)_{RGB}$.

Von diesen Vorgaben ausgehend, kann für die Ermittlung der entsprechenden Farbabstufung innerhalb der Funktion `polygon::display()` auf die kürzere Gleichung

act_color = -cos(α) * brightest_color

zurückgegriffen werden, wobei

cos(α) = dot_product(light, normal) / (| light | * | normal |)

```
void polygon::display( vertex *v, uchar *sbuffer )
{
  for( long x=0 ; x<point_count ; x++ )
    wpoint[ x ] = v[ points[ x ] ];

  z_clipping();
  project();
  xy_clipping(); if( !cp_point_count ) return;

  if( visible() )
  {
    double t = (normal.x * light.x +
                normal.y * light.y +
                normal.z * light.z) /
               (normal.magnitude * light.magnitude);

    short c = short( -t * 255.0 );
    if( c > 0 ) color = uchar( c );
    else color = 1;

    rasterize( sbuffer );
  }
}
```

Bei Polygonen handelt es sich lediglich um die Bestandteile dreidimensionaler Figuren. Da in der mathematischen Definition des Polyeders ein Vieleck nichts anderes darstellt als eine Menge von Verweisen auf Vertices der dreidimensionalen Figur, werden die Polygone automatisch rotiert, wenn die Punkte des übergeordneten Körpers gedreht werden.

Bei dieser automatisch durchgeführten Rotation bleibt die Polygonnormale, welche der Definition der Klasse `polygon` gerade hinzugefügt worden ist, unverändert.

Um die Funktionalität des Schattieralgorithmus gewährleisten zu können, muss diese mittels eines expliziten Aufrufs von polygon::update_pos() gedreht werden, welche innerhalb der Klasse polygon definiert ist.

Die Rotation der Vertices, welche ein Polyeder definieren, findet innerhalb der Funktion thing::update_pos() statt; sie wird auf der Grundlage einer Matrix durchgeführt, welche der Funktion als Parameter übergeben wird. Die Polygonnormale muss mit den gleichen Werten wie das Polygon gedreht werden, dessen Ausrichtung sie beschreibt. Dadurch wird gewährleistet, dass dieser Vektor stets einen rechten Winkel mit der Ebenen des Vielecks bildet. Aus diesem Grund muss diese Rotation während des Aufrufs der Funktion thing::update_pos() durchgeführt werden:

```
void thing::update_pos( matrix m )
{
  m.transform( &wpos );
  for( long x=0 ; x<vertex_count ; x++ ) m.transform( &v[ x ] );
  for( long x=0 ; x<polygon_count ; x++ )
    p[ x ].update_pos( m );
}
```

Die restliche Definition der Klasse thing ist seit der letzten Version unverändert geblieben.

Praktischer Einsatz des Flat-Shading-Algorithmus

Das erste Programm des sechsten Kapitels liest einen Polyeder aus der Datei <test.tg1> und stellt diesen unter Verwendung des *Flat-Shading*-Algorithmus auf dem Bildschirm dar. Die Farben, welche den Polygonen in der Datei zugewiesen werden, werden von der Funktion polygon::load() ignoriert; allen Vielecken wird dieselbe Primärfarbe zugewiesen, welche durch 255 Farbabstufungen beschrieben wird. Die maximale und minimale Intensität dieser Farbe wird durch die Farbnuancen (0, 0, 30)$_{RGB}$ und (0, 0, 255)$_{RGB}$ definiert:

```
/////////////////////       a5_1.cpp        /////////////////////
//                                                             //
//  Darstellung einer dreidimensionalen Figur unter            //
//  Verwendung des Flat Shading Algorithmus                    //
//  Es wird eine einzige Primärfarbe eingesetzt                //
//  Auflösung: beliebig, Farbtiefe: 8 Bit                      //
//                                                             //
/////////////////////////////////////////////////////////////////
```

```
#include <windows.h>

#include "sf6_1.h"
#include "m6_1.h"
#include "t6_1.h"
#include "gv6_1.h"

uchar handle_input( MSG *msg, thing *t );
void load_palette( pixel_8 begin, pixel_8 end );

int WINAPI WinMain( HINSTANCE hInstance, HINSTANCE hPrevInstance, LPSTR
lpCmdLine, int iCmdShow )
{
  initialise_world( hInstance, 640, 480, 8 );

  thing cube( "thing.tg1" );

  matrix m;
  m.scale( 5, 5, 5 );
  m.translate( 0, 0, 100 );
  cube.update_pos( m );
  m.clear();

  load_palette( pixel_8( 0, 0, 30 ), pixel_8( 0, 0, 255 ) );

  for( long x=0 ; x<x_res*y_res ; x++ ) zbuffer[ x ] = z_max;

  MSG message;
  while( 1 )
  {
    if( handle_input( &message, &cube ) ) break;

    if( clear_translation > max_clear_translation ) clear_translation -
= z_max;
    else
    {
      for( long x=0 ; x<x_res*y_res ; x++ ) zbuffer[ x ] = z_max;
      clear_translation = 0.0;
    }
    for( long x=0 ; x<x_res*y_res ; x++ ) sbuffer[ x ] = 0;

    cube.display();
```

```
    uchar *screen = (uchar *) surface.get_screen_pointer();
    for( long x=0 ; x<x_res*y_res ; x++ ) screen[ x ] = sbuffer[ x ];
    surface.release_screen_pointer();
  }

  destroy_world();

  return message.wParam;
}

uchar handle_input( MSG *msg, thing *t )
{
  if( PeekMessage( msg, NULL, 0, 0, PM_REMOVE ) )
  {
    if( msg->message == WM_QUIT ) return 1;

    TranslateMessage( msg );
    DispatchMessage( msg );
  }

  matrix m;
  m.translate( -t->wpos.wx, -t->wpos.wy, -t->wpos.wz );

  if(      GetKeyState( VK_UP      ) < 0 ) m.rotate(  0.1, 0, 0 );
  else if( GetKeyState( VK_DOWN    ) < 0 ) m.rotate( -0.1, 0, 0 );
  else if( GetKeyState( VK_LEFT    ) < 0 ) m.rotate( 0,  0.1, 0 );
  else if( GetKeyState( VK_RIGHT   ) < 0 ) m.rotate( 0, -0.1, 0 );
  else if( GetKeyState( VK_HOME    ) < 0 ) m.rotate( 0, 0,  0.1 );
  else if( GetKeyState( VK_END     ) < 0 ) m.rotate( 0, 0, -0.1 );
  else if( GetKeyState( VK_NUMPAD6 ) < 0 ) m.translate(  0.1, 0, 0 );
  else if( GetKeyState( VK_NUMPAD4 ) < 0 ) m.translate( -0.1, 0, 0 );
  else if( GetKeyState( VK_NUMPAD8 ) < 0 ) m.translate( 0,  0.1, 0 );
  else if( GetKeyState( VK_NUMPAD2 ) < 0 ) m.translate( 0, -0.1, 0 );
  else if( GetKeyState( VK_PRIOR   ) < 0 ) m.translate( 0, 0,  0.1 );
  else if( GetKeyState( VK_NEXT    ) < 0 ) m.translate( 0, 0, -0.1 );
  else if( GetKeyState( VK_ESCAPE  ) < 0 ) return 1;

  m.translate( t->wpos.wx, t->wpos.wy, t->wpos.wz );
  t->update_pos( m );

  return 0;
```

```
}

void load_palette( pixel_8 begin, pixel_8 end )
{
  pixel_8 palette[ 256 ];
  double r, g, b, r_step, g_step, b_step;

  r = begin.red;   g = begin.green;   b = begin.blue;
  r_step = (end.red   - r) / 255.0;
  g_step = (end.green - g) / 255.0;
  b_step = (end.blue  - b) / 255.0;

  palette[ 0 ] = pixel_8( 0, 0, 0 );
  for( ushort x=1 ; x<256 ; x++ )
  {
    palette[ x ].red   = uchar( r );
    palette[ x ].green = uchar( g );
    palette[ x ].blue  = uchar( b );

    r += r_step;
    g += g_step;
    b += b_step;
  }

  surface.set_palette( palette );
}

///////////////////      Ende a6_1.cpp      ///////////////////
```

Das Programm verwendet eine sehr einfache Möglichkeit, um den Abstufungen des Verlaufs zwischen den zwei vorgegebenen Farben zu ermitteln und diese innerhalb der 8-Bit-Palette einzutragen:

```
void load_palette( pixel_8 begin, pixel_8 end )
{
  pixel_8 palette[ 256 ];
  double r, g, b, r_step, g_step, b_step;

  r = begin.red;   g = begin.green;   b = begin.blue;
  r_step = (end.red   - r) / 255.0;
  g_step = (end.green - g) / 255.0;
  b_step = (end.blue  - b) / 255.0;
```

Kapitel 6
Einfache Polygonschattierung

```
    palette[ 0 ] = pixel_8( 0, 0, 0 );
    for( ushort x=1 ; x<256 ; x++ )
    {
      palette[ x ].red   = uchar( r );
      palette[ x ].green = uchar( g );
      palette[ x ].blue  = uchar( b );

      r += r_step;
      g += g_step;
      b += b_step;
    }

    surface.set_palette( palette );
}
```

load_palette() nimmt als Parameter die Anfangs- und Endfarbe eines Verlaufs entgegen und speichert den gesamten Farbverlauf innerhalb des Arrays palette[]. Die Funktion geht davon aus, dass der Farbverlauf sich über die letzten 255 verfügbaren Farben erstrecken darf; aus diesem Grund werden die 256 Farben des Arrays palette[] innerhalb der 8-Bit-Palette installiert. Für die erste Farbe werden die Komponenten (0, 0, 0)$_{RGB}$ festgelegt, um einen schwarzen Bildschirmhintergrund einzustellen.

Abb. 6.22: Interessantes, metallisch wirkendes Erscheinungsbild eines unter Verwendung des Flat-Shading-Algorithmus schattierten Polyeders

Obwohl es sich hierbei lediglich um einen einfachen Schattieralgorithmus handelt, sollte man sich Zeit nehmen, um sich anhand eigener Experimente einen genauen Überblick über die Möglichkeiten des Programms machen. Die Veränderung der Primärfarbe, in welcher die Polygone dargestellt werden, ist hierfür besonders empfehlenswert. Um ein besseres Gefühl für Farben und ihre Zusammensetzung zu gewinnen, ist die Definition beliebiger Farbverläufe sehr gut geeignet. Hierbei dürfen physikalische Faktoren wie Umgebungslicht und realistische Helligkeiten außer Betracht gelassen werden. Ein Beispiel hierfür ist die Definition einer `Primärfarbe`, deren dunkelste Schattierung die Farbe **Rot** (255, 0, 0)$_{RGB}$ darstellt und deren hellste Abstufung die Farbe **Gelb** (255, 255, 0)$_{RGB}$ ist.

Die Rotation des Lichtvektors, welche zur Laufzeit auf der Grundlage von Tastatureingaben durchgeführt wird, ist ebenfalls ein guter Ansatzpunkt. Man sollte auch versuchen, die Klasse `polygon` sowie die Funktion `load_palette()` zu erweitern, um den Einsatz unterschiedlicher `Primärfarben`, welche von eigenen Farbverläufen definiert werden, zu ermöglichen.

6.3   Gouraud Shading

Dreidimensionale Figuren, welche unter Verwendung des *Flat-Shading-Algorithmus* gerendert werden, stellen einen großen Fortschritt im Vergleich zu den Polyedern dar, welche in der vorherigen Programmen angezeigt wurden. Bei einer genaueren Betrachtung treten aber auch hier einige Schwächen im Vordergrund.

Der wichtigste Kritikpunkt, welcher bei Verwendung des *Flat-Shading-Algorithmus* auftreten kann, besteht darin, dass die Grenzen zwischen den Polygonen deutlich wahrnehmbar sind. Dadurch können die einzelnen Vielecke leicht voneinander unterschieden werden. In der Natur sind aber die wenigsten Gegenstände aus flachen Polygonen aufgebaut. Hinzu kommt, dass das metallische Aussehen, welches den Objekten auf dieser Weise verliehen wird, sich nicht mit der Natur einiger Gegenstände vereinbaren lässt. Bäume lassen sich beispielsweise in diese Kategorie einteilen.

Ein weiteres Problem beim Einsatz des *Flat-Shading-Algorithmus* besteht in der Darstellung gekrümmter Oberflächen. Dieses Problem ist ebenfalls auf die hohe Unterscheidbarkeit der einzelnen Polygone zurückzuführen. Objekte mit gebogenen Oberflächen, Zylinder, Sphären oder Donuts beispielsweise, können nicht mit wenigen flachen Polygonen dargestellt werden. Es ist zwar möglich, sich einer gekrümmten Oberfläche mit einer steigenden Anzahl an Vielecken zu nähern; je besser die Näherung jedoch ist, umso mehr Polygone sind zwangsweise daran beteiligt und umso länger braucht das Programm, um die entsprechenden Polieder zu visualisieren.

Um diese beiden Schwächen kompensieren zu können, ist eine Erweiterung des *Flat-Shading*-Algorithmus erforderlich. Hierbei darf ein Polygon nicht über eine einzige Farbe verfügen; die unterschiedlichen Farbnuancen, welche beim *Flat Shading* benachbarten Vielecken zugewiesen werden, müssen vielmehr ineinander übergehen. Auf diese Weise kann eine gleichmäßige Farbverteilung über die gesamte Fläche des darzustellenden Körpers erreicht werden, was zu einer viel realistischeren Ausgabe führt. Dieser komplexere Algorithmus zum Schattieren von Polygonen trägt den Namen *Gouraud Shading*.

Hierbei wird jedem Punkt **P**, welcher bei der Beschreibung einer dreidimensionalen Figur beteiligt ist, ein Vektor zugeordnet. Die Lage dieses Vektors in Bezug zum Rest des Körpers bleibt während der gesamten Programmausführung konstant. Dieser Vektor trägt die Bezeichnung *Normalenvektor des Punkts*. Es spielt keine Rolle, wie die Figur gedreht, skaliert oder verschoben wird; der Vektor **en**, Normalenvektor des Punkts **E** aus Abbildung 6.23, bildet beispielsweise stets einen rechten Winkel mit der Ebenen des Polygons **ABCD**.

Bei der Besprechung des *Flat-Shading*-Algorithmus haben wir festgestellt, wie auf der Grundlage von zwei Vektoren ein Farbwert ermittelt werden kann. Mithilfe genau derselben Vorgehensweise wird auch beim *Gouraud Shading* aus dem globalen Lichtvektor und dem Normalenvektor eines jeden Punkts die Farbe des entsprechenden Vertices ausgerechnet. Um die Farbe jedes Pixels, welcher bei der Visualisierung eines Polygons gesetzt wird, ermitteln zu können, müssen die Farben der Eckpunkte des Vielecks entlang der Polygonränder und der Rasterzeilen interpoliert werden. Jeder Pixel erhält somit eine Farbe, welche die Kombination der Farbnuancen der Punkte seines Polygons darstellt.

6.3.1 Der Normalenvektor eines Punkts

Polygone, welche beim Aufbau geschlossener Polyeder beteiligt sind, treffen an ihren Eckpunkten aufeinander. Vertices stellen deshalb den besten Ort dar, um die Helligkeit der sie umgebenden Vielecke in Form der Farbe des Punkts zu sammeln.

Der Farbton jedes Eckpunkts ist demnach nichts anderes als die Quersumme der Farbabstufungen, welche die ihn umgebenden Vielecke besitzen. Die Farbe eines Polygons kann mithilfe seiner Polygonnormalen und des Lichtvektors `light` eindeutig bestimmt werden. Daraus folgt, dass der Farbton eines Eckpunkts mithilfe eines Vektors ermittelt werden kann, welcher die Quersumme der Polygonnormalen der ihn umgebenden Vielecke darstellt. Hierzu ein Beispiel: Gegeben sei eine Pyramide, welche durch die Vertices **A** bis **E** sowie die Polygone **AEB**, **CBE**, **EDC**, **EAD** und **ABCD** definiert ist. Aus diesen Informationen muss die Vektornormale des Punkts **E** ausgerechnet werden.

Gouraud Shading

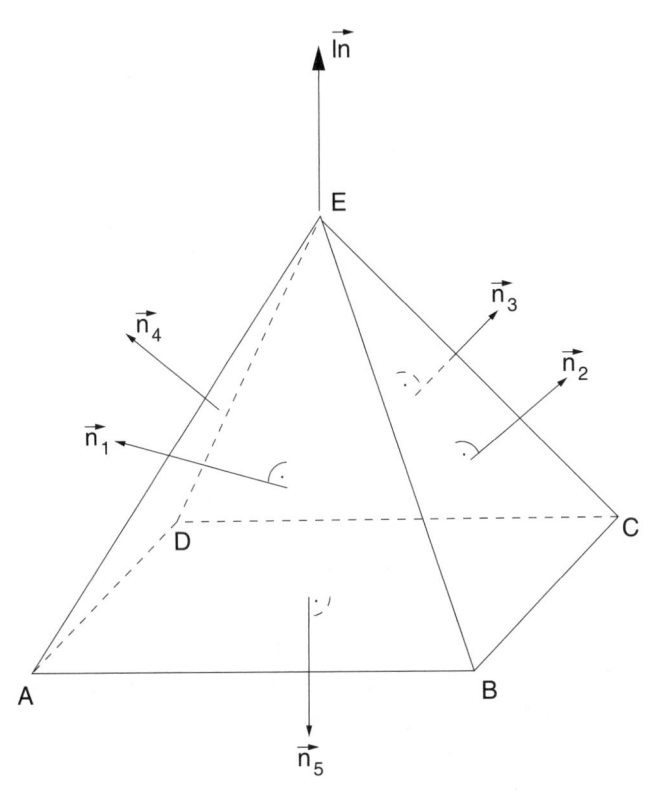

Abb. 6.23: Grafischer Ansatz für die Bestimmung des Normalenvektors des Punkts **E**

Ein beliebiger Vertex **vx** wird von den Polygonen *umgeben*, in deren Definition **vx** beteiligt ist. Im Fall der Pyramide aus Abbildung 6.23 tritt **E** nur in der Definition von **AEB**, **CBE**, **EDC** und **EAD** auf. Die dazugehörigen Polygonnormalen, welche die Bezeichnungen n_1 bis n_4 tragen, können wie gehabt auf der Grundlage des *Cross Products* aus den entsprechenden Eckpunkten ermittelt werden. Schließlich können die Komponenten des Vektors **en** aus der Quersumme der Komponenten der Vektoren n_1 bis n_4 ausgerechnet werden:

en.x = (n_1.x + n_2.x + n_3.x + n_4.x) / 4
en.y = (n_1.y + n_2.y + n_3.y + n_4.y) / 4
en.z = (n_1.z + n_2.z + n_3.z + n_4.z) / 4

bn, die Vektornormale des Punkts **B** kann demnach aus der Quersumme der Vektoren n_1, n_2 und n_5 ermittelt werden, welche zu den Polygonen **AEB**, **CBE** und **ABCD** gehören:

bn.x = (n_1.x + n_2.x + n_5.x) / 3
bn.y = (n_1.y + n_2.y + n_5.y) / 3
bn.z = (n_1.z + n_2.z + n_5.z) / 3

Allgemein gesagt, lassen sich die Komponenten der Vektornormalen **vn** eines beliebigen Punkts **v**, das von **t** Polygonen umgeben wird, mithilfe folgender Formel bestimmen:

$$v.x = \frac{\sum_{i=1}^{t} n_i.x}{t}$$

$$v.y = \frac{\sum_{i=1}^{t} n_i.y}{t}$$

$$v.z = \frac{\sum_{i=1}^{t} n_i.z}{t}$$

Praktische Bestimmung der Vektornormalen eines beliebigen Punkts

Aufgrund der Ähnlichkeit, welche zwischen Polygonnormalen und Vektornormalen von Punkten besteht, ist eine ähnliche Verwaltung beider Einheitentypen empfehlenswert. Polygonnormalen werden innerhalb der Klasse `polygon` gespeichert, die Initialisierung ihrer Komponenten erfolgt während der Ausführung der Funktion `polygon::load()`. Dementsprechend muss die Definition des Datentyps `vertex` um den Normalenvektor erweitert werden:

```
struct vertex
{
  double wx, wy, wz;
  vector normal;
};
```

Vertices werden innerhalb unserer Programme in erster Linie für die Definition dreidimensionaler Figuren eingesetzt; hierzu werden diese in einem Array innerhalb der Klasse `thing` gespeichert. Ihren Koordinaten werden während der Ausführung von `thing::load()` gültige Werte zugewiesen. Aus diesem Grund ist diese Funktion besonders gut geeignet, um auch die Komponenten ihrer Vektornormalen zu initialisieren.

Die Implementierung der dazugehörigen Formel ist nicht einfach, da man nicht weiß von wie vielen Polygonen ein bestimmter Vertex umgeben wird. Die Lage dieser Vielecke innerhalb des Arrays `thing::p[]` ist ebenfalls unbekannt. Es ist notwendig, diese Informationen für jeden Punkt explizit zu ermitteln. Hierfür müssen für *jeden Vertex* zwei Schritte befolgt werden, wobei die Variablen **t**, **tx**, **ty** und **tz** eine große Rolle spielen. Die Variable **t** muss nach Ausführung der beiden Schritte die

Anzahl der Polygone enthalten, deren Definition auf den aktuell betrachteten Vertex zurückgreift. **tx**, **ty** und **tz** geben am Ende jeweils die Summe der x- y- und z-Komponenten der Polygonnormalen der Vielecke an, welche den aktuell betrachteten Vertex umgeben. Diese vier Variablen werden mit dem Wert **0** initialisiert.

Schritt 1: In diesem Schritt müssen den vier Variablen gültige Werte zugewiesen werden. Diese Operation erfolgt iterativ. Hierbei werden wir mit zwei variablen Größen konfrontiert: der Gesamtzahl der Vielecke des betrachteten Polyeders und der Anzahl an Eckpunkten innerhalb jeden Vielecks. Die Anzahl der Polygone, welche den aktuell betrachteten Vertex enthalten, lässt sich ermitteln, indem die Elemente des Arrays `thing::p[]` unter Verwendung einer Schleife nacheinander abgefragt werden:

```
for( long y=0 ; y<polygon_count ; y++ )
{
```

Um festzustellen, ob der aktuell betrachtete Vertex innerhalb des mit `p[ y ]` bezeichneten Vielecks vorkommt, müssen seine Vertices in einer weiteren Schleife untersucht werden. Diese sind innerhalb des Arrays `polygon::points[]` dargestellt; die Anzahl seiner Elemente wird in der Variablen `polygon::point_count` gespeichert:

```
for( long z=0 ; z<p[ y ].point_count ; z++ )
{
```

Der aktuell betrachtete Vertex wird von einer äußersten Schleife angegeben, deren Laufvariable die Bezeichnung **x** trägt. Diese Laufvariable bezieht sich direkt auf die Position, an welcher sich der derzeit untersuchte Punkt innerhalb des Arrays `thing::v[]` befindet. Wenn der aktuell betrachtete Vertex sich in dem Polygon befindet, welcher durch `p[ y ]` beschrieben wird, besitzt folgende Überprüfung den Wert *TRUE*:

```
if( p[ y ].points[ z ] == x )
{
```

In diesem Fall muss die Variable **t** um eine Einheit erhöht werden, den Variablen **tx**, **ty** und **tz** werden die Komponenten der Polygonnormalen von `p[ y ]` hinzuaddiert:

```
tx += p[ y ].normal.x;
```

```
            ty += p[ y ].normal.y;
            tz += p[ y ].normal.z;
            t++;
         }
      }
   }
```

Wenn die Untersuchung des mit p[y] bezeichneten Polygons abgeschlossen ist, wird von der äußeren Schleife ein weiteres Polygon bereitgestellt, das es zu überprüfen gilt. Die Schleifen laufen so lange, bis alle Vielecke des entsprechenden Polyeders untersucht worden sind.

Schritt 2: Berechnung der Komponenten des Normalenvektors des aktuell betrachteten Punkts unter Verwendung der vier Variablen **t, tx, ty** und **tz** sowie der im vorherigen Abschnitt entwickelten Formel:

```
v[ x ].normal = vector( tx / t, ty / t, tz / t );
```

Die vollständige Anweisungsfolge, in welcher die Vektornormalen der Punkte einer dreidimensionalen Figur bestimmt werden, ist unten dargestellt. Diese Anweisungen sind Teil der Funktion thing::load() und müssen zu einem Zeitpunkt ausgeführt werden, an dem die Vielecke und ihre Polygonnormalen bereits aufgebaut worden sind:

```
double t, tx, ty, tz;
for( long x=0 ; x<vertex_count ; x++ )
{
   t = 0.0;  tx = ty = tz = 0.0;

   for( long y=0 ; y<polygon_count ; y++ )
      for( long z=0 ; z<p[ y ].point_count ; z++ )
         if( p[ y ].points[ z ] == x )
         {
            tx += p[ y ].normal.x;
            ty += p[ y ].normal.y;
            tz += p[ y ].normal.z;
            t++;
         }

   v[ x ].normal = vector( tx / t, ty / t, tz / t );
}
```

6.3.2 Farbinterpolation

Der Zweck der Verwendung von Vektornormalen besteht darin, die Farbnuancen von Polygonen mit derselben Primärfarbe ineinander übergehen zu lassen, um auf diese Weise realitätsnahe Ausgaben zu erzeugen. Beim Einsatz des *Gouraud-Shading*-Algorithmus wird im Laufe der Darstellung jedes Polygons zunächst die Abstufung der Primärfarbe in jedem Vertex des Vielecks ausgerechnet. Die Grundlage hierfür bieten die Vektornormale des Punkts sowie der Lichtvektor.

Wenn die Vektornormale eines Punkts der Lichtquelle abgewandt ist, wird eine entsprechend geringe Farbabstufung für den entsprechenden Vertex ermittelt. Diese geringe Farbintensität erstreckt sich über alle Polygone, welche diesen Punkt umgeben. Diese dunkle Farbe ist jedoch häufig auf den Bereich in der Nähe des besagten Punkts begrenzt; wenn eines dieser Vielecke über einen anderen Vertex verfügt, welcher einer helle Farbnuance besitzt, kann ein flächenhafter Farbverlauf von hell nach dunkel beobachtet werden, welcher sich über mehrere Polygone erstrecken kann.

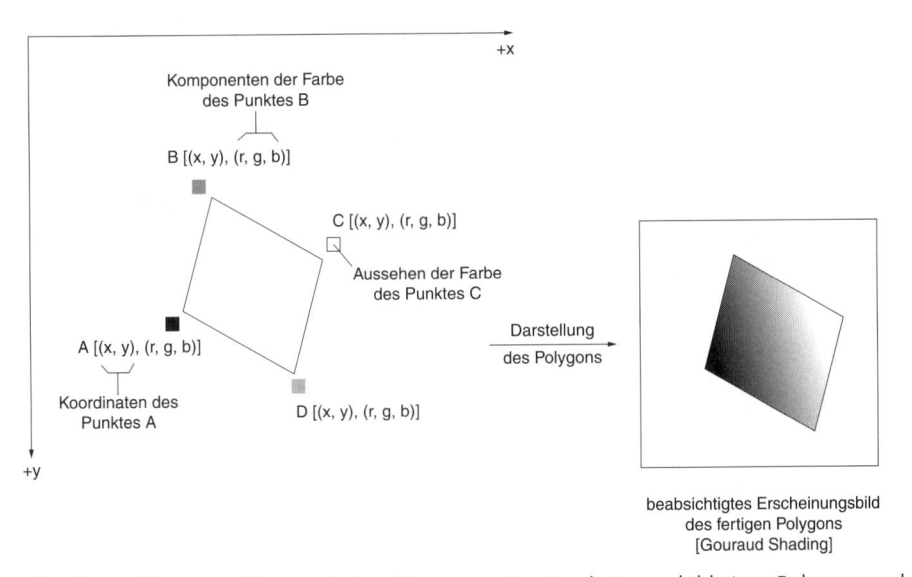

Abb. 6.24: Zusammenhang zwischen dem gesamten Erscheinungsbild eines Polygons und den Farben seiner Eckpunkte bei Verwendung des *Gouraud-Shading*-Algorithmus

Um Vertices, welche über eine Farbe verfügen, verwalten zu können, ist die Definition eines neuen Datentyps notwendig:

```
struct cvertex
{
  double wx, wy, wz;
  uchar color;
};
```

Kapitel 6
Einfache Polygonschattierung

Die Darstellung von Polygonen übernimmt in unserem Fall die Funktion `polygon::display()`. Hierbei werden zunächst die Vertices ausgewählt, welche an der Definition des aktuellen Vielecks beteiligt sind, und innerhalb des Arrays `wpoint[]` eingetragen. Um eine bessere Performance zu erzielen, ist die Ermittlung der Farben im Zuge dieser Anweisung besonders empfehlenswert, zudem die Farben der Eckpunkte ohnehin vor der ersten *Polygon-Clipping*-Operation feststehen müssen:

```
for( long x=0 ; x<point_count ; x++ )
{
  wpoint[ x ].wx    = v[ points[ x ] ].wx;
  wpoint[ x ].wy    = v[ points[ x ] ].wy;
  wpoint[ x ].wz    = v[ points[ x ] ].wz;
  wpoint[ x ].color = get_color( v[ points[ x ] ].normal );
}
```

Das setzt voraus, dass `wpoint[]` aus Elementen vom Typ `cvertex` besteht:

```
cvertex wpoint[ 100 ];
```

Die Anweisungen, mit deren Hilfe die Farbe des Eckpunkts unter Verwendung der Vektornormalen und des Lichtvektors ermittelt wird, sind die gleichen wie beim *Flat-Shading*-Algorithmus; um den Quelltext übersichtlicher zu gestalten, werden diese innerhalb einer eigenen Funktion ausgeführt:

```
uchar get_color( vector normal )
{
  double t = (normal.x * light.x + normal.y * light.y +
              normal.z * light.z) /
             (normal.magnitude * light.magnitude);

  short c = short( -t * 255.0 );
  if( c > 0 ) return uchar( c );

  return 1;
}
```

Zu diesem Zeitpunkt besitzen wir ein mathematisch definiertes Vieleck, dessen dreidimensionale Vertices eine Farbe besitzen. Die weiteren Stationen auf dem Weg in Richtung eines vollständig gerenderten Polygons werden in Abbildung 6.25 vorgestellt. Während der Projektion werden die oben ermittelten Farben der Vertices von den dreidimensionalen Eckpunkte unverändert auf die zweidimensionalen übertragen:

```
void polygon::project( void )
{
  double z;

  for( long x=0 ; x<cp_point_count ; x++ )
  {
    if( wpoint[ x ].wz > 0.0 )
    {
      spoint[ x ].sx = long( wpoint[ x ].wx / wpoint[ x ].wz *
                             200.0 + x_res / 2 );
      spoint[ x ].sy = long( wpoint[ x ].wy / wpoint[ x ].wz *
                             -200.0 + y_res / 2 );
      spoint[ x ].sz = wpoint[ x ].wz + clear_translation;
      spoint[ x ].color = wpoint[ x ].color;
    }

    else exit( "polygon::project(): Ungültige z - \
                Koordinate.\n" );
  }
}
```

Damit es möglich ist, Farbinformationen innerhalb von zweidimensionalen Vertices zu speichern, muss die Struktur `svertex` um eine zusätzliche Komponente erweitert werden:

```
struct svertex
{
  long sx, sy;
  double sz;
  uchar color;
};
```

Kapitel 6
Einfache Polygonschattierung

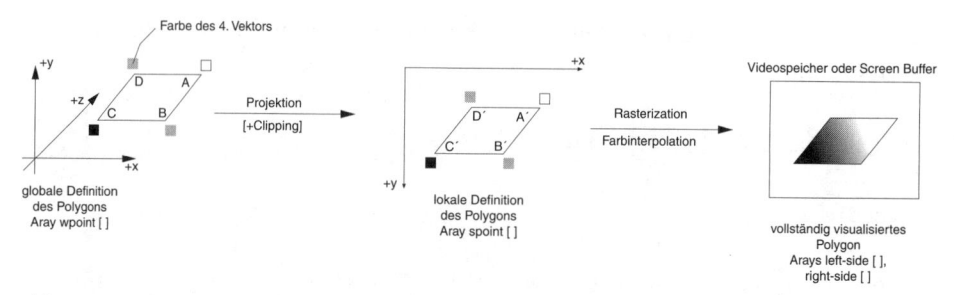

Abb. 6.25: Farbinterpolation während der Visualisierung eines Polygons unter Verwendung des *Gouraud-Shading*-Algorithmus

Wenn man sich sicher sein kann, dass die dargestellten Vielecke sich stets innerhalb des Viewports befinden, ist der Einsatz des *Polygon-Clipping*-Algorithmus nicht erforderlich; in Abbildung 6.25 wird dies durch das Einklammern der *Clipping*-Operation ausgedrückt. Dieser Fall kann beispielsweise dann auftreten, wenn ein Polyeder um die eigenen Achsen rotiert wird.

Das endgültige Aussehen des Polygons wird während der Rasterization ausgerechnet. Die Farben der Pixel, welche sich hierbei auf der Oberfläche des Vielecks befinden, stellen die Übergänge zwischen den Farben dar, welche sich in den Eckpunkten des Polygons befinden. Mit der gleichen Problemstellung wurden wir bereits während der Entwicklung des *Z-Buffer*-Algorithmus konfrontiert. Dort müssen, von den z-Koordinaten der Eckpunkte ausgehend, die z-Koordinaten aller Pixel auf der Oberfläche eines Polygons ermittelt werden. Dieses Problem wurde gelöst, indem die gegebenen z-Koordinaten entlang der Seiten und der Rasterzeilen des Vielecks interpoliert wurden.

Aufgrund der Ähnlichkeit beider Problemstellungen kann beim *Gouraud-Shading*-Algorithmus auf den gleichen Lösungsweg zurückgegriffen werden. Die Farbschattierungen, welche sich auf den Seiten des Vielecks befinden, werden iterativ ausgerechnet, auf der Grundlage der Farben der Eckpunkte; hierbei bewegt man sich von oben nach unten, in Richtung größerer y-Koordinaten. Gegeben sei eine Polygonseite, deren Anfangs- und Endpunkt die Bezeichnungen **begin** und **end** tragen. Der Punkt **begin** besitzt die kleinere Bildschirm-y-Koordinate. Der erste Pixel dieser Seite besitzt die Farbe des Punkts **begin**. Die Farbe des zweiten Pixels liegt innerhalb einer entsprechend eingestellten 8-Bit-Palette an der Position **(begin.color + color_step)**, die Farbe des dritten Pixels erhält man, indem die Variable **color_step** zum Farbton des zweiten Pixels hinzuaddiert usw. **color_step** ist, wie erwartet, folgendermaßen definiert:

color_step = (end.color – begin.color) / (end.sy – begin.sy)

Um die Farben der Pixel darzustellen, welche sich auf den Seiten eines konvexen Polygons befinden, muss der Struktur `screen_side` ebenfalls eine Farbkomponente hinzugefügt werden:

```
struct screen_side
{
  long offset;
  double sz;
  uchar color;
};
```

Es folgt die erweiterte Version der Funktion `set_side()`:

```
void set_side( svertex begin, svertex end, screen_side *side )
{
  long length = end.sy - begin.sy;

  if( length <= 0 ) return;

  double a_offset = double( begin.sy * x_res + begin.sx );
  double e_offset = double( end.sy * x_res + end.sx );
  double offset_step = (e_offset - a_offset) / length;

  double z_step = (end.sz - begin.sz) / length;

  double c_step = double( end.color - begin.color ) / length;

  long act_y = begin.sy;
  double act_z = begin.sz;
  double act_c = begin.color;
  for( ; act_y <= end.sy ; act_y++ )
  {
    side[ act_y ].offset = long( a_offset );
    side[ act_y ].sz = act_z;
    side[ act_y ].color = uchar( act_c );

    a_offset += offset_step;
    act_z += z_step;  act_c += c_step;
  }
}
```

Kapitel 6
Einfache Polygonschattierung

Nachdem die Farbnuancen der Pixel auf den Seiten des Polygons ausgerechnet wurden, können schließlich die Farbabstufungen der Pixel auf den Rasterzeilen ermittelt werden. Auch hier gilt dieselbe Gesetzmäßigkeit: Man erhält die Farbe des nächsten Pixels der Rasterzeile, indem der Farbnuance des aktuellen Pixels die Variable **c_step** hinzuaddiert wird, für die gilt:

c_step =   (right.color − left.color) / scanline_length

Hierbei sind **left.color** und **right.color** die Farben des Anfangs- und Endpixels der aktuellen Rasterzeile, während **scanline_length** die Länge der Rasterzeile ausdrückt; diese Formel ist mit der weiter oben verwendeten identisch. Die Funktion `polygon::rasterize()`, welche um die Algorithmen für die Farbinterpolation erweitert wurde, kann folgendermaßen definiert werden:

```
void polygon::rasterize( uchar *sbuffer )
{
  long x, y, top=0, bottom=0;

  for( x=1 ; x<cp_point_count ; x++ )
  {
    if( spoint[ top    ].sy > spoint[ x ].sy ) top = x;
    if( spoint[ bottom ].sy < spoint[ x ].sy ) bottom = x;
  }

  x = y = top;
  for( dec( &y, cp_point_count ) ;
       x!=bottom ;
       x=y, dec( &y, cp_point_count ) )
     set_side( spoint[ x ], spoint[ y ], left_side );

  x = y = top;
  for( inc( &y, cp_point_count ) ;
       x!=bottom ;
       x=y, inc( &y, cp_point_count ) )
     set_side( spoint[ x ], spoint[ y ], right_side );

  long m = (spoint[ bottom ].sy + spoint[ top ].sy) / 2;
  if( left_side[ m ].offset > right_side[ m ].offset )
  {
    screen_side *t = left_side;  left_side = right_side;
    right_side = t;
  }
```

```
long length, offset;
double act_z, z_step;
double act_c, c_step;

for( y = spoint[ top ].sy ; y <= spoint[ bottom ].sy ; y++ )
{
  length = right_side[ y ].offset - left_side[ y ].offset;

  z_step = (right_side[ y ].sz - left_side[ y ].sz) / length;
  c_step = double( right_side[ y ].color -
                   left_side[ y ].color ) / length;

  act_z = left_side[ y ].sz;
  act_c = left_side[ y ].color;
  offset = left_side[ y ].offset;

  while( length-- > 0 )
  {
    if( act_z < zbuffer[ offset ] )
    {
      sbuffer[ offset ] = uchar( act_c );
      zbuffer[ offset ] = act_z;
    }

    offset++;
    act_z += z_step;
    act_c += c_step;
  }
}
}
```

6.3.3 Polygon Clipping unter Berücksichtigung von Farbinformationen

In einigen Fällen kommt es vor, dass Teile von Polygonen, deren Vertices über Farbinformationen verfügen, sich außerhalb des Viewports befinden. Um die Bereiche darstellen zu können, welche innerhalb des Sichtfeldes liegen, muss eine *Clipping*-Operation durchgeführt werden. Wichtig hierbei ist, dass die Farbwerte der auf diese Weise neu entstandenen Punkte der veränderten räumlichen Lage angepasst werden müssen.

Kapitel 6
Einfache Polygonschattierung

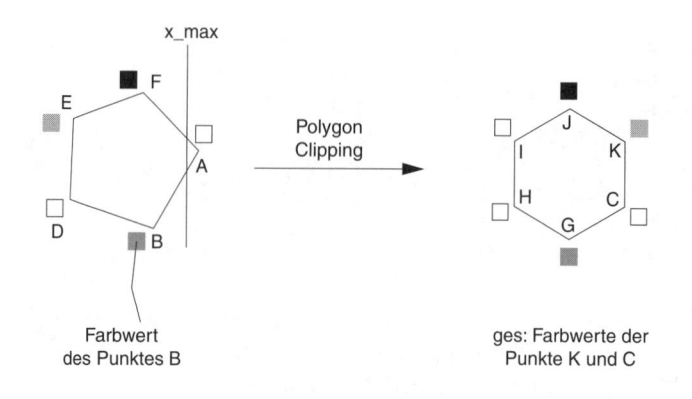

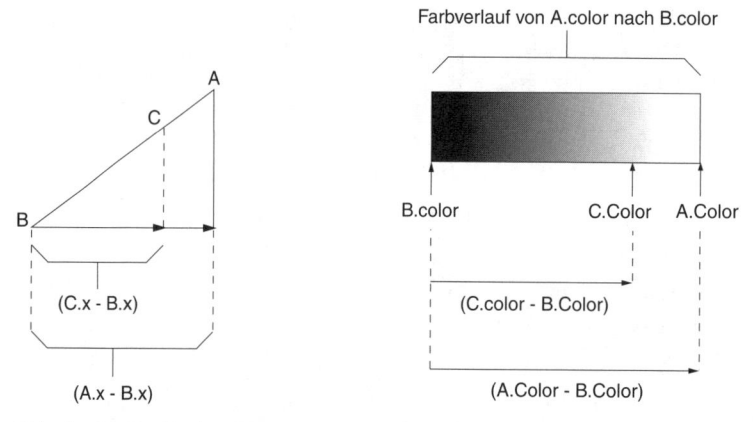

Abb. 6.26: Grafischer Ansatz zur Ermittlung der Farbe eines während des *Polygon Clippings* entstandenen Punkts **C**

Stellvertretend für alle sechs Ebenen des pyramidenförmigen Viewports wird in Abbildung 6.26 das *Clipping* der Polygonseite **AB** entlang der rechten Seite des Darstellungsfensters demonstriert. Punkt **A** besitzt eine helle Farbnuance, Vertex **B** eine dunkle Farbe. Je kürzer die Strecke zwischen **C** und **A** ist, umso heller ist die Farbe des Punkts **C**. Umgekehrt wirkt die Farbe des neu entstandenen Punkts umso dunkler, je näher dieser sich am Vertex **B** befindet. Die Bestimmung der genauen Farbintensität des Punkts **C** erfolgt nach genau denselben Gesetzmäßigkeiten wie die Ermittlung der y- und z-Koordinaten, welche ebenfalls zu den unbekannten Größen gehören. Im vierten Kapitel konnten diese auf der Grundlage von Zuordnungen ausgerechnet werden. Auch Farbabstufungen werden durch Zahlenwerte ausgedrückt; aus der Abbildung 6.26 kann deshalb folgende Zuordnung abgeleitet werden:

Abstand zwischen den x-Koordinaten	Abstand zwischen den Farben
(A.x – B.x)	(A.color – B.color)
(C.x – B.x)	(C.color – B.color)

Die Auflösung dieser Zuordnung nach **C.color** sowie die mathematischen Grundsätze, welche die Verwendung dieser Art von Beziehungen erlauben, können dem Abschnitt *4.4.3 Mathematische Grundlage des Z-Buffer-Algorithmus* entnommen werden. Die Schlussfolgerung lautet:

C.color = (A.color − B.color) / (A.x − B.x) * (C.x − B.x) + B.color

Der Wert:

(C.x − B.x) * [1.0 / (A.x − B.x)]

taucht auch bei Berechnung der unbekannten Koordinaten des Punkts **C** auf und wird in einer Variablen namens **m** gespeichert. Die Verwendung dieser Variablen bei der Berechnung der Farbe ist aus diesem Grund besonders empfehlenswert:

C.color   = (A.color − B.color) * m + B.color

wobei   m = (C.x − B.x) / (A.x − B.x)

Auf der Grundlage dieser Gleichung kann die Funktion `get_xplane_coords()` für die Unterstützung von Farbinformationen erweitert werden:

```
svertex get_xplane_coords( svertex a, svertex b, long plane_x )
{
  double m = (plane_x - b.sx) / double( a.sx - b.sx );
  svertex c;

  c.sx = plane_x;
  c.sy = long( (a.sy - b.sy) * m + b.sy );
  c.sz = (a.sz - b.sz) * m + b.sz;
  c.color = uchar( (a.color - b.color) * m + b.color );

  return c;
}
```

Analog dazu gestalten sich die veränderten Versionen der Funktionen `get_zplane_coords()` und `get_yplane_coords()`:

cvertex get_zplane_coords(cvertex a, cvertex b, double plane_z)

```
{
  double m = (plane_z - b.wz) / (a.wz - b.wz);
  cvertex c;

  c.wx = (a.wx - b.wx) * m + b.wx;
  c.wy = (a.wy - b.wy) * m + b.wy;
  c.wz = plane_z;
  c.color = uchar( (a.color - b.color) * m + b.color );
```

```
    return c;
}

svertex get_yplane_coords( svertex a, svertex b, long plane_y )
{
  double m = (plane_y - b.sy) / double( a.sy - b.sy );
  svertex c;

  c.sx = long( (a.sx - b.sx) * m + b.sx );
  c.sy = plane_y;
  c.sz = (a.sz - b.sz) * m + b.sz;
  c.color = uchar( (a.color - b.color) * m + b.color );

  return c;
}
```

Formell gesehen, ist die Veränderung der oben dargestellten Funktionen eine Folge der Erweiterung des Datentyps `svertex` bzw. des Einsatzes von Variablen vom Typ `cvertex`. Der *Southerland & Howdgman-Polygon-Clipping*-Algorithmus bleibt hiervon unberührt; aus diesem Grund brauchen die Funktionen `polygon::z_clipping()` und `polygon::xy_clipping()`, welche die eigentlichen *Clipping*-Vorgänge koordinieren, nicht verändert zu werden.

6.3.4 Rotation der Vektornormalen dreidimensionaler Vertices

In unseren Programmen ist die Vektornormale eines Punkts fester Bestandteil der Definition von Vertices. Eine Voraussetzung für die Bestimmung der richtigen Farbintensität eines Punkts besteht darin, dass die Lage seiner Vektornormalen in Bezug zum Rest des Polygons stets konstant bleibt. Um diese Vorgabe erreichen zu können muss die Lage dieses Vektors jedes Mal aktualisiert werden, wenn dieser mittels einer Matrix aktualisiert wird. Dies geschieht während der Ausführung von `thing::update_pos()`:

```
void thing::update_pos( matrix m )
{
  m.transform( &wpos );
  for( long x=0 ; x<vertex_count ; x++ )
  {
    m.transform( &v[ x ] );
    m.transform( &v[ x ].normal );
  }
}
```

```
    for( long x=0 ; x<polygon_count ; x++ )
      p[ x ].update_pos( m );
}
```

Die erweiterte Version der Klasse `matrix` sorgt dafür, dass die Vektoren nur bei einer Rotationsanweisung verändert werden. Da wir bei Verwendung des *Gouraud-Shading*-Algorithmus lediglich während des Aufbaus von Polyedern auf Polygonnormalen zugreifen, ist die Aktualisierung dieses Vektors eigentlich nicht notwendig. Solange dieser jedoch Teil der Klasse `polygon` ist, sollte seine Ausrichtung in Bezug zur Polygonebene richtig sein.

6.3.5 Praktischer Einsatz des Gouraud-Shading-Algorithmus

Unser nächstes Programm verwendet die in den vorherigen Abschnitten weiterentwickelten Klassen, um eine dreidimensionale Figur seines Vorgängers unter Verwendung des *Gouraud-Shading*-Algorithmus darzustellen. Sämtliche Polygone besitzen dieselbe Primärfarbe, deren Beschreibung 255 Schattierungen umfasst:

```
////////////////////          a5_2.cpp          ////////////////////
//                                                                //
// Darstellung einer dreidimensionalen Figur unter                //
// Verwendung des Gouraud Shading Algorithmus                     //
// Es wird eine einzige Primärfarbe eingesetzt                    //
// Auflösung: beliebig, Farbtiefe: 8 Bit                          //
//                                                                //
//////////////////////////////////////////////////////////////////

#include <windows.h>

#include "sf6_2.h"
#include "m6_2.h"
#include "t6_2.h"
#include "gv6_2.h"

uchar handle_input( MSG *msg, thing *t );
void load_palette( pixel_8 begin, pixel_8 end );

int WINAPI WinMain( HINSTANCE hInstance, HINSTANCE hPrevInstance, LPSTR
lpCmdLine, int iCmdShow )
{
  initialise_world( hInstance, 640, 480, 8 );
```

```
    thing cube( "thing.tg1" );

    matrix m;
    m.scale( 5, 5, 5 );
    m.translate( 0, 0, 120 );
    cube.update_pos( m );
    m.clear();

    load_palette( pixel_8( 20, 20, 20 ), pixel_8( 255, 255, 0 ) );

    for( long x=0 ; x<x_res*y_res ; x++ ) zbuffer[ x ] = z_max;

    MSG message;
    while( 1 )
    {
      if( handle_input( &message, &cube ) ) break;

      if( clear_translation > max_clear_translation ) clear_translation -
= z_max;
      else
      {
        for( long x=0 ; x<x_res*y_res ; x++ ) zbuffer[ x ] = z_max;
        clear_translation = 0.0;
      }
      for( long x=0 ; x<x_res*y_res ; x++ ) sbuffer[ x ] = 0;

      cube.display();

      uchar *screen = (uchar *) surface.get_screen_pointer();
      for( long x=0 ; x<x_res*y_res ; x++ ) screen[ x ] = sbuffer[ x ];
      surface.release_screen_pointer();
    }

  destroy_world();

  return message.wParam;
}

uchar handle_input( MSG *msg, thing *t )
{
  if( PeekMessage( msg, NULL, 0, 0, PM_REMOVE ) )
  {
```

```
    if( msg->message == WM_QUIT ) return 1;

    TranslateMessage( msg );
    DispatchMessage( msg );
  }

  matrix m;
  m.translate( -t->wpos.wx, -t->wpos.wy, -t->wpos.wz );

  if(      GetKeyState( VK_UP     ) < 0 ) m.rotate(  0.1, 0, 0 );
  else if( GetKeyState( VK_DOWN   ) < 0 ) m.rotate( -0.1, 0, 0 );
  else if( GetKeyState( VK_LEFT   ) < 0 ) m.rotate( 0,  0.1, 0 );
  else if( GetKeyState( VK_RIGHT  ) < 0 ) m.rotate( 0, -0.1, 0 );
  else if( GetKeyState( VK_HOME   ) < 0 ) m.rotate( 0, 0,  0.1 );
  else if( GetKeyState( VK_END    ) < 0 ) m.rotate( 0, 0, -0.1 );
  else if( GetKeyState( VK_NUMPAD6 ) < 0 ) m.translate(  0.1, 0, 0 );
  else if( GetKeyState( VK_NUMPAD4 ) < 0 ) m.translate( -0.1, 0, 0 );
  else if( GetKeyState( VK_NUMPAD8 ) < 0 ) m.translate( 0,  0.1, 0 );
  else if( GetKeyState( VK_NUMPAD2 ) < 0 ) m.translate( 0, -0.1, 0 );
  else if( GetKeyState( VK_PRIOR  ) < 0 ) m.translate( 0, 0,  0.1 );
  else if( GetKeyState( VK_NEXT   ) < 0 ) m.translate( 0, 0, -0.1 );
  else if( GetKeyState( VK_ESCAPE ) < 0 ) return 1;

  m.translate( t->wpos.wx, t->wpos.wy, t->wpos.wz );
  t->update_pos( m );

  return 0;
}

void load_palette( pixel_8 begin, pixel_8 end )
{
  pixel_8 palette[ 256 ];
  double r, g, b, r_step, g_step, b_step;

  r = begin.red;   g = begin.green;   b = begin.blue;
  r_step = (end.red   - r) / 255.0;
  g_step = (end.green - g) / 255.0;
  b_step = (end.blue  - b) / 255.0;

  palette[ 0 ] = pixel_8( 0, 0, 0 );
  for( ushort x=1 ; x<256 ; x++ )
  {
```

Kapitel 6
Einfache Polygonschattierung

```
    palette[ x ].red = uchar( r );
    palette[ x ].green = uchar( g );
    palette[ x ].blue = uchar( b );

    r += r_step;
    g += g_step;
    b += b_step;
  }

  surface.set_palette( palette );
}
```

////////////////////   Ende a6_2.cpp   ////////////////////

Die Datei *v6_2.h*, welche die neuen Datentypen enthält, ist folgendermaßen aufgebaut:

////////////////////   Anfang v6_2.h   ////////////////////

```
#ifndef V_H
#define V_H

#include <math.h>

typedef unsigned char uchar;
typedef unsigned short ushort;
typedef unsigned long ulong;

struct vector
{
  double x, y, z, magnitude;

  vector( void ) : x( 0 ), y( 0 ), z( 0 ), magnitude( 0 ) { }
  vector( double vx, double vy, double vz ) : x( vx ), y( vy ), z( vz ),
 magnitude( sqrt( vx*vx + vy*vy + vz*vz ) ) { }
};

struct vertex
{
  double wx, wy, wz;
  vector normal;
};
```

```
struct cvertex
{
  double wx, wy, wz;
  uchar color;
};

struct svertex
{
  long sx, sy;
  double sz;
  uchar color;
};

struct screen_side
{
  long offset;
  double sz;
  uchar color;
};

struct pixel_8
{
  short red, green, blue;

  pixel_8( void ) : red( 0 ), green( 0 ), blue( 0 ) { }
  pixel_8( uchar r, uchar g, uchar b ) : red( r ), green( g ), blue( b )
  { }
};

vector operator - ( vertex v1, vertex v2 )
{
  return vector( (v1.wx - v2.wx), (v1.wy - v2.wy), (v1.wz - v2.wz) );
}

#endif
```

////////////////// Ende v6_2.h //////////////////

Kapitel 6
Einfache Polygonschattierung

Es folgt die neue Version der Klasse polygon, welche den größten Teil der Implementierung des *Gouraud-Shading*-Algorithmus enthält:

```
///////////////////                Anfang p6_2.h               ///////////////////

#ifndef POLYGON_H
#define POLYGON_H

#include <fstream.h>

#include "v6_2.h"
#include "ln6_1.h"
#include "gv6_2.h"
#include "m6_2.h"

class polygon
{
  private:
    long point_count, cp_point_count;

    long *points;
    vector normal;

    void z_clipping( void );
    void project( void );
    void xy_clipping( void );

    uchar visible( void );
    void shape( uchar *sbuffer );
    void rasterize( uchar *sbuffer );

  public:
    void load( ifstream *thing_def, vertex *v );
    void update_pos( matrix m ) {  m.transform( &normal );  }
    void display( vertex *v, uchar *sbuffer );

    polygon( const polygon &p );
    polygon( void ) : point_count( 0 ), cp_point_count( 0 ), points( NULL ) { }
    ~polygon( void ) {  if( points ) delete [] points;  }

    friend class thing;
```

```
};

cvertex get_zplane_coords( cvertex a, cvertex b, double plane_z )
{
  double m = (plane_z - b.wz) / (a.wz - b.wz);
  cvertex c;

  c.wx = (a.wx - b.wx) * m + b.wx;
  c.wy = (a.wy - b.wy) * m + b.wy;
  c.wz = plane_z;
  c.color = uchar( (a.color - b.color) * m + b.color );

  return c;
}

void polygon::z_clipping( void )
{
  long x, y;
  long local_point_count = 0;

  for( x=point_count-1, y=0 ; y<point_count ; x=y, y++ )
  {
    if( wpoint[ x ].wz >= z_min && wpoint[ y ].wz >= z_min )
                    // inside
      c_wpoint[ local_point_count++ ] = wpoint[ y ];

    else if( wpoint[ x ].wz >= z_min && wpoint[ y ].wz < z_min )
                    // leaving
      c_wpoint[ local_point_count++ ] = get_zplane_coords( wpoint[ x ],
wpoint[ y ], z_min );

    else if( wpoint[ x ].wz < z_min && wpoint[ y ].wz >= z_min )
                    // entering
    {
      c_wpoint[ local_point_count++ ] = get_zplane_coords( wpoint[ x ],
wpoint[ y ], z_min );
      c_wpoint[ local_point_count++ ] = wpoint[ y ];
    }
  }

  cp_point_count = 0;
  for( x=local_point_count-1, y=0 ; y<local_point_count ; x=y, y++ )
  {
```

Kapitel 6
Einfache Polygonschattierung

```cpp
      if( c_wpoint[ x ].wz <= z_max && c_wpoint[ y ].wz <= z_max )
                       // inside
        wpoint[ cp_point_count++ ] = c_wpoint[ y ];

      else if( c_wpoint[ x ].wz <= z_max && c_wpoint[ y ].wz > z_max )
                       // leaving
        c_wpoint[ cp_point_count++ ] = get_zplane_coords( c_wpoint[ x ], c
_wpoint[ y ], z_max );

      else if( c_wpoint[ x ].wz > z_max && c_wpoint[ y ].wz <= z_max )
                       // entering
      {
        c_wpoint[ cp_point_count++ ] = get_zplane_coords( c_wpoint[ x ], c
_wpoint[ y ], z_max );
        c_wpoint[ cp_point_count++ ] = c_wpoint[ y ];
      }
    }
  }
}

void polygon::project( void )
{
  double z;

  for( long x=0 ; x<cp_point_count ; x++ )
  {
    if( wpoint[ x ].wz > 0.0 )
    {
      spoint[ x ].sx = long( wpoint[ x ].wx /
 wpoint[ x ].wz *  200.0 + x_res / 2 );
      spoint[ x ].sy = long( wpoint[ x ].wy / wpoint[ x ].wz * -
200.0 + y_res / 2 );
      spoint[ x ].sz = wpoint[ x ].wz + clear_translation;    //
 '+', because 'clear_translation' is negative
      spoint[ x ].color = wpoint[ x ].color;
    }

    else exit( "polygon::project(): Ungültige z - Koordinate.\n" );
  }
}

svertex get_xplane_coords( svertex a, svertex b, long plane_x )
{
  double m = (plane_x - b.sx) / double( a.sx - b.sx );
  svertex c;
```

```cpp
    c.sx = plane_x;
    c.sy = long( (a.sy - b.sy) * m + b.sy );
    c.sz = (a.sz - b.sz) * m + b.sz;
    c.color = uchar( (a.color - b.color) * m + b.color );

    return c;
}

svertex get_yplane_coords( svertex a, svertex b, long plane_y )
{
    double m = (plane_y - b.sy) / double( a.sy - b.sy );
    svertex c;

    c.sx = long( (a.sx - b.sx) * m + b.sx );
    c.sy = plane_y;
    c.sz = (a.sz - b.sz) * m + b.sz;
    c.color = uchar( (a.color - b.color) * m + b.color );

    return c;
}

void polygon::xy_clipping( void )
{
    long x, y;
    long local_point_count = 0;

    for( x=cp_point_count-1, y=0 ; y<cp_point_count ; x=y, y++ )
    {
        if( spoint[ x ].sx >= x_min && spoint[ y ].sx >= x_min )
                        // inside
            c_spoint[ local_point_count++ ] = spoint[ y ];

        else if( spoint[ x ].sx >= x_min && spoint[ y ].sx < x_min )
                        // leaving
            c_spoint[ local_point_count++ ] = get_xplane_coords( spoint[ x ],
spoint[ y ], x_min );

        else if( spoint[ x ].sx < x_min && spoint[ y ].sx >= x_min )
                        // entering
        {
            c_spoint[ local_point_count++ ] = get_xplane_coords( spoint[ x ],
spoint[ y ], x_min );
```

```
      c_spoint[ local_point_count++ ] = spoint[ y ];
    }
  }

  cp_point_count = 0;
  for( x=local_point_count-1, y=0 ; y<local_point_count ; x=y, y++ )
  {
    if( c_spoint[ x ].sx <= x_max && c_spoint[ y ].sx <= x_max )
                    // inside
      spoint[ cp_point_count++ ] = c_spoint[ y ];

    else if( c_spoint[ x ].sx <= x_max && c_spoint[ y ].sx > x_max )
                    // leaving
      spoint[ cp_point_count++ ] = get_xplane_coords( c_spoint[ x ], c_s
point[ y ], x_max );

    else if( c_spoint[ x ].sx > x_max && c_spoint[ y ].sx <= x_max )
                    // entering
    {
      spoint[ cp_point_count++ ] = get_xplane_coords( c_spoint[ x ], c_s
point[ y ], x_max );
      spoint[ cp_point_count++ ] = c_spoint[ y ];
    }
  }

  local_point_count = 0;
  for( x=cp_point_count-1, y=0 ; y<cp_point_count ; x=y, y++ )
  {
    if( spoint[ x ].sy >= y_min && spoint[ y ].sy >= y_min )
                    // inside
      c_spoint[ local_point_count++ ] = spoint[ y ];

    else if( spoint[ x ].sy >= y_min && spoint[ y ].sy < y_min )
                    // leaving
      c_spoint[ local_point_count++ ] = get_yplane_coords( spoint[ x ],
spoint[ y ], y_min );

    else if( spoint[ x ].sy < y_min && spoint[ y ].sy >= y_min )
                    // entering
    {
      c_spoint[ local_point_count++ ] = get_yplane_coords( spoint[ x ],
spoint[ y ], y_min );
      c_spoint[ local_point_count++ ] = spoint[ y ];
    }
```

```
  }

  cp_point_count = 0;
  for( x=local_point_count-1, y=0 ; y<local_point_count ; x=y, y++ )
  {
    if( c_spoint[ x ].sy <= y_max && c_spoint[ y ].sy <= y_max )
                    // inside
      spoint[ cp_point_count++ ] = c_spoint[ y ];

    else if( c_spoint[ x ].sy <= y_max && c_spoint[ y ].sy > y_max )
                    // leaving
      spoint[ cp_point_count++ ] = get_yplane_coords( c_spoint[ x ], c_s
point[ y ], y_max );

    else if( c_spoint[ x ].sy > y_max && c_spoint[ y ].sy <= y_max )
                    // entering
    {
      spoint[ cp_point_count++ ] = get_yplane_coords( c_spoint[ x ], c_s
point[ y ], y_max );
      spoint[ cp_point_count++ ] = c_spoint[ y ];
    }
  }
}

uchar polygon::visible( void )
{
  long t = (spoint[ cp_point_count-1 ].sx -
 spoint[ 0 ].sx) * (spoint[ 1 ].sy - spoint[ 0 ].sy) -
           (spoint[ cp_point_count-1 ].sy -
 spoint[ 0 ].sy) * (spoint[ 1 ].sx - spoint[ 0 ].sx);

  return( t < 1L ? 1 : 0 );
}

void polygon::shape( uchar *sbuffer )
{
  ushort x, y;

  for( x=cp_point_count-1, y=0 ; y<cp_point_count ; x=y, y++ )
     line( spoint[ x ].sx, spoint[ x ].sy, spoint[ y ].sx, spoint[ y ].s
y, 1, sbuffer );
}

void polygon::load( ifstream *thing_def, vertex *v )
```

Kapitel 6
Einfache Polygonschattierung

```cpp
{
  (*thing_def) >> point_count;
  if( (point_count < 3) || (point_count > largest_point_count) )
    exit( "polygon::load(): Unzulässiger Wert für point_count.\n" );

  if( (points = new long[ point_count ]) == NULL ) exit( "*points: Nicht genug Speicher.\n" );

  for( long x=0 ; x<point_count ; x++ ) (*thing_def) >> points[ x ];

  long c;
  (*thing_def) >> c;

  vector a = v[ points[ 1 ] ] - v[ points[ 0 ] ];
  vector b = v[ points[ point_count-1 ] ] - v[ points[ 0 ] ];

  double x = a.y * b.z - a.z * b.y;
  double y = a.z * b.x - a.x * b.z;
  double z = a.x * b.y - a.y * b.x;

  normal = vector( x, y, z );
}

uchar get_color( vector normal )
{
  double t = (normal.x * light.x + normal.y * light.y + normal.z * light.z) /
             (normal.magnitude * light.magnitude);

  short c = short( -t * 255.0 );
  if( c > 0 ) return uchar( c );

  return 1;
}

void polygon::display( vertex *v, uchar *sbuffer )
{
  for( long x=0 ; x<point_count ; x++ )
  {
    wpoint[ x ].wx    = v[ points[ x ] ].wx;
    wpoint[ x ].wy    = v[ points[ x ] ].wy;
    wpoint[ x ].wz    = v[ points[ x ] ].wz;
```

```
    wpoint[ x ].color = get_color( v[ points[ x ] ].normal );
  }

  z_clipping();
  project();
  xy_clipping(); if( !cp_point_count ) return;

  if( visible() ) rasterize( sbuffer );
}

polygon::polygon( const polygon &p )
{
  point_count = p.point_count;
  normal = p.normal;

  if( (points = new long[ point_count ]) == NULL )
    exit( "polygon::polygon( const polygon & ): Nicht genug Speicher.\n"
  );

  for( long x=0 ; x<point_count ; x++ ) points[ x ] = p.points[ x ];
}

void set_side( svertex begin, svertex end, screen_side *side )
{
  long length = end.sy - begin.sy;

  if( length <= 0 ) return;

  double a_offset = double( begin.sy * x_res + begin.sx );
  double e_offset = double( end.sy * x_res + end.sx );
  double offset_step = (e_offset - a_offset) / length;

  double z_step = (end.sz - begin.sz) / length;

  double c_step = double( end.color - begin.color ) / length;

  long act_y = begin.sy;
  double act_z = begin.sz;
  double act_c = begin.color;
  for( ; act_y <= end.sy ; act_y++, a_offset += offset_step, act_z += z_step, act_c += c_step )
  {
```

```cpp
      side[ act_y ].offset = long( a_offset );
      side[ act_y ].sz = act_z;
      side[ act_y ].color = uchar( act_c );
  }
}

inline void inc( long *x, ushort point_count )
{
  if( ++(*x) >= point_count ) *x = 0;
}

inline void dec( long *x, ushort point_count )
{
  if( --(*x) < 0 ) *x = point_count-1;
}

void polygon::rasterize( uchar *sbuffer )
{
  long x, y, top=0, bottom=0;

  for( x=1 ; x<cp_point_count ; x++ )
  {
    if( spoint[ top    ].sy > spoint[ x ].sy ) top = x;
    if( spoint[ bottom ].sy < spoint[ x ].sy ) bottom = x;
  }

  x = y = top;
  for( dec( &y, cp_point_count ) ; x!=bottom ; x=y, dec( &y, cp_point_count ) )
    set_side( spoint[ x ], spoint[ y ], left_side );

  x = y = top;
  for( inc( &y, cp_point_count ) ; x!=bottom ; x=y, inc( &y, cp_point_count ) )
    set_side( spoint[ x ], spoint[ y ], right_side );

  long m = (spoint[ bottom ].sy + spoint[ top ].sy) / 2;
  if( left_side[ m ].offset > right_side[ m ].offset )
  {
    screen_side *t = left_side; left_side = right_side; right_side = t;
  }
```

```
  long length, offset;
  double act_z, z_step;
  double act_c, c_step;

  for( y = spoint[ top ].sy ; y <= spoint[ bottom ].sy ; y++ )
  {
    length = right_side[ y ].offset - left_side[ y ].offset;

    z_step = (right_side[ y ].sz - left_side[ y ].sz) / length;
    c_step = double( right_side[ y ].color - left_side[ y ].color ) / length;

    act_z = left_side[ y ].sz;
    act_c = left_side[ y ].color;
    offset = left_side[ y ].offset;

    while( length-- > 0 )
    {
      if( act_z < zbuffer[ offset ] )
      {
        sbuffer[ offset ] = uchar( act_c );
        zbuffer[ offset ] = act_z;
      }

      offset++;
      act_z += z_step;
      act_c += c_step;
    }
  }
}

#endif
```

//////////////////// Ende p6_2.h ////////////////////

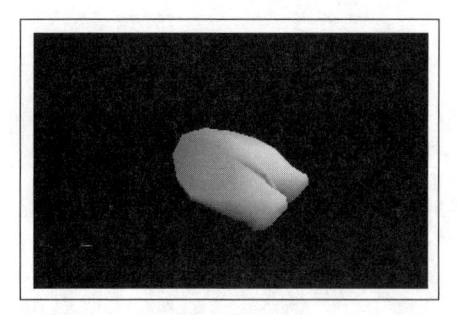

Abb. 6.27: Ausgabe des Programms a6_2: ein unter Verwendung des Gouraud-Shading-Algorithmus dargestellter Polyeder

Trotz des Einsatzes des *Gouraud-Shading*-Algorithmus bleibt das *Flat Shading* eine sehr interessante Möglichkeit zum Schattieren von Polygonen. Aufgrund der unterschiedlichen Ausgaben, welche mit der Verwendung der beschriebenen Vorgehensweisen verbunden sind, kann zwischen den beiden Algorithmen keine Konkurrenzsituation auftreten.

Die Entscheidung für oder gegen den Einsatz eines der beiden Schattieralgorithmen hängt mit der Natur des darzustellenden Gegenstands zusammen. *Flat Shading* verleiht den Objekten beispielsweise eine deutlich ausgeprägte metallische Struktur, welcher mit *Gouraud Shading* nicht erreicht werden kann. Andererseits kann letzterer für die Simulation gekrümmter Oberflächen eingesetzt werden, welche aus wenigen Polygonen bestehen. In einigen Situationen können eindrucksvolle Effekte erreicht werden, wenn Flat und Gouraud schattierte Gegenstände gleichzeitig auf dem Bildschirm zu sehen sind.

6.3.6 Unterstützung mehrerer Primärfarben

Das Hauptanliegen der letzten Abschnitte ist die Übermittlung des Basiswissens, welches die Grundlage der Polygonschattierung bildet. Die Verwendung derselben Primärfarbe für alle Polygone stellte eine notwendige Vereinfachung dar. Diese Vorgehensweise erweist sich auf die Dauer jedoch als störend; die Unterstützung verschiedener Primärfarben ist aus diesem Grund eine Notwendigkeit.

Die Verwirklichung dieses Vorhabens beinhaltet einen höheren Definitionsaufwand für die verwendeten Primärfarben . Wie wir bereits im Abschnitt Abbildung 6.13 erfahren haben, handelt es sich bei diesen Angaben um die RGB-Farbkomponenten der Anfangs- und Endfarbe des dazugehörigen Verlaufs sowie die Positionen dieser Farben innerhalb der 8-Bit-Palette.

Um den Überblick über die Farbgebung übersichtlicher zu gestalten, ist die Definition eines eigenen Datentyps namens `palette_8` empfehlenswert. Die Arbeit mit dieser Klasse sollte folgendermaßen gestaltet werden: Innerhalb der Klasse `palette_8` werden für alle verwendeten Primärfarben die dazugehörigen Zusatzinformationen abgelegt. Um eine Farbschattierung auf der Grundlage von zwei Vektoren ausrechnen zu können, braucht lediglich die Funktion `palette_8::get_color()` aufgerufen zu werden.

Diese Funktion muss in der Lage sein, auf der Grundlage der ihr als Parameter übergebenen Werte und der Informationen, welche in der Klasse gespeichert sind, die Position der gesuchten Farbabstufung innerhalb der 8-Bit-Palette zu ermitteln. Bei dieser Funktion handelt es sich lediglich um eine geringfügig veränderte Version der bekannten Funktion `get_color()`:

```
uchar palette_8::get_color( vector n, uchar color_number );
```

Bei dem ersten Parameter dieser Funktion handelt es sich entweder um eine Polygonnormale oder um die Vektornormale eines Punkts. Der zweite Parameter gibt die Nummer der Primärfarbe des darzustellenden Polygons an. Der *Gouraud-Shading*-Algorithmus sieht vor, dass Vertices über *keine* eigene Primärfarbe verfügen. Bei der Visualisierung der Polygone, welche diese definieren, wird ihnen eine *Abstufung* einer Primärfarbe zugewiesen, in Abhängigkeit vom Winkel zwischen ihrem Normalenvektor und dem Lichtvektor. Es ist leicht nachvollziehbar, dass es sich bei dieser Primärfarbe nur um die Farbe des darzustellenden Polygons handeln kann.

Praktische Verwaltung beliebig vieler Primärfarben

Bei Verwendung einer 8-Bit-Farbtiefe braucht nur eine einzige Information explizit für jede Primärfarbe gespeichert zu werden: Der Wert **min_intensity**, welcher die Position der Anfangsfarbe des Farbverlaufs innerhalb der 8-Bit-Palette angibt.

Wie wir innerhalb des Abschnitts Abbildung 6.15 festgestellt haben, besteht die Aufgabe der Konstanten **max_intensity** darin, die Anzahl an Schattierungen festzulegen, welche für die Definition der jeweiligen Primärfarbe eingesetzt werden. Die Definition der Klasse `palette_8` kann vereinfacht werden, indem jeder Farbe dieselbe Anzahl an Abstufungen zur Verfügung gestellt wird. In diesem Fall muss diese Anzahl nur einmal in Form einer Variablen ausgedrückt werden.

Es kann sich als sehr nützlich erweisen, die 256 darstellbaren Farbnuancen innerhalb der Klasse `palette_8` in einem eigenen, zusammenhängenden Array aus RGB-Werten zu speichern. Wenn dieses Feld existiert, brauchen bei der Definition einer Primärfarbe die Komponenten der Anfangsschattierung des dazugehörigen Farbverlaufs nicht angegeben zu werden. Bei Bedarf können diese Informationen dem Array entnommen werden, wenn der jeweilige Wert von **min_intensity** als Index eingesetzt wird. Da jede Farbe durch dieselbe Anzahl an Schattierungen eindeutig definiert werden kann, gilt für die Endfarbe des Verlaufs Ähnliches.

Kapitel 6
Einfache Polygonschattierung

Wenn diese Angaben berücksichtigt werden, muss die Klasse `palette_8` folgende Voraussetzungen erfüllen:

1. Die Anzahl der Farbschattierungen, welche der Definition jeder Primärfarbe zur Verfügung stehen, sollte innerhalb einer Variablen gespeichert werden.
2. Die Anzahl der unterstützten Primärfarben muss ebenfalls festgehalten werden.
3. Ein Array aus 256 Elementen vom Typ `pixel_8`, welches die Komponenten der 8-Bit-Farben enthält, sollte benfalls Teil der Klasse sein.
4. Die Klasse muss über eine Möglichkeit verfügen, den Wert der Konstanten **min_intensity** jeder Primärfarbe darzustellen.
5. Es ist von großer Wichtigkeit, die bereits beschriebene Funktion `palette_8::get_color()` in die Klassendefinition aufzunehmen.
6. Eine Ladefunktion, welche den bisher beschriebenen Einheiten gültige Werte zuweist, ist ebenfalls notwendig. Es ist besonders empfehlenswert, die Definition der Primärfarben aus einer separaten Datei herauszulesen. Auf diese Weise kann eine Veränderung der eingesetzten Farben sofort übernommen werden, ohne erneute Kompilierung des Programms.

Eine mögliche Definition der Klasse `palette_8` kann folgendermaßen aufgebaut werden:

```
class palette_8
{
  private:
    uchar color_steps;
    short color_count;

    pixel_8 color_table[ 256 ];
    uchar *min_intensities;

  public:
    void load( char *filename );
    inline void install_palette( void );
    uchar get_color( vector normal, uchar color );

    palette_8( void ) : color_steps( 0 ), color_count( 0 ),
                        min_intensities( NULL ) { }
    ~palette_8( void )
    {
       if( min_intensities ) delete [] min_intensities;
    }
};
```

7. Es folgt eine Übersicht über die Komponenten der neuen Klasse `palette_8`:

Variable	Aufgabe
`color_steps`:	enthält die Anzahl an Abstufungen, welche für die Definition jeder Primärfarbe eingesetzt werden
`color_count`:	gibt die Anzahl der verwendeten Primärfarben an
`color_table[]`:	Dieses Array enthält die rote, grüne und blaue Farbkomponente jeder der 256 darstellbaren Farben.
`min_intensities[]`:	In diesem Feld wird die Position innerhalb der 8-Bit-Palette gespeichert, ab welcher der Farbverlauf anfängt, in dem die Schattierungen der jeweiligen Primärfarbe eingetragen sind.

Funktion	Aufgabe / Definition
`load()`:	Initialisierung der Klassenelemente gemäß den Informationen, welche innerhalb der als Parameter übergebenen Datei eingetragen sind.
`install_palette()`:	Diese Funktion passt die Farben der 8-Bit-Palette den Vorgaben an, welche innerhalb des Arrays `color_table[]` enthalten sind:

```
inline void palette_8::install_palette( void )
{
  surface.set_palette( color_table );
}
```

Es ist von großer Wichtigkeit, dass diese Funktion erst *nach* der Initialisierung des Objekts `surface` aufgerufen wird. Diese Initialisierung erfolgt durch den Aufruf der Funktion `directx_surface:: open_window()`, welcher während der Ausführung von `initialise_world()` durchgeführt wird. Der Zugriff auf ein nicht initialisiertes Objekt vom Typ `directx_surface` führt in den meisten Fällen zum Absturz des Programms.

`get_color()`: Übermittelt der aufrufenden Instanz die Position innerhalb der 8-Bit-Palette, an der sich die gesuchte Schattierung befindet. Die Farbabstufung wird auf der Grundlage des Winkels zwischen dem Lichtvektor und dem als Parameter übergebenen Normalenvektor berechnet. Es handelt sich um die Schattierung der Primärfarbe, deren Nummer als zweiter Parameter übergeben wird.

Externe Speicherung von Farbinformationen

Die einfachste Möglichkeit, Farbinformationen zu speichern, besteht in ihrer Kodierung innerhalb des Quelltextes. Der Vorteil hierbei ist, dass man auf die Möglichkeiten der verwendeten Programmiersprache zurückgreifen kann, was in manchen Fällen eine große Arbeitserleichterung darstellt. Der offensichtliche Nachteil besteht darin, dass ihre Veränderung jedes Mal nur durch eine erneute Kompilierung des Programms wirksam werden kann.

Eine andere Möglichkeit besteht in der Verwendung externer Dateien. Ihre Unterstützung erfordert einen höheren programmiertechnischen Aufwand; dieser Nachteil wird jedoch durch die Vorteile dieser Methode kompensiert:

- Schnellere Veränderung der betreffenden Informationen, da eine erneute Kompilierung nicht erforderlich ist. Diese Veränderung ist einfacher und erfordert keine Kenntnisse der Programmiersprache.
- Die Informationen sind auch für Programme verständlich, die in anderen Programmiersprachen geschrieben wurden.
- Die Möglichkeiten des betreffenden Programms können auch auf Rechnern demonstriert werden, welche nicht über das Compilersystem oder den Quelltext verfügen.

Bei der Speicherung von Farbinformationen werden wir uns für die zweite Methode entscheiden. Auch in diesem Fall verwenden wir einen benutzerdefinierten Datentyp mit der Bezeichnung *.PL1*, welcher auf der mathematischen Definition von Farbverläufen basiert. Um Primärfarben eindeutig definieren zu können, werden zunächst die Komponenten ihrer dunkelsten und hellsten Farbnuance benötigt. Wie wir noch sehen werden, muss bei einer **8**-Bit-Farbtiefe die Anzahl der Elemente der Farbverläufe, welche für die Beschreibung der Primärfarbe notwendig sind, nicht immer angegeben werden:

```
////////////////       Anfang palette.pl1      ////////////////

0 0 0

3    0    0   30      255   0    255
     16   16  16      148   148  148
     0    0   30      0     0    255

////////////////       Ende palette.pl1        ////////////////
```

Die Farbe an der Position **0** der Farbpalette, welche gleichzeitig auch die Hintergrundfarbe des Bildschirms ist, werden wir gesondert behandeln. Bei den ersten drei Zahlen der Datei *palette.pl1* handelt es sich um die rote, grüne und blaue Komponente dieses Farbtons. Die nächste Angabe stellt die Anzahl der Primärfarben dar. Schließlich folgen die Farbkomponenten der Anfangs- und Endfarben der dazugehörigen Farbverläufe.

Die Aufgabe der Funktion `palette_8::load()` besteht darin, die Informationen aus Dateien vom Typ *.PL1* zu entnehmen und die Elemente des entsprechenden Palettenobjekts zu initialisieren. Hierbei muss zunächst die Datei, deren Name man der Funktion in Form ihres Parameters übergeben hat, zum Schreiben geöffnet werden. Anschließend können die ersten drei Farbkomponenten in das erste Element des Arrays `color_table[]` eingelesen werden:

```
ifstream infile( filename,
                 ios::in | ios::nocreate | ios::binary );
if( infile == NULL )
  exit( "palette_8::load(): Fehler beim Öffnen \
                 der Datei.\n" );

short tr, tg, tb;
infile >> tr >> tg >> tb;
color_table[ 0 ] = pixel_8( tr, tg, tb );
```

Da es sich bei diesen drei Komponenten um Variablen vom Typ *unsigned char* handelt, muss ein Umweg über temporäre Variablen entsprechenden Typs verwendet werden. Diese Problematik wurde bereits im 4. Kapitel ausführlich besprochen.

Bei einer 8-Bit-Farbtiefe können nur 256 Farben gleichzeitig auf dem Bildschirm dargestellt werden; die obere Vorgabe befolgend, können 255 davon für die Darstellung von Farbverläufen verwendet werden. Wir haben festgelegt, dass alle Primärfarben durch dieselbe Anzahl an Schattierungen definiert werden müssen. Bei einer Anzahl von `color_count` Farbverläufen können in jedem Farbverlauf demnach (255 / `color_count`) Abstufungen eingesetzt werden:

```
infile >> color_count;
if( color_count > 255 )
  exit( "palette_8.load(): In der Definition sind mehr \
                 als 255 Farben aufgeführt.\n" );

if( (min_intensities = new uchar[ color_count ]) == NULL )
  exit( "palette_8::load(): Nicht genug \
                 Arbeitsspeicher.\n" );

color_steps = 255 / color_count;
```

Kapitel 6
Einfache Polygonschattierung

Durch die beschränkte Anzahl an darstellbaren Farben kann deutlich nachvollzogen werden, dass, je mehr Farbverläufe Teil der Palette sind, umso weniger Farben stehen jedem Verlauf zur Verfügung. Schließlich können die Farbverläufe nach den bekannten Gesetzmäßigkeiten aufgebaut und innerhalb des Arrays color_table[] eingetragen werden. Hierzu sind zwei Schleifen erforderlich. Die äußere Wiederholungsanweisung gibt die Nummer des auszubauenden Verlaufs an, die innere rechnet die Komponenten der Farbschattierungen unter Verwendung der entsprechenden Variablen aus:

```
double act_r, act_g, act_b, r_step, g_step, b_step;
short act_position = 1;

for( short x=0 ; x<color_count ; x++ )
{
  short begin_r, begin_g, begin_b, end_r, end_g, end_b;

  infile >> begin_r >> begin_g >> begin_b;
  infile >> end_r >> end_g >> end_b;

  r_step = double( end_r - begin_r ) / color_steps;
  g_step = double( end_g - begin_g ) / color_steps;
  b_step = double( end_b - begin_b ) / color_steps;

  act_r = begin_r;   act_g = begin_g;   act_b = begin_b;

  min_intensities[ x ] = act_position;

  for( uchar x=0 ; x<color_steps ; x++ )
  {
    color_table[ act_position ].red   = uchar( act_r );
    color_table[ act_position ].green = uchar( act_g );
    color_table[ act_position ].blue  = uchar( act_b );

    act_position++;
    act_r += r_step; act_g += g_step; act_b += b_step;
  }
}
```

Interessant hierbei ist der Umgang mit der Variablen act_position, deren Primäraufgabe in der Indizierung des Arrays color_table[] besteht. Diese Variable wird mit dem Wert 1 initialisiert, da die Farbe 0 nicht für die Darstellung von Farbverläufen verwendet wird.

Wenn mehrere Farbverläufe vorhanden sind, müssen diese nacheinander innerhalb derselben Palette eingetragen werden. Die Position, an der die aktuelle Farbe einzutragen ist, wird durch `act_position` festgelegt. Diese Variable muss jedes Mal inkrementiert werden, nachdem eine Farbe eingetragen wurde. Wenn die innere Schleife beendet ist, enthält `act_position` die Position der ersten Farbe des nächsten Verlaufs. Dieser Wert muss für jede Primärfarbe festgehalten werden, indem dieser innerhalb des Arrays `min_intensities[]` eingetragen wird.

Es folgt die vollständige Definition der Funktion `palette_8::load()`:

```cpp
void palette_8::load( char *filename )
{
  ifstream infile( filename,
                   ios::in | ios::nocreate | ios::binary );
  if( infile == NULL )
    exit( "palette_8::load(): Fehler beim Öffnen \
                    der Datei.\n" );

  short tr, tg, tb;
  infile >> tr >> tg >> tb;
  color_table[ 0 ] = pixel_8( tr, tg, tb );

  infile >> color_count;
  if( color_count > 255 )
    exit( "palette_8.load(): In der Definition sind mehr \
                    als 255 Farben aufgeführt.\n" );

  if( (min_intensities = new uchar[ color_count ]) == NULL )
    exit( "palette_8::load(): Nicht genug \
                    Arbeitsspeicher.\n" );

  color_steps = 255 / color_count;
  double act_r, act_g, act_b, r_step, g_step, b_step;
  short act_position = 1;

  for( short x=0 ; x<color_count ; x++ )
  {
    short begin_r, begin_g, begin_b, end_r, end_g, end_b;

    infile >> begin_r >> begin_g >> begin_b;
    infile >> end_r >> end_g >> end_b;

    r_step = double( end_r - begin_r ) / color_steps;
```

```
            g_step = double( end_g - begin_g ) / color_steps;
            b_step = double( end_b - begin_b ) / color_steps;

            act_r = begin_r;   act_g = begin_g;   act_b = begin_b;

            min_intensities[ x ] = act_position;

            for( uchar x=0 ; x<color_steps ; x++ )
            {
              color_table[ act_position ].red   = uchar( act_r );
              color_table[ act_position ].green = uchar( act_g );
              color_table[ act_position ].blue  = uchar( act_b );

              act_position++;
              act_r += r_step; act_g += g_step; act_b += b_step;
            }
          }
        }
```

Bestimmung der gesuchten Farbabstufung

Bei der Funktion `palette_8::get_color()` handelt es sich um die wichtigste Komponente der Klasse `palette_8`. Sie wird immer dann aufgerufen, wenn die Intensität einer bestimmten Primärfarbe auf der Grundlage des Lichtvektors und eines Normalenvektors ermittelt werden soll. Innerhalb des Abschnitts Abbildung 6.15 ist für diesen Zweck folgende Formel entwickelt worden:

act_color = -cos(α) * (max_intensity – min_intensity) + min_intensity

cos(α) stellt hierbei den Kosinuswert des Winkels dar, welcher zwischen den beiden Vektoren eingeschlossen wird. Wie wir wissen, muss die Konstante **max_intensity** nur bei Verwendung von Farbverläufen unterschiedlicher Längen eingesetzt werden. Da in unserem Fall alle Primärfarben durch dieselbe Anzahl an Schattierungen definiert werden, kann auf die einfachere Version dieser Formel zurückgegriffen werden:

act_color = -cos(α) * (color_steps – 1) + min_intensity

color_steps drückt die Anzahl der Abstufungen aus, welche jeder Primärfarbe zur Verfügung stehen. Bevor diese Variable jedoch mit dem Kosinuswert multipliziert werden kann, muss ihr Wert um eine Einheit vermindert werden. Der Grund hierfür besteht darin, dass diese Formel eine Position innerhalb eines Arrays ermitteln soll. Das erste Element eines **10**-elementigen Feldes besitzt die Position **0**, das zweite **1**, das letzte ist an der Position **9** finden. Wenn **-cos**(α) den Wert **1** annimmt und **min_intensity** den Wert **0** besitzt, muss die Formel den Offset des letzten Elements ausrechnen. Der Wert 9 kann aber nur dann ermittelt werden, wenn der Kosinus mit der Zahl **(Arraylänge – 1)** multipliziert wird.

Der wichtigste Unterschied zwischen der bekannten Definition von get_color(vector) und der neuen Funktion palette_8::get_color(vector, uchar) besteht in der Verwendung der bereits beschriebenen Formel:

```
uchar palette_8::get_color( vector normal, uchar color )
{
  double t = (normal.x * light.x + normal.y * light.y +
              normal.z * light.z) /
             (normal.magnitude * light.magnitude);

  short offset = short( -t * (color_steps - 1) );
  if( offset > 0 )
    return min_intensities[ color ] + uchar( offset );

  return min_intensities[ color ];
}
```

Wenn der Ausdruck (-t) eine negative Zahl darstellt, besitzt auch die Variable offset ein negatives Vorzeichen. In diesem Fall ist die Vektornormale der Lichtquelle abgewandt, und der aufrufenden Instanz muss die geringste Intensität der Primärfarbe color übergeben werden:

```
return min_intensities[ color ];
```

Wenn es sich bei offset jedoch um einen positiven Wert handelt, übermittelt die Funktion einen entsprechend hellen Farbton:

```
return min_intensities[ color ] + uchar( offset );
```

Praktische Verwendung mehrerer Primärfarben

In unserem nächsten Programm wird die Funktion palette_8::get_color() eingesetzt, um Polygone mit unterschiedlichen Primärfarben unter Verwendung des *Gouraud-Shading*-Algorithmus darzustellen. Bisher haben wir die Definition von Polyeder in Dateien vom Typ *.TG1* gespeichert. Die Farbe, welche hierbei einem Polygon zugewiesen wird, steht in direkter Beziehung zur 8-Bit-Palette:

```
void polygon::display( vertex *v, uchar *sbuffer )
{
```

Kapitel 6
Einfache Polygonschattierung

```
    for( long x=0 ; x<point_count ; x++ )
    {
      wpoint[ x ].wx    = v[ points[ x ] ].wx;
      wpoint[ x ].wy    = v[ points[ x ] ].wy;
      wpoint[ x ].wz    = v[ points[ x ] ].wz;
      wpoint[ x ].color =
        palette.get_color( v[ points[ x ] ].normal, color );
    }

    z_clipping();
    project();
    xy_clipping(); if( !cp_point_count ) return;

    if( visible() ) rasterize( sbuffer );
  }
```

Diese Farbgebung muss verändert werden, wenn Grafiken aus unterschiedlich gefärbten, in Bezug zu einer Lichtquelle schattierten Polygonen dargestellt werden sollen. Hierzu definieren wir einen neuen Datentyp mit der Endung *.TG2*, welcher eine geringfügig veränderte Version seines Vorgängers ist. Die Farbe, welche hierbei einem Polygon zugewiesen wird, verweist auf eine der Primärfarben, die innerhalb der entsprechenden Farbdefinitionsdatei vom Typ *.PL1* definiert sind.

Bei der Erstellung einer Datei vom Typ *.TG2* liegt es im Verantwortungsbereich des Programmierers, den Polygonen gültige Farbwerte zuzuordnen: Wenn in der entsprechenden *.PL1*-Datei nur 10 Farben definiert sind, dürfen die innerhalb der verwendeten *.TG2*-Dateien definierten Vielecke keine Farbwerte besitzen, die größer gleich 10 sind.

Um Polygonen den Zugriff auf die Funktion `palette_8::get_color()` zu ermöglichen, muss das eingesetzte Palettenobjekt global definiert werden. Es ist von großer Wichtigkeit, die Farbpalette mittels `palette_8::load()` aufzubauen, bevor auf ihre übrigen Elemente zugegriffen wird:

```
/////////////////            Anfang gv6_3.h            /////////////////

#ifndef GLOBAL_VARIABLES_H
#define GLOBAL_VARIABLES_H

#include "v6_2.h"

uchar  *sbuffer = NULL;
double *zbuffer = NULL;
```

```
const double z_min = 1.0, z_max = 10000.0;
long x_min, x_max, y_min, y_max;

double clear_translation = 0.0;
const double max_clear_translation = -2147483648.0 + 2 * z_max;

cvertex wpoint[ 100 ], c_wpoint[ 100 ];
svertex spoint[ 100 ], c_spoint[ 100 ];

vector light( -1, -1, 1 );

screen_side *left_side;
screen_side *right_side;
const long largest_point_count = 8;

void initialise_world( HINSTANCE hInstance, long screen_x, long screen_y
, long bit_depth )
{
  x_min = 0;   x_max = screen_x - 1;
  y_min = 0;   y_max = screen_y - 1;

  if( (sbuffer = new uchar[ screen_x * screen_y ]) == NULL ||
      (zbuffer = new double[ screen_x * screen_y ]) == NULL ||
      (left_side = new screen_side[ screen_y ]) == NULL ||
      (right_side = new screen_side[ screen_y ]) == NULL )

    exit("initialise_world(): Nicht genug Speicher.\n");

  surface.open_window( hInstance, screen_x, screen_y, bit_depth );
}

void destroy_world( void )
{
  if( sbuffer ) delete [] sbuffer;
  if( zbuffer ) delete [] zbuffer;
  if( left_side ) delete [] left_side;
  if( right_side ) delete [] right_side;

  surface.close_window();
}
```

Kapitel 6
Einfache Polygonschattierung

```
#endif
```

////////////////////   Ende gv6_3.h   ////////////////////

Die Hauptdatei des Programms *a4_3* ist mit der seines Vorgängers identisch. Das Programm besitzt folgendes Erscheinungsbild:

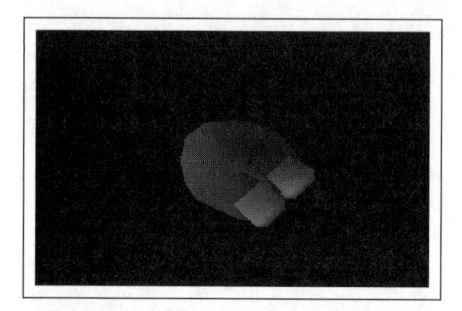

Abb. 6.28: Ausgabe des Programms *a4_3*

Die Rundung von Fließkommazahlen

Die Datei *p4_3.h*, welche die innerhalb des letzten Programms eingesetzte Version der Klasse polygon enthält, verfügt an zwei Stellen über eine auf den ersten Blick irrelevante Berechnung, welche im Folgenden hervorgehoben wird:

```
////           Schleife der Funktion set_side()            ////////////

long   act_y = begin.sy;
double act_z = begin.sz;
double act_c = begin.color;
for( ; act_y <= end.sy ; act_y++ )
{
  side[ act_y ].offset = long( a_offset );
  side[ act_y ].sz = act_z;
  side[ act_y ].color = uchar( act_c + 0.5 );

  a_offset += offset_step;
  act_z += z_step;    act_c += c_step;
}

///////////////////////////////////////////////////////////////////////

//   Innerste Schleife der Funktion polygon::rasterize()      /////
```

```
while( length-- > 0 )
{
  if( act_z < zbuffer[ offset ] )
  {
    sbuffer[ offset ] = uchar( act_c + 0.5 );
    zbuffer[ offset ] = act_z;
  }

  offset++;
  act_z += z_step;
  act_c += c_step;
}
```

//

An diesen beiden Stellen wird der aktuellen Farbposition die Konstante 0.5 hinzuaddiert, bevor diese in einem Integer umgewandelt wird. Entfernt man diese Addition, tritt in einigen Fällen der in Abbildung 6.29 dargestellte grafische Fehler auf.

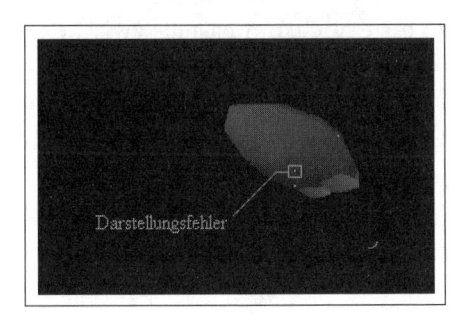

Abb. 6.29: Darstellungsfehler, der als Folge von falsch gerundeten Fließkommazahlen auftreten kann

Der Darstellungsfehler aus Abbildung 6.29 besteht darin, dass ein sehr heller Farbton anstelle der erwarteten, dunklen Farbnuance eingesetzt wird. Dieses Phänomen tritt vevorzugt im Bereich des tiefsten Punkts von Polygonen auf, wenn folgende Voraussetzungen erfüllt sind:

- Wenn in der Nähe der weiter oben liegenden Vertices helle Schattierungen auftauchen und
- Wenn dem tiefsten Punkt aufgrund der Ausrichtung seines Normalenvektors eine dunkle Farbe zugeordnet worden ist.

Der beschriebene Fehler lässt sich auf Ungenauigkeiten zurückführen, welche bei der Farbinterpolation unter Verwendung von Fließkommazahlen auftreten können. Anhand der Anordnung der Farben innerhalb der 8-Bit-Palette lässt sich feststellen, dass es sich bei dem fälschlich eingesetzten Farbton um die hellste Abstufung der Primärfarbe handelt, deren Verlauf sich innerhalb der Palette vor der Definition der Primärfarbe des betrachteten Polygons befindet.

Nehmen wir an, dass die dunkle Anfangsfarbe, deren Einsatz vom Betrachter erwartet wird, sich an der Position 128 innerhalb der Palette befindet. Daraus folgt, dass die hellste Endfarbe des vorangegangenen Verlaufs den Offset 127 besitzt. Die Rasterization der Polygone erfolgt auf den Bildschirm von oben nach unten; aufgrund der beschriebenen Ungenauigkeiten kann in dem fehlerhaft dargestellten Bereich eine Farbposition mit dem Wert 127.9 oder 127.8 anstelle des erwarteten 128.0 ermittelt werden. Bei Ausführung der Anweisung

```
sbuffer[ offset ] = uchar( act_c )
```

werden die Nachkommastellen der Variablen `act_c` gestrichen, und dem Pixel wird die Farbe 127 zugewiesen, obwohl der eigentliche Wert von `act_c` sich näher an 128.0 befindet.

Dieses Problem lässt sich beheben, indem vor der Typumwandlung die Fließkommazahl unter Betrachtung der ersten Nachkommastelle auf- oder abgerundet wird. Mathematisch gesehen werden Zahlen, deren erste Nachkommastelle zwischen 1 und 4 liegt, abgerundet. Aus 3.1 wird beispielsweise 3, aus 100.4 wird 100. Ist die erste Nachkommastelle größer oder gleich 5, muss die Zahl aufgerundet werden: 23.5 wird zu 24, 9.9 wird in 10 umgewandelt.

Die Rundung von Fließkommazahlen erfolgt in der Praxis durch die Addition der Konstanten 0.5. Die Vorkommastellen abzurundender Zahlen werden durch diese Addition nicht verändert. Die Erhöhung der Zahlen aus dem vorherigen Beispiel ergibt die Werte 3.6 bzw. 100.9; bei der *cast*-Operation werden die Nachkommastellen gestrichen, das Ergebnis sind die abgerundeten Zahlen.

Ganz anders sieht es bei Nachkommastellen aus, welche größer oder gleich 5 sind. Hier wird durch die Addition ein Übertrag hervorgerufen, welcher die Vorkommastellen um eine Einheit erhöht. Die Werte der obenn genannten Zahlen werden auf 24.0 bzw. 10.4 erhöht, nach der Entfernung der Nachkommastellen erhält man die mathematisch richtig aufgerundeten Zahlen.

Die Addition der Konstanten 0.5 ist jedoch nicht bei jeder Umwandlung einer Fließkommazahl in einem Integer erforderlich, weil diese in vielen Fällen keine auf dem Bildschirm sichtbaren Folgen besitzt.

6.3.7 Möglichkeiten des Einsatzes mehrerer Farbpaletten

Das Array `palette_8::color_table[]` gewährleistet die Verwendung mehrerer unterschiedlicher Paletten innerhalb desselben Programms, um besondere grafische Effekte hervorzurufen. Hierbei wird folgendermaßen vorgegangen: Eine Farbpalette wird eingesetzt werden, um das normale Aussehen der Farben, in den meisten Fällen bei Tageslicht, zu definieren.

Wenn der Eindruck erweckt werden soll, dass der Benutzer sich beispielsweise unter Wasser begibt, werden die Farben eines anderen Objekts vom Typ `palette_8` mittels `install_palette()` in die 8-Bit-Palette übernommen. Die neuen Farbtöne sind prinzipiell den Farben aus der Normalpalette gleich; in diesem Fall sind diese lediglich um einen bestimmten Faktor in Richtung der Farbe **Blau** verschoben worden, um das Aussehen einer Unterwasserlandschaft zu simulieren. Es ist durchaus auch möglich, die Farbvektoren der Normalpalette auch in Richtung einer anderen Farbe zu verschieben: Eine orangerote Zielfarbe kann den Eindruck von Dämmerung hervorrufen, **Grau** wird für Nebeleffekte eingesetzt.

Im Folgenden wird erläutert, wie diese Verschiebung theoretisch durchgeführt werden kann. Angenommen, wir besitzen eine Farbe, deren normales Aussehen durch die Komponenten **(nr, ng, nb)**$_{RGB}$ definiert ist. Die Zielfarbe, in deren Richtung die Normalfarbe verschoben werden soll, um eine bestimmte Atmosphäre zu erzeugen, lautet **(zr, zg, zb)**$_{RGB}$. Zunächst muss überlegt werden, wie stark eine Farbe in die andere übergehen soll. Prozente eignen sich sehr gut als Maß für die Verschiebung: Eine Veränderung um **0 %** hat keine Auswirkungen auf die Ausgangsfarbe, bei dem Ergebnis der Verschiebung der Normalfarbe um **100 %** handelt es sich um die Zielfarbe, die Folge einer **50%igen** Veränderung der Ausgangsfarbe ist eine gleichmäßige Durchmischung beider Farbtöne.

Die eigentliche Verschiebung kann mithilfe der linearen Interpolation realisiert werden. Wenn wir einen 100 Elemente umfassenden Farbverlauf zwischen den beiden Farben generieren wollen, müssen zunächst die Unterschiede zwischen den Komponenten benachbarter Farben ermittelt werden:

r_step = (zr − nr) / 100
g_step = (zr − nr) / 100
b_step = (zr − nr) / 100

Anschließend können die verschiedenen Übergangsfarben wie gehabt durch eine iterative Addition ermittelt werden. Nach 50 Iterationen ist der Farbton erreicht, welcher sich genau zwischen der Anfangs- und Endfarbe befindet. Diese Farbnuance **(mr, mg, mb)**$_{RGB}$ stellt gleichzeitig auch eine **50%ige** Verschiebung der Anfangsfarbe in Richtung der Zielfarbe:

mr = nr + 50 * r_step
mg = ng + 50 * g_step
mb = nb + 50 * b_step

Dementsprechend ist nach 20 Iterationen erst eine **20%ige** Verschiebung der Normalfarbe erreicht. Die allgemeine Formel, mit deren Hilfe eine beliebige Farbe sich in Richtung einer anderen Farbe um einen bestimmten Betrag verschieben lässt, wobei das Ergebnis die Komponenten **(er, eg, eb)**$_{RGB}$ besitzt, lautet unter Verwendung der bereits definierten Variablen:

er = nr + p * r_step
eg = ng + p * g_step
eb = nb + p * b_step

wobei die Variable **p**, deren Wert zwischen **0** und **100** liegen muss, den prozentuellen Anteil der Zielfarbe **(zr, zg, zb)**$_{RGB}$ innerhalb der gesuchten Farbnuance **(er, eg, eb)**$_{RGB}$ darstellt.

6.4 Phong Shading

Mithilfe des *Gouraud-Shading*-Algorithmus können äußerst realistische Grafiken erzeugt werden, wenn Farben und Richtung des Lichts richtig ausgewählt werden. In einigen Fällen können aber auch hierbei ungenaue Ergebnisse auftreten. Diese treten beispielsweise dann auf, wenn ein Polygon direkt von einer Lichtquelle beleuchtet wird.

Wenn der Lichtvektor rechtwinklig auf die Ebene des Polygons trifft, müsste die Farbe des Vielecks theoretisch eine sehr helle Schattierung annehmen. Beim *Gouraud-Shading*-Algorithmus werden die Farben jedoch auf der Grundlage der Vektornormalen von Vertices ermittelt. Wie man in Abbildung 6.30 deutlich erkennen kann, besitzen diese Vektoren eine andere Ausrichtung als die Polygonnormale: Sie sind der Lichtquelle nicht so stark zugewandt, ihnen wird deshalb kein besonders heller Farbton zugeordnet.

Phong Shading

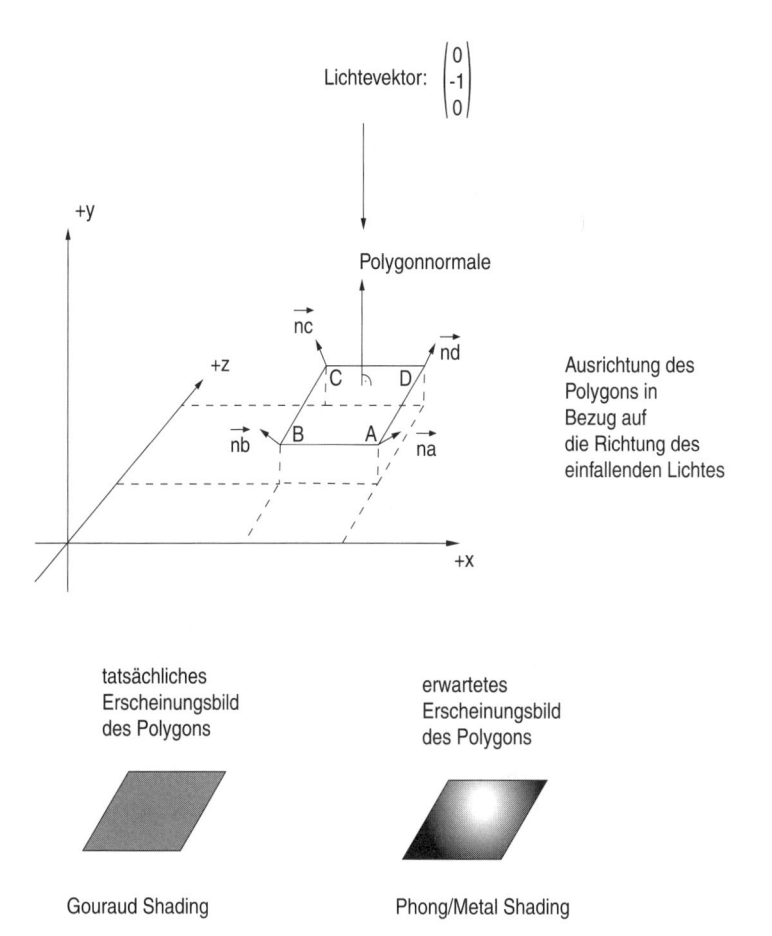

Abb. 6.30: Die Lage der Vektornormalen bei einem zu 100 % der Lichtquelle zugewandten Polygon

Die Farben der Pixel, welche bei der Visualisierung des Polygons gesetzt werden, entstehen durch Interpolation aus diesen relativ dunklen Farbschattierungen; das Vieleck wird aus diesem Grund in einen relativ dunklen Farbton dargestellt, obwohl dieser zu 100 % der Lichtquelle zugewandt ist.

Dieses Problem kann behoben werden, wenn man jedem Pixel, welcher bei der Darstellung eines Polygons gesetzt wird, einen eigenen Normalenvektor zuordnet. Hierdurch kann die Berechnung der Farbe sehr viel genauer durchgeführt werden: Auf der Grundlage des Lichtvektors und der besagten Vektornormalen kann jedem Pixel ein eigener Farbton zugewiesen werden. Pixel, welche in der Mitte des Polygons angesiedelt sind, würden hellere Farben annehmen als die Pixel am Rand des Vielecks, da sie über Vektornormalen verfügen, welche der Lichtquelle am stärksten zugewandt sind.

Kapitel 6
Einfache Polygonschattierung

Der Normalenvektor eines jeden Pixels kann aus den Vektornormalen der Eckpunkte seines Polygons ausgerechnet werden. Bei den letzteren handelt es sich um die Vektoren, welche den Punkten jedes Polyeders im Laufe des *Gouraud-Shading*-Algorithmus zugeordnet werden. Die Berechnung der Farbe eines Pixels erfolgt wie gehabt, unter Verwendung der Funktion `palette_8::get_color()`. Diese Erweiterung des *Gouraud Shading* wird als *Phong-Shading*-Algorithmus bezeichnet.

6.4.1 Die Vektornormale eines Pixels

Es kann nicht festgelegt werden, wie viele Pixel ein Polygon besitzt; je näher sich ein Polygon beim Betrachter befindet, umso größer wirkt dieser und umso mehr Pixel sind für seine Darstellung erforderlich. Selbst wenn seine Entfernung zum Betrachter konstant bleibt, kann die Anzahl der erforderlichen Pixel bei einer Rotation um die eigenen Achsen schwanken. Aus diesem Grund müssen die Vektornormalen der Pixel während der Rasterization des Polygons in jedem Frame von neuem ausgerechnet werden.

Die Komponenten der Vektornormalen der Pixel werden mittels linearer Interpolation aus den Komponenten der Vektornormalen der Eckpunkte ihres Polygons ausgerechnet. Hierbei bedient man sich derselben Vorgehensweise wie bei der Ermittlung der z-Koordinaten oder der Farbe eines Pixels.

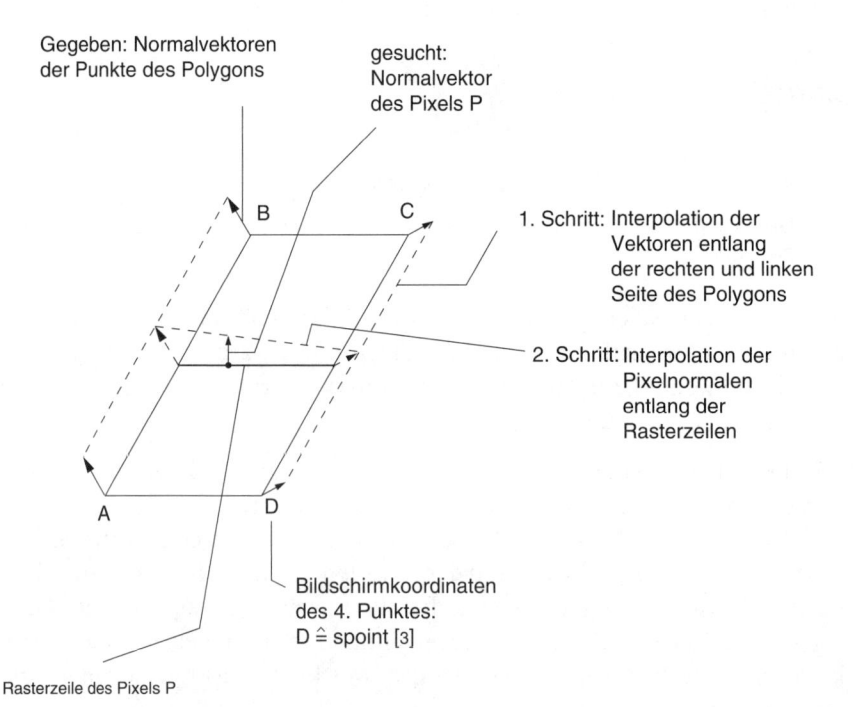

Abb. 6.31: Ermittlung des Normalenvektors eines beliebigen Pixels durch Interpolation der Vektornormalen der Eckpunkte seines Polygons

Phong Shading

Die Berechnung der Vektornormalen der Pixel erfolgt in zwei Schritten. Im ersten erfolgt die Interpolation der Komponenten entlang der Polygonseiten, im zweiten Schritt werden die Komponenten der Vektornormalen entlang der Rasterzeilen interpoliert.

Um die Vektornormalen der Pixel zu ermitteln, welche sich beispielsweise auf der Seite **AB** des in Abbildung 6.31 dargestellten Polygons befinden, müssen zunächst die drei Steigungen der Komponenten ausgerechnet werden:

x_step = (na.x – nb.x) / (A.y – B.y)
y_step = (na.y – nb.y) / (A.y – B.y)
z_step = (na.z – nb.z) / (A.y – B.y)

na und **nb** stellen hierbei die Vektornormalen der Punkte **A** und **B** dar. Angefangen mit dem Punkt **B** wird die Vektornormale des nächsten Pixels ausgerechnet, indem man der Vektornormalen des aktuellen Pixels die Variablen **x_step**, **y_step** und **z_step** hinzuaddiert. Die Vektoren der Pixel, welche sich auf den Rasterzeilen befinden, werden nach genau dem gleichen Prinzip bestimmt.

Bei der Interpolation von Vektorkomponenten muss ein weiteres wichtiges Detail beachtet werden: Die Länge der neu entstandenen Vektoren kann sich erheblich von den Beträgen der Ausgangsvektoren unterscheiden. Abbildung 6.32 verdeutlicht diese Tatsache am Beispiel von zweidimensionalen Vektoren:

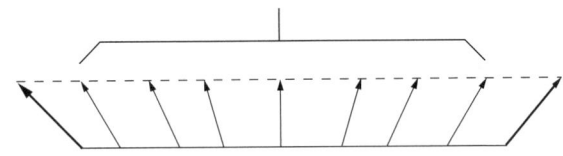

Fall 1: Ausgangsvektoren besitzen dieselbe Länge

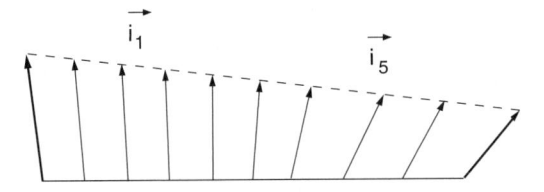

$|\vec{i_1}| \neq |\vec{i_5}|$

Fall 2: Ausgangsvektoren besitzen unterschiedliche Längen

Abb. 6.32: Die Vektoren, welche durch Interpolation aufgebaut werden, unterscheiden sich von den Ausgangsvektoren hinsichtlich ihrer Länge.

Kapitel 6
Einfache Polygonschattierung

Bei vielen Implementierungen des *Phong-Shading*-Algorithmus ist die Länge von Vektoren im dazugehörigen Datentyp vertreten. Auch in unserem Fall enthält die Struktur `vector` eine Variable namens `magnitude`, welche diesen Zweck erfüllt. Bei der Interpolation der Vektornormalen von Pixel darf nicht versäumt werden, den Betrag des Vektors mittels einer Wurzelberechnung auf die neuen Komponenten abzustimmen.

Die Funktion, welche eine Farbe mithilfe des Winkels zwischen zwei Vektoren ermittelt, kann nur dann richtige Ergebnisse liefern, wenn die Komponenten und der Betrag eines Vektors aufeinander abgestimmt sind. Ausschlaggebend ist folgende bekannte Anweisung:

```
double cos_alpha = (normal.x * light.x + normal.y * light.y +
                    normal.z * light.z) /
                   (normal.magnitude * light.magnitude);
```

Praktische Bestimmung der Vektornormalen eines Pixels

Die Ermittlung und der Umgang mit den Vektornormalen der Vertices erfolgt genau wie beim *Gouraud-Shading*-Algorithmus. Um die Vektornormalen der Pixel ermitteln zu können, müssen die Vektornormalen der dreidimensionalen Vertices zunächst auf die zweidimensionalen Punkte übertragen werden. Hierzu ist eine Veränderung des Datentyps `svertex` erforderlich:

```
struct svertex
{
  long sx, sy;
  double sz;
  vector normal;
};
```

Diese Übertragung wird während der Projektion durchgeführt:

```
void polygon::project( void )
{
  double z;

  for( long x=0 ; x<cp_point_count ; x++ )
  {
    if( wpoint[ x ].wz > 0.0 )
    {
      spoint[ x ].sx = long( wpoint[ x ].wx / wpoint[ x ].wz *
                       200.0 + x_res / 2 );
```

```
      spoint[ x ].sy = long( wpoint[ x ].wy / wpoint[ x ].wz *
                       -200.0 + y_res / 2 );
      spoint[ x ].sz = wpoint[ x ].wz + clear_translation;
      spoint[ x ].normal = wpoint[ x ].normal;
    }

    else exit( "polygon::project(): Ungültige z - \
             Koordinate.\n" );
  }
}
```

Die Bestimmung der Vektornormalen der Pixel erfolgt während der Rasterization. Um die Vektoren der Pixel, welche sich auf den Seiten des Polygons befinden, speichern zu können, muss auch der Datentyp `screen_side` wie gehabt erweitert werden:

```
struct screen_side
{
  long sx, sy;
  double sz;
  vector normal;
};
```

Die Bestimmung der besagten Vektoren erfolgt in zwei Schritten. Im ersten erfolgt die Interpolation entlang der Polygonseiten nach bekanntem Vorbild mittels der Funktion `set_side()`:

```
void set_side( svertex begin, svertex end, screen_side *side )
{
  long length = end.sy - begin.sy;

  if( length <= 0 ) return;

  double a_offset = double( begin.sy * x_res + begin.sx );
  double e_offset = double( end.sy * x_res + end.sx );
  double offset_step = (e_offset - a_offset) / length;

  double z_step = (end.sz - begin.sz) / length;

  double nx_step = (end.normal.x - begin.normal.x) / length;
  double ny_step = (end.normal.y - begin.normal.y) / length;
```

```
    double nz_step = (end.normal.z - begin.normal.z) / length;

    long   act_y = begin.sy;
    double act_z = begin.sz;

    double act_nx = begin.normal.x;
    double act_ny = begin.normal.y;
    double act_nz = begin.normal.z;

    for( ; act_y <= end.sy ; act_y++ )
    {
      side[ act_y ].offset = long( a_offset );
      side[ act_y ].sz = act_z;
      side[ act_y ].normal = vector( act_nx, act_ny, act_nz );

      a_offset += offset_step;   act_z += z_step;
      act_nx += nx_step;   act_ny += ny_step;   act_nz += nz_step;
    }
  }
```

In dieser Funktion werden keine Pixel auf dem Bildschirm gesetzt, dementsprechend sind Farbberechnungen hier nicht notwendig. Aus diesem Grund ist eine Berechnung des Betrags der Vektornormalen hier nicht unbedingt erforderlich. Diese Aussage trifft jedoch nicht auf polygon::rasterize() zu, in der Vektornormalen entlang der Rasterzeilen interpoliert werden:

```
void polygon::rasterize( uchar *sbuffer )
{
  long x, y, top=0, bottom=0;

  for( x=1 ; x<cp_point_count ; x++ )
  {
    if( spoint[ top    ].sy > spoint[ x ].sy ) top = x;
    if( spoint[ bottom ].sy < spoint[ x ].sy ) bottom = x;
  }

  x = y = top;
  for( dec( &y, cp_point_count ) ;
       x!=bottom ;
       x=y, dec( &y, cp_point_count ) )
    set_side( spoint[ x ], spoint[ y ], left_side );
```

```
x = y = top;
for( inc( &y, cp_point_count ) ;
     x!=bottom ;
     x=y, inc( &y, cp_point_count ) )
  set_side( spoint[ x ], spoint[ y ], right_side );

long m = (spoint[ bottom ].sy + spoint[ top ].sy) / 2;
if( left_side[ m ].offset > right_side[ m ].offset )
{
  screen_side *t = left_side;  left_side = right_side;
  right_side = t;
}

long length, offset;
double act_z, z_step;
double act_nx, act_ny, act_nz, nx_step, ny_step, nz_step;

for( y = spoint[ top ].sy ; y <= spoint[ bottom ].sy ; y++ )
{
  length = right_side[ y ].offset - left_side[ y ].offset;

  z_step = (right_side[ y ].sz - left_side[ y ].sz) / length;
  nx_step = (right_side[y].normal.x - left_side[y].normal.x) /
            length;
  ny_step = (right_side[y].normal.y - left_side[y].normal.y) /
            length;
  nz_step = (right_side[y].normal.z - left_side[y].normal.z) /
            length;

  offset = left_side[ y ].offset;
  act_z = left_side[ y ].sz;

  act_nx = left_side[ y ].normal.x;
  act_ny = left_side[ y ].normal.y;
  act_nz = left_side[ y ].normal.z;

  while( length-- > 0 )
  {
    if( act_z < zbuffer[ offset ] )
    {
      sbuffer[ offset ] =
        palette.get_color
```

```
            (
                vector( act_nx, act_ny, act_nz ), color
            );
            zbuffer[ offset ] = act_z;
        }

        offset++;
        act_z += z_step;
        act_nx += nx_step;   act_ny += ny_step;   act_nz += nz_step;
    }
  }
}
```

Bevor ein Pixel auf den Bildschirm gesetzt werden kann, muss die Schattierung seiner Primärfarbe zunächst mittels `palette_8::get_color()` ermittelt werden. Die gesuchte Farbabstufung wird auf der Grundlage der Vektornormalen des zu setzenden Pixels ausgerechnet. Hierbei ist es von großer Wichtigkeit, dass der Betrag des Vektors, welcher in Form der Variablen `vector::magnitude` vorliegt, auf die Komponenten abgestimmt ist. Diese Vorgabe wird durch den expliziten Aufruf des Konstruktors `vector::vector( double, double, double )` eingehalten, wo die besagte Wurzelberechnung durchgeführt wird.

6.4.2 Anpassung der Vektornormalen im Laufe des Polygon Clipping

Um einen besseren Einblick in die Vorgänge zu erhalten, welche beim *Phong-Shading*-Algorithmus eine Rolle spielen, haben sich die bisherigen Erläuterungen nur mit den wesentlichen Aspekte auseinander gesetzt. Das letzte Detail, mit dem man sich vor der praktischen Verwendung der neuen Gleichungen beschäftigen sollte, besteht im Umgang mit den Polygonen, welche sich nur teilweise innerhalb des Viewports befinden.

Der *Polygon-Clipping*-Algorithmus wird eingesetzt, um die Bereiche der Vielecke, welche sich außerhalb des Darstellungsfensters befinden, vor dem Rendering zu entfernen. Hierbei ist es jedoch notwendig, die Vektornormalen der auf diese Weise neu entstandenen Punkte explizit auszurechnen. Abbildung 6.33 verdeutlicht die Notwendigkeit dieser Vorgehensweise.

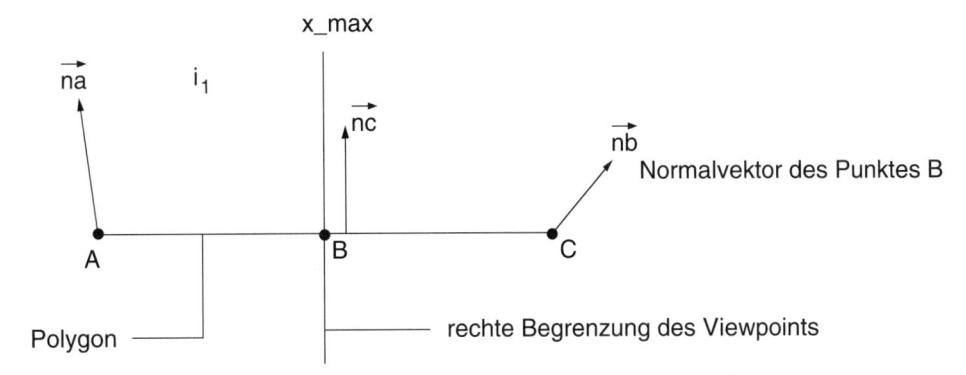

Abb. 6.33: Die Vektornormale des neu ermittelten Punkts **C** unterscheidet sich von den Vektoren der Punkte **A** und **B** und muss deshalb explizit ausgerechnet werden.

Die Komponenten der Vektornormalen der im Laufe des *Polygon Clipping* neu entstandenen Punkte werden nach genau denselben Gesetzmäßigkeiten wie beispielsweise z-Koordinaten ausgerechnet. Für die Komponenten des Vektors **nc** aus Abbildung 6.33 gilt demnach:

nc.x = (na.x - nb.x) * m + nb.x;
nc.y = (na.y - nb.y) * m + nb.y;
nc.z = (na.z - nb.z) * m + nb.z;
wobei   m = (x_max - B.x) / (A.x - B.x);

Die hierbei zugrunde liegenden Vorgänge sind bereits innerhalb des Abschnitts Abbildung 6.25 in einem anderen Kontext besprochen worden. Auf der Grundlage dieser Gleichungen können die Funktionen get_zplane_coords(), get_xplane_coords() und get_yplane_coords() für den Einsatz des *Phong-Shading*-Algorithmus erweitert werden. Genau wie im Fall des *Gouraud-Shading*-Algorithmus ist eine Veränderung der übrigen *Polygon-Clipping*-Funktionen nicht erforderlich.

```
vertex get_zplane_coords( vertex a, vertex b, double plane_z )
{
  double m = (plane_z - b.wz) / (a.wz - b.wz);
  vertex c;

  c.wx = (a.wx - b.wx) * m + b.wx;
  c.wy = (a.wy - b.wy) * m + b.wy;
  c.wz = plane_z;

  double x = (a.normal.x - b.normal.x) * m + b.normal.x;
  double y = (a.normal.y - b.normal.y) * m + b.normal.y;
  double z = (a.normal.z - b.normal.z) * m + b.normal.z;
```

Kapitel 6
Einfache Polygonschattierung

```
  c.normal = vector( x, y, z );

  return c;
}

svertex get_xplane_coords( svertex a, svertex b, long plane_x )
{
  double m = (plane_x - b.sx) / double( a.sx - b.sx );
  svertex c;

  c.sx = plane_x;
  c.sy = long( (a.sy - b.sy) * m + b.sy );
  c.sz = (a.sz - b.sz) * m + b.sz;

  double x = (a.normal.x - b.normal.x) * m + b.normal.x;
  double y = (a.normal.y - b.normal.y) * m + b.normal.y;
  double z = (a.normal.z - b.normal.z) * m + b.normal.z;
  c.normal = vector( x, y, z );

  return c;
}

svertex get_yplane_coords( svertex a, svertex b, long plane_y )
{
  double m = (plane_y - b.sy) / double( a.sy - b.sy );
  svertex c;

  c.sx = long( (a.sx - b.sx) * m + b.sx );
  c.sy = plane_y;
  c.sz = (a.sz - b.sz) * m + b.sz;

  double x = (a.normal.x - b.normal.x) * m + b.normal.x;
  double y = (a.normal.y - b.normal.y) * m + b.normal.y;
  double z = (a.normal.z - b.normal.z) * m + b.normal.z;
  c.normal = vector( x, y, z );

  return c;
}
```

6.4.3 Praktischer Einsatz des Phong-Shading-Algorithmus

Unser nächstes Programm verwendet die erweiterte Version der Klasse polygon um eine Darstellung von Polyedern unter Verwendung des *Phong-Shading*-Algorithmus zu erreichen. Das Programm *a6_5* besitzt dieselbe Hauptdatei wie sein Vorgänger; neben der Datei *p6_5.h* musste noch *v6_5.h* verändert werden, um die Datentypen svertex und bseite den neuen Anforderungen anzupassen:

```
///////////////          Anfang v6_5.h           ///////////////

#ifndef V_H
#define V_H

#include <math.h>

typedef unsigned char uchar;
typedef unsigned short ushort;
typedef unsigned long ulong;

struct vector
{
  double x, y, z, magnitude;

  vector( void ) : x( 0 ), y( 0 ), z( 0 ), magnitude( 0 ) { }
  vector( double vx, double vy, double vz ) : x( vx ), y( vy ), z( vz ),
  magnitude( sqrt( vx*vx + vy*vy + vz*vz ) ) { }
};

struct vertex
{
  double wx, wy, wz;
  vector normal;
};

struct svertex
{
  long sx, sy;
  double sz;
  vector normal;
};

struct screen_side
{
```

```
    long offset;
    double sz;
    vector normal;
};

struct pixel_8
{
  short red, green, blue;

  pixel_8( void ) : red( 0 ), green( 0 ), blue( 0 ) { }
  pixel_8( uchar r, uchar g, uchar b ) : red( r ), green( g ), blue( b )
  { }
};

vector operator - ( vertex v1, vertex v2 )
{
  return vector( (v1.wx - v2.wx), (v1.wy - v2.wy), (v1.wz - v2.wz) );
}

#endif
```

//////////////////// Ende v6_5.h ////////////////////

Der Einsatz des *Phong-Shading*-Algorithmus führt zu weitaus ansprechenderen Aufgaben als die Verwendung des *Gouraud Shading*. Durch Bestimmung der Farbintensität auf Pixelebene können die genausten Ergebnisse erzielt werden. Im Vergleich zum Gouraud Shading ist der Unterschied zwischen hell und dunkel viel deutlicher ausgeprägt, die Übergänge sind kürzer. Die räumliche Tiefe wird besser hervorgehoben, wodurch die dargestellte Figur dreidimensionaler und realistischer wirkt. Die Bereiche der Polygone, welche der Lichtquelle am stärksten zugewandt sind, werden in besonderem Maße aufgehellt; durch den *Light Spot* wird dem Betrachter der Eindruck vermittelt, die aus wenigen flachen Vielecken aufgebaute Figur besitzt eine gebogene Oberfläche.

Links zwei Phong schattierte Polyeder, unterschiedlich ausgerichtet, rechts zwei Gouraud schattierte. Gleiche Ausrichtung der Figuren, gleiche Definition der Primärfarben

Durch die ungenauere Farbbestimmung sind die Unterschiede zwischen hell und dunkel bei der Verwendung des *Gouraud Shading* nur schwach ausgeprägt. Zwischen diesen Bereichen existieren lange Übergänge, wodurch die Farben der gesamten Figur leicht verwischt aussehen. Trotz dieser Nachteile kann dem *Phong Shading* kein uneingeschränkter Vorrang eingeräumt werden. Der gewaltige Vorteil des *Gouraud Shading* liegt in der weitaus kürzeren Zeit, in der ein schattierter Polyeder dargestellt werden kann. Ein weiteres Argument ist, dass die Vorteile der Verwendung des *Phong-Shading*-Algorithmus nur dann zu erkennen sind, wenn die Figur sich in der Nähe des Betrachters befindet. Auch hier gilt, dass das Gebiet, auf dem das Programm einzusetzen ist, für die Auswahl des eingesetzten Schattieralgorithmus ausschlaggebend ist.

6.5 Metal Shading

In den vorherigen Abschnitten haben wir uns mit verschiedenen Techniken beschäftigt, mit deren Hilfe man Polygonen ein möglichst realistisches Aussehen verleihen kann.

Beim *Flat-Shading*-Algorithmus wird jedem Vieleck auf der Grundlage seiner Polygonnormalen eine eigene Farbe zugewiesen. Im *Gouraud Shading* wird diese Technik weiterentwickelt: Jedem Vertex wird eine Vektornormale zugeordnet, welche ebenfalls für die Berechnung von Farben eingesetzt wird. Hierdurch erreicht man, dass die beleuchteten und die im Schatten liegenden Bereiche des darzustellenden Polyeders sich über mehrere Polygone erstrecken, bei fließenden Übergängen von hell nach dunkel. Der *Phong-Shading*-Algorithmus sieht schließlich die Berechnung von Farben auf Pixelebene vor, wodurch die genauesten Ausgaben erzielt werden.

Bei der Visualisierung eins Polygons unter Verwendung des *Phong-Shading*-Algorithmus besitzt der Bereich, welcher der Lichtquelle am stärksten zugewandt ist, eine besonders helle Farbnuance, welche als *Light Spot* bezeichnet wird. Dieses Phänomen tritt auch in der realen Welt auf, speziell bei glatten Oberflächen. Hierbei sind Aussehen, Sichtbarkeit und Ausdehnung des *Light Spot* von der Beschaffenheit des Materials bzw. der Art der Lichtquelle abhängig. In einigen Fällen ist dieser Bereich klein, sehr hell und hebt sich deutlich vom restlichen Gegenstand ab. Es kann aber auch sein, dass sich der *Light Spot* über eine relativ große Fläche erstreckt; der Farbübergang von der hellsten Stelle bis zu seinen Randbereichen vollzieht sich erst allmählich, sodass es schwierig wird, diesen Bereich vom Rest des beleuchteten Objekts abzugrenzen.

Eine genaue Betrachtung der Ausgaben des vorherigen Programms zeigt, dass die von uns eingesetzte Farbgebung in Form der Funktion `palette_8::get_color()` stets ein einheitliches Erscheinungsbild des *Light Spot* hervorruft. Der *Metal-Shading*-Algorithmus behebt diese Schwäche des *Phong Shading*. Mithilfe einer erweiterten Farbgebung kann hierbei das Erscheinungsbild des *Light Spot* den Vorgaben des Benutzers angepasst werden, wodurch besonders eindrucksvolle Ausgaben erzeugt werden können.

Die Arbeitsweise des *Metal Shading* unterscheidet sich nicht von der des *Phong-Shading*-Algorithmus: Die Farbbestimmung erfolgt auch hier in jedem Pixel, auf der Grundlage des Lichtvektors und einer Vektornormalen, welche in jedem Frame von neuem aus den Vektornormalen der Vertices aufgebaut wird. Der einzige Unterschied besteht in der Art, wie die gesuchte Farbintensität mithilfe der besagten Vektoren ermittelt wird.

6.5.1 Exponentialinterpolation

Bei der Berechnung einer Farbintensität auf der Grundlage von zwei Vektoren haben wir bisher stets dieselbe Vorgehensweise eingehalten: Der Kosinus des Winkels zwischen dem Lichtvektor und der entsprechenden Polygon- bzw. Vektornormalen wurde mit der Anzahl der Schattierungen der betreffenden Primärfarbe multipliziert:

act_color = -cos(α) * (color_steps – 1) + min_intensity

Wie wir bereits im Abschnitt »Geringfügige Ungenauigkeit der Intensitätsberechnung« festgestellt haben, sind die Ergebnisse, welche mithilfe dieser Funktion erzielt werden, jedoch relativ ungenau; die Helligkeit des ausgerechneten Farbtons ist nicht proportional zum Winkel zwischen den beiden Vektoren.

Nehmen wir an, **min_intensity** besitzt den Wert 0, **(color_steps – 1)** beträgt 99. Ausgehend von der Abbildung 6.13 auf Seite 448 würde man erwarten, dass ein zu 50 % beleuchtetes Vieleck die Farbnuance annimmt, welche sich an der 49. Position des Farbverlaufs zur Beschreibung seiner Primärfarbe befindet. In diesem Fall würde zwischen der Polygonnormalen und dem Lichtvektor ein Winkel von 135 bzw. 225 vorliegen. Die oben dargestellte Gleichung geht jedoch vom Kosinus des Winkels aus und nicht von der Größe des Winkels selbst. Weil der Betrag des Kosinuswerts dieser Winkel ca. 0.71 ist, wird die Farbposition 70 ausgerechnet. Der Grund für diese Ungenauigkeit kann dem Verlauf der Kosinuskurve entnommen werden.

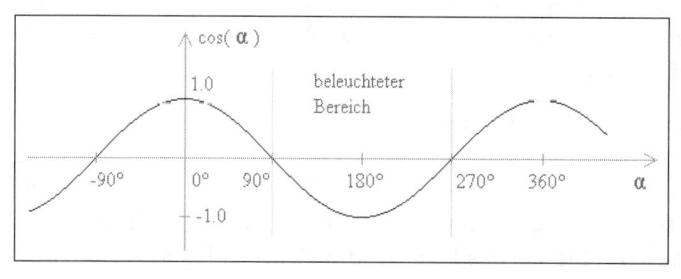

Abb. 6.34: Verlauf der Kosinuskurve im Intervall [0 .. 360°]

Für unsere Zwecke ist nur der in Abbildung 6.34 hervorgehobene Bereich relevant, weil die Position eines Farbtons nur dann explizit ausgerechnet werden muss, wenn das darzustellende Vieleck der Lichtquelle zugewandt ist bzw. wenn der Winkel zwischen dem Lichtvektor und der Polygonnormalen **90** bis **270** beträgt. In der Formel für die Farbgebung werden die Beträge dieser Funktionswerte benötigt; die grafische Darstellung dieser Werte sieht folgendermaßen aus:

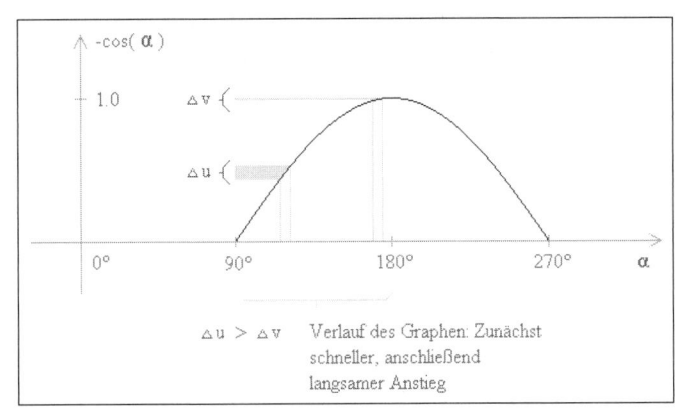

Abb. 6.35: Graph der Funktion $-\cos(\alpha)$ im Intervall $[\,90°\,..\,270°\,]$

Am Funktionsgraphen aus Abbildung 6.35 kann der Grund für die Ungenauigkeit in der Berechnung der Farbintensität am besten nachvollzogen werden. Der Kurvenverlauf ist nicht linear; zwischen **90** und **180** ist zunächst ein steiler Anstieg der Kurve zu verzeichnen, der Funktionsgraph flacht sich anschließend stark ab.

Der Unterschied zwischen den Funktionswerten von Winkeln, welche sich in gleichen Abständen befinden, ist nicht konstant. Dieser Sachverhalt wird in Abbildung 6.35 grafisch dargestellt: die Strecke <delta> **u**, welche von Funktionswerten aus dem unteren Bereich des Intervalls gebildet wird, ist beispielsweise weitaus größer als <delta> **m**, welche die Differenz zwischen Werten aus dem mittleren Bereich zeigt. An der Abbildung lässt sich erkennen, dass der Funktionswert der Winkel, welche eine 50%ige Beleuchtung eines Polygons anzeigen, ca. **0.71** beträgt; der Kurvenverlauf ist dafür verantwortlich, dass dieser Wert mit den helleren Farbtönen in Verbindung gebracht wird.

Erweiterte Möglichkeiten der Farbgebung

Diese Überlegungen führen zu dem Schluss, dass der Einsatz von Kosinuswerten für eine genaue Farbgebung ungeeignet ist. Wenn Farbnuancen ermittelt werden müssen, deren Helligkeit proportional zum Winkel zwischen den beiden gegebenen Vektoren ist, muss diese Berechnung unter Verwendung der eigentlichen Winkelgröße erfolgen.

Diese Farbgebung unterscheidet sich grundsätzlich nicht von der bisher durchgeführten. Anstelle von **–cos(α)** ist jedoch eine neue Funktion erforderlich. Diese verhält sich zunächst wie gehabt: Die Funktionswerte von **90** und **270** besitzen den Wert 0.0, während einem Winkel von 180 der Wert 1.0 zugeordnet wird. Die gesuchte Funktion unterscheidet sich von der bisher verwendeten in ihrem Verlauf. Zwischen 90 und 180 muss der dazugehörige Graph proportional ansteigen, mit anderen Worten eine Gerade bilden. Entsprechendes gilt auch für den Intervall [180 .. 270]. Für die bereits besprochenen Winkel 135 und 225 muss der Wert 0.5 ausgegeben werden. Die Funktion, deren Verlauf mithilfe dieser Überlegungen eindeutig beschrieben wird und im folgenden die Bezeichnung **mt()** trägt, ist in Abbildung 6.36 grafisch dargestellt.

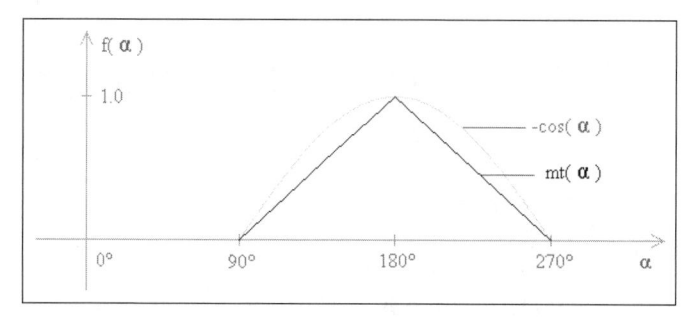

Abb. 6.36: Grafische Darstellung der Funktion **mt(** α **)** im Intervall [90 .. 270]. Anders als – cos(α), erfolgt der Anstieg des Funktionsgraphen zwischen 90 und 180 proportional.

Eine wichtige Eigenschaft dieser Funktion besteht darin, dass die Differenz zwischen den Funktionswerten von Winkeln, welche sich in gleicher Entfernung voneinander befinden, identisch ist. Wenn sich die Helligkeit der gesuchten Farbnuance proportional zum Winkel α zwischen den besagten Vektoren verhalten soll, muss die neue Funktion lediglich in die bisher verwendete Formel eingesetzt werden:

act_color = mt(α **) * (color_steps – 1) + min_intensity**

Im Abschnitt »Geringfügige Ungenauigkeit der Intensitätsberechnung« haben wir zwar festgestellt, dass eine genaue Farbgebung nur geringfügig bessere Ausgaben als die bisher verwendete erzeugen kann; durch einen Trick kann jedoch mithilfe der Funktion **mt()** die Farbgebung und somit auch das gesamte Erscheinungsbild der dargestellten Polyeder den Vorgaben des Benutzers beliebig angepasst werden. Der Trick besteht darin, den Wert **mt(** α **)** ein paar Mal mit sich selbst zu multiplizieren, bevor man diesen in die Formel einsetzt. Um den Grund dieser Vorgehensweise besser verstehen zu können, müssen zunächst die Auswirkungen der Potenzierung auf die Funktionswerte von **mt()** nachvollzogen werden.

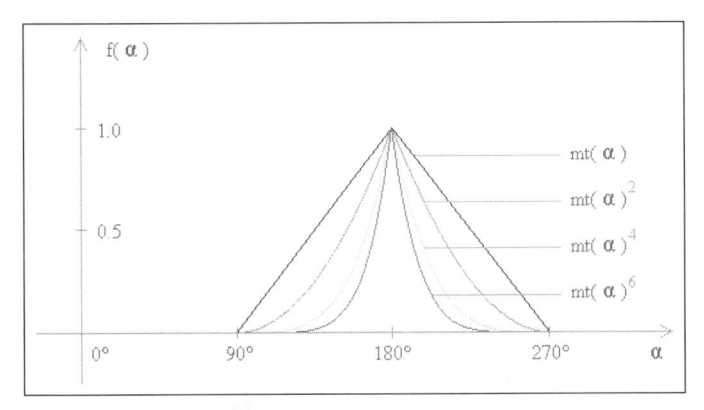

Abb. 6.37: Erscheinungsbild der Funktion **mt(** α **)** bei der Potenzierung unter Verwendung unterschiedlicher Exponenten

Bei der Betrachtung der Abbildung 6.37 kann grundsätzlich gesagt werden, dass, je höher der Exponent ist, mit dem die Funktionswerte von **mt()** potenziert werden, umso stärker nähert sich der entsprechende Graph der Rechtsachse und der senkrechten Geraden, welche durch den Punkt 180 verläuft. Dieses Verhalten ist auf eine besondere Eigenschaft der Zahlen zurückzuführen, deren Werte zwischen 0.0 und 1.0 liegen. Wenn man diese potenziert, ist im Intervall [90 .. 180] zunächst ein sehr schwacher Anstieg der Kurve zu verzeichnen. Anschließend steigt der Graph sehr schnell an, bis der Wert 1.0 erreicht ist. Je größer der eingesetzte Exponent ist, umso später erfolgt dieser starke Anstieg und umso abrupter ist der Übergang zwischen kleinen und größer werdenden Funktionswerten.

Die Funktion **mt()** kann im gegebenen Intervall nur Werte liefern, welche zwischen 0.0 und 1.0 liegen. Wichtig ist, dass bei ihrer Potenzierung niemals Werte vorkommen, die 1.0 überschreiten. 0^t ergibt stets 0 und $1^t = 1$, für jeden beliebigen natürlichen Exponenten t. Da Exponentialfunktionen im Intervall [0 .. 1] monoton steigend verlaufen, liegen die Ergebnisse der Potenzierung dazwischen liegender Werte ebenfalls zwischen 0.0 und 1.0.

Diese Überlegungen können auch auf die Farbgebung übertragen werden. Wenn man hierbei anstelle von **mt(** α **)** eine potenzierte Version dieses Werts einsetzt, verläuft die Farbgebung analog den Gesetzmäßigkeiten, welche in Abbildung 6.37 dargestellt sind:

act_color = [mt(α **)]^t * (color_steps – 1) + min_intensity**

Wenn für t eine ausreichend hohe natürliche Zahl eingesetzt wird, werden niedrigen Werten des Winkels α dunkle Farbtöne zugeordnet, welche sich in ihrer Helligkeit nur geringfügig voneinander unterscheiden. Je größer der Wert von α ist, umso heller wird der von der Funktion ermittelte Farbton. Bemerkenswert ist, dass die Vergrößerung hierbei exponentiell und nicht proportional erfolgt: Wenn der

Kapitel 6
Einfache Polygonschattierung

Winkel zwischen der Vektornormalen eines Pixels und dem Lichtvektor sich der Marke **180** nähert, nimmt die Intensität des ausgerechneten Farbtons schlagartig zu, bei ansonsten geringen Farbnuancen. Je größer der Wert **t** ist, umso stärker hebt sich der *Light Spot* vom Rest des dargestellten Polyeders ab:

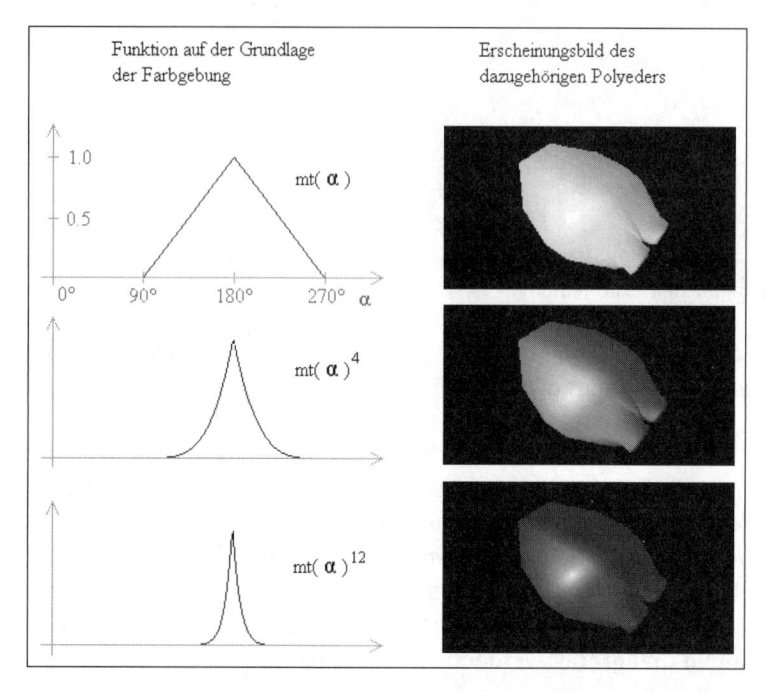

Abb. 6.38: Gegenüberstellung des Kurvenverlaufs von $mt(\alpha)^t$ während der Farbgebung und dem Erscheinungsbild des auf dieser Grundlage dargestellten Polyeders

Zu diesem Zeitpunkt wird auch die Bedeutung des Begriffs *Exponentialinterpolation* deutlicher. Bei der einfachen Interpolation, welche in den vergangenen Abschnitten häufig zum Einsatz gekommen ist, werden zwei Größen auf der Grundlage einer proportionalen Zuordnung miteinander verknüpft. Bei einem linearen Anstieg der Ausgangsgröße erfolgt auch der Wachstum der zweiten Größe linear. Ein Beispiel hierfür ist die Funktion **mt()** im Intervall [90 .. 180].

Der Begriff *Exponentialinterpolation* beschreibt die Tatsache, dass bei einem linearen Anstieg der ersten Größe die damit verbundene zweite Größe nach exponentiellen Gesetzmäßigkeiten ansteigt. In diesem Fall ist die Funktion **f()** in demselben Intervall ein gutes Beispiel:

$f(\alpha) = mt(\alpha)^4$

Die grafische Darstellung dieser Funktion erfolgt in Abbildung 6.37. Die Exponentialinterpolation kann für die Lösung vieler unterschiedlicher Problemstellungen eingesetzt werden. Beispiele hierfür sind Linseneffekte oder Aspekte des *Landscape*

Programing. Wichtig hierbei ist die Einhaltung der Vorgabe, dass die potenzierten Werte sich stets zwischen 0.0 und 1.0 befinden.

Bei den Exponenten, welche für die Potenzierung der Rückgabewerte der Funktion *mt()* eingesetzt werden, muss es sich nicht unbedingt um natürliche Zahlen handeln. Während Exponenten, die größer 1.0 sind, den *Light Spot* deutlich hervorheben, bewirken Exponenten zwischen 0.0 und 1.0 das Gegenteil: Je kleiner der Exponent ist, umso gleichmäßiger wird der dargestellte Körper beleuchtet und umso schwächer ist der *Light Spot* ausgeprägt.

Dieses Verhalten lässt sich mit den dazugehörigen Kurvenverläufen erklären. Wie man der Abbildung 6.39 entnehmen kann, steigen diese Funktionen im Bereich der kleinen Winkel stark an, wodurch schwach beleuchtete Pixel relativ helle Farben annehmen. Wenn der Winkel zwischen Lichtvektor und Normalenvektor sich der 180-Marke nähert, nimmt das Wachstum des Funktionsgraphen ab, die Helligkeitsunterschiede der Farben dieser stark beleuchteten Pixel sind gering.

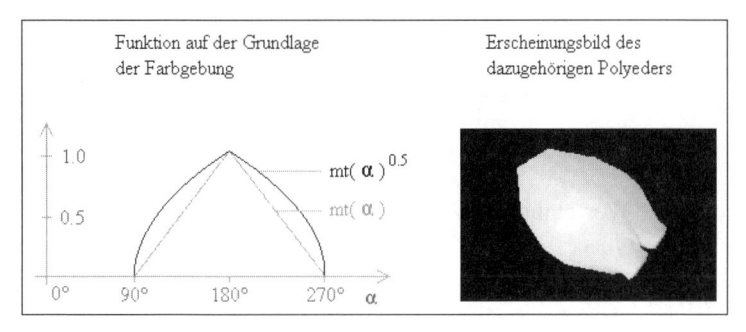

Abb. 6.39: Bei der Farbgebung dieser Polyeder wird der Rückgabewert der Funktion mt() mit einem Exponenten zwischen 0 und 1 potenziert.

Der Einsatz von Exponenten, welche kleiner 0.0 sind, ist nicht zulässig. Wenn man Zahlen, welche zwischen 0 und 1 liegen, mit diesen Werten potenziert, liegen die Ergebnisse nicht mehr zwischen den gegebenen Grenzen 0.0 und 1.0. Diese Ergebnisse werden verwendet, um Positionen innerhalb von Arrays zu bestimmen; wenn die besagte Einschränkung nicht eingehalten wird, können Zugriffe außerhalb der Arraygrenzen stattfinden, was unvorhersehbare Folgen haben kann.

Aufbau der Funktion mt()

In den meisten Fällen benötigt man für die Definition einer neuen Funktion zunächst den Funktionsgraphen, auf dessen Grundlage eine Wertetabelle mit einigen wenigen relevanten Ein- und Ausgaben der gesuchten Gleichung aufgestellt werden kann. Schließlich wird nach einer Gesetzmäßigkeit zwischen diesen Werten gesucht.

Kapitel 6
Einfache Polygonschattierung

In unserem Fall braucht die Funktion **mt()** nicht für den gesamten Wertebereich definiert zu werden. Relevant ist lediglich das Intervall [0.5 * <pi> .. 1.5 * <pi>], da nur im Fall dieser Winkel ein Farbton größerer Helligkeit ausgerechnet werden muss. Die trigonometrischen Funktionen des C++-Compilersystems verlangen eine Winkelangabe in Bogenmaß; aus diesem Grund muss hierbei auf dieses Format zurückgegriffen werden.

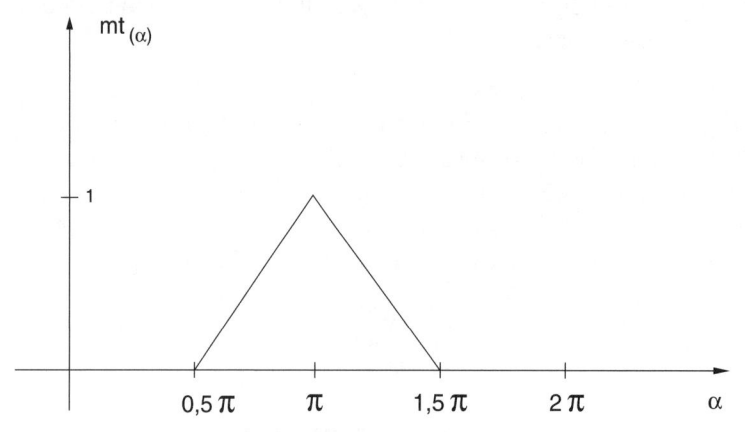

Abb. 6.40: Verlauf der Funktion **mt()** im Intervall [0.5 * <pi> .. 1.5 * <pi>]

Mithilfe der kann folgende Wertetabelle für die Funktion **mt()** aufgebaut werden:

α	mt(α)
0.5 * <pi>	0
0.75 * <pi>	0.5
<pi>	1
1.25 * <pi>	0.5
1.5 * <pi>	0

Der Verlauf der Funktion **mt()** ist nicht monoton: Zwischen 0.5 * <pi> und <pi> ist ein gleichmäßiger linearer Anstieg des Graphen zu verzeichnen. Ab einem Winkel von <pi> Einheiten Bogenmaß tritt jedoch eine Diskontinuität auf: Die Rückgabewerte der Funktion fallen von 1.0 auf den Wert 0.0 ab. Um diese Diskontinuität bei der Funktionsdefinition berücksichtigen zu können, müssen die Eingabewerte in zwei Gruppen eingeteilt werden, welche sich hinsichtlich der Ermittlung des Rückgabewerts voneinander unterscheiden.

Sämtliche Winkel, deren Werte zwischen 0.5 * <pi> und <pi> liegen, gehören der ersten Kategorie an. Hierfür gilt: Je größer der Winkel ist, umso größer muss auch der Rückgabewert sein:

α [Kategorie 1]	mt(α)
0.5 * <pi>	0
0.75 * <pi>	0.5
<pi>	1

Eine genaue Betrachtung der Tabelle ergibt, dass sowohl die Abstände zwischen den Werten in der linken Spalte als auch die Unterschiede zwischen den Werten der rechten Seite gleich sind. Für die Eingabewerte gilt:

(0.5 * <pi>) + t = (0.75 * <pi>)
(0.75 * <pi>) + t = <pi>
wobei t = (0.25 * <pi>)

Und auch für die Ausgabewerte lässt sich eine ähnliche Beziehung aufstellen:

0 + t = 0.5
0.5 + t = 1
wobei t = 0.5

Hieraus wird ersichtlich, dass wir es hierbei mit einer gleichmäßigen linearen Zuordnung zu tun haben. Diese Art von Zuordnungen ist uns bereits aus dem ersten Kapitel bekannt; der dort hergeleitete Zusammenhang zwischen den Eingabewerten **x0** und **xt** und den Rückgabewerten **f(x0)** und **f(xt)** sieht folgendermaßen aus:

f(x) = [f(xt) – f(x0)] / [xt – x0] * (x – x0) + f(x0)

Um diese Formel auf die erste Kategorie von Eingabewerten der Funktion **mt()** anzuwenden, muss zunächst überlegt werden, welche Werte aus der linken Spalte der Tabelle für **x0** bzw. **xt** eingesetzt werden sollen. Das Ziel ist hierbei, am Ende eine möglichst einfache Formel zu erhalten.

Der Winkel **0.5 * <pi>** eignet sich sehr gut, um die Variable **x0** zu ersetzen. Da während der Formel die Variable **f(x0)** sowohl subtrahiert als auch hinzuaddiert wird, können diese Operationen weggelassen werden, weil der Funktionswert von **0.5 * <pi>** den Wert **0** besitzt:

mt1(α)   = [f(xt) – 0] / [xt – 0.5 * <pi>] * (α – 0.5 * <pi>) + 0
           = f(xt) / [xt – 0.5 * <pi>] * (α – 0.5 * <pi>)
           = (α – 0.5 * <pi>) / [xt – 0.5 * <pi>] * f(xt)

Schließlich muss nur noch das Paar **xt | x(xt)** durch die Werte der zweiten oder dritten Zeile der Tabelle ersetzt werden. Der Funktionswert der letzten Zeile besitzt den Wert 1. Wenn **xt** durch **<pi>** ersetzt wird, braucht diese Multiplikation nicht durchgeführt zu werden. Es folgt die Gleichung, mit deren Hilfe der Rückgabewert **mt(α**

) für einen beliebigen Winkel α ermittelt werden kann; Voraussetzung ist, dass α zwischen 0.5 * <pi> und <pi> liegt.

mt1(α) = (α − 0.5 * <pi>) / [<pi> − 0.5 * <pi>] * 1
= (α − 0.5 * <pi>) / (0.5 * <pi>)
= α / (0.5 * <pi>) − (0.5 * <pi>) / (0.5 * <pi>)
= α / (0.5 * <pi>) − 1

Der Funktion **mt()** dürfen aber auch Winkel übergeben werden, deren Werte sich zwischen **<pi>** und **1.5 * <pi>** befinden. Für diese Eingabewerte, welche in die zweite Kategorie einzuteilen sind, gilt: Je größer der Winkel ist, umso kleiner ist der Rückgabewert der Funktion **mt()**. Wichtige Vertreter dieser Gruppe sind folgende:

α [Kategorie 2]	Mt(α)
<pi>	1
1.25 * <pi>	0.5
1.5 * <pi>	0

Auch hierbei handelt es sich um eine gleichmäßige lineare Zuordnung, weil der Unterschied zwischen den Winkeln in der linken Spalte **0.25 * <pi>** beträgt, während die Werte rechts um den konstanten Wert **0.5** abnehmen. Die allgemeine Formel, welche bei der Bildung der Teilfunktion **mt1()** verwendet wird, darf auch in diesem Fall eingesetzt werden. Ersetzt man **x0** durch **1.5 * <pi>** und **xt** durch **<pi>**, ergibt sich:

mt2(α) = (α − 1.5 * <pi>) / [<pi> − 1.5 * <pi>]

Die Zusammenfassung dieser Gleichung ergibt die allgemeine Formel, mit deren Hilfe alle Funktionswerte **mt(α)** ausgerechnet werden können, wenn der eingegebene Winkel zwischen **<pi>** und **1.5 * <pi>** liegt:

mt2(α)= -α / (0.5 * <pi>) + 3.0

Um die Funktion **mt()** schließlich definieren zu können, muss zunächst eine Fallunterscheidung vorgenommen werden. Wenn der eingegebene Wert in die erste Kategorie einzuteilen ist, muss der Rückgabewert mithilfe von **mt1()** berechnet werden, ansonsten wird **mt2()** verwendet. Wenn es sich bei dem Eingabewert um den Winkel **<pi>** handelt, spielt es keine Rolle, welche der beiden Teilfunktionen aufgerufen wird; in beiden Fällen wird der Wert **1.0** ausgerechnet:

$mt1(\pi) = mt2(\pi) = 1.0$

Die Funktion **mt()** ist nur für das Intervall [**0.5 * <pi>** .. **1.5 * <pi>**] definiert und darf für keine Winkel aufgerufen werden, welche nicht innerhalb dieser Grenzen liegen. Eine Möglichkeit, diese Funktion zu implementieren, kann folgendermaßen gestaltet werden:

```
double mt( double alpha )
{
  const double pi = 3.141592654;
  static double t = 1.0 / (0.5 * pi);

  if( alpha > pi ) return -alpha * t + 3.0;

  return alpha * t - 1.0;
}
```

6.5.2 Praktischer Einsatz des Metal-Shading-Algorithmus

Die Implementierung des *Metal-Shading*-Algorithmus erfordert lediglich die Einbindung der bekannten Beziehung

act_color = [mt(α)]^t * (color_steps − 1) + min_intensity

innerhalb der Farbgebung. Die Funktion **mt()** benötigt den Winkel zwischen dem Lichtvektor und der als Parameter übergebenen Vektornormalen; aus diesem Grund muss dieser aus dem *Dot Product* dieser beiden Vektoren mittels der inversen Kosinusfunktion ausgerechnet werden. Diese Funktion wird in der Datei *math.h* folgendermaßen deklariert:

```
double acos( double angle );
```

Hierbei wird folgende Formel eingesetzt: Wenn `cos_alpha` der Kosinuswert des Winkels `alpha` ist, besitzt folgender Ausdruck den Wert *TRUE*:

```
alpha == acos( cos_alpha )
```

Für die Exponentendarstellung des Rückgabewerts der Funktion **mt()** wird die Funktion pow() verwendet, welche in *math.h* wie folgt deklariert ist:

```
double pow( double base, double exponent );
```

Wie der Name bereits andeutet, nimmt pow() als ersten Parameter die Zahl entgegen, welche mit sich selbst multipliziert werden soll. Der zweite zu übergebene Wert gibt an, wie oft die Multiplikation durchgeführt werden soll. Hierbei kann es sich um beliebige reelle Zahlen handeln, welche beispielsweise zwischen 0.0 und 1.0 liegen können.

Kapitel 6
Einfache Polygonschattierung

Die erweiterte Definition der Funktion `palette_8::get_color()` kann folgendermaßen aufgebaut werden:

```
uchar palette_8::get_color( vector normal, uchar color )
{
  double cos_alpha = (normal.x * light.x + normal.y * light.y +
                      normal.z * light.z) /
                     (normal.magnitude * light.magnitude);

  if( cos_alpha < 0.0 )
  {
    double t = mt( acos( cos_alpha ) ) ;
    short delay = short( pow( t, 4 ) * (color_steps - 1) );

    return min_intensities[ color ] + uchar( delay );
  }

  return min_intensities[ color ];
}
```

Bis auf diese geringfügige Veränderung der Farbgebung sind die Inhalte der übrigen Dateien in Bezug zum vorherigen Programm gleich geblieben. Weil der Einsatz der Klasse `palette_8` die Verwendung mehrerer Primärfarben erlaubt, können interessante Effekte bei einer unterschiedlichen Färbung von Polyederbereichen auftreten, die jedoch die gleiche Farbintensität besitzen.

6.5.3 Implementierung in die Hardware

Hauptaufgabe des Programms *a6_6* ist die Verdeutlichung der Funktionsweise des *Metal-Shading*-Algorithmus an einem anschaulichen Beispiel. Die Generierung dieser besonders interessanten Ausgaben ist jedoch mit einer spürbar niedrigen Farmerate verbunden, welche den Einsatz einer geringen Auflösung erforderlich macht. Der Aufruf der Wurzelfunktion innerhalb des Konstruktors `vector::vector()` sowie die Verwendung der inversen Kosinusfunktion während der Farbgebung, die bei der Ermittlung der Farbe jedes gesetzten Pixels vorkommen müssen, sind die Hauptursachen der geringen Ausführungsgeschwindigkeit.

Für gewöhnlich ist es unüblich, die Ausführung dieser rechenintensiven Funktionen dem Prozessor zu überlassen; die Performance eines Programms kann erheblich gesteigert werden, wenn diese Prozeduren direkt in die Hardware implementiert werden. Die folgenden Ausführungen sollen lediglich einen oberflächlichen Eindruck über die praktische Einbindung von Rechenoperationen in die Hardware vermitteln: Einfache Schaltungen werden auf der Grundlage vorgegebener Gleichungen erstellt, komplexe Schaltungen werden aus einfacheren aufgebaut.

Mathematisch gesehen lässt sich jede beliebige Zahl als eine Folge von Bits ausdrücken, Einheiten, welche nur die Werte 0 oder 1 annehmen können. Die wichtigsten Funktionen, welche auf Bitebene operieren, sind die Adjunktion, Konjunktion und Negation. In C++ werden diese durch die Operatoren bitweises OR [|], bitweises AND [&] und bitweises NOT [~] durchgeführt. Mithilfe dieser Funktionen lässt sich jede beliebige Rechenoperation definieren.

Angenommen, drei Bits mit den Bezeichnungen a, b und c müssen miteinander addiert werden. Die Addition kann unter Verwendung der besagten Operationen folgendermaßen definiert werden:

Addition(a, b, c) = (_a * _b * c) + (a * _b * c) + (a * b * c) + (a * _b * c)

Der Rückgabewert dieser Funktion ist ebenfalls ein Bit. In der Praxis drückt man OR mit dem Zeichen [+] und AND mit [*] aus; die Negation eines Bits wird durch einen waagerechten Strich gekennzeichnet. Zusätzlich muss festgestellt werden, ob bei der Addition ein Übertrag auftritt. Hierfür ist eine weitere Formel erforderlich:

Übertrag(a, b, c) = (a * b) + (a * c) + (b * c)

Auf der Grundlage dieser Gleichungen lassen sich Schaltungen aufbauen. Hierbei werden die Operationen OR, AND und NOT von Hardwarebausteinen durchgeführt. Die einzelnen Gleichungen geben an, wie diese Bausteine verschaltet werden müssen, um eine bestimmte Aufgabe zu erfüllen. Abbildung 6.41 zeigt die Schaltung, welche durch die oben angegebenen Formeln festgelegt wird.

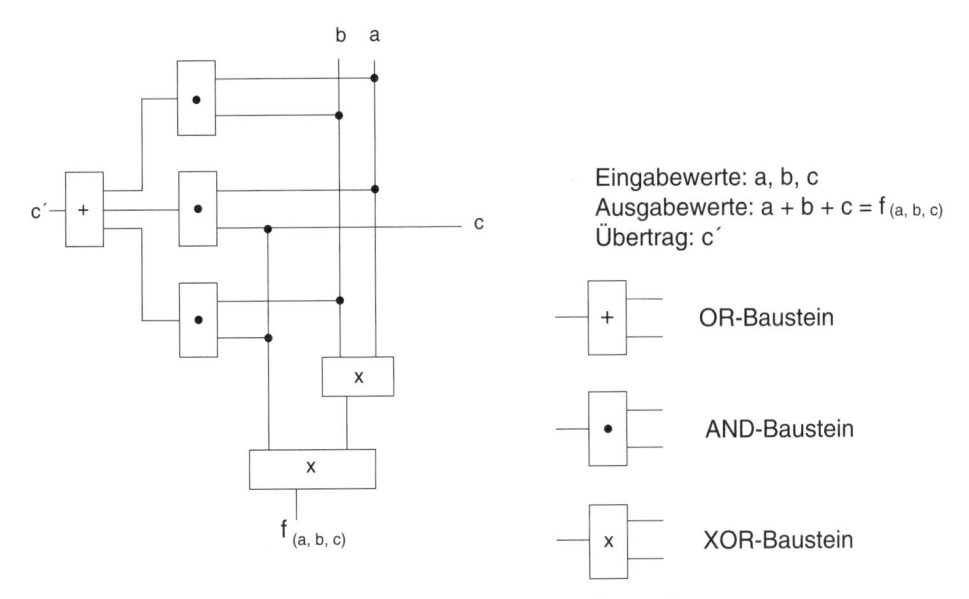

Abb. 6.41: Die Implementierung eines 3-Bit-Addierers in die Hardware

Kapitel 6
Einfache Polygonschattierung

Die Eingabewerte **a** und **b** werden oben in die Schaltung eingegeben, Bit **c** befindet sich rechts. Die Leitung, welche die Schaltung unten verlässt, trägt das untere Bit des Additionsergebnisses, das Bit links gibt durch die Werte 1 oder 0 an, ob bei der Addition ein Übertrag aufgetreten ist oder nicht. Wenn Zahlen mit einer größeren Anzahl von Bits addiert werden sollen, müssen lediglich mehrere 3-Bit-Addierer hintereinander geschaltet werden.

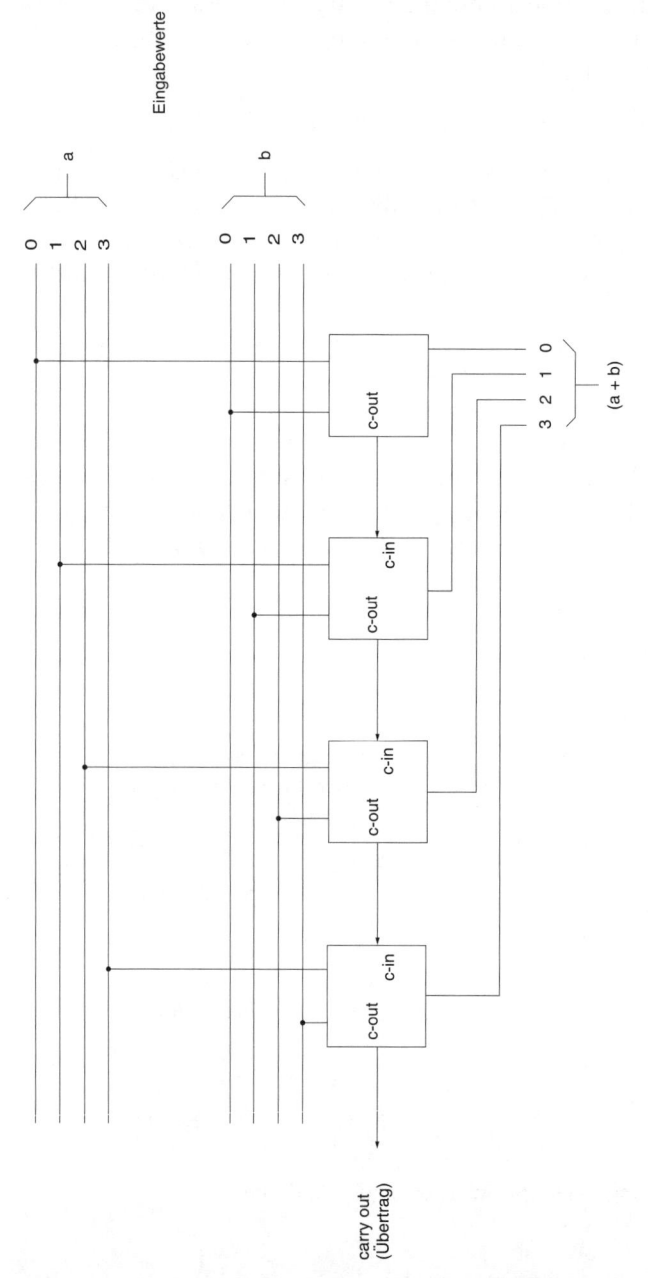

Abb. 6.42: Schaltung für die Addition von zwei 4-Bit-Werten

Abbildung 6.42 demonstriert die Addition zweier Zahlen, welche jeweils durch 4 Bits definiert werden. Angefangen mit dem *Low Bit* werden die Bits einer Zahl mit den Werten 0 bis 3 nummeriert. Die zu addierenden Zahlen werden rechts eingegeben, ihre Summe befindet sich am unteren Teil der Schaltung. Wenn das Ergebnis zu groß ist, um mit 4 Bits ausgedrückt werden zu können, ist der Wert des *Overflow*-Bits 1.

Die Addition beider Zahlen erfolgt unter der Addition ihrer Bits. Das erste Bit der ersten Zahl wird zunächst mit dem ersten Bit der zweiten Zahl addiert, im Anschluss folgt die Addition der Bits an der zweiten Position usw. Bei jeder Operation muss zusätzlich noch der Übertrag mitgerechnet werden, welcher bei der vorherigen Addition eventuell entstanden ist. In den beiden Schaltungen wird eine optimierte Version der Additionsformel verwendet, welche *XOR*-Bausteine beinhaltet.

Die Subtraktion zweier Zahlen kann mithilfe von Addition und der Darstellung des Zweierkomplements definiert werden:

Subtraktion(a, b) = a + (– b)

Bei dem Zeichen [+] handelt es sich in diesem Fall um den Additionsoperator. Das Zweierkomplement einer Zahl ist die Operation, bei der das Vorzeichen einer Zahl umgedreht wird. Auch hierfür kann eine Schaltung aufgebaut werden. Die Schaltung, welche eine Subtraktionsoperation durchführen kann, wird durch folgende Formel beschrieben:

Subtraktion(a, b) = Addition[a, Zweierkomplement(b)]

wobei es sich bei den Parametern **a** und **b** in beiden Subtraktionsformeln um Zahlen handeln kann, die aus beliebig vielen Bits bestehen können. Die Addition wird unter Berücksichtigung des Übertrags durchgeführt. Auf der Grundlage von Addition und Subtraktion können Multiplikation und Division definiert werden; mithilfe der vier Grundrechenarten lässt sich schließlich jede beliebige Rechenoperation von einer Schaltung durchführen, unter anderen Wurzelberechnungen, Logarithmen oder trigonometrische Funktionen. Durch Verschaltung können diese Operationen auch kombiniert werden; ein komplexer Ausdruck wie

```
short( pow( mt( acos( cos_alpha ) ), 4 ) * (color_steps - 1) )
```

kann demnach auch als eine Funktion der Bits der beteiligten Variablen definiert werden, welche die Bauvorschrift für eine Schaltung liefert. Selbstverständlich sind Formel und dazugehörige Schaltung sehr komplex.

Eine Vielzahl dieser Art von Schaltungen ist in die Hardware der heutigen Grafikkarten bzw. in der *Multi Media Extension* [*MMX*] der PENTIUM-Prozessoren integriert. Der gewaltige Vorteil dieser Konstruktionen ist die hohe Geschwindigkeit, mit der sehr komplizierte Berechnungen durchgeführt werden: Die Eingabewerte werden der Schaltung zugeführt, müssen einige Bausteine durchlaufen und das Ergebnis steht fest. Der Nachteil ist, dass eine Schaltung nur eine einzige Operation durchführen kann, die Bestimmung eines Farbtons beispielsweise. Wenn die zugrunde liegenden mathematischen Algorithmen optimiert oder erweitert werden, muss die gesamte Schaltung neu konzipiert und aufgebaut werden; die Nutzung der sich daraus ergebenden Möglichkeiten setzt den Erwerb einer neuen Grafikkarte voraus.

Für ein genaues Verständnis der Grafikalgorithmen ist es unbedingt erforderlich, dass diese in der hier gegebenen Form untersucht, verändert und variiert werden. Dabei spielt es keine Rolle, dass die Ausgaben der Programme sich nicht immer mit den hardwarebeschleunigten Szenarien messen lassen, wo noch *Anti Aliasing*, *Bi-* und *Trillinear Filtering* beteiligt sind, welche die Bildqualität zusätzlich verbessern. Die in die Hardware eingebundenen Effekte sind genau wie in diesen Abschnitten beschrieben entwickelt und getestet worden, teilweise unter Verwendung noch restriktiverer Maßstäbe.

Nur ein tiefer Einblick in die Grafikalgorithmen ermöglicht die Erweiterung, Weiterentwicklung oder Übertragung der Vorgehensweisen auf andere Gebiete, um dort auftretende Problemstellungen zu lösen. Diese Fähigkeiten können durch die Verwendung von OPENGL oder DIRECTX nicht erworben werden. Nicht zuletzt ermöglicht ein erweitertes Verständnis der hier beschriebenen Grafikalgorithmen eine weitaus effizientere Arbeitsweise mit High-Level-APIs wie die beiden zuletzt genannten. Nur auf diese Weise lässt sich das gesamte Potenzial dieser APIs ausnutzen.

6.5.4 Metal Shading unter Verwendung einer alternativen Farbgebung

Die Exponentialinterpolation besitzt im Zusammenhang mit der Farbgebung einen interessanten Nebenaspekt: Der Einsatz der Funktion **mt()** ist nicht in jedem Fall erforderlich.

Am Anfang des Abschnitts »Erweiterte Möglichkeiten der Farbgebung« wurde die negierte Kosinusfunktion durch **mt()** ersetzt, deren Rückgabewert wir schließlich mit verschiedenen Exponenten potenziert haben. Für die Rückgabewerte der negierten Kosinusfunktion gelten jedoch dieselben Grundvoraussetzungen wie bei der Funktion **mt()**: Diese befinden sich zwischen 0.0 und 1.0. Wenn diese Kosinuswerte anstelle der Rückgabewerte von **mt()** potenziert werden, unterscheiden sich die daraus resultierenden Kurvenverläufe nur wenig von den bisher kennen gelernten. In Abbildung 6.43 ist dieser Sachverhalt grafisch dargestellt.

Die Farbgebung des *Metal-Shading*-Algorithmus kann demnach auch folgendermaßen formuliert werden:

act_color = [-cos(α)]^t * (color_steps − 1) + min_intensity wobei für den Exponenten **t** dieselben Gesetzmäßigkeiten gelten, die in Abbildung 6.38 und Abbildung 6.39 gezeigt werden. An den neuen Kurvenverläufen ist zu erkennen, dass diese alternative Farbgebung keine so genauen Ergebnisse wie die Verwendung der Funktion **mt()** hervorzubringen vermag. Der gewaltige Vorteil hierbei ist jedoch die weitaus geringere Zeit, in welcher die gesuchte Farbschattierung ermittelt wird: Der Kosinuswert wird automatisch durch den *Dot Product* der beiden Vektoren ermittelt, der Einsatz langsamer trigonometrischer Funktionen wie im Fall der Funktion **mt()** ist nicht notwendig.

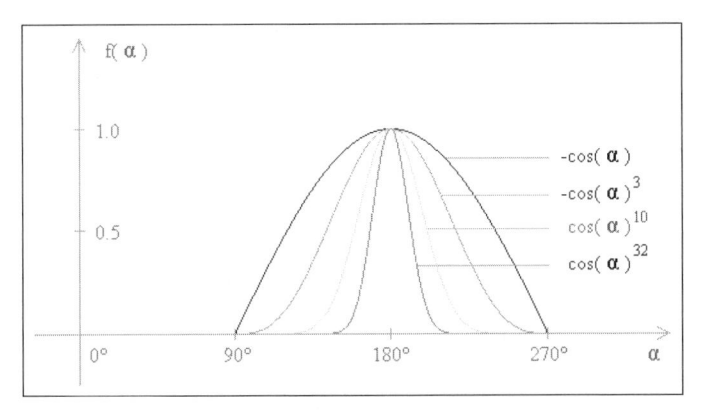

Abb. 6.43: *Metal Shading* bei Verwendung einer ungenaueren Farbgebung

6.6 Farbverläufe n-ten Grades

Die Farbverläufe, welche wir bisher für die Definition von Primärfarben eingesetzt haben, bestehen aus einer Anfangs- und einer Endfarbe sowie den dazwischenliegenden Farbabstufungen. Es ist durchaus auch möglich, eine Primärfarbe mithilfe von mehreren Farbverläufen zu definieren, welche sich zwischen unterschiedlichen gegebenen Farben erstrecken. Ein Farbverlauf, welcher aus drei Teilverläufen aufgebaut ist, wird in Abbildung 6.44 vorgestellt.

Um die Farbabstufungen, welche für die Definition einer Primärfarbe verwendet werden, genauer beschreiben zu können, spricht man oft von dem *Grad* eines Farbverlaufs. Dieser gibt die Anzahl der Teilverläufe an, welche das Aussehen der jeweiligen Primärfarbe festlegen. Ein Farbverlauf 1. Grades besteht beispielsweise aus einem einzigen Teilverlauf. Dieser erstreckt sich zwischen zwei gegebenen Farben, seiner Anfangs- und Endfarbe. Ein Verlauf 3. Grades besteht demnach aus drei Teilverläufen. Es ist logisch nachvollziehbar, dass für seine Definition vier Farben gegeben sein müssen. Selbstverständlich muss die Gesamtzahl der Farbabstufungen, welche der Primärfarbe zur Verfügung stehen, ebenfalls bekannt sein. Für ein Farbverlauf beliebigen Grades gilt:

(Anzahl der Teilverläufe) = (Anzahl der Primärfarben) − 1

Das dreidimensionale Modell eines Verlaufs 3. Grades, bei dem vier vorgegebene Farben beteiligt sind, besitzt im dreidimensionalen RGB-Farbmodell folgendes Aussehen:

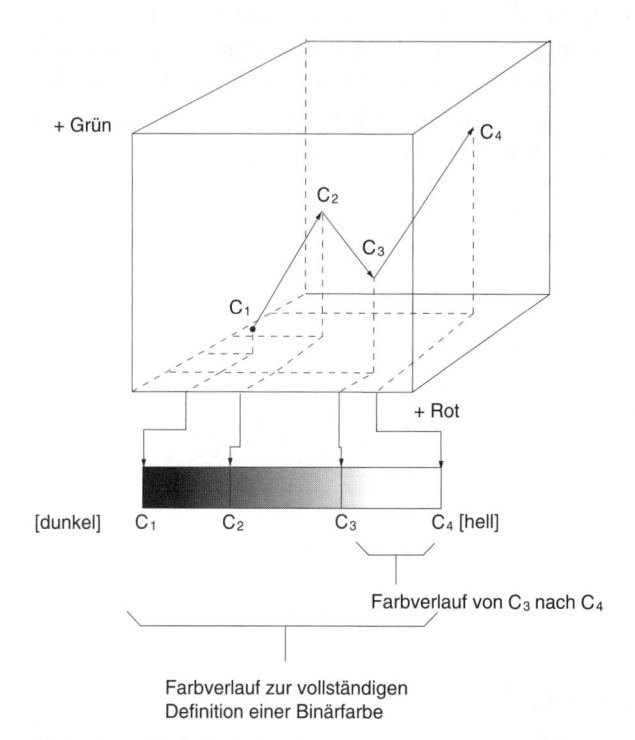

Abb. 6.44: Dreidimensionales Veranschaungsmodell eines Farbverlaufs 3. Grades

In Abbildung 6.44 besitzen die vier vorgegebenen Farben die Bezeichnungen C_1 bis C_4. Die Teilverläufe innerhalb der Beschreibung einer Primärfarbe müssen ineinander übergeben; diese Vorgabe wird erreicht, indem der erste Teilverlauf sich von der ersten zur zweiten Farbe erstreckt, der zweite Verlauf von der zweiten zur dritten Farbe usw. Die Farben, welche für die Definition einer Primärfarbe angegeben werden müssen, werden als *Primärfarben* eines Verlaufs beliebigen Grades bezeichnet. Die Farbnuancen, welche sich zwischen den Primärfarben befinden, deren Komponenten durch Interpolation ausgerechnet werden können, nennt man *Sekundärfarben* des Verlaufs.

6.6.1 Anwendungsgebiete für Farbverläufe höheren Grades

Bei der Verwendung von Verläufen n-ten Grades müssen keine neuen Gleichungen für die Farbgebung entwickelt werden. Die erste und die letzte Primärfarbe beschreiben das Aussehen der Primärfarbe bei Umgebungslicht bzw. bei **100%iger** Beleuchtung; ihre Position innerhalb des Gesamtverlaufs wird mit den bekannten Konstanten **min_intensity** und **max_intensity** angegeben. Die übrigen Primärfarben definieren das Aussehen der Primärfarbe bei schwächerer Beleuchtung. Farbverläufe höheren Grades dienen demnach einer genaueren Beschreibung von Primärfarben und werden häufig eingesetzt, um Aspekte der realen Welt zu simulieren, welche in den vorherigen Abschnitten nicht berücksichtigt werden konnten.

Es soll beispielsweise ein Material simuliert werden, welcher bei Umgebungslicht dunkelblau $(0, 0, 30)_{RGB}$ und bei 50%iger Beleuchtung hellblau $(0, 0, 255)_{RGB}$ aussieht. Wenn die Lichtstrahlen senkrecht auf diesen Stoff treffen, werden sie vollständig reflektiert, das Material erscheint weiß $(255, 255, 255)_{RGB}$. Für diese Problemstellung kann kein Verlauf eingesetzt werden, welcher sich lediglich von dunkelblau nach weiß erstreckt. In diesem Fall würde nämlich bei 50%iger Beleuchtung die Farbe $(127, 127, 142)_{RGB}$ ermittelt werden, welche der vorgegebenen Spezifikation widerspricht. Die Aufgabe kann durch die Verwendung eines Verlaufs 2. Grades gelöst werden, welcher sich von dunkelblau nach hellblau und von hellblau nach weiß erstreckt.

Die Primärfarben, welche bei der Beschreibung einer Primärfarbe eingesetzt werden, sowie ihre Reinfolge innerhalb des Gesamtverlaufs können grundsätzlich beliebig ausgewählt werden und sind lediglich vom Zweck des jeweiligen Programms abhängig. In Anwendungen, welche realitätsnahe Ausgaben erzeugen müssen, besitzen die Farbvektoren dunklerer Primärfarben kleinere Beträge als die Vektoren hellerer Primärfarben. Im vorherigen Beispiel besitzt dunkelblau beispielsweise eine geringere Helligkeit als hellblau, während hellblau wiederum dunkler als weiß ist.

Der Einsatz von Farbverläufen ist nicht auf die Schattierung von Polygonen begrenzt. Wie wir noch sehen werden, besitzen diese auch bei der Darstellung von Fraktalen oder Plasmaeffekten einen hohen Stellenwert.

6.6.2 Praktischer Einsatz von Farbverläufen n-ten Grades

Das Aussehen der in unseren Programmen unterstützten Primärfarben ist bisher in Form von Dateien vom Typ *.PL1* festgelegt worden. Dieser Dateityp wurde ausschließlich für die Darstellung von Farbverläufen 1. Grades konzipiert; die Verwendung von Primärfarben, welche mit Verläufen beliebigen Grades definiert werden, verlangt nach einer Erweiterung dieses Dateityps. Eine Datei vom Typ *.PL2* kann folgendermaßen aufgebaut sein:

```
//////////////         Anfang palette.pl2         //////////////

0 0 0

2  3  0   0  30      0   0   255      255 255 255
   2  30  30 30      255 255 255
```

```
-Maximalwert der drei Farbkomponenten: 255



-Anordnung der Farbinformationen:

  Komponenten der Farbe 0

  (Anzahl der Reinfarben)    (Anzahl der Primärfarben der ersten Reinfar
be)   (Komponenten der einzelnen Primärfarben)
                             (Anzahl der Primärfarben der zweiten Reinfa
rbe)  (Komponenten der einzelnen Primärfarben)

                         usw.

KEINE KOMMENTARE ZWISCHEN DEN ZAHLENWERTEN EINFÜGEN


///////////////        Ende palette.pl2        ///////////////
```

Genau wie es bei Dateien vom Typ *.PL1* der Fall ist, handelt es sich bei den ersten vier Werten um die Farbkomponenten der ersten Farbe der Palette, gefolgt von der Anzahl der zu definierenden Primärfarben. Damit eine Primärfarbe durch ein Farbverlauf n-ten Grades definiert werden kann, müssen die Anzahl und die Komponenten der vorkommenden Primärfarben angegeben werden. Auch in diesem Fall braucht die Anzahl der Schattierungen, welche einer Primärfarbe zur Verfügung stehen, nicht explizit genannt zu werden: Geht man davon aus, dass allen Primärfarben dieselbe Anzahl an Farbabstufungen zur Verfügung steht, lässt sich diese Information wie gehabt ausrechnen.

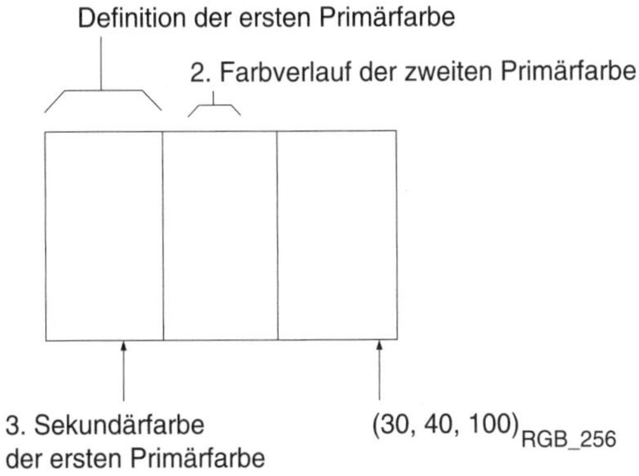

Farbverläufe n-ten Grades

```
Definition der ersten Primärfarbe
        2. Farbverlauf der zweiten Primärfarbe
```

3. Sekundärfarbe $(30, 40, 100)_{RGB\_256}$
der ersten Primärfarbe

Abb. 6.45: Farbpalette, welche gemäß den Vorgaben der Datei *palette.pl2* aufgebaut ist

Um den Einsatz von Farbverläufen höheren Grades ermöglichen zu können, ist auch eine Erweiterung der Klasse `palette_8` notwendig. Die Änderungen beziehen sich ausschließlich auf die Funktion `palette_8::load()`, welche für den Aufbau der Farbverläufe zuständig ist. Wie wir im vorherigen Abschnitt festgestellt haben, ist eine Veränderung von `palette_8::get_color()`, welche für die Farbgebung verantwortlich ist, nicht erforderlich.

Die neue Version der Funktion `palette_8::load()` nimmt eine Datei vom Typ *.PL2* entgegen und trägt die vollständige Definition der dort beschriebenen Primärfarben innerhalb der Arrays `color_table[]` ein. Das Erscheinungsbild jeder Primärfarbe wird durch dieselbe Anzahl an Abstufungen festgelegt, welche mithilfe der bekannten Formel ausgerechnet werden:

```
color_steps = 255 / color_count;
```

Wenn eine Primärfarbe durch mehrere Teilverläufe definiert wird, muss ausgerechnet werden, wie viele Sekundärfarben ein Verlauf umfasst. Dieser Wert wird in der Variablen `local_range` gespeichert. Um uns die Arbeit zu erleichtern, legen wir auch hier fest, dass jedem Teilverlauf dieselbe Anzahl an Sekundärfarben zur Verfügung steht. Wenn eine Primärfarbe durch `primary_count` Primärfarben definiert wird, und diese `color_steps` Abstufungen definiert wird, gilt für `local_range`:

```
local_range = color_steps / (primary_count - 1);
```

weil der Wert (`primary_count` - 1) bekanntermaßen die Anzahl der vorhandenen Teilverläufe angibt. Aus diesen Überlegungen und der Struktur einer Datei vom Typ .*TG2* ergibt sich für die neue Version von `palette_8::load()` diese oder eine sehr ähnliche Definition:

```
void palette_8::load( char *filename )
{
  ifstream infile( filename,
                   ios::in | ios::nocreate | ios::binary );
  if( infile == NULL )
    exit( "palette_8::load():Fehler beim Öffnen der Datei.\n" );

  short tr, tg, tb;
  infile >> tr >> tg >> tb;
  color_table[ 0 ] = pixel_8( tr, tg, tb );

  infile >> color_count;
  if( color_count > 255 )
    exit( "palette_8.load(): In der Definition sind mehr \
           als 255 Farben aufgeführt.\n" );

  if( (min_intensities = new uchar[ color_count ]) == NULL )
    exit( "palette_8::load(): Nicht genug Arbeitsspeicher.\n" );

  color_steps = 255 / color_count;
  double act_r, act_g, act_b, r_step, g_step, b_step;
  short act_position = 1;

  for( short x=0 ; x<color_count ; x++ )
  {
    short primary_count, local_range;

    infile >> primary_count;

    local_range = color_steps / (primary_count - 1);

    short begin_r, begin_g, begin_b, end_r, end_g, end_b;

    infile >> begin_r >> begin_g >> begin_b;

    min_intensities[ x ] = act_position;

    for( short y=0 ; y<primary_count-1 ; y++ )
    {
```

```
            infile >> end_r >> end_g >> end_b;

            r_step = double( end_r - begin_r ) / local_range;
            g_step = double( end_g - begin_g ) / local_range;
            b_step = double( end_b - begin_b ) / local_range;

            act_r = begin_r;   act_g = begin_g;   act_b = begin_b;

            for( uchar z=0 ; z<local_range ; z++ )
            {
              color_table[ act_position ].red   = uchar( act_r );
              color_table[ act_position ].green = uchar( act_g );
              color_table[ act_position ].blue  = uchar( act_b );

              act_position++;
              act_r += r_step;  act_g += g_step;  act_b += b_step;
            }

            begin_r = end_r;   begin_g = end_g;   begin_b = end_b;
        }
    }

    install_palette();
}
```

Die neue Version der Funktion `palette_8::load()` unterscheidet sich von der vorherigen hauptsächlich durch die zusätzliche Schleife, welche von der Laufvariablen z gesteuert wird. Hier werden die Komponenten der Sekundärfarben der einzelnen Teilverläufe ausgerechnet und in `color_table[]` gespeichert. Die Teilverläufe derselben Primärfarbe müssen ineinander übergehen: Die Endfarbe eines Teilverlaufs muss die Anfangsfarbe des nächsten darstellen. Diese Vorgabe wird durch die Anweisung:

```
begin_r = end_r;   begin_g = end_g;   begin_b = end_b;
```

eingehalten, welche im Anschluss der innersten Schleife ausgeführt wird. Bis auf diese Veräderung der Datei *pl6_7.h* ist das Programm *a6_7* mit seinem Vorgänger identisch. Wenn sich der Light Spot bei Verwendung von Farbverläufen höheren Grades über unterschiedlich gefärbte Bereiche des Polyeders erstreckt, kann ein interessanter Grafikeffekt beobachtet werden.

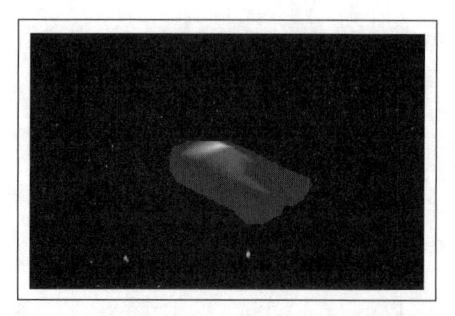

Abb. 6.46: Ausgabe des Programms *a6_7*: Darstellung eines Polyeders unter Verwendung des *Metal-Shading*-Algorithmus. Die Farbgebung erfolgt auf der Grundlage von Farbverläufen n-ten Grades.

6.7 32-Bit-Farbmodi

Die vergangenen Abschnitte haben uns deutlich die Grenzen der **8**-Bit-Farbtiefen gezeigt: Für die Erstellung komplexer Grafiken sind weitaus mehr als **256** gleichzeitig darstellbare Farben notwendig. Interessante Ausgaben verlangen nach einer großen Anzahl an unterstützten Primärfarben; je mehr Primärfarben jedoch eingesetzt werden, umso weniger Farbabstufungen stehen der Definition jeder Primärfarbe zur Verfügung. Je weniger Farbnuancen eine Primärfarbe besitzt, umso deutlicher sind die Übergänge zwischen den Farbschattierungen erkennbar und umso unrealistischer wirkt die Ausgabe.

Dieses Problem lässt sich durch den Einsatz höherer Farbtiefen beseitigen. Neben den **8**-Bit-Farbmodi stehen den heutigen Rechnern noch **16**-Bit-Farbtiefen zur Verfügung, welche die gleichzeitige Darstellung von **65536** unterschiedlichen Farben erlauben. Die größte Anzahl an Farben kann jedoch unter Verwendung einer **32**-Bit-Farbtiefe angezeigt werden. Weil der Benutzer hierbei auf **16.8** Millionen Farben zurückgreifen kann, sind Effekte wie Transparenz oder erweiterte Polygonschattierung ohne Einschränkungen darstellbar. Theoretisch ist die Farbtiefe von der Auflösung unabhängig; praktisch muss jedoch die Verwendung einer Auflösung in Kombination mit einer bestimmten Farbtiefe von der eingesetzten Grafikkarte unterstützt werden.

Bei Verwendung einer **32**-Bit-Farbtiefe wird das Aussehen jedes Pixels, der auf dem Bildschirm dargestellt wird, im Videospeicher durch eine Gruppe von vier Bytes festgelegt. Drei Bytes werden für die Speicherung der roten, grünen und blauen Farbkomponente des jeweiligen Pixels verwendet, das vierte wird nicht genutzt.

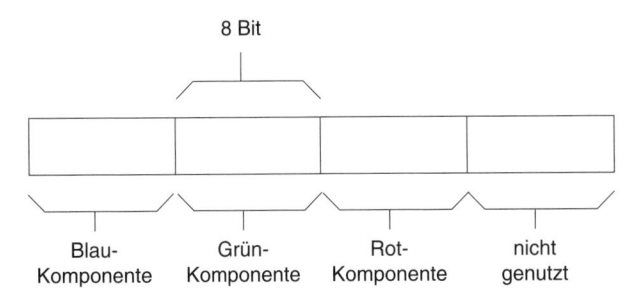

Abb. 6.47: Definition der Farbe eines Pixels bei Verwendung der 32-Bit-Farbtiefe

Auch in diesem Fall kann der Videospeicher als ein zusammenhängender Speicherbereich angesehen werden. Die Farbe jedes Pixels wird hierbei jedoch durch mehrere Bytes definiert. Die Anordnung dieser Bytegruppen innerhalb des Videospeichers erfolgt wie gehabt: Bei einer Auflösung von beispielsweise 640 x 480 x 32 werden die ersten vier Bytes des Videospeichers für die Darstellung des ersten Pixels des Bildschirms verwendet, welcher sich in der oberen linken Ecke befindet. Die zweite 4-Byte-Gruppe legt das Aussehen des zweiten Pixels fest, der sich rechts neben dem ersten befindet. Die übrigen Pixel werden nach demselben Muster definiert: Der letzte Pixel der ersten Pixelzeile wird durch die 640. Bytegruppe definiert, das Aussehen des letzten Pixel des Bildschirms, welcher sich in der unteren linken Ecke befindet, wird durch die letzten vier Bytes des Videospeichers bestimmt.

Kapitel 6
Einfache Polygonschattierung

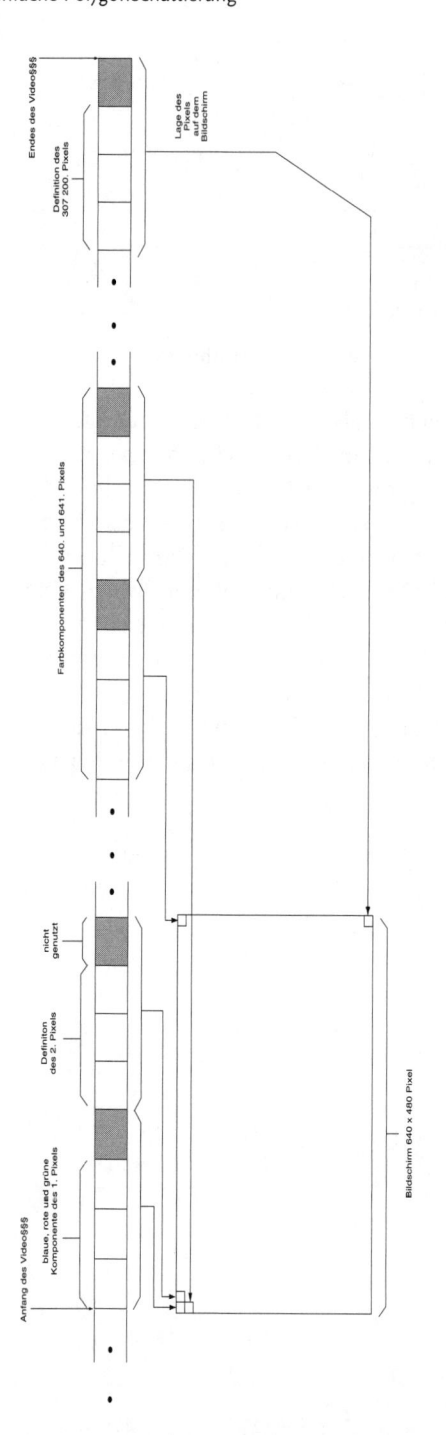

Abb. 6.48: Zusammenhang zwischen der Position der Pixel auf dem Bildschirm und der Lage

der sie definierenden Bytegruppen innerhalb des Videospeichers

6.7.1 Verwaltung von Pixel in den 32-Bit-Farbmodi

Eine besonders einfache und effiziente Möglichkeit zur Verwaltung von Pixeln in den 32-Bit-Farbmodi besteht in der Verwendung eines neuen Datentyps. Hierbei können die rote, grüne und blaue Komponente sowie das nicht genutzte Byte durch Variablen vom Typ *unsigned char* ausgedrückt werden. Die richtige Reihenfolge dieser Variablen ist von großer Wichtigkeit:

```
struct pixel_32
{
  uchar blue, green, red, alpha;

  pixel_32( void ) :
    red( 0 ), green( 0 ), blue( 0 ), alpha( 0 ) { }
  pixel_32( uchar r, uchar g, uchar b ) :
    red( r ), green( g ), blue( b ), alpha( 0 ) { }
};
```

Die Definition der beiden Kostruktoren ist nicht unbedingt notwendig; wie wir noch sehen werden, kann hierdurch die Definition einzelner Farben stark erleichtert werden. Die zwei Funktionen der Struktur `pixel_32` tragen nicht zur Größe des Datentyps bei; wie es sich mithilfe des *sizeof()*-Operators feststellen lässt, werden durch die Struktur nur 4 Byte in Anspruch genommen, welche für die Darstellung der vier Variablen verwendet werden.

Der Datentyp *unsigned char*, welcher für die Definition der Farbkomponenten eingesetzt wird, erlaubt 256 unterschiedliche Abstufungen pro Komponente. Da eine Farbe durch drei Komponenten definiert wird, können somit unter einer 32-Bit-Farbtiefe insgesamt 256 * 256 * 256 = 16 777 216 unterschiedliche Farben dargestellt werden.

Die vierte Komponente trägt die Bezeichnung *Alpha Channel* und wird in einigen Fällen verwendet, um den Transparenzwert des jeweiligen Pixels zu speichern. Wenn keine entsprechenden OPENGL- oder DIRECX-Funktionen verwendet werden, besitzt die Veränderung dieser Komponenten keine Auswirkungen auf die Farbe des Pixels.

32-Bit-Farbtiefen können mithilfe der Funktion `initialise_world()` eingestellt werden:

```
initialise_world( hInstance, 640, 480, 32 );
```

Die Gruppe von vier Byte, welche von der Grafikkarte für die Definition eines Pixels eingesetzt wird, ist in Form des benutzerdefinierten Datentyps `pixel_32` zusammengefasst; gemäß Abbildung 6.48 darf der Videospeicher als ein Array aus Objekten vom Typ `pixel_32` betrachtet werden:

```
pixel_32 *screen = (pixel_32 *) surface.get_screen_pointer();
```

Schließlich kann mithilfe einer Anweisung wie

```
long x = 320, y = 240;
screen[ y * 640 + x ] = pixel_32( 0, 0, 255 );
```

ein hellblauer Pixel an die Position gesetzt werden, welche durch die Koordinaten x und y vorgegeben ist. An dieser Anweisung wird ein weiterer Vorteil der **32-Bit**-Farbmodi gegenüber den 8-Bit-Farbtiefen deutlich: Die Farben der einzelnen Pixel können beliebig verändert werden, ohne dass eine vorherige Einstellung der Palette notwendig ist.

6.7.2 32-Bit-Darstellung von Drahtgittermodellen

Unser nächstes Programm soll einen ersten Einblick in die Möglichkeiten geben, die sich durch Verwendung der **32-Bit**-Farbtiefe eröffnen. Hierbei sollen die grundlegenden Operationen wie Einstellung der Farbtiefe und das Setzen von Pixeln auf dem Bildschirm demonstriert werden. Für diesen Zweck wird eine entsprechend veränderte Version des Programms eingesetzt, welche in den Übungsaufgaben des 4. Kapitels für die Darstellung des Drahtgittermodells eines Polyeders entwickelt wurde.

Hierbei wird der Körper durch eine Anzahl von Linien visualisiert, welche entlang der Grenzen zwischen seinen Polygonen verlaufen. Anders als bei der Verwendung der Funktion `polygon::shape()` wird jede Gerade nur einmal gezeichnet. Die Linien, welche die Vertices miteinander verbinden, werden mithilfe eines eigenen Datentyps verwaltet, welcher nach denselben Vorgaben wie die Klasse `polygon` arbeitet:

```
struct thing_side
{
  long begin, end;

  uchar project( void );
  void display( vertex *v, pixel_32 *sbuffer );

  thing_side( void ) : begin( 0 ), end( 0 ) { }
```

```
};
```

Die aktuelle Version der Klasse thing enthält ein Array aus Objekten vom Typ thing_side; die Variablen thing_side::begin und thing_side::end speichern die Position des Anfangs- und Endvertices der jeweiligen Geraden und beziehen sich auf das Feld thing::v[].

```
class thing
{
  private:
    long vertex_count, side_count;
    vertex *v;
    thing_side *ts;

    void add_side( void );
    void load_sides( ifstream *file );

  public:
    vertex wpos;

    void load( char *filename );
    void update_pos( matrix m );
    void display( pixel_32 *sb = sbuffer );

    thing( char *filename ) :
      vertex_count( 0 ), side_count( 0 ), v( NULL ), ts( NULL )
      { load( filename ); }
    thing( void ) :
      vertex_count( 0 ), side_count( 0 ),
      v( NULL ), ts( NULL ) { }
    ~thing( void )
      { if( v ) delete [] v; if( ts ) delete [] ts; }
};
```

Die einzige Schwierigkeit ist die Initialisierung dieser beiden Variablen. Diese erfolgt auf der Grundlage einer Datei vom Typ *.TG1* oder *.TG2* während der Ladefunktion der Klase thing, unter Verwendung der Funktionen thing::load _sides() und thing::add_side(). Nähere Informationen über die Arbeitsweise dieser Funktionen können der Besprechung dieser Übungsaufgabe entnommen werden.

Interessant ist die Art, wie diese Linien unter einer Farbtiefe von **32-Bit**-gezeichnet werden. In den **8**-Bit-Farbmodi werden *Videospeicher* und *Screen Buffer* als Arrays betrachtet, welche aus Elementen vom Typ *unsigned char* aufgebaut sind. Wenn eine **32-Bit**-Farbtiefe eingestellt ist, bestehen diese Felder aus derselben Anzahl an Variablen vom Typ `pixel_32`. Aus diesem Grund können die bisher verwendeten Offsetberechnungen unverändert bleiben. Um mithilfe der Funktion `line()` **32-Bit**-Ausgaben erzeugen zu können, braucht lediglich der Datentyp *unsigned char* durch `pixel_32` innerhalb der Funktionssignatur ersetzt zu werden:

```
void line_32( long x1, long y1, long x2, long y2,
              pixel_32 c, pixel_32 *sb )
{
  long delta_x, delta_y, e, xstep, ystep, length;
  long offset = y1 * x_res + x1;

  delta_x = x2 - x1;   delta_y = y2 - y1;
  xstep = 1;   ystep = x_res;

  if( delta_x < 0 ) { delta_x = -delta_x;   xstep = -xstep; }
  if( delta_y < 0 ) { delta_y = -delta_y;   ystep = -ystep; }

  if( delta_y > delta_x )
  {
    long t = delta_x;   delta_x = delta_y;   delta_y = t;
    t = xstep;   xstep = ystep;   ystep = t;
  }

  length = delta_x+1;   e = delta_y;

  while( length-- > 0 )
  {
    sb[ offset ] = c;

    offset += xstep;

    e += delta_y;
    if( e >= delta_x )
    {
      e -= delta_x;   offset += ystep;
    }
  }
}
```

Das Drahtgittermodell des entsprechenden Polyeders wird durch den Aufruf der Funktion `thing::display()` dargestellt. Die Ausgabe wird in dem Array aus Objekten vom Typ `pixel_32` gezeichnet, dessen Adresse der Funktion eventuell übergeben wird.

void thing::display(pixel_32 *sb = sbuffer)

```
{
  for( long x=0 ; x<side_count ; x++ ) ts[ x ].display( v, sb );
}
```

Der Aufruf der Funktion `line_32()` erfolgt schließlich während der Ausführung von `thing_side::display()`. Anders als bei der Verwendung einer 8-Bit-Farbtiefe müssen die Komponenten der Linienfarbe, in diesem Fall **Weiß** (255, 255, 255)$_{RGB}$, explizit angegeben werden:

```
void thing_side::display( vertex *v, pixel_32 *sbuffer )
{
  wpoint[ 0 ] = v[ begin ];
  wpoint[ 1 ] = v[ end ];

  if( project() )
    line_32( spoint[ 0 ].sx, spoint[ 0 ].sy,
             spoint[ 1 ].sx, spoint[ 1 ].sy,
             pixel_32( 255, 255, 255 ), sbuffer );
}
```

Das Hauptprogramm befindet sich in der Datei *a6_8.cpp*. Dort erfolgt die Einstellung der **32-Bit**-Farbtiefe sowie der Aufruf von `thing::display()`:

```
////////////////////////         a6_8.cpp         ////////////////////////
//                                                                      //
//   Darstellung des Drahtgittermodells eines Polyeders                 //
//   Auflösung: beliebig, Farbtiefe: 32 Bit                             //
//                                                                      //
//////////////////////////////////////////////////////////////////////////

#include <windows.h>

#include "sf6_8.h"
#include "m6_8.h"
#include "t6_8.h"
```

Kapitel 6
Einfache Polygonschattierung

```cpp
#include "gv6_8.h"

uchar handle_input( MSG *msg, thing *t );

int WINAPI WinMain( HINSTANCE hInstance, HINSTANCE hPrevInstance, LPSTR
lpCmdLine, int iCmdShow )
{
  initialise_world( hInstance, 640, 480, 32 );

  thing cube( "thing.tg1" );

  matrix m;
  m.scale( 2, 2, 2 );
  m.translate( 0, 0, 200 );
  cube.update_pos( m );
  m.clear();

  for( long x=0 ; x<x_res*y_res ; x++ ) zbuffer[ x ] = z_max;

  MSG message;
  while( 1 )
  {
    if( handle_input( &message, &cube ) ) break;

    if( clear_translation > max_clear_translation ) clear_translation -= z_max;
    else
    {
      for( long x=0 ; x<x_res*y_res ; x++ ) zbuffer[ x ] = z_max;
      clear_translation = 0.0;
    }
    for( long x=0 ; x<x_res*y_res ; x++ ) sbuffer[ x ] = pixel_32( 0, 0, 0 );

    cube.display();

    pixel_32 *screen = (pixel_32 *) surface.get_screen_pointer();
    for( long x=0 ; x<x_res*y_res ; x++ ) screen[ x ] = sbuffer[ x ];
    surface.release_screen_pointer();
  }

  destroy_world();
```

```
    return message.wParam;
}

uchar handle_input( MSG *msg, thing *t )
{
  PeekMessage( msg, NULL, 0, 0, PM_REMOVE );

  if( msg->message == WM_QUIT ) return 1;

  matrix m;
  m.translate( -t->wpos.wx, -t->wpos.wy, -t->wpos.wz );

  if(      GetKeyState( VK_UP      ) < 0 ) m.rotate(  0.1, 0, 0 );
  else if( GetKeyState( VK_DOWN    ) < 0 ) m.rotate( -0.1, 0, 0 );
  else if( GetKeyState( VK_LEFT    ) < 0 ) m.rotate( 0,  0.1, 0 );
  else if( GetKeyState( VK_RIGHT   ) < 0 ) m.rotate( 0, -0.1, 0 );
  else if( GetKeyState( VK_HOME    ) < 0 ) m.rotate( 0, 0,  0.1 );
  else if( GetKeyState( VK_END     ) < 0 ) m.rotate( 0, 0, -0.1 );
  else if( GetKeyState( VK_NUMPAD6 ) < 0 ) m.translate(  0.1, 0, 0 );
  else if( GetKeyState( VK_NUMPAD4 ) < 0 ) m.translate( -0.1, 0, 0 );
  else if( GetKeyState( VK_NUMPAD8 ) < 0 ) m.translate( 0,  0.1, 0 );
  else if( GetKeyState( VK_NUMPAD2 ) < 0 ) m.translate( 0, -0.1, 0 );
  else if( GetKeyState( VK_PRIOR   ) < 0 ) m.translate( 0, 0,  1 );
  else if( GetKeyState( VK_NEXT    ) < 0 ) m.translate( 0, 0, -1 );
  else if( GetKeyState( VK_ESCAPE  ) < 0 ) return 1;

  m.translate( t->wpos.wx, t->wpos.wy, t->wpos.wz );
  t->update_pos( m );

  return 0;
}
```

/////////////////// Ende a6_8.cpp ///////////////////

Unter einer **32-Bit**-Farbtiefe müssen die Elemente des *Screen Buffers* ebenfalls aus Objekten vom Typ `pixel_32` bestehen. Die entsprechende Definition erfolgt global, die dazugehörige Reservierung von Speicherplatz befindet sich in `initialise _world()` in der Datei *gv6_8.h*:

```
pixel_32 *sbuffer = NULL;
```

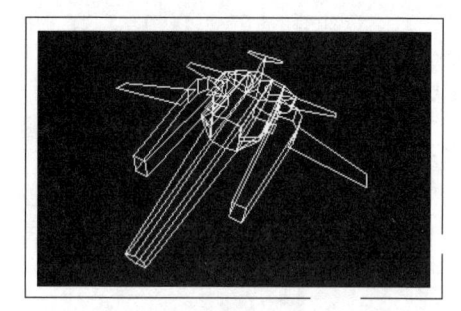

```
void initialise_world( HINSTANCE hInstance,
                       long screen_x, long screen_y,
                       long bit_depth )
{
  x_min = 0;  x_max = screen_x - 1;
  y_min = 0;  y_max = screen_y - 1;

  if( (sbuffer = new pixel_32[ screen_x * screen_y ]) == NULL ||
      (zbuffer = new double[ screen_x * screen_y ]) == NULL ||
      (left_side = new screen_side[ screen_y ]) == NULL ||
      (right_side = new screen_side[ screen_y ]) == NULL )

    exit("initialise_world(): Nicht genug Speicher.\n");

  surface.open_window( hInstance, screen_x, screen_y,
                       bit_depth );
}
```

Abb. 6.49: Erscheinungsbild des Programms $a6\_8$

Optimierte Übertragung von Speicherinhalten

Die unerwartet langsame Ausführung dieses sehr einfachen Programms macht sich besonders dann bemerkbar, wenn das Rotationsverhalten des Polyeders von dem Benutzer gesteuert wird. Diese Tatsache verdeutlicht den großen Nachteil der hohen Farbtiefen: die erhöhte Menge an Speicherplatz, welche für die Definition der Farbe eines Pixels erforderlich ist. Unter einer **8**-Bit-Farbtiefe ist für jeden Pixel ein Byte notwendig, um die Pixelfarbe speichern zu können. Bei den **32**-Bit-Farbmodi werden hierfür **4** Byte notwendig.

Diese beschriebene Verlangsamung ist darauf zurückzuführen, dass die Übertragung von **4** Byte viermal so viel Zeit in Anspruch nimmt wie der Kopiervorgang eines Bytes. Die Anweisung, mit deren Hilfe dem Videospeicher der Inhalt des *Screen Buffers* zugewiesen wird, verhält sich demnach indirekt wie eine passive Widerholungsanweisung:

```
for( long x=0 ; x<x_res*y_res ; x++ )
   screen[ x ] = sbuffer[ x ];
```

Im Laufe des Kompiliervorgangs werden C++-Anweisungen in Assemblerdirektiven umgewandelt, welche dem Computer verständlich sind. Es kommt häufiger vor, dass der Inhalt größerer Speicherbereiche kopiert werden muss. Um diesen Vorgang zu beschleunigen, hat man spezielle Assembleranweisungen entwickelt, die so genannten *Stringbefehle*, welche diesen Vorgang erheblich beschleunigen. Die Anweisung, mit deren Hilfe 32-Bit-Werte kopiert werden, lautet beispielsweise

```
rep movsdw
```

deren Bedeutung dieser Schlüsselworte ist *Repeat Move String Double Word*. Die Adressen der an dieser Operation beteiligten Arrays sowie die Anzahl der zu kopierenden Elemente müssen vorher festgelegt werden.

Diese optimierte Übertragung von Speicherinhalten erfolgt in C++ unter anderem während der Ausführung der Funktion memcpy(), welche in der Datei *string.h* folgendermaßen deklariert ist:

```
void *memcpy( void *dest, const void *source, int byte_count );
```

Diese Funktion kopiert die Anzahl an Bytes, welche durch byte_count angegeben wird, aus dem Array source[] innerhalb des Feldes dest[]. Durch den Datentyp *(void*)* ist die Funktion universell einsetzbar, der Typ der zu kopierenden Elemente kann beliebig ausgewählt werden. memcpy() übergibt der aufrufenden Instanz die Anfangsadresse des Arrays dest[]; dieser Rückgabewert wird in den meisten Fällen ignoriert.

Um den Inhalt des *Screen Buffers* in einer kürzeren Zeit in den Videospeicher zu übertragen kann demnach folgende Anweisung verwendet werden:

```
memcpy( screen, sbuffer,
      x_res * y_res * sizeof( sbuffer[ 0 ] ) );
```

6.7.3   32-Bit-Gouraud-Shading

Der 32-**Bit**-Farbmodus ist aufgrund der hohen Zahl an gleichzeitig darstellbaren Farben am besten für die Polygonschattierung geeignet. Hierbei ist es möglich,

Farbverläufe mit einer ausreichend großen Anzahl an Sekundärfarben zu definieren, sodass der Unterschied zwischen nebeneinander liegenden Farbschattierungen nicht wahrgenommen werden kann. Der Einsatz dieser Verläufe während der Farbgebung führt zu sehr gleichmäßigen Übergängen zwischen unterschiedlich gefärbten Bereichen der dargestellten Polyeder, wodurch die Realitätsnähe der Szenarien drastisch erhöht wird.

Der *Gouraud-Shading*-Algorithmus bietet einen sehr guten Kompromiss zwischen realistischen Ausgaben und hoher Darstellungsgeschwindigkeit und wird daher häufiger eingesetzt. Grundsätzlich gibt es zwei unterschiedliche Möglichkeiten, diese Art der Polygonschattierung unter einer hohen Farbtiefe durchzuführen. Die erste sieht vor, jedem Vertex auf direktem Wege eine Farbschattierung **(ar, ag, ab)**$_{RGB}$ zuzuordnen. Ihre Komponenten werden wie gehabt aus der Ausrichtung der entsprechenden Vektornormalen in Bezug zur Lichtquelle ausgerechnet. Wenn man auf die ungenauere Formel zur Farbgebung zurückgreift, ergeben sich folgende Beziehungen:

ar = –cos(α) * (max_r – min_r) + min_r
ag = –cos(α) * (max_g – min_g) + min_g
ab = –cos(α) * (max_b – min_b) + min_b

Hierbei handelt es sich bei **(min_r, min_g, min_b)**$_{RGB}$ und **(max_r, max_g, max_b)**$_{RGB}$ um die Farbtöne, welche das Aussehen der entsprechenden Primärfarbe bei Umgebungslicht bzw. **100%**iger Beleuchtung beschreiben. α ist auch in diesem Fall der Winkel zwischen der Vektornormalen und dem Lichtvektor. Diese Berechnung bezieht sich auf einen Farbverlauf 1. Grades; wenn die Primärfarbe durch einen Verlauf höheren Grades definiert wird, gestaltet sich die Berechnung etwas komplizierter, da zunächst festgestellt werden muss, in welchem Teilverlauf sich **(ar, ag, ab)**$_{RGB}$ befindet.

Bei der Darstellung jedes Vielecks werden schließlich die Komponenten der Farben seiner Eckpunkte entlang der Polygonränder und Rasterzeilen interpoliert, um den RGB-Farbton jedes zu setzenden Pixels zu ermitteln. Dieser Vorgang ist der Interpolation der Komponenten von Vektornormalen im Laufe des *Phong*- bzw. *Metal-Shading*-Algorithmus ähnlich.

Wie es bereits aus dieser vereinfachten Beschreibung ersichtlich wird, ist diese Vorgehensweise der Implementierung des *Gouraud Shading* sehr rechenaufwendig und demnach mit einer geringen Framerate verbunden. Dieser erhöhte Rechenaufwand lässt sich jedoch auf ein Minimum reduzieren, wenn man bei der Visualisierung der Polygone auf Farbtöne zurückgreift, deren Komponenten bereits ausgerechnet worden sind.

Die zweite, weitaus effizientere Version des **32**-Bit-*Gouraud-Shading*-Algorithmus arbeitet genauso wie die innerhalb des letzten Programms durchgeführte **8**-Bit-Implementierung. Dabei wurde bei der Visualisierung eines Vielecks jedem Eckpunkt ein *Farboffset* zugewiesen, welcher die Position der entsprechenden Farbe innerhalb der 8-Bit-Palette angegeben hat. Dieser Offset wurde entlang der Polygonränder und der Rasterzeilen interpoliert, jedem Pixel wurde schließlich mittels der Anweisung

```
sbuffer[ offset ] = uchar( act_c );
```

ein Farbwert zugewiesen. Dieser Befehl befindet sich beispielsweise in der Funktion `polygon::rasterize()` des Programms *a6_2*, welcher unsere erste Implementierung des *Gouraud Shading* darstellt.

Bei der **32-Bit**-Implementierung des *Gouraud-Shading*-Algorithmus wird genau dieselbe Vorgehensweise eingehalten. Gehen wir zunächst davon aus, dass alle Polygone dieselbe Primärfarbe besitzen. Der dazugehörige Farbverlauf befindet sich innerhalb eines 500-elementigen Arrays mit der Bezeichnung `color_definition[]`, welcher aus Objekten vom Typ `pixel_32` besteht. Bei der Visualisierung eines Vielecks wird auch hierbei jedem seiner Punkte ein Farboffset mittels der bekannten Formel zugeordnet; dieser bezieht sich in diesem Fall auf die Position der jeweiligen Farbabstufung innerhalb des Feldes `color_definition[]`. Im Laufe der Rasterization wird dieser Offset wie gehabt interpoliert und die Farbe jedes Pixels wird durch die Anweisung

```
sbuffer[ offset ] = color_definiton[ uchar( act_c ) ];
```

festgelegt. Die Unterstützung mehrerer Primärfarben erfolgt grundsätzlich nach dem gleichen Muster. Jede Primärfarbe wird durch ein eigenes Array aus Elementen vom Typ `pixel_32` definiert. Wenn auch die Primärfarben in einem Feld gespeichert werden, muss ein zweidimensionales Array aus Variablen vom Typ `pixel_32` eingesetzt werden:

```
const unsigned short color_count = 10;
const unsigned short color_steps = 500;

pixel_32 color_definitions[ color_count ][ color_steps ];
```

Diese Definition sagt aus, dass 10 unterschiedliche Primärfarben unterstützt werden und jeder Primärfarbe 500 Abstufungen zur Verfügung stehen. Bei der Definition eines Polygons muss eine Variable `polygon::color` vorhanden sein, welche die Nummer der Primärfarbe des Vielecks enthält. In diesem Fall handelt es sich um eine Zahl zwischen 0 und 9.

Bei der Darstellung eines Polygons wird jedem Vertex ein Farboffset zugewiesen, welcher die Position der entsprechenden Farbschattierung innerhalb des Arrays angibt, der für die Primärfarbe des Polygons zuständig ist. Der Wert dieses Farboffsets liegt zwischen 0 und 499. Durch Interpolation wird der Farboffset `act_c` jedes

Pixels ermittelt, welcher bei der Visualisierung des Vielecks zu setzen ist. Die Farbe des Pixels wird mithilfe der Variablen `polygon::color` und `act_c` bestimmt:

```
sbuffer[ offset ] = color_definitions[ color ][ act_c ];
```

Der Ausdruck `color_definitions[ color ]` gibt hierbei das Array an, welches die Farbabstufungen der zu verwendenden Primärfarbe enthält. Der Offset `act_c` verweist auf die entsprechende Farbschattierung innerhalb dieses Arrays.

Verwaltung von 32-Bit-Farbverläufen

Für die Speicherung und Initialisierung der beschriebenen Farbverläufe empfiehlt sich die Verwendung eines benutzerdefinierten Datentyps. Aufgrund des sehr ähnlichen Aufgabengebiets muss die Klasse `pixel_8` nur geringfügig verändert werden, um den Anforderungen der **32-Bit**-Farbtiefe angepasst zu werden. Die neue Version dieser Klasse sollte folgende Voraussetzungen erfüllen:

1. Sie muss ein zweidimensionales Array aus Elementen vom Typ `pixel_32` enthalten. Dieses Feld sollte nach den Vorgaben aus Abbildung 6.50 aufgebaut werden: Auf der hohen Ebene werden die unterstützten Primärfarben gespeichert, auf der niedrigen die unterschiedlichen Abstufungen jeder Primärfarbe.
2. Die Farbe des Bildschirmhintergrunds sollte innerhalb einer Variablen vom Typ `pixel_32` gespeichert werden.
3. Die Initialisierung der Klasse muss auf der Grundlage einer Datei vom Typ *.PL1* oder *.PL2* erfolgen, je nachdem, ob Farbverläufe höheren Grades unterstützt werden sollen.
4. Die Klasse sollte über eine geeignete Möglichkeit der Farbgebung verfügen, ausgehend von dem Winkel zwischen einem zu übergebenen Normalenvektor und dem Lichtvektor.

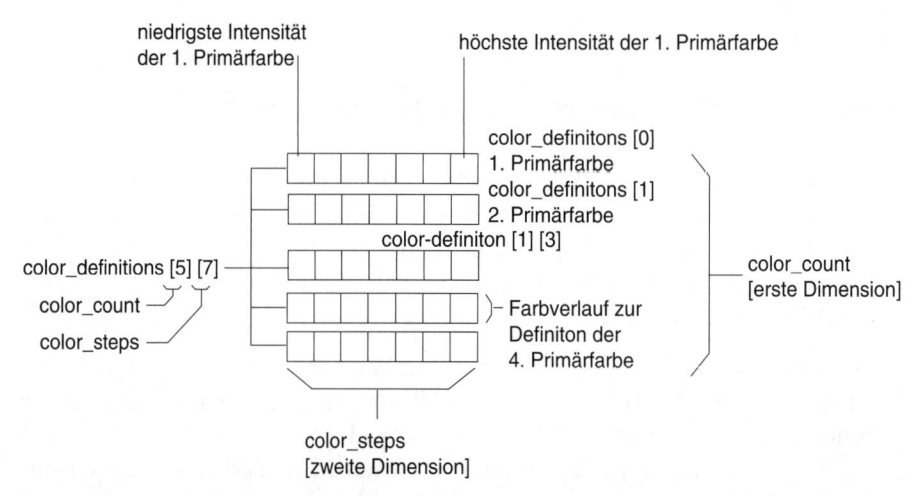

Abb. 6.50: Grafische Darstellung der Speicherung von Farbwerten innerhalb des Arrays `palette_32::color_definitions[]`

Eine mögliche Definition der Klasse `palette_32` kann wie folgt aufgebaut werden:

```
class palette_32
{
  private:
    const ushort color_steps;
    long color_count;

    pixel_32 **color_definitions;

  public:
    pixel_32 bground_color;

    void load( char *filename );
    ushort get_color( vector normal );
    inline pixel_32 color_value( ushort delay, long color );

    palette_32( void ) : color_steps( 500 ), color_count( 0 ),
                         color_definitions( NULL ) { }
    ~palette_32( void )
    {
      for( long x=0 ; x<color_count ; x++ )
        delete [] color_definitions[ x ];

      delete [] color_definitions;
    }
} palette;
```

Unser aktueller Wissensstand und die mithilfe der letzten Programme erworbene Erfahrung erlauben es uns, gleich die komplexere Version der Klasse `pixel_8` auf die **32-Bit**-Farbtiefe zu erweitern. Die Funktion `palette_32::load()` geht von einer Datei vom Typ *.PL2* aus, um die Farbdefinitionen aufzubauen. Die Arbeitsweise dieser Funktion hat sich seit der vorherigen Version nicht verändert. Ausgehend von der Art, wie die Informationen in der Eingabedatei gespeichert sind, laufen hierbei folgende Vorgänge ab:

1. Initialisierung der Variablen `palette_32::bground_color`, welche die Hintergrundfarbe des Bildschirms speichert:

```
ifstream infile( filename,
                 ios::in | ios::nocreate | ios::binary );
if( infile == NULL )
  exit("palette_32::load(): Fehler beim Öffnen der Datei.");

short tr, tg, tb;
infile >> tr >> tg >> tb;
bground_color = pixel_32( tr, tg, tb );
```

2. Aufbau der ersten Dimension des Arrays `color_definition[][]`:

```
infile >> color_count;

if( (color_definitions = new (pixel_32 *)[ color_count ]) ==
    NULL )
    exit("*color_definitions: Nicht genug Arbeitsspeicher.\n");
```

In C++ werden eindimensionale Arrays zusammengestellt, indem zunächst ein Zeiger definiert wird, dem anschließend die Adresse eines zusammenhängenden Speicherblocks zugewiesen wird. Primärfarben werden in Form eindimensionaler Arrays beschrieben. Wie es aus Abbildung 6.50 ersichtlich ist, handelt es sich bei `color_definitions[][]` um ein Array aus Zeigern, die ihrerseits auf Farbverläufe verweisen. Damit die Farbverläufe von `color_count` Primärfarben gespeichert werden können, müssen zunächst ebenso viele Arrayanfänge definiert und im Feld `color_definitions[][]` gespeichert werden.

Aufbau der Farbverläufe, welche für die Beschreibung der zu unterstützenden Primärfarben verwendet werden. Die an diesem Vorgang beteiligten Anweisungen haben sich seit der letzten Version der Funktion `palette_32::load()` nur sehr wenig verändert. Wichtig ist, dass Speicherplatz reserviert werden muss, bevor Farben in einem Verlauf eingetragen werden können. Bei Verwendung der **32-Bit**-Farbtiefe stehen der Beschreibung jeder Primärfarbe `color_steps` Schattierungen zur Verfügung. Diese Größe muss vom Benutzer festgelegt werden; in diesem Fall wird dieser Variablen vom Konstruktor der Wert **500** zugewiesen.

Die vollständige Definition der Funktion palette_32::load() kann folgendermaßen gestaltet werden:

```
void palette_32::load( char *filename )
```

32-Bit-Farbmodi

```cpp
{
  ifstream infile( filename,
                   ios::in | ios::nocreate | ios::binary );
  if( infile == NULL )
    exit("palette_32::load(): Fehler beim Öffnen der Datei.\n");

  short tr, tg, tb;
  infile >> tr >> tg >> tb;
  bground_color = pixel_32( tr, tg, tb );

  infile >> color_count;

  if( (color_definitions = new (pixel_32 *)[ color_count ]) ==
      NULL )
    exit("*color_definitions: Nicht genug Arbeitsspeicher.\n");

  double act_r, act_g, act_b, r_step, g_step, b_step;

  for( long x=0 ; x<color_count ; x++ )
  {
    if( (color_definitions[ x ]=new pixel_32[ color_steps ]) ==
        NULL )
      exit( "**color_definitions: Nicht genug \
            Arbeitsspeicher.\n" );

    ushort primary_count, local_range;

    infile >> primary_count;
    local_range = color_steps / (primary_count - 1);

    short begin_r, begin_g, begin_b, end_r, end_g, end_b;

    infile >> begin_r >> begin_g >> begin_b;

    ushort act_position = 0;
    for( ushort y=0 ; y<primary_count-1 ; y++ )
    {
      infile >> end_r >> end_g >> end_b;

      r_step = double( end_r - begin_r ) / local_range;
      g_step = double( end_g - begin_g ) / local_range;
      b_step = double( end_b - begin_b ) / local_range;
```

```
            act_r = begin_r;   act_g = begin_g;   act_b = begin_b;

            for( ushort z=0 ; z<local_range ; z++ )
            {
              ushort t = act_position;

              color_definitions[ x ][ t ].red = uchar( act_r );
              color_definitions[ x ][ t ].green = uchar( act_g );
              color_definitions[ x ][ t ].blue = uchar( act_b );

              act_position++;
              act_r += r_step; act_g += g_step; act_b += b_step;
            }

            begin_r = end_r;   begin_g = end_g;   begin_b = end_b;
          }
        }
    }
```

Bei der Beschreibung der Implementierung des 32-Bit-*Gouraud-Shading*-Algorithmus bereits erwähnt worden ist, muss die Farbgebung in zwei Schritten aufgeteilt werden, um die Performance des Programms zu erhöhen. Zunächst erfolgt der Aufruf der Funktion palette_32::get_color(), welche die Kurzfassung von palette_8::get_color() darstellt:

```
ushort palette_32::get_color( vector normal )
{
  double cos_alpha = (normal.x * light.x + normal.y * light.y +
                      normal.z * light.z) /
                     (normal.magnitude * light.magnitude);

  if( cos_alpha < 0.0 )
  {
    double t = pow( mt( acos( cos_alpha ) ), 4 );

    return ushort( t * (color_steps - 1) );
  }

  return 0;
}
```

Die Variable `palette_32::color_steps` gibt die Anzahl der Farben innerhalb eines Verlaufs an. Die erste Farbe des Verlaufs beschreibt das Aussehen der Primärfarbe bei Umgebungslicht, die letzte bei 100%iger Beleuchtung. Der von dieser Funktion ausgerechnete Farboffset besitzt demnach einen Wert zwischen 0 und (color_steps – 1).

Im ersten Schritt der Farbgebung bei der effizienten Implementierung des 32-Bit-*Gouraud-Shading*-Algorithmus wird jedem Vertex des darzustellenden Polygons ein Farboffset zugewiesen, welcher im Anschluss interpoliert wird. Informationen über das Aussehen von Farben werden erst später benötigt, wenn Pixel gesetzt werden. Jeder Pixel besitzt einen eigenen Farboffset; die dazugehörige Farbe wird durch den Aufruf von `palette_32::color_value()` festgestellt, welche lediglich eine Indizierung des Arrays `color_definitions[][]` vornimmt:

```
inline pixel_32 palette_32::color_value( long color,
                                         ushort delay )
{
  return color_definitions[ color ][ delay ];
}
```

Die Aufgabe des Destruktors der Klasse `palette_32` besteht in der vollständigen Freigabe des Speicherplatzes, welcher von dem Array `color_definitions[][]` in Anspruch genommen wird. Hierzu muss der Teil des Arbeitsspeichers, welcher von den Farbverläufen genutzt wird, zuerst freigegeben werden. Wenn die Schleife

```
for( long x=0 ; x<color_count ; x++ )
  delete [] color_definitions[ x ];
```

nicht ausgeführt wird und im Destruktor lediglich die Anweisung

```
delete [] color_definitions;
```

zu finden ist, dann wird nur der Speicherplatz freigegeben, welcher von den Zeigern auf die Farbverläufe belegt wird. Die Arrays mit den Verläufen befinden sich in diesem Fall weiterhin innerhalb des Arbeitsspeichers, und der von ihnen in Anspruch genommene Speicherplatz kann nicht für andere Aufgaben genutzt werden.

Die vollständige Freigabe von Speicherplatz seitens des Destruktors ist vor allem dann wichtig, wenn Variablen benutzerdefinierten Datentyps dynamisch erstellt und gelöscht werden. Wenn ein Programm nach einiger Zeit mit einer Speicherplatz-Fehlermeldung abbricht, kann dieses Verhalten auf eine unvollständige Definition des Destruktors zurückzuführen sein.

Die Variable `palette_32::color_count` gibt die Anzahl der Primärfarben an, welche in einem Programm unterstützt werden. Hierfür hätte auch der Datentyp *unsigned short* ausgewählt werden können, mit dessen Hilfe man Zahlen von 0 bis 65535 darstellen kann. Der manuelle Aufbau einer Datei, in der auch nur annähernd so viele Farben definiert sind, ist nicht machbar. Dateien vom Typ *.PL2* lassen sich jedoch auch maschinell erstellen, und in einigen Fällen kann die besagte Farbanzahl zu gering sein.

Praktischer Einsatz des 32-Bit-*Gouraud-Shading*-Algorithmus

Die Implementierung des 32-Bit-*Gouraud-Shading* erfordert den Einsatz leicht veränderter Versionen der Klassen `thing` und `polygon`, welche zuletzt unter der 8-Bit-Farbtiefe verwendet wurden. Bei der neuen Definition des Datentyps `thing` muss, genau wie es bei Funktion `line_32()` der Fall gewesen ist, lediglich die Signatur der Routine verändert werden, welche in den Videospeicher bzw. *Screen Buffer* hineinschreibt:

```
void thing::display( pixel_32 *sb = sbuffer );
```

Dasselbe gilt auch für die Klasse `polygon`:

```
void polygon::shape( pixel_32 *sbuffer );
void polygon::rasterize( pixel_32 *sbuffer );
void display( vertex *v, pixel_32 *sbuffer );
```

Bei der 8-Bit-Version des *Gouraud Shading* besitzt der Maximalwert, den ein Farboffset annehmen kann, 255. *unsigned short*, der Datentyp der Variablen `palette_32::color_Stepps`, legt fest, dass der Wert eines Farboffsets zwischen 0 und 65535 liegen kann. Diese größere Farbanzahl muss auch bei der Definition der Datentypen `cvertex`, `svertex` und `screen_side` berücksichtigt werden:

```
struct cvertex
{
  double wx, wy, wz;
  ushort color;
};

struct svertex
{
  long sx, sy;
  double sz;
  ushort color;
```

```
};

struct screen_side
{
  long offset;
  double sz;
  ushort color;
};
```

Schließlich muss noch die theoretisch diskutierte zweistufige Farbgebung implementiert werden. Der erste Schritt, in dem die Funktion palette_32::get_color() aufgerufen wird, erfolgt wie gehabt während der Ausführung von polygon::display():

void polygon::display(vertex *v, pixel_32 *sbuffer)

```
{
  for( long x=0 ; x<point_count ; x++ )
  {
    wpoint[ x ].wx    = v[ points[ x ] ].wx;
    wpoint[ x ].wy    = v[ points[ x ] ].wy;
    wpoint[ x ].wz    = v[ points[ x ] ].wz;
    wpoint[ x ].color =
       palette.get_color( v[ points[ x ] ].normal );
  }

  z_clipping();
  project();
  xy_clipping(); if( !cp_point_count ) return;

  if( visible() ) rasterize( sbuffer );
}
```

Der zweite Schritt wird innerhalb der innersten Schleife der Funktion polygon::rasterize() ausgeführt:

```
////    Innerste Schleife der Funktion polygon::rasterize() ////

while( length-- > 0 )
{
  if( act_z < zbuffer[ offset ] )
  {
    sbuffer[ offset ] =
```

```
      palette.color_value( ushort( act_c + 0.5 ), color );
    zbuffer[ offset ] = act_z;
  }

  offset++;
  act_z += z_step;
  act_c += c_step;
}
```

//

Die Verwendung der Farbgebung des *Metal-Shading*-Algorithmus in Kombination mit *Gouraud Shading* führt zu interessanten Ergebnissen. Für die Visualisierung des Polyeders aus Abbildung 6.51 wird ein Farbverlauf eingesetzt, welcher von dunkelblau nach hellblau nach weiß verläuft. Der *Light Spot*, dessen Aussehen durch Exponentialinterpolation zusätzlich hervorgehoben wird, kann aufgrund der ungenaueren Farbgebung des *Gouraud-Shading*-Algorithmus nur dann beobachtet werden, wenn der Winkel zwischen Licht- und einem Normalenvektor nahezu 180 beträgt.

Bei einem sich drehenden Körper kann auf diese Weise eine kurze Aufhellung eines bestimmten Bereichs simuliert werden. Dieses Phänomen lässt sich auch bei Objekten in der realen Welt beobachten, wenn diese durch Lichtstrahlen getroffen werden, welche von einem glänzenden Gegenstand zufällig reflektiert worden sind.

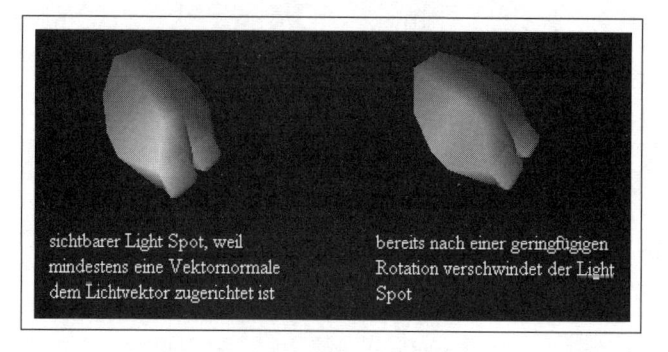

Abb. 6.51: Ausgabe des Programms *a6_10*: Ein unter Verwendung des 16-Bit-*Metal-Shading*-Algorithmus dargestellter Polyeder

6.8   16-Bit-Farbmodi

Wie wir bereits festgestellt haben, besteht der große Vorteil der **32-Bit**-Farbtiefe gegenüber dem 8-Bit-Farbmodus in der weitaus größeren Anzahl an gleichzeitig darstellbaren Farben. Gleichzeitig ist für die Darstellung eines Pixels mehr Speicherplatz notwendig; dadurch vergrößert sich auch der Speicherbedarf des Videospeichers und des *Screen Buffers*, was mit einer Verlängerung der Zeitperiode verbunden ist, welche für die Ausführung des *Double-Buffering*-Algorithmus in Anspruch genommen wird.

Die 16-Bit-Farbtiefe bietet einen sehr guten Kompromiss zwischen der Anzahl an gleichzeitig darstellbaren Farben und dem Speicherbedarf zur Beschreibung eines Pixels. Genau wie beim 32-Bit-Farbmodus wird auch in diesem Fall die Farbe eines Pixels im Videospeicher durch die drei bekannten Farbkomponenten definiert. Die Speicherbereiche dieser Komponenten erstrecken sich über die zwei Byte, welche für die Definition der Farbe eines Pixels eingesetzt werden: Die rote und blaue Komponente werden jeweils durch 5 Bit beschrieben, dem grünen Farbanteil werden 6 Bit zugesprochen.

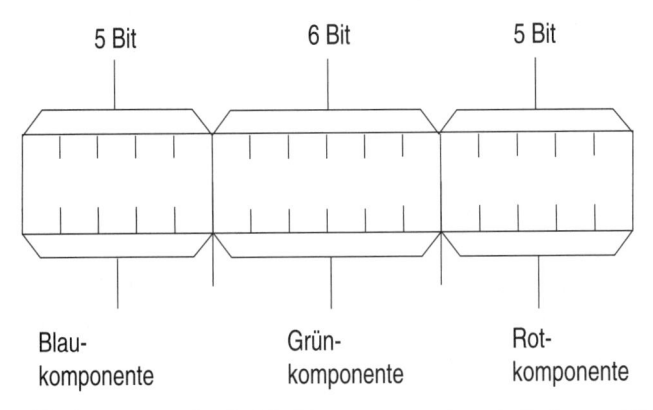

Abb. 6.52: Lage der drei Farbkomponenten innerhalb der zwei Byte, welche im 16-Bit-Modus die Farbe eines Pixels festlegen

Der Grund, warum bei der Definition der grünen Farbkomponente ein Bit mehr eingesetzt wird, liegt in der menschlichen Anatomie: Die grünempfindlichen Sinneszellen können eine größere Anzahl an Farbtönen wahrnehmen als die Sinneszellen, welche rotem und blauem Licht gegenüber sensibel reagieren.

Auch im 16-Bit-Farbmodus besitzt der Videospeicher einen linearen Aufbau; die zwei Byte-Einheiten, welche für Beschreibung der Pixels eingesetzt werden, sind gemäß den Vorgaben angeordnet.

Die Struktur des Videospeichers bei Verwendung der 16 Bit Farbtiefe ist in Abbildung 6.48 dargestellt. Zu beachten ist, dass das Aussehen eines Pixels im 16 Bit Modus durch 16 und nicht durch 32 Bit festgelegt wird.

Um auf die drei Farbkomponenten jedes Pixels leichter zugreifen zu können, werden wir diese bei der Definition des Datentyps `pixel_16` in Form von Bitfeldern darstellen. Bitfelder werden wie gewöhnliche Variablen behandelt, welche Teil von

Klassen oder Strukturen sind. Bei ihrer Definition muss jedoch die Anzahl an Bits, welche für ihre Speicherung zu verwenden ist, explizit angegeben werden. Die Bereiche, welche den Farbanteilen jedes Pixels unter der 16-Bit-Farbtiefe zur Verfügung stehen, lassen sich folgendermaßen als Teil eines benutzerdefinierten Datentyps darstellen:

```
struct pixel_16
{
  ushort blue  : 5;
  ushort green : 6;
  ushort red   : 5;

  pixel_16( void ) : red( 0 ), green( 0 ), blue( 0 ) { }
  pixel_16( uchar r, uchar g, uchar b ) :
         red( r ), green( g ), blue( b ) { }
};
```

Durch die Anweisung

```
ushort blue  : 5;
```

werden zunächst zwei Byte reserviert; die ersten 5 Bit des ersten Bytes werden ausgewählt, und ihnen wird die Bezeichnung `blue` zugewiesen. Anschließend werden den folgenden 6 Bit unter dem formellen Namen `green` zusammengefasst. Hierbei spielt es keine Rolle, dass ein Teil dieser Bits sich auf dem zweiten Byte befinden. Am Ende werden die restlichen 5 Bit unter der Bezeichnung `red` verwaltet. Der Zugriff auf die drei Komponenten erfolgt wie gehabt. Die Anweisungen

```
pixel_16 color;
color.red = 31;
color.green = 63;
color.blue = 31;
```

definieren beispielsweise ein Objekt namens `color`. Der parameterlose Konstruktor initialisiert die drei Komponenten mit dem Wert 0. Anschließend wird der Variablen `pixel_16::green` der Wert 63, den beiden anderen 31 zugewiesen. Das gleiche Ergebnis lässt sich aber auch auf kürzerem Wege erreichen:

```
pixel_16 color( 31, 63, 31 );
```

Beim Umgang mit der Struktur `pixel_16` darf nicht vergessen werden, dass den drei Komponenten lediglich 5 bzw. 6 Bit zur Verfügung stehen. Aus diesem Grund können hiermit lediglich Zahlen zwischen 0 und 31 bzw. 0 und 63 ausgedrückt werden. Weil den drei Komponenten in der oberen Anweisung ihre Höchstwerte zugewiesen wurden, besitzt der wie folgt gesetzte Pixel

```
pixel_16 *screen = (pixel_16 *) surface.get_screen_pointer();

long x = 320, y = 240;
screen[ y * 640 + x ] = color;
```

die Farbe **Weiß**. Ein Pixel, welcher mithilfe der Variablen:

```
pixel_16 blue_color( 0, 0, 31 );
```

beschrieben wird, erscheint dementsprechend blau. Auch hier gilt, dass, je geringer die Werte der einzelnen Komponenten sind, umso dunkler die Farbe erscheint. Aus diesem einfachen Beispiel wird ersichtlich dass viele Aspekte, welche im Zusammenhang mit der Programmierung des 32-**Bit**-Farbmodus vorgestellt wurden, direkt oder leicht verändert auf die 16-Bit-Farbtiefe übertragen werden können. Der Grund hierfür liegt in der großen Ähnlichkeit zwischen den Datentypen `pixel_16` und `pixel_32`.

6.8.1 16-Bit-Metal-Shading

Die Portierung des *Gouraud-Shading*-Algorithmus von der 8- auf die 32-Bit-Farbtiefe hat sich als relativ kompliziert erwiesen. Die Implementierung des 16-Bit-*Metal-Shading*-Algorithmus ist mit einem weitaus geringeren Aufwand verbunden. Auch in diesem Fall ist es weitaus effizienter, die Farbgebung auf der Grundlage von Primärfarben durchzuführen, welche in Form vorberechneter Farbverläufe vorliegen. Die Initialisierung und Speicherung dieser Arrays aus Elementen vom Typ `pixel_16` findet ebenfalls im Rahmen eines benutzerdefinierten Datentyps statt.

Bei dieser Art der Polygonschattierung steht die Interpolation der Komponenten von Vektornormalen im Vordergrund; dieser Vorgang ist von der verwendeten Farbtiefe unabhängig. Die Farbgebung erfolgt erst zum Schluss, während der Rasterization. Die Anpassung des *Metal Shading* an die neue Farbtiefe erfordert deshalb die Farbberechnung mithilfe einer Funktion, welche die Vektornormale des Pixels entgegennimmt und eine RGB-Farbe zurückgibt:

```
pixel_16 palette_16::get_color( vector normal, long color );
```

Die Position der gesuchten Farbschattierung innerhalb des mit `color` angegebenen Arrays wird aus dem Winkel ausgerechnet, welcher vom Lichtvektor und dem übergebenen Vektor gebildet wird. Hierbei handelt es sich lediglich um die Zusammenfassung von `palette_32::get_color()` und `palette_32::color_value()`.

Aufgrund der bereits beschriebenen Ähnlichkeit zwischen der Programmierung der 16- und 32-Bit-Farbtiefen muss für den Aufbau des Datentyps `palette_16` die Klasse `palette_32` nur sehr geringfügig verändert werden:

```
class palette_16
{
  private:
    ushort color_steps;
    long color_count;

    pixel_16 **color_definitions;

  public:
    pixel_16 bground_color;

    void load( char *filename );
    pixel_16 get_color( vector normal, long color );

    palette_16( void ) : color_steps( 200 ), color_count( 0 ),
                         color_definitions( NULL ) { }
    ~palette_16( void )
    {
      for( long x=0 ; x<color_count ; x++ )
        delete [] color_definitions[ x ];

      delete [] color_definitions;
    }
} palette;
```

Die wichtigste Änderung befindet sich innerhalb der Funktion palette_16::load(). Diese Funktion nimmt wie gehabt eine Datei vom Typ *.PL2* entgegen und baut mithilfe der dort vorhandenen Informationen das Array `color_definitions[][]` auf. Das Problem ist jedoch, dass dieser Dateityp für die 8- und 32-Bit-Farbmodi erstellt wurde, wobei jeder Farbkomponenten 256 Abstufungen zur Verfügung stehen. Bei Verwendung der 16-Bit-Farbtiefe können die rote und blaue Komponente jedoch nur 32 unterschiedliche Abstufungen darstellen, die grüne 64.

Wenn eine Datei vom Typ *.PL2* für die Definition von 16-Bit-Farben verwendet werden soll, müssen die RGB_8- bzw. RGB_{32}-Farbinformationen in gültige RGB_{16}-Werte umgewandelt werden, bevor sie für die Farbgebung verwendet werden können. Diese Umwandlung erfolgt mithilfe einer proportionalen Zuordnung, denn je größer eine RGB_{32}-Farbkomponente ist, umso größer ist auch RGB_{16}-Komponente, welche die gleiche Farbabstufung beschreibt. RGB_{32}-Farbanteile können 256 unterschiedliche Schattierungen annehmen, rote und blaue RGB_{16}-Komponenten nur 32.

Nehmen wir an, **k** ist eine blaue RGB_{32}-Farbkomponente, **rb16** der RGB_{16}-Farbanteil, welcher dieselbe Farbe beschreibt. In diesem Fall verhält sich **k** zu **rb16** wie 256 zu 32 oder, mathematisch ausgedrückt,

32 / 256 = rb16 / k32

Daraus folgt:

rb16 = k * 32 / 256

= **k / 8**

Um eine rote und eine blaue RGB_{32}-Farbkomponente in 16-Bit-Farbanteile umzuwandeln, müssen diese lediglich durch die Konstante 8 geteilt werden. Bei der Umwandlung der 32-Bit-Grünkomponenten **g** im entsprechenden RGB_{16}-Farbwert **g16** gilt Entsprechendes:

g16 = k / 4

Beim Aufbau des Arrays `palette_16::color_definitions[][]` können die gesamten Farbberechnungen mit RGB_{32}-Farbwerten durchgeführt werden; wenn ein Element innerhalb dieses Feldes jedoch initialisiert wird, müssen die temporären RGB_{32}-Komponenten `act_r`, `act_g` und `act_b` entsprechend umgewandelt werden:

```
/////    Innerste Schleife der Funktion palette_16::load()    ////

for( ushort z=0 ; z<local_range ; z++ )
{
  color_definitions[x][ act_position ].red = uchar( act_r/8 );
  color_definitions[x][ act_position ].green = uchar( act_g/4 );
  color_definitions[x][ act_position ].blue = uchar( act_b/8 );

  act_position++;
  act_r += r_step; act_g += g_step; act_b += b_step;
}

////////////////////////////////////////////////////////////////
```

Kapitel 6
Einfache Polygonschattierung

6.8.2   8-Bit- vs. 16-Bit-Farbmodus

Bei einer genauen Betrachtung der Ausgabe des vorherigen Programms fallen die großen Unterschiede auf, welche zwischen den verschiedenen Abstufungen derselben Primärfarbe bestehen. Im Programm $a6\_7$, welcher bis auf die **8**-Bit-Farbtiefe mit $a6\_10$ identisch ist, sind diese Unterschiede dagegen nicht so deutlich ausgeprägt:

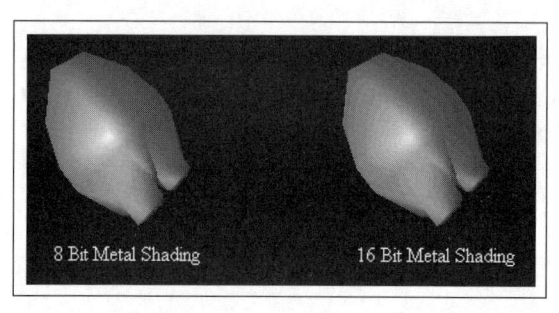

Abb. 6.53:   Darstellung eines Polyeders unter Verwendung des *Metal-Shading*-Algorithmus. Links: 8-Bit-, rechts: 16-Bit-Farbtiefe

Aus dieser Beobachtung kann die zunächst abwegig erscheinende Schlussfolgerung gezogen werden, dass ein Programm bei einer **8**-Bit-Farbtiefe auf eine größere Anzahl an Farben zurückgreifen kann. Diese Überlegung beruht auf der Tatsache, dass, je mehr unterschiedliche Farbabstufungen verfügbar sind, umso langsamer und gleichmäßiger kann der Übergang zwischen hellen und dunklen Bereichen verlaufen.

Um die Richtigkeit dieser Schlussfolgerung zu überprüfen, stellen wir einen **640** Elemente umfassenden Farbverlauf zusammen, welcher nacheinander unter Verwendung der **8**-, **16**- und **32-Bit**-Farbtiefe auf dem Bildschirm dargestellt wird. Die Komponenten der Anfangs- und Endfarbe sollten so ausgewählt werden, dass bei der Ermittlung der Sekundärfarben möglichst große Rundungsfehler auftreten.

16-Bit-Farbmodi

[Abbildung: Farbverlauf von C1 nach C2 dargestellt in 8 Bit, 16 Bit und 32 Bit Farbtiefe]

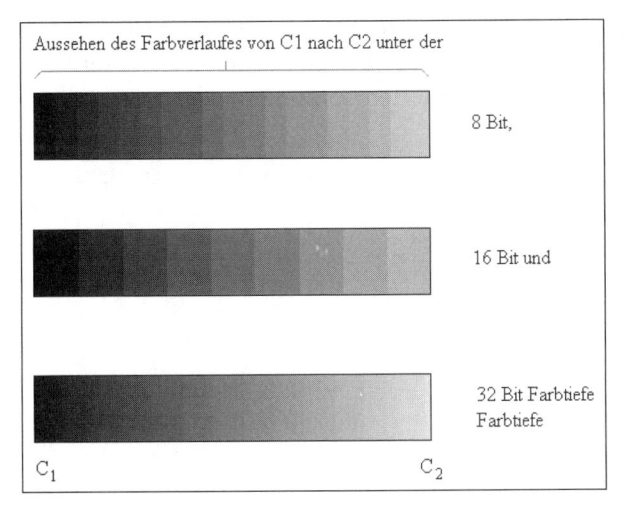

Abb. 6.54: Sekundärfarben eines 640-elementigen Farbverlaufs zwischen denselben Primärfarben, welche von oben nach unten unter der 8-, 16- und 32-**Bit**-Farbtiefe dargestellt sind

Ein in Abbildung 6.54 gezeigtes Ergebnis dieses Experiments bestätigt diese Schlussfolgerung. Unter der 8-Bit-Farbtiefe sind die Bereiche, welche dieselbe Farbschattierung besitzen, kleiner als bei Verwendung des 16-Bit-Farbmodus. Daraus folgt, dass der 16 Farbtiefe weniger unterschiedliche Farben zur Verfügung stehen.

Diese Tatsache hängt mit der Gesamtzahl an Farben zusammen, auf die unter den verschiedenen Farbtiefen zurückgegriffen werden kann. Im 16-Bit-Farbmodus werden die drei Farbanteile jeweils durch 5, 6 und 5 Bits definiert. Daraus folgt, dass hierbei insgesamt 65536 unterschiedliche Farben dargestellt werden können, denn nach der Produktregel der Kombinatorik gilt

$$2^5 * 2^6 * 2^5 = 32 * 64 * 32 = 65536$$

Im 8-Bit-Farbmodus können höchstens 256 unterschiedliche Farben dargestellt werden; wir wissen jedoch, dass jede dieser Farben innerhalb der 8-Bit-Palette durch drei Farbanteile beschrieben wird. Da einer Farbkomponente jedoch 6 Bit zur Verfügung stehen, kann im 8-Bit-Farbmodus auf insgesamt

$$2^6 * 2^6 * 2^6 = 64 * 64 * 64 = 262144$$

unterschiedliche Farben zurückgegriffen werden. Aufgrund dieser großen Anzahl an verfügbaren Farben ist die 8-Bit-Farbtiefe verstärkt auf dem Gebiet der digitalen Fotografie anzutreffen. Die Tatsache, dass jeweils eine Auswahl von 256 Farben verfügbar ist, spielt bei Einzelbilder keine größere Rolle: Das Bild eines Sonnenuntergangs beispielsweise, welches sehr viele Schattierungen von Rot, Orange und Gelb enthält, sieht in 8 Bit entschieden besser aus als in 16 Bit.

Der Einsatz der 16-Bit-Farbtiefe hat sich dagegen auf einem anderen Gebiet etabliert. Aufgrund der hohen Anzahl an gleichzeitig sichtbaren Farben ist dieser Farbmodus ein bedeutender Bestandteil der animierten Computergrafik.

Kapitel 7

Bitmaps

Bitmaps stellen eines der wichtigsten Themengebiete der Grafikprogrammierung dar. Diese besitzen eine herausragende Bedeutung sowohl bei der Erstellung zwei- als auch dreidimensionaler Umgebungen. Bilddateien enthalten große Mengen an grafischen Informationen, bei einem relativ geringen Speicherbedarf. Die Verwendung dieser Daten innerhalb eigener Programme kann die Realitätsnähe der Ausgaben enorm steigern, ohne wesentliche Geschwindigkeitsverluste in Kauf nehmen zu müssen.

Zu diesem Zeitpunkt sind wir in der Lage, die Möglichkeiten der Polygonschattierung in Verbindung mit mehreren Primärfarben und Farbverläufen höheren Grades gut einzuschätzen. Die Visualisierung eines komplexen Polyeders nimmt umso mehr Zeit in Anspruch, je mehr Polygone bei seinem Aufbau beteiligt sind. Die Verwendung einer großen Zahl von Vielecken, welche mehrere Farben besitzen, ist jedoch für ein realitätsnahes Erscheinungsbild notwendig. Der gleiche Effekt kann aber auch durch wenigen Polygonen erzielt werden, wenn während des Renderings auf die Oberfläche der dargestellten Vielecke eine Bitmap projiziert wird, welche das Erscheinungsbild der fehlenden Polygone simuliert. In einigen Fällen können sogar vollständige Polyeder durch Bitmaps ersetzt werden.

Bitmaps werden aber nicht nur eingesetzt, um das äußere Erscheinungsbild von Gegenständen natürlichen Objekten anzupassen. Sie können auch indirekt bei der Darstellung einer Einheit mitwirken: Informationen wie Semitransparenz oder die Höhe der Vertices einer Landschaft werden häufiger in Form von Bitmaps gespeichert, weil diese Darstellungsform besonders übersichtlich und leicht zu editieren ist.

Nicht zuletzt bilden Bitmaps die Grundlage für den Einsatz mehrerer Darstellungsfenster. Diese sind besonders bei der Erstellung von Benutzerinterfaces notwendig, wenn es darum geht, bestimmte Programmfunktionen den Vorgaben des Benutzers anzupassen.

Der Umgang mit Bitmaps ist sehr wichtig; um einen besseren Einblick in die Vorgänge zu erhalten, welche bei ihrer Darstellung und Veränderung beteiligt sind, müssen wir uns in Rahmen dieses Kapitels zunächst mit elementaren Bitmap-Operationen beschäftigen. Dieses Wissen kann anschließend auf vielen verschiedenen Gebieten eingesetzt werden, wie z.B. *Texture Mapping* oder erweiterte Aspekte der Grafikprogrammierung.

7.1 Verwaltung von Bitmaps

Eine Bitmap besteht aus einer Menge von Pixeln, die in Zeilen und Spalten angeordnet ist. Wie wir noch sehen werden, ist die Lage der einzelnen Pixel innerhalb der Bitmap sehr wichtig und muss deshalb eindeutig festgelegt werden. Aus diesem Grund wird für jede Bitmap ein Koordinatensystem definiert, welches die gleiche Struktur wie das Koordinatensystem des Bildschirms besitzt: Der Ursprung befindet sich in der oberen linken Ecke des Bildes, die x- und y-Achse verlaufen nach rechts bzw. nach unten. Jeder Pixel besitzt eine x- und y-Koordinate sowie eine bestimmte Farbe; innerhalb einer Bitmap dürfen mehrere Pixel dieselbe Farbe annehmen, nicht jedoch dieselben Koordinaten.

Auch für die Arbeit mit Bitmaps empfiehlt sich die Definition eines eigenen Datentyps. Die wichtigste Komponente hierbei ist das Array, in dem die Farbe der Pixel gespeichert werden. Trotz der klaren Einteilung der Bitmap in Zeilen und Spalten sollte man sich gegen die Verwendung eines zweidimensionalen Arrays entscheiden. Die Praxis hat gezeigt, dass ein eindimensionales Array, in dem die Pixel linear nacheinander angeordnet sind, weitaus größere Vorteile als ein zweidimensionales Feld bietet.

Wenn eine Bitmap beispielsweise 5 Zeilen und 5 Spalten besitzt, wird diese in einem 25-elementigen Array gespeichert: Die Farbe des Pixels, welches sich in der oberen linken Ecke befindet, wird an der Position 0 eingetragen, der Farbwert am Ende der ersten Zeile an der Position 4, gefolgt von dem Pixel am Anfang der zweiten Zeile. Das letzte Element dieses Arrays enthält die Farbe des Pixels aus der rechten unteren Ecke der Bitmap.

Eindimensionale Arrays besitzen dieselbe Struktur wie der Videospeicher. Wenn die x- und y-Koordinaten eines Pixels **(px, py)** gegeben sind, kann die Position der dazugehörigen Farbe innerhalb der Bitmap mittels der bekannten Formel

Farbposition = py * x_xscale + px

ermittelt werden, welche sich aus der Anordnung der Farbwerten innerhalb des besagten Arrays ergibt. Die Variable **x_xscale** gibt die Breite der Bitmap in Pixel an.

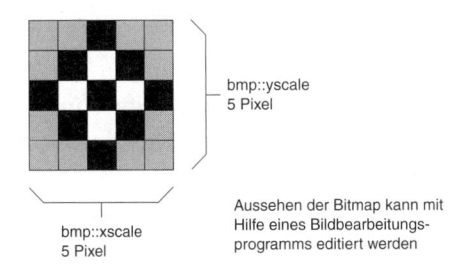

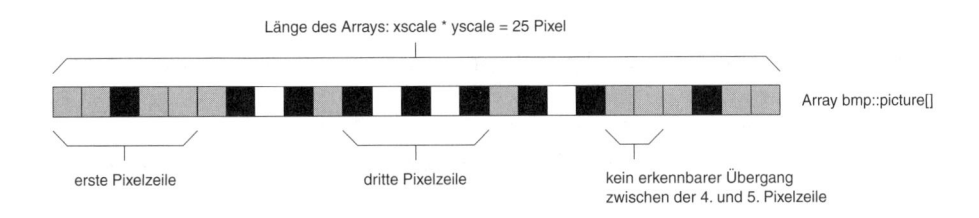

Abb. 7.1: Erscheinungsbild einer Bitmap und Anordnung der Pixelfarben innerhalb eines eindimensionalen Arrays

Wichtig ist, dass ein eindimensionales Array keine Aussagen über Breite und Höhe einer Bitmap machen kann. Wenn dieses Feld beispielsweise 64 Elemente enthält, kann es sein, dass die Bitmap 12 Spalten und 4 Zeilen besitzt. Es ist jedoch ebenso gut möglich, dass wir es mit einer 8 x 8- oder einer 4 x 12 Pixel-Bitmap zu tun haben. Innerhalb der Klasse müssen Breite und Höhe des Bildes explizit gespeichert werden.

7.1.1 Der Umgang mit 8-Bit-Bitmaps

Im vorhergehenden Kapitel haben wir festgestellt, dass der **8**-Bit-Farbmodus durchaus Vorzüge besitzt, welche ihm seine Existenzberechtigung neben den anderen Farbtiefen sichern.

Bei den Farbwerten einer Bitmap, welche mit **8**-Bit-Zahlen ausgedrückt werden, handelt es sich um Verweise auf Farben, welche in einer 256 elementigen Palette definiert sind.

In jeder **8**-Bit-Bitmap müssen die Komponenten der verwendeten Farben explizit angegeben werden. Der Grund hierfür besteht darin, dass diese 256 Farben lediglich eine Auswahl aus insgesamt 262144 Farben darstellen. Es ist sehr wahrscheinlich, dass bei der Erstellung jeder **8**-Bit-Bitmap eine eigene Farbpalette definiert wird, welche sich von anderen Bitmaps hinsichtlich der Reihenfolge und der Komponenten der Farben unterscheidet.

Auch bei der Arbeit mit 8-Bit-Bitmaps empfiehlt sich die Erstellung eines eigenen Datentyps. Unter Berücksichtigung der vorangegangenen Theorie muss diese Klasse folgende Voraussetzungen erfüllen:

1. Sie muss zwei Variablen besitzen, welche Breite und Höhe der Bitmap enthalten.
2. Die Farbwerte der Pixel müssen in einem eindimensionalen Array aus Elementen vom Typ (unsigned char *) eingetragen werden.
3. Bei diesen Werten handelt es sich um die Positionen von Farben, deren Komponenten innerhalb eines 256-elementigen Arrays aus pixel_8-Objekten gespeichert werden sollten.
4. Die Initialisierung dieser Komponenten muss auf der Grundlage einer Bilddatei erfolgen, welche mit einem Bildbearbeitungsprogramm erstellt und editiert werden kann.
5. Schließlich muss die Klasse über eine Funktion verfügen, welche die Bitmap auf dem Bildschirm darstellen kann.

Eine mögliche Definition dieser Klasse kann folgendermaßen aufgebaut werden:

```
class bmp_8
{
  private:
    pixel_8 palette[ 256 ];

    void load_palette( ifstream *bmp_file );

  public:
    long xscale, yscale;
    uchar *picture;

    void load( char *filename );
    void display( ushort sx, ushort sy, uchar *sbuffer );

    bmp_8(void) : xscale( 0 ), yscale( 0 ), picture( NULL ) { }
    bmp_8( char *filename ) { bmp_8(); load( filename ); }
    ~bmp_8( void ) { if( picture ) delete [] picture; }
};
```

Es folgt eine Übersicht über die Komponenten der neuen Klasse:

Variable	Aufgabe
xscale:	gibt die Breite der Bitmap in Pixel an
yscale:	enthält die Höhe der Bitmap in Pixel
picture[]:	In diesem Feld werden die 8-Bit-Farben der Pixel gespeichert, welche in der Bitmap enthalten sind. Diese Verweise beziehen sich auf die Farbpalette der Bitmap, welche innerhalb des Arrays bmp_8::palette[] gespeichert sind.
palette[]:	Dieses Array enthält die rote, grüne und blaue Farbkomponente jeder der 256 darstellbaren Farben.

Funktion	Aufgabe / Definition
load():	Initialisierung der Klassenelemente gemäß der Bitmap, welche in die als Parameter übergebene Datei gespeichert ist.
load_palette():	Diese Funktion liest die Komponenten der Farben aus der Bilddatei und speichert diese innerhalb des Arrays bmp_8::palette[].
display():	Darstellung der Bitmap innerhalb des Arrays, dessen Anfangsadresse der Funktion übergeben wird. Die obere linke Ecke der Bitmap befindet sich an der Position, welche durch die Variablen sx und sy anzugeben ist.

```
void bmp_8::display( ushort sx, ushort sy, uchar *sbuffer )
{
  long x, y, z;
  long offset = sy * x_res + sx;

  for( y=0, z=0 ; y<yscale ; y++ )
  {
    for( x=0 ; x<xscale ; x++ )
      sbuffer[ offset++ ] = picture[ z++ ];

    offset = (offset - xscale) + x_res;
  }
}
```

Diese Funktion setzt voraus, dass vor ihrem Aufruf die Komponenten des Arrays bmp_8 innerhalb der DIRECTX-Palette eingetragen worden sind.

Bei der Visualisierung der Bitmap müssen die Farben, welche in `bmp_8::picture[]` linear angeordnet sind, in Form von Zeilen und Spalten auf dem Bildschirm angezeigt werden. Die Schleife, welche die Anzahl der zu darzustellenden Zeilen angibt, wird durch die Kontrollvariable y gesteuert, die Visualisierung der einzelnen Zeilen übernimmt die innere Schleife.

Die Variable `offset` gibt die Position der oberen linken Ecke der Bitmap auf dem Bildschirm an. Hierbei handelt es sich gleichzeitig auch um die Anfangsposition der ersten Zeile der Bitmap. Nach der Darstellung der ersten Zeile, welche aus `xscale` Pixel besteht, besitzt diese Variable den Wert (`offset` + `xscale`). Das erste Pixel der zweiten Zeile muss jedoch an der Position (`offset` + `x_res`) gesetzt werden. Dieser Wert kann erreicht werden, indem man zunächst `xscale` von `offset` subtrahiert, um anschließend `x_res` hinzuzuaddieren:

```
offset = (offset - xscale) + x_res;
```

Dieselben Gesetzmäßigkeiten gelten auch bei der Darstellung der übrigen Pixelzeilen.

Diese Definition der Klasse `bmp_8` ist unabhängig vom Dateityp, welcher für die Speicherung der Bitmap eingesetzt wird. Für gewöhnlich muss für jeden zu unterstützenden Dateityp eine neue Version der Funktionen `bmp_8::load()` und `bmp_8::load_palette()` erstellt werden. Die folgenden Abschnitte befassen sich mit der Definition dieser Funktionen bei Verwendung von Bilddateien mit der Endung *.BMP*.

7.2 Das 8-Bit-BMP-Dateiformat

Es gibt viele unterschiedliche Möglichkeiten, Bildinformationen innerhalb von Dateien einzutragen. Bilder werden häufig in komprimierter Form gespeichert, um die Dateigröße zu reduzieren. Dateien mit der Endung *.JPG*, welche vorzugsweise im Internet verwendet werden, sind ein prominentes Beispiel hierfür. Für unsere Zwecke ist lediglich das Aussehen der Bitmap von Bedeutung; die Art, wie die Bildinformationen gespeichert sind, ist dagegen irrelevant.

Aus diesem Grund werden wir in den folgenden Programmen stets von unkomprimierten Windows-Bitmaps mit der Endung *.BMP* ausgehen. Hierbei handelt es sich um ein sehr häufig vorkommendes Dateiformat, welches von nahezu allen Bildbearbeitungsprogrammen unterstützt wird. In den Anwendungen, welche während der nächsten Abschnitte erstellt werden, können aber ebenso gut auch andere Dateiformate verwendet werden, wenn die Programme um eine entsprechende Ladefunktion erweitert werden.

7.2.1 Das Binärformat

Seit dem vierten Kapitel verwenden wir das *ASCII*-Format, um Informationen innerhalb von Dateien zu speichern. Hierzu zählen die Definition von Polyeder oder die Beschreibung von Primärfarben. Dieses Format ist sehr gut geeignet, um Daten zu speichern, welche von einem menschlichen Benutzer nachvollzogen werden können. Die Struktur des *ASCII*-Formats macht dieses für die Speicherung großer Datenmengen jedoch ungeeignet.

Für diese Aufgabe greift man auf das *Binärformat* zurück. Hierbei werden Informationen als eine kontinuierliche Folge von Bits gespeichert. Soll beispielsweise eine Variable vom Typ *unsigned short* mit dem Wert 8490 am Anfang einer Datei gespeichert werden, wird die 16-Bit-Folge

0010 0001 0010 1010

unverändert in die Datei übertragen. Diese Art der Speicherung von Informationen besitzt einen merkwürdigen Nebeneffekt: Beim Öffnen mit einem Texteditor werden jeweils 8 Bit aus der Datei gelesen und es folgt die Darstellung des entsprechenden *ASCII*-Zeichens auf dem Bildschirm. Anstelle der gespeicherten Zahl erscheint am Anfang der besagten Datei jedoch die Zeichenfolge:

!*

weil '!' in der ASCII-Tabelle den Dezimalwert 33, binär 0010 0001 besitzt. Dem Dezimalwert 42, binär 0010 1010, wird seinerseits in der Tabelle das Zeichen '*' zugewiesen. Einem unerfahrenen Benutzer erscheint aus diesem Grund eine im Binärformat erstellte Datei als eine Ansammlung nicht zusammenhängender, scheinbar sinnloser Zeichen.

Beim Lesen von Informationen aus Dateien, die im *Binärformat* erstellt wurden, müssen Reihenfolge und Anzahl der Bytes der gespeicherten Werte bekannt sein. Wird die Zahl 8490 wieder aus der Datei ausgelesen, muss sie unbedingt in einer Variablen gespeichert werden, deren Größe 16 Bit beträgt. Wenn diese Vorgabe nicht beachtet und der besagte Wert beispielsweise in einer Variablen vom Typ *long* eingetragen wird, entnimmt die lesende Instanz 32 Bit aus der Datei, anstelle der beabsichtigten 16. Die zusätzlichen Bits führen zunächst einmal dazu, dass die Variable nicht den erwarteten Wert 8490 besitzt. Dadurch, dass der Lesezeiger durch diese Operation zu weit verschoben wird, nehmen auch die im Anschluss gelesenen Daten unbeabsichtigte Werte an.

Der große Vorteil des Binärformats liegt darin, dass für die Speicherung von Daten wenig Speicherlatz benötigt wird. Die Zahl 8490 würde, im *ASCII*-Format gespeichert, 4 Byte in Anspruch nehmen, doppelt so viel wie ihre Binärdarstellung. Von Nachteil ist, dass auf diese Weise gespeicherte Informationen für einen menschlichen Benutzer unverständlich sind. Dieser Nachteil wird in den meisten Fällen jedoch dadurch kompensiert, dass Binärdateien nicht direkt, sondern mithilfe eines entsprechenden Programms bearbeitet werden. Bitmaps werden beispielsweise mit Bildbearbeitungsprogrammen editiert.

Informationen, welche im Binärformat gespeichert sind, werden mithilfe der Funktion `ifstream::read()` gelesen. Diese Funktion ist in der Datei *fstream.h* wie folgt deklariert:

```
istream &istream::read( unsigned char *buffer, int byte_count );
```

Die Verwendung dieser Funktion setzt voraus, dass die entsprechende Datei durch ein `ifstream`-Objekt zum Lesen geöffnet und der Dateizeiger auf die gewünschte Position gesetzt wurde. Angenommen, wir haben eine Variable vom Typ `unsigned short` namens `value` und eine Datei, welche mithilfe des Objekts `file` angesprochen wird. Um einen Zwei-Byte-Wert aus der Datei in die Variable `value` einzulesen, muss `istream::read()` mit der Adresse dieser Variablen sowie der Anzahl der auszulesenden Bytes aufgerufen werden:

```
file.read( &value, 2 );
```

Häufig wird auch der *sizeof()*-Operator eingesetzt, um die Größe einer Variablen festzulegen:

```
file.read( &value, sizeof( value ) );
```

Diese Schreibweise ist eindeutiger und weniger fehleranfällig, da eine Kenntnis des Datentyps hierbei nicht erforderlich ist. Bei einer Veränderung des Datentyps ist eine Aktualisierung des zweiten Parameters in diesem Fall nicht erforderlich. Mithilfe derselben Schreibweise können auch Objekte benutzerdefinierten Datentyps mithilfe einer Datei initialisiert werden.

Bevor ein Wert aus einer Binärdatei gelesen wird, muss neben seinem Datentyp noch seine Position innerhalb der Binärdatei bekannt sein. Die Verschiebung des Dateizeigers an die gewünschte Position erfolgt unter anderem mithilfe der Funktion `istream::seekg()`, welche in der Datei *fstream.h* folgendermaßen deklariert ist:

```
istream &istream::seekg( int position, ios::seek_dir p );
```

Der erste Parameter den Offset in Bytes an, welcher der auszulesende Wert innerhalb der Datei besitzt. Dieser Offset bezieht sich entweder auf den Dateianfang, Dateiende oder der aktuellen Position des Lesezeigers. Der Parameter `p` gibt an, von welcher dieser drei Positionen bei der Offsetberechnung ausgegangen werden soll:

Möglicher Wert von p	Bei der Offsetberechnung wird ausgegangen von
ios::beg	dem Dateianfang
ios::cur	der aktuellen Position des Dateizeigers
ios::end	dem Dateiende

Wenn ein 16-Bit-Wert beispielsweise ab dem 19. Byte relativ zum Dateianfang gespeichert ist, kann dieser mithilfe der folgenden Anweisungen eingelesen werden:

```
file.seekg( 18, ios::beg );

ushort value;
file.read( &value, sizeof( value ) );
```

Bei einer Leseoperation wird der Dateizeiger automatisch um die Anzahl der gelesenen Bytes in Richtung des Dateiendes verschoben. Wenn nach diesen Anweisungen der nachfolgende Wert ausgelesen werden muss, ist ein erneuter Aufruf von `istream::seekg()` nicht erforderlich.

7.2.2 Die Struktur von 8-Bit-BMP-Dateien

Jeder Dateityp besitzt eine eigene Art, die Bitmap sowie weitere dazugehörige Informationen wie Höhe und Breite des Bildes zu speichern. Die 256 Komponenten der Farbpalette können sich beispielsweise vor oder hinter der Definition der Bitmap befinden. Auch die zusätzlichen Angaben können hinsichtlich ihrer Anzahl und ihres Inhalts von Dateityp zu Dateityp variieren.

Die allgemeinen Informationen werden in Dateien mit der Endung .BMP am Anfang gespeichert. Diese gliedern sich in zwei Abschnitte: Dem *BMP File Header* und dem *BMP Info Header*. Es folgt eine Übersicht über die einzelnen Angaben und den Speicherplatz, den diese beanspruchen:

BMP File Header		
Komponente	Beschreibung	Größe
BfType	Enthält stets die Konstanten 'B' und 'M'	2 Byte
BfSize	Gibt die Größe der Datei an. Diese Angabe ist nicht immer zutreffend	4 Byte
bfReserved1	Reserviert	2 Byte
bfReserved2	Reserviert	2 Byte
BfOffBits	Gibt die Position der Bitmap innerhalb der Datei an	4 Byte

Folgende Komponenten werden zum *BMP Info Header* hinzugezählt:

BMP Info Header Komponente	Beschreibung	Größe
BiSize	Gibt die Größe des Headers an	4 Byte
BiWidth	Breite der Bitmap in Pixel	4 Byte
BiHeight	Höhe der Bitmap in Pixel	4 Byte
BiPlanes	Enthält stets den Wert 1	2 Byte
BiBitCount	Anzahl der Bits pro Pixel	2 Byte
biCompression	Gibt die Kompressionsart an. Die Konstante *BI_RGB*, welche in der Datei *windows.h* definiert ist, steht für unkomprimierte Bitmaps	4 Byte
BiSizeImage	Enthält bei komprimierten Dateien die Größe der Bitmap in Byte.	4 Byte
biXPelsPerMeter	Horizontale Anzahl der Pixel pro Meter	4 Byte
biYPelsPerMeter	Vertikale Anzahl der Pixel pro Meter	4 Byte
BiClrUsed	Gesamtzahl der Farben der Bitmap	4 Byte
biClrImportant	Anzahl der Farben, welche in der Bitmap verwendet werden.	4 Byte

Der *BMP File Header* wird von dem *BMP Info Header* direkt gefolgt, beide können daher als ein einziger Informationsblock betrachtet werden. Diese Teilung beruht auf der getrennten Definition der beiden Strukturen BITMAPFILEHEADER und BITMAPINFOHEADER, welche in der Datei *windows.h* zu finden sind. Die Bezeichnungen aus den beiden vorherigen Tabellen sind mit den Namen der Komponenten dieser beiden Strukturen identisch.

Angenommen, wir besitzen eine Bitmap, welche in einer Datei mit dem Namen *file.bmp* gespeichert ist. Um Zugriff auf alle zusätzlichen Informationen zu erlangen, muss eine Instanz der besagten Strukturen definiert und mithilfe von istream::read() initialisiert werden:

```
ifstream bmp_file( "file.bmp",
                   ios::in | ios::nocreate | ios::binary );

BITMAPFILEHEADER file_header;
BITMAPINFOHEADER info_header;

bmp_file.read( &file_header, sizeof( file_header ) );
bmp_file.read( &info_header, sizeof( info_header ) );
```

Die benötigten Informationen können den beiden initialisierten Objekten mithilfe des Zugriffsoperators problemlos entnommen werden. Um die Portierung auf andere Betriebssysteme zu vereinfachen, werden wir im Folgenden diese beiden Strukturen nicht einsetzen. Die einzigen Zusatzinformationen, die wir benötigen, sind Länge und Breite der Bitmap sowie der Wert der Variablen BfOffBits des *BMP Info Headers*. Diese Informationen können auch direkt aus der Datei ausgelesen werden, wenn der Dateizeiger zuvor auf die entsprechenden Positionen gesetzt worden ist:

```
bmp_file.seekg( 18, ios::beg );
bmp_file.read( &xscale, sizeof( xscale ) );
bmp_file.read( &yscale, sizeof( yscale ) );

long picture_offset;
bmp_file.seekg( 10L, ios::beg );
bmp_file.read( &picture_offset, sizeof( picture_offset ) );
```

Die Variable `picture_offset` gibt die Position an, ab der die Farben der Pixel der Bitmap in der Datei gespeichert sind. Bis auf zwei Unterschiede sind diese Informationen in der Bilddatei genauso gespeichert, wie es in der bekannten Abbildung 7.1 beschrieben ist. Nach der Verschiebung des Dateizeigers kann die erste Pixelzeile folgendermaßen innerhalb des Arrays `bmp_8::picture[]` eingelesen werden:

```
for( long x=0 ; x<xscale ; x++ )
   bmp_file.read( &picture[ x ], sizeof( picture[ 0 ] ) );
```

Der erste Unterschied gegenüber Abbildung 7.1 besteht darin, dass in einer Datei mit der Endung .*BMP* am Ende einer Pixelzeile manchmal Bytes mit zufälligen Werten eingetragen sind, welche bei einer Leseoperation ignoriert werden müssen. Diese Bytes, welche die Bezeichnung *Padding* tragen, sind auf eine .*BMP*-Definition zurückzuführen, die besagt, dass die Länge einer Pixelzeile eine durch 4 teilbare Zahl sein muss.

Wenn `bmp_8::xscale`, die vom Benutzer definierte Breite der Bitmap, diese Voraussetzung erfüllt, werden keine Bytes angefügt. Im Fall, dass `bmp_8::xscale` keine durch 4 teilbare Zahl ist, wird der kleinste diese Voraussetzung erfüllende Nachfolger ermittelt und als neue Breite der Bitmap festgelegt. Um die bereits existierenden Pixelzeilen auf die neue Breite zu verlängern, wird eine entsprechende Anzahl an Bytes hinzugefügt.

Kapitel 7
Bitmaps

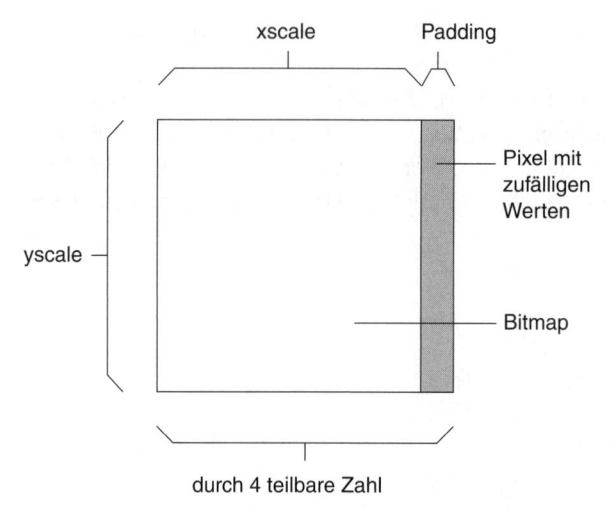

Abb. 7.2: Padding: Die Anzahl an Bytes, die am Ende jeder Pixelzeile hinzugefügt wird, wenn die Bereite der Bitmap nicht durch 4 teilbar ist

Nachdem eine Pixelzeile in das Array `bmp_8::picture[]` eingelesen wurde, muss der Dateizeiger den *Padding*-Bereich überspringen. Das kann beispielsweise mithilfe der Funktion `istream::seekg()` erreicht werden

```
bmp_file.seekg( padding, ios::cur );
```

wobei die Anzahl der *Padding*-Bits in der ganzzahligen Variablen `padding` enthalten ist.

Die zweite Vorgabe, die beachtet werden muss besteht darin, dass die Pixelzeilen unter WINDOWS nach dem *Bottom-Up*-Verfahren angeordnet sind. Dieser sieht vor, die Bitmap um eine horizontale Achse gespiegelt in die Datei zu speichern. Der Pixel, welcher sich bei der Normaldarstellung in der oberen linken Ecke des Bildes befindet, liegt demnach in der unteren linken Ecke. Die letzte Pixelzeile der Bitmap ist an erster Stelle innerhalb der Datei gespeichert, gefolgt von der vorletzten. Die erste Pixelzeile befindet sich in der Datei an letzter Stelle. Bei der horizontalen Spiegelung werden die x-Koordinaten der Pixel nicht verändert.

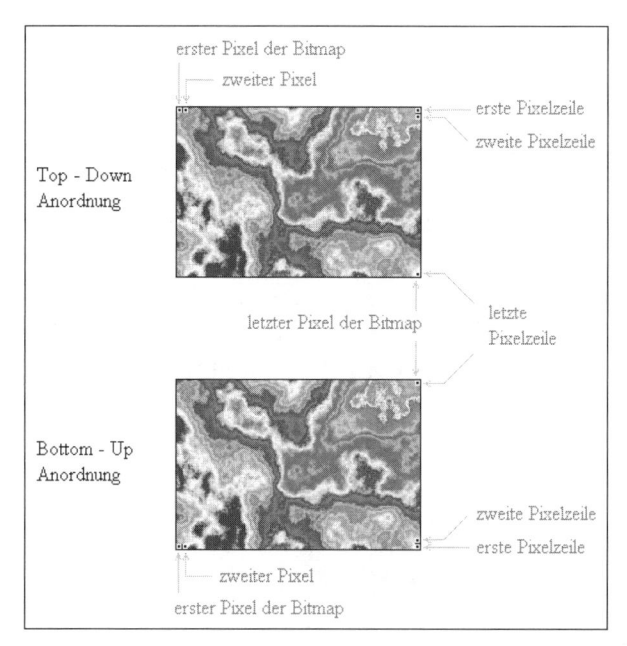

Abb. 7.3: Gegenüberstellung der *Top-Down-* und der *Bottom-Up-*Anordnung der Pixel innerhalb einer Bitmap

Um die Bitmap nach der uns vertrauten *Top-Down-*Anordnung innerhalb des Arrays `bmp_8::picture[]` zu speichern, muss das Feld beginnend mit der letzten Pixelzeile initialisiert werden. Diese Aufgabe kann mithilfe von zwei Schleifen gelöst werden. Die Laufvariable der äußeren Schleife gibt die y-Koordinate der einzulesenden Pixelzeile. Innerhalb dieser Schleife befindet sich die zweite, welche die x-Koordinate des aktuellen Pixels angibt. Der Offset des Pixels **(x, y)** innerhalb der Bitmap wird mit der bekannten Formel:

```
offset = y * xscale + x
```

ermittelt. Um eine Anordnung der Pixel nach der *Top-Down-*Methode zu erreichen, muss die Laufvariable der äußeren Schleife mit der y-Koordinate der letzten Pixelzeile initialisiert und in jeder Iteration dekrementiert werden:

```
bmp_file.seekg( picture_offset, ios::beg );
for( long y=yscale-1 ; y>=0 ; y-- )
{
  for( long x=0 ; x<xscale ; x++ )
    bmp_file.read( &picture[ y * xscale + x ],
                   sizeof( picture[ 0 ] ) );
```

```
    bmp_file.seekg( padding, ios::cur );
}
```

Hierbei handelt es sich nicht um die effizienteste Methode, welche für diese Aufgabe eingesetzt werden kann. Der Vorteil hierbei ist jedoch die leichte Nachvollziehbarkeit der Anweisungen, wodurch das Verständnis erheblich vereinfacht wird.

Vor Ausführung dieses Anweisungsblocks muss die Variable padding noch initialisiert werden. Wir wissen, dass es sich hierbei um den kleinstmöglichen Nachfolger von bmp_8::xscale handelt, welcher durch 4 teilbar ist. Eine sehr einfache Möglichkeit, um diesen zu ermitteln, besteht in der Verwendung einer einfachen Schleife:

```
long padding;
for( padding=0 ; ; padding++ )
   if( (xscale + padding) % 4 == 0 ) break;
```

Es folgt die vollständige Definition der Funktion bmp_8::load():

```
void bmp_8::load( char *filename )
{
  ifstream bmp_file( filename,
                     ios::in | ios::nocreate | ios::binary );
  if( bmp_file == NULL )
    exit( "bmp_8::load(): Datei konnte nicht geöffnet \
           werden.\n" );

  bmp_file.seekg( 18, ios::beg );
  bmp_file.read( &xscale, sizeof( xscale ) );
  bmp_file.read( &yscale, sizeof( yscale ) );
  if( yscale < 0 ) yscale = -yscale;

  if( (picture = new uchar[ xscale * yscale ]) == NULL )
    exit( "*picture: Nicht genug Arbeitsspeicher.\n" );

  long padding;
  for( padding=0 ; ; padding++ )
     if( (xscale + padding) % 4 == 0 ) break;

  long picture_offset;
  bmp_file.seekg( 10L, ios::beg );
```

```
    bmp_file.read( &picture_offset, 4 );

    bmp_file.seekg( picture_offset, ios::beg );
    for( long y=yscale-1 ; y>=0 ; y-- )
    {
      for( long x=0 ; x<xscale ; x++ )
        bmp_file.read( &picture[ y * xscale + x ],
                       sizeof( picture[ 0 ] ) );

      bmp_file.seekg( padding, ios::cur );
    }

    load_palette( &bmp_file );
    surface.set_palette( palette );
}
```

Diese Funktion verfügt über einen einzigen bisher nicht besprochenen Aspekt: Nach der Initialisierung der Variablen `bmp_8::yscale` wird zunächst überprüft, ob diese einen Wert kleiner 0 besitzt. Wenn das der Fall ist, wird der Variablen ihr Betrag zugewiesen. Der Grund für diese Vorgehensweise besteht darin, dass in einigen seltenen Fällen Bitmaps nach der uns gewohnten *Top-Down*-Anordnung in die Bilddatei gespeichert werden. Dieser Spezialfall wird durch ein negatives Vorzeichen der Bitmaplänge signalisiert. Um die Funktion möglichst übersichtlich zu halten, wird dieser Fall nur durch eine Anweisung behandelt.

Nach Initialisierung des Arrays `bmp_8::picture[]` werden die Komponenten der Palette der Bitmap innerhalb des Feldes `bmp_8::palette[]` eingetragen. Bei 8-Bit-Bitmaps wird die Farbpalette direkt nach dem *BMP Info Header* innerhalb der Datei gespeichert, ab der Position 54 relativ zum Dateianfang. Trotz der 8-Bit Farbtiefe werden die 256 Farben wie im 32-Bit-Farbmodus definiert, in Form einer roten, grünen, blauen sowie einer ungenutzten Farbkomponente. Diese Farbanteile sind analog der Definition des Datentyps `pixel_32` angeordnet.

Eine schnelle Möglichkeit, die Palette aus der Datei auszulesen besteht in der Definition eines temporären Objekts vom Typ `pixel_32[ 256 ]`, welcher mithilfe der Funktion `istream::read()` initialisiert wird. Anschließend können die Farbwerte den Komponenten des Arrays `bmp_8::palette[]` zugewiesen werden:

```
void bmp_8::load_palette( ifstream *infile )
{
  infile->seekg( 54, ios::beg );

  pixel_32 temp_palette[ 256 ];
```

```
    infile->read( &temp_palette, sizeof( temp_palette ) );

    for( ushort x=0 ; x<256 ; x++ )
    {
      palette[ x ].red   = temp_palette[ x ].red;
      palette[ x ].green = temp_palette[ x ].green;
      palette[ x ].blue  = temp_palette[ x ].blue;
    }
}
```

7.2.3 Praktische Darstellung von 8-Bit-Bitmaps

Unser nächstes Programm setzt die Klasse bmp_8 ein, um eine Bitmap auf dem Bildschirm darzustellen. Der Einsatz komplexer Grafiken oder Animationen ist hierbei nicht erforderlich; der Programmablauf gestaltet sich dementsprechend einfach:

```
////////////////////////////          a7_1.cpp           ////////////////////////////
//                                                                                //
//   Darstellung einer 8 Bit Bitmap in die Mitte des                              //
//   Bildschirms                                                                  //
//   Auflösung: beliebig, Farbtiefe: 8 Bit                                        //
//                                                                                //
////////////////////////////////////////////////////////////////////////////////////

#include <windows.h>

#include "s7_1.h"
#include "b7_1.h"

uchar handle_input( MSG *msg );

int WINAPI WinMain( HINSTANCE hInstance, HINSTANCE hPrevInstance, LPSTR
lpCmdline, int iCmdShow )
{
  surface.open_window( hInstance, 640, 480, 8 );

  bmp_8 picture( "b8_1.bmp" );

  ushort middle_x = ( x_res - picture.xscale ) / 2;
  ushort middle_y = ( y_res - picture.yscale ) / 2;
```

```
  uchar *screen = (uchar *) surface.get_screen_pointer();
  picture.display( middle_x, middle_y, screen );
  surface.release_screen_pointer();

  MSG message;
  while( !handle_input( &message ) ) ;

  return message.wParam;
}

uchar handle_input( MSG *msg )
{
  if( PeekMessage( msg, NULL, 0, 0, PM_REMOVE ) )
  {
    if( msg->message == WM_QUIT || msg-
>message == WM_KEYDOWN ) return 1;
  }

  return 0;
}


///////////////////////        Ende a7_1.cpp       ///////////////////////
```

Es folgt der vollständige Inhalt der Datei *bp7_1.h*, welche die Definition der Klasse bmp_8 enthält:

```
///////////////////////        Anfang bp7_1.h      ///////////////////////

#ifndef BMP_8_H
#define BMP_8_H

#include <fstream.h>

#include "s7_1.h"
#include "st7_1.h"

class bmp_8
{
  private:
    pixel_8 palette[ 256 ];

    void load_palette( ifstream *bmp_file );
```

```
    public:
      long xscale, yscale;
      uchar *picture;

      void load( char *filename );
      void display( ushort sx, ushort sy, uchar *sbuffer );

      bmp_8( void ) : xscale( 0 ), yscale( 0 ), picture( NULL ) { }
      bmp_8( char *filename ) { bmp_8();  load( filename ); }
     ~bmp_8( void ) { if( picture ) delete [] picture; }
};

void bmp_8::load_palette( ifstream *infile )
{
  infile->seekg( 54, ios::beg );

  pixel_32 temp_palette[ 256 ];
  infile->read( &temp_palette, sizeof( temp_palette ) );

  for( ushort x=0 ; x<256 ; x++ )
  {
    palette[ x ].red = temp_palette[ x ].red;
    palette[ x ].green = temp_palette[ x ].green;
    palette[ x ].blue = temp_palette[ x ].blue;
  }
}

void bmp_8::load( char *filename )
{
  ifstream bmp_file( filename, ios::in | ios::nocreate | ios::binary );

  if( bmp_file == NULL ) exit( "bmp_8::load(): Datei konnte nicht geöffn
et werden.\n" );

  bmp_file.seekg( 18, ios::beg );
  bmp_file.read( &xscale, sizeof( xscale ) );
  bmp_file.read( &yscale, sizeof( yscale ) );

  if( (picture = new uchar[ xscale * yscale ]) == NULL )
    exit( "*picture: Nicht genug Arbeitsspeicher.\n" );
```

```cpp
  long padding;
  for( padding=0 ; ; padding++ )
     if( (xscale + padding) % 4 == 0 ) break;

  long picture_offset;
  bmp_file.seekg( 10L, ios::beg );
  bmp_file.read( &picture_offset, 4 );

  bmp_file.seekg( picture_offset, ios::beg );
  for( long y=yscale-1 ; y>=0 ; y-- )
  {
    for( long x=0 ; x<xscale ; x++ )
       bmp_file.read( &picture[ y * xscale + x ], sizeof( picture[ 0 ] ) );

    bmp_file.seekg( padding, ios::cur );
  }

  load_palette( &bmp_file );
  surface.set_palette( palette );
}

void bmp_8::display( ushort sx, ushort sy, uchar *sbuffer )
{
  long x, y, z;
  long offset = sy * x_res + sx;

  for( y=0, z=0 ; y<yscale ; y++ )
  {
    for( x=0 ; x<xscale ; x++ ) sbuffer[ offset++ ] = picture[ z++ ];

    offset += x_res - xscale;
  }
}

#endif
```

////////////////////   Ende bp7_1.h   ////////////////////

Das Ziel des Programms besteht darin, eine Bitmap in die Mitte des Bildschirms darzustellen, wobei Breite und Höhe variable Größen sein dürfen. Die Koordinaten (middle_x, middle_y) geben die Position der oberen linken Ecke der Bitmap an. Das Problem ist die Ermittlung der Initialisierungswerte dieser Variablen.

Wir wissen, dass die Breite der Bitmap bmp_8::xscale und die horizontale Auflösung des Bildschirms x_res Pixel betragen. Wenn die Bitmap in die Mitte des Bildschirms angezeigt werden soll, müssen die Abstände zwischen den vertikalen Rändern des Bildes und den senkrechten Begrenzungslinien des Bildschirms gleich sein. Weil die Summe dieser Strecken (x_res - picture.xscale) Pixel beträgt, befinden sich zwischen dem linken Rand des Bildschirms und der rechten Begrenzung der Bitmap

```
(x_res - picture.xscale) / 2
```

Pixel. Für die Koordinate middle_y gilt Entsprechendes.

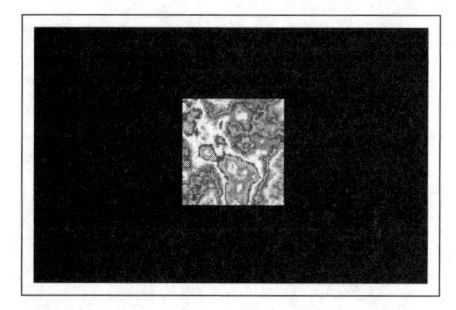

Abb. 7.4: Ausgabe des Programms *a7_1*

Damit in einem Programm eine Bitmap korrekt angezeigt werden kann, müssen die 256 verwendeten Farben zunächst innerhalb der DIRECTX-Palette mittels der Funktion directx_surface::set_palette() eingetragen werden. Im Programm *a7_1* findet der Aufruf dieser Funktion während der Ausführung von bmp_8::load() statt. Wird diese Vorgabe nicht erfüllt, beziehen sich die Farboffsets der Pixel innerhalb der Bitmap nicht auf die Farben der DIRECTX-Palette. Abbildung 7.5 zeigt das spezifische Erscheinungsbild einer Bitmap, bei deren Darstellung dieser Fehler aufgetreten ist.

Wenn in einem Programm mehrere 8-Bit-Bitmaps eingesetzt werden, müssen die Farbwerte der Pixel aller Bitmaps in Bezug zur selben Palette stehen. Anders ausgedrückt, die Farbdefinitionen sämtlicher Bitmaps müssen hinsichtlich ihrer Komponenten und Anordnung innerhalb der Palette identisch sein. Die Farbpaletten mehrerer Bitmaps können mithilfe geeigneter Bildbearbeitungsprogramme aufeinander abgestimmt werden. Die Algorithmen, welche für diesen Zweck verwendet werden, lernen wir zu einem späteren Zeitpunkt kennen.

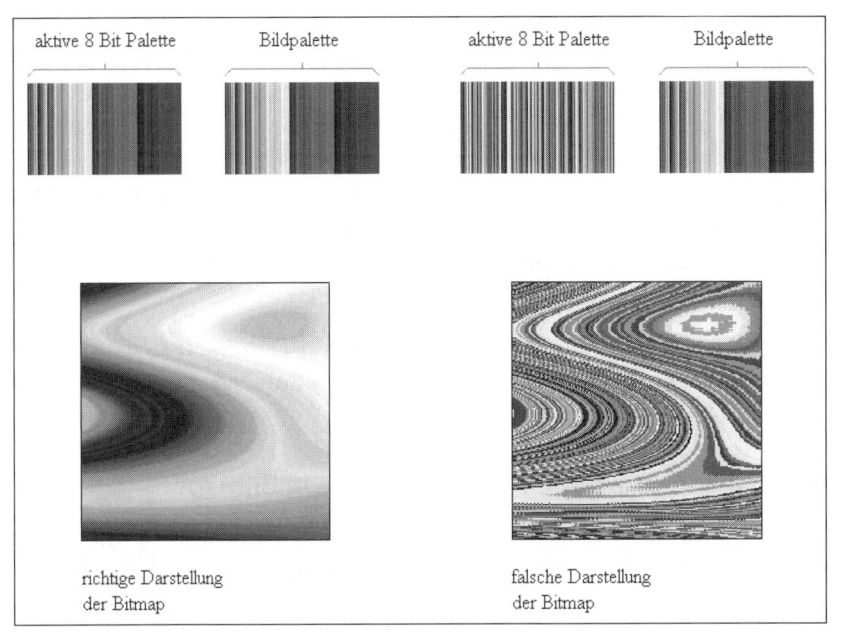

Abb. 7.5: Darstellung einer 8-Bit-Bitmap rechts mit und links ohne Aktualisierung der Farben der 8-Bit-Palette

7.3 Externe Manipulation von Bitmaps

Bei der externen Manipulation von Bitmaps wird das Erscheinungsbild der Bitmap mithilfe klassenfremder Funktionen verändert. Diese Veränderung kann sich auf das Setzen von Pixeln oder das Zeichnen einzelner Linien beschränken. Es kann aber auch sein, dass die Ausgaben bisher erstellter Programme nicht auf dem Bildschirm gezeichnet, sondern innerhalb des Arrays bmp_8::picture[] einer beliebigen Bitmap dargestellt werden. Diese Vorgehensweise wird als *Umleitung der Ausgabe* bezeichnet.

Die Techniken der externen Manipulation von Bitmaps können bei der Erstellung einer Vielzahl verbreiteter Grafikeffekte eingesetzt werden. Ein Anwendungsgebiet ist die automatische Generierung von Plasmafraktalen. Hierbei handelt es sich um sehr interessante Bitmaps, welche auf der Grundlage eines Gleichungssystems erzeugt werden. Die Übergänge zwischen den Farben sind hierbei fließend und es lassen sich Strukturen erkennen.

Bei der Simulation dreidimensionaler Umgebungen wird die Topographie von Landschaften, Berge, Täler oder Flussläufe, häufig auf der Grundlage einer Bitmap aufgebaut. Wenn die Auswirkung externer Effekte wie Erosion, Gebirgsbildung oder Meteoriteneinschlägen beobachtet werden soll, wird das Aussehen der Bitmap zunächst entsprechend verändert und die Landschaft erneut aufgebaut.

Bitmapmanipulation liefert auch die Grundlage für die Verwendung mehrerer Darstellungsfenster. Der Grund hierfür besteht darin, dass jedes Fenster auf der tiefsten Ebene wie eine Bitmap aufgebaut ist: Es besitzt eine Breite und eine Höhe sowie ein Array, welches `bmp_8::picture[]` in allen Hinsichten entspricht. Innerhalb einer komplexen dreidimensionalen Welt ist es häufig hilfreich, die Umgebung durch mehrere Kameras zu betrachten, die beliebig platziert werden können. Das Sichtfeld jeder Kamera wird hierbei in einem eigenen Fenster dargestellt. Hilfsfenster können aber auch für andere Aufgaben eingesetzt werden, z.B. zur Übermittlung zusätzlicher Informationen über die 3D-Welt.

Obwohl die in den folgenden Abschnitten vorgestellten Techniken sich auf **8**-Bit-Bitmaps beziehen, lassen sich diese problemlos auch auf Bitmaps mit höheren Farbtiefen übertragen.

7.3.1 Grundlagen der externen Manipulation von Bitmaps

Bei der Veränderung von Bitmaps mithilfe klassenfremder Funktionen muss man sich stets vorstellen, dass eine Bitmap nichts anderes darstellt als ein kleinerer Bildschirm. Dass diese Vorstellung der Wahrheit entspricht, kann anhand vieler Gesichtspunkte belegt werden.

Die Farbgebung der Pixel innerhalb des Arrays `bmp_8::picture[]` erfolgt nach derselben Methode wie die Farbzuordnung im Videospeicher: In den 8-Bit-Videomodi bestehen beide Arrays aus Variablen vom Typ *unsigned char*, bei Verwendung einer 32 Bit Farbtiefe handelt es sich um Felder aus Objekten vom Typ `pixel_32`. Die grundlegendste Funktion für Bestimmung der Position eines Pixels (x, y) auf dem Bildschirm lautet:

```
offset = y * x_res + x
```

In den vergangenen Anwendungen wurde diese Funktion stets eingesetzt. Im Fall der komplexen Schattierprogrammen, des vergangenen Kapitels wurde sie innerhalb der Funktion `set_side()` verwendet. Videospeicher und das Array `bmp_8::picture[]` besitzen beide dieselbe lineare Struktur. Um ein Pixel innerhalb einer Bitmap zu setzen, braucht lediglich die horizontale Auflösung durch die Breite der Bitmap zu ersetzt werden. Das Setzen eines Pixels mit den Koordinaten (x, y) innerhalb der Bitmap `bmp_object` kann demnach folgendermaßen erfolgen:

```
long offset = y * xscale + x;
bmp_file.object[ offset ] = color;
```

Bei color kann es sich um eine Variable vom Typ *unsigned char*, pixel_16 oder pixel_32 handeln, je nach verwendeter Farbtiefe. Besonders wichtig ist, dass die Koordinaten eines jeden Pixels stets einen Wert zwischen 0 und (bmp::xscale - 1) bzw. 0 und (bmp::yscale - 1) annehmen, damit bei der Positionsberechnung keine Offsets ermittelt werden, welche außerhalb der Bitmap liegen.

Die nächste Herausforderung nach dem Setzen von Pixeln besteht in der Darstellung von Geraden innerhalb einer Bitmap. Für diesen Zweck wurde bisher stets Bresenhams Algorithmus zum Zeichnen von Linien in Form der Funktion line() eingesetzt. Aufgrund der beschriebenen Ähnlichkeit zwischen Videospeicher und Bitmaparray kann die Funktion leicht an die neue Aufgabe angepasst werden, wenn

- der Aufruf des Makros x_res durch die Breite der entsprechenden Bitmap ersetzt und
- der Funktion die Anfangsadresse der entsprechenden Version des Arrays bmp_8::picture[] übergeben wird.

Weitere Veränderungen der Funktion sind nicht erforderlich:

```
void line_8( long x1, long y1, long x2, long y2, uchar c,
             uchar *desr_array, long window_xscale = x_res )
{
  long delta_x, delta_y, e, xstep, ystep, length;
  long offset = y1 * window_xscale + x1;

  delta_x = x2 - x1;   delta_y = y2 - y1;
  xstep = 1;  ystep = window_xscale;

  if( delta_x < 0 ) {  delta_x = -delta_x;   xstep = -xstep; }
  if( delta_y < 0 ) {  delta_y = -delta_y;   ystep = -ystep; }

  if( delta_y > delta_x )
  {
    long t = delta_x;  delta_x = delta_y;  delta_y = t;
    t = xstep;  xstep = ystep;  ystep = t;
  }

  length = delta_x+1;  e = delta_y;

  while( length-- > 0 )
  {
    dest_array[ offset ] = c;
```

```
        offset += xstep;

     e += delta_y;
     if( e >= delta_x )
     {
        e -= delta_x;  offset += ystep;
     }
  }
}
```

Gehen wir von einer Bitmap namens `bmp_object`, in welcher eine weiße Linie gezeichnet werden soll, die von der oberen linken Ecke zur unteren rechten verläuft. Wenn **Weiß** an der 16. Stelle innerhalb der DIRECTX-Palette definiert ist, kann dieses Vorhaben mithilfe der einfachen Anweisung

```
line_8( 0, 0, bmp_object.xscale-1, bmp_object.yscale-1, 15,
        bmp_object.picture, bmp_object.xscale );
```

erfüllt werden. Diese Version der Funktion `line_8()` kann such weiterhin eingesetzt werden, um Linien auf dem Bildschirm oder innerhalb des *Screen Buffers* zu zeichnen.

7.3.2 Praktische Darstellung von Linien innerhalb von Bitmaps

Das Zeichnen von Linien innerhalb von Bitmaps wird in Form des folgenden Programms an einem komplexeren Beispiel demonstriert. Hierbei muss eine Bitmap in die Mitte des Bildschirms angezeigt werden. Zusätzlich soll in dieser Bitmap eine Linie gezeichnet werden, welche folgende Voraussetzungen erfüllt:

- Anfangs- und Endpunkt der Geraden müssen zufällig ausgewählt werden.
- Während der Hauptschleife des Programms müssen diese beiden Punkte langsam und unabhängig voneinander verschoben werden, sodass der Eindruck entsteht, die Linie bewege sich innerhalb der Bitmap, während sich ihre Länge verändert.
- Die beiden Punkte dürfen zu keinem Zeitpunkt die Bitmap verlassen.

Eine mögliche Lösung dieser Aufgabe gestaltet sich folgendermaßen:

```
////////////////////////    a7_2.cpp    ////////////////////////
//                                                            //
//  Praktische Darstellung einer Geraden innerhalb einer      //
//  Bitmap, wobei Anfangs- und Endpunkt in einer Animation    //
//  verändert werden                                          //
```

```
//   Auflösung: beliebig, Farbtiefe: 8 Bit                               //
//                                                                      //
//////////////////////////////////////////////////////////////////////////

#include <windows.h>
#include <stdlib.h>
#include <time.h>

#include "s7_2.h"
#include "b7_2.h"
#include "st7_2.h"
#include "ln7_2.h"

const long speed = 10;
long begin_xstep = -1, begin_ystep = -1;
long end_xstep = 1, end_ystep = 1;

svertex begin, end;

uchar handle_input( MSG *msg );
void draw_line( long frame_counter, bmp_8 *bmp );

int WINAPI WinMain( HINSTANCE hInstance, HINSTANCE hPrevInstance, LPSTR
lpCmdLine, int iCmdShow )
{
  surface.open_window( hInstance, 640, 480, 8 );

  bmp_8 draw_to( "b8_2.bmp" );
  bmp_8 save( "b8_2.bmp" );

  srand( time( NULL ) );

  begin.sx = rand() % draw_to.xscale;  begin.sy = rand() % draw_to.yscale;
  end.sx   = rand() % draw_to.xscale;  end.sy   = rand() % draw_to.yscale;

  long middle_x = (x_res - draw_to.xscale) / 2;
  long middle_y = (y_res - draw_to.yscale) / 2;

  long frame_counter;
  MSG message;
```

```
    for( frame_counter = 0 ; ; frame_counter++ )
    {
       for( long x=0 ; x<save.xscale*save.yscale ; x++ )
          draw_to.picture[ x ] = save.picture[ x ];

       draw_line( frame_counter, &draw_to );

       uchar *screen = (uchar *) surface.get_screen_pointer();
       draw_to.display( middle_x, middle_y, screen );
       surface.release_screen_pointer();

       if( handle_input( &message ) ) break;
    }

    return message.wParam;
}

uchar handle_input( MSG *msg )
{
   if( PeekMessage( msg, NULL, 0, 0, PM_REMOVE ) )
   {
      if( msg->message == WM_QUIT || msg-
>message == WM_KEYDOWN ) return 1;
   }

   return 0;
}

void draw_line( long frame_counter, bmp_8 *bmp )
{
   line_8( begin.sx, begin.sy, end.sx, end.sy, 224, bmp->picture, bmp-
>xscale );

   if( frame_counter % speed == 0 )
   {
      begin.sx += begin_xstep;
      if( begin.sx > bmp->xscale ) {  begin.sx = bmp->xscale-
1; begin_xstep = -begin_xstep;  }
      else if( begin.sx < 0 ) {  begin.sx = 0; begin_xstep = -
begin_xstep;  }

      begin.sy += begin_ystep;
```

```
    if( begin.sy > bmp->yscale ) { begin.sy = bmp->yscale-
1; begin_ystep = -begin_ystep; }
    else if( begin.sy < 0 ) { begin.sy = 0; begin_ystep = -
begin_ystep; }

    end.sx += end_xstep;
    if( end.sx > bmp->xscale ) { end.sx = bmp->xscale-1; end_xstep = -
end_xstep; }
    else if( end.sx < 0 ) { end.sx = 0; end_xstep = -end_xstep; }

    end.sy += end_ystep;
    if( end.sy > bmp->yscale ) { end.sy = bmp->yscale-1; end_ystep = -
end_ystep; }
    else if( end.sy < 0 ) { end.sy = 0; end_ystep = -end_ystep; }
  }
}

//////////////////////       Ende a7_2.cpp         //////////////////////
```

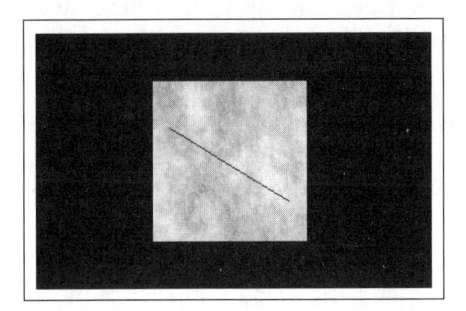

Abb. 7.6: Ausgabe des Programms *a7_2*

Das Programm funktioniert nach folgendem Schema: Die Bitmap, in welcher die Linie gezeichnet wird, trägt die Bezeichnung draw_to. Die Bitmapkoordinaten des Anfangs- und Endpunkts der Linie werden vor der Hauptschleife in den Variablen begin und end eingetragen. Bei den Initialisierungswerten handelt es sich um Pseudo-Zufallszahlen in den Grenzen 0 bis (draw_to.xscale - 1) bzw. 0 bis (draw_to.yscale - 1), welche nach der im zweiten Kapitel kennen gelernten Methode ermittelt werden.

Die Darstellung der Linie erfolgt während der Ausführung von draw_line(). Hierbei ist es sehr wichtig, dass die Übergabe der Variablen draw_to *By Reference* erfolgt, damit die Änderung der Bitmap auch nach dem Beenden der Funktion erhalten bleiben. Der im vorherigen Abschnitt beschriebene Aufruf von line_8() findet am Anfang von draw_line() statt; anschließend werden der Anfangs- und

Endpunkt der Linie unter Verwendung der Vektoren $\begin{pmatrix} begin\_xstep \\ begin\_ystep \end{pmatrix}$ bzw. $\begin{pmatrix} end\_xstep \\ end\_ystep \end{pmatrix}$ verschoben:

```
begin.sx += begin_xstep;
if( begin.sx > bmp->xscale )
    { begin.sx = bmp->xscale-1;   begin_xstep = -begin_xstep; }
else if( begin.sx < 0 )
    { begin.sx = 0;   begin_xstep = -begin_xstep; }
```

Eine Vorgabe des Programms lautet, dass diese beiden Punkte nicht außerhalb der Bitmap verschoben werden dürfen. Aus diesem Grund werden die Koordinaten nach der Versetzung auf ihre Gültigkeit hin überprüft und gegebenenfalls innerhalb der gültigen Grenzen zurückgesetzt. Wenn eine Koordinate nach einer Versetzungsoperation einen ungültigen Wert besitzt, wird der betreffenden Komponente die entgegengesetzte Richtung zugewiesen. Auf diese Weise wird sichergestellt, dass der entsprechende Punkt sich im Laufe der nächsten Versetzungen in eine gültige Richtung bewegt.

Werden die Anfangs- und Endpunkte in jedem Frame verschoben, läuft die Bewegung der Linie zu schnell ab und kann vom Betrachter nicht nachvollzogen werden. Diese Bewegung lässt sich mithilfe einer aktiven Widerholungsanweisung verlangsamen, indem eine Verschiebung der Punkte erst nach der Ausführung einer bestimmten Anzahl an Frames stattfindet. Diese Anzahl ist in der Konstanten `speed` gespeichert. Je kleiner der Wert von `speed` ist, umso schneller läuft die Bewegung der Linie ab. Die Nummer des aktuellen Frames wird durch die Variable `frame_count` angegeben. Immer, wenn diese Variable einen durch `speed` teilbaren Wert annimmt, ist die festgelegte Zeitspanne verstrichenund die Position von `begin` und `end` darf aktualisiert werden.

Für den Fall, dass mehrere Linien in der Bitmap gezeichnet werden sollen, ist der Einsatz einer Klasse erforderlich, deren Aufgabe die Verwaltung einer Linie ist. Dieser Datentyp muss über eigene Versionen der Variablen `begin`, `end`, `begin_step` und `end_step` verfügen. Eine weitere Erweiterung des Programms, welche sich ebenfalls sehr gut für Übungszwecke eignet, besteht in der zusätzlichen Verschiebung der Bitmap `to_write` über den Bildschirm nach dem Vorbild der Punkte `begin` und `end`.

7.3.3 Background Buffering

Am Ende der Besprechung des Programms *a7_2* muss noch ein letztes Problem gelöst werden, welches große Ähnlichkeit mit der Notwendigkeit des *Double-Buffering*-Algorithmus besitzt. Dieses Problem kommt folgendermaßen zustande: Im ersten Frame wird eine Linie innerhalb der Bitmap gezeichnet, wobei die ursprünglich an dieser Position liegenden Pixel überschrieben werden. Im weiteren Verlauf des Programms werden die Anfangs- und Endpunkte der Geraden kontinuierlich verschoben, was zur Darstellung unterschiedlich verlaufender Geraden führt, welche weitere Pixel der Bitmap überschreiben. Nach einiger Zeit besitzt `write_to` ein mit Abbildung 7.7 vergleichbares Erscheinungsbild.

Abb. 7.7: Auswirkungen des unbeabsichtigten, wiederholten Schreibens innerhalb einer Bitmap

Dieses fehlerhafte Erscheinungsbild lässt sich vermeiden, wenn die Linien, welche im Laufe der vorherigen Frames in `write_to` geschrieben worden sind, vor dem Aufbau eines neuen Frames gelöscht werden. Diese Aufgabe lässt sich unter Verwendung einer Variante des *Double-Buffering*-Algorithmus erfüllen. Am Anfang des Programms wird hierbei das ursprüngliche, durch die Linienfunktion nicht veränderte Erscheinungsbild von `draw_to` zusätzlich in einer Backup-Bitmap gespeichert, welche während der gesamten Programmausführung nicht verändert werden darf. In jeder Iteration der Hauptschleife wird während der Ausführung der Anweisungen

```
for( long x=0 ; x<save.xscale*save.yscale ; x++ )
   draw_to.picture[ x ] = save.picture[ x ];

draw_line( frame_counter, &draw_to );
```

die Bitmap `draw_to` in ihrem ursprünglichen Zustand versetzt, bevor ihr Inhalt mittels der Linienfunktion verändert wird. Auf diese Weise wird sichergestellt, dass in jedem Frame nur eine Linie sichtbar ist, wodurch der in Abbildung 7.7 vorgestellte Fehler vermieden wird.

Der Einsatz des *Background Buffering* ist nicht nur im Zusammenhang mit Bitmaps einsetzbar. Hierzu ein Beispiel: In einem Programm des vorangehenden Kapitels soll beispielsweise ein Polyeder visualisiert werden, welches ein Space Shuttle darstellt. Die Ausgabe dieser Anwendung lässt sich weitaus ansprechender gestalten, wenn im Hintergrund ein Weltraummotiv angezeigt wird, welcher in einer Bitmap enthalten ist. Dieser Hintergrund bleibt stets unverändert und darf von allen gezeichneten Gegenständen überschrieben werden.

Um flimmerfreie Animationen zu erzeugen, leitet man im Zuge des *Double-Buffering*-Algorithmus sämtliche Ausgaben innerhalb des *Screen Buffers*, dessen Inhalt am Ende jedes Frames in den Videospeicher transferiert wird. Der *Screen Buffer* wird gelöscht, indem seinen Elementen die jeweilige Hintergrundfarbe zugewiesen wird:

```
for( long x=0 ; x<x_res*y_res ; x++ )
   sbuffer[ x ] = background_color;
```

Wenn der Hintergrund das Weltraummotiv enthalten soll, welches innerhalb des Arrays `space_bitmap[]` gespeichert ist, erfolgt das Löschen des *Screen Buffers* durch das Überschreiben seiner Elemente mit den Farben des Weltraumbitmaps:

```
for( long x=0 ; x<x_res*y_res ; x++ )
   sbuffer[ x ] = space_bitmap[ x ];
```

Man kann auch auf die optimierte Version dieser Anweisungen zurückgreifen:

```
memcpy( sbuffer, space_bitmap,
     x_res * y_res * sizeof( sbuffer[ 0 ] ) );
```

Voraussetzung ist, dass die Elemente des Arrays `space_bitmap[]` während der gesamten Programmausführung unverändert bleiben. Weiterhin muss die Anzahl seiner Elemente mit der Anzahl an darstellbaren Pixel übereinstimmen. In der Praxis wird für jede verwendete Auflösung eine entsprechend skalierte Version der Hintergrundbitmap mithilfe eines Bildbearbeitungsprogramms erstellt.

Der Nachteil, dass die hinsichtlich ihrer Größe unterschiedlichen, aber ansonsten identischen Bitmaps Festplattenspeicher verbrauchen, wird durch die Vorteile dieser Vorgehensweise behoben. Bei einer Veränderung der Auflösung muss das Hintergrundbild zwangsweise vergrößert oder verkleinert werden; wenn diese Skalierung vom Programm vorgenommen wird, sieht das Erscheinungsbild des Hintergrunds schlechter aus, als wenn ein Grafiker sich mit dieser Aufgabe beschäftigt hätte.

7.3.4 Elementare Bitmaprotation

Die elementare Rotation ist eine weitere Operation, welche auf Bitmapebene durchgeführt werden kann. Die Bezeichnung *elementar* drückt aus, dass hierbei keine beliebige Drehung durchgeführt werden kann; der Rotationswinkel kann nur 90°, 180° oder 270° betragen. Im nächsten Kapitel werden wir einen Weg finden, um eine Bitmap um einen beliebigen Winkel zu drehen. Interessant ist, dass bei der elementaren Bitmaprotation die Berechnung der Position eines Pixels innerhalb der Bitmap im Vordergrund steht.

Da wir uns im zweidimensionalen Raum befinden, gibt es lediglich zwei unterschiedliche Rotationsrichtungen: im und entgegen dem Uhrzeigersinn. Im Folgenden werden wir näher auf die zuletzt genannte Richtung eingehen, da es sich hierbei gleichzeitig auch um den mathematisch positiven Sinn handelt. Die Drehung im Uhrzeigersinn erfolgt nach genau denselben Gesetzmäßigkeiten, bei ihrer Implementierung werden die gleichen Anforderungen gestellt.

Das Ziel besteht darin, eine Funktion folgenden Prototyps zu erstellen, welche eine Variable vom Typ bmp_8 entgegennimmt und diese um 90° im mathematisch positiven Sinn dreht:

```
void rotate_90( bmp_8 *dest );
```

Die Parameterübergabe muss auch in diesem Fall *By Reference* erfolgen, damit die Veränderung der Bitmap nach dem Funktionsaufruf bestehen bleibt. Rotationen um 180° und 270° können erreicht werden, indem diese Funktion zwei- bzw. dreimal für hintereinander für dieselbe Bitmap aufgerufen wird. Wenn nach einer Drehung um 270° ein erneuter Aufruf der Funktion stattfindet, nimmt die Bitmap ihr ursprüngliches Erscheinungsbild an, weil diese Vorgehensweise einer Rotation um 360° entspricht.

Bei der Definition der Funktion rotate_90() ist es besonders hilfreich, sich zunächst mit dem voraussichtlichen Erscheinungsbild einer um 90° gedrehten Bitmap auseinander zu setzen. Auf der rechten Seite der Abbildung 7.8 ist beispielsweise das ursprüngliche Aussehen einer Bitmap dargestellt, links ist das Ergebnis der geplanten Funktion abgebildet.

Kapitel 7
Bitmaps

```
A           B        B                    C



                Rotation




D           C        A                    D
   Ursprüngliche        Ergebnis der
   Bitmap               Rotation
```

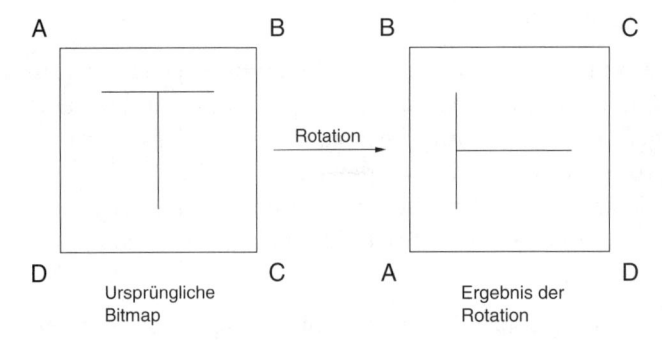

Abb. 7.8: Schematische Rotation einer Bitmap um 90° entgegen dem Uhrzeigersinn

Jede Bitmap ist in Zeilen und Spalten gegliedert. Wie man mithilfe der Abbildung leicht nachvollziehen kann, müssen lediglich die Pixelfarben aus den Spalten der ursprünglichen Bitmap in die Zeilen der Zielbitmap eingetragen werden, um die beabsichtigte Rotation durchzuführen.

Bewegt man sich innerhalb der ersten Zeile des rechten Bitmap von links nach rechts, trifft man dieselben Farben an, als wenn man die Spalte mit den höchsten Koordinaten des linken Bildes von oben nach unten durchgehen würde. Die restlichen Zeilen der rechten Bitmap sind nach der gleichen Gesetzmäßigkeit aufgebaut: Die vorletzte Spalte der ursprünglichen Bitmap wird der zweiten Zeile des linken Bildes zugeordnet, die letzte Zeile des Ergebnisses von `rotate_90()` entspricht der ersten Spalte des linken Bildes.

Diese Beziehungen können in Form von zwei Schleifen ausgedrückt werden. Es wird von der Zielbitmap ausgegangen; die Koordinaten jedes Pixels werden durch `dy` und `dx` festgelegt, den Kontrollvariablen der beiden Schleifen, die Positionsberechnung erfolgt wie gehabt. Die Koordinaten des Pixels der ursprünglichen Bitmap, welcher (`dx, dy`) in Abbildung 7.8 zugeordnet wird, sind durch die Variablen `sx` und `sy` angegeben. Der Umgang mit diesen Hilfsvariablen erfolgt gemäß der vorangegangenen Theorie:

```c
void rotate_bitmap( bmp_8 *dest )
{
  bmp_8 source = bmp_8( *dest );

  dest->xscale = source.yscale;
  dest->yscale = source.xscale;

  long dx, dy, sx, sy;
  for( dy=0, sx=source.xscale-1 ; dy<dest->yscale ; dy++, sx-- )
  {
    for( dx=0, sy=0 ; dx<dest->xscale ; dx++, sy++ )
```

```
        dest->picture[ dy * dest->xscale + dx ] =
        source.picture[ sy * source.xscale + sx ];
  }
}
```

Wie es aus Abbildung 7.8 ersichtlich ist, entspricht die Breite der ursprünglichen Bitmap der Länge des gedrehten Bildes. Diese Tatsache muss vor der Ausführung der Schleifen berücksichtigt werden. Beim Aufbau der rotierten Bitmap muss von ursprünglichen Erscheinungsbild ausgegangen werden, welcher mithilfe der Anweisung

```
bmp_8 source = bmp_8( *dest );
```

in die Variable source eingetragen wird. Auch in diesem Zusammenhang kann das Problem der flachen Objektkopien auftreten, welches bereits im Abschnitt [Genaue Nummer sowie Überschrift einfügen] besprochen worden ist. Dieses Problem kann durch den Einsatz eines Kopierkonstruktors behoben werden, welcher für die Klasse bmp_8 definiert werden muss:

```
bmp_8::bmp_8( const bmp_8 &b )
{
  xscale = b.xscale;   yscale = b.yscale;

  if( (picture = new uchar[ xscale * yscale ]) == NULL )
    exit( "*picture: Fehler bei der Reservierung \
          von Arbeitsspeicher.\n" );

  for( long x=0 ; x<xscale*yscale ; x++ )
    picture[ x ] = b.picture[ x ];

  for( ushort x=0 ; x<256 ; x++ ) palette[ x ] = b.palette[ x ];
}
```

Diese Art der Problemanalyse und -lösung kann auch eingesetzt werden, um Rotationen um 180 oder 270 auf einmal durchzuführen, ohne auf die Funktion rotate_90() zurückgreifen zu müssen. Ein anderes Einsatzgebiet ist die Spiegelung von Bitmaps entlang der Diagonalen sowie horizontaler und vertikaler Achsen.

Bei dieser Implementierung elementarer Bitmaprotation liegt der Schwerpunkt beim Verständnis der hierbei beteiligten Vorgänge. Die Funktion rotate_90() kann aber auch weitaus effizienter aufgebaut werden: Für die Indizierung der beiden Bitmaps lassen sich beispielsweise weniger als vier Variablen einsetzen, um

Kapitel 7
Bitmaps

das gleiche Ergebnis zu erhalten. Eine so häufig durchgeführte Offsetberechnung ist ebenfalls nicht erforderlich.

Praktischer Einsatz elementarer Bitmaprotation

Unser nächstes Programm nimmt die Bitmap, welche in der Datei *a8_3.bmp* gespeichert ist, und stellt diese in die Mitte des Bildschirms dar. Drückt der Benutzer eine beliebige Taste außer *ESCAPE*, wird die Bitmap mittels rotate_90() gedreht. Die Taste *ESCAPE* beendet das Programm:

```
////////////////////////          a7_3.cpp         ////////////////////////
//                                                                      //
//   Elementare Rotation einer Bitmap im mathematisch                   //
//   positiven Sinn                                                     //
//   Auflösung: beliebig, Farbtiefe: 8 Bit                              //
//                                                                      //
////////////////////////////////////////////////////////////////////////////

#include <windows.h>

#include "s7_3.h"
#include "b7_3.h"

uchar handle_input( MSG *msg );

void rotate_bitmap( bmp_8 *dest )
{
  bmp_8 source = bmp_8( *dest );

  dest->xscale = source.yscale;
  dest->yscale = source.xscale;

// mathematisch positiver Sinn

  long dx, dy, sx, sy;
  for( dy=0, sx=source.xscale-1 ; dy<dest->yscale ; dy++, sx-- )
  {
    for( dx=0, sy=0 ; dx<dest->xscale ; dx++, sy++ )
      dest->picture[ dy * dest->xscale + dx ] = source.picture[ sy * source.xscale + sx ];
  }
/*
// mathematisch negativer Sinn
  long x, y, a, b;
```

```
    for( y=0, a=0 ; y<dest->yscale ; y++, a++ )
    {
      for( x=0, b=source.yscale-1 ; x<dest->xscale ; x++, b-- )
        dest->picture[ y * dest-
>xscale + x ] = source.picture[ b * source.xscale + a ];
    }
*/
}

int WINAPI WinMain( HINSTANCE hInstance, HINSTANCE hPrevInstance, LPSTR
lpCmdLine, int iCmdShow )
{
  surface.open_window( hInstance, 640, 480, 8 );

  bmp_8 picture( "b8_3.bmp" );

  ushort middle_x = ( x_res - picture.xscale ) / 2;
  ushort middle_y = ( y_res - picture.yscale ) / 2;

  uchar *sbuffer;
  if( (sbuffer = new uchar[ x_res * y_res ]) == NULL )
    exit( "*sbuffer: Fehler bei der Reservierung von Arbeitsspeicher.\n"
);

  uchar c;
  MSG message;
  while( 1 )
  {
    c = handle_input( &message );
    if( c == 1 ) break;

    else if( c == 2 )
    {
      rotate_bitmap( &picture );

      middle_x = ( x_res - picture.xscale ) / 2;
      middle_y = ( y_res - picture.yscale ) / 2;
    }

    for( long x=0 ; x<x_res*y_res ; x++ ) sbuffer[ x ] = 0;
    picture.display( middle_x, middle_y, sbuffer );

    uchar *screen = (uchar *) surface.get_screen_pointer();
    memcpy( screen, sbuffer, x_res * y_res );
```

```
      surface.release_screen_pointer();
   }

   return message.wParam;
}

uchar handle_input( MSG *msg )
{
   if( PeekMessage( msg, NULL, 0, 0, PM_REMOVE ) )
   {
     if( msg->message == WM_QUIT ) return 1;

     else if( msg->message == WM_KEYDOWN )
       switch( msg->wParam )
       {
         case VK_ESCAPE : return 1;
                          break;
         default        : return 2;
       }
   }

   return 0;
}
```

//////////////////////   Ende a7_3.cpp   //////////////////////

Das Programm benötigt den Einsatz des *Double-Buffering*-Algorithmus: Auch wenn keine Animation im üblichen Sinne vorliegt, werden aufeinanderfolgende Frames erzeugt, welche sich gegenseitig unterscheiden. Der Ablauf des Programms wird durch die drei unterschiedlichen Rückgabewerte der Funktion `handle_input()` gesteuert, welche auf eine indirekte Auswertung von Benutzereingaben zurückzuführen sind.

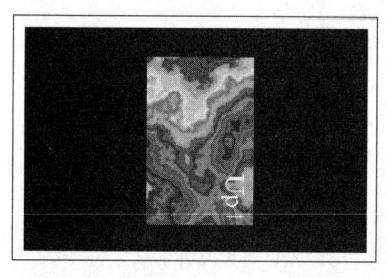

Abb. 7.9: Eine der vier verschiedenen Ausgaben des Programms *a7_3*

7.4 Verwaltung von 32-Bit-Bitmaps

Wie wir wissen, können Bitmaps für die Darstellung besonders komplexer grafischer Informationen eingesetzt werden; diese bieten eine besonders gute Grundlage für die Erstellung beeindruckender Grafikeffekte wie Transparenz oder Texturschattierung. Aufgrund der geringen Anzahl an gleichzeitig darstellbaren Farben, welche durch den 8-Bit-Farbmodus zur Verfügung gestellt werden, muss bei der Implementierung dieser Grafikeffekte auf höhere Farbtiefen zurückgegriffen werden.

Es gibt aber auch andere Gründe, welche für den Einsatz höherer Farbtiefen sprechen. In manchen Fällen kann es vorkommen, dass lediglich 256 darstellbare Farben bei weitem nicht ausreichend sind, um das richtige Aussehen einer Bitmap korrekt wiederzugeben. Beispiele hierfür sind Bitmaps, welche viele unterschiedliche, ineinander übergehende Farben enthalten.

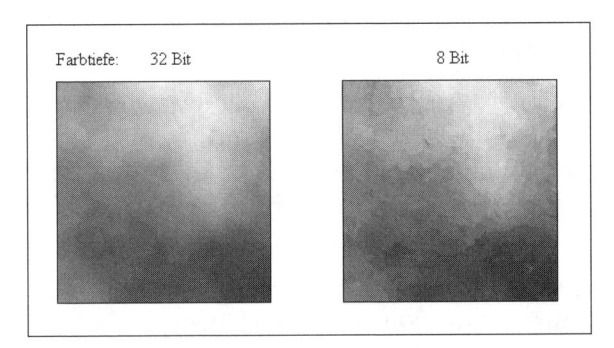

Abb. 7.10: Das Aussehen der rechts dargestellten 24-Bit-Bitmap kann links unter Verwendung der 8-Bit-Farbtiefe nicht eindeutig wiedergegeben werden

Aufgrund der universellen Definition unseres Datentyps zur Verwaltung von Bitmaps ist lediglich eine sehr geringfügige Veränderung der Klasse `bmp_8` erforderlich, um Bitmaps höherer Farbtiefen unterstützen zu können:

```
class bmp_32
{
  public:
    long xscale, yscale;
    pixel_32 *picture;

    void load( char *filename );
    void display( ushort sx, ushort sy, pixel_32 *sbuffer );

    bmp_32( void ) : xscale( 0 ), yscale( 0 ), picture( NULL ) { }
    bmp_32( char *filename ) { bmp_32(); load( filename ); }
    ~bmp_32( void ) { if( picture ) delete [] picture; }
};
```

Am Layout der Klasse `bmp_32` kann man unschwer erkennen, dass die Übertragung der Bitmapoperationen aus den vorherigen Abschnitten auf die 32-Bit-Farbtiefe besonders einfach ist.

Die einzige Schwierigkeit bei der Definition der neuen Klasse ist die Initialisierung des Arrays `picture[]` auf der Grundlage einer Datei vom Typ *BMP*, welche eine 32-Bit-Bitmap enthält.

7.4.1 Die Struktur von 24-Bit-BMP-Dateien

In den vergangenen Abschnitten haben wir festgestellt, dass die Darstellung der Pixelfarben in den eingesetzten Bitmaps identisch sein muss mit der Definition von Farbwerten innerhalb des Videospeichers. Bei Verwendung einer 32-Bit-Farbtiefe müssen demnach Bitmaps eingesetzt werden, deren Pixel direkt durch rote, grüne und blaue Komponente definiert sind, welche jeweils 8 Bit in Anspruch nehmen und in der richtigen Reihenfolge angeordnet sind. Im Fall der 32-Bit-Farbtiefe verfügt jeder Pixel des Videospeichers neben diesen Farbanteilen noch über ein zusätzliches Byte, welcher ungenutzt bleibt.

Die Farbinformationen werden in Dateien vom Typ *BMP* in der Regel unkomprimiert gespeichert; aus diesem Grund nehmen bereits kleine Bitmaps sehr viel Speicherplatz in Anspruch, wenn für die Definition jedes Pixels drei Byte eingesetzt sind. Würde man jedem Pixel ein weiteres, funktionsloses Byte zuordnen, würden die Dateien inakzeptabel viel Speicherplatz belegen.

Bei Verwendung der 32-Bit-Farbtiefe greift man auf Bitmapdateien zurück, wo Pixelfarben durch eine blaue, grüne und rote Komponente definiert sind, welche jeweils 8 Bit in Anspruch nehmen. Diese Dateien werden als 24-Bit-Bitmaps bezeichnet. 24-Bit-Bilddateien vom Typ *BMP* besitzen dieselben *BMP File* und *Info Header* wie 8-Bit-Bitmaps. Weil das Aussehen jedes Pixels durch eigene Farbanteile eindeutig festgelegt wird, besitzen diese Dateien keine Farbpalette; die Komponenten des an erster Stelle gespeicherten Pixels befinden sich direkt nach der letzten Komponente des *Info Header*.

Auch bei der Speicherung der 24-Bit-Bitmaps werden am Ende jeder Pixelzeile Padding-Bytes eingefügt, welche bei der Initialisierung der Klasse `bmp_32` ignoriert werden müssen. Die Formel, welche für die Berechnung ihrer Anzahl eingesetzt wird, unterscheidet sich von der bisher kennen gelernten. Wenn die Zeilenlänge `xscale` einer 24-Bit-Bitmap nicht durch 4 teilbar ist, wird an ihrem Ende die Anzahl an Bytes eingefügt, welche nach der Zuweisung in der Variablen `padding` gespeichert ist:

```
long padding;
padding = xscale % 4;
```

Hierbei handelt es sich um den Rest, welcher bei der ganzzahligen Division der Zeilenlänge durch die numerische Konstante 4 entsteht. Nach dem Einlesen der Farbkomponenten der Pixel einer Zeile müssen diese Bytes wie gehabt mithilfe von seekg() übersprungen werden:

```
bmp_file.seekg( padding, ios::cur );
```

Die restliche Definition der Funktion bmp_32::load(), welche die Elemente der Klasse auf der Grundlage einer Datei vom Typ *.BMP* initialisiert, erfolgt analog zur Vorgängerfunktion:

```
void bmp_32::load( char *filename )
{
  ifstream bmp_file( filename,
                     ios::in | ios::nocreate | ios::binary );
  if( bmp_file == NULL )
    exit( "bmp_32::load(): Fehler beim Öffnen der Datei.\n" );

  bmp_file.seekg( 18, ios::beg );
  bmp_file.read( &xscale, sizeof( xscale ) );
  bmp_file.read( &yscale, sizeof( yscale ) );

  if( (picture = new pixel_32[ xscale * yscale ]) == NULL )
    exit( "*picture: Fehler bei der Reservierung \
           von Arbeitsspeicher.\n" );

  long padding = xscale % 4;

  long picture_offset;
  bmp_file.seekg( 10, ios::beg );
  bmp_file.read( &picture_offset, 4 );

  bmp_file.seekg( picture_offset, ios::beg );

  long x, y, offset;
  for( y=yscale-1 ; y>=0 ; y-- )
  {
    for( x=0 ; x<xscale ; x++ )
    {
      offset = y * xscale + x;
```

```
      bmp_file.read( &picture[ offset ].blue, 1 );
      bmp_file.read( &picture[ offset ].green, 1 );
      bmp_file.read( &picture[ offset ].red, 1 );
    }

    bmp_file.seekg( padding, ios::cur );
  }
}
```

7.4.2 Praktische Darstellung von 32-Bit-Bitmaps

Das Programm *a7_4* besitzt einen besonders einfachen Aufbau: Unter Verwendung der Klasse bmp_32 wird die Bitmap, welche in der Datei *b42_1.bmp* gespeichert ist, ausgelesen und in der Mitte des Bildschirms dargestellt:

```
////////////////////////         a7_4.cpp        ////////////////////////
//                                                                      //
//  Darstellung einer 24 Bit Bitmap in die Mitte des                    //
//  Bildschirms                                                          //
//  Auflösung: beliebig, Farbtiefe: 32 Bit                              //
//                                                                      //
//////////////////////////////////////////////////////////////////////////

#include <windows.h>

#include "s7_4.h"
#include "b7_4.h"

uchar handle_input( MSG *msg );

int WINAPI WinMain( HINSTANCE hInstance, HINSTANCE hPrevInstance, LPSTR
lpCmdLine, int iCmdShow )
{
  surface.open_window( hInstance, 800, 600, 32 );

  bmp_32 test_bmp( "b24_1.bmp" );

  ushort middle_x = ( x_res - test_bmp.xscale ) / 2;
  ushort middle_y = ( y_res - test_bmp.yscale ) / 2;

  pixel_32 *screen = (pixel_32 *) surface.get_screen_pointer();
  test_bmp.display( middle_x, middle_y, screen );
```

```
  surface.release_screen_pointer();

  MSG message;
  while( !handle_input( &message ) ) ;

  return message.wParam;
}

uchar handle_input( MSG *msg )
{
  if( PeekMessage( msg, NULL, 0, 0, PM_REMOVE ) )
  {
    if( msg->message == WM_QUIT || msg-
>message == WM_KEYDOWN ) return 1;
  }

  return 0;
}
```

///////////////////////   Ende a7_4.cpp   ///////////////////////

Abb. 7.11:   Ausgabe des Programms a7_4

7.5   Partielle Darstellung von Bitmaps

Bei der partiellen Darstellung von Bitmaps handelt es sich um eine weitere elementare Operation auf Bitmapebene. Hierbei wird nicht die gesamte Bitmap auf dem Bildschirm dargestellt; man wählt zunächst einen bestimmten, rechteckigen Teilbereich der Bitmap aus, welcher dann auf den Bildschirm oder in einem Darstellungsfenster gezeichnet wird.

Diese Technik kommt sehr häufig zum Einsatz, in vielen verschiedenen Aufgabengebieten. Es ist gängige Praxis, mehrere Bitmaps innerhalb derselben Datei einzutragen. Die genaue Anzahl der Bitmaps sowie ihre Längen, Breiten und Anfangoffsetts innerhalb der großen Datei werden extern gespeichert. Auf diese

Weise kann man sich die Arbeit stark vereinfachen, weil die Anzahl an Dateien, die an einem Projekt beteiligt sind, niedrig gehalten werden kann, was zu einer höheren Übersicht führt.

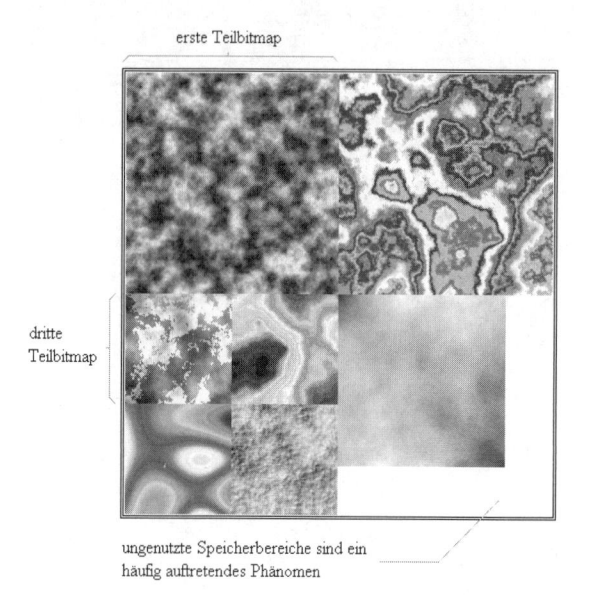

erste Teilbitmap

dritte Teilbitmap

ungenutzte Speicherbereiche sind ein häufig auftretendes Phänomen

Abb. 7.12: Wenn mehrere Bitmaps innerhalb derselben Datei eingetragen werden, lässt sich (auf diese Weise) Festplattenspeicher effizienter ausnutzen

In der 2D-Grafikprogrammierung werden sowohl Vorder- als auch Hintergrund der darzustellenden Umgebung in Bitmaps gespeichert. Aufgrund dessen, dass diese Welten sich häufig über eine weitaus größere Fläche als der Bildschirm ausdehnen, kann immer nur der sichtbare Teilbereich durch partielle Darstellung der Bitmaps angezeigt werden.

Ein weiteres Beispiel für diese Operation ist das *Clipping* einer Bitmap entlang der Begrenzungen des Bildschirms. Wenn eine Bitmap auf einer bestimmten Position dargestellt werden muss, an der ein Teil des Bildes außerhalb des Sichtfensters liegt, dürfen nur die sichtbaren Bereiche gezeichnet werden. Dieses Problem tritt sehr häufig beim Einsatz mehrerer Darstellungsfenster auf: Fenster, welche keine zurzeit relevanten Informationen liefern, werden teilweise aus dem sichtbaren Bereich geschoben, um auf dem Bildschirm mehr Platz für wichtigere Aufgaben zu gewinnen.

7.5.1 Visualisierung rechteckiger Teilbereiche von Bitmaps

Bei der Visualisierung rechteckiger oder quadratischer Bereiche handelt es sich um die einfachste Form der partiellen Darstellung von Bitmaps. Wie man leicht nachvollziehen kann, ist die Kenntnis folgender Informationen unbedingt erforderlich, um einen rechteckigen Teilbereich einer gegebenen Bitmap auf dem Bildschirm zu zeichnen:

- Länge und Breite des darzustellenden Bereichs
- die Anfangsposition innerhalb der übergeordneten Bitmap, ab welcher der rechteckige Bereich anfängt

Die Anfangsposition wird in Form eines Offsets oder eines Koordinatenpaars übergeben. Diese Koordinaten beziehen sich auf die obere linke Ecke der Bitmap, welche bekanntermaßen die Koordinaten **(0, 0)** besitzt. Selbstverständlich muss auch festgelegt sein, an welcher Position der Teilbereich auf dem Bildschirm gezeichnet werden muss.

Koordinaten der oberen linken Ecke des rechteckigen Bildbereichs	beziehen sich auf
(px,py)	das (lokale) Koordinatensystem der Bitmap
(sx, sy)	das (globale) Koordinatensystem des Bildschirms

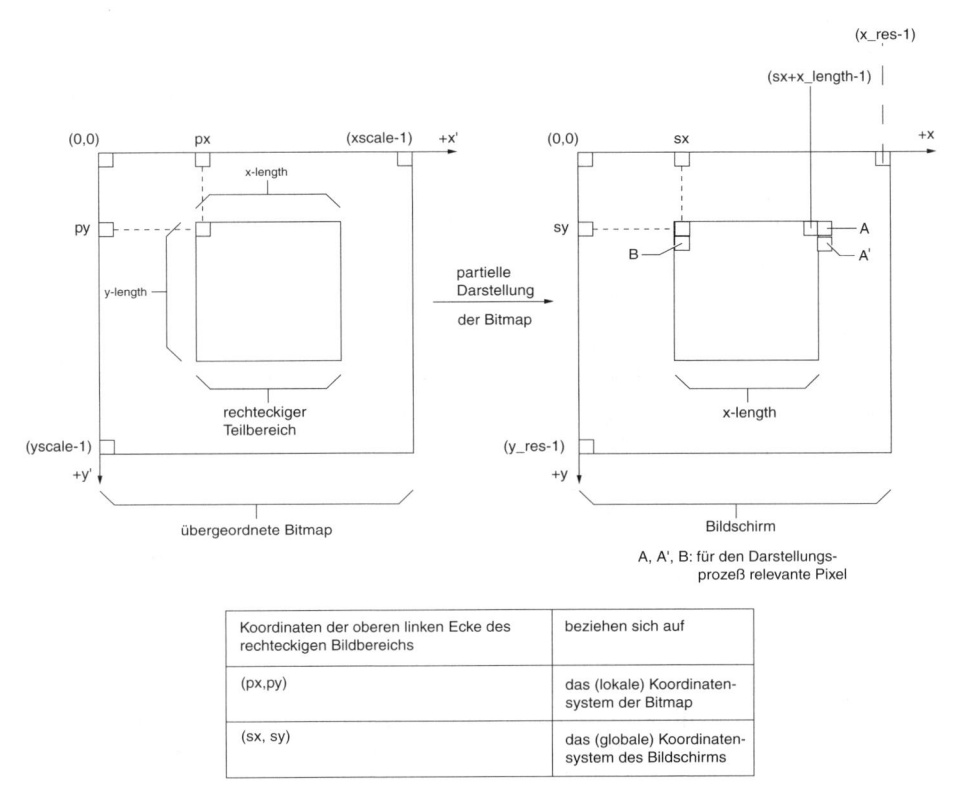

Abb. 7.13: Darstellung eines rechteckigen Teilbereichs einer Bitmap auf dem Bildschirm

Die eigentliche Visualisierung des Teilbereichs erfolgt wie bisher, unter Verwendung von zwei Schleifen. Hierzu muss `bmp_32::display()` lediglich leicht erweitert werden:

```
void bmp_32::draw_partial( ushort px, ushort py,
                           ushort x_length, ushort y_length,
                           long screen_offset, pixel_32 *sb )
{
  long x, y, partial_offset;
```

```
  partial_offset = py * xscale + px;
  for( y=0 ; y<y_length ; y++ )
  {
    for( x=0 ; x<x_length ; x++ )
       sb[ screen_offset++ ] = picture[ partial_offset++ ];

    screen_offset = screen_offset + x_res - x_length;
    partial_offset = partial_offset + xscale - x_length;
  }
}
```

Die Koordinaten (px, py) geben die Position der oberen linken Ecke des darzustellenden Teilbereichs innerhalb der Bitmap bmp_32::picture[] an. Bei den Variablen x_length und y_length handelt es sich um Breite und Länge des rechteckigen Teilbereichs. Schließlich enthält screen_offset die Position auf dem Bildschirm, an der die obere linke Ecke des Teilbereichs dargestellt werden soll. Der Wert dieser Variablen wird aus den Koordinaten **(sx, sy)** aus Abbildung 7.13 mithilfe der bekannten Formel ermittelt.

Die Schleife, deren Kontrollvariable die Bezeichnung x trägt, stellt eine Zeile der Bitmap auf dem Bildschirm dar. Nach diesem Vorgang enthält die Variable screen_offset die Bildschirmposition des Pixels **A** aus Abbildung 7.13. Vor der Darstellung der zweiten Zeile muss screen_offset den Offset des Pixels einnehmen, welcher den Namen **B** trägt. Hierzu muss der Position von **A** zunächst die horizontale Bildschirmauflösung hinzuaddiert werden, mit dem Ergebnis **A`**. Um den gesuchten Offset des Pixels **B** zu ermitteln, muss von **A`** nur noch der Wert von x_length subtrahiert werden:

B.offset = A.offset + x_res – x_length

Vor der Darstellung einer neuen Zeile muss auch die Variable partial_offset auf dieselbe Weise reinitialisiert werden, weil der darzustellende Bereich ebenfalls nur ein Teil der übergeordneten Bitmap bmp_32::picture[] ausmacht:

```
partial_offset = partial_offset + xscale - x_length;
```

Die einzige Schwierigkeit an dieser Funktion besteht in der Berücksichtigung zweier unterschiedlicher Offsets: partial_offset, welcher die Position des aktuell zu zeichnenden Pixels innerhalb der Bitmap angibt, und screen_offset, welcher die Position des Pixels auf dem Bildschirm festlegt. Diese Art von Funktionen wird unter Verwendung mehrerer Teilschritte aufgebaut. Im ersten Schritt muss zunächst sichergestellt werden, dass die Funktion Pixel auf dem Bildschirm an der beabsichtigten Position setzt. Hierzu muss die erste Version lediglich ein einfarbiges Rechteck an der Position screen_offset mit den Abmessungen x_length und y_length zeichnen. Ein Zugriff auf bmp_32::picture[] ist hierbei noch nicht erforderlich:

```
void bmp_32::draw_partial( ushort px, ushort py,
                           ushort x_length, ushort y_length,
                           long screen_offset, pixel_32 *sb )
{
  for( long y=0 ; y<y_length ; y++ )
  {
    for( long x=0 ; x<x_length ; x++ )
      sb[ screen_offset++ ] = pixel_32( 255, 255, 255 );

    offset = screen_offset + x_res - x_length;
  }
}
```

Wenn die richtige Vorgehensweise dieser Funktion bestätigt ist, kann im zweiten Schritt die endgültige Definition von bmp_32::draw_partial() aufgebaut werden. Bemerkenswert ist, dass Fehler auf diese Weise schneller erkannt und effizienter behoben werden können.

Die Funktion bmp_32::draw_partial() kann auch eingesetzt werden, um vollständige Bitmaps auf dem Bildschirm darzustellen. Hierzu muss lediglich der Wert 0 in die Parameter px und py eingetragen, während x_length und y_length die jeweiligen Werte von bmp_32::xscale und bmp_32::yscale zugewiesen werden.

Praktischer Einsatz der partiellen Darstellung von Bitmaps

Unser nächstes Programm setzt die Funktion bmp_32::draw_partial() ein, um einen Teilbereich einer gegebenen Bitmap auf dem Bildschirm darzustellen. Gemäß der vorangegangenen Theorie besitzt dieser Bereich die Abmessungen x_length x y_length Pixel, während die Bildschirmkoordinaten seiner oberen linken Ecke (sx, sy) lauten. Dieser Bereich wird aus einer Bitmap ausgelesen, welche genauso groß wie der Bildschirm ist. Aus diesem Grund kann dieses Koordinatenpaar gleichzeitig auch eingesetzt werden, um die Position des auszulesenden Teilbereichs innerhalb der Bitmap anzugeben.

Um die Ausgabe des Programms ansprechender zu gestalten, wird während der Hauptschleife dieser Punkt in die Richtung bewegt, welche durch den Vektor $\begin{pmatrix} x\_speed \\ y\_speed \end{pmatrix}$ festgelegt ist. Durch diese Bewegung verändert sich sowohl die Position der Bitmap auf dem schwarzen Bildschirmhintergrund als auch das Aussehen des dargestellten Bereichs. Weil das Aussehen der Bitmap konstant bleibt, wird hierdurch ein interessanter Effekt hervorgerufen.

Zu beachten ist, dass sämtliche Koordinaten der Pixel der dargestellten Teilbitmap zu jeder Zeit gültige Werte besitzen müssen. Die Einhaltung dieser Vorgabe wird durch den gleichen Algorithmus gewährleistet, welcher bereits beim Aufbau des Programms *a6_2* eingesetzt worden ist: Wenn bei der Addition einer Koordinate mit der entsprechenden Richtungskomponente ein ungültiger Wert entsteht, wird dieser korrigiert und der Komponente wird die entgegengesetzte Richtung zugewiesen. Dadurch entsteht der Eindruck, die Teilbitmap würde von den Begrenzungen des Bildschirms zurückgehalten werden.

```
////////////////////////         a7_7.cpp          ////////////////////////
//                                                                       //
//   Partielle Darstellung einer 24 Bit Bitmap als Teil                  //
//   einer zweidimensionalen Animation                                   //
//   Auflösung: beliebig, Farbtiefe: 32 Bit                              //
//                                                                       //
///////////////////////////////////////////////////////////////////////////

#include <windows.h>

#include "s7_5.h"
#include "st7_5.h"
#include "b7_5.h"

const long x_length = 150, y_length = 150;
short x_speed = 3, y_speed = 3;

uchar handle_input( MSG *msg );
void update_pos( long *sx, long *sy );

int WINAPI WinMain( HINSTANCE hInstance, HINSTANCE hPrevInstance, LPSTR
lpCmdLine, int iCmdShow )
{
  surface.open_window( hInstance, 640, 480, 32 );
  bmp_32 bground( "bground.bmp" );

  pixel_32 *sbuffer;
  if( (sbuffer = new pixel_32[ x_res * y_res ]) == NULL )
    exit( "*sbuffer: Fehler bei der Reservierung von Arbeitsspeicher.\n"
  );
```

Partielle Darstellung von Bitmaps

```cpp
  long sx = (x_res - x_length) / 2;
  long sy = (y_res - y_length) / 2;

  MSG message;
  while( 1 )
  {
    if( handle_input( &message ) ) break;

    for( long x=0 ; x<x_res*y_res ; x++ ) sbuffer[ x ] = pixel_32( 0, 0, 0 );

    update_pos( &sx, &sy );
    bground.display_partial( sx, sy, x_length, y_length, sy * x_res + sx, sbuffer );

    pixel_32 *screen = (pixel_32 *) surface.get_screen_pointer();
    memcpy( screen, sbuffer, x_res * y_res * sizeof( sbuffer[ 0 ] ) );
    surface.release_screen_pointer();
  }

  delete [] sbuffer;

  return message.wParam;
}

uchar handle_input( MSG *msg )
{
  if( PeekMessage( msg, NULL, 0, 0, PM_REMOVE ) )
  {
    if( msg->message == WM_QUIT || msg->message == WM_KEYDOWN ) return 1;
  }

  return 0;
}

void update_pos( long *sx, long *sy )
{
  *sx += x_speed;
  if( *sx + x_length >= x_res ) {  *sx = x_res - x_length;  x_speed = -x_speed;  }
  else if( *sx < 0 ) {  *sx = 0; x_speed = -x_speed;  }
```

```
  *sy += y_speed;
  if( *sy + y_length >= y_res ) { *sy = y_res - y_length; y_speed = -y_speed; }
  else if( *sy < 0 ) { *sy = 0; y_speed = -y_speed; }
}
```

///////////////////////   Ende a7_7.cpp   ///////////////////////

Die Definition der Koordinaten sx und sy erfolgt lokal, innerhalb der Funktion WinMain(), während die vier Variablen x_length, y_length, x_speed und y_speed global definiert sind, um die Veränderung ihrer Werte einfacher gestalten zu können. Wenn mehrere Teilbitmaps innerhalb desselben Programms dargestellt werden müssen, empfiehlt sich die Zusammenfassung dieser Variablen in Form einer eigenen Klasse.

Abb. 7.14: Ausgabe des Programms a7_7

7.5.2 Einfache Transparenzeffekte

Die Bitmaps, welche wir in den vorherigen Abschnitten dargestellt haben, weisen dieselbe quadratische bzw. rechteckige Form auf. Viele Problemstellungen können jedoch nur durch Verwendung nicht rechteckiger Bitmaps gelöst werden. Ein prominentes Beispiel hierfür ist die Darstellung von Mauszeigern. Die Aufgabe des Cursors besteht darin, die Position des *Hot Spot* auf dem Bildschirm hervorzuheben. Der Cursor selbst wird in Form von Strichen oder Pfeilen angezeigt, welche keine Ähnlichkeit mit rechteckigen Bildern besitzen.

Trotz ihres Erscheinungsbildes werden auch Mauszeiger in ganz normalen rechteckigen Bitmaps gespeichert. Das spezifische Aussehen des Cursors entsteht dadurch, dass bei seiner Darstellung nur einige bestimmte Bereiche der dazugehörigen Bitmaps auf dem Bildschirm angezeigt werden. Die Lage dieser Bereiche muss bei der Erstellung der Bitmap mithilfe eines Bildbearbeitungsprogramms explizit festgelegt werden.

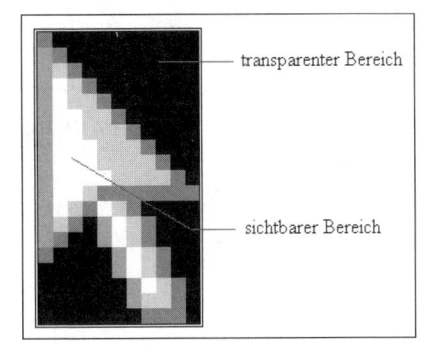

Abb. 7.15: Bei der Erstellung dieses Mauszeigers wird **Schwarz (0, 0, 0)**$_{RGB\_256}$ als transparente Farbe festgelegt

Hierzu muss zunächst eine Farbe ausgewählt werden, welche in der aktuellen Bitmap nicht vorkommt. Anschließend wird diese Farbe den Bereichen der Bitmap zugewiesen, welche bei der späteren Visualisierung des Cursors unsichtbar bleiben sollen. Diese Farbe wird als *transparente Farbe* bezeichnet. Bei der Darstellung des Cursors auf dem Bildschirm wird zunächst festgestellt, ob es sich bei der Farbe des zu setzenden Pixels um die transparente Farbe handelt. Wenn dem so ist, findet keine Operation statt; ansonsten wird der Pixel gesetzt, wobei der Farbwert an der entsprechenden Position des Videospeichers überschrieben wird.

Diese Vorgehensweise setzt voraus, dass der Darstellungsfunktion die Komponenten der Farbe bekannt sind, welche bei der Arbeit mit dem Bildbearbeitungsprogramm als transparent definiert worden ist. Um die Bitmap leichter editieren zu können, muss sich die transparente Farbe deutlich vom Rest der Bitmap hervorheben. Wenn der Cursor beispielsweise aus Grautönen aufgebaut ist, können die transparenten Bereiche beispielsweise hellgrün oder orange gefärbt werden.

Abb. 7.16: Darstellung eines Mauszeigers, rechts in Form einer normalen Bitmap, links unter Verwendung transparenter Pixel

Die Ermittlung eines passenden transparenten Farbtons ist keine schwere Aufgabe: Unter den 65536 bzw. 16.8 Millionen Farben, welche dem Benutzer unter den 16- und 32-Bit-Farbmodi zur Verfügung stehen, kann bestimmt ein Farbton ausgewählt werden, welcher nicht in der aufzubauenden Bitmap vorkommt. Diese Tatsache gilt auch bei Verwendung der 8-Bit-Farbtiefe. Da man sich in diesem Fall grundsätzlich auf wenige Farben festlegen muss, wird kaum eine Bitmap sämtliche 256 Farben in Anspruch nehmen.

Transparente Farben müssen dem Betrachter nicht verborgen bleiben. Wenn bei der Definition einer Variablen vom Typ bmp_32 beispielsweise die Farbe (0, 0, 255)$_{RGB\_256}$ als transparent festgelegt wird, kann diese Farbe dennoch als Teil einer anderen Bitmap auf dem Bildschirm sichtbar sein. Die zweite Bitmap besitzt in diesem Fall selbstverständlich einen anderen transparenten Farbton.

Aus mathematischer Sicht sind zwei Farben F1(r1, g1, b1) und F2(r2, g2, b2) genau dann unterschiedlich, wenn diese sich mindestens hinsichtlich einer einzigen Komponente voneinander unterscheiden:

F1 ≠ F2 wenn: r1≠ r2   oder
  g1≠ g2   oder
  b1≠ b2

Diese Definition sagt aus, dass der unterschiedliche Wert eines Farbanteils genügt, um zwei Farben als unterschiedlich bezeichnen zu können. Die Farben (20, 20, 100)$_{RGB\_256}$ und (20, 25, 100)$_{RGB\_256}$ sind beispielsweise ungleich, weil ihre Grünkomponenten verschiedene Werte besitzen. Aufgrund des geringen Unterschieds ist es für einen menschlichen Betrachter jedoch nahezu unmöglich, die Verschiedenheit beider Farbtöne lediglich anhand ihres Aussehens festzustellen.

Die Komponenten der transparenten Farbe stellen eine Information dar, welche in dem Bereich der Definition der Bitmap anzusiedeln ist. Um transparente Farben in unseren Programmen unterstützen zu können, werden wir die Klasse bmp_32 um eine Variable namens tr erweitern, welche diese Information enthält:

```
class bmp_32
{
  public:
    long xscale, yscale;
    pixel_32 *picture;
    pixel_32 tr;

    void load( char *filename, pixel_32 t );
    void load( bmp_32 *b );

    void display( ushort sx, ushort sy, pixel_32 *sbuffer );
    void draw_partial( long picture_offset,
                       ushort x_length, ushort y_length,
                       long offset, pixel_32 *sbuffer );

    bmp_32( char *filename, pixel_32 t )
         { load( filename, t ); }
    bmp_32( void ) : xscale( 0 ), yscale( 0 ),
                     tr( pixel_32( 0, 0, 0 ) ),
                     picture( NULL ) { }
```

```
    ~bmp_32( void ) {  if( picture ) delete [] picture;  }
};
```

Bei der Definition jeder Variablen vom Typ `bmp_32` unter Verwendung des Konstruktors bzw. der Funktion `bmp_32::load()` müssen die Komponenten der transparenten Farbe explizit genannt werden. Während der Visualisierung der Bitmap unter Verwendung von `bmp_32::draw_partial()` wird jede darzustellende Farbe auf Transparenz mittels:

```
if( picture[ picture_offset ] != tr )
    sbuffer[ offset ] = picture[ picture_offset ];
```

überprüft. Diese Anweisungen bewirken, dass nur die als nicht transparent definierten Farbwerte Pixel zugewiesen werden dürfen. In dieser Anweisung wird eine entsprechende Überladung des Ungleichheitsoperators eingesetzt, welche unter Berücksichtigung der vorangegangenen Theorie definiert ist:

```
uchar operator != ( pixel_32 c1, pixel_32 c2 )
{
   return c1.red != c2.red || c1.green != c2.green ||
          c1.blue != c2.blue || c1.alpha != c2.alpha;
}
```

7.5.3 Zweidimensionale Umgebungen

Die 2D-Grafikprogrammierung stellt ein wichtiges Themengebiet der allgemeinen Grafikprogrammierung dar. Die hierzu gehörenden Algorithmen, deren Grundlagen wir bereits kennen, werden bevorzugt eingesetzt, um statistische Diagramme oder zweidimensionale mathematische Funktionen grafisch darzustellen. Nicht zuletzt erfreuen sich diese Algorithmen auch auf dem Gebiet der Unterhaltungssoftware großer Beliebtheit, als Teil von Karten-, Brett- oder Geschicklichkeitsspielen.

In der 2D-Grafikprogrammierung werden für die Darstellung von Objekten Bitmaps eingesetzt. Wenn die Kapazitäten der Bildbearbeitungsprogramme im ausreichenden Maße ausgenutzt werden, können äußerst detaillierte Gegenstände, Schatten oder Lichtreflexionen mit sehr geringem Rechenaufwand gerendert werden. Die Darstellung dieser Effekte erfolgt nicht unbedingt nach physikalischen Vorgaben, wie beispielsweise die Ermittlung einer Farbintensität mithilfe von zwei Vektoren; bei einer geschickten Auswahl der Bitmaps fällt diese Tatsache aber selbst erfahrenen Benutzern nicht auf.

Obwohl eine Bitmap stets rechteckig ist, kann durch den Einsatz transparenter Pixel jede beliebige Form für ein Gegenstand ausgewählt werden. Ein dreidimensionales Aussehen der 2D – Objekte kann durch den Einsatz mehrerer Texturen simuliert werden, welche in einer bestimmten Abfolge angezeigt werden. Diese Technik lernen wir im nächsten Kapitel im Zusammenhang mit den dynamischen Multitextureffekten kennen.

Aufbau zweidimensionaler Umgebungen

Der Aufbau einer zweidimensionalen Umgebung erfordert keine komplexen Berechnungen wie Projektion, *Clipping* entlang der 6 Ebenen des Viewports oder Z-Buffering. Aus diesem Grund konnten bereits vor einigen Jahren, als die Rechnerleistung für dreidimensionale Berechungen nicht ausreichend gewesen ist, sehr komplexe zweidimensionale Welten problemlos dargestellt werden.

Einfache Welten werden auf der Grundlage eines zweidimensionalen Koordinatensystems aufgebaut. Der Ursprung dieses Systems befindet sich häufig in der oberen linken Ecke des Bildschirms, wobei die x- und y-Achsen nach rechts bzw. nach unten verlaufen. Eine Einheit entspricht einem Pixel auf dem Bildschirm; auf diese Weise können die Koordinaten der Punkte direkt für Offsetberechnungen eingesetzt werden. Der Zweck dieser Vorgaben besteht darin, die Menge an Rechenoperationen, welche bei der Darstellung jedes Frames durchzuführen sind, zu verkleinern.

Für die eindeutige Definition eines zweidimensionalen Gegenstands sind lediglich drei Angaben notwendig: das Aussehen der jeweiligen Bitmap und die Koordinaten zweier Punkte, welche als **spos** und **lpos** bezeichnet werden. **spos**, der erste Punkt, gibt die Position des Objekts innerhalb der zweidimensionalen Umgebung an. Seine Koordinaten beziehen sich auf das Weltkoordinatensystem.

In den vorherigen Programmen wurden die Koordinaten dieses Punkts der Funktion `bmp_32::display()` übergeben, damit die obere linke Ecke der Bitmaps an dieser Position dargestellt werden kann. Diese Ecke wird durch den Punkt **(0, 0)** innerhalb des lokalen Koordinatensystems der Bitmaps definiert. Aus diesem Grund sagt man, `bmp_32::display()` *projiziert* den lokalen Punkt **(0, 0)** an die globale Position **spos**.

Diese einfache Vorgehensweise mag zwar den Umgang mit einzelnen Bitmaps vereinfachen; Bitmaps sind jedoch nur ein Bestandteil zweidimensionaler Gegenstände. Diese Gegenstände können in vielen Fällen weitaus leichter manipuliert werden, wenn nicht **(0, 0)**, sondern ein anderer Punkt innerhalb der Bitmap an die Position **spos** projiziert wird. Dieser Punkt, dessen Koordinaten sich auf das lokale Koordinatensystem der Bitmaps beziehen, wird **lpos** genannt.

Die Koordinaten von **lpos** müssen explizit vom Benutzer festgelegt werden, da sie von der Form und Funktion des darzustellenden Gegenstands abhängig sind. In vielen Fällen kommt hierfür der Mittelpunkt der Bitmaps in Frage; wie zeigt, kann aber auch jeder andere Punkt für diesen Zweck in Betracht gezogen werden.

Visualisierung zweidimensionaler Gegenstände

Bitmaps, welche das Aussehen zweidimensionaler Objekte festlegen, werden mithilfe derselben Vorgehensweise dargestellt wie gewöhnliche Bitmaps: Ausgehend von der oberen linken Ecke werden die Farbwerte innerhalb der Spalten und Zeilen nach rechts bzw. nach unten gezeichnet. Hierbei wird vorausgesetzt, dass die Welt- bzw. Bildschirmkoordinaten **(px, py)** des Punkts, an dem die obere linke Ecke des Punkts projiziert werden soll, bekannt sind.

Tatsächlich sind die einzigen Informationen, welche der Visualisierungsfunktion zur Verfügung stehen, die Koordinaten der Punkte **spos(sx, sy)** und **lpos(lx, ly)**. Das Problem ist, wie mithilfe dieser Angaben die gesuchten Werte von **px** und **py** ermittelt werden können.

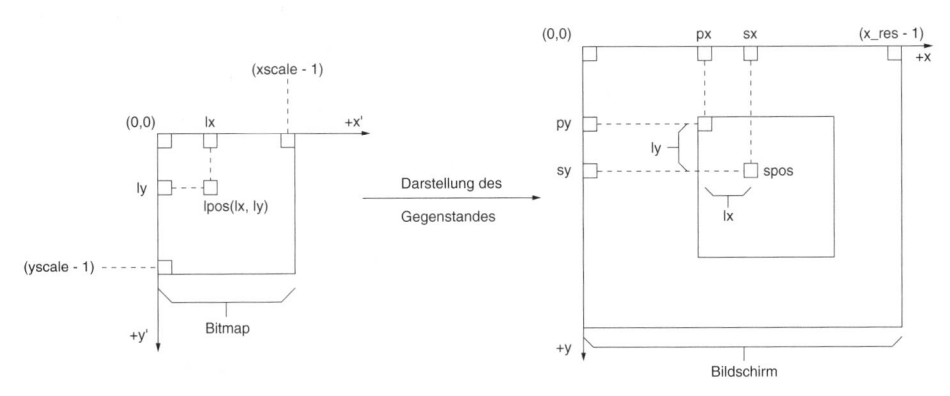

Abb. 7.17: Grafischer Ansatz zur Ermittlung der Weltkoordinaten der oberen linken Ecke der Bitmaps unter Verwendung des Punktes **spos** sowie den Konstanten **lx** und **ly**

Wie wir wissen, besitzen die Pixel, welche innerhalb von Bitmaps gespeichert sind, die gleiche Größe wie die Pixel auf dem Bildschirm. Mithilfe dieser Überlegung und der Abbildung 7.17 kann leicht nachvollzogen werden, dass die gesuchten Größen durch Subtraktion der Strecken **lx** und **ly** von den Koordinaten **(sx, sy)** ausgerechnet werden können:

px = sx – lx
py = sy – ly

Die Darstellung der Bitmap erfolgt schließlich durch den Aufruf der bekannten Funktion `bmp_32::display()`, wobei dieser die neu ermittelten Koordinaten übergeben werden müssen:

```
bmp_32 shape;
long px, py;


// Initialisierung der drei Parameter von 'bmp_32::display()'

shape.display( px, py, sbuffer );
```

7.5.4 Bitmap Clipping

Sämtliche Gegenstände, die sich innerhalb des zweidimensionalen Raums befinden, sind Teil derselben Ebene. Von dieser Ebene kann jedoch nur ein begrenzter Bereich auf dem Bildschirm dargestellt werden. Bei einer entsprechenden Definition des Koordinatensystems sind Welt- und Bildschirmkoordinaten identisch; die Größe des sichtbaren Teils der zweidimensionalen Umgebung wird somit in den meisten Fällen durch die Auflösung festgelegt. Die Einstellung einer höheren Auflösung führt zu einer Erhöhung der Anzahl der auf dem Bildschirm sichtbaren Pixel, wodurch der sichtbare Teil der Welt ebenfalls vergrößert wird.

Wenn man bei einfachen Welten den Ursprung des Koordinatensystems in die obere linke Ecke des Bildschirms ansiedelt, werden die Begrenzungen des rechteckigen Viewports von den Seiten des Bildschirms gebildet. Der sichtbare Bereich umfasst daher nur Punkte, deren x-Koordinaten zwischen **0** und **x_res** liegen, während die Werte der y-Koordinaten größer oder gleich **0** und kleiner **y_res** sind. **x_res** und **y_res** geben die horizontale und vertikale Auflösung des Bildschirms an.

Auch bei der Darstellung von zweidimensionalen Gegenständen kann ein Problem auftauchen, mit dem wir uns bereits im 4. Kapitel auseinander gesetzt haben: Bei der Visualisierung eines Objekts kann es vorkommen, dass die dazugehörige Bitmap sich teilweise oder ganz außerhalb des Sichtfelds befindet.

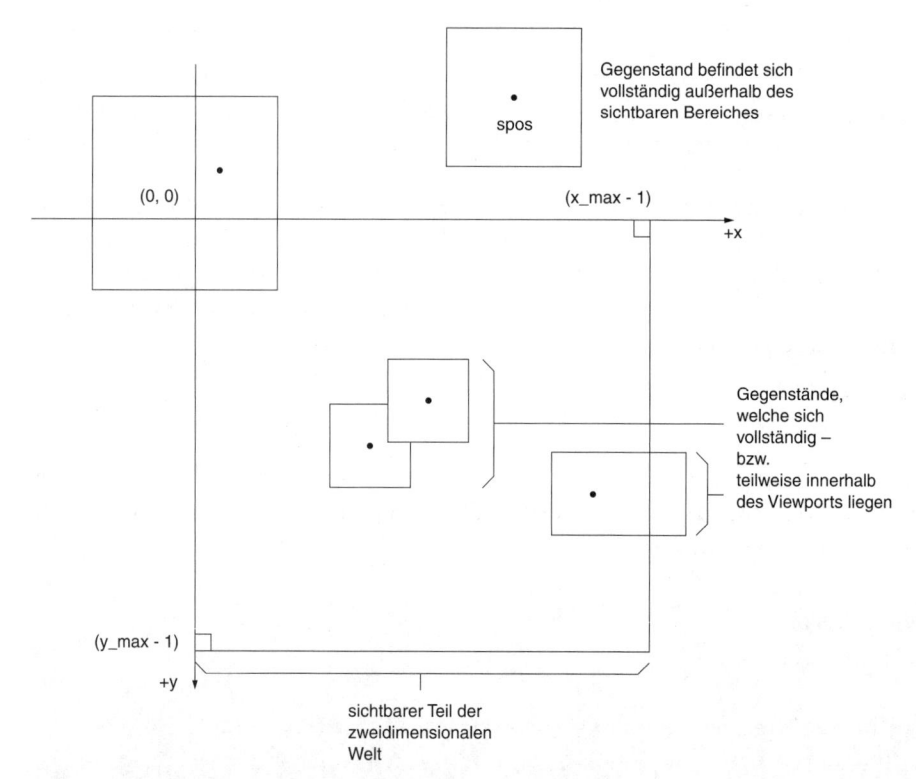

Abb. 7.18: Zweidimensionale Gegenstände können sich teilweise oder sogar vollständig außerhalb des Viewports befinden

Ähnliche Problemstellungen besitzen ähnliche Lösungsansätze. In der 3D-Grafikprogrammierung wird nur der Bereich eines Polygons auf dem Bildschirm angezeigt, welcher sich vollständig innerhalb des Viewports befindet. Überträgt man diesen Lösungsansatz auf ein zweidimensionales Objekt, welches zum Teil außerhalb des Bildschirms liegt, müssen vor seiner Visualisierung die nicht sichtbaren Bereiche seiner Bitmap entfernt werden. Dieser Vorgang, welcher auf die partielle Darstellung von Bitmaps basiert, trägt die Bezeichnung *Bitmap Clipping* und wird in Abbildung 7.19 genauer untersucht.

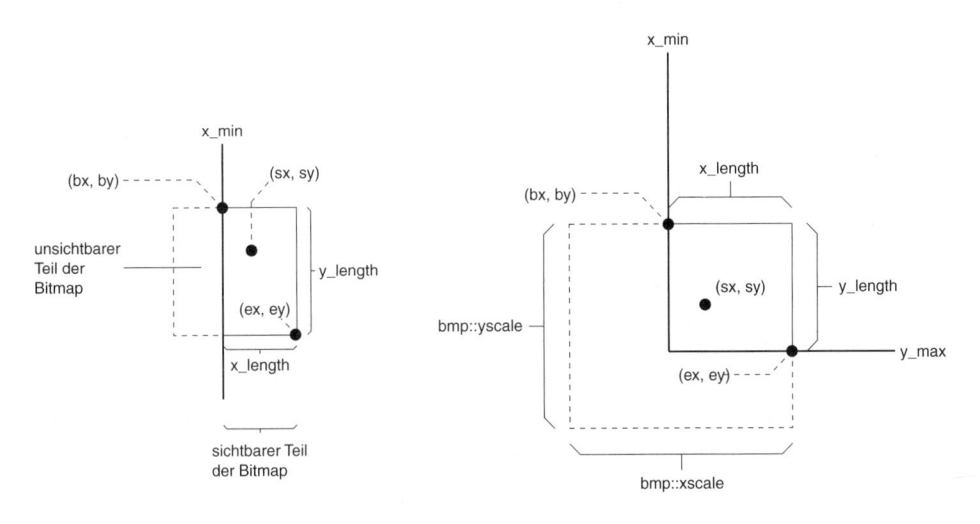

Abb. 7.19: Zwei unterschiedliche Situationen, in denen vor der Darstellung der Bitmap eine *Clipping* – Operation entlang der Begrenzungen des Darstellungsfensters durchgeführt werden muss

Es ist nicht üblich, die Bitmaps zweidimensionaler Gegenstände wie Polygone im oder entgegen dem Uhrzeigersinn zu drehen. Die Rotation dieser Objekte wird durch Verwendung mehrerer Bitmaps nach dem Prinzip simuliert, welcher auf Seite 518 vorgestellt ist. Auf diese Weise wird sichergestellt, dass die Begrenzungen der Bitmaps und die Seiten des Bildschirms stets parallel sind. Wenn sich die Bitmap teilweise außerhalb des Bildschirms befindet, gilt diese Feststellung auch für den sichtbaren Teilbereich der Bitmap.

Die Bereiche einer Bitmap, welche sich außerhalb des Viewports befinden, werden indirekt entfernt, indem nur der sichtbare Teil auf dem Bildschirm dargestellt wird. Hierzu kann eine Funktion wie `bmp_32::display_partial()` eingesetzt werden. Wie wir wissen, setzt die Verwendung dieser Funktion jedoch die Kenntnis folgender Größen voraus:

- das Koordinatenpaar **(bx, by)**, welches die Welt- bzw. Bildschirmposition der oberen linken Ecke des sichtbaren Bereichs der Bitmap enthält

- die Konstanten **x_length** und **y_length**, welche Breite und Höhe des sichtbaren Teils angeben
- die Koordinaten **(px, py)**, welche die Position der oberen linken Ecke des darzustellenden Bereichs festlegen. Diese Werte beziehen sich auf das lokale Koordinatensystem der Bitmap.

Abbildung 7.19 enthält die grafische Beschreibung dieser Variablen. Um diese Informationen zu ermitteln, stehen uns folgende Größen zur Verfügung:

- die bekannten Konstanten **x_min**, **x_max**, **y_min** und **y_max**, welche die horizontalen und vertikalen Begrenzungen des zweidimensionalen Viewports enthalten
- **spos(sx, sy)**, die Position des Gegenstands innerhalb der Welt sowie
- **lpos(lx, ly)**, der Punkt innerhalb der Bitmap, welcher an die Weltposition projiziert werden muss, die in Form von **spos** angegebenen ist

Unser Ziel besteht darin, eine Funktion zu entwickeln, welche die Bitmap beliebig positionierter Objekte korrekt darstellen kann: Wenn der Gegenstand sich vollständig innerhalb des Viewports befindet, muss die Bitmap unverändert angezeigt werden. Liegt das Objekt teilweise außerhalb des darstellbaren Bereichs, darf nur der sichtbare Teil gerendert werden. Für den Fall, dass das Objekt sich vollständig außerhalb des Viewports befindet, soll der Inhalt des Videospeichers bzw. *Double Buffers* nicht verändert werden.

Der *Bitmap-Clipping*-Algorithmus besteht aus vier Schritten, welche nacheinander durchgeführt werden müssen:

1. Ermittlung der Bildschirmkoordinaten der oberen linken sowie der unteren rechten Ecke der Bitmap
2. bei Bedarf Korrektur dieser vier Werte; Ermittlung des Koordinatenpaars **(px, py)**
3. Bestimmung der Länge und Breite des sichtbaren Bereichs der Bitmap
4. Wenn sich der Gegenstand nicht vollständig außerhalb des Viewports befindet, muss der sichtbare Teil der entsprechenden Bitmap mittels `bmp_32::display_partial()` angezeigt werden.

Bei der Implementierung des *Bitmap-Clipping*-Algorithmus wird zunächst davon ausgegangen, dass die Bitmap sich vollständig innerhalb des Viewports befindet. Die Bildschirmkoordinaten der oberen linken Ecke der Bitmap werden aus diesem Grund genauso ausgerechnet, wie es im Abschnitt Abbildung 7.16: Abbildung 7.16 beschrieben ist:

```
bx = sx - lx;
by = sy - ly;
```

Wenn die Bitmap unverändert angezeigt werden kann, muss **px** und **py** bekanntermaßen der Wert **0** zugewiesen werden:

```
px = 0;
py = 0;
```

Hierdurch wird festgelegt, dass die Visualisierung ab der oberen linken Ecke der Bitmap anfängt. Die Bestimmung von **x_length** und **y_length** erfolgt über einen kleinen Umweg. Hierbei müssen zunächst die Bildschirmkoordinaten der unteren linken Ecke der Bitmap ausgerechnet und in den Variablen **(ex, ey)** gespeichert werden. Da uns zu diesem Zeitpunkt die Werte von **(bx, by)** bekannt sind, können diese in die Berechnung miteinbezogen werden:

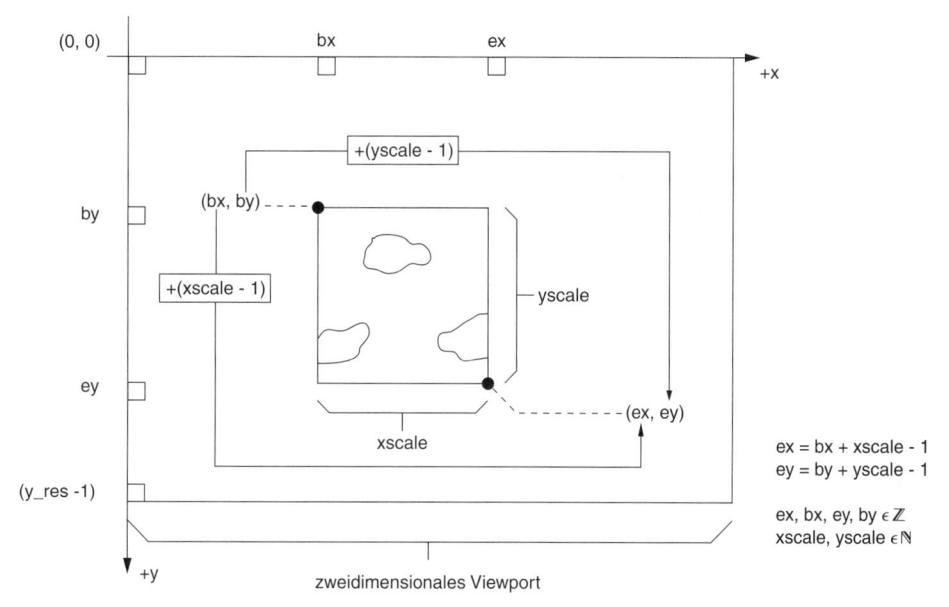

Abb. 7.20: Grafische Ermittlung der Koordinaten **(ex, ey)**

Die in diesem Gleichungssystem durchgeführte Subtraktion der numerischen Konstanten 1 ist für die Richtigkeit des Ergebnisses sehr wichtig. Im Fall der ersten Teilgleichung besteht der Grund für diese Vorgehensweise darin, dass **bx** bereits den Offset der *ersten* Spalte der Bitmap enthält. Hierzu ein Beispiel: Gegeben sei eine Bitmap, deren Breite 8 Pixel beträgt. Wenn die x-Koordinate der ersten Zeile den Wert 56 annimmt, muss das letzte Pixel derselben Zeile die x-Koordinate 63 besitzen. Wenn aber nur die erste x-Koordinate sowie die Länge der Zeile angegeben sind, muss bei der Ermittlung der letzten x-Koordinaten der Wert **(xscale − 1)** hinzuaddiert werden, genau wie es in Abbildung 7.20 demonstriert wird.

Mit der gleichen Problemstellung sind wir bereits im 2. Kapitel bei der Implementierung der Funktion `line()` konfrontiert worden: Bei der Ermittlung der horizontalen Länge einer langsam steigenden Linie muss die Konstante 1 hinzuaddiert werden.

Kapitel 7
Bitmaps

Zu diesem Zeitpunkt können wir überprüfen, ob Teile der darzustellenden Bitmap sich außerhalb des sichtbaren Bereichs befinden. Wenn dem so ist, enthalten die vier Variablen **bx**, **by**, **ex** und **ey** einen oder mehrere ungültige Werte. Je nachdem, welche Variable einen zu hohen oder zu geringen Wert besitzt, kann die Lage der Bitmap in Bezug zum Viewport sehr genau festgestellt werden.

xscale = 8 Pixel

b = 56   e1 = 63

Bildschirmoffset des 8. Pixels

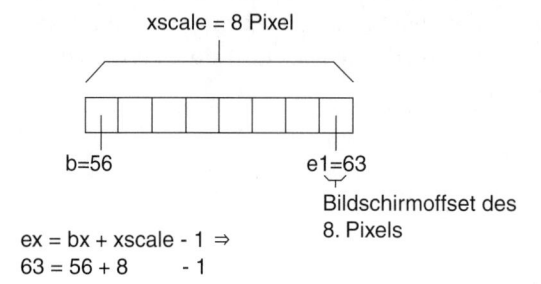

ex = bx + xscale − 1 ⇒
63 = 56 + 8   − 1

Abb. 7.21: Weil die Konstante **xscale** die absolute Länge der Pixelzeile angibt, muss bei der Ermittlung von **ex** der Wert **(xscale − 1)** hinzuaddiert werden.

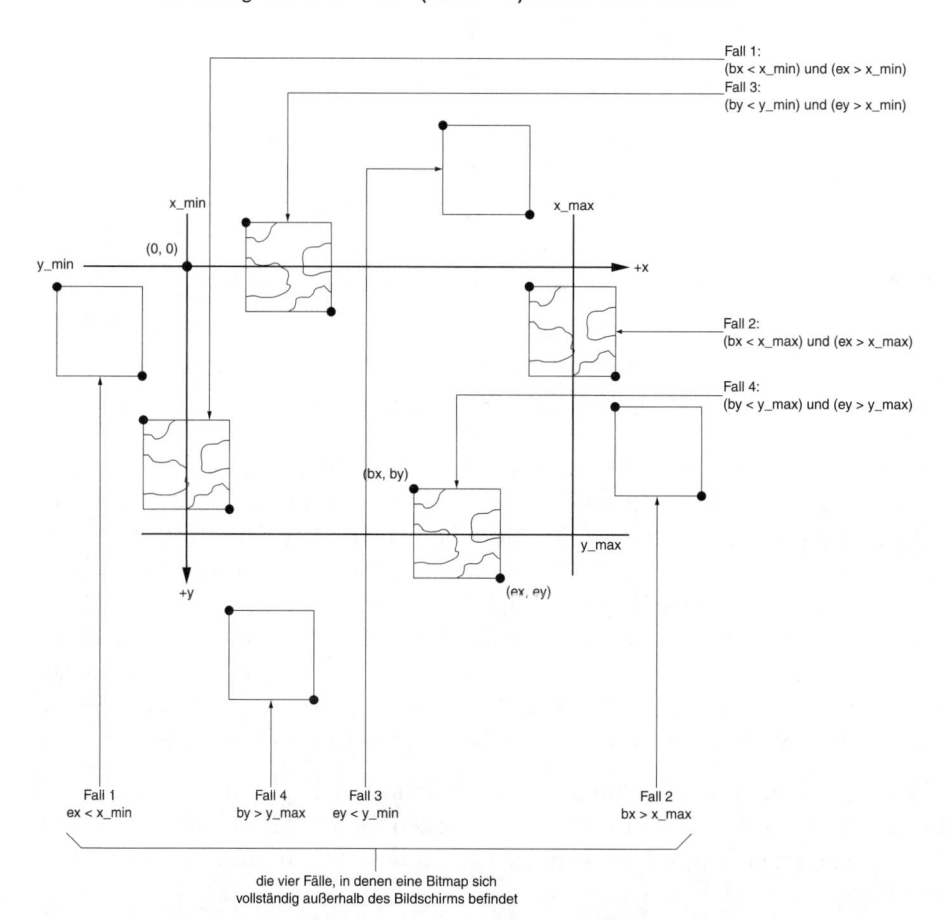

Fall 1:
(bx < x_min) und (ex > x_min)
Fall 3:
(by < y_min) und (ey > x_min)

Fall 2:
(bx < x_max) und (ex > x_max)
Fall 4:
(by < y_max) und (ey > y_max)

Fall 1   Fall 4   Fall 3   Fall 2
ex < x_min   by > y_max   ey < y_min   bx > x_max

die vier Fälle, in denen eine Bitmap sich vollständig außerhalb des Bildschirms befindet

Abb. 7.22: Anhand der Werte der beiden Koordinatenpaare **(bx, by)** und **(ex, ey)** kann die Position der Bitmap relativ zum sichtbaren Bereich sehr genau festgestellt werden.

Wie man der Abbildung 7.22 entnehmen kann, tritt die Bitmap rechts bzw. unten aus dem sichtbaren Bereich aus, wenn **ex** oder **ey** einen zu großen Wert besitzen. Nehmen **bx** oder **by** zu kleine Werte an, befinden sich der obere bzw. linke Teil der Bitmap nicht innerhalb des Viewports. Um die Breite des sichtbaren Bereichs der Bitmap zu ermitteln, muss **bx** aus **ex** subtrahiert werden. Voraussetzung für die Richtigkeit des Ergebnisses ist jedoch, dass beide Variablen gültige Werte besitzen. Entsprechendes gilt auch für die Länge des Teilbereichs.

Die vier Fälle, welche in Abbildung 7.22 vorgestellt werden, können auch gleichzeitig auftreten, wenn die Bitmap beispielsweise sowohl oben als auch links aus dem Viewport tritt. Diese Fälle sowie die unterschiedlichen Kombinationen, in denen diese auftreten können, lassen sich bequem durch eine getrennte Behandlung von **(bx, by)** und **(ex, ey)** verarbeiten:

```
if( bx < x_min ) bx = x_min;
if( by < y_min ) by = y_min;

if( ex > x_max ) ex = x_max;
if( ey > y_max ) ey = y_max;
```

Diese Anweisungen legen die endgültige Bildschirmposition der oberen linken und der unteren rechten Ecke des sichtbaren Bereichs der Bitmap fest. Die Koordinaten **bx** und **ey** aus der unteren Bitmap aus Abbildung 7.19 besitzen beispielsweise vor Ausführung dieser Anweisungen zu kleine Werte. Aus der Abbildung wird jedoch deutlich, dass die x-Koordinate der oberen linken Ecke des sichtbaren Teils den Wert 0 besitzen, während **ey** den Wert (y_max – 1) anzunehmen hat. Weil in diesem Fall **by** und **ex** gültige Koordinaten besitzen, werden sie von den vier Anweisungen nicht verändert.

Zu diesem Zeitpunkt sind wir in der Lage, die Werte von x_length und y_length auszurechnen. Die Notwendigkeit der Addition der Konstanten 1 ist bereits oben erläutert worden:

```
x_length = ex - bx + 1;
y_length = ey - by + 1;
```

Schließlich müssen noch die Koordinaten des Punkts **(px, py)** endgültig festgelegt werden, welche die Position der oberen linken Ecke des sichtbaren Teils innerhalb der jeweiligen Bitmap angeben. Diesen Koordinaten wurde anfangs der Wert **(0, 0)** zugewiesen; im Fall, dass die Bitmap oben oder links aus dem Viewport austritt, müssen diese Werte entsprechend angepasst werden.

Kapitel 7
Bitmaps

(old_bx, old_by)

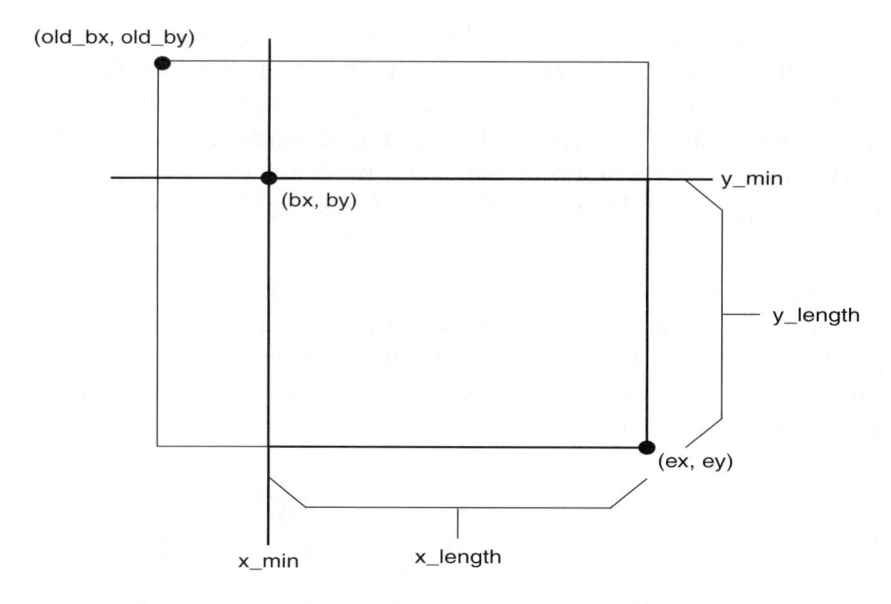

(bx, by)

y_min

y_length

(ex, ey)

x_min   x_length

Bezugssystem: globales Koordinatensystem der Welt

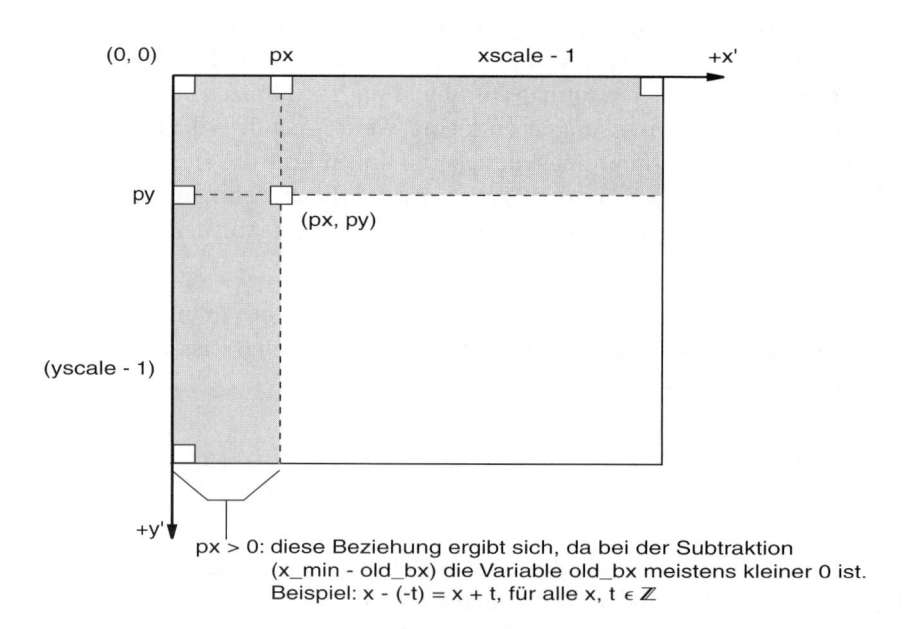

(0, 0)   px   xscale - 1   +x'

py

(px, py)

(yscale - 1)

+y'

px > 0: diese Beziehung ergibt sich, da bei der Subtraktion
(x_min - old_bx) die Variable old_bx meistens kleiner 0 ist.
Beispiel: $x - (-t) = x + t$, für alle $x, t \in \mathbb{Z}$

Bezugssystem: lokales Koordinatensystem der Bitmap

Abb. 7.23: Grafische Ermittlung der lokalen Koordinaten **(px, py)** beim *Clipping* entlang der linken bzw. oberen Begrenzung des Viewports

Abbildung 7.23 zeigt eine Bitmap, bei der nur der rechte untere Teil sichtbar ist. Es ist logisch nachvollziehbar, dass in diesem Fall nur der auf der rechten Seite hell dargestellte Teilbereich der Bitmap angezeigt werden darf. Hierzu müssen jedoch zunächst die lokalen Koordinaten **(px, py)** ermittelt werden, die sich diesmal nicht am Rand der Bitmap befinden.

Die Koordinaten **(old_bx, old_by)** enthalten die ursprüngliche Bildschirmposition der oberen linken Ecke der Bitmap, bevor der Punkt **(bx, by)** durch die Gruppe der *if()* – Anweisungen verändert wurde. Aus der Abbildung ist ersichtlich, dass der Wert von **px** nichts anderes darstellt als die Strecke zwischen **old_bx** und **x_min**. Diese Strecke kann mithilfe folgender Beziehung

px = x_min − old_bx

ausgerechnet werden. Der Wert von **py** lässt sich auf die gleiche Art ermitteln. Bei der Implementierung des *Bitmap-Clipping*-Algorithmus ist die Definition einer zusätzlichen Variablen `old_bx` relativ umständlich; der Wert von **(px, py)** kann bei Bedarf direkt mithilfe von **(bx, by)** bestimmt werden, was eine Erweiterung der entsprechenden Anweisungen erfordert:

```
if( bx < x_min )  {   px = x_min - bx;   bx = x_min;  }
if( by < y_min )  {   py = y_min - by;   by = y_min;  }
```

Die Visualisierung des sichtbaren Teils der Bitmap erfolgt von links nach rechts und von oben nach unten. Tritt die Bitmap rechts bzw. unten aus dem Viewport aus, müssen **(px, py)** keine neuen Werte erhalten. Die Nicht-Darstellung des unsichtbaren Bereichs wird in diesem Fall durch die geringeren Werte von **x_length** bzw. **y_length** erreicht, welche mithilfe der angepassten Koordinaten **(ex, ey)** ausgerechnet werden.

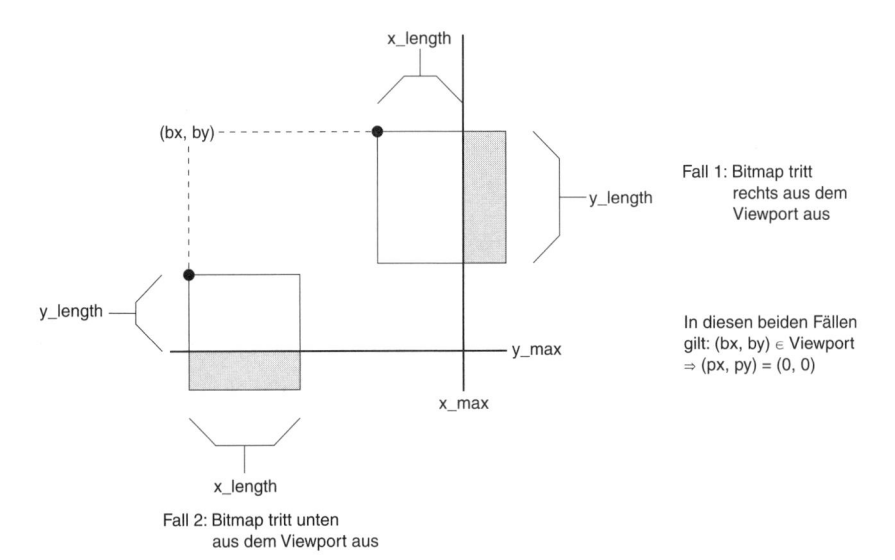

Abb. 7.24: In diesen beiden Fällen des *Bitmap Clipping* besitzt das Koordinatenpaar **(px, py)** den Wert **(0, 0)**.

Anhand der Koordinaten **(bx, by)** und **(ex, ey)** kann ebenfalls festgestellt werden, ob die darzustellende Bitmap sich vollständig außerhalb des Bildschirms befindet (Abbildung 7.22).

Dieser Algorithmus funktioniert auch dann wie beabsichtigt, wenn die darzustellende Bitmap größer als der Viewport ist. In diesem Spezialfall besitzen die Bedingungen aller vier *if()*-Anweisungen den Wert *TRUE*; dadurch werden sowohl die Werte von **(px, py)** als auch die Variablen **x_length** und **y_length** angepasst, was zur problemlosen Visualisierung des sichtbaren Bereichs führt. Die Anweisung:

```
if( bx < x_res && by < y_res && ex > 0 && ey > 0 )
```

besitzt auch in diesem Sonderfall den Wert *TRUE*. Wenn die Bitmap schließlich vollständig oder zum Teil sichtbar ist, kann ihre Darstellung mittels

```
long picture_offset = py * shape.xscale + px;
long screen_offset = by * x_res + bx;

shape.draw_partial( picture_offset, x_length, y_length,
                    screen_offset, sbuffer );
```

eingeleitet werden.

7.5.5 Verwaltung zweidimensionaler Gegenstände

Genau wie im Fall der dreidimensionalen Gegenstände, welche wir in den letzten Kapiteln ausführlich besprochen haben, kann der Umgang mit zweidimensionalen Objekten unter Verwendung eines eigenen Datentyps weitaus effizienter gestaltet werden. Die Klasse `thing_2d` muss hierbei folgende Voraussetzungen erfüllen:

1. Sie muss über eine Möglichkeit verfügen, die globale Position **spos** des Gegenstands sowie die Koordinaten des Punkts **lpos** darzustellen.
2. Die Klasse muss eine Komponente vom Typ `bmp_32` enthalten, welche das Aussehen des Objekts beschreibt.
3. Zweidimensionale Gegenstände müssen über eine Funktion verfügen, mit deren Hilfe ihre Position innerhalb der 2D Welt verändert werden kann.
4. Schließlich muss `thing_2d` eine Visualisierungsfunktion besitzen, mit deren Hilfe beliebig positionierte Gegenstände dargestellt werden können.

Unter Berücksichtigung dieser Vorgaben kann die Klasse `thing_2d` folgendermaßen gestaltet werden:

```
class thing_2d
{
```

```
  private:
    short lx, ly;

    bmp_32 shape;

  public:
    svertex spos;

    inline void update_pos( vector v );
    void display( pixel_32 *sbuffer );

    void load( bmp_32 *b, short x, short y );
    thing_2d( void ) : lx( 0 ), ly( 0 ),
                       spos( svertex( 0, 0 ) ) { }
};
```

Um den Umgang mit zweidimensionalen Gegenständen übersichtlicher gestalten zu können, kann das Aussehen eines Objekts mithilfe dieser Version von `thing_2d` lediglich mithilfe einer einigen Bitmap festgelegt werden. Mithilfe der bisher erworbenen Erfahrung sollte die Unterstützung mehrerer Bitmaps keine größeren Probleme bereiten. Es folgt die Beschreibung der Komponenten der Klasse `thing_2d`:

Variable	Aufgabe
lx, ly:	Koordinaten des Punkts **lpos**, welche sich auf das lokale Koordinatensystem der Bitmap beziehen. Diese geben die Position des Pixels der Bitmap an, welcher bei der Darstellung des Gegenstands an die Position **spos** projiziert werden muss.
shape:	Das Erscheinungsbild des Gegenstands wird in Form dieser Bitmap festgelegt.
spos:	Dieser zweidimensionale Vertex gibt die Position des Gegenstands innerhalb der zweidimensionalen Welt an. Seine Koordinaten beziehen sich auf das globale Koordinatensystem der Welt.

Im zweidimensionalen Raum ist der Datentyp `vertex` folgendermaßen definiert:

```
struct svertex
{
  double sx, sy;

  svertex( void ) : sx( 0 ), sy( 0 ) { }
```

```
    svertex( double x, double y ) :
      sx( x ), sy( y ) { }
};
```

Funktion	Aufgabe / Definition
update_pos():	Verschiebung des Gegenstands unter Verwendung des Vektors v:

```
void thing_2d::update_pos( vector v )
{
  spos.sx += v.x;
  spos.sy += v.y;
}
```

Zweidimensionale Vektoren werden wie folgt dargestellt:

```
struct vector
{
  double x, y, magnitude;

  vector( void ) : x( 0 ), y( 0 ),
                   magnitude( 0 ) { }
  vector( double xt, double yt ) :
    x( xt ), y( yt ),
    magnitude( sqrt( xt*xt + yt*yt ) ) { }
};
```

load(): Initialisierung der Klassenelemente auf der Grundlage benutzerdefinierter Werte:

```
void thing_2d::load( bmp_32 *b, short x, short y )
{
  lx = x;
  ly = y;

  shape.load( b );

  spos.sx = spos.sy = 0.0;
}
```

Ähnlich wie im Fall der dreidimensionalen Objekte, wird auch bei der Definition eines zweidimensionalen Gegenstands davon ausgegangen, dass dieses sich im globalen Ursprung befindet. Um das Objekt auf seine gewünschte Position zu verschieben, ist ein Aufruf von `update_pos()` erforderlich.

`display()`: Darstellung zweidimensionaler Gegenstände, welche sich an einer beliebigen Position innerhalb der zweidimensionalen Welt befinden können. Die Definition dieser Funktion erfolgt in strikter Anlehnung an die vorangegangene Theorie:

```
void thing_2d::display( pixel_32 *sbuffer )
{
  long bx = long( spos.sx - lx );
  long by = long( spos.sy - ly );

  long ex = bx + shape.xscale - 1;
  long ey = by + shape.yscale - 1;

  long px = 0;
  long py = 0;
  if( bx < 0 ) {  px = -bx;  bx = 0;  }
  if( by < 0 ) {  py = -by;  by = 0;  }

  if( ex >= x_res ) ex = x_res - 1;
  if( ey >= y_res ) ey = y_res - 1;

  short x_length = (ex - bx + 1);
  short y_length = (ey - by + 1);
  long picture_offset = py * shape.xscale + px;
  long screen_offset = by * x_res + bx;

  if( bx < x_res && by < y_res && ex > 0 && ey > 0 )
    shape.draw_partial( picture_offset, x_length, y_length,
                        screen_offset, sbuffer );
}
```

7.5.6 Praktische Visualisierung zweidimensionaler Gegenstände

Die Aufgabe unseres nächsten Programms besteht in der Darstellung eines Grafikeffekts, mit dessen Hilfe Internetseiten ansprechender gestaltet werden können.

Kapitel 7
Bitmaps

Neben den sichtbaren Texten erlauben Internetseiten den Zugriff auf zusätzliche Informationen unter Verwendung verschiedener *Links*, welche zufällig über die Seite verteilt sein können. Um an diese Informationen gelangen zu können, sind Bewegungen des Mauszeigers erforderlich. In einigen Fällen enthält die Seite eine ansprechend gestaltete Bitmap, welche von dem Cursor angezogen zu werden scheint. Während einer Animation folgt die Bitmap dem Mauszeiger, egal wohin der Benutzer den Cursor steuert.

Dadurch soll der Aufenthalt des Benutzers auf die entsprechende Seite verlängert werden, um den Einsatz eventuell vorhandener Werbebanner lukrativer zu gestalten. Der Einsatz dieses Grafikeffekts hat auch weitere Vorteile: Der Klick auf die Bitmap kann ein zusätzliches Fenster mit erweiterten Informationen öffnen. Diese Informationen werden durch die Verwendung dieses Effekts stark hervorgehoben; wenn die Bitmap besonders attraktiv gestaltet ist, lässt sich die Kaufbereitschaft des Benutzers auf diese Weise erhöhen.

In unserem nächsten Programm besitzt die Bitmap, welche dem Mauszeiger folgen soll, die Bezeichnung spot. Aufgrund der erweiterten Operationen, welche auf der Ebene dieses Gegenstands durchgeführt werden, empfiehlt sich der Einsatz des Datentyps thing_2d:

```
thing_2d spot;
spot.load( &spot_shape, spot_lx, spot_ly );
```

Die Initialisierungswerte dieser Variablen sind folgendermaßen definiert:

```
bmp_32 spot_shape( "spot.bmp", pixel_32( 0, 0, 0 ) );
short spot_lx = spot_shape.xscale/2;
short spot_ly = spot_shape.yscale/2;
```

Aufgrund des Erscheinungsbilds der Bitmap *"spot.bmp"* empfiehlt es sich, den Mittelpunkt der Bitmap an die globale Position **spos** des Gegenstands **spot** zu projizieren. Aus diesem Grund müssen die Komponenten thing_2d::lx und thing_2d::ly mit der Hälfte der Breite bzw. Länge von *"spot.bmp"* initialisiert werden.

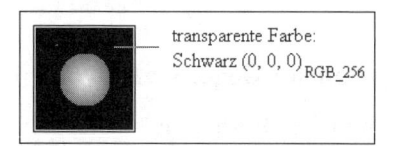

Abb. 7.25: Das Aussehen der Bitmap "spot.bmp", welche während der Ausführung des Programms *a7_6* dem Mauszeiger folgt

Um die Anweisungen verarbeiten zu können, welche der Benutzer unter Verwendung der Maus eingibt, wird eine erweiterte Version der im 5. Kapitel entwickelten Klasse `_mouse` eingesetzt. Die Verwendung dieser Klasse ermöglicht es, die Bildschirmkoordinaten des Mauscursors auf einfache Weise unter Verwendung der Makros

```
mouse_sx
```

und

```
mouse_sy
```

zu ermitteln. Diese Makros sind in der Datei *"ms7_6.h"* definiert und stellen die Kurzschreibweise des Aufrufs entsprechender Funktionen der Klasse `_mouse` dar.

Bei der Implementierung der Bewegung des Gegenstands `spot` in Richtung des Mauscursors gehen wir davon aus, dass der Benutzer während der gesamten Programmausführung die Maus bewegt und die Position des Cursors sich aus diesem Grund ständig verändert. Wie wir wissen, werden Gegenstände mithilfe von Vektoren in eine bestimmte Richtung verschoben. Die Position von `spot` ist durch die Koordinaten (`spos.sx`, `spos.sy`) definiert. Die Lage des Mauszeigers wird durch die Werte (`mouse_sx`, `mouse_sy`) festgelegt. Der Vektor, mit dessen Hilfe `spot` an die Position des Cursors verschoben werden kann, lautet somit:

$$\vec{dir} = \begin{pmatrix} mouse\_sx - spos.sx \\ mouse\_sy - spos.sy \end{pmatrix}$$

Die Spezifikation des Programms *a7_6* besagt, dass `spot` sich nur langsam bewegen und einen still stehenden Mauszeiger nur nach Ablauf mehrerer Frames erreichen darf. Um diese Vorgabe erreichen zu können, muss der Betrag des Vektors $\vec{dir}$ verkleinert werden; die Richtung des Vektors soll jedoch erhalten bleiben.

Hierzu legen wir fest, dass `spot` eine Geschwindigkeit von `spot_speed` Pixel pro Frame erreichen darf. Hierbei handelt es sich um eine reelle Konstante, welche im folgenden Programm den Wert 3.0 besitzt; die Verkleinerung oder Vergrößerung dieser Konstanten wirken sich proportional auf die Geschwindigkeit des Gegenstands `spot` aus. Wie wir im ersten Kapitel festgestellt haben, muss ein beliebiger Vektor $\vec{v}$ für den gilt:

$$|\vec{v}| \neq 0$$

mit dem Skalar **t** multipliziert werden, damit der Betrag von $\vec{v}$ den benutzerdefinierten Wert n annimmt. t ist hierbei:

$$t = \frac{n}{|\vec{v}|} \qquad \textit{für alle } t, n \in \mathbf{R}$$

Wenn wir den Wert von **t** unter Verwendung von `spot_speed` und dem Betrag des Vektors $\vec{dir}$ ausrechnen und $\vec{dir}$ anschließend mit t multiplizieren, verschiebt die Anweisung

```
spot.update_pos( dir );
```

den Gegenstand um `speed_step` Pixel in Richtung des Mauszeigers. Der am Anfang des Abschnitts beschriebene Grafikeffekt kann schließlich generiert werden, indem dieser Vorgang über einen Zeitraum von mehreren Frames wiederholt wird. Die Funktion `move_thing()` kann somit folgendermaßen definiert werden:

```
void move_thing( thing_2d *spot )
{
  double x_step = mouse_sx - spot->spos.sx;
  double y_step = mouse_sy - spot->spos.sy;
  vector dir( x_step, y_step );

  double t;
  if( dir.magnitude > 2.0 ) t = spot_speed / dir.magnitude;
  else t = 1.0;

  dir.x *= t;  dir.y *= t;
  spot->update_pos( dir );
}
```

Diese Funktion nimmt die Variable `spot` *By Reference* entgegen und verändert ihre Position unter Verwendung der skalierten Version des Vektors $\vec{dir}$. Bei der Definition dieser Funktion muss noch die Tatsache berücksichtigt werden, dass spot die Position des Mauszeigers bereits erreicht hat; wenn dem so ist, muss der Skalar t den Wert 1.0 besitzen, um $\vec{dir}$ nicht weiter zu verändern. Dies erfolgt in Form der Anweisung:

```
if( dir.magnitude > 2.0 ) t = spot_speed / dir.magnitude;
else t = 1.0;
```

Mathematisch betrachtet ist diese Anweisung nicht erforderlich. Praktisch gesehen arbeiten wir jedoch auf der Grundlage eines ungenauen Pixelrasters, in dem mathematisch exakte Positionen abgerundet werden müssen. Aus diesem Grund definieren wir, dass `spot` die Position des Mauszeigers erreicht hat, wenn der Betrag von dir kleiner als 2 Pixel ist. Die Verkleinerung dieser Grenze oder die Entfernung dieser Anweisung sind in einigen Fällen mit einem störenden Ruckeleffekt verbunden.

Das Programm *a7_6* kann schließlich folgendermaßen definiert werden:

```cpp
////////////////////////////        a7_6.cpp        ////////////////////////////
//                                                                            //
//   Darstellung eines zweidimensionalen Gegenstandes,                        //
//   welcher sich in Richtung des Mauszeigers bewegt                          //
//   Auflösung: beliebig, Farbtiefe: 32 Bit                                   //
//                                                                            //
////////////////////////////////////////////////////////////////////////////////

#include <windows.h>

#include "s7_5.h"
#include "st7_5.h"
#include "ms7_5.h"
#include "tg7_5.h"

long button_x = 450, button_y = 401;
bmp_32 button( "up.bmp", pixel_32( 0, 255, 0 ) );
bmp_32 button_selected( "selected.bmp", pixel_32( 0, 255, 0 ) );

const double spot_speed = 3;

uchar handle_input( MSG *msg, pixel_32 *sbuffer );
void move_thing( thing_2d *spot );

int WINAPI WinMain( HINSTANCE hInstance, HINSTANCE hPrevInstance, LPSTR
lpCmdLine, int iCmdShow )
{
  surface.open_window( hInstance, 640, 480, 32 );

  bmp_32 cursor( "cursor.bmp", pixel_32( 0, 0, 0 ) );
  mouse.initialise( &cursor, 0, 0 );

  bmp_32 spot_shape( "spot.bmp", pixel_32( 0, 0, 0 ) );
  short spot_lx = spot_shape.xscale/2;
  short spot_ly = spot_shape.yscale/2;

  thing_2d spot;
  spot.load( &spot_shape, spot_lx, spot_ly );

  bmp_32 bground( "bground.bmp", pixel_32( 0, 0, 0 ) );
```

```cpp
  pixel_32 *sbuffer;
  if( (sbuffer = new pixel_32[ x_res * y_res ]) == NULL )
     exit( "*sbuffer: Fehler bei der Reservierung von Arbeitsspeicher.\n"
);

  MSG message;
  while( 1 )
  {
    memcpy( sbuffer, bground.picture, x_res * y_res * sizeof( sbuffer[ 0
] ) );

    if( handle_input( &message, sbuffer ) ) break;
    move_thing( &spot );

    spot.display( sbuffer );
    mouse.display( sbuffer );

    pixel_32 *screen = (pixel_32 *) surface.get_screen_pointer();
    memcpy( screen, sbuffer, x_res * y_res * sizeof( sbuffer[ 0 ] ) );
    surface.release_screen_pointer();
  }

  delete [] sbuffer;

  return message.wParam;
}

uchar handle_input( MSG *msg, pixel_32 *sbuffer )
{
  if( PeekMessage( msg, NULL, 0, 0, PM_REMOVE ) )
  {
    if( msg->message == WM_QUIT ) return 1;

    mouse.update_mouse( *msg );

    TranslateMessage( msg );
    DispatchMessage( msg );
  }

  if( mouse_sx >= button_x && mouse_sx < button_x + button.xscale &&
      mouse_sy >= button_y && mouse_sy < button_y + button.yscale )
  {
```

```
      button_selected.display( button_x, button_y, sbuffer );

      if( mouse_left == -1 ) return 1;
   }

   else button.display( button_x, button_y, sbuffer );

   return 0;
}

void move_thing( thing_2d *spot )
{
   double x_step = mouse_sx - spot->spos.sx;
   double y_step = mouse_sy - spot->spos.sy;
   vector dir( x_step, y_step );

   double t;
   if( dir.magnitude > 2.0 ) t = spot_speed / dir.magnitude;
   else t = 1.0;

   dir.x *= t;  dir.y *= t;
   spot->update_pos( dir );
}
```

///////////////////////   Ende a7_6.cpp   ///////////////////////

Das besondere an *a7_6* besteht darin, dass das Beenden des Programms grafisch mithilfe einer entsprechenden Schaltfläche herbeigeführt werden kann. Diese wird in Form von zwei Bitmaps dargestellt: *"up.bmp"* und *"selected.bmp"*, welche identische Größen besitzen. Die erste Bitmap enthält das gewöhnliche Aussehen des virtuellen Schalters; wenn der Cursor sich jedoch über der Schaltfläche befindet, nimmt diese das Erscheinungsbild von *"selected.bmp"* an. Die Weltkoordinaten des Pixels, welcher die obere linke Ecke des Schalters darstellt, werden in Form der beiden globalen Variablen button_x und button_y dargestellt. Aufgrund der Tatsache, dass die Längen und Breiten der beiden Bitmaps bekannt sind, kann mithilfe des Ausdrucks

```
if( mouse_sx >= button_x && mouse_sx < button_x+button.xscale &&
    mouse_sy >= button_y && mouse_sy < button_y+button.yscale )
```

eindeutig festgestellt werden, ob der Mauszeiger, ausgedrückt durch (mouse_sx, mouse_sy), sich gerade über der Schaltfläche befindet. Auch in diesem Zusammenhang gilt, dass bei Verwendung mehrerer Schaltflächen die Definition eines entsprechenden Datentyps von Vorteil ist.

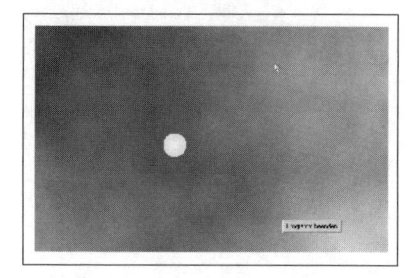

Abb. 7.26: Erscheinungsbild des Programms *a7_6*

In dem Programm *a7_6* kommt eine geringfügig veränderte Version der Klasse _mouse zum Einsatz, welche im 5. Kapitel entwickelt worden ist:

```
class _mouse
{
  private:
    char left_button, middle_button, right_button;
    short hspot_x, hspot_y;

    thing_2d cursor;

  public:
    char get_left_button( void )   { return left_button;   }
    char get_middle_button( void ) { return middle_button; }
    char get_right_button( void )  { return right_button;  }
    short get_sx( void ) { return hspot_x; }
    short get_sy( void ) { return hspot_y; }

    void initialise( bmp_32 *b, short hlx, short hly );
    void update_mouse( MSG msg );
    void set_pos( short x, short y )
       { SetCursorPos( x, y );  hspot_x = x;  hspot_y = y; }
    void display( pixel_32 *sbuffer );

    _mouse( void ) : left_button( 0 ), right_button( 0 ),
                     middle_button( 0 ), hspot_x( 0 ),
                     hspot_y( 0 ) { }
} mouse;
```

Bei dieser neuen Definition wird der Mauszeiger in Form der Komponenten cursor vom Typ thing_2d dargestellt. Diese Vorgehensweise besitzt mehrere Vorteile. Zunächst kann der Benutzer das Aussehen des Mauszeigers beliebig gestalten; weitaus wichtiger ist jedoch die Tatsache, dass große Teile des Cursors außerhalb des Bildschirms liegen dürfen. Aufgrund der Implementierung des *Bitmap-Clipping*-Algorithmus können in diesem Fall keine Darstellungsfehler auftreten. Ein weiterer Vorteil ist die leichte Erweiterbarkeit der Klasse thing_2d: Bei einer entsprechenden Definition lassen sich beispielsweise Multitextur- oder Semitransparenzeffekte bei der Visualisierung des Mauszeigers generieren.

Die Initialisierung des Elements cursor liegt im Aufgabenbereich der Funktion _mouse::initialise(). Bei den Parametern dieser Funktion handelt es sich um eine benutzerdefinierte Variable vom Typ bmp_32 sowie die *lokalen* Koordinaten des zweidimensionalen Gegenstands. Diese Koordinaten legen fest, welcher Pixel der Bitmap (*b) an die globale Position des Cursors projiziert werden muss:

```
void _mouse::initialise( bmp_32 *b, short hlx, short hly )
{
  hspot_x = x_res / 2, hspot_y = y_res / 2;

  cursor.load( b, hlx, hly );
}
```

Nach dem Öffnen eines Fensters, welches sich über den gesamten Bildschirm erstreckt, wird der Mauszeiger vom Betriebssystem automatisch in die Mitte des Bildschirms positioniert. Aus diesem Grund dürfen die Koordinaten des Hot Spot mit den Werten **(x_res / 2)** bzw. **(y_res / 2)** initialisiert werden, welche die Hälfte der horizontalen bzw. vertikalen Auflösung darstellen. Die Klasse _mouse geht davon aus, dass die globale Position **spos** des Cursors die Koordinaten des *Hot Spot* besitzt. Da man davon ausgeht, dass der Benutzer die Position des Mauszeigers jederzeit verändern kann, werden diesen globalen Koordinaten vor dem Aufruf von thing_2d::display() die Werte (hspot_x, hspot_y) zugewiesen.

```
void _mouse::display( pixel_32 *sbuffer )
{
  cursor.spos.sx = hspot_x;
  cursor.spos.sy = hspot_y;

  cursor.display( sbuffer );
}
```

7.6 Semitransparenzeffekte

In den vergangenen Abschnitten haben wir eine Technik kennen gelernt, mit deren Hilfe sich Teile einer Bitmap als *transparent* definieren lassen; bei der Visualisierung der Bitmap sind diese Bereiche auf dem Bildschirm nicht sichtbar. Diese Methode besitzt einen gewissen Nachteil: Es ist lediglich möglich, bestimmte Teile einer Bitmap entweder vollständig oder überhaupt nicht darzustellen.

In einigen Fällen können die auftretenden Problemstellungen jedoch nur dann gelöst werden, wenn der Übergang zwischen einer Bitmap und ihrem Hintergrund gleichmäßig erfolgt und die Grenze zwischen Bitmap und dem Hintergrund des Bildschirms nicht eindeutig festgelegt werden kann.

7.6.1 Grundidee der Generierung semitransparenter Darstellungen

Eine semitransparente Darstellung ist in Abbildung 7.27 dargestellt. Die Bereiche der auf diese Weise visualisierten Bitmaps lassen sich in drei Kategorien einteilen. Die erste umfasst die Pixel, welche in der fertigen Ausgabe zu 100 % die Farben der Bitmap besitzen. Die zweite Gruppe enthält die Pixel, welche bei der fertigen Bitmap die Farben des Hintergrunds annehmen. Die Übergänge zwischen den beiden Kategorien sind fließend; aus diesem Grund sind die meisten Pixel in der dritten Kategorie einzuordnen. Diese enthält Farbtöne, welche eine Mischung zwischen den Farben der Bitmap und des Hintergrunds darstellen. Hierbei kann es durchaus sein, dass der Farbwert, welcher aus einer dieser beiden Richtungen kommt, bei der Ausgabe stärker ausgeprägt ist als die aus der anderen Richtung kommenden Farbnuancen.

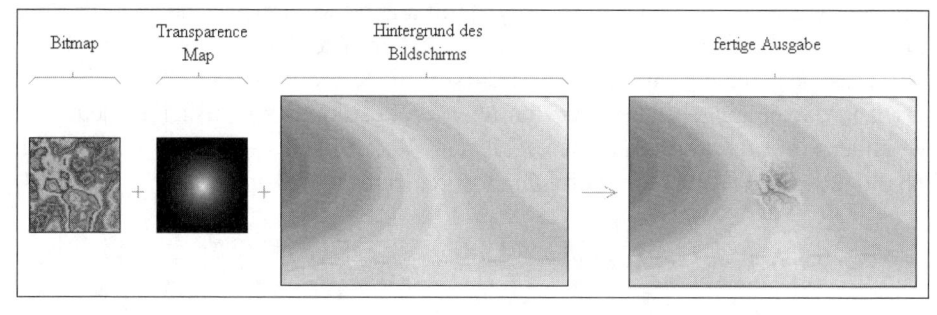

Abb. 7.27: Aufbau einer semitransparenten Darstellung unter Verwendung einer *Transparence Map*

Während der Darstellung einer Bitmap mithilfe einer Funktion wie `bmp_32::display()` sind folgende Informationen bekannt:

- die Farbe des zu setzenden Pixels und

- die Komponenten der Farbe des Hintergrunds bzw. der zu überschreibenden Pixelfarbe.

In diesem Zusammenhang tritt folgendes Problem auf: Gesucht ist das Verhältnis, in welchem diese beiden Farben gemischt werden müssen, um den Farbton der semitransparenten Farbe ermitteln zu können.

Die Basis der Semitransparenzdarstellung bildet ein Algorithmus, welcher auf Pixelebene auszuführen ist. Das gesuchte Mischungsverhältnis wird aus einer **8-Bit-Bitmap** entnommen, welche als *Transparence Map* bezeichnet wird. Voraussetzung hierbei ist, dass eine 32-Bit-Bitmap und die dazugehörende *Transparence Maps* identische Größen besitzen.

Wie wir wissen, ist jeder Pixel einer **8**-Bit-Bitmap durch einen Wert zwischen **o** und **255** definiert. Die Palette jeder *Transparence Map* besteht aus einem Farbverlauf von Schwarz an der Position **o** bis Weiß mit dem Farboffset **255**. Das grafische Veranschauungsmodell der Bildung der transparenten Farbe **TC** eines beliebigen Pixels ist in Abbildung 7.28 dargestellt. Wie man logisch nachvollziehen kann, ist diese Farbe Teil eines Verlaufs, welcher sich von **AC**, der Farbe des Hintergrunds, bis **EC**, dem Farbton der Bitmap, erstreckt. Die Position von **TC** innerhalb dieses Verlaufs wird in Form des Farbwertes **t** angegeben. Hierbei handelt es sich um die Farbe des Pixels, welcher sich in der *Transparence Map* an der Position **(tx, ty)** befindet, derselben Position, an der auch die Farbe **AC** in der 32-Bit-Bitmap zu finden ist.

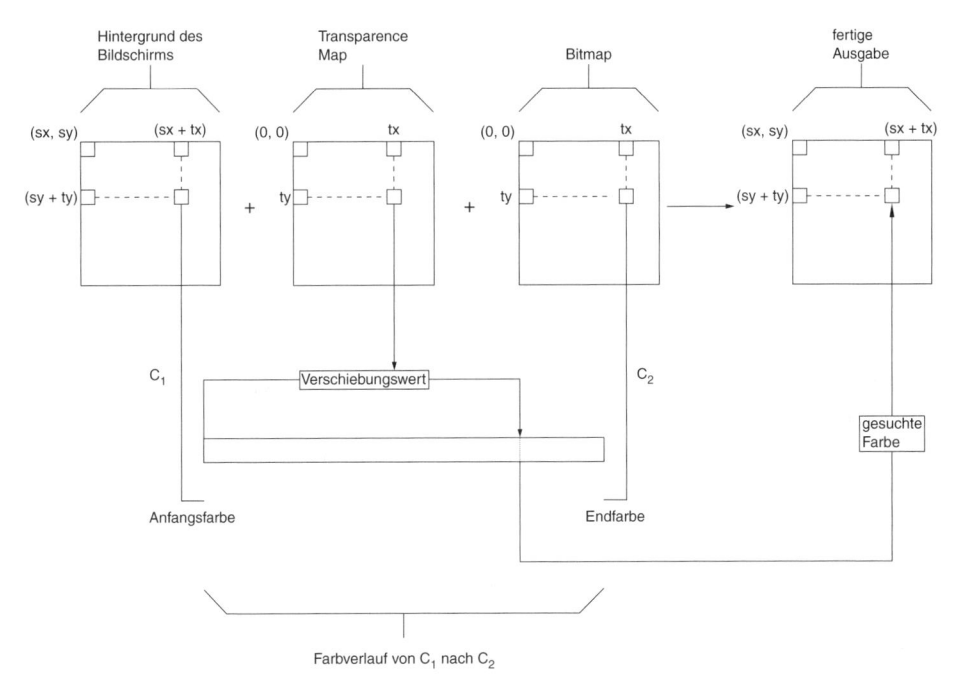

Abb. 7.28: Ermittlung der semitransparenten Farbe eines Pixels mithilfe der *Transparence Map*

Wenn t den Wert 0 besitzt, und in der *Transparence Map* somit als schwarzer Punkt auftaucht, ist **TC** identisch mit der Hintergrundfarbe **AC**; man sagt, die Farbe der Bitmap ist in der semitransparenten Darstellung zu 0 % ausgeprägt. Weist **t** den Wert 255 bzw. die Farbe Weiß auf, wird **TC** durch die Farbkomponenten von **EC** definiert. Die Farbe der Bitmap ist in der Endfassung somit zu 100 % enthalten. Nach dem gleichen Vorbild werden auch die übrigen Werte von t behandelt: 128 bedeutet beispielsweise, dass **AC** und **EC** zu jeweils 50 % bei der Bildung von **TC** beteiligt sind, TC somit in die Mitte des Farbverlaufs zu finden ist. Wenn **TC** zu einem Drittel aus **AC** und zu zwei Drittel aus **EC** bestehen soll, muss **t** den Wert 85 annehmen.

7.6.2 Mathematische Grundlagen der Generierung semitransparenter Darstellungen

Wie wir wissen, wird jeder beliebige Farbton im dreidimensionalen RGB-Farbmodell durch einen Farbvektor definiert, dessen Komponenten dieselben Werte wie die Anteile der zu beschreibenden Farbe besitzen. Die Farbvektoren der Farben **AC**, **EC** und **TC** auf dem Farbverlauf des vorherigen Abschnitts sind folgendermaßen definiert:

$$\vec{ac} = \begin{pmatrix} ar \\ ag \\ ab \end{pmatrix}$$

$$\vec{ec} = \begin{pmatrix} er \\ eg \\ eb \end{pmatrix}$$

$$\vec{tc} = \begin{pmatrix} tr \\ tg \\ tb \end{pmatrix}$$

Der Algorithmus, mit dessen Hilfe die Komponenten des gesuchten Vektors berechnet werden können, geht stets von der Anfangsfarbe **AC** des Verlaufs aus. Der Grund hierfür besteht darin, dass die Ortsvektoren sämtlicher Farben, welche sich innerhalb des Verlaufs von **AC** nach **EC** befinden, durch die Addition von $\vec{ac}$ und einer skalierten Version

$$s * (\vec{ec} - \vec{ac}) \qquad s \in \mathbf{R} \quad \text{mit}$$
$$s \geq 0.0 \text{ und } s \leq 1.0$$

des Vektors ($\vec{ec} - \vec{ac}$) darstellen lassen:

$$\vec{tc} = \vec{ac} + s * (\vec{ec} - \vec{ac})$$

Wenn t beispielsweise den Wert 255 besitzt, sind **TC** mit **EC** identisch; mathematisch ausgedrückt, wird $\vec{tc}$ durch die Addition von $\vec{ac}$ und dem unveränderten Vektor ($\vec{ec} - \vec{ac}$) berechnet:

$$\vec{tc} = \vec{ac} + 1.0 * (\vec{ec} - \vec{ac})$$

Weist t den Wert 0 auf, nimmt TC die Komponenten von **AC** an bzw:

$$\vec{tc} = \vec{ac} + 0.0 * (\vec{ec} - \vec{ac})$$

Wenn t schließlich den Wert 128 enthält, befindet sich **TC** auf halber Strecke zwischen **AC** und **EC** oder

$$\vec{tc} = \vec{ac} + 0.5 * (\vec{ec} - \vec{ac})$$

Wie man anhand dieser Ausführungen erkennen kann, ist der Wert des Skalars s direkt von t abhängig; mithilfe einer entsprechenden proportionalen Zuordnung kann schließlich festgestellt werden:

$$s = \frac{t}{255}$$

Für die Komponenten des gesuchten Vektors **TC** gilt somit:

$$tr = ar + \frac{t}{255} * (er - ar)$$

$$rg = ag + \frac{t}{255} * (eg - ag)$$

$$tb = ab + \frac{t}{255} * (eb - ab)$$

7.6.3 Praktische Generierung semitransparenter Darstellungen

Für die Generierung semitransparenter Darstellungen ist die Erweiterung der Klasse bmp_32 um ein Array aus Elementen vom Typ *unsigned char*, welche die Farbwerte der Pixel der *Transparence Map* enthalten:

```
class st_bmp_32
{
  public:
    long xscale, yscale;
    pixel_32 *picture;
```

```
    uchar *st_map;

    void load( char *picture_name, char *map_name );
    void load( st_bmp_32 *b );

    void draw_partial( long picture_offset,
                       ushort x_length, ushort y_length,
                       long offset, pixel_32 *sbuffer );

    st_bmp_32( char *picture_name, char *map_name )
            { load( picture_name, map_name ); }
    st_bmp_32( void ) : xscale( 0 ), yscale( 0 ),
                        picture( NULL ), st_map( NULL ) { }
    ~st_bmp_32( void )
    {
      if( picture ) delete [] picture;
      if( st_map ) delete [] st_map;
    }
};
```

Die Initialisierung des Arrays st_bmp_32::st_map[] erfolgt auf der Grundlage einer 8-Bit-Bitmap, deren Name in Form des Parameters map_name[] dem Konstruktor bzw. der Funktion st_bmp_32::load() übergeben wird:

```
void st_bmp_32::load( char *picture_name, char *map_name )
{
  bmp_8 map( map_name );

  if( (st_map = new uchar[ map.xscale * map.yscale ]) == NULL )
    exit( "*st_map: Fehler bei der Reservierung \
                    von Arbeitsspeicher.\n" );

  for( long x=0 ; x<map.xscale*map.yscale ; x++ )
    st_map[ x ] = map.picture[ x ];

  ifstream bmp_file( picture_name,
                     ios::in | ios::nocreate | ios::binary );
  if( bmp_file == NULL )
  {
    char exit_string[ 100 ];
    sprintf( exit_string,
             "%s \'%s\'.\n",
```

```
                    "bmp_32::load(): Fehler beim Öffnen der Datei ",
                    picture_name );

     exit( exit_string );
   }

   bmp_file.seekg( 18, ios::beg );
   bmp_file.read( &xscale, sizeof( xscale ) );
   bmp_file.read( &yscale, sizeof( yscale ) );

   if( (picture = new pixel_32[ xscale * yscale ]) == NULL )
     exit( "*picture: Fehler bei der Reservierung von \
                    Arbeitsspeicher.\n" );

   long padding = xscale % 4;

   long picture_offset;
   bmp_file.seekg( 10, ios::beg );
   bmp_file.read( &picture_offset, 4 );

   bmp_file.seekg( picture_offset, ios::beg );

   long x, y, offset;
   for( y=yscale-1 ; y>=0 ; y-- )
   {
     for( x=0 ; x<xscale ; x++ )
     {
       offset = y * xscale + x;

       bmp_file.read( &picture[ offset ].blue, 1 );
       bmp_file.read( &picture[ offset ].green, 1 );
       bmp_file.read( &picture[ offset ].red, 1 );
     }

     bmp_file.seekg( padding, ios::cur );
   }
}
```

Die semitransparente Darstellung der Bitmap st_bmp_32::picture[] erfolgt schließlich unter Verwendung der Funktion st_bmp_32::draw_partial():

```
void st_bmp_32::draw_partial( long picture_offset,
```

```
                              ushort x_length, ushort y_length,
                              long offset, pixel_32 *sbuffer )
{
  long x, y, t;
  pixel_32 begin_color, end_color;


  for( y=0 ; y<y_length ; y++ )
  {
    for( x=0 ; x<x_length ; x++ )
    {
      begin_color = sbuffer[ offset ];
      end_color = picture[ picture_offset ];
      t = st_map[ picture_offset ];

      sbuffer[offset] = get_color( begin_color, end_color, t );

      offset++;  picture_offset++;
    }

    offset += x_res - x_length;
    picture_offset += xscale - x_length;
  }
}
```

Der gesuchte Farbwert jedes Pixels wird mithilfe von `get_color()` berechnet, welche unter Berücksichtigung der vorangegangenen Theorie definiert ist:

```
pixel_32 get_color( pixel_32 ac, pixel_32 ec, long t )
{
  double r=double( ac.red ) + (t / 255.0) * (ec.red-ac.red);
  double g=double(ac.green) + (t / 255.0) * (ec.green-ac.green);
  double b=double(ac.blue) + (t / 255.0) * (ec.blue-ac.blue);

  return pixel_32( uchar( r + 0.5 ), uchar( g + 0.5 ),
                   uchar( b + 0.5 ) );
}
```

Unser nächstes Programm stellt eine geringfügig erweiterte Version seines Vorgängers dar: Der Gegenstand spot, welcher den Bewegungen des Mauszeigers folgt, soll in Form einer semitransparenten Bitmap dargestellt werden. Die Definition von spot erfolgt anhand der Dateien *"spot.bmp"* und *"spot_t.bmp"*, das Aussehen des Mauszeigers ist durch *"cursor.bmp"* sowie *"cursor_t.bmp"* festgelegt:

```
st_bmp_32 cursor( "cursor.bmp", "cursor_t.bmp" );
```

```
mouse.initialise( &cursor, 0, 0 );

st_bmp_32 spot_shape( "spot.bmp", "spot_t.bmp" );
short spot_lx = spot_shape.xscale/2;
short spot_ly = spot_shape.yscale/2;

thing_2d spot;
spot.load( &spot_shape, spot_lx, spot_ly );
```

Die restliche Definition der Hauptdatei des Programms *a7_7* ist seit seinem Vorgänger unverändert geblieben.

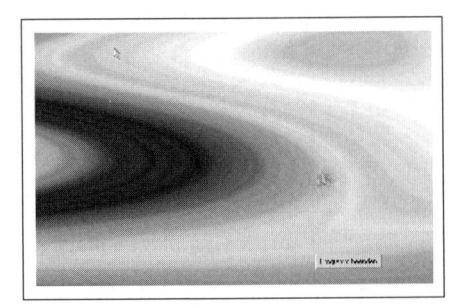

Abb. 7.29: Ausgabe des Programms *a7_7*

Gute *Transparence Maps* sind in der Regel einfach aufgebaut und weisen somit eine eindeutige Tendenz auf. Beispiele hierfür sind die ersten drei *Maps* aus Abbildung 7.30: Die Farbverläufe von innen nach außen bzw. von rechts nach links oder das Schachbrettmuster sind Strukturen, welche vom Betrachter klar identifiziert werden können. Aufgrund der komplexen Struktur der wolkenförmigen Bitmap unten lassen sich bei der semitransparenten Darstellung hingegen keine eindeutigen Tendenzen erkennen. Aus diesem Grund wird beim Betrachter der Eindruck hervorgerufen, die Visualisierung erfolge auf der Grundlage einer gleichförmigen *Transparence Map*.

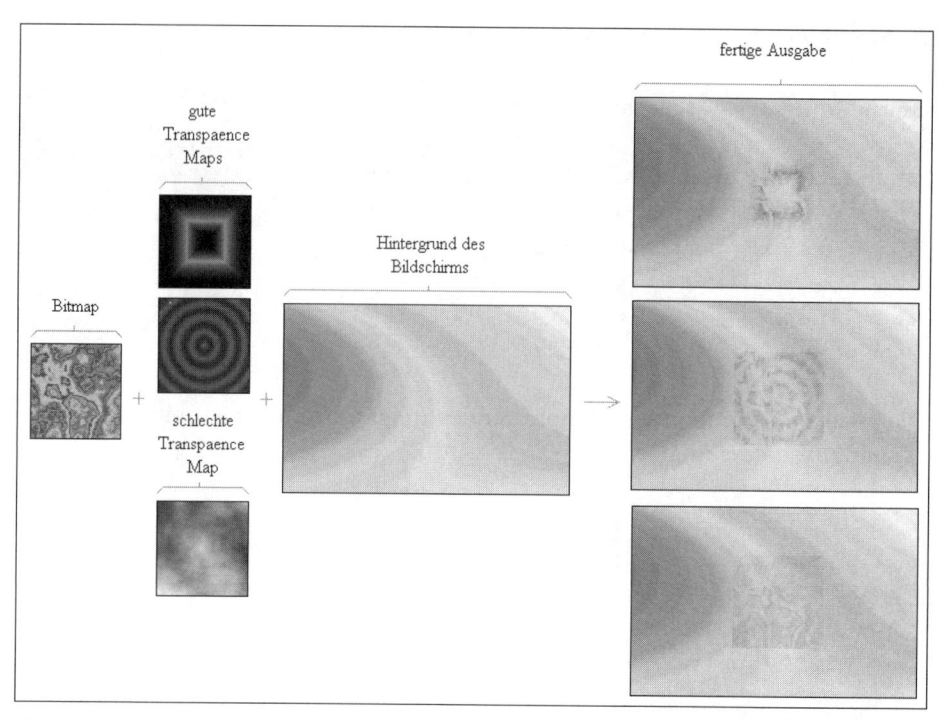

Abb. 7.30: Ansprechende Ausgaben lassen sich in der Regel nur auf der Grundlage einfacher *Transparence Maps* generieren

Semitransparenzeffekte stellen lediglich eine erweiterte Version der Verwendung einer einzigen transparenten Farbe. Wenn der Mauszeiger aus *a7_7* das Aussehen des Cursors aus *a7_6* annehmen soll, muss die *Transparence Map* wie in Abbildung 7.31 aufgebaut sein. Dadurch, dass lediglich die Farben 0 und 255 eingesetzt werden, werden die entsprechenden Bereiche des Cursors vollständig bzw. überhaupt nicht angezeigt.

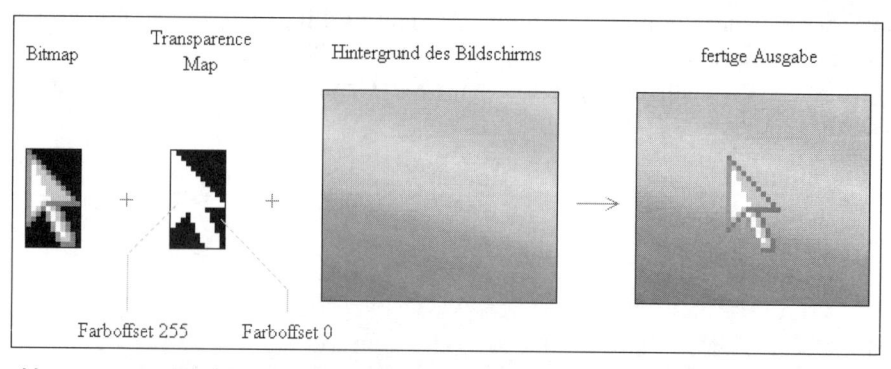

Abb. 7.31: Wenn die *Transparence Map* lediglich die Farbwerte 0 und 255 enthält, wird die Darstellung semitransparenter Pixel unterdrückt.

Kapitel 8

Texture Mapping

In den vergangenen Kapiteln haben wir uns ausführlich mit der Darstellung dreidimensionaler Figuren beschäftigt, welche unter Verwendung von Polygonen aufgebaut sind. Der große Nachteil an diesen Polyeder besteht in ihrem unrealistischen Aussehen. Dieser wird durch die weiträumigen, einheitlich gefärbten Bereiche hervorgerufen, die auf ihrer Oberfläche zu finden sind.

Das Erscheinungsbild eines dreidimensionalen Gegenstands kann zwar durch den Einsatz geeigneter Schattieralgorithmen dem Aussehen natürlicher Oberflächen angenähert werden. Die auf diese Weise entstandenen Außenseiten besitzen jedoch ein ebenes, einheitliches Aussehen, welches in der realen Welt kaum anzutreffen ist.

In der Natur sind Gegenstände laufend zersetzenden Prozessen ausgesetzt: glatte Oberflächen sind häufiger verschmutzt, besitzen Flecken oder Kratzer. Andere Strukturen sind von Natur aus uneben und besitzen ein nichteinheitliches Aussehen. Einige wenige Beispiele hierfür sind Holz, Rost, abgebrochene Politur, Baumrinde, Mauern mit Graffiti oder teilweise abgetragenem Putz oder die unebene Oberfläche von Felsen.

Wir werden täglich mit diesen Erscheinungen konfrontiert; aufgrund ihrer allgegenwärtigen Präsenz nehmen wir sie jedoch nur selten zur Kenntnis. In einer virtuellen Welt wird ihr Fehlen jedoch sofort wahrgenommen und die Umgebung erscheint künstlich und unrealistisch. Der Wiedererkennungswert ist gering und man hat Schwierigkeiten, sich gedanklich in diese Welt hineinzuversetzen.

Das äußere Erscheinungsbild natürlicher Strukturen lässt sich problemlos innerhalb von Bitmaps speichern. Bei der Darstellung eines Polyeders kann die Beschaffenheit natürlicher Oberflächen simuliert werden, indem diese Bitmaps auf die dazugehörigen Polygone projiziert werden.

Kapitel 8
Texture Mapping

Bitmaps
[Aussehen des Polygons]

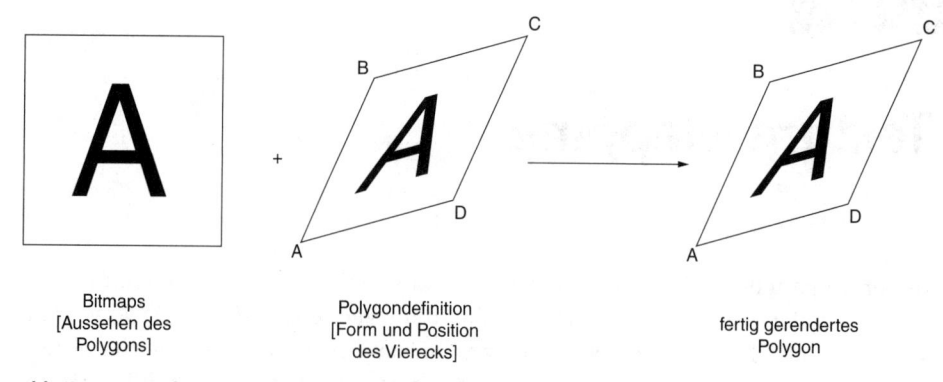

Polygondefinition
[Form und Position des Vierecks]

fertig gerendertes Polygon

Abb. 8.1: Grafisches Veranschauungsmodell des *Texture-Mapping*-Algorithmus

Bei der Projektion einer Bitmap auf ein Polygon wird die Form der Bitmap durch Dehnung dem Umriss angeglichen, welcher von den Vertices des Vielecks angegeben wird. Nach dieser Operation wird die Fläche des Polygons vollständig von der Bitmap bedeckt. Diese Vorgehensweise trägt die Bezeichnung *Texture Mapping*. Dieser Name lässt sich darauf zurückführen, dass eine Bitmap, welche das Aussehen eines Vielecks festlegt, als *Textur* des Polygons bezeichnet wird.

Mithilfe mathematischer Gleichungen können Texturen aufgebaut werden, welche große Ähnlichkeit mit natürlichen Oberflächen besitzen. Diese Algorithmen sind oft Teil von Bildbearbeitungsprogrammen; hierbei sind Funktionen zum Erstellen benutzerdefinierter Wolkenformationen am häufigsten anzutreffen.

8.1 Linear Texture Mapping

Die Bitmaps, welche bei der Implementierung des *Texture-Mapping*-Algorithmus auf die Polygone projiziert werden, besitzen während der gesamten Programmausführung ein konstantes Erscheinungsbild. Die auf dem Bildschirm sichtbare Form von Polygonen, welche Teil dreidimensionaler Welten sind, kann hingegen jederzeit durch Rotation, Translation oder Skalierung verändert werden. Aus diesem Grund muss die Projektion von Bitmaps auf Polygonen in jedem Frame von neuem durchgeführt werden.

Der *Texture-Mapping*-Algorithmus arbeitet mit Polygonen, deren dreidimensionale Vertices in zweidimensionale Punkte umgewandelt worden sind. Die Grundidee der Projektion einer Bitmap auf ein Polygon ist relativ einfach: Zusätzlich zu den zweidimensionalen Bildschirmkoordinaten werden der Definition jedes Punkts des darzustellenden Vielecks noch zwei *Texturkoordinaten* zugeordnet. Hierbei handelt es sich um Paare von x- und y-Koordinaten, welche sich auf das lokale Koordinatensystem der entsprechenden Bitmap beziehen:

```
struct svertex
{
  long sx, sy;
  double sz, tx, ty;
};
```

Im Folgenden werden wir bei der Beschreibung von Texturkoordinaten die Bezeichnungen **(tx, ty)** verwenden. In der Literatur werden für diesen Zweck manchmal auch die weniger anschaulichen Bezeichnungen **(u, v)** eingesetzt. Auf die Notwendigkeit der Verwendung von Fließkommazahlen werden wir zu einem späteren Zeitpunkt eingehen. Abbildung 8.2 verdeutlicht das Zusammenwirken von Bildschirm- und Texturkoordinaten bei der Rasterization eines viereckigen Polygons:

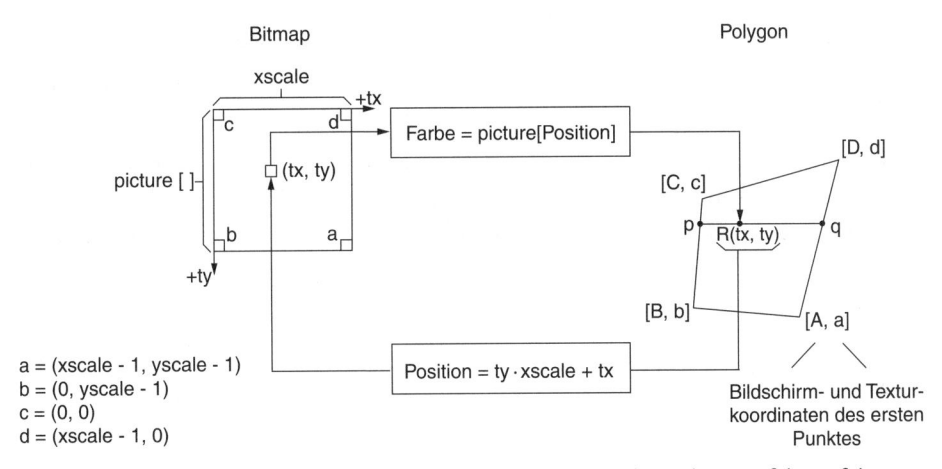

Abb. 8.2: Die Projektion einer Bitmap auf ein zweidimensionales Polygon erfolgt auf der Grundlage von Texturkoordinaten

In Abbildung 8.2 muss eine gegebene Bitmap auf das Polygon **ABCD** projiziert werden, dessen Bildschirmkoordinaten bekannt sind. Die Dehnung der Bitmap wird von den Texturkoordinaten des Vielecks gesteuert: Der Punkt **C** besitzt beispielsweise die lokalen Koordinaten (0, 0). Dadurch wird signalisiert, dass die obere linke Ecke der Bitmap auf dem Bildschirm an die Position (15, 20) dargestellt werden muss. Die Texturkoordinaten des Punkts **B** lauten (0, 199); die linke untere Ecke der Textur erscheint somit an der Position des Punkts **B**.

Ausgehend von den Texturkoordinaten der Pixel, welche sich an den Eckpunkten des Polygons befinden, können die Texturkoordinaten aller Pixel ausgerechnet werden, welche bei der Darstellung des Polygons auf dem Bildschirm dargestellt werden. Hierzu müssen die **tx**- und **ty**-Koordinaten nach demselben Prinzip wie z-Koordinaten entlang der Polygonseiten und Rasterzeilen interpoliert werden.

Wenn die **(tx, ty)**-Koordinaten eines Pixels bekannt sind, kann die dazugehörige Farbe mithilfe des im 7. Kapitel kennen gelernten Ausdrucks:

```
bitmap.picture[ ty * bitmap.xscale + tx ]
```

aus der entsprechenden Bitmap ausgelesen werden. `bitmap.xscale` stellt hierbei die Breite der Textur dar, während die Pixelfarben der Bitmap innerhalb des eindimensionalen Arrays `bitmap.picture[]` wie gehabt angeordnet sind. Ein genaues Verständnis des *Texture-Mapping*-Algorithmus erfordert eine klare Unterscheidung zwischen den Bildschirm- und Texturkoordinaten eines Pixels:

Bildschirmkoordinaten eines Pixels: Beschreiben die Position des Pixels auf dem Bildschirm. Diese Position kann auch in Form eines Offsets angegeben werden.

Texturkoordinaten eines Pixels: Legen die Farbe des Pixels fest, indem sie die Position eines Farbwerts innerhalb einer gegebenen Bitmap markieren.

Es ist nicht unbedingt erforderlich, eine gesamte Bitmap auf ein Polygon zu projizieren: Folgende Abbildung zeigt, wie es sich mithilfe der Texturkoordinaten erreichen lässt, dass nur der obere linke Viertel einer Textur auf ein Vieleck projiziert wird:

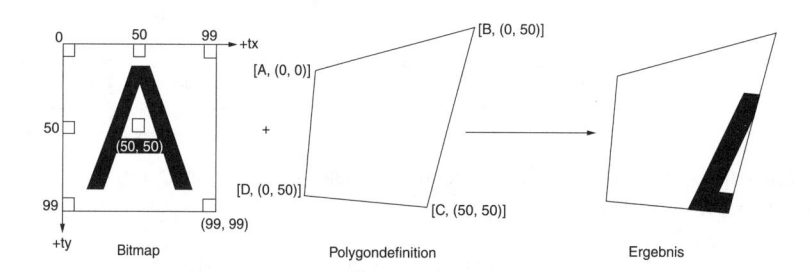

Abb. 8.3: Durch die Angabe entsprechender Texturkoordinaten wird nur ein Teil der links dargestellten Bitmap auf das Polygon projiziert.

Texturkoordinaten geben die Position von Pixel innerhalb einer Bitmap an; aus diesem Grund muss es sich hierbei um Integer handeln. Dennoch werden die Variablen `svertex::tx` und `svertex::ty` mithilfe von Fließkommazahlen ausgedrückt. Wir haben bereits festgestellt, dass Texturkoordinaten im Laufe des Darstellungsprozesses mehrmals interpoliert werden müssen. Interpolation beinhaltet Teilungen, deren Ergebnisse häufig aus reellen Zahlen mit theoretisch unendlich vielen Nachkommastellen bestehen.

Solange wir keine Festpunktzahlen einsetzen können, lassen sich diese Nachkommastellen nicht innerhalb von Integern speichern; die Durchführung von Rundungsoperationen wäre demnach erforderlich. Das Problem besteht darin, dass wiederholte Rundungen das Ergebnis verfälschen und die Rechnung somit erheblich an Genauigkeit verlieren würde. Das Ergebnis der Interpolation von Texturkoordinaten ist direkt auf dem Bildschirm sichtbar, weil die Farbe jedes Pixels mithilfe von **(tx, ty)**-Koordinaten ermittelt wird. Je genauer diese Koordinaten ausgerechnet werden, umso hochwertiger ist auch die Ausgabe des Programms; und für eine genaue Berechnung ist der Einsatz von Fließkommazahlen eine Voraussetzung.

8.1.1 Mathematische Grundlage des Linear-Texture-Mapping-Algorithmus

Die Ermittlung der Texturkoordinaten der Pixel, welche im Laufe der Rasteriaztion eines Polygons auf dem Bildschirm dargestellt werden, erfolgt mithilfe der linearen Interpolation. Hierbei kommt dieselbe Technik zum Einsatz, mit deren Hilfe sich auch die z-Koordinaten bestimmen lassen, welche für den *Z-Buffer-Algorithmus* benötigt werden.

Gegeben seien die Bildschirm- und Texturkoordinaten der vier Punkte des Polygons **ABCD**. Das Problem ist, wie man mithilfe dieser Werte die Texturkoordinaten **(R.tx, R.ty)** eines beliebigen Pixels **R** ausrechen kann, welcher sich auf der Fläche des Vielecks befindet. **(R.sx, R.sy)**, die Bildschirmkoordinaten des Pixels, sind ebenfalls bekannt.

Wie wir bereits im 4. Kapitel festgestellt haben, sind für die Lösung dieser Aufgabe zwei Schritte notwendig. Im ersten Schritt müssen die Texturkoordinaten der beiden Hilfspunkte **p** und **q** ermittelt werden, welche sich auf den Polygonseiten befinden. Weil die gesamte Bitmap auf das Polygon projiziert wird und die Punkte **C**, **p** und **B** auf der gleichen Polygonseite liegen, besitzen diese identische **tx**-Koordinaten mit dem Wert **0**.

Interessant ist die Bestimmung der **ty**-Koordinate des Punkts **p**, welcher sich irgendwo auf der Strecke zwischen **C** und **B** befindet. Aus Abbildung 8.4 wird deutlich, dass, je größer der Abstand zwischen den Bildschirm-y-Koordinaten von **C** und **p** ist, umso größer auch die Entfernung zwischen den Textur-y-Koordinaten beider Punkte sein muss. Die Bestimmung der gesuchten **p.ty** darf demnach mithilfe einer proportionalen Zuordnung durchgeführt werden.

Entfernung zwischen den Bildschirmkoordinaten	Abstand zwischen den Texturkoordinaten
(C.sy – B.sy)	(C.ty – B.ty)
(p.sy – B.sy)	(p.ty – B.ty)

Bildschirmkoordinaten

```
C (sx, sy)
   ▲
   │
p (sx, sy)
   │    ├─(C.sy - B.sy)
   │
   ├─(p.sy - B.sy)
   │
B (sx, sy)
```

Texturkoordinaten

```
C (tx, ty)
   ▲
   │
p (tx, ty)
   │    ├─(C.ty - B.ty)
   │
   ├─(p.ty - B.ty)
   │
B (tx, ty)
```

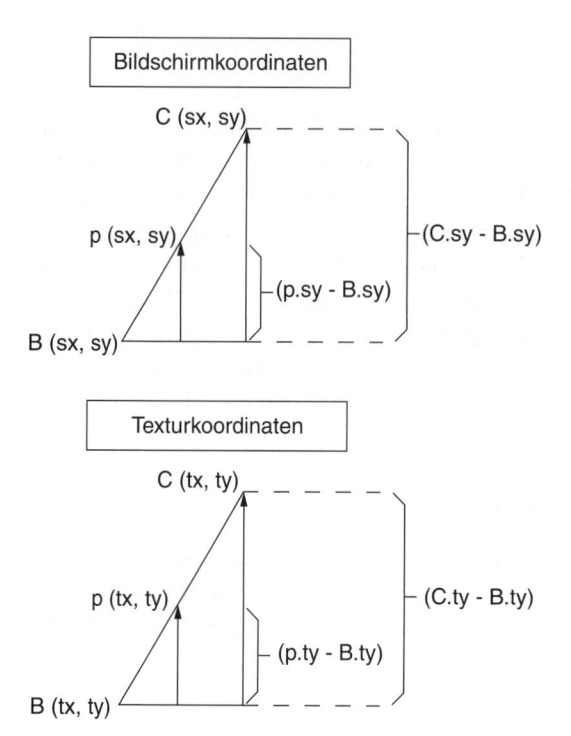

Abb. 8.4: Grafische Bestimmung der Texturkoordinaten eines beliebigen Pixels, welches sich auf der Seite eines Polygons befindet

Wenn diese Zuordnung nach **p.ty** aufgelöst wird, ergibt sich folgende Beziehung:

p.ty = (C.ty – B.ty) / (C.sy – B.sy) * (p.sy – B.sy) + B.ty

Aus dieser Gleichung lassen sich dieselben Zusammenhänge wie aus Abbildung 8.4 herleiten: Wenn sich **p** in der Nähe des Punkts **C** befinden würde, würde **p.ty** entsprechend gering sein, weil der Wert von **C.ty o** beträgt. Umgekehrt nimmt **p.ty** einen umso größeren Wert ein, je stärker **p** sich dem Punkt **B** annähert.

Die Texturkoordinate **q.sy** muss mithilfe derselben Methode explizit ausgerechnet werden. Die Pixel **p** und **q** sind zwar Teil derselben Rasterzeile und besitzen demnach identische **sy**-Koordinaten; durch die Ausrichtung des Polygons auf dem Bildschirm können die beiden Punkte jedoch über unterschiedliche **ty**-Koordinaten verfügen.

Wenn die **tx**- und **ty**-Koordinaten der Hilfspunkte **p** und **q** ermittelt worden sind, können schließlich die gesuchten Texturkoordinaten des Punkts **R** ausgerechnet werden. Hierfür gelten die gleichen proportionalen Beziehungen, welche bereits formuliert worden sind:

Linear Texture Mapping

Bezugssystem der Texturkoordinaten

(C.tx, C.ty)   (D.tx, D.ty)

(q.ty − p.ty)

(R.ty − p.ty)

Pixel, welche auf dem Bildschirm Teil derselben Rasterzeile sind. Manchmal kann diese Linie Lücken aufweisen

(B.tx, B.ty)   (A.tx, A.ty)

(R.tx − p.tx)

(q.tx − p.tx)

+ty

Bezugssystem der Bildschirmkoordinaten

C   D [(sx, sy), (tx, ty)]

(C.sy − B.sy)

(p.sy − B.sy)

p   R   q

A [(sx, sy), (tx, ty)]

B

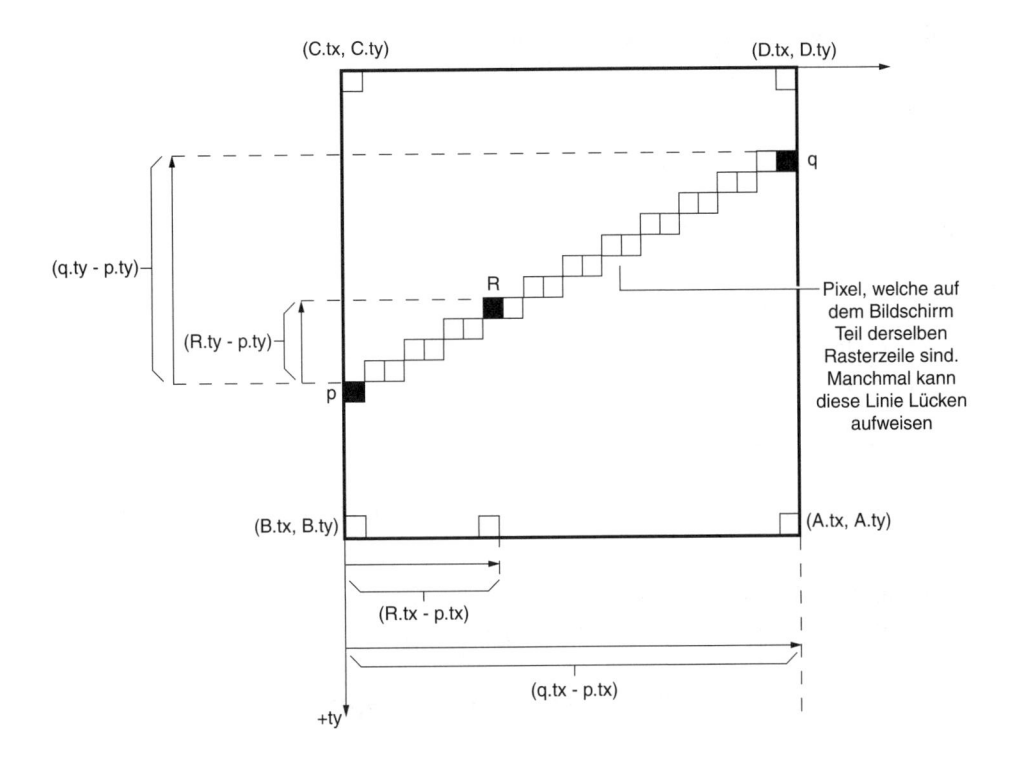

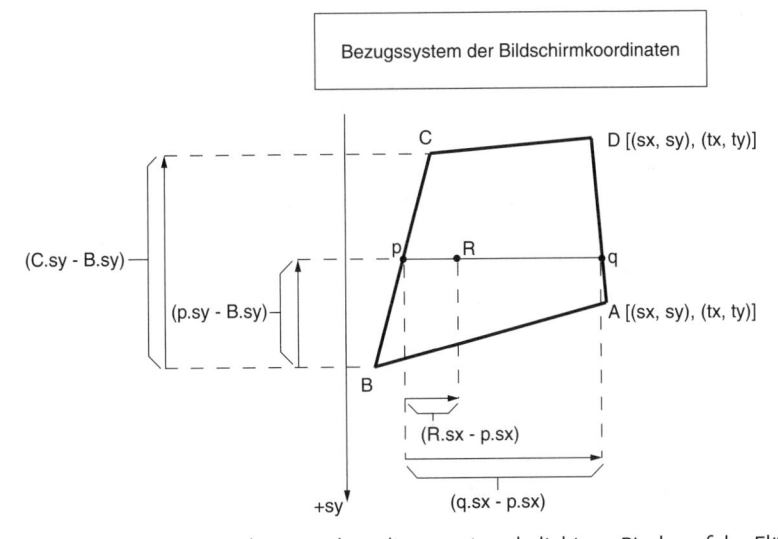

(R.sx − p.sx)

(q.sx − p.sx)

+sy

Abb. 8.5: Bestimmung der Texturkoordinaten eines beliebigen Pixels auf der Fläche eines Polygons

Für die Bestimmung der **tx**- und **ty**-Koordinaten müssen zwei unterschiedliche Zuordnungen:

Entfernung zwischen den Bildschirmkoordinaten	Abstand zwischen den Texturkoordinaten
(q.sx – p.sx)	(q.tx – p.tx)
(R.sx – p.sx)	(R.tx – p.tx)

und

Entfernung zwischen den Bildschirmkoordinaten	Abstand zwischen den Texturkoordinaten
(q.sx – p.sx)	(q.ty – p.ty)
(R.sx – p.sx)	(R.ty – p.ty)

aufgestellt werden, welche getrennt nach der jeweiligen Koordinaten gelöst werden müssen:

R.tx = (q.tx – p.tx) / (q.sx – p.sx) * (R.sx – p.sx) + p.tx
R.ty = (q.ty – p.ty) / (q.sx – p.sx) * (R.sx – p.sx) + p.ty

8.1.2 Implementierung des Linear-Texture-Mapping-Algorithmus

Um das Prinzip besser verstehen zu können, muss eine möglichst einfache Definition der Klasse `polygon` die Grundlage für die Implementierung des *Textur-Mapping*-Algorithmus bilden. Für diesen Zweck eignet sich die Klasse am besten, welche während des 5. Kapitels eingesetzt worden ist. Diese stellt elementare Operationen wie *Z-Buffering* oder *Polygon Clipping* zur Verfügung und kann unter einer beliebigen Auflösung arbeiten.

Die Erweiterungen des 6. Kapitels, welche für die Durchführung einfacher Polygonschattierung notwendig sind, kommen in dieser Version der Klasse `polygon` nicht vor. Diese Tatsache ist besonders vorteilhaft, weil diese Erweiterungen im Zuge einer einfachen Implementierung des *Texture Mapping* nicht verwendet werden und sich deshalb als störend erweisen würden.

Verwaltung texturierter Polygone

Der *Texture-Mapping*-Algorithmus sieht vor, dass das Erscheinungsbild jedes Polygons mithilfe einer Textur festgelegt werden muss. Daraus geht hervor, dass Texturen ein Teil der Definition von Polygonen sind. Für die Speicherung von Texturen werden gewöhnliche Bitmaps eingesetzt; in den **8-Bit-Videomodi** ist demnach eine Erweiterung der Klasse polygon um eine Variable vom Typ bmp_8 erforderlich:

```
class polygon
{
  private:
    long point_count, cp_point_count;

    point *points;
    bmp_8 texture;

    void z_clipping( void );
    void project( void );
    void xy_clipping( void );

    uchar visible( void );
    void shape( uchar *sbuffer );
    void rasterize( uchar *sbuffer );

  public:
    void load( ifstream *thing_def, vertex *v );
    void display( vertex *v, uchar *sbuffer );

    polygon( const polygon &p );
    polygon( void ) : point_count( 0 ), cp_point_count( 0 ),
                      points( NULL ) { }
    ~polygon( void ) { if( points ) delete [] points; }
};
```

Bisher musste die Farbe eines Polygons bei der Definition des Vielecks innerhalb einer Datei vom Typ *.TG2* angegeben werden. Wenn das Aussehen eines Polygons in Form einer Textur festgelegt wird, muss der Name der Datei, welche die entsprechende Bitmap enthält, ebenfalls Teil der Definition des Polygons sein. Diese neue Art der Beschreibung von Polygonen werden wir in Dateien vom Typ *.TG3* speichern:

```
//////////////////         Anfang cube.tg3         //////////////////

8   -2    2   -2
     2    2   -2
     2   -2   -2
    -2   -2   -2
```

Kapitel 8
Texture Mapping

```
       -2    2    2
        2    2    2
        2   -2    2
       -2   -2    2

   6    4    0    1    2    3    texture1.bmp
        4    4    7    6    5    texture1.bmp
        4    0    3    7    4    texture1.bmp
        4    2    1    5    6    texture1.bmp
        4    3    2    6    7    texture1.bmp
        4    0    4    5    1    texture1.bmp

/////////////////////        Ende cube.tg3         /////////////////////
```

Bis auf die Tatsache, dass bei Definition jedes Polygons anstelle eines Farbwerts ein Dateiname in Form eines Strings angegeben ist, besitzen Dateien vom Typ *.TG3* dieselbe Struktur wie Dateien mit der Endung *.TG2*.

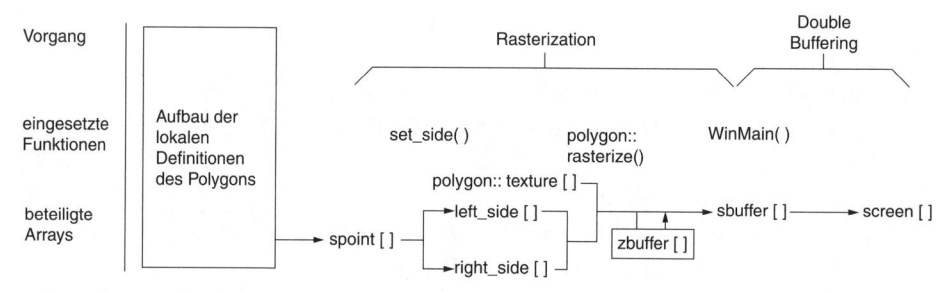

Abb. 8.6: Anschauliche Beschreibung der Rolle der Komponenten polygon::texture während des Darstellungsprozesses

Die Texturkomponente eines Polygons kann folgendermaßen aufgebaut werden: Während der Ausführung von polygon::load() wird zunächst der Name der Datei gelesen, in welcher die entsprechende Bitmap gespeichert ist. Dieser Dateiname wird schließlich der bmp_8::load() als Parameter übergeben, welche die Initialisierung der Variablen polygon::texture durchführt:

```
char filename[ 50 ];
(*thing_def) >> filename;
texture.load( filename );
```

Die hierbei eingesetzte Operatorfunktion:

```
ifstream &ifstream::operator >> ( char *string );
```

liest ein String aus der Datei aus und speichert diesen innerhalb des Arrays, welcher ihr als Parameter übergeben wird. Wichtig ist, dass die Verwaltung des Felds, welches im hier vorliegenden Fall die Bezeichnung filename[] trägt, *nicht* im Verantwortungsbereich des überladenen Rechtsshift-Operators liegt. Die Routine, welche die Operatorfunktion aufruft, muss sich um Reservierung und Freigabe des Speicherplatzes kümmern, welches das Array string[] in Anspruch nimmt. Die Übergabe eines nicht initialisierten Zeigers beim Aufruf der Operatorfunktion kann zum Absturz des Programms führen.

Initialisierung der Texturkoordinaten

Bisher war für die Definition eines Eckpunkts von Polygonen lediglich ein Offset erforderlich, welcher die Position des entsprechenden dreidimensionalen Vertices innerhalb des Felds thing::v[] angibt. Zusätzlich hierzu verlangt die Implementierung des *Texture-Mapping*-Algorithmus, dass jeder Eckpunkt noch über eine **tx**- und **ty**-Koordinate verfügen muss, welche die Ausrichtung der Bitmap auf dem Polygon festlegen. Diese Vorgabe kann durch die Definition eines neuen Datentyps erfüllt werden, welcher diese drei Größen zusammenfasst:

```
struct point
{
  long vertex_offset;
  long tx, ty;
};
```

Die Initialisierung des Arrays points[], welches die vollständige Definition des aktuellen Polygons enthält, erfolgt wie gehabt innerhalb der Funktion polygon::load(). Die Anweisungen, welche die Position der Eckpunkte innerhalb des Felds thing::v[] festlegen, müssen leicht verändert werden, um die aus der .*TG3*-Datei ausgelesenen Werte innerhalb der Variablen point::vertex_offset eintragen zu können:

```
if( (points = new point[ point_count ]) == NULL )
  exit( "*points: Fehler während der Reservierung von \
        Arbeitsspeicher.\n" );

for( long x=0 ; x<point_count ; x++ )
   (*thing_def) >> points[ x ].vertex_offset;
```

Schließlich müssen die Texturkoordinaten der Eckpunkte mit gültigen Werten initialisiert werden. Eine Textur ist stets eine viereckige Einheit; die Projektion einer Bitmap auf ein viereckiges Polygon ist aus diesem Grund ein besonders einfacher

Vorgang. Hierbei können jedem Vertex die Texturkoordinaten einer Ecke der Bitmap zugewiesen werden, ohne dass man am Ende mit nicht initialisierten Texturkoordinaten von Punkten oder unberücksichtigten Ecken der Textur konfrontiert wird.

Die automatische Ermittlung der Texturkoordinaten von Polygonen mit beliebig vielen Eckpunkten erfordert einen relativ hohen mathematischen Aufwand; aus diesem Grund werden wir erst im Laufe des 11. Kapitels auf dieses Thema eingehen können.

Bei der automatischen Initialisierung der Texturkoordinaten viereckiger Polygone ist festgelegt, dass diese Angaben den Vertices im Uhrzeigersinn zugewiesen werden müssen, beginnend mit der oberen linken Ecke der Textur. Mit anderen Worten nimmt der erste Vertex der Definition eines Vielecks die Texturkoordinaten der oberen linken Ecke der Bitmap an, der zweite Punkt besitzt die **(tx, ty)**-Koordinaten der oberen rechten Ecke, während die letzten zwei Vertices mit den Texturkoordinaten der unteren rechten und unteren linken Ecke der Bitmap initialisiert werden müssen:

```
points[0].tx=0;                    points[0].ty=0;
points[1].tx=texture.xscale-1;     points[1].ty=0;
points[2].tx=texture.xscale-1;     points[2].ty=texture.yscale-1;
points[3].tx=0;                    points[3].ty=texture.yscale-1;
```

Für den Fall, dass die Polygone entgegen dem Uhrzeigersinn nummeriert sind, müssen die Texturkoordinaten ebenfalls entgegen dem Uhrzeigersinn angeordnet werden. Auch in diesem Fall weist man dem ersten Vertex des Polygons die Koordinaten der oberen linken Ecke der Bitmap zu.

Es folgt die vollständige Definition der neuen Version der Funktion `polygon::load()`:

```
void polygon::load( ifstream *thing_def, vertex *v )
{
  (*thing_def) >> point_count;
  if( (point_count < 3) || (point_count > largest_point_count) )
    exit( "polygon::load(): Unzulässiger Wert für \
          point_count.\n" );

  if( (points = new point[ point_count ]) == NULL )
    exit( "*points: Fehler bei der Reservierung von \
          Arbeitsspeicher.\n" );
```

```
    for( long x=0 ; x<point_count ; x++ )
        (*thing_def) >> points[ x ].vertex_offset;

    char filename[ 50 ];
    (*thing_def) >> filename;
    texture.load( filename );

    if( point_count != 4 )
        exit( "Es werden lediglich viereckige Polygone \
            unterstützt.\n" );

    points[0].tx=0;                    points[0].ty=0;
    points[1].tx=texture.xscale-1;     points[1].ty=0;
    points[2].tx=texture.xscale-1;     points[2].ty=texture.yscale-1;
    points[3].tx=0;                    points[3].ty=texture.yscale-1;
}
```

Texturkoordinaten dreieckiger Polygone

Es gibt eine relativ ungenaue, jedoch leicht verständliche Methode, um eine Textur auf ein dreieckiges Polygon zu projizieren. Hierbei sucht man sich einfach drei Ecken der Bitmap aus und weist ihre Texturkoordinaten den Eckpunkten des Dreiecks zu.

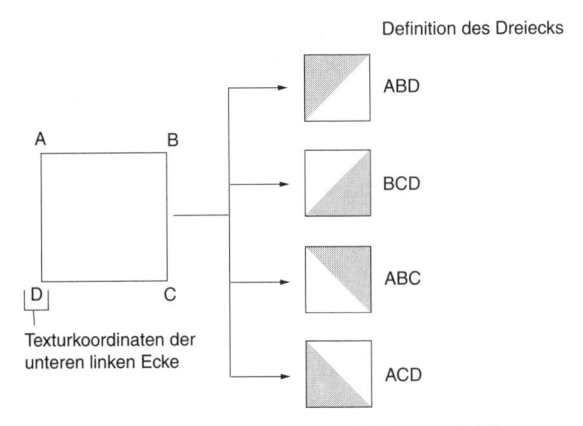

Abb. 8.7: Es gibt vier unterschiedliche Möglichkeiten, um mithilfe der Texturkoordinaten der Eckpunkte einer Bitmap ein Dreieck zu bilden.

Die in Abbildung 8.7 vorgestellte dritte Möglichkeit der Anordnung von Texturkoordinaten ist am besten geeignet, um sowohl drei- als auch viereckige, texturierte Polygone in eigenen Programmen unterstützen zu können. Der Vorteil an dieser Methode besteht darin, dass die Texturkoordinaten der ersten drei Punkte sowohl bei Drei- als auch bei Vierecken identisch sind. Falls die zu initialisierende Figur ein Viereck ist, müssen nur noch dem vierten Vertex die Texturkoordinaten der letzten Ecke der Bitmap zugeordnet werden:

```
points[0].tx=0;                  points[0].ty=0;
points[1].tx=texture.xscale-1;   points[1].ty=0;
points[2].tx=texture.xscale-1;   points[2].ty=texture.yscale-1;

if( point_count == 4 )
{
  points[3].tx=0;   points[3].ty=texture.yscale-1;
}
```

Bei dieser Methode der Projektion einer Textur auf ein dreieckiges Polygon muss nicht in jedem Fall von den Texturkoordinaten der Eckpunkte der Bitmap Gebrauch gemacht werden. Wenn ein beliebiger, konstanter Punkt innerhalb der Textur für die Verknüpfung mit den Vertices des Polygons eingesetzt wird, ergibt sich eine weitaus größere Anzahl an Kombinationsmöglichkeiten. Der Punkt (xscale/2, yscale/2), welcher sich in der Mitte einer Bitmap befindet, ist ein gutes Beispiel für die beschriebene konstante Position.

Texture-Mapping-Algorithmus als Teil des Darstellungsprozesses

Wie wir wissen, muss am Anfang der Visualisierung jedes Polygons die lokale Definition des Vielecks aufgebaut werden. Diese lokale Definition ist nichts anderes als ein Array aus Elementen eines benutzerdefinierten Datentyps; jedes Element dieses Felds enthält sowohl die Textur- als auch die Weltkoordinaten eines jeden Eckpunkts des Polygons:

```
struct tvertex
{
  double wx, wy, wz;
  double tx, ty;
};

tvertex wpoint[ 100 ];
```

Die Weltkoordinaten der Vertices befinden sich am Anfang der Visualisierung jedes Polygons innerhalb des Arrays thing::v[], während die Texturkoordinaten in polygon::points[] enthalten sind. Der Aufbau der lokalen Definition eines

Polygons besteht demnach aus der Zusammenführung dieser beiden Angaben am Anfang der Funktion `polygon::display()`:

```
void polygon::display( vertex *v, uchar *sbuffer )
{
  for( long x=0 ; x<point_count ; x++ )
  {
    wpoint[ x ].wx = v[ points[ x ].vertex_offset ].wx;
    wpoint[ x ].wy = v[ points[ x ].vertex_offset ].wy;
    wpoint[ x ].wz = v[ points[ x ].vertex_offset ].wz;

    wpoint[ x ].tx = points[ x ].tx;
    wpoint[ x ].ty = points[ x ].ty;
  }

  z_clipping();
  project();
  xy_clipping(); if( !cp_point_count ) return;

  if( visible() ) rasterize( sbuffer );
}
```

Nach dem Aufbau der lokalen Definition folgt die Umwandlung der dreidimensionalen Welt- in zweidimensionale Bildschirmkoordinaten, vorausgesetzt, das Polygon befindet sich vollständig innerhalb des Viewports. Bei den projizierten Eckpunkten handelt es sich um Abbilder der dreidimensionalen Vertices; aus diesem Grund müssen die zweidimensionalen Eckpunkte dieselben Texturkoordinaten wie ihre dreidimensionalen Versionen besitzen.

Bei der Bildung der lokalen, zweidimensionalen Definition des darzustellenden Polygons müssen demnach die Texturkoordinaten aus dem Array `wpoint[]` unverändert nach `spoint[]` übertragen werden:

```
void polygon::project( void )
{
  double z;

  for( long x=0 ; x<cp_point_count ; x++ )
  {
    if( wpoint[ x ].wz > 0.0 )
    {
      spoint[ x ].sx = long( wpoint[ x ].wx / wpoint[ x ].wz *
```

```
                             200.0 + x_res / 2 );
      spoint[ x ].sy = long( wpoint[ x ].wy / wpoint[ x ].wz *
                             -200.0 + y_res / 2 );
      spoint[ x ].sz = wpoint[ x ].wz + clear_translation;

      spoint[ x ].tx = wpoint[ x ].tx;
      spoint[ x ].ty = wpoint[ x ].ty;
    }

    else exit( "polygon::project(): Ungültige z - \
             Koordinate.\n" );
  }
}
```

Nach der Projektion erfolgt die Rasterization. Das Ziel ist, auf der Grundlage der (tx, ty)-Koordinaten der zweidimensionalen Eckpunkte die Texturkoordinaten jedes Pixels auszurechnen, welches im Laufe der Darstellung des aktuellen Vielecks gesetzt werden muss. Hierzu bedient man sich derselben Vorgehensweise wie bei der Bestimmung der z-Koordinaten jedes Pixels: Zuerst erfolgt die Ermittlung der Texturkoordinaten entlang der Polygonseiten, welche innerhalb der Arrays left_side[] und right_side[] zwischengespeichert werden. Genau wie im Fall der Strukturen tvertex und svertex muss auch die Definition von screen_side um zwei Elemente erweitert werden:

```
struct screen_side
{
  long offset;
  double sz, tx, ty;
};
```

Aufgrund der bisher erworbenen Erfahrung dürfte die entsprechende Erweiterung der Funktion set_side() keine größeren Schwierigkeiten bereiten:

```
void set_side( svertex begin, svertex end, screen_side *side )
{
  long length = end.sy - begin.sy;

  if( length <= 0 ) return;

  double a_offset = double( begin.sy * x_res + begin.sx );
  double e_offset = double( end.sy * x_res + end.sx );
  double offset_step = (e_offset - a_offset) / length;
```

```
  double z_step  = (end.sz - begin.sz) / length;
  double tx_step = (end.tx - begin.tx) / length;
  double ty_step = (end.ty - begin.ty) / length;

  long   act_y  = begin.sy;
  double act_z  = begin.sz;
  double act_tx = begin.tx;
  double act_ty = begin.ty;

  for( ; act_y <= end.sy ; act_y++ )
  {
    side[ act_y ].offset = long( a_offset );
    side[ act_y ].sz = act_z;
    side[ act_y ].tx = act_tx;
    side[ act_y ].ty = act_ty;

    a_offset += offset_step;   act_z += z_step;
    act_tx += tx_step;
    act_ty += ty_step;
  }
}
```

Nach demselben Muster erfolgt auch die Bestimmung der Texturkoordinaten entlang der Rasterzeilen. Bei der Farbgebung der Pixel muss ein wichtiges Detail berücksichtigt werden: Infolge einer möglichst genauen Ermittlung der **(tx, ty)**-Koordinaten sind bis zu diesem Zeitpunkt Fließkommazahlen eingesetzt worden. Wie wir wissen, muss es sich bei den Texturkoordinaten, mit deren Hilfe die Position eines Pixels innerhalb einer Bitmap ermittelt wird, um ganzzahlige Werte handeln. Aus diesem Grund müssen *vor* der Positionsberechnung sowohl die **tx**- als auch die **ty**-Koordinaten in Integer umgewandelt werden:

```
long picture_offset =
  long( act_ty ) * texture.xscale + long( act_tx );

sbuffer[ offset ] = texture.picture[ picture_offset ];
```

Die Umwandlung der vertikalen Texturkoordinaten `act_ty` in eine natürliche Zahl ist der weitaus wichtigere Teil der Berechnung der Variablen `picture_offset`. Der Grund hierfür besteht darin, dass diese Koordinate mit dem Wert von `texture.xscale` multipliziert wird. Die Formel zur Offsetberechnung kann nur dann richtige Ergebnisse liefern, wenn die y-Koordinate eine natürliche Zahl ist. Würde

Kapitel 8
Texture Mapping

act_ty über Nachkommastellen verfügen, würden diese durch die Multiplikation vervielfacht werden, was zu einem weitaus größeren Ergebnis als beabsichtigt führen würde.

Die vollständige Definition der Funktion polygon::rasterize(), welche in der Lage ist, eine Bitmap auf ein beliebig aufgerichtetes Polygon zu projizieren, kann folgendermaßen definiert werden:

```
void polygon::rasterize( uchar *sbuffer )
{
  long x, y, top=0, bottom=0;

  for( x=1 ; x<cp_point_count ; x++ )
  {
    if( spoint[ top    ].sy > spoint[ x ].sy ) top = x;
    if( spoint[ bottom ].sy < spoint[ x ].sy ) bottom = x;
  }

  x = y = top;
  for( dec( &y, cp_point_count ) ;
       x != bottom ;
       x = y, dec( &y, cp_point_count ) )
    set_side( spoint[ x ], spoint[ y ], left_side );

  x = y = top;
  for( inc( &y, cp_point_count ) ;
       x != bottom ;
       x = y, inc( &y, cp_point_count ) )
    set_side( spoint[ x ], spoint[ y ], right_side );

  long m = (spoint[ bottom ].sy + spoint[ top ].sy) / 2;
  if( left_side[ m ].offset > right_side[ m ].offset )
  {
    screen_side *t = left_side;
    left_side = right_side;
    right_side = t;
  }

  long length, offset;
  double act_z, z_step;
  double act_tx, act_ty, tx_step, ty_step;
```

```
  for( y = spoint[ top ].sy ; y <= spoint[ bottom ].sy ; y++ )
  {
    length = right_side[ y ].offset - left_side[ y ].offset;

    z_step = (right_side[ y ].sz - left_side[ y ].sz) / length;
    tx_step = ( right_side[ y ].tx - left_side[ y ].tx ) /
              length;
    ty_step = ( right_side[ y ].ty - left_side[ y ].ty ) /
              length;

    offset = left_side[ y ].offset;
    act_z = left_side[ y ].sz;

    act_tx = left_side[ y ].tx;
    act_ty = left_side[ y ].ty;

    while( length-- > 0 )
    {
      if( act_z < zbuffer[ offset ] )
      {
        long picture_offset =
          long( act_ty ) * texture.xscale + long( act_tx );

        sbuffer[ offset ] = texture.picture[ picture_offset ];
        zbuffer[ offset ] = act_z;
      }

      offset++;
      act_z += z_step;
      act_tx += tx_step;   act_ty += ty_step;
    }
  }
}
```

Clipping texturierter Polygone

Bisher wurde bei der Projektion einer Bitmap auf ein Polygon stets davon ausgegangen, dass sämtliche Vertices des darzustellenden Vielecks sich innerhalb des Viewports befinden. Wie wir mittlerweile wissen, trifft diese Voraussetzung nicht auf alle Polygone zu, welche Teil einer dreidimensionalen Welt sind.

Für den Fall, dass vor der Rasterization eine *Clipping*-Operation durchzuführen ist, müssen neben den Bildschirm- auch die Texturkoordinaten der Vertices ausgerechnet werden, welche der lokalen Definition des Polygons hinzugefügt werden müssen. Der Grund für das *Clipping* der Texturkoordinaten besteht darin dass der Teil der Bitmap, welcher auf den nicht sichtbaren Bereich des Polygons projiziert werden müsste, bei der Rasterization nicht berücksichtigt werden darf; und die Teile der Bitmap, welche das Aussehen eines Polygons festlegen, werden in Form von Texturkoordinaten festgelegt.

Das in Abbildung 8.8 vorgestellte Polygon **ABKL** liegt beispielsweise zum Teil außerhalb der oberen Begrenzung des Darstellungsfensters; seine lokale Definition muss während des Visualisierungsprozesses demnach um die Punkte **C** und **D** erweitert werden. Das Ziel ist die Ermittlung der Texturkoordinaten dieser beiden Vertices; ausgegangen wird hierbei von den Bildschirm- und Texturkoordinaten der Punkte **A**, **B** und **K**.

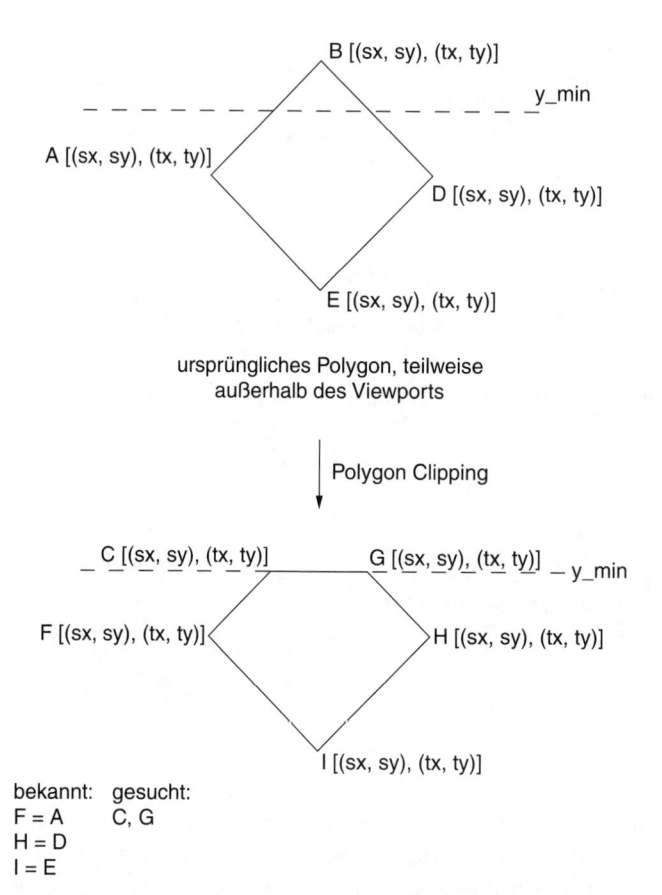

ursprüngliches Polygon, teilweise außerhalb des Viewports

Polygon Clipping

bekannt: gesucht:
F = A   C, G
H = D
I = E

Abb. 8.8: Bei der Entfernung nicht sichtbarer Bereiche eines Polygons müssen die Texturkoordinaten der neu hinzugekommenen Vertices **C** und **D** explizit ausgerechnet werden.

Linear Texture Mapping

Bezugssystem der Textur

In diesem Fall gilt:
A.ty = C.ty = B.ty
Diese Beziehung wird in vielen Fällen nicht erfüllt.

Texturkoordinaten (D.tx, D.ty) der Punkte D und H

Bezugssystem des Bildschirms

Bildschirmkoordinaten (E.sx, E.sy) der Punkte E und I

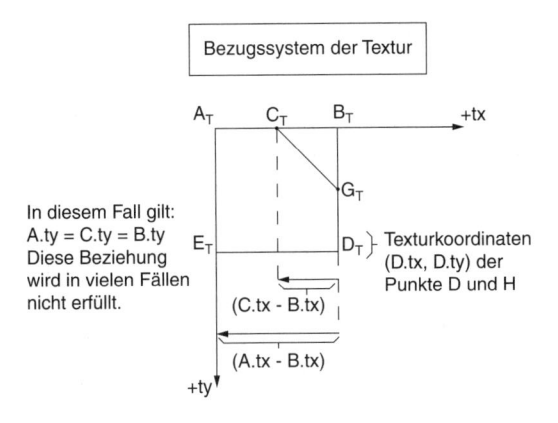

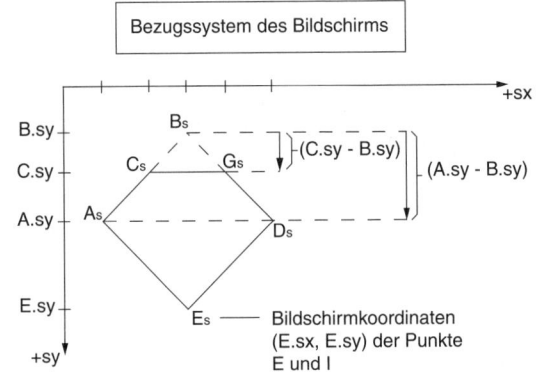

Abb. 8.9: Grafische Darstellung der Zuordnung für die Ermittlung der Texturkoordinaten des Punkts C

Wenn die gegebene Textur die gesamte Fläche des Polygons bedecken muss, dann muss die obere Seite der Bitmap auf die Länge der Polygonseite **AB** vergrößert werden. Aus Abbildung 8.9 ist ersichtlich, dass der Abstand des Punkts **(C.sx, C.sy)** von **(B.sx, B.sy)** auf dem Bildschirm der Entfernung entspricht, welche zwischen **(C.tx, C.ty)** und **(B.tx, B.ty)** innerhalb der Bitmap besteht.

Zwischen diesen Strecken darf eine proportionale Zuordnung formuliert werden, denn eine Vergrößerung der Entfernung zwischen **C** und **B** auf dem Bildschirm ist mit einer Vergrößerung des Abstands dieser beiden Punkte innerhalb des Textur-Koordinatensystems verbunden:

Abstand auf dem Bildschirm	Entfernung innerhalb der Bitmap
(A.sy − B.sy)	(A.tx − B.tx)
(C.sy − B.sy)	(C.tx − B.tx)

Weil **C.sy** aufgrund seiner Lage durch die Konstante **y_min** ersetzt werden darf, folgt daraus:

C.tx = (A.tx − B.tx) / (A.sy − B.sy) * (y_min − B.sy) + B.tx

Dieselbe Beziehung gilt auch für die **ty**-Koordinate des Punkts **C**:

C.ty = (A.ty − B.ty) / (A.sy − B.sy) * (y_min − B.sy) + B.ty

Die Funktion get_yplane_coords(), welche beim *Clipping* entlang der horizontalen Begrenzungen des Vierports zum Einsatz kommt, besitzt demnach folgenden Aufbau, werden die einander entsprechenden Teile dieser Gleichungen in Form der Variablen m zusammengefasst:

```
svertex get_yplane_coords( svertex a, svertex b, long plane_y )
{
  double m = (plane_y - b.sy) / double( a.sy - b.sy );
  svertex c;

  c.sx = long( (a.sx - b.sx) * m + b.sx );
  c.sy = plane_y;
  c.sz = (a.sz - b.sz) * m + b.sz;

  c.tx = (a.tx - b.tx) * m + b.tx;
  c.ty = (a.ty - b.ty) * m + b.ty;

  return c;
}
```

Die Texturkoordinaten der Vertices, welche infolge des *Clipping* entlang der übrigen Begrenzungen des Viewports zu ermitteln sind, werden mithilfe derselben theoretischen Überlegungen ausgerechnet. Bemerkenswert ist, dass trotz unterschiedlicher mathematischer Hintergründe stets dieselbe Vorgehensweise zum Einsatz kommt, ungeachtet dessen, ob Koordinaten, Lichtintensitäten oder Komponenten von Vektoren an den Operationen beteiligt sind:

```
svertex get_xplane_coords( svertex a, svertex b, long plane_x )
{
  double m = (plane_x - b.sx) / double( a.sx - b.sx );
  svertex c;

  c.sx = plane_x;
  c.sy = long( (a.sy - b.sy) * m + b.sy );
  c.sz = (a.sz - b.sz) * m + b.sz;
```

```
  c.tx = (a.tx - b.tx) * m + b.tx;
  c.ty = (a.ty - b.ty) * m + b.ty;

  return c;
}
```

Für das *Pre – Projection Clipping* gilt ebenfalls:

```
tvertex get_zplane_coords(tvertex a, tvertex b, double plane_z)
{
  double m = (plane_z - b.wz) / (a.wz - b.wz);
  tvertex c;

  c.wx = (a.wx - b.wx) * m + b.wx;
  c.wy = (a.wy - b.wy) * m + b.wy;
  c.wz = plane_z;

  c.tx = (a.tx - b.tx) * m + b.tx;
  c.ty = (a.ty - b.ty) * m + b.ty;

  return c;
}
```

Die Erweiterung der Definition eines Punkts um Texturkoordinaten besitzt keine Auswirkungen auf die Reihenfolge der Vertices innerhalb der Definition des Vielecks oder auf den *Clipping*-Algorithmus. Die Funktionen polygon::z_clipping() und polygon::xy_clipping() brauchen aus diesem Grund nicht verändert zu werden.

8.1.3 Praktischer Einsatz des Texture-Mapping-Algorithmus

Das erste Programm des 8. Kapitels verwendet die erweiterte Definition der Klasse polygon, um ein Polyeder darzustellen, welcher aus texturierten Polygonen aufgebaut ist. Es ist besonders empfehlenswert, sämtliche Möglichkeiten dieser Anwendung kennen zu lernen, unter anderem Erstellung und Einsatz eigener 8-Bit-Texturen, Portierung des Quelltextes auf die 32-Bit-Farbtiefe oder die Veränderung der Texturkoordinaten innerhalb polygon::load(), um nur ein Teil der Textur auf die Polygone zu projizieren. Gibt es etwas, das an der Darstellung eines Polygons besonders auffällt, vor allem wenn das Vieleck innerhalb einer Animation gedreht wird?

Kapitel 8
Texture Mapping

Die Hauptdatei des Programms *a8_1* besitzt den typischen Aufbau einer Anwendung zur Visualisierung dreidimensionaler Gegenstände:

```
////////////////////////////           a8_1.cpp         ////////////////////////////
//////                                                                        //////
//////    Darstellung von Polygonen, deren Aussehen mithilfe                  //////
//////    von Texturen festgelegt ist                                         //////
//////    Auflösung: beliebig, Farbtiefe: 8 Bit                               //////
//////                                                                        //////
////////////////////////////////////////////////////////////////////////////////////
#include <windows.h>
#include "s8_1.h"
#include "m8_1.h"
#include "t8_1.h"
#include "gv8_1.h"

uchar handle_input( MSG *msg, thing *t );

int WINAPI WinMain( HINSTANCE hInstance, HINSTANCE hPrevInstance, LPSTR
lpCmdLine, int iCmdShow )
{
  initialise_world( hInstance, 640, 480, 8 );

  thing cube( "cube1.tg3" );

  matrix m;
  m.scale( 5, 5, 5 );
  m.translate( 0, 0, 40 );
  cube.update_pos( m );
  m.clear();

  for( long x=0 ; x<x_res*y_res ; x++ ) zbuffer[ x ] = z_max;

  MSG message;
  while( 1 )
  {
    if( handle_input( &message, &cube ) ) break;

    if( clear_translation > max_clear_translation ) clear_translation -
= z_max;
    else
    {
```

```
      for( long x=0 ; x<x_res*y_res ; x++ ) zbuffer[ x ] = z_max;
      clear_translation = 0.0;
    }
    for( long x=0 ; x<x_res*y_res ; x++ ) sbuffer[ x ] = 0;

    cube.display();

    uchar *screen = (uchar *) surface.get_screen_pointer();
    memcpy( screen, sbuffer, x_res * y_res * sizeof( sbuffer[ 0 ] ) );
    surface.release_screen_pointer();
  }

  destroy_world();

  return message.wParam;
}

uchar handle_input( MSG *msg, thing *t )
{
  if( PeekMessage( msg, NULL, 0, 0, PM_REMOVE ) )
  {
    if( msg->message == WM_QUIT ) return 1;

    TranslateMessage( msg );
    DispatchMessage( msg );
  }

  matrix m;
  m.translate( -t->wpos.wx, -t->wpos.wy, -t->wpos.wz );

  if(      GetKeyState( VK_UP     ) < 0 ) m.rotate(  0.1, 0, 0 );
  else if( GetKeyState( VK_DOWN   ) < 0 ) m.rotate( -0.1, 0, 0 );
  else if( GetKeyState( VK_LEFT   ) < 0 ) m.rotate( 0,  0.1, 0 );
  else if( GetKeyState( VK_RIGHT  ) < 0 ) m.rotate( 0, -0.1, 0 );
  else if( GetKeyState( VK_HOME   ) < 0 ) m.rotate( 0, 0,  0.1 );
  else if( GetKeyState( VK_END    ) < 0 ) m.rotate( 0, 0, -0.1 );
  else if( GetKeyState( VK_NUMPAD6 ) < 0 ) m.translate(  1, 0, 0 );
  else if( GetKeyState( VK_NUMPAD4 ) < 0 ) m.translate( -1, 0, 0 );
  else if( GetKeyState( VK_NUMPAD8 ) < 0 ) m.translate( 0,  1, 0 );
  else if( GetKeyState( VK_NUMPAD2 ) < 0 ) m.translate( 0, -1, 0 );
  else if( GetKeyState( VK_PRIOR  ) < 0 ) m.translate( 0, 0,  1 );
  else if( GetKeyState( VK_NEXT   ) < 0 ) m.translate( 0, 0, -1 );
```

```
    else if( GetKeyState( VK_ESCAPE  ) < 0 ) return 1;

    m.translate( t->wpos.wx, t->wpos.wy, t->wpos.wz );
    t->update_pos( m );

    return 0;
}

////////////////////////           Ende a8_1.cpp         ////////////////////////
```

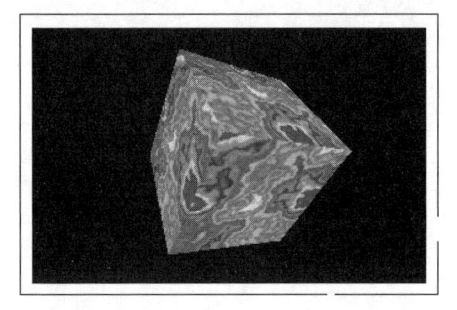

Abb. 8.10:   Ausgabe des Programms $a8\_1$

8.1.4 Texturauswahl

Bei der Projektion einer kleinen Bitmap auf ein größeres Polygon wird die Textur gedehnt, um die gesamte Fläche des Vielecks bedecken zu können. Dies geschieht, indem während der Visualisierung des Polygons dieselben Pixel der Bitmap mehrmals nebeneinander auf dem Bildschirm gesetzt werden. Bei einer starken Vergrößerung des Vielecks sind in vielen Fällen die Pixel der Textur deutlich erkennbar, in Form von regelmäßig angeordneten, gleichfarbigen Bereichen auf der Fläche des Polygons. Dieser Effekt ist umso deutlicher, je größer das Vieleck im Vergleich zur Textur ist.

Wenn die eingesetzte Bitmap genauso groß wie das Vieleck ist, wird jedes Pixel der Textur nur einmal auf dem Bildschirm gesetzt. Die Pixel, welche bei der Darstellung eines Polygons Teil derselben Rasterzeile sind, befinden sich innerhalb der Textur stets auf einer Linie. In diesen beiden Fällen ist diese Linie durchgängig, besitzt daher keine Lücken.

Ist die Bitmap jedoch größer als das Zielpolygon, muss die Textur verkleinert werden, indem einige Pixel der Bitmap nicht auf die Fläche des Polygons angezeigt werden. Je kleiner die Fläche des Vielecks ist, umso stärker muss die Textur verkleinert werden und umso mehr Pixel der Bitmap bleiben dem Betrachter verborgen. Die Pixel innerhalb der Textur, welche das Aussehen der Rasterzeilen bei der Visualisierung des Vielecks festlegen, sind bei einer Verkleinerung der Textur in unterbrochenen Linien angeordnet. Je stärker die Verkleinerung ist, umso größer und zahlreicher sind diese Lücken.

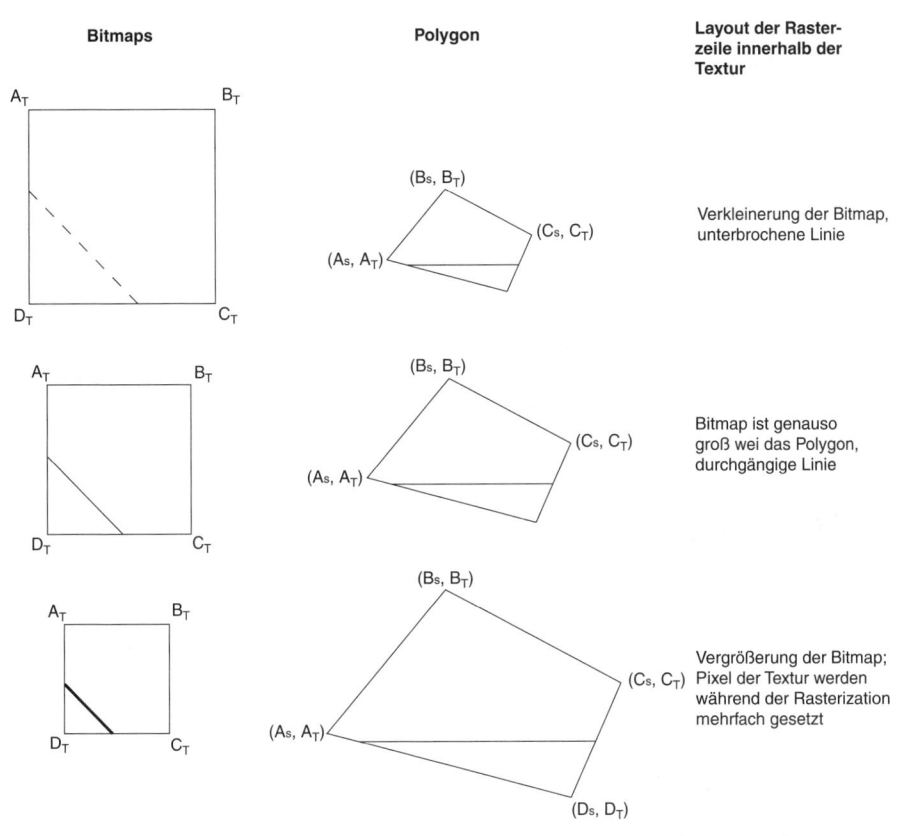

Abb. 8.11: Die Pixel, welche das Aussehen einer beliebigen Rasterzeile eines Polygons angeben, sind innerhalb der Textur auf einer Linie angeordnet.

Diese linienförmige Anordnung der Pixel wird während der Rasterization durch die Variablen `tx_step` und `ty_step` gesteuert, welche die Abstände zwischen den tx- und ty-Koordinaten zweier Pixel angeben, welche innerhalb einer Rasterzeile nebeneinander angeordnet sind:

```
tx_step = ( right_side[ y ].tx - left_side[ y ].tx ) / length;
ty_step = ( right_side[ y ].ty - left_side[ y ].ty ) / length;
```

Die Variable `length` gibt die Länge der Rasterzeile in Pixel an. Wenn ein Polygon größer als die einzusetzende Textur ist, dann besitzt `length` einen größeren Wert als der Ausdruck

```
(right_side[ y ].tx - left_side[ y ].tx)
```

welcher die horizontale Länge der Rasterzeile in Texturkoordinaten angibt. Teilt man eine größere Zahl durch eine kleinere, liegt das Ergebnis `tx_step` zwischen 0.0 und 1.0, positive Anfangswerte vorausgesetzt. Nach dem Setzen eines Pixels auf dem Bildschirm wird `tx_step` bekanntlich der Variablen `act_tx` hinzuaddiert, welche die aktuelle tx-Koordinate innerhalb der Textur angibt.

```
act_tx += tx_step;
```

Wenn `tx_step` klein genug ist, muss diese Addition mehrmals durchgeführt werden, bevor eine Vorkommastelle von `act_tx` verändert wird. Beim Zugriff auf die Textur sind jedoch allein die Vorkommastellen für die Position des Pixels innerhalb der Bitmap entscheidend, weil die Nachkommastellen mithilfe der Typumwandlung abgeschnitten werden müssen. Das führt dazu, dass das Pixel an derselben Position innerhalb der Textur mehrmals im Laufe der Visualisierung einer Rasterzeile gesetzt wird. Dieser Vorgang wiederholt sich in jeder Rasterzeile; auf diese Art wird die gesamte Textur vergrößert dargestellt.

```
long picture_offset =
  long( act_ty ) * texture.xscale + long( act_tx );
```

Mithilfe des gleichen Erklärungsansatzes kann auch die Verkleinerung der Textur begründet werden. In diesem Fall ist `length` kleiner als:

```
(right_side[ y ].tx - left_side[ y ].tx)
```

Teilt man eine größere Zahl durch eine kleinere, ist das Ergebnis größer 1.0, bei positiven Anfangswerten. Die Erhöhung von `act_tx` um einen entsprechend großen Wert bewirkt, dass die benachbarten Pixel einer Rasterzeile innerhalb der Bitmap nicht nebeneinander liegen, sondern durch Lücken getrennt werden.

Die Kenntnis dieser Tatsachen ist sowohl bei der Auswahl als auch bei der Erstellung von Texturen sehr wichtig. Bitmaps, welche stark detailliert sind und über scharfe Übergänge verfügen, sollten beispielsweise nicht eingesetzt werden. Die Projektion einer Textur auf einem kleineren Polygon erfolgt dadurch, dass bei der Visualisierung des Vielecks nicht alle Pixel der Bitmap sichtbar sind. Der mathematischen Begründung dieses Vorgangs lässt sich entnehmen, dass der Programmierer keinen Einfluss darauf hat, welche Pixel weggelassen werden.

Bei der praktisch durchgeführten Rotation oder Verkleinerung einer stark detaillierten Textur ist ein Flimmern zu beobachten; dies wird dadurch verursacht, dass an mehreren Stellen des Polygons einige Details verschwinden, um schlagartig wieder aufzutauchen. Dieser Eindruck ist umso stärker, je deutlicher die Unterschiede zwischen Vor- und Hintergrund der Textur sind. Wenn bei dem Flimmern wichtige Pixel beteiligt sind, Teile von Buchstaben beispielsweise, wird dieser Effekt zusätzlich hervorgehoben.

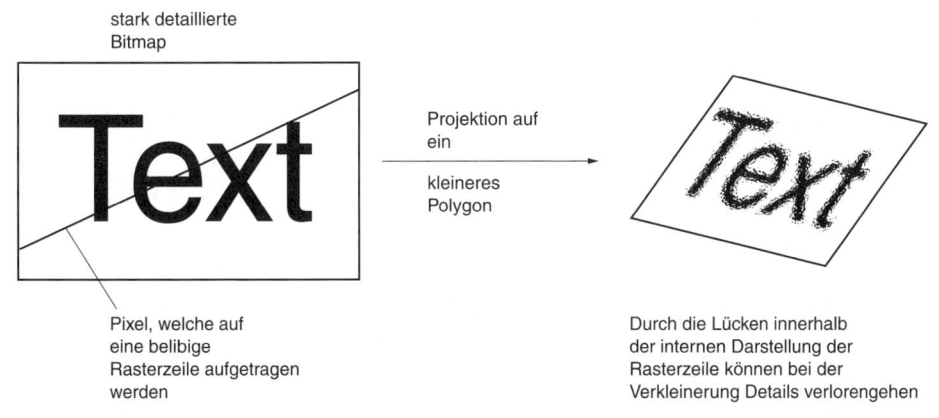

Abb. 8.12: Spezifische fehlerhafte Darstellung einer Bitmap, welche über Details verfügt, die sich stark vom Hintergrund hervorheben

Angenommen, in der ursprünglichen Textur sind die Details ungefähr gleich stark hervorgehoben; die Pixel, welche bei der Vergrößerung des betreffenden Polygons hinzugefügt werden, können einige Details stärker im Vordergrund treten als andere, was einer ansprechenden Ausgabe ebenfalls nicht zugute kommt. Bei einer weiteren Vergrößerung oder der geringfügigsten Rotation kann sich die Lage der hervorgehobenen Details schlagartig ändern, wodurch beim Betrachter der Eindruck eines grafischen Fehlers hervorgerufen werden kann.

Dieser grafische Fehler im Zusammenhang mit detaillierten Texturen kann auf ein Minimum reduziert werden, wenn möglichst große und unscharfe Bitmaps zum Einsatz kommen. Die Unschärfe ist hierbei die weitaus wichtigere Eigenschaft. Die Ränder unscharfer Strukturen verschmelzen allmählich mit dem Hintergrund der Bitmap, die Grenzen einzelner Details können nicht genau festgelegt werden. Aus diesem Grund fällt es auch nicht sofort auf, wenn bei der Darstellung eines Polygons einzelne Pixel der Textur weggelassen oder gleichfarbige nebeneinander hinzugefügt werden. Zahlreiche Bildbearbeitungsprogramme besitzen Funktionen, mit deren Hilfe eine Bitmap unscharf gestaltet werden kann.

Kapitel 8
Texture Mapping

unscharfe Bitmap

kleineres Polygon

Verkleinerung

interne darstellung
einer Rasterzeile

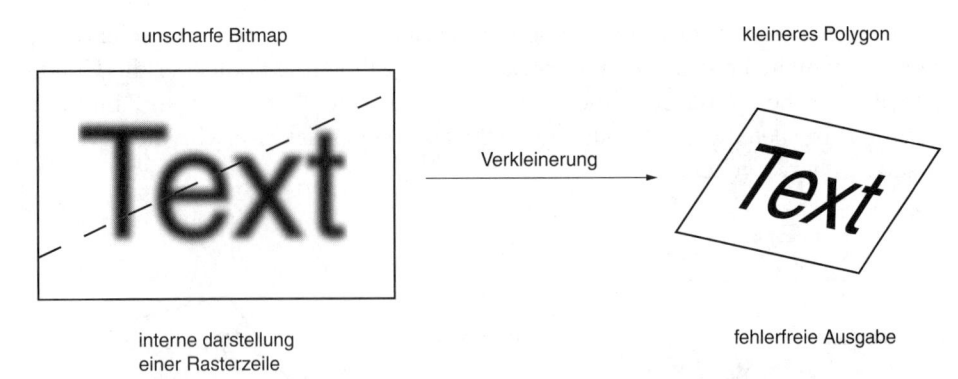

fehlerfreie Ausgabe

Abb. 8.13: Durch Verwendung großer, unscharfer Texturen lassen sich weitaus bessere grafische Ergebnisse erzielen

Wenn eine mittelgroße, stark detaillierte Bitmap mit einer Unscharfmaske bearbeitet wird, fließen die Details ineinander und können nur noch sehr schwer auseinander gehalten werden. Wenn die Textur unscharf und gleichzeitig auch über zahlreiche Einzelheiten verfügen soll, muss sie in einer großen Bitmap gespeichert werden. Hierbei müssen die Details größer und stärker ausgeprägt in die Textur eingefügt werden. Wenn zwischen den Details ausreichend viel Platz gelassen wird, ist sichergestellt, dass nach der Bearbeitung mit der Unscharfmaske die Einzelheiten noch deutlich wahrzunehmen sind, obwohl die Grenze zwischen ihnen und dem Hintergrund der Bitmap nicht genau zu erkennen ist.

8.1.5 Fehlerbehebung nach dem High-Level-, Low-Level-Prinzip

Während der Ladefunktion kann es allzu leicht passieren, dass bei der Verknüpfung von Texturkoordinaten mit den Eckpunkten eines Polygons die Texturkoordinaten falsch angeordnet werden. Dieser Fehler kann sich beispielsweise folgendermaßen ausdrücken:

```
points[0].tx=0;                     points[0].ty=0;
points[1].tx=texture.xscale-1;      points[1].ty=0;
points[2].tx=0;                     points[2].ty=texture.yscale-1;
points[3].tx=texture.xscale-1;      points[3].ty=texture.yscale-1;
// Den letzten zwei Vertices werden falsche Texturkoordinaten
//  zugewiesen
```

Die Texturkoordinaten der ersten zwei Punkte sind richtig eingetragen worden. Problematisch ist jedoch die Tatsache, dass die Bitmapkoordinaten der beiden letzten Vertices vertauscht worden sind. In Abbildung 8.14 kann oben rechts eine schematische Darstellung dieser fehlerhaften Anordnung begutachtet werden. Der obere Bereich des dazugehörigen Polygons nimmt die beabsichtigten Farben ein, weil den Punkten **A** und **B** die richtigen Texturkoordinaten enthalten. Das verzerrte Rendering des unteren Teilbereichs ist auf die vertauschten Bitmapkoordinaten zurückzuführen.

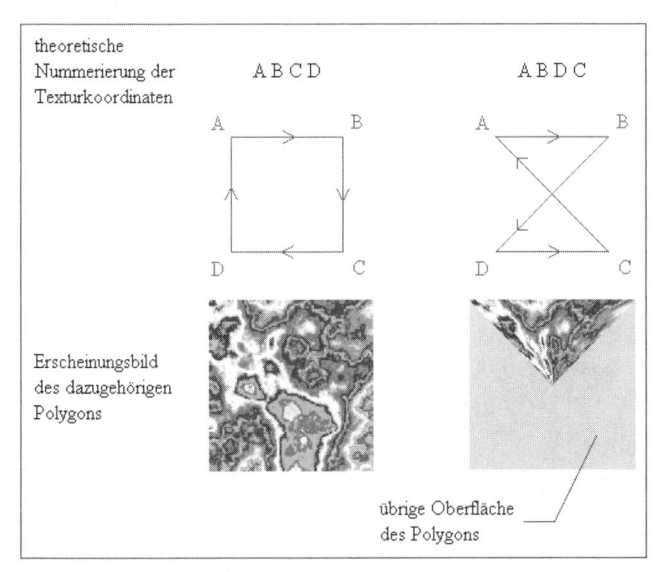

Abb. 8.14: Spezifisches Erscheinungsbild der fehlerhaft durchgeführten Projektion einer Bitmap auf ein Polygon

Dieser und andere Fehler, welche bei der Implementierung des *Texture-Mapping*-Algorithmus oder bei Erweiterung der Visualisierungsroutinen auftreten können, werden mithilfe einer bestimmten Vorgehensweise lokalisiert. Grundsätzlich gibt es zwei unterschiedliche Bereiche, in denen der Fehler auftreten kann: entweder bei der Ermittlung der Bildschirmposition der Punkte oder der Farbgebung der Pixel.

Wichtig ist, dass viele Fehler, welche ihrem äußeren Erscheinungsbild nach mit der Farbgebung im Zusammenhang stehen müssten, in Wirklichkeit aufgrund einer falschen Bestimmung der Bildschirmposition von Pixel auftreten. Die Deaktivierung der erweiterten Farbgebung mit einer Anweisung wie

```
long color_offset=long(act_ty) * texture.xscale + long(act_tx);
sbuffer[ offset ] = 100;   // texture.picture[ color_offset ];
```

liefert erste Hinweise auf die Natur des Fehlers. Hierbei wird der Zugriff auf die Textur auskommentiert und durch einen konstanten Farboffset ersetzt. Vorausgesetzt, der gewählte Farbton kann deutlich vom Hintergrund des Bildschirms unterschieden werden, bewirkt diese Anweisung eine einfarbige Darstellung des Polygons.

Der Fehler ist nur dann im Bereich der Farbgebung zu finden, wenn die auf diese Weise durchgeführte Visualisierung der Vielecke wie beabsichtigt erfolgt. Meistens hat man es mit einer falschen Berechnung von Steigungen zu tun, welche auf einen fehlerhaften Umgang mit Fließ- oder Festpunktzahlen zurückzuführen ist.

Tritt der Fehler bei der Ermittlung der Texturkoordinaten entlang der Polygonseiten, lässt sich dieser mithilfe folgender Anweisungen ermitteln; diese müssen nach den beiden Aufrufen von `set_side()` ausgeführt werden:

```
for( long y=spoint[ top ].sy ; y<=spoint[ bottom ].sy ; y++ )
{
  long tx_offset;

  tx_offset = long( left_side[ y ].ty ) * texture.xscale +
              long( left_side[ y ].tx );
  sbuffer[ left_side[ y ].offset ] =
    texture.picture[ tx_offset ];

  tx_offset = long( right_side[ y ].ty ) * texture.xscale +
              long( right_side[ y ].tx );
  sbuffer[ right_side[ y ].offset ] =
    texture.picture[ tx_offset ];
}

return;      // Rasterizationsprozess an dieser Stelle abbrechen
```

Diese Anweisungen stellen die gültigen Bereiche der Arrays `left_side[]` und `right_side[]` auf dem Bildschirm dar. Wenn `set_side()` wie beabsichtigt arbeitet, können auf dem Umriss des Polygons die Farben der links und rechts liegenden Seiten der Textur wahrgenommen werden.

Fehler können aber auch vor der Rasterization auftreten. Dadurch werden falsche Werte ermittelt, welche an die letzte Phase des Darstellungsprozesses weitergeleitet werden. Obwohl während der Ausführung der Rasterization keine Fehler auftreten, kommt aufgrund der ungültigen Eingabewerte eine ungewollte Ausgabe zustande.

Hierzu ein Beispiel: Angenommen, am Anfang der Funktion `polygon::display()` wird vergessen, die Texturkoordinaten aus dem Array `points[]` nach `wpoint[]` zu übertragen. In diesem Fall würden die Variablen `tvertex::tx` und `tvertex::ty` zufällige Werte enthalten, welche in keinem Zusammenhang mit den gültigen Texturkoordinaten stehen. Die Funktion `polygon::project()` trägt diese Werte innerhalb des Arrays `spoint[]` ein, wo sie `polygon::rasterize()` zur Verfügung stehen. Auch wenn die zuletzt genannte Funktion einwandfrei arbeitet, verhindern die ungültigen Texturkoordinaten die beabsichtigte Ausgabe.

Die Werte bestimmter Variablen können auf ihre Richtigkeit hin überprüft werden, indem man diese innerhalb einer temporären Datei speichert. In unserem Beispiel kann die Gültigkeit der Texturkoordinaten festgestellt werden, indem vor der Rasterization folgende Anweisungen ausgeführt werden:

```
fstream temp( "temp.tmp", ios::out | ios::binary );
if( temp == NULL )
  exit( "temp.tmp konnte nicht erstellt werden.\n" );

for( long x=0 ; x<point_count ; x++ )
   temp << spoint[ x ].tx << "\t" << spoint[ x ].ty << "\n";

exit( "temp.tmp wurde erfolgreich erstellt" );
```

Nachdem die betrachteten Werte innerhalb der Datei *temp.tmp* eingetragen worden sind, wird das Programm abgebrochen, um den Inhalt der Datei überprüfen zu können. Wichtig ist, dass der Name der temporären Datei nicht mit einem anderen identisch ist. In diesem Fall würde die bereits bestehende Datei überschrieben werden, wodurch ihr Inhalt verloren geht.

Es ist sehr empfehlenswert, bei der Lokalisierung von Fehlern auf den *High-Level-> Low-Level*-Prinzip zurückzugreifen. Hierbei fängt die Fehlersuche im oberen Bereich des Darstellungsprozesses an und verläuft in Richtung des Rasterziationsvorgangs. Dabei wird folgendes Schema eingehalten:

1. Wurde die Initialisierung der Gegenstände korrekt durchgeführt? Wenn ja:
2. Arbeitet die primäre Darstellungsfunktion, in unserem Fall `thing::display()`, mit gültigen Anfangswerten? Wenn ja:
3. Wird die lokale Definition der Polygone richtig aufgebaut? Wenn ja:
4. Werden im Laufe der Projektion alle notwendigen Bestandteile der dreidimensionalen Definition in die zweidimensionale übertragen? Während der Projektion wird beispielsweise häufig vergessen, die Texturkoordinaten von `wpoint[]` nach `spoint[]` zu übertragen.
5. Tritt der Fehler während der Rasterization auf?

Hierbei sind nur die wichtigsten Stationen des Darstellungsprozesses aufgeführt; bei der Fehlersuche müssen aber auch die Vorgänge berücksichtigt werden, die nicht explizit erwähnt worden sind, wie beispielsweise *Polygon Clipping* oder die Unterteilung der Rasterization.

Besonders ärgerlich ist es, wenn der Fehler nicht bei dem Programm selbst liegt: Bei der Verwendung externer Dateien, welche Endungen wie *.TG3*, *.PL2* usw. besitzen, kann es vorkommen, dass diese Dateien beschädigt sind. Das kann vor allem dann auftreten, wenn diese Dateien mithilfe eigener Routinen automatisch manipuliert oder erstellt werden. Bereits die erste Überprüfung des *High-Level-> Low-Level*-Prinzips weist auf diesen Sonderfall hin, da ungültige Dateien zur falschen Initialisierung der Gegenstände einer dreidimensionalen Welt führen.

Die in diesem Abschnitt beschriebenen Vorgehensweisen zur Lokalisierung von Konzept- oder Programmierfehlern können in vielen Fällen nur dann ihren Zweck erfüllen, wenn die Darstellung der dreidimensionalen Welt für die Zeit der Fehlersuche auf ein einziges Polygon beschränkt wird.

8.2 Perspective Texture Mapping

Bei der bisher implementierten Form des *Texture-Mapping*-Algorithmus kann in vielen Fällen ein merkwürdiges Erscheinungsbild der dargestellten Vielecke festgestellt werden. Hierbei treten bei der Projektion von Bitmaps auf Polygonen Verzerrungseffekte auf, welche in Abhängigkeit von Lage und Ausrichtung des Vielecks unterschiedlich ausgeprägt sind. Dieser Grafikfehler ist in Abbildung 8.15 anhand einer geeigneten Textur deutlich hervorgehoben.

Diese Art von Darstellungsfehler tritt immer dann auf, wenn die Projektion einer zweidimensionalen Textur auf ein dreidimensionales Polygon ohne Berücksichtigung der dreidimensionalen Eigenschaften des Vielecks erfolgt. Im Fall des Vielecks, welches sich beispielsweise in Abbildung 8.15 auf der linken Seite befindet, ist die Unterseite der Textur deutlich stärker gedehnt als die Oberseite. Dieser Effekt hängt in erster Linie mit den unterschiedlichen Längen der Polygonseiten zusammen.

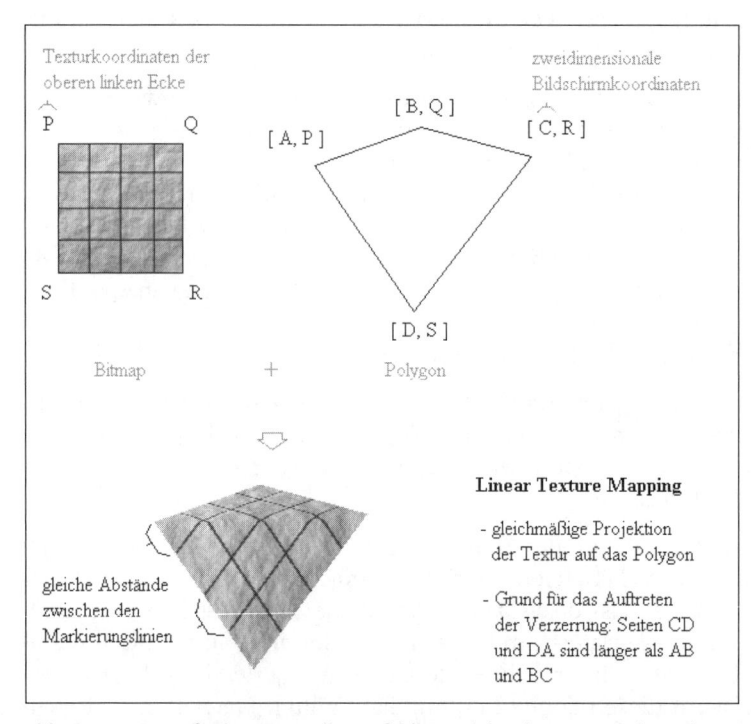

Abb. 8.15: Spezifischer Darstellungsfehler, welcher bei Verwendung des *Linear Texture Mapping* auftritt

Die in den vorherigen Abschnitten kennen gelernte Form des *Texture Mapping* sieht vor, dass die Seiten des Polygons und der Bitmap *linear* einander zugeordnet werden. Durch die Texturkoordinaten ist festgelegt, dass die Polygonseite **BC** des besagten Vielecks mit der rechten Seite der Textur verknüpft werden muss. Im Laufe der Visualisierung muss die Seite der Textur demnach auf die Länge der Polygonseite vergrößert oder verkleinert werden. Diese Anpassung erfolgt gleichmäßig; das bedeutet, dass die Abstände zwischen den Pixeln der Bitmap, welche das Aussehen der Seite **BC** bestimmen, identisch sind.

Gleiches gilt auch für die Polygonseite **DA**; weil diese Seite jedoch länger als **BC** ist, muss die linke Seite der Bitmap stärker gedehnt werden. Durch die unterschiedlichen Dehnungsfaktoren verschiedener Polygonseiten und der linearen Interpolation normaler Texturkoordinaten kann die Bitmap nur verzerrt auf das Polygon projiziert werden. Dadurch kann der eigentlich geradlinige Verlauf der weißen Strecken nicht auf die Bitmap übertragen werden.

Diese Verzerrung, welche auch als *Warp* bezeichnet wird, ist umso stärker ausgeprägt, je mehr die Längen der unterschiedlichen Polygonseiten sich voneinander unterscheiden. Die Seiten **BC** und **DA** des in dargestellten Vielecks sind ungefähr gleich lang. Dadurch tritt die Verzerrung nicht so stark im Vordergrund, die horizontalen weißen Strecken verlaufen nahezu geradlinig. Ganz anders verhält es sich mit **AB** und **CD**: Aufgrund des deutlichen Längenunterschieds sind die *Warps* eindeutig erkennbar.

8.2.1 Grundlagen des Perspective-Texture-Mapping-Algorithmus

Der beschriebene Verzerrungseffekt lässt sich vermeiden, indem man bei der Projektion einer Bitmap auf ein Polygon die Eigenschaften des dreidimensionalen Raums berücksichtigt, in dem sich das Vieleck befindet. Die Vergrößerung oder Verkleinerung der Textur darf nicht allein durch die Längen zweidimensionaler Polygonseiten festgelegt werden; vielmehr muss im Laufe der Rasterization auch die räumliche Entfernung zwischen Betrachter und dem aktuell zu setzenden Pixel beachtet werden.

Nehmen wir beispielsweise das Polygon, welches in Abbildung 8.16 links unten dargestellt ist: Der Bereich um den Punkt **D** befindet sich in die Nähe des Betrachters. Bei der Visualisierung dieses Bereichs muss die Textur vergrößert werden. Ganz anders verhält es sich bei den hinteren Teilbereichen, in der Umgebung des Punkts **B**: Durch den größeren Abstand relativ zum Beobachter ist eine Verkleinerung der Textur notwendig. Nur unter Berücksichtigung dieser Tatsachen kann die Bitmap originalgetreu auf das Polygon projiziert werden; die Form geradliniger Verläufe innerhalb der Textur bleibt beispielsweise erhalten.

Kapitel 8
Texture Mapping

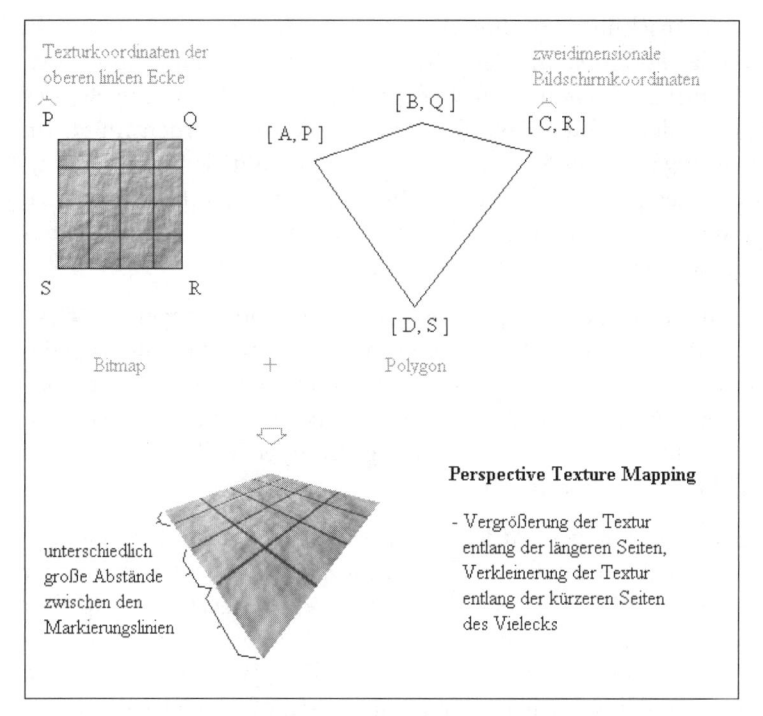

Abb. 8.16: Berücksichtigung der dreidimensionalen Eigenschaften eines Polygons im Zuge des *Perspective Texture Mapping*

Das *Perspective-Texture-Mapping*-Algorithmus stellt lediglich eine Erweiterung des bisher eingesetzten *Linear Texture Mapping* dar; Initialisierung und anfänglicher Umgang mit den Texturkoordinaten sind in beiden Fällen identisch. Im Laufe des Visualisierungsprozesses sehen die beiden Algorithmen erst ab dem Projektionsvorgang eine unterschiedliche Behandlung der Texturkoordinaten vor:

1. Während der Ausführung der Projektionsfunktion müssen die Texturkoordinaten jedes Vertices durch seine z-Koordinate geteilt werden.
2. Die projizierten Texturkoordinaten jedes Eckpunkts werden während der Rasterization wie gehabt interpoliert, um die projizierten Texturkoordinaten jedes zu setzenden Pixels des aktuellen Polygons zu ermitteln.
3. Bevor ein Pixel gesetzt wird, müssen seine projizierten Texturkoordinaten in herkömmliche Texturkoordinaten umgewandelt werden, um die Position entsprechenden Farbe innerhalb der Textur bestimmen zu können. Hierbei spielt die Inversion der z-Koordinaten eine große Rolle

8.2.2 Das Problem der inversen z-Koordinaten

Wie wir wissen, erfolgt die Umwandlung dreidimensionaler Vertices in zweidimensionale durch die Teilung der x- und y-Koordinaten durch die z-Koordinate.

Wenn bei der Implementierung des *Texture-Mapping*-Algorithmus die dreidimensionalen Eigenschaften von Polygonen zu berücksichtigen sind, müssen auch die Texturkoordinaten projiziert, daher durch dieselbe z-Koordinate wir die x- und y-Werte geteilt werden:

tx' = tx / wz
ty' = ty / wz

Hierbei sind **(tx', ty')** die projizierten Texturkoordinaten des dreidimensionalen Punkts [(wx, wy, wz), (tx, ty)]. Diese umgewandelten Texturkoordinaten dürfen anschließend wie gehabt entlang der Polygonseiten und Rasterzeilen linear interpoliert werden. Bei den Anfangswerten der Interpolation handelt es sich um projizierte Texturkoordinaten; daraus folgt, dass jedem Pixel ebenfalls projizierte Texturkoordinaten, daher [(tx / wz), (ty / wz)]-Werte zur Verfügung stehen. **(tx, ty)** sind hierbei die herkömmlichen Texturkoordinaten, während **wz** die dreidimensionale z-Koordinate des Pixels darstellt.

Wie wir wissen, kann die Position eines Pixels innerhalb einer Bitmap jedoch nur mithilfe herkömmlicher Texturkoordinaten ausgerechnet werden; bevor ein Pixel gesetzt werden kann, müssen demnach die projizierten in normalen Texturkoordinaten umgewandelt werden. Wie man leicht nachvollziehen kann, ist hierfür lediglich eine einfache Multiplikation erforderlich:

tx = px * wz
ty = py * wz

Hierbei stellen **px** und **py** die projizierten Texturkoordinaten eines Pixels dar. Die einzige Schwierigkeit bei der Implementierung des *Perspective-Texture-Mapping*-Algorithmus besteht in der Ermittlung des Werts von **wz**, der z-Koordinaten, welche für die Umwandlung von **(px, py)** erforderlich ist.

Durch die Durchführung des *Z-Buffer-Algorithmus* steht uns zwar die dreidimensionale z-Koordinate **sz** jedes Pixels zur Verfügung; diese Variable kann aber auch dann nicht für die Umwandlung der projizierten Texturkoordinaten eingesetzt werden, wenn das *Clear Reduction* Algorithmus nicht eingesetzt wird. Der Grund hierfür besteht darin, dass die projizierte Texturkoordinate:

(tx / wz)

auch als

[tx * (1 / wz)]

ausgedrückt werden kann. Aus dieser Schreibweise wird besonders deutlich, dass eine projizierte Texturkoordinate neben den tx-Werten auch aus der *inversen* dreidimensionalen z-Koordinaten des Pixels besteht. **sz** besitzt dagegen den wahren Wert dieser Koordinaten. Demnach müsste **(1 / sz)** theoretisch gleich sein mit **(1 / wz)**. Durch die Art der Bestimmung dieser beiden Werte geht diese Gleichheit jedoch verloren.

In der Praxis werden sowohl **sz** als auch **(1 / wz)** mithilfe der linearen Interpolation ausgerechnet. Mithilfe dieses Verfahrens können aber nur Werte ermittelt werden, welche sich auf einer Geraden befinden. Der Graph der Normalhyperbel:

f(x) = 1.0 / x

erfüllt diese Voraussetzung jedoch nicht. Aus diesem Grund gilt:

(1 / sz) <ungleich> **(1 / wz)**

Die Kenntnis des Werts **(1 / wz)** ist unbedingt erforderlich, möchte man die projizierten Texturkoordinaten in wahre **(tx, ty)**-Koordinaten umwandeln. Eine sehr einfache Lösung dieses Problems sieht vor, diesen Wert explizit in die Definition eines zweidimensionalen Vertices aufzunehmen:

```
struct svertex
{
  long sx, sy;
  double sz, tx, ty;
  double inv_z;
};

struct screen_side
{
  long offset;
  double sz, tx, ty;
  double inv_z;
};
```

Der Variablen svertex::inv_z wird während der Projektion die jeweilige inverse z-Koordinate zugewiesen; diese wird schließlich genau wie eine z- oder Texturkoordinate entlang der Polygonseiten und Rasterzeilen interpoliert, um den tatsächlichen Wert der inversen dreidimensionalen z-Koordinate jedes Pixels zu ermitteln. Eine mögliche Definition der Projektionsfunktion der Implementierung des *Perspective-Texture-Mapping*-Algorithmus kann folgendermaßen aufgebaut werden:

```
void polygon::project( void )
{
  double inv_z;

  for( long x=0 ; x<cp_point_count ; x++ )
  {
    inv_z = 1.0 / wpoint[ x ].wz;
```

```
    if( wpoint[ x ].wz > 0.0 )
    {
      spoint[ x ].sx = long( wpoint[ x ].wx * inv_z *  200.0 +
                             x_res / 2 );
      spoint[ x ].sy = long( wpoint[ x ].wy * inv_z * -200.0 +
                             y_res / 2 );
      spoint[ x ].sz = wpoint[ x ].wz + clear_translation;

      spoint[ x ].tx = wpoint[ x ].tx * inv_z;
      spoint[ x ].ty = wpoint[ x ].ty * inv_z;
      spoint[ x ].inv_z = inv_z;
    }

    else exit( "polygon::project(): Ungültige z - \
           Koordinate.\n" );
  }
}
```

Beim Setzen eines jeden Pixels während der Ausführung der Funktion polygon::rasterize() stehen folgende Informationen zur Verfügung: act_tx und act_ty, die projizierten Texturkoordinaten des Pixels sowie die dazugehörige inverse z-Koordinate act_invz. Die Umwandlung der projizierten Texturkoordinaten erfolgt in zwei Schritten. Zuerst wird einer temporären Variablen die wahre z-Koordinate zugewiesen; anschließend erfolgt die eigentliche Umwandlung gemäß des weiter oben vorgestellten Gleichungssystems:

```
double wz = 1.0 / act_invz;

long texture_offset = long( act_ty * wz ) * texture.xscale +
                      long( act_tx * wz ) ];

sbuffer[ offset ] = texture.picture[ texture_offset ];
```

Wenn man nur den Kehrwert (1 / a) einer beliebigen Zahl a besitzt und den wahren Wert der Zahl ausrechnen möchte, muss lediglich die Konstante 1.0 durch den Kehrwert geteilt werden:

1.0 / (1 / a) = 1.0 * (a / 1) = a

Wenn im Laufe des *Post Projection Clipping* die lokale Definition des darzustellenden Polygons um weitere Punkte erweitert werden muss, darf die explizite Bestimmung der neuen Komponenten svertex::inv_z nicht vergessen werden. Während der Ausführung von get_xplane_coords() und get_yplane_coords() spielt es keine Rolle, ob die Variablen svertex::tx und svertex::ty normale oder projizierte Texturkoordinaten enthalten; eine Veränderung der Funktionen ist in diesem Zusammenhang nicht erforderlich.

8.2.3 Praktischer Einsatz des Perspective-Texture-Mapping-Algorithmus

Das in den vorherigen Abschnitten entwickelte *Perspective-Texture-Mapping*-Algorithmus wird in Form des nächsten Programms in die Praxis umgesetzt. Um die Beseitigung des *Warping*-Effekts, welcher beim Einsatz des *Linear Texture Mapping* entsteht, besser veranschaulichen zu können, wird eine neue Textur eingesetzt. Diese enthält Hilfslinien, welche parallel zu den Polygonseiten verlaufen. Es spielt keine Rolle, wie der Würfel rotiert wird; der gerade Verlauf dieser Linien wird nicht beeinträchtigt.

```
/////////////////////////       a8_2.cpp       /////////////////////////
//////                                                           //////
//////   Implementierung des Perspective Texture Mapping         //////
//////   Algorithmus                                             //////
//////   Auflösung: beliebig, Farbtiefe: 8 Bit                   //////
//////                                                           //////
/////////////////////////////////////////////////////////////////////

#include <windows.h>

#include "s8_2.h"
#include "m8_2.h"
#include "t8_2.h"
#include "gv8_2.h"

uchar handle_input( MSG *msg, thing *t );

int WINAPI WinMain( HINSTANCE hInstance, HINSTANCE hPrevInstance, LPSTR
lpCmdLine, int iCmdShow )
{
  initialise_world( hInstance, 640, 480, 8 );

  thing cube( "cube2.tg3" );

  matrix m;
  m.scale( 5, 5, 5 );
  m.translate( 0, 0, 40 );
  cube.update_pos( m );
```

```
  m.clear();

  for( long x=0 ; x<x_res*y_res ; x++ ) zbuffer[ x ] = z_max;

  MSG message;
  while( 1 )
  {
    if( handle_input( &message, &cube ) ) break;

    if( clear_translation > max_clear_translation ) clear_translation -= z_max;
    else
    {
      for( long x=0 ; x<x_res*y_res ; x++ ) zbuffer[ x ] = z_max;
      clear_translation = 0.0;
    }
    for( long x=0 ; x<x_res*y_res ; x++ ) sbuffer[ x ] = 0;

    cube.display();

    uchar *screen = (uchar *) surface.get_screen_pointer();
    memcpy( screen, sbuffer, x_res * y_res * sizeof( sbuffer[ 0 ] ) );
    surface.release_screen_pointer();
  }

  destroy_world();

  return message.wParam;
}

uchar handle_input( MSG *msg, thing *t )
{
  if( PeekMessage( msg, NULL, 0, 0, PM_REMOVE ) )
  {
    if( msg->message == WM_QUIT ) return 1;

    TranslateMessage( msg );
    DispatchMessage( msg );
  }

  matrix m;
  m.translate( -t->wpos.wx, -t->wpos.wy, -t->wpos.wz );
```

```cpp
    if(      GetKeyState( VK_UP      ) < 0 ) m.rotate( 0.1, 0, 0 );
    else if( GetKeyState( VK_DOWN    ) < 0 ) m.rotate( -0.1, 0, 0 );
    else if( GetKeyState( VK_LEFT    ) < 0 ) m.rotate( 0, 0.1, 0 );
    else if( GetKeyState( VK_RIGHT   ) < 0 ) m.rotate( 0, -0.1, 0 );
    else if( GetKeyState( VK_HOME    ) < 0 ) m.rotate( 0, 0, 0.1 );
    else if( GetKeyState( VK_END     ) < 0 ) m.rotate( 0, 0, -0.1 );
    else if( GetKeyState( VK_NUMPAD6 ) < 0 ) m.translate( 1, 0, 0 );
    else if( GetKeyState( VK_NUMPAD4 ) < 0 ) m.translate( -1, 0, 0 );
    else if( GetKeyState( VK_NUMPAD8 ) < 0 ) m.translate( 0, 1, 0 );
    else if( GetKeyState( VK_NUMPAD2 ) < 0 ) m.translate( 0, -1, 0 );
    else if( GetKeyState( VK_PRIOR   ) < 0 ) m.translate( 0, 0, 1 );
    else if( GetKeyState( VK_NEXT    ) < 0 ) m.translate( 0, 0, -1 );
    else if( GetKeyState( VK_ESCAPE  ) < 0 ) return 1;

    m.translate( t->wpos.wx, t->wpos.wy, t->wpos.wz );
    t->update_pos( m );

    return 0;
}
```

//////////////////////// Ende a8_2.cpp ////////////////////////

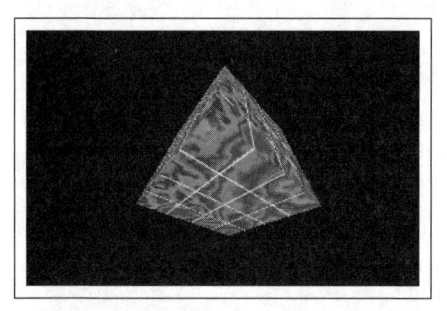

Abb. 8.17: Ausgabe des Programms *a8_2*

Trotz der Verzerrungseffekte, welche mit dem Einsatz des *Linear-Texture-Mapping-*Algorithmus verbunden sind, gibt es Situationen, in denen dieser aus Effizienzgründen der perspektivischen Projektion von Texturen vorzuziehen ist. Ein Beispiel hierfür sind Flugsimulatoren: Die dazugehörigen Landschaften bestehen in der Regel aus einer großen Anzahl an Polygonen, welche in großer Höhe überflogen werden. Aufgrund der Entfernung und der hohen Geschwindigkeit bleibt das Aussehen der einzelnen Vielecke dem Benutzer verborgen.

Wird in diesem Fall der *Perspective-Texture-Mapping*-Algorithmus eingesetzt, sind die grafischen Verbesserungen äußerst gering; gleichzeitig wirkt sich der hierdurch entstehende, erhöhte Rechenaufwand negativ auf die Ausführungsgeschwindigkeit des Programms aus.

8.3 Höhere Genauigkeit durch den Einsatz des inversen Z-Buffer-Algorithmus

Beim Experimentieren mit den Programmen vorheriger Kapitel ist es möglich, dass der *Warping*-Effekt, welcher im Zusammenhang mit *Linear Texture Mapping* vorgestellt wurde, bereits in anderen Zusammenhängen aufgetreten ist. Dieser Verzerrungseffekt kann beispielsweise bei dem Versuch entstehen werden, die Pixel eines Polygons in Abhängigkeit von ihrer räumlichen Tiefe zu schattieren. Im Folgenden wird näher auf diese Problemstellung eingegangen.

8.3.1 Simple Depth Shading

Wie wir wissen, erfordert die Verwendung des *Z-Buffer-Algorithmus* die explizite Berechnung der z-Koordinate jedes zu setzenden Pixels. Diese z-Koordinate, welche in den vorherigen Programmen die Bezeichnung `act_z` trägt, wurde stets für die Überprüfung von Pixeln auf Sichtbarkeit eingesetzt. Es ist jedoch durchaus möglich, diesen Wert auch für andere Operationen einzusetzen.

Angenommen, man besitzt einen Farbverlauf zwischen den Farben `begin_color` und `end_color`. In den 8-Bit-Farbmodi muss dieser Verlauf Teil der 8-Bit-Palette sein, ansonsten müssen seine Tertiärfarben in einem Array enthalten sein. Die Farbe jedes Pixels wird von seiner räumlichen Tiefe festgelegt: Wenn der Pixel die z-Koordinate `z_min` besitzt, muss es die Farbe `begin_color` annehmen. Für den Fall, dass das Pixel eine Position ausdrückt, welche sich am hinteren Ende des *Viewports* an der Position `z_max` befindet, erhält es die Farbe `end_color`. Jede andere z-Koordinate, welche zwischen diesen beiden Marken liegt, muss mit einer Farbe verknüpft sein, welche sich innerhalb des Farbverlaufs an der entsprechenden Position befindet.

Das Problem ist, wie man auf der Grundlage der z-Koordinaten `act_z` jedes Pixels die Position des entsprechenden Farbtons innerhalb des dazugehörigen Arrays ermitteln kann. Um dieses Problem lösen zu können, müssen die in der Spezifikation gegebenen z-Koordinaten und Farben einander zugeordnet werden:

Z-Koordinate	Position des dazugehörigen Farbtons innerhalb des Arrays
z_min	0
z_max	(array_length − 1)
act_z	color_offset

Der Wert **(array_length − 1)** gibt die Position der Farbe `end_color` innerhalb des Farbarrays an. **act_z** und **color_offset** stellen eine beliebige z-Koordinate und die dazugehörige Farbposition dar. Hierbei handelt es sich nicht um eine proportionale Zuordnung, weil die Vorgabe der Quotientengleichheit nicht gegeben ist:

(0 / z_min) <ungleich> (array_length − 1) / z_max

Weitere Informationen über diese Zuordnung lassen sich gewinnen, indem die Zuordnung um andere Werte erweitert wird, welche unter Betrachtung der Spezifikation miteinander verknüpft werden müssen. Wenn man noch wenig Erfahrung mit der Lösung ähnlicher Gleichungssysteme besitzt, kann die Aussagekraft der Zuordnung durch die Verwendung von Zahlenwerten erhöht werden. Hierzu definieren wir willkürlich, dass **z_min** und **z_max** die Werte **20** und **40** besitzen, während `end_color` an der Position **10** zu finden ist:

Farbposition	0	1	2	3	4	5	6	7	8	9	10
Z-Koordinate	20	22	24	26	28	30	32	34	36	38	40

Hierbei fällt auf, dass die Abstände zwischen den Werten in der oberen und der unteren Zeile der Tabelle jeweils gleich sind. Daraus folgt, dass wir es hierbei mit einer beliebigen regelmäßigen Zuordnung zu tun haben. In diesem Fall lässt sich die gesuchte Größe **f(x)** mithilfe folgender Gleichung ermitteln, welche und bereits seit dem 1. Kapitel bekannt ist:

f(x) = [f(x_t) − f(x_0)] / (x_t − x_0) * (x − x_0) + f(x_0)

Beim Eingabewert **x** dieser Funktion handelt es sich um die beliebige z-Koordinate **act_z**; die Funktion berechnet den dazugehörigen Farboffset **f(x)**. Hierzu stehen uns die Werte x_0 und x_t zur Verfügung, ausgedrückt durch **z_min** und **z_max**. Anhand der beliebigen Zuordnung kann festgestellt werden, dass diesen Konstanten die Werte **0** bzw. **(array_length − 1)** zugeordnet werden. Setzt man diese Größen in die gegebene Beziehung ein, ergibt sich

color_offset = [(array_length − 1) − 0] / (z_max − z_min) * (act_z − z_min) + 0

was gleichbedeutend ist mit

color_offset = (array_length − 1) / (z_max − z_min) * (act_z - z_min)

Die Richtigkeit dieser Beziehung kann anhand der gegebenen Tabelle mit konstanten Zahlenwerten überprüft werden. Diese Gleichung zur Ermittlung der Farbposition geht davon aus, dass die Variable **act_z** die dreidimensionale z-Koordinate des zu setzenden Pixels enthält. Diese Vorgabe trifft jedoch nicht zu, wenn das *Clear-Reduction*-Algorithmus aktiv ist; in diesem Fall handelt es sich bei **act_z** um die Summe aus der gesuchten z-Koordinaten und dem Wert der Variablen `clear_translation`.

Der Wert der Variablen `clear_translation` wird einmal in jedem Frame in der Hauptschleife des Programms aktualisiert; während der Visualisierung der gesamten dreidimensionalen Welt, welche in einem Bildaufbau durchgeführt wird, besitzt diese Variable jedoch einen konstanten Wert. Aus diesem Grund kann die wahre z-Koordinate jedes Pixels mittels der Subtraktion des Wertes von `clear_translation` ermittelt werden. Diese Operation ist die Umkehrung der Addition, welche während der Projektion durchgeführt wird.

```
long color_offset;
double z;

z = act_z - clear_translation;
color_offset = long( (array_length - 1) / (z_max - z_min) *
                     (z - z_min) );
```

8.3.2 Praktischer Einsatz des Depth-Shading-Algorithmus

Der praktische Einsatz des *Depth-Shading*-Algorithmus setzt zunächst einmal die Definition der Farben `begin_color` und `end_color` sowie der Länge des entsprechenden Farbverlaufs:

```
pixel_32 begin_color( 255, 0, 0 );
pixel_32 end_color( 0, 0, 255 );
const long array_length = 400;
pixel_32 *color_array;
```

Die Tertiärfarben des Verlaufs werden während der Durchführung der Funktion `initialise_color_array()` innerhalb des Arrays `color_array[]` gespeichert. Die Arbeitsweise dieser Funktion ist entsprechend einfach: Die Ermittlung der Komponenten der einzelnen Farbschattierungen dieses Verlaufs 1. Grades erfolgt unter Verwendung der linearen Interpolation.

Um den Farbverlauf auf den Oberflächen der Polygone erkennen zu können, ist eine Reduzierung der Tiefe des Viewports erforderlich, weil der Unterschied zwischen `z_min` und `z_max` nicht allzu groß sein darf:

```
const double z_min = 5.0;
const double z_max = 50.0;
```

Für die Durchführung des einfachen *Depth Shading* sind keine Texturen erforderlich; zwecks einer besseren Übersicht enthält *a8_3* keine Implementierung des *Texture-Mapping*-Algorithmus. Die Farbgebung der Pixel erfolgt in Abhängigkeit von ihren z-Koordinaten. Aus diesem Grund können für den Aufbau der Polyeder ein-

Kapitel 8
Texture Mapping

fache Dateien vom Typ .*TG1* eingesetzt werden, deren Farbinformationen bei der Ausführung von polygon::load() ignoriert werden. Die letzte Schleife des Visualisierungsprozesses jedes Polygons besitzt folgenden Aufbau:

```
while( length-- > 0 )
{
  if( act_z < zbuffer[ offset ] )
  {
    double z = act_z - clear_translation;
    long color_offset = long( (array_length - 1) /
                              (z_max - z_min) * (z - z_min) );

    sbuffer[ offset ] = color_array[ color_offset ];
    zbuffer[ offset ] = act_z;
  }

  offset++;
  act_z += z_step;
}
```

Die Ausgabe des Programms ist besonders interessant, weil das Erscheinungsbild des Polyeders durch seine räumliche Tiefe und nicht durch die Ausrichtung seiner Polygone in Bezug zur Lichtquelle festgelegt wird. Dieser Effekt lässt sich am besten durch eine benutzerdefinierte Verschiebung der Figur entlang der z-Achse beobachten.

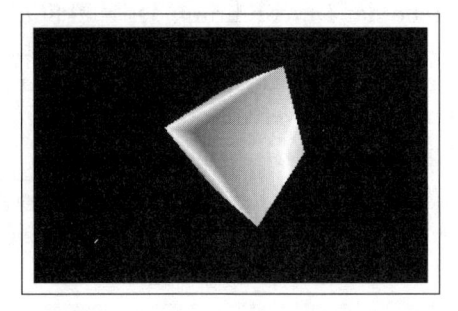

Abb. 8.18: Erscheinungsbild des Programms *a8_3*

Interessante Effekte lassen sich erzielen, wenn jedem Polygon eine eigene Version des Felds color_array[] zur Verfügung steht, mit eigenen Anfangs- und Endfarben. Wenn alle Endfarben mit der Farbe des Hintergrunds identisch sind, würde bei der Verschiebung des Polyeders in Richtung der +z-Achse der Eindruck erweckt, die Figur verschwinde in einem virtuellen Nebel.

8.3.3 Z-Buffer-Algorithmus unter Verwendung inverser z-Koordinaten

Das Programm *a8_3* stellt auf einer sehr genauen Weise die Werte der z-Koordinaten *grafisch* dar, welche in jedem Pixel bei der Durchführung des *Z-Buffer-Algorithmus* berechnet werden. Bei einer genauen Betrachtung der Ausgabe des Programms fällt jedoch etwas Merkwürdiges auf: In einigen Fällen tritt beim Übergang der Anfangs- in die Endfarbe eine gewisse Verzerrung auf. Je höher der Grad des Farbverlaufs ist, welches innerhalb des Feldes color_array[] enthalten ist, umso genauer ist diese Verzerrung erkennbar.

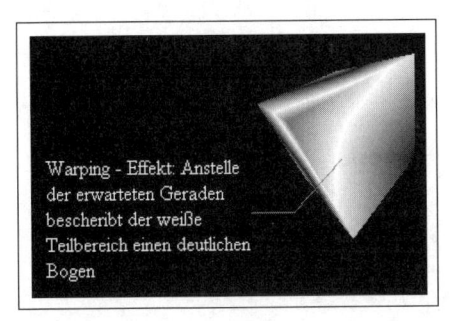

Abb. 8.19: Warping-Effekt bei der Schattierung eines Polygons unter Verwendung normaler z-Koordinaten

Die Farben, welche die Oberfläche der Polygone gesetzt werden, sind ein Spiegelbild der z-Koordinaten der Pixel. Aus diesem Grund ist die hier sichtbare Verzerrung ein Hinweis darauf, dass bei der Berechnung der z-Koordinaten eine nicht vermutete Ungenauigkeit auftritt.

Dieser Fehler lässt sich weitaus deutlicher hervorheben: Hierzu teilt man den dreidimensionalen Raum in mehreren gleich großen Kompartimenten auf. Die Pixel auf der Oberfläche eines Polygons, welche Teil desselben räumlichen Unterbereichs sind, wird die gleiche Farbe zugewiesen. Die z-Koordinate des zu setzenden Pixels entscheidet darüber, in welchem Kompartiment sich dieser befindet:

z-Koordinate des Pixels	Farbe des Kompartiments
kleiner gleich **12**	Rot
zwischen **12** und **14**	Grün
zwischen **14** und **16**	Blau
zwischen **16** und **18**	Gelb
zwischen **18** und **20**	Magenta
größer **20**	Cyan

Wenn die z-Koordinate eines Pixels demnach zwischen **12.0** und **14.0** liegt, muss das Pixel **Grün (0, 255, 0)**$_{RGB\_256}$ gezeichnet werden. Falls die z-Koordinate jedoch

Kapitel 8
Texture Mapping

größer als **20.0** ist, muss das Pixel die Farbe **Cyan (0, 255, 255)**$_{\text{RGB\_256}}$ annehmen. Diese Unterteilung der Pixel kann folgendermaßen in die innerste Schleife der Rasterizationsfunktion eingefügt werden:

```
while( length-- > 0 )
{
  if( act_z < zbuffer[ offset ] )
  {
    double z = act_z - clear_translation;

    pixel_32 color;

    if( z <= 12 ) color = pixel_32( 255, 0, 0 );
    else if( z > 12 && z <= 14 ) color = pixel_32( 0, 255, 0 );
    else if( z > 14 && z <= 16 ) color = pixel_32( 0, 0, 255 );
    else if( z > 16 && z <= 18 ) color=pixel_32( 255, 255, 0 );
    else if( z > 18 && z <= 20 ) color=pixel_32( 255, 0, 255 );
    else if( z > 20 ) color = pixel_32( 0, 255, 255 );

    sbuffer[ offset ] = color;
    zbuffer[ offset ] = act_z;
  }

  offset++;
  act_z += z_step;
}
```

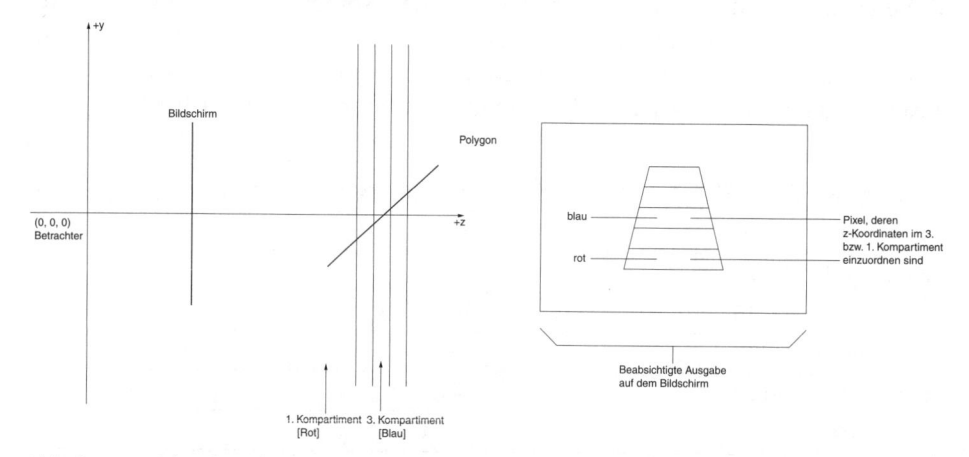

Abb. 8.20: Links: Lage der Kompartimente innerhalb des dreidimensionalen Raums sowie das theoretische Aussehen des Polygons auf dem Bildschirm (rechts)

Wenn man sich die Lage der Kompartimente innerhalb des dreidimensionalen Raums vorstellt, müssen die Grenzen zwischen den einfarbigen Bereichen auf die Oberfläche des Polygons stets parallel sein, gleichgültig, wie das Vieleck ausgerichtet ist. Diese Vorgabe wird der Praxis nicht immer erfüllt; wie man anhand der Abbildung 8.21 feststellen kann, verhindert die bereits festgestellte Verzerrung eine genaue Berechnung der z-Koordinaten.

Die in Abbildung 8.21 hervorgehobene Ungenauigkeit verhält sich genauso wie der *Warping-Effekt*, welcher wir im Zusammenhang mit *Linear Texture Mapping* kennen gelernt haben: Je größer der Unterschied zwischen den Längen der einzelnen Polygonseiten ist, umso stärker tritt die Verzerrung in Erscheinung.

Abb. 8.21: Ausgabe des Programms *a8_4*: Der *Warping-Effekt*, welcher im Zusammenhang mit *Linear Texture Mapping* beschrieben wurde, tritt auch bei der bisherigen Implementierung des *Z-Buffer-Algorithmus* auf.

Der hier vorliegende *Warping-Effekt* besitzt grundsätzlich dieselbe Ursache wie die Verzerrung bei der linearen Projektion einer Bitmap auf ein Polygon. Die zweidimensionalen Bildschirmkoordinaten jedes Punkts entstehen während der Projektion. Dieser Vorgang besteht aus der Teilung der dreidimensionalen **(x, y)**-Koordinaten durch die z-Koordinate. Die anschließend durchgeführte Multiplikation mit der Projektionskonstanten sowie die Addition sind in diesem Zusammenhang irrelevant, weil diese keinen Einfluss auf den *Warping-Effekt* besitzen:

sx = wx / wz
sy = wy / wz

Zweidimensionale Bildschirmkoordinaten setzen sich somit aus den dreidimensionalen **(x, y)**- und den *inversen* z-Koordinaten zusammen. Diese zweidimensionalen Koordinaten werden eingesetzt, um die Position von Pixel auf dem Bildschirm auszurechnen:

offset = sy * x_res + sx

Die Variable **offset** enthält somit die inversen z-Koordinaten von **sx** und **sy**. Aus diesem Grund werden bei der Interpolation von Bildschirmoffsets entlang der Polygonseiten und Rasterzeilen auch die besagten inversen z-Koordinaten interpoliert.

Kapitel 8
Texture Mapping

Im Zuge der Durchführung des *Z-Buffer-Algorithmus* findet gleichzeitig aber auch die Interpolation der wahren z-Koordinaten des darzustellenden Polygons statt.

Wie wir seit der theoretischen Beschreibung des *Perspective-Texture-Mapping*-Algorithmus wissen, führt die Interpolation wahrer und invereser z-Koordinaten zu unterschiedlichen Ergebnissen: Der Kehrwert der wahren z-Koordinaten eines Pixels ist ungleich der inversen z-Koordinaten, welche in seiner Bildschirmposition enthalten ist. Diese Ungleichheit drückt sich schließlich als *Warping-Effekt* aus; diese Verzerrung ist in der bekannten Abbildung 8.21 grafisch hervorgehoben.

Grundlagen des Einsatzes des inversen Z-Buffer-Algorithmus

Wie man diesen Ausführungen entnehmen kann, lässt sich dieser Verzerrungseffekt ganz einfach beseitigen, wenn der *Z-Buffer-Algorithmus* auf der Grundlage inverser z-Koordinaten durchgeführt wird. Bei der Durchführung des inversen *Z-Buffer-Algorithmus* ist die Kenntnis der wahren z-Koordinaten nicht erforderlich. Die Inversion der Koordinaten findet während der Projektion statt; ihre auf diese Weise veränderten Werte werden auch weiterhin in `svertex::sz` und `screen_side::sz` eingetragen und wie gehabt entlang der Polygonseiten und Rasterzeilen interpoliert:

```
void polygon::project( void )
{
  double inv_z;

  for( long x=0 ; x<cp_point_count ; x++ )
  {
    inv_z = 1.0 / wpoint[ x ].wz;

    if( wpoint[ x ].wz > 0.0 )
    {
      spoint[ x ].sx = long( wpoint[ x ].wx * inv_z *  200.0 +
                             x_res / 2 );
      spoint[ x ].sy = long( wpoint[ x ].wy * inv_z * -200.0 +
                             y_res / 2 );
      spoint[ x ].sz = inv_z;
    }

    else exit( "polygon::project(): Ungültige z - \
                Koordinate.\n" );
  }
}
```

Die Überprüfung aus Sichtbarkeit, welche in der letzten Schleife der Rasterizationsfunktion durchgeführt wird, muss ebenfalls an die Verwendung inverser z-

Koordinaten angepasst werden. Bemerkenswert ist, dass bei der Inversion einer z-Koordinate das Ergebnis umso *kleiner* ist, je größer der Wert der Koordinaten ist:

Beispielszahl a	Kehrwert (1 / a)
80	0.0125
30	0.0333
20	0.05
2	0.5

Wenn die inverse z-Koordinate des aktuell zu setzenden Pixels einen *größeren* Wert besitzt als die inverse z-Koordinate aus dem Z-Buffer, liegt der aktuell zu setzende Pixel näher beim Betrachter, und die Farbe des bereits gesetzten Pixels darf überschrieben werden.

Es folgen die letzten zwei Schleifen der Rasterizationsfunktion eines Visualisierungsprozesses, welcher unter Verwendung des inversen *Z-Buffer-Algorithmus* arbeitet. Zwecks einer besseren Übersicht wird das Polygon mit einer einzigen Farbe gefüllt, vom Einsatz erweiterter Effekte wie Polygonschattierung oder *Texture Mapping* wird abgesehen:

```
for( y = spoint[ top ].sy ; y <= spoint[ bottom ].sy ; y++ )
{
  length = right_side[ y ].offset - left_side[ y ].offset;

  z_step = (right_side[ y ].sz - left_side[ y ].sz) / length;

  offset = left_side[ y ].offset;
  act_z = left_side[ y ].sz;

  while( length-- > 0 )
  {
    if( act_z > zbuffer[ offset ] )
    {
      sbuffer[ offset ] = color;
      zbuffer[ offset ] = act_z;
    }

    offset++;
    act_z += z_step;
  }
}
```

Wenn der *Clear-Reduction*-Algorithmus nicht zum Einsatz kommt, muss der Inhalt des *Z-Buffers* in jedem Frame zurückgesetzt werden; hierbei werden sämtlichen z-Koordinaten des *Z-Buffers* der Wert der maximalen z-Koordinate, welche ein Vertex annehmen kann, zugewiesen. Diese Operation verhindert, dass die Werte, welche im Laufe der Visualisierung des letzten Frames innerhalb des Z-Buffers eingetragen worden sind, bei der Darstellung des aktuellen Frames Grafikfehler verursachen.

Die Tatsache, dass der *Z-Buffer-Algorithmus* unter Verwendung inverser z-Koordinate arbeitet, muss auch beim Löschen des Inhalts des *Z-Buffers* berücksichtigt werden. Bei einer inversen z-Koordinaten handelt es sich um einen Wert **z**, durch welchen die Konstante **1.0** geteilt wird:

$$inv\_z = \frac{1.0}{z} \qquad z, inv\_z \in \mathbb{R}$$

Wie man leicht nachvollziehen kann, ist **inv_z** umso kleiner, je größer der Wert der Variablen **z** ist. Im Fall eines unendlich großen Werts für **z** weist die Variable **inv_z** den Wert **0** auf:

$$\lim_{z \to \infty} \frac{1.0}{z} = 0$$

Wenn wir diesen Sachverhalt auf den *Z-Buffer* übertragen, kann die Aussage formuliert werden, dass der inverse Wert einer unendlich großen z-Koordinate **0** lautet. Aus diesem Grund müssen die Elemente des *Z-Buffers* unter Verwendung dieses Werts zurückgesetzt werden:

```
for( long x=0 ; x<x_res*y_res ; x++ ) zbuffer[ x ] = 0.0;
```

Praktischer Einsatz des inversen Z-Buffer-Algorithmus

Die Aufgabe unseres nächsten Programms besteht in der Demonstration der Genauigkeit des inversen Z-Buffer-Algorithmus. Hierzu wird der Darstellungsprozess des Vorgängers *a8_4* auf der Grundlage inverser z-Koordinaten durchgeführt. Wie bereits beschrieben, werden diese während der Ausführung der Projektionsfunktion ermittelt und entlang der Polygonseiten und Rasterzeilen linear interpoliert.

```
///////////////////////////          a8_5.cpp          ///////////////////////////
//////                                                                     //////
//////    Demonstration der Funktionsweise des inversen                    //////
//////    Z-Buffer-Algorithmus                                             //////
//////    Auflösung: beliebig, Farbtiefe: 32 Bit                           //////
//////                                                                     //////
///////////////////////////////////////////////////////////////////////////////////
```

```c
#include <windows.h>

#include "s8_5.h"
#include "m8_5.h"
#include "t8_5.h"
#include "gv8_5.h"

uchar handle_input( MSG *msg, thing *t );

int WINAPI WinMain( HINSTANCE hInstance, HINSTANCE hPrevInstance, LPSTR
lpCmdLine, int iCmdShow )
{
  initialise_world( hInstance, 640, 480, 32 );

  thing cube( "w8_5.tg1" );

  matrix m;
  m.scale( 5, 5, 5 );
  m.translate( 0, 0, 40 );
  cube.update_pos( m );
  m.clear();

  for( long x=0 ; x<x_res*y_res ; x++ ) zbuffer[ x ] = 0.0;

  MSG message;
  while( 1 )
  {
    if( handle_input( &message, &cube ) ) break;

    for( long x=0 ; x<x_res*y_res ; x++ )
    {
      zbuffer[ x ] = 0.0;
      sbuffer[ x ] = pixel_32( 0, 0, 0 );
    }

    cube.display();

    pixel_32 *screen = (pixel_32 *) surface.get_screen_pointer();
    memcpy( screen, sbuffer, x_res * y_res * sizeof( sbuffer[ 0 ] ) );
    surface.release_screen_pointer();
  }

  destroy_world();
```

```
    return message.wParam;
}

uchar handle_input( MSG *msg, thing *t )
{
  if( PeekMessage( msg, NULL, 0, 0, PM_REMOVE ) )
  {
    if( msg->message == WM_QUIT ) return 1;

    TranslateMessage( msg );
    DispatchMessage( msg );
  }

  matrix m;
  m.translate( -t->wpos.wx, -t->wpos.wy, -t->wpos.wz );

  if(      GetKeyState( VK_UP      ) < 0 ) m.rotate( 0.1, 0, 0 );
  else if( GetKeyState( VK_DOWN    ) < 0 ) m.rotate( -0.1, 0, 0 );
  else if( GetKeyState( VK_LEFT    ) < 0 ) m.rotate( 0, 0.1, 0 );
  else if( GetKeyState( VK_RIGHT   ) < 0 ) m.rotate( 0, -0.1, 0 );
  else if( GetKeyState( VK_HOME    ) < 0 ) m.rotate( 0, 0, 0.1 );
  else if( GetKeyState( VK_END     ) < 0 ) m.rotate( 0, 0, -0.1 );
  else if( GetKeyState( VK_NUMPAD6 ) < 0 ) m.translate( 1, 0, 0 );
  else if( GetKeyState( VK_NUMPAD4 ) < 0 ) m.translate( -1, 0, 0 );
  else if( GetKeyState( VK_NUMPAD8 ) < 0 ) m.translate( 0, 1, 0 );
  else if( GetKeyState( VK_NUMPAD2 ) < 0 ) m.translate( 0, -1, 0 );
  else if( GetKeyState( VK_PRIOR   ) < 0 ) m.translate( 0, 0, 1 );
  else if( GetKeyState( VK_NEXT    ) < 0 ) m.translate( 0, 0, -1 );
  else if( GetKeyState( VK_ESCAPE  ) < 0 ) return 1;

  m.translate( t->wpos.wx, t->wpos.wy, t->wpos.wz );
  t->update_pos( m );

  return 0;
}
```

//////////////////////// Ende a8_5.cpp ////////////////////////

act_z stellt in diesem Fall die inverse z-Koordinate des zu setzenden Pixels dar. Vor der Visualisierung der unterschiedlichen Kompartimente unter Verwendung der ihnen zugeordneten Farbe muss die inverse z-Koordinate wie beschrieben in eine normale z-Koordinate umgewandelt werden. Anhand der Ausgabe von *a8_5* kann lässt sich feststellen, dass mithilfe der Verwendung inverser z-Koordinaten die parallelen Grenzen der unterschiedlichen Kompartimente richtig wiedergegeben werden können.

Abb. 8.22: Ausgabe des Programms *a8_5*

Wie man anhand der Ausgabe der vorherigen Programme feststellen kann, lassen sich keine Darstellungsfehler auf die Tatsache zurückführen, dass bei der Implementierung des *Z-Buffer-Algorithmus* wahre z-Koordinaten interpoliert werden. Der Grund hierfür besteht darin, dass der beschriebene *Warping-Effekt* bei der Berechnung *sämtlicher* z-Koordinaten auftritt. Aufgrund der gleichen Natur des Fehlers bleiben die tatsächlichen Verhältnisse zwischen den einzelnen z-Koordinaten unbeeinträchtigt, was eine richtige Darstellung der Gegenstände zur Folge hat.

Anhand dieser Ausführungen lässt sich feststellen, dass es für die Ausgabe des Programms unbedeutend ist, ob bei der Implementierung des *Z-Buffer-Algorithmus* wahre oder inverse z-Koordinaten verwendet werden. Das gilt jedoch nur, solange die Koordinaten sämtlicher Gegenstände, welche in einem Programm dargestellt werden, die gleiche Form besitzen. Wenn im Laufe der Visualisierung einer dreidimensionalen Welt sowohl wahre als auch inverse Koordinaten zusammen eingesetzt werden, treten zwangsläufig Darstellungsfehler auf.

8.4 Multitextureffekte

Bisher haben wir eine einzige Textur eingesetzt, um das Aussehen eines bestimmten Polygons festzulegen. In der realen Welt kann sich das Aussehen eines Gegenstands jedoch jederzeit ändern: Glühbirnen können flackern, bei der Fahrt durch staubiges Gelände werden Autos verschmutzt, elektrische Werbung wechselt nachts ihr Erscheinungsbild, um deutlicher wahrgenommen werden zu können.

Weitaus interessantere und realitätsgetreuere Grafiken können erzeugt werden, wenn diese Phänomene während der Ausführung eigener Programme simuliert werden. Hierzu muss für jedes mögliche Aussehen eines Polygons eine eigene Textur erstellt werden. Wenn sich das Erscheinungsbild des Vielecks ändern muss, wird die Bitmap, welche auf das Polygon projiziert wird, durch eine andere ausgetauscht. Grundsätzlich kann die Veränderung des Aussehens eines Polygons in zwei Kategorien eingeteilt werden: statische und dynamische Multitextureffekte.

8.4.1 Statische Multitextureffekte

Statische Multitextureffekte werden eingesetzt, wenn eine plötzliche Veränderung des Aussehens eines Gegenstands simuliert werden muss. Ein gutes Beispiel hierfür ist eine Wand, welche von einer Lichtquelle beleuchtet werden kann. Wenn die Glühbirne ausgeschaltet ist, wird die Wand vom Umgebungslicht beleuchtet und besitzt dadurch ein einheitliches Aussehen. Beim Einschalten der Glühbirne wirken die direkt angeleuchteten Bereiche besonders hell; zur gleichen Zeit hat man auch den Eindruck, dass die übrigen Bereiche der Wand dunkler erscheinen.

Wichtige Merkmale statischer Multitextureffekte:

- Bei der Simulation dieser Effekte werden meist nur wenige Texturen eingesetzt.
- Die Änderung der Textur erfolgt schlagartig und muss explizit durch ein bestimmtes Ereignis, einem so genannten *Event*, ausgelöst werden. Beispiele für diese Art von *Events* sind das Einschalten der Glühbirne oder das Auftreffen eines Gegenstands auf die Oberfläche der Glasscheibe. Wie man hieran erkennen kann, sind die Auslöser von dem zu simulierenden Effekt abhängig.
- Die Veränderung einer Textur ist permanent. Anders ausgedrückt, bleibt die angezeigte Bitmap für lange Zeit sichtbar, weil das *Event*, das für ihre Veränderung notwendig ist, in der Regel relativ selten eintritt.

Implementierung statischer Multitextureffekte

Bei der Durchführung des *Texture-Mapping*-Algorithmus legt die Textur das Aussehen des Polygons fest und ist aus diesem Grund ein Teil der Definition des Vielecks. Die Unterstützung statischer Multitextureffekte setzt demzufolge voraus, dass alle Bitmaps, welche auf das Polygon projiziert werden können, innerhalb der Definition des Vielecks aufzunehmen sind:

```
class polygon
{
  private:
    long point_count, cp_point_count,
         texture_count, act_texture;

    point *points;
    bmp_32 *textures;

    void z_clipping( void );
    void project( void );
```

```
    void xy_clipping( void );

    uchar visible( void );
    void shape( pixel_32 *sbuffer );
    void rasterize( pixel_32 *sbuffer );

  public:
    void load( ifstream *thing_def, vertex *v );
    void display( vertex *v, pixel_32 *sbuffer );
    void next_texture( void )
      { if( ++act_texture >= texture_count ) act_texture = 0; }

    polygon( const polygon &p );
    polygon( void ) : point_count( 0 ), cp_point_count( 0 ),
                      texture_count( 0 ), act_texture( 0 ),
                      points( NULL ) { }
    ~polygon( void )
    {
       if( points ) delete [] points;
       if( textures ) delete [] textures;
    }
};
```

Es folgt eine Übersicht über die neu hinzugekommenen bzw. veränderten Komponenten der Klasse polygon:

Variable	Aufgabe
texture_count:	gibt die Anzahl der Elemente des Arrays textures[] an
act_texture:	enthält die Position der Textur, welche im Laufe der Rasterization auf die Oberfläche des Polygons projiziert werden muss. Diese Position bezieht sich auf das Feld textures[].
textures[]:	In diesem Array befinden sich sämtliche Bitmaps, welche für die Festlegung des Aussehens des Polygons eingesetzt werden können

Funktion	Aufgabe / Definition
next_texture():	Beim Auftreten eines entsprechenden *Events* muss diese Funktion aufgerufen werden, um das Aussehen des Polygons zu verändern. Dies kann beispielsweise durch die Erhöhung des Texturoffsets act_texture erreicht werden; diese Vorgehensweise impliziert jedoch eine entsprechende Anordnung der Bitmaps innerhalb des Felds textures[].

Kapitel 8
Texture Mapping

In einigen Fällen kann `texture_offset` jedoch auch direkt von der eventverarbeitenden Routine verändert werden.

rasterize(): Der *Texture-Mapping*-Algorithmus sieht vor, dass die Farbe jedes Pixels unter Verwendung entsprechender Texturkoordinaten aus einer Bitmap zu entnehmen ist. Wenn einem Polygon jedoch mehrere Texturen zur Verfügung stehen, ist es zunächst notwendig, die einzusetzende Bitmap unter Verwendung der Variablen `act_texture` auszuwählen.

Diese Vorgabe kann beispielsweise eingehalten werden, indem während der Ausführung von `polygon::rasterize()` zunächst ein temporärer Zeiger auf den Anfang des entsprechenden Arrays `bmp_32::picture[]` definiert:

```
long xscale = textures[ act_texture ].xscale;
pixel_32 *picture = textures[ act_texture ].picture;
```

und bei der Darstellung der Rasterzeilen eingesetzt wird. Bei Verwendung des *Linear Texture Mapping* ergibt sich somit:

```
long texture_offset = long( act_ty ) * xscale + long( act_tx );
sbuffer[ offset ] = picture[ texture_offset ];
```

load():Initialisierung der Komponenten der Klasse `polygon` auf der Grundlage einer geöffneten Polyeder-Definitionsdatei, mit entsprechend positioniertem Lesezeiger.

Die unterschiedlichen Texturen, welche während der Programmausführung auf die Oberfläche desselben Polygons projiziert werden können, müssen bei der Definition des Vielecks explizit angegeben werden. In der Datei, welche die Beschreibung des übergeordneten Polyeders enthält, sind für den Aufbau eines Polygons folgende Informationen erforderlich:

1. Anzahl der Eckpunkte
2. eine entsprechende Anzahl von Verweisen auf die Vertices des Polyeders
3. Anzahl der verwendeten Texturen
4. die Namen der Dateien, in denen die besagten Bitmaps gespeichert sind

Diese Art der Darstellung von Polyeder werden wir in Dateien mit der Endung *.TG4* speichern. Ein Würfel kann somit folgendermaßen definiert werden:

```
/////////////////       Anfang cube.tg4       /////////////////
8   -2   2   -2
     2   2   -2
```

```
         2   -2   -2
        -2   -2   -2
        -2    2    2
         2    2    2
         2   -2    2
        -2   -2    2

6   4    0    1    2    3    8   t1.bmp   t2.bmp   t3.bmp   t4.bmp   t5.bmp   t4.bmp
    t3.bmp   t2.bmp
    4    4    7    6    5    8   t1.bmp   t2.bmp   t3.bmp   t4.bmp   t5.bmp   t4.bmp
    t3.bmp   t2.bmp
    4    0    3    7    4    8   t1.bmp   t2.bmp   t3.bmp   t4.bmp   t5.bmp   t4.bmp
    t3.bmp   t2.bmp
    4    2    1    5    6    8   t1.bmp   t2.bmp   t3.bmp   t4.bmp   t5.bmp   t4.bmp
    t3.bmp   t2.bmp
    4    3    2    6    7    8   t1.bmp   t2.bmp   t3.bmp   t4.bmp   t5.bmp   t4.bmp
    t3.bmp   t2.bmp
    4    0    4    5    1    8   t1.bmp   t2.bmp   t3.bmp   t4.bmp   t5.bmp   t4.bmp
    t3.bmp   t2.bmp
```

///////////////////   Ende cube.tg4   ///////////////////

Für den Aufbau einer einzigen Bitmap, welche Teil der Klasse polygon ist, muss der Name der entsprechenden Datei zunächst ausgelesen und in einem String gespeichert werden. Dieser String wird schließlich der Funktion bmp_32::load() übergeben. Derselben Vorgehensweise bedient man sich auch, wenn einem Polygon mehrere Texturen zur Verfügung stehen:

```
(*thing_def) >> texture_count;
if( (textures = new bmp_32[ texture_count ]) == NULL )
  exit( "*textures: Fehler während der Reservierung von \
        Arbeitsspeicher.\n" );

char filename[ 50 ];
for( long x=0 ; x<texture_count ; x++ )
{
  (*thing_def) >> filename;
  textures[ x ].load( filename );
}
```

Um den Quelltext übersichtlicher zu gestalten, legen wir fest, dass sämtliche Texturen eines Polygons über dieselbe Größe verfügen müssen. Auf diese Weise lassen sich die Texturkoordinaten, deren Initialisierung auf der Grundlage der ersten Textur erfolgt, in Verbindung mit jeder anderen Bitmap des Arrays `textures[]` verwenden:

```
double xscale = textures[ 0 ].xscale;
double yscale = textures[ 0 ].yscale;

points[ 0 ].tx = 0;                    points[ 0 ].ty = 0;
points[ 1 ].tx = xscale - 1;           points[ 1 ].ty = 0;
points[ 2 ].tx = xscale - 1;           points[ 2 ].ty = yscale - 1;

if( point_count == 4 )
{
  points[ 3 ].tx = 0;                  points[ 3 ].ty = yscale - 1;
}
```

Es gibt auch Situationen, welche die Verwendung unterschiedlich großer Texturen erfordern; in diesen Fällen müssen `point::tx` und `point::ty` mit *polymorphen Texturkoordinaten* initialisiert werden. Mit diesem Sonderfall werden wir uns zu einem späteren Zeitpunkt auseinander setzen.

Praktische Verwendung statischer Multitextureffekte

Unser nächstes Programm soll lediglich einen ersten Einblick in die Möglichkeiten geben, welche durch Verwendung statischer Multitextureffekte eröffnet werden. Aus diesem Grund ist die Funktionsweise der Anwendung sehr einfach: Nach dem Aufbau eines Polyeders kann das Aussehen seiner Texturen durch das Drücken der Taste *ENTER* verändert werden. Zusätzlich kann die dreidimensionale Figur noch mithilfe der Pfeiltasten beliebig rotiert werden.

Die Verwaltung von *Events* übernimmt in diesem Fall die Funktion `handle_input()`; bemerkenswert ist, dass die Aufgabenstellung hierbei den gleichzeitigen Einsatz sowohl direkter als auch indirekter Verwaltung von Benutzereingaben erfordert. Für die Bewegung der Figur ist eine direkte Abfrage der entsprechenden Tasten mittels `GetKeyState()` am besten geeignet. Der Benutzer erwartet allerdings, dass bei jedem Drücken der Taste *ENTER* die eingesetzten Texturen nur einmal verändert werden. Hierfür ist eine eventbasierende Überprüfung dieser Taste notwendig; würde auch in diesem Fall auf die direkte Verarbeitung zurückgreifen, würde der Wechsel der Texturen aufgrund der hohen *Framerate* mehrmals stattfinden.

Bis auf die Verarbeitung von Benutzereingaben während der Ausführung von handle_input() erfolgt der Aufbau der Hauptdatei *a8_6.cpp* wie gehabt:

```
//////////////////////////       a8_6.cpp       //////////////////////////
//////                                                             //////
//////   Einfache Verwendung von Multitextureffekten                //////
//////   Gleichzeitige Verwendung direkter und indirekter           //////
//////   Verarbeitung von Benutzereingaben                          //////
//////   Auflösung: beliebig, Farbtiefe: 32 Bit                     //////
//////                                                             //////
////////////////////////////////////////////////////////////////////////

#include <windows.h>

#include "s8_6.h"
#include "m8_6.h"
#include "t8_6.h"
#include "gv8_6.h"

uchar handle_input( MSG *msg, thing *t );

int WINAPI WinMain( HINSTANCE hInstance, HINSTANCE hPrevInstance, LPSTR
lpCmdLine, int iCmdShow )
{
  initialise_world( hInstance, 640, 480, 32 );

  thing cube( "cube.tg4" );

  matrix m;
  m.scale( 5, 5, 5 );
  m.translate( 0, 0, 40 );
  cube.update_pos( m );
  m.clear();

  for( long x=0 ; x<x_res*y_res ; x++ ) zbuffer[ x ] = z_max;

  MSG message;
  while( 1 )
  {
    if( handle_input( &message, &cube ) ) break;
```

Kapitel 8
Texture Mapping

```
      if( clear_translation > max_clear_translation ) clear_translation -
= z_max;
    else
    {
      for( long x=0 ; x<x_res*y_res ; x++ ) zbuffer[ x ] = z_max;
      clear_translation = 0.0;
    }
    for( long x=0 ; x<x_res*y_res ; x++ ) sbuffer[ x ] = pixel_32( 0, 0,
0 );

    cube.display();

    pixel_32 *screen = (pixel_32 *) surface.get_screen_pointer();
    memcpy( screen, sbuffer, x_res * y_res * sizeof( sbuffer[ 0 ] ) );
    surface.release_screen_pointer();
  }

  destroy_world();

  return message.wParam;
}

uchar handle_input( MSG *msg, thing *t )
{
  if( PeekMessage( msg, NULL, 0, 0, PM_REMOVE ) )
  {
    if( msg->message == WM_QUIT ) return 1;

    else if( msg->message == WM_KEYDOWN )
    {
      if( msg->wParam == VK_RETURN )
        t->next_texture();
    }

    TranslateMessage( msg );
    DispatchMessage( msg );
  }

  matrix m;
  m.translate( -t->wpos.wx, -t->wpos.wy, -t->wpos.wz );

  if(     GetKeyState( VK_UP       ) < 0 ) m.rotate(  0.1, 0, 0 );
```

```
    else if( GetKeyState( VK_DOWN    ) < 0 ) m.rotate( -0.1, 0, 0 );
    else if( GetKeyState( VK_LEFT    ) < 0 ) m.rotate( 0,  0.1, 0 );
    else if( GetKeyState( VK_RIGHT   ) < 0 ) m.rotate( 0, -0.1, 0 );
    else if( GetKeyState( VK_HOME    ) < 0 ) m.rotate( 0, 0,  0.1 );
    else if( GetKeyState( VK_END     ) < 0 ) m.rotate( 0, 0, -0.1 );
    else if( GetKeyState( VK_NUMPAD6 ) < 0 ) m.translate(  1, 0, 0 );
    else if( GetKeyState( VK_NUMPAD4 ) < 0 ) m.translate( -1, 0, 0 );
    else if( GetKeyState( VK_NUMPAD8 ) < 0 ) m.translate( 0,  1, 0 );
    else if( GetKeyState( VK_NUMPAD2 ) < 0 ) m.translate( 0, -1, 0 );
    else if( GetKeyState( VK_PRIOR   ) < 0 ) m.translate( 0, 0,  1 );
    else if( GetKeyState( VK_NEXT    ) < 0 ) m.translate( 0, 0, -1 );
    else if( GetKeyState( VK_ESCAPE  ) < 0 ) return 1;

    m.translate( t->wpos.wx, t->wpos.wy, t->wpos.wz );
    t->update_pos( m );

    return 0;
}
```

///////////////////////// Ende a8_6.cpp /////////////////////////

8.4.2 Dynamische Multitextureffekte

Der Einsatz dynamischer Multitextureffekte ist immer dann erforderlich, wenn eine langsame Veränderung der Oberfläche eines Gegenstands simuliert werden muss. Diese Veränderung erfolgt nur allmählich und erstreckt sich über einen längeren Zeitraum. Ein gutes Beispiel hierfür ist eine Wasseroberfläche, deren Erscheinungsbild vom Wind verändert wird.

Bei den Phänomenen, welche durch dynamische Multitextureffekte dargestellt werden, handelt es sich in der realen Welt um allgegenwärtige Prozesse, welche gewöhnlich nicht zum Stillstand kommen. Das Erscheinungsbild eines animierten Werbeplakats ist beispielsweise einer ständigen Veränderung unterworfen: Die einzelnen Frames, welche an der Animation beteiligt sind, kommen immer wieder zum Vorschein.

Dynamische Multitextureffekte weisen folgende Merkmale auf:

- Bei der Simulation dieser Effekte sind meistens viele Bitmaps beteiligt. Je größer die Anzahl der Einzelbilder ist, welche nacheinander angezeigt werden, umso realistischer ist die sich daraus ergebende Animation.

- Damit eine Animation zustande kommen kann, müssen aufeinander folgende Bitmaps einander ähnlich sein.

- Die Ausführung dynamischer Multitextureffekte braucht nicht durch ein *Event* ausgelöst zu werden; die Textur, welche auf die Oberfläche eines Polygons zu projizieren ist, wird nach einer festgelegten Anzahl an Frames automatisch gewechselt.

- Die einzelnen Bitmaps, welche bei der Durchführung dynamischer Multitextureffekte angezeigt werden, sind nur für eine kurze Zeit sichtbar. Aufgrund ihrer großen Ähnlichkeit fällt der Wechsel der verwendeten Bitmap dem Betrachter gewöhnlich nicht auf.

Bei den dynamischen Multitextureffekten handelt es sich lediglich um eine geringfügige Weiterentwicklung der statischen Version. Die Ausführungen der letzten Abschnitte, welche sich mit der Verwaltung der Texturen und Initialisierung der Klasse polygon befassen, sich aus diesem Grund für beide Effekttypen gültig.

Implementierung dynamischer Multitextureffekte

Die einzige Erweiterung der letzten Version des Datentyps polygon bei der Implementierung dynamischer Multitextureffekte befasst sich mit dem automatischen Wechsel der Textur, welche auf der Oberfläche des jeweiligen Polygons zu projizieren ist.

Die Komponente polygon::speed legt hierbei die Anzahl an Frames fest, nach deren Ablauf der Wechsel der Textur erfolgen muss. Hierbei handelt es sich um eine Konstante, welche während der Initialisierung des Polygons mit einem bestimmten Wert initialisiert wird, welcher während der nachfolgenden Programmausführung unverändert bleibt.

Der genaue Zeitpunkt, in dem der Wechsel der eingesetzten Textur stattfinden muss, wird von der Variablen polygon::change angegeben. Diese beiden Komponenten besitzen denselben Anfangswert; der Unterschied zwischen ihnen besteht darin, dass polygon::change in jedem Frame dekrementiert wird. Solange der Wert dieser Variablen größer 0 ist, findet keine besondere Aktion statt, und bei der Darstellung des Polygons wird auf dieselbe Textur zurückgegriffen.

Wenn polygon::change den Wert 0 annimmt, sind seit dem letzten Texturwechsel poylgon::speed Frames vergangen; aus der Spezifikation folgt, dass in diesem Fall ein neuer Aufruf der Funktion polygon::next_texture() erfolgen muss. Um den Zeitpunkt des nächsten Wechsels festlegen zu können, muss polygon::change mit dem Wert von polygon::speed reinitialisiert werden. Aufgrund der Tatsache, dass die Funktion polygon::display() in jedem Frame aufgerufen wird, finden diese Vorgänge ausschließlich während ihrer Ausführung statt.

Bemerkenswert ist, dass die Übergänge zwischen statischen und dynamischen Multitextureffekten fließend sind: Ein sauberes Auto muss einige Zeit durch staubiges Gelände fahren, bis seine Oberfläche sichtbar verschmutzt wird. Die Simulation dieses Phänomens besitzt die Merkmale eines dynamischen Multitextureffekts, weil der Wechsel von scheinbar sauberen zu immer verstaubteren Texturen in Abhängigkeit von einem *Frame Counter* durchgeführt wird, ohne Zutun des Benutzers. Hierbei handelt es sich jedoch ebenso gut auch um einen statischen Multitextureffekt, weil die Verschmutzung von einem *Event* ausgelöst werden muss, in diesem Fall dem Eintritt in das staubige Gelände.

8.4.3 MIP Mapping

Das *MIP-Mapping*-Algorithmus wird eingesetzt, um das Erscheinungsbild von Polygonen, auf deren Oberfläche eine Textur projiziert wird, zu verbessern. Dieses Algorithmus ist von der Art der durchgeführten Projektion unabhängig und kann deshalb sowohl in Verbindung mit dem *Linear* als auch *Perspective Texture Mapping* eingesetzt werden. Auf der Grundlage des *MIP Mapping* liegt die Tatsache, dass ein Polygon **P**, dessen Aussehen unter Verwendung einer bestimmten Textur definiert ist, nur dann am besten aussieht, wenn zwischen **P** und dem Betrachter eine bestimmte Entfernung vorliegt.

Diese Entfernung ist in den meisten Fällen von der Größe der Textur abhängig. Wenn der Abstand zwischen Polygon und Benutzer zu gering ist, muss die Textur gedehnt werden, um die gesamte Oberfläche des Polygons bedecken zu können. Wie wir wissen, können in diesem Fall die einzelnen Pixel der Textur deutlich wahrgenommen werden; diese sind in viereckigen, regelmäßig angeordneten und gleichfarbigen Bereichen auf dem Vieleck sichtbar, was zu einem unrealistischen Erscheinungsbild des Gegenstands führt.

Wenn das Polygon zu weit vom Betrachter entfernt ist, muss die Textur verkleinert werden. Bei diesem Vorgang können jedoch wichtige Details wie Teile von Schriftzeichen ausgelassen werden, wodurch beim Betrachter ebenfalls der Eindruck fehlenden Realismus hervorgerufen wird.

Die Lösung dieses Problems sieht vor, das Aussehen eines Vielecks in Form *mehrerer* Texturen festzulegen; diese Texturen sind bis auf die unterschiedlichen Größen untereinander identisch. Bei der Darstellung des Polygons wird die einzusetzende Textur in Abhängigkeit von der räumlichen Entfernung zwischen Betrachter und Vieleck ausgewählt: bei geringen Entfernungen kommen große Texturen zum Einsatz, bei größer werdendem Abstand zwischen Polygon und Betrachter werden entsprechend kleine Texturen verwendet.

Der Vorteil dieser Vorgehensweise besteht darin, dass die abstandsbedingte Verkleinerung der Textur von einem Grafiker durchgeführt werden kann. Ein menschlicher Editor kann weitaus besser beurteilen, welche Details unwichtig sind und aus diesem Grund problemlos weggelassen werden können. Bei der Vergrößerung verhält es sich dementsprechend: In diesem Fall können der Textur Details hinzugefügt werden, welche von Weitem nicht sichtbar sind.

Kapitel 8
Texture Mapping

Grundsätzlich gibt es zwei unterschiedliche Arten von *MIP Mapping*, welche sich hinsichtlich der Genauigkeit der Darstellung voneinander unterscheiden. Die erste Möglichkeit wird auf der Ebene von Polygonen durchgeführt. Anhand der z-Koordinaten des Mittelpunkts des darzustellenden Vielecks kann dem gesamten Polygon eine der unterschiedlich großen, gleich aussehenden Texturen zugewiesen werden. Diese Vorgehensweise ist vor allem für die Darstellung kleiner Polygone geeignet; wie wir noch feststellen werden, erfordert diese einen sehr geringen Rechenumfang und nimmt somit wenig Zeit in Anspruch.

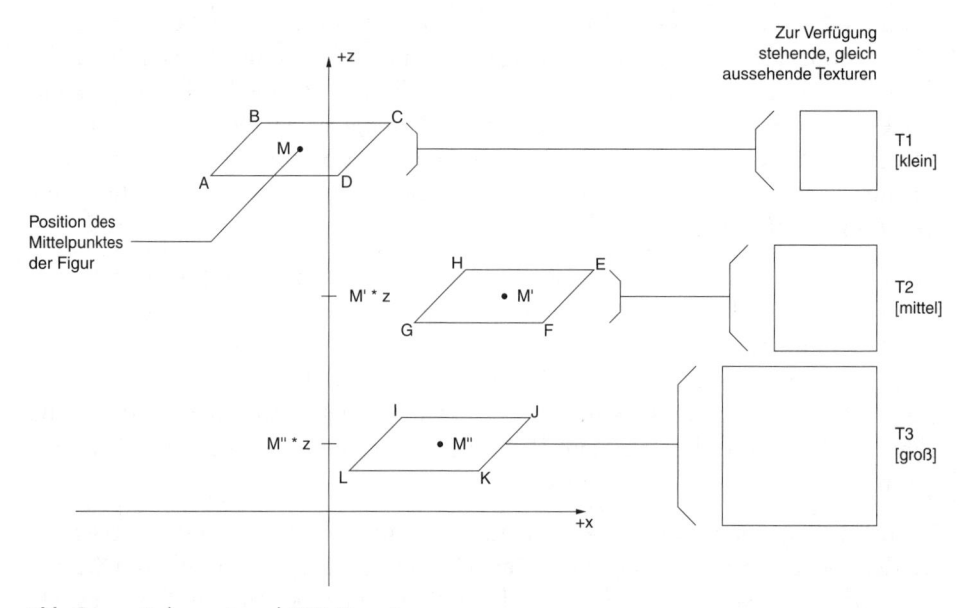

Abb. 8.23: Polygon Based MIP Mapping

Dreidimensionale Umgebungen können jedoch auch über sehr große Polygone verfügen, wie beispielsweise die Decken, Böden oder Wände von *Walkthrough Environments*. Bei der richtigen Darstellung dieser Vielecke müssen folgende Voraussetzungen erfüllt sein:

- Die Bereiche des Polygons, welche sich in der Nähe des Betrachters befinden, können besonders deutlich wahrgenommen werden; aus diesem Grund muss bei ihrer Darstellung auf eine große Textur zugegriffen werden.
- Die Teile des Vielecks, welche sich in größerer Entfernung zum Betrachter befinden, müssen unter Verwendung kleiner Texturen visualisiert werden.

Um diese Voraussetzungen erfüllen zu können, muss das *MIP-Mapping*-Algorithmus auf Pixelebene durchgeführt werden. Wie wir wissen, sieht die Implementierung des *Z-Buffer-Algorithmus* die Berechnung der z-Koordinaten jedes Pixels vor; anhand dieses Werts kann festgelegt werden, aus welcher der zur Verfügung stehenden Texturen die Farbe des darzustellenden Pixels entnommen werden muss.

Durch die Verwendung dieser Vorgehensweise werden die Farben der meisten Pixel, welche über ähnliche z-Koordinaten verfügen, aus derselben Bitmap entnommen.

Wie man anhand der Abbildung 8.24 feststellen kann, existieren scharfe Übergänge zwischen den Bereichen des Polygons, welche unter Verwendung unterschiedlicher Texturen visualisiert werden. Wenn die Größenunterschiede zwischen den einzelnen Texturen nicht zu groß sind, können diese Übergänge in der Praxis vom Benutzer nicht wahrgenommen werden.

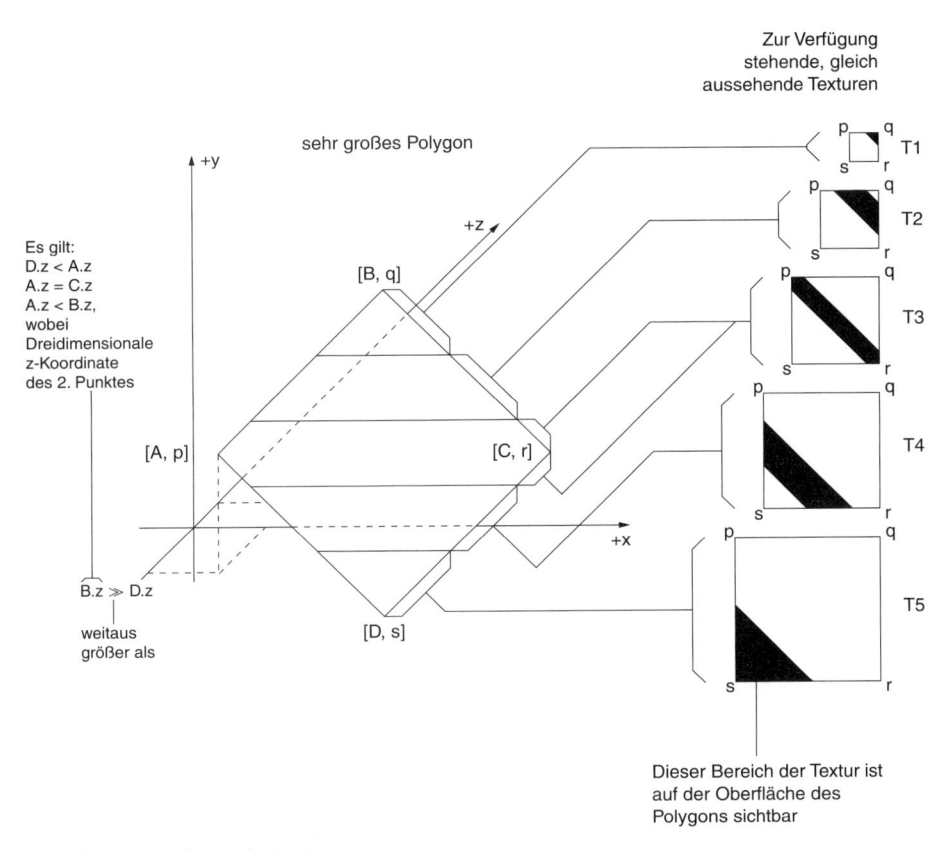

Abb. 8.24: Pixel Based MIP Mapping

8.4.4 Der Einsatz polymorpher Texturkoordinaten

Das Problem am *Pixel-Based-MIP-Mapping*-Algorithmus besteht darin, dass auf die Oberfläche eines beliebig ausgerichteten Polygons die Teile mehrerer Texturen projiziert werden müssen, welche sich zusätzlich hinsichtlich ihrer Größe unterscheiden. Die zusätzliche Schwierigkeit ist, dass sich bei einer Rotation bzw. Verschiebung des Polygons auch die Positionen verändern, an welche die Texturen projiziert werden müssen.

Der *Texture-Mapping*-Algorithmus sieht vor, dass die Verbindung zwischen einem beliebigen Pixel auf der Oberfläche eines Polygons und der dazugehörigen Farbe innerhalb der Textur in Form der Texturkoordinaten hergestellt wird. Bei der Initialisierung des Polygons werden jedem Eckpunkt eigene Texturkoordinaten zugewiesen; während der Rasterization werden diese entlang der Polygonseiten und Rasterzeilen interpoliert, um die Texturkoordinaten jedes Pixels zu ermitteln.

Wenn auf die Oberfläche eines Polygons mehrere Texturen projiziert werden müssen, welche sich hinsichtlich ihrer Größe unterscheiden, können die Texturkoordinaten, welche sich auf eine Textur beziehen, nicht auf eine andere übertragen werden. Eine umständliche Lösung dieses Problems sieht die Interpolation sämtlicher Paare von Texturkoordinaten während der Rasterization vor; die Textur sowie die **(tx, ty)**-Koordinaten, welche schließlich für die Ermittlung der Farbe des zu setzenden Pixels einzusetzen sind, werden erst auf der Grundlage der jeweiligen z-Koordinaten ermittelt. Wie man leicht feststellen kann, ist dieser Lösungsansatz mit einem besonders großen Rechenaufwand verbunden.

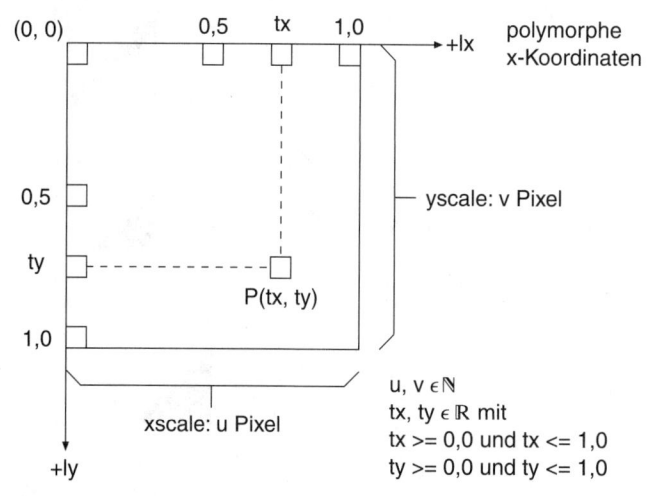

Abb. 8.25: Polymorphe Definition der Texturkoordinaten einer Bitmap

Daneben gibt es noch eine weitere Lösung, mit deren Hilfe dasselbe Ergebnis mit weitaus weniger Berechnungen erzielt werden kann. Dieser Lösungsweg sieht vor, dass die Texturkoordinaten, welche für die Initialisierung der Vertices eingesetzt werden, von der Größe der jeweiligen Textur unabhängig sein müssen. Hierzu geht man einfach davon aus, dass sämtliche Texturen eine quadratische Form besitzen, deren Seitenlänge 1 Einheit beträgt.

Nach dieser Definition ist die obere linke Ecke jeder Bitmap durch die lokalen Koordinaten **(0, 0)** definiert. Die obere rechte Ecke besitzt die Koordinaten **(1, 0)**, die Position des Pixels in der Mitte der ersten Spalte wird durch **(0, 0.5)** eindeutig festgelegt usw. Wie man mithilfe von Abbildung 8.25 feststellen kann, wird jeder Pixel der Bitmap durch die Werte **(tx, ty)** definiert, welche folgende Voraussetzungen erfüllen:

$tx, ty \in \mathbf{R}$ mit:

$tx \geq 0.0$ und $tx \leq 1.0$ und

$ty \geq 0.0$ und $ty \leq 1.0$

Wenn diese Texturkoordinaten bei der Visualisierung eines Vielecks entlang der Polygonseiten und Rasterzeilen interpoliert werden, erhält man für jeden Pixel ein Koordinatenpaar **(tx', ty')**, welches dieselben Voraussetzungen wie **(tx, ty)** erfüllt. Bevor diese Koordinaten jedoch verwendet werden können, um den Offset eines bestimmten Pixels innerhalb einer beliebigen Bitmap **B** zu berechnen, müssen diese in gültige Texturkoordinaten **(true_tx, true_ty)** umgewandelt werden. **B** besitzt **xscale** Pixel horizontal, die vertikale Länge beträgt **yscale** Pixel. Wie man leicht nachvollziehen kann, erfolgt diese Umwandlung mithilfe einer einfachen Multiplikation:

$true\_tx = round[\, tx' * (xscale - 1)\,]$

$true\_ty = round[\, ty' * (yscale - 1)\,]$

wobei: $tx', ty' \in \mathbf{R}^+$

$true\_tx, true\_ty, xscale, yscale \in \mathbf{N}$

$round: \mathbf{R} \to \mathbf{Z}$

Diese Beziehung kann auch unter Verwendung einer proportionalen Zuordnung formuliert werden. Der Grund, warum die Konstanten **xscale** und **yscale** vor der Multiplikation verkleinert werden müssen, besteht darin, dass diese Breite und Länge einer Bitmap angeben, während **(true_tx, true_ty)** Texturkoordinaten darstellen. Die rechte untere Ecke einer Bitmap von **200 x 100** Pixel wird beispielsweise durch die lokalen Koordinaten **(199, 99)** definiert. Nach dieser Umwandlung kann die Position des entsprechenden Pixels mittels

offset = true_ty * xscale + true_tx

ermittelt werden. Aufgrund der Tatsache, dass **(tx, ty)** in Verbindung mit jeder beliebigen Textur eingesetzt werden können, werden diese als *polymorphe Texturkoordinaten* bezeichnet. Der Vorteil an dieser Verwendung dieser Art von Koordinaten kann leicht nachvollzogen werden.

Bei der Implementierung des *Pixel-Based-MIP-Mapping*-Algorithmus steht beispielsweise vor der Rasterization eines Polygons nicht fest, welche Texturen auf die Oberfläche des Vielecks projiziert werden müssen. Die Interpolation der polymorphen Texturkoordinaten nimmt nicht mehr Zeit in Anspruch als die Bestimmung der gültigen Texturkoordinaten der letzten Programme. Die einzigen zusätzlichen

Berechnungen, welche vor dem Setzen jedes Pixels durchgeführt werden müssen, sind:

1. die Ermittlung der einzusetzenden Textur
2. die Umwandlung der polymorphen in gültige Texturkoordinaten

8.4.5 Implementierung des Pixel-Based-MIP-Mapping-Algorithmus

Die Aufgabe unseres nächsten Programms besteht darin, die praktische Funktionsweise des *MIP-Mapping*-Algorithmus anhand eines einzelnen Polygons zu demonstrieren. Hierfür muss die Klasse `polygon`, welche im Zusammenhang mit den statischen bzw. dynamischen Multitextureffekten entwickelt worden ist, nur geringfügig verändert werden.

Die unterschiedlich großen, gleich aussehenden Texturen, welche in den Dateien *"t1.bmp"* bis *"t5.bmp"* enthalten sind, werden innerhalb des Arrays `polygon::textures[]` gespeichert.

Die Textur, aus welcher die Farbe des zu setzenden Pixels entnommen werden muss, wird in Abhängigkeit von der z-Koordinaten des Pixels ausgewählt. Wie wir im vorherigen Abschnitt festgestellt haben, wird der dreidimensionale Raum in mehreren Kompartimenten eingeteilt; die Darstellung der Pixel, welche Teil desselben Kompartiments sind, erfolgt auf der Grundlage derselben Textur.

Da uns in unserem Fall fünf Texturen zur Verfügung stehen, können sämtliche Pixel in eine von fünf Kompartimenten eingeteilt werden. Die Einteilung eines Pixels in einem unterschiedlichen Kompartiment erfolgt auf der Grundlage seiner z-Koordinaten. Die vier Grenzen zwischen diesen fünf Kompartimenten müssen vom Benutzer festgelegt werden. Im unserem Fall handelt es sich um:

{ 12, 14, 16, 18 }

Die Beziehungen, mit deren Hilfe einem Pixel eindeutig eine Textur zugeordnet werden kann, können der folgenden Tabelle entnommen werden:

Bedingung	Textur	Position innerhalb polygon::textures[]
act_z ≤ 12	*"t1.bmp"*	0
act_z > 12 und act_z ≤ 14	*"t2.bmp"*	1
act_z > 14 und act_z ≤ 16	*"t3.bmp"*	2
act_z > 16 und act_z ≤ 18	*"t4.bmp"*	3
act_z > 18	*"t5.bmp"*	4

Das Aussehen der einzelnen Bitmaps ist in Abbildung 8.26 dargestellt. Um die Texturen während der Laufzeit des Programms voneinander unterscheiden zu können, sind diese unterschiedlich gefärbt. Wie man leicht nachvollziehen kann, ist dieser farbliche Unterschied in der Praxis nicht vorhanden.

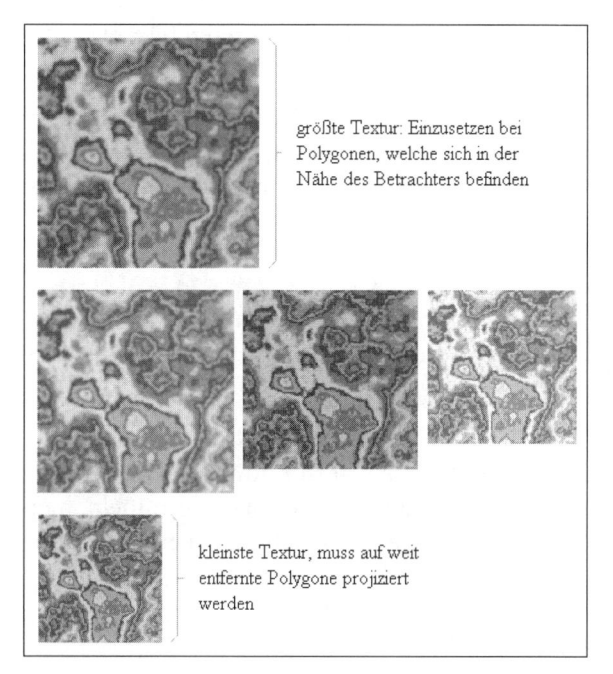

größte Textur: Einzusetzen bei Polygonen, welche sich in der Nähe des Betrachters befinden

kleinste Textur, muss auf weit entfernte Polygone projiziert werden

Abb. 8.26: Die fünf unterschiedlichen Texturen, welche im Programm *a8_8* eingesetzt werden

Es folgt die Übersicht über die einzelnen Schritte, welche bei der Implementierung des *MIP-Mapping*-Algorithmus zu befolgen sind:

1. Initialisierung der Texturkoordinaten sämtlicher Polygone mit polymorphen Werten
2. Diese Werte werden während des Darstellungsprozesses entlang der Polygonseiten und Rasterzeilen interpoliert, um die polymorphen Texturkoordinaten jedes Pixels zu erhalten.
3. Während des Rasterizationsvorgangs:

    3.1 Unter Verwendung der z-Koordinate jedes Pixels muss die *MIP*-Textur **T** ermittelt werden, welche die Farbe des Bildpunkts enthält.

    3.2 Umwandlung der polymorphen Pixel in gültige Texturkoordinaten, welche sich auf **T** beziehen. Hierbei muss auf die Länge und Breite der Textur zurückgegriffen werden.

    3.3 Darstellung des Pixels auf dem Bildschirm

Bei der Definition des Programms *a8_8* steht die Demonstration der Funktionsweise des *Pixel-Based-MIP-Mapping*-Algorithmus anhand der Darstellung eines einzelnen Polygons im Vordergrund. Um den Quelltext übersichtlicher zu gestalten, sind die Grenzen der einzelnen Kompartimente fest innerhalb des lokalen Arrays `borders[]` gespeichert. Die Bestimmung der einzusetzenden Textur erfolgt gemäß der vorangegangenen Theorie, unter Verwendung mehrerer *if( )*-Anweisungen.

Der Nachteil an dieser leicht verständlichen Vorgehensweise besteht darin, dass bei jeder Veränderung der Anzahl der *MIP*-Texturen auch die Definition dieser Anweisungen entsprechend angepasst werden muss. Dieses Problem kann durch den Einsatz einer Schleife wie

```
act_texture = 0;

for( x=0 ; x<texture_count-1 ; x++ )
   if( z > borders[ x ] ) act_texture = x + 1;
```

gelöst werden. Die Position der einzusetzenden Textur innerhalb von `polygon::textures[]` lässt sich auch auf einer nicht iterativen Weise ermitteln; hierbei greift man auf eine Funktion zurück, welche auf der Basis einer Zuordnung arbeitet.

Praktischer Einsatz des MIP-Mapping-Algorithmus

Die Ausrichtung des Polygons, welches vom Programm *a8_8* dargestellt wird, kann mithilfe der Tastatur beliebig eingestellt werden. Interessant ist die Veränderung der Lage der unterschiedlichen Bereiche des Polygons, welche auf der Grundlage verschiedener *MIP*-Texturen dargestellt werden, wenn das Vieleck bewegt wird.

```
///////////////////////////         a8_8.cpp         ///////////////////////////
//////                                                                    //////
//////   Demonstration der Funktionsweise des MIP Mapping                 //////
//////   Algorithmus anhand eines quadratischen Polygons                  //////
//////   Auflösung: beliebig, Farbtiefe: 32 Bit                           //////
//////                                                                    //////
////////////////////////////////////////////////////////////////////////////////

#include <windows.h>

#include "s8_2.h"
#include "m8_2.h"
#include "t8_2.h"
#include "gv8_2.h"
```

```
uchar handle_input( MSG *msg, thing *t );


int WINAPI WinMain( HINSTANCE hInstance, HINSTANCE hPrevInstance, LPSTR
lpCmdLine, int iCmdShow )
{
  initialise_world( hInstance, 640, 480, 32 );

  thing cube( "cube.tg1" );

  matrix m;
  m.scale( 5, 5, 5 );
  m.rotate( 0, 0, 0.7854 );
  m.rotate( 0.5236, -0.1571, 0 );
  m.translate( 0, 0, 15 );
  cube.update_pos( m );
  m.clear();

  for( long x=0 ; x<x_res*y_res ; x++ ) zbuffer[ x ] = 0.0;

  MSG message;
  while( 1 )
  {
    if( handle_input( &message, &cube ) ) break;

 if( clear_translation < max_clear_translation ) clear_translation += 1.0;
    else
    {
      for( long x=0 ; x<x_res*y_res ; x++ ) zbuffer[ x ] = 0.0;
      clear_translation = 0.0;
    }
    for( long x=0 ; x<x_res*y_res ; x++ ) sbuffer[ x ] = pixel_32( 0, 0,
0 );

    cube.display();

    pixel_32 *screen = (pixel_32 *) surface.get_screen_pointer();
    memcpy( screen, sbuffer, x_res * y_res * sizeof( sbuffer[ 0 ] ) );
    surface.release_screen_pointer();
  }

  destroy_world();
```

Kapitel 8
Texture Mapping

```
    return message.wParam;
}

uchar handle_input( MSG *msg, thing *t )
{
  if( PeekMessage( msg, NULL, 0, 0, PM_REMOVE ) )
  {
    if( msg->message == WM_QUIT ) return 1;

    else if( msg->message == WM_KEYDOWN )
    {
      if( msg->wParam == VK_RETURN )
        t->next_texture();
    }

    TranslateMessage( msg );
    DispatchMessage( msg );
  }

  matrix m;
  m.translate( -t->wpos.wx, -t->wpos.wy, -t->wpos.wz );

  if(      GetKeyState( VK_UP      ) < 0 ) m.rotate(  0.1, 0, 0 );
  else if( GetKeyState( VK_DOWN    ) < 0 ) m.rotate( -0.1, 0, 0 );
  else if( GetKeyState( VK_LEFT    ) < 0 ) m.rotate( 0,  0.1, 0 );
  else if( GetKeyState( VK_RIGHT   ) < 0 ) m.rotate( 0, -0.1, 0 );
  else if( GetKeyState( VK_HOME    ) < 0 ) m.rotate( 0, 0,  0.1 );
  else if( GetKeyState( VK_END     ) < 0 ) m.rotate( 0, 0, -0.1 );
  else if( GetKeyState( VK_NUMPAD6 ) < 0 ) m.translate(  1, 0, 0 );
  else if( GetKeyState( VK_NUMPAD4 ) < 0 ) m.translate( -1, 0, 0 );
  else if( GetKeyState( VK_NUMPAD8 ) < 0 ) m.translate( 0,  1, 0 );
  else if( GetKeyState( VK_NUMPAD2 ) < 0 ) m.translate( 0, -1, 0 );
  else if( GetKeyState( VK_PRIOR   ) < 0 ) m.translate( 0, 0,  1 );
  else if( GetKeyState( VK_NEXT    ) < 0 ) m.translate( 0, 0, -1 );
  else if( GetKeyState( VK_ESCAPE  ) < 0 ) return 1;

  m.translate( t->wpos.wx, t->wpos.wy, t->wpos.wz );
  t->update_pos( m );

  return 0;
}
```

///////////////////// Ende a8_8.cpp /////////////////////

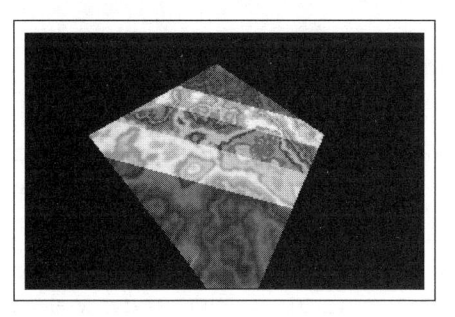

Abb. 8.27: Ausgabe des Programms *a8_8*

Wenn die Darstellung mehrerer Polygone unter Verwendung des *MIP-Mapping*-Algorithmus erfolgen muss, empfiehlt sich für die Beschreibung des Aussehens jedes Vielecks der Einsatz eines Datentyps wie:

```
struct mip_texture
{
  short texture_count;

  double *borders;
  bmp_32 *textures;

  void load( char *filename );
}
```

Die Variable `mip_texture::texture_count` enthält hierbei die Anzahl der *MIP-Texturen*, welche innerhalb des Arrays `mip_texture::textures[]` gespeichert sind. Das Array `mip_texture::borders[]` enthält die Werte der z-Koordinaten, welche die Begrenzungen der einzelnen Kompartimente darstellen. Wie bereits beschrieben, muss dieses Array über

`(texture_count - 1)`

Elemente verfügen. Die Initialisierung von Variablen vom Typ `mip_texture` sollte unter Verwendung externer Dateien erfolgen. Im Fall des Polygons aus *a8_8* müsste die entsprechende Datei folgendermaßen aufgebaut sein:

```
4   -2    2    0
     2    2    0
     2   -2    0
```

```
   -2  -2   0

1  4   0  1  2  3   5  t1.bmp  t2.bmp  t3.bmp  t4.bmp  t5.bmp
```

8.4.6 Effiziente Verwaltung von Texturen

Das Aussehen von Polyeder kann durch den Einsatz größerer Bitmaps erheblich realistischer gestaltet werden. Der Nachteil hierbei besteht darin, dass vor allem bei Verwendung der 32-Bit-Farbtiefe, wo ein Pixel mithilfe von vier Bytes beschrieben werden muss, bereits kleine Texturen sehr viel Speicherplatz in Anspruch nehmen.

Bei der letzten Implementierung des *Texture-Mapping*-Algorithmus verfügt jedes Polygon eine eigene Variable zur Speicherung der Textur, welche auf das Vieleck projiziert werden muss. Das Problem an dieser Vorgehensweise ist, dass der zur Verfügung stehende Speicherplatz sehr ineffizient ausgenutzt wird, wenn dieselbe Textur beim Aufbau unterschiedlicher Vielecke von neuem angelegt werden muss.

Die Menge an Arbeitsspeicher, welche für die Darstellung der verwendeten Bitmaps beansprucht wird, lässt sich durch eine effiziente Verwaltung von Texturen auf ein Minimum reduzieren. Hierbei werden alle Bitmaps, welche in einem Programm verwendet werden, nur einmal angelegt, als Teil einer speziell für diese Aufgabe aufgebauten Klasse. Bei Verwendung der 32-Bit-Farbtiefe verfügt die Definition jedes Polygons anstelle einer eigenen Variablen vom Typ `bmp_32` über ein Zeiger auf eine Textur. Dieser Zeiger verweist auf eine Bitmap, welche sich innerhalb der bereits beschriebenen Klasse befindet.

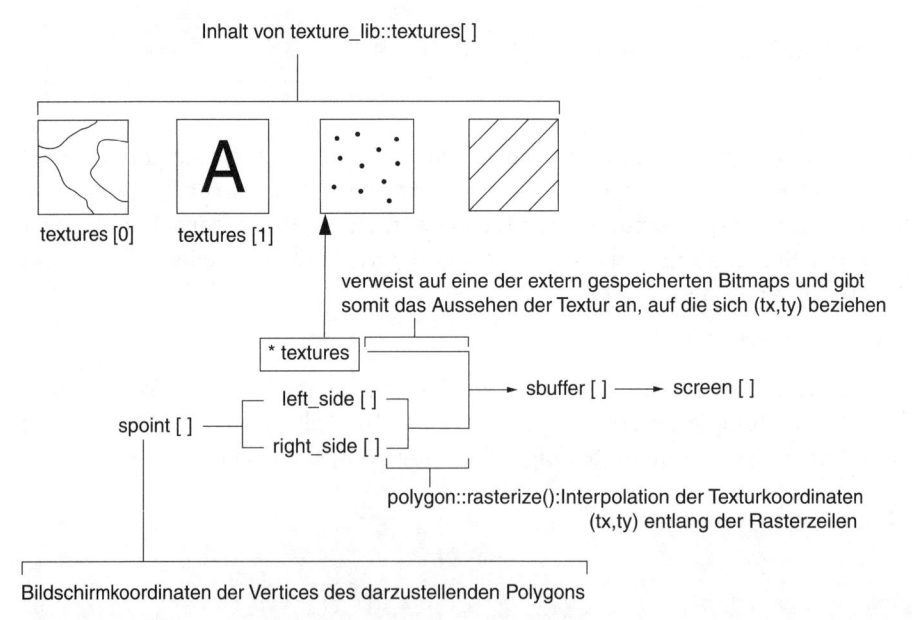

Abb. 8.28: Grafische Darstellung der Einbindung der Klasse `texture_lib` innerhalb des Visualisierungsprozesses

Die Definition der Klasse `texture_lib` ist entsprechend einfach gestaltet: Für die Verwaltung einer beliebigen Anzahl an Texturen ist neben dem Array aus Elementen vom Typ `bmp_32` noch die Anzahl der Bitmaps anzugeben:

```cpp
class texture_lib
{
  public:
    long texture_count;
    bmp_32 *textures;

    void load( char *filename );

    texture_lib( void ) : texture_count( 0 ),
                          textures( NULL ) { }
    ~texture_lib( void ) {  if( textures ) delete [] textures;  }
};
```

Die Initialisierung des Arrays `texture_lib::textures[]` erfolgt auf der Grundlage einer Datei, welche Anzahl und Dateinamen der einzusetzenden Bitmaps enthält:

```
////////////////////        Anfang textures.def          ////////////////////

5 wasser.bmp
  sand.bmp
  gras.bmp
  stein.bmp
  schnee.bmp


////////////////////        Ende textures.def            ////////////////////
```

Hinsichtlich der Initialisierung der Bitmaps arbeitet `texture_lib::load()` nach dem Vorbild der letzen Version der Funktion `polygon::load()`:

```cpp
void texture_lib::load( char *filename )
{
  ifstream file( filename,
                 ios::in | ios::nocreate | ios::binary );
  if( file == NULL )
    exit( "thing::thing(): Fehler beim Öffnen der Datei" );

  file >> texture_count;
```

```
  if( (textures = new bmp_32[ texture_count ]) == NULL )
    exit( "*textures: Fehler bei der Reservierung von \
          Arbeitsspeicher.\n" );

  char string[ 50 ];
  for( long x=0 ; x<texture_count ; x++ )
  {
    file >> string;
    textures[ x ].load( string );
  }
}
```

Wenn die Klasse `texture_lib` die einzige Stelle innerhalb eines Programms ist, wo Polygone definiert werden, muss es sich bei der Komponente `polygon::texture` um ein Zeiger auf eine Bitmap handeln, welche sich innerhalb des Arrays `texture_lib::textures[]` befindet:

```
class polygon
{
  private:
    long point_count, cp_point_count;

    point *points;
    bmp_32 *texture;

    void z_clipping( void );
    void project( void );
    void xy_clipping( void );

    uchar visible( void );
    void shape( pixel_32 *sbuffer );
    void rasterize( pixel_32 *sbuffer );

  public:
    void load( ifstream *thing_def, vertex *v );
    void display( vertex *v, pixel_32 *sbuffer );

    polygon( const polygon &p );
    polygon( void ) : point_count( 0 ), cp_point_count( 0 ),
                      points( NULL ) { }
    ~polygon( void ) {  if( points ) delete [] points;  }
};
```

Bei der Beschreibung eines Vielecks innerhalb einer externen Datei muss die Tatsache berücksichtigt werden, dass die neue Definition eines Polygons nur ein Verweis auf eine Textur enthält, welche an einer anderen Stelle innerhalb des Programms gespeichert ist. Hierzu muss innerhalb von Dateien mit der Endung *TG3* der Dateiname der Bitmap durch ein Offset ersetzt werden. Dieser gibt die Position der entsprechenden Textur innerhalb des Arrays `texture_lib::textures[]` an. Die Abhängigkeit, welche zwischen Dateien mit der Endung *TG4* und *textures.def* besteht, ist in Abbildung 8.29 grafisch dargestellt.

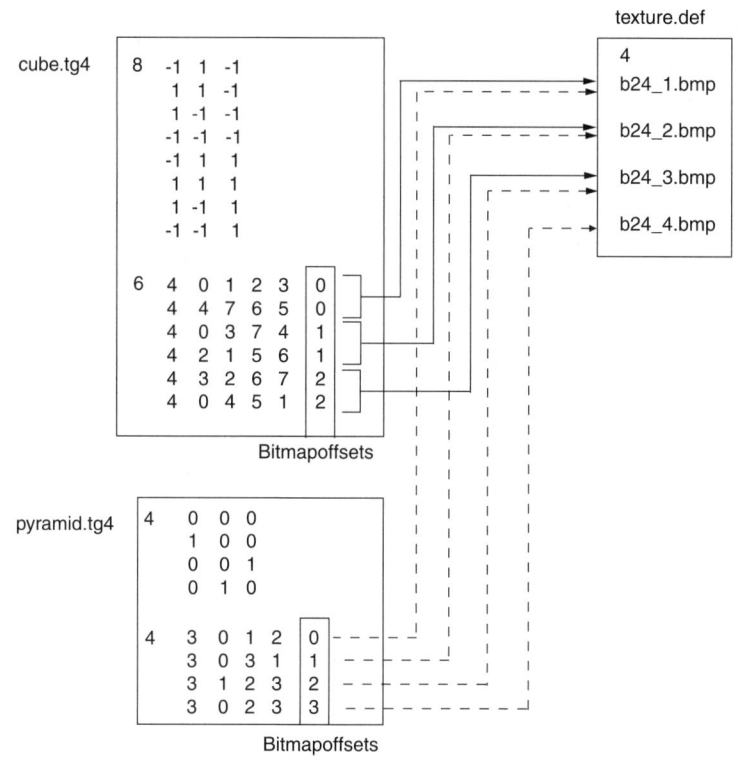

Abb. 8.29: Bei der Definition von Polyeder in Form von Dateien mit der Endung *.TG4* beziehen sich alle Bitmapoffsets auf dasselbe Array, welches die einzusetzenden Bitmaps enthält.

Die Initialisierung des Zeigers `polygon::texture` erfolgt während der Ausführung von `polygon::load()`. Hierzu ist es unbedingt erforderlich, dass vor dem Aufruf dieser Funktion ein initialisiertes Objekt vom Typ `texture_lib` verfügbar ist. In unseren Programmen werden wir lediglich eine Variable dieses Typs einsetzen, welche global definiert und während des Aufrufs von `initialise_world()` aufgebaut wird:

```
texture_lib defalut;
default. load( "textures.def" );
```

Die wenigen Veränderungen, welche der Funktion `polygon::load()` seit ihrer letzten Version wiederfahren sind, erfolgen gemäß den Vorgaben aus Abbildung 8.29:

```
void polygon::load( ifstream *thing_def, vertex *v )
{
  (*thing_def) >> point_count;
  if( (point_count < 3) || (point_count > largest_point_count) )
    exit( "polygon::load(): Unzulässiger Wert für \
           point_count.\n" );

  if( (points = new point[ point_count ]) == NULL )
    exit( "*points: Nicht genug Speicher.\n" );

  for( long x=0 ; x<point_count ; x++ )
    (*thing_def) >> points[ x ].vertex_offset;

  long texture_offset;
  (*thing_def) >> texture_offset;
  texture = &used.textures[ texture_offset ];

  if( point_count > 4 )
    exit( "Es werden lediglich drei- und viereckige Polygone \
           unterstützt.\n" );

  points[ 0 ].tx = 0;
  points[ 0 ].ty = 0;

  points[ 1 ].tx = texture->xscale - 1;
  points[ 1 ].ty = 0;

  points[ 2 ].tx = texture->xscale - 1;
  points[ 2 ].ty = texture->yscale - 1;

  if( point_count == 4 )
  {
    points[ 3 ].tx = 0;
    points[ 3 ].ty = texture->yscale - 1;
  }
}
```

Bei der Interpolation der Texturkoordinaten `point::tx` und `point::ty` ist es gleichgültig, ob ihre Werte sich auf eine Bitmap beziehen, welche Teil der Definition des Polygons ist, oder ob die Textur innerhalb `texture_lib::textures[]` enthalten ist. Die letzte Veränderung, welche den Einsatz des Zeigers `polygon::texture` erfordert, befindet sich innerhalb der Funktion `polygon::rasterize()` und passt die Art des Zugriffs auf die Textur den veränderten Gegebenheiten an. Im Vergleich zur letzten Version der einfachen Implementierung des *Texture-Mapping*-Algorithmus wird lediglich der Punkt- durch den Pfeiloperator ersetzt.

```
long tx_offset = long(act_ty) * texture->xscale + long(act_tx);
sbuffer[ offset ] = texture->picture[ tx_offset ];
```

Bei der Durchführung komplexerer Projekte ist der Einsatz mehrerer Variablen vom Typ `texture_lib` erforderlich. Angenommen, man besitzt ein Programm, welches eine dreidimensionale Landschaft aus texturierten Polygonen aufzubauen vermag. Die Atmosphäre der Landschaft durch die eingesetzten Texturen festgelegt: Bei der Simulation einer Planetenoberfläche mit Wasser und Vegetation würde man beispielsweise auf blaue und grüne Texturen zurückgreifen. Andererseits würden beim Aufbau einer Mondoberfläche überwiegend graue Bitmaps verwendet werden. Zwecks einer besseren Übersicht müssen die Texturen der verschiedenen Landschaftstypen mithilfe unterschiedlicher Variablen vom Typ `texture_lib` verwaltet werden.

Die Vorteile an der Verwendung der Klasse `texture_lib` im Zusammenhang mit den bisher entwickelten Programmen beschränken sich auf die Reduzierung der Menge an Arbeitsspeicher, welche von den Anwendungen in Anspruch genommen wird. Aufgrund der Tatsache, dass heutigen Rechnern große Mengen an Arbeitsspeicher zur Verfügung stehen, ist dieser Vorteil relativ unbedeutend.

Bei der Generierung komplexerer Grafikeffekte wie beispielsweise erweiterter Polygonschattierung ist der Einsatz von `texture_lib` unbedingt erforderlich. Die Anzahl der in einem Programm benötigten Bitmaps wird durch die zentrale Speicherung stark reduziert. Wenn die notwendige Verschiebung einer Textur in Richtung einer bestimmten Farbe sich auf wenigen Bitmaps beschränkt, können die Längen der *Ladezeiten* auf einem akzeptablen Niveau gehalten werden. Wenn für jedes Polygon hingegen eine eigene Farbzuordnungstabelle berechnet werden muss, kann selbst die Initialisierung eines relativ einfachen Programms mehrere Stunden in Anspruch nehmen.

8.5 Erweiterte Polygonschattierung

Viele Gegenstände der realen Welt sind vollständig aus demselben Material aufgebaut. Beispiele hierfür sind Möbel, welche aus Holzbrettern bestehen, oder Statuen, welche aus einem einzigen Block hergestellt worden sind. Bei der Generierung virtueller Umgebungen werden diese Gegenstände in Form von Polyeder dargestellt; das einheitliche Aussehen wird dadurch simuliert, dass auf die Oberfläche den dazugehörigen Polygonen dieselbe Textur projiziert wird.

Der Nachteil an den bisher vorgestellten Programmen besteht darin, dass das Aussehen einer Textur ungeachtet der Ausrichtung des dazugehörigen Polygons stets konstant bleibt. Wenn mehrere nebeneinander liegende Vielecke über dieselbe Textur verfügen, lassen sich die Grenzen zwischen den unterschiedlichen Vielecken nur mit großen Schwierigkeiten wahrnehmen. Das führt dazu, dass die Gesamtform des dazugehörigen Polyeders von einem Beobachter nicht erkannt werden kann. Trotz der dreidimensionalen Eigenschaften entsteht der Eindruck, der Gegenstand sei flach bzw. zweidimensional, was zu einem sehr geringen Erkennungswert führt.

Um dieses Problem lösen zu können, müssen lediglich die im 4. Kapitel kennen gelernten Schattieralgorithmen auf texturierten Polygonen übertragen werden. Die erweiterte Polygonschattierung ist ein relativ einfacher Vorgang; wenn die Grundidee eines speziellen Beleuchtungsalgorithmus verstanden worden ist, kann diese Vorgehensweise bequem mit den neuen *Texture-Mapping*-Techniken kombiniert werden. Der geschickte Einsatz von Licht- und Schatteneffekten kann die dreidimensionalen Eigenschaften von Polyeder außerordentlich stark hervorheben; wird dieser Effekt in Verbindung mit den detaillierten Oberflächen texturierter Polygone generiert, lassen sich auf diese Weise besonders realistisch wirkende Gegenstände simulieren.

8.5.1 Textured Flat Shading

Wie wir im 4. Kapitel festgestellt haben, arbeiten sämtliche Schattieralgorithmen nach demselben Prinzip:

1. Schritt: Bestimmung des Winkels zwischen einer Vektornormalen $\vec{n}$ und der Richtung $\vec{l}$ des einfallenden Lichts.

2. Schritt: Wie wir wissen, wird das Aussehen einer Primärfarbe mithilfe eines Farbverlaufs definiert. Auf der Grundlage des beschriebenen Winkels lässt sich schließlich die Position der gesuchten Farbnuance innerhalb des entsprechenden Verlaufs ermitteln.

Auf der Grundlage dieser Vorgehensweise befinden sich physikalische Denkmodelle, welche die natürliche Farbbildung mit unterschiedlicher Genauigkeit simulieren können. Im Fall des *Flat-Shading*-Algorithmus handelt es sich bei $\vec{n}$ um den

Normalenvektor eines Polygons; zusammen mit dem Lichtvektor wird dieser eingesetzt, um die Farbe des gesamten Polygons zu bestimmen.

Das *Gouraud-Shading*-Algorithmus stellt eine Verfeinerung dieser Vorgehensweise dar: Jedem Vertex des darzustellenden Polyeders wird eine Vektornormale zugeordnet, auf deren Grundlage für jeden Punkt ein bestimmter Farbton berechnet werden kann. Bei der Rasterization eines Vielecks werden die Farben seiner Eckpunkte entlang der Polygonseiten und Rasterzeilen interpoliert, sodass auf der Oberfläche der Vielecke Farbverläufe entstehen. Dadurch bekommen Polyeder ein einheitliches und realistischeres Erscheinungsbild als bei Verwendung des *Flat Shading*.

Die *Phong*- und *Metal-Shading*-Algorithmen arbeiten grundsätzlich nach demselben Prinzip wie ihre Vorgänger. Hierbei wird während des Darstellungsprozesses jedoch *jedem Pixel* eine eigene Vektornormale zugeordnet, mit deren Hilfe die einzusetzende Farbe ermittelt wird.

Elementare Bitmapschattierung

Diese Farbnuancen sind bei der Implementierung der vier Algorithmen in speziellen Arrays gespeichert, deren Elemente während der Initialisierungsphase des Programms mit gültigen Werten initialisiert werden. Bei Verwendung der **8**-Bit-Farbtiefe sind diese Farbverläufe Teil der **8**-Bit-Palette; in den **16**- und **32**-Bit-Farbmodi werden für diesen Zweck Felder bestehend aus Elementen vom Typ `pixel_16` bzw. `pixel_32` eingesetzt.

Die Anfangsfarben dieser Verläufe definieren das Aussehen der entsprechenden Primärfarben, wenn diese lediglich vom Umgebungslicht beleuchtet werden. Bei den Endfarben handelt es sich um das Erscheinungsbild der einzelnen Primärfarben, wenn diese zu **100 %** von der Lichtquelle beleuchtet werden.

Im 6. Kapitel haben wir festgestellt, dass die Farbgebung um einen indirekten Vorgang handelt. Die dazugehörigen Gleichungen, welche von dem Winkel zwischen zwei Vektoren ausgehen, berechnen nicht die Komponenten des gesuchten Farbtons; vielmehr wird die *Position* ermittelt, an welcher diese Farbnuance innerhalb eines bestimmten Farbverlaufs zu finden ist. Hierbei wird davon ausgegangen, dass der rote, grüne und blaue Anteil des gesuchten Farbtons bereits ausgerechnet wurden und somit bekannt sind.

Bei der erweiterten Polygonschattierung wird dieselbe Vorgehensweise eingehalten. In diesem Fall wird das Aussehen eines Polygons unter Verwendung mehrerer Texturen definiert, welche sich lediglich hinsichtlich ihrer Helligkeit voneinander unterscheiden. In den meisten Fällen werden die unterschiedlichen Texturen automatisch in Abhängigkeit von wenigen benutzerdefinierten Eingabewerten aufgebaut.

Kapitel 8
Texture Mapping

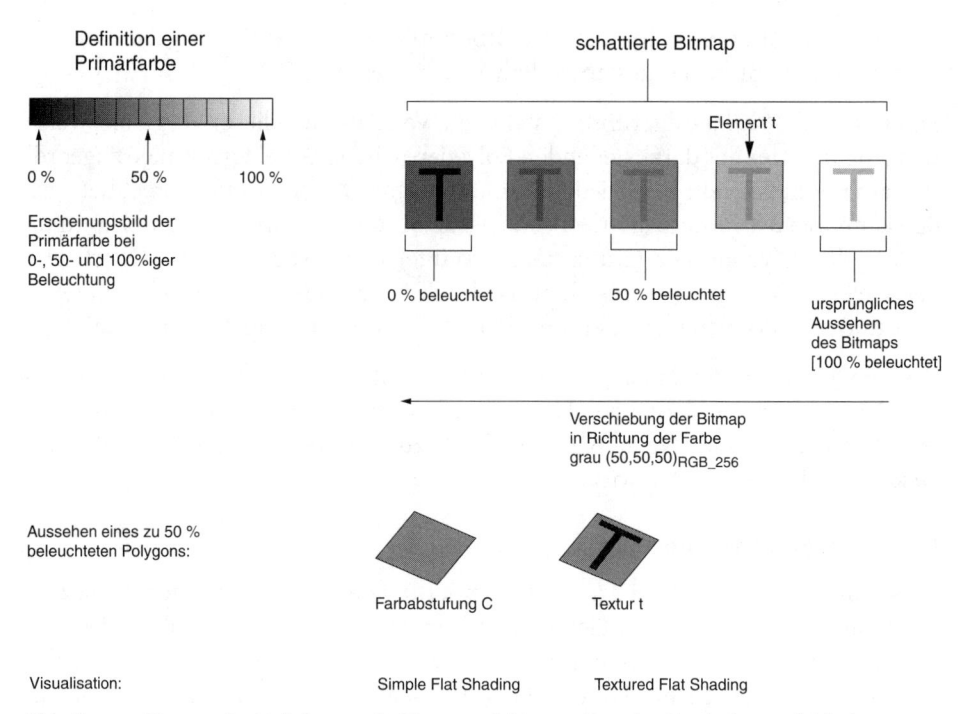

Abb. 8.30: Die erweiterte Polygonschattierung sieht vor, dass das Erscheinungsbild eines Polygons unter Verwendung mehrerer Texturen festgelegt werden muss

Wie man leicht nachvollziehen kann, gestaltet sich der Einsatz des *Flat-Shading*-Algorithmus in Kombination mit *Texture Mapping* relativ einfach. Angenommen, wir besitzen ein zweidimensionales Array aus Elementen vom Typ `pixel_32` namens `pictures[][]`, welches die unterschiedlich hellen Versionen einer bestimmten Textur enthält. `pictures[ 0 ]` enthält hierbei die zu **0 %** beleuchtete Variante, `pictures[ 1 ]` definiert das Aussehen der zu **25 %** beleuchteten Textur, usw.

Bei der neuen Version des *Flat Shading* wird auf der Grundlage des Lichtvektors und der Polygonnormalen die Position der einzusetzenden Textur innerhalb des Arrays `pictures[][]` berechnet. Wenn der Winkel α zwischen diesen beiden Vektoren beispielsweise 135 beträgt und das darzustellende Vieleck somit zu 50% beleuchtet wird, lässt sich mithilfe der aus dem 4. Kapitel bekannten Gleichung:

bitmap_position = *round[-cos(α) * highest_position]*

wobei: *bitmap_position, highest_position* ∈ **N**

die Position 2 ermitteln. Die Konstante **highest_position** gibt hierbei die Position der letzten Textur des Arrays `pictures[][]` an. Weil dieses Feld im vorliegenden Beispiel lediglich fünf Texturen enthält, beträgt der Wert dieser Konstanten **4**. Anhand des Werts von **bitmap_position** folgt, dass die Bitmap

```
pictures[ 2 ]
```

das aktuelle Aussehen des Polygons definiert. Auch in diesem Fall gilt, dass der Einsatz der Funktion **mt()** die Ungenauigkeiten der Farbgebung beseitigen kann, welche im Zusammenhang mit dem Funktionsgraphen von $-\cos(\alpha)$ auftreten. Die Funktion mt() haben wir ebenfalls im 4. Kapitel kennen gelernt:

$bitmap\_position = round[\, mt(\alpha) * highest\_position \,]$

wobei: $\quad bitmap\_position,\, highest\_position \in \mathbf{N}$

$mt():\mathbf{R} \rightarrow \mathbf{R}$

Verschiebung einer Textur in Richtung einer bestimmten Farbe

Um die unterschiedlich hellen Texturen des Arrays `pictures[][]` aufbauen zu können, legen wir zunächst fest, dass das ursprüngliche Erscheinungsbild einer Bitmap dem Aussehen eines Polygons entspricht, welcher der Lichtquelle vollständig zugewandt ist, und somit zu **100 %** beleuchtet wird. Dieses Erscheinungsbild wird in der Regel mithilfe eines Bildbearbeitungsprogramms definiert.

Um das Prinzip besser nachvollziehen zu können, ist das Umgebungslicht in den ersten Programmen so schwach, dass bei einem zu **0 %** beleuchteten Polygon keine Details mehr wahrgenommen werden können und das Vieleck ein einheitliches, dunkelgraues Erscheinungsbild annimmt. Die genaue Farbe ist in einer Konstanten vom Typ `pixel_32` gespeichert, welche die Bezeichnung **shadow_color** trägt.

Beim Aufbau der unterschiedlich hellen Texturen werden die Farben der ursprünglichen Bitmap in mehreren Schritten in Richtung von **shadow_color** verschoben, wobei jeder Zwischenschritt in einem Array des Feldes `pictures[][]` gespeichert wird. Das Ergebnis ist in der bekannten Abbildung 8.30 aus dem vorherigen Abschnitt dargestellt. Je mehr Schritte zum Einsatz kommen, umso ansprechender kann die Ausgabe des Programms gestaltet werden. Wie wir noch sehen werden, ist diese Verschiebung mit einem relativ hohen Rechenaufwand verbunden; bei einer steigenden Anzahl an Zwischenschritten erhöhen sich aus diesem Grund die Ladezeiten der jeweiligen Anwendung.

Das Problem besteht darin, für jeden Pixel **(tx, ty)** einer beliebigen Textur **bitmap[]** einen Farbverlauf zu generieren. Die Anfangsfarbe dieses Verlaufs, welche in `pictures[ 0 ]` gespeichert wird, besitzt bei allen Pixel den Wert von **shadow_color**. Diese Textur besitzt somit ein einheitliches Aussehen. Bei **end_color**, der Endfarbe des Verlaufs, handelt es sich um die Farbe des Pixels, welche mithilfe des Bildbearbeitungsprogramms festgelegt worden ist:

$light\_color = picture[\, ty * xscale + tx \,]$

Die Zwischenschritte bzw. Tertiärfarben dieses Verlaufs werden an der Position **(tx, ty)** innerhalb der einzelnen, unterschiedlich hellen Texturen eingetragen. Hierzu ein Beispiel: Nehmen wir an, dass das Array `pictures[][]` aus 100 Texturen aufgebaut ist. Die Verschiebung von **light_color** nach **shadow_color** erfolgt von rechts nach links. Der Pixel mit den Koordinaten (0, 0), welcher sich in die obere linke Ecke jeder der beschriebenen Texturen befindet, besitzt in `pictures[ 99 ]` die Farbe **light_color**. Der erste Pixel der Textur `pictures[ 74 ]` enthält die um 25 % in Richtung von **shadow_color** verschobene Version von **light_color**.

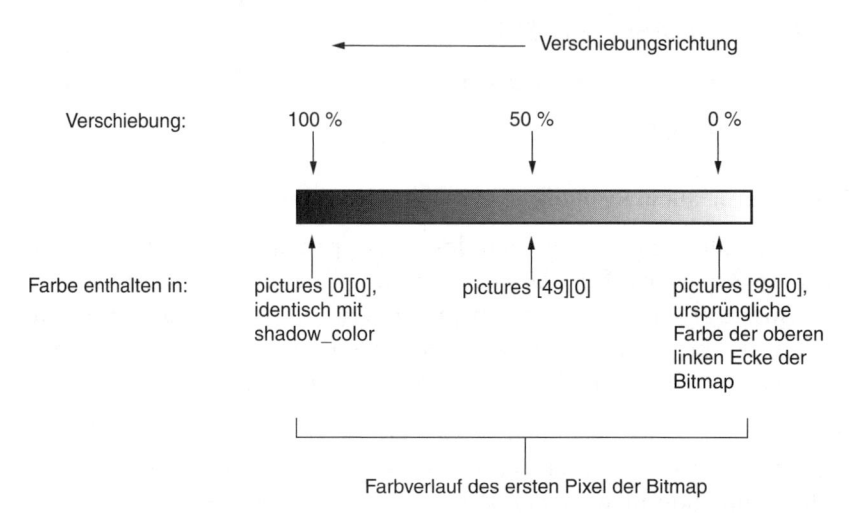

Abb. 8.31: Verschiebung der ersten Farbe einer Bitmap in Richtung der Farbe **shadow_color**

Nach dem gleichen Prinzip sind auch die Farben in der oberen linken Ecke der übrigen Texturen festgelegt: Bei `pictures[ 49 ][ 0 ]` handelt es sich um die gleichmäßige Mischung beider Farben, `pictures[ 0 ][ 0 ]`, das Ende des Verlaufs, besitzt schließlich die Farbe **shadow_color**. Wenn diese Operation für sämtliche Pixel einer gegebenen Textur durchgeführt wird, erhält man ein ähnliches Ergebnis wie in Abbildung 8.32. Diese Darstellung des Inhalts des Arrays `pictures[][]` besitzt große Ähnlichkeit mit der Art, wie gewöhnliche Farbverläufe 1. Grades im 6. Kapitel angezeigt worden sind.

In Abbildung 8.32 werden die Pixel jeder Textur des Arrays `pictures[][]` in Form vertikaler Linien dargestellt; der obere Anfangspunkt besitzt die Farbe des ersten Pixels der Textur, der untere Endpunkt jeder Linie stellt die Farbe der unteren rechten Ecke der Textur. Die Farbverläufe der einzelnen Pixel verlaufen horizontal; ein Vertreter dieser Verläufe befindet sich in der bekannten Abbildung 8.31. Bemerkenswert ist, dass trotz der deutlichen Unterschiede zwischen den einzelnen Farbverläufen ein genereller Übergang von dunkel nach hell zu erkennen ist. Wie man auch anhand Abbildung 8.30 erkennen kann, besitzen die Pixel der einzelnen Bitmaps dieselbe Helligkeit.

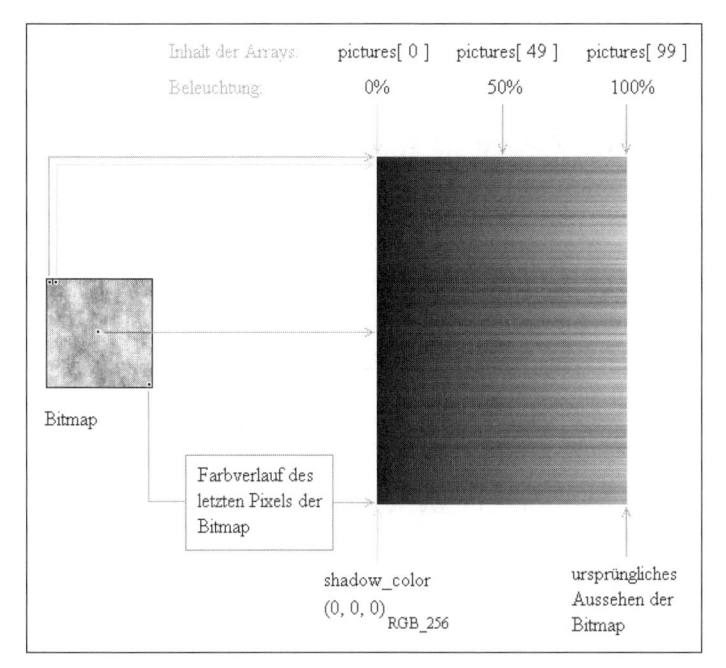

Abb. 8.32: Von rechts nach links durchgeführte Verschiebung einer Textur in Richtung der Farbe **shadow_color**

Der mathematische Vorgang, welcher die Verschiebung einer Textur in Richtung einer bestimmten Farbe beschreibt, ist uns bereits bekannt. Mit diesem Thema haben wir uns zuletzt im 7. Kapitel auseinander gesetzt, im Zusammenhang mit der Generierung von Semitransparenzeffekten. Die Verschiebung von shadow_color nach light_color kann unter Verwendung des Vektors $\vec{v}$ in einem Schritt durchgeführt werden. Wenn $\vec{sc}$ und $\vec{lc}$ die Ortsvektoren der beiden beschriebenen Farben im dreidimensionalen RGB-Farbmodell darstellen, gilt:

$$\vec{sc} + \vec{v} = \vec{lc}$$

denn

$$\vec{v} = \vec{lc} - \vec{sc}$$

Um einen t-elementigen Farbverlauf von **shadow_color** nach **light_color** aufbauen zu können, muss diese Verschiebung in **t** Schritten durchgeführt werden. Wie wir wissen, muss der Betrag von $\vec{v}$ entsprechend verringert werden, um diese Verschiebung durchführen zu können:

$$\vec{v} = (\vec{lc} - \vec{sc}) * \frac{1}{t} \qquad t \in \mathbf{N} \quad und \quad t \geq 2$$

Die erste Tertiärfarbe des Verlaufs zur Definition des Aussehens des ersten Pixels der Textur `pictures[ 0 ]` ist bekannt:

```
pictures[ 0 ][ 0 ] = shadow_color
```

Für die zweite Tertiärfarbe gilt:

```
vector v;

// entsprechende Initialisierung der Variablen 'v'

pictures[ 1 ][ 0 ] = pictures[ 0 ][ 0 ] + v
```

Die übrigen Farben lassen sich auf dieselbe Weise iterativ berechnen:

```
pictures[ 2 ][ 0 ] = pictures[ 1 ][ 0 ] + v
pictures[ 3 ][ 0 ] = pictures[ 2 ][ 0 ] + v
```

usw. Für die obere linke Ecke eines beliebigen Zwischenschritts `pictures[ n ][ 0 ]` gilt somit:

```
pictures[ n ][ 0 ] = pictures[ n-1 ][ 0 ] + v
```

bzw.

```
pictures[ n ][ 0 ] = pictures[ 0 ][ 0 ] + n * v
```

Entsprechendes gilt auch für die übrigen Pixel der übrigen unterschiedlich hellen Texturen. Diese Ausdrücke setzen die Existenz einer entsprechende Überladung des Additions- bzw. Multiplikationsoperators voraus:

```
pixel_32 operator + ( pixel_32 color, vector v );
vector operator * ( vector v, double scalar );
```

Verwaltung schattierter Texturen

Die unterschiedlich hellen Versionen derselben Textur, deren Generierung in den letzten Abschnitten ausführlich besprochen worden ist, können durch den Einsatz eines eigenen Datentyps weitaus leichter verwaltet werden. Diese Klasse muss folgende Voraussetzungen erfüllen:

- Die unterschiedlich hellen Versionen besitzen dieselbe Länge und Breite; aus diesem Grund müssen diese Informationen lediglich einmal innerhalb der Definition des Datentyps gespeichert werden.
- Die Zwischenschritte der Verschiebung der ursprünglichen Textur in Richtung von **shadow_color** müssen unter Berücksichtigung der vorangegangenen Theorie innerhalb eines zweidimensionalen Arrays aus Elementen vom Typ pixel_32 gespeichert werden.
- Die Klasse muss über eine Initialisierungsfunktion verfügen, welche auf der Grundlage einer Bitmap und der Komponenten von **shadow_color** die Elemente des Arrays adv_bmp_32::pictures[][] mit gültigen Werten versieht.
- Die Anzahl der Elemente des beschriebenen Arrays muss in Form einer ganzzahligen Komponente gespeichert werden.
- Schließlich muss adv_bmp_32 über eine Darstellungsfunktion verfügen, welche ein Element des Arrays adv_bmp_32::pictures[][] auf dem Bildschirm darstellt. Die Position der gewünschten Textur innerhalb des Arrays muss dieser Funktion in Form eines Parameters übergeben werden.
- Die aktuelle Aufgabenstellung sieht keine erweiterten Operationen auf der Ebene der Bitmap vor. Aus diesem Grund ist die Unterstützung von Vorgängen wie die partielle Bitmapdarstellung nicht erforderlich.

Die Klasse adv_bmp_32 stellt lediglich eine erweiterte Version des bekannten Datentyps bmp_32 dar:

```cpp
class adv_bmp_32
{
  public:
    long xscale, yscale;
    long picture_count;

    pixel_32 **pictures;

    void load( char *filename, long i );
    void display( long i,
                  long sx, long sy, pixel_32 *sbuffer );

    adv_bmp_32( void ) : xscale( 0 ), yscale( 0 ),
                        intensity_count( 0 ),
                        pictures( NULL ) { }
    adv_bmp_32( char *filename, long i )
            { load( filename, i ); }
    adv_bmp_32( const adv_bmp_32 &b );
    ~adv_bmp_32( void )
```

```
        {
            for( long x=0 ; x<intensity_count ; x++ )
                delete [] pictures[ x ];

            delete [] pictures;
        }
};
```

Es folgt eine Übersicht über die einzelnen Komponenten der neuen Klasse:

Variable	Aufgabe
xscale:	gibt die Breite der Bitmap in Pixel an
yscale:	enthält die Höhe der Bitmap in Pixel
picture_count:	gibt die Anzahl der Texturen innerhalb des Arrays pictures[][] an
pictures[][]:	In diesem Feld werden die unterschiedlich hellen Versionen derselben Bitmap gespeichert.

Funktion	Aufgabe / Definition
load():	Initialisierung der Klassenelemente auf der Grundlage der als Parameter übergebenen Bitmap. pc gibt die Anzahl der Elemente des Arrays pictures[][] an:

```
void adv_bmp_32::load(char*filename, long pc)
{
 picture_count=pc:

bmp_32 bitmap(filename );

 xscale=bitmap.xscale; yscale=bitmap.yscale:

 if((picture=new(pixel_32*)[picture_count])=NULL)
   exit(**pictures: Fehler bei der Reservierung von Arbeitsspeicher.\n);

 for(long x=0;x<picture_count;x++)
   if((pictures[x]=new pixel_32[xscale*yscale]==NULL)
     exit("*picture: Fehler bei der Reservierung von Arbeitsspeicher.\n");

 double act_r,act_g,act_b,r_step,g_step,b_step;
```

```
for(long x=0; x<xscale*yscale;x++)
{
r_step=double(bitmap.picture[x].red-shadow_color.red)/(picture_count-
1)
g_step=double(bitmap.picture[x].green-shadow_color.green)/
(picture_count-1)
b_step=double(bitmap.picture[x].blue-shadow_color.blue)/
(picture_count-1)

act_r=shadow_color.red;
act_g=shadow_color.green;
act_b=shadow_color.blue;

for(long y=0 ; y<picture_count; y++//
{
  pictures[y][x]=pixel_32(uchar(act_r).uchar(act_g), uchar(act_b));

  act_r+=r_step;act_g+=g_step; act_b+=b_step
}
}
}
```

Am Anfang der Funktion wird eine lokale Variable namens bitmap definiert, und mit dem ursprünglichen bzw. dem zu 100 % beleuchteten Aussehen der Bitmap initialisiert.

Da es sich bei pictures[][] um ein zweidimensionales Array handelt, muss die Reservierung des erforderlichen Speicherplatzes in zwei Schritten erfolgen:

```
if(pictures=new(pixel_32*)[picture_count])==NULL
  exit("**pictures: Fehler bei der Reservierung von Arbeitsspeicher.\n");

for(longx=0; x<picture_count;x++)
  if((pictures[x]=new pixel_32[xscale*yscale])==NULL
    exit("*pictures: Fehler bei der Reservierung von Arbeitsspeicher.\n")
;
```

Dieselbe Vorgehensweise wurde auch bei der Definition der Funktion palette_32::load() eingesetzt. Die eigentliche Initialisierung der Elemente des Arrays pictures[][] erfolgt iterativ, unter Berücksichtigung der Theorie des vergangenen Abschnitts.

Kapitel 8
Texture Mapping

`display()`: Darstellung einer vom Benutzer festgelegten Textur, welche innerhalb von `pictures[][]` enthalten ist:

```
void adv_bmp_32::display(long i, long sx, long sy, pixel_32 *sbuffer)
{
 long x, y, z;
 long offset=sy* x_res+sx;

 for(y=0, z=0; y<yscale; y++)
 {
 for(x=0; x<xscale;x++)sbuffer[offset++]=pictures[i][z++];

  offset+=x_res-xscale;
 }
}
```

`~adv_bmp_32()`: Freigabe des Speicherplatzes, welcher von den Elementen des Arrays `pictures[][]` in Anspruch genommen wird. Aufgrund der Tatsache, dass die Reservierung von Arbeitsspeicher in zwei Schritten durchgeführt worden ist, muss der umgekehrte Vorgang ebenfalls in zwei Teile gegliedert sein.

Würde man versuchen, diese Aufgabe mithilfe einer Anweisung wie

```
~adv_bmp_32( void ) {  delete [] pictures;  }
```

zu lösen, würden lediglich die Verweise auf den Anfang der einzelnen Texturen gelöscht werden. Der Inhalt dieser Arrays würde jedoch weiterhin innerhalb des Arbeitsspeichers existieren, ohne dass der Operator *new* oder Funktionen wie `malloc()` darauf zugreifen können. Dieselbe Problemstellung ist uns auch bei der Definition des Destruktors `palette_32::~palette_32()` begegnet.

Bei einer genauen Betrachtung der Definition der Funktion `adv_bmp_32::load()` fällt eine gewisse Unregelmäßigkeit im Zusammenhang mit der Berechnung der Komponenten des Verschiebungsvektors $\vec{v}\begin{pmatrix}r\_step\\g\_step\\b\_step\end{pmatrix}$ auf: Obwohl der aufzubauende Farbverlauf über `picture_count`-Elemente verfügt, erfolgt eine Teilung durch den Wert (`picture_count - 1`):

```
r_step = double( bitmap.picture[ x ].red -
               shadow_color.red )/
             (picture_count - 1);
```

```
g_step = double( bitmap.picture[ x ].green -
                 shadow_color.green ) /
                 (picture_count - 1);
b_step = double( bitmap.picture[ x ].blue -
                 shadow_color.blue ) /
                 (picture_count - 1);
```

Die Notwendigkeit dieser Vorgehensweise soll anhand eines Beispiels erklärt werden. Angenommen, wir besitzen eine Textur, deren obere linke Ecke die Farbe (0, 0, 80) $_{RGB\_256}$ besitzt. Diese Farbe soll von rechts nach links in Richtung von (0, 0, 10) $_{RGB\_256}$ verschoben werden, wobei der Farbverlauf 8 Elemente umfassen muss. Wie man leicht nachvollziehen kann, müssen die dazugehörigen Farben wie in Abbildung 8.33 definiert sein.

Obere linke Ecke der Textur	pictures [0]		pictures [2]		...			
Definition des Farbwertes	(0,0,10)	(0,0,20)	(0,0,30)	(0,0,40)	(0,0,50)	(0,0,60)	(0,0,70)	(0,0,80)

picture_count = 8

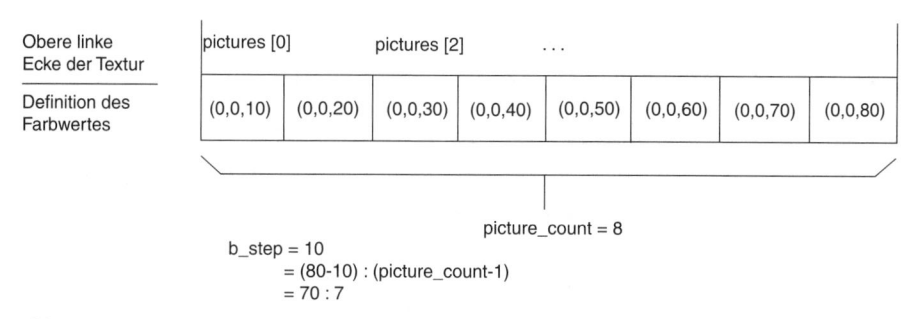

b_step = 10
       = (80-10) : (picture_count-1)
       = 70 : 7

Abb. 8.33: Die Komponenten der 8 Elemente eines Farbverlaufs von (0, 0, 80) $_{RGB\_256}$ nach (0, 0, 10) $_{RGB\_256}$

Wie man anhand Abbildung 8.33 nachvollziehen kann, muss die lokale Variable b_step den Wert 10 betragen, wenn dieser Farbverlauf von der Funktion adv_bmp_32::load() generiert werden soll. Dieser Funktion stehen anfangs lediglich die Komponenten der Anfangs- und Endfarbe sowie der Wert von picture_count zur Verfügung. Die Abbildung zeigt, dass die Variable b_step nur dann mit dem gewünschten Wert initialisiert werden kann, wenn picture_count vor der Durchführung der Division um eine Einheit verringert wird.

Der Grund für dieses Phänomen besteht darin, dass picture_count die *Gesamtlänge* des Verlaufs angibt, die Anfangs- und die Endfarbe eingeschlossen. Bemerkenswert ist, dass uns die umgekehrte Situation bereits im 2. Kapitel begegnet ist: Wenn im Laufe der Implementierung von Bresenhams Linienalgorithmus die horizontale Länge einer Linie zu berechnen ist, muss die Differenz der x-Koordinaten der Endpunkte nachträglich um eine Einheit erhöht werden:

```
long delta_x, length;

delta_x = x2 - x1;
```

```
// weitere Anweisungen

length = deltax + 1
```

Die erweiterte Polygonschattierung sieht vor, sämtliche in einem Programm eingesetzten Texturen in Richtung von **shadow_color** zu verschieben. Wie wir wissen, werden Texturen unter Verwendung der Klasse `texture_lib` verwaltet. Um diese Vorgabe erfüllen zu können, ist eine geringfügige Veränderung dieses Datentyps erforderlich:

```
class texture_lib
{
  public:
    long texture_count, picture_count;
    adv_bmp_32 *textures;

    void load( char *filename, long pc );

    texture_lib( void ) : texture_count( 0 ),
                         picture_count( 0 ),
                         textures( NULL ) { }
   ~texture_lib( void )
                { if( textures ) delete [] textures; }
};
```

Diese Veränderung sieht lediglich vor, die Bitmaps in Form von Variablen vom Typ adv_bmp_32 zu verwalten. Die Anzahl der Elemente des Arrays `adv_bmp_32::pictures[][]` ist bei allen Texturen gleich. Diese Information wird von der Funktion `texture_lib::load()` als Parameter entgegengenommen und an die Funktion `adv_bmp_32::load()` der einzelnen Texturen weitergeleitet.

Praktische Implementierung des Textured-Flat-Shading-Algorithmus

Bei der praktischen Implementierung des *Textured-Flat-Shading*-Algorithmus wird vorausgesetzt, dass die Textur jedes Polygons unter Verwendung einer Variablen vom Typ adv_bmp_32 verwaltet wird:

```
class polygon
{
  private:
    long point_count, cp_point_count;
```

```
    point *points;
    adv_bmp_32 *tx;

    vector normal;

    void z_clipping( void );
    void project( void );
    void xy_clipping( void );

    uchar visible( void );
    void shape( pixel_32 *sbuffer );
    void rasterize( pixel_32 *sbuffer, long i );

  public:
    void load( ifstream *thing_def, vertex *v );
    void update_pos( matrix m )
                    { m.transform( &normal ); }
    void display( vertex *v, pixel_32 *sbuffer );

    polygon( const polygon &p );
    polygon( void ) : point_count( 0 ),
                      cp_point_count( 0 ),
                      points( NULL ) { }
    ~polygon( void ) { if( points ) delete [] points; }
};
```

Um das Prinzip besser verstehen zu können, werden wir bei der ersten Implementierung des neuen Schattieralgorithmus auf dieselbe Vorgehensweise zurückgreifen, welche wir bereits bei der Definition des ersten Programms des 4. Kapitels eingesetzt haben.

Die Textur, welche auf die Oberfläche des Polygons projiziert werden muss, wird während der Ausführung von polygon::display() festgelegt. Auf der Grundlage der Ausrichtung des Vielecks in Bezug zur Lichtquelle wird hierbei die Position i berechnet, an welcher die gesuchte Textur innerhalb adv_bmp_32::textures[][] zu finden ist; die Richtung des einfallenden Lichts wird wie gehabt unter Verwendung des globalen Vektors $\vec{light}$ definiert:

```
void polygon::display( vertex *v, pixel_32 *sbuffer )
{
  for( long x=0 ; x<point_count ; x++ )
  {
    wpoint[ x ].wx = v[ points[ x ].vertex_offset ].wx;
```

```
    wpoint[ x ].wy = v[ points[ x ].vertex_offset ].wy;
    wpoint[ x ].wz = v[ points[ x ].vertex_offset ].wz;

    wpoint[ x ].tx = points[ x ].tx;
    wpoint[ x ].ty = points[ x ].ty;
  }

  z_clipping();
  project();
  xy_clipping(); if( !cp_point_count ) return;

  if( visible() )
  {
    double t = (normal.x * light.x +
                normal.y * light.y +
                normal.z * light.z) /
               (normal.magnitude * light.magnitude);

    long i = long( -t * (used.picture_count - 1) );
    if( i < 0 ) i = 0;

    rasterize( sbuffer, i );
  }
}
```

Der Wert der Variablen i wird schließlich der Funktion `polygon::rasterize()` übergeben, welche die Darstellung des einfach schattierten Polygons durchführt:

```
if( act_z < zbuffer[ offset ] )
{
  long color = long( act_ty ) * tx->xscale +
               long( act_tx );

  sbuffer[ offset ] = tx->pictures[ i ][ color ];
  zbuffer[ offset ] = act_z;
}
```

Die Initialisierung des einzigen Elements vom Typ `texture_lib` erfolgt während der Ausführung von `initialise_world()`; hierbei wird festgelegt, dass die Verschiebung der eingesetzten Texturen in Richtung von `shadow_color` in 40 Schritten erfolgen muss. Der Grund für diese relativ geringe Zahl hängt mit dem großen rechnerischen Aufwand zusammen, welcher mit dieser Operation verbunden ist.

Hierzu ein Vergleich: Der 32-Bit-Farbverlauf, welcher im Programm a6_9 verwendet wird, besitzt beispielsweise 500 Elemente.

```
vector light( -1, -1, 1 );
pixel_32 shadow_color( 1, 1, 1 );
texture_lib used;

void initialise_world( HINSTANCE hInstance, long screen_x, long screen_y
, long bit_depth )
{
  x_min = 0;  x_max = screen_x - 1;
  y_min = 0;  y_max = screen_y - 1;

  if( (sbuffer = new pixel_32[ screen_x * screen_y ]) ==
      NULL ||
      (zbuffer = new double[ screen_x * screen_y ]) ==
      NULL ||
      (left_side = new screen_side[ screen_y ]) ==
      NULL ||
      (right_side = new screen_side[ screen_y ]) ==
      NULL )

    exit("initialise_world(): Fehler bei der \
        Reservierung von Arbeitsspeicher.\n");

  surface.open_window( hInstance,
                       screen_x, screen_y,
                       bit_depth );

  used.load( "textures.def", 40 );
}
```

Es folgt der vollständige Inhalt der Hauptdatei des Programms a8_9:

```
/////////////////////////////     a8_9.cpp     /////////////////////////////
//////                                                                //////
//////   Implementierung des Textured Flat Shading Algorithmus        //////
//////   Auflösung: beliebig, Farbtiefe: 32 Bit                       //////
//////                                                                //////
/////////////////////////////////////////////////////////////////////////////

#include <windows.h>
```

Kapitel 8
Texture Mapping

```c
#include "s8_9.h"
#include "m8_9.h"
#include "t8_9.h"
#include "gv8_9.h"

uchar handle_input( MSG *msg, thing *t );

int WINAPI WinMain( HINSTANCE hInstance, HINSTANCE hPrevInstance, LPSTR
lpCmdLine, int iCmdShow )
{
  initialise_world( hInstance, 640, 480, 32 );

  thing cube( "cube1.tg3" );

  matrix m;
  m.scale( 5, 5, 5 );
  m.translate( 0, 0, 40 );
  cube.update_pos( m );
  m.clear();

  for( long x=0 ; x<x_res*y_res ; x++ ) zbuffer[ x ] = z_max;

  MSG message;
  while( 1 )
  {
    if( handle_input( &message, &cube ) ) break;

    if( clear_translation > max_clear_translation ) clear_translation -= z_max;
    else
    {
      for( long x=0 ; x<x_res*y_res ; x++ ) zbuffer[ x ] = z_max;
      clear_translation = 0.0;
    }
    for( long x=0 ; x<x_res*y_res ; x++ ) sbuffer[ x ] = pixel_32( 0, 0, 0 );

    cube.display();
/*
    for( long x=0 ; x<used.textures[ 0 ].intensity_count ; x++ )
```

```
      for( long y=0 ; y<y_res ; y++ )
        sbuffer[ y * x_res + x ] = used.textures[ 0 ].pictures[ x ][ y
];
*/

  pixel_32 *screen = (pixel_32 *) surface.get_screen_pointer();
  memcpy( screen, sbuffer, x_res * y_res * sizeof( sbuffer[ 0 ] ) );
  surface.release_screen_pointer();
  }

  destroy_world();

  return message.wParam;
}

uchar handle_input( MSG *msg, thing *t )
{
  if( PeekMessage( msg, NULL, 0, 0, PM_REMOVE ) )
  {
    if( msg->message == WM_QUIT ) return 1;

    TranslateMessage( msg );
    DispatchMessage( msg );
  }

  matrix m;
  m.translate( -t->wpos.wx, -t->wpos.wy, -t->wpos.wz );

  if( GetKeyState( VK_UP     ) < 0 ) m.rotate(  0.1, 0, 0 );
  if( GetKeyState( VK_DOWN   ) < 0 ) m.rotate( -0.1, 0, 0 );
  if( GetKeyState( VK_LEFT   ) < 0 ) m.rotate( 0,  0.1, 0 );
  if( GetKeyState( VK_RIGHT  ) < 0 ) m.rotate( 0, -0.1, 0 );
  if( GetKeyState( VK_HOME   ) < 0 ) m.rotate( 0, 0,  0.1 );
  if( GetKeyState( VK_END    ) < 0 ) m.rotate( 0, 0, -0.1 );
  if( GetKeyState( VK_NUMPAD6 ) < 0 ) m.translate(  1, 0, 0 );
  if( GetKeyState( VK_NUMPAD4 ) < 0 ) m.translate( -1, 0, 0 );
  if( GetKeyState( VK_NUMPAD8 ) < 0 ) m.translate( 0,  1, 0 );
  if( GetKeyState( VK_NUMPAD2 ) < 0 ) m.translate( 0, -1, 0 );
  if( GetKeyState( VK_PRIOR  ) < 0 ) m.translate( 0, 0,  1 );
  if( GetKeyState( VK_NEXT   ) < 0 ) m.translate( 0, 0, -1 );
  if( GetKeyState( VK_ESCAPE ) < 0 ) return 1;
```

Kapitel 8
Texture Mapping

```
    m.translate( t->wpos.wx, t->wpos.wy, t->wpos.wz );
    t->update_pos( m );

    return 0;
}
```

////////////////////////   Ende a8_9.cpp   ////////////////////////

Abb. 8.34: Ausgabe des Programms *a8_9*

Die Ungenauigkeit der Intensitätsberechnung

Bei einer genauen Betrachtung des vorherigen Programms tritt in einigen Fällen ein störender Nebeneffekt auf. Besonders auf der Oberfläche der Polygone, welche der Lichtquelle abgewandt sind, ist ein leichtes Flimmern wahrnehmbar. Der Grund für das Auftreten dieses Phänomens ist uns bereits seit dem 6. Kapitel bekannt: die Ungenauigkeit des eingesetzten Algorithmus zur Berechnung der einfallenden Lichtmenge.

Der Betrachter erwartet, wie wir wissen, dass die Helligkeit eines Polygons umso größer ist, je stärker dieser der Lichtquelle zugewandt ist. Wichtig ist, dass dieser Anstieg der Helligkeit *linear* bzw. *proportional* erfolgt. Die Basis der von uns verwendeten Gleichungen bildet jedoch die Kosinuskurve, deren Verlauf in den Intervallen [90 .. 180] und [180 .. 270] diese Voraussetzung nicht erfüllt. Im ersten Fall steigt der Graph zunächst steil an, um sich im Bereich von 180 abzuflachen.

Wenn der Winkel zwischen Lichtvektor und Polygonnormale ungefähr 90 oder 270 beträgt, wird das Polygon nur schwach beleuchtet. Der Grund für den Flimmereffekt besteht darin, dass aufgrund des steilen Kurvenverlaufs in der Umgebung dieser Winkel die Hell-dunkel-Unterschiede zwischen den einzelnen Texturen besonders deutlich zum Ausdruck kommen. Diese Unterschiede sind ohnehin sehr stark ausgeprägt; der Grund hierfür ist die geringe Anzahl der Elemente des Arrays `adv_bmp_32::pictures[][]`, welche die Ladezeiten des Programms möglichst gering hält.

Erweiterte Polygonschattierung

f(α)

ungenaue Helligkeit:
≈ 70 % ⇒ Vieleck
erscheint heller als
es eigentlich sein
müsste

≈ 0.7 — 1.0

0.5

genaue Helligkeit
der Textur: 50 %

-cos (α)

mt (α)

90°   135° 180°   270°   α

das Polygon wird zu 50 % beleuchtet

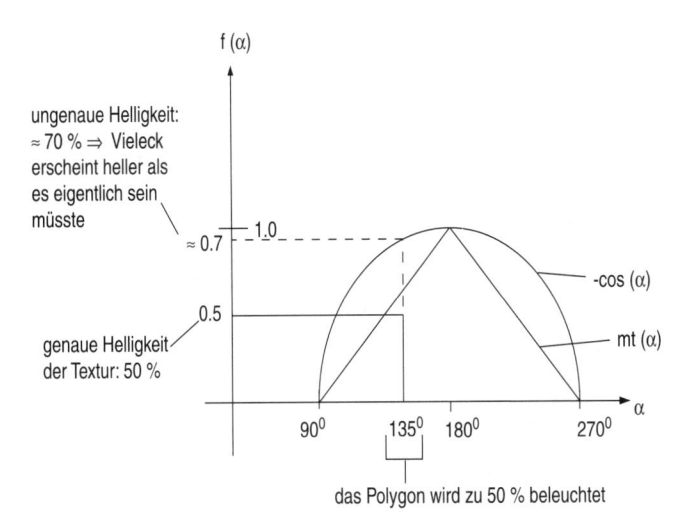

α: Winkel zwischen der Polygonnormalen und dem Lichtvektor

Abb. 8.35: Der Graph der Funktion **mt()** besitzt einen linearen Kurvenverlauf in den Intervallen [90 .. 180] und [180 .. 270]; diese Voraussetzung wird von –cos(α) nicht erfüllt.

Hierzu ein Beispiel: Ein der Lichtquelle abgewandtes Polygon wird um einen sehr geringen Winkel rotiert. Als Ergebnis würde man ein Vieleck erwarten, welches nur über eine geringfügig dunklere Oberfläche verfügt; die Helligkeit der von dem Programm tatsächlich eingesetzten Textur ist jedoch bei weitem geringer. Dieses Phänomen lässt sich durch eine genauere Berechnung der einfallenden Lichtmenge beseitigen. Hierfür greifen wir auf die Funktion **mt()** zurück, welche im 6. Kapitel für die Lösung derselben Aufgabenstellung entwickelt worden ist:

```
double mt( double alpha )
{
  const double pi = 3.141592654;
  static double t = 1.0 / (0.5 * pi);

  if( alpha > pi ) return -alpha * t + 3.0;

  return alpha * t - 1.0;
}
```

Um die Intensitätsberechnung übersichtlicher zu gestalten, empfiehlt sich die Definition einer Funktion namens `get_intensity()`, welche genauso wie die aus dem 6. Kapitel bekannte Routine `get_color()` arbeitet:

Kapitel 8
Texture Mapping

```
long adv_bmp_32::get_intensity( vector normal )
{
  double cos_alpha = (normal.x * light.x +
                      normal.y * light.y +
                      normal.z * light.z) /
                     (normal.magnitude *
                      light.magnitude);

  long i = 0;

  if( cos_alpha < 0.0 )
  {
    double alpha = acos( cos_alpha );
    i = long( mt( alpha ) * (picture_count - 1) );
  }

  return i;
}
```

Der Aufruf von get_intensity() erfolgt während der Ausführung von polygon::display(). Bis auf diese Veränderungen ist die Definition des Programms *a8_10* seit seinem Vorgänger unverändert geblieben.

```
void polygon::display( vertex *v, pixel_32 *sbuffer )
{
  for( long x=0 ; x<point_count ; x++ )
  {
    wpoint[ x ].wx = v[ points[ x ].vertex_offset ].wx;
    wpoint[ x ].wy = v[ points[ x ].vertex_offset ].wy;
    wpoint[ x ].wz = v[ points[ x ].vertex_offset ].wz;

    wpoint[ x ].tx = points[ x ].tx;
    wpoint[ x ].ty = points[ x ].ty;
  }

  z_clipping();
  project();
  xy_clipping(); if( !cp_point_count ) return;

  if( visible() )
  {
    long i = tx->get_intensity( normal );
```

```
    rasterize( sbuffer, i );
  }
}
```

Abb. 8.36: Ausgabe des Programms *a8_10*: Der Einsatz der Funktion **mt()** während der Farbgebung beseitigt das Flimmern auf der Oberfläche schwach beleuchteter Polygone.

8.5.2 Textured Gouraud Shading

Die Grundidee des *Textured-Gouraud-Shading*-Algorithmus besteht darin, jedem Vertices der in der dreidimensionalen Welt vorkommenden Polyeder einen Normalenvektor zuzuordnen. Auf der Grundlage dieses Vektors und der Richtung des einfallenden Lichts wird für jeden Eckpunkt des darzustellenden Polygons die Position einer Textur berechnet, welche sich innerhalb adv_bmp_32::pictures[][] befindet:

```
void polygon::display( vertex *v, pixel_32 *sbuffer )
{
  for( long x=0 ; x<point_count ; x++ )
  {
    vertex act_v = v[ points[ x ].vertex_offset ];

    wpoint[ x ].wx = act_v.wx;
    wpoint[ x ].wy = act_v.wy;
    wpoint[ x ].wz = act_v.wz;

    wpoint[ x ].tx = points[ x ].tx;
    wpoint[ x ].ty = points[ x ].ty;

    wpoint[ x ].i = tx->get_intensity( act_v.normal );
  }

  z_clipping();
  project();
```

```
    xy_clipping(); if( !cp_point_count ) return;

    if( visible() ) rasterize( sbuffer );
}
```

Diese Positionen werden während der Rasterization entlang der Polygonseiten und Rasterzeilen interpoliert. Hierbei wird genauso vorgegangen wie bei der Definition des Programms *a6_9*, wo die Interpolation von Farbpositionen stattfindet, welche auf die Elemente von `palette_32::color_definitions[][]` verweisen.

Auf diese Weise steht die Position einer Textur mit bestimmter Helligkeit zur Verfügung, auf welcher sich seine Texturkoordinaten beziehen. Diese Position bezieht sich selbstverständlich auf die Elemente des Arrays `adv_bmp_32::pictures[][]`.

Die Besonderheit am *Textured-Gouraud-Shading*-Algorithmus besteht darin, dass den Pixeln auf der Oberfläche desselben Polygons Farben aus unterschiedlich hellen Texturen zugewiesen werden können. Auf diese Weise entsteht ein besonders realistischer Verlauf von hell nach dunkel, wobei die Struktur der eingesetzten Textur unverändert bleibt. Die unterschiedlich hellen Texturen aus `adv_bmp_32::pictures[][]` besitzen dieselbe Länge und Breite, wodurch der Einsatz polymorpher Texturkoordinaten in diesem Zusammenhang nicht erforderlich ist.

Es folgt die vollständige Definition der Klasse `polygon`, welche den Hauptteil der Implementierung des *Textured-Gouraud-Shading*-Algorithmus enthält; bemerkenswert ist die große Ähnlichkeit mit seiner nicht texturierten Version, welche in der Datei *"p6_9.h"* gespeichert ist:

```
#ifndef ADVANCED_BMP_32_H
#define ADVANCED_BMP_32_H

#include "st8_11.h"
#include "b8_11.h"

extern pixel_32 shadow_color;
extern vector light;

class adv_bmp_32
{
  public:
    long xscale, yscale;
    long picture_count;

    pixel_32 **pictures;
```

```cpp
    void load( char *filename, long i );
    long get_intensity( vector normal );
    void display( long i, long sx, long sy, pixel_32 *sbuffer );

    adv_bmp_32( void ) : xscale( 0 ), yscale( 0 ), picture_count( 0 ), pictures( NULL ) { }
    adv_bmp_32( char *filename, long i ) {  load( filename, i ); }
    adv_bmp_32( const adv_bmp_32 &b );
   ~adv_bmp_32( void )
    {
       for( long x=0 ; x<picture_count ; x++ ) delete [] pictures[ x ];

       delete [] pictures;
    }
};

void adv_bmp_32::load( char *filename, long pc )
{
  picture_count = pc;

  bmp_32 bitmap( filename );

  xscale = bitmap.xscale;   yscale = bitmap.yscale;

  if( (pictures = new (pixel_32 *)[ picture_count ]) == NULL )
     exit( "**pictures: Fehler bei der Reservierung von Arbeitsspeicher.\
n" );

  for( long x=0 ; x<picture_count ; x++ )
     if( (pictures[ x ] = new pixel_32[ xscale * yscale ]) == NULL )
        exit( "*pictures: Fehler bei der Reservierung von Arbeitsspeicher.\n" );

  double act_r, act_g, act_b, r_step, g_step, b_step;
  for( long x=0 ; x<xscale*yscale ; x++ )
  {
    r_step = double( bitmap.picture[ x ].red - shadow_color.red ) / (picture_count - 1);
    g_step = double( bitmap.picture[ x ].green - shadow_color.green ) / (picture_count - 1);
    b_step = double( bitmap.picture[ x ].blue - shadow_color.blue ) / (picture_count - 1);
```

```
      act_r = shadow_color.red;
      act_g = shadow_color.green;
      act_b = shadow_color.blue;

      for( long y=0 ; y<picture_count ; y++ )
      {
        pictures[ y ][ x ] = pixel_32( uchar( act_r+0.5 ), uchar( act_g+0.
5 ), uchar( act_b+0.5 ) );

        act_r += r_step;  act_g += g_step;  act_b += b_step;
      }
    }
}

double mt( double alpha )
{
  const double pi = 3.141592654;
  static double t = 1.0 / (0.5 * pi);

  if( alpha > pi ) return -alpha * t + 3.0;

  return alpha * t - 1.0;
}

long adv_bmp_32::get_intensity( vector normal )
{
  double cos_alpha = (normal.x * light.x + normal.y * light.y + normal.z
* light.z) /
                    (normal.magnitude * light.magnitude);

  if( cos_alpha < 0.0 )
  {
    double t = fabs( mt( acos( cos_alpha ) ) );

    return long( t * (picture_count - 1) );
  }

  return 0;
```

```cpp
}

void adv_bmp_32::display( long i, long sx, long sy, pixel_32 *sbuffer )
{
  long x, y, z;
  long offset = sy * x_res + sx;

  for( y=0, z=0 ; y<yscale ; y++ )
  {
    for( x=0 ; x<xscale ; x++ ) sbuffer[ offset++ ] = pictures[ i ][ z++ ];

    offset += x_res - xscale;
  }
}

adv_bmp_32::adv_bmp_32( const adv_bmp_32 &b )
{
  xscale = b.xscale;
  yscale = b.yscale;
  picture_count = b.picture_count;

  if( (pictures = new (pixel_32 *)[ picture_count ]) == NULL )
    exit( "**pictures: Fehler bei der Reservierung von Arbeitsspeicher.\n" );

  for( long x=0 ; x<picture_count ; x++ )
    if( (pictures[ x ] = new pixel_32[ xscale * yscale ]) == NULL )
      exit( "*pictures: Fehler bei der Reservierung von Arbeitsspeicher.\n" );

  for( long y=0 ; y<picture_count ; y++ )
    for( long x=0 ; x<xscale*yscale ; x++ )
      pictures[ y ][ x ] = b.pictures[ y ][ x ];
}

#endif
```

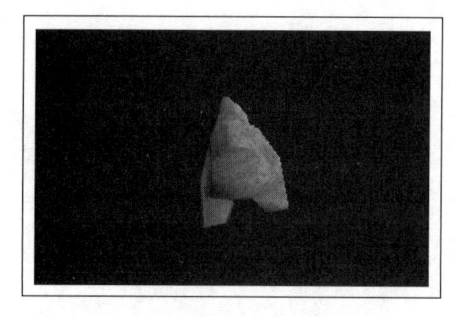

Abb. 8.37: Ausgabe des Programms *a8_11*: Ein unter Verwendung des *Textured-Gouraud-Shading*-Algorithmus dargestellter Polyeder

8.5.3 Textured Phong / Metal Shading

Die Einschränkungen der texturierten Version des *Gouraud Shading*, welche uns seit dem 6. Kapitel bekannt sind, werden in Form des *Phong-Shading*-Algorithmus beseitigt. Hierbei findet die Intensitätsberechnung auf Pixelebene statt. Die Komponenten des Normalenvektors $\begin{pmatrix} act\_nx \\ act\_ny \\ act\_nz \end{pmatrix}$, welcher jedem Pixel zugeordnet wird, lassen sich durch Interpolation aus den Vektornormalen der Vertices des jeweiligen Polygons ausrechnen:

```
while( length-- > 0 )
{
  if( act_z < zbuffer[ offset ] )
  {
    long i = tx->get_intensity(
              vector( act_nx, act_ny, act_nz ) );
    long color = long(act_ty) * xscale + long(act_tx);

    sbuffer[ offset ] = tx->pictures[ i ][ color ];
    zbuffer[ offset ] = act_z;
  }

  offset++;
  act_z += z_step;
  act_tx+=tx_step;   act_ty+=ty_step;
  act_nx+=nx_step;   act_ny+=ny_step;   act_nz+=nz_step;
}
```

Der einzige Unterschied zwischen dem *Phong-* und dem *Metal-Shading*-Algorithmus besteht in der Art der Berechnung der einfallenden Lichtmenge bzw. der Definition der Funktion `adv_bmp_32::get_intensity()`. Die Bereiche eines Polyeders, welche besonders stark beleuchtet werden, können durch die Potenzierung des Rückgabewerts der Funktion `mt()` hervorgehoben werden:

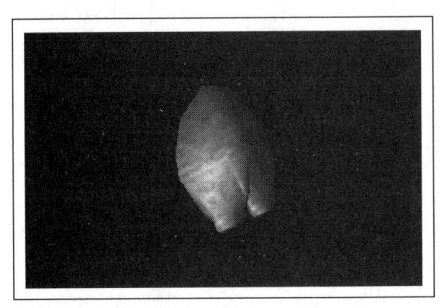

```
long adv_bmp_32::get_intensity( vector normal )
{
  double cos_alpha = (normal.x * light.x +
                      normal.y * light.y +
                      normal.z * light.z) /
                     (normal.magnitude *
                      light.magnitude);

  if( cos_alpha < 0.0 )
  {
    double mt_alpha = mt( acos( cos_alpha ) );

    double t = pow( mt_alpha, 4 );

    return long( t * (picture_count - 1) );
  }

  return 0;
}
```

Abb. 8.38: Ausgabe des Programms *a8_12*: Ein unter Verwendung des Textured Metal Shading dargestellter Polyeder

8.5.4 Textured Depth Shading

Das Anwendungsgebiet des *Textured-Depth-Shading*-Algorithmus ist die Simulation atmosphärischen Nebels. Hierbei erfolgt die Schattierung der Polygone nicht auf der Grundlage ihrer Ausrichtung in Bezug zu einer Lichtquelle; vielmehr ist der Verschiebungsgrad der einzusetzenden Textur in Richtung einer bestimmten Farbe von der Entfernung zwischen Betrachter und Polygon abhängig.

In der realen Welt werden Gegenstände im Nebel lediglich vom Umgebungslicht beleuchtet. Der Grund hierfür besteht darin, dass natürlich vorkommendes, gerichtetes Licht wie die Strahlen der Sonne nicht vorhanden ist. Gegenstände, welche sich in der Nähe des Betrachters befinden, besitzen eine deutlich erkennbare Farbe und Form. Je größer die Entfernung zwischen Betrachter und einem Objekt jedoch ist, umso stärker nehmen die Farben des Gegenstands die Farbe des Nebels an, und umso schwächer sind die Konturen ausgeprägt.

Auch beim Einsatz des *Textured-Depth-Shading*-Algorithmus werden die Texturen unter Verwendung von Variablen vom Typ `adv_bmp_32` verwaltet. Diese enthalten die unterschiedlich stark in Richtung der Nebelfarbe verschobenen Versionen derselben Bitmap, welche wie gehabt aufgebaut werden. Die Textur, welche mithilfe eines Bildbearbeitungsprogramms erstellt wird, beschreibt in diesem Fall das Aussehen eines Gegenstands, welcher sich in die Nähe des Betrachters befindet.

Während des Visualisierungsprozesses wird die Formel eingesetzt, welche uns seit dem Abschnitt Abbildung 8.17 bekannt ist:

$$texture\_offset = \frac{picture\_count - 1}{z\_max - z\_min} * (act\_z - z\_min)$$

Bei **texture_offset** handelt es sich um die Position einer entsprechend schattierten Textur innerhalb des Arrays `adv_bmp_32::pictures[][]`, welche auf der Grundlage der z-Koordinaten **act_z** berechnet wird.

Implementierung des Textured-Depth-Shading-Algorithmus

Beim Einsatz der elementaren Version des *Depth Shading* im Abschnitt Abbildung 8.17 findet die Farbgebung auf Pixelebene statt. Hierbei muss während der Ausführung der innersten Schleife des Programms auf die beschriebenen Formeln zurückgegriffen werden. Wie man leicht nachvollziehen kann, ist der zu bewältigende Rechenumfang dementsprechend groß.

Im Folgenden werden wir auf eine weniger rechenintensive Version des *Depth Shading* zurückgreifen, welche jedoch annähernd die gleichen Ergebnisse liefert. Hierbei wird ähnlich wie bei der Implementierung des *Gouraud Shading* vorgegangen: Jedem Eckpunkt des darzustellenden Polygons wird im ersten Schritt die Position einer bestimmten Textur zugeordnet, welche sich auf das Array adv_bmp_32::pictures[][] bezieht. Hierbei wird jedoch auf die Formel des *Depth Shading* zurückgegriffen. Dieser Vorgang erfolgt während der Projektion.

Diese Positionen werden schließlich während der Rasterization entlang der Polygonseiten und Rasterzeilen interpoliert, sodass jedem Pixel neben den Texturkoordinaten auch die Position einer bestimmten Textur zur Verfügung steht, welche innerhalb des Arrays adv_bmp_32::pictures[][] gespeichert ist.

Praktischer Einsatz des Textured-Depth-Shading-Algorithmus

Bei der Definition unseres nächsten Programms wird die Farbe des Nebels in Form der Variablen bground_color definiert, welche ein hellgraues Erscheinungsbild besitzt. Hierbei handelt es sich gleichzeitig auch um die Farbe des Bildschirmhintergrunds. Um den Effekt der Tiefenschattierung besser hervorheben zu können, wird die Konstante **z_max** als:

```
const double z_max = 60.0;
```

definiert und mit dem Wert **60.0** initialisiert, welcher im Vergleich zu den vorherigen Programmen sehr gering ist. **z_max** enthält den Maximalwert der z-Koordinaten sämtlicher Vertices der dreidimensionalen Welt und somit auch die Entfernung zwischen dem Betrachter und der *Far-Z-Plane*. Die Hauptdatei des Programms *a8_13* ist folgendermaßen aufgebaut:

```
#include <windows.h>

#include "s8_13.h"
#include "m8_13.h"
#include "t8_13.h"
#include "gv8_13.h"

pixel_32 bground_color( 163, 163, 163 );

uchar handle_input( MSG *msg, thing *t );

int WINAPI WinMain( HINSTANCE hInstance, HINSTANCE hPrevInstance, LPSTR
lpCmdLine, int iCmdShow )
{
  initialise_world( hInstance, 640, 480, 32 );

  thing cube( "cube1.tg3" );

  matrix m;
  m.scale( 5, 5, 5 );
  m.translate( 0, 0, 40 );
```

```
    cube.update_pos( m );
    m.clear();

    for( long x=0 ; x<x_res*y_res ; x++ ) zbuffer[ x ] = z_max;

    MSG message;
    while( 1 )
    {
      if( handle_input( &message, &cube ) ) break;

      if( clear_translation > max_clear_translation ) clear_translation -= z_max;
      else
      {
        for( long x=0 ; x<x_res*y_res ; x++ ) zbuffer[ x ] = z_max;
        clear_translation = 0.0;
      }
      for( long x=0 ; x<x_res*y_res ; x++ ) sbuffer[ x ] = bground_color;

      cube.display();

      pixel_32 *screen = (pixel_32 *) surface.get_screen_pointer();
      memcpy( screen, sbuffer, x_res * y_res * sizeof( sbuffer[ 0 ] ) );
      surface.release_screen_pointer();
    }

    destroy_world();

    return message.wParam;
}

uchar handle_input( MSG *msg, thing *t )
{
  if( PeekMessage( msg, NULL, 0, 0, PM_REMOVE ) )
  {
    if( msg->message == WM_QUIT ) return 1;

    TranslateMessage( msg );
    DispatchMessage( msg );
  }

  matrix m;
```

```
        m.translate( -t->wpos.wx, -t->wpos.wy, -t->wpos.wz );

        if(      GetKeyState( VK_UP      ) < 0 ) m.rotate(  0.1, 0, 0 );
        else if( GetKeyState( VK_DOWN    ) < 0 ) m.rotate( -0.1, 0, 0 );
        else if( GetKeyState( VK_LEFT    ) < 0 ) m.rotate( 0,  0.1, 0 );
        else if( GetKeyState( VK_RIGHT   ) < 0 ) m.rotate( 0, -0.1, 0 );
        else if( GetKeyState( VK_HOME    ) < 0 ) m.rotate( 0, 0,  0.1 );
        else if( GetKeyState( VK_END     ) < 0 ) m.rotate( 0, 0, -0.1 );
        else if( GetKeyState( VK_NUMPAD6 ) < 0 ) m.translate(  1, 0, 0 );
        else if( GetKeyState( VK_NUMPAD4 ) < 0 ) m.translate( -1, 0, 0 );
        else if( GetKeyState( VK_NUMPAD8 ) < 0 ) m.translate( 0,  1, 0 );
        else if( GetKeyState( VK_NUMPAD2 ) < 0 ) m.translate( 0, -1, 0 );
        else if( GetKeyState( VK_PRIOR   ) < 0 ) m.translate( 0, 0,  1 );
        else if( GetKeyState( VK_NEXT    ) < 0 ) m.translate( 0, 0, -1 );
        else if( GetKeyState( VK_ESCAPE  ) < 0 ) return 1;

        m.translate( t->wpos.wx, t->wpos.wy, t->wpos.wz );
        t->update_pos( m );

        return 0;
}
```

Abb. 8.39: Ausgabe des Programms *a8_13*: Ein unter Verwendung des *Textured-Depth-Shading-* Algorithmus dargestellter Polyeder

8.5.5 Der Einsatz benutzerdefinierter Sekundärintensitäten

Bei der Definition der vorherigen Programme wird eine beachtliche Einschränkung in Kauf genommen. Diese besagt, dass die Texturen, welche unter Verwendung von Bildbearbeitungsprogrammen erstellt werden, das Aussehen vollständig der Lichtquelle zugewandter Polygone beschreiben müssen. Daraus folgt, dass es sich hierbei um Texturen handelt, welche in den meisten Fällen vom Grafiker selbst aufgehellt werden müssen.

Hierbei tauchen zwei Probleme auf: Wenn man mehrere dreidimensionale Umgebungen besitzt, welche sich lediglich hinsichtlich der Helligkeit ihrer Lichtquelle unterscheiden, müssen für jede Welt entsprechend aufgehellte Versionen der eingesetzten Texturen vorliegen. Das zweite Problem besteht darin, dass beim Aufhellen im Bildbearbeitungsprogramm bestimmte Details der Bitmap verloren gehen können; bei der automatisch durchgeführten Verdunkelung während der Ausführung von `adv_bmp_32::load()` bleiben diese Details unsichtbar, was sich negativ auf die Qualität der Textur auswirkt.

Diese zwei Probleme können durch den Einsatz benutzerdefinierter Sekundärintensitäten gelöst werden. Hierfür muss bei der Erstellung der Texturen davon ausgegangen werden, dass diese das normale Aussehen bzw. das Erscheinungsbild eines zu 50 % beleuchteten Polygons beschreiben. Das Aussehen der Texturen bei Vielecken, welche der Lichtquelle vollständig zugewandt sind bzw. zu 0 % beleuchtet werden, kann anschließend in Form weniger Zahlenwerte angegeben werden.

Angenommen wir besitzen eine Textur, welche aus Graustufen aufgebaut ist. Diese Textur wird auf die Polygone eines beleuchteten Körpers projiziert. Blau, die Farbe des Umgebungslichts der dazugehörigen Welt ist durch die Komponenten (0, 0, 255)$_{RGB\_256}$ definiert; die Lichtquelle ist rot (255, 0, 0)$_{RGB\_256}$. Die Umgebung besitzt folgende Eigenschaften:

- Die Stärke des Umgebungslichts beträgt **80 %**. Daraus folgt, dass das Aussehen eines unbeleuchteten Polygons zu 20 % aus den Farben seiner ursprünglichen Textur und zu 80 % aus der Farbe des Umgebungslichts gebildet werden muss.
- Die Intensität der Lichtquelle beträgt **50 %**; das heißt dass das Erscheinungsbild eines Polygons sich zu gleichen Teilen aus den ursprünglichen Farben seiner Textur und der Farbe der Lichtquelle zusammensetzt.

Um diesen Körper darstellen zu können, müssen zunächst die unterschiedlich hellen Texturen des Arrays `adv_bmp_32::pictures[][]` unter Berücksichtigung der Vorgaben generiert werden. Dieser Vorgang besteht aus zwei Schritten. Zunächst müssen die Komponenten der Anfangs- und Endfarben der beteiligten Verläufe ermittelt, anschließend können die entsprechenden Tertiärfarben berechnet werden.

ursprüngliches Erscheinungsbild der Textur

Inhalt des Arrays adv_bmp_32::textures[ ]

Aussehen der Textur bei Umgebungslicht
[Textur ist in Richtung von Blau (0,0,255) $_{RGB\_256}$ verschoben]

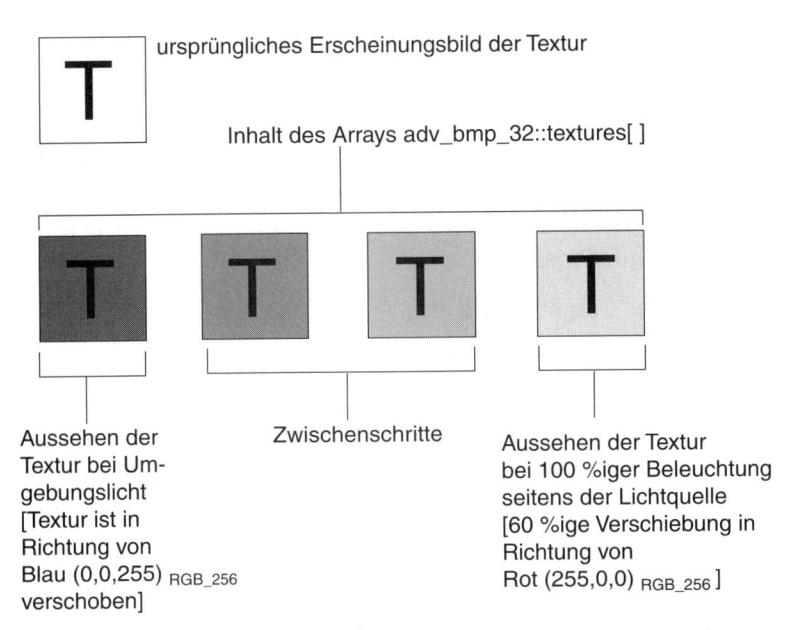

Zwischenschritte

Aussehen der Textur bei 100 %iger Beleuchtung seitens der Lichtquelle
[60 %ige Verschiebung in Richtung von Rot (255,0,0) $_{RGB\_256}$]

Abb. 8.40: Erscheinungsbild des Arrays adv_bmp_32::picture[][] bei Verwendung benutzerdefinierter Sekundärintensitäten

Die Spezifikation besagt, dass die Intensität des Umgebungslichts **80 %** beträgt. Im ersten Schritt ist es daher erforderlich, das entsprechende Aussehen der gegebenen Textur zu generieren. Hierzu muss die Bitmap um **80 %** in Richtung der Farbe Blau verschoben werden. Man verschiebt eine Textur in Richtung einer bestimmten Farbe **end_color (er, eg, eb)**$_{RGB}$ um **p%**, indem man die Farbe **begin_color (br, bg, bb)**$_{RGB}$ jedes Pixels der Textur in Richtung von **end_color** verschiebt. Wie wir aus dem 6. Kapitel wissen, ist die dazugehörige Funktion wie folgt aufgebaut:

$$r = br + (er - br) * \frac{p}{100}$$

$$g = bg + (eg - bg) * \frac{p}{100}$$

$$b = bb + (eb - bb) * \frac{p}{100}$$

wobei **(r, g, b)** die Komponenten der verschobenen Farbe darstellen. Dieselben Gleichungen können auch eingesetzt werden, um die Textur zu 50 % in Richtung der Farbe Rot zu verschieben, um das Erscheinungsbild eines der Lichtquelle vollständig zugewandten Polygons zu ermitteln. Die Generierung der übrigen Elemente des Arrays adv_bmp_32::pictures[][] erfolgt wie gehabt.

Praktischer Einsatz benutzerdefinierter Sekundärintensitäten

Bei der Erweiterung der vorherigen Programme zwecks Unterstützung benutzerdefinierter Sekundärintensitäten muss lediglich der Initialisierungsbereich des Programms, genauer die Ladefunktionen der Klassen `texture_lib` und `adv_bmp_32` geringfügig erweitert werden. Wie wir im vorherigen Abschnitt festgestellt haben, müssen bei der Definition der neuen Art von Texturen neben der Bitmap noch die vier Informationen

- Intensität und Farbe des Umgebungslichts,
- Intensität und Farbe der Lichtquelle

explizit angegeben werden.

Der Vorteil an dieser Vorgehensweise besteht darin, dass sowohl die Intensitäten als auch die Farben beliebig ausgewählt werden können. Möchte man das ursprüngliche Aussehen der Textur im Programm erhalten, muss lediglich eine Verschiebungsanweisung um 0 % in Richtung einer beliebigen Farbe eingetragen werden. Umgekehrt nehmen sämtliche Pixel der ersten bzw. letzten Textur des Arrays `adv_bmp_32::pictures[][]` die Farbe c an, wenn der Verschiebungswert 100 % lautet.

Die Datei, welche die Definition der Texturen enthält, wird von der Funktion `texture_lib::load()` geöffnet, welche die notwendigen Informationen an die Elemente des Arrays `texture_lib::textures[]` weiterleitet:

```
void texture_lib::load( char *filename, long pc )
{
  picture_count = pc;

  ifstream file( filename, ios::in |
                 ios::nocreate | ios::binary);
  if( file == NULL )
    exit( "thing::thing(): Fehler beim Öffnen \
          der Datei" );

  file >> texture_count;

  if( (textures = new adv_bmp_32[ texture_count ]) ==
     NULL )
    exit( "*textures: Fehler bei der Reservierung von \
          Arbeitsspeicher.\n" );

  char string[ 50 ];
  long p1, p2;
  long sr, sg, sb, lr, lg, lb;
```

```
for( long x=0 ; x<texture_count ; x++ )
{
  file >> string;
  file >> p1 >> sr >> sg >> sb;
  file >> p2 >> lr >> lg >> lb;

  textures[ x ].load( string,
                      p1, pixel_32( sr, sg, sb ),
                      p2, pixel_32( lr, lg, lb ),
                      picture_count );
}
}
```

Bei den Parameter p1 und p2 der neuen Version der Funktion adv_bmp_32::load() handelt es sich um die Intensitäten des Umgebungslichts und der Lichtquelle, während (sr, sg, sb) und (lr, lg, lb) die dazugehörigen Farben definieren. Die Funktion selbst arbeitet in Anlehnung an die ihr vorangegangenen Theorie: Bei der Initialisierung der Texturen innerhalb des Arrays adv_bmp_32::pictures[][] werden zunächst die Anfangs- und Endfarben und anschließend die übrigen Elemente des dazugehörigen Verlaufs berechnet.

Die Durchführung der Verschiebung einer Farbe ac_{RGB} in Richtung von ec_{RGB} um p% übernimmt schließlich die Funktion move_color():

```
pixel_32 move_color( pixel_32 ac, pixel_32 ec, long p )
{
  pixel_32 c;

  c.red   = ac.red +
            uchar( (ec.red - ac.red) * (p / 100.0);
  c.green = ac.green +
            uchar( (ec.green - ac.green) * (p / 100.0);
  c.blue  = ac.blue +
            uchar( (ec.blue - ac.blue) * (p / 100.0);

  return c;
}
```

Der Vorteil an dieser neuen Darstellungstechnik besteht darin, dass sie vom eingesetzten Schattieralgorithmus unabhängig ist; Stellvertretend für die anderen wird in *a8_14* das *Textured-Metal-Shading*-Algorithmus eingesetzt.

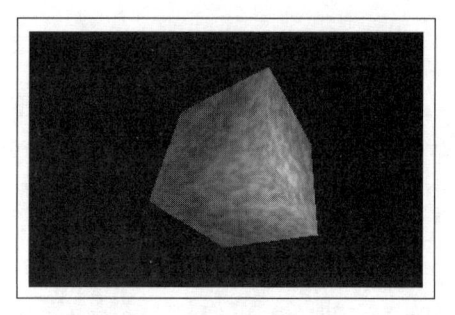

Abb. 8.41: Erscheinungsbild des Programms *a8_14*

8.5.6 Bitmap Morphing

Der Einsatz benutzerdefinierter Sekundärintensitäten erlaubt einen großen Freiraum bei der Definition des Erscheinungsbilds schattierter Texturen. Es gibt jedoch auch Grafikeffekte, welche unter Verwendung der bisher vorgestellten Algorithmen nicht generiert werden können. Ein Beispiel hierfür ist die Simulation von Lichtquellen, welche sich auf der Oberfläche eines Polyeders befinden. Hierbei handelt es sich um farbige Punkte, welche an bestimmten Positionen auf der jeweiligen Textur auftreten. Bei 100%iger Beleuchtung besitzen die entsprechenden Polygone ein helles Erscheinungsbild, wodurch diese Lichter nicht besonders auffallen.

Theoretisch senden die Lichtquellen jedoch eigenes Licht aus, wodurch ihre Farbe stets konstant bleiben muss und somit von der Ausrichtung des Polygons unabhängig ist. Wenn die Vorderseiten dieser Polygone der Lichtquelle abgewandt sind, muss ihre Oberfläche ein dunkles, einheitliches Aussehen annehmen; die Lichtquellen sind jedoch weiterhin als farbige Punkte problemlos wahrnehmbar.

Um den beschriebenen Grafikeffekt generieren zu können, müssen zwei Versionen derselben Textur gegeben sein, welche das Erscheinungsbild eines zu 0 % und zu 100 % beleuchteten Polygons darstellen. Wichtig ist, dass diese die Längen und die Breiten dieser beiden Bitmaps identisch sein müssen. Die Texturen werden im ersten und letzten Element des Arrays `adv_bmp_32::pictures[][]` gespeichert und geben die Anfangs- und Endfarben der einzelnen Verläufe an.

Beim Einsatz benutzerdefinierter Sekundärintensitäten gibt es eine weitere Voraussetzung, welche in einigen Fällen Probleme bereiten kann: Die helle und dunkle Version derselben Textur unterscheiden sich voneinander zwar hinsichtlich ihrer Farbe, diese besitzen jedoch dieselbe Struktur. Diese Tatsache ist darauf zurückzuführen, dass beim Aufbau dieser beiden Versionen von derselben Bitmap ausgegangen wird. Aufgrund der Tatsache, dass die Anfangs- und Endtextur des Arrays `adv_bmp_32::pixtures[][]` durchaus ein unterschiedliches Aussehen besitzen dürfen, wird diese Einschränkung in Form des *Bitmap-Morphing*-Algorithmus beseitigt.

Kapitel 9

Landscape Generation

Landscape Generation ist der Oberbegriff für eine Anzahl von Gleichungssystemen, mit deren Hilfe eine dreidimensionale Landschaft auf der Grundlage einer Bitmap erstellt werden kann. Diese virtuellen Landschaften werden auf eine Vielzahl von Fachgebieten eingesetzt.

- Ein Beispiel hierfür ist die Architektur: Bei der Planung größerer Bauwerke kann auf diese Weise leicht überprüft werden, wie gut ein virtuelles Gebäude in eine bereits bestehende Landschaft hineinpasst.
- Auf dem Gebiet der Meteorologie wird anhand komplexer Algorithmen festgestellt, wie bestimmte Landschaftsformationen wie Berge oder Gewässer das Wetter der näheren Umgebung beeinflussen können.
- Ein anderes Beispiel ist die Landschaftsgestaltung: Bevor finanziell aufwendige Projekte durchgeführt werden können, muss überprüft werden, wie sich das Aussehen einer Landschaft verändert, wenn man Teiche oder Hügel künstlich einfügen, oder eine größere Anzahl an Bäumen pflanzen möchte.
- Besonders in der Wissenschaft besitzen dreidimensionale Landschaften eine herausragende Bedeutung: Mit ihrer Hilfe lässt sich beispielsweise die Anordnung der Atome auf eine Oberfläche grafisch darstellen, welche mit dem Rastertunnelmikroskop abgetastet worden ist.

Landscape Generation kann aber auch eingesetzt werden, um einen Eindruck von der Form unzugänglicher Landschaften zu erhalten. Die Topographie fremder Planeten kann mithilfe von Satelliten untersucht werden, die Oberfläche des Tiefseebodens wurde bereits mithilfe von Schallwellen untersucht, welche von Schiffen emittiert wurden.

Das Problem dieser Untersuchungsmethoden ist, dass die beschriebenen Höheninformationen lediglich in Form von Zahlenwerten erfasst werden, welche bis vor wenigen Jahren bestenfalls noch in zweidimensionalen Karten farblich eingetragen werden konnten. Eine Eigenschaft des menschlichen Gehirns besteht darin, dreidimensionale Darstellungen weitaus besser bewerten zu können als zweidimensionale Abbildungen oder komplexe Anordnungen von Zahlenwerten. Mithilfe der heutigen Rechner ist es möglich, diese Informationen in dreidimensionaler Form anzuzeigen.

Kapitel 9
Landscape Generation

In diesem Kapitel lernen wir, wie die bisher beschriebenen Techniken bei der Durchführung eines größeren Projekts kombiniert werden können. Hierfür ist der Aufbau eines Flugsimulators besonders geeignet; das Ziel besteht darin, eine dreidimensionale Landschaft aufzubauen, welche aus Bergen, Canyons und Flüssen besteht. Innerhalb dieser Welt kann man sich frei bewegen, Rotationen um 360 müssen durchführbar sein. Durch die Simulation eines atmosphärischen Nebels unter Verwendung des *Textured-Depth-Shading*-Algorithmus kann der Landschaft ein besonders realistisches Erscheinungsbild verliehen werden.

9.1 Grundlagen der Landscape Generation

Mathematisch betrachtet unterscheidet sich eine dreidimensionale Landschaft kaum von den Polyeder, mit denen wir bisher gearbeitet haben. Die unterste Ebene der Definition einer Umgebung bilden dreidimensionale Vertices, welche auf einer bestimmten Weise angeordnet sind. Diese Vertices stellen die Eckpunkte von Polygonen dar; die Texturen, welche auf diese Vielecke projiziert werden, bestimmen das endgültige Erscheinungsbild der Landschaft.

Wie wir aus dem 4. Kapitel wissen, ist die Vorderseite eines Polygons immer dem Benutzer zugewandt, wenn seine Punkte im Uhrzeigersinn angeordnet sind. In den vergangenen Kapiteln haben wir uns mit *geschlossenen Körpern* beschäftigt: Egal, wie diese Figuren gedreht werden, sind alle sichtbaren Polygone im Uhrzeigersinn nummeriert. Die von ihnen verdeckten, nicht sichtbaren Vielecke besitzen entgegen dem Uhrzeigersinn nummerierte Punkte. *Offene Körper* verfügen dagegen auch über Vielecke, welche dem Benutzer sichtbar sind, obwohl ihre Punkte entgegen dem Uhrzeigersinn angeordnet sind.

Eine Landschaft ist mathematisch gesehen nichts anderes als ein offener Körper. Die Normalenvektoren der Polygone sind nach oben gerichtet: Solange man sich *über* der Landschaft befindet und die Blickrichtung beispielsweise entlang des Vektors **above** verläuft, sind lediglich im Uhrzeigersinn nummerierte Polygone sichtbar. Der Einsatz des *Backface Culling Algorithmus* ist in diesem Fall sinnvoll.

Es kann aber auch sein, dass der Benutzer sich unter der Landschaft befindet, und in Richtung des Vektors **below** blickt. In diesem Fall werden auch entgegen dem Uhrzeigersinn nummerierte Polygone sichtbar, Vielecke, deren Vorderseite dem Benutzer abgewandt ist. Die Ausführung der Funktion `polygon::visible()` blockiert die Darstellung dieser Vielecke, sodass nur eine unvollständig gezeichnete Landschaft sichtbar ist.

9.1.1 Grundidee der Generierung dreidimensionaler Landschaften

Für die Definition offener Körper können beispielsweise Dateien vom Typ *.TG3* eingesetzt werden. Dadurch, dass eine mittelgroße Landschaft jedoch aus ca.

65000 Vertices und 130000 Polygonen aufgebaut ist, kann diese Informationsmenge nicht von Hand in einer Datei eingetragen werden.

Eine einfache und sehr effiziente Methode, um das Aussehen einer Landschaft beliebiger Größe festzulegen, besteht in der Verwendung von 8-Bit-Bitmaps. Innerhalb von Bitmaps sind die Pixel in Zeilen und Spalten angeordnet, wobei jedem eigene x- und y-Koordinaten zugeteilt werden. Zusätzlich besitzt jeder Pixel eine Farbe, welche durch eine Zahl zwischen 0 und 255 ausgedrückt ist. Für gewöhnlich besteht die Farbpalette dieser Bitmaps aus einem Farbverlauf von **Schwarz** nach **Weiß**.

Eine dreidimensionale Landschaft besteht aus Vertices, welche ebenfalls in Zeilen und Spalten angeordnet sind. Bei der Bitmap handelt es sich um die Landkarte der Umgebung: Beim Aufbau der Landschaft wird jedem Pixel der Bitmap ein Vertex der dreidimensionalen Welt zugeordnet. Die lokalen x- und y-Koordinaten eines Pixels entsprechen den dreidimensionalen x- und z-Koordinaten des dazugehörigen Punkts der Landschaft. Durch die Farbe wird die Höhe, daher die y-Koordinate des Vertices ausgedrückt. Helle Farben entsprechen großen Höhen, während dunkle mit niedrigen y-Koordinaten verknüpft sind.

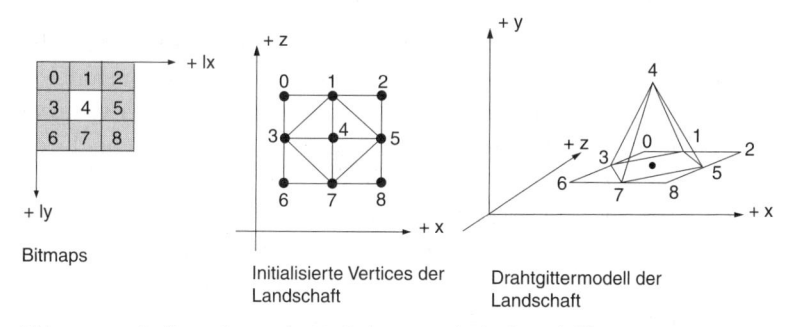

Abb. 9.1: Aufbau einer sehr einfachen Landschaft mithilfe einer Bitmap

In Abbildung 9.1 wird das Prinzip der Erstellung einer sehr einfachen Landschaft demonstriert. Die Grundlage hierfür liefert eine Bitmap, welche neun Pixel besitzt. Demnach muss die dazugehörige Umgebung ebenfalls aus neun Vertices aufgebaut sein. Die Pixel und die Vertices, welche einander zugeordnet werden, sind mit den gleichen Zahlen gekennzeichnet. In der Mitte der Bitmap befindet sich ein Pixel, welches einen helleren Farbton besitzt; daraus folgt, dass der Vertex mit der Zahl 4 über eine höhere y-Koordinate als die anderen verfügt. Aufgrund dessen, dass die Pixel auf den Seiten der Bitmap die gleiche Farbe besitzen, muss die Höhe der ihnen zugeordneten Vertices identisch sein.

Im zweiten Schritt müssen die neun Vertices horizontal und vertikal in Form von Linien miteinander verbunden werden. Bei diesen Linien handelt es sich um die Seiten zukünftiger Polygone. Wie wir wissen, handelt es sich bei einem Polygon um ein flaches Gebilde, dessen Eckpunkte innerhalb derselben Ebene liegen. Abbildung 9.1 zeigt, dass die Eckpunkte der quadratischen, nicht koplanaren Vielecke diese Voraussetzung nicht erfüllen; das Polygon mit den Eckpunkten 3, 4, 7 und 6 ist ein hierfür ein gutes Beispiel. Die gewünschten, flachen Polygone erhält man durch Aufteilung jeder quadratischen Einheit in zwei Dreiecke. Wie wir wissen, ist jedes Dreieck ein koplanares Polygon, ungeachtet der Lage seiner Eckpunkte.

Beim Aufbau jeder dreidimensionalen Landschaft werden somit 4 Vertices zu jeweils 2 dreieckigen Polygonen zusammengefasst; diese Vertices entsprechen 4 Pixel, welche innerhalb der Bitmap nebeneinander liegen. Das ist der Grund, warum dreidimensionale Landschaften gewöhnlich vollständig aus Dreiecken bestehen.

Nach der Erstellung der in Abbildung 9.1 vorgestellten Landschaft kann diese wie ein gewöhnlicher Polyeder gedreht, skaliert oder verschoben werden. Größere Landschaften sind nach genau denselben Gesetzmäßigkeiten aufgebaut, die Anordnung der Vertices in Zeilen und Spalten bleibt während der gesamten Programmausführung bestehen. Aufgrund der unterschiedlichen Höhen der Vertices ist diese Regelmäßigkeit in den meisten Fällen jedoch nur sehr schwer zu erkennen.

9.1.2 Aufbau dreidimensionaler Umgebungen

Nachdem wir über das notwendige Basiswissen verfügen, können wir näher auf die Einzelheiten eingehen, welche beim praktischen Aufbau einer dreidimensionalen Landschaft beteiligt sind. Wie wir bereits festgestellt haben, handelt es sich bei einer Landschaft um einen offenen Körper, bestehend aus Vertices, welche durch Polygone verbunden sind. Für die Visualisierung dieser Umgebung ist aus diesem Grund neben einer Klasse für die Darstellung von Polygonen auch eine Möglichkeit für die Verwaltung dieser Vielecke erforderlich. In unserem Fall sind die Klassen thing und polygon, welche im 9. Kapitel für die Implementierung des *Textured-Depth-Shading*-Algorithmus entwickelt wurden, für dieses Vorhaben am besten geeignet.

Das Ziel besteht darin, von einer beliebigen 8-Bit-Bitmap ausgehend eine entsprechende dreidimensionale Landschaft aufzubauen, unter Berücksichtigung der Vorgaben des letzten Abschnitts.

Initialisierung der Vertices

Um dieses Ziel erreichen zu können, müssen zunächst einige Vereinbarungen getroffen werden. Um das Prinzip besser verstehen zu können, legen wir fest, dass anfangs nur quadratische Bitmaps für den Aufbau dreidimensionaler Landschaften eingesetzt werden dürfen. Die auf diese Weise aufgebauten Klassen können zu einem späteren Zeitpunkt für die Verarbeitung beliebiger Bitmaps problemlos erweitert werden.

Abbildung 9.2 zeigt den direkten Zusammenhang zwischen den Pixeln der Bitmap und den Vertices der zu generierenden Umgebung. Aufgrund dessen, dass die

Anzahl an Pixel innerhalb der Bitmap identisch ist mit der Gesamtzahl der Vertices der Landschaft, gilt:

vertex_count = xscale * xscale

vertex_count gibt hierbei die Anzahl der Vertices der Landschaft an, während **xscale** die Seitenlänge der Bitmap in Pixel enthält.

Die Größe der Landschaft wird durch die Entfernung festgelegt, welche zwischen zwei benachbarten Vertices vorliegt. Diese Konstante wird im Folgenden als **square_scale** bezeichnet und besitzt den Wert 30 Einheiten. Die Veränderung dieses Werts kann sich entscheidend auf das Aussehen der Landschaft auswirken. Von großer Wichtigkeit ist, dass **square_scale** die Seitenlänge einer quadratischen Einheit der Umgebung angibt, wenn die Landschaft flach ist, die y-Koordinaten der Vertices daher den Wert 0 besitzen.

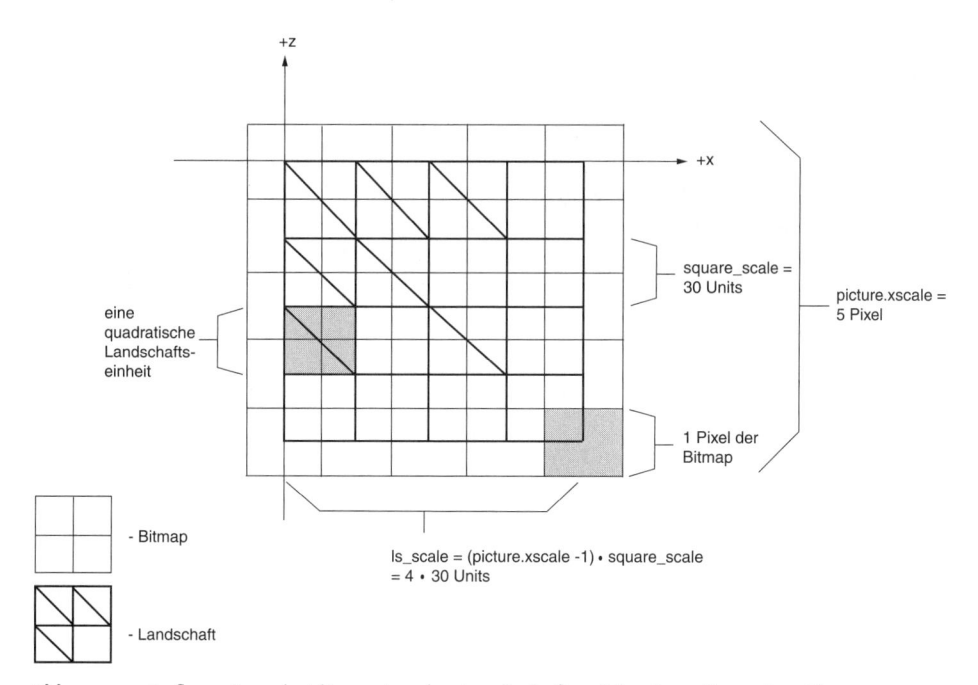

Abb. 9.2: Aufbau einer dreidimensionalen Landschaft auf der Grundlage einer Bitmap

Um die Höheninformationen leichter einfügen zu können, legen wir fest, dass die Offsets der Vertices innerhalb des Arrays `thing::v[]` mit den Offsets der ihnen zugeordneten Pixel innerhalb der Bitmap identisch sein müssen. Diese Reihenfolge wird in Abbildung 9.5 wiedergegeben.

Das lokale Koordinatensystem der Bitmap unterscheidet sich vom dreidimensionalen Koordinatensystem der Umgebung hinsichtlich der Ausrichtung der Achsen. Während des Aufbaus der Landschaft wird das dreidimensionale Koordinatensystem dem zweidimensionalen gemäß Abbildung 9.2 angenähert: Der erste Vertex besitzt die Koordinaten (0, 0, 0), der zweite (square_scale, 0, 0), der dritte (2 * square_scale, 0, 0) usw. Den y-Koordinaten wird vorerst noch der Wert 0 zugewiesen.

Je weiter man sich nach rechts bewegt, umso größer werden die x-Koordinaten der Vertices. Diese Vorgabe gilt jedoch nicht für die z-Koordinaten: Der Abbildung 9.5 kann entnommen werden, dass, je größer der Offset eines Vertices ist, umso weiter sich dieser in Richtung der *−z-Achse* vom Ursprung des Koordinatensystems entfernt befindet. Nehmen wir an, die Seitenlänge der Bitmap beträgt 5 Pixel. In diesem Fall besitzt die z-Koordinate des ersten Vertices den Wert 0; der 5. Vertex wird jedoch durch die Koordinaten (0, 0, -square_scale) definiert werden, der 10. durch (0, 0, -2 * square_scale) usw.

Diese Anordnung der x- und z-Koordinaten kann beispielsweise mithilfe der folgenden Anweisungen festgelegt werden:

```
long act_vertex;
double act_wx, act_wz;

act_wz = 0.0;   act_vertex = 0;
for( long z=0 ; z<xscale ; z++ )
{
  act_wx = 0.0;

  for( long x=0 ; x<xscale ; x++ )
  {
    v[ act_vertex ].wx = act_wx;
    v[ act_vertex ].wy = 0;
    v[ act_vertex ].wz = act_wz;

    act_vertex++;
    act_wx += square_scale;
  }

  act_wz -= square_scale;
}
```

Die Variable `act_vertex` enthält hierbei den Offset des zu aufzubauenden Vertices. Anfangs mit dem Wert 0 initialisiert, wird diese nach der Indizierung jedes Elements des Arrays `thing::v[]` inkrementiert. Die äußere Schleife, welche durch die Laufvariable z gesteuert wird, ist für den Aufbau einer Zeile von Vertices zuständig. Aufgrund dessen, dass alle Punkte, welche sich innerhalb derselben Zeile befinden, die gleiche dreidimensionale z-Koordinate besitzen, wird der Variablen act_wz erst nach Ausführung der inneren Schleife der Wert square_scale abgezogen. Die Schleife mit der Kontrollvariablen x ist schließlich für die Initialisierung der Vertices zuständig. Wie man Abbildung 9.2 und Abbildung 9.5 entnehmen kann, besitzen die x-Koordinaten der Vertices am Anfang jeder Zeile den Wert 0; die Zuweisung dieses Werts an die Variable act_wx vor der Ausführung der Schleife ist daher von großer Bedeutung. Die Anordnung der mithilfe dieser Anweisungen initialisierten Vertices wird in Abbildung 9.3 vorgestellt.

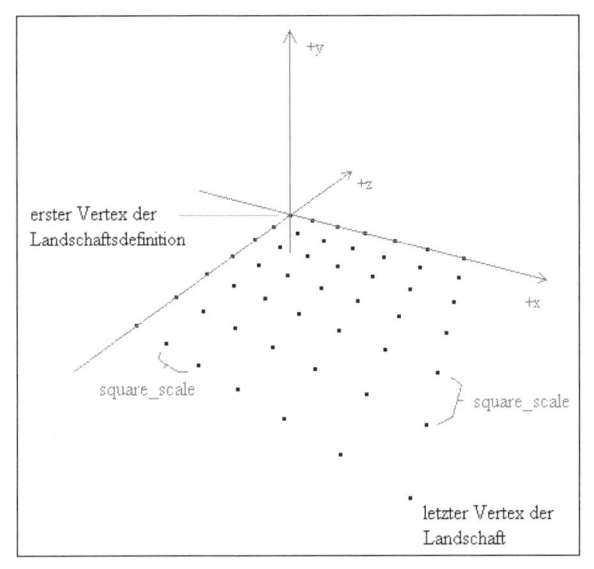

Abb. 9.3: Anordnung der Vertices einer unvollständig initialisierten dreidimensionalen Landschaft

Innerhalb des oben vorgestellten Anweisungsblocks wird die Variable act_vertex verwendet, um den Offset des aktuellen Vertices anzugeben. Wir haben festgelegt, dass der Offset jedes Vertices innerhalb des Arrays thing::v[] mit dem Offset des ihm zugeordneten Pixels innerhalb der Bitmap identisch sein muss. Aus diesem Grund kann für die Indizierung der Bitmap auf dieselbe Variable zugegriffen werden, um die Höheninformation des aktuellen Vertices zu erhalten:

```
v[ act_vertex ].wy = ls.picture[ act_vertex ];
```

Das Einfügen dieser Anweisung innerhalb der inneren Schleife stellt den letzten Schritt der Initialisierung der Vertices der dreidimensionalen Landschaft. ls stellt hierbei ein entsprechend aufgebautes Objekt vom Typ bmp_8 dar.

Nach der Initialisierung der 3D-Landschaft wird man noch mit einem letzten Problem konfrontiert: Der Mittelpunkt des offenen Körpers befindet sich nicht im

Kapitel 9
Landscape Generation

Ursprung des dreidimensionalen Koordinatensystems. Aufgrund dessen, dass die Bewegung eines Polyeders im dreidimensionalen Raum häufig auf der Grundlage der Koordinaten seines Mittelpunkts erfolgt, sollte dieser anfangs die Koordinaten **(0, 0, 0)** besitzen, um die Bewegung der Landschaft leichter nach den kennen gelernten Gesetzmäßigkeiten durchführen zu können.

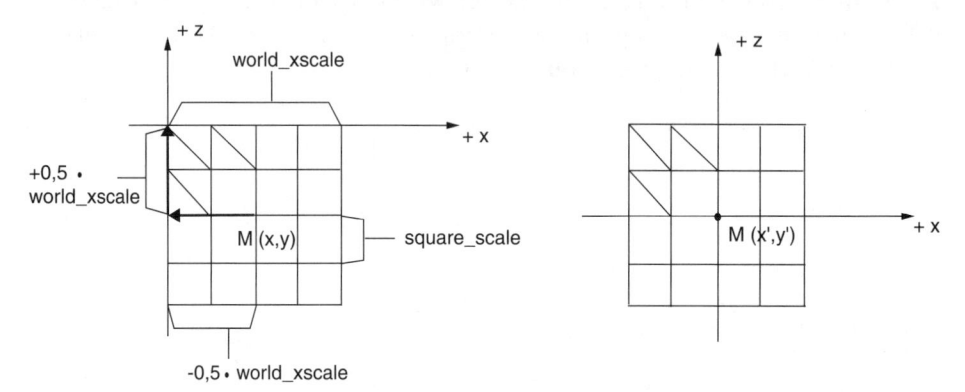

Position der Landschaft in der Verschiebung   Vollständig initialisierte Landschaft

Abb. 9.4: Verschiebung des Mittelpunkts einer 3D-Landschaft in den Ursprung des dreidimensionalen Koordinatensystems

Der grafische Ansatz zur Lösung dieses Problems ist in Abbildung 9.4 dargestellt. Wie wir wissen, bleibt die quadratische Anordnung der Vertices einer Landschaft selbst nach der Berücksichtigung der Höheninformationen erhalten. Die Bitmap, welche die Grundlage der Landschaft aus Abbildung 9.1 bildet, besitzt eine Seitenlänge von 3 Pixel. Auf einer Seite der Landschaft befinden sich 2 quadratische Einheiten. Dasselbe Phänomen ist auch in Abbildung 9.2 sichtbar: Besitzt die Bitmap eine Seitenlänge von **xscale** Pixel, sind auf einer Seite der Landschaft **(xscale – 1)** quadratische Einheiten zu finden. Weil die Seitenlänge einer quadratischen Einheit **square_scale** Einheiten beträgt, besitzt die Landschaft eine Seitenlänge von

(xscale – 1) * square_scale

Einheiten. Den auf diese Weise ausgerechneten Wert weisen wir der Variablen **world_scale** zu. Mithilfe der Abbildung 9.4 kann festgestellt werden, dass die gesamte Landschaft **(–world_scale / 2)** Einheiten in x-Richtung und **(world_scale / 2)** Einheiten in z-Richtung verschoben werden muss, damit der Mittelpunkt **M** die Koordinaten des Ursprungs annimmt. Diese Verschiebung kann wie gehabt mithilfe einer Matrix erfolgen:

```
matrix m;
double world_xscale = (ls.xscale - 1) * square_scale;
```

```
m.translate( -world_xscale / 2, -user_wy, world_xscale / 2 );
for( long x=0 ; x<vertex_count ; x++ ) m.transform( &v[ x ] );
```

Auch in diesem Fall handelt es sich bei `ls` um eine entsprechend initialisierte Variable vom Typ `bmp_8`, welche für die Verwaltung der Landschaftsbitmap verwendet wird. Die bisher besprochene Verschiebung bezieht sich lediglich auf die dreidimensionalen x- und z-Koordinaten des Mittelpunkts.

Schließlich bleibt noch die Frage offen, wie weit die Landschaft in y-Richtung verschoben werden muss. Wie wir wissen, ist eine Landschaft ein offener Körper; um eine korrekte Darstellung gewährleisten zu können, muss sich der Benutzer zu jeder Zeit über der Landschaft befinden. Am Anfang des Programms muss demnach sichergestellt werden, dass der Zuschauer sich in ausreichendem Abstand über dem Punkt aufhält, welcher sich in die Mitte der Landschaft befindet. Die y-Koordinate dieses Punkts kann die Bitmap mithilfe des Ausdrucks

```
ls.picture[ (ls.xscale / 2) * ls.xscale + ls.xscale / 2 ]
```

entnommen werden. Wenn der Benutzer sich **80** Einheiten über diesem Punkt befinden soll, beträgt seine Höhe relativ zur x-z-Ebene des Koordinatensystems `user_wy` Einheiten:

```
double my;
my = ls.picture[ (ls.xscale / 2) * ls.xscale + ls.xscale / 2 ]

double user_wy = my + 80;
```

Bei der Visualisierung aller Polyeder, welche Teil einer dreidimensionalen Umgebung sind, wird davon ausgegangen, dass sich der Benutzer im Ursprung des dreidimensionalen Koordinatensystems befindet. Um den Eindruck zu erwecken, dass der Betrachter sich **80** Einheiten über der Mitte der Landschaft befindet, muss die Landschaft um `user_wy` Einheiten nach *unten*, in Richtung der dreidimensionalen −y-Achse, verschoben werden. Wir werden zu einem späteren Zeitpunkt näher auf diese Problemstellung eingehen.

Initialisierung der Polygone

Nach der Initialisierung der Vertices findet auch der Aufbau der Polygone, welche das äußere Erscheinungsbild der Landschaft festlegen. Wie wir im letzten Abschnitt festgestellt haben, befinden sich auf einer Seite unserer dreidimensionalen Welt **(xscale − 1)** quadratische Einheiten, wenn die zugrunde liegende Bitmap eine Seitenlänge von **xscale** Pixel aufweist. Unter Verwendung der Formel zur

Kapitel 9
Landscape Generation

Berechnung des Flächeninhalts eines Quadrats besteht unsere Umgebung somit aus

(xscale – 1) * (xscale – 1)

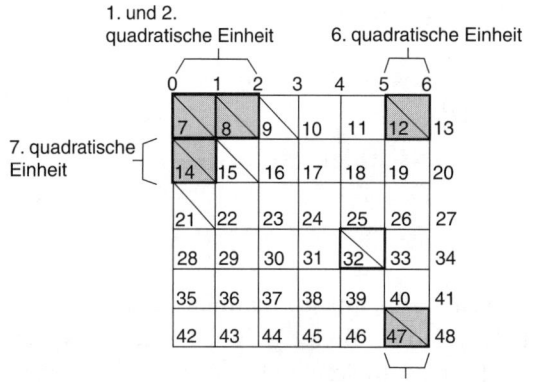

quadratischen Einheiten. Da jede Einheit aus zwei Dreiecken aufgebaut ist, enthält unsere Landschaft somit insgesamt

(xscale – 1) * (xscale – 1) * 2

Polygone.

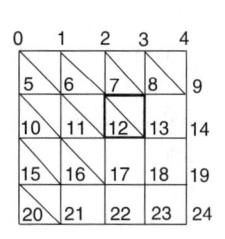

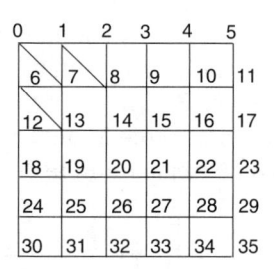

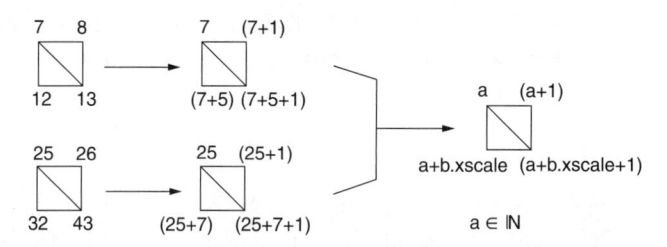

Abb. 9.5: Reihenfolge der Vertices und der Polygone innerhalb der Landschaftsdefinition am Beispiel unterschiedlich großer Umgebungen

Wie wir noch sehen werden, lässt sich die Arbeit vereinfachen, wenn die Polygone, welche Teil derselben quadratischen sind, innerhalb des Arrays `thing::p[]` nebeneinander gespeichert werden. Hierbei erfolgt zunächst die Definition des Dreiecks, welches auf der rechten Seite der Einheit zu finden ist; die Beschreibung des links liegenden Polygons erfolgt erst im Anschluss. Die Nummerierung der einzelnen quadratischen Einheiten erfolgt nach denselben Gesetzmäßigkeit wie die Nummerierung der Vertices. In Abbildung 9.5 wird diese Reihenfolge unten auf der linken Seite hervorgehoben.

Eigentlich besteht keine zwingende Notwendigkeit, bei der Definition der Polygone auf diese spezielle Reihenfolge zuzugreifen. Es ist ebenso gut möglich, das auf der linken Seite einer quadratischen Einheit liegende Dreieck an erster Stelle innerhalb von `thing::p[]` einzutragen; die Definition des rechten Polygon erfolgt im Anschluss. Auch bei der Auswahl der Reihenfolge der quadratischen Möglichkeiten stehen mehrere Möglichkeiten zur Verfügung. Hierbei muss jedoch beachtet werden, dass jede Reihenfolge eigene Gleichungssysteme besitzt, mit deren Hilfe die Verweise auf Vertices innerhalb der Polygondefinition initialisiert werden.

Wie wir im 4. Kapitel festgestellt haben, ist jedes Polygon durch eine Anzahl an Verweisen definiert, welche sich auf die Elemente des Arrays `thing::v[]` des übergeordneten Polyeders beziehen. Diese Verweise werden innerhalb des Arrays `polygon::points[]` gespeichert. Wenn die Vertices der Polygone einer dreidimensionalen Welt im Uhrzeigersinn nummeriert sind, muss diese Vorgabe auch im Fall der Dreiecke der Landschaftsdefinition eingehalten werden; ansonsten treten Probleme bei der Durchführung des *Backface-Culling*-Algorithmus auf. Bei der Bestimmung der Reihenfolge muss der Blick von *oben* bzw. von der +y-Achse in Richtung der x-z-Ebene erfolgen.

Im Fall des rechten Polygons, welches sich in der hervorgehobenen quadratischen Einheit der oberen linken Landschaft aus Abbildung 9.5 befindet, müssen den drei Elementen seines Arrays `polygon::points[]` beispielsweise die Zahlen 7, 8 und 13 zugewiesen werden. Das linke Polygon wird durch die Verweise 7, 13 und 12 eindeutig definiert.

Das Problem ist nur, dass die Anordnung der einzelnen Vertices je nach Seitenlänge der Landschaftsbitmap variiert. Anhand von Abbildung 9.5 kann leicht nachvollzogen werden, dass der Vertex mit dem Offset 10 beispielsweise am Anfang der dritten Zeile zu finden ist, wenn die Seitenlänge der Bitmap 5 Pixel beträgt. Wenn eine Seite der Bitmap jedoch aus 7 Pixeln aufgebaut ist, befindet sich derselbe Vertex in die Mitte der zweiten Zeile.

Das Ziel besteht darin, eine Möglichkeit zu finden, die vier Vertices, welche die Eckpunkte einer quadratischen Einheit bilden, unabhängig von der Seitenlänge der

Landschaftsbitmap benennen zu können. Abbildung 9.5 enthält die theoretische Anordnung der Vertices, falls die Seitenlänge der Landschaftsbitmap 5, 6 und 7 Pixel beträgt. Bei einer genauen Betrachtung der Reihenfolge der Vertices fällt eine Gesetzmäßigkeit auf. Jede quadratische Einheit besitzt in der oberen linken Ecke ein Vertex, dessen Offset mithilfe einer Schleife bequem hochgezählt werden kann. Für die Darstellung dieses Offsets werden wir die Variable **top_vertex** Verwenden. Der Punkt, welcher sich rechts daneben befindet und die obere rechte Ecke der quadratischen Einheit bildet, besitzt stets den Wert **(top_vertex + 1)**.

Interessant ist, dass der Vertex, welcher die untere linke Ecke der Einheit beschreibt, *stets* den Offset **(top_vertex + xscale)** besitzt. Hierbei haben wir es mit einem Phänomen zu tun, das uns bereits im zweiten Kapitel aufgefallen ist. Wie wir wissen, sind die Pixel auf dem Bildschirm rasterförmig angeordnet. Wenn wir ein Bildpunkt mit dem Offset **t** besitzen ist der Pixel, welcher sich direkt *unter* diesem befindet, innerhalb des Videospeichers an der Position

(t + x_res)

zu finden. **x_res** stellt hierbei die horizontale Auflösung des Bildschirms dar. Die Vertices der Landschaftsdefinition verfügen über dieselbe rasterförmige Anordnung, wobei eine Zeile **xscale** Punkte enthält. Aus diesem Grund darf auch in diesem Zusammenhang auf die beschriebene Formel zurückgegriffen werden. Der Offset der unteren rechten Ecke der betrachteten quadratischen Einheit lautet schließlich **(top_vertex + xscale + 1)**.

Zusammengefasst: Wenn die obere linke Ecke einer quadratischen Einheit den Offset **top_vertex** besitzt, werden die beiden darin enthaltenen Polygone durch die Verweise

[top_vertex, (top_vertex + 1), (top_vertex + xscale + 1)]

und

[top_vertex, (top_vertex + xscale + 1), (top_vertex + xscale)]

eindeutig definiert. Im Fall der beiden Dreiecke aus der Abbildung 9.5, welche Teil der links unten hervorgehobenen, quadratischen Einheit handelt es sich hierbei um:

[25, 26, 33]

und

[25, 33, 32]

Zu diesem Zeitpunkt sind wir in der Lage, die Anweisungen für die Initialisierung der Polygone formulieren zu können:

```
long act_polygon = 0, top_vertex = 0;
for( long z=0 ; z<xscale-1 ; z++ )
{
```

```
  for( long x=0 ; x<xscale-1 ; x++ )
  {
    p[ act_polygon++ ].load( top_vertex, top_vertex + 1,
                             top_vertex + xscale + 1 );
    p[ act_polygon++ ].load( top_vertex, top_vertex+xscale+1,
                             top_vertex + xscale );

    top_vertex++;
  }

  top_vertex++;
}
```

Aufgrund dessen, dass wir für den Aufbau der dreidimensionalen Landschaft keine Dateien vom Typ *.TG3* verwenden, muss die Initialisierung der Polygone mithilfe einer Funktion wie

```
void polygon::load( long v0, long v1, long v2 );
```

initialisiert werden. Diese Funktion nimmt einfach drei Offsets entgegen und weist diese den drei Elementen des Arrays `polygon::points[]` zu.

Die Anweisungsfolge für den Aufbau der Polygone besitzt große Ähnlichkeit mit den Anweisungen, welche für die Initialisierung der Vertices zuständig sind. Die äußere Schleife ist für den Aufbau der Polygone zuständig, welche sich innerhalb der quadratischen Einheiten einer Zeile befinden. Die eigentliche Initialisierung der beiden Polygone einer quadratischen Einheit erfolgt in der inneren Schleife.

Die Variable `act_polygon` enthält den Offset des zu initialisierenden Polygons. Nach jeder Initialisierung muss diese inkrementiert werden. Weitaus interessanter ist der Umgang mit der Variablen `top_vertex`. Wie wir wissen, befinden sich innerhalb einer Zeile **(xscale – 1)** quadratische Einheiten. Im Fall der oberen linken Landschaft aus Abbildung 9.5 sind es somit **4** Einheiten. Jedes Mal, nachdem in der inneren Schleife eine Einheit initialisiert worden ist, muss `top_vertex` inkrementiert werden. Nach Initialisierung der letzten Einheit der ersten Zeile besitzt diese Variable aufgrund der Anweisung

```
top_vertex++;
```

den Wert **4**. Der Abbildung kann jedoch entnommen werden, dass der Offset der oberen linken Ecke der ersten quadratischen Einheit der zweiten Zeile den Wert **5** besitzt. Damit `top_vertex` diesen Wert annimmt, muss diese nach Ausführung der inneren Schleife *erneut* inkrementiert werden, um sicherzustellen, dass die restlichen Polygone wie beabsichtigt initialisiert werden. Das ist der Grund, warum die

Inkrementierung sowohl innerhalb als auch außerhalb der inneren Schleife ausgeführt werden muss.

9.1.3 Verwaltung dreidimensionaler Landschaften

Wie wir später noch sehen werden, sind für die Visualisierung einer Landschaft mehr Informationen erforderlich, als es die Darstellung eines Polyeders erfordert. Aus diesem Grund wird der beschriebenen Version der Klasse thing zunächst die neue Bezeichnung landscape zugewiesen. Anfangs besitzt die neue Klasse noch große Ähnlichkeit mit der ursprünglichen; später wird diese jedoch größere Veränderungen erfahren. Es ist durchaus auch möglich, landscape als eine *public*-Ableitung der Klasse thing zu definieren; zwecks einer besseren Übersicht wird jedoch auf diese Möglichkeit verzichtet:

```
class landscape
{
  private:
    long vertex_count, polygon_count;
    double square_scale;

    vertex *v;
    polygon *p;

    double initialise_vertices( bmp_8 *ls );
    void initialise_polygons( long xscale );

  public:
    vertex wpos;

    void load( char *filename );
    void update_pos( matrix m );
    void display( pixel_32 *sb = sbuffer );

    landscape( const landscape &t );
    landscape( char *filename ) { load( filename ); }
    landscape( void ) : vertex_count( 0 ), polygon_count( 0 ),
                        square_scale( 0.0 ),
                        v( NULL ), p( NULL ) { }
    ~landscape( void )
       { if( v ) delete [] v;  if( p ) delete [] p; }
};
```

Es folgt eine Übersicht über die veränderten und neu hinzugekommenen Elementen der Klasse landscape:

Variable	Aufgabe
square_scale:	gibt die Seitenlänge einer quadratischen Einheit der dreidimensionalen Landschaft an

Funktion	Aufgabe / Definition
load():	Initialisierung der Klassenelemente

```
void landscape::load( char *filename )
{
  square_scale = 30.0;

  bmp_8 ls( filename );

  if( ls.xscale != ls.yscale )
    exit( "Es werden lediglich quadratische Landschaftsbitmaps \
          unterstützt.\n" );

  double user_wy = initialise_vertices( &ls );
  initialise_polygons( ls.xscale );

  wpos.wx = wpos.wz = 0.0;
  wpos.wy = -user_wy;
}
```

Bei dem einzigen Parameter dieser Funktion handelt es sich um den Dateinamen der 8-Bit-Bitmap, welche die Grundlage der dreidimensionalen Landschaft bildet. Die Aufgabe der am Ende von initialise_vertices() durchgeführten Verschiebung ist es, den x- und z-Koordinaten des Mittelpunkts der Landschaft die Koordinaten des Weltursprungs zuzuweisen; aus diesem Grund dürfen die Variablen wpos.wx und wpos.wz direkt mit dem Wert 0 initialisiert werden.

initialise_vertices(): Initialisierung der Vertices gemäß den Vorgaben aus der als Parameter übergebenen 8-Bit-Bitmap:

```
double landscape::initialise_vertices( bmp_8 *ls )
{
  vertex_count = ls->xscale * ls->xscale;
  if( (v = new vertex[ vertex_count ]) == NULL )
    exit( "*v: Fehler bei der Reservierung von \
```

```
                Abeitsspeicher.\n" );

long act_vertex;
double act_wx, act_wz;

act_wz = 0.0;  act_vertex = 0;
for( long z=0 ; z<ls->xscale ; z++ )
{
  act_wx = 0.0;

  for( long x=0 ; x<ls->xscale ; x++ )
  {
    v[ act_vertex ].wx = act_wx;
    v[ act_vertex ].wy = ls->picture[ act_vertex ];
    v[ act_vertex ].wz = act_wz;

    act_vertex++;
    act_wx += square_scale;
  }

  act_wz -= square_scale;
}

matrix m;
double world_xscale = (ls->xscale - 1) * square_scale;
double user_wy = ls->picture[ (ls->xscale / 2) * ls->xscale +
                              ls->xscale / 2 ] + 80;

m.translate( -world_xscale / 2, -user_wy, world_xscale / 2 );
for( long x=0 ; x<vertex_count ; x++ ) m.transform( &v[ x ] );

return user_wy;
}
```

Die genauen Vorgänge, welche bei der Ausführung dieser Funktion beteiligt sind, wurden in den vorhergehenden Abschnitten ausführlich besprochen. Auf den ersten Blick mag es merkwürdig erscheinen, dass die Parameterübergabe *by reference* stattfindet, obwohl die Bitmap nicht verändert wird. Der Grund hierfür besteht darin, dass bei dieser Vorgehensweise der Aufruf des Kopierkonstruktors bmp_8::bmp_8(const bmp_8 &) nicht erforderlich ist. Auf diese Weise werden unnötige Berechnungen vermieden.

Interessant ist auch der Umgang mit der Variablen user_wy, welche die Höhe des Benutzers relativ zur x-z-Ebenen enthält. Der hier ausgerechnete Wert dieser Variablen wird auch in load() für die Initialisierung der Variablen wpos benötigt. Um diese Berechnung nicht zweimal durchführen zu müssen, wird user_wy in Form des Rückgabewerts der aufrufenden Instanz übergeben.

initialise_polygons(): Initialisierung der Polygone der dreidimensionalen Landschaft:

```
void landscape::initialise_polygons( long xscale )
{
  polygon_count = (xscale - 1) * (xscale - 1) * 2;
  if( (p = new polygon[ polygon_count ]) == NULL )
    exit( "*p: Fehler bei der Reservierung von \
              Abeitsspeicher.\n" );

  long act_polygon = 0, top_vertex = 0;
  for( long z=0 ; z<xscale-1 ; z++ )
  {
    for( long x=0 ; x<xscale-1 ; x++ )
    {
      p[ act_polygon++ ].load( top_vertex, top_vertex + 1,
                               top_vertex + xscale + 1 );
      p[ act_polygon++ ].load( top_vertex, top_vertex+xscale+1,
                               top_vertex + xscale );

      top_vertex++;
    }

    top_vertex++;
  }
}
```

Der Schwerpunkt bei der ersten Darstellung einer dreidimensionalen Landschaft liegt bei der richtigen Initialisierung der Elemente der eingesetzten Objekte vom Typ landscape und polygon. Die Anzahl der Fehler und die Orte, wo sich Fehler befinden können, lassen sich reduzieren, indem die Polygone unter Verwendung der Funktion polygon::shape() zunächst nur in Form eines Drahtgittermodells dargestellt werden. Bis auf eine neue Initialisierungsfunktion hat sich die Klasse polygon gegenüber der letzten Version nicht verändert:

Kapitel 9
Landscape Generation

```
class polygon
{
  private:
    long point_count, cp_point_count;

    point *points;

    void z_clipping( void );
    void project( void );
    void xy_clipping( void );

    uchar visible( void );
    void shape( pixel_32 *sbuffer );

  public:
    void load( ifstream *thing_def, vertex *v );
    void load( long v0, long v1, long v2 );
    void display( vertex *v, pixel_32 *sbuffer );

    polygon( const polygon &p );
    polygon( void ) : point_count( 0 ), cp_point_count( 0 ),
                      points( NULL ) { }
   ~polygon( void ) { if( points ) delete [] points; }
};
```

Wenn man bedenkt, dass eine dreidimensionale Landschaft ausschließlich aus Dreiecken besteht und der *Texture-Mapping*-Algorithmus nicht eingesetzt wird, ist die Definition der zweiten Überladung der Funktion `polygon::load()` entsprechend einfach:

```
void polygon::load( long v0, long v1, long v2 )
{
  point_count = 3;

  if( (points = new point[ point_count ]) == NULL )
    exit( "*points: Nicht genug Speicher.\n" );

  points[ 0 ].vertex_offset = v0;
  points[ 1 ].vertex_offset = v1;
  points[ 2 ].vertex_offset = v2;
}
```

9.1.4 Drahtgittermodell einer dreidimensionalen Landschaft

Die mithilfe der vorangegangenen Theorie aufgebauten Klassen werden zum ersten Mal in Form des nächsten Programms in der Praxis eingesetzt:

```cpp
///////////////////////         a11_1.cpp        ///////////////////////
//////                                                           //////
//////    Darstellung des Drahtgittermodells einer               //////
//////    dreidimensionalen Landschaft, welche auf der Grundlage //////
//////    einer Bitmap aufgebaut worden ist                      //////
//////    Auflösung: beliebig, Farbtiefe: 32 Bit                 //////
//////                                                           //////
/////////////////////////////////////////////////////////////////////////

#include <windows.h>

#include "s9_1.h"
#include "m9_1.h"
#include "t9_1.h"
#include "gv9_1.h"

uchar handle_input( MSG *msg, landscape *t );

int WINAPI WinMain( HINSTANCE hInstance, HINSTANCE hPrevInstance, LPSTR
lpCmdLine, int iCmdShow )
{
  initialise_world( hInstance, 640, 480, 32 );

  landscape planet( "test.bmp" );

  matrix m;
  m.rotate( -0.594, 0, 0 );
  m.translate( 0, 19, 856 );
  planet.update_pos( m );

  MSG message;
  while( 1 )
  {
    if( handle_input( &message, &planet ) ) break;

    for( long x=0 ; x<x_res*y_res ; x++ ) sbuffer[ x ] = pixel_32( 0, 0,
0 );
```

```
      planet.display();

      pixel_32 *screen = (pixel_32 *) surface.get_screen_pointer();
      memcpy( screen, sbuffer, x_res * y_res * sizeof( sbuffer[ 0 ] ) );
      surface.release_screen_pointer();
   }

   destroy_world();

   return message.wParam;
}

uchar handle_input( MSG *msg, landscape *t )
{
   if( PeekMessage( msg, NULL, 0, 0, PM_REMOVE ) )
   {
      if( msg->message == WM_QUIT ) return 1;

      TranslateMessage( msg );
      DispatchMessage( msg );
   }

   matrix m;
   m.translate( -t->wpos.wx, -t->wpos.wy, -t->wpos.wz );

   if(      GetKeyState( VK_UP      ) < 0 ) m.rotate(  0.1, 0, 0 );
   else if( GetKeyState( VK_DOWN    ) < 0 ) m.rotate( -0.1, 0, 0 );
   else if( GetKeyState( VK_LEFT    ) < 0 ) m.rotate( 0,  0.1, 0 );
   else if( GetKeyState( VK_RIGHT   ) < 0 ) m.rotate( 0, -0.1, 0 );
   else if( GetKeyState( VK_HOME    ) < 0 ) m.rotate( 0, 0,  0.1 );
   else if( GetKeyState( VK_END     ) < 0 ) m.rotate( 0, 0, -0.1 );
   else if( GetKeyState( VK_NUMPAD6 ) < 0 ) m.translate(  1, 0, 0 );
   else if( GetKeyState( VK_NUMPAD4 ) < 0 ) m.translate( -1, 0, 0 );
   else if( GetKeyState( VK_NUMPAD8 ) < 0 ) m.translate( 0,  1, 0 );
   else if( GetKeyState( VK_NUMPAD2 ) < 0 ) m.translate( 0, -1, 0 );
   else if( GetKeyState( VK_PRIOR   ) < 0 ) m.translate( 0, 0,  5 );
   else if( GetKeyState( VK_NEXT    ) < 0 ) m.translate( 0, 0, -5 );
   else if( GetKeyState( VK_ESCAPE  ) < 0 ) return 1;

   m.translate( t->wpos.wx, t->wpos.wy, t->wpos.wz );
   t->update_pos( m );
```

```
    return 0;
}
```

////////////////////// Ende a11_1.cpp //////////////////////

Obwohl die dreidimensionale Landschaft sich stark von den bisher betrachteten Polyedern unterscheidet, wird diese wie ein einfacher offener Körper behandelt: Unter Verwendung der Pfeiltasten kann die Umgebung um die eigenen Achsen rotiert oder mithilfe des Zehnerblocks der Tastatur versetzt werden. Um diese Art der Manipulation für den Benutzer übersichtlicher zu gestalten, wird die Landschaft anfangs nach vorne versetzt und um ca. 34 um die x-Achse rotiert. Hierfür wird wie gewohnt eine Matrix verwendet:

```
landscape planet( "l1.bmp" );

matrix m;
m.rotate( -0.594, 0, 0 );
m.translate( 0, 19, 856 );
planet.update_pos( m );
```

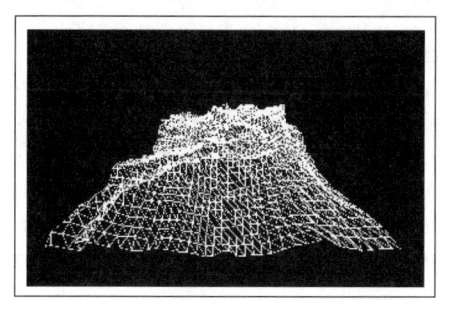

Abb. 9.6: Ausgabe des Programms *a11_1*: Drahtgittermodell einer dreidimensionalen Landschaft, welche auf der Grundlage einer 8-Bit-Bitmap aufgebaut worden ist.

9.1.5 Polygonbasierende dreidimensionale Umgebungen

Nachdem sichergestellt ist, dass die Initialisierung der Komponenten der Landschaft wie beabsichtigt stattgefunden hat, darf das Aussehen der Umgebung unter Verwendung erweiterter Visualisierungsalgorithmen verbessert werden. Für die Darstellung der Polygone ist im gegebenen Zusammenhang der *Textured-Depth-Shading*-Algorithmus am besten geeignet; der Grund hierfür wird zu einem späteren Zeitpunkt deutlich werden.

Um dieses Ziel leichter erreichen zu können, werden wir anfangs bei der Darstellung sämtlicher Polygone der Landschaft auf dieselbe Textur zurückgreifen. Wie wir wissen, besteht eine dreidimensionale Landschaft aus einer Anzahl an quadra-

Kapitel 9
Landscape Generation

tischen Einheiten, wobei jede Einheit aus zwei dreieckigen Polygonen aufgebaut ist. Wenn die Einteilung in Dreiecken nach konstantem Muster erfolgt bzw. wenn bei einem Blick von oben in jeder Einheit das erste Dreieck oben rechts, während das andere unten links zu finden ist, kann die Initialisierung jeder quadratische Einheit automatisch nach dem Vorbild von Abbildung 9.7 erfolgen.

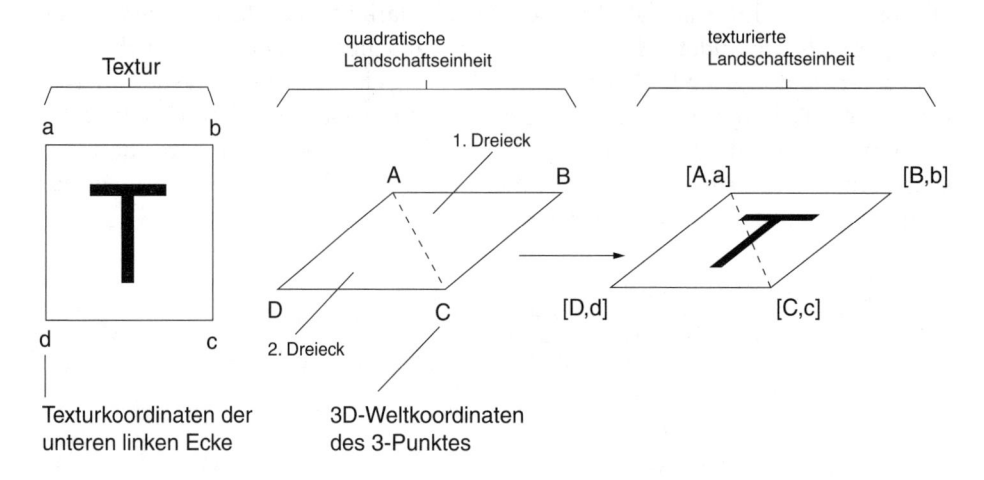

Abb. 9.7: Projektion einer Textur auf einer beliebigen quadratischen Einheit

Aus Abbildung 9.7 wird ersichtlich, dass die dreidimensionale Landschaft lediglich aus zwei Dreiecktypen aufgebaut ist. Der erste Typ wird durch die ersten drei Vertices einer Einheit definiert, während der zweite durch den ersten und die zwei letzten Punkte aufzubauen ist. Es ist leicht nachvollziehbar, dass die Anordnung der Texturkoordinaten mit der Reihenfolge der Vertices innerhalb der Polygondefinition übereinstimmen muss, eine Nummerierung der Punkte im Uhrzeigersinn daher nicht versehentlich mit einer Anordnung der Texturkoordinaten entgegen dem Uhrzeigersinn kombiniert wird.

Bei der Initialisierung jedes Polygons muss der Funktion `polygon::load()` den Typ des aufzubauenden Dreiecks übermittelt werden. Dies kann beispielsweise in Form eines Parameters namens `id` erfolgen, welcher lediglich die Werte 0 oder 1 annehmen darf, wobei ein Vieleck ersten Typs mithilfe des ersten Werts ausgedrückt wird:

```
void polygon::load( long v0, long v1, long v2, uchar id )
{
  point_count = 3;

  if( (points = new point[ point_count ]) == NULL )
    exit( "*points: Fehler bei der Reservierung von \
```

Grundlagen der Landscape Generation

```
                    Arbeitsspeicher.\n" );

  points[ 0 ].vertex_offset = v0;
  points[ 1 ].vertex_offset = v1;
  points[ 2 ].vertex_offset = v2;

  tx = &used.textures[ 0 ];

  points[ 0 ].tx = 0;    points[ 0 ].ty = 0;

  if( id == 0 )
  {
    points[1].tx = tx->xscale-1;  points[1].ty = 0;
    points[2].tx = tx->xscale-1;  points[2].ty = tx->yscale-1;
  }

  else
  {
    points[1].tx = tx->xscale-1;  points[1].ty = tx->yscale-1;
    points[2].tx = 0;             points[2].ty = tx->yscale-1;
  }
}
```

Während der Ausführung der Funktion landscape::initialise_polygons() wird ein Dreieck ersten Typs jeweils vor einem Polygon zweiten Typs initialisiert. Aus diesem Grund dürfen dem Parameter id während der beiden Aufrufe von polygon::load() nacheinander die Werte 0 und 1 übermittelt werden:

```
void landscape::initialise_polygons( long xscale )
{
  polygon_count = (xscale - 1) * (xscale - 1) * 2;
  if( (p = new polygon[ polygon_count ]) == NULL )
    exit( "*p: Fehler bei der Reservierung von \
            Abeitsspeicher.\n" );

  long act_polygon = 0, top_vertex = 0;
  for( long z=0 ; z<xscale-1 ; z++ )
  {
    for( long x=0 ; x<xscale-1 ; x++ )
    {
      p[ act_polygon++ ].load( top_vertex, top_vertex + 1,
                               top_vertex + xscale + 1, 0 );
```

```
        p[ act_polygon++ ].load( top_vertex, top_vertex+xscale+1,
                                 top_vertex + xscale, 1 );

    top_vertex++;
  }

  top_vertex++;
 }
}
```

Ein anderes, sehr wichtiges Detail bei der Verwendung erweiterter Polygonschattierung ist die externe Verwaltung von Bitmaps in Form einer Klasse wie `texture_lib`. Wie wir wissen, muss für den praktischen Einsatz des *Textured-Depth-Shading*-Algorithmus jede Textur schrittweise in Richtung der Hintergrundfarbe verschoben werden, wobei das Aussehen der einzelnen Schritte abgespeichert wird. Hierbei ist ein nicht zu unterschätzender Rechenaufwand erforderlich, welcher Zeit in Anspruch nimmt.

Würde jedem Polygon eine eigene Variable vom Typ `adv_bmp_16` zur Verfügung stehen, müssten diese Farbabstufungen jedes Mal bei der Initialisierung eines Vielecks berechnet werden. Weil eine dreidimensionale Landschaft für gewöhnlich aus sehr vielen Polygonen besteht, kann der Aufbau der Umgebung aufgrund der vielen unnötigen Berechnungen bis zu zwei Stunden in Anspruch nehmen.

Wenn die Bitmaps dagegen extern gespeichert werden und die Verbindung zwischen Polygon und Textur in Form eines Zeigers erfolgt, müssen für jede Bitmap die einzelnen Farbabstufungen nur einmal ausgerechnet werden. In vielen Fällen ist für die Lösung dieser Aufgabe weniger als eine Sekunde erforderlich.

Ansonsten verläuft die Implementierung des *Textured-Depth-Shading*-Algorithmus wie gehabt. Neben der erweiterten Darstellung von Polygonen verfügt unser nächstes Programm über weitere wichtige Merkmale:

- Als Hintergrundfarbe wird Hellgrau $(20, 41, 20)_{RGB\_16}$ verwendet; die eingesetzte Textur wird in Richtung dieser Farbe verschoben.

- Die Anweisungen, welche in *a11_1* während der Ausführung von `WinMain()` die Landschaft drehen und in Richtung der +z-Richtung verschieben, sind entfernt worden. Der Benutzer befindet sich somit anfangs über den Mittelpunkt der Landschaft.

- Die Art, wie die Landschaft mithilfe der Tastatur bewegt wird, ist seit dem letzten Programm unverändert geblieben. Passt diese Art der Manipulation eines dreidimensionalen Gegenstands mit dem veränderten Aussehen der Umgebung zusammen? Wie müsste ein entsprechendes Bewegungsmodell konzipiert werden, wenn dem nicht so ist?

```
////////////////////////        a11_2.cpp         ////////////////////////
//////                                                              //////
//////   Darstellung einer dreidimensionalen Landschaft, welche     //////
//////   auf der Grundlage einer Bitmap aufgebaut worden ist,       //////
//////   unter Verwendung des Textured Depth Shading Algorithmus    //////
//////   Auflösung: beliebig, Farbtiefe: 16 Bit                     //////
//////                                                              //////
////////////////////////////////////////////////////////////////////////////

#include <windows.h>

#include "s9_2.h"
#include "m9_2.h"
#include "t9_2.h"
#include "gv9_2.h"

uchar handle_input( MSG *msg, landscape *t );

int WINAPI WinMain( HINSTANCE hInstance, HINSTANCE hPrevInstance, LPSTR
lpCmdLine, int iCmdShow )
{
  initialise_world( hInstance, 640, 480, 16 );

  landscape planet( "test.bmp" );

  for( long x=0 ; x<x_res*y_res ; x++ ) zbuffer[ x ] = z_max;

  MSG message;
  while( 1 )
  {
    if( handle_input( &message, &planet ) ) break;

    if( clear_translation > max_clear_translation ) clear_translation -= z_max;
    else
    {
      for( long x=0 ; x<x_res*y_res ; x++ ) zbuffer[ x ] = z_max;
      clear_translation = 0.0;
    }
    for( long x=0 ; x<x_res*y_res ; x++ ) sbuffer[ x ] = bground_color;
```

```
      planet.display();

      pixel_16 *screen = (pixel_16 *) surface.get_screen_pointer();
      memcpy( screen, sbuffer, x_res * y_res * sizeof( sbuffer[ 0 ] ) );
      surface.release_screen_pointer();
   }

   destroy_world();

   return message.wParam;
}

uchar handle_input( MSG *msg, landscape *t )
{
   if( PeekMessage( msg, NULL, 0, 0, PM_REMOVE ) )
   {
      if( msg->message == WM_QUIT ) return 1;

      TranslateMessage( msg );
      DispatchMessage( msg );
   }

   matrix m;
   m.translate( -t->wpos.wx, -t->wpos.wy, -t->wpos.wz );

   if(      GetKeyState( VK_UP      ) < 0 ) m.rotate(  0.1, 0, 0 );
   else if( GetKeyState( VK_DOWN    ) < 0 ) m.rotate( -0.1, 0, 0 );
   else if( GetKeyState( VK_LEFT    ) < 0 ) m.rotate( 0,  0.1, 0 );
   else if( GetKeyState( VK_RIGHT   ) < 0 ) m.rotate( 0, -0.1, 0 );
   else if( GetKeyState( VK_HOME    ) < 0 ) m.rotate( 0, 0,  0.1 );
   else if( GetKeyState( VK_END     ) < 0 ) m.rotate( 0, 0, -0.1 );
   else if( GetKeyState( VK_NUMPAD6 ) < 0 ) m.translate(  1, 0, 0 );
   else if( GetKeyState( VK_NUMPAD4 ) < 0 ) m.translate( -1, 0, 0 );
   else if( GetKeyState( VK_NUMPAD8 ) < 0 ) m.translate( 0,  1, 0 );
   else if( GetKeyState( VK_NUMPAD2 ) < 0 ) m.translate( 0, -1, 0 );
   else if( GetKeyState( VK_PRIOR   ) < 0 ) m.translate( 0, 0,  5 );
   else if( GetKeyState( VK_NEXT    ) < 0 ) m.translate( 0, 0, -5 );
   else if( GetKeyState( VK_ESCAPE  ) < 0 ) return 1;

   m.translate( t->wpos.wx, t->wpos.wy, t->wpos.wz );
   t->update_pos( m );
```

```
  return 0;
}
////////////////////        Ende a11_2.cpp        ////////////////////
```

Abb. 9.8: Erscheinungsbild des Programms *a11_2*: Es ist erstaunlich, mit welchen einfachen Mitteln wie beispielsweise der Auswahl einer geeigneten Hintergrundfarbe eine sehr realistisch aussehende Umgebung generiert werden kann

Anhand dieses Programms kann die Notwendigkeit des Einsatzes des *Textured-Depth-Shading*-Algorithmus besonders gut nachvollzogen werden. Eine Landschaft besteht aus einer Vielzahl von Polygonen; der Versuch, alle theoretisch sichtbaren Polygone wie bisher zu zeichnen, würde zu viel Zeit in Anspruch nehmen. Es ist daher notwendig, die Anzahl der darzustellenden Polygone zu verringern, was durch Verkleinerung der Variablen **z_max** erreicht werden kann. Diese Variable gibt die Entfernung zwischen dem Benutzer, welcher sich im Ursprung des dreidimensionalen Weltkoordinatensystems befindet, und der *Far-Z-Plane* an.

Das Problem ist jedoch, dass auf diese Weise ein scharfer Übergang zwischen Bildschirmhintergrund und den Polygonen entsteht, welche sich entlang der *Far-Z-Plane* befinden. Dieser scharfe Übergang lässt sich mithilfe des *Depth Shading* verbergen; ein weiterer Vorteil ist, dass die auf diese Weise schattierten Polygone unbewusst mit einem verbreiteten Naturphänomen assoziiert werden. Wenn in der realen Welt die Sicht durch Nebel eingeschränkt wird, besitzt die Szenerie ein sehr ähnliches Erscheinungsbild.

9.2 Navigation innerhalb einer dreidimensionalen Welt

Mithilfe unseres letzten Programms lässt sich problemlos feststellen dass das Bewegungsmodell, welches in den letzten Programmen für die Manipulation virtueller Gegenstände eingesetzt worden ist, definitiv nicht für die Navigation innerhalb einer dreidimensionalen Welt geeignet ist. Wenn beim Betrachter der Eindruck erweckt werden muss, dass für die Bewegung innerhalb einer künstlich generierten Umgebung dieselben Gesetzmäßigkeiten wie bei der Fortbewegung in der realen Welt gelten, müssen zwei wichtige Regeln berücksichtigt werden.

Kapitel 9
Landscape Generation

Der erste Regel legt fest, wie die Bewegungsvorgänge innerhalb der virtuellen Welt gestaltet werden müssen. Hierbei gilt: Um eine bestimmte Aktion simulieren zu können, ist die Durchführung des entgegengesetzten Vorgangs erforderlich.

Dieser wichtige Zusammenhang soll anhand zwei anschaulicher Beispiele näher erläutert werden. Aus der Grundlage dieser Regel liegt die Tatsache, dass während des Visualisierungsprozesses stets davon ausgegangen wird, dass der Betrachter sich stets im Ursprung des dreidimensionalen Weltkoordinatensystems befindet, während seine Blickrichtung entlang der +z-Achse verläuft. Diese Festlegung ist auf die bekannten mathematischen Vorgänge während der Projektion zurückzuführen.

Wenn man sich in der realen Welt einem unbeweglichen Gegenstand nähert, erscheint einem das betreffende Objekt mit geringer werdender Entfernung größer, und eine größere Anzahl an Details können wahrgenommen werden. Obwohl der Benutzer innerhalb einer künstlich generierten Welt seine Position nicht verändern darf, kann der gleiche Eindruck mithilfe eines Tricks hervorgerufen werden: Um die Illusion zu erwecken, der Betrachter bewege sich vorwärts, kann die Landschaft nach hinten versetzt werden.

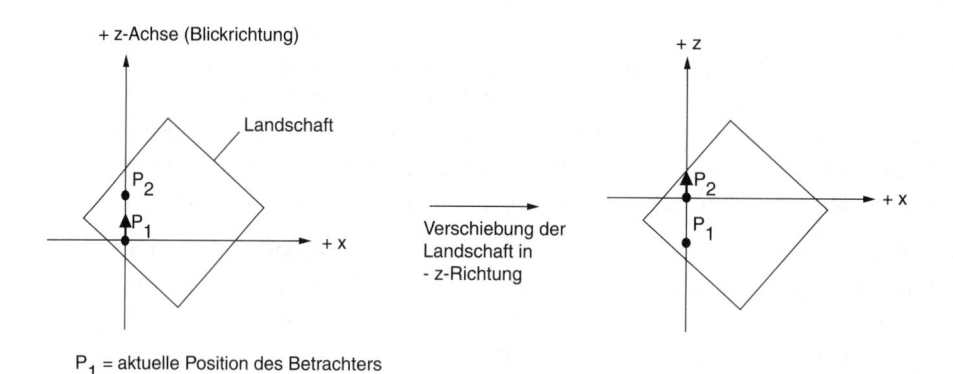

Abb. 9.9: Grafisches Veranschauungsmodell zur Erzeugung der Illusion einer Vorwärtsbewegung innerhalb einer künstlich generierten Umgebung

Dieser Sachverhalt ist in Abbildung 9.9 grafisch dargestellt. Auf der rechten Seite sind Anfangsposition P_1 und Blickrichtung des Betrachters hervorgehoben. Würde sich der Benutzer nach vorne bewegen, würde dieser die Position P_2 einnehmen. Der einzige Bezugspunkt des Beobachters stellt die Topographie der Landschaft dar: die sichtbaren Berge, Täler usw. Werden diese gleichzeitig nach hinten verschoben, wird dieses Phänomen unbewusst als Vorwärtsbewegung interpretiert, obwohl die Position des Betrachters relativ zum dreidimensionalen Koordinatensystem der Welt unverändert bleibt.

Gleiches lässt sich auch auf alle anderen Richtungen übertragen: Um eine Bewegung nach oben zu simulieren, muss die Landschaft beispielsweise nach unten verschoben werden. Eine sehr einfache Möglichkeit, eine Richtung anzugeben, besteht in der Verwendung eines Vektors **v**. Allgemein gilt: Um den Eindruck hervorzurufen, der Betrachter bewege sich in der Richtung, welche durch diesen Vektor angegeben wird, müssen sämtliche Gegenstände in der entgegengesetzten Richtung –**v** versetzt werden. Praktisch kann diese Verschiebung folgendermaßen gestaltet werden:

```
matrix m;
m.translate( -v.x, -v.y, -v.z );

planet.update_pos( m );
```

Dieselbe Regel muss auch bei der Durchführung von Rotationen eingehalten werden. Die zweite Regel, welche beim Aufbau eines neuen Bewegungsmodells zu berücksichtigen ist, geht viel näher auf dieses Thema ein.

Das Bewegungsmodell, welches bei der Ausführung unseres letzten Programms zum Einsatz kommt, sieht vor, dass jede Rotation um die lokalen Achsen der 3D-Landschaft erfolgen muss. In diesem Zusammenhang tritt eine besondere Schwäche dieses Bewegungsmodells auf: Bei Durchführung einer Rotation um die x-Achse wird beispielsweise ungewollt eine gewisse Strecke zurückgelegt, auch wenn die Geschwindigkeit des Betrachters den Wert **0** besitzt.

Dieses Phänomen ist in Abbildung 9.10 grafisch dargestellt. Zwecks einer besseren Übersicht wurde die Landschaft in diesem Fall in x- und z-Richtung verschoben, sodass beim Benutzer der Eindruck entsteht, dieser befinde sich in die Nähe ihrer unteren linken Ecke, welche mit **D** markiert ist. Das Problem besteht darin, dass der Benutzer sich um 45 nach rechts bzw. im mathematisch positiven Sinn drehen möchte, um in Richtung des Punkts **B** blicken zu können. Wie wir bereits festgestellt haben, lässt sich dieser Eindruck problemlos hervorrufen, wenn man die Landschaft nach links oder im mathematisch negativen Sinn rotiert.

Kapitel 9
Landscape Generation

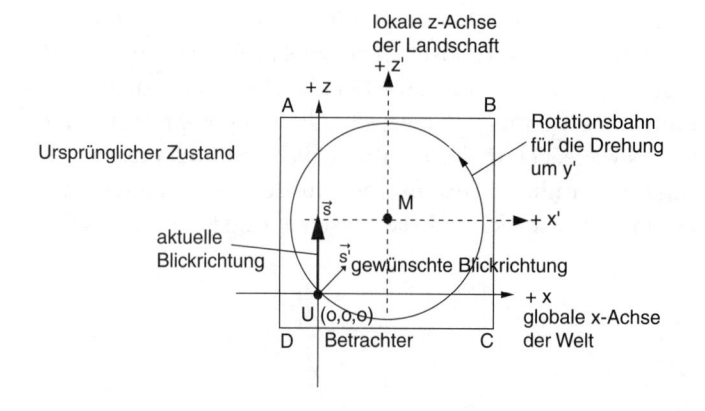

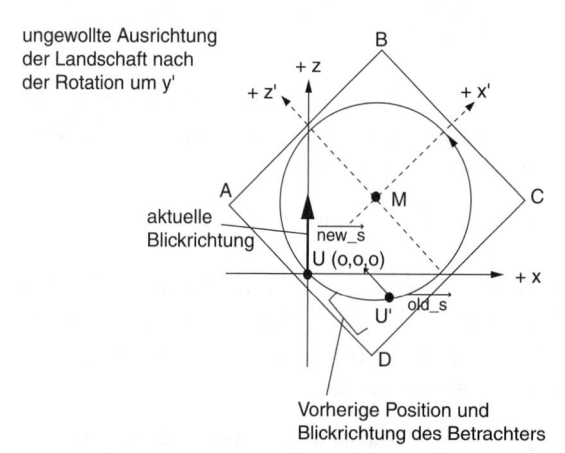

Abb. 9.10: Bei der Simulation einer Drehung des Betrachters innerhalb einer dreidimensionalen Umgebung muss der Welturspung das Rotationszentrum bilden, ansonsten treten ungewollte Ergebnisse auf.

Aufgrund dessen, dass es sich bei dem Rotationszentrum um den Mittelpunkt **M** der Landschaft handelt, wird mit der Drehung auch die Position verändert, auf welcher sich der Benutzer innerhalb der Landschaft befindet:

U <ungleich> U'

Aufgrund dessen, dass Drehungen dieser Art in der Praxis über einen Zeitraum von mehreren Frames durchgeführt werden, entsteht der Eindruck, der Betrachter würde sich ungewollt in eine bestimmte Richtung bewegen. Die Lösung dieses Problems ist einfach und ergibt sich bereits aus diesen Ausführungen: Der Betrachter befindet sich stets im Ursprung der Welt; wenn eine Rotation des Betrachters simuliert werden soll, muss die gesamte Welt lediglich um ihren Ursprung rotiert werden. Eine grafische Darstellung dieses Lösungsansatzes wird in Abbildung 9.11 vorgestellt.

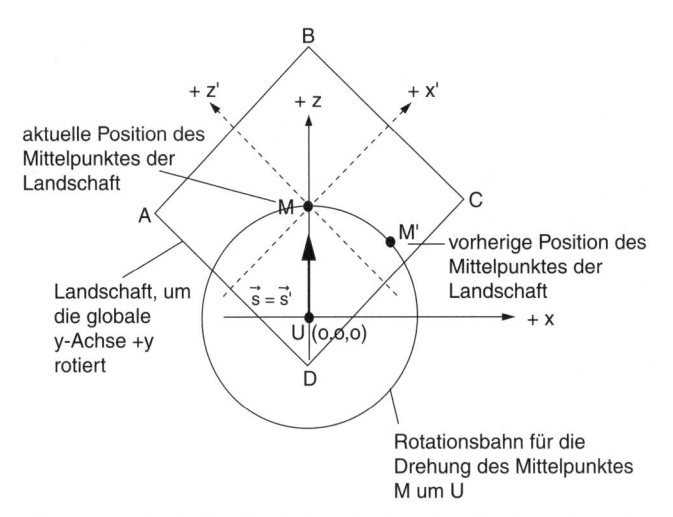

Abb. 9.11: Grafische Simulation der Rotation des Betrachters innerhalb einer dreidimensionalen Welt

Zwecks einer besseren Übersicht werden diese zwei Regeln noch einmal kurz aufgeführt. Hieran kann problemlos erkannt werden, dass es sich bei jeder Bewegung des Betrachters innerhalb einer künstlich generierten Welt lediglich um eine Illusion handelt:

- Um einen bestimmten Eindruck wie eine Rotation oder die Bewegung in einer bestimmten Richtung hervorzurufen, muss der entgegengesetzte Vorgang eingeleitet werden.
- Für sämtliche Drehungen des Betrachters muss der Ursprung des Koordinatensystems der dreidimensionalen Welt das Rotationszentrum darstellen.

Diese beiden Regel müssen auch bei der Bewegung innerhalb weniger komplexer Umgebungen eingehalten werden. Einfache Weltraumsimulationen sind ein gutes Beispiel für diese Art von Umgebungen: Abgesehen von einigen Hintergründen enthalten diese Welten lediglich eine Anzahl von Polyedern.

9.2.1 Praktischer Aufbau eines einfachen Bewegungsmodells

Die Implementierung des im letzten Abschnitt beschriebenen Bewegungsmodells wirkt sich lediglich auf die Art aus, wie die Eingaben des Benutzers vom Programm verarbeitet werden. In unseren Programmen fällt diese Aufgabe der Funktion handle_input() zu, welche in der Hauptdatei definiert ist. Diese nimmt ein Objekt vom Typ landscape entgegen und verändert diesen auf der Basis eventuell vorhandener Benutzeranweisungen.

Kapitel 9
Landscape Generation

Bei der praktischen Erweiterung des Programms *a9_2* zwecks Verwendung des neuen Bewegungsmodells sieht lediglich vor, sämtliche Rotationen um den Ursprung der dreidimensionalen Welt durchführen. Zusätzlich hierzu findet in jedem Frame die Versetzung der dreidimensionalen Welt um **speed** Einheiten in Richtung der –z-Achse, um den Eindruck einer Vorwärtsbewegung des Benutzers hervorzurufen. Diese Verschiebungsanweisung ist zwar nicht unbedingt erforderlich, ihr Einsatz erhöht die Realitätsnähe der Landschaft erheblich:

```
double speed = 2;

uchar handle_input( MSG *msg, landscape *t )
{
  if( PeekMessage( msg, NULL, 0, 0, PM_REMOVE ) )
  {
    if( msg->message == WM_QUIT ) return 1;

    TranslateMessage( msg );
    DispatchMessage( msg );
  }

  matrix m;

  if(      GetKeyState( VK_UP     ) < 0 )
    m.rotate( -0.1, 0, 0 );
  else if( GetKeyState( VK_DOWN   ) < 0 )
    m.rotate(  0.1, 0, 0 );
  else if( GetKeyState( VK_LEFT   ) < 0 )
    m.rotate( 0,  0.1, 0 );
  else if( GetKeyState( VK_RIGHT  ) < 0 )
    m.rotate( 0, -0.1, 0 );
  else if( GetKeyState( VK_HOME   ) < 0 )
    m.rotate( 0, 0,  0.1 );
  else if( GetKeyState( VK_END    ) < 0 )
    m.rotate( 0, 0, -0.1 );

  else if( GetKeyState( VK_PRIOR  ) < 0 ) speed -= 0.1;
  else if( GetKeyState( VK_NEXT   ) < 0 ) speed += 0.1;
  else if( GetKeyState( VK_ESCAPE ) < 0 ) return 1;

  m.translate( 0, 0, -speed );
```

```
t->update_pos( m );

return 0;
}
```

9.3 Der Visible-Terrain-Visualisation-Algorithmus

Die Größe und das Erscheinungsbild der Landschaft, welche mithilfe des Programms *a11_3* generiert werden kann, lassen sich theoretisch durch den Einsatz einer entsprechenden Grundbitmap den Wünschen des Benutzers anpassen. In der Praxis wird man jedoch relativ schnell mit einem ärgerlichen Problem konfrontiert: Bereits bei der Verwendung mittelgroßer Bitmaps, deren Seitenlängen 128 oder 256 Pixel betragen, tritt eine starke Abnahme der Darstellungsgeschwindigkeit auf. Besonders ärgerlich ist, dass aufgrund der geringen Framerate die Befehle des Benutzers nur verzögert oder überhaupt nicht verarbeitet werden können.

Wie man logisch nachvollziehen kann, liegt die Ursache dieses Problems darin, dass ein bestimmter Teil des Darstellungsprozesses zu viel Zeit in Anspruch nimmt; wenn man die betreffende Stelle optimiert, um den Rechenaufwand zu minimieren, würde auf diese Weise auch die Framerate erhöht werden. Die Frage ist nur, welcher Teil des Programms hierfür in Frage kommt.

Zunächst könnte man denken, dass eine Optimierung des Rasterizationsvorgangs, beispielsweise durch Verwendung von Festpunktzahlen oder der hardwareunterstützten Polygondarstellung, das Problem lösen könnte. Die Auswirkungen derartiger Optimiermethoden lassen sich direkt simulieren, indem bei der Visualisierung der Polygone auf die zeiteffektivste Methode zurückgegriffen wird: des Einsatzes von Drahtgittermodellen. Hierzu muss lediglich der Aufruf von `polygon::rasterize()` durch `polygon::shape()` während der Ausführung der Funktion `polygon::display()` ersetzt werden.

Es spielt keine Rolle, wie stark eine Funktion für die Darstellung eines texturierten und schattierten Polygons optimiert wird; die Visualisierung eines Polygons in Form seines Drahtgittermodells unter Verwendung von Bresenhams Linienalgorithmus nimmt stets weniger Zeit in Anspruch. Das Ergebnis dieser Vorgehensweise ist überraschend: Trotz der schnellen Darstellung der Polygone ist bei der Visualisierung größerer Landschaften kein Anstieg der Framerate zu verzeichnen. Dieses Phänomen tritt auf, obwohl diese »Optimierung« bei kleinen Landschaften zu einem deutlich spürbaren Performanceanstieg führt. Das Problem muss demnach an einer anderen Stelle des Visualisierungsprozesses gesucht werden.

Der gesuchte Pogrammteil befindet sich direkt am Anfang des Darstellungsprozesses. Vor der Visualisierung der Landschaft, welche durch den Aufruf der Funktion landscape::display() in WinMain() erfolgt, werden eventuelle Benutzereingaben erfasst und verarbeitet. Anschließend wird die Funktion landscape::update_pos() aufgerufen, um die auf diese Weise aufgebaute Matrix mit den Vertices der dreidimensionalen Landschaft zu multiplizieren. Dies erfolgt mithilfe folgender Anweisung:

```
for( long x=0 ; x<vertex_count ; x++ )
   m.transform( &v[ x ] );
```

Im Fall einer Landschaft, deren zugrunde liegende Bitmap eine Seitenlänge von 128 Pixel besitzt, besitzt diese Schleife beispielsweise 16384 Wiederholungen, einmal für jeden zu transformierenden Vertex. Bei einem einzigen Aufruf der Funktion matrix::transform() finden 12 Multiplikationen statt. Das Problem ist jedoch, dass pro Frame nur ein geringer Bruchteil dieser Vertices zu einem sichtbaren Polygon gehört. Die Berechnungen, welche im Zusammenhang mit den übrigen Vertices durchgeführt werden, sind somit reine Zeitverschwendung; im gewissen Sinne handelt es sich bei dieser Anweisung um eine passive Widerholungsanweisung, welche die weitere Programmausführung in jedem Frame für eine gewisse Zeit blockiert.

Wenn es uns gelingen würde, lediglich die Vertices zu transformieren, welche im darzustellenden Frame sichtbare Polygone beschreiben, würde der Rechenaufwand drastisch vermindert werden, was eine Erhöhung der Darstellungsgeschwindigkeit zur Folge haben würde.

9.3.1 Grundlagen des Visible-Terrain-Visualisation-Algorithmus

Mithilfe des *VTV*-Algorithmus können beliebig große dreidimensionale Landschaften in einer sehr kurzen Zeit visualisiert werden, ohne mit einer verringerten Darstellungsqualität rechnen zu müssen. Wie bereits beschrieben, wird diese Beschleunigung durch die Reduzierung des Rechenumfangs erreicht, welcher während des Darstellungsprozesses anfällt. Das Ziel besteht darin, nicht sichtbare Vielecke so früh wie möglich aus dem Visualisierungsprozess zu entfernen. Die folgenden Ausführungen können teilweise besser nachvollzogen werden, wenn bei dem Terminus *Polygon* speziell die Vertices betrachtet werden, welche bei der Definition des Vielecks beteiligt sind.

Der *VTV*-Algorithmus geht davon aus, dass sämtliche Polygone, welche bei der Definition der dreidimensionalen Landschaft beteiligt sind, in zwei Kategorien unterteilt werden können. Die erste Kategorie umfasst alle potenziell sichtbaren Polygone; die zweite enthält die restlichen, beim aktuellen Bildaufbau unsichtbaren Vielecke. Aufgrund dessen, dass der Benutzer seine Position innerhalb der Landschaft jederzeit ändern kann, muss diese Unterteilung in jedem Frame durchgeführt werden.

Das wichtigste Kriterium für die Einteilung eines Polygons in eine der beiden Kategorien ist die Entfernung, welche zwischen Benutzer und dem betreffenden Polygon vorliegt. Ein Vieleck darf nur dann innerhalb der zweiten Kategorie eingeteilt werden, wenn der Abstand zwischen ihm und dem Betrachter groß genug ist, um mit Bestimmtheit sagen zu können, dass dieses Polygon im aktuellen Frame nicht sichtbar ist. Die Vertices dieser Vielecke brauchen folglich nicht transformiert zu werden. Allgemein gilt, dass die Mehrheit der Polygone einer Landschaft der zweiten Kategorie zugeteilt werden; Ausnahmen bilden lediglich sehr kleine Landschaften.

Ganz anders sieht es bei den Vielecken aus, welche in der Nähe des Betrachters liegen und deshalb in der ersten Kategorie einzuordnen sind. Diese Vielecke werden als *potenziell sichtbar* bezeichnet; das bedeutet, dass man mithilfe dieser Untersuchung nicht eindeutig feststellen kann, welche von diesen Polygonen sichtbar sind und welche nicht. Wenn fälschlicherweise festgelegt wird, dass ein Vieleck unsichtbar ist, können durch seine Nichtdarstellung unangenehme Grafikfehler auftreten. Um diese Fehler zu vermeiden, müssen sämtliche Polygone der ersten Kategorie wie gehabt behandelt werden: Transformation ihrer Vertices, gefolgt von *Polygon Clipping*, Projektion und Rasterization.

Wenn eine Landschaft mithilfe des *VTV*-Algorithmus visualisiert wird, müssen folgende Schritte befolgt werden:

1. Initialisierung der Landschaft nach den in den letzten Abschnitten beschriebenen Richtlinien. Anschließend, während der Ausführung der äußersten Programmschleife:
2. Erfassung eventueller Benutzereingaben
3. Ermittlung der Vertices, welche bei der Definition von Polygonen mitwirken, die im aktuellen Frame potenziell sichtbar sind
4. Anpassung des potenziell sichtbaren Bereichs an den Vorgaben, welche durch Position und Ausrichtung der Blickrichtung des Betrachters gegeben werden
5. Anschließend dürfen die Polygone, welche mithilfe dieser Vertices definiert werden, wie gehabt dargestellt werden.

Mithilfe unseres bisherigen Wissens sollten die ersten drei Schritte problemlos nachvollzogen werden können. Der Hintergrund des vierten Schritts ist dagegen neu. Wie wir wissen, wurde Bewegung des Benutzers bisher durch eine entsprechende Rotation oder Verschiebung der Landschaft simuliert. Hierbei befand sich der Benutzer stets im Ursprung der Welt. Beim Einsatz des *VTV*-Algorithmus bleiben jedoch die Vertices, welche bei der Definition der Landschaft beteiligt und in unserem Fall innerhalb des Arrays `landscape::v[]` gespeichert sind, während der gesamten Programmausführung unverändert. Daraus folgt, dass die Bewegung des Betrachters auf eine andere Weise festgehalten werden muss.

Eine einfache Lösung dieses Problems besteht darin, die Position des Benutzers in Form eines Vertices namens **user_pos** zu speichern. Anfangs werden die drei Koordinaten dieses Punkts mit dem Wert 0 initialisiert. Wenn der Benutzer sich beispielsweise um 5 Einheiten nach vorne bzw. in +z-Richtung bewegen möchte, wird diese Bewegung durch die Verschiebung des Punkts **user_pos** um 5 Einheiten in +z-Richtung festgehalten.

Neben der Position des Benutzers ist auch seine Blickrichtung von großer Bedeutung: Der Betrachter befindet sich innerhalb einer dreidimensionalen Welt und muss sich demnach in jede beliebige Richtung drehen können. Wenn der Betrachter sich beispielsweise über dem Mittelpunkt einer abwechslungsreichen Landschaft befindet und in +z-Richtung blickt, wird eine bestimmte Ausgabe generiert. Diese Ausgabe kann jedoch ein vollkommen unterschiedliches Erscheinungsbild annehmen, wenn von der gleichen Position aus der Blick in eine andere Richtung verweist.

Anfangs ist die Verwendung eines gewöhnlichen Vektors mit der Bezeichnung **user_dir** vollkommen ausreichend, um die Blickrichtung des Betrachters festzulegen. Dieser Vektor wird anfangs mit den Werten <0, 0, 1> initialisiert; Wenn der Benutzer sich beispielsweise nach rechts dreht, muss auch dieser Vektor in die gleiche Richtung rotiert werden. Den Zusammenhang zwischen der Landschaft und den neuen Größen **user_pos** und **user_dir** wird links oben in Abbildung 9.12 vorgestellt. In diesem Fall hat sich der Benutzer vom Ursprung aus nach rechts und nach vorne bewegt und blickt von oben auf die Landschaft hinunter. Die im 2. Schritt des *VTV*-Algorithmus durchgeführte Erfassung der Benutzereingaben operiert lediglich mit diesen zwei Variablen.

Bei der Durchführung des 3. Schritts des *VTV*-Algorithmus werden auf der Grundlage der x- und z-Koordinaten des Punkts **user_pos** die Vertices ermittelt, welche sich in die Nähe des Betrachters befinden und somit potenziell sichtbare Polygone beschreiben. Diese Vertices, welche zusammen mit den übrigen Teil des Feldes `landscape::v[]` sind, werden zunächst innerhalb eines separaten Arrays namens `landscape::display_v[]` kopiert. Auch dieses neue Feld ist aus Elementen vom Typ **vertex** aufgebaut.

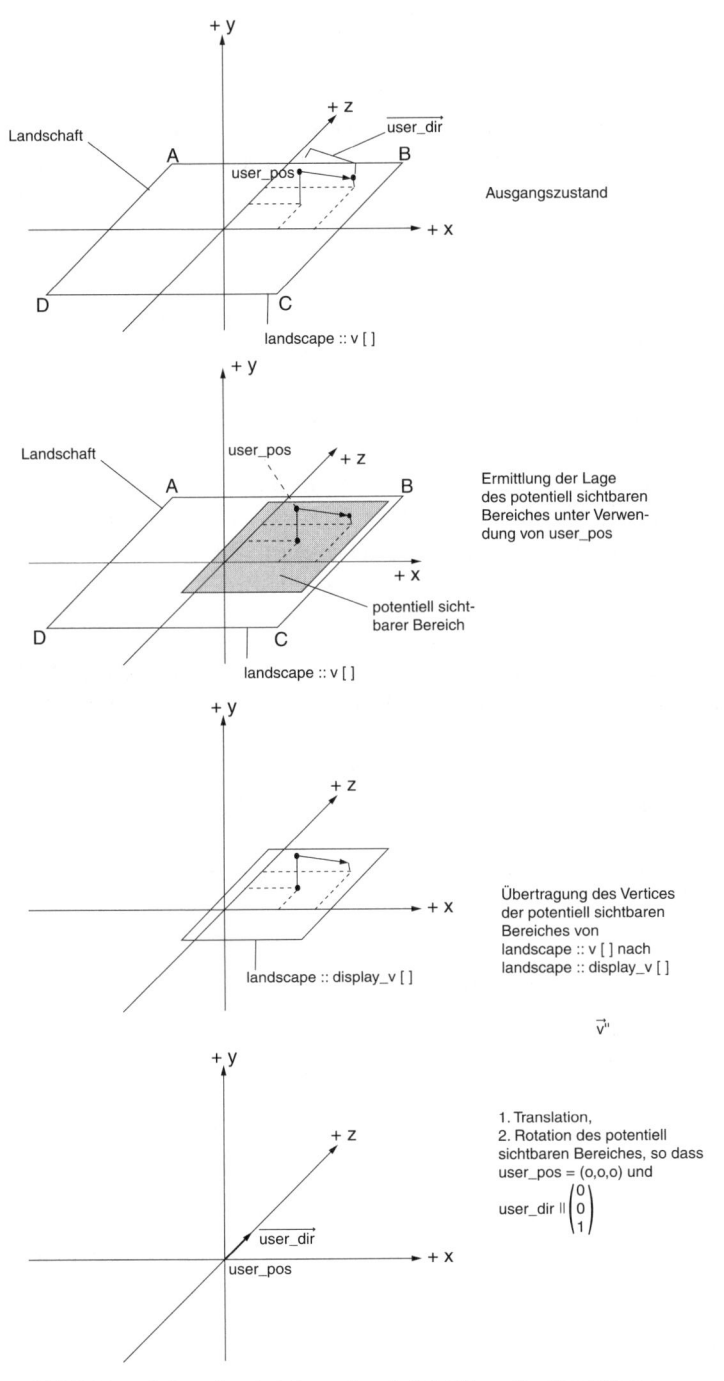

Der Visible-Terrain-Visualisation-Algorithmus

Ausgangszustand

Ermittlung der Lage des potentiell sichtbaren Bereiches unter Verwendung von user_pos

Übertragung des Vertices der potentiell sichtbaren Bereiches von landscape :: v [ ] nach landscape :: display_v [ ]

1. Translation,
2. Rotation des potentiell sichtbaren Bereiches, so dass user_pos = (0,0,0) und user_dir ∥ $\begin{pmatrix} 0 \\ 0 \\ 1 \end{pmatrix}$

Schließlich kann die Darstellung der Polygone des potentiell sichtbaren Bereiches erfolgen

Abb. 9.12: Grafische Darstellung der wichtigsten Vorgänge im Zuge der Durchführung des VTV-Algorithmus. Zwecks einer besseren Übersicht wird eine flache Landschaft vorgestellt, deren Vertices alle dieselbe Höhe besitzen.

Diese Vertices bilden zusammen einen geschlossenen Teil der Landschaft, über dessen Mittelpunkt sich der Betrachter befindet. Dieser Teil der Landschaft wird als *potenziell sichtbarer Bereich* bezeichnet. Das Problem ist nur, dass dieser Bereich sich irgendwo innerhalb der dreidimensionalen Welt befinden kann. Um die Polygone, welche sich in diesem Teil der Landschaft befinden, auf dem Bildschirm darstellen zu können, muss der Punkt **user_pos** die Koordinaten des Ursprungs besitzen, während **user_dir** in Richtung der +z-Achse weisen muss.

Die Aufgabe des 4. Schritts bei der Durchführung des *VTV*-Algorithmus besteht in der Realisierung dieser Vorgabe. **user_pos** kann nur dann die Koordinaten **(0, 0, 0)** annehmen, wenn dieser Punkt zusammen mit sämtlichen Vertices des potenziell sichtbaren Bereichs in Richtung des Ursprungs versetzt wird. Dies erfolgt wie gehabt mithilfe einer einfachen Translation. Weitaus schwieriger ist allerdings die Anpassung der Blickrichtung: Zuerst müssen die Winkel ermittelt werden, um welche der Vektor **user_dir** rotiert werden muss, sodass dieser in +z-Richtung zeigt. Anschließend ist es notwendig, den bereits versetzten, potenziell sichtbaren Bereich um diese Werte zu drehen. Die ursprüngliche Ausrichtung dieses Bereichs und das Ergebnis des 4. Schritts können in Abbildung 9.12 direkt miteinander verglichen werden.

Im letzten Schritt werden schließlich die Polygone auf dem Bildschirm dargestellt, welche von den Vertices aus dem potenziell sichtbaren Bereich definiert werden. Der gewaltige Rechenumfang, welcher bei der Verwendung des *VTV*-Algorithmus eingespart wird, kann bereits an dieser ersten Beschreibung eingeschätzt werden. Ein weiterer Vorteil ist, dass dieser Algorithmus in einer sehr frühen Phase des Visualisierungsprozesses wirkt; aus diesem Grund lässt sich dieser problemlos mit einer hardwarebeschleunigten Darstellung von Polygonen kombinieren, um noch eindrucksvollere Ausgaben generieren zu können.

9.3.2 Implementierung des VTV-Algorithmus

Das in seinen Grundzügen beschriebene *VTV*-Algorithmus ist viel zu komplex, um auf einmal implementiert werden zu können. Beim Durcharbeiten des letzten Abschnitts ist wahrscheinlich aufgefallen, dass das eigentliche Hauptproblem im letzten Teil des vierten Schritts angesiedelt ist: die Rotation des Vektors **user_view**, um die Kollinearität mit der +z-Achse zu gewährleisten.

Bei unserer ersten Implementierung wird das Ziel darin bestehen, beliebig große Landschaften in einer annehmbaren Zeit darzustellen. Der Schwerpunkt liegt hierbei beim Aufbau und der Darstellung des potenziell sichtbaren Bereichs. Das Rotationsproblem wird zunächst bewusst ausgeblendet: Dem Benutzer wird es zwar ermöglicht, sich in alle Richtungen bewegen zu können, Drehungen können jedoch noch nicht erzielt werden; die Blickrichtung verläuft, ähnlich wie im Fall eines Hubschraubers, stets in Richtung der +z-Achse.

Aufbau des potenziell sichtbaren Bereichs

Das erste Problem, mit dem wir hierbei konfrontiert werden, liegt bei der Ermittlung der Vertices, welche beim Aufbau des potenziell sichtbaren Bereichs beteiligt sind. Wie wir wissen, ist die Landschaft aus einer Anzahl quadratischer Einheiten aufgebaut, wobei jede zwei Polygone enthält. Die Seitenlänge einer Einheit beträgt **square_scale** Units. Bei einem Unit kann es sich entweder um ein Meter, Zentimeter usw. handeln, je nachdem, welche Messeinheit man verwenden möchte. Die Entfernung zwischen der *Far-Z-Plane*, welche die vordere Begrenzung des Viewports darstellt, und dem Benutzer beträgt **z_max** Units. Wie wir wissen, können sämtliche Polygone, welche jenseits der *Far-Z-Plane* liegen, vom Betrachter nicht gesehen werden. Um zu ermitteln, wie viele quadratische Einheiten zwischen Benutzer und *Far-Z-Plane* liegen, muss demnach auf die Formel:

sight_radius = z_max / square_scale

zurückgegriffen werden. **sight_radius** ist eine natürliche Zahl; da es sich sowohl bei **z_max** als auch bei **square_scale** um reelle Zahlen handelt, muss **sight_radius** das *abgerundete* Ergebnis der Division zugewiesen werden.

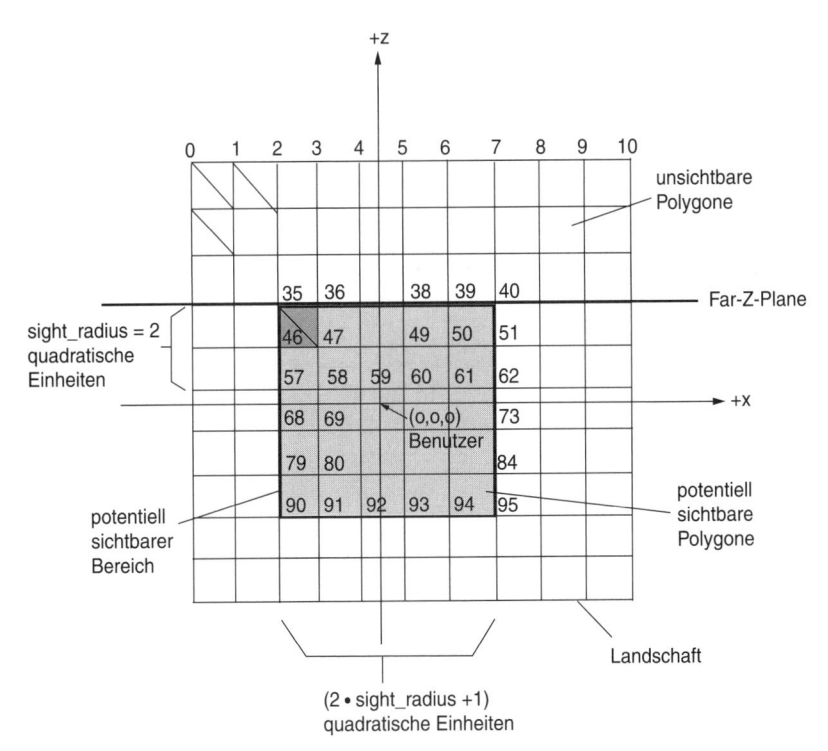

Abb. 9.13: Grafische Ermittlung der Polygone, welche Teil des potenziell sichtbaren Bereichs sind. Hierbei wird von der Position des Benutzers ausgegangen, welche in Form der Variablen **user_pos** vorliegt.

Kapitel 9
Landscape Generation

Der Aufbau des potenziell sichtbaren Bereichs beginnt mit einer Definition: Die zwei Polygone, welche sich innerhalb der quadratischen Landschaftseinheit liegen, über die sich der Benutzer gerade befindet, sind Teil des potenziell sichtbaren Bereichs. Der potenziell sichtbare Bereich besitzt eine quadratische Form, wobei die beschriebene Landschaftseinheit in die Mitte zu finden ist. Die Seitenlänge dieses Quadrats beträgt

sight_radius * 2 + 1

quadratische Einheiten; die Variable **sight_radius** kann somit als »Radius« dieses Quadrats angesehen werden. Eine grafische Darstellung der Zusammenhänge, welche im Hintergrund dieser beiden Formel liegen, kann der Abbildung 9.13 entnommen werden. **sight_radius** besitzt in diesem Fall den Wert 2.

Bei der Betrachtung der Abbildung 9.13 taucht wahrscheinlich die Frage auf, warum beim Aufbau des potenziell sichtbaren Bereichs dermaßen großzügig vorgegangen werden muss. Ungefähr die Hälfte der Polygone befindet sich hinter dem Betrachter und kann von diesem nicht gesehen werden; die Transformation der betreffenden Vertices erscheint somit nicht notwendig.

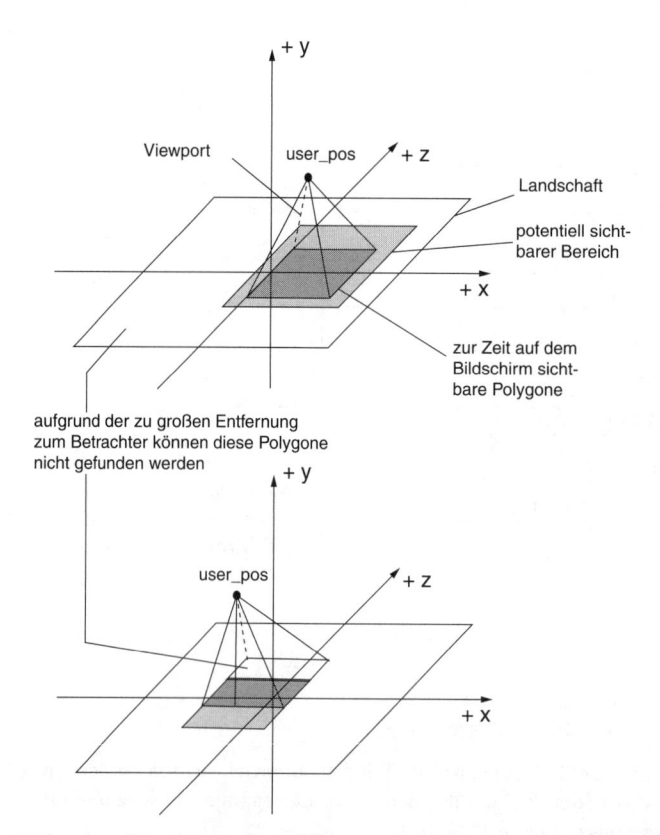

Abb. 9.14: Eine entsprechend ausgerichtete Blickrichtung ermöglicht es dem Benutzer, jedes Polygon des potenziell sichtbaren Bereichs sehen zu können.

Hierbei handelt es sich jedoch um einen Trugschluss, weil der Position des Benutzers keine Angaben über seine Blickrichtung entnommen werden können. Auf der rechten Seite der Abbildung 9.14 ist die Ausrichtung des Vektors **user_dir** dargestellt, nachdem der Benutzer sich aus der Ausgangsstellung leicht um die x-Achse nach unten bzw. im mathematisch positiven Sinn gedreht hat. Anhand der schematischen Darstellung des Viewports wird deutlich, dass die hinteren Polygone des potenziell sichtbaren Bereichs nicht wahrgenommen werden können.

Auf der linken Seite derselben Abbildung ist die Position des Benutzers unverändert geblieben; aufgrund dessen, dass die Rotation um die x-Achse fortgesetzt worden ist, sind die vorhin unsichtbaren Vielecke in den Viewport eingetreten.

Die Vertices des potenziell sichtbaren Bereichs

Nachdem wir den grundlegenden Aufbau des potenziell sichtbaren Bereichs kennen gelernt haben, müssen wir uns näher mit den sich dort befindenden Vertices auseinander setzen. Wie wir wissen, sind sämtliche Vertices der Landschaft innerhalb des Arrays landscape::v[] gespeichert. Das *VTV*-Algorithmus gibt vor, dass die Koordinaten dieser Punkte während der gesamten Programmausführung unverändert bleiben müssen. Die Vertices, welche sich innerhalb des potenziell sichtbaren Bereichs befinden, müssen demnach in einem separaten Array namens landscape::display_v[] kopiert werden, bevor diese je nach Position oder Blickrichtung des Benutzers versetzt werden können. Die Verwendung dieses neuen Arrays setzt allerdings voraus, dass die Anzahl seiner Elemente bekannt ist.

Wir wissen, dass die Anzahl an Vertices auf einer Seite der Landschaft gleich ist mit der Anzahl an Pixel auf der Seite der zugrunde liegenden Bitmap. Am Anfang des Kapitels haben wir festgestellt, dass, wenn die Seitenlänge der Bitmap **xscale** Pixel beträgt, die Landschaft eine Seitenlänge von **(xscale − 1)** quadratische Einheiten besitzt. Dieser Zusammenhang ist in auch Abbildung 9.2 dargestellt.

(Anzahl der Einheiten) = (Anzahl der Vertices auf einer Seite) − 1

Daraus folgt:

(Anzahl der Vertices auf einer Seite) = (Anzahl der Einheiten) + 1

Der potenziell sichtbare Bereich besitzt dieselbe quadratische Struktur wie die gesamte Landschaft, wobei auf einer Seite **(2 * sight_radius + 1)** quadratische Einheiten zu finden sind. Wird dieser Zusammenhang in diese Formel eingesetzt, ergibt sich:

side_vcount = (2 * sight_radius + 1) + 1

= 2 * sight_radius + 2

Die Variable **side_vcount** gibt hierbei die Anzahl an Vertices an, welche sich auf einer Seite des potenziell sichtbaren Bereichs befinden. Nach der Formel zur Berechnung des Flächeninhalts muss das Array landscape::display_v[] aus side_vcount * side_vcount

Variablen vom Typ vertex aufgebaut sein. Abbildung 9.15 enthält die grafische Darstellung dieser Zusammenhänge.

Der 3. Schritt des *VTV*-Algorithmus sieht vor, die Vertices des potenziell sichtbaren Bereichs von landscape::v[] nach landscape::display_v[] zu übertragen. Hierzu müssen die Positionen bekannt sein, an denen die gewünschten Elemente von landscape::display_v[] innerhalb landscape::v[] zu finden sind. Dieses Problem kann auf mehrere Arten gelöst werden. Eine Möglichkeit besteht darin, ausgehend von der x- und z-Koordinate der Variablen **user_pos** zunächst die Position des Vertices **T** zu ermitteln, welcher die obere linke Ecke der quadratischen Einheit bildet, über welcher sich der Betrachter aufhält. Mithilfe dieser Information kann der Offset des Vertices **top_vertex** ermittelt werden, welcher sich in die obere linke Ecke des potenziell sichtbaren Bereichs befindet. Anschließend sollte es kein Problem sein, die sich in diesem Bereich befindenden Vertices nach landscape::display_v[] zu kopieren.

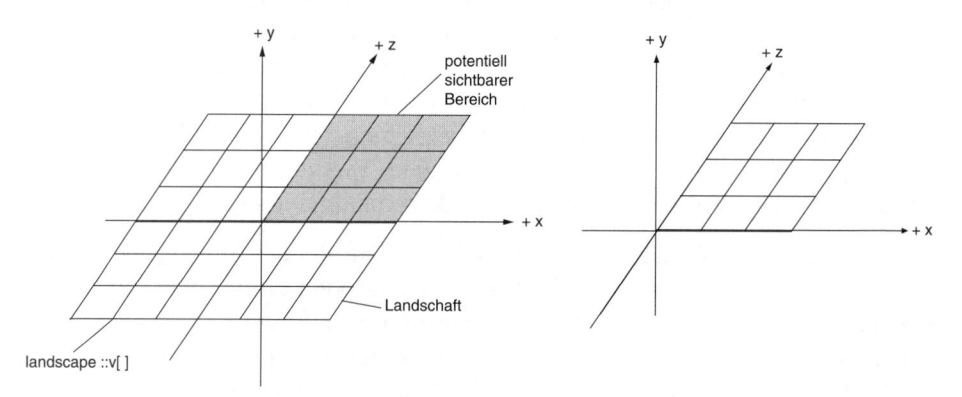

Abb. 9.15: Die Vertices, welche innerhalb des Arrays landscape::display_v[] kopiert werden müssen, sind in landscape::v[] in regelmäßigen Abständen angeordnet.

Das erste Problem, mit dem wir hierbei konfrontiert werden, besteht in den unterschiedlichen Bezugssystemen. Die Variable **user_pos** bezieht sich auf das Koordinatensystem der dreidimensionalen Welt; hierbei befindet sich der Ursprung über die Mitte der Landschaft. Die Vertices innerhalb der beschriebenen Arrays sind jedoch nach den gleichen Gesetzmäßigkeiten wie die Pixel einer Bitmap angeordnet: Der Pixel mit den Koordinaten **(0, 0)** befindet sich in die obere linke Ecke.

Wie wir wissen, wird die Seitenlänge unserer dreidimensionalen Welt während der Ausführung der Funktion landscape::initialise_vertices() ausgerechnet und innerhalb der temporären Variablen world_xscale gespeichert. Um mithilfe von **user_pos** Informationen über die Position des Vertices **T** bekommen zu können, muss der Mittelpunkt des Koordinatensystems, auf das sich **user_pos** bezieht, zunächst in die obere linke Ecke der Landschaft verschoben werden. Mithilfe der Abbildung 9.16 wird deutlich, dass hierzu lediglich die Addition des Werts (0.5 * world_xscale) zu der x- und z-Koordinaten des Punkts **user_pos** erforderlich ist.

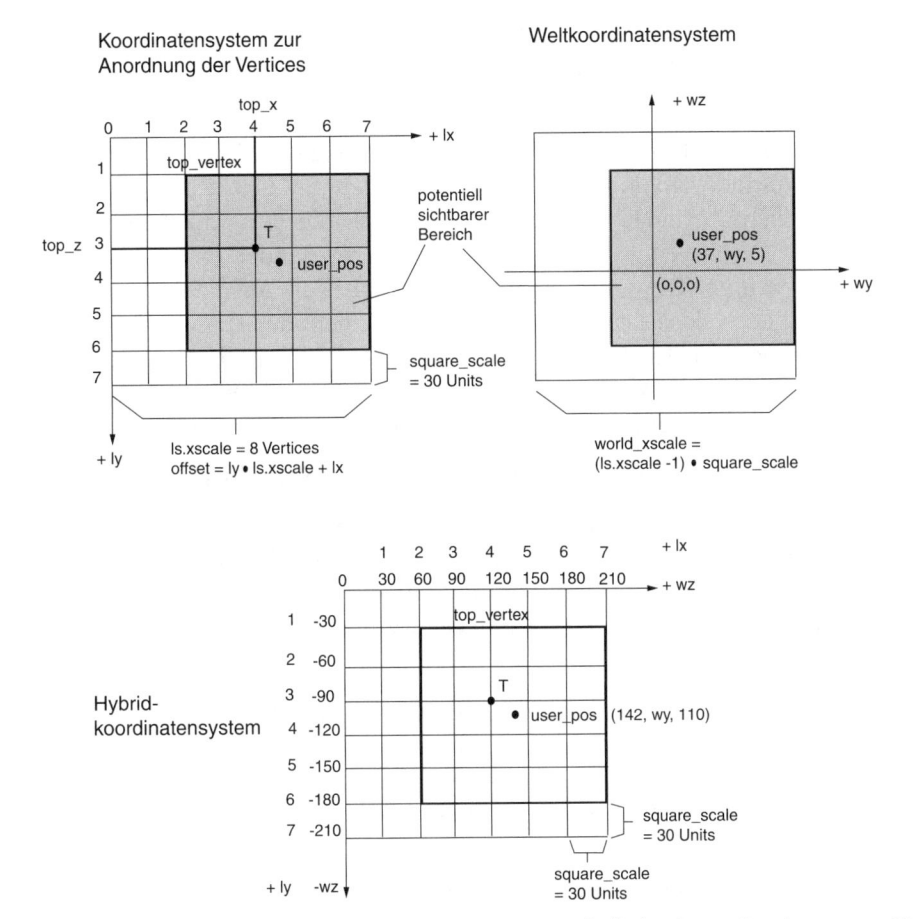

Abb. 9.16: Um den Offset des Vertices **top_vertex** innerhalb des Arrays landscape::v[] mithilfe der Position des Betrachters ermitteln zu können, muss zunächst ein einziges Bezugssystem erstellt werden.

Die Seitenlänge einer quadratischen Einheit beträgt **square_scale** Units. Daraus folgt, dass sowohl der horizontale als auch der vertikale Abstand zwischen zwei benachbarten Vertices stets **square_scale** Units betragen muss. Aus diesem Grund müssen für die Konstanten **top_x** und **top_z** aus Abbildung 9.16 folgende Beziehungen gelten:

top_x = (user_pos.wx + 0.5 * world_xscale) / square_scale
top_z = (-user_pos.wz + 0.5 * world_xscale) / square_scale

Mithilfe der Division wird ermittelt, wie oft der Wert **square_scale** in der angepassten Version von **user_pos** vorkommt. Sowohl **top_x** als auch **top_z** müssen natürliche Zahlen sein; aus diesem Grund sind ihnen die abgerundeten Ergebnisse der Division zuzuweisen. Zu beachten ist noch die Tatsache, dass die einander entsprechenden Achsen **wz** und **ly** in entgegengesetzte Richtungen zeigen. Um der Variablen **top_z** den beabsichtigten Ergebnis zuweisen zu können, muss die z-Koordinate der Variablen **user_pos** anfangs negiert werden.

Unter Verwendung der beiden Werte **top_x** und **top_z** kann schließlich der Offset des Vertices ermittelt werden, welcher sich in die obere linke Ecke des potenziell sichtbaren Bereichs befindet. Hierzu muss lediglich die bekannte Formel zur Ermittlung von Offsets eingesetzt werden. Hierzu muss noch eine Kleinigkeit berücksichtigt werden: Diese beiden Werte beziehen sich auf die quadratische Landschaftseinheit, welche sich unter dem Betrachter befindet. Diese Einheit liegt in die Mitte des potenziell sichtbaren Bereichs. Der Abbildung 9.16 lässt sich entnehmen, dass diesen zwei Werten vor der Offsetberechnung noch die Konstante **sight_radius** abgezogen werden muss, welche in dem Fall den Wert **2** besitzt:

top_vertex = (top_z - sight_radius) * ls_xscale + (top_x - sight_radius)

Die Funktionalität dieser Gleichungen kann am besten nachvollzogen werden, wenn man diese anhand eines Rechenbeispiels testet. Alle hierfür notwendigen Angaben können der Abbildung 9.16 entnommen werden: Wie lässt sich auf der Grundlage der möglichen Benutzerposition (37, wy, 5) der Anfangsoffset **10** ermitteln?

Wenn der Wert der Variablen **top_vertex** ausgerechnet worden ist, können sämtliche Vertices des potenziell sichtbaren Bereichs nach bekanntem Muster innerhalb des Arrays `landscape::display_v[]` kopiert werden. Die Variable `ls_xscale` enthält hierbei die Anzahl der Vertices auf einer Seite der Landschaft:

```
long top_x = long( (user_pos.wx + 0.5 * world_xscale) /
                   square_scale );
long top_z = long( (-user_pos.wz + 0.5 * world_xscale) /
                   square_scale );

long top_vertex = (top_z - sight_radius) * ls_xscale +
                  (top_x - sight_radius);

long act_v = 0;
for( long z=0 ; z<side_vcount ; z++ )
{
  for( long x=0 ; x<side_vcount ; x++ )
  {
```

```
        display_v[ act_v ] = v[ top_vertex ];

    act_v++;  top_vertex++;
  }

  top_vertex += ls_xscale - side_vcount;
}
```

Diese Anweisungen und die ihnen vorangegangene Theorie haben das Ziel, unter Verwendung der Variablen **user_pos** die Vertices des potenziell sichtbaren Bereichs von `landscape::v[]` nach `landscape::display_v[]` zu kopieren. Obwohl die gerade vorgestellte Lösung dieses Problems zu den einfachsten zählt, kann diese vereinzelt nicht auf Anhieb verstanden werden. In diesem Fall empfiehlt sich der Entwurf eines eigenen Lösungswegs. Hierbei spielt es keine Rolle, dass eigene Lösungsansätze anfangs meist komplexer als die hier vorgestellte sind; der Vorteil an einer eigenen Lösung besteht darin, dass diese am besten nachvollzogen werden kann.

Die Polygone des potenziell sichtbaren Bereichs

Die Verwaltung der Polygone, welche den potenziell sichtbaren Bereich bilden, gestaltet sich weitaus einfacher als der Umgang mit den Vertices, auf deren Grundlage diese definiert sind. Aufgrund dessen, dass dieser Bereich von den Punkten, welche innerhalb des Arrays `landscape::display_v[]` gebildet wird, müssen die dazugehörigen Polygonen bei Verwendung des *VTV*-Algorithmus ebenfalls auf diese Vertices zugreifen.

In den ersten Programmen dieses Kapitels wurden die Elemente des Felds `landscape::p[]` unter Verwendung der Funktion `landscape::initialise_polygons()` aufgebaut. Bei der einzigen Information, welche hierfür benötigt wird, handelt es sich um die Anzahl an Vertices, welche auf einer Seite der Landschaft zu finden sind. Diese Funktion geht davon aus, dass die Eckpunkte der Polygone innerhalb des Arrays `landscape::v[]` gespeichert sind.

Wie wir im vorherigen Abschnitt festgestellt haben, besitzen die beiden Felder `landscape::v[]` und `landscape::display_v[]` eine identische Struktur: Ihre Elemente sind nach den gleichen Gesetzmäßigkeiten wie die Pixel innerhalb von Bitmaps angeordnet. Der einzige Unterschied besteht in der Größe dieser beiden Teile der Landschaft: Die Seitenlänge des potenziell sichtbaren Bereichs beträgt **side_vcount** Vertices; der Wert dieser Variablen wurde bereits im vorhergehenden Abschnitt festgelegt. Aus diesen Ausführungen geht hervor, dass bei Verwendung des *VTV*-Algorithmus auf die gleiche Funktion zur Initialisierung der Polygone zurückgegriffen werden kann; der Wert des zu übergebenen Parameters muss lediglich den neuen Erfordernissen angepasst werden:

```
long side_vcount;

side_vcount = 2 * sight_radius + 2;
initialise_polygons( side_vcount );
```

Die Vertices, auf welche die Elemente des Arrays polygon::points[] verweisen, befinden sich nunmehr innerhalb des Arrays landscape::display_v[]. Hierbei spielt es keine Rolle, dass dieses Feld in jedem Frame von neuem aufgebaut werden muss; seine Elemente besitzen zum Zeitpunkt des Aufrufs von polygon::display() stets gültige Werte:

```
for( long x=0 ; x<polygon_count ; x++ )
   p[ x ].display( display_v, sb );
```

Die Grenzen der dreidimensionalen Landschaft

Wie wir wissen, wird die Bewegung des Betrachters innerhalb einer einfachen dreidimensionalen Welt dadurch simuliert, dass sämtliche Gegenstände, welche Teil der Welt sind, entgegen der Bewegungsrichtung des Benutzer versetzt werden. Bisher hat es keine Rolle gespielt, an welcher Position innerhalb der Welt sich der Betrachter scheinbar aufgehalten hat; sämtliche Objekte konnten wie beabsichtigt dargestellt werden.

Gleiches gilt auch dann, wenn eine einfache Landschaft Teil der Welt ist: Bewegt man sich zu lange in derselben Richtung, ist irgendwann der Rand der Landschaft ähnlich wie in Abbildung 9.17 sichtbar. Diese Ausgabe kann sich zwar als sehr störend erweisen, weil sie mit dem realistischen Charakter der Landschaft unvereinbar ist; aus mathematischer Hinsicht ist sie aber richtig.

Abb. 9.17: Der Rand einer einfachen dreidimensionalen Welt. Es gibt unterschiedliche Möglichkeiten, wie diese störende Ausgabe vermieden werden kann.

Bei Verwendung des *VTV*-Algorithmus ist die Unterdrückung dieser Ausgabe jedoch zwingende Notwendigkeit. Wie wir wissen, sind sämtliche Vertices, welche bei der Definition der Landschaft beteiligt sind, innerhalb des Arrays landscape::v[] gespeichert. In jedem Frame werden die Vertices, welche den potenziell sichtbaren Bereich bilden, nach landscape::display_v[] kopiert. Es ist logisch nachvollziehbar, dass in diesem Feld *nur* Vertices kopiert werden dürfen, welche auch in landscape::v[] enthalten sind.

Diese Voraussetzung ist immer dann erfüllt, wenn die Position des Benutzer die in Abbildung 9.18 vorgegebene Grenze nicht überschreitet. Der Aufbau des potenziell sichtbaren Bereichs gibt vor, dass der schraffierte Bereich die am weitesten außen gelegenen quadratischen Landschaftseinheiten enthält, über welche der Benutzer sich aufhalten darf. Am Rand der Landschaft befindet sich ein dunkler Streifen, dessen Breite **sight_scale** quadratische Einheiten beträgt. Anhand der Abbildung wird deutlich, dass dieser Bereich vom Betrachter lediglich gesehen werden darf.

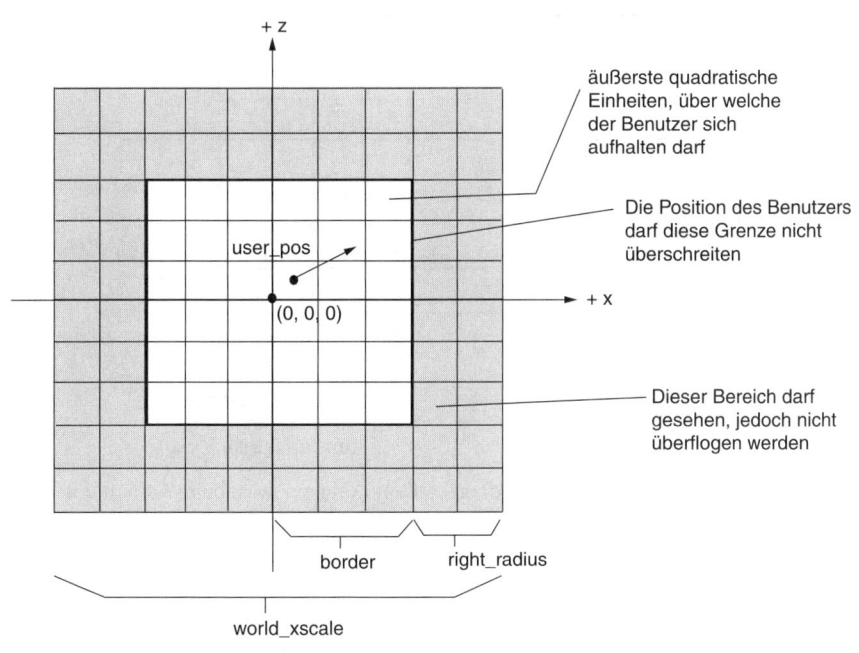

Abb. 9.18: Solange der Benutzer die vorgegebene Grenze nicht überschreitet, können keine Darstellungsfehler auftreten

Tritt der Betrachter dennoch in diesem Bereich ein, sind Darstellungsfehler die Folge. Der Grund hierfür ist in Form der Abbildung 9.19 grafisch dargestellt. Das Array landscape::v[] kann nur die Vertices enthalten, welche für die Definition einer endlichen Zahl an quadratischen Landschaftseinheiten zuständig sind. Mathematisch gesehen lassen sich jedoch beliebig viele Einheiten an den Rändern der Landschaft anordnen. Für die Speicherung der Vertices dieser theoretischen Einheiten wären Bereiche des Arbeitsspeichers zuständig, welche jenseits den Grenzen von landscape::v[] liegen.

Kapitel 9
Landscape Generation

Tritt der Benutzer in den dunkel dargestellten Bereich ein, werden diese nicht vorhandenen Einheiten zum potenziell sichtbaren Bereich hinzugezählt; für die Koordinaten der betreffenden Vertices muss somit außerhalb des reservierten Speicherbereichs zugegriffen werden. Die dort vorhandenen, praktisch zufälligen Zahlenwerte werden für die Bildung von Polygonen benutzt, was zwangsläufig zu offensichtlich falschen Ergebnissen führt.

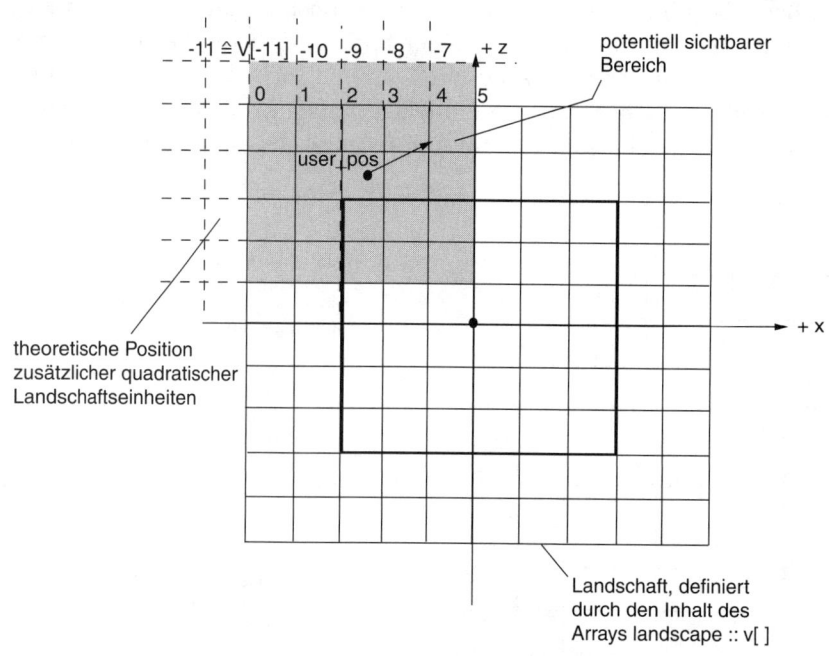

Abb. 9.19: Tritt der Benutzer in der dunkel dargestellten Zone ein, wird beim Aufbau des potenziell sichtbaren Bereichs auf nicht reserviertem Speicherplatz außerhalb von `landscape::v[]` zugegriffen.

Die Lösung dieses Problems ist relativ einfach. Die Veränderung der Variablen **user_pos** erfolgt gemäß den Eingaben des Benutzers, welche während der Ausführung von handle_input() abgefragt werden. Hierbei kann es passieren, dass **user_pos** die beschriebene Grenze überschreitet. Fehlerhafte Ausgaben werden vermieden, wenn die Position anschließend bei Bedarf korrigiert sind.

Die in Abbildung 9.19 schwarz dargestellte Begrenzung ist aus vier Geraden aufgebaut, welche parallel zur x- und z-Achse verlaufen. Ihr Abstand zum Ursprung der Welt beträgt jeweils **border** Units. Der Wert dieser Variablen lässt sich bequem mithilfe der Abbildung ermitteln:

border = 0.5 * world_xscale - sight_radius * square_scale

Die gegebenenfalls erforderliche Korrektur der Position des Benutzers erfolgt schließlich unter Verwendung von Anweisungen der Form:

```
if( user_pos->wz >= border ) user_pos->wz = border - 1.0;
if( user_pos->wz <= -border ) user_pos->wz = -border + 1.0;
if( user_pos->wx >= border ) user_pos->wx = border - 1.0;
if( user_pos->wx <= -border ) user_pos->wx = -border + 1.0;
```

Jede Anweisung steht für eine der vier beschriebenen Begrenzungen und setzt **user_pos** bei Bedarf zurück. Die Addition bzw. Subtraktion der Konstanten 1.0 soll lediglich sicherstellen, dass der Benutzer sich innerhalb des gültigen Bereichs befindet. Es ist aber ebenso gut möglich, dieser Konstanten auch andere Werte wie beispielsweise 2.0 oder 0.5 zuzuweisen; der Wert der Konstanten **square_scale** sollte jedoch nicht überschritten werden.

Diese Anweisungen bewirken, dass Bewegung des Benutzers mit dem Erreichen des ungültigen Bereichs gestoppt wird. In einigen bekannten Anwendungen ist dieses Vorhaben weitaus spektakulärer erreicht worden: Wenn der Benutzer aus dem erlaubten Bereich hinauszugehen versucht, wird automatisch eine nicht zu unterbindende Rotation eingeleitet, welche diesen in den gültigen Bereich zurückversetzt. Diese Drehung erstreckt sich über einen Zeitraum von wenigen Frames.

Praktische Implementierung des VTV-Algorithmus

Für die praktische Verwendung des *VTV*-Algorithmus ist eine entsprechende Erweiterung der Klasse landscape erforderlich. Eine mögliche Lösung dieser Aufgabe kann folgendermaßen gestaltet werden:

```
class landscape
{
  private:
    long vertex_count, polygon_count,
        display_count, side_vcount, sight_radius, ls_xscale;
    double square_scale, world_xscale, border;

    vertex *v, *display_v;
    polygon *p;

    double initialise_vertices( bmp_8 *ls );
    void initialise_polygons( long xscale );
    void initialise_display( vertex *user_pos );
    void update_pos( matrix m );
```

Kapitel 9
Landscape Generation

```
    public:
      vertex wpos;

      void load( char *filename );
      void display( vertex *user_pos, pixel_16 *sb = sbuffer );

      landscape( const landscape &t );
      landscape( char *filename ) { load( filename ); }
      landscape( void ) : vertex_count( 0 ), polygon_count( 0 ),
                          display_vcount( 0 ), side_vcount( 0 ),
                          sight_radius( 0 ), ls_xscale( 0 ),
                          square_scale( 0.0 ),
                          world_xscale( 0.0 ), border( 0 ),
                          v( NULL ), p( NULL ) { }
     ~landscape( void )
      { if( v ) delete [] v;
        if( display_v ) delete [] display_v;
        if( p ) delete [] p;
      }
};
```

Es folgt eine kurze Beschreibung der zahlreich neu hinzugekommenen bzw. veränderten Komponenten im Zuge der Implementierung des *VTV*-Algorithmus:

Variable	Aufgabe
display_count:	gibt die Seitenlänge einer quadratischen Einheit der dreidimensionalen Landschaft an
display_count:	die Anzahl der Elemente des Arrays display_v[]
side_vcount:	enthält die Anzahl an Vertices auf einer Seite des potenziell sichtbaren Bereichs
sight_radius:	Länge des »Radius« des potenziell sichtbaren Bereichs, gemessen in quadratischen Landschaftseinheiten
ls_xscale:	die Anzahl an Vertices auf einer Seite der quadratischen Landschaft
world_xscale:	die Länge einer Seite der Landschaft, gemessen in Units
border:	Entfernung zwischen dem Ursprung des Koordinatensystems der Welt und jeder der vier Grenzen, die vom Benutzer nicht überschritten werden dürfen
*display_v:	dnthält die Vertices, welche bei der Definition des potenziell sichtbaren Bereichs beteiligt sind

Der Visible-Terrain-Visualisation-Algorithmus

Funktion	Aufgabe / Definition
load():	Initialisierung der Klassenelemente

```cpp
void landscape::load( char *filename )
{
  bmp_8 ls( filename );

  square_scale = 30.0;
  sight_radius = long( z_max / square_scale );
  ls_xscale = ls.xscale;
  world_xscale = (ls_xscale - 1) * square_scale;

  if( ls.xscale != ls.yscale )
    exit( "Es werden lediglich quadratische Landschaftsbitmaps \
           unterstützt.\n" );

  double user_wy = initialise_vertices( &ls );

  initialise_polygons( side_vcount );

  border = 0.5 * world_xscale - sight_radius * square_scale;
  wpos.wx = wpos.wz = 0.0;
  wpos.wy = -user_wy;
}
```

initialise_vertices(): Aufbau der dreidimensionalen Landschaft und Reservierung von Speicherplatz für die Elemente des Arrays display_v[]:

```cpp
double landscape::initialise_vertices( bmp_8 *ls )
{
  vertex_count = ls->xscale * ls->xscale;
  if( (v = new vertex[ vertex_count ]) == NULL )
    exit( "*v: Fehler bei der Reservierung von \
           Abeitsspeicher.\n" );

  long act_vertex;
  double act_wx, act_wz;

  act_wz = 0.0;  act_vertex = 0;
  for( long z=0 ; z<ls->xscale ; z++ )
  {
    act_wx = 0.0;
```

```cpp
    for( long x=0 ; x<ls->xscale ; x++ )
    {
      v[ act_vertex ].wx = act_wx;
      v[ act_vertex ].wy = ls->picture[ act_vertex ];
      v[ act_vertex ].wz = act_wz;

      act_vertex++;
      act_wx += square_scale;
    }

    act_wz -= square_scale;
  }

  side_vcount = 2 * sight_radius + 2;
  display_vcount = side_vcount * side_vcount;
  if( (display_v = new vertex[ display_vcount ]) == NULL )
    exit( "*display_v: Fehler bei der Reservierung von \
                       Arbeitsspeicher.\n" );

  matrix m;
  long t = (ls->xscale / 2) * ls->xscale + ls->xscale / 2 ;
  double user_wy = ls->picture[ t ] + 80;

  m.translate( -world_xscale / 2, -user_wy, world_xscale / 2 );
  for( long x=0 ; x<vertex_count ; x++ ) m.transform( &v[ x ] );

  return user_wy;
}
```

initialise_display():Bei Bedarf Zurücksetzung der Position des Benutzers und Aufbau des potenziell sichtbaren Bereichs, indem die entsprechenden Vertices von v[] nach display_v[] kopiert werden:

```cpp
void landscape::initialise_display( vertex *user_pos )
{
  if( user_pos->wz >= border ) user_pos->wz = border - 1.0;
  if( user_pos->wz <= -border ) user_pos->wz = -border + 1.0;
  if( user_pos->wx >= border ) user_pos->wx = border - 1.0;
  if( user_pos->wx <= -border ) user_pos->wx = -border + 1.0;
```

Der Visible-Terrain-Visualisation-Algorithmus

```
  long top_x = long( ( user_pos->wx + 0.5 * world_xscale) /
                       square_scale );
  long top_z = long( (-user_pos->wz + 0.5 * world_xscale) /
                       square_scale );

  long top_vertex = (top_z - sight_radius) * ls_xscale +
                    (top_x - sight_radius);

  long act_v = 0;
  for( long z=0 ; z<side_vcount ; z++ )
  {
    for( long x=0 ; x<side_vcount ; x++ )
    {
      display_v[ act_v ] = v[ top_vertex ];

      act_v++;  top_vertex++;
    }

    top_vertex += ls_xscale - side_vcount;
  }
}
```

update_pos():   Verschiebung des potenziell sichtbaren Bereichs gemäß dem 4.
                Schritt des *VTV*-Algorithmus:

void landscape::update_pos(matrix m)

```
{
  for( long x=0 ; x<display_vcount ; x++ )
    m.transform( &display_v[ x ] );
}
```

display():   Darstellung des potenziell sichtbaren Bereichs innerhalb des als
                Parameter übergebenen Arrays:

```
void landscape::display( vertex *user_pos,
                         pixel_16 *sb = sbuffer )
{
  initialise_display( user_pos );

  matrix m;
  m.translate( -user_pos->wx, -user_pos->wy, -user_pos->wz );
```

```
    update_pos( m );

    for( long x=0 ; x<polygon_count ; x++ )
        p[ x ].display( display_v, sb );
}
```

Die Veränderungen hinsichtlich der Initialisierung der Landschaft und dem Aufbau des potenziell sichtbaren Bereichs sind bereits in den entsprechenden Abschnitten ausführlich besprochen worden. Neu ist, dass der Funktion landscape::display() die Position des Benutzers in Form eines Zeigers übergeben werden muss. Der Vorteil dieser Vorgehensweise liegt darin, dass hierdurch eine lokale Definition der Variablen user_pos innerhalb einer Klasse oder der Funktion WinMain() ermöglicht wird. Diese Operation muss von einem Bestandteil der Klasse landscape durchgeführt werden; der Hauptgrund hierfür besteht darin, dass landschaftsspezifische Informationen notwendig sind, wenn diese Variable bei Bedarf zurückzusetzen ist.

Die Ausführung der Funktion landscape::display() verläuft unter Berücksichtigung der vorgegebenen Schritte: Zuerst erfolgt der Aufbau des potenziell sichtbaren Bereichs unter Verwendung von landscape::initialise_display(). Anschließend wird dieser Bereich mithilfe einer Matrix versetzt; dadurch wird die Vorgabe erfüllt, dass der Bezugspunkt des potenziell sichtbaren Bereichs während der Darstellung der Polygone die Koordinaten des Ursprungs annehmen muss. Bei diesem Bezugspunkt handelt es sich um die Position user_pos. Diese Verschiebung erfolgt unter Verwendung einer veränderten Version der Funktion update_pos(): Diese ist lediglich für die Manipulation des potenziell sichtbaren Bereichs zuständig. Die Visualisierung der sich in diesem Bereich befindlichen Polygone erfolgt mithilfe von polygon::display(). Hierbei darf nicht vergessen werden, dieser Funktion die Anfangsadresse des Arrays display_v[] zu übergeben.

Praktischer Einblick in die Möglichkeiten des VTV-Algorithmus

Die im vorherigen Abschnitt erweiterte Version der Klasse landscape kann bereits für eine sehr schnelle Darstellung beliebig großer Landschaften eingesetzt werden. In dieser vereinfachten Implementierung des *VTV*-Algorithmus ist es allerdings erforderlich, die Bewegungsmöglichkeiten des Betrachters stark einzuschränken. Es ist zwar möglich, sich mithilfe der Pfeiltasten entlang der drei Koordinatenachsen in beiden Richtungen zu bewegen; bis wir uns näher mit dem Rotationsproblem beschäftigen können, ist keine Drehung innerhalb der dreidimensionalen Welt möglich:

```
////////////////////////          a11_4.cpp        ////////////////////////
//////                                                              //////
```

```
//////    Darstellung einer dreidimensionalen Landschaft unter    //////
//////    Verwendung einer stark vereinfachten Version des VTV    //////
//////    Algorithmus                                             //////
//////    Auflösung: beliebig, Farbtiefe: 16 Bit                  //////
//////                                                            //////
////////////////////////////////////////////////////////////////////////

#include <windows.h>

#include "s9_4.h"
#include "m9_4.h"
#include "l9_4.h"
#include "gv9_4.h"

vertex user_pos;
double speed = 4.0;

uchar handle_input( MSG *msg );

int WINAPI WinMain( HINSTANCE hInstance, HINSTANCE hPrevInstance, LPSTR
lpCmdLine, int iCmdShow )
{
  initialise_world( hInstance, 640, 480, 16 );

  landscape planet( "l.bmp" );

  user_pos.wy = user_pos.wy = user_pos.wz = 0.0;

  for( long x=0 ; x<x_res*y_res ; x++ ) zbuffer[ x ] = z_max;

  MSG message;
  while( 1 )
  {
    if( handle_input( &message ) ) break;

    if( clear_translation > max_clear_translation ) clear_translation -= z_max;
    else
    {
      for( long x=0 ; x<x_res*y_res ; x++ ) zbuffer[ x ] = z_max;
      clear_translation = 0.0;
    }
    for( long x=0 ; x<x_res*y_res ; x++ ) sbuffer[ x ] = bground_color;
```

Kapitel 9
Landscape Generation

```
      planet.display( &user_pos );

      pixel_16 *screen = (pixel_16 *) surface.get_screen_pointer();
      memcpy( screen, sbuffer, x_res * y_res * sizeof( sbuffer[ 0 ] ) );
      surface.release_screen_pointer();
   }

   destroy_world();

   return message.wParam;
}

uchar handle_input( MSG *msg )
{
   if( PeekMessage( msg, NULL, 0, 0, PM_REMOVE ) )
   {
      if( msg->message == WM_QUIT ) return 1;

      TranslateMessage( msg );
      DispatchMessage( msg );
   }

   if( GetKeyState( VK_UP     ) < 0 ) user_pos.wz += speed;
   if( GetKeyState( VK_DOWN   ) < 0 ) user_pos.wz -= speed;
   if( GetKeyState( VK_LEFT   ) < 0 ) user_pos.wx -= speed;
   if( GetKeyState( VK_RIGHT  ) < 0 ) user_pos.wx += speed;
   if( GetKeyState( VK_HOME   ) < 0 ) user_pos.wy += speed;
   if( GetKeyState( VK_END    ) < 0 ) user_pos.wy -= speed;
   if( GetKeyState( VK_PRIOR  ) < 0 ) speed += 1.0;
   if( GetKeyState( VK_NEXT   ) < 0 ) speed -= 1.0;
   if( GetKeyState( VK_ESCAPE ) < 0 ) return 1;

   return 0;
}
///////////////////////      Ende a11_4.cpp      ///////////////////////
```

Besonders interessant ist hierbei der Umgang mit der Variablen **user_pos**. Die Definition erfolgt global, die Variable wird während der Ausführung von handle_input() unter Beachtung möglicher Benutzereingaben verändert. Bemerkenswert ist, dass diese Bewegungsanweisungen nicht immer in Form einer Matrix weitergegeben werden müssen: In diesem Fall kann die Darstellung lediglich anhand von Koordinaten erfolgen.

Abb. 9.20: Erscheinungsbild des Programms *a11_4*

9.3.3 Erweiterte Vektorrotation

Das *VTV*-Algorithmus sieht vor, die Blickrichtung des Betrachters mithilfe eines Vektors namens **user_dir** darzustellen. Anfangs mit den Werten <1, 0, 0> initialisiert, hält dieser Vektor sämtliche Rotationen des Benutzers fest. Genau wie beim Umgang mit der Variablen **user_pos**, besitzt eine Rotationsanweisung des Benutzers keinen Einfluss auf die Definition der Landschaft, dargestellt durch den Inhalt des Arrays landscape::v[]. Während **user_pos** den Bezugspunkt darstellt, handelt es sich bei **user_dir** um die *Bezugsrichtung* der Landschaft.

Um eine korrekte Darstellung der Landschaft gewährleisten zu können, wird bei der Durchführung des 4. Schritts des *VTV*-Algorithmus sichergestellt, dass die Ausrichtung des potenziell sichtbaren Bereichs den Anforderungen des weiteren Visualisierungsprozesses entspricht. Hierbei muss der Bezugspunkt sich im Ursprung des Koordinatensystems der dreidimensionalen Welt befinden, während die Bezugsrichtung parallel zu +z-Achse verläuft. Die erste Anforderung konnten wir bereits im letzten Programm in Form einer einfachen Translation erfüllen.

Wie wir bereits bei der Besprechung des *VTV*-Algorithmus festgestellt haben, lässt sich die zweite Voraussetzung mithilfe einer entsprechenden Rotation des potenziell sichtbaren Bereichs erfüllen. Die grafische Darstellung dieses Zusammenhangs ist in Abbildung 9.12 dargestellt. Um diese Rotationsoperation durchführen zu können, müssen zunächst die Rotationswinkel ermittelt werden, für die gilt: Nach der Drehung des beliebig ausgerichteten Vektors **user_dir** auf der Grundlage dieser Winkel verläuft **user_dir** parallel zur z-Achse.

Kapitel 9
Landscape Generation

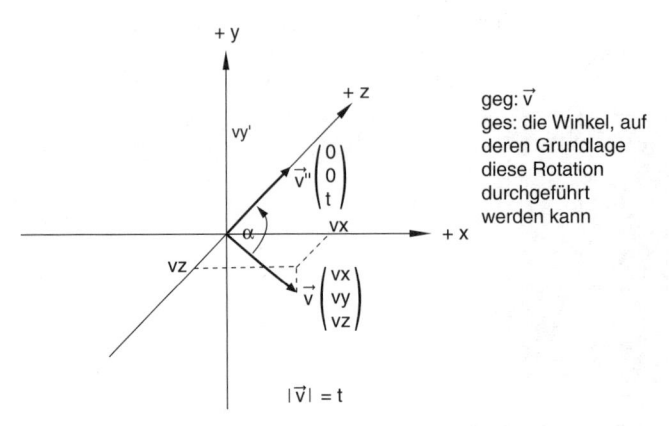

Abb. 9.21: Der beliebig ausgerichtete Vektor **v** verläuft im Anschluss einer entsprechenden Rotation parallel zur z-Achse

Die Besonderheit dieses neuen Problems besteht darin, dass seine Lösung auch auf andere Aufgaben übertragen werden kann. Beispiele hierfür sind die Rotation eines Vektors um einen anderen, die Verwendung mehrerer Darstellungskameras oder die Ermittlung der Texturkoordinaten beliebiger Vielecke. Das neue Problem wird im Folgenden auf allgemeine Weise gelöst, um die Bearbeitung dieser Art von Aufgaben möglichst zu erleichtern. Anders als in Abbildung 9.21 dargestellt, wird hierzu die *+x-Achse* als Zielrichtung ausgewählt. Nach dem Verständnis des Lösungsprinzip sollte es jedoch kein Problem sein, als Zielrichtung jede andere Achse oder einen beliebig ausgerichteten Vektor festzulegen.

Gegeben ist der beliebig ausgerichtete Vektor **v**< **vx, vy, vz** >, dessen Betrag den Wert **t** besitzt; **t** ist eine beliebige reelle Zahl. Gesucht sind die Rotationswinkel **alpha** und **beta**, sodass gilt:

Rotation(v, alpha, beta) = < t, 0, 0 >

Für die Lösung dieses Problems sind zwei Schritte erforderlich. Bei dem ersten Schritt handelt es sich um Rotation um die *x-Achse*; das Ziel ist, **v** innerhalb der x-y-Ebene zu bringen. Wir wissen dass die z-Koordinate jedes Vektors, welcher Teil dieser Ebene ist, den Wert **0** besitzt. Für den Winkel **alpha** gilt demnach:

X_Rotation(v, alpha) = <vx', vy', 0>

Der Visible-Terrain-Visualisation-Algorithmus

Schritt 1:

Schritt 2:

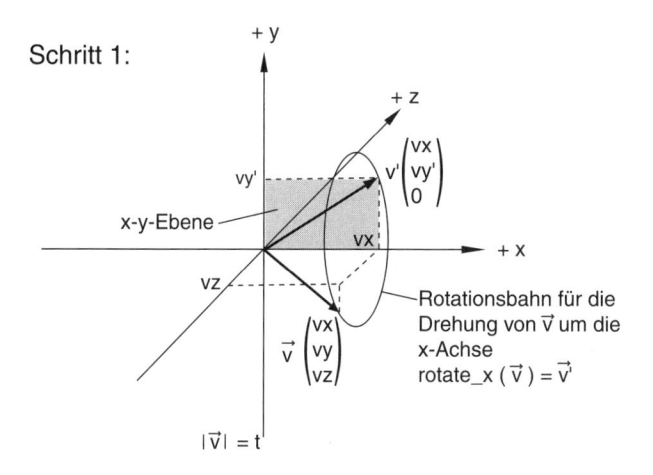

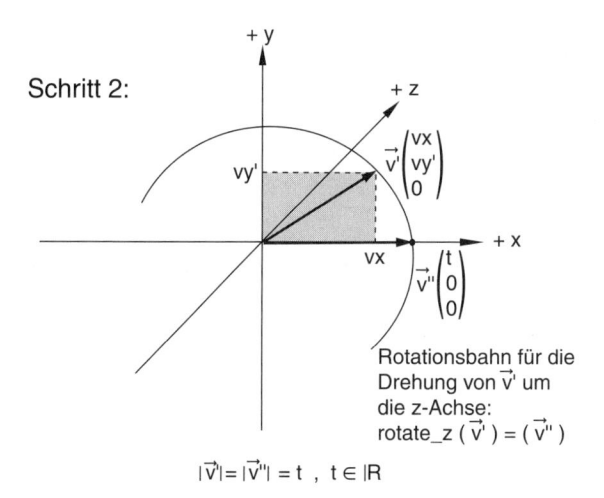

Abb. 9.22: Links: Jeder beliebige Vektor kann durch eine entsprechende Rotation um die x-Achse innerhalb der x-y-Ebene versetzt werden. Entsprechendes gilt auch bei der Rotation auf der rechten Seite

Das Gleichungssystem, auf dessen Grundlage der Vektor v< vx, vy, vz > um die x-Achse rotiert werden kann, besitzt folgenden Aufbau:

vx' = vx

vy' = vy * cos(alpha) − vz * sin(alpha)

vz' = vy * sin(alpha) + vz * cos(alpha)

Setzen wir die oben formulierte Beziehung in diesem Gleichungssystem, ist das Ergebnis:

vx' = vx

Kapitel 9
Landscape Generation

vy' = vy * cos(alpha) − vz * sin(alpha)

0 = vy * sin(alpha) + vz * cos(alpha)

Bei der letzten Aussage handelt es sich um ein Gleichungssystem mit einer einzigen Variablen; aus diesem Grund kann dieser für die Ermittlung des Werts von **alpha** eingesetzt werden:

vy * sin(alpha) + vz * cos(alpha) = 0 ⇔

vz * cos(alpha) = − vy * sin(alpha) ⇔

− (vz / vy) * cos(alpha) = sin(alpha) ⇔

− (vz / vy) = sin(alpha) / cos(alpha)

Aufgrund dessen, dass:

sin(alpha) / cos(alpha) = tan(alpha)

kann der gesuchte Wert mithilfe der inversen Tangensfunktion berechnet werden:

− (vz / vy) = sin(alpha) / cos(alpha) ⇔

− (vz / vy) = tan(alpha)   ⇔

alpha = arcus_tangens(−vz / vy)

Die Richtung jedes Vektors, welcher innerhalb der x-y-Ebene zu finden ist, lässt sich durch eine geeignete Rotation um die *z-Achse* dem Verlauf der x-Achse angleichen. Im Fall unseres neuen Vektors **v'(vx, vy', 0)** kann demnach folgende Beziehung formuliert werden:

Y_Rotation(v', beta) = < 1, 0, 0 >

Das Gleichungssystem für die Rotation eines beliebigen Vektors **t(x, y, z)** um die z-Achse ist wie folgt aufgebaut:

x' = x * cos(beta) - y * sin(beta)

y' = x * sin(beta) + y * cos(beta)

z' = vz

Um den Wert des Winkels **beta** ermitteln zu können, müssen die Komponenten des Vektors v' zunächst in diese Gleichungen eingesetzt werden; dabei ist die Tatsache zu berücksichtigen, dass die y- und z-Komponenten jedes zur x-Achse parallelen Vektors den Wert **0** besitzen:

t = vx * cos(beta) − vy' * sin(beta)

0 = vx * sin(beta) + vy' * cos(beta)

0 = 0

Die im Anschluss durchzuführende Umformung der zweiten, einfacheren Teilgleichung erfolgt genau wie oben. Daraus folgt:

beta = arcus_tangens(-vy' / vx)

Die inverse Tangensfunktion ist in C++ innerhalb der Datei <*math.h*> als

```
double atan( double tn );
```

deklariert. Wenn man beispielsweise ein Objekt vom Typ vector namens v besitzt, welcher zur Verwaltung eines beliebig ausgerichteten Vektors verwendet wird, kann seine Richtung mithilfe folgenden Anweisungsblocks dem Verlauf der x-Achse angepasst werden:

```
double alpha, beta;
const double pi = 3.141592654;

// Ermittlung von 'alpha'
if( v.y == 0 ) alpha = 1.5 * pi;
else alpha = atan( -v.z / v.y );

// Ermittlung von 'beta'
y2 = v.y * cos( alpha ) - v.z * sin( alpha );
if( x == 0 ) beta = 1.5 * pi;
else beta = atan( -y2 / v.x );
if( v.x < 0 ) beta += pi;

// Rotation des Vektors 'v'
matrix m;
m.rotate( alpha, 0, beta );
m.transform( &v );
```

Bei der praktischen Ermittlung des Winkel alpha muss eine zusätzliche Besonderheit berücksichtigt werden: Wenn der Vektor v anfangs Teil der x-z-Ebene ist, besitzt seine y-Koordinate den Wert 0. Das Problem ist, dass in diesem Fall vor der Ausführung der inversen Tangensfunktion eine Division durch 0 durchgeführt werden muss; diese Operation, deren Ergebnis -<unendlich> beträgt, kann auf einigen Systemen Probleme verursachen. Um ein Auftreten dieser Schwierigkeiten zu vermeiden, kann folgende Beziehung aus dem Funktionsgraph der Tangensfunktion eingesetzt werden:

arcus_tangens(-<unendlich>) = 1.5 * <pi>

Bei der Ermittlung des Winkels **beta** muss zunächst der Wert y2 ermittelt werden; hierbei handelt es sich um **vy'**, die y-Komponente des Vektors v, welche um die x-

Kapitel 9
Landscape Generation

Achse rotiert worden ist. Auch in diesem Fall ist das Problem der Teilung durch o zu beachten. Etwas merkwürdig erscheint vielleicht die in diesem Zusammenhang auftretende Anweisung:

```
if( v.x < 0 ) beta += pi;
```

Aus dieser Anweisung folgt, dass, wenn die x-Komponente des Vektors v kleiner o ist, muss **beta** der Wert <pi> hinzuaddiert, **beta** mit anderen Worten um 180 vergrößert werden. Der Grund für diese Vorgehensweise wird anhand von Abbildung 9.23 deutlich: Wenn die x-Komponente anfangs kleiner o ist, kann sich v nach der Rotation um die x-Achse nur im negativen Teil der x-y-Ebene befinden. Die inverse Tangensfunktion, welche bei der Ermittlung von **beta** aufgerufen wird, liefert stets den Rotationswinkel mit dem kleinsten Betrag; daraus folgt, dass der Vektor nach der zweiten Rotation in Richtung der *–x-Achse* verweisen muss. Nach der Rotation auf der Grundlage dieser beiden Winkel möchte man jedoch, dass v in jedem Fall in Richtung der +x-Achse verläuft; aus der Abbildung wird ersichtlich, dass diese Vorgabe durch eine nachträgliche Rotation des Vektors um 180 um die z-Achse erfüllt wird.

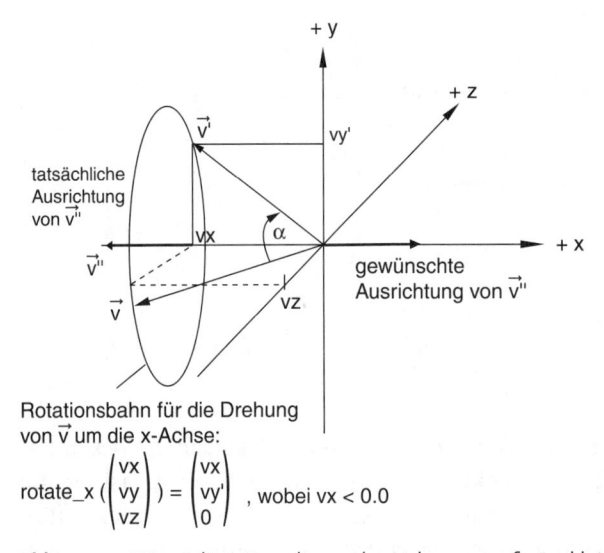

Abb. 9.23: Wenn die x-Koordinate des Vektors v anfangs kleiner o ist, muss der Wert des Winkels **beta** nachträglich korrigiert werden.

Wenn die Werte von **alpha** und **beta** feststehen, kann die eigentliche Rotation des Vektors v schließlich mithilfe einer Matrix durchgeführt werden. Im Anschluss kann davon ausgegangen werden, dass die Komponenten die Werte <v.magnitude, 0, 0 > besitzen. In einigen Fällen kann es dennoch vorkommen, dass ein Ausdruck wie

```
if( v.y == 0 )
```

den Wert *FALSE* annehmen kann. Dieses Phänomen ist darauf zurückzuführen, dass reele Zahlen mit unendlich vielen Nachkommastellen nur ungenau mithilfe von Fließkommazahlen dargestellt werden können. Diese Ungenauigkeit, welche ungefähr ab der achten Nachkommastelle auftreten kann, ist praktisch gesehen nicht vorhanden; man kann jedoch nicht immer damit rechnen, dass diese vom Gleichheitsoperator nicht erkannt wird.

In der Praxis verendet man eine bestimmte Vorgehensweise, um Vergleiche dieser Art trotz der beschriebenen Ungenauigkeit durchführen zu können. Hierzu definiert man zunächst eine Variable namens eps und initialisiert diese mit einem sehr geringen Wert. Der Vergleich besitzt immer dann den Wert *FALSE*, wenn die zu überprüfende Zahl diesen Wert übersteigt:

```
double eps = 0.0000001;
if( v.y > eps )    // v.y > 0.0
```

Aufgrund dessen, dass der Wert von eps bei Bedarf vergrößert oder verkleinert werden kann, lässt sich auf diese Weise die Genauigkeit des Vergleichs und damit auch der zugrunde liegenden Berechnungen bequem steuern.

9.3.4 Der Einsatz komplexer lokaler Koordinatensysteme

In der bisher vorgestellten Theorie sind wir davon ausgegangen, dass der Einsatz eines einzigen Vektors namens **user_dir** ausreichend ist, um die Ausrichtung des Benutzers innerhalb der dreidimensionalen Welt mit annehmbarer Genauigkeit anzugeben. Die theoretische Verwendung dieses Vektors ist zwar sehr gut geeignet, um einen Überblick über bestimmte Vorgänge zu übermitteln; für den praktischen Einsatz ist diese jedoch viel zu ungenau.

Hierzu ein Beispiel: Der Vektor wird anfangs bekanntlich mit den Werten < 0, 0, 1 > initialisiert. Führt der Benutzer aus seiner Ausgangsstellung jedoch eine Rotation um seine z-Achse durch, muss die Landschaft deutlich bewegt werden. Dadurch, dass die Rotationsgleichungen für die Drehung um die z-Achse keinen Einfluss auf die z-Koordinaten der gedrehten Einheiten haben, bleibt der Vektor durch diese Bewegung unverändert. Wenn es sich bei **user_dir** um die einzige Möglichkeit handelt, um die Rotationsanweisungen des Benutzers festzuhalten, kann die beschriebene Drehung nicht auf die Vertices des potenziell sichtbaren Bereichs übertragen werden, was eine fehlerhafte Ausgabe zur Folge hat.

Die Lösung dieses Problems besteht darin, für die Darstellung der Ausrichtung des Betrachters *drei* Vektoren zu verwenden, welche orthogonal zueinander stehen. Diese Vektoren weisen anfangs in Richtung der drei Koordinatenachsen; ihre Initialisierungswerte lauten demnach < 1, 0, 0 >, < 0, 1, 0 > und < 0, 0, 1 >. Wenn der Benutzer eine Rotationsanweisung erteilt, müssen *alle* drei in die entsprechende Richtung gedreht werden; aufgrund dessen, dass diese Drehung auf der Grundlage gleicher Rotationswerte stattfindet, bleiben die rechten Winkel zwischen diesen Vektoren bestehen. Zusammen mit dem Vertex **user_pos**, welcher die Position des Benutzers innerhalb der dreidimensionalen Welt angibt, bilden diese drei Vektoren ein *komplexes lokales Koordinatensystem*.

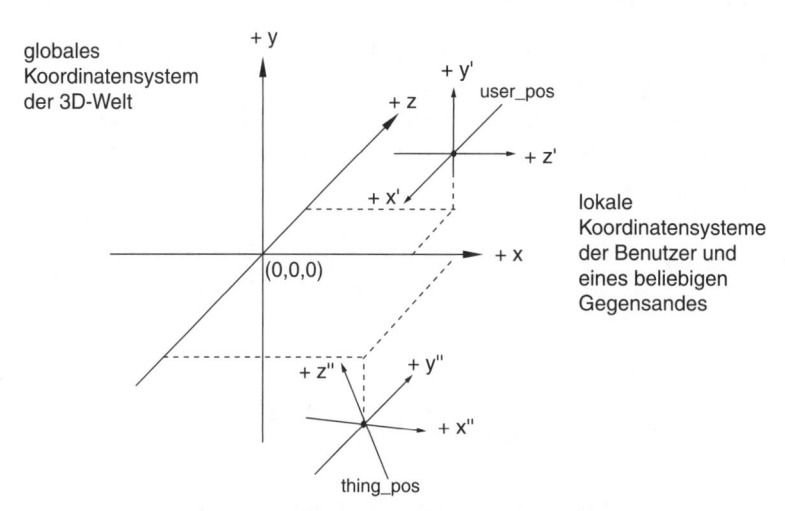

Abb. 9.24: Der Unterschied zwischen dem globalen Koordinatensystem der dreidimensionalen Welt und den lokalen Koordinatensystemen des Benutzers und einiger Objekte, welche ebenfalls Teil der Welt sind

Der Hauptunterschied zwischen einem lokalen und dem globalen Koordinatensystem besteht darin, dass die Koordinaten der Vertices, welche den Ursprung der lokalen Systeme definieren, sich auf das globale Koordinatensystem beziehen. Innerhalb einer Welt gibt es lediglich ein globales Koordinatensystem; weder die Ausrichtung seiner Achsen noch die Position dessen Ursprungs können verändert werden. Daneben können jedoch beliebig viele lokale Systeme definiert werden, welche beliebig versetzt oder rotiert werden können.

Wird die Ausrichtung des Benutzers mithilfe eines komplexen lokalen Koordinatensystems angegeben, können sämtliche Rotationsanweisungen des Benutzers festgehalten werden, und der weiter oben beschriebene Fehler kann nicht mehr auftreten. Wenn die Ausrichtung einer lokalen Achse nach einer Drehung unverändert bleibt, wird die entsprechende Anweisung von den anderen zwei Achsen festgehalten.

Wenn die Definition eines Polyeders um ein lokales Koordinatensystem erweitert wird, können Effekte generiert werden, welche mit dem bisherigen Wissen nicht durchgeführt werden konnten. Ein Beispiel hierfür ist die bei Flugsimulationen häufiger vorkommende Rotation eines Flugzeugs um die eigene z-Achse, welche mit der globalen z-Achse nicht parallel verläuft. Hierzu zählt auch die Rotation der Propellerflügel eines beliebig ausgerichteten Hubschraubers; die einzelnen Flügel drehen sich hierbei um die lokale y-Achse des Flugobjekts.

Diese Effekte können aber nur dann durchgeführt werden, wenn die anfängliche Ausrichtung der lokalen Koordinatensysteme identisch ist mit der Ausrichtung der globalen Achsen. Wenn auf der Grundlage der dreidimensionalen Welt ein *Right-Handed*-Koordinatensystem zugrunde liegt, muss es sich auch bei sämtlichen lokalen Systemen um *Right-Handed*-Koordinatensysteme handeln.

Rotationsverhalten komplexer lokaler Koordinatensysteme

Im 4. Schritt des *VTV*-Algorithmus wird sichergestellt, dass vor der Visualisierung des potenziell sichtbaren Bereichs dieser entsprechend ausgerichtet ist. Hierbei wird in Form einer Rotation gewährleistet, dass die lokalen Achsen des Koordinatensystems zur Definition der Benutzerposition parallel zu den Achsen des globalen Koordinatensystems verlaufen.

Um diese Voraussetzung erfüllen zu können, müssen zunächst die Winkel **alpha** und **beta** nach gegebenem Muster ermittelt werden. Die Grundlage hierfür bildet die lokale x-Achse: Wie muss dieser Vektor rotiert werden, sodass dieser anschließend parallel zur globalen x-Achse verläuft?

Nachdem diese Winkel ausgerechnet worden sind, muss eine Proberotation des lokalen Koordinatensystems des Benutzers durchgeführt werden. Diese Rotation ist notwendig, um die veränderte Ausrichtung der lokalen y- und z-Achse überprüfen zu können. Abbildung 9.25 kann entnommen werden, dass diese beiden Achsen nach der Rotation nicht unbedingt parallel zu den globalen Achsen verlaufen müssen.

Wie man mithilfe von Abbildung 9.25 feststellen kann, ist nach der Rotation auf der Grundlage der Winkel **alpha** und **beta** nur noch eine Drehung des gesamten lokalen Systems um die *x-Achse* erforderlich, damit alle drei lokalen Achsen in dieselben Richtungen wie die globalen verlaufen. Hierzu muss ein dritter Winkel namens **gamma** ermittelt werden. Dieser gibt an, wie weit die lokale y-Achse rotiert werden muss, sodass diese parallel zur globalen y-Achse verläuft.

Kapitel 9
Landscape Generation

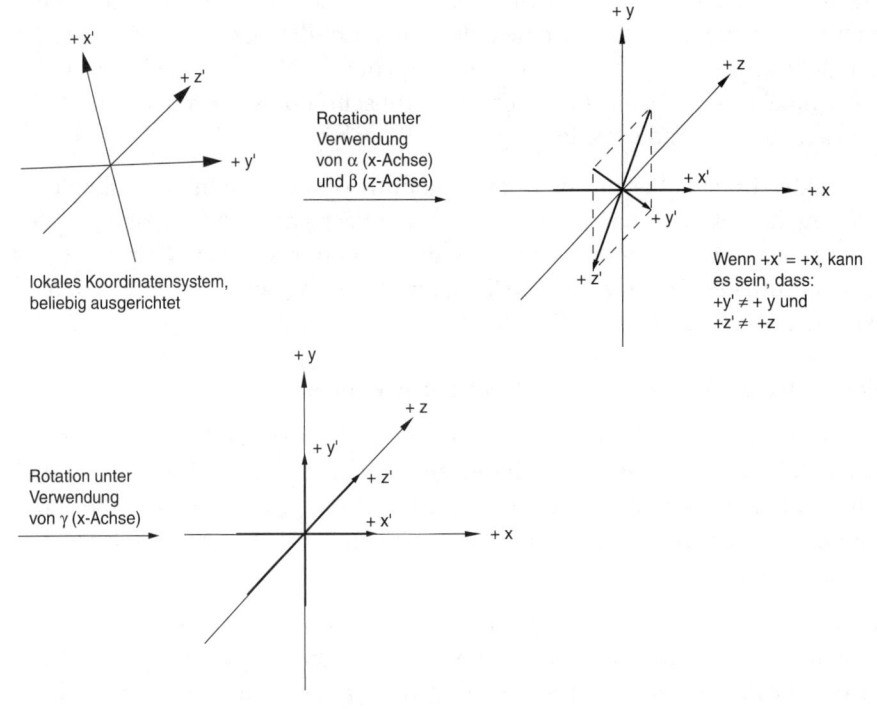

Abb. 9.25: Um sicherzustellen, dass alle drei Achsen eines lokalen Koordinatensystems parallel zu den entsprechenden globalen Achsen verlaufen, sind drei Rotationsoperationen erforderlich.

Bei der Berechnung von **gamma** verwendet man dieselbe Vorgehensweise wie bei der Bestimmung von **alpha** und **beta**: Gegeben sei Vektor **v< 0, vy, vz >**, welcher die lokale y-Achse eines lokalen Koordinatensystems darstellt, welcher zuvor unter Verwendung der Winkel **alpha** und **beta** rotiert worden ist. Weil **gamma** für die Rotation um die x-Achse eingesetzt wird, gilt:

0 = 0

1 = vy * cos(gamma) - vz * sin(gamma)

0 = vy * sin(gamma) + vz * cos(gamma)

Aus der dritten Teilgleichung folgt schließlich:

gamma = arcus_tangens(-vz / vy)

Um auf die erweiterten Möglichkeiten lokaler Koordinatensysteme zugreifen zu können, empfiehlt sich die Definition eines eigenen Datentyps:

```
struct local_system
{
```

Der Visible-Terrain-Visualisation-Algorithmus

```
  vertex wpos;
  vector x_axis, y_axis, z_axis;

  void update_pos( matrix m );

  local_system( void );
};
```

Für die Verwaltung eines lokalen Koordinatensystems sind mindestens zwei Funktionen erforderlich: Die erste ist für die Initialisierung der Klassenelemente zuständig, während die Aufgabe der anderen in der Rotation und Versetzung des Systems besteht:

```
void local_system::update_pos( matrix m )
{
  m.transform( &wpos );

  m.transform( &x_axis );
  m.transform( &y_axis );
  m.transform( &z_axis );
}
local_system::local_system( void )

{
  wpos.wx = wpos.wy = wpos.wz = 0.0;

  x_axis = vector( 1, 0, 0 );
  y_axis = vector( 0, 1, 0 );
  z_axis = vector( 0, 0, 1 );
}
```

Anschließend benötigen wir eine Möglichkeit, um die drei Winkel **alpha**, **beta** und **gamma** ausrechnen zu können. Nach der Rotation eines beliebig ausgerichteten, lokalen Koordinatensystems lsys um diese Winkel verlaufen seine lokalen Achsen parallel zu den Weltachsen:

```
double alpha, beta, gamma;
get_angles( &alpha, &beta, &gamma, lsys );

matrix m;
m.rotate( alpha, 0, beta );
m.rotate( gamma, 0, 0 );
```

Kapitel 9
Landscape Generation

```
lsys.update_pos( m );
```

Die Funktion get_angles() besteht zunächst aus dem bekannten Anweisungsblock für die Ermittlung der Winkel **alpha** und **beta**, ausgehend von den Komponenten des Vektors local_system::x_axis. Nach dem gleichen Prinzip wird anschließend auch **gamma** ausgerechnet; auch hierbei muss auf das besprochene Problem der Division durch o eingegangen werden sowie auf die Möglichkeit, dass die lokale y-Achse in Richtung der globalen –y-Achse weisen könnte.

Diese Winkel beziehen sich auf das lokale Koordinatensystem 1, welches in Form des letzten Parameters übergeben wird. Zu beachten ist, dass diese Übergabe *by value* erfolgt. Das Koordinatensystem, welches von der aufrufenden Instanz übergeben wird, bleibt somit von der durchzuführenden Proberotation unverändert.

```
void get_angles( double *alpha, double *beta, double *gamma,
            local_system l )
{
  double y2;
  const double pi = 3.141592654;

  // Ermittlung des Werts von 'alpha'
  if( l.x_axis.y == 0 ) *alpha = 1.5 * pi;
  else *alpha = atan( -l.x_axis.z / l.x_axis.y );

  // Berechnung des Werts von 'beta'
  y2 = l.x_axis.y * cos( *alpha ) - l.x_axis.z * sin( *alpha );
  if( l.x_axis.x == 0 ) *beta = 1.5 * pi;
  else *beta = atan( -y2 / l.x_axis.x );
  if( l.x_axis.x < 0 ) *beta += pi;

  // Durchführung der Proberotation
  matrix m;
  m.rotate( *alpha, 0, *beta );
  l.update_pos( m );

  // Bestimmung des Werts von 'gamma'
  if( l.y_axis.y == 0 ) *gamma = 1.5 * pi;
  else *gamma = atan( -l.y_axis.z / l.y_axis.y );
  y2 = l.y_axis.y * cos( *gamma ) - l.y_axis.z * sin( *gamma );
  if( y2 <= 0 ) *gamma += pi;
}
```

Praktischer Einsatz lokaler Koordinatensysteme

Um einen ersten Einblick in die Verwendung lokaler Koordinatensysteme erhalten zu können, empfiehlt sich die Erstellung eines Testprogramms, mit dessen Hilfe die Funktionsfähigkeit der Prozedur get_angles() sowie des Datentyps local_system demonstriert werden kann. Diese Vorgehensweise ist besonders hilfreich, um komplexere Programme wie beispielsweise unsere Landschaftsdarstellung schneller und effizienter erweitern zu können. Fehler, welche bei der Definition einer Erweiterung auftreten können, lassen sich in einem einfachen, speziell auf die Erweiterung ausgerichteten Zusammenhang viel leichter beseitigen.

Das Ziel besteht darin, ein Programm zu entwickeln, mit dessen Hilfe der Benutzer ein lokales Koordinatensystem unter Verwendung der Pfeiltasten beliebig rotieren kann. Durch Drücken der Taste *ENTER* nehmen die Achsen dieses Systems ihre ursprüngliche Ausrichtung an und verlaufen parallel zu den ihnen entsprechenden Achsen des globalen Koordinatensystems.

Das Problem ist nur, dass die Achsen dieses lokalen Systems mithilfe von Vektoren dargestellt werden, deren Verlauf nur schwer auf dem Bildschirm dargestellt werden kann. Aus diesem Grund muss die Ausrichtung des Systems indirekt, unter Verwendung eines Bezugsgegenstands wiedergegeben werden. Das Koordinatensystem wird unter Verwendung einer Matrix bewegt. Der Zustand des Systems kann von diesem Gegenstand nur dann richtig wiedergegeben werden, wenn das Objekt mithilfe derselben Matrix manipuliert wird. Theoretisch kann jeder beliebige Polyeder oder jedes Drahtgittermodell ohne Symmetrieachsen als Bezugsgegenstand verwendet werden; für diese Aufgabe werden wir auf die Klasse simple_thing zurückgreifen, welche Gegenstände darstellen kann, die aus Linien aufgebaut sind. Dieser Datentyp ist eine vereinfachte Version der Klasse thing, welche im 4. Kapitel entwickelt worden ist:

```
////////////////////////      a11_5.cpp      ////////////////////////
//////                                                          //////
//////   Benutzerdefinierte Rotation eines lokalen Koordinaten- //////
//////   systems. Durch Drücken der Taste ENTER nimmt das System //////
//////   seine ursprüngliche Ausrichtung erneut an.             //////
//////   Auflösung: beliebig, Farbtiefe: 32 Bit                 //////
//////                                                          //////
//////////////////////////////////////////////////////////////////////

#include <windows.h>
#include <math.h>
#include <ddraw.h>

#include "s9_5.h"
#include "st9_5.h"
```

Kapitel 9
Landscape Generation

```c
#include "gv9_5.h"
#include "ls9_5.h"
#include "sg9_5.h"

double scale = 250.0;
local_system system_definition;

uchar update_matrix( matrix *m, MSG *pmsg );
void get_angles( double *alpha, double *beta, double *gamma, local_syste
m l );

int WINAPI WinMain( HINSTANCE hInstance, HINSTANCE hPrevInstance, LPSTR
lpCmdLine, int iCmdShow )
{
  initialise_world( hInstance, 640, 480, 32 );

  simple_thing ls;
  ls.load( "system.lns" );

  matrix m;
  m.scale( scale, scale, scale );
  m.translate( 0, 0, 800 );
  ls.update_pos( m );
  m.clear();

  MSG msg;
  while( 1 )
  {
    memset( sbuffer, 0, x_res * y_res * sizeof( sbuffer[ 0 ] ) );

    if( update_matrix( &m, &msg ) ) break;

    system_definition.update_pos( m );
    ls.update_pos( m );
    m.clear();

    ls.display( sbuffer );

    pixel_32 *screen = (pixel_32 *) surface.get_screen_pointer();
    memcpy( screen, sbuffer, x_res * y_res * sizeof( sbuffer[ 0 ] ) );
    surface.release_screen_pointer();
  }
```

```c
  destroy_world();

  return msg.wParam;
}

void get_angles( double *alpha, double *beta, double *gamma, local_syste
m l )
{
  double y2;
  const double pi = 3.141592654;

  if( l.x_axis.y == 0 ) *alpha = 1.5 * pi;
  else *alpha = atan( -l.x_axis.z / l.x_axis.y );

  y2 = l.x_axis.y * cos( *alpha ) - l.x_axis.z * sin( *alpha );
  if( l.x_axis.x == 0 ) *beta = 1.5 * pi;
  else *beta = atan( -y2 / l.x_axis.x );
  if( l.x_axis.x < 0 ) *beta += pi;

  matrix m;
  m.rotate( *alpha, 0, *beta );
  l.update_pos( m );

  if( l.y_axis.y == 0 ) *gamma = 1.5 * pi;
  else *gamma = atan( -l.y_axis.z / l.y_axis.y );
  y2 = l.y_axis.y * cos( *gamma ) - l.y_axis.z * sin( *gamma );
  if( y2 <= 0 ) *gamma += pi;
}

uchar update_matrix( matrix *m, MSG *msg )
{
  if( PeekMessage( msg, NULL, 0, 0, PM_REMOVE ) )
  {
    if( msg->message == WM_QUIT ) return 1;

    TranslateMessage( msg );
    DispatchMessage( msg );
  }

  m->translate( 0, 0, -800 );
```

Kapitel 9
Landscape Generation

```cpp
    if( GetKeyState( VK_UP     ) & 0x0100 ) m->rotate(  0.01,  0,  0 );
    if( GetKeyState( VK_DOWN   ) & 0x0100 ) m->rotate( -0.01,  0,  0 );
    if( GetKeyState( VK_LEFT   ) & 0x0100 ) m->rotate(  0,  0.01,  0 );
    if( GetKeyState( VK_RIGHT  ) & 0x0100 ) m->rotate(  0, -0.01,  0 );
    if( GetKeyState( VK_HOME   ) & 0x0100 ) m->rotate(  0,  0,  0.01 );
    if( GetKeyState( VK_END    ) & 0x0100 ) m->rotate(  0,  0, -0.01 );
    if( GetKeyState( VK_ESCAPE ) & 0x0100 ) return 1;

    if( GetKeyState( VK_RETURN ) & 0x0100 )
    {
      double alpha, beta, gamma;

      get_angles( &alpha, &beta, &gamma, system_definition );
      m->rotate( alpha, 0, beta );
      m->rotate( gamma, 0, 0 );
    }

    m->translate( 0, 0, 800 );

    return 0;
}
////////////////////////      Ende a11_5.cpp      ////////////////////////
```

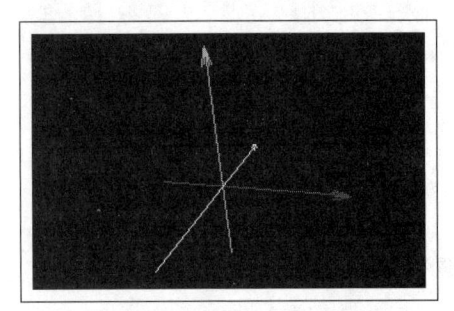

Abb. 9.26: Ausgabe des Programms *a11_5*: Auch bei der Rotation lokaler Koordinatensysteme muss die Drehung um einen lokalen Ursprung von der Rotation um den Ursprung der dreidimensionalen Welt unterschieden werden.

VTV-Algorithmus und benutzerdefinierte Rotation

Nachdem wir die Arbeitsweise der Funktion get_angles() an einem praktischen Beispiel kennen gelernt haben, können wir diese einsetzen, um die Möglichkeiten der Klasse landscape zu erweitern. Hierzu ist es zunächst erforderlich, sämtliche Bewegungsanweisungen des Benutzers mithilfe eines lokalen Koordinatensystems festzuhalten. Die Manipulation dieses System erfolgt ausschließlich während der Ausführung von handle_input():

```
local_system user_sys;
```

Nach dem Aufbau des potenziell sichtbaren Bereichs müssen schließlich die drei Winkel ermittelt werden, mit deren Hilfe das lokale Koordinatensystem des Benutzers seine ursprüngliche Ausrichtung annimmt. Nach der Rotation des potenziell sichtbaren Bereichs auf der Grundlage dieser Winkel sind die bekannten Voraussetzungen für die Durchführung des weiteren Visualisierungsprozesses erfüllt:

```
void landscape::display( local_system *user_sys,
                         pixel_16 *sb = sbuffer )
{
  initialise_display( &user_sys->wpos );

  matrix m;
  double alpha, beta, gamma;

  m.translate( -user_sys->wpos.wx, -user_sys->wpos.wy,
               -user_sys->wpos.wz );
  get_angles( &alpha, &beta, &gamma, *user_sys );
  m.rotate( alpha, 0, beta );
  m.rotate( gamma, 0, 0 );

  update_pos( m );

  for( long x=0 ; x<polygon_count ; x++ )
     p[ x ].display( display_v, sb );
}
```

Bei der Darstellung der Polygone wird stets davon ausgegangen, dass der Betrachter sich stets im Ursprung der dreidimensionalen Welt befindet. Um eine Drehung des Benutzers simulieren zu können, müssen demnach sämtliche Vertices um den globalen Ursprung rotiert werden. Um diese Vorgabe erfüllen zu können, muss die Rotation des potenziell sichtbaren Bereichs auch in unserem Fall erst *nach* der Anweisung

```
m.translate( -user_sys->wpos.wx, -user_sys->wpos.wy,
             -user_sys->wpos.wz );
```

durchgeführt werden. Die Regel muss auch bei der Erfassung von Benutzereingaben eingehalten werden. Wenn der Betrachter sich dreht, beabsichtigt dieser eine Rotation um den Ursprung seines lokalen Koordinatensystems. Um dies zu gewährleisten, muss der Ursprung dieses Systems für die Dauer der Rotation die Koordinaten (0, 0, 0) besitzen.

Kapitel 9
Landscape Generation

```
matrix m;

m.translate( -user_sys.wpos.wx, -user_sys.wpos.wy,
             -user_sys.wpos.wz );

// Abfrage der Tasten, Speicherung eventueller
// Rotationsanweisungen innerhalb der Matrix

m.translate( user_sys.wpos.wx, user_sys.wpos.wy,
             user_sys.wpos.wz );
```

In diesem Zusammenhang ist noch ein weiteres wichtiges Detail zu beachten: Sämtliche Eingaben erfolgen im Hinblick auf die Ausrichtung des lokalen Koordinatensystems des Betrachters. Nehmen wir an, der Benutzer hat seine Ausrichtung durch Rotation wie in Abbildung 9.27 verändert, sodass seine lokale z-Achse in Richtung der globalen +x-Achse zeigt. Wenn der Betrachter sich in diesem Fall um seine eigene z-Achse drehen möchte, muss sein lokales Koordinatensystem um die globale x-Achse rotiert werden, um den gewünschten Effekt zu erzielen.

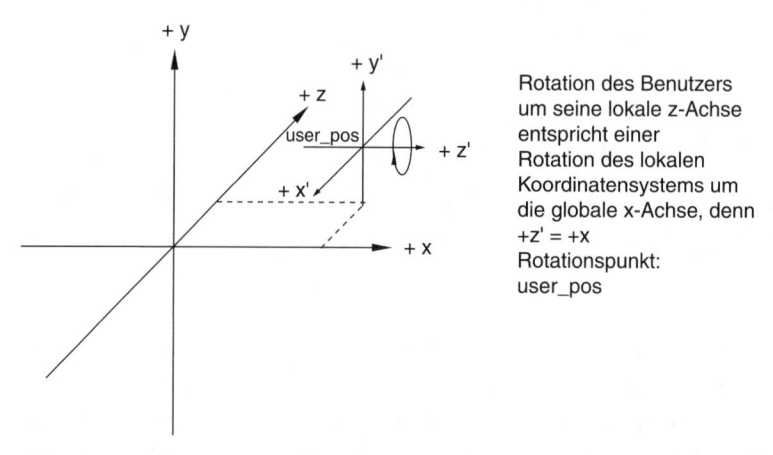

Abb. 9.27: Um eine Rotation des Benutzers um seine lokale z-Achse hervorrufen zu können, muss das lokale Koordinatensystem um die globale y-Achse rotiert werden.

Um die Eingaben des Betrachters richtig auswerten zu können, müssen die Achsen des lokalen Systems während der Abfrage unterstützter Tasten in dieselben Richtungen weisen wie die Seiten des globalen Koordinatensystems. Hierzu bedient man sich einer ähnlichen Vorgehensweise wie im Fall der Translation: Zuerst erfolgt die Zurücksetzung des lokalen Systems, anschließend müssen die drei Achsen ihre vorherige Ausrichtung annehmen:

```
double alpha, beta, gamma;
matrix m;
```

```
m.translate( -user_sys.wpos.wx, -user_sys.wpos.wy,
             -user_sys.wpos.wz );

get_angles( &alpha, &beta, &gamma, user_sys );
m.rotate( alpha, 0, beta );
m.rotate( gamma, 0, 0 );

// Abfrage der Tasten, Speicherung eventueller
// Rotationsanweisungen innerhalb der Matrix

m.rotate( -gamma, 0, 0 );
m.rotate( 0, 0, -beta );
m.rotate( -alpha, 0, 0 );

m.translate( user_sys.wpos.wx, user_sys.wpos.wy,
             user_sys.wpos.wz );
```

Diese Veränderungen werden in Form unseres nächsten Programms in die Praxis umgesetzt. Es ist bemerkenswert, welchen Effekt eine relativ geringfügige Veränderung auf die Atmosphäre der gesamten Anwendung haben kann:

```
///////////////////////        a11_6.cpp        ///////////////////////
//////                                                          //////
//////  Darstellung einer dreidimensionalen Landschaft unter    //////
//////  Verwendung des VTV Algorithmus, Rotation des Benutzers  //////
//////  ist ohne Einschränkungen möglich.                       //////
//////  Auflösung: beliebig, Farbtiefe: 16 Bit                  //////
//////                                                          //////
//////////////////////////////////////////////////////////////////////

#include <windows.h>

#include "s9_6.h"
#include "m9_6.h"
#include "gv9_6.h"
#include "l9_6.h"
#include "ls9_6.h"

double speed = 4.0;
local_system user_sys;

uchar handle_input( MSG *msg );
```

Kapitel 9
Landscape Generation

```
int WINAPI WinMain( HINSTANCE hInstance, HINSTANCE hPrevInstance, LPSTR
lpCmdLine, int iCmdShow )
{
  initialise_world( hInstance, 640, 480, 16 );

  landscape planet( "l.bmp" );

  for( long x=0 ; x<x_res*y_res ; x++ ) zbuffer[ x ] = z_max;

  MSG message;
  while( 1 )
  {
    if( handle_input( &message ) ) break;

    if( clear_translation > max_clear_translation ) clear_translation -= z_max;
    else
    {
      for( long x=0 ; x<x_res*y_res ; x++ ) zbuffer[ x ] = z_max;
      clear_translation = 0.0;
    }
    for( long x=0 ; x<x_res*y_res ; x++ ) sbuffer[ x ] = bground_color;

    planet.display( &user_sys );

    pixel_16 *screen = (pixel_16 *) surface.get_screen_pointer();
    memcpy( screen, sbuffer, x_res * y_res * sizeof( sbuffer[ 0 ] ) );
    surface.release_screen_pointer();
  }

  destroy_world();

  return message.wParam;
}

uchar handle_input( MSG *msg )
{
  if( PeekMessage( msg, NULL, 0, 0, PM_REMOVE ) )
  {
    if( msg->message == WM_QUIT ) return 1;
```

```
    TranslateMessage( msg );
    DispatchMessage( msg );
  }

  matrix m;
  const double pi = 3.141592654;
  double r_step = (2 * pi) / 100;
  double alpha, beta, gamma;

  m.translate( -user_sys.wpos.wx, -user_sys.wpos.wy, -
user_sys.wpos.wz );
  get_angles( &alpha, &beta, &gamma, user_sys );
  m.rotate( alpha, 0, beta );
  m.rotate( gamma, 0, 0 );

  if( GetKeyState( VK_UP     ) < 0 ) m.rotate(  r_step, 0, 0 );
  if( GetKeyState( VK_DOWN   ) < 0 ) m.rotate( -r_step, 0, 0 );
  if( GetKeyState( VK_LEFT   ) < 0 ) m.rotate( 0, -r_step, 0 );
  if( GetKeyState( VK_RIGHT  ) < 0 ) m.rotate( 0,  r_step, 0 );
  if( GetKeyState( VK_HOME   ) < 0 ) m.rotate( 0, 0, -r_step );
  if( GetKeyState( VK_END    ) < 0 ) m.rotate( 0, 0,  r_step );
  if( GetKeyState( VK_PRIOR  ) < 0 ) speed += 0.1;
  if( GetKeyState( VK_NEXT   ) < 0 ) speed -= 0.1;
  if( GetKeyState( VK_ESCAPE ) < 0 ) return 1;

  m.rotate( -gamma, 0, 0 );
  m.rotate( 0, 0, -beta );
  m.rotate( -alpha, 0, 0 );
  m.translate( user_sys.wpos.wx, user_sys.wpos.wy, user_sys.wpos.wz );

  user_sys.update_pos( m );
  user_sys.wpos += user_sys.z_axis * speed;

  return 0;
}
////////////////////////        Ende a11_6.cpp        ////////////////////////
```

Ein Flugsimulator wirkt realistischer, wenn der Betrachter sich von Anfang an nach vorne mit einer bestimmten Geschwindigkeit fortbewegt. Die Bewegungsrichtung wird stets durch die lokale z-Achse des Koordinatensystems angegeben, welcher die Ausrichtung des Benutzers innerhalb der dreidimensionalen Welt angibt. Bei dieser z-Achse handelt es sich um einen Vektor, dessen Betrag den Wert 1.0 besitzt.

Kapitel 9
Landscape Generation

Die Vorwärtsbewegung selbst wird dadurch erreicht, dass die Position des Benutzers in jedem Frame in Richtung des beschriebenen Vektors verschoben wird:

```
user_sys.wpos += user_sys.z_axis * speed;
```

Die globale Variable **speed**, welche die Geschwindigkeit des Benutzers angibt, legt fest wie weit der Benutzer verschoben wird. Die *Skalarmultiplikation*, welche auf der Grundlage dieses Vorgangs liegt, wird im 1. Kapitel ausführlich beschrieben. Für die Durchführung dieser Anweisung ist die Überladung der beteiligten Operatorfunktionen erforderlich:

```
vertex operator += ( vertex &v, vector d )
{
    v.wx += d.x;
    v.wy += d.y;
    v.wz += d.z;

    return v;
}

vector operator * ( vector v, double s )
{
    return vector( v.x * s, v.y * s, v.z * s );
}
```

Abb. 9.28: Ausgabe des Programms *a11_6*

9.4 Erweiterte Visualisierungsalgorithmen

Das Hauptziel der vergangenen Abschnitte besteht darin, einen generellen Überblick über die Techniken zu vermitteln, welche für die Generierung dreidimensionaler Welten erforderlich sind. In diesem Rahmen kann nur eine stark vereinfachte Form des *VTV*-Algorithmus vorgestellt werden; die in diesem Zusammenhang kennen gelernten Gleichungssysteme bilden jedoch eine solide Basis, auf deren Grundlage weitere Optimierungen ohne größere Schwierigkeiten konzipiert werden können. Hierzu zwei Grundideen:

Der potenziell sichtbare Bereich besteht aus einer Anzahl an quadratischen Landschaftseinheiten, welche in einer quadratische Form angeordnet sind. Würde man diese stattdessen in einer runden Struktur anordnen, welche den Inkreis des beschriebenen Quadrats darstellt, ließe sich die Anzahl der darzustellenden Polygone reduzieren. Mit dem Aufbau dieser Art von Strukturen haben wir uns im letzten Kapitel im Zusammenhang mit Linsen beschäftigt.

Nicht alle Polygone innerhalb des Arrays thing::p[] sind in jedem Frame sichtbar. Wenn die Blickrichtung des Benutzers beispielsweise in Richtung des Vektors <0, 0, 1> verläuft, sind die im unteren Bereich dieses Felds gespeicherten Vielecke unsichtbar und werden erst durch die *Clipping*-Funktionen aus dem Visualisierungsprozess entfernt. Werden diese Polygone jedoch früher von der Darstellung ausgeschlossen, beispielsweise bereits bei der Reinitialisierung des Arrays thing::display_v[], lassen sich auf diese Weise höhere Frameraten erzielen.

Im Folgenden werden einige Vorgehensweisen im Zusammenhang mit dem *VTV*-Algorithmus vorgestellt; diese Techniken sind jedoch von diesem Algorithmus unabhängig und können auch bei der Visualisierung einfacherer Landschaften eingesetzt werden.

9.4.1 Texturauswahl bei der Generierung dreidimensionaler Landschaften

In den letzten Programmen wurde das Aussehen der Polygonen unserer dreidimensionalen Landschaft stets mithilfe derselben Textur festgelegt; diese Vorgehensweise dient einer Vereinfachung des Visualisierungsprozesses. Weitaus realistischere Landschaften lassen sich jedoch generieren, wenn das Aussehen der einzelnen quadratischen Einheiten den Erwartungen des Benutzers angepasst werden.

Gewässer müssen Texturen erhalten, in denen vorwiegend blaue Farbabstufungen zu finden sind. Ebenen, deren Vertices keine größeren Höhenunterschiede aufweisen, können grün dargestellt werden um als Wiesen interpretiert zu werden. Schneefall kann simuliert werden, wenn man die Bergspitzen Weiß färbt. Die Atmosphäre der Landschaft kann mithilfe der Texturen beliebig gestaltet werden: Unterwasser- oder Mondlandschaften sowie die Szenerien anderer Planeten lassen sich unter Verwendung geeigneter Bitmaps problemlos realisieren.

Ein weiterer wichtiger Faktor ist die Auswahl der Hintergrundfarbe. Mithilfe der im 9. Kapitel entwickelten adv_bmp-Klassen lassen sich die Farben von Texturen in Richtung jeder beliebigen Zielfarbe verschieben. In unserem Fall wird diese Farbe durch die Konstante bground_color angegeben. Im Initialisierungsteil unserer

Programme müssen die unterschiedlichen Farbabstufungen der einzelnen Bitmaps rechnerisch ermittelt werden. Um möglichst wenig Zeit in dieses Vorhaben investieren zu müssen, werden alle im Programm verwendeten Texturen innerhalb der Klasse `texture_lib` gespeichert. Jeder Gegenstand, welcher Zugriff auf eine Textur benötigt, besitzt einen Verweis auf eine dieser Texturen.

Grundsätzlich gibt es zwei unterschiedliche Arten, wie den Polygonen einer dreidimensionalen Landschaft eine Textur zugewiesen werden kann. Die erste Möglichkeit besteht in der Verwendung einer **8**-Bit-Bitmap. Hierbei wird jeder quadratischen Einheit der Landschaft ein Pixel dieser Bitmap zugeordnet: Der erste Pixel legt das Aussehen der ersten Einheit fest, der zweite Pixel ist für die zweite Einheit zuständig usw. In einer **8**-Bit-Textur werden die einzelnen Farben durch Zahlenwerte von **0** bis **255** beschrieben; diese Zahlen geben die Position der Textur innerhalb des Arrays `texture_lib::textures[]` an, welche die beiden Polygone einer quadratischen Einheit anzunehmen haben.

Die Seitenlänge dieser Bitmap muss **(xscale − 1)** Pixel betragen. Wie wir wissen, gibt dieser Wert die Anzahl der quadratischen Einheiten auf einer Seite der Landschaft an, wenn die Bitmap, welche bei der Definition der Landschaft eingesetzt wird, eine Seitenlänge von **xscale** Pixel besitzt. Der Vorteil an dieser Methode ist, dass den einzelnen Polygonen beliebige Texturen zugewiesen werden können. Von Nachteil ist, dass für die Definition einer Landschaft zwei Bitmaps benötigt werden.

Die alternative Vorgehensweise sieht vor, die einzusetzende Textur in Abhängigkeit von der Höhe der jeweiligen quadratischen Einheit auszuwählen. Wenn die y-Koordinaten sämtlicher Vertices einer quadratischen Einheit den Wert **0** besitzen, muss die Textur der beiden Polygone an eine Wasseroberfläche erinnern. In der Natur sind Wasserflächen häufig von Sand umgeben; liegt eine quadratische Einheit tiefer als **5** Units, erhält diese eine Sandtextur. Nach der gleichen Gesetzmäßigkeit lassen sich beliebig viele weitere Höhenstufen definieren: Höher gelegene Einheiten können das Aussehen von Gras annehmen, die Schneegrenze beginnt beispielsweise ab einer Höhe von **250** Units. Voraussetzung ist allerdings, dass scharfe Übergänge zwischen einzelnen Farben innerhalb der Landschaftsbitmap vermieden werden.

Die Höhe einer quadratischen Einheit ergibt sich aus der Quersumme der y-Koordinaten ihrer vier Vertices $v1, v2, v3, v4$:

Höhe = ($v1 + v2 + v3 + v4$) / 4

Der Vorteil dieser Methode besteht darin, dass die Texturzuweisung automatisch erfolgt und für die Definition einer Landschaft lediglich eine Bitmap und die numerischen Werte ihrer Höhenstufen erforderlich sind. Der Nachteil gegenüber der ersten Methode ist die Tatsache, dass in geringen Höhen eingesetzte Texturen nur eingeschränkt für höher gelegene quadratische Einheiten eingesetzt werden können.

Problematisch ist hierbei allerdings die Erzeugung von Wasserflächen. Wenn eine Landschaftsbitmap mithilfe eines fraktalen Algorithmus generiert wird, gibt es selten vier nebeneinander liegende Pixel, welche die Farbe **o** besitzen. Dieses Problem löst man durch Definition einer weiteren numerischen Konstanten, welche die Höhe der Wasseroberfläche einer Landschaft enthält. Bevor man das Aussehen der quadratischen Einheiten in Abhängigkeit zu ihrer Höhe festlegt, müssen sämtliche Vertices der Landschaft mithilfe einer Schleife untersucht werden. Wenn die y-Koordinate des aktuellen Punkts kleiner als der Wert von **water_level** ist, wird dieser auf diese Mindesthöhe angehoben.

Mithilfe der einfachen Methode, einem Vertex mit zu niedriger y-Koordinate die Höhe der Wasseroberfläche zuzuweisen, können sehr realistische Effekte generiert werden. Bei langsamem Ansteigen der Wasseroberfläche sind die tief gelegenen Vertices zuerst betroffen: Man bekommt den Eindruck, als ob das Wasser sich zunächst in den Tälern sammeln und anschließend weiter ansteigen würde. Grasbedeckte Wiesen verwandeln sich in sandige Ufer. Wird für die Konstante **water_level** ein sehr hoher Wert ausgewählt, ragen nur noch die höchsten Bergspitzen aus dem Wasser.

Um die Höhen der Vertices einer Landschaft verändern zu können, ist nicht in jedem Fall die Manipulation der zugrunde liegenden Bitmap mithilfe eines Bildbearbeitungsprogramms erforderlich. Wie wir seit dem 3. Kapitel wissen, lässt sich der Wert einer Zahl durch Multiplikation mit einem Skalar beliebig verändern. Diese Multiplikation kann in derselben Schleife erfolgen, in welcher die Höhe der Vertices im Zusammenhang mit der Wasseroberfläche überprüft wird.

Texturauswahl während der Ausführung des VTV-Algorithmus

Wenn bei der Visualisierung einer Landschaft eine der beiden Methoden zur Festlegung der Texturen eingesetzt wird, taucht bei Verwendung des *VTV*-Algorithmus ein geringfügiges Problem auf. Die Textur, welche das Aussehen eines Vielecks festlegt, war bisher stets Bestandteil der Definition des Polygons. Beim Einsatz des *VTV*-Algorithmus wird jedoch vorausgesetzt, dass nur die Polygone, welche sich im potenziell sichtbaren Bereich befinden, in Form einer Variablen vom Typ `polygon` verwaltet werden. Bei diesem Bereich handelt es sich jedoch nur um einen kleinen Teil der gesamten Landschaft; bewegt man sich, verändert sich auch die Anordnung der sichtbaren Polygone. Die Verweise auf die unterschiedlichen Texturen können somit nicht länger dauerhaft Bestandteil der Klasse `polygon` sein.

Die Lösung dieses Problems sieht vor, bei der Verwaltung der Texturen ähnlich vorzugehen wie beim Umgang mit den Vertices: Die Verweise auf die Texturen sämtlicher quadratischer Einheiten werden innerhalb eines Arrays gespeichert, dessen Verwaltung der Klasse `landscape` zufällt. Die Elemente dieses Arrays werden während der Ausführung von `landscape::load()` initialisiert; beim Aufbau des potenziell sichtbaren Bereichs in `landscape::display()` werden den Polygonen neben den transformierten Vertices auch die aktuellen Verweise auf Texturen zugewiesen.

Kapitel 9
Landscape Generation

Das einzige Problem hierbei besteht in der Ermittlung der Positionen, an welche die gesuchten Texturen sich innerhalb `landscape::t[]` befinden. Aufgrund dessen, dass die Landschaftseinheiten des potenziell sichtbaren Bereichs quadratisch angeordnet sind, muss dasselbe auch auf die beschriebenen Verweise zutreffen. Um die genauen Positionen bestimmen zu können, muss zunächst der Offset der Textur der ersten quadratischen Einheit berechnet werden. Besonders hilfreich ist hierbei die Tatsache, dass für den Aufbau des potenziell sichtbaren Bereichs während der Ausführung von `landscape::initialise_display[]` der Wert einer temporären Variablen namens `top_vertex` ermittelt werden muss. Bei diesem Wert handelt es sich um den Offset des Punkts, welcher die obere linke Ecke der ersten potenziell sichtbaren quadratischen Einheit. Wie man anhand Abbildung 9.29 feststellen kann, kann die gewünschte Information auf dieser Grundlage leicht ermittelt werden.

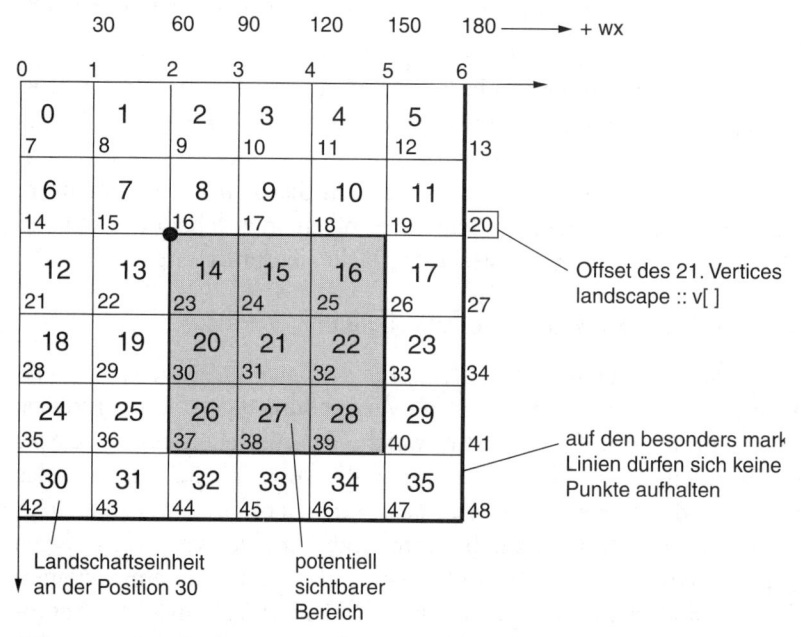

Abb. 9.29: Zusammenhang zwischen den Offsets der Vertices innerhalb `landscape::v[]` und der Position der einzelnen quadratischen Einheiten

Die Position der quadratischen Einheiten, welche sich in Abbildung 9.29 innerhalb der ersten Zeile der Landschaft befinden, ist identisch mit dem Offset ihrer oberen linken Ecke. Um die Positionen der Einheiten aus der zweiten Zeile bestimmen zu können, muss dem Offset der oberen linken Ecke der Wert 1 abgezogen werden. Gleiches gilt auch für die dritte Zeile; die zu subtrahierende Konstante besitzt in diesem Fall jedoch den Wert 2. Der Grund dieses Phänomens besteht darin, dass sowohl die Vertices als auch die quadratischen Einheiten hintereinander angeordnet sind. Während sämtliche Einheiten in Form einer Textur vertreten sind, gibt es am Ende jeder Zeile ein Vertex, bei dem es sich um keine obere linke Ecke einer Einheit handelt. Diese Vertices dürfen in diesem Fall nicht berücksichtigt werden.

Die Position einer Einheit ist demnach identisch mit dem Offset des Vertices in ihrer oberen linken Ecke, wenn diesem Wert die Anzahl der nicht zu berücksichtigenden Punkte subtrahiert wird. Wenn der potenziell sichtbare Bereich wie in Abbildung 9.29 angelegt ist, befindet sich die erste quadratische Landschaftseinheit an der Position 14. top_vertex, der Punkt in ihrer oberen linken Ecke ist innerhalb des Arrays landscape::v[] an der Position 16 zu finden. Aufgrund der Tatsache, dass sich diese Einheit in der dritten Zeile befindet, und bis dahin 2 nicht zu berücksichtigende Vertices enthalten sind, gilt für den Texturoffset dieser Einheit:

texture_offset = top_vertex − top_vertex / ls_xscale *Integerdivision*

Nach der Bestimmung des Texturoffsets der ersten quadratischen Einheit des potenziell sichtbaren Bereichs können die Texturinformationen der anderen Einheiten nach denselben Gesetzmäßigkeiten ermittelt werden, welche auch bei der Initialisierung der Polygone von Bedeutung sind:

```
long texture_offset;
texture_offset = initialise_display( &user_sys->wpos );

// Reinitialisierung der Elemente des Arrays display_v[]

long act_polygon = 0;
for( long z=0 ; z<side_vcount-1 ; z++ )
{
  for( long x=0 ; x<side_vcount-1 ; x++ )
  {
    p[act_polygon].display( display_v, t[texture_offset], sb );
    act_polygon++;
    p[act_polygon].display( display_v, t[texture_offset], sb );
    act_polygon++;

    texture_offset++;
  }

  texture_offset += ls_xscale - side_vcount;
}
```

Dieser Anweisungsbock berücksichtigt die Tatsache, dass die beiden Polygone einer quadratischen Einheit auf dieselbe Textur zurückgreifen und innerhalb landscape::p[] nebeneinander angeordnet sind. Die am Ende des Anweisungsblocks der äußeren Schleife ausgeführte Anweisung

```
texture_offset += ls_xscale - side_vcount;
```

ist die optimierte Version von

```
texture_offset += (ls_xscale - 1) - (side_vcount - 1);
```

Der Wert (ls_xscale - 1) stellt dabei die Anzahl der quadratischen Einheiten auf einer Seite der dreidimensionalen Welt dar, während (side_vcount - 1) die Anzahl an Einheiten auf einer Seite des potenziell sichtbaren Bereichs angibt. Die Vorgänge im Hintergrund dieses Anweisungsblocks werden ausführlich im Zusammenhang mit der partiellen Darstellung von Bitmaps besprochen. Die neue Version der Funktion polygon::display() weist den als Parameter erhaltenen Texturoffset der Variablen polygon::texture_offset zu. Auf diese Weise wird es der Funktion polygon::rasterize() ermöglicht, auf die gewünschte Textur zuzugreifen. Man beachte die polymorphe Verwaltung von Texturkoordinaten:

```
void polygon::display( vertex *v, ushort t, pixel_16 *sbuffer )
{
  for( long x=0 ; x<point_count ; x++ )
  {
    wpoint[ x ].wx = v[ points[ x ].vertex_offset ].wx;
    wpoint[ x ].wy = v[ points[ x ].vertex_offset ].wy;
    wpoint[ x ].wz = v[ points[ x ].vertex_offset ].wz;

    wpoint[ x ].tx = points[ x ].tx *
                     (used.textures[ t ].xscale - 1);
    wpoint[ x ].ty = points[ x ].ty *
                     (used.textures[ t ].yscale - 1);

    texture_offset = t;
  }

  z_clipping();
  project();
  xy_clipping(); if( !cp_point_count ) return;

  if( visible() ) rasterize( sbuffer );
}
```

Praktische Auswahl von Texturen

Die auf der Grundlage der beschriebenen Vorgaben erweiterte Definition der Klasse landscape kann folgendermaßen aufgebaut sein:

```
class landscape
{
  private:
    long vertex_count, display_vcount, polygon_count,
         side_vcount, sight_radius, ls_xscale;
    double square_scale, world_xscale, border;
    double water_level, gras_level, stone_level, snow_level,
         scale_factor;

    vertex *v, *display_v;
    polygon *p;
    ushort *t;

    void initialise_vertices( bmp_8 *ls );
    void initialise_polygons( long xscale );
    long initialise_display( vertex *user_pos );
    void initialise_textures( void );
    void update_pos( matrix m );

  public:
    void load( char *filename );
    void display( local_system *user_sys,pixel_16 *sb=sbuffer );

    landscape( const landscape &t );
    landscape( char *filename ) { load( filename ); }
    landscape( void ) : vertex_count( 0 ), polygon_count( 0 ),
                        display_vcount( 0 ), side_vcount( 0 ),
                        sight_radius( 0 ), ls_xscale( 0 ),
                        square_scale( 0 ), world_xscale( 0 ),
                        border( 0 ),
                        water_level( 0 ), gras_level( 0 ),
                        stone_level( 0 ), snow_level( 0 ),
                        scale_factor( 1.0 ),
                        v( NULL ), display_v( NULL ), p( NULL ),
                        t( NULL ) { }
    ~landscape( void )
    {
```

Kapitel 9
Landscape Generation

```
        if( v ) delete [] v;
        if( display_v ) delete [] display_v;
        if( t ) delete [] t;
        if( p ) delete [] p;
    }
};
```

Es folgt die Beschreibung der neu hinzugekommenen bzw. veränderten Komponenten der Klasse landscape:

Variable	Aufgabe
water_level:	gibt die Höhe der Wasseroberfläche an
sand_level, gras_level, stone_level, snow_level:	Diese vier Variablen legen die Höhe fest, ab welcher eine quadratische Einheit eine Sand-, Gras-, Stein- oder Schneetextur annehmen müssen.
scale_factor:	Die y-Koordinaten der Vertices des Arrays v[] werden mit dieser Kostanten multipliziert, um die Höhenunterschiede zu verkleinern oder zu vergrößern. Diese Konstante wird mit dem Wert 1.0 initialisiert, dem neutralen Element der Multiplikation.
*t:	enthält die Anfangsadresse des Arrays, in dem die Texturen der quadratischen Landschaftseinheiten gespeichert werden

Funktion	Aufgabe / Definition
initialise_display():	Aufbau des potenziell sichtbaren Bereichs. Neu ist, dass der aufrufenden Instanz die Position der ersten quadratischen Einheit des potenziell sichtbaren Bereichs übergeben wird:

```
long landscape::initialise_display( vertex *user_pos )
{
  if( user_pos->wz >= border ) user_pos->wz = border - 1.0;
  if( user_pos->wz <= -border ) user_pos->wz = -border + 1.0;
  if( user_pos->wx >= border ) user_pos->wx = border - 1.0;
  if( user_pos->wx <= -border ) user_pos->wx = -border + 1.0;
```

```
  long top_x = long( (user_pos->wx + 0.5 * world_xscale) /
                     square_scale );
  long top_z = long( (-user_pos->wz + 0.5 * world_xscale) /
                     square_scale );

  long top_vertex = (top_z - sight_radius) * ls_xscale +
                    (top_x - sight_radius);
  long texture_offset = top_vertex - top_vertex / ls_xscale;

  long act_v = 0;
  for( long z=0 ; z<side_vcount ; z++ )
  {
    for( long x=0 ; x<side_vcount ; x++ )
    {
      display_v[ act_v ] = v[ top_vertex ];

      act_v++;  top_vertex++;
    }

    top_vertex += ls_xscale - side_vcount;
  }

  return texture_offset;
}
```

load(): Initialisierung der Klassenelemente, Aufruf der Funktion initialise _textures():

```
void landscape::load( char *filename )
{
  bmp_8 ls( filename );

  square_scale = 30.0;
  sight_radius = long( z_max / square_scale );
  ls_xscale = ls.xscale;
  world_xscale = (ls_xscale - 1) * square_scale;

  if( ls.xscale != ls.yscale )
    exit( "Es werden lediglich quadratische Landschaftsbitmaps \
           unterstützt.\n" );
```

Kapitel 9
Landscape Generation

```
    initialise_vertices( &ls );
    initialise_polygons( side_vcount );
    initialise_textures();

    border = 0.5 * world_xscale - sight_radius * square_scale;
}
```

initialise_textures():   Initialisierung der Elemente des Arrays t[], Skalierung
                         der y-Koordinaten der Vertices der Landschaft:

```
void landscape::initialise_textures( void )
{
  water_level = 24.0;
  gras_level = 70.0;
  stone_level = 110.0;
  snow_level = 200.0;
  scale_factor = 1.1;

  for( long x=0 ; x<vertex_count ; x++ )
  {
    v[ x ].wy *= scale_factor;

    if( v[ x ].wy < water_level ) v[ x ].wy = water_level;
  }

  if( used.texture_count < 5 )
    exit( "Es sind zu wenige Texturen vorhanden.\n" );

  if( (t = new ushort[ (ls_xscale-1)*(ls_xscale-1) ]) == NULL )
    exit( "*tx: Fehler bei der Reservierung von \
            Arbeitsspeicher.\n" );

  long top_vertex = 0, act_texture = 0;
  double h;
  for( long z=0 ; z<ls_xscale-1 ; z++ )
  {
    for( long x=0 ; x<ls_xscale-1 ; x++ )
    {
      h = ( v[ top_vertex ].wy + v[ top_vertex + 1 ].wy +
            v[ top_vertex + ls_xscale ].wy +
            v[ top_vertex + ls_xscale + 1 ].wy ) / 4.0;
```

```
           t[ act_texture ] = 0;
           if( h >  water_level ) t[ act_texture ] = 1;
           if( h >= gras_level  ) t[ act_texture ] = 2;
           if( h >= stone_level ) t[ act_texture ] = 3;
           if( h >= snow_level  ) t[ act_texture ] = 4;

           top_vertex++;  act_texture++;
        }

        top_vertex++;
    }
}
```

display(): Aufbau und Visualisierung der Polygone des potenziell sichtbaren Bereichs unter Verwendung unterschiedlicher Texturen:

```
void landscape::display( local_system *user_sys,
                         pixel_16 *sb = sbuffer )
{
    long texture_offset;
    texture_offset = initialise_display( &user_sys->wpos );

    matrix m;
    double alpha, beta, gamma;

    m.translate( -user_sys->wpos.wx, -user_sys->wpos.wy,
                 -user_sys->wpos.wz );
    get_angles( &alpha, &beta, &gamma, *user_sys );
    m.rotate( alpha, 0, beta );
    m.rotate( gamma, 0, 0 );

    update_pos( m );

    long act_polygon = 0;
    for( long z=0 ; z<side_vcount-1 ; z++ )
    {
        for( long x=0 ; x<side_vcount-1 ; x++ )
        {
            p[act_polygon].display(display_v, t[texture_offset], sb);
            act_polygon++;
            p[act_polygon].display(display_v, t[texture_offset], sb);
            act_polygon++;
```

```
        texture_offset++;
    }

    texture_offset += ls_xscale - side_vcount;
    }
}
```

Die Hauptdatei des Programms *a11_7* hat sich seit seinem Vorgänger nicht verändert. Die Ausgabe dieser neuen Anwendung ist in Abbildung 9.30 dargestellt.

Abb. 9.30: Erscheinungsbild des Programms *a11_7*

9.4.2 Uneingeschränkte Bewegung innerhalb dreidimensionaler Umgebungen

Am Rande jeder Landschaft, deren Darstellung unter Verwendung des *VTV*-Algorithmus erfolgt, befindet sich ein Bereich, welcher vom Benutzer zwar gesehen, jedoch nicht überflogen werden darf. Die Notwendigkeit dieser Beschränkung hängt mit der Architektur des Algorithmus zusammen und ist in der bereits besprochenen Abbildung 9.19 grafisch dargestellt. Die Entfernung zwischen dem globalen Ursprung und dem Anfang dieses ungültigen Bereichs wird in unserem Fall innerhalb der Variablen landscape::border gespeichert.

Wenn der Benutzer in diesem Bereich eintritt, wird dieser während der Ausführung der Funktion landscape::initialise_display() in den gültigen Teil der Landschaft zurückversetzt. Einem Benutzer, dem die Gründe dieser Vorgehensweise unbekannt sind, hat hingegen das Gefühl, eine sehr unrealistisch wirkende, unsichtbare Mauer anzufliegen; der Anfang des ungültigen Bereichs kann anhand der Topographie der Landschaft nicht ausgemacht werden. Wenn diese Zurücksetzung so unspektakulär wie in den vorherigen Programmen durchgeführt wird, kann in einigen Fällen sogar der nicht zutreffende Verdacht auf einen Fehler im Bewegungssystem auftreten.

Die bei Bedarf durchzuführende Versetzung des Betrachters in den sichtbaren Bereich ist bei vielen Flugsimulatoren weitaus aufwendiger gestaltet; das Gefühl, dass die dreidimensionale Welt Begrenzungen besitzt, bleibt dennoch. Es gibt allerdings einen Weg diese Verschiebung durchzuführen, ohne das der Betrachter sich dieses Vorgangs bewusst wird; diese unsichtbare Grenze lässt sich mithilfe eines einfachen Tricks verbergen. Angenommen, der Betrachter bewegt sich, wie in Abbildung 9.31 dargestellt, in Richtung der vorderen Begrenzung der Landschaft. Wenn die **top_border** gekennzeichnete Grenze überschritten wird, muss eine Versetzung an den unteren Rand der Landschaft erfolgen. Damit diese Verschiebung nicht wahrgenommen werden kann, muss der Teil der Landschaft, welcher sich jenseits der oberen Grenze befindet, genauso aussehen wie der Bereich auf der Unterseite der Landschaft, in dem man sich aufhalten darf. Wenn die Topographie dieser beiden Landschaftsteile identisch ist, bekommt der Benutzer das Gefühl, er kann in den ungültigen Bereich eintreten und sich dort uneingeschränkt aufhalten; in Wirklichkeit befindet sich dieser jedoch im unteren, gültigen Teil der Landschaft.

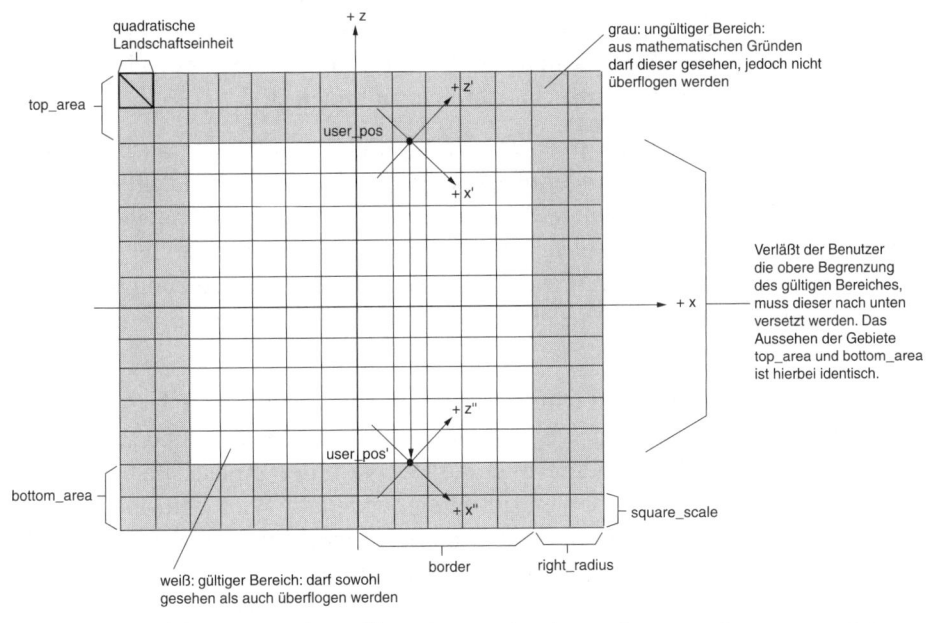

Abb. 9.31: Wird der Benutzer beim Überschreiten der oberen Grenze nach unten versetzt, kann die Existenz der Grenze nicht wahrgenommen werden.

Die gleiche Voraussetzung muss auch für die anderen Grenzbereiche gelten: Das Erscheinungsbild der Landschaft jenseits der rechten Grenze muss identisch sein mit dem Aussehen der Gebiete auf der gültigen Seite der linken Begrenzung. Die gleiche Regel gilt auch umgekehrt: Die Bereiche auf der ungültigen Seite der *linken* Grenze müssen genauso aussehen wie die Gebiete im erlaubten Teil der rechten Begrenzung.

Grundidee dieser Vorgehensweise ist, den Benutzer in die Unterseite der Landschaft eintreten zu lassen, wenn dieser die Grenze des erlaubten Bereichs oben überschritten hat. Beim Verlassen der Landschaft auf der linken Seite erfolgt der Wiedereintritt rechts usw. Auf diese Weise wird die Bewegung des Benutzers zu keiner Zeit gestoppt; aufgrund dessen, dass die Grenzen nicht mehr wahrzunehmen sind, erscheint die Landschaft auch größer, als sie eigentlich ist. Hierbei spielt die Ausrichtung des Benutzers beim Verlassen der Landschaft keine Rolle: Die Verschiebung erfolgt stets parallel zur globalen z- bzw. x-Achse, wirkt sich zwar auf den lokalen Ursprung des Benutzers aus, nicht jedoch auf die Achsen seines lokalen Koordinatensystems.

Erweiterung der Landschaftsbitmap

Die einzige Schwierigkeit bei der Realisierung der uneingeschränkten Bewegung des Benutzers innerhalb der dreidimensionalen Welt besteht darin, das Aussehen der Gebiete vor und hinter den Grenzen zwischen dem erlaubten und dem ungütigen Bereich aufeinander abzustimmen. Das Aussehen einer Landschaft wird durch die y-Koordinaten der an ihrer Definition beteiligten Vertices festgelegt. Diese y-Koordinaten werden auf der Grundlage der Farbinformationen der Pixel initialisiert, welche innerhalb der Landschaftsbitmap zu finden sind.

Die identische Topographie unterschiedlicher Gebiete kann demnach realisiert werden, indem die untereinander gleichen Bereiche auf der Grundlage derselben Farbinformationen aufgebaut werden. Hierzu ein Beispiel: Abbildung 9.31 demonstriert den Vorgang, welcher beim scheinbaren Austritt des Benutzers aus der oberen Seite des gültigen Bereichs ausgeführt wird. Voraussetzung ist hierbei, dass der Teil der Landschaft, welcher als **top_area** bezeichnet wird, genauso aussieht wie **bottom_area**.

Bei dem gültigen Bereich von **bottom_area** handelt es sich um die Unterseite der Landschaftsbitmap; daraus folgt, dass sich die Vorgabe der topographischen Gleichheit erreichen lässt, indem man die Oberseite der Landschaftsbitmap um den Pixelblock, welcher die Unterseite bildet, erweitert. Wird derselbe Vorgang intuitiv auch entlang der drei übrigen Grenzen durchgeführt, ist das Ergebnis in Abbildung 9.32 dargestellt. Die ursprüngliche Landschaftsbitmap besitzt in diesem Fall eine Seitenlänge von 9 Pixel; der Wert der Konstanten **sight_radius** beträgt 2 quadratische Einheiten.

Die Zahlen aus Abbildung 9.32 geben den Offset der einzelnen Pixel innerhalb der ursprünglichen Landschaftsbitmap an. Anhand der durchgängigen Nummerierung kann klar erkannt werden, dass diese in die Mitte der erweiterten Bitmap zu finden ist; die Teile jenseits der Grenzen des gültigen Bereichs sind aus den Pixeln aufgebaut, welche auf der jeweils gegenüberliegenden Seiten liegen.

Die Schwäche der auf diese Weise aufgebauten Landschaftsdefinition ist nicht auf den ersten Blick zu erkennen. Auf der linken Seite der Abbildung 9.33 ist die beschriebene Landschaftsdefinition unter Berücksichtigung der Lage ihrer Vertices dargestellt. Wenn der Benutzer sich beispielsweise in Richtung der +z-Achse fortbewegt und den gültigen Bereich in der Nähe des 5. Vertices verlässt, wird dieser durch die anschließende Versetzung auf eine Position an der unteren Grenze geführt. Anhand der Abbildung kann man feststellen, dass die Entfernung zwischen dem Benutzer und dem 61. Vertex vor der Versetzung **square_scale** Units beträgt. Nach der Verschiebung, welche in einem einzigen Frame durchgeführt wird, hat sich dieser Abstand auf **0** Units verkleinert.

54	55	48	49	50	51	52	53	54	55	48	49
62	63	56	57	58	59	60	61	62	63	56	57
6	7	0	1	2	3	4	5	6	7	0	1
14	15	8	9	10	11	12	13	14	15	8	9
22	23	16	17	18	19	20	21	22	23	16	17
30	31	24	25	26	27	28	29	30	31	24	25
38	39	32	33	34	35	36	37	38	39	32	33
46	47	40	41	42	43	44	45	46	47	40	41
54	55	48	49	50	51	52	53	54	55	48	49
62	63	56	57	58	59	60	61	62	63	56	57
6	7	0	1	2	3	4	5	6	7	0	1
14	15	8	9	10	11	12	13	14	15	8	9

r = 2

Abb. 9.32: Voraussetzung für die Bewegung innerhalb einer dreidimensionalen Umgebung ist die Erweiterung der Bitmap, welche der Landschaft zugrunde liegt.

Wenn die Geschwindigkeit des Benutzers weniger als **square_scale** Einheiten pro Frame beträgt, kann diese Verschiebung deutlich wahrgenommen werden; diese Tatsache widerspricht demnach der Vorgabe, dass die Versetzung unbemerkt bleiben muss. Dieses Problem lässt sich beheben, indem bei der Erweiterung der ursprünglichen Bitmap die rechte und die untere Pixelzeile ignoriert werden. Die endgültige Anordnung der Pixel bzw. Höheninformationen innerhalb der erweiterten Landschaftsdefinition ist auf der rechten Seite der Abbildung 9.33 wiedergegeben.

Kapitel 9
Landscape Generation

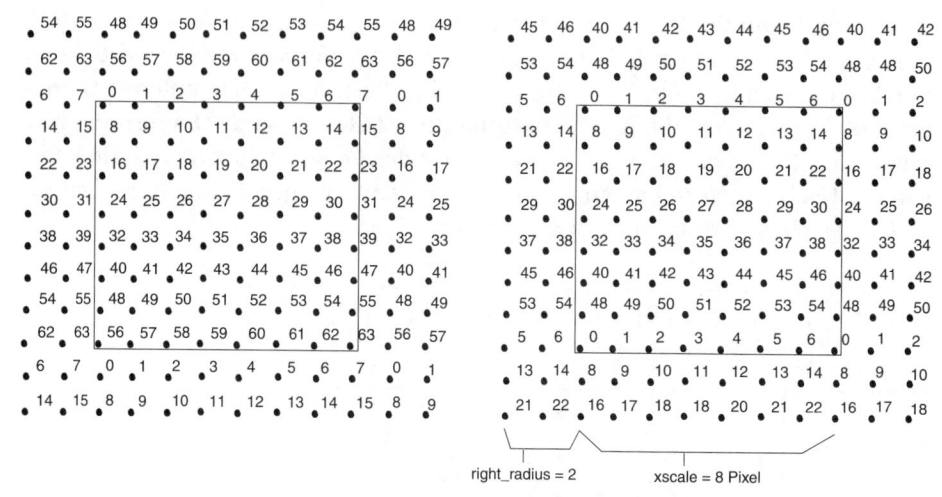

Abb. 9.33: Bei der Erweiterung der Landschaftsbitmap müssen die rechte und die untere Pixelzeile ignoriert werden.

Die folgenden Erläuterungen sind zu knapp, um mit ihrer Hilfe einen genauen Einblick in die Vorgänge zu erhalten, welche bei der Initialisierung des Arrays updated_picture[] beteiligt sind. Berücksichtigt man die Erfahrung, welche man bei der Durcharbeitung der vorherigen Abschnitte und Kapitel gesammelt hat, sollte die Aufstellung der folgenden Formel keine größeren Schwierigkeiten bereiten. Hierzu muss man lediglich den theoretischen Aufbau dieses Arrays anhand mehrerer Beispiele betrachten, welche sich hinsichtlich der Werte von **xscale** und **sight_radius** unterscheiden. Worin liegen die Gemeinsamkeiten dieser Anordnungen von Zahlen? Welche Gesetzmäßigkeiten müssen formuliert werden, um diese theoretischen Anordnungen automatisch, unter Verwendung beliebiger **xscale** und **sight_radius**, aufstellen zu können?

Es gibt mehrere Möglichkeiten, die rechts in Abbildung 9.33 dargestellte Anordnung der Vertices automatisch zu generieren. Eine davon sieht im ersten Schritt den Aufbau der größeren Bitmap vor; im zweiten erfolgt schließlich die Initialisierung der Elemente des Arrays landscape::v[] unter Verwendung der darin enthaltenen Höheninformationen. Hierzu ist es zunächst erforderlich, die Anzahl der Pixel zu bestimmen, welche sich in einer Zeile der zu generierenden Bitmap befinden. Abbildung 9.33 zeigt, dass die neue Seitenlänge um vier Pixel größer ist als die ursprüngliche; aufgrund der Tatsache, dass **sight_radius** in diesem Fall den Wert 2 besitzt, lautet die Allgemeinformel:

updated_xscale = xscale + 2 * sight_radius

Mithilfe dieser Information lässt sich ein Array aus Elementen vom Typ *unsigned char* mit der Bezeichnung updated_picture[] aufbauen, welcher für die Speicherung der Farbinformationen der erweiterten Bitmap verwendet wird. Im Anschluss erfolgt die Initialisierung seiner Elemente. Wie man anhand Abbildung 9.33 erkennen kann, steigen die Offsets der Vertices innerhalb der einzelnen Zeilen von links nach rechts regelmäßig an, wobei der Unterschied zwischen den einzelnen Offsets 1 beträgt. Dieser Anstieg erfolgt jedoch nur bis zu einem gewissen Grenzwert; der Offset, diesem Grenzwert folgt, besitzt einen kleineren Wert.

Der Grenzwert der ersten Zeile lautet beispielsweise 46; im Fall der zweiten Zeile handelt es sich um 54. Im Folgenden werden wir für die Darstellung dieser Grenzwerte die Variable **act_border** verwenden. Der Initialisierungswert dieser Variablen lautet:

max_border − (sight_radius − 1) * xscale

Die Konstante **max_border** wird weiter unten näher betrachtet. Interessant ist, dass der Offset, welcher dem Grenzwert **act_border** in jeder Zeile folgt, stets mithilfe des Ausdrucks **(act_border − 6)** bzw.

act_border − (xscale − 2)

wiedergegeben werden kann. Der Wert der Variablen **act_border** steigt von oben nach unten um jeweils 8 Einheiten an; diese Konstante ist identisch mit **xscale**, der Anzahl an Pixeln auf einer Seite der Bitmap. Genau wie es beim Anstieg der Offsets innerhalb einer Zeile der Fall ist, gibt es auch hierbei einen Grenzwert, in diesem Fall 53. Für diesen Wert gilt:

max_border = xscale * xscale − 1 − xscale − 1 *bzw.*

max_border = xscale * (xscale − 1) − 2

Die letzte Variable, welche für den praktischen Aufbau der größeren Bitmap benötigt wird, enthält den aktuellen Offset der Vertices innerhalb der aufzubauenden Zeile. Der Initialisierungswert dieser Variablen, welcher gleichzeitig dem Offset des Pixels in der oberen linken Ecke der erweiterten Bitmap darstellt, lautet

act_offset = act_border − (sight_radius − 1)

Der Aufbau des Arrays updated_picture[] erfolgt schließlich von oben nach unten und von links nach rechts, unter Verwendung einer bekannten Vorgehensweise:

```
void landscape::enlarge_bmp( bmp_8 *ls, uchar *updated_picture )
{
  long updated_xscale = ls->xscale + 2 * sight_radius;
  long max_border = ls->xscale * ls->xscale - 2 - ls->xscale;
  long act_border = max_border - (sight_radius - 1) *
                    ls->xscale;
  long act_offset = act_border - (sight_radius - 1);

  long z = 0;
```

Kapitel 9
Landscape Generation

```
    for( long y=0 ; y<updated_xscale ; y++ )
    {
      act_offset = act_border - (sight_radius - 1);

      for( long x=0 ; x<updated_xscale ; x++ )
      {
        updated_picture[ z++ ] = ls->picture[ act_offset ];

        act_offset++;
        if( act_offset > act_border )
          act_offset -= ls->xscale - 1;
      }

      act_border += ls->xscale;
      if( act_border > max_border )
        act_border -= (ls->xscale - 1) * ls->xscale;
    }
}
```

Bei *ls, dem ersten Parameter der Funktion enlarge_bmp(), handelt es sich um einen Zeiger auf der Bitmap, welche das ursprüngliche Aussehen der Landschaft enthält. Der Aufbau des Arrays updated_picture[], welches die erweiterte Definition der Landschaft enthält, erfolgt auf der Grundlage dieser Bitmap. Initialisierung und Verwaltung dieses Felds liegen im Aufgabenbereich der Funktion landscape::load():

```
void landscape::load( char *filename )
{
  bmp_8 ls( filename );

  square_scale = 30.0;
  sight_radius = long( z_max / square_scale );
  ls_xscale = ls.xscale + 2 * sight_radius;
  world_xscale = (ls_xscale - 1) * square_scale;

  if( ls.xscale != ls.yscale )
    exit( "Es werden lediglich quadratische Landschaftsbitmaps \
           unterstützt.\n" );

  uchar *updated_picture;
  if( (updated_picture = new uchar[ ls_xscale * ls_xscale ]) ==
      NULL )
```

Erweiterte Visualisierungsalgorithmen

```
    exit( "*updated_picture: Fehler bei der Reservierung von \
                        Arbeitsspeicher.\n" );

  enlarge_bmp( &ls, updated_picture );

  initialise_vertices( ls_xscale, updated_picture );
  initialise_polygons( side_vcount );
  initialise_textures();

  border = 0.5 * (ls.xscale - 1) * square_scale;
}
```

Die Initialisierung der Elemente des Arrays `landscape::v[]` erfolgt nach wie vor mithilfe von `landscape::initialise_vertices()`; aufgrund dessen, dass für die Durchführung dieser Operation die Farbwerte der erweiterten Bitmap `updated_picture()` benötigt werden, müssen diese Information in Form des zweiten Parameters übergeben werden. Der erste Parameter gibt die Seitenlänge dieser Bitmap an. Bis auf diese Veränderung hat sich der Aufbau dieser Funktion seit der letzten Version nicht verändert.

Vor dem Aufbau des potenziell gültigen Bereichs auf der Grundlage der Position des Benutzers muss überprüft werden, ob der Benutzer sich innerhalb des gültigen Bereichs befindet. Wenn dem nicht so ist, erfolgt die Versetzung entlang der globalen x- bzw. z-Achse, welche die Existenz der Begrenzungen der Landschaft verbirgt:

```
long landscape::initialise_display( vertex *user_pos )
{
  if( user_pos->wz >= border ) user_pos->wz -= 2 * border;
  if( user_pos->wz <= -border ) user_pos->wz += 2 * border;
  if( user_pos->wx >= border ) user_pos->wx -= 2 * border;
  if( user_pos->wx <= -border ) user_pos->wx += 2 * border;

  long top_x = long( (user_pos->wx + 0.5 * world_xscale) /
                     square_scale );
  long top_z = long( (-user_pos->wz + 0.5 * world_xscale) /
                     square_scale );

  long top_vertex = (top_z - sight_radius) * ls_xscale +
                    (top_x - sight_radius);
  long texture_offset = top_vertex - top_vertex / ls_xscale;

  long act_v = 0;
```

```
    for( long z=0 ; z<side_vcount ; z++ )
    {
      for( long x=0 ; x<side_vcount ; x++ )
      {
        display_v[ act_v ] = v[ top_vertex ];

        act_v++;   top_vertex++;
      }

      top_vertex += ls_xscale - side_vcount;
    }

    return texture_offset;
}
```

Die auf diese Weise veränderte Definition der Klasse landscape wird in Form des nächsten Programms in die Praxis umgesetzt. Obwohl das Erscheinungsbild dieser Anwendung sich seit dem letzten Programm nicht verändert hat, ist ihre Überlegenheit aufgrund der uneingeschränkten Bewegungsmöglichkeiten deutlich spürbar.

Abb. 9.34: Ausgabe des Programms *a11_8*: Die Visualisierung dieser dreidimensionalen Landschaft erfolgt unter Verwendung des *VTV*-Algorithmus, wobei der Benutzer keine Einschränkungen durch die existierenden Begrenzungen erfahren muss.

9.4.3 Der Einsatz mehrerer Darstellungskameras

Im letzten Kapitel sind wir stets davon ausgegangen, dass der Betrachter sich im Ursprung des dreidimensionalen Koordinatensystems der Welt befindet, während seine Blickrichtung entlang der +z-Achse verläuft. Die Bewegungen des Benutzers wurden durch eine entsprechende Rotation oder Verschiebung aller Gegenstände simuliert, welche sich innerhalb der Welt befinden. Hierbei muss die bekannte Regel beachtet werden, dass beim Betrachter nur dann den Eindruck einer Bewegung hervorgerufen werden kann, wenn der jeweils entgegengesetzte Vorgangs eingeleitet wird: Eine Bewegung in +z-Richtung ist gleichbedeutend mit der Rotation sämtlicher Objekte in −z-Richtung, bei einer Rotation nach rechts müssen die Vertices sämtlicher Gegenstände nach links rotiert werden. Sämtliche Drehungen erfolgen hierbei um den globalen Ursprung.

Im Zusammenhang mit dem *VTV*-Algorithmus haben wir festgestellt, dass die Position und Ausrichtung der Blickrichtung des Betrachters auch in Form eines lokalen Koordinatensystems dargestellt werden können. Bewegungen werden in diesem Fall durch eine korrekte Manipulation dieses Koordinatensystems dargestellt. Der Bewegungsablauf muss in diesem Fall direkt auf das System übertragen werden: Bei einer Bewegung in +z-Richtung erfolgt eine Verschiebung des Systems in +z-Richtung, bei einer Rotation nach rechts müssen die lokalen Achsen des Systems ebenfalls nach rechts gedreht werden. Sämtliche Rotationen erfolgen hierbei um den Ursprung des lokalen Koordinatensystems des Benutzers.

Diese Bewegungen haben zunächst keinen Einfluss auf die Gegenstände der dreidimensionalen Welt. Um das Aussehen der Welt vom Standpunkt eines Betrachters darstellen zu können, welcher in Form dieses lokalen Koordinatensystems definiert wird, müssen folgende Schritte befolgt werden:

1. Wir gehen davon aus, dass der Betrachter sich auf der Position **user_pos(wx, wy, wz)** befindet. Aufgrund der mathematischen Vorgänge während der Projektion muss davon ausgegangen werden, dass der Betrachter sich im Mittelpunkt des globalen Koordinatensystems befindet. Die Erfüllung dieser Voraussetzung verlangt die Translation sämtliche Gegenstände der Welt um die Werte | -wx, -wy, -wz |
2. Ermittlung der Rotationswinkel, mit deren Hilfe das lokale Koordinatensystem des Betrachters gedreht werden kann, sodass seine lokalen Achsen in dieselben Richtungen weisen wie die Achsen des globalen Koordinatensystems. Hierzu kann eine Funktion wie `get_angles()` eingesetzt werden. Alle Gegenstände, welche sich innerhalb dieser Welt befinden, müssen unter Verwendung dieser Winkel rotiert werden.
3. Visualisierung der Gegenstände der dreidimensionalen Welt unter Verwendung von *Polygon Clipping*, Projektion und Rasterization.
4. Die Translation und die Rotation der Gegenstände, welche vor dem Darstellungsprozess durchzuführen ist, darf die Koordinaten dieser Gegenstände nicht verändern. Hierzu können separate Arrays verwendet werden, welche die Ergebnisse der Verschiebung bzw. Drehung enthalten. Im Fall der Klasse `landscape` wird die Definition der Welt beispielsweise innerhalb des Arrays `landscape::v[]` gespeichert; die Darstellung der Welt erfolgt jedoch unter Verwendung des Felds `landscape::display_v[]`, dessen Elemente in jedem Frame von neuem zu initialisieren sind.

Ein lokales Koordinatensystem, welches auf der Grundlage der vorherigen Beschreibungen für die Visualisierung eines Teils einer dreidimensionalen Welt eingesetzt wird, bezeichnet man als *Darstellungskamera*. Bei der Visualisierung unserer dreidimensionalen Landschaft werden Position und Ausrichtung des Betrachters mithilfe des lokalen Koordinatensystems user_sys dargestellt. Die Visualisierung der Landschaft in Form von landscape::display() kann ohne diese Information nicht durchgeführt werden; aus diesem Grund muss diese Funktion die benötigten Informationen in Form eines Parameters erhalten:

```
local_system user_sys;
landscape planet( "planet.bmp" );

planet.display( &user_sys );
```

Genauso können auch andere Darstellungskameras definiert werden. Um den Effekt eines Rückspiegels zu generieren, welcher dem Benutzer das Aussehen der Welt hinter ihm mitteilt, kann folgendermaßen vorgegangen werden:

```
local_system user_sys;
local_system reverse_fov;

matrix m;
m.rotate( 0, pi, 0 );
reverse_fov.update_pos( m );

landscape planet( "planet.bmp" );

planet.display( &user_sys, sbuffer );
planet.display( &reverse_fov, small_picture );
```

Nach der Definition des Koordinatensystems reverse_fov besitzt dieser dieselbe Ausrichtung wie user_sys: Die lokale +z-Achse, welche die Blickrichtung angibt, zeigt in Richtung der globalen +z-Achse. Um ein Rückspiegel generieren zu können, muss die Blickrichtung jedoch nach hinten, in Richtung der −z-Achse erfolgen. Diese Vorgabe wird mithilfe einer Matrixrotation erfüllt.

Der Einsatz externer Kameras kann mit der Verwendung mehrerer Darstellungsfenster kombiniert werden. Wenn die Farbtiefe des Programms beispielsweise 32 Bit beträgt, handelt es sich bei small_picture[] um die Bitmap eines Darstellungsfensters, welches in Form eines Arrays aus Elementen vom Typ pixel_32 definiert ist. Das Erscheinungsbild des Rückspiegels wird durch einen Aufruf von landscape::display() in small_picture[] übertragen; hierbei müssen jedoch Konstanten wie **x_min, y_res** usw. zunächst an die Bedingungen des Darstellungsfensters angepasst werden.

Zum Schluss muss der Inhalt des Arrays small_picture[] in den Videospeicher übertragen werden, damit das Aussehen des Rückspiegels auf dem Bildschirm sichtbar ist.

Anhang A

Grundlagen der Programmierung von Multitasking-Betriebssystemen

Die praktische Anwendung ist der beste Weg, um komplexe Zusammenhänge wie beispielsweise mathematische Gleichungen nachvollziehen zu können. Ein theoretisch erklärter Grafikeffekt ist nutzlos, wenn dieser nicht in Form eines Programms in die Praxis umgesetzt werden kann. Bevor wir uns mit den Grundlagen der Grafikprogrammierung beschäftigen können, müssen wir demnach einen Weg finden, ein geeignetes Umfeld für die zukünftigen Programme zu erschaffen.

Am Beispiel des Betriebssystems WINDOWS wird im Folgenden erläutert, wie man ein Programmfenster öffnet und elementaren Zugriff auf die Hardware der Grafikkarte erhält. Der Schwerpunkt steht hierbei auf der Plattformunabhängigkeit, sämtliche Zugriffe auf dem Betriebssystem erfolgen deshalb unter Verwendung einer Klasse namens directx_surface; erfahrene Nutzer von Betriebssystemen wie beispielsweise LINUX oder UNIX sollten daher keine Probleme haben, die Definition dieses Datentyps entsprechend anzupassen, um auf diese Weise die Quelltexte auf den gewünschten Betriebssystem zu portieren.

A.1   Erstellung eines Programmfensters

Jedes unter WINDOWS auszuführende C++-Programm verfügt über eine Funktion namens WinMain(), welche die gleiche Aufgabe wie die bekannte Funktion main() erfüllt. Der wichtigste Unterschied zwischen den beiden besteht in der erweiterten Parameterkonfiguration, welche unter WINDOWS folgenden Aufbau besitzt:

```
int WINAPI WinMain( HINSTANCE hInstance,
                    HINSTANCE hPrevInstance,
                    LPSTR lpCmdLine,
                    int iCmdShow );
```

Vereinfacht ausgedrückt, handelt es sich bei dem ersten Parameter der Funktion WinMain() handelt es sich um einen ganzzahligen Wert, mit dessen Hilfe das Programm vom Betriebssystem identifiziert werden kann. Der zweite Parameter besitzt in der Regel den Wert *NULL*. Die Variable lpCmdLine ist ein Zeiger auf einen String, welcher dem Programm eventuell übergebene Kommandozeilenparameter enthält. iCmdShow kann schließlich einen von mehreren vordefinierten Werten annehmen, welche das Aussehen des Programmfensters festlegen. Über diesen Parameter kann beispielsweise festgelegt werden, ob ein Fenster maximiert dargestellt werden soll.

Wie bereits erwähnt, werden wir uns in den nächsten Abschnitten auf die mathematischen Zusammenhänge konzentrieren, welche auf der Grundlage der Computergrafik stehen. Da wir in diesem Rahmen nicht auf die Feinheiten der Windowsprogrammierung eingehen können, werden wir in den folgenden Programmen lediglich auf den Parameter hInstance zurückgreifen.

Die erste Aufgabe jeder normalen Multitasking-Anwendung besteht darin, ein Programmfenster zu öffnen, in welchem das Programm seine Ausgabe darstellen kann. Für diesen Zweck greift man in Windows zunächst auf die Struktur *WND-CLASS* zurück. Dieser Datentyp enthält die Informationen, welche für die Erstellung des Fensters notwendig sind. *WNDCLASS* ist in der Datei <winuser.h> folgendermaßen definiert:

```
struct WNDCLASS
{
    UINT     style;
    WNDPROC  lpfnWndProc;
    int      cbClsExtra;
    int      cbWndExtra;
    HANDLE   hInstance;
    HICON    hIcon;
    HCURSOR  hCursor;
    HBRUSH   hbrBackground;
    LPCTSTR  lpszMenuName;
    LPCTSTR  lpszClassName;
};
```

Die meisten Komponenten dieser Klasse sind lediglich für die erweiterte WINDOWS-Programmierung relevant und werden in unseren Programmen stets mit default-Werten initialisiert. Um die Programmierung des Betriebssystems möglichst zu vereinfachen, werden unsere Programme stets über ein einziges Fenster verfügen, welches sich über die gesamte Fläche des Bildschirms erstreckt. Solange das Programm läuft, wird dieses Programmfenster allen anderen übergeordnet sein. Diese Vorgaben lassen in Form einer Variable namens m_window erfüllen, welche folgendermaßen initialisiert wird:

```
char *class_name = "Main Window";
WNDCLASS m_window;
```

```
m_window.style = CS_OWNDC;
m_window.lpfnWndProc = main_window_procedure;
m_window.cbClsExtra = 0;
m_window.cbWndExtra = 0;
m_window.hInstance = hInstance;
m_window.hIcon = LoadIcon( NULL, IDI_APPLICATION );
m_window.hCursor = LoadCursor( NULL, IDC_ARROW );
m_window.hbrBackground =
   (HBRUSH) GetStockObject( BLACK_BRUSH );
m_window.lpszMenuName = NULL;
m_window.lpszClassName = class_name;
```

Die für unsere Zwecke relevanten Komponenten sind hervorgehoben dargestellt. Beim Start jedes WINDOWS-Programms übergibt das Betriebssystem der entsprechenden WinMain()-Funktion einen ganzzahligen Wert, welcher innerhalb des Parameters hInstance gespeichert wird. Die Verbindung zwischen dem Programm und seinem Fenster wird dadurch hergestellt, dass die Komponente WNDCLASS::hInstance mit dem Wert dieses Parameters initialisiert wird.

Ein Multitasking-Programm kann durchaus über mehrere Fenster verfügen. Um diese besser voneinander unterscheiden zu können, wird jedem Fenster einen Namen zugeordnet, welcher der Komponenten WNDCLASS::lpszClassName zugewiesen werden muss. Um die Plattformunabhängigkeit der Quelltexte gewährleisten zu können, verfügen unsere Programme lediglich über ein Fenster namens "Main_Window".

Auf die Bedeutung der Komponenten WNDCLASS::lpfnWndProc werden wir erst im Zusammenhang mit der Kommunikation zwischen Programm und Betriebssystem näher eingehen können.

Der Aufbau einer Variablen vom Typ WNDCLASS ist ein Vorgang, dessen Auswirkungen lediglich auf die Funktionen beschränkt sind, in welche dieser stattfindet. Aus diesem Grund muss das Fenster nach der Initialisierung *registriert* werden. Hierbei teilt die Anwendung dem Betriebssystem mit, dass dieser ein neues Fenster unter Berücksichtigung der Vorgaben erstellen muss, welche innerhalb der jeweiligen Variablen vom Typ WNDCLASS enthalten sind. Das Betriebssystem kann nur registrierte Fenster auf dem Bildschirm darstellen. Die Registrierung eines Fensters erfolgt unter Verwendung der Funktion RegisterClass(), welche in der Datei <winuser.h> wie folgt deklariert ist:

```
ATOM RegisterClass( CONST WNDCLASS *lpWndClass );
```

Anhang A
Grundlagen der Programmierung von Multitasking-Betriebssystemen

Bei dem Rückgabewert dieser Funktion handelt es sich um einen Integer, welcher den Wert o besitzt, falls das Fenster nicht registriert werden konnte. Die Registrierung unseres Programmfensters `winclass` kann somit folgendermaßen gestaltet werden:

```
if( RegisterClass( &m_window ) == 0 )
  exit( "Fehler während der Registrierung des \
        Programmfensters.\n" );
```

Wie werden uns zu einem späteren Zeitpunkt eingehender mit der Funktion `exit( char * )` beschäftigen, welche beim Auftreten eines schweren Programmfehlers eingesetzt wird. Nachdem ein Fenster registriert worden ist, bleibt es zunächst für den Benutzer unsichtbar. Der Zeitpunkt, ab dem das Fenster auf dem Bildschirm darzustellen ist, muss vom Programmierer festgelegt werden. Hierfür kann unter anderen die Funktion `CreateWindowEx()` eingesetzt werden, deren Deklaration in der Datei *<winuser.h>* enthalten ist:

In den folgenden Programmen werden wir die Funktion `CreateWindowEx()` unter

```
HWND CreateWindowEx
(
  DWORD dwExStyle,
  LPCTSTR lpClassName,
  LPCTSTR lpWindowName,
  DWORD dwStyle,
  int x,
  int y,
  int nWidth,
  int nHeight,
  HWND hWndParent,
  HMENU hMenu,
  HINSTANCE hInstance,
  LPVOID lpParam
);
```

Verwendung folgender Parameterkonfiguration aufrufen:

```
HWND main_window_handle;

if( !(main_window_handle =
     CreateWindowEx( WS_EX_TOPMOST,
```

```
                    class_name,
                    "Application",
                    WS_VISIBLE | WS_POPUP,
                    0, 0,
                    GetSystemMetrics( SM_CXSCREEN ),
                    GetSystemMetrics( SM_CYSCREEN ),
                    NULL, NULL,
                    hInstance,
                    NULL )) )
    exit( "Fehler beim Öffnen des \
           Applikationsfensters.\n" );
```

Weist man dem ersten Parameter den Wert WS_EX_TOPMOST zu, wird "Main_Window" allen anderen bereits Fenster geöffneten übergeordnet; das bedeutet, dass sämtliche Benutzereingaben unserem Applikationsfenster zugeführt werden und dass "Main_Window" von keinem anderen Fenster verdeckt werden darf.

Bei dem zweiten Parameter handelt es sich um den Namen des darzustellenden Fensters. Hierbei muss es sich um denselben String handeln, welcher auch für die Initialisierung der Komponenten WNDCLASS::lpszClassName eingesetzt worden ist. Der Parameter lpWindowName legt die Bezeichnung fest, welche auf der Titelleiste des Fensters erscheinen muss. Aufgrund der Tatsache, dass der Inhalt unseres Applikationsfensters den gesamten Bildschirm in Anspruch nimmt, wird die Zeichenkette "Application" nicht zu sehen sein.

Länge und Breite des Fensters werden in Form der beiden Parameter nWidth und nHeight festgelegt. Aufgrund der Tatsache, dass unser Programmfenster sich über den gesamten Bildschirm erstrecken soll, setzen wir hierfür die beiden Ausdrücke:

```
GetSystemMetrics( SM_CXSCREEN )
```

und

```
GetSystemMetrics( SM_CYSCREEN )
```

ein, mit deren Hilfe die horizontale und vertikale Auflösung des Bildschirms in Pixel ermittelt werden.

Dem Parameter hInstance muss schließlich der Wert zugewiesen werden, welcher die Funktion WinMain() beim Aufruf des Programms vom Betriebssystem erhalten hat. Mithilfe dieser Vorgehensweise ist das Betriebssystem in der Lage, ein darzustellendes Fenster eindeutig einem bestimmten Programm zuzuordnen. Für unsere Zwecke genügt es, die restlichen Parameter der Funktion CreateWindowEx() mit default-Werten zu initialisieren.

Anhang A
Grundlagen der Programmierung von Multitasking-Betriebssystemen

Jedem geöffneten Fenster wird vom Betriebssystem ein ganzzahliger Wert zugeordnet, welcher als *Window Handle* bezeichnet wird. Die primäre Aufgabe dieser Werte liegt in der Identifikation geöffneter Fenster; Operationen wie die Erweiterung eines Fensters um *High-Level-API*-Komponenten oder das Schließen eines Fensters werden auf der Grundlage dieser *Handles* durchgeführt.

Wie man im Laufe dieses Abschnittes wahrscheinlich festgestellt hat, treten Integer-Datentypen bei der Programmierung von WINDOWS nicht immer in Form ihrer gewöhnlichen C++-Bezeichnungen wie *short* oder *long* auf; vielmehr werden in einigen Fällen spezielle Ausdrücke verwendet, welche das Aufgabengebiet der jeweiligen Variablen beschreiben. Bei der Definition von Integer, welche als *Window Handles* eingesetzt werden, greift man auf den Ausdruck HWND zurück.

Bei erfolgreicher Ausführung liefert die Funktion CreateWindowEx() den *Handle*, mit dessen Hilfe weitere Operationen mit dem gerade geöffneten Fenster durchgeführt werden können. Wie man anhand des oberen Quelltextabschnitts feststellen kann, werden wir den *Handle* unseres Programmfensters innerhalb der Variablen main_window_handle speichern. Die Werte von *Window Handles* sind stets größer 0; falls der Rückgabewert von CreateWindowEx() dennoch diesen Wert besitzt, ist während der Ausführung der Funktion ein Fehler aufgetreten.

A.2 Kommunikation zwischen Programm und Betriebssystem

Während der Ausführung eines Programms sind sämtliche Eingaben des Benutzers an die Fenster gerichtet, welche von der Anwendung geöffnet werden. Programmfenster bilden somit die Schnittstelle zwischen Programm und Benutzer. Das Problem hierbei besteht darin, dass Eingaben, welche an den verschiedenen Fenster desselben Programms adressiert sind, verschiedene Bedeutungen haben und demnach auf unterschiedliche Weise interpretieren werden müssen.

Um diese Vorgabe erfüllen zu können, besitzt jedes Fenster eine eigene Funktion, welche jedes Mal vom Betriebssystem implizit aufgerufen wird, wenn der Benutzer eine Eingabe an das Fenster richtet. Diese Funktion trägt die Bezeichnung *Window Procedure*; ihre Hauptaufgabe besteht in der Verarbeitung fensterbezogener Befehle, wie beispielsweise Verschiebung oder Skalierung des Fensters.

In den folgenden Programmen werden wir Anwendungsfenster verwenden, welches sich über den gesamten Bildschirm erstreckt, und über keine besondern Merkmale wie Titelleiste oder Schaltflächen zum Minimieren oder Maximieren verfügt. Der Aufbau der Funktion main_window_procedure() kann aus diesem Grund besonders einfach gestaltet werden:

```
LRESULT CALLBACK main_window_procedure
(
  HWND main_window_handle,
  UINT message,
  WPARAM wparam,
  LPARAM lparam
)
{
  switch( message )
  {
    case WM_CLOSE : PostQuitMessage( 0 );
    return 0;
  }

  return DefWindowProc( main_window_handle, message,
                        wparam, lparam );
}
```

Die *Window Procedure* unseres Programmfensters besitzt eine fest vorgegebene Parameterkonfiguration. Bei dem ersten Parameter handelt es sich um den Integerwert, mit dessen Hilfe unser Fenster von Betriebssystem identifiziert werden kann. Die Variable `message` kann einen von mehreren vordefinieren Werten annehmen: Wenn der Benutzer eine Taste drückt, nimmt `message` beispielsweise den Wert *WM_KEYDOWN* ein. `wparam` und `lparam` sind schließlich zwei Variablen benutzerdefinierten Typs, welche nähere Informationen im Zusammenhang mit der entsprechenden Eingabe enthalten. Wenn der Benutzer beispielsweise Befehle unter Verwendung der Maus erteilt, enthalten diese beiden Variablen die Position des Cursors und den Zustand der Maustasten.

Aufgrund vielen verschiedenen Werte, welche `message` annehmen kann, ist für ihre Auswertung der Einsatz einer `switch()`-Anweisung empfehlenswert. Das explizite Eingehen auf jeden möglichen Wert des Parameters `message` ist jedoch nicht unbedingt erforderlich; diese Aufgabe übernimmt die Funktion `DefWindowProc()`, welche mit denselben Parametern wie die *Window Procedure* aufgerufen wird.

Der einzige Fall, welcher während der Ausführung von *Window Procedure* explizit vom Programmierer behandelt werden muss, ist die Tastenkombination *Alt + F4*, welche zum Beenden des Programms eingesetzt wird. In diesem Spezialfall, in dem die Variable `message` den Wert *WM_CLOSE* besitzt, muss die Funktion `PostQuitMessage()` mit dem Parameter **0** aufgerufen werden. Der Aufruf dieser Funktion sendet dem Programm die Nachricht *WM_QUIT*, um auf diese Weise das Beenden der Anwendung hervorzurufen. Im 5. Kapitel werden wir näher auf diesen Mechanismus eingehen.

Auf der Grundlage des Anwendungsfensters unserer Programme befindet sich eine Variable vom Typ WNDCLASS mit der Bezeichnung m_window. Die Definition der Funktion main_window_procedure(), deren Name beliebig ausgewählt werden kann, besitzt zunächst keinen Einfluss auf die Fenster eines Programms. Um festzulegen, dass es sich hierbei um die *Window Procedure* eines bestimmten Fensters handelt, muss Adresse dieser Funktion der Komponenten WNDCLASS::lpfnWndProc während der Initialisierung der Variablen m_window zugewiesen werden.

```
m_window.lpfnWndProc = main_window_procedure;
```

A.3 Grundlagen der Verwendung von High-Level-APIs

Die mathematischen Gleichungssysteme, welche die Grundlage vieler eindrucksvoller Grafikeffekte bilden, setzen in der Regel einen sehr hohen rechnerischen Aufwand voraus. Bei der Implementierung des *Metal-Shading*-Algorithmus müssen beispielsweise mehrere Wurzelberechnungen durchgeführt werden, um die Farbe eines einzigen Pixels zu ermitteln.

Um diese Effekte in Echtzeit generieren zu können, verfügen heutige Grafikkarten über erweiterte Funktionen, deren Definition in die Hardware implementiert ist. Diese Vorgehensweise besitzt den Vorteil, dass die Durchführung dieser Funktionen in einer sehr geringen Zeit erfolgen kann; von großer Bedeutung ist auch, dass der Hauptprozessor auf diese Weise entlastet wird.

Die Schnittstelle zwischen der Grafikhardware und dem Programmierer wird durch High-Level-APIs wie OPENGL oder DIRECTX gebildet. Die Bezeichnung *High Level* ist darauf zurückzuführen, dass dieses Interface lediglich aus Funktionen aufgebaut ist; eine direkte Programmierung der Grafikhardware entfällt somit.

Unser Hauptinteresse gilt dem Verständnis der mathematischen Vorgänge, die Grundlage der Darstellung virtueller Umgebungen bilden. Die genaue Kenntnis dieser Algorithmen ermöglicht eine weitaus effizientere Nutzung der Möglichkeiten, welche durch die Hardwarebeschleunigung gegeben sind. Aus diesem Grund werden wir nur bei

- der Anpassung der Auflösung des Bildschirms an die Größe des Programmfensters und
- der Ermittlung der Anfangsadresse des Videospeichers

auf DIRECTX-Funktionen zugreifen. Möchte man die hardwarebeschleunigte Darstellung heutiger Grafikkarten in den eigenen Programmen nutzen, sollte man jedoch auf OPENGL zurückgreifen.

Eine Voraussetzung bei der Erstellung der Programme der folgenden Abschnitte und Kapitel ist die Plattformunabhängigkeit. Sämtliche Zugriffe auf DIRECTX beschränken sich aus diesem Grund auf die Funktionen einer Klasse namens

Grundlagen der Verwendung von High-Level-APIs

directx_surface; um die Programme auf Betriebssysteme wie LINUX portieren zu können, ist lediglich die Veränderung dieser Klasse erforderlich.

A.3.1 Einstellung der Auflösung

Um die Auflösung des Bildschirms an die Größe des Programmfensters anpassen zu können, benötigen wir zunächst eine Variable vom Typ LPDIRECTDRAW:

```
LPDIRECTDRAW main_dd_object;
```

Bei dieser Variablen handelt es sich um das Herzstück jeder DIRECTDRAW-Anwendung. Sämtliche anderen Objekte, welche den Zugriff auf weitere DIRECTX-Fuktionen ermöglichen, werden unter Verwendung von main_dd_object aufgebaut. Zunächst ist jedoch die Initialisierung dieser Variablen unter Verwendung der Funktion DirectDrawCreate() erforderlich, welche folgendermaßen aufzurufen ist:

```
if( DirectDrawCreate( NULL, &main_dd_object, NULL ) !=
    DD_OK )
    exit( "Fehler während der Ausführung von \
        DirectDrawCreate().\n" );
```

Wenn eine DIRECTX-Funktion erfolgreich ausgeführt worden ist, übergibt diese der aufrufenden Instanz die Konstante *DD_OK*. Um eine höhere Übersicht über die inneren Vorgänge der folgenden Programme zu erhalten, werden wir beim Auftritt eines Fehlers die Ausführung der Anwendung mit einer entsprechenden Meldung abbrechen.

Nach der Standardinitialisierung muss die Variable main_dd_object mit unserem Programmfenster verknüpft werden, welches vom Betriebssystem in Form des Integers main_window_handle verwaltet wird. Die Initialisierung dieses *Window Handle* wurde im Abschnitt Abbildung besprochen. Diese Verknüpfung erfolgt unter Verwendung der Funktion SetCooperativeLevel():

```
if( main_dd_object->SetCooperativeLevel
(
  main_window_handle,
  DDSCL_ALLOWREBOOT | DDSCL_EXCLUSIVE |
  DDSCL_FULLSCREEN | DDSCL_ALLOWMODEX
) != DD_OK )

    exit( "Fehler während der Ausführung von \
        SetCooperativeLevel().\n" );
```

Neben dem *Window Handle* müssen dieser Funktion erweiterte Informationen bezüglich des gewünschten Layouts des Programmfensters übergeben werden. Diese Informationen Integerwerten übermittelt, welche mit dem bitweisen *OR-*Operators verknüpft werden. Unser Programmfenster muss über folgende Eigenschaften verfügen:

Flag	Bedeutung
DDSCL_ALLOWREBOOT	ermöglicht ein Abbruch des Programms unter Verwendung der Tastenkombination [Strg]+[Alt]+[Entf]
DDSCL_FULLSCREEN	Programmfenster muss sich über die gesamte Oberfläche des Bildschirms erstrecken
DDSCL_EXCLUSIVE	muss in Verbindung mit DDSCL_FULLSCREEN verwendet werden
DDSCL_ALLOWMODEX	Unterstützt zusätzliche Auflösungen wie beispielsweise 320 x 400 Pixel bei einer Farbtiefe von 8 Bit

Die eigentliche Einstellung der Auflösung erfolgt durch den Aufruf der Funktion SetDisplayMode(). Bei den ersten beiden Parameter dieser Funktion handelt es sich um die neue Breite und Höhe des Bildschirms, in Pixel ausgedrückt. Die Anzahl an Bits, welche für die Definition jedes Bildpunkts eingesetzt werden soll, wird in Form von bit_depth festgelegt:

```
if( main_dd_object->SetDisplayMode( x, y, bit_depth )
    != DD_OK )

  exit( "Fehler während der Ausführung von \
        SetDisplayMode().\n" );
```

A.3.2 Die Anfangsadresse des Videospeichers

Um einen Zeiger auf die Anfangsadresse des Videospeichers erhalten zu können, benötigen wir zwei weitere Variablen mit den Bezeichnungen primary_surface und surface_description:

```
LPDIRECTDRAWSURFACE primary_surface;
DDSURFACEDESC surface_description;
```

Die Zugriffe auf das Programmfenster erfolgen unter Verwendung von primary_surface. Die Variable surface_description enthält hierbei nähere Informationen in Bezug zur Variablen primary_surface und wird mit Standardwerten initialisiert, deren genaue Bedeutung für unsere Zwecke irrelevant ist:

```
memset( &surface_description,
        0,
        sizeof( surface_description ) );

surface_description.dwSize =
  sizeof( surface_description );

surface_description.dwFlags = DDSD_CAPS;

surface_description.ddsCaps.dwCaps =
  DDSCAPS_PRIMARYSURFACE;
```

Die Initialisierung von primary_surface erfolgt durch den Aufruf der Funktion

```
CreateSurface():
if( main_dd_object->CreateSurface
(
  &surface_description,
  &primary_surface,
  NULL
) != DD_OK )

  exit( "Fehler während der Ausführung von \
          CreateSurface().\n" );
```

Um direkten Zugriff auf den Anfang des Videospeichers zu erhalten, ist der Aufruf der Funktion Lock() erforderlich. Nach dem Aufruf dieser Funktion besitzt der gewünschte Zeiger den Datentyp *(void *)* und befindet sich innerhalb der Komponenten lpSurface der Variablen surface_description.

```
primary_surface->Lock
(
  NULL,
  &surface_description,
  DDLOCK_SURFACEMEMORYPTR,
  NULL
);
```

A.3.3 Die Einstellung der 8-Bit-Palette

Jede der 256 Farben der 8-Bit-Palette intern durch eigene Rot-, Grün- und Blaukomponenten eindeutig definiert. Die Veränderung des Aussehens dieser Farben erfolgt in drei Schritten:

1. Definition und Initialisierung eines Arrays aus 256 Elementen vom Typ PALETTEENTRY. Aufgabe dieses Felds ist die Speicherung der benutzerdefinierten Rot-, Grün- und Blaukomponenten der 256 Farben.
2. Definition eines Objekts vom Typ LPDIRECTDRAWPALETTE. Dieses Objekt, dessen Aufgabe in der Verwaltung von Farbpaletten besteht, muss mit den Werten des im ersten Schritt aufgebauten Arrays initialisiert werden.
3. Veränderung der 8-Bit-Palette auf der Grundlage der Informationen, welche innerhalb des im ersten Schritt aufgebauten Arrays eingetragen wurden. Hierzu muss die Funktion SetPalette() aufgerufen werden.

Der erste Schritt ist besonders wichtig, da hierbei das neue Aussehen der 256 Farben festgelegt wird. Die Definition der Struktur PALETTEENTRY ist folgendermaßen aufgebaut:

```
struct PALETTEENTRY
{
    unsigned char peRed, peGreen, peBlue, peFlags;
};
```

Wie der Name bereits andeutet, werden die drei Farbkomponenten innerhalb der Variablen peRed, peGreen und peBlue eingetragen. Der Variablen peFlags muss stets die Konstante *PC_NOCOLLAPSE* zugewiesen werden. Es ist durchaus möglich, dass die Definition dieses Datentyps in späteren DIRECTX-Versionen um weitere Variablen erweitert werden wird. Damit diese in Zukunft keine unvorsehbaren Fehler verursachen, sollten diese auf den Wert 0 gesetzt werden, indem innerhalb einer Anweisung wie

```
PALETTEENTRY palette_definition[ 256 ];
memset( palette_definition, 0, 256*sizeof( PALETTEENTRY ) );
```

dem gesamten Speicherbereich, den das Array palette_definition[] in Anspruch nimmt, der Wert 0 zugewiesen wird.

Der zweite Schritt stellt, im Gegensatz zum ersten und dritten, eine reine Formalität dar: Die Definition eines Objekts vom Typ LPDIRECTDRAWPALETTE ist für die Ausführung der Funktion SetPalette() notwendig:

```
LPDIRECTDRAWPALETTE primary_palette_object = NULL;
```

Die Initialisierung der Variablen `primary_palette_object` übernimmt die Funktion `LPDIRECTDRAW::CreatePalette()`, welche in der Datei <*ddraw.h*> als

```
HRESULT LPDIRECTDRAW::CreatePalette
(
  DWORD dwFlags,
  PALETTEENTRY *Palette,
  LPDIRECTDRAWPALETTE *PaletteObject,
  void *Unknown
);
```

deklariert ist. Der Parameter `dwFlags` muss stets mit dem Ausdruck (DDPCAPS_8BIT | DDPCAPS_ALLOW256) initialisiert werden. Das im ersten Schritt definierte Array `palette_definition[]` sowie die Adresse der Variablen `primary_palette_object` werden der Funktion in Form der Parameter `*Palette` und `*PaletteObject` übergeben. Der letzte Parameter der Funktion muss immer den Wert *NULL* besitzen.

Um direkten Zugriff auf die Grafikhardware erhalten zu können, muss während der gesamten Laufzeit des Programms ein aktives Objekt vom Typ `LPDIRECTDRAW` vorhanden sein. In unserem Fall handelt es sich hierbei um `directx_surface::main_dd_object`. Der Aufruf von `CreatePalette()` kann nur auf der Grundlage dieses aktiven Objekts erfolgen:

```
if
(
  main_dd_object->CreatePalette
  (
    DDPCAPS_8BIT | DDPCAPS_ALLOW256,
    palette_definition,
    &primary_palette_object,
    NULL
  ) != DD_OK
)

exit( "Fehler während der Ausführung \
       von CreatePalette().\n" );
```

Anhang A
Grundlagen der Programmierung von Multitasking-Betriebssystemen

Im letzten Schritt findet schließlich die Veränderung der Farben innerhalb der 8-Bit-Palette statt. Hierzu muss die Funktion LPDIRECTDRAWSURFACE:: SetPalette() aufgerufen werden, welche in der Datei <*ddraw.h*> folgendermaßen deklariert ist:

```
HRESULT LPDIRECTDRAWSURFACE::SetPalette
(
  LPDIRECTDRAWPALETTE PaletteObject
);
```

Ähnlich wie CreatePalette() muss auch diese Funktion über das aktive Objekt directx_surface::primary_surface aufgerufen werden. Als Parameter nimmt diese das im zweiten Schritt aufgebaute Objekt primary_palette_object und liefert den Rückgabewert *DD_OK* zurück, falls die 8-Bit-Palette erfolgreich verändert worden ist:

```
if
(
  primary_surface->SetPalette
  (
    primary_palette_object
  ) != DD_OK
)
exit( "Fehler bei der Veränderung der 8 Bit \
      Palette.\n" );
```

Um die Portierung des Quelltextes auf andere Betriebssysteme zu erleichtern, ist es empfehlenswert, die umständlichen DIRECTX-Programmstrukturen nur innerhalb der Klasse directx_surface zu verwenden. Für die Darstellung von RGB-Farbkomponenten ist die eigene Definition eines einfachen, übersichtlichen und vom Betriebssystem unabhängigen Datentyps am besten geeignet:

```
struct pixel_8
{
  uchar red, green, blue;

  pixel_8( void ) : red( 0 ), green( 0 ), blue( 0 ) { }
  pixel_8( short r, short g, short b ) :
         red( r ), green( g ), blue( b ) { }
};
```

Die Veränderung der 8-Bit-Palette übernimmt die Funktion `directx_surface::set_palette()`. Diese nimmt als Parameter einen Array aus 256 Elementen vom Typ `pixel_8` entgegen und passt die Komponenten der 256 verfügbaren Farben den Vorgaben des Benutzers an. Die Elemente des hierzu notwendigen Arrays `palette_definition[]` werden einfach mit den Werten initialisiert, welche der Funktion als Parameter übergeben worden sind.

Um die Funktion möglichst vielseitig einsetzen zu können, liegt die Zuweisung benutzerdefinierter Werte an den Variablen des Arrays `colors[]` hingegen nicht im Zuständigkeitsbereich von `directx_surface::set_palette()`.

A.4 Praktische Verwaltung von Programmfenstern

In den folgenden Programmen werden wir die Verwaltung unseres Programmfensters und den Einsatz der beschriebenen DIRECTX-Funktionen im Aufgabenbereich einer Variable namens `surface` stellen, der einzigen Instanz einer Klasse namens `directx_surface`. Auf die Bedeutung der einzelnen Komponenten dieses Datentyps Klasse ist bereits in den vergangenen Abschnitten eingegangen worden. Die Klasse verfügt stets über folgenden Aufbau:

<Einfügen: Entsprechender Quelltextabschnitt>

A.5 Abbruch der Programmausführung

Wird die Ausführung einer Anwendung infolge eines schwerwiegenden Fehlers abgebrochen, muss der Benutzer über die Art des Fehlers informiert werden, um Gegenmaßnahmen einleiten zu können. Für diesen Zweck werden wir in den nächsten Programmen auf die Funktion `exit()` zurückgreifen, welche folgendermaßen definiert ist:

```
void exit( char *message )
{
  surface.close_window();

  ShowCursor( 1 );
  MessageBox( NULL, message, "Fehler:", MB_OK );

  exit( 1 );
}
```

Das Beenden des Programms erfolgt durch den Aufruf von `exit( int )`, deren Prototyp in der Datei *<stdlib.h>* zu finden ist:

```
void exit( int error );
```

Diese Funktion schließt vor dem Beenden der Anwendung alle vom Programm geöffneten Dateien. Die eigentliche Fehlermeldung wird mithilfe der Funktion `MessageBox()` auf dem Bildschirm gezeigt, welche in *<winuser.h>* folgendermaßen deklariert ist:

```
int MessageBox( HWND hWnd,
                LPCTSTR lpText, LPCTSTR lpCaption,
                UINT uType );
```

Obwohl der Aufruf von `exit( char * )` in der Definition der Klasse `directx_surface` relativ aufgeführt ist, dürfte ein auf diese Weise durchgeführter Programmabbruch in der Praxis nicht vorkommen.

Stichwortverzeichnis

Numerisch
16-Bit-Farbmodi 584
16-Bit-Metal-Shading 587
24-Bit-BMP-Dateien 630
32-Bit-Farbmodi 562
32-Bit-Gouraud-Shading 573
8 Bit Palette 68
8-Bit-BMP-Dateien 601
8-Bit-BMP-Dateiformat 598

A
Addition von Vektoren 28
alternative Farbgebung 554
Anfangsoffset 65
Animation
 flimmerfreie 178
arcus_cosinus 43
arcus_tangens 43
ASCII-Format 288
Auflösung 60, 404
Ausnahmebehandlung 259

B
Background Buffering 621
Beleuchtungsmodelle 444
benutzerdefinierte Rotation 864
Binärformat 598
Bitmap Clipping 646
Bitmap-Clipping-Algorithmus 648
Bitmapkoordinaten 619
Bitmaps 593
BMP File Header 602
BMP Info Header 602
Bogenmaß 53
Bogenmaßsystem 53
Bottom-Up-Anordnung 605
Bresenhams Linienalgorithmus 96

C
Clear-Reduction-Algorithmus 337, 726
Clipping-Operation 647
CMY-Farbmodell 438
Cross Products 301
Cursorposition 416

D
Darstellungsfenster 356
Darstellungskameras 890
Dot Product 30
Double Buffering 170
Double-Buffering-Algorithmus 179
Drahtgittermodell 96
Drahtgittermodellen 566
dreidimensionale Landschaften 794, 806
dreidimensionale Vertices 494

E
Ebenen 35
einfaches Bewegungsmodell 823
Elementare Bitmap 623
Erweiterte Vektorrotation 849
Event 426
Eventbasierende Verarbeitung 396
eventbasierender Benutzereingaben 401
Exponentialinterpolation 540
Externe Speicherung 514

F
Farbinterpolation 485
Farbpalette 69
Farbtiefe 60
Farbverläufe 459
Farbverläufe höheren Grades 556
Fehlerbehandlung 168, 304
Figuren
 dreidimensionale 241, 275
 komplexe dreidimensionale 305

Index

Flat Shading 448
Fraktaleneffekt 59
Frame 183
Frame Buffer 182

G
Genauigkeit 251
geometrische Grundkörper 242
Geraden 32
   dreidimensionale 33
gerenderte Szene 313
Geschwindigkeit 251
Gourad Shading 479
Grenzwert der Farbkomponenten 432

H
Helligkeit 433
HSV-Farbmodell 440

I
Illusion der Tiefenverschiebung 233
Indirekte Verarbeitung 399
Intensität der Polygonfarbe 449
Inversion der y-Koordinate 126
Iteration Counting 227

K
Kegelförmige Lichtquellen 447
Klasse polygon 117
konkav 114
konvex 114
Koordinatensystem
   dreidimensionales 19
     linkshändiges 20
Körper
   Gruppen 307
   offene 307
Kräfteparallelogramm 29
Kreisbögen 55

L
Landscape Generation 793
langsam steigende Geraden 97
lineare Interpolation 249, 252
Linien innerhalb von Bitmaps 616

M
Matrizen 140
   variable 207
Matrizenmultiplikation 150
Mauseingabe 424

Metal Shading 539
Metal-Shading-Algorithmus 549
MIP Mapping 739
   Pixel-Based 744
   Polygon Based 740
Multitasking-Betriebssystem 395

N
Near-Z-Plane 352
Normalenform der Ebene 39
Normalenvektor 480

O
Oberflächen
   gekrümmte 59
Objektkopie
   flache 406
Optimierte Übertragung 572
Ortsvektor 31

P
Padding-Bits 604
Paralleles Licht 445
Parameterform der Ebene 40
Partielle Darstellung 633
PeekMessage() 396
Phong Shading 526
phosphoreszierende Schicht 62
Pixel 59
Pixelraster 99
Polyeder 59, 277
Polygon 59
   Clipping 693
   Clipping-Algorithmus 697
   konkave 261
   konvexe 272
   Rückseite 300
   texturiertes 682
   Vorderseite 300
Polygon Clipping 491
Polygon-Clipping 348
Polygonschattierung 429
   Elementare Bitmapschattierung 757
   Erweiterte 756
Polygonseite 245
Position des Mauszeigers 415
Post-Projection-Clipping 355
Pre-Projection-Clippings 351
Primärfarben 511
Projektion 123

Projektionskonstante 139, 404
Punktförmige Lichtquellen 446
Punktrichtungsgleichung 36

R
Rasterization 244
Rasterizationsalgorithmus 255
Rasterzeile 248
Repeat Move String Double Word 573
RGB-Farbmodell 430
rotate() 159
Rotation 55
Rotation des Betrachters 823
Rotationsebene 384
Rotationsgeschwindigkeit 385
Rotationsmatrix 144

S
schnell steigende Geraden 97
Screen Buffer 571
Sekundärintensitäten 790
Semitransparenzeffekte 666
Simulation natürlicher Farbwahrnehmung 430
Skalarmultiplikation 25
Skaliermatrix 147
Skalierung 219
    ungleichmäßige 226
Speicherplatzanspruch 61
Spiegelungseffekt 59
Sutherland-and-Hodgman-Polygon-Clipping-Algorithmus 361
Szene
    gerenderte 313

T
Tangensfunktion 43
Tastatur 395
Teilbereiche von Bitmaps 634
Texture Mapping 44, 675
    Algorithmus 676
    Clear-Reduction-Algorithmus 726
    Dynamische Multitextureffekte 738
    höhere Genauigkeit 717
    Inverse z-Koordinaten 710
    Linear 676, 708
    Linear-Algorithmus 679
    Low-Level-Prinzip 704
    Multitextureffekte 729
    Perspective 708
    Perspective-Algorithmus 709
    Simple Depth Shading 717
    Statische Multitextureffekte 730
    Texturauswahl 700
    Textured Gouraud Shading 777
    Warp 709, 723
Textured Gouraud Shading 777
Texturemapping
    High-Level-Prinzip 704
Texturkoordinaten 676, 685
    Polymorphe 734
Top-Down 605
Translation
    skalierungsbedingte 224
Transparence Map 667
Transparenzeffekt 59
Transparenzeffekte 640
Trigonometrische Funktionen 41

U
Umgang mit Polygonen 117
Umgebungslicht 456
ungleichmäßige Skalierung 149
unsigned char 669

V
Vektoraddition 29
Vektoren 21
Verwaltung von Bitmaps 594
Videospeicher 59, 62
Viewport 128, 349
Visible-Terrain-Visualisation-Algorithmus 825
Visual Surface Determination 299
Visual-Surface-Determination-Algorithmus 335
VTV-Algorithmus 827

W
Welt
    dreidimensionale 187
Weltkoordinatensystem 136
Wiederholungsanweisungen 83

Z
Z-Buffer Algorithmus 305
Z-Buffering 44
Z-Buffers
    löschen 324
Zufallszahlen 73
Zufallszahlengenerator 95

Zuordnung
    antiproportionale 44, 46
    beliebige lineare 44, 47
    proportionale 44
zweidimensionale Umgebungen 644
zweidimensionales Viewport 649